SIR BASIL H. LIDDELL HART

Histoire de la Seconde guerre mondiale

traduit de l'anglais
par Jean-Paul Constantin

Avant-propos de
Lady Liddell Hart

Préface et postface du
Général Beaufre

marabout

Collection
marabout université

Cet ouvrage est la traduction du livre de langue anglaise HISTORY OF THE SECOND WORLD WAR publié par Cassell et Company L.T.D. LONDON

Avant-propos

de Lady Liddell Hart

Le premier ouvrage publié après la guerre par mon mari fut *The Other Side of the Hill*, recueil de ses entretiens avec un certain nombre de généraux allemands qui avaient été prisonniers de guerre en Grande-Bretagne. Beaucoup d'entre eux avaient lu ses ouvrages publiés avant guerre et étaient désireux de discuter de leurs campagnes avec lui. A propos de ce recueil, il écrivit en 1963 :

> « Au cours de la Seconde Guerre mondiale, lors de mes visites aux chefs militaires britanniques et alliés, je rédigeai d'abondantes « notes pour l'histoire » de mes entretiens avec eux, enregistrant tout particulièrement leurs opinions du moment, afin de compléter les documents d'archives et de permettre une comparaison avec les souvenirs et les récits écrits plusieurs années plus tard.
>
> « A la fin de la guerre, j'eus très tôt l'occasion d'interroger les généraux allemands qui étaient alors prisonniers de guerre. Ces conversations ne pouvaient bien sûr pas jeter une lumière aussi authentique sur ce qu'ils avaient pensé à la veille d'une décision ou d'un événement particuliers, mais elles se déroulèrent, en tout cas, *avant* que le temps n'ait pu atténuer la précision des souvenirs, et la véracité des récits pouvait être vérifiée à l'aide de ceux d'autres témoins et des documents d'archives. »

Les lecteurs du présent ouvrage pourront juger de la façon dont ces entretiens ont résisté à l'épreuve du temps et aux vérifications inlassables de Sir Basil au cours des années.

La tâche de mon mari fut également facilitée par les liens personnels qu'il avait créés, au cours de ses recherches, avec un grand nombre des chefs militaires les plus jeunes des deux camps, ainsi que par de longues conversations avec de vieux amis tels que les maréchaux Montgomery, Alexander, et Auchinleck.

En 1951, Mme Rommel lui demanda d'être l'éditeur des papiers de son mari. Il accepta et ce fut le point de départ de relations cordiales avec la veuve du maréchal, son fils Manfred et le général Bayerlein, ancien chef d'état-major de Rommel.

Mon mari avait critiqué les historiens officiels de la Première Guerre mondiale en disant que parfois l'adjectif « officielle » enlevait toute valeur au mot « Histoire », mais il avait une haute opinion de la plupart des historiens de la Seconde Guerre mondiale et ses dossiers regorgent de la correspondance qu'il a entretenue avec un grand nombre d'entre eux. Correlli Barnett, le général André Beaufre, le colonel Henri Bernard, Brian Bond, Alan Clark, le colonel A. Goutard, Alastair Horne, Michael Howard, Robert O'Neill, Peter Paret, Barrie Pitt, W. R. Thompson, Michael Williams, pour ne citer qu'eux, furent au nombre des grands historiens contemporains venus d'abord pour travailler et s'entretenir avec Sir Basil et qui devinrent, pour notre plus grand bonheur, de fidèles amis.

Pour rédiger son *Histoire*, Sir Basil bénéficia de l'aide de nombreux amis et assistants qu'il est impossible de nommer tous ici, et auxquels je suis heureuse de dédier ce livre.

Kathleen Liddell Hart.

Préface

C'est pour moi un honneur et un devoir d'amitié particulièrement agréable, d'être appelé à préfacer le dernier livre — en fait posthume — de Sir Basil Liddell Hart, ce grand penseur militaire qui fut l'un des principaux promoteurs de la guerre des blindés, l'initiateur de la renaissance actuelle de la stratégie et aussi, par ses études passionnées des faits, un historien, un historien des guerres dans le sens le plus complet du terme.

Dès 1931 j'avais lu ses livres, notamment *Les Guerres décisives de l'Histoire*, publié en français en 1929, et *Réfutations*, où il portait des jugements sacrilèges — pour nous — sur les généraux français vainqueurs de la guerre de 1914-1918. Je savais également — mais assez vaguement à l'époque — la part qu'il avait prise dans l'expérimentation de la première « Brigade blindée » qui fut faite en Grande-Bretagne en 1927.

C'est avec ce bagage intellectuel que je fus chargé en 1935 de le recevoir à l'État-Major de l'Armée, avec pour consigne de répondre de mon mieux à toutes les questions qu'il me poserait. Dans le petit bureau qui nous avait été donné, je découvris un homme grand et mince, aimable et d'abord facile, suçant interminablement une pipe toujours éteinte. A force de la rallumer il faisait se dresser dans le cendrier une pile d'allumettes éteintes. C'était sans doute l'effet de la distraction causée par le flot d'idées et de questions qui se pressaient dans sa bouche plus vite qu'il ne pouvait les prononcer, ce qui m'obligeait à une attention très soutenue. Nous nous étions rencontrés à 10 heures; à 1 heure, je parlai timidement de déjeuner, ce que nous fîmes tout en discutant. Puis nous revînmes dans le petit bureau jusqu'à 7 heures et la discussion était loin d'être close. Alors nous dînâmes ensemble jusqu'assez tard. Peut être — je ne me souviens plus — nous sommes-nous revus encore le lendemain...

Après ce premier contact, au cours duquel nous avions pu de part et d'autre mettre à l'épreuve nos sympathies et nos préoccupations réciproques, nous ne devions plus nous perdre de vue. Je le reverrai souvent, avant, pendant (à Londres) et après la guerre. Il sera mon hôte en Allemagne, je serai le sien dans sa charmante résidence de Medmenham. Une solide amitié nous unissait, malgré notre différence d'âge. Lorsque plus tard, suivant son exemple, je me consacrerai à mon tour à la stratégie, Basil préfacera mon premier livre dans des termes qui devaient aider à son succès.

La préface de Lady Liddell Hart donne sur les aspects humains de Sir Basil Liddell Hart et sur la genèse de son *Histoire de la Seconde Guerre mondiale* les détails nécessaires ainsi que la perspective d'ensemble de l'homme, de son travail et de ceux qui l'ont aidé dans cette œuvre.

Je ne voudrais pour ma part compléter ce tableau que par deux touches que je considère comme essentielles : son rôle de stratège et son rôle d'historien.

Comme stratège, il faut que le lecteur français sache que Liddell Hart — 19 ans en 1914 — découvre sur les champs de bataille la profonde absurdité de la gigantesque hécatombe de la Première Guerre mondiale. Sa hantise, pendant et après cette guerre, est qu'il doit y avoir une solution différente de celle que l'on vient d'appliquer, celle d'une guerre menée à son paroxysme par un effort total et qui cependant, malgré le gaspillage d'hommes et de matériel, n'a pu atteindre une véritable décision militaire, tandis que les belligérants s'usaient par l'intérieur, physiquement et moralement. C'est par l'intérieur que s'est effondrée la Russie en 1917, l'Allemagne et l'Autriche en 1918. Lorsque, malade, après la guerre il quitte l'Armée avec le grade de capitaine, il va consacrer sa vie à tenter de résoudre le problème fondamental de la guerre moderne.

Pour cela, il faut retrouver le moyen de rendre la guerre rapidement décisive, d'avoir donc recours à des idées nouvelles, aux antipodes de celles qui se développent et se codifient — en France, hélas!

Sa première idée, c'est que la manœuvre — grâce à la vitesse — redeviendra possible par l'exploitation du véhicule blindé. Comme Fuller en Angleterre et comme le général Estienne en France à cette époque, il préconise une mécanisation générale des forces afin de permettre des opérations mobiles du type de celles de la cavalerie d'autrefois, mais avec la puissance de feu moderne. Il propose, à 33 ans, l'expérimentation d'une « brigade blindée », la première dans l'histoire, qui aura lieu en 1927 malgré les résistances officielles et qui attire aussitôt un intérêt passionné dans toutes les armées du monde. Mais l'idée — comme toutes les idées neuves — n'est reçue ni en Grande-Bretagne ni en France, malgré le commandant de Gaulle en 1934. C'est dans la Reichswehr renaissante et plus libre de préjugés (pas complètement, on le verra dans ce livre) qu'elle trouve sa pleine application. La campagne éclair en 1940 de Guderian et de Rommel montrera la justesse des vues de Liddell Hart, mais hélas! à notre détriment.

Liddell Hart ne s'est pas limité à la tactique, moyen nécessaire mais subordonné. Élargissant le champ de ses recherches, il publie, à 36 ans, *Les Guerres décisives de l'Histoire*, travail d'historien certes, mais surtout découverte ou plutôt redécouverte de la stratégie que dominait jusque-là une pensée dite « clausewitzienne », et qui, à la suite des exégètes prussiens du maître (dont la pensée était plus subtile et parfois contradictoire), voyait dans la bataille l'alfa et l'oméga de la guerre et qui, par là, méconnaissait les vertus de la manœuvre stratégique ramenée à une opposition directe des potentiels. Ce que Liddell Hart démontre alors — ce qui m'avait tant frappé en 1931 — c'est que la bataille n'est que l'un des moyens d'obtenir la défaite de l'adversaire, qu'en fait, tous les grands capitaines n'ont connu le succès que par des combinaisons permettant de tromper l'ennemi, de mettre en défaut ses dispositions et d'ébranler son moral par ce qu'il appelait l' « approche indirecte ». Plus tard, il codifiera ces idées dans son livre *Strategy*.

Tout cet apport intellectuel, qui aurait pu changer le cours de l'histoire en 1940, a été méconnu par les chefs français et britanniques de 1940. Cette extraordinaire faillite, due au conformisme et à la sclérose, a dû être pour Liddell Hart un véritable calvaire. Ce rôle de Cassandre du penseur militaire a quelque chose de tragique...

C'est dire avec quel soin, en stratège mais aussi en historien, Liddell Hart s'est penché sur cette Seconde Guerre mondiale, dont le déroulement eût pu être si différent. Son premier acte fut d'aller interroger les grands acteurs allemands de la guerre et de se placer ainsi, d'entrée en jeu, à cheval sur « les deux côtés de la colline » (selon le titre de son livre : *The Other Side of the hill*). Connaissant assez bien le côté allié — surtout britannique — des opérations, il a été ainsi en mesure de redresser bien des erreurs de jugement et des légendes pieuses. C'est ce qui fait l'intérêt passionnant de ce livre où, dans les parties que je connais bien pour en avoir été acteur, je ne relève que des faits vérifiés et exacts. Peut être — mais ceci n'est-il pas humain — a-t-il tendance à voir les choses d'un point de vue plus britannique ? Son immense documentation s'étend effectivement à l'ensemble de cette seconde guerre, absolument mondiale. C'est là un véritable monument qu'il a heureusement eu le temps de terminer avant de nous quitter, trop tôt encore pour tous ses nombreux amis qui attendaient de lui de nouvelles idées, mais tout de même beaucoup plus tard que ne le prévoyait le médecin qui le fit réformer de l'Armée après la Première Guerre mondiale...

Sir Basil Liddell Hart, esprit passionné et curieux, nous laisse une grande leçon qui est celle de toute sa vie. Dans le domaine militaire, la vérité, non pas celle du passé mais celle qui se vérifiera dans l'avenir, ne peut généralement pas être trouvée par les voies officielles de la hiérarchie, trop facilement conformiste. Il est donc capital qu'il existe des chercheurs privés, capables de donner libre cours à leur imagination et à leur initiative. C'est cette grande leçon que le lecteur pourra trouver tout au long de cette passionnante *Histoire de la Seconde Guerre mondiale*.

Général Beaufre.

PREMIÈRE PARTIE

Le prélude

I.

Les événements qui précipitèrent la guerre

Le 1er avril 1939, la presse mondiale répandit la nouvelle que le Cabinet de M. Neville Chamberlain, tournant le dos à sa politique d'apaisement et de non-intervention, avait pris l'engagement pour la Grande-Bretagne de défendre la Pologne contre toute menace allemande, dans le but d'assurer la paix en Europe.

Cependant le 1er septembre, Hitler franchit la frontière polonaise. Deux jours plus tard, après avoir vainement exigé son retrait, la Grande-Bretagne et la France entraient dans la bataille. Une nouvelle guerre venait d'éclater en Europe, et elle allait devenir une Seconde Guerre mondiale.

Les Alliés occidentaux entrèrent dans cette guerre avec un objectif double. Leur but immédiat était de tenir leur promesse de préserver l'indépendance polonaise. Ils avaient un but plus lointain qui était de supprimer une menace possible dirigée contre eux-mêmes et donc d'assurer leur propre sécurité. Ils ne devaient finalement atteindre aucun de ces deux buts. Non seulement ils ne purent tout d'abord empêcher l'écrasement de la Pologne et son partage entre l'Allemagne et l'U.R.S.S., mais, après six années de guerre apparemment couronnées par la victoire, ils furent contraints d'accepter la domination soviétique en Pologne, en dépit des engagements qu'ils avaient pris envers les Polonais qui avaient combattu à leur côté.

Parallèlement, tous les efforts consacrés à la destruction de l'Allemagne hitlérienne dévastèrent et affaiblirent l'Europe à un tel point que son pouvoir de résistance s'en trouva très réduit face à la montée d'un nouveau et plus grand péril. Et l'Angleterre, tout comme ses voisins européens, se retrouva appauvrie et à la remorque des États-Unis.

Telle est la réalité que recouvre cette victoire qui fut recherchée avec tant d'espoir et atteinte au prix de tant de souffrance, après que le poids colossal de l'Union soviétique et de l'Amérique eut été jeté dans la balance face à l'Allemagne. Le résultat fit s'évanouir l'illusion populaire vivace selon

L'Europe au début de la Guerre
0 Miles 200 400
0 Km. 200 400 600
NORVE
Oslo
MER DU NORD
DANEMA
IRLANDE
Dublin
GRANDE-BRETAGNE
HOLLANDE
Amsterdam
Hambo
Londres
La Haye
Ber
OCEAN ATLANTIQUE
Cologne
Bruxelles
BELGIQUE
Allema
Rhin
Seine
Paris
LUX.
SUDETES
LIGNE MAGINOT
LIGNE SIEGFRIED
Munich
FRANCE
Berne
SUISSE
Genève
Milan
Marseille
PORTUGAL
Lisbonne
Madrid
ESPAGNE
ITALIE
Corse
Rom
Sardaigne
MER MEDITERRANEE
Tanger
Gibraltar
Sicil
MAROC ESPAGNOL
ALGERIE

FINLANDE
Lac
Ladoga
Helsinki
Leningrad
SUEDE
Stockholm
Tallinn
ESTONIE
MER BALTIQUE
Moscou
Riga
LETTONIE
U. R. S. S.
Copenhague
LITUANIE
Kaunas
Königsberg
Danzig
BIELO-
RUSSIE
PRUSSE
ORIENTALE
Boug
Varsovie
POLOGNE
Kharkov
SILESIE
Kiev
Dniepr
Vistule
San
Lvov
Prague
UKRAINE
TCHECOSLOVAQUIE
Rostov
Vienne
Budapest
HONGRIE
ROUMANIE
Bucarest
Belgrade
MER
NOIRE
YOUGOSLAVIE
Danube
MER ADRIATIQUE
Sofia
BULGARIE
Istanbul
Tirana
ALBANIE
Ankara
TURQUIE
GRECE
Athènes

laquelle la « victoire » est synonyme de paix. Il confirma l'avertissement donné par l'expérience passée que la victoire n'est qu'un « mirage dans le désert », ce désert créé par une longue guerre livrée avec des armes modernes et des méthodes sans limites.

Avant d'étudier ses causes, il est intéressant de dresser la liste des conséquences de la guerre. En ayant une meilleure vision de ces dernières, on pourra peut-être aborder avec un plus grand réalisme l'examen des faits qui amenèrent le conflit. Dans l'optique adoptée pour les procès de Nuremberg, il était suffisant d'affirmer que la déclaration de la guerre et toute son extension étaient uniquement dues à l'agression hitlérienne. Mais c'est là une explication bien trop simple et incomplète.

Hitler était loin de vouloir déclencher une nouvelle grande guerre. Les Allemands, et en particulier les généraux, redoutaient profondément une telle éventualité. Le souvenir de la Première Guerre mondiale avait laissé des cicatrices dans leur mémoire. Le rappel de ces vérités fondamentales n'a pas pour but de faire oublier l'agressivité profonde de Hitler et de bien des Allemands qui le suivaient passionnément. Mais Hitler, aussi totalement dépourvu de scrupules qu'il fût, resta longtemps prudent dans la poursuite de ses objectifs. Les chefs militaires faisaient preuve d'une prudence et d'une crainte encore plus grandes au sujet de toute mesure qui aurait pu provoquer un conflit généralisé.

Une grande partie des archives allemandes ont été saisies après la guerre et il a donc été possible de les étudier. Elles révèlent une inquiétude extraordinairement grande et un manque de confiance extrêmement profond dans la capacité de l'Allemagne à faire face à un vaste conflit.

Lorsqu'en 1936 Hitler ordonna la réoccupation de la rive démilitarisée du Rhin, ses généraux furent effrayés par cette décision et par les réactions qu'elle pourrait provoquer de la part de la France. A la suite de leurs protestations, seules quelques unités tests furent envoyées en avant, pour « prendre le vent ». Quand Hitler manifesta l'intention d'envoyer des troupes à l'aide de Franco dans la guerre civile espagnole, les généraux protestèrent à nouveau devant le risque que cela représentait et il accepta de limiter son intervention. Cependant il ne tint pas compte de leurs appréhensions au sujet de l'entrée en Autriche, en mars 1938.

Peu après, lorsque Hitler révéla son intention de contraindre la Tchécoslovaquie de rendre les Sudètes, le chef d'État-Major général, le général Beck, rédigea une note dans laquelle il exposait que le programme agressivement expansionniste de Hitler amènerait inévitablement une catastrophe mondiale et la ruine de l'Allemagne. Lecture fut donnée de cette note devant les principaux généraux réunis et, avec leur approbation unanime, elle fut envoyée au Führer. Comme celui-ci ne montra aucune intention de modifier sa politique, le chef d'état-major général remit sa démission. Hitler assura aux autres généraux que la France et la Grande-Bretagne ne se battraient pas pour la Tchécoslovaquie, mais ils ne furent pas rassurés pour autant et complotèrent une rébellion militaire ayant pour but de mettre un terme au risque de guerre en arrêtant Hitler et les autres dirigeants nazis.

Ce complot perdit cependant toute justification lorsque Chamberlain s'inclina devant les exigences de démantèlement de la Tchécoslovaquie et, en accord avec la France, accepta de rester en dehors pendant que l'on dépouillait cet infortuné pays de ses territoires et de sa défense.

Pour Chamberlain, les accords de Munich signifiaient « la paix pour notre époque ». Aux yeux de Hitler, ils représentaient une nouvelle et plus grande victoire, non seulement sur ses adversaires étrangers, mais aussi sur ses généraux. Après que leurs avertissements eurent été si souvent démentis par ses succès incroyables et sans effusion de sang, les généraux perdirent naturellement de leur assurance et de leur influence. Tout aussi naturellement, Hitler se trouva confirmé dans une foi présomptueuse en une série ininterrompue de succès faciles. Même lorsqu'il se rendit compte qu'en prenant de nouvelles initiatives il pourrait entraîner une nouvelle guerre, il eut l'impression qu'il ne s'agirait que d'un conflit mineur et bref. Ses doutes furent balayés par l'effet cumulatif de succès enivrants.

S'il avait réellement envisagé l'éventualité d'un conflit généralisé, engageant l'Angleterre, il aurait consacré tous ses efforts à la construction d'une flotte capable de mettre en danger la maîtrise des mers possédée par la Grande-Bretagne. Mais en réalité, il ne porta même pas la force de sa Flotte au niveau modeste qui avait été envisagé par le traité naval anglo-allemand de 1935. Il ne cessa de répéter à ses amiraux qu'il fallait écarter toute éventualité d'une guerre avec l'Angleterre. Au lendemain de Munich, il leur déclara qu'ils ne devaient pas envisager de conflit avec les Anglais avant au moins six ans. Même au cours de l'été 1939 et jusqu'à une date aussi avancée que le 22 août, il réitéra de telles assurances (cependant avec une conviction de moins en moins grande).

Comment, alors, expliquer que Hitler se trouva engagé dans le conflit majeur qu'il était si désireux d'éviter ? La réponse ne réside pas seulement, ni principalement, dans son esprit d'agressivité ; elle réside dans cet encouragement qu'il reçut pendant longtemps sous la forme de l'attitude complaisante des puissances occidentales, de même que dans leur brutale volte-face du printemps 1939. Ce retournement fut si brusque et imprévu qu'il rendit la guerre inévitable.

Si vous laissez quelqu'un chauffer une chaudière jusqu'à ce que la pression de la vapeur dépasse le point critique, ce sera à vous de supporter la responsabilité de l'explosion qui pourra en résulter. Cette vérité de la physique s'applique aussi à la politique, et en particulier à la conduite des affaires internationales.

Depuis l'arrivée au pouvoir de Hitler, en 1933, les gouvernements français et britannique avaient fait à ce dangereux autocrate un bien plus grand nombre de concessions qu'aux gouvernements démocratiques qui l'avaient précédé à la tête de l'Allemagne. A tout moment, Français et Anglais se montrèrent disposés à éviter tous les ennuis et à oublier les problèmes trop épineux, afin de sauvegarder leur situation du moment en sacrifiant leur avenir.

De l'autre côté, Hitler raisonnait d'une façon trop systématique. Il guida sa politique sur les idées formulées dans un « testament » rédigé en novembre 1937. (Une version de celui-ci a été préservée dans le soi-disant *Memorandum Hossbach*). Cette politique était fondée sur la conviction que l'Allemagne avait un besoin absolu de plus d'espace vital *(Lebensraum)* pour sa population croissante si on voulait que celle-ci ait une chance de maintenir son niveau de vie. De l'avis de Hitler, l'Allemagne ne pouvait pas espérer subvenir à ses besoins, en particulier dans le domaine alimentaire. La solution ne pouvait pas non plus être trouvée dans des achats sur les marchés étrangers car ils étaient au-dessus de ses moyens du fait de la fuite de devises qu'ils représentaient. Les chances de se tailler une plus grande part dans le commerce et dans l'industrie du monde étaient trop minces du fait des barrières douanières des autres pays et de son propre manque de ressources financières. De plus, le recours à un approvisionnement indirect la placerait dans la dépendance de nations étrangères et l'exposerait à la famine en cas de guerre.

Ses conclusions étaient qu'il fallait que l'Allemagne obtînt davantage d' « espace cultivable » dans les régions à faible densité de population d'Europe orientale. Il eût été vain d'espérer que cet espace lui fût concédé volontairement. « L'histoire de toutes les époques — l'Empire romain, l'Empire britannique — a prouvé que toute expansion dans l'espace ne peut s'effectuer qu'en surmontant des résistances et en prenant des risques... Hier, comme aujourd'hui, l'espace a toujours eu un propriétaire. » Il fallait que ce problème fût résolu en 1945 au plus tard. « Après cette date on ne peut s'attendre qu'à une aggravation de la situation. » Les débouchés possibles seraient bloqués et on se trouverait à la veille d'une pénurie alimentaire.

S'il est vrai que ces idées allaient beaucoup plus loin que le désir initialement exprimé par Hitler de récupérer les territoires enlevés à l'Allemagne au lendemain de la Première Guerre mondiale, il est faux de dire que les hommes d'État occidentaux ignoraient ces plans autant qu'ils l'ont prétendu par la suite. En 1937-1938, beaucoup d'entre eux affichaient le plus grand réalisme dans des conversations privées (tout en se gardant bien de faire de même en public). Dans les milieux gouvernementaux anglais on avançait de nombreux arguments pour laisser l'Allemagne étendre son expansion vers l'est et détourner de ce fait le danger qui pourrait peser à l'ouest. On montrait beaucoup de sympathie pour le désir d'espace vital exprimé par Hitler, et on le lui faisait savoir. Cependant on préférait ne pas se pencher sur la question de savoir comment convaincre les propriétaires actuels de cet espace de le céder autrement que sous la menace de forces supérieures.

Les documents allemands révèlent que Hitler fut particulièrement encouragé dans cette voie par la visite de Lord Halifax en novembre 1937. Halifax était alors le second personnage du Cabinet anglais. Selon le compte rendu que donnent les archives de son entretien avec Hitler, il laissa entendre à ce dernier que l'Angleterre lui laisserait les mains libres en Europe orientale. Peut-être Halifax ne voulait-il pas aller si loin, mais ce fut l'impression qu'il donna et elle se révéla d'une importance cruciale.

Puis, en février 1938, M. Anthony Eden fut amené à démissionner de son poste de ministre des Affaires étrangères à la suite de désaccords répétés avec Chamberlain qui, en guise de réponse à l'une de ses protestations, lui avait répliqué : « Rentrez chez vous et prenez de l'aspirine! » Halifax fut désigné pour lui succéder au Foreign Office. Quelques jours plus tard, l'ambassadeur anglais à Berlin, Sir Neville Henderson, rendit visite à Hitler pour un entretien confidentiel poursuivant celui qu'avait eu Halifax en novembre. Il fit comprendre que le Gouvernement anglais éprouvait une grande compréhension à l'égard du désir de Hitler de voir se réaliser des « changements en Europe » au bénéfice de l'Allemagne. « L'actuel gouvernement britannique faisait preuve d'un sens aigu des réalités. »

Comme le montrent ces documents, ces événements précipitèrent l'action de Hitler. Il crut y voir un feu vert pour sa progression vers l'est. C'était là une conclusion très naturelle.

Hitler fut encore encouragé par la façon accommodante dont les gouvernements français et anglais acceptèrent son entrée en Autriche et l'annexion de ce pays au sein du Reich. (Le seul accroc dans cette affaire facile fut la manière dont un grand nombre de ses chars tombèrent en panne sur la route de Vienne.) Ce fut pour lui un encouragement supplémentaire d'apprendre que Chamberlain et Halifax avaient rejeté une proposition soviétique suggérant d'organiser une conférence sur un plan d'assurance collective contre l'avance allemande au lendemain de l'Anschluss.

Il faut ajouter ici qu'en septembre 1938, lorsque la menace contre les Tchèques se réalisa, le Gouvernement soviétique fit à nouveau savoir, publiquement et en privé, qu'il était prêt à s'associer avec la France et la Grande-Bretagne pour prendre des mesures afin d'assurer la protection de la Tchécoslovaquie. Cette offre fut ignorée. De plus la Russie fut ostensiblement écartée de la conférence de Munich au cours de laquelle fut scellé le sort de la Tchécoslovaquie. Cette attitude hostile eut des conséquences fatales au cours de l'année suivante.

Après l'approbation que le Gouvernement anglais avait semblé lui donner pour son mouvement vers l'est, la violente réaction et la mobilisation partielle qui suivirent ses menaces directes sur la Tchécoslovaquie, en septembre, lui firent l'effet d'une surprise désagréable. Mais lorsqu'il vit Chamberlain accepter ses exigences et contribuer activement à imposer celles-ci à la Tchécoslovaquie, il eut l'impression que cette menace passagère de résistance n'avait été qu'une opération destinée à sauver la face afin d'échapper aux objections de la large fraction de l'opinion britannique qui, sous la conduite de M. Winston Churchill, s'opposait à la politique gouvernementale de conciliation et de concessions. Il se sentit tout autant encouragé par la passivité de la France. Après que celle-ci eut si facilement abandonné son allié tchécoslovaque qui possédait l'armée la plus efficace de toutes les petites puissances, il ne semblait guère vraisemblable qu'elle se lancerait dans une guerre pour défendre un autre pays de cette chaîne d'alliés qu'elle avait possédée en Europe centrale et orientale.

Si bien que Hitler avait le sentiment de pouvoir achever prochainement en toute sécurité l'élimination de la Tchécoslovaquie et ensuite de pousser davantage vers l'est.

Au début, il ne pensait pas à menacer la Pologne, bien que celle-ci possédât le plus grand morceau de territoire arraché à l'Allemagne à la fin de la Première Guerre mondiale. Comme la Hongrie, la Pologne lui avait apporté une aide en menaçant les arrières de la Tchécoslovaquie, contribuant de la sorte à faire céder cette dernière. (Disons, en passant, que la Pologne avait saisi une occasion de s'emparer d'une tranche de territoire tchèque.) Hitler était disposé à accepter la Pologne comme associée mineure, pour l'instant, à condition qu'elle rende le port allemand de Dantzig et garantisse à l'Allemagne le libre passage vers la Prusse-Orientale à travers le « Corridor » polonais. C'était de la part de Hitler une attitude remarquablement modérée, étant donné les circonstances. Mais au cours des conversations successives qui se déroulèrent pendant l'hiver, Hitler s'aperçut que les Polonais n'entendaient absolument pas faire de telles concessions et se faisaient en même temps une idée très exagérée de leur propre puissance. Il continua cependant d'espérer qu'ils céderaient au prix de nouvelles négociations. Le 25 mars il déclarait encore à son commandant en chef qu'il « ne souhaitait pas résoudre le problème de Dantzig par l'emploi de la force ». Mais un revirement fut provoqué par une initiative britannique imprévue faisant suite à une nouvelle décision de Hitler dans une autre direction.

Au cours des premiers mois de 1939, les dirigeants britanniques se sentaient plus heureux qu'ils ne l'avaient jamais été depuis longtemps. Ils se berçaient avec la croyance que leurs mesures de réarmement accéléré, le programme de réarmement américain et les difficultés économiques de l'Allemagne diminuaient le danger de la situation. Le 10 mars, Chamberlain exprima en privé l'opinion que les chances de paix étaient plus grandes que jamais et il parla de son espoir de voir s'organiser une nouvelle conférence de désarmement avant la fin de l'année. Le lendemain, Sir Samuel Hoare, le prédécesseur de Eden au Foreign Office, et qui était maintenant ministre de l'Intérieur, prononça un discours optimiste où il suggérait que le monde était à l'aube d'un nouvel « Age d'Or ». Les ministres affirmaient à leurs amis et à leurs détracteurs que les problèmes économiques de l'Allemagne la rendaient incapable de se lancer dans une guerre et qu'elle ne pouvait faire autrement que de se soumettre aux conditions britanniques en échange de l'aide que le Gouvernement anglais lui proposait sous la forme d'un traité de commerce. Deux ministres, M. Oliver Stanley et M. Robert Hudson, allaient se rendre à Berlin pour le mettre au point.

Le numéro de *Punch* [1] de cette même semaine parut avec un dessin représentant John Bull se réveillant avec soulagement après un cauchemar, tandis que la récente « peur de la guerre » s'envolait par la fenêtre. Une telle période d'illusions absurdement optimistes n'a jamais été connu, sinon pendant cette semaine qui précéda les « Ides de Mars » 1939.

Entre-temps, les nazis avaient encouragé des mouvements séparatistes en Tchécoslovaquie pour causer son effondrement de l'intérieur. Le 12 mars, les Slovaques déclarèrent leur indépendance, après que leur leader, Tiso, eut rencontré Hitler à Berlin. Avec encore plus d'aveuglement, le ministre des Affaires étrangères polonais, le colonel Beck, exprima publiquement son entière sympathie pour les Slovaques. Le 15, les troupes allemandes faisaient leur entrée dans Prague après que le président tchèque eut cédé devant l'exigence de Hitler d'établir un « protectorat » sur la Bohême et, en conséquence, d'occuper le pays.

A l'automne précédent, lors de la conclusion des accords de Munich, le Gouvernement anglais s'était engagé à garantir la Tchécoslovaquie contre une agression. Mais Chamberlain déclara devant la Chambre des Communes qu'il considérait que la sécession slovaque avait annulé cette garantie et qu'il ne se sentait plus lié par aucune obligation. Tout en exprimant ses regrets devant ce qui venait d'arriver, il laissa entendre à la Chambre qu'il ne voyait aucune raison d' « infléchir » la politique britannique.

Cependant, en l'espace de quelques jours, Chamberlain effectua une volte-face complète. Ce changement fut si soudain qu'il laissa le monde entier stupéfait. Il prit brusquement la décision d'empêcher tout nouveau mouvement de la part de Hitler et, le 29 mars, il proposa à la Pologne de la soutenir contre « toute action qui menacerait l'indépendance polonaise et contre laquelle le Gouvernement polonais considérerait comme vital de résister. »

Il est impossible d'évaluer quelle fut l'influence prédominante qui déclencha cette impulsion : la pression de l'indignation publique, sa propre indignation, sa colère à se voir dupé par Hitler ou encore son humiliation de s'être fait tourner en dérision aux yeux de ses compatriotes.

La plupart des Anglais qui avaient applaudi à sa politique antérieure d'apaisement ressentirent une réaction tout aussi violente, aiguisée par les reproches de l' « autre moitié » de la nation qui n'avait pas soutenu cette politique. La cassure de l'opinion publique fut ressoudée et l'unité de la nation se trouva reconstituée par la montée unanime de l'exaspération.

La formulation sans réserve de cette garantie plaçait la destinée de l'Angleterre entre les mains des gouvernements polonais, dont le jugement était pour le moins contestable et changeant. De plus, il était impossible de respecter cette garantie sans l'aide soviétique et cependant aucune mesure exploratoire ne fut envisagée pour savoir si la Russie accepterait de donner une telle aide ou si la Pologne accepterait de la recevoir.

---

1. *Punch :* le plus célèbre des magazines satiriques anglais *(N. d. T.)*.

Au moment de donner son avis, le Cabinet n'eut même pas accès au rapport authentique du comité des chefs d'état-major, rapport qui lui aurait clairement montré qu'il était impossible sur le plan pratique de fournir une véritable protection à la Pologne [1]. Il est peu probable, cependant, que ce rapport aurait changé quelque chose dans l'atmosphère qui régnait à l'époque.

Lors du débat parlementaire sur la garantie, celle-ci fut bien accueillie de toute part. Seul M. Lloyd George s'éleva contre ce qu'il appela la folie suicidaire de prendre un engagement d'une telle envergure sans s'assurer auparavant de l'appui de l'U.R.S.S. Cette garantie était la meilleure façon de produire une explosion prochaine et une guerre mondiale. Elle associait une tentation maximale à une manifeste provocation. Elle incitait Hitler à démontrer la futilité d'une telle garantie à un pays hors de portée de l'Occident; elle rendait encore plus réticents les plus intransigeants des Polonais à lui faire la moïndre des concessions, tout en lui enlevant toute possibilité de faire machine arrière sans « perdre la face ».

Pourquoi les dirigeants polonais acceptèrent-ils une telle offre? En partie, à cause de l'opinion absurdement exagérée qu'ils avaient de la puissance de leurs forces armées désuètes. (Ils se vantaient de faire une « charge de cavalerie jusqu'à Berlin ».) En partie aussi à cause de facteurs personnels. Le colonel Beck déclara peu après qu'il avait décidé d'accepter l'offre britannique en moins de temps qu'il n'en faut pour « secouer deux fois la cendre de sa cigarette ». Il expliqua que, lors de sa rencontre avec Hitler, en janvier, il avait eu du mal à avaler les paroles de Hitler disant qu'il *fallait* lui rendre Dantzig. Aussi, quand l'offre britannique lui avait été communiquée, il l'avait considérée et saisie comme une occasion de donner une gifle à Hitler. Cette impulsion n'est que trop caractéristique de la façon dont se décide souvent le sort des peuples.

La seule chance qui restait, désormais, d'éviter la guerre, était de s'assurer le soutien de l'Union soviétique, c'est-à-dire de la seule puissance qui fut en mesure d'aider directement la Pologne et donc de décourager Hitler. Mais, en dépit de l'urgence de la situation, le Gouvernement anglais entreprit des démarches dilatoires et sans conviction. Chamberlain avait une profonde prévention à l'égard de la Russie soviétique et Halifax ne l'aimait pas non plus, pour des raisons religieuses. De plus, tous deux sous-estimaient sa force tout autant qu'ils surestimaient celle de la Pologne. Tout en reconnaissant à présent le caractère souhaitable d'un accord défensif avec l'U.R.S.S., ils voulaient en dicter les termes sans se rendre compte que leur précipitation à accorder une garantie à la Pologne les avait placés dans une position où ils seraient bien obligés d'accepter les conditions soviétiques.

---

1. Je fus mis peu après au courant de cette lacune par M. Hore-Belisha, alors ministre de la Guerre, et par Lord Beaverbrook qui en avait entendu parler par d'autres membres du Gouvernement.

A l'inverse du Gouvernement anglais, Staline, lui, s'en rendait parfaitement compte.

Mais, au-delà de leurs propres hésitations, il y avait les réticences du Gouvernement polonais, et des autres petites puissances d'Europe orientale, à accepter un soutien militaire soviétique. Tous ces gouvernements craignaient que l'arrivée de renforts russes soit l'équivalent d'une invasion. Pour toutes ces raisons, les négociations anglo-soviétiques se déroulèrent bientôt à la vitesse d'un cortège funèbre.

Toute différente fut la réaction de Hitler devant la nouvelle situation. Il fut certes secoué par la volte-face violente de l'Angleterre et par ses mesures de réarmement accéléré, mais l'effet produit fut le contraire de celui escompté. Se rendant compte que les Anglais devenaient hostiles à l'expansion allemande vers l'est, et craignant d'être bloqué s'il tergiversait, il conclut qu'il lui fallait accélérer sa conquête de l'*espace vital*. Mais comment pourrait-il le faire sans déclencher une guerre générale ? La solution qu'il imagina était inspirée par l'image qu'il se faisait des Britanniques à la lumière de leur histoire. Les considérant comme un peuple rationnel et de sang-froid, dont la tête savait maîtriser les émotions, il pensait que jamais les Anglais ne songeraient à se lancer dans une guerre pour la Pologne sans avoir obtenu le soutien des Soviétiques. Aussi ravala-t-il sa haine et sa crainte du « bolchevisme » et consacra-t-il tous ses efforts et son énergie à se concilier les bonnes grâces de l'U.R.S.S. afin d'obtenir sa neutralité. Ce revirement était encore plus sensationnel que celui de Chamberlain et chargé de conséquences aussi fatales.

Les approches de Hitler en direction de la Russie furent facilitées par les circonstances. En effet, Staline regardait déjà l'Europe occidentale d'un œil moins favorable. Le ressentiment naturel des Soviétiques devant l'attitude distante de Chamberlain et Halifax en 1938 fut encore accru lorsque, au lendemain de l'entrée de Hitler à Prague, leur nouvelle proposition d'alliance défensive reçut un accueil mitigé, tandis que le Gouvernement britannique se lançait dans un accord séparé avec la Pologne. On ne pouvait trouver meilleur moyen de semer le doute et la suspicion.

Le 3 mai, l'annonce que Litvinov, le commissaire soviétique aux Affaires étrangères, avait été « libéré » de ses fonctions, constitua un avertissement que seuls les aveugles pouvaient ignorer. Litvinov était depuis longtemps le principal avocat de la coopération avec les puissances occidentales dans la lutte contre l'Allemagne nazie. Il fut remplacé par Molotov, dont on disait qu'il préférait avoir affaire avec des dictateurs plutôt qu'avec des démocraties libérales.

Les premiers contacts en vue d'une entente germano-soviétique furent pris en avril, mais ils étaient conduits de part et d'autre avec une extrême circonspection. La défiance mutuelle était profonde et chaque partie soupçonnait l'autre de chercher seulement à empêcher le partenaire de conclure un accord avec les Occidentaux. Cependant, la lenteur avec laquelle progressaient les négociations anglo-soviétiques encouragea les Allemands à profiter de l'occasion, à accélérer leurs propres conversations et à plaider leur cause. Jusqu'à la mi-août, Molotov refusa de s'engager. Puis un changement décisif se manifesta. Il fut peut-être causé par la bonne volonté des Allemands, opposée aux hésitations et aux réserves des Anglais, devant les exigences de Staline, en particulier en ce qui concernait les États baltes où il voulait avoir les mains libres. Ce changement d'attitude fut peut-être lié également au fait évident que Hitler ne pouvait se permettre de déclencher son plan en Pologne après le début de septembre, sous peine de s'embourber dans l'hiver; si bien que la remise de l'accord germano-soviétique jusqu'à la fin août eut pour effet d'enlever à Hitler et aux Occidentaux le temps de conclure un nouveau Munich qui aurait pu être dangereux pour l'U.R.S.S.

Le 23 août, von Ribbentrop s'envolait pour Moscou où le pacte fut signé. Il était accompagné d'un accord secret aux termes duquel la Pologne devait être partagée entre l'Allemagne et la Russie.

La signature de ce pacte rendait la guerre inévitable, et ce d'autant plus qu'elle intervenait à une date avancée. Hitler ne pouvait pas reculer dans l'affaire polonaise sans perdre gravement la face aux yeux de Moscou. De plus, sa certitude que le Gouvernement britannique ne s'aventurerait pas dans une lutte visiblement futile pour préserver la Pologne et ne désirait pas véritablement atteindre un accord avec l'Union soviétique avait récemment été confirmée par la façon dont Chamberlain avait amorcé, à la fin de juillet, des négociations privées avec lui, par l'intermédiaire de son fidèle conseiller Sir Horace Wilson, dans le but de parvenir à un pacte anglo-allemand.

Mais le pacte germano-soviétique, à la date tardive où il fut annoncé, n'eut pas sur les Anglais l'effet escompté par Hitler. Il réveilla, au contraire, leur côté « bull-dog », leur esprit de détermination aveugle quelles que fussent les conséquences. Dans cet état d'esprit, Chamberlain ne pouvait rester neutre sans perdre la face et trahir sa parole.

Staline ne savait que trop bien que les puissances occidentales étaient disposées depuis longtemps à laisser Hitler réaliser son expansion à l'est, en direction de la Russie. Il est probable qu'il considéra le Pacte germano-soviétique comme un moyen commode de dévier le dynamisme agressif de Hitler dans la direction opposée. En d'autres termes, par cet habile pas de côté, il s'écartait pour laisser ses adversaires directs éventuels se heurter de front. Ce choc diminuerait pour le moins la menace pesant sur l'U.R.S.S., et pourrait même produire à plus long terme un épuisement de ces puissances de nature à donner à l'Union soviétique la suprématie dans l'après-guerre.

Le Pacte signifiait la disparition de la Pologne comme État tampon entre l'Allemagne et la Russie. Mais les Russes avaient toujours eu le sentiment que les Polonais serviraient plutôt de fer de lance à une invasion allemande que de barricade contre une telle éventualité. En collaborant à la conquête de la Pologne par Hitler et en participant au partage, non seulement les Russes trouvaient une occasion facile de récupérer leurs possessions d'avant 1914, mais ils avaient la possibilité de faire de la Pologne orientale une zone-barrière certes plus étroite, mais tenue par leurs propres forces armées. Cette solution leur semblait constituer une meilleure protection que l'existence d'une Pologne indépendante. D'autre part, le Pacte leur ouvrait la voie à l'occupation des États baltes et de la Bessarabie, occupation qui viendrait renforcer cette zone tampon.

En 1941, au lendemain de l'entrée des troupes allemandes en U.R.S.S., la décision prise par Staline en 1939 avait l'air d'un expédient fatal et à courte vue. Il est vraisemblable que Staline surestimait la capacité des puissances occidentales à résister à l'Allemagne et donc à l'épuiser. Il est également vraisemblable qu'il surestima aussi la puissance de résistance initiale de ses propres troupes. Néanmoins, si l'on examine la situation européenne dans les années suivantes, il n'est pas aussi sûr qu'on aurait pu le croire, en 1941, que le Pacte se révéla désavantageux pour l'Union soviétique.

Par contre, il fut extrêmement nuisible pour l'Europe occidentale. La responsabilité en incombe à ceux qui pratiquèrent cette politique de temporisation, puis de précipitation face à une situation visiblement explosive.

Parlant de l'entrée de la Grande-Bretagne dans la guerre, Churchill déclare, après avoir décrit la façon dont l'Angleterre autorisa l'Allemagne à réarmer puis à absorber l'Autriche et la Tchécoslovaquie, tout en repoussant avec mépris les propositions soviétiques d'action concertée :

> « [...] après avoir gaspillé et rejeté toutes ces assistances et tous ces avantages, la Grande-Bretagne s'avance, menant la France par la main, pour garantir l'intégrité de la Pologne qui, seulement six mois auparavant, avait pris part avec un appétit d'hyène au pillage, à la destruction de l'État tchécoslovaque. Il y avait quelque sens à vouloir se battre pour la Tchécoslovaquie en 1938, alors que l'armée allemande pouvait à peine aligner une demi-douzaine de divisions entraînées sur le front occidental, alors que les Français auraient très certainement pu, avec leurs soixante ou soixante-dix divisions, franchir le Rhin ou envahir la Ruhr. Mais on avait jugé cela déraisonnable, téméraire, indigne de la pensée et de la moralité modernes. Et cependant, maintenant, les deux démocraties occidentales se déclaraient enfin prêtes à risquer leur vie pour l'intégrité territoriale de la Pologne. Il faut vraiment fouiller de fond en comble l'histoire, cette histoire qui est surtout, dit-on, le récit des crimes, des folies et des malheurs de l'humanité, pour trouver le parallèle de ce renversement subit et complet après cinq ou six années d'une politique nonchalante d'apaisement et de conciliation se muant presque du jour au lendemain en l'acceptation de l'éventualité évidemment imminente d'une guerre dans des conditions bien plus difficiles et sur la plus vaste échelle...
>
> « La décision qui était enfin prise, au plus mauvais moment possible et sur le terrain le moins satisfaisant, ne pouvait manquer d'entraîner le massacre de dizaines de millions d'hommes [1]. »

C'est là un verdict frappant prononcé sur l'inconscience de Chamberlain et rédigé avec le recul du temps. En effet, Churchill lui-même avait soutenu,

1. Churchill : *The Second World War*, vol. I, pp. 311-312.

dans le feu de l'action, l'offre pressante faite par Chamberlain d'une garantie anglaise à la Pologne. Il est tout à fait évident qu'en 1939, comme la plupart des dirigeants britanniques, il agit sous le coup d'une impulsion passionnée, au lieu de faire preuve de ce jugement pondéré qui avait autrefois caractérisé les hommes d'État anglais.

2.

Les forces en présence au début des hostilités

Le vendredi 1er septembre 1939, les armées allemandes envahirent la Pologne. Le dimanche 3, le Gouvernement britannique déclarait la guerre à l'Allemagne, en application des termes de la garantie qu'il avait précédemment donnée à la Pologne. Six heures plus tard, le Gouvernement français imitait, avec quelques hésitations, la décision britannique.

Lors de sa déclaration fatidique au Parlement anglais, le Premier ministre septuagénaire, M. Chamberlain, conclut en disant : « J'espère vivre assez longtemps pour voir le jour où l'hitlérisme aura été écrasé et une Europe libre restaurée. » Moins d'un mois plus tard la Pologne était vaincue. Moins de neuf mois plus tard la plus grande partie de l'Europe occidentale avait été submergée par le flot envahissant de la guerre. Et, si Hitler fut finalement vaincu, une Europe libre ne fut jamais restaurée.

Dans son discours d'approbation à la déclaration de guerre, M. Arthur Greenwood, parlant au nom du Parti travailliste, exprima son soulagement : « L'angoisse intolérable de l'attente que nous avons tous ressentie a pris fin. Maintenant nous connaissons le pire. » Il était facile de deviner, au volume des acclamations qui accueillirent son discours, qu'il exprimait le sentiment général des parlementaires. Il termina en disant : « Puisse la guerre être rapide et brève, et puisse la paix qui suivra s'édifier fièrement à tout jamais sur la défaite d'un nom maléfique. »

Aucun calcul raisonnable des forces et des ressources de chacun ne permettait d'affirmer que la guerre serait « rapide et brève », ni même d'espérer que la France et l'Angleterre seules pourraient vaincre l'Allemagne, aussi longue que fut la guerre : il était encore plus absurde de prétendre que « maintenant nous connaissons le pire ».

On se faisait des illusions sur la force de la Pologne. Lord Halifax, qui en tant que ministre des Affaires étrangères aurait dû être bien informé, croyait que la valeur militaire de la Pologne était supérieure à celle de l'Union soviétique et il préférait avoir les Polonais comme alliés. C'est ce qu'il laisse entendre à l'ambassadeur américain le 24 mars, quelques jours avant la brusque décision du Gouvernement d'offrir la garantie de l'Angleterre à la Pologne. En juillet, l'inspecteur général des forces britanniques, le général Ironside, rendit visite à l'armée polonaise et en rapporta, selon les termes de M. Churchill, une opinion « extrêmement favorable [1]. »

On entretenait des illusions encore plus grandes à l'égard de l'armée française. Churchill lui-même l'avait décrite comme « la force mobile la plus parfaitement entraînée et la plus loyale d'Europe [2] ». Quelques jours avant la guerre, lorsqu'il rencontra le général Georges, commandant en chef de l'Armée française, il fut si favorablement impressionné à la vue des chiffres respectifs des forces françaises et allemandes qu'il déclara : « Mais vous êtes les maîtres [3]. »

Cet enthousiasme l'incita peut-être à presser avec encore plus d'ardeur les Français à déclarer la guerre pour soutenir la Pologne. L'ambassadeur de France rapporta dans une dépêche que « l'un des plus excités était M. Winston Churchill; ses éclats de voix faisaient vibrer le téléphone ». En mars, Churchill avait également proclamé son « accord le plus complet avec le Premier ministre » au sujet de l'offre de garantie à la Pologne. Comme la plupart des hommes politiques anglais de premier plan, il avait souligné la valeur de cette garantie pour préserver la paix. M. Lloyd George avait été le seul à montrer le danger qu'elle représentait et l'impossibilité de la rendre effective. Cet avertissement fut décrit par le *Times* comme « une explosion de pessimisme inconcevable de la part de M. Lloyd George qui semble désormais habiter un univers personnel étrange et lointain ».

Pour équilibrer cette image, il faut ajouter que ces illusions n'étaient pas partagées par les milieux militaires les plus pondérés [4]. Cependant, en général, l'atmosphère était surchargée d'émotions qui faisaient perdre le sens des réalités immédiates et de la clairvoyance à long terme.

La Pologne aurait-elle pu résister plus longtemps? La France et la Grande-Bretagne auraient-elles pu faire davantage pour diminuer la pression allemande sur la Pologne? A la lumière des effectifs des forces armées, tels que nous les connaissons maintenant, la réponse à ces deux questions semble à première vue devoir être positive. En *nombre*, la Pologne avait des forces suffisantes pour arrêter les troupes allemandes et imposer à tout le moins un long retard dans leur progression. Il apparaît de même, selon les chiffres, que les Français auraient dû pouvoir vaincre les forces allemandes demeurées à l'ouest.

---

1. Churchill : *The Second World War*, vol. I, p. 357.
2. 14 avril 1938.
3. Churchill : *The Second World War*, vol. I, p. 357.
4. Je résumais la situation dans la conclusion de mon étude stratégique écrite au moment de la déclaration de guerre et prévoyant la défaite rapide de la Pologne ainsi que les chances de voir la France bientôt contrainte d'abandonner le combat. Je disais : « En résumé, en décidant de résister sur un terrain stratégiquement malsain, nous nous sommes mis dans une très mauvaise situation, peut-être la pire de notre histoire. »

L'armée polonaise comprenait trente divisions d'active et dix divisions de réserve. Elle comptait également rien de moins que douze brigades de cavalerie (bien qu'une seule de celles-ci fut motorisée). Son potentiel en hommes était encore supérieur au nombre total de divisions indiqué, car la Pologne disposait de près de 2 580 000 « hommes entraînés » et mobilisables en cas de besoin.

La France mobilisa l'équivalent de 110 divisions, parmi lesquelles 65 étaient des divisions d'active. Ces dernières étaient composées de 5 divisions de cavalerie, 2 divisions mécanisées et 1 division blindée en cours de formation. Le reste était de l'infanterie. Sur ce total général, même après avoir distrait les forces nécessaires à garantir le sud de la France et l'Afrique du Nord contre une menace éventuelle de l'Italie, le commandement français put concentrer 85 divisions sur le front du Nord, face à l'Allemagne. De plus, 5 000 000 d'hommes entraînés pouvaient être mobilisés.

La Grande-Bretagne avait promis d'envoyer en France 4 divisions régulières dès le début du conflit, tout en assurant la défense du Moyen-Orient et de l'Extrême-Orient. En fin de compte, elle envoya l'équivalent de 5 divisions. Cependant, du fait des problèmes de transport maritime et des détours jugés nécessaires pour éviter les attaques aériennes, ce premier contingent ne put arriver avant la fin septembre.

A côté de son armée régulière, petite mais d'une haute qualité, l'Angleterre était en train de mettre sur pied et d'équiper une armée territoriale de 26 divisions. Au moment de la déclaration de guerre, le Gouvernement avait pris la décision de porter le total à 56 divisions. Cependant le premier contingent de cette nouvelle force ne serait pas prêt à entrer en guerre avant 1940. Entre-temps, la principale contribution de la Grande-Bretagne ne pouvait prendre que la forme traditionnelle du blocus maritime exercé par ses forces navales, c'est-à-dire une méthode de pression dont les effets sont inévitablement lents à se faire sentir.

L'Angleterre avait un peu plus de 600 bombardiers, soit le double de la France et beaucoup moins de la moitié de ce dont disposait l'Allemagne. Toutefois, étant donné la taille et la portée réduites des appareils alors en service, ils ne pouvaient pas inquiéter sérieusement l'Allemagne par des attaques directes.

L'Allemagne mobilisa 98 divisions, dont 52 étaient des unités d'active (y compris 6 divisions autrichiennes). Sur les 46 autres cependant, il n'y en avait que 10 qui fussent prêtes à entrer en action le jour de la mobilisation et même, parmi celles-ci, le plus gros des effectifs était constitué de jeunes recrues ayant un mois de service. Quant aux 36 divisions restantes, elles étaient pour la plupart composées d'hommes de 40 ans qui avaient fait la guerre de 14 et qui étaient peu familiarisés avec les armes et la tactique modernes. Elles manquaient d'artillerie et d'autres armements. L'organisation et l'entraînement de ces divisions prit beaucoup de temps, beaucoup plus que n'avait prévu le commandement allemand qui fut très alarmé par la lenteur de ces opérations. En 1939, l'armée allemande n'était pas prête pour une guerre, une guerre à laquelle ses chefs, confiants dans la parole de Hitler, ne s'attendaient pas. Ils s'étaient pliés avec réticence au désir de Hitler de développer rapidement la taille de l'armée. Eux-mêmes eussent préféré procéder graduellement, en formant des cadres parfaitement entraînés. Mais Hitler leur avait maintes fois répété qu'il y aurait tout le temps de procéder à un tel entraînement car il n'avait aucune intention de courir le risque d'un conflit majeur avant 1944 au plus tôt. L'équipement était également très insuffisant par rapport à la taille de cette armée.

Cependant, après coup, on attribua généralement les victoires éclatantes remportées par l'armée allemande dans les premières phases de la guerre à une supériorité écrasante en armement et en effectifs.

Cette illusion persista longtemps. Même dans ses mémoires de guerre, Churchill écrivit que les Allemands avaient au moins mille « chars lourds » en 1940. En réalité ils n'en avaient pas un seul à l'époque. Au début de la guerre ils n'avaient qu'une poignée de chars moyens pesant à peine 20 tonnes. La plupart des chars qu'ils utilisèrent en Pologne étaient des modèles très légers, au blindage peu épais [1].

Si on fait le bilan, on s'aperçoit que les Polonais et les Français disposaient, ensemble, de l'équivalent de 130 divisions face aux 98 divisions allemandes (dont 26 n'étaient pratiquement pas entraînées ni organisées). En matière d'effectifs « entraînés », le bilan était encore plus défavorable aux Allemands. Par contre, la position centrale de l'Allemagne jouait en sa faveur en divisant en deux parties inégales ces forces plus puissantes. Les Allemands pouvaient attaquer le plus faible des deux associés, alors que les Français devaient s'attaquer aux défenses préparées par les Allemands s'ils voulaient soulager leur allié oriental.

Même dans ce cas, sur le plan quantitatif, les Polonais disposaient de forces suffisantes pour *contenir* la force de frappe lancée contre eux et qui consistait en 48 divisions d'active. Celles-ci devaient être suivies d'une demi-douzaine de divisions de réserve qui avaient été mobilisées. Mais la campagne fut terminée avant qu'elles n'interviennent.

Superficiellement, il semblait que les Français jouissaient d'une supériorité largement suffisante pour écraser les forces allemandes de l'ouest et faire une percée sur le Rhin. Les généraux allemands furent stupéfaits et soulagés de voir qu'il n'en fut rien. En effet, la plupart d'entre eux avaient encore tendance à raisonner en termes de 1918 et, tout comme les Anglais, à surestimer l'armée française.

Mais la question de savoir si la Pologne aurait pu résister et si la France aurait pu l'aider plus efficacement prend une toute autre tournure quand on l'examine de plus près en tenant compte des handicaps inévitables et de la nouvelle technique de combat qui fut mise en application pour la première fois en 1939. De ce point de vue moderne, il semblait impossible, même avant le début du conflit, de changer le cours des événements.

---

1. Liddell Hart : *The Tanks*, vol. II, appendice V.

Décrivant l'effondrement de la Pologne, Churchill écrivit dans ses Mémoires de guerre :

« Ni en France ni en Grande-Bretagne, on n'avait réellement compris les conséquences du fait nouveau qu'il était possible de réaliser des véhicules blindés capables de résister à un feu d'artillerie et de réaliser des avances de plus de cent cinquante kilomètres par jour [1]. »

Cette opinion n'est que trop vraie dans la mesure où elle s'applique à la plus grande partie des militaires et des hommes d'État des deux pays. Mais c'est en Grande-Bretagne que ces possibilités avaient été imaginées et expliquées pour la toute première fois, publiquement et sans relâche, par un petit groupe de théoriciens militaires progressistes.

Dans son deuxième volume, parlant de l'effondrement de la France en 1940, Churchill reconnaît que :

« n'ayant pas eu accès aux sources d'informations officielles depuis tant d'années, je ne compris pas la violence de la révolution réalisée depuis la dernière guerre par l'incursion d'une masse de véhicules rapides lourdement blindés. J'en connaissais l'existence mais cela n'avait pas modifié ma conviction intime comme cela aurait dû être le cas [2]. »

C'était là une déclaration remarquable de la part de l'homme qui avait joué un si grand rôle dans la naissance du char au cours de la guerre de 1914. La reconnaissance d'une telle lacune était remarquable par sa franchise. Mais il avait été Chancelier de l'Échiquier jusqu'en 1929, alors que la Force blindée expérimentale, la première au monde, avait été rassemblée dans la plaine de Salisbury, en 1927, pour expérimenter les théories nouvelles exposées depuis plusieurs années par les inventeurs de la guerre de chars rapides. Churchill était parfaitement au courant de leurs idées et avait visité la Force expérimentale pendant ses démonstrations, il continua même de rencontrer ces théoriciens au cours des années suivantes.

L'incompréhension des nouvelles méthodes de guerre et la résistance des milieux officiels à leur application furent encore plus grandes en France qu'en Angleterre. Et encore plus en Pologne qu'en France. C'est cette incompréhension qui fut à la base de l'échec de ces deux armées en 1939 et du désastre français de 1940.

Dans le cas des Polonais, leurs principes militaires étaient archaïques, de même, dans une large mesure, que le modèle de leurs forces. Ils n'avaient pas de divisions blindées ou motorisées et leurs formations manquaient d'armement antichar et antiaérien. De plus, les dirigeants polonais plaçaient encore leur confiance dans la valeur d'une grande masse de cavalerie montée et ils entretenaient une croyance pathétique en la possibilité d'exécuter des

1. Churchill : *The Second World War*, vol. I, p. 425.
2. Churchill : *The Second World War*, vol. II, p. 39.

charges de cavalerie [1]. A cet égard, on pouvait sans risque affirmer que leurs idées avaient plus de quatre-vingts ans de retard, car la futilité des charges de cavalerie avait déjà été démontrée au cours de la Guerre de Sécession américaine (ce qui n'empêcha pas les fanatiques du cheval de fermer les yeux devant cette leçon). Le maintien de grandes quantités de cavalerie dans toutes les armées au cours de la Première Guerre mondiale, dans l'espoir de l'ouverture du front qui ne se produisit jamais, avait représenté la farce suprême dans cette guerre statique.

De leur côté, les Français possédaient beaucoup des éléments qui formaient une armée moderne. Mais ces éléments n'étaient pas organisés de façon à former une telle armée. En effet, les principes militaires du Haut Commandement avaient vingt ans de retard. Contrairement à la légende qui fut répandue après la défaite de 1940, les Français avaient plus de chars que les Allemands n'avaient pu en construire jusque-là et beaucoup de ces chars, s'ils étaient plutôt moins rapides, étaient plus gros et protégés par un blindage plus épais [2]. Mais le Haut Commandement français voyait les chars avec le même œil qu'en 1918, c'est-à-dire comme des domestiques de l'infanterie, ou comme des éléments de reconnaissance complétant la cavalerie. Sous l'influence de cette conception dépassée, l'armée française avait tardé, à la différence de l'armée allemande, à organiser ses chars en divisions blindées et elle avait encore tendance à les disséminer en petits groupes.

La faiblesse des Français, et surtout des Polonais, était encore accentuée par le manque d'aviation pour protéger et soutenir leurs armées. Cette lacune était partiellement due, chez les Polonais, à l'absence de ressources en matière de construction aérienne, mais les Français n'avaient pas la même excuse... Dans les deux cas, on avait fait passer les besoins en aviation après la mise sur pied de vastes armées. La voix des généraux était la plus écoutée pour la répartition du budget militaire et les généraux avaient une tendance naturelle à favoriser le type de forces qu'ils connaissaient le mieux. Ils ne se rendaient pas compte à quel point l'efficacité de forces terrestres dépendait désormais d'une couverture aérienne appropriée.

On s'aperçoit que le déclin de ces deux armées provient d'un degré fatal d'autosatisfaction au sommet. Dans le cas des Français, ce sentiment avait été alimenté par la victoire de 1918 et la façon dont leurs alliés avaient toujours accepté de s'en remettre à leur prétendue supériorité dans le domaine des principes militaires. Dans le cas des Polonais, ce sentiment remontait à leur victoire sur les Russes en 1920. Dans les deux cas, les chefs militaires faisaient preuve depuis longtemps d'une suffisance arrogante au

---

1. Il est tristement ironique de rappeler ici que lorsque dans mon livre, *The Defence of Britain*, publié peu avant la guerre, j'avais exprimé des craintes quant à la façon dont les chefs militaires polonais continuaient de croire à la vertu des charges de cavalerie en face des armes modernes (pp. 95-97), le ministère des Affaires étrangères polonais avait reçu l'ordre de déposer une protestation officielle contre une telle opinion au sujet du jugement de ses militaires.

2. Liddell Hart : *The Tanks*, vol. II, pp. 5-6.

sujet de leurs armées et de leurs techniques. Il faut cependant reconnaître que certains des officiers français les plus jeunes, tel le colonel de Gaulle, s'intéressèrent vivement aux idées nouvelles de guerre blindée qui étaient préconisées en Angleterre. Mais les généraux plus haut placés firent très peu attention à ces « théories » anglaises — alors que les généraux allemands de la nouvelle école les étudiaient attentivement [1].

Malgré cela, l'armée allemande était encore loin de former un corps réellement efficace et moderne. Non seulement elle n'était pas prête pour la guerre dans son ensemble, mais la majorité des divisions d'active étaient d'un modèle démodé et le Haut Commandement avait tendance à rester dans les chemins déjà tout tracés. Cependant il avait créé un petit nombre de formations modernes avant la déclaration de guerre : 6 divisions blindées et 4 divisions « légères » (mécanisées), ainsi que 4 divisions d'infanterie motorisée pour les appuyer. Tout cela ne représentait qu'une faible proportion du total, mais comptait plus que tout le reste de l'armée allemande.

En même temps, le Haut Commandement allemand avait adopté, avec quelques hésitations, la nouvelle théorie de la guerre à grande vitesse, et il était désireux de la mettre à l'épreuve des faits. Cette adoption avait été due, avant tout, au plaidoyer enthousiaste du général Heinz Guderian et de quelques autres, et à la façon dont leurs arguments avaient séduit Hitler qui était attiré par toute théorie promettant une solution rapide. Finalement, l'armée allemande remporta cette incroyable série de victoires, non pas à cause d'une supériorité de force écrasante ou d'une forme moderne, mais parce qu'elle était en avance de quelques longueurs vitales sur ses adversaires.

La situation européenne en 1939 apportait un relief nouveau à cette phrase de Clemenceau, si souvent cité, à propos du précédent grand conflit : « La guerre est une chose trop sérieuse pour qu'on la confie à des militaires. » En effet, il était désormais impossible de la confier à des militaires, même si on avait eu la plus totale confiance en leur jugement. Le pouvoir d'entretenir la guerre, sinon de la commencer, ne relevait plus du domaine militaire mais du domaine économique. Tout comme les machines tendaient à dominer l'homme sur le champ de bataille, il était clair que l'industrie et les ressources économiques faisaient passer les armées du front au second plan en matière de haute stratégie. Qu'il soit impossible de maintenir un ravitaillement ininterrompu depuis les usines et les gisements pétroliers, et les troupes ne sont plus que des masses inertes. Aussi impressionnantes que fussent les colonnes en marche pour le civil, aux yeux du spécialiste de la guerre moderne, ce ne sont que des marionnettes avançant à la chaîne. Et cet aspect des choses contenait l'élément qui pouvait sauver la civilisation.

Si on n'avait compté que les armées et les armements effectivement disponibles à cette époque, la situation aurait été beaucoup plus sombre. Les

1. Liddell Hart : *The Tanks*, pp. 5-6.

accords de Munich avaient modifié l'équilibre stratégique de l'Europe et l'avaient rendu, au moins pour un certain temps, défavorable à la France et à l'Angleterre. Aucune accélération de leur programme d'armement ne pouvait espérer compenser avant longtemps la disparition des 35 divisions tchécoslovaques bien armées, ainsi que l'allègement de la pression allemande qu'elles auraient représenté en immobilisant un nombre équivalent de divisions.

Au mois de mars, tous les progrès réalisés par les armements français et britanniques étaient largement contrebalancés par tout ce que l'Allemagne s'attribua en envahissant la Tchécoslovaquie sans défense et en mettant la main sur toutes ses usines de munitions et son matériel militaire. Rien qu'en matière d'artillerie lourde, l'Allemagne doubla son potentiel d'un seul coup. Pour assombrir encore les perspectives, l'aide italo-allemande à Franco lui avait permis d'achever le renversement de la République espagnole et de faire surgir ainsi le spectre d'une nouvelle menace sur les frontières françaises et les communications maritimes de la France et de l'Angleterre.

Sur le plan stratégique, seule l'assurance du soutien soviétique pouvait promettre de rétablir l'équilibre dans un temps raisonnable. Stratégiquement aussi, le moment ne pouvait être meilleur pour faire cause commune avec les puissances occidentales. Mais toute la stratégie repose sur une base économique et il était douteux que l'économie puisse longtemps soutenir sous la pression de la guerre le poids des forces armées allemandes.

On pouvait recenser quelque 20 produits de base, essentiels en temps de guerre. Le charbon, pour la production générale. Le pétrole, pour la force motrice. Le coton, pour les explosifs. La laine. Le fer. Le caoutchouc, pour les transports. Le cuivre, pour l'armement général et tout l'équipement électrique. Le nickel, pour la sidérurgie et les munitions. Le plomb, pour les munitions. La glycérine, pour la dynamite. La cellulose, pour les poudres sans fumée. Le mercure, pour les détonateurs. L'aluminium, pour l'aviation. Le platine, pour les appareillages chimiques. L'antimoine, le manganèse, etc. pour la fabrication de l'acier et la métallurgie en général. L'amiante, pour les munitions et les machines. Le mica, comme isolateur. L'acide nitrique et le soufre, pour les explosifs.

En dehors du charbon, la Grande-Bretagne elle-même manquait de la plupart de ces produits dont il fallait de grosses quantités. Mais du moment qu'elle pouvait disposer des voies maritimes, elle pouvait trouver la plupart de ces produits dans l'Empire britannique. Dans le cas du nickel, quelque 90 % de la production mondiale provenait du Canada et le plus clair du reste de Nouvelle-Calédonie. Les principales lacunes étaient l'antimoine, le mercure, le soufre, et les ressources en hydrocarbures étaient insuffisantes pour répondre aux besoins en temps de guerre.

L'Empire français ne pouvait pas faire face à ces demandes et, de plus, n'avait pas suffisamment de coton, de laine, de cuivre, de plomb, de manganèse, de caoutchouc et de plusieurs autres produits de moindre importance.

L'U.R.S.S. disposait en abondance de la plupart de ces produits. Elle manquait d'antimoine, de nickel et de caoutchouc. Par ailleurs la production de cuivre et de soufre était insuffisante.

La puissance la mieux placée était les États-Unis. Ils produisaient les deux tiers de la production mondiale de pétrole, environ la moitié de la production mondiale de coton, et pratiquement la moitié de celle du cuivre. Ils ne dépendaient de sources extérieures que pour l'antimoine, le nickel, le caoutchouc, l'étain et en partie pour le manganèse.

La situation du triangle Berlin-Rome-Tokyo présentait un contraste saisissant. L'Italie devait importer la plus grosse partie de ses besoins dans la plupart de ces produits, y compris le charbon. Le Japon dépendait, presque autant qu'elle, des importations. L'Allemagne ne produisait pas de coton, de caoutchouc, d'étain, de platine, de bauxite, de mercure et de mica. Sa production de minerai de fer, de cuivre, d'antimoine, de manganèse, de nickel, de soufre, de laine et de pétrole était très insuffisante. En mettant la main sur la Tchécoslovaquie, elle avait quelque peu réduit le manque de minerai de fer et, en aidant Franco, elle s'était assuré un approvisionnement supplémentaire, à des conditions avantageuses, de ce minerai et aussi de mercure, mais la régularité de cet approvisionnement dépendait du libre usage des mers. Elle avait réussi à faire face à ses besoins en laine en utilisant un nouvel ersatz à base de bois. De même, elle était parvenue, malgré un coût très supérieur à celui du produit naturel, à satisfaire environ 1/5 de ses besoins en caoutchouc à l'aide de *buna* et 1/3 de ses besoins en pétrole grâce à du carburant synthétique.

Ce dernier élément représentait la plus grande faiblesse dans la capacité de guerre de l'Axe, à une époque où les armées dépendaient de plus en plus de l'automobile et où l'aviation était devenue un élément vital de la puissance militaire. En dehors du pétrole synthétique, l'Allemagne extrayait de ses propres puits environ un demi-million de tonnes d'huile brute et une quantité négligeable des puits autrichiens et tchécoslovaques. Pour faire face à ses besoins de temps de paix, elle devait importer près de 5 millions de tonnes. Ses principales sources d'approvisionnement étaient le Venezuela, le Mexique, les Indes hollandaises, les États-Unis, la Russie et la Roumanie. En cas de guerre, elle perdait l'accès aux quatre premières sources et ne pouvait conserver l'accès aux deux dernières que par la conquête. De plus, on estimait que les besoins de l'Allemagne dépasseraient en temps de guerre les 12 millions de tonnes par an. A la lumière de ces chiffres, il était difficile de compter sur une simple augmentation de la production de pétrole synthétique. Seule la prise des puits roumains intacts (ils produisaient 7 millions de tonnes) pouvait permettre d'espérer faire face aux besoins.

Les besoins de l'Italie, si elle entrait en guerre, ne feraient qu'aggraver la situation. Elle aurait probablement besoin de 4 millions de tonnes par an et ne pouvait compter trouver que 2% de ce chiffre en Albanie; et encore, à condition que ses navires veuillent bien traverser l'Adriatique.

Il est bon d'essayer de se mettre dans la peau d'un adversaire éventuel afin de ne pas trembler dans la nôtre. Face à la sombre situation militaire qui s'était créée, on pouvait trouver quelque raison d'espérer dans l'incapacité des ressources allemandes et italiennes à soutenir une longue guerre, si les pays attaqués par l'Axe pouvaient tenir le premier choc jusqu'à l'arrivée des renforts. Dans le type de conflit qu'on voyait maintenant poindre à l'horizon, les chances de l'Axe reposeraient sur la possibilité de terminer rapidement la guerre.

DEUXIÈME PARTIE

Le début des hostilités

1939-1940

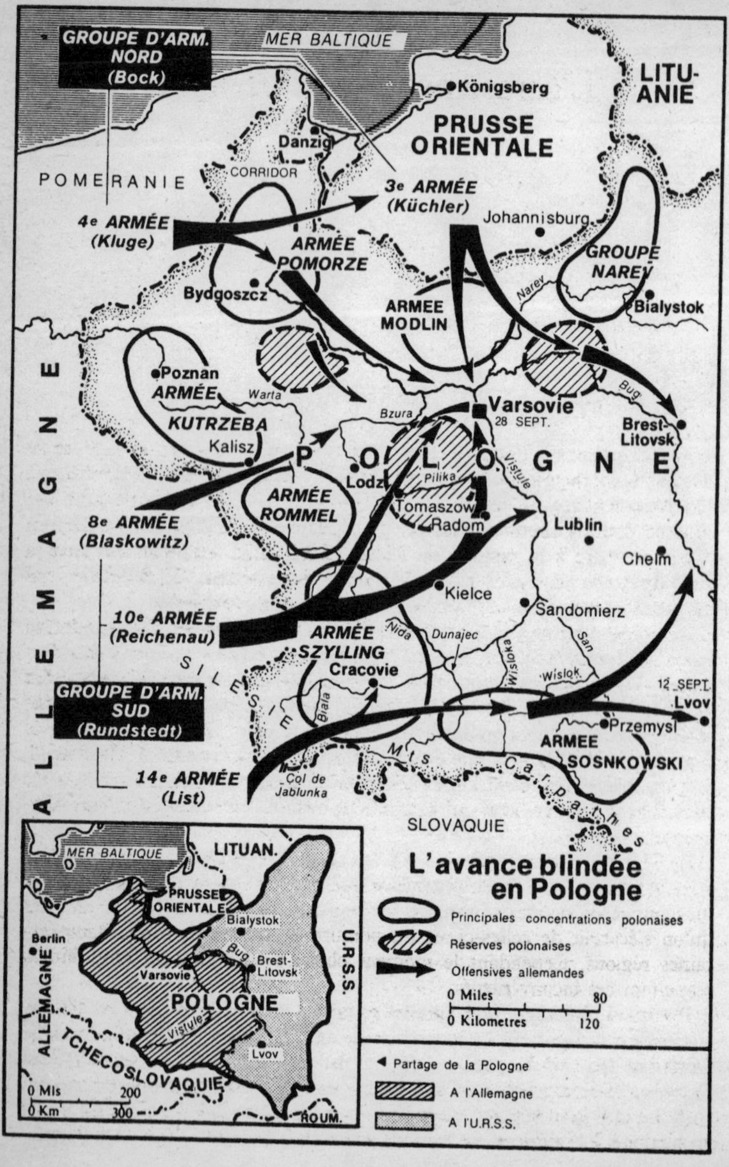
GROUPE D'ARM. NORD (Bock)
MER BALTIQUE
Königsberg
LITU-ANIE
PRUSSE ORIENTALE
Danzig
POMERANIE
CORRIDOR
3e ARMÉE (Küchler)
4e ARMÉE (Kluge)
Johannisburg
ARMÉE POMORZE
GROUPE NAREV
Bydgoszcz
ARMEE MODLIN
Narev
Bialystok
Poznan
ARMÉE KUTRZEBA
Warta
Bzura
Varsovie
28 SEPT.
Bug
Brest-Litovsk
Kalisz
P O L O G N E
Lodz
Pilika
Vistule
ARMÉE ROMMEL
Tomaszow
Radom
Lublin
8e ARMÉE (Blaskowitz)
Chelm
Kielce
Sandomierz
10e ARMÉE (Reichenau)
Nida
Dunajec
San
ARMÉE SZYLLING
Wisloka
Wislok
SILESIE
Cracovie
12 SEPT.
Lvov
GROUPE D'ARM. SUD (Rundstedt)
Biala
Przemysl
ARMEE SOSNKOWSKI
Mts Carpathes
14e ARMÉE (List)
Col de Jablunka
ALLEMAGNE
SLOVAQUIE
MER BALTIQUE
LITUAN.
PRUSSE ORIENTALE
Bialystok
Berlin
Bug
Brest-Litovsk
U.R.S.S.
ALLEMAGNE
Varsovie
POLOGNE
Vistule
TCHECOSLOVAQUIE
Lvov
0 Mls 200
0 Km 300
ROUM.
L'avance blindée en Pologne
Principales concentrations polonaises
Réserves polonaises
Offensives allemandes
0 Miles 80
0 Kilometres 120
Partage de la Pologne
A l'Allemagne
A l'U.R.S.S.

3.
L'écrasement de la Pologne

La campagne de Pologne représenta la première démonstration sur le terrain de la théorie de la guerre mobile faite par des forces blindées et aériennes associées. C'est en Grande-Bretagne que cette théorie avait été exposée pour la première fois et, pour décrire le mouvement réalisé, on l'avait comparé à la rapidité de l'éclair. Désormais, ironiquement mais à juste titre, elle allait porter dans le monde entier le nom de *Blitzkrieg*, qui est la traduction allemande de l'expression anglaise originale.

La Pologne ne se prêtait que trop bien à une démonstration de guerre éclair. Ses frontières étaient immensément étirées : en tout quelque 5 600 kilomètres. La portion de 2 000 kilomètres jouxtant le territoire allemand avait récemment été portée à 2 800 kilomètres par l'occupation de la Tchécoslovaquie. Cette occupation avait également eu pour résultat d'exposer le flanc sud de la Pologne à une éventuelle invasion, tout comme le flanc nord, face à la Prusse-Orientale, l'était déjà précédemment. La Pologne occidentale était devenue un énorme saillant, pris en tenaille entre les mâchoires allemandes.

La plaine polonaise offrait à un envahisseur mobile un terrain plat et d'accès facile, moins facile cependant que dans le cas de la France, du fait du manque de bonnes routes, de la fréquence des terrains sablonneux dès qu'on s'écartait de celles-ci, et du nombre de lacs et de forêts dans certaines régions. Cependant le moment choisi pour l'invasion réduisait au maximum ces inconvénients.

Il eût été plus sage pour l'armée polonaise de se masser plus en arrière, au-delà de la ligne de la Vistule et de la San, mais cela aurait entraîné l'abandon définitif de quelques régions du plus haut intérêt. Les houillères de Silésie étaient proches de la frontière et avaient été allemandes jusqu'en 1918. La plus grande partie de la principale zone industrielle, bien que située un peu plus à l'intérieur, se trouvait encore à l'ouest de la ligne des fleuves.

Il est difficile d'imaginer que les Polonais auraient pu garder le contrôle de ces zones avancées, même dans les conditions les plus favorables. Cependant, les arguments économiques en faveur d'une tentative d'action de retardement de l'avance ennemie dans la zone industrielle principale se trouvaient renforcés par l'orgueil national et une confiance excessive des militaires, de même que par les illusions entretenues sur la capacité des alliés occidentaux à réduire la pression des troupes allemandes.

Le manque de réalisme d'une telle attitude se retrouva au niveau du dispositif polonais. Environ le tiers des forces fut concentré dans le Couloir de Dantzig ou à proximité de celui-ci, c'est-à-dire à un endroit où ces troupes étaient dangereusement menacées par un double mouvement enveloppant, à partir de la Prusse-Orientale et du front occidental. Cette concession à l'orgueil national (pour s'opposer au retour des Allemands dans cette parcelle de son territoire d'avant 1918, au sujet de laquelle elle avait précisément créé une agitation) était nécessairement faite au détriment de la protection de zones plus vitales pour la défense de la Pologne. En effet, le dispositif méridional, face aux principales voies d'invasion, était clairsemé. En même temps, des forces représentant également presque un tiers de l'armée polonaise étaient massées en réserve au nord de l'axe central, entre Lodz et Varsovie, sous les ordres du commandant en chef, le maréchal Smigly-Rydz. Ce dispositif incarnait un esprit d'offensive, mais la contre-attaque qui était prévue ne correspondait pas à la capacité de manœuvre limitée de l'armée polonaise, quand bien même ses mouvements n'auraient pas été gênés par les attaques aériennes allemandes sur les voies ferroviaires et les routes.

En général, la position avancée des concentrations polonaises compromettait toute possibilité d'organiser des actions de retardement puisqu'il était impossible aux troupes à pied de regagner les positions de l'arrière avant d'avoir été bousculées par les colonnes mécanisées de l'envahisseur. Dans les vastes espaces de ce pays, le fait de disposer de forces non mécanisées fut un handicap bien plus lourd que celui d'être attaqué par surprise avant que toutes les réserves eussent été rappelées. Le manque de mobilité fut plus fatal à la Pologne que sa mobilisation inachevée.

Pour la même raison, le poids des 40 divisions d'infanterie traditionnelles que les Allemands engagèrent dans l'invasion fut bien moindre que celui de leur 14 divisions totalement ou partiellement mécanisées qui comprenaient 6 divisions blindées, 4 divisions légères (infanterie motorisée dotée de 2 unités blindées) et 4 divisions motorisées. Ce furent leurs percées profondes et rapides qui décidèrent du sort de la bataille, associées à l'action de la Luftwaffe qui détruisit le système ferroviaire polonais et réduisit à néant la plus grande partie des forces aériennes polonaises dès le premier jour de l'invasion. La Luftwaffe opéra en ordre très dispersé, et non pas en grandes formations, mais cette méthode répandit de proche en proche une paralysie s'étendant sur la plus grande surface possible. Un autre facteur important fut le matraquage radiophonique allemand, déguisé en émissions polonaises, qui contribua beaucoup à accroître la confusion et la démoralisation au sein de l'arrière. Tous ces éléments eurent un effet encore multiplié du fait que la confiance aveugle placée par les Polonais dans la capacité de leurs hommes à vaincre des machines entraîna, par contrecoup, une désillusion véritablement cataclysmique.

Les forces allemandes avaient franchi la frontière polonaise peu avant 6 heures, le matin du 1er septembre. Les attaques aériennes avaient commencé une heure plus tôt. Au nord, l'invasion était confiée au Groupe d'armées de von Bock, qui comprenait la IIIe armée (sous les ordres de Küchler) et la IVe armée (sous les ordres de von Kluge). La IIIe armée poussa vers le sud, à partir de sa position de flanc en Prusse-Orientale, pendant que la IVe armée poussait vers l'est, à travers le Couloir de Dantzig pour faire sa jonction en enveloppant le flanc droit polonais.

Le rôle majeur était confié au Groupe d'armées Sud, sous les ordres de von Rundstedt. Il comprenait la VIIIe (Blaskowitz), la Xe (Reichenau) et la XIVe armée (List). Blaskovitz, à l'aile gauche, devait avancer sur le grand centre industriel de Lodz et contribuer à isoler les forces polonaises dans le saillant de Poznan, tout en couvrant le flanc de von Reichenau. A l'aile droite, List devait avancer en direction de Cracovie tout en tournant simultanément les Polonais sur leur flanc des Carpates, en utilisant le corps d'armée blindé de Kleist pour forcer les cols. Cependant, le coup décisif devait être porté par von Reichenau au centre, et, dans ce but, il s'était vu confier le gros des forces blindées.

L'invasion fut grandement facilitée par la façon dont les dirigeants polonais, méprisant la défensive, avaient négligé la construction d'ouvrages défensifs, préférant faire confiance à des contre-offensives qu'ils croyaient leur armée en mesure d'organiser malgré son absence de mécanisation. Si bien que l'envahisseur mécanisé n'eut guère de difficulté pour trouver et exploiter de véritables grandes avenues d'invasion, tandis que la plupart des contre-offensives polonaises avortaient sous l'effet combiné de la résistance qui leur était opposée et de la menace de plus en plus profonde sur leurs arrières.

Le 3 septembre, lorsque l'Angleterre et la France entrèrent en guerre, l'avance de von Kluge avait coupé le Couloir et atteint le cours inférieur de la Vistule, cependant que Küchler, parti de Prusse-Orientale, exerçait une pression de plus en plus importante en direction de Narev. Plus grave encore, les forces blindées de von Reichenau avaient atteint la Warta et forcé sa traversée. Quant à l'armée de List, elle convergeait des deux côtés à la fois sur Cracovie, contraignant l'armée de Szylling, qui défendait le secteur, à abandonner la ville et à se replier sur la ligne de la Nida et du Dunajec.

Le 4 septembre, les éléments de pointe de von Reichenau avaient atteint et traversé la Pilica, à quelque 80 kilomètres à l'intérieur de la Pologne. Deux jours plus tard, son aile gauche avait largement dépassé Lodz et pris Tomaszow, tandis que l'aile droite avait fait son entrée dans Kielce. Dans cette situation, l'armée du général polonais Rommel, qui couvrait le secteur de

Lodz, avait un flanc dangereusement exposé alors que l'armée de Kutrzeba était encore très en avant du côté de Poznan et courait le risque de se retrouver isolée. Les autres armées allemandes avaient toutes progressé en remplissant le rôle qui leur avait été assigné dans la vaste manœuvre d'encerclement qui avait été projetée par Halder, le chef d'État-Major général, et dirigée par Brauchitsch, le commandant en chef. Les forces polonaises se désintégraient en de multiples fractions sans coordination entre elles, dont les unes battaient en retraite pendant que d'autres lançaient des offensives inorganisées contre les colonnes adverses les plus proches.

L'avance allemande aurait pu se faire encore plus rapidement sans la persistance d'une tendance traditionnelle à empêcher les forces mobiles de progresser plus vite que les masses d'infanterie qui les appuyaient. Cependant, comme l'expérience prouva rapidement qu'un tel risque était compensé par la confusion répandue chez l'adversaire, une attitude plus hardie fut adoptée. Exploitant une percée entre Lodz et la Pilica, l'un des corps blindés de Reichenau se précipita jusqu'aux environs de Varsovie, le 8 septembre; il se trouva ainsi avoir parcouru plus de 220 kilomètres dans la première semaine. Le lendemain, les divisions légères de son aile gauche atteignirent la Vistule plus au sud, entre Varsovie et Sandomierz. Elles se tournèrent alors vers le nord.

Entre-temps, du côté des Carpates, les forces mobiles de List avaient foncé jusqu'à la San, encerclant la célèbre forteresse de Przemisl, après avoir franchi successivement les fleuves Dunajec, Biala, Wisloka et Wislok. Au nord, le corps blindé de Guderian (fer de lance de l'armée de Küchler) avait traversé le Narev et attaquait sur la ligne du Bug, en arrière de Varsovie. Un vaste mouvement de tenaille se développait de la sorte à l'extérieur des tenailles qui se refermaient sur l'armée polonaise dans la boucle de la Vistule à l'ouest de Varsovie.

Cette étape de l'invasion avait vu une importante variation dans le plan allemand. L'extraordinaire confusion qui régnait dans les rangs polonais rendit la compréhension de la situation momentanément difficile. Des colonnes semblaient progresser dans de nombreuses directions différentes, soulevant des nuages de poussière qui gênaient l'observation aérienne. Dans cette confusion, le Haut Commandement allemand penchait à croire que le gros des troupes polonaises du Nord s'était déjà échappé de l'autre côté de la Vistule. Il donna donc l'ordre à l'armée de Reichenau de traverser la Vistule entre Varsovie et Sandomierz, dans le but d'intercepter la retraite supposée des Polonais en direction du sud-est du pays. Mais, Rundstedt, persuadé que le gros des troupes polonaises était encore à l'ouest de la Vistule, manifesta son opposition. Il l'emporta après une certaine discussion et l'armée de Reichenau fut envoyée vers le nord pour s'y établir en position de barrage le long de la Bzura, à l'ouest de Varsovie.

En conséquence, la plus grande partie de ce qui restait de l'armée polonaise fut prise au piège avant d'avoir pu traverser la Vistule. A l'avantage que les Allemands avaient pris, grâce à leur pénétration stratégique le long de la ligne de moindre résistance, s'ajoutait maintenant l'avantage de la défense tactique. Pour parachever leur victoire ils n'avaient plus qu'à tenir le terrain face aux assauts précipités d'une armée prise à revers, coupée de ses bases, à laquelle les approvisionnements commençaient de manquer et qui subissait une pression croissante sur son flanc et ses arrières du fait de l'avance convergente des armées de Blaskowitz et Kluge qui progressaient vers l'est. Les Polonais se battirent farouchement et firent preuve d'un courage qui impressionna énormément leurs adversaires. Cependant, seul un petit nombre d'entre eux parvint finalement à passer pendant la nuit et à rejoindre la garnison de Varsovie.

Le 10, le maréchal Smigly-Rydz avait donné l'ordre d'une retraite générale dans le sud-est de la Pologne où le général Sosnkowski avait été nommé dans le but de mettre sur pied une position défensive sur un front relativement étroit permettant une résistance prolongée. Mais ce n'était plus désormais qu'un vain espoir. Tandis que se resserrait le vaste encerclement à l'ouest de la Vistule, les Allemands pénétraient maintenant profondément dans la zone orientale du fleuve. Ils avaient, de plus, contourné à la fois la ligne du Bug au nord et de la San au sud. Sur le front Küchler, le corps blindé de Guderian progressait vers le Sud dans un vaste mouvement tournant en direction de Brest-Litovsk. Sur le front List, le corps blindé de Kleist atteignit la ville de Lwow, le 12. La progression des Allemands fut arrêtée à cet endroit, mais ils se répandirent vers le nord pour faire leur jonction avec les forces de Küchler.

Les colonnes d'invasion ressentaient la fatigue de leur longue progression et le carburant commençait à manquer. Cependant, le système de commandement polonais était tellement disloqué qu'il ne put tirer avantage ni du ralentissement momentané de l'ennemi, ni de l'entêtement que manifestait encore de nombreux éléments polonais isolés. Ces éléments dissipèrent leur énergie dans des efforts erratiques pendant que les Allemands se rapprochaient pour parfaire l'encerclement.

Le 17 septembre, les armées soviétiques franchirent la frontière orientale de la Pologne. Ce coup de poignard dans le dos l'acheva, car il ne lui restait pratiquement plus aucune troupe pour faire face à cette seconde invasion. Le lendemain, le Gouvernement et le Haut Commandement polonais traversaient la frontière roumaine, non sans que le commandant en chef eût envoyé un message à ses troupes leur intimant l'ordre de continuer le combat. Peut-être fut-ce aussi bien, finalement, mais la plupart des troupes ne reçurent jamais ce message. De nombreux éléments, cependant, répondirent bravement à cette intention au cours des journées suivantes. Malgré tout, la résistance s'effondra peu à peu. La garnison de Varsovie résista jusqu'au 28, en dépit d'intenses bombardements de l'aviation et de l'artillerie. La dernière fraction importante de l'armée polonaise ne capitula que le 5 octobre, tandis que la résistance de guérilla continuait jusqu'en hiver. Quelque 80 000 hommes parvinrent à gagner des pays neutres.

Les troupes allemandes et soviétiques avaient fait leur jonction sur une ligne allant de la Prusse-Orientale vers le sud, en passant par Bialystok, Brest-Litovsk et Lwow, jusqu'aux Carpates. Elles se saluèrent en tant qu'associées, et cette association fut scellée, sans être consolidée, par un partage mutuel de la Pologne.

De leur côté, les troupes françaises s'étaient contentées d'enfoncer un petit saillant dans le front allemand occidental. Cela avait l'air d'être, et n'était en réalité, qu'un faible effort pour soulager la pression à laquelle était soumise leur alliée. Étant donné la faiblesse des troupes et des défenses allemandes, il était naturel d'avoir l'impression qu'on aurait pu faire davantage. Mais, dans ce cas aussi, la conclusion suggérée par la comparaison des effectifs en présence résiste mal à une analyse plus sérieuse.

Bien que la frontière septentrionale de la France s'étendît sur plus de 800 kilomètres, les Français ne pouvaient lancer une offensive que dans les 150 kilomètres allant du Rhin à la Moselle, à moins de violer la neutralité de la Belgique et du Luxembourg. Les Allemands purent concentrer la meilleure partie de leurs forces disponibles dans cet étroit secteur et ils semèrent les abords de leur ligne Siegfried d'une épaisse ceinture de champs de mines, retardant ainsi l'avance des attaquants.

De plus, les Français ne furent en mesure de lancer leur action offensive que vers le 17 septembre. (Si l'on excepte quelques attaques préliminaires pour sonder la résistance de l'ennemi.) A cette date, l'effondrement de la Pologne était tellement évident qu'ils eurent une bonne excuse pour décommander l'offensive. Leur incapacité à frapper plus tôt provenait de leur système de mobilisation qui était parfaitement archaïque. Elle était le résultat fatal de leur foi dans une armée de conscrits, c'est-à-dire une armée qui ne pouvait pas effectivement entrer en action avant que les réservistes n'eussent quitté leurs occupations civiles et que les formations n'eussent été mises en état de servir. Mais ce délai fut encore aggravé par la persistance de vieilles idées tactiques au sein du commandement français, en particulier celle qui voulait que toute offensive fût préparée par un massif bombardement d'artillerie sur le modèle de la Première Guerre mondiale. Ces hommes considéraient toujours l'artillerie lourde comme l' « ouvre-boîte » essentiel face à une position défendue. Mais le gros de l'artillerie lourde devait être sorti des magasins et ne pouvait être disponible avant la dernière étape de la mobilisation, le seizième jour. Cette condition pesa sur leurs préparatifs en vue d'une offensive.

Depuis plusieurs années déjà, l'un des leaders politiques français, Paul Reynaud, n'avait cessé de proclamer que ces idées étaient démodées et il avait réclamé avec insistance la création d'une force mécanisée composée de soldats de carrière et prête à une action immédiate, au lieu de faire confiance à la masse traditionnelle et lente à mobiliser de la conscription. Mais il avait été la voix qui crie dans le désert. Les gouvernants français, comme la plupart de leurs militaires, n'avaient confiance que dans la conscription et le nombre.

La situation militaire en 1939 peut se résumer en deux phases. A l'est, une armée désespérément archaïque fut rapidement désintégrée par une petite force blindée, associée à une aviation supérieure en nombre, et qui appliquait une technique nouvelle. En même temps, à l'ouest, une armée lente à se mouvoir ne put réaliser aucune pression efficace avant qu'il ne fût trop tard.

4.
La « Drôle de Guerre »

La « Drôle de Guerre » est une expression forgée par la presse américaine. Comme tant d'autres américanismes bien trouvés, elle fut bientôt adoptée des deux côtés de l'Atlantique. Elle est devenue une façon de désigner cette période de la guerre qui s'étend de l'effondrement de la Pologne, en septembre 1939, jusqu'au déclenchement de l'offensive de Hitler sur le front occidental au printemps suivant.

Dans l'esprit de ceux qui forgèrent cette expression, elle voulait dire que la guerre était une fausse guerre puisque aucune grande bataille n'avait lieu entre les forces franco-britanniques et les forces allemandes. Ce fut en réalité une période d'activité lourde de présages sinistres, mais derrière le rideau. Au milieu de cette activité, il arriva un étrange accident à un officier allemand d'état-major. Cet incident donna des émotions à Hitler et, au cours des semaines suivantes, les plans de l'armée allemande furent complètement modifiés. Les anciens plans n'auraient pas eu la même chance de succès que ces nouveaux plans devaient finalement avoir.

Mais tout cela resta inconnu du monde. Les gens pouvaient seulement constater que le front restait calme et ils concluaient que Mars s'était assoupi.

Les explications populaires de cet état d'apparente passivité différent. Certains disaient que l'Angleterre et la France n'étaient pas réellement sérieuses en proclamant leur intention de faire la guerre, bien qu'elles eussent déclaré la guerre pour défendre la Pologne. Pour ceux-là, elles attendaient l'occasion de négocier la paix. Pour d'autres, elles étaient en train de ruser. La presse américaine était pleine d'articles selon lesquels le Haut Commandement allié avait délibérément adopté un plan subtil de stratégie défensive et préparait un piège pour les Allemands.

Aucune de ces explications n'était fondée. Au cours de cet automne et de cet hiver, les gouvernements alliés et le Haut Commandement passèrent beaucoup de temps à discuter des plans d'offensive directe ou indirecte contre l'Allemagne — plans qu'ils n'avaient pas les moyens de réaliser, faute de ressources — au lieu de se concentrer sur la préparation d'une défense efficace contre l'offensive que Hitler allait lancer.

Après la chute de la France, les Allemands capturèrent les archives du Haut Commandement français et ils en publièrent toute une série d'extraits sensationnels. Ces documents montraient que les responsables alliés avaient passé l'hiver à examiner des plans d'offensive sous tous les angles possibles. Certains visaient à frapper l'Allemagne par derrière en passant par la Norvège, la Suède et la Finlande. D'autres voulaient attaquer la Ruhr en passant par la Belgique; d'autres pensaient à attaquer le lointain flanc oriental en passant par la Grèce et les Balkans. D'autres encore imaginaient de couper la source d'approvisionnement en essence en frappant les vastes gisements pétrolifères du Caucase. C'était une merveilleuse collection de fantaisies débridées, fruit de la vaine imagination des leaders alliés qui vivaient dans un rêve jusqu'à ce que la douche glacée de l'offensive de Hitler les rappelât à la réalité.

Hitler, dont l'esprit était toujours en avance sur les événements, commença de penser à prendre l'offensive sur le front occidental alors que la campagne de Pologne touchait à sa fin et avant de faire son offre publique en vue d'une conférence générale de la paix. Il est clair qu'il s'était déjà rendu compte qu'une telle proposition ne serait pas reçue favorablement par les alliés occidentaux. Pour le moment, cependant, il ne tint que son entourage immédiat au courant de sa nouvelle tournure d'esprit. Il garda l'État-Major général dans l'ignorance jusqu'à ce que son offre de paix ait été rendue publique, le 6 octobre, et publiquement rejetée.

Trois jours plus tard il exposa ses vues dans une longue directive [1] destinée aux chefs de l'armée allemande, où il donnait les raisons de sa conviction selon laquelle une offensive sur le front occidental était la seule voie possible qui restait à l'Allemagne. C'est un document extrêmement révélateur. Il y expliquait son opinion qu'une longue guerre avec la France et l'Angleterre épuiserait les ressources de l'Allemagne et l'exposerait à une mortelle attaque dans le dos de la part de la Russie. Il craignait que son pacte avec l'Union soviétique ne garantisse pas la neutralité de cette dernière à partir de l'instant où ce pacte ne lui serait plus utile. Ces craintes l'amenaient à contraindre la France à la paix par une offensive prochaine. Il croyait que l'Angleterre une fois la France tombée, accepterait de négocier.

Il estimait que pour l'instant il disposait de la force et de l'équipement nécessaires pour abattre la France, car l'Allemagne possédait une supériorité dans les armes nouvelles qui étaient les plus importantes :

1. Documents de Nuremberg, C-62.

« L'arme blindée et l'aviation ont actuellement atteint une apogée technique, non seulement en tant qu'armes offensives mais aussi comme moyen de défense, que nul autre pays n'a atteint. Leur potentiel stratégique dans les opérations est assuré par leur organisation et la qualité de leur commandement qui est supérieur à celui de tout autre pays. »

Tout en reconnaissant la supériorité française dans les armes plus anciennes, en particulier l'artillerie lourde, il exposait que « ces armes n'ont aucun pouvoir de décision dans la guerre mobile ». Grâce à sa supériorité technique dans le domaine des armes récentes, il pouvait également faire bon marché de la supériorité française en matière d'effectifs de troupes entraînées.

Il poursuivait en expliquant que s'il temporisait, dans l'espoir que les Français se fatiguent de la guerre, « le développement de la puissance militaire anglaise apporterait à la France un nouvel élément de combat qui serait d'une grande valeur pour elle, à la fois psychologiquement et matériellement » pour consolider sa défense.

« Ce qu'il faut éviter par dessus tout, c'est que l'ennemi ne parvienne à compenser la faiblesse de ses propres armements, en particulier en matière d'armes antichars et antiaériennes, créant de la sorte un équilibre des forces. A cet égard, chaque nouveau mois qui passe représente une perte de temps défavorable à la puissance offensive de l'Allemagne. »

Il se montrait inquiet quant au « désir de combattre » du soldat allemand, une fois dissipé l'effet euphorisant de la facile conquête de la Pologne.

« Son respect pour lui-même est aussi grand que celui qu'il commande actuellement des autres. Mais six mois de guerre d'attente et de propagande efficace de la part de l'ennemi pourraient faire faiblir à nouveau ces importantes qualités [1]. »

Hitler sentait qu'il lui fallait frapper rapidement, avant qu'il ne fût trop tard. Il disait : « Dans la situation actuelle, on peut considérer que le temps travaille pour les Alliés occidentaux plutôt que pour nous. » Sa directive se terminait par la conclusion que « l'offensive doit être lancée dès cet automne si les conditions le permettent ».

Il insistait sur le fait que la Belgique devait être comprise dans la zone d'attaque, non seulement pour avoir la possibilité de contourner la Ligne Maginot, mais aussi pour écarter le danger de voir les forces franco-britan-

1. Les événements montrèrent que la crainte de Hitler n'était pas fondée. Le moral des troupes françaises dépérit bien plus que celui des troupes allemandes au cours de ce délai qui fut finalement de sept mois. La propagande alliée ne fut pas efficace, on parlait beaucoup trop de vaincre l'Allemagne et on n'essaya pas assez de faire la distinction entre l'Allemand ordinaire et les dirigeants nazis. De plus le Gouvernement britannique n'encouragea que faiblement plusieurs contacts secrets pris par des groupes d'Allemands qui désiraient renverser Hitler et faire la paix sous réserve d'obtenir des assurances satisfaisantes quant aux conditions des Alliés.

niques entrer en Belgique et se déployer sur la frontière proche de la Ruhr, « amenant ainsi la guerre pratiquement au cœur de nos industries d'armement ». (Les archives françaises révèlent que c'est exactement ce que Gamelin, le commandant en chef français, préconisait.)

La révélation des intentions de Hitler porta un choc à Brauchitsch, le commandant en chef de l'armée et à Halder, le chef de l'État-Major général. Comme la plupart des généraux allemands d'un certain âge, ils ne partageaient pas la foi de Hitler dans la capacité des armes nouvelles de supplanter la supériorité de l'adversaire en matière d'effectifs entraînés. Raisonnant traditionnellement en nombre de divisions, ils exposèrent que l'armée allemande était loin d'être assez forte pour vaincre les armées alliées. Ils soulignèrent que les 98 divisions que l'Allemagne était parvenue à mobiliser étaient considérablement moins nombreuses que le total adverse et que 36 d'entre elles étaient mal armées et à peine entraînées. Ils craignaient également que cette guerre ne devînt une nouvelle guerre mondiale, avec une conclusion fatale pour l'Allemagne.

Ils étaient si profondément inquiets qu'ils envisagèrent des remèdes désespérés. Tout comme au moment de la crise de Munich, un an plus tôt, ils commencèrent d'envisager le renversement de Hitler. L'idée était d'envoyer des forces choisies sur le front pour marcher sur Berlin. Mais le général Friedrich Fromm, commandant en chef des Forces du territoire, refusa sa coopération qui aurait été essentielle. Fromm représenta que si on ordonnait aux troupes de se retourner contre Hitler, elles n'obéiraient pas, du fait de la confiance que la plupart des simples soldats avaient en lui. Il est probable que Fromm avait raison. Son opinion est corroborée par la plupart des officiers qui étaient en contact avec les troupes et ne savaient pas ce qui se tramait dans les sphères du Haut Commandement.

La plus grande partie des troupes et de la population, si elle n'était pas enivrée par le triomphe, était dopée par la propagande du docteur Goebbels au sujet de la volonté de paix de Hitler et de la détermination des Alliés de détruire l'Allemagne. Malheureusement les dirigeants et la presse alliés fournissaient à Goebbels un trop grand nombre de citations de ce genre qu'il pouvait utiliser pour rendre crédible son image du loup allié acharné à dévorer l'agneau allemand.

Si ce premier complot du temps de guerre contre Hitler avorta dans l'œuf, Hitler ne réussit pas à lancer son offensive à l'automne comme il l'avait espéré. Ironiquement cela se révéla heureux pour lui et malheureux pour le reste du monde, y compris le peuple allemand.

La date provisoirement fixée pour cette offensive était le 12 novembre. Le 5, Brauchitsch fit une nouvelle tentative pour dissuader Hitler d'envahir la France, exposant en long et en large ses arguments contre ce projet. Mais Hitler rejeta ce raisonnement et l'envoya promener, insistant pour que l'attaque fût déclenchée le 12. Cependant l'ordre fut annulé le 7 à cause du mauvais temps annoncé par la météo. La date fut repoussée de trois jours puis retardée de nouveau à plusieurs reprises.

Si le mauvais temps et le froid qui s'installaient étaient une raison évidente de ce retard, Hitler était furieux de s'y soumettre et il était loin de croire que c'était la seule raison. Il convoqua tous les officiers du Haut Commandement à une conférence le 23 novembre. Là, il s'employa à dissiper leurs doutes quant à la nécessité de prendre l'offensive, exprimant son anxiété devant la menace grandissante de l'U.R.S.S. et soulignant que les Alliés refusaient d'examiner ses offres de paix et multipliaient leurs armements. « Le temps travaille pour nos adversaires. » « Nous avons notre talon d'Achille, la Ruhr... Si l'Angleterre et la France entrent dans la Ruhr par la Belgique et la Hollande, nous courrons les plus grands dangers. »

Il poursuivit en leur reprochant leur manque d'enthousiasme et leur fit savoir qu'il les soupçonnait d'essayer de saboter ses plans. Il leur rappela qu'ils s'étaient opposés à chacune de ses actions depuis la réoccupation de la Rhénanie, qu'à chaque fois le succès lui avait donné raison et que désormais il attendait d'eux qu'ils suivent son plan inconditionnellement. La tentative de Brauchitsch pour montrer la différence et le plus grand risque de cette nouvelle aventure ne réussit qu'à attirer sur sa tête des foudres plus sévères. Le soir même, Hitler rencontra Brauchitsch en privé et lui passa un nouveau « savon ». Brauchitsch lui offrit alors sa démission, mais Hitler la repoussa et lui dit d'obéir aux ordres.

Cependant les conditions météorologiques se révélèrent un meilleur saboteur que les généraux et entraînèrent une nouvelle série de retards pendant la première quinzaine de décembre. Hitler décida alors d'attendre le Nouvel An et il accorda la permission de Noël. Le temps fut à nouveau mauvais juste après Noël, mais, le 10 janvier, Hitler fixa le début de l'offensive au 17.

Mais, le jour même où il prenait cette décision, se produisit la plus dramatique « intervention ». L'histoire en a été contée dans de nombreux récits, mais c'est le général Student, commandant en chef des troupes aéroportées allemandes, qui en a donné la version la plus concise :

> « Le 10 janvier, un commandant, détaché par mes soins comme officier de liaison auprès de la IIe escadre aérienne, se rendit en avion de Munster à Bonn pour discuter avec l'armée de l'Air quelques détails sans importance du plan d'invasion. Cependant il emporta avec lui *le plan opérationnel complet de l'offensive occidentale.*
>
> « Le temps était glacé et le vent très fort. Il perdit son chemin au-dessus du Rhin gelé et couvert de neige, et il entra en Belgique où il dut faire un atterrissage forcé. Il ne put brûler complètement ce document capital. Des fragments importants de celui-ci, et par conséquent les grandes lignes du plan de l'offensive allemande à l'ouest, tombèrent entre les mains des Belges. L'attaché de l'Air allemand à La Haye rapporta que le même soir le roi des Belges eut une longue conversation téléphonique avec la reine de Hollande [1]. »

1. Liddell Hart : *The Other Side of the Hill*, p. 149.

Naturellement, à cette époque, les Allemands ne savaient pas exactement ce qu'il était advenu des papiers, mais ils craignirent bien sûr le pire et durent agir en conséquence. Dans cette crise, Hitler, à la différence des autres, garda la tête froide :

« Il était intéressant de voir la réaction des dirigeants allemands à cet incident. Pendant que Göring enrageait, Hitler restait très calme et maître de lui... Il voulut d'abord frapper tout de suite, mais il se retint heureusement et décida d'abandonner complètement le plan opérationnel original. Celui-ci fut remplacé par le plan Manstein [1]. »

Le général Walter Warlimont, qui tenait un poste clef [2] au Q. G. du Commandement suprême, nota que Hitler décida de changer de plan le 16 janvier et que « cette décision fut principalement causée par l'accident d'avion [3] ».

Ce changement se révéla désastreux pour les Alliés en dépit d'un nouveau délai de grâce de quatre mois nécessaires aux préparatifs. L'offensive allemande fut en effet remise à une date indéterminée pendant qu'on refondait tous les plans, elle ne put commencer que le 10 mai. Son déclenchement déséquilibra complètement les Alliés et entraîna l'effondrement rapide des armées françaises tandis que les Anglais ne s'échappaient que de justesse en réembarquant à Dunkerque.

Il est naturel de se demander si l'atterrissage forcé du commandant fut réellement un accident. On pouvait s'attendre à ce que l'un des généraux allemands impliqués fût seulement trop heureux, après la guerre, de se mettre en lumière favorable auprès de ses vainqueurs en proclamant que c'était lui qui avait organisé cet avertissement aux Alliés. Cependant aucun d'entre eux ne le fit et ils semblaient tous convaincus que l'accident était parfaitement fortuit. Mais nous savons que l'amiral Canaris, le chef des Services Secrets allemands, qui fut exécuté par la suite, prit de nombreuses mesures clandestines pour contrecarrer les plans de Hitler et que juste avant les attaques lancées au printemps contre la Norvège, la Hollande et la Belgique, des avertissements furent adressés aux pays menacés, même s'ils ne furent pas pris suffisamment en considération. Nous savons aussi que les voies de Canaris étaient mystérieuses et qu'il était habile à brouiller les pistes. Nous serons donc contraints de laisser ouverte la question de l'accident du 10 janvier.

La maturation du nouveau plan ne souleva pas les mêmes doutes. Il constitua un autre épisode étrange, bien que d'une nature totalement différente.

L'ancien plan, élaboré par l'État-Major général sous les ordres de Halder,

1. Liddell Hart, *ibid.*, p. 149.
2. Il était chef adjoint de l'état-major opérationnel de l'O.K.W., sous les ordres du général Jodl.
3. Liddell Hart, *ibid.*, p. 155.

prévoyait de lancer l'offensive principale à travers le centre de la Belgique, comme en 1914. Elle devait être exécutée par le Groupe d'armées B, sous les ordres de Bock, pendant que le Groupe d'armées A, sous les ordres de Rundstedt était chargé d'une offensive secondaire sur la gauche, à travers les collines boisées des Ardennes. On ne s'attendait pas à de grands résultats dans ce secteur, et toutes les divisions blindées étaient attribuées à Bock, étant donné que l'État-Major considérait les Ardennes comme un terrain trop difficile pour une avance blindée [1].

Le chef d'état-major du Groupe d'armées de Rundstedt était Erich von Manstein. Il était considéré par ses camarades comme le meilleur stratège parmi les jeunes généraux. Il pensait que le premier plan était trop évident et ressemblait trop au plan Schlieffen de 1914. C'était exactement le genre de coup auquel le Haut Commandement allié s'attendait. Un autre inconvénient, selon Manstein, était qu'il se heurterait à l'armée anglaise, laquelle risquait d'offrir une plus forte résistance que l'armée française. De plus, ce plan n'amènerait pas de résultat décisif. Pour citer ses propres paroles :

> « Nous pourrions peut-être vaincre les troupes alliées en Belgique. Nous pourrions conquérir les côtes de la Manche. Mais il était probable que notre offensive serait définitivement arrêtée sur la Somme. Il se développerait alors une situation semblable à celle de 1914... et il n'y aurait aucune chance d'arriver à la paix [2]. »

En réfléchissant au problème, Manstein avait déjà conçu la solution audacieuse de déplacer le coup principal sur les Ardennes, ayant le sentiment que ce serait l'endroit où on l'attendrait le moins. Mais son esprit était préoccupé par une grosse question à propos de laquelle il avait consulté Guderian en novembre 1939.

Voici le propre récit de Guderian :

> « Manstein me demanda si des mouvements de chars seraient possibles à travers les Ardennes en direction de Sedan. Il m'expliqua son plan, qui était de percer l'extension de la Ligne Maginot près de Sedan, afin d'éviter le vieux plan Schlieffen qui était familier à l'ennemi qui pouvait s'y attendre une fois encore. Je connaissais le terrain depuis la Première Guerre mondiale, et, après avoir étudié la carte, je le confirmai dans son opinion. Manstein convainquit alors le général von Rundstedt et un rapport fut envoyé à l'O.K.H.

---

1. L'État-Major général français partageait tout à fait cette opinion. De même que l'État-Major général anglais. En novembre 1933, quand j'avais été consulté pour savoir comment nos formations blindées rapides, que le War Office commençait de constituer, seraient le mieux utilisées dans le cadre d'une guerre future, j'avais suggéré que, dans le cas d'une invasion allemande en France, nous devrions lancer une contre-offensive blindée à travers les Ardennes. On m'avait répondu que « les Ardennes étaient infranchissables pour des chars »; ce à quoi j'avais répliqué, qu'à la lumière d'une étude personnelle du terrain je considérais qu'il s'agissait là d'une illusion, comme je l'avais souligné dans plusieurs livres entre les deux guerres.
2. Liddell Hart : *The Other Side of the Hill*, p. 152.

(Q.G. suprême de l'Armée, commandé par Brauchitsch et Halder). L'O.K.H. refusa d'adopter l'idée de Manstein. Mais ce dernier parvint à porter son idée à la connaissance de Hitler[1]. »

Warlimont porta l'idée de Manstein à la connaissance du Q.G. de Hitler à la suite d'une conversation qu'il avait eue avec Manstein à la mi-décembre. Il en parla au général Alfred Jodl, chef de l'État-Major opérationnel de l'O.K.W., qui, à son tour, en parla à Hitler. Mais ce fut seulement après l'accident aérien du 10 janvier, alors que Hitler cherchait un nouveau plan, que la proposition de Manstein lui revint à l'esprit et commença de l'intéresser. Il s'écoula encore un mois avant qu'il ne penchât définitivement en sa faveur.

La décision finale fut prise d'une curieuse façon : Brauchitsch et Halder n'avaient pas aimé la manière dont Manstein avait fait pression en opposition à leur plan. Il fut donc décidé de le muter de son poste et de l'envoyer commander une unité d'infanterie où il serait hors du chemin et moins bien placé pour promouvoir ses idées. Mais, à la suite de cette mutation, il fut convoqué auprès de Hitler et eut ainsi l'occasion d'exposer complètement ces mêmes idées. Cette entrevue fut organisée à l'initiative du général Schmundt, l'aide de camp principal de Hitler, qui était un fervent admirateur de Manstein et qui trouvait qu'on s'était mal conduit à son égard.

A la suite de cette entrevue, Hitler insista si fortement auprès de Brauchitsch et de Halder, que ceux-ci cédèrent et remodelèrent le plan selon les idées de Manstein. Si Halder ne se convertit qu'à contrecœur, il était cependant un remarquable officier d'état-major et la rédaction détaillée du plan fut un brillant exemple de préparation logistique.

Il est tout à fait caractéristique que Hitler, une fois qu'il eut adopté la nouvelle idée-maîtresse, ne tarda pas à affirmer qu'il l'avait conçue lui-même. Il reconnut seulement à Manstein le mérite d'avoir été d'accord avec lui : « De tous les généraux avec lesquels je m'entretins du nouveau plan occidental, Manstein fut le seul à me comprendre. »

Si on analyse la suite des événements après le déclenchement de l'offensive, en mai, il apparaît clairement que l'ancien plan n'aurait presque certainement pas pu amener la chute de la France. En fait, il aurait peut-être seulement réussi à repousser les armées alliées jusqu'à la frontière française, et encore ce n'est pas sûr. La principale avance allemande se serait heurtée de front aux forces franco-britanniques les plus puissantes et les mieux équipées et elle aurait dû avancer au milieu d'un pays rempli d'obstacles, fleuves, canaux et grandes villes. Les Ardennes pouvaient sembler être un terrain encore plus difficile, mais si les Allemands pouvaient foncer à travers cette ceinture de collines boisées de la Belgique méridionale avant que le Haut Commandement français ne s'aperçût du

1. Liddell Hart : *The Other Side of the Hill*, pp. 153-154.

danger, les vastes plaines françaises leur seraient ouvertes, constituant le terrain idéal pour une vaste avance blindée.

Si l'ancien plan avait été conservé et avait, comme probable, débouché sur une impasse, tout l'aspect de la guerre aurait été changé. Quand bien même il est peu vraisemblable que la France et l'Angleterre auraient pu vaincre l'Allemagne à elles seules, un arrêt décisif de l'offensive allemande leur aurait donné le temps de développer leurs armements, en particulier dans le domaine des chars et de l'aviation, et d'établir un équilibre de puissance dans le domaine de ces armes nouvelles. L'échec patent du pari de Hitler aurait également peu à peu miné la confiance de ses troupes et de la population. Un enlisement sur le front occidental aurait donné une chance raisonnable au fort groupe d'opposition intérieure à Hitler de gagner des appuis et de mettre en application ses plans pour le renverser avant de négocier la paix. Quelle qu'ait pu être la tournure des événements après le coup d'arrêt de l'offensive allemande, il est vraisemblable que bien des ruines et des malheurs qui accablèrent les peuples d'Europe à la suite de l'effondrement de la France auraient pu être évités.

Autant Hitler bénéficia des conséquences de l'accident d'avion qui l'amena à changer de plan, autant ces conséquences furent néfastes aux Alliés. L'une des caractéristiques les plus étranges de toute cette affaire est leur peu d'empressement à tirer profit de l'avertissement qui était tombé en leur possession. Les documents dont l'officier d'état-major allemand était porteur, n'avaient pas beaucoup souffert du feu et des copies furent rapidement envoyées par les Belges aux gouvernements français et britannique. Mais leurs conseillers militaires eurent tendance à considérer ces documents comme une tentative d'intoxication. Cette opinion était absurde, car cela aurait été une intoxication bien dangereuse que de courir le risque de mettre les Belges sur leur garde et de les pousser à une collaboration plus étroite avec les Français et les Anglais. La Belgique aurait très bien pu décider d'ouvrir ses frontières aux armées franco-britanniques pour renforcer leur défense avant que le coup ne s'abatte.

Encore plus étrange est le fait que le Haut Commandement allié ne modifia en rien ses plans et ne prit aucune précaution pour faire face à la probabilité du déplacement du poids de l'attaque que le Haut Commandement allemand ne manquerait pas de faire si les plans saisis étaient authentiques.

A la mi-novembre, le Conseil suprême allié avait accepté le plan *D* de Gamelin. C'était une extrapolation risquée, devant laquelle l'État-Major britannique s'était d'abord montré réticent, d'un plan plus ancien. Selon les dispositions du plan *D*, l'aile gauche renforcée des armées alliées devait foncer en Belgique aussitôt que Hitler bougerait, et pousser aussi loin à l'est que possible. Ce plan répondait tout à fait aux désirs de Hitler et s'adaptait parfaitement à son nouveau plan. Plus l'aile gauche alliée s'avançait dans le centre de la Belgique, et plus il serait facile à son avance blindée de la contourner par les Ardennes et de lui couper la retraite.

Le résultat fut rendu encore plus certain par la décision du Haut Commandement allié d'employer le gros de ses forces mobiles dans son avance à travers la Belgique et de ne laisser qu'un mince écran de divisions de second ordre pour garder la charnière de son avance, face aux « Ardennes infranchissables ». Pour rendre la situation encore plus précaire, les défenses qu'elles devaient tenir étaient particulièrement faibles et situées dans l'espace vide qui séparait la fin de la Ligne Maginot du début du front fortifié britannique.

Sir Winston Churchill rapporte dans ses Mémoires que les milieux britanniques s'étaient inquiétés dans le courant de l'automne de l'existence de cette solution de continuité. Il écrit :

> « Mr. Hore-Belisha, secrétaire d'État à la Guerre, souleva ce point devant le Cabinet de Guerre à plusieurs reprises... Le Cabinet et nos chefs militaires hésitaient cependant à critiquer ceux dont les armées étaient dix fois plus nombreuses que les nôtres [1]. »

Après le départ de Hore-Belisha, début janvier, à la suite de la tempête que ses critiques avaient soulevée, on fut encore moins désireux de revenir sur ce point. On pouvait également constater une dangereuse montée de fausse confiance, en Grande-Bretagne comme en France. Churchill déclara dans un discours, en date du 27 janvier, que « Hitler a laissé passer sa meilleure chance ». Cette affirmation réconfortante fit les grands titres des journaux du lendemain. C'était précisément à cette époque que les nouveaux plans s'échafaudaient dans l'esprit de Hitler.

---

1. Churchill : *The Second World War*, vol. II, p. 33.

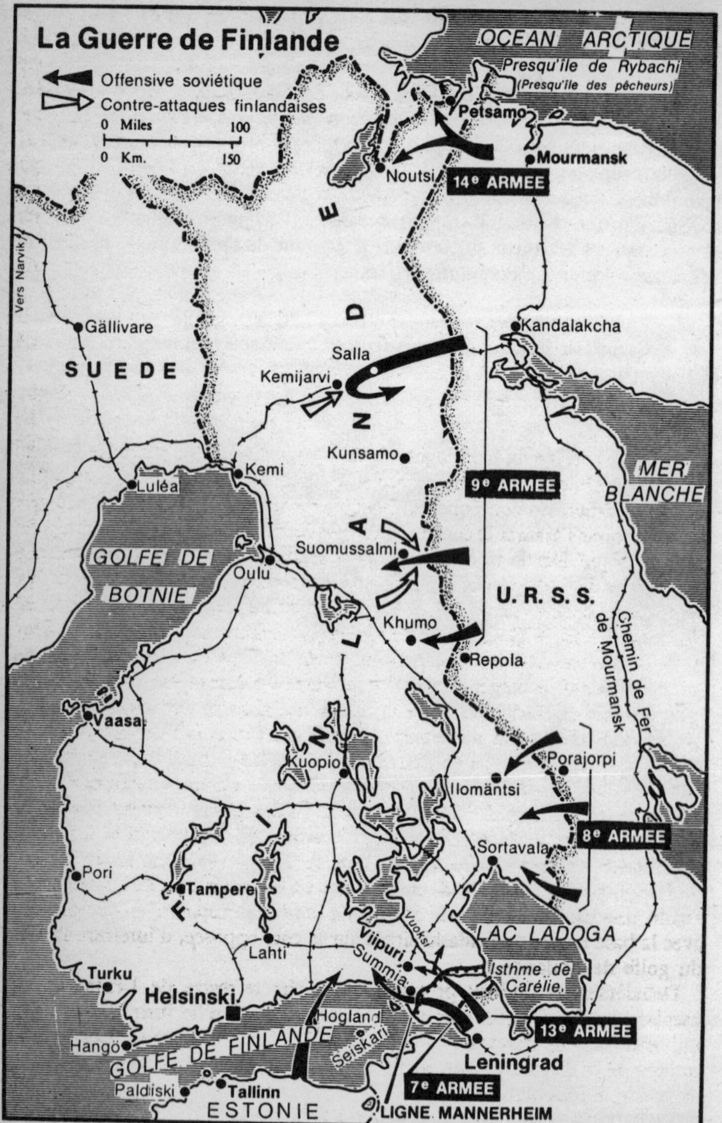

La Guerre de Finlande
Offensive soviétique
Contre-attaques finlandaises
0 Miles 100
0 Km. 150
OCEAN ARCTIQUE
Presqu'île de Rybachi
(Presqu'île des pêcheurs)
Petsamo
Mourmansk
Noutsi
14e ARMEE
Vers Narvik
Gällivare
SUEDE
Kandalakcha
Salla
Kemijarvi
Kunsamo
Kemi
Luléa
MER BLANCHE
9e ARMEE
GOLFE DE BOTNIE
Suomussalmi
Oulu
U. R. S. S.
Khumo
Repola
Chemin de Fer de Mourmansk
Vaasa
Kuopio
Porajorpi
Ilomäntsi
8e ARMEE
Sortavala
Pori
Tampere
LAC LADOGA
Vuoksi
Viipuri
Summia
Lahti
Isthme de Carélie
Turku
Helsinski
Hogland
13e ARMEE
Seiskari
Hangö
GOLFE DE FINLANDE
Leningrad
7e ARMEE
Paldiski
Tallinn
ESTONIE
LIGNE MANNERHEIM
FINLANDE

5.
La guerre en Finlande

Après le partage de la Pologne, Staline était anxieux de protéger le flanc balte de L'Union soviétique contre une future menace de son associé du moment, Hitler. En conséquence, le gouvernement soviétique ne perdit pas de temps pour s'assurer le contrôle stratégique des anciens territoires tampons de la Baltique. Dès le 10 octobre, il avait conclu, avec l'Estonie, la Lettonie et la Lituanie, des pactes l'autorisant à entretenir des garnisons dans les points clés de ces pays. Le 9, les conversations commencèrent avec la Finlande. Le 14, le Gouvernement soviétique formula ses exigences. Celles-ci pouvaient se définir comme ayant trois principales préoccupations.

Tout d'abord, protéger l'approche maritime de Leningrad : (*a*) en « rendant possible le blocus du golfe de Finlande, grâce à une artillerie située sur les deux côtés, afin d'interdire le golfe aux bâtiments de guerre ou de transport ennemis »; (*b*) « en permettant d'ôter à l'ennemi toute possibilité d'accéder aux îles du golfe de Finlande situées à l'ouest et au nord-ouest de l'entrée de Leningrad ». Dans ce but, les Finlandais se voyaient demander de céder les îles de Hogland, Seiskari, Lavanskari, Tytarskari et Loivisto, en échange d'autres territoires; on leur demandait aussi de louer le port de Hangö pour une durée de trente ans afin de permettre aux Russes d'y établir une base navale, dotée d'artillerie côtière et capable, en conjonction avec la base navale de Paldaski située sur la côte opposée, d'interdire l'accès du golfe de Finlande.

Deuxièmement, mieux protéger l'approche terrestre de Leningrad en reculant la frontière finlandaise sur l'isthme de Carélie jusqu'à une ligne qui serait hors de portée de l'artillerie lourde depuis Leningrad. Les modifications de la frontière laisseraient encore intactes les principales défenses de la Ligne Mannerheim.

Troisièmement, rectifier la frontière à l'extrême nord, « dans la région de Petsamo, où la frontière était tracée de façon imparfaite et artificielle ».

Il s'agissait d'une ligne droite traversant l'étroit isthme de la péninsule de Rybachi et séparant la partie occidentale de cette péninsule. Cette rectification avait apparemment pour but de protéger l'approche maritime de Mourmansk en empêchant un ennemi éventuel de s'installer dans la péninsule de Rybachi.

En échange de ces rectifications, l'Union soviétique offrait de céder à la Finlande les secteurs de Repola et Porajorpi, un marché qui aurait donné à la Finlande, selon les termes même du Livre Blanc finlandais, 5 527 kilomètres carrés en compensation de la cession à la Russie d'un total de 2 760 kilomètres carrés.

Si on examine objectivement ces propositions, on s'aperçoit qu'elles étaient rédigées sur une base rationnelle ayant pour but de procurer une plus grande sécurité au territoire soviétique sans inconvénient sérieux pour la sécurité de la Finlande. Elles auraient visiblement empêché l'Allemagne d'utiliser la Finlande comme un tremplin pour attaquer l'Union soviétique. Par contre, elles n'auraient donné à cette dernière aucun avantage appréciable en vue d'une agression contre la Finlande. Au contraire, les territoires que la Russie proposait de céder à la Finlande auraient permis à celle-ci d'élargir une dimension médiane inconfortablement étroite.

Le sentiment national rendit cependant difficile aux Finlandais d'accepter un tel accord. Tout en exprimant leur accord pour céder toutes les îles à l'exception de Hogland, ils se montrèrent inflexibles au sujet du port de Hangö, en alléguant que cette cession serait incompatible avec leur politique de stricte neutralité. Les Soviétiques proposèrent alors d'acheter ce morceau de territoire, en disant qu'un tel marché serait en accord avec les obligations de neutralité de la Finlande. Mais les Finlandais rejetèrent cette offre. Les discussions s'envenimèrent, le ton des commentaires dans la presse soviétique devint menaçant. Le 28 novembre, le Gouvernement soviétique dénonça le traité de non-agression de 1932 et, le 30, l'invasion soviétique commençait.

L'avance initiale se termina par un coup d'arrêt qui stupéfia le monde entier. Une poussée directe sur l'isthme de Carélie, en partant de Leningrad, fut arrêtée sur les premières couches de la Ligne Mannerheim. Une avance près du lac Ladoga ne fit aucun progrès. A l'autre extrémité du front les Russes coupèrent le petit port de Petsamo, sur l'océan Arctique, dans le but d'empêcher l'arrivée d'une aide à la Finlande par cette route.

Deux offensives plus directement menaçantes furent lancées sur la partie la plus étroite de la Finlande. L'offensive la plus septentrionale pénétra jusqu'à Kemijarvi, à mi-chemin du golfe de Bothnie, en passant par Salla, avant d'être repoussée par la contre-attaque d'une division finlandaise qui avait été envoyée du sud par chemin de fer. L'offensive méridionale, au-delà de Suomussalmi, fut arrêtée à son tour par une contre-attaque au début de janvier 1940. Contournant le flanc de l'envahisseur, les Finlandais coupèrent leurs lignes de ravitaillement et de retraite, attendirent que leurs troupes fussent épuisées de froid et de faim, puis les attaquèrent et les dispersèrent.

Parmi les pays occidentaux, la sympathie ressentie pour la Finlande en tant que nouvelle victime de l'agression était rapidement devenue de l'enthousiasme devant l'apparent succès du plus faible à repousser le plus fort. Cette impression eut de profondes répercussions. Elle incita les gouvernements français et anglais à envisager l'envoi d'un corps expéditionnaire sur ce nouveau théâtre d'opérations, dans le but non seulement d'aider la Finlande, mais aussi de s'assurer des mines de fer suédoises de Gällivare où s'approvisionnait l'Allemagne, tout en s'établissant dans une position qui menaçait le flanc balte de l'Allemagne. Ce projet ne fut pas réalisé avant l'effondrement de la Finlande, en partie à cause des objections soulevées par la Norvège et la Suède. La France et l'Angleterre échappèrent ainsi à un engagement contre l'U.R.S.S. en même temps que contre l'Allemagne à un moment où leurs propres défenses étaient dangereusement faibles. Mais la menace évidente d'un engagement allié en Scandinavie précipita la décision de Hitler de prévenir un tel mouvement en occupant la Norvège.

Une autre conséquence des premiers succès finlandais fut le renforcement de la tendance générale à sous-estimer la puissance militaire soviétique. Cette opinion fut résumée par Winston Churchill dans sa déclaration radiodiffusée du 20 janvier 1940, disant que la Finlande « avait montré aux yeux du monde l'incapacité militaire de l'Armée Rouge ». Cette erreur de jugement était partagée dans une certaine mesure par Hitler, avec les conséquences que l'on sait et qui viendront au cours de l'année suivante.

Un examen moins passionné de la campagne apportait cependant de meilleures explications pour le manque d'efficacité de l'avance initiale. Il n'y avait aucun signe de préparatifs sérieux en vue d'une puissante offensive, soutenue par de vastes provisions en munitions et en équipement prélevées sur les immenses ressources de l'Union soviétique. Certains signes montraient clairement que l'U.R.S.S. avait été induite en erreur par ses sources d'information quant à la situation en Finlande. Elle s'était imaginée ne rencontrer aucune résistance sérieuse et n'avoir à soutenir qu'un soulèvement du peuple finlandais contre un gouvernement impopulaire. Le pays était plein de difficultés pour un envahisseur, il fourmillait d'obstacles naturels qui rétrécissaient les routes d'invasion et favorisaient la défense. Sur la carte, la frontière s'étendant entre le lac Ladoga et l'océan Arctique apparaissait comme immense, mais elle était en réalité un enchevêtrement de lacs et de forêts, idéal pour préparer des pièges et organiser une forte résistance. De plus, du côté soviétique de la frontière, les communications ferroviaires se résumaient à la seule ligne Leningrad-Mourmansk, dont les 1 300 kilomètres ne comportaient qu'un seul embranchement en direction de la frontière finlandaise. Ces mauvaises conditions expliquent le fait que les offensives latérales, qui étaient décrites dans des termes très impressionnants par les rapports finlandais hauts en couleur, ne furent lancées que par trois divisions chacune, alors que quatre divisions étaient employées dans la manœuvre tournante au nord du lac Ladoga.

La meilleure voie d'invasion de la Finlande était de loin l'isthme de Carélie, entre le lac Ladoga et le golfe de Finlande, mais elle était bloquée par la Ligne Mannerheim et les six divisions d'active qui y avaient été concentrées dès le début des hostilités. Les offensives soviétiques plus septentrionales, malgré leur enlisement, servirent à attirer une partie des réserves finlandaises dans ce secteur, pendant que les Russes faisaient des préparatifs sérieux et amenaient 14 divisions en vue d'une véritable offensive sur la Ligne Mannerheim. Celle-ci fut lancée le 1er février, sous la direction du général Meretskov. Il concentra tout le poids de son action sur un secteur de 15 kilomètres près de Summa, qui subit un fantastique bombardement d'artillerie. Une fois les fortifications pulvérisées, les chars et l'infanterie portés sur traîneau avançaient pour occuper le terrain pendant que l'aviation soviétique brisait les tentatives de contre-attaque. Au bout d'un peu plus d'une quinzaine de jours de ce processus méthodique, une brèche fut ouverte dans toute la profondeur de la Ligne Mannerheim. Les attaquants avancèrent alors afin d'acculer les troupes finlandaises de chaque côté, avant de pousser jusqu'à Viipuri (Viborg). Une plus vaste opération de débordement fut organisée à travers le golfe de Finlande pris par les glaces, à l'aide de troupes qui progressèrent à partir de l'île de Hogland et atterrirent loin derrière Viipuri. Malgré une défense obstinée qui continua plusieurs semaines devant Viipuri, les forces limitées de la Finlande avaient été épuisées par leur effort pour défendre l'isthme de Carélie. Une fois le passage ouvert et leurs lignes de communications menacées, on pouvait s'attendre avec certitude à leur effondrement. La capitulation était la seule façon de l'éviter, puisque le corps expéditionnaire franco-britannique annoncé n'était pas arrivé, bien qu'il fut prêt à s'embarquer.

Le 6 mars 1940, le Gouvernement finlandais envoya une délégation négocier la paix. En plus des conditions soviétiques précédentes, la Finlande se vit maintenant demander la cession de zones situées dans les communes de Salla et de Kunsamo, la totalité de l'isthme de Carélie, y compris Viipari, de même que la partie finlandaise de la péninsule de Rybachi. Les Finlandais devaient également construire une voie ferrée de Kemijarvi jusqu'à la frontière (qui n'était pas encore fixée) pour faire la jonction avec le chemin de fer soviétique. Le 13 mars, on annonça que les conditions soviétiques avaient été acceptées.

Étant donné le radical renversement de situation, en particulier après l'effondrement désastreux de la Ligne Mannerheim dans le secteur de Summa, le 12 février, les nouvelles exigences soviétiques étaient remarquablement modérées. Mais le maréchal Mannerheim, qui était plus réaliste que bien des hommes d'État et entretenait des doutes justifiés quant aux pressantes offres d'assistance franco-britanniques, insista fermement pour les faire accepter. En augmentant si modérément ses prétentions, Staline fit, lui aussi, preuve de beaucoup d'habileté politique. Il était évidemment anxieux de se débarrasser d'un engagement qui avait occupé plus d'un million de soldats soviétiques, en même temps qu'une forte proportion de chars et d'aviation, alors que le printemps crucial de 1940 approchait.

Tandis que le terrain de la Pologne se prêtait plus que partout ailleurs en Europe à une offensive éclair, la Finlande présentait un théâtre d'opérations particulièrement défavorable à une telle action, surtout à l'époque de l'année où eut lieu l'invasion.

L'encerclement géographique de la frontière polaire était aggravé par l'ampleur des communications allemandes et la médiocrité des communications polonaises. La nature découverte du pays offrait de larges possibilités aux avances rapides de troupes mécanisées qui étaient facilitées par le temps sec de septembre. L'armée polonaise était encore plus farouchement attachée aux traditions d'offensives que la plupart des autres armées et était d'autant plus faible pour utiliser ses rares moyens d'action défensive.

Au contraire, en Finlande, les défenseurs profitaient d'un bien meilleur réseau de communications internes, tant ferroviaires que routières, que celu dont disposaient les attaquants de leur propre côté de la frontière. Les Finlandais possédaient plusieurs lignes de chemin de fer parallèles à la frontière, qui leur permettaient de transporter rapidement leurs réserves d'un point à l'autre; les Soviétiques ne disposaient que de la ligne Leningrad-Mourmansk, avec son unique embranchement vers la frontière finlandaise. Partout ailleurs, les Soviétiques devraient parcourir de 80 à 240 kilomètres à partir de la voie ferrée avant de franchir la frontière, et une distance encore plus considérable avant de menacer un point quelconque d'importance stratégique. De plus, cette avance devait se faire à travers un pays de lacs et de forêts et sur de mauvaises routes qui étaient alors couvertes d'une épaisse couche de neige.

Ces difficultés imposaient une étroite limite aux troupes que l'Union soviétique pouvait déplacer et entretenir sur place, à l'exception d'une avance directe à travers l'isthme de Carélie, face à la Ligne Mannerheim et à ses solides défenses. Ce couloir de terre, large de quelque 110 kilomètres sur la carte, est bien plus étroit dans la réalité stratégique. La moitié est barrée par le large fleuve Vuoksi, tandis qu'une grande partie du reste est couverte de lacs séparés par de la forêt. C'est seulement du côté de Summa qu'il y a la place de déployer des troupes en quantité suffisante.

Aux difficultés stratégiques rencontrées pour réunir des forces importantes sur les secteurs apparemment les plus exposés de la frontière finlandaise et pour les faire pénétrer profondément en territoire ennemi, venaient s'ajouter les difficultés tactiques pour vaincre la résistance de défenseurs qui connaissaient parfaitement le terrain et savaient tirer parti de ses avantages. Lacs et forêts ont tendance à diviser une force d'invasion dans d'étroits corridors de progression qui peuvent être balayés par le feu des mitrailleuses; ils offrent d'innombrables occasions pour des attaques de flanc et un harcèlement de guérilla. La pénétration d'un tel pays, face à un ennemi habile, est déjà assez périlleuse en été, elle devient encore plus dangereuse dans l'hiver arctique, quand de lourdes colonnes sont aussi maladroites qu'un homme en sabots essayant de lutter avec un adversaire en espadrilles.

S'il est vrai que le maréchal Mannerheim prit évidemment des risques en gardant toutes ses réserves dans l'extrême sud jusqu'à ce que les Russes eussent révélé leurs intentions, sa stratégie était justifiée dans l'ensemble par les occasions de contre-attaque que lui offraient les pénétrations initiales de l'ennemi, en particulier dans ce genre de pays et dans les conditions hivernales.

Quant aux Soviétiques, il est normal que des plans qui ont été fondés sur des erreurs d'appréciation s'effondrent à l'épreuve de la réalité. Mais cela ne constitue pas, en soi, une preuve d'inefficacité militaire pour toute l'armée en question. Si les régimes autoritaires sont particulièrement sensibles aux rapports sur la situation qui concordent avec leurs désirs, aucun genre de gouvernement n'est immunisé contre ce risque. Il est peut-être bon de se rappeler que les plus grands exemples d'erreur d'appréciation de toute l'histoire moderne sont peut-être ceux qui servirent de base aux plans français de 1914 et de 1940.

TROISIÈME PARTIE

Le flot monte

1940

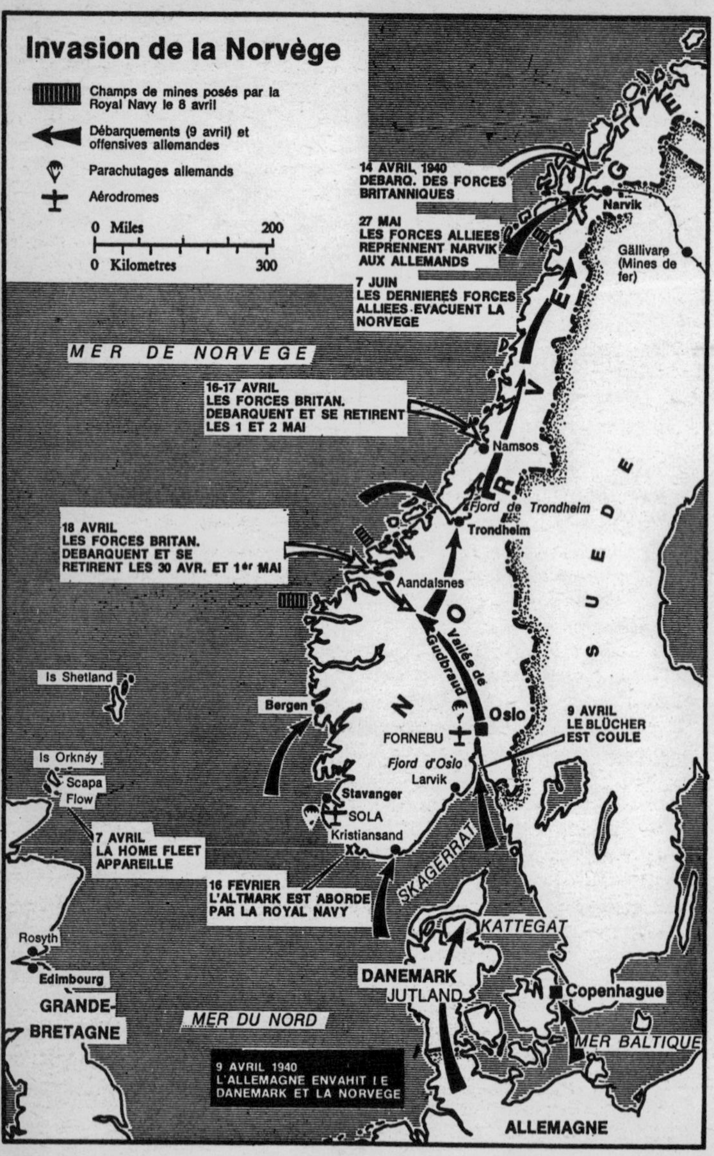

Invasion de la Norvège
Champs de mines posés par la Royal Navy le 8 avril
Débarquements (9 avril) et offensives allemandes
Parachutages allemands
Aérodromes
0 Miles 200
0 Kilometres 300
14 AVRIL 1940 DEBARQ. DES FORCES BRITANNIQUES
27 MAI LES FORCES ALLIEES REPRENNENT NARVIK AUX ALLEMANDS
7 JUIN LES DERNIERES FORCES ALLIEES EVACUENT LA NORVEGE
Narvik
Gällivare (Mines de fer)
MER DE NORVEGE
16-17 AVRIL LES FORCES BRITAN. DEBARQUENT ET SE RETIRENT LES 1 ET 2 MAI
Namsos
NORVEGE
SUEDE
Fjord de Trondheim
Trondheim
18 AVRIL LES FORCES BRITAN. DEBARQUENT ET SE RETIRENT LES 30 AVR. ET 1er MAI
Aandalsnes
Vallée de Gudbraud
Is Shetland
Bergen
Oslo
FORNEBU
9 AVRIL LE BLÜCHER EST COULE
Fjord d'Oslo
Larvik
Is Orkney
Scapa Flow
Stavanger
SOLA
Kristiansand
7 AVRIL LA HOME FLEET APPAREILLE
16 FEVRIER L'ALTMARK EST ABORDE PAR LA ROYAL NAVY
SKAGERRAT
KATTEGAT
Rosyth
Edimbourg
DANEMARK
JUTLAND
Copenhague
GRANDE-BRETAGNE
MER DU NORD
MER BALTIQUE
9 AVRIL 1940 L'ALLEMAGNE ENVAHIT LE DANEMARK ET LA NORVEGE
ALLEMAGNE

6.
L'invasion de la Norvège

Les six mois d'accalmie trompeuse qui suivirent la conquête de la Pologne se terminèrent par un soudain coup de tonnerre. Il se produisit, non pas là où les nuages étaient les plus sombres, mais sur la frange scandinave. La Norvège et le Danemark paisibles furent frappés par la foudre hitlérienne.

Les journaux du 9 avril rapportèrent que la veille, les forces navales françaises et britanniques étaient entrées dans les eaux norvégiennes pour y poser des mines afin d'interdire le passage des navires commerçant avec l'Allemagne. Les commentaires concernant cette initiative mêlaient les félicitations aux arguments justifiant la violation de la neutralité norvégienne. Mais, ce matin-là, la radio rendit d'un seul coup caducs tous ces commentaires en annonçant la nouvelle bien plus stupéfiante du débarquement des troupes allemandes sur toute une série de points de la côte norvégienne, en même temps que l'invasion du Danemark.

L'audace de ces actions, accomplies au mépris de la supériorité navale britannique, consterna les dirigeants alliés. Dans une déclaration devant la Chambre des Communes, cet après-midi-là, le Premier ministre anglais, Chamberlain, fit état de débarquements allemands sur la côte occidentale de la Norvège, Bergen et Trondheim, de même que sur la côte méridionale. Il ajouta : « Le bruit a également couru d'un débarquement à Narvik, mais je suis très sceptique à ce sujet. » Il semblait tout à fait incroyable aux autorités anglaises que Hitler se fût aventuré dans un débarquement aussi septentrional, d'autant plus incroyable que leurs propres forces navales étaient sur place et en force, afin de protéger les opérations de pose de mines et leur développement prévu. Elles pensaient que « Narvik » était une erreur d'orthographe pour « Larvik », située sur la côte méridionale.

Avant la fin de la journée, cependant, il apparut que les Allemands s'étaient emparés d'Oslo, la capitale de la Norvège, et de tous les ports principaux, y compris Narvik. Toutes leurs opérations de débarquement simultanées avaient été couronnées de succès.

A la rapide désillusion du Gouvernement britannique succéda une nouvelle illusion. Sir Winston Churchill, alors Premier Lord de l'Amirauté, déclara aux Communes, deux jours plus tard :

> « Selon moi, et selon mes experts conseillers, Monsieur Hitler a commis une grave erreur stratégique [...] nous avons beaucoup gagné à ce qu'il a fait en Scandinavie [...] Il s'est engagé sur toute une série de points de la côte norvégienne et il lui faudra maintenant se battre pour les garder, si nécessaire pendant tout l'été, contre des puissances possédant une large supériorité navale et capable de transporter leurs forces sur les théâtres d'opérations bien plus facilement que lui. Je ne vois pour lui aucune compensation pour ces désavantages [...] J'ai le sentiment que nous tirons un grand bénéfice de [...] la gaffe stratégique à laquelle notre ennemi mortel s'est laissé provoquer [1]. »

Ces belles paroles restèrent lettre morte. Les contre-mesures anglaises furent lentes, hésitantes et maladroites. Au moment d'agir, l'Amirauté, oubliant son mépris d'avant-guerre pour l'aviation, se montra extrêmement prudente et refusa de risquer des bâtiments à des endroits où leur intervention aurait été décisive. Les mouvements de troupes furent encore plus faibles. Des forces débarquèrent en divers endroits, dans le but d'évincer l'envahisseur allemand, mais elles furent toutes réembarquées dans les quinze jours qui suivirent, à l'exception de Narvik qui fut abandonné un mois plus tard à la suite de la grande offensive allemande sur le front occidental.

Les châteaux en Espagne de Churchill s'étaient effondrés. Ils avaient été bâtis sur une erreur fondamentale d'appréciation de la situation et des changements de la guerre moderne, en particulier des effets de l'aviation sur la puissance maritime.

Ses dernières paroles étaient plus sensées et plus proches de la réalité, quand, après avoir décrit la Norvège comme un piège pour Hitler, il avait décrit l'invasion allemande comme une mesure à laquelle Hitler avait « été provoqué ». En effet, la découverte la plus surprenante d'après-guerre au sujet de cette campagne a été le fait que Hitler, quelle que fût son absence de scrupules, aurait préféré préserver la neutralité de la Norvège et n'avait pas l'intention de l'envahir avant d'y être provoqué par des signes évidents montrant que les Alliés préparaient une action hostile dans ce secteur.

Il est fascinant de retracer l'enchaînement des événements derrière la scène, des deux côtés, bien qu'il soit tragique et horrible de voir à quel point les hommes politiques à l'esprit offensif réagissent les uns sur les autres pour produire des explosions de forces destructrices. La première mesure de toute cette affaire remonte au 19 septembre 1939, le jour où

---

1. Churchill : *War Speeches*, vol. I, pp. 169-170.

Churchill (comme il le rapporte dans ses Mémoires) présenta devant le Cabinet britannique le projet de poser des mines « dans les eaux territoriales norvégiennes » afin de « mettre un terme au transport par les Norvégiens de minerai de fer suédois de Narvik » en Allemagne. Il exposa qu'une telle mesure serait « de la plus haute importance pour paralyser l'industrie de guerre ennemie ». Selon la note qu'il fit ensuite parvenir au Premier Lord de la Mer, « le Cabinet, y compris le ministre des Affaires étrangères (Lord Halifax) semble se montrer très en faveur de cette action ».

Cela est assez surprenant et laisse à penser que le Cabinet avait tendance à considérer la fin sans examiner soigneusement les moyens — ou la situation où ils pourraient nous mener. Un projet similaire avait été discuté en 1918, mais à cette époque, ainsi qu'il est rapporté dans l'*Histoire navale officielle* :

> « [...] le commandant en chef (Lord Beatty) déclara que les officiers et les matelots de la Flotte auraient la plus grande répugnance à entrer, avec une supériorité de force écrasante, dans les eaux territoriales d'un peuple petit mais courageux, afin d'appliquer des mesures coercitives. Si les Norvégiens résistaient, comme ils le feraient probablement, le sang coulerait; cela constituerait, disait le commandant en chef, un crime aussi abominable que tous ceux que les Allemands avaient commis ailleurs. »

Il est bien évident que les marins avaient plus de scrupules que les hommes politiques, ou bien que le Gouvernement anglais était d'une humeur plus téméraire au début de la guerre, en 1939, qu'à la fin de la Première Guerre mondiale.

Le personnel du Foreign Office exerça cependant une influence de modération et montra au Cabinet les objections que soulevait la violation projetée de la neutralité norvégienne. Churchill raconte tristement :

> « Les arguments du Foreign Office au sujet de la neutralité étaient de poids et je ne pus l'emporter. Je continuai... d'insister sur ma proposition par tous les moyens et à toutes les occasions [1]. »

Cette proposition devint un sujet de conversation dans des cercles de plus en plus larges, et les arguments en sa faveur furent même examinés dans la presse. C'était la meilleure façon d'éveiller l'inquiétude de l'Allemagne et de l'inciter à prendre des contre-mesures.

Du côté allemand, le premier pas important que l'on trouve dans les archives saisies après la guerre, se place au début d'octobre. Le commandant en chef de la Marine, l'amiral Raeder, exprima la crainte que les Norvégiens n'ouvrissent leurs ports aux Anglais et il adressa un rapport à Hitler sur les inconvénients stratégiques que représenterait une occupation britannique. Il suggéra également qu'il serait avantageux pour la guerre sous-marine

---

1. Churchill : *The Second World War*, vol. I, p. 483.

allemande « d'obtenir des bases sur la côte norvégienne, par exemple Trondheim, avec l'aide de la pression soviétique ».

Mais Hitler écarta la suggestion. Son esprit était tout entier occupé par les plans d'une offensive à l'ouest ayant pour but de contraindre la France à déposer les armes, et il ne voulait pas se laisser entraîner dans une tout autre opération ou distraire une partie de ses ressources.

Une nouvelle et bien plus forte incitation fut ressentie dans les deux camps après l'invasion de la Finlande par les Soviétiques à la fin novembre. Churchill y vit une nouvelle possibilité de frapper l'Allemagne de flanc sous le prétexte d'aider la Finlande : « J'accueillis cette nouvelle brise favorable comme un moyen d'obtenir l'avantage stratégique essentiel de couper le ravitaillement vital de l'Allemagne en minerai de fer [1]. »

Dans une note datée du 16 décembre, il rassembla tous ses arguments en faveur de cette mesure qu'il décrivait comme « une opération d'offensive majeure ». Il reconnaissait qu'il était vraisemblable qu'elle conduisît les Allemands à envahir la Scandinavie car, ainsi qu'il le disait : « Si vous tirez sur l'ennemi, celui-ci tirera à son tour. » Mais il poursuivait en affirmant : « Nous avons plus à gagner qu'à perdre d'une attaque allemande contre la Norvège et la Suède. » Il omettait de se pencher sur toutes les souffrances qu'endureraient les peuples scandinaves en voyant ainsi leurs pays transformés en champs de bataille.)

La plupart des membres du Cabinet avaient encore des scrupules à violer la neutralité de la Norvège. Malgré le puissant plaidoyer de Churchill, ils se refusèrent à sanctionner l'exécution immédiate de ce projet. Mais ils autorisèrent les chefs d'État-Major à « préparer les plans d'un débarquement à Narvik » qui était le terminus de la voie ferrée menant aux mines de fer de Gällivare, en Suède, et de là en Finlande. Si l'aide à la Finlande était le but ostensible d'une telle expédition, le but sous-jacent et principal était le contrôle des mines de fer suédoises.

Dans le courant du même mois, Berlin reçut la visite d'un important visiteur venu de Norvège. Il s'agissait de Vidkun Quisling, un ancien ministre de la Défense, qui était à la tête d'un petit parti de type nazi et entretenant une vive sympathie pour l'Allemagne. A son arrivée, il rencontra l'amiral Raeder et le persuada du danger d'une prochaine occupation de la Norvège par les Anglais. Il demanda de l'argent et une aide clandestine pour organiser un coup d'État et renverser l'actuel gouvernement norvégien. Il déclara qu'un certain nombre d'officiers norvégiens importants étaient prêts à la soutenir, y compris, prétendait-il, le colonel Sundlo qui commandait Narvik. Une fois au pouvoir, il ferait entrer les troupes allemandes, empêchant de la sorte une arrivée des Britanniques.

Raeder convainquit Hitler de rencontrer Quisling personnellement, et les deux hommes se rencontrèrent le 16 et le 18 décembre. L'enregistrement

1. *Ibid.*, vol. I, p. 489.

de leurs conversations montre que Hitler déclara qu'il « préférerait que la Norvège, comme le reste de la Scandinavie, reste complètement neutre », car il ne désirait pas « élargir le théâtre de la guerre ». Cependant, « si l'ennemi se préparait à étendre le conflit, il prendrait des mesures pour se garder contre cette menace ». En attendant, Quisling se vit promettre des subsides et il reçut l'assurance qu'on étudierait la question de lui apporter une aide militaire.

Malgré cela, le Journal de Guerre de l'État-Major naval allemand montre que le 13 janvier, un mois plus tard, l'État-Major pensait toujours que « la solution la plus favorable serait le maintien de la neutralité norvégienne », bien qu'une certaine inquiétude se fît jour : celle que « l'Angleterre ait l'intention d'occuper la Norvège avec l'accord tacite du Gouvernement norvégien ».

Que se passait-il dans l'autre camp ? Le 15 janvier, le général Gamelin, commandant en chef des forces françaises, adressa une note à Daladier, le président du Conseil, au sujet de l'intérêt qu'il y aurait à ouvrir un nouveau théâtre d'opérations en Scandinavie. Il exposa également le plan d'un débarquement de troupes alliées à Petsamo, dans le nord de la Finlande, prévoyant en même temps « la précaution de s'emparer des ports et des aérodromes de la côte occidentale de la Norvège ». Ce plan envisageait la possibilité ultérieure « d'étendre les opérations à la Suède et d'occuper les mines de fer de Gällivare ».

Les craintes allemandes furent attisées par un discours radiodiffusé de Churchill, où, s'adressant aux neutres, il déclarait que leur devoir était de se joindre à la lutte contre Hitler [1]. Il était décidément fait trop d'allusions en public à une intervention alliée.

Le 27, Hitler donna explicitement l'ordre à ses conseillers militaires de préparer les plans complets d'une invasion de la Norvège en cas de besoin. L'état-major spécialement constitué dans ce but, se réunit pour la première fois le 5 février.

Ce jour-là, le Conseil de Guerre suprême allié se réunit à Paris et Chamberlain emmena Churchill avec lui. A cette réunion, il fut décidé de préparer une force composée de deux divisions britanniques et d'un contingent français légèrement plus réduit, qui devait « aider la Finlande ». Ces troupes devaient être « camouflées en volontaires » afin d'essayer de diminuer les

---

1. Le 20 janvier, Winston Churchill vanta à la radio les succès maritimes des Alliés et opposa les pertes de navires neutres du fait des attaques des U-Boote à la sécurité des convois de navires alliés. Il demanda ensuite, après un bref tour d'horizon : « Mais qu'arriverait-il si toutes ces nations neutres que j'ai mentionnées — et quelques autres que je n'ai pas mentionnées — se levaient d'un élan spontané pour faire leur devoir en accord avec le pacte de la Société des Nations et se rangeaient aux côtés des empires français et britannique contre l'agression et le tort ? » (Churchill : *War Speeches*, vol. I, p. 137.) Cette suggestion causa une vive émotion et les presses belge, hollandaise, danoise, norvégienne et suisse s'empressèrent de la rejeter, tandis qu'on annonçait à Londres, revenant ainsi dans une certaine mesure aux jours de la politique d'apaisement, que ce discours ne reflétait que les opinions personnelles de Churchill.

risques d'une guerre ouverte avec l'U.R.S.S. Mais les divergences de vue se manifestèrent au sujet de leur itinéraire d'acheminement. Le Premier ministre anglais souligna les difficultés d'un débarquement à Petsamo et les avantages d'un débarquement à Narvik, en particulier pour « prendre le contrôle des mines de fer de Gällivare ». Ce devait être là l'objectif principal; une partie seulement du corps expéditionnaire devait continuer jusqu'en Finlande. Les arguments britanniques l'emportèrent et il fut décidé que l'embarquement aurait lieu début mars.

Un incident lourd de conséquences eut lieu le 16 février. Un bâtiment allemand, l'*Altmark*, qui ramenait d'Atlantique-Sud des prisonniers britanniques, était pourchassé par des destroyers anglais; il se réfugia dans un fjord norvégien. Churchill envoya l'ordre direct au capitaine Vian du H.M.S. *Cossack*, d'entrer dans les eaux norvégiennes, d'aborder l'*Altmark* et de libérer les prisonniers. Deux canonnières norvégiennes étaient sur les lieux, mais elles se laissèrent intimider et la protestation qu'adressa ultérieurement le Gouvernement norvégien au sujet de la violation de ses eaux territoriales fut rejetée.

Hitler considéra cette protestation comme une mesure simplement destinée à lui donner le change et il fut convaincu que le Gouvernement norvégien était le complice consentant de l'Angleterre. Cette conviction était alimentée par la passivité des deux canonnières et les rapports de Quisling disant que l'action du *Cossack* était une affaire « arrangée à l'avance ». Selon les amiraux allemands, l'affaire de l'*Altmark* fut décisive pour faire pencher Hitler en faveur d'une intervention en Norvège. Ce fut cet incident qui mit en marche le processus infernal.

Hitler avait le sentiment qu'il ne pouvait attendre le développement du plan de Quisling, en particulier après que des observateurs allemands en Norvège l'eurent informé que le parti de Quisling n'enregistrait guère de progrès, tandis que des rapports venant d'Angleterre indiquaient qu'une action dans le secteur norvégien se préparait, en même temps qu'on rassemblait des troupes et des bâtiments de transport.

Le 20, Hitler convoqua le général von Falkenhorst et le chargea du commandement et de la préparation d'un corps expéditionnaire en Norvège, en lui déclarant : « On m'informe que les Anglais ont l'intention de débarquer là-bas et je veux y être avant eux. L'occupation de la Norvège représenterait pour les Anglais un contournement stratégique qui les amènerait sur la Baltique où nous ne possédons ni troupes ni défenses côtières... l'ennemi se trouverait dans la position d'avancer jusqu'à Berlin et de casser l'épine dorsale de nos deux fronts. »

Le 1er mars, Hitler donna ses directives pour la préparation complète de l'invasion. Le Danemark devait également être occupé afin de fournir le marchepied stratégique nécessaire et de préserver les lignes de communication allemandes.

Cependant, même à cette date, la décision de frapper n'avait pas encore été définitivement prise. Les archives des conférences entre Hitler et Raeder montrent que Hitler était encore déchiré entre sa conviction que « le maintien de la neutralité norvégienne » était « la meilleure solution » pour l'Allemagne devant sa crainte d'un débarquement anglais imminent. Le 9 mars, en présentant le plan naval, il s'étendit sur les dangers d'une opération « contraire à tous les principes de la guerre navale » tout en disant en même temps que cette opération était « urgente ».

Au cours de la semaine suivante, l'anxiété s'accrut du côté allemand. Le 13, un rapport indiqua que les sous-marins britanniques étaient concentrés au large de la côte méridionale de la Norvège. Le 14, les Allemands interceptèrent un message radio qui donnait l'ordre aux transports de troupes alliés de se tenir prêts à appareiller; le 15, un certain nombre d'officiers français arrivèrent à Bergen. Les Allemands eurent l'impression qu'ils allaient être devancés car leur propre corps expéditionnaire n'était pas encore prêt.

Que se passait-il en réalité dans le camp allié? Le 21 février, Daladier recommanda d'utiliser l'affaire de l'*Altmark* comme prétexte pour « saisir immédiatement » les ports norvégiens « par une action soudaine ». Daladier représentait que « la justification d'une telle entreprise serait d'autant plus facile qu'elle interviendrait plus rapidement et que notre propagande serait plus à même d'exploiter le souvenir de la récente complicité de la Norvège dans l'incident de l'*Altmark* ». C'était une façon de s'exprimer qui ressemblait remarquablement à celle de Hitler. La proposition du gouvernement français rencontra un certain doute à Londres car le corps expéditionnaire n'était pas prêt et Chamberlain espérait encore que les Gouvernements norvégien et suédois accepteraient de laisser entrer les troupes alliées.

Cependant, à la réunion du Cabinet de Guerre du 8 mars, Churchill exposa le projet d'une arrivée en force devant Narvik et du débarquement immédiat d'un détachement, selon le principe qui consiste à « montrer sa force pour éviter d'avoir à s'en servir ». Lors d'une nouvelle réunion, le 12, le Cabinet « décida de reprendre les plans » de débarquements à Trondheim, Stavanger et Bergen, en même temps qu'à Narvik.

Le corps expéditionnaire débarqué à Narvik devait s'enfoncer rapidement dans l'arrière-pays et atteindre les mines de fer de Gällivare, de l'autre côté de la frontière suédoise. Tout devait être prêt pour permettre de passer à l'exécution le 20 mars.

Mais les plans furent alors bouleversés par l'effondrement militaire de la Finlande et sa capitulation du 13 mars qui privait du même coup les Alliés de leur principal prétexte pour entrer en Norvège. La première réaction à cette douche froide fut d'envoyer en France deux divisions qui avaient été prévues pour la Norvège. Il resta cependant disponible l'équivalent d'une division. Une autre conséquence fut la chute de Daladier et son remplacement à la présidence du Conseil par Paul Reynaud, qui fut porté au pouvoir par une vague d'opinion exigeant une politique plus offensive et une action plus immédiate. Reynaud se rendit à Londres le 28 mars pour une réunion du Conseil de Guerre suprême allié, déterminé à presser le Conseil de mettre immédiatement à exécution le projet norvégien que Churchill recommandait depuis si longtemps.

Mais une telle pression n'était désormais plus nécessaire. Comme Churchill l'a relaté, Chamberlain était devenu « tout à fait favorable à entreprendre une action offensive d'une sorte ou d'une autre à cette étape de la guerre. » Comme au printemps 1939, une fois qu'il eut pris sa résolution, il alla carrément de l'avant. Ouvrant la réunion du Conseil, il exposa vigoureusement les arguments en faveur d'une action en Norvège, mais il recommanda vivement aussi l'adoption de l'autre projet favori de Churchill, c'est-à-dire le largage aérien d'un flot continu de mines sur le Rhin et d'autres fleuves allemands. Reynaud se montra assez réticent au sujet de cette dernière opération et déclara qu'il lui faudrait obtenir l'accord du Conseil supérieur de la Guerre français. Mais il se rallia avec enthousiasme à l'opération norvégienne.

Il fut décidé que le minage des eaux norvégiennes serait réalisé le 5 avril et serait appuyé par le débarquement de troupes à Narvik, Trondheim, Bergen et Stavanger. Le premier contingent de troupes devait s'embarquer à destination de Narvik, le 8. Mais un nouveau retard survint alors. Le Conseil supérieur de la Guerre français refusa son accord au largage de mines sur le Rhin, de crainte qu'il n'entraînât des représailles allemandes « qui frapperaient la France ». Il n'exprima aucune préoccupation du même ordre au sujet des représailles que l'autre opération ferait s'abattre sur la Norvège, et Gamelin souligna même que l'un des buts de cette opération était « d'attirer l'ennemi dans un piège en le provoquant à débarquer en Norvège ». Chamberlain essaya cependant d'insister sur le fait que les deux opérations devaient être entreprises, et il s'arrangea avec Churchill pour que celui-ci se rende à Paris, le 4, afin de faire une nouvelle tentative — qui ne devait pas réussir — pour persuader les Français d'adopter son plan de minage du Rhin.

Tout cela nécessitait de retarder quelque peu *Wilfred*, le plan norvégien. Il est curieux de constater que Churchill accepta ce retard, en effet, à la réunion du Cabinet de Guerre de la veille, des rapports avaient été présentés par le War Office et le Foreign Office, indiquant qu'un grand nombre de bâtiments allemands étaient concentrés, troupes embarquées, dans les ports les plus proches de la Norvège. Il fut suggéré, de façon assez absurde, que ces forces se préparaient à lancer une contre-attaque consécutive à une éventuelle descente anglaise en Norvège. Et aussi étonnant que cela puisse paraître, on accepta cette explication.

Le départ de l'expédition norvégienne fut retardée de trois jours et remis au 8. Ce nouveau délai lui enleva toute chance de succès. Il permit aux Allemands d'entrer en Norvège juste avant les Alliés.

Le 1er avril, Hitler avait enfin pris sa décision et il avait fixé le début de l'invasion de la Norvège et du Danemark au 9 à 5 h 15 du matin. Cette décision avait été prise à la suite d'un rapport inquiétant selon lequel les batteries côtières et antiaériennes norvégiennes avaient reçu l'autorisation d'ouvrir le feu sans attendre d'ordres supérieurs, ce qui laissait à penser que les forces norvégiennes étaient mises sur le pied de guerre et que si Hitler attendait encore, il perdrait toutes ses chances de surprise et de succès.

Dans les dernières heures d'obscurité du 9 avril, les premiers détachements de troupes allemandes, transportés pour la plupart par des bâtiments de guerre, arrivèrent dans les principaux ports de Norvège, depuis Oslo jusqu'à Narvik, et s'en emparèrent sans grande difficulté. Les officiers allemands annoncèrent aux autorités locales qu'ils venaient pour placer la Norvège sous la protection de l'Allemagne contre une invasion alliée imminente. Les porte-parole alliés s'empressèrent de démentir cette affirmation et continuèrent de le faire par la suite.

Comme le dit un membre du cabinet de Guerre de l'époque, Lord Hankey :

> « [...] depuis le début de l'élaboration des plans jusqu'à l'invasion allemande, la Grande-Bretagne et l'Allemagne en étaient à peu près au même point dans leurs plans et leurs préparatifs. L'Angleterre commença en réalité à élaborer des plans un peu plus tôt [...] les deux plans furent exécutés à peu près simultanément, l'Angleterre ayant vingt-quatre heures d'avance dans ce prétendu acte d'agression, pour peu qu'on puisse employer ce terme dans un camp comme dans l'autre. »

Mais l'Allemagne plaça un démarrage final plus rapide et plus puissant. Elle emporta la course d'une courte tête, ce fut presque un cas de *photo-finish*.

L'un des points les plus contestables des procès de Nuremberg est que l'on fit figurer, parmi les principales accusations contre l'Allemagne, la préparation et l'exécution de l'agression contre la Norvège. On comprend difficilement comment les Gouvernements français et britannique eurent le front d'approuver cette accusation et comment les procureurs officiels purent requérir une condamnation à ce sujet. Une telle attitude est l'un des plus beaux cas d'hypocrisie de l'histoire.

Quand on passe à l'étude du déroulement de la campagne, l'une des révélations les plus surprenantes est la petite taille du corps expéditionnaire qui s'empara de la capitale et des principaux ports de Norvège dès l'ouverture des hostilités. Il comprenait 2 croiseurs de bataille, 1 cuirassé de poche, 7 croiseurs, 14 destroyers, 28 U-Boote, un certain nombre de bâtiments auxiliaires et quelque 10 000 hommes de troupe qui représentaient les éléments avancés qui servirent à l'invasion. En aucun endroit ne débarquèrent à l'origine plus de 2 000 hommes. Un bataillon de parachutistes fut également utilisé pour s'emparer des aérodromes d'Oslo et de Stavanger. C'était la première fois que des troupes parachutées étaient employées dans la guerre et elles se révélèrent très efficaces. Mais le facteur le plus décisif du succès allemand fut la Luftwaffe : environ 800 avions opérationnels et 250 avions de transport furent employés dans la campagne. Ce nombre intimida les Norvégiens au cours de la phase initiale et il paralysa par la suite les tentatives de mouvement des Alliés.

Comment se fait-il que les forces navales britanniques n'interceptèrent pas et ne coulèrent pas les forces navales allemandes bien inférieures qui transportaient les détachements d'invasion, L'étendue de l'espace maritime la nature de la côte norvégienne et le temps brumeux constituèrent d'importants handicaps. Mais il y avait d'autres facteurs et des handicaps plus faciles à éviter. Gamelin note que le 2 avril, lorsqu'il pressa Ironside, le chef de l'Etat-Major général impérial, de hâter l'envoi du corps expéditionnaire, ce dernier lui répondit : « Chez nous, l'Amirauté est toute-puissante; elle aime tout organiser méthodiquement. Elle est convaincue de pouvoir empêcher tout débarquement allemand sur la côte occidentale de Norvège. »

Le 7, à 13 h 25, des avions anglais repérèrent effectivement « de nombreuses forces navales allemandes se déplaçant rapidement vers le nord » à travers l'embouchure du Skaggerak, en direction de la côte norvégienne. Churchill dit : « A l'Amirauté nous eûmes du mal à croire que ces forces se dirigeaient vers Narvik » malgré un « rapport en provenance de Copenhague selon lequel Hitler avait l'intention de s'emparer de ce port ». La Home Fleet appareilla de Scapa Flow à 19 h 30, mais il semblerait que l'Amirauté, tout comme les amiraux embarqués, pensaient surtout à attraper les croiseurs de bataille allemands. Accaparés par leurs efforts pour contraindre ceux-ci au combat, ils avaient tendance à perdre de vue la possibilité que l'ennemi eût des intentions terrestres et ils laissèrent s'évanouir toute chance d'intercepter les bâtiments moins importants qui transportaient les troupes.

Puisque le corps expéditionnaire allié était déjà embarqué et prêt à appareiller, pourquoi fut-il si lent à débarquer pour rejeter à la mer les détachements allemands avant que ceux-ci n'aient eu le temps d'établir leur emprise sur les ports norvégiens ? La première raison est contenue dans le paragraphe précédent. Lorsque l'Amirauté apprit que les croiseurs de bataille allemands avaient été repérés, elle ordonna à l'escadre de croiseurs de Rosyth de « débarquer ses soldats, même dans leurs équipements, et de rejoindre la flotte en haute mer ». Les mêmes ordres furent envoyés aux bâtiments qui attendaient dans la Clyde, chargés de troupes.

Pourquoi les Norvégiens n'opposèrent-ils pas une meilleure résistance à un envahisseur aussi peu nombreux? Avant tout parce que leurs forces n'étaient même pas mobilisées. Malgré des avertissements de leur ministre à Berlin et les recommandations pressantes de leur chef d'État-Major général, l'ordre de mobilisation ne fut pas donné avant la nuit du 8 au 9 avril, quelques heures avant l'invasion. Il était trop tard et la mobilité de l'envahisseur interrompit le processus.

De plus, comme le fait remarquer Churchill, le Gouvernement norvégien était à ce moment là « surtout soucieux des activités britanniques ». Il est malheureux, mais aussi ironique, que le mouillage de mines par les Anglais ait absorbé et détourné toute l'attention des Norvégiens au cours des cruciales vingt-quatre heures qui précédèrent le débarquement allemand.

Quant aux chances des Norvégiens de se remettre du coup initial, elles étaient réduites par leur manque d'expérience du combat et une organisation militaire archaïque. Ils ne pouvaient en aucun cas faire face à une guerre éclair moderne, même sur la petite échelle de la présente opération. La faiblesse de la résistance apparut très clairement par la rapidité avec laquelle les envahisseurs purent pénétrer dans les profondes vallées pour se répandre dans le pays. Si la résistance avait été plus vigoureuse, la neige fondante des flancs des vallées, qui gênait les manœuvres de débordement, aurait été un obstacle plus sérieux aux chances allemandes de succès.

La plus stupéfiante de cette première série d'opérations fut celle de Narvik car ce port de l'extrême nord était situé à quelque 2 000 kilomètres des bases navales allemandes. Deux garde-côtes norvégiens se portèrent avec courage au-devant des destroyers allemands, mais ils furent rapidement coulés. Les défenses côtières n'opposèrent aucune tentative de résistance, plus par incompétence que par trahison. Le lendemain, une flottille de destroyers anglais remonta le fjord et livra aux Allemands un combat mutuellement dévasteur. Les bâtiments allemands furent achevés le 13 par l'arrivée d'une flottille plus importante appuyée par le cuirassé *Warspite*. Mais à cette date les troupes allemandes étaient établies dans Narvik et ses alentours.

Plus au sud, les Allemands s'emparèrent facilement de Trondheim, après que leurs navires furent passés à travers le feu roulant des batteries qui dominaient le fjord, prenant ainsi un risque qui avait effrayé les experts alliés qui s'étaient penchés sur le problème. En s'emparant de Trondheim, les Allemands s'étaient emparés de la clef stratégique du centre de la Norvège. Cependant, il restait à savoir si la poignée d'hommes qui étaient là pouvait recevoir des renforts du sud.

A Bergen, les Allemands subirent quelques dommages du fait des bâtiments de guerre et des batteries norvégiennes, mais ils ne connurent guère de difficultés une fois à terre.

Lors de l'approche d'Oslo, cependant, la principale force d'invasion subit un coup d'arrêt. Le croiseur *Blücher*, qui transportait une bonne partie de l'état-major militaire, fut coulé par des torpilles de la forteresse Oscarborg et la tentative de forcement du passage fut alors abandonnée jusqu'à ce que la forteresse capitule, dans l'après-midi, à la suite d'intenses attaques aériennes. La prise de la capitale norvégienne fut donc dévolue aux parachutistes qui s'étaient posés sur l'aérodrome de Fornebu; dans le courant de l'après-midi, ce détachement très réduit entreprit d'entrer dans la ville au pas de parade, et son bluff réussit. Mais ce délai permit au moins au roi et au Gouvernement de s'échapper vers le Nord dans l'intention de reconstituer la résistance.

La prise de Copenhague était calculée pour coïncider avec l'arrivée prévue à Oslo. La capitale danoise était d'un accès facile par la mer, et, peu avant 5 h du matin, trois petits bâtiments de transports de troupes entrèrent dans le port, protégés par l'aviation. Les Allemands ne rencontrèrent pas de résistance en débarquant et un bataillon fut détaché pour s'emparer des casernes par surprise. A la même heure, la frontière terrestre du Jutland était envahie, mais, après un bref échange de coups de feu, la résistance fut abandonnée. L'occupation du Danemark contribuait dans une large mesure à assurer aux Allemands le contrôle d'un couloir maritime abrité menant de leurs propres ports jusqu'au sud de la Norvège et leur donnait des aérodromes avancés à partir desquels ils pourraient appuyer leurs troupes en Norvège. S'il est vrai que les Danois auraient pu combattre plus longtemps, leur pays était si vulnérable qu'il était à peine défendable contre une attaque puissante menée avec des armes modernes.

Une action plus rapide et plus résolue aurait peut-être permis de reprendre deux des positions clef dont les Allemands s'emparèrent en Norvège ce matin-là. En effet, à l'heure de leur débarquement, la principale flotte britannique, sous les ordres de l'amiral Forbes, était à la hauteur de Bergen, et il pensa envoyer un détachement attaquer les navires allemands qui se trouvaient là. L'Amirauté donna son accord et suggéra une attaque similaire à Trondheim. Cependant, peu après, il fut décidé de remettre l'attaque sur Trondheim jusqu'à ce que les croiseurs de bataille allemands eussent été rattrapés. Pendant ce temps un détachement composé de 4 croiseurs et 7 destroyers faisait route vers Bergen, mais lorsque les rapports aériens mentionnèrent la présence de 2 croiseurs allemands au lieu d'1, l'Amirauté fut saisie de prudence et annula l'attaque.

Une fois les Allemands installés en Norvège, le meilleur moyen de desserrer leur prise eût été de couper la route à leur ravitaillement et à leurs renforts. Cela n'était possible qu'en barrant le passage du Skaggerak, entre la Norvège et le Danemark. Mais il apparut bientôt que l'Amirauté, par crainte des attaques aériennes allemandes, n'avait pas envie d'envoyer de bâtiments dans le Skaggerak à l'exception de sous-marins. Une telle prudence dénotait une perception des effets de l'aviation sur la marine, perception dont l'Amirauté n'avait jamais fait preuve avant la guerre. Mais elle portait gravement atteinte au raisonnement de Churchill, cherchant à étendre la guerre à la Scandinavie. En effet, s'il n'était pas possible de couper la route à l'arrivée de renforts allemands, rien n'empêcherait plus l'Allemagne de renforcer ses effectifs en Norvège méridionale et elle verrait sans aucun doute croître son avantage.

Il semblait y avoir encore une chance de préserver le centre de la Norvège si on tenait fermement les deux longs défilés montagneux au nord d'Oslo et si le petit détachement allemand de Trondheim était rapidement neutralisé. Les Anglais s'employèrent désormais activement dans ce but. Une semaine après l'invasion allemande, des débarquements anglais eurent lieu au nord et au sud de Trondheim, respectivement à Namsos et Aandalsnes, comme préliminaires à la principale attaque directe sur Trondheim.

Mais une étrange série de malheurs suivit cette décision. Le général Hotblack, un militaire très capable et aux idées modernes, fut nommé à la tête des troupes de débarquement; mais, après avoir reçu ses instructions, il quitta l'Amirauté vers minuit pour rentrer à pied jusqu'à son club, et, quelques heures plus tard, on le découvrit sans connaissance sur les marches du *Duke of York*, ayant apparemment été victime d'une attaque. Un successeur fut désigné le lendemain et il partit pour Scapa par avion, mais son appareil s'écrasa au sol en arrivant là-bas.

Entre-temps, les chefs d'État-Major et l'Amirauté changèrent subitement d'avis. Le 17, ils avaient approuvé le plan, mais le lendemain ils furent d'une opinion contraire. Ils étaient obnubilés par les risques de l'opération. Bien que Churchill eût préféré concentrer l'effort sur Narvik, il fut extrêmement bouleversé par leur revirement.

Les chefs d'État-Major recommandaient maintenant de renforcer les détachements de Namsos et Aandalsnes et de développer un mouvement de tenaille contre Trondheim. Sur le papier, les chances de réussite étaient bonnes, puisqu'il y avait moins de 2 000 Allemands dans le secteur tandis que les Alliés en avaient débarqué 13 000. Mais la distance à parcourir était longue, la neige ralentissait le mouvement et les troupes alliées se révélèrent bien moins capables que les Allemands de surmonter ces difficultés. La progression vers le sud, à partir de Namsos, fut disloquée par la menace que fit peser sur ses arrières le débarquement de plusieurs commandos allemands à proximité du sommet du fjord de Trondheim, appuyés par le seul destroyer allemand du secteur. La progression à partir d'Aandalsnes, au lieu de s'infléchir vers le nord en direction de Trondheim, se transforma bientôt en une action défensive contre les troupes allemandes qui montaient d'Oslo par la vallée de Gudbrand en balayant devant eux les Norvégiens. Etant donné que les troupes alliées subissaient un fort harcèlement aérien et manquaient elles-mêmes de soutien aérien, les officiers responsables recommandèrent l'évacuation Le rembarquement des deux détachements fut achevé le 1er et le 2 mai, laissant ainsi aux Allemands le contrôle complet du Sud et du centre de la Norvège.

Les Alliés concentrèrent alors leurs efforts sur Narvik, plus pour « sauver la face » qu'avec un espoir sérieux d'atteindre les mines de fer suédoises. Le premier débarquement anglais dans ce secteur avait eu lieu le 14 avril, mais l'extrême prudence du général Mackesy empêcha toute attaque rapide de Narvik, en dépit des ardentes incitations de l'amiral Lord Cork and Orrery, qui était chargé des forces combinées dans le secteur. Même après que les effectifs terrestres eurent été portés à 20 000 hommes, la progression demeura lente. En face, 2 000 hommes des troupes alpines autrichiennes, renforcés par un nombre égal de marins des destroyers allemands et habilement menés par le général Dietl, tiraient le meilleur parti possible des avantages défensifs de ce pays difficile. Ce n'est que le 27 mai qu'ils furent repoussés hors de la ville de Narvik. A cette date, l'offensive occidentale de l'Allemagne était déjà largement entrée sur le sol de la France, qui était sur le point de s'effondrer. Le 7 juin, les forces alliées de Narvik furent donc évacuées. Le roi et le Gouvernement quittèrent la Norvège en même temps qu'elles.

Dans toute l'affaire scandinave, les gouvernements alliés avaient fait preuve d'un esprit excessivement agressif, associé à un mauvais sens de la chronologie, avec pour conséquence le malheur du peuple norvégien. Au contraire, Hitler avait fait preuve, pour une fois, d'une longue répugnance à frapper. Mais quand il décida enfin de devancer les Alliés, il ne perdit plus un instant et ses troupes opérèrent avec une rapidité et une audace qui compensa largement la petitesse de leur nombre pendant la phase critique.

7.
L'invasion de l'Europe occidentale

Le cours de l'histoire de notre temps fut changé, avec des conséquences profondes pour l'avenir de tous les peuples, le jour où les armées de Hitler franchirent les défenses occidentales, le 10 mai 1940. L'acte décisif de ce drame qui secoua le monde commença le 13 mai, lorsque les forces blindées de Guderian franchirent la Meuse à Sedan.

Le 10 mai également, le bouillant et dynamique Churchill devint Premier ministre de Grande-Bretagne, à la place de Chamberlain.

L'étroite percée de Sedan devint bientôt un vaste gouffre. Les chars allemands s'y précipitèrent et atteignirent les côtes de la Manche en moins d'une semaine, coupant ainsi la retraite aux armées de Belgique. Ce désastre entraîna la chute de la France et l'isolement de l'Angleterre. Bien que celle-ci parvînt à résister derrière ses douves maritimes, le salut ne vint qu'après qu'une guerre prolongée fut devenue un conflit mondial. En fin de compte, Hitler fut vaincu par le poids de l'Amérique et de l'Union soviétique, mais l'Europe se retrouva épuisée et à l'ombre de la domination communiste.

Aussitôt après cette catastrophe, on considérait généralement la rupture du front français comme inévitable et l'offensive de Hitler comme irrésistible. Mais les apparences étaient très différentes de la réalité, ainsi qu'on peut maintenant s'en apercevoir.

Les chefs de l'armée allemande croyaient très peu aux chances de cette offensive qu'ils avaient déclenchée à contrecœur sur l'insistance de Hitler. Hitler lui-même connut une soudaine crise de confiance au moment crucial et il imposa un arrêt de deux jours dans la progression, au moment même où la pointe de son armée perçait la défense française et trouvait le chemin libre en face d'elle. Cet arrêt aurait été fatal aux chances de victoire de l'Allemagne si les Français avaient été capables de tirer profit de ce répit.

Mais, plus étrange encore, l'homme qui était à la tête du fer de lance allemand, Guderian, fut momentanément relevé de son commandement

La chute de la France en 1940
MER DU NORD
La Haye
Rotterdam
Dordrecht
HOLLANDE
10 MAI
Rhin
Moerdijk
GROUPE D'ARMÉE B (Bock)
ALLEMAGNE
26 MAI-2 JUIN LES FORCES ALLIEES EVACUENT DUNKERQUE
ANGLETERRE
Douvres
Dunkerque
Calais
Gravelines
St.-Omer
Boulogne
Aire
Lille
Arras
Abbeville
20 MAI
Somme
Amiens
FRONT LE 5 JUIN 1940
7e FRANÇ.
Anvers
ARM. BELGE
Canal Albert
Bruxelles
BELGIQUE
B.E.F.
1e FRANÇ.
1e FRANÇ.
9e FRANÇ.
Maastricht
FT. EBEN EMAEL
Namur
Meuse
Dinant
Givet
Ardennes
Oise
Monthermé
Charleville
St.-Menges
Sedan
XXXIX PZ.CP. (Schmidt)
XVI PZ.CP. (Höppner)
XV PZ.CP. (Hoth)
XLI PZ.CP. (Reinhardt)
XIX PZ.CP. (Guderian)
GROUPE D'ARMÉE A (Rundstedt)
GROUPE DE PANZERS (Kleist)
LUXEMBOURG
Aisne
2e FRANÇ.
Reims
LIGNE MAGINOT
0 Miles 100
0 Kilometres 150
Offensives de l'infanterie et des blindés allemands
Lignes alliées après l'avance de l'aile gauche
Tentative britannique du 21 mai
Offensives des Corps Panzer
Parachutages allemands le 10 mai

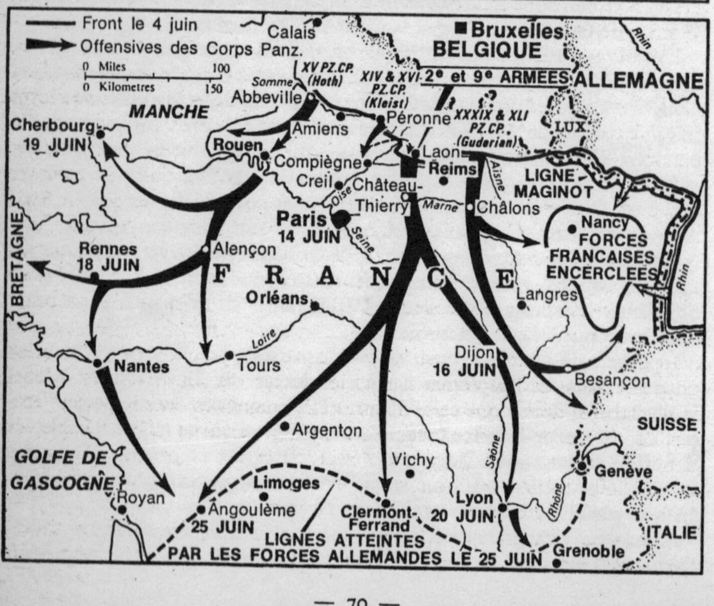
Front le 4 juin
Offensives des Corps Panz.
0 Miles 100
0 Kilometres 150
Calais
Bruxelles
BELGIQUE
Rhin
ALLEMAGNE
XV PZ.CP. (Hoth)
XIV & XVI PZ.CP. (Kleist)
2e et 9e ARMÉES
Somme
Abbeville
MANCHE
Péronne
XXXIX & XLI PZ.CP. (Guderian)
LUX.
Cherbourg
19 JUIN
Amiens
Rouen
Laon
Reims
Compiègne
Creil
Château-Thierry
Aisne
LIGNE MAGINOT
Oise
Marne
Châlons
Paris
14 JUIN
Seine
Nancy
FORCES FRANCAISES ENCERCLEES
BRETAGNE
Rennes
18 JUIN
Alençon
F R A N C E
Langres
Orléans
Loire
Tours
Nantes
Dijon
16 JUIN
Besançon
SUISSE
Argenton
Vichy
Saône
GOLFE DE GASCOGNE
Limoges
Genève
Royan
Angoulême
25 JUIN
Clermont-Ferrand
Lyon
20 JUIN
Rhône
LIGNES ATTEINTES PAR LES FORCES ALLEMANDES LE 25 JUIN
Grenoble
ITALIE

à la suite du désir de ses supérieurs de freiner l'allure de l'exploitation de la percée qu'il avait réalisée. Cependant, sans le « crime » de sa rapidité, l'invasion aurait probablement échoué et le cours de l'histoire mondiale aurait été différent de ce qu'il fut en réalité.

Loin de posséder la supériorité écrasante qu'on leur attribuait, les armées de Hitler étaient en fait inférieures en nombre à celles qui leur étaient opposées. Les offensives blindées de Hitler se révélèrent décisives, mais ses chars étaient moins nombreux et moins puissants que ceux de ses adversaires. C'est seulement dans le domaine de l'aviation, ce facteur le plus vital de tous, qu'il possédait une supériorité.

De plus, la décision fut virtuellement emportée par une petite fraction de son armée avant que le gros de ses forces n'entrât en action. Cette fraction décisive comprenait, à côté de l'aviation, 10 divisions blindées, 1 division de parachutistes et 1 division aéroportée, sur un total de quelque 135 divisions qui avaient été rassemblées.

Les résultats éclatants remportés par ces éléments nouveaux ont fait oublier, non seulement leur taille relativement réduite, mais aussi la marge étroite par laquelle ce succès fut atteint. Ce succès aurait facilement pu être empêché sans les occasions qui leur furent offertes par les erreurs des Alliés, erreurs qui furent dans une large mesure dues à la persistance d'idées démodées. Même ainsi, avec l'aide de la myopie des dirigeants adverses, le succès de l'invasion reposa sur une série heureuse de chances incroyables et sur la rapidité que mit un homme, Guderian, à exploiter à fond celles qui se présentèrent à lui.

La Bataille de France offre l'un des plus beaux exemples de l'histoire de l'effet décisif d'une idée nouvelle appliquée par un exécutant dynamique. Guderian a raconté comment, avant la guerre, son imagination fut enflammée par l'idée de la pénétration stratégique profonde de forces blindées indépendantes, une avance blindée de longue portée visant à couper, loin derrière le front, les artères principales de l'armée adverse. Partisan enthousiaste des chars, il saisit toutes les possibilités de cette idée élaborée par ce nouveau courant de pensée militaire qui avait vu le jour en Angleterre au lendemain de la Première Guerre mondiale et dont la première démonstration pratique avait été faite en manœuvres par le Royal Tank Corps. La plupart des généraux allemands étaient aussi sceptiques à ce sujet que les autorités anglaises et françaises l'avaient été, et considéraient cette idée comme inapplicable en temps de guerre. Mais lorsque la guerre arriva, Guderian saisit l'occasion de l'appliquer malgré les doutes de ses supérieurs. L'effet se révéla aussi décisif que celui d'autres idées nouvelles dans le passé, l'emploi du cheval, de la lance longue, de la phalange, de la légion flexible, de l' « ordre oblique, » de l'archer à cheval, du grand arc, du mousquet, du canon, l'organisation des armées en divisions distinctes et manœuvrables. Elles se révéla même plus immédiatement décisive.

L'invasion allemande de l'Europe occidentale commença par des succès spectaculaires à l'aile droite, contre des points clef de la défense de la Hollande et de la Belgique neutres. Ces coups, portés par des troupes aéroportées, accaparèrent l'attention des Alliés et les détournèrent pendant quelques jours de l'attaque principale qui était lancée au centre, à travers les collines boisées des Ardennes, en direction du cœur de la France.

La capitale de la Hollande, La Haye, et le pivot de ses communications, Rotterdam, furent attaquées aux premières heures du 10 mai par des forces aéroportées, en même temps que l'assaut était donné aux défenses frontalières, quelque 150 kilomètres plus à l'est. La confusion et l'alerte créées par cette double attaque, de front et à l'arrière, furent accentuées par la menace omniprésente de la Luftwaffe. Exploitant le désordre, les forces blindées allemandes s'engouffrèrent dans une faille ouverte dans l'aile sud et firent leur jonction avec les troupes aéroportées de Rotterdam, le troisième jour. Elles foncèrent sur leur objectif à la barbe de la VIIe armée française qui arrivait précisément à l'aide des Hollandais. Le cinquième jour, la Hollande capitula bien que son front principal ne fût pas encore rompu. Sa capitulation fut accélérée par la menace de nouveaux bombardements aériens à bout portant sur leurs villes surpeuplées.

Les forces allemandes étaient, dans le cas présent, bien inférieures en nombre à celles qui leur étaient opposées. De plus, l'attaque décisive fut lancée par une seule division de Panzer, la 9e, la seule dont on put disposer pour le front hollandais. Son itinéraire était semé de canaux et de larges rivières qu'il eût été facile de défendre. Ses chances de succès dépendaient de l'effet de l'attaque aéroportée.

Mais cette arme nouvelle était elle aussi très réduite, étonnamment réduite même, si on la compare aux résultats qu'elle obtint. En mai 1940, l'Allemagne ne disposait que de 4 500 parachutistes entraînés. Sur ce maigre total, 4 000 furent utilisés dans l'attaque de la Hollande. Ils formaient 5 bataillons et étaient appuyés par une division d'infanterie légère de 12 000 hommes, qui était transportée par avion.

Les principales lignes du plan sont très bien résumées par Student, le commandant en chef des forces aéroportées :

> « Les limites de nos effectifs nous forçaient à nous concentrer sur deux objectifs, les points qui semblaient les plus essentiels au succès de l'invasion. L'effort principal porta, sous ma direction, contre les ponts de Rotterdam, Dordrecht et Moerdijk, sur lesquels la principale route venant du sud franchissait les estuaires du Rhin. Notre tâche consistait à nous emparer des ponts avant que les Hollandais ne pussent les faire sauter et à les garder ouverts jusqu'à l'arrivée de nos forces mobiles terrestres. Mon détachement comportait 4 bataillons de parachutistes et 1 régiment (de 3 bataillons) transportés par avion. Nous remportâmes un succès total, au prix de seulement 180 tués ou blessés. Nous n'osions pas échouer car si nous n'avions pas réussi toute l'invasion aurait été un échec [1]. »

1. Liddell Hart : *The Other Side of the Hill*, pp. 160-161. Tous les autres extraits cités dans ce chapitre sont de la même source.

Student fut lui-même au nombre des blessés. Il fut atteint à la tête et resta hors de combat pendant huit mois.

Une offensive secondaire eut pour cible La Haye. Son but était de capturer les responsables du Gouvernement et des services publics dans leurs bureaux et de disloquer tout le système de contrôle. Le détachement utilisé comportait un bataillon de parachutistes et deux régiments transportés par avion. Il était placé sous les ordres du général Graf Sponeck. Cette attaque fut repoussée, mais elle provoqua une intense confusion.

L'invasion de la Belgique commença, elle aussi, de façon spectaculaire. L'offensive terrestre fut confiée à la puissante VIe armée de Reichenau (qui comprenait le 16e corps d'armée de Panzer, sous les ordres de Höppner). Elle devait franchir un formidable barrage avant de pouvoir effectivement se déployer. Il ne restait que 500 parachutistes disponibles pour l'aider dans cette offensive. Ils furent utilisés pour la capture de deux ponts sur le Canal Albert et celle du fort d'Eben Emael, la forteresse la plus moderne de Belgique, qui défendait ce canal frontalier.

C'est cependant l'action de ce petit détachement qui changea toute l'issue de la bataille. L'approche de la frontière belge se faisait à cet endroit par la projection méridionale du territoire hollandais connue sous le nom d'« Appendice de Maastricht », et, une fois la frontière hollandaise franchie par l'armée allemande, les gardes-frontière belges du Canal Albert auraient eu largement le temps de faire sauter les ponts avant que des forces terrestres eussent pu franchir cette bande de 25 kilomètres. Un parachutage nocturne et silencieux offrait une nouvelle façon, et la seule, de s'emparer de ces ponts intacts.

Le petit nombre de parachutistes employé en Belgique contrastait énormément avec les rapports de l'époque, selon lesquels des parachutistes allemands étaient largués en des dizaines d'endroits et dans des proportions qui représentaient, au total, plusieurs milliers d'hommes. Student apporta l'explication : afin de compenser le manque réel d'effectifs et de créer le maximum de confusion, des mannequins furent parachutés un peu partout dans le pays. Cette ruse se révéla fort efficace, aidée en cela par la tendance naturelle des imaginations surchauffées à multiplier tous les chiffres.

Selon Student :

> « L'aventure du Canal Albert fut également une idée de Hitler. Ce fut peut-être l'idée la plus originale de cet homme aux inspirations multiples. Il me convoqua pour me demander mon opinion. Après une journée de réflexion, je lui confirmai la possibilité d'une telle entreprise et je reçus l'ordre d'organiser les préparatifs. J'utilisai 500 hommes, sous les ordres du capitaine Koch. Le chef de la VIe armée, le général von Reichenau, et son chef d'état-major, le général von Paulus, tous deux officiers très compétents, considéraient cette entreprise avec scepticisme.
>
> « L'attaque surprise sur le fort d'Eben Emael, fut confié à un minuscule détachement de 78 sapeurs-parachutistes, commandés par le lieutenant Witzig. Seulement 6 d'entre eux furent tués au combat. Ce petit détachement

fit un atterrissage tout à fait inattendu sur le toit de la forteresse, maîtrisa les servants des pièces antiaériennes qui s'y trouvaient et fit sauter les coupoles blindées et les casemates de tous les canons à l'aide d'un nouvel explosif hautement efficace qui avait été gardé secret jusque là... L'attaque surprise du fort d'Eben Emael était fondée sur l'utilisation de cette arme nouvelle qui fut transportée silencieusement jusqu'à l'objectif par le moyen d'une autre arme nouvelle : un planeur-cargo [1]. »

Le fort était bien combiné pour faire face à toutes les menaces, excepté l'éventualité de l'atterrissage de troupes ennemies sur son toit. A partir de ce toit, la poignée de parachutistes de Witzig tint en échec la garnison de 1 200 hommes jusqu'à l'arrivée des forces terrestres allemandes, vingt-quatre heures plus tard.

Les gardes belges des deux ponts clefs furent eux aussi pris par surprise. Dans l'un des cas, ils parvinrent à allumer la mèche qui devait faire sauter le pont, mais l'équipage d'un planeur pénétra dans le blockaus sur les talons des sentinelles et put l'éteindre juste à temps.

Il faut remarquer que, sur l'ensemble du front de l'invasion, les défenseurs firent sauter tous les ponts, conformément aux plans, à l'exception des endroits où des troupes aéroportées furent utilisées. Ce qui montre à quel point était étroite, pour les Allemands, la marge séparant le succès de la défaite, puisque les chances de l'invasion reposaient sur le facteur temps.

Au matin du deuxième jour, les troupes allemandes avaient franchi le canal en nombre suffisant pour percer aisément la mince ligne de défense belge qui se trouvait derrière. Puis, les deux divisions de Panzer de Höppner (la 3e et la 4e) franchirent les ponts intacts et se répandirent dans les plaines qui s'étendaient au-delà. Leur avance impétueuse contraignit les Belges à amorcer un mouvement de retraite générale, au moment précis où les Français et les Anglais arrivaient à leur rescousse.

Cette percée en Belgique ne fut pas le coup décisif de l'invasion occidentale mais elle eut un effet essentiel sur la suite des événements. Non seulement elle attira l'attention des Alliés dans la mauvaise direction, mais elle absorba la partie la plus mobile des forces alliées dans la bataille qui se développa dans ce secteur, si bien que ces divisions mobiles ne purent pas être retirées et envoyées vers le sud pour faire face à la menace plus sérieuse qui se dessina subitement le 13 mai sur la frontière française en son point le plus faible, à l'ouest de l'extrémité de la Ligne Maginot.

En effet, pendant ce temps, les éléments avancés mécanisés du Groupe d'armées de Rundstedt avaient progressé à travers le Grand Duché et le Luxembourg belge en direction de la frontière française. Après avoir traversé les Ardennes sur 120 kilomètres et balayé une faible résistance, ils franchirent la frontière française et émergèrent sur les rives de la Meuse au début du quatrième jour de l'offensive.

---

1. *Id.*, pp. 163-164.

C'était une aventure risquée que d'envoyer une masse de chars et de véhicules automobiles à travers un pays aussi difficile, qui avait été longtemps considéré par les stratèges conventionnels comme « infranchissable » pour une vaste offensive, à plus forte raison pour une opération blindée. Mais ce fait augmentait les chances de surprise, tandis que l'épaisseur des forêts contribuait à cacher l'avance aux yeux de l'ennemi et à dissimuler l'importance du coup.

Ce fut cependant le Haut Commandement français qui contribua le plus au succès de Hitler. L'effet destructeur de l'offensive des Ardennes fut en grande partie dû aux dispositions du plan français qui s'accordait parfaitement, du point de vue des Allemands, à leur plan modifié. Ce qui se révéla fatal aux Français n'est pas, comme on le croit généralement, leur attitude défensive ou « complexe de la Ligne Maginot », mais l'aspect plus offensif de leur plan. En avançant leur aile gauche à travers la Belgique, ils jouèrent le jeu de l'ennemi et furent pris au piège comme cela était arrivé avec leur plan *XVII*, presque fatal, en 1914. C'était d'autant plus dangereux cette fois que l'adversaire était plus mobile et manœuvrait à vitesse motorisée et non plus à pied. Le prix fut d'autant plus lourd aussi que cette avance réalisée par trois armées françaises, ainsi que les Anglais, engageait la partie la plus moderne et la plus mobile de l'ensemble des forces alliées.

A chaque pas franchi par ces armées dans leur ruée à travers la Belgique, leurs arrières devenaient un peu plus exposés au mouvement tournant de Rundstedt à travers les Ardennes. De plus la charnière de l'avance alliée était gardée par quelques divisions françaises de second ordre, composées d'hommes plus âgés, et à peine équipées d'armes antichars et antiaériennes, ces deux besoins essentiels. Le fait de laisser la charnière de l'offensive avec une si mince protection fut l'erreur suprême du Haut Commandement français, sous les ordres de Gamelin et de Georges.

L'avance allemande à travers les Ardennes était une opération délicate et elle fut un exemple extraordinaire de travail d'état-major. Avant l'aube du 10 mai, la plus grande concentration de chars encore jamais vue en temps de guerre fut massée face à la frontière luxembourgeoise. Il y avait là trois corps d'armée de Panzer, ils étaient disposés en trois blocs (ou couches) avec les divisions blindées dans les deux premiers et les divisions d'infanterie motorisée dans le troisième. L'avant-garde était commandée par le général Guderian et l'ensemble était placé sous les ordres du général von Kleist.

A la droite du groupe Kleist se trouvait un corps d'armée de Panzer distinct, le 15e, sous le commandement de Hoth. Celui-ci devait foncer à travers la partie nord des Ardennes en direction de la Meuse entre Givet et Dinant.

Les 7 divisions blindées ne formaient cependant qu'une fraction de la masse armée qui était concentrée le long de la frontière allemande, prête à plonger dans les Ardennes. Quelque cinquante divisions étaient rassemblées sur un front étroit mais très profond.

Les chances de succès dépendaient essentiellement de la rapidité avec laquelle les forces blindées allemandes pourraient traverser les Ardennes et franchir la Meuse. C'était seulement après le dépassement de cette barrière fluviale que les chars auraient l'espace nécessaire pour manœuvrer. Il leur fallait être de l'autre côté avant que le Haut Commandement français n'ait le temps de se rendre compte de ce qui se passait et de rassembler ses réserves pour les arrêter.

En dépit d'une marge étroite, les Allemands remportèrent cette course de vitesse. Le résultat aurait pu être différent si les défenseurs avaient su profiter des coups d'arrêt locaux entraînés par les démolitions exécutées suivant les plans prévus. Malheureusement pour la sécurité de la France, ces démolitions ne furent pas appuyées d'une défense efficace. Les Français avaient eu la légèreté de s'en remettre à des divisions de cavalerie pour retarder l'envahisseur.

Au contraire, une contre-attaque blindée sur le flanc de l'avance allemande à cette étape de sa progression l'aurait probablement paralysée par l'effet qu'elle aurait eu sur le Haut Commandement. Mais en l'absence de cette action, le Haut Commandement fut momentanément ébranlé par la menace d'une telle opération sur son flanc gauche.

En voyant avec quelle rapidité la progression se faisait, Kleist avait déjà repris à son compte, le 12 mai, l'opinion de Guderian selon laquelle la traversée de la Meuse devait être entreprise sans attendre l'arrivée du corps d'armée d'infanterie. Mais des dispositions avaient été prises pour une forte concentration aérienne, comprenant 12 escadrilles de bombardement en piqué, pour faciliter le forcement du passage. Les bombardiers commencèrent de se manifester au début de l'après-midi du 13 et parvinrent à maintenir la plupart des artilleurs français dans leurs abris jusqu'à la tombée de la nuit, grâce à une véritable grêle de bombes.

L'offensive de Guderian était concentrée sur un secteur de la rivière s'étendant sur 2,5 km, juste à l'ouest de Sedan. Cette zone était parfaitement choisie pour se forcer un passage. La Meuse fait un coude aigu vers le nord, en direction de Saint-Menges, puis se dirige à nouveau vers le sud, dessinant un saillant en forme de poche. Les hauteurs de la rive nord sont boisées et fournissent de la sorte une protection pour les préparatifs et les emplacements de batteries, de même qu'une bonne position d'observation pour l'artillerie. Les abords de Saint-Menges offraient une magnifique vue panoramique sur cette boucle de la Meuse et au-delà, sur les hauteurs du bois de Marfée qui constituent l'arrière-plan.

L'assaut fut donné à 16 heures, mené par l'infanterie de Panzer montée sur des bateaux pneumatiques et des radeaux. Le saillant fut rapidement conquis et les attaquants continuèrent sur leur lancée pour s'emparer du bois de Marfée et des hauteurs sud. A minuit, l'avance réalisée était de 8 kilomètres et la construction d'un pont était achevée à Glaire (entre Sedan et Saint-Menges), par lequel les chars commencèrent de s'engouffrer.

Malgré cela, la tête de pont allemande était encore précaire le 14, avec une seule division de l'autre côté de la Meuse et un unique pont pour acheminer les renforts et le ravitaillement. Ce pont subit d'intenses attaques de la part de l'aviation alliée qui jouissait d'un avantage momentané puisque le gros des forces de la Luftwaffe était occupé ailleurs. Mais le régiment d'artillerie antiaérienne de Guderian maintint un épais rideau de feu au-dessus de ce passage vital et les attaques aériennes alliées furent repoussées avec de lourdes pertes.

L'après-midi, les trois divisions de Panzer avaient franchi la rivière. Après avoir repoussé une contre-attaque tardive des Français, Guderian fit un brusque coude vers l'ouest. Le lendemain soir il avait traversé la dernière ligne de défense et les routes de l'ouest, vers la côte de la Manche, lui étaient ouvertes.

Cependant cette nuit-là fut éprouvante pour Guderian, mais pas du fait de l'ennemi :

> « Un ordre arriva du Q.G. du Groupe de Panzer, d'arrêter l'avance et de confiner les troupes à la tête du pont qui avait été réalisé. Je ne voulais pas et ne pourrais pas me conformer à cet ordre qui revenait à renoncer à l'effet de surprise et à tous nos succès initiaux. »

Après une discussion téléphonique animée avec Kleist, ce dernier accepta « d'autoriser la poursuite de l'avance encore pendant vingt-quatre heures afin d'élargir la tête de pont ».

Guderian tira le maximum de cette prudente autorisation et lâcha la bride aux divisions de Panzer. La progression vers l'ouest de ses trois divisions de Panzer convergeait avec celle des deux divisions de Reinhardt à partir de Monthermé, de même qu'avec celles des deux divisions de Hoth à partir des abords de Dinant. Elle produisit un effondrement grandissant de la résistance française et se déroula dans un espace vide.

Dans la nuit du 16, la poussée vers l'ouest avait encore progressé de plus de 80 kilomètres en direction de la Manche et elle avait atteint l'Oise. Cependant elle fut à nouveau freinée, non par l'ennemi mais par des ordres supérieurs.

Le Haut Commandement allemand était stupéfait par la facilité avec laquelle la Meuse avait été franchie et avait du mal à croire à cette chance. Il s'attendait toujours à une forte contre-attaque française sur son flanc. Hitler partageait ces appréhensions. En conséquence, il mit un frein à cette avance, lui imposant deux jours d'arrêt, afin de permettre aux corps d'armée d'infanterie de venir former un bouclier le long de l'Aisne.

Après que l'affaire eut été examinée en haut lieu, Guderian fut réinstallé dans son poste et reçut la permission réticente d'exécuter de vastes mouvements de reconnaissance. Cette expression avait pour Guderian une signification très élastique et elle lui permit de maintenir un degré important de pression offensive pendant ces deux jours, en attendant que le corps d'armée d'infanterie de la XIIe armée eût commencé de constituer un solide bouclier sur l'Aisne et que l'autorisation lui fût donnée de se lancer dans la course à la Manche.

Étant donné le gain de temps réalisé au cours des jours précédents et la dislocation du dispositif adverse, la pause sur l'Oise n'affecta pas sérieusement les chances allemandes. Elle fut cependant révélatrice d'une différence dans l'appréciation du facteur temps du côté allemand. Le fossé entre la nouvelle et la vieille école était plus grand que celui entre les Allemands et les Français.

Écrivant à la fin de la guerre, Gamelin dit, à propos de l'exploitation stratégique par les Allemands de la traversée de la Meuse. :

> « Ce fut une manœuvre remarquable. Mais avait-elle été entièrement prévue? Je ne le crois pas. Pas plus que je ne crois que Napoléon avait prévu la manœuvre de Iéna ou Moltke celle de Sedan (en 1870). Ce fut une utilisation parfaite des circonstances. Elle montra des troupes et un commandement qui savaient manœuvrer, qui étaient organisés pour opérer rapidement, comme les chars, l'aviation et la radio leur permettaient de le faire. C'est peut-être la première fois qu'une bataille, qui devint décisive, a été gagnée sans avoir à engager le gros des forces [1]. »

Selon le général Georges, qui était commandant en chef sur le front, on pensait que les opérations d'obstruction prévues dans le Luxembourg belge devaient « retarder d'au moins quatre jours » l'arrivée des Allemands sur la Meuse. Le général Doumenec, chef d'état-major, dit :

> « En prêtant à nos ennemis, la même procédure que la nôtre, nous nous étions imaginés qu'ils ne tenteraient pas de franchir la Meuse avant d'avoir amené de vastes forces d'artillerie : les cinq ou six jours qu'il leur aurait fallu pour cela nous auraient largement donné le temps de renforcer notre propre dispositif [2]. »

Il est remarquable de constater à quel point ces estimations françaises correspondaient à celles faites en haut lieu dans l'autre camp. On peut voir que les chefs militaires français étaient justifiés, bien plus qu'il n'apparut aussitôt après l'événement, dans leurs conceptions fondamentales au sujet de l'offensive allemande. Mais ils n'avaient pas fait entrer en ligne de compte un facteur individuel : Guderian. Son adoption de la théorie de la pénétration stratégique profonde par des forces blindées opérant de manière indépendante, sa fervente conviction du caractère réalisable d'une telle opération, et son impulsion à tourner la subordination en conséquence bouleversèrent les calculs du Haut Commandement français dans une mesure que le Haut Commandement allemand n'aurait jamais atteinte de son propre arbitre. Il est évident que Guderian et ses hommes remorquèrent l'armée allemande et furent ainsi à l'origine de la plus éclatante victoire de l'histoire moderne.

---

1. *Id.*, p. 181.
2. *Id.*, p. 181.

A chaque étape, le résultat dépendit du facteur temps. Les contre-offensives françaises furent à chaque fois désorganisées parce que trop lentes pour faire face aux changements de situation et cela était dû au fait que l'avant-garde allemande continuait de progresser plus vite que ne l'avait imaginé le Haut Commandement allemand.

Les Français avaient bâti leurs plans selon le postulat qu'un assaut sur la Meuse ne serait pas lancé avant le neuvième jour. A l'origine, les chefs allemands avaient fait un calcul semblable, avant l'intervention de Guderian. Une fois ce postulat renversé, le pire devait arriver. Les chefs d'unité français, formés aux lentes méthodes de 1918, étaient mentalement incapables de faire face à la vitesse des Panzer et cela entraîna parmi eux une paralysie croissante.

Du côté allié, l'un des rares hommes à se rendre compte à temps du danger, fut le le nouveau président du Conseil français, Paul Reynaud. Critiquant le Gouvernement de l'extérieur, il avait, avant la guerre, pressé ses compatriotes de développer des forces blindées. Comprenant leurs effets avec une parfaite clarté, il téléphona à Churchill le matin du 15 mai pour lui dire : « Nous avons perdu la bataille. »

Churchill répondit que : «Toute l'expérience montre que l'offensive s'arrêtera au bout d'un certain temps. Je me rappelle le 21 mars 1918. Après cinq ou six jours, il leur faut s'arrêter pour se ravitailler et c'est l'occasion d'une contre-attaque. J'appris tout cela à l'époque, des lèvres du maréchal Foch lui-même[1]. » Le lendemain, il se rendit à Paris pour s'opposer à tout retrait des armées alliées de Belgique. De toute façon Gamelin était trop lent à les retirer. Il préparait maintenant une contre-offensive délibérée dans le style de celles de 1918, avec des masses de divisions d'infanterie. Churchill continuait d'avoir foi en cette méthode. Il est regrettable que Gamelin ait eu des idées archaïques car il était plus doué pour l'action que tout autre en France.

Ce jour-là, Reynaud prit aussi une mesure afin de remplacer Gamelin. De Syrie il rappela Weygand, le vieil adjoint de Foch. Weygand n'arriva que le 19, si bien que le Commandement suprême resta en suspens pendant trois jours, Le 20, Guderian atteignit la Manche, coupant ainsi les communications des armées alliées en Belgique. De plus, Weygand avait des idées encore plus archaïques que celles de Gamelin et il continua de faire des plans dans le style 1918. L'espoir de récupérer s'évanouissait donc.

En résumé, les dirigeants alliés firent les choses trop tard ou firent ce qu'il ne fallait pas faire et en fin de compte ne firent rien d'efficace pour prévenir le désastre.

C'est dans une large mesure l'intervention personnelle de Hitler qui permit au Corps expéditionnaire britannique de s'échapper en 1940. Après

1. Churchill : *The Second World War*, vol. II, pp. 38-39.

que ses chars eurent envahi le Nord de la France et coupé l'armée anglaise de ses bases, Hitler les arrêta au moment précis où ils allaient entrer dans Dunkerque qui était le dernier port par lequel les Anglais pouvaient s'échapper. A ce moment-là le gros du Corps expéditionnaire était encore loin du port. Mais Hitler imposa à ses chars un arrêt de trois jours.

Son initiative sauva les forces britanniques alors que plus rien d'autre n'aurait pu les sauver. En leur donnant la possibilité de s'échapper il leur permit de se rassembler en Angleterre, de continuer la guerre et de garder leurs côtes contre la menace d'une invasion. Ce faisant il fut à l'origine de sa chute et de celle de l'Allemagne, cinq ans plus tard. Conscient de l'avoir échappé belle, mais ignorant la cause de son salut, le peuple britannique parla du « miracle de Dunkerque ».

Comment Hitler fut-il amené à donner cet ordre fatidique et pourquoi? A bien des égards cela resta une énigme pour les généraux allemands eux-mêmes et on ne saura jamais avec certitude comment il en vint à prendre cette décision et quels furent ses motifs. Même si Hitler avait donné une explication, on pourrait difficilement s'y fier. Les hommes situés dans une position élevée, et qui commettent une erreur fatale, disent rarement la vérité à ce sujet par la suite et Hitler, de tous les grands hommes, n'étaient pas le plus amoureux de la vérité. Il est plutôt vraisemblable que son témoignage embrouillerait la piste. Il est tout aussi vraisemblable qu'il n'aurait pas été en mesure de donner une véritable explication, même s'il l'avait désiré, car ses motifs avaient tendance à être très confus et ses impulsions très versatiles. De plus, les souvenirs de tout homme tendent à se modifier à la lumière de ce qui arrive par la suite.

Une étude approfondie de cet événement capital a permis à l'histoire de réunir des documents suffisants pour reconstituer non seulement la chaîne des événements mais aussi ce qui apparaît comme une chaîne de causalité raisonnablement vraisemblable.

Après avoir coupé les lignes de ravitaillement de l'aile gauche alliée en Belgique, le corps d'armée blindé de Guderian avait atteint la mer près d'Abbeville, le 20. Puis il marcha vers le nord, en direction des ports de la Manche et des arrières de l'armée anglaise qui était toujours en Belgique, faisant face à l'avance frontale de l'infanterie de Bock. Dans cette progression vers le nord, Guderian avait à sa droite le corps d'armée de Panzer de Reinhardt qui faisait également partie du Groupe d'armées de Kleist.

Le 22, Boulogne fut isolée par cette avance et le lendemain c'était le tour de Calais. Guderian arriva à Gravelines, à quelque quinze kilomètres de Dunkerque, le dernier port ouvert au Corps expéditionnaire britannique. Reinhardt arriva également sur la ligne du canal Aire — Saint-Omer — Gravelines. Mais à ce point l'avance fut stoppée sur ordre supérieur. Les chefs des Panzer reçurent l'ordre de maintenir leurs forces derrière la ligne du canal. Ils bombardèrent leurs supérieurs d'interrogations et de protestations urgentes, mais il leur fut répondu que c'était « l'ordre personnel du Führer ».

Avant d'examiner plus avant les origines de cette intervention salvatrice, voyons ce qui se passait du côté britannique et suivons les étapes de ce gigantesque sauvetage.

Le 16, le général Lord Gort, commandant en chef, fit reculer d'un pas le Corps expéditionnaire de sa ligne avancée en face de Bruxelles. Mais avant qu'il n'atteignît ses nouvelles positions sur la Scheldt, celles-ci avaient été ruinées par l'action de Guderian, coupant les lignes de communications loin au sud. Le 19, le Cabinet apprit que Gort « examinait la possibilité d'une retraite vers Dunkerque dans le cas où il y serait contraint ». Cependant le Cabinet lui envoya l'ordre de faire route vers le sud, de rentrer en France et de forcer le passage à travers le filet que les Allemands avaient jeté sur ses arrières. Pourtant le Cabinet avait été informé que Gort ne disposait que de quatre jours de ravitaillement et de munitions suffisantes pour une seule bataille.

Ces instructions concordaient avec le nouveau plan que Gamelin, le commandant en chef français, avait tardivement conçu et communiqué ce matin-même. Dans la soirée Gamelin fut limogé et remplacé par Weygand dont la première décision fut d'annuler l'ordre de Gamelin pendant qu'il étudiait la situation. Au bout d'un nouveau délai de trois jours, il publia un plan similaire à celui de son prédécesseur. Il devait rester sur le papier.

Entre-temps, Gort, tout en exposant que les instructions du Cabinet étaient inapplicables, avait tenté une offensive en direction du sud à partir d'Arras, avec deux de ses 13 divisions et la seule brigade blindée qui avait été envoyée en France. Le 21, lorsque la contre-offensive fut lancée, elle se trouva réduite à une avance de deux faibles bataillons de chars suivis de deux bataillons d'infanterie. Les chars progressèrent quelque peu mais ils ne furent pas suivis car l'infanterie était ébranlée par les bombardements en piqué. La Ire armée française, qui était voisine, aurait dû collaborer avec 2 de ses 13 divisions, mais sa collaboration fut mince. A cette époque l'armée française était sans cesse paralysée par l'effet moral des bombardements allemands en piqué et les rapides manœuvres des chars.

Cependant cette petite contre-offensive blindée eut un effet remarquable sur le Haut Commandement allemand. Il songea un instant à arrêter l'avance de sa propre avant-garde blindée. Rundstedt lui-même décrivit cet instant comme « un moment critique », disant : « Pendant un court instant, nous craignîmes que nos divisions blindées ne fussent isolées avant que les divisions d'infanterie ne pussent venir les appuyer [1]. Cette réaction démontra à

---

1. Prévoyant la situation qui se réalisa en 1940, certains * avaient préconisé, à partir de 1935, dans le *Times* et ailleurs, que l'effort militaire britannique fût axé sur la constitution d'une force aérienne plus importante et de 2 à 3 divisions blindées en vue d'une contre-offensive contre une éventuelle percée allemande en France, au lieu de l'envoi d'un corps expéditionnaire composé de divisions d'infanterie, dont les Français disposaient en grand nombre. Ce principe fut accepté par le Cabinet à la fin de 1937, mais rejeté au début de 1939 en faveur d'un corps expéditionnaire du modèle traditionnel. En mai 1940, 13 divisions d'infanterie (dont 3 « divisions de travailleurs ») avaient été envoyées en France, sans une

quel point les choses eussent été différentes si la riposte britannique avait pu être lancée par deux divisions blindées au lieu de ces deux malheureux bataillons.

Après ce bref feu de paille d'Arras, les armées alliées du nord ne firent plus aucun effort pour briser le piège. L'offensive tardive de soulagement de Weygand fut si faible qu'elle prit presque l'allure d'une farce. Elle fut aisément arrêtée par le barrage que les divisions motorisées allemandes avaient rapidement constitué le long de la Somme afin d'empêcher toute intervention pendant que les divisions de Panzer se dirigeaient vers le nord pour fermer le piège. Étant donné la lenteur de mouvement des forces que Weygand commandait, ses ordres grandiloquents n'avaient pas plus de chance d'avoir des effets pratiques que les adjurations de Churchill demandant aux armées de « rejeter l'idée de résister aux attaques derrière des lignes de béton ou des obstacles naturels » et de reprendre le dessus « par des assauts furieux et incessants ».

Pendant que les hautes sphères continuaient de débattre des plans inapplicables, les armées isolées dans le Nord reculaient en biseau plus près de la côte. Elles étaient soumises de la part de l'infanterie de Bock à une pression frontale croissante. Cependant le mortel coup de poignard dans le dos des divisions de Panzer leur était épargné.

Le 24, Weygand se plaignit avec amertume que « l'armée anglaise avait effectué, sur sa propre initiative, une retraite de 40 kilomètres en direction des ports au moment où nos troupes progressant du sud gagnent du terrain vers le nord où elles devaient faire leur jonction avec leurs alliés ». En réalité les troupes françaises venant du sud n'avaient fait aucun progrès perceptible et les Anglais ne battaient pas encore en retraite. Ces paroles de Weygand montrent simplement dans quel état irréel il vivait.

Mais, le soir du 25, Gort prit la décision définitive de battre en retraite jusqu'à la mer, à Dunkerque. Quarante-huit heures auparavant, les forces de Panzer étaient déjà parvenues sur la ligne du canal à seulement 15 kilomètres du port. Le 26, le Cabinet britannique autorisa le War Office à lui envoyer un télégramme approuvant cette mesure et « l'autorisant » à exécuter ce retrait. Le lendemain un nouveau télégramme lui donna l'ordre d'évacuer ses forces par la voie maritime.

Le même jour, le front de l'armée belge s'effondra au centre sous les attaques de Bock et il ne restait plus de réserves disponibles pour combler le trou. Le roi Léopold avait déjà envoyé de nombreux avertissements à Churchill, par l'intermédiaire de l'amiral Keyes, disant que la situation devenait désespérée. Désormais elle l'était tout à fait. La plus grande partie de la Belgique avait déjà été envahie et l'armée avait pratiquement le dos

---

seule division blindée, mais elles se révélèrent incapables de faire quoi que ce soit pour sauver la situation.

* Au tout premier rang de ces avocats clairvoyants se trouvait Basil Liddell Hart. Sur son action à cette époque voir Liddell Hart, *Mémoires*, pp. 238 à 247, Fayard Éd. *(N. du T.)*.

à la mer, parquée dans une étroite bande de terre qui était bardée de réfugiés civils. Le roi décida donc de demander un armistice et le cessez-le-feu fut sonné le lendemain matin.

La capitulation belge augmenta pour le Corps expéditionnaire britannique le risque d'être isolé avant d'avoir pu atteindre Dunkerque. Churchill venait d'envoyer au roi Léopold un appel à la résistance dont il déclara en privé à Gort qu'il revenait à « leur demander de se sacrifier pour nous ». Il est compréhensible que les Belges, encerclés et sachant déjà que le Corps expéditionnaire se préparait à évacuer, ne virent pas cet appel du même œil que Churchill. Le roi Léopold ne désirait pas non plus suivre le conseil de Churchill de « se sauver en avion avant qu'il ne soit trop tard ». Le roi avait le sentiment de « devoir rester avec son armée et son peuple ». Sa décision était peut-être maladroite à long terme, mais dans les circonstances de l'époque c'était un choix favorable. Les critiques émises par Churchill par la suite furent plutôt injustes et les attaques violentes du président du Conseil et des journaux français furent grossièrement calomnieuses étant donné que la chute de la Belgique était la conséquence de l'effondrement de la défense française sur la Meuse.

La retraite anglaise vers la côte devenait maintenant une course pour se rembarquer avant que le piège allemand ne se refermât, quelles que fussent les amères protestations et les reproches des Français. Heureusement les préparatifs avaient commencé en Angleterre depuis une semaine, mais dans un but différent. Le 20, Churchill avait approuvé des mesures dans le but « de rassembler un grand nombre de petits bâtiments prêts à appareiller pour les ports ou criques de la côte française » avec l'idée qu'ils pourraient aider à sauver des fragments du Corps expéditionnaire qui auraient été isolés en essayant de progresser vers le sud selon les plans du moment. L'Amirauté ne perdit de temps pour faire ces préparatifs. L'amiral Ramsay, commandant le port de Douvres, s'était vu confier le contrôle opérationnel le 19. Un grand nombre de ferries, de chalutiers et de petits caboteurs furent aussitôt, rassemblés pour ce qu'on appela « l'opération Dynamo ». De Harwich à Weymouth, des officiers des transports maritimes furent dépêchés pour dresser la liste de toutes les embarcations jusqu'à mille tonnes.

Au cours des jours suivants, la situation se dégrada rapidement et il apparut bientôt à l'Amirauté que Dunkerque serait la seule route possible d'évacuation. L'opération *Dynamo* entra donc en application l'après-midi du 26, vingt-quatre heures avant que les Belges ne demandent un armistice et également avant que le Cabinet n'autorise l'évacuation.

On n'espérait pas tout d'abord sauver plus d'une petite partie du Corps expéditionnaire. L'Amirauté fixa comme but à Ramsay l'évacuation de 45 000 hommes en deux jours, car il était probable que l'ennemi aurait ensuite rendu toute autre évacuation impossible. La nuit du 28, on n'avait débarqué en Angleterre que 25 000 hommes. Heureusement, la période de grâce fut finalement beaucoup plus longue.

Pendant les cinq premiers jours, le rythme d'évacuation fut limité par le manque de petites embarcations transporter, des plages aux navires, les troupes qui attendaient au large. Ce besoin que Ramsay avait souligné dès l'origine n'avait pas été couvert de façon satisfaisante. Mais l'Amirauté faisait maintenant de plus grands efforts pour en procurer et fournir des équipages. Le personnel de la Marine fut renforcé par un très grand nombre de volontaires civils : pêcheurs, équipages des barques de sauvetage, et d'autres encore qui possédaient quelque expérience de la navigation. Ramsay nota que l'un des équipages qui se distinguèrent le plus fut celui du radeau d'incendie *Massey Shaw* des pompiers de Londres.

Au début également, il y eut beaucoup de confusion sur les plages, du fait de l'état de désorganisation des troupes qui attendaient pour s'embarquer. A cette époque, il s'agissait largement de personnel des bases. Ramsay remarqua que cette confusion était aggravée « par le fait que l'uniforme des officiers de l'armée de terre ne se distingue pas des autres » et il s'aperçut que « l'arrivée d'officiers de Marine, vêtus de leurs uniformes aisément reconnaissables, contribuent à rétablir l'ordre [...] Plus tard, quand les troupes des formations combattantes atteignirent les plages, ces difficultés disparurent. »

La première attaque aérienne importante eut lieu le soir du 29 et « c'est seulement par une chance incroyable que le chenal vital du port de Dunkerque ne fut pas bloqué par les navires coulés dès cette date ». Sa préservation fut d'autant plus importante que la majorité des troupes était embarquée à partir du port et seulement moins d'un tiers à partir des plages.

Au cours des trois jours suivants, les raids aériens s'intensifièrent et, le 2 juin, l'évacuation de jour dut être suspendue. Les chasseurs de la R.A.F., basés sur les aérodromes du sud de l'Angleterre, firent tout leur possible pour mettre aux abois la Luftwaffe, mais ils étaient trop surclassés par le nombre et ne pouvaient s'attarder assez longtemps dans le secteur, du fait de la distance, pour fournir une couverture aérienne adéquate. Les bombardements incessants étaient très éprouvants pour les troupes qui attendaient sur les plages, bien que le sable mou amortît leurs effets. Les dégâts furent bien plus importants en mer où les pertes se montèrent à 6 destroyers, 8 bâtiments de transport de troupes, et plus de 200 petites embarcations sur un total de 860 bâtiments anglais et alliés de toutes tailles employés pour l'évacuation. Par chance, la marine allemande ne fit guère de tentatives d'intervention, soit avec des U-Boote, soit avec des vedettes rapides. Heureusement aussi l'évacuation fut favorisée par un temps exceptionnel.

Le 30 mai, 126 000 hommes avaient été évacués et tout le reste du Corps expéditionnaire était arrivé dans la tête de pont de Dunkerque, à l'exception de quelques fragments qui avaient été isolés au cours de la retraite. La défense de la tête de pont contre l'avance encerclante de l'ennemi devint en conséquence beaucoup plus ferme. Les Allemands avaient laissé passer l'occasion.

Malheureusement, le Haut Commandement français en Belgique, se conformant toujours au plan impossible de Weygand, avait hésité à faire retraite vers la mer et à le faire aussi vite que possible, en même temps que les Anglais. Le résultat de ce retard fut que près de la moitié de ce qui restait de la Ire armée française avait été isolée le 28 près de Lille, et dut se rendre le 31. Sa courageuse résistance de trois jours favorisa cependant le sauvetage du reste et des britanniques.

A minuit, le 2 juin, l'arrière-garde anglaise s'embarquait et l'évacuation du Corps expéditionnaire était achevée. 224 000 hommes avaient été ramenés sains et saufs et 2 000 seulement furent perdus dans des bateaux coulés pendant la traversée. Quelque 95 000 hommes des troupes alliées, principalement des Français, avaient aussi été évacués. La nuit suivante, tous les efforts furent faits pour emmener les Français qui restaient, malgré des difficultés de plus en plus grandes. 26 000 hommes de plus purent être sauvés. Malheureusement quelques milliers d'hommes de l'arrière-garde ne purent être embarqués et cela laissa des souvenirs douloureux en France.

Au matin du 4 juin, lorsque l'opération fut abandonnée, un total de 338 000 hommes de troupe, Anglais et Alliés, avaient été débarqués en Angleterre. C'était un résultat stupéfiant par rapport aux espérances initiales et un magnifique exploit de la part de la Royal Navy.

En même temps, il était évident qu'il était impossible de préserver le Corps expéditionnaire pour « une autre bataille » sans l'intervention de Hitler, arrêtant les Panzer de Kleist en dehors de Dunkerque douze jours plus tôt, le 24 mai.

A cette époque, il n'y avait qu'un seul bataillon britannique pour tenir les quelque 30 kilomètres de l'Aa entre Gravelines et Saint-Omer et, sur plus de 75 kilomètres à l'intérieur des terres, la ligne du canal n'était guère mieux défendue. Beaucoup de ponts n'avaient pas encore sauté ou n'étaient même pas minés. Si bien que les blindés allemands n'eurent aucune difficulté pour constituer des têtes de pont de l'autre côté du canal, en plusieurs endroits, le 23 mai. C'était, dit Gort, dans son Ordre du Jour, « le seul obstacle antichar sur son aile ». Une fois celui-ci franchi, rien ne pouvait arrêter les Allemands et les empêcher de barrer la ligne de retraite du Corps expéditionnaire, excepté l'ordre de Hitler leur imposant une halte.

Il est clair cependant que Hitler se trouvait dans un état extrêmement tendu et agité depuis la percée en France. L'extraordinaire facilité de la progression, l'absence de résistance que ses armées avaient rencontrée, l'avaient mis mal à l'aise. Cela semblait trop beau pour être vrai. On peut en suivre les conséquences dans le journal que tenait Halder, le chef d'État-Major général. Le 17, le lendemain de l'effondrement dramatique de la défense française sur la Meuse, Halder nota : « Journée assez désagréable. Le Führer est terriblement nerveux. Effrayé par son propre succès, il craint de prendre des risques et aurait plutôt tendance à nous freiner. »

C'était le jour où Guderian fut soudain arrêté au beau milieu de sa progression vers la mer. Le lendemain, Halder nota : « Chaque heure est précieuse. Le Q.G. du Führer voit les choses très différemment... il continue inexplicablement à se faire du souci pour l'aile gauche. Il enrage et crie que nous faisons tout ce qu'il faut pour compromettre toute la campagne. » C'est seulement tard dans cette soirée, après que Halder eut pu l'assurer que l'infanterie s'alignait sur l'Aisne pour former bouclier, que Hitler accepta de laisser les Panzer poursuivre leur avance.

Deux jours plus tard ceux-ci atteignirent la côte, coupant les lignes de communication des armées alliées en Belgique. Ce brillant succès semble avoir étouffé momentanément les doutes de Hitler. Mais ils resurgirent quand les Panzer infléchirent leur course vers le nord, en particulier après l'inquiétude soulevée un moment par la contre-attaque des blindés anglais depuis Arras, quelque modeste qu'elle fût. Ses Panzer, auxquels il tenait tant, se dirigeaient maintenant vers la zone occupée par les Britanniques qu'il considérait comme des adversaires particulièrement difficiles. En même temps il était mal à l'aise quant aux intentions des Français au sud.

Il semblerait que la visite de Hitler au Q.G.de Rundstedt, le matin du 24 mai, à un moment crucial, fut une inspiration malheureuse. Rundstedt était un stratège circonspect, soucieux de tenir compte des facteurs défavorables et d'éviter les excès d'optimisme. Pour cette raison, il fut souvent un bon correctif de Hitler en apportant une estimation soigneusement équilibrée. Mais, dans le cas présent, cela ne favorisa pas les chances de l'Allemagne. Faisant le tour de la situation, il souligna la façon dont les forces blindées avaient fondu au cours de la longue et rapide progression et il insista sur l'éventualité d'avoir à faire face à des attaques venant du nord et du sud, en particulier de cette dernière direction.

Ayant reçu la nuit précédente des ordres de Brauchitsch, le commandant en chef de l'armée, selon lesquels l'achèvement de l'encerclement au nord devait être confié à Bock, il était tout à fait naturel qu'il se souciât de la prochaine phase des opérations au sud.

De plus, le Q.G. de Rundstedt se trouvait encore à Charleville, près de Sedan, juste en retrait de l'Aisne et au centre du front allemand faisant face au sud. Cette situation géographique avait pour conséquence d'entretenir une tendance à donner toute son attention à ce qui se passait droit devant et à négliger quelque peu ce qui se produisait à l'aile extrême droite où la victoire semblait assurée. Dunkerque n'avait droit qu'à une vision très latérale.

Hitler manifesta son « accord total » avec les réserves de Rundstedt et continua en soulignant la nécessité impérieuse de conserver les forces de Panzer pour de futures opérations.

A son retour à son propre Q.G., dans l'après-midi, il envoya chercher le commandant en chef. Ce fut « une entrevue très désagréable » et elle se termina par un ordre très clair exigeant l'arrêt de la progression. Ce soir-là, Halder résuma tristement les effets de cette décision dans son journal :

> « L'aile gauche, composée de forces blindées et motorisées, qui n'a aucun ennemi devant elle, sera donc arrêtée sur ses positions sur l'ordre direct du Führer. Il reviendra à la Luftwaffe d'achever l'armée ennemie encerclée! »

L'ordre de Hitler fut-il inspiré par Rundstedt ? Si Hitler avait eu le sentiment que cette décision était due à l'influence de Rundstedt, il l'aurait certainement mentionné, après la fuite des Anglais, parmi les excuses qu'il donna pour se justifier, car il savait très bien blâmer les autres pour n'importe quelle faute commise. Cependant, dans le cas présent, il n'existe aucune trace, au cours de ses explications ultérieures, d'une quelconque référence à l'opinion de Rundstedt comme ayant joué un rôle. Une telle preuve négative n'est pas sans signification.

Il est plus vraisemblable que Hitler se rendit au Q.G. de Rundstedt dans l'espoir de trouver une justification supplémentaire de ses propres doutes et du changement de plan qu'il voulait imposer à Brauchitsch et Halder. Si cette décision fut jamais inspirée par quelqu'un d'autre, l'influence initiale doit être probablement recherchée du côté de Keitel et Jodl, les deux principaux membres de son propre état-major. Le témoignage du général Warlimont, qui était à l'époque en contact étroit avec Jodl, est particulièrement significatif. Stupéfait d'entendre parler d'un ordre d'arrêt, il alla interroger Jodl à ce sujet :

> « Jodl confirma que l'ordre avait bien été donné et se montra assez impatient devant mes questions. Il avait lui-même la même position que Hitler, soulignant que l'expérience personnelle, non seulement de Hitler, mais aussi celle de Keitel et la sienne, au cours de la Première Guerre mondiale, prouvait sans aucun doute que les blindés ne pouvaient pas opérer dans les marais des Flandres, ou tout au moins pas sans de lourdes pertes. Et on ne pouvait pas envisager de telles pertes du fait des effectifs déjà réduits des corps d'armée de Panzer et des tâches qui les attendaient dans la seconde partie imminente de l'offensive en France [1]. »

Warlimont ajouta que si l'initiative de cette décision était venue de Rundstedt, il aurait été au courant, comme les autres membres de l'O.K.W., et Jodl, qui était sur la défensive à ce sujet, « n'aurait pas manqué de souligner que le maréchal von Rundstedt était celui qui avait eu l'initiative de prendre ou tout au moins de soutenir cette décision », car cela aurait mis un terme aux critiques grâce à « l'autorité incontestée [de Rundstedt] dans le domaine opérationnel, parmi tous les officiers supérieurs d'État-Major général ».

> « Cependant un autre motif de cet ordre me fut révélé à l'époque. Göring serait intervenu pour rassurer le Führer, disant que son aviation terminerait l'encerclement en fermant par la voie aérienne la face maritime de la poche. Il surestimait certainement l'efficacité de son département personnel [2]. »

Cette déclaration de Warlimont prend toute sa signification lorsqu'on la rapproche de la dernière phrase du journal de Halder, du 24, déjà citée.

---

1. *Id.*, p. 197.
2. *Id.*, p. 197.

D'ailleurs Guderian déclara qu'il reçut l'ordre de la part de Kleist accompagné par ces mots : « Dunkerque doit être laissée à la Luftwaffe. Si la prise de Calais soulevait des difficultés, il faudrait de même laisser cette forteresse aux soins de la Luftwaffe. » Guderian remarqua : « Je crois que c'est la vanité de Göring qui provoqua cette décision fatidique de Hitler. »

On a également la preuve que la Luftwaffe ne fut pas utilisée avec toute l'intensité et l'énergie qui eussent été possibles. Et certains des chefs de l'aviation disent qu'une fois encore le freinage vint de Hitler.

Tout cela amena les milieux politiques à soupçonner un motif politique derrière les raisons militaires de Hitler. Blumentritt, qui était chargé des plans opérationnels auprès de Rundstedt, fit un rapprochement avec les paroles curieuses de Hitler lors de sa visite à son Q.G.

> « Hitler était d'excellente humeur, il reconnut que le déroulement de la campagne avait été « un véritable miracle » et il exprima l'opinion que la guerre serait finie en six semaines. Il souhaitait ensuite conclure une paix raisonnable avec la France et la voie serait alors libre pour un accord avec la Grande-Bretagne.
>
> « Il nous stupéfia ensuite en parlant avec admiration de l'Empire britannique, de la nécessité de son existence et de la civilisation que l'Angleterre avait apportée au monde. Il fit remarquer en haussant les épaules que la création de son empire avait été réalisée par des moyens qui étaient souvent brutaux, mais « on ne fait pas d'omelette sans casser des œufs ». Il compara l'Empire britannique et l'Église catholique, disant qu'ils étaient tous les deux des éléments essentiels de la stabilité du monde. Tout ce qu'il désirait des Anglais, c'était qu'ils reconnussent la position de l'Allemagne sur le Continent. Le retour des colonies allemandes perdues serait souhaitable, mais pas essentiel, et il proposerait même de soutenir l'Angleterre avec ses troupes si elle était impliquée dans des difficultés en quelque lieu du globe. Il fit remarquer que les colonies étaient surtout une question de prestige puisqu'elles ne pouvaient pas être tenues en cas de guerre et que peu d'Allemands pouvaient s'installer sous les tropiques.
>
> « Il conclut en disant que son but était de faire la paix avec l'Angleterre sur une base qu'elle considérerait comme compatible avec son honneur [1]. »

Réfléchissant par la suite à ces événements, Blumentritt repensa souvent à cette conversation. Il avait le sentiment que le coup d'arrêt n'avait pas été seulement donné pour des raisons militaires, et qu'il faisait partie d'un plan destiné à rendre la paix plus facile à conclure. Si le Corps expéditionnaire avait été capturé à Dunkerque, les Anglais auraient ressenti ce coup comme une tache à leur honneur qu'il leur aurait fallu effacer. En leur permettant de s'échapper, Hitler espérait se les concilier.

Venant de la part de généraux qui n'hésitaient pas à critiquer Hitler et qui reconnaissent qu'eux-mêmes auraient désiré en finir avec l'armée anglaise,

1. *Id.*, pp. 200-201.

ces témoignages prennent une signification très intéressante. Leur récit des paroles de Hitler au moment de Dunkerque s'accorde dans une large mesure avec ce qu'il avait lui-même écrit précédemment dans *Mein Kampf*, et on sait à quel point il suivit scrupuleusement les termes de son propre testament à d'autres égards. Il y avait en lui des éléments qui laissent deviner qu'il entretenait un sentiment mixte d'amour et de haine envers l'Angleterre. La teneur de ses paroles sur la Grande-Bretagne à cette époque est aussi rapportée dans les journaux de Ciano et de Halder.

La complexité du caractère de Hitler était telle qu'aucune explication simple ne peut être tenue pour entièrement vraie. Il est bien plus vraisemblable que sa décision fut inspirée par plusieurs motifs. Trois motifs sont visibles : son désir de conserver ses Panzer pour la prochaine offensive; sa vieille crainte de la Flandre marécageuse; et les arguments de Göring en faveur de la Luftwaffe. Mais il est fort possible qu'un motif politique se soit mêlé à ces arguments militaires dans l'esprit d'un homme qui avait le goût de la stratégie politique et dont la démarche savait être si tortueuse.

Le nouveau front français sur la Somme et sur l'Aisne était plus long que le front initial, tandis que les forces disponibles pour le défendre avaient beaucoup diminué. Les Français avaient perdu 30 divisions au cours de la première phase de la campagne, sans compter la perte de l'aide de leurs Alliés. (Il ne restait en France que 2 divisions britanniques et 2 nouvelles divisions, dont la formation n'était pas achevée, étaient en cours d'acheminement.) En tout, Weygand avait rassemblé 49 divisions pour couvrir le nouveau front, en en laissant 17 autres sur la Ligne Maginot. On ne pouvait pas faire grand-chose pour fortifier le front dans le bref laps de temps disponible et le manque d'effectifs gêna la tentative tardive d'organisation d'une défense en profondeur. La plupart des divisions mécanisées ayant été perdues ou gravement épuisées, on manquait aussi de réserves mobiles.

Au contraire, les Allemands avaient reconstitué les effectifs de leurs 10 divisions de Panzer à l'aide de nouveaux chars et leurs 130 divisions d'infanterie étaient pratiquement intactes. Leurs forces furent redistribuées en vue de la nouvelle offensive, 2 armées fraîches (la IIe et la IXe) vinrent s'insérer pour accroître la pression sur le secteur de l'Aisne (entre l'Oise et la Meuse) et Guderian reçut le commandement d'un groupe de 2 corps d'armées de Panzer, avec ordre de se tenir prêt à intervenir dans ce secteur. On laissa le soin à Kleist, avec 2 corps d'armées de Panzer, d'attaquer à partir des têtes de pont de la Somme, respectivement à Amiens et à Péronne, dans un mouvement de tenaille qui devait converger sur la partie inférieure de l'Oise, à proximité de Creil. Le corps d'armée blindé restant devait s'avancer sous les ordres de Hoth, entre Amiens et le littoral.

L'offensive fut déclenchée le 5 juin, initialement sur la partie occidentale du front, entre Laon et la mer. Elle rencontra une résistance vigoureuse pendant les deux premiers jours, mais, le 7, le corps d'armée blindé le plus occidental parvint à percer sur la route de Rouen. La défense sombra alors dans la confusion et les Allemands ne rencontrèrent aucune résistance sérieuse le 9, dans la traversée de la Seine. Mais ce n'était pas là qu'ils avaient l'intention d'accomplir leur manœuvre décisive et ils marquèrent un temps d'arrêt qui permit à la plupart des forces britanniques réduites du général Alan Brooke de réussir une deuxième évacuation lors de la capitulation française.

Le mouvement de tenaille de Kleist ne se déroula pas, cependant, conformément au plan prévu. La branche droite parvint finalement à percer le 8, mais la branche gauche, partie de Péronne, fut arrêtée par une opposition énergique au nord de Compiègne. Le Commandement suprême allemand décida alors de retirer le groupe de Kleist et de l'envoyer vers l'est pour exploiter la percée qui avait été réalisée en Champagne.

Dans ce secteur, l'offensive ne se déclencha que le 9, mais l'effondrement fut rapide. Dès que les masses d'infanterie eurent forcé le passage, les chars de Guderian s'élancèrent par la brèche en direction de Châlons-sur-Marne, puis vers l'est. Le 11, Kleist élargissait la trouée et franchissait la Marne à Château-Thierry. La progression continua à une allure de course à travers le plateau de Langres jusqu'à Besançon et la frontière suisse, isolant ainsi toutes les forces françaises de la Ligne Maginot.

Dès le 7, Weygand conseilla au Gouvernement français de demander un armistice sans retard, et le lendemain il annonça : « La bataille de la Somme est perdue. » Le Gouvernement, bien que divisé sur la conduite à tenir, hésitait à céder, mais, le 9, il décida de quitter Paris. Il balançait entre la Bretagne et Bordeaux et choisit finalement le compromis de se replier à Tours. En même temps, Reynaud expédiait un appel au président Roosevelt, dans lequel il déclarait : « Nous nous battrons devant Paris; nous nous battrons derrière Paris; nous nous enfermons dans une de nos provinces, et, si nous devions être repoussés, nous partirons en Afrique du Nord... »

Le 10, l'Italie déclara la guerre. Mussolini s'était vu récemment offrir quelques concessions coloniales, mais il les repoussa dans l'espoir d'améliorer sa position avec Hitler. Dix jours s'écoulèrent cependant avant le déclenchement d'une offensive italienne qui fut alors aisément tenue en échec par de faibles forces françaises.

Le 11, Churchill se rendit à Tours pour tenter, en vain, d'encourager les dirigeants français. Le lendemain, Weygand prit la parole devant le Gouvernement, il dit que la bataille était perdue, rendit les Anglais responsables de ces deux défaites, puis déclara : « Je suis contraint de dire clairement qu'une cessation des hostilités est impérative. » Il est certain qu'il ne se trompait pas dans son estimation de la situation militaire. Les forces armées françaises se disloquaient maintenant en petits fragments dont la plupart ne faisaient guère de tentatives pour résister, mais se dissolvaient simplement dans un flot coulant vers le sud. Le Conseil des ministres était désormais partagé entre la capitulation et la continuation de la guerre à partir de l'Afrique du Nord, mais il décida seulement de se retirer à Bordeaux, tout en donnant l'ordre à Weygand d'essayer de résister sur la Loire.

Les Allemands entrèrent dans Paris le 14 et leur progression était encore plus rapide sur leurs ailes. Le 16, ils atteignirent la vallée du Rhône. Entre-temps, Weygand avait continué de faire pression pour un armistice, soutenu en cela par les principaux chefs militaires. Dans un effort de dernière heure pour empêcher cette décision et assurer une résistance en Afrique du Nord, Churchill fit une proposition d'une grande portée : il offrit de constituer une Union franco-britannique. Cette proposition ne fit guère d'impression et causa surtout de l'irritation. Le Conseil des ministres vota et sa majorité la rejeta. La décision de capituler fut donc prise. Reynaud démissionna; un nouveau gouvernement fut constitué par le maréchal Pétain et la demande d'armistice fut transmise à Hitler dans la nuit du 16.

Les conditions de Hitler furent communiquées aux émissaires français le 20, dans le même wagon de chemin de fer, en forêt de Compiègne, où les émissaires allemands avaient signé l'armistice de 1918. Pendant que les conversations continuaient, l'avance allemande se poursuivait au sud de la Loire. Mais, le 22, les conditions allemandes furent acceptées. L'armistice devint effectif le 25 juin à 1 h 35, après qu'un autre armistice eut été conclu avec l'Italie.

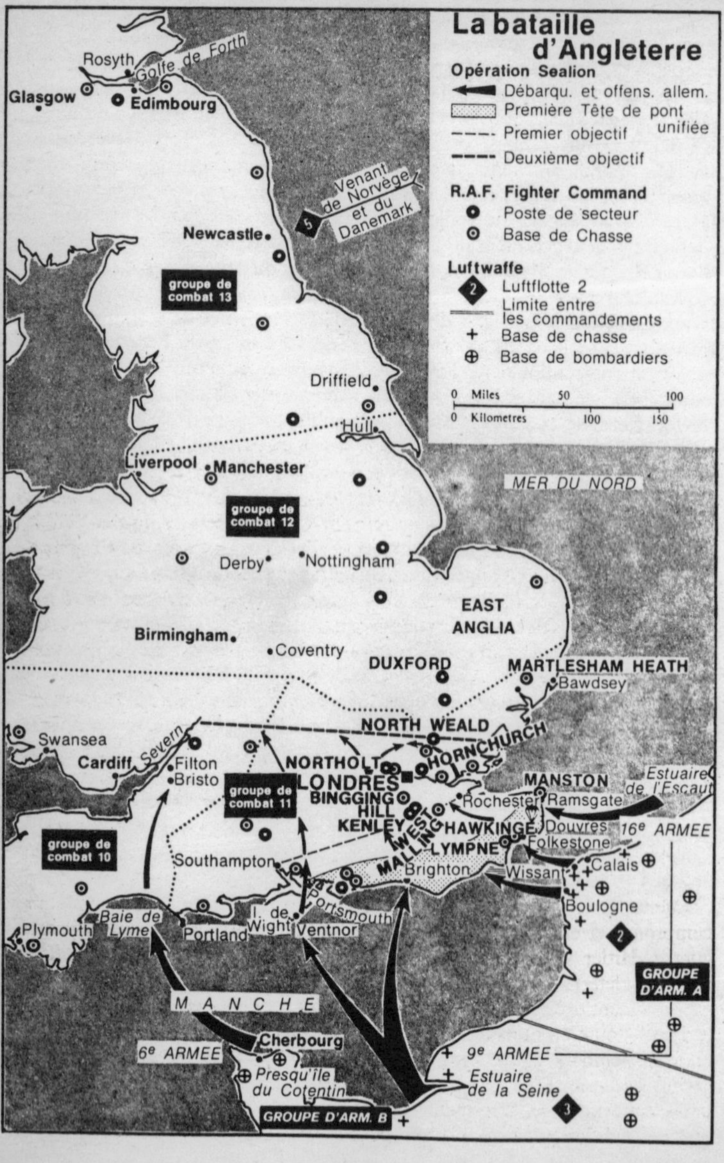
La bataille d'Angleterre
Opération Sealion
Débarqu. et offens. allem.
Première Tête de pont unifiée
Premier objectif
Deuxième objectif
R.A.F. Fighter Command
Poste de secteur
Base de Chasse
Luftwaffe
Luftflotte 2
Limite entre les commandements
Base de chasse
Base de bombardiers
0 Miles 50 100
0 Kilometres 100 150
Rosyth
Golfe de Forth
Glasgow
Edimbourg
Venant de Norvège et du Danemark
Newcastle
groupe de combat 13
Driffield
Hull
Liverpool
Manchester
MER DU NORD
groupe de combat 12
Derby
Nottingham
EAST ANGLIA
Birmingham
Coventry
DUXFORD
MARTLESHAM HEATH
Bawdsey
NORTH WEALD
HORNCHURCH
Swansea
Cardiff
Severn
Filton
Bristo
NORTHOLT
LONDRES
BINGGING HILL
groupe de combat 11
MANSTON
Estuaire de l'Escaut
Rochester
Ramsgate
KENLEY
WEST MALLING
HAWKINGE
Douvres
16e ARMEE
groupe de combat 10
LYMPNE
Folkestone
Southampton
Brighton
Wissant
Calais
Boulogne
Baie de Lyme
Portland
I. de Wight
Ventnor
Portsmouth
Plymouth
GROUPE D'ARM. A
MANCHE
Cherbourg
6e ARMEE
9e ARMEE
Presqu'île du Cotentin
Estuaire de la Seine
GROUPE D'ARM. B

8.
La bataille d'Angleterre

Bien que la guerre eût commencé le 1er septembre 1939 avec l'invasion de la Pologne par l'Allemagne, suivie deux jours plus tard par les déclarations de guerre successives de la Grande-Bretagne et de la France, il demeure comme l'un des points les plus extraordinaires de l'histoire, que ni Hitler, ni le Commandement suprême allemand n'avaient de plans ou de préparatifs pour faire face à l'opposition de l'Angleterre. Il est encore plus étrange que rien ne fut fait au cours du long intervalle de près de neuf mois qui s'écoula avant le déclenchement de la grande offensive allemande à l'ouest, en mai 1940. Même après qu'il fut devenu évident que la France s'écroulait et que son effondrement était assuré, aucun plan ne fut préparé.

Il est donc parfaitement clair que Hitler comptait sur l'accord du Gouvernement britannique pour une paix de compromis selon des conditions favorables qu'il était prêt à accorder, et qu'en dépit de ses hautes ambitions il ne désirait pas amener le conflit avec l'Angleterre à une conclusion décisive. En fait, Hitler donna à comprendre aux généraux allemands que la guerre était terminée. Les permissions furent accordées et une partie de la Luftwaffe fut déplacée vers d'autres fronts éventuels. De plus, Hitler ordonna le 22 juin la démobilisation de 35 divisions.

Même après que Churchill eût emphatiquement rejeté toute idée de compromis et eût clairement manifesté sa détermination de poursuivre la guerre, Hitler s'accrocha encore à l'opinion qu'il s'agissait d'un bluff et que l'Angleterre ne pouvait faire autrement que reconnaître « sa situation militairement désespérée ». Cet espoir fut lent à se dissiper. C'est seulement le 2 juillet qu'il ordonna d'étudier la question d'une invasion de l'Angleterre, et il ne semblait pas encore complètement convaincu de cette nécessité quand, enfin, le 16 juillet, deux semaines plus tard, il donna l'ordre de préparer cette invasion, nommée « Opération Sealion ». Il précisa cependant que l'expédition devait être prête pour la mi-août.

Même encore à cette date, les réserves secrètes de Hitler, ou tout au moins son esprit déchiré, apparaissent dans le fait qu'il déclara à Halder, le 21 juillet, qu'il avait l'intention de faire volte-face et de régler la question de l'U.R.S.S., si possible en lançant une offensive de ce côté dès l'automne. Le 29, Jodl déclara à Warlimont, à l'O.K.W., que Hitler était décidé à faire la guerre à l'Union soviétique. Plusieurs jours auparavant, l'état-major opérationnel du groupe de Panzer de Guderian avait été ramené à Berlin afin de préparer les plans pour l'emploi des forces de Panzer dans le cadre de cette campagne.

Quand la France s'effondra, l'armée allemande n'était pas du tout prête pour une invasion de l'Angleterre. L'état-major ne l'avait ni envisagée ni étudiée; les troupes n'avaient reçu aucun entraînement pour des opérations maritimes et de débarquement; et rien n'avait été fait pour construire la flotte de débarquement nécessaire. Si bien que tout ce que l'on put faire fut de tenter un effort précipité pour rassembler des embarcations, apporter des péniches d'Allemagne et de Hollande dans les ports de la Manche et faire faire aux troupes quelques exercices d'embarquement et de débarquement. C'est seulement la « nudité » momentanée des forces britanniques, après qu'elles eurent perdu la plupart de leurs armes et de leur équipement en France, qui donnait à une improvisation aussi hâtive une chance de succès.

La partie principale de l'opération fut confiée au maréchal von Rundstedt et à son Groupe d'armées A qui devait employer la XVIe armée (général Busch) sur la droite et la IXe armée (général Strauss) sur la gauche. Après s'être embarquées dans les différents ports situés entre les estuaires de la Scheldt et de la Seine, les forces de débarquement devaient converger sur la côte sud-est de l'Angleterre, entre Folkestone et Brighton, tandis qu'une division aéroportée devait s'emparer du secteur de falaises compris entre Douvres et Folkestone. Selon le plan *Sealion*, 10 divisions devaient être débarquées en une première vague sur une période de 4 jours afin d'établir une vaste tête de pont. Au bout d'environ une semaine, la principale avance terrestre commencerait, son premier objectif étant d'atteindre les hauteurs décrivant un arc de l'estuaire de la Tamise jusqu'à Portsmouth. Dans la phase suivante, Londres devait être isolée à partir de l'ouest.

Une opération secondaire devait être montée par la VIe armée (maréchal von Reichenau) du Groupe d'armées B, avec 3 divisions dans une première vague, appareillant de Cherbourg et débarquant dans la baie de Lyme, à l'ouest de Portland Bill, dans le but de progresser vers le nord jusqu'à l'estuaire de la Severn.

La seconde vague de l'invasion serait constituée par une force mobile d'exploitation composée de 6 divisions blindées et 3 divisions motorisées organisées en 3 corps d'armée. Elle serait suivie par une troisième vague de 9 divisions d'infanterie et une quatrième de 8 divisions d'infanterie. Bien qu'aucune division blindée ne fût comprise dans la première vague, elle était dotée de quelque 650 chars, devant tous être acheminés dans le premier de ces deux échelons. (L'échelon de tête représentait un peu plus du tiers de ses effectifs totaux de 250 000 hommes.) Le transport à travers la Manche de cette première vague, en deux morceaux, demandait l'utilisation de 155 bâtiments de transport de troupes, représentant quelque 700 000 tonnes, sans compter plus de 3 000 embarcations de moindre tonnage (1 720 péniches, 470 remorqueurs, et 1 160 vedettes).

Les préparatifs ne commencèrent que vers la fin juillet et l'État-Major naval allemand déclara qu'une telle quantité d'embarcations ne pourrait pas être rassemblée et prête pour l'opération *Sealion* avant le milieu de septembre au plus tôt, alors que les instructions de Hitler stipulaient que les préparatifs devaient être achevés à la mi-août. (En fait, l'État-Major naval recommanda, fin juillet, de remettre l'opération au printemps de 1941.)

Mais ce ne fut pas là le seul obstacle. Les généraux allemands étaient pleins d'appréhension quant aux risques que courraient leurs forces en traversant la mer. Ils n'avaient guère confiance dans la capacité de leur propre marine ou leur propre aviation à garder le passage et ils préconisaient de faire l'invasion sur un front assez large (de Ramsgate à la baie de Lyme) pour étirer et distraire les forces des défenseurs. Les amiraux allemands avaient encore de plus grandes appréhensions au sujet de ce qui se passerait quand la flotte britannique arriverait sur les lieux. Ils avaient peu confiance (voire pas du tout) en leur propre capacité à éviter son intervention, tout en insistant dès le départ sur le fait qu'il leur serait impossible de protéger le front plus large que réclamaient les généraux et que la traversée devait être confinée dans un corridor relativement étroit protégé par des mines, et avec des forces terrestres plus limitées, autant de réserves qui aggravaient les doutes des généraux. Par-dessus tout, l'amiral Raeder soulignait que la supériorité aérienne dans le secteur de la traversée était essentielle.

A l'issue d'une discussion avec Raeder, le 31 juillet, Hitler accepta de se ranger à l'avis des amiraux et de ne pas déclencher l'opération *Sealion* avant la mi-septembre. Mais l'opération ne fut pas encore totalement remise à 1941 car Göring l'assurait que la Luftwaffe pouvait empêcher l'intervention de la Royal Navy et chasser la R.A.F. du ciel. Les chefs de la Marine et de l'Armée étaient d'accord pour lui laisser tenter son offensive aérienne préliminaire qui ne les engageait à rien de décisif tant qu'elle n'aurait pas réussi.

Finalement elle ne réussit pas et la bataille aérienne devint la caractéristique principale, en fait la seule caractéristique, de la décisive bataille d'Angleterre.

La supériorité de la Luftwaffe sur la Royal Air Force n'était pas aussi grande qu'on l'imaginait alors généralement. Elle était incapable de maintenir une attaque continue, vague après vague, de masses de bombardiers, ainsi que le craignait le peuple anglais, et elle ne disposait pas de beaucoup plus de chasseurs que la R.A.F.

L'offensive fut principalement conduite par les escadres aériennes (Luftflotten) 2 et 3, commandées par les maréchaux Albert Kesselring et

Hugo Sperrle. La première était basée dans le Nord-Est de la France et aux Pays-Bas et la seconde dans le Nord et le Nord-Ouest de la France. Chaque escadre était une force autonome, comportant tous les éléments. Cette intégration s'était révélée avantageuse lors de la coopération avec les avances de l'armée en Pologne et en Europe occidentale. Mais elle l'était moins dans le cas d'une campagne exclusivement aérienne. Chaque escadre produisait ses propres plans et les soumettaient séparément; il n'y avait pas de plan d'ensemble.

Le 10 août, alors que l'offensive était sur le point de commencer véritablement, les escadres 2 et 3 disposaient d'un total de 875 bombardiers classiques (à haute altitude) et de 316 bombardiers en piqué. (Les bombardiers en piqué se révélèrent si vulnérables aux avions de chasse anglais qu'ils furent retirés de la bataille après le 18 août et réservés pour l'invasion.)

De plus, la Luftflotte 5, basée en Norvège et au Danemark, sous les ordres du général Stumpff, disposait de 123 bombardiers de haute altitude, mais elle ne prit part à la bataille qu'un seul jour, le 15 août, et ses pertes se révélèrent trop lourdes pour répéter cette lointaine excursion. Par sa présence dans les coulisses, cependant, elle eut un effet de diversion, en maintenant une partie des forces de la chasse britannique dans le Nord-Est de l'Angleterre. Elle fournit également une centaine de bombardiers à la fin du mois d'août pour compenser les pertes des Luftflotten 2 et 3.

Celles-ci avaient engagé la bataille le 10 août avec 929 chasseurs disponibles. Il s'agissait principalement de monomoteurs Messerschmitt 109, mais elles disposaient aussi de 227 bimoteurs Me 110 à relativement long rayon d'action. Le Me 109, dont le prototype avait fait son apparition en 1936, avait une vitesse maximum de 560 km/h et sa grande vitesse ascensionnelle lui donnait un avantage supplémentaire sur les chasseurs britanniques. Mais il était désavantagé par rapport à eux dans les virages et les manœuvres en combat. De plus, à la différence des appareils britanniques, la plupart des chasseurs allemands ne disposaient pas de protection blindée pour le pilote, bien qu'ils fussent équipés de réservoirs d'essence pare-balles qui faisait défaut aux Anglais.

Les limites de rayon d'action représentèrent un facteur décisif dans le cas des chasseurs monomoteurs allemands engagés dans cette bataille. La distance de croisière officielle de 660 kilomètres était très trompeuse. Son véritable rayon d'action, aller et retour, ne dépassait pas 160 kilomètres et, en partant du Pas-de-Calais ou du Cotentin, cela les amenait tout juste au-dessus de Londres, en leur accordant très peu de temps pour combattre une fois sur place. En d'autres termes, le Me 109 disposait d'une durée de vol totale d'à peine 95 minutes, ce qui lui donnait un temps de vol tactique de 75 à 80 minutes. Lorsque les lourdes pertes en bombardiers, et leur évidente vulnérabilité, rendit nécessaire la fourniture d'escortes de chasseurs, il ne fut pas possible d'employer plus de 300 à 400 bombardiers le même jour, même sur des objectifs du Sud de l'Angleterre, avec une escorte de 2 chasseurs par bombardiers.

Le Me 109 était également d'un maniement difficile au décollage et à l'atterrissage, et son train d'atterrissage était peu résistant. Cet inconvénient était aggravé par l'état des aérodromes improvisés en hâte sur la côte française.

Le bimoteur Me 110, malgré sa vitesse maximale de 545 km/h, se révéla beaucoup plus lent; il volait souvent à peine à 480 km/h, ou même moins; il était donc facilement surclassé par le Spitfire; il avait des accélérations laborieuses et il était de manœuvre délicate. Il avait été destiné à être « la fine fleur opérationnelle des chasseurs de la Luftwaffe », mais il se révéla comme la pire déception et il dut finalement être escorté par des Me 109 pour sa propre protection.

Le plus lourd handicap des avions de chasse allemands était le caractère primitif de leur équipement radio. Bien qu'ils fussent équipés en phonie pour communiquer entre eux en vol, leurs appareils étaient médiocres par rapport à ceux des Anglais et ils ne pouvaient être guidés du sol.

Les effectifs de la chasse anglaise avaient été reconstitués, après la perte de plus de 400 appareils en France, pour atteindre le chiffre de 650 avions à la mi-juillet; c'est-à-dire le même chiffre que lors du déclenchement de l'offensive allemande en mai. Il s'agissait principalement de Hurricane et de Spitfire, mais il restait près d'une centaine d'appareils d'autres types plus anciens.

Cette récupération remarquable était largement due aux efforts de Lord Beaverbrook, qui avait été nommé au nouveau poste de ministre de la Production aérienne lors de la formation du Gouvernement de Churchill, en mai. Ses détracteurs se plaignaient du fait qu'à long terme son intervention énergique nuisait au progrès. Mais le maréchal Sir Hugh Dowding, commandant en chef de la chasse aérienne (le Fighter Command), déclara que « l'effet de cette nomination peut seulement être qualifié de magique ». Dès le milieu de l'été, la production de chasseurs avait été multipliée par deux et demi et, au cours de toute l'année, la Grande-Bretagne produisit 4 283 avions de chasse, contre 3 000 appareils mono ou bimoteurs produits par l'Allemagne.

La comparaison est plus difficile à établir dans le domaine de l'armement. Les Hurricane et les Spitfire étaient uniquement armés de mitrailleuses; ils en avaient 8 chacun, disposées sur le bord d'attaque des ailes. Il s'agissait de mitrailleuses américaines Browning, qui avaient été choisies parce qu'elles étaient assez fiables pour être commandées à distance tout en ayant une grande rapidité de tir : 1 260 coups à la minute. Les Me 109 étaient en général armés de deux mitrailleuses de capot et de deux canons de 20 mm dans les ailes. Cette dernière arme avait été développée à la suite de l'expérience de la guerre civile d'Espagne qui avait servi de terrain d'essai à la Luftwaffe, le Me 109 y avait été essayé, de même que des types de chasseurs antérieurs qui étaient maintenant remplacés.

Adolf Galland, l'as allemand, ne craignait pas d'affirmer, avec le recul, la supériorité de l'armement du Me 109. Les Anglais étaient partagés. On considérait que la rapidité de tir des Browning emportait l'avantage dans les rafales courtes. Mais il était reconnu qu'une demi-douzaine d'obus de canon pouvaient provoquer bien plus de dégâts qu'une rafale équivalente de Browning, et certains pilotes de chasse anglais se plaignaient amèrement que, même lorsqu'ils étaient sûrs d'avoir atteint un adversaire, « rien ne se produisait ». Il est significatif qu'une trentaine de Spitfire furent équipés de 2 canons de 20 mm Hispano (Oerlikon) dans le courant de la bataille et des Hurricane équipés de 4 canons entrèrent en service à partir d'octobre.

Il apparut d'une manière évidente, dès le départ, que les bombardiers allemands n'étaient pas suffisamment armés, avec leurs quelques mitrailleuses à pointage libre, pour tenir en échec les chasseurs anglais sans l'aide d'une escorte de leurs propres chasseurs.

En ce qui concerne les pilotes de chasse, la situation était bien plus complexe et, dans les premières phases de la bataille, très défavorable pour les Britanniques. Ceux-ci possédaient une formation d'un très haut niveau, mais leur nombre était gravement insuffisant. Les écoles d'entraînement de la R.A.F. avaient été lentes à se développer et leur insuffisance détermina dans une large mesure la conduite de la bataille. Le gaspillage dut être limité au maximum, même si cela signifiait de laisser passer quelques raids. Le principal souci de Dowding était les hommes et non les appareils.

En ménageant ses ressources en juillet, Dowding parvint à porter ses effectifs à 1 434 pilotes au début août, aidé par une contribution de l'Aéronavale qui « prêta » 68 de ses pilotes. Mais, un mois plus tard, le nombre était tombé à 840 et les pertes atteignaient une moyenne de 120 par semaine. Tandis que les unités d'entraînement opérationnel (Opérational Training Units) ne sortaient que 260 nouveaux pilotes de chasse pendant tout ce mois. En septembre, le manque d'effectifs devint encore plus aigu, car le nombre de pilotes hautement qualifiés baissait alors que les nouveaux venus rapidement entraînés étaient plus vulnérables de par leur inexpérience. Les escadrilles fraîches qui venaient relever les unités fatiguées subissaient souvent de plus lourdes pertes que celles qu'elles remplaçaient. La fatigue s'accompagnait dans de nombreux cas d'un déclin du moral et d'une irritabilité croissante.

Les Allemands n'avaient pas à l'origine un aussi lourd handicap d'effectifs. Malgré leurs pertes sévères sur le continent, en mai et juin, les écoles d'aviation produisaient plus de pilotes que n'en pouvaient absorber les escadrilles en ligne. Mais le moral était affecté par la façon dont Göring et d'autres chefs de la Luftwaffe considéraient et traitaient la chasse comme une arme « défensive » et d'importance secondaire. De plus, celle-ci fut privée de nombreux pilotes parmi les meilleurs pour compenser les pertes des unités de bombardement et de bombardement en piqué, tandis que Göring continuait de critiquer son manque d'agressivité et de lui faire porter le blâme pour les échecs de la Luftwaffe qui étaient dus dans une large mesure à son manque de prévision et à ses erreurs de plan. Au contraire, le moral des pilotes de chasse anglais fut consolidé par leur conscience d'être considérés et acclamés pendant ces mois critiques comme cette « poignée d'hommes » de Churchill, la fine fleur de la Royal Air Force et les héros de la nation.

La fatigue de la chasse allemande, pilotes et appareils, fut multipliée par la façon dont ils furent de plus en plus souvent utilisés et limités à des tâches d'escorte, deux ou trois sorties par jour et parfois même cinq. Göring refusait d'accorder des jours de repos ou d'organiser une rotation dans les unités en ligne. Si bien que la pure fatigue vint s'ajouter au sentiment de leurs lourdes pertes et à la tension qu'elles provoquaient. Quand septembre arriva, le moral devenait bas. Ce malaise était accru par les doutes quant à la réalité de l'invasion projetée, étant donné le peu d'activité et l'amateurisme des préparatifs que voyaient les pilotes, si bien qu'ils commencèrent à se demander de plus en plus s'ils n'étaient pas simplement sacrifiés pour garder la façade d'une opération en cours d'abandon.

Les équipes des bombardiers souffraient de leurs pertes sévères et du sentiment de leur vulnérabilité aux attaques de la chasse anglaise. La baisse de leur moral avait donc tendance à être encore plus nette, bien qu'ils continuassent d'exécuter courageusement les ordres.

En résumé, tandis que, dans les deux camps, le courage et l'adresse étaient équivalents au cours des premières phases de la bataille, le fait de savoir, et encore plus de sentir, que l'ennemi subissait des pertes et une fatigue plus sévères, quelle que puissent être les leurs, aida les Anglais à prendre le dessus au cours des phases suivantes.

Un handicap constant pour les Allemands, tout au long de la bataille, fut l'existence d'un mauvais service de Renseignements. Le guide de base de la Luftwaffe dans la conduite de l'offensive, était un manuel d'avant-guerre connu sous le nom d'*Étude bleue*. Il contenait les renseignements disponibles sur la situation et l'agencement des installations industrielles anglaises et les résultats d'une reconnaissance aérienne photographique exhaustive exécutée sous le couvert de « vols d'essais sur les routes aériennes civiles ». Ces informations étaient complétées très imparfaitement par le propre Service de renseignements de la Luftwaffe, à la tête duquel se trouvait un simple commandant. Dans une estimation des possibilités de la R.A.F. réalisée par ce commandant Schmidt en juillet 1940, il avait largement sous-estimé la production britannique d'avions de chasse, ne lui accordant seulement que 180 à 300 appareils par mois, alors qu'elle atteignit 460 à 500 Hurricane et Spitfire au cours des seuls mois d'août et de septembre (la période de la bataille), suite aux efforts de Beaverbrook pour accélérer le programme. (La fausse impression causée par cette grosse erreur fut accentuée par les rapports du service de Production du général Udet, qui s'étendaient sur les inconvénients du Hurricane et du Spitfire sans montrer leurs avantages.)

Le document du commandant Schmidt ne faisait aucune allusion au système de défense de la R.A.F., soigneusement organisé avec ses stations de radar, ses salles d'opération et son réseau de radio à haute fréquence. Pourtant la station de recherche radar anglaise de Bawdsey, sur la côte du

Suffolk et les hauts pylones métalliques qui s'élevaient tout au long des côtes étaient offerts à une observation intelligente bien avant la guerre et, en 1939, il semblait à peine possible que les Allemands fussent dans l'ignorance des principales caractéristiques du système d'alerte anglais. Bien que les Allemands sussent dès 1938, que les Anglais expérimentaient le radar et bien qu'ils se fussent emparés d'une station mobile de radar sur la plage de Boulogne en mai 1940, leurs savants considérèrent ce système comme inintéressant. Des renseignements bien plus complets sur le radar britannique étaient aisément disponibles en France, du fait de la négligence française en matière de sécurité, quand les Allemands envahirent la majeure partie de ce pays, mais ils ne semblent pas en avoir profité. Göring lui-même tint très peu compte de ses effets éventuels sur le sort de la bataille.

En fait, c'est seulement après avoir installé leurs stations de surveillance le long de la côte française, en juillet, qu'ils se rendirent compte, en découvrant le flot de signaux qui provenait des radars de la côte anglaise, qu'ils étaient confrontés à quelque chose de nouveau et d'une importance vitale. La portée et l'efficacité du radar britannique fut sous-estimée par les chefs de la Luftwaffe et peu d'efforts furent réalisés pour le brouiller ou le détruire. Ils ne furent pas non plus alarmés en découvrant que les chasseurs anglais opéraient sous un étroit guidage radio. Ils en conclurent que ce système ôtait toute souplesse à la chasse britannique et que des attaques massives le submergeraient.

La tendance à exagérer les pertes de l'adversaire au cours d'intenses combats aériens était un défaut commun aux deux camps, mais elle devint un plus grave handicap chez les Allemands. A l'origine, les services de Renseignements de la Luftwaffe estimaient de façon correcte les ressources de Dowding à un total d'environ 50 escadrilles de Hurricane et de Spitfire, avec un effectif opérationnel et approximatif de 600 appareils dont, 400 à 500 au maximum étaient dans la partie méridionale du pays. Mais, après le déclenchement de la bataille, des erreurs de calcul et la confusion furent entraînés par l'effet combiné de la surestimation des pertes britanniques et la sous-estimation de la production aérienne anglaise, si bien que les pilotes de la Luftwaffe furent d'abord étonnés, puis déprimés par la façon dont les effectifs de la chasse anglaise se maintenaient. Un nombre plus grand que celui qui existait en réalité était porté abattu.

Une autre cause d'erreur fut l'habitude des chefs de la Luftwaffe, lorsqu'ils avaient bombardé une base de chasse, de rayer au crayon rouge le numéro de l'escadrille de la R.A.F. qui y était basée. Cette pratique était en partie due à une mauvaise reconnaissance photographique et aussi à une analyse trop optimiste des résultats. Par exemple, la Luftwaffe estimait que jusqu'au 17 août, pas moins de 18 aérodromes avaient été « définitivement détruits », alors qu'en réalité un seul, Manston, fut mis hors d'état pendant un temps appréciable. De plus, des efforts furent gaspillés pour attaquer des aérodromes du Sud-Est qui ne faisaient pas partie de l'organisation du Fighter Command. En même temps, les chefs de la Luftwaffe ne se rendirent pas compte de l'importance vitale des stations de district (Sector Stations), comme Biggin Hill, Kenley, Horn Church, dans l'organisation de la Chasse et ils ne s'aperçurent pas que leurs salles d'opération étaient au-dessus de terre et dangereusement exposées. Les attaques dévastatrices que la Luftwaffe lança sur les stations de district, à la fin d'août, ne furent donc pas poursuivies.

Pour les Allemands, un autre handicap fut constitué par le temps et ce dans un double sens : le temps sur la Manche était souvent défavorable aux attaquants et, comme les vents soufflaient en général de l'ouest, les Anglais étaient généralement au courant les premiers. Les Allemands avaient déchiffré le code des émissions radio météorologiques de l'Atlantique, mais ils en profitèrent peu et ils furent souvent pris par surprise. En particulier, l'heure du rendez-vous entre leurs bombardiers et les escortes de chasseurs fut pratiquement bouleversée par des nuages inattendus et une mauvaise visibilité. Les bancs de nuages sur le Nord de la France et sur la Belgique retardaient souvent les bombardiers dont les équipages n'avaient pas l'habitude de la navigation sans visibilité. Si bien qu'ils arrivaient en retard au rendez-vous et que les chasseurs, qui ne pouvaient pas se permettre de gaspiller de l'essence, suivaient d'autres bombardiers. Une formation de bombardement volait donc sous double escorte pendant qu'une autre volait à découvert et subissait de lourdes pertes. Avec l'approche de l'automne et l'aggravation des conditions météorologiques, de tels contretemps devinrent plus fréquents, avec des conséquences catastrophiques.

Les Allemands bénéficiaient cependant d'une meilleure organisation dans un domaine. Le service britannique de sauvetage aérien fonctionnait, au début, de façon très cahotique, et les pilotes qui tombaient en mer devaient surtout compter sur la chance pour être récupérés. C'était d'autant plus grave qu'à la mi-août pratiquement les deux tiers des combats aériens décisifs avaient lieu au-dessus de la mer. Les Allemands étaient mieux organisés. Ils utilisaient quelque 30 hydravions Heinkel pour le travail de sauvetage, et leurs pilotes de chasse, ainsi que les équipages de leurs bombardiers, étaient équipés de radeaux pneumatiques gonflables, d'une brassière de sauvetage, d'un pistolet lance-fusées et d'un produit chimique qui répandait une tâche d'un vert brillant sur la mer, autour d'eux. Un pilote de chasse qui tombait en mer pouvait compter avoir 40 à 60 secondes pour s'extirper avant que son appareil ne coule. Sans le réconfort apporté par ces précautions, le moral de la Luftwaffe aurait probablement décliné encore plus vite.

En plus de celle des chasseurs de la R.A.F., l'offensive de la Luftwaffe devait faire face également à une opposition considérable, constituée par la D.C.A. anglaise. Celle-ci était fournie par l'armée de Terre à laquelle elle appartenait (tout comme celle qui avait accompagné le Corps expéditionnaire), mais elle était opérationnellement liée et subordonnée au Fighter Command de la R.A.F. Si le nombre de bombardiers allemands abattus par la D.C.A., au cours de la Bataille d'Angleterre, fut relativement restreint, son action contribua pour beaucoup à accroître la tension des attaquants par son effet désorganisateur, en particulier sur la précision du bombardement.

Le commandant en chef de la D.C.A. était le général Sir Frederick Pile. Initialement artilleur, il avait été muté au Royal Tank Corps lors de sa formation à titre permanent en 1923, et il devint bientôt l'un des avocats les plus dynamiques des forces blindées mobiles. Mais, en 1937, après l'avoir promu au grade de général de brigade, le Conseil supérieur de la Guerre l'avait placé à la tête de la 1re division antiaérienne qui couvrait Londres et le Sud de l'Angleterre. L'année suivante les 2 divisions de D.C.A. existantes furent portées à 5 divisions, puis à 7. A la fin juillet 1939, juste à la veille de la guerre, « Tim » Pile fut placé à la tête de l'ensemble, y compris les batteries légères que l'on formait pour la défense des aérodromes et autres points vitaux contre les attaques à basse altitude.

Un autre élément important pour faire face à ce genre d'offensive fut le barrage de ballons, constitué par une série de « saucisses » ancrées à diverses altitudes allant jusqu'à 1 500 mètres, à l'aide de filins d'acier. Ce système de défense était mis en place par la R.A.F. et dépendait d'un commandement distinct, lui-même placé sous l'autorité du Fighter Command.

Tout au long des années d'avant-guerre, l'expansion des forces de D.C.A. pour la défense du territoire avait, dans le meilleur des cas, reçu un accord réticent, quand ce n'était pas une violente opposition, de la part du Conseil supérieur de la Guerre qui avait tendance à la considérer comme une regrettable soustraction des effectifs de l'armée. Les efforts de Pile pour accroître ces forces antiaériennes et leur efficacité rencontrèrent donc une forte obstruction au War Office et lui attirèrent une disgrâce qui nuisit à ses chances de réintégration et d'avancement ultérieur dans l'armée proprement dite. Heureusement pour le pays, cependant, il avait réussi à établir des relations étroites et harmonieuses avec Dowding, qui avait une personnalité difficile, et ils travaillèrent ensemble de façon remarquable.

A la déclaration de guerre, en septembre 1939, les autorisations d'équipement de la D.C.A. avait été augmentées à diverses reprises, jusqu'à un total de 2 232 canons antiaériens lourds — presque le double du plan soi-disant « Idéal » rejeté deux ans auparavant —, ainsi que de 1 860 canons antiaériens légers et de 4 128 projecteurs. Mais, du fait des hésitations et des retards, seulement 695 canons lourds et 253 canons légers purent être effectivement déployés lorsque la guerre survint, soit environ le tiers des canons lourds et le huitième des canons légers autorisés par le programme. (Cela représentait quand même un grand progrès par rapport à la crise de Munich, un an plus tôt, où seulement 126 canons lourds de D.C.A. étaient disponibles.) La situation était relativement bonne du côté des projecteurs, puisque 2 700 furent déployés sur un total autorisé de 4 128, soit plus des deux tiers.

Après le début des hostilités, l'Amirauté souleva de nouvelles complications en demandant 255 canons pour défendre les 6 points de mouillage de la Flotte. Cette demande n'avait pas été faite avant la guerre, car, à cette époque, l'Amirauté montrait une grande confiance dans la capacité de ses navires à repousser toute attaque aérienne à l'aide de leurs propres armements de D.C.A. sans contribution extérieure. Elle ne demandait maintenant rien de moins que 96 canons pour protéger le mouillage de Rosyth, dans le Firth of Forth, c'est-à-dire un nombre égal à celui disponible pour la défense de tout Londres et quatre fois supérieur à celui qui protégeait la région de Derby où se trouvaient les vitales usines de moteurs Rolls-Royce.

L'expédition de Norvège, en avril 1940, entraîna une nouvelle demande importante et un prélèvement, à la fois en canons lourds et légers.

Puis, après la chute de la France en juin, la situation de la défense aérienne de la Grande-Bretagne elle-même empira radicalement du fait de l'encerclement par un anneau de bases aériennes ennemies depuis le Norvège jusqu'à la Bretagne.

A cette époque, les ressources de la D.C.A. avaient atteint 1 204 canons lourds et 581 canons légers, soit respectivement presque le double et plus du double des chiffres du début de la guerre. La situation aurait été meilleure sans les diverses ponctions qu'elle avait subies. Au cours des cinq semaines suivantes, les nouvelles livraisons furent de 124 canons lourds et 182 canons légers, mais presque la moitié des premières et un quart des secondes durent être affectées aux tâches d'entraînement et à des places d'outre-mer qui étaient maintenant en danger depuis l'entrée en guerre de l'Italie au côté de l'Allemagne. A la fin juillet, la défense aérienne anglaise ne disposait encore que d'un peu plus de la moitié du nombre de pièces lourdes de D.C.A. et à peine un tiers du nombre de pièces légères qui avait été jugé nécessaire au début de la guerre, quand les circonstances stratégiques étaient bien plus favorables que maintenant. Les projecteurs étaient plus abondants; près de 4 000 étaient désormais disponibles, soit pratiquement le nombre prévu, mais les nouvelles circonstances nécessitaient maintenant une vaste augmentation des ressources.

La phase préliminaire de la Bataille d'Angleterre vit un développement graduel d'opérations aériennes allemandes contre le trafic maritime et les ports anglais de la Manche, en même temps que des efforts spasmodiques pour tromper la chasse britannique. Les principaux chefs de la Luftwaffe, Kesserlring et Sperrle, ne reçurent aucune instruction précise quant à la conduite de l'offensive, avant le 6 août, ce qui explique pourquoi ces premières opérations se déroulèrent suivant un plan si déroutant [1].

Les attaques régulières contre les navires commencèrent le 3 juillet, et le lendemain une formation de 87 bombardiers en piqué, escortée par des Me 109, attaqua le port militaire de Portland, mais sans grands effets. Le 10, un petit nombre de bombardiers, protégés par une forte escorte de chasseurs,

1. Le général Pile m'envoyait chaque jour les cartes des raids aériens, dans l'espoir que je puisse découvrir un fil directeur, mais je ne découvris aucune indication claire de plan ou d'intention.

attaqua un convoi au large de Douvres et les Me 110 se défendirent mal contre les Hurricane envoyés pour protéger le convoi. Après une plus forte attaque dans la même zone, le 25 juillet, l'Amirauté décida d'acheminer les convois de nuit à travers le pas de Calais, et quelques attaques réussies contre des destroyers lui dictèrent la décision d'envoyer à Portsmouth ceux qui étaient stationnés à Douvres. Le passage d'un autre convoi dans la nuit du 7 août fut détecté par les radars allemands situés sur les falaises, près de Wissant, et il fut assailli le lendemain par des vagues de bombardiers en piqué escortés qui atteignaient jusqu'à 80 appareils chacune. 70 000 tonnes de bâtiments furent coulées, au prix de la perte de 31 avions.

Le 11, au cours de combats confus, la R.A.F. perdit 32 chasseurs. Malgré tout, au cours de la phase allant du 3 juillet au 11 août, les Allemands perdirent 364 bombardiers, pendant que la R.A.F. perdait 203 avions de chasse, soit une perte qui était pratiquement compensée par la production des usines en une semaine.

A la suite de l'ordre tardivement donné par Hitler, à la Luftwaffe le 1er août, de « détruire les forces aériennes ennemies aussi rapidement que possible », et des entretiens de Göring avec ses principaux subordonnés, le début de la grande offensive fut fixée au 13 août. Ce jour reçut le nom d'*Adlertag*, le « jour de l'Aigle ». Des rapports exagérément optimistes sur les succès de la Luftwaffe au cours de la phase préliminaire avaient convaincu Göring qu'il pouvait gagner la supériorité aérienne en quatre jours de beau temps. Cependant, le 13 août, le temps était devenu moins favorable qu'auparavant.

Néanmoins, le « Jour de l'Aigle », la Luftwaffe déclencha le bombardement initial des aérodromes de la chasse anglaise et des stations de radar du Sud-Est de l'Angleterre. Les aérodromes avancés de Manston, Hawkinge et Lympne furent gravement endommagés et plusieurs stations de radar furent hors service pendant plusieurs heures. Celle de Bentnor, dans l'île de Wight, fut mise complètement hors service, mais le fait fut dissimulé aux Allemands grâce à des signaux provenant d'un autre émetteur. La présence des tours de radar avait tendance à écarter les bombardiers en piqué des salles d'opération qui étaient situées à leur pied et, de toute façon, les Allemands croyaient, mais à tort, que celles-ci étaient soigneusement enterrées. A cet égard, il faut rendre hommage aux opératrices radar de la W.A.A.F. (The Women's Auxiliary Air Force) qui continuèrent de signaler les raids jusqu'à ce que leur propre station fût bombardée.

L'épaisse couche de nuages qui recouvrait le Sud-Est de l'Angleterre obligea Göring à remettre l'attaque principale à l'après-midi, mais plusieurs formations ne furent pas averties du retard et gaspillèrent leurs efforts en raids non coordonnés. Lorsque la grande offensive fut déclenchée, dans l'après-midi, elle fut trop dispersée et ses résultats se révélèrent décevants. Au cours de cette journée, la Luftwaffe accomplit 1 485 sorties, le double de la R.A.F. Au prix de la perte de 45 bombardiers et chasseurs allemands, elle abattit seulement 13 chasseurs de la R.A.F., bien que les rapports se fussent réclamés d'en avoir abattu 70.

Au cours de cette première phase de l'offensive principale, une grande partie de l'effort de la Luftwaffe fut gaspillée à attaquer d'autres aérodromes que ceux qui dépendaient du Fighter Command, alors que ces derniers auraient dû être leur objectif essentiel. Il y eut également une mauvaise coordination entre les formations de bombardiers et leurs escortes de chasseurs.

Le lendemain, le 14 août, les nuages contribuèrent à réduire les attaques à environ un tiers du niveau du premier jour, lorsque le ciel s'éclaircit, au matin du 15, la Luftwaffe déclencha son plus gros effort de toute la bataille avec un total de 1 786 sorties au cours desquelles plus de 500 bombardiers furent utilisée. Les premières attaques portèrent contre les aérodromes de Hawkinge et Lympne, et, si le premier, qui était aussi le plus important, ne fut pas trop endommagé, le second fut mis hors de service pendant deux jours.

Au début de l'après-midi, plus d'une centaine de bombardiers de la Luftflotte 5, disposés en deux formations, franchit la mer du Nord pour attaquer des aérodromes près de Newcastle et dans le Yorkshire. La plus grande formation, comprenant quelque 65 bombardiers venant de Stavanger, en Norvège, était escortée par environ 35 Me 110, mais ceux-ci ne se révélèrent guère efficaces comme protection et la formation rencontra une telle résistance de la part des chasseurs du groupe n° 13 et de la D.C.A. qu'elle ne causa nulle part de dégâts sérieux et perdit 15 appareils pendant que la R.A.F. ne subissait aucune perte. La seconde formation, forte de quelque 50 bombardiers en provenance d'Aalborg, au Danemark, n'avait pas d'escorte, mais, en dépit des 3 escadrilles envoyées à sa rencontre par le groupe n° 12, une grande partie des avions allemands parvint à atteindre la base de bombardiers de Driffield, dans le Yorkshire, où elle causa de nombreux dégâts. La formation perdit cependant 7 appareils au-dessus de l'Angleterre et 3 autres au cours du vol de retour.

Dans le Sud, la défense britannique eut moins de succès, face à des attaques plus fortes et plus diversifiées, livrées à moindre distance. Au début de l'après-midi, un raid de 30 bombardiers, fortement escortés, parvint à Rochester et y bombarda l'usine d'aviation Short, pendant qu'à peu près à la même heure un raid de 24 chasseurs-bombardiers causait de gros dégâts sur l'aérodrome de chasse de Martlesham, dans le Suffolk. La multiplicité des raids brouillait l'image radar et les escadrilles de chasse britanniques, envoyées individuellement, croisaient en tout sens. Heureusement pour la défense, les Luftflotten 2 et 3 ne coordonnèrent pas efficacement leurs attaques et perdirent ainsi l'occasion de ne laisser aucun répit à la R.A.F. C'est seulement à 18 h qu'une masse d'environ 200 appareils de la Luftflotte 3, traversa la Manche pour attaquer les aérodromes situés dans le Sud central de l'Angleterre. Bien avertis par le radar, les groupes de chasse n° 11 et 12, qui couvraient la partie sud du pays, opposèrent 14 escadrilles, soit au total quelque 170 chasseurs, à cette attaque massive qui ne remporta guère de succès. Peu après, la Luftflotte 2 attaqua de nouveau dans le Sud-Est, avec une centaine d'appareils, mais ceux-ci rencontrèrent à leur tour une rapide opposition et ne causèrent pas de gros dégâts. Même lorsque les attaques atteignirent leurs objectifs, elles trouvèrent les chasseurs anglais bien dispersés et bien camouflés.

Ce jour-là, peut-être le plus décisif de toute la bataille, les pertes réelles allemandes sur toutes la surface du pays atteignirent 75 appareils, pour 35 chasseurs anglais abattus. Il est significatif que la Luftwaffe n'avait même pas engagé la moitié de ses effectifs en bombardiers, reconnaissant ainsi implicitement que ceux-ci dépendaient pour leurs sorties d'une escorte de la chasse, dont, par contre, presque tous les appareils avaient été engagés. De plus les opérations de la journée avaient clairement démontré l'incapacité des bombardiers en piqué allemands, les Stuka, redoutés jusque-là, à accomplir les tâches qui leur étaient maintenant assignées, de même que l'inaptitude des Me 110 sur lesquels on avait fondé de grands espoirs.

C'est cette journée qui inspira à Churchill ses paroles célèbres : « Jamais dans l'histoire des conflits humains un si grand nombre d'hommes n'eut une dette aussi grande envers une si petite poignée de leurs semblables. »

Cependant, le lendemain 16 août, la Luftwaffe fit un nouveau gros effort, sous l'illusion que la R.A.F. avait perdu plus de 100 avions le 15 et ne disposait plus que de 300 chasseurs. Les attaques firent des dégâts en plusieurs endroits, mais elles furent décevantes dans l'ensemble. Le 17, aucune attaque d'envergure n'eut lieu, malgré le beau temps. Le 18, un nouvel effort plus important entraîna la perte de 71 appareils allemands (dont la moitié de bombardiers) pour 37 chasseurs anglais abattus. A partir de cette date, les attaques diminuèrent. En fait les raids en rase-mottes sur Kenley et Biggin Hill avaient causé des dégâts considérables et ils avaient été difficiles à contrer parce qu'ils se produisaient en dessous de la couverture radar. Mais les Allemands ne s'en rendirent pas compte et eurent le sentiment que leurs pertes avaient été trop importantes pour continuer. Le mauvais temps apporta ensuite une accalmie dans la bataille.

Göring avait convoqué ses subordonnés pour une nouvelle conférence le 19 et, après discussion, il fut décidé de poursuivre l'offensive aérienne et de faire un nouvel effort pour éliminer la chasse britannique.

Au cours des deux semaines qui avaient suivi le 10 août, la Luftwaffe avait perdu 167 bombardiers (dont 45 bombardiers en piqué), et les chefs de l'aviation de bombardement demandaient par conséquent des escortes de chasseurs de plus en plus nombreuses. Les tensions et les frictions entre les deux armes furent accentuées par la tendance de Göring à prendre le parti des bombardiers et à blâmer les chasseurs.

Mais il y avait également des frictions dans le camp britannique, en particulier entre l'Air Vice-Marshal Keith Park, qui commandait le groupe de chasse n° 11, dans la zone cruciale du sud-est de l'Angleterre, et l'Air

Vice-Marshal Trafford Leigh-Mallory, commandant le groupe de chasse nº 12 dans les Midlands. Park soulignait l'intérêt qu'il y avait à se porter contre les Allemands en deçà de leurs objectifs et à abattre leurs bombardiers, les contraignant ainsi à utiliser un plus grand nombre de Me 109 dans un rôle d'escorte serrée auquel ils n'étaient pas adaptés. Leigh-Mallory considérait que cette politique mettait à trop rude épreuve les pilotes de chasse de la R.A.F. qui pouvaient être surpris au sol, souvent pendant qu'ils refaisaient les pleins, ou avant d'avoir atteint une altitude suffisante.

Des différends se manifestaient également quant à la tactique à suivre, la « faction » Leigh-Mallory préconisait la théorie « Big Wing » (interception par des forces massives et concentrées), alors que Park s'en tenait à ce qu'il considérait comme la politique la plus souple, rendue possible par le système de radar anglais, et consistant à envoyer des intercepteurs au fur et à mesure de l'arrivée des forces allemandes : la politique de la « concentration diluée ».

On prétendait aussi que Dowding, en accord avec Park, s'acharnait trop à maintenir les aérodromes avancés dans le secteur Sud-Est, au nom du moral des civils, alors qu'il eût été plus sage de se retirer en arrière de Londres hors de portée des Me 109 et des bombardiers qu'ils escortaient.

Le Fighter Command avait perdu 94 pilotes au cours de la période du 8 au 18 août, et 60 avaient été blessés. Mais on ne manquait pas encore d'appareils, malgré la perte de 175 chasseurs dans la même période, 65 autres sévèrement endommagés et 30 détruits au sol.

Le 24, lorsque le temps s'améliora, Göring lança sa deuxième tentative pour s'emparer de la maîtrise de l'air. Cette fois l'opération fut mieux préparée. La Luftflotte 2, sous les ordres de Kesselring, prit l'habitude de garder quelques appareils en vol au-dessus de la côte française de la Manche et cela laissait Park dans l'expectative, car le radar ne pouvait pas faire la différence entre les bombardiers et les chasseurs ou prédire le moment où les avions fonceraient subitement au-dessus de la Manche. Au cours de cette nouvelle phase, les aérodromes avancés du goupe nº 11 souffrirent plus qu'auparavant et Manston dut être abandonné.

Une autre caractéristique des nouveaux plans fut l'attaque intensive des stations et des installations de la R.A.F. autour de Londres, ce qui entraîna le largage involontaire de bombes sur la ville. La nuit du 24, quelque 10 bombardiers allemands, qui s'étaient égarés en se rendant sur des objectifs situés à Rochester et à Thameshaven, lâchèrent leurs bombes sur le centre de Londres. Cette erreur entraîna un raid de représailles immédiat sur Berlin, exécuté la nuit suivante par quelque 80 bombardiers anglais, et ce raid fut suivi de plusieurs autres, amenant Hitler, après des menaces qui furent ignorées, à ordonner des raids de représailles sur Londres.

Avant le déclenchement de la nouvelle offensive, la plupart des Me 109 de la Luftflotte 3 furent transférés à la Luftflotte 2 afin d'accroître les effectifs des escortes dans la zone du Pas-de-Calais. Cette politique fut payante. La chasse anglaise rencontra plus de difficultés et subit de plus lourdes pertes, en essayant de franchir l'écran protecteur des chasseurs allemands, tandis que les bombardiers de la Luftwaffe purent atteindre plus facilement leurs objectifs. De plus, les Allemands adoptèrent une nouvelle tactique consistant à éclater en raids séparés une fois que les formations de masse avaient franchi la couverture radar.

Le premier jour, le 24 août, les stations de district de North Weald et Hornchurch ne furent sauvées que par leur D.C.A. Celle-ci sauva également les docks de Portsmouth, violemment attaqués par la Luftflotte 3, mais la ville elle-même fut sévèrement touchée par les bombes éparpillées du fait de la défense. Après cet effort, la Luftflotte 3 passa au bombardement de nuit et attaqua Liverpool pendant quatre nuits successives à partir du 28, mais de nombreux bombardiers ne purent trouver le secteur des rives de la Mersey, à cause d'un entraînement insuffisant et des interférences anglaises sur les ondes de navigation allemandes. Cependant, ces raids démontrèrent aussi les lacunes de la défense britannique contre les attaques nocturnes.

Les deux derniers jours d'août furent particulièrement mauvais pour le Fighter Command. De petites formations de 15 à 20 bombardiers avaient des escortes de chasseurs trois fois plus nombreuses que leurs propres effectifs. Le 31, la R.A.F. subit ses plus lourdes pertes de toute la bataille. Elle perdit 39 chasseurs pour 41 appareils allemands abattus. Ce taux de pertes dépassait les possibilités de la R.A.F. du fait de ses ressources restreintes et il ne représentait plus une dissuasion pour les attaquants. La plupart des aérodromes du Sud-Ouest étaient maintenant sérieusement endommagés et quelques-uns d'entre eux l'étaient au point d'être inutilisables.

Dowding envisageait même de reculer ses forces du Sud-Est pour les mettre hors de portée des Me 109. Il était aussi de plus en plus critiqué pour le fait qu'il laissait 20 escadrilles de chasse pour assurer la protection du Nord qui n'avait été attaqué qu'une seule fois et en plein jour. De plus, les hommes du groupe n° 12, basé en East Anglia et dans les Midlands, se vantaient de prendre une part plus directe dans la bataille, alors que Park se plaignait qu'ils n'apportaient pas la collaboration qu'il aurait désiré. Les relations tendues entre Park et Leigh-Mallory, et entre Dowding et Newall, le chef d'état-major aérien, ne facilitaient pas la solution du problème.

Au cours du mois d'août, le Fighter Command perdit au combat 338 Hurricane et Spitfire, et 104 appareils furent sévèrement endommagés, tandis que les Allemands perdaient 177 Me 109 et en avaient 24 de gravement endommagés. Le rapport des pertes en chasseurs était du simple au double. 42 chasseurs anglais et 44 Me 109 avaient été perdus dans d'autres circonstances.

Göring avait donc de bonnes raisons, au début de septembre, de croire qu'il approchait du but, c'est-à-dire de la destruction de la chasse anglaise et de ses installations du Sud-Est. Mais il ne vit pas l'importance qu'il y avait à exploiter l'avantage qu'il avait remporté.

Le 4 septembre, la concentration des efforts de la Luftwaffe sur les aérodromes du Fighter Command fut diversifiée, et diluée, par une série d'attaques contre les usines d'aviation anglaises, les usines Short de Rochester et celles de Vickers-Armstrong à Brooklands. Cette diversification fut très efficace en elle-même, mais elle atténua la pression sur le Fighter Command. C'était d'autant plus appréciable que l'endurance et les nerfs des pilotes approchaient du point de rupture et leurs performances étaient nettement en baisse.

Dowding, avec un sens parfait de l'essentiel, ordonna d'assurer une couverture de chasse maximale sur les usines de construction de chasseurs dans le Sud. Deux jours plus tard, une nouvelle attaque sur Brooklands fut décapitée, de même que des attaques sur cinq stations de district autour de Londres.

Au cours de toute la période des deux semaines allant du 24 août au 6 septembre, 295 chasseurs anglais avaient été détruits et 171 gravement endommagés, alors que la production totale de chasseurs neufs et réparés atteignait le chiffre de 269. Les pertes de la Luftwaffe en Me 109 représentaient à peine la moitié des pertes anglaises, mais elle avait aussi perdu plus d'une centaine de bombardiers.

Les pertes de la Luftwaffe, ajoutées à la nécessité d'escortes beaucoup plus nombreuses, affectaient maintenant sérieusement l'effort qu'elle faisait ou qu'elle pourrait faire. Alors qu'elle avait organisé jusqu'à 1 500 sorties par jour, et qu'elle était momentanément remonté jusqu'à 1 300-1 400 sorties dans les deux derniers jours d'août, elle n'atteignit jamais le chiffre de 1 000 dans la première semaine de septembre. Au cours des deux premiers mois de la bataille, qui était devenue une guerre d'usure, la Luftwaffe avait perdu plus de 800 appareils. La Luftflotte 2 de Kesselring, qui supportait le poids principal de l'offensive, était maintenant descendue à environ 450 bombardiers en état de vol et 530 Me 109. Si bien qu'au terme de cette troisième phase de la bataille, la balance commençait enfin à pencher en faveur de l'Angleterre. Ce mouvement devait s'accentuer plus nettement au cours de la quatrième phase, grâce au changement d'orientation de l'effort de la Luftwaffe.

Le 3 septembre, Göring avait tenu une nouvelle conférence avec ses principaux subordonnés à La Haye, et celle-ci avait confirmé la décision fatidique de faire porter désormais l'offensive de bombardement diurne sur Londres, ainsi que Kesselring le recommandait depuis le début, Hitler ayant maintenant donné son accord. La date de cette nouvelle offensive fut fixée au 7 septembre.

En même temps, les 300 bombardiers disponibles de la Luftflotte 3 seraient employés à des bombardements nocturnes. Cela arrangeait Sperrle qui avait toujours été partisan de bombarder le trafic maritime et les ports et qui était devenu très sceptique quant aux chances d'écraser la chasse britannique et de détruire ses aéroports.

L'après-midi du 7, une armada composée d'environ un millier d'appareils de la Luftflotte 2 (plus de 300 bombardiers escortés par 648 chasseurs) mit le cap sur Londres, observée par Göring et Kesserlring depuis les falaises du cap Blanc-Nez, entre Calais et Wissant. Elle était en échelons verticaux de 4 000 à 4 900 mètres, volant en formation serrée et divisée en deux vagues. La chasse de protection allemande adopta une nouvelle tactique, une escorte volant bien en tête, à une altitude de 7 000 à 9 000 mètres, tandis qu'une autre escorte couvrait étroitement les bombardiers de tous les côtés, en volant seulement à une centaine de mètres d'eux.

Cette nouvelle technique se révéla difficile à contrer, mais, en cette première occasion, elle était à peine nécessaire. En effet, au Q.G. du groupe n° 11, le contrôleur s'attendait à de nouvelles attaques sur les stations de district de l'intérieur et les escadrilles de chasse qui étaient en l'air, quatre en tout, furent surtout concentrées au nord de la Tamise. La route de Londres était donc libre. La première vague se rendit directement sur les docks; la seconde survola d'abord le centre de Londres, puis revint sur l'East End et les docks. Le bombardement ne fut pas aussi précis que les Allemands se l'imaginaient; beaucoup de bombardiers visèrent trop court, mais, dans les secteurs surpeuplés de l'East End, cela ne fit que davantage de victimes dans la population. Au cours de cette première attaque massive diurne de Londres — qui fut aussi la dernière — plus de 300 civils furent tués et plus de 1 300 grièvement blessés.

Ce fut une mauvaise soirée pour le Fighter Command. Mais, malgré l'arrivée tardive sur les lieux de la plupart de ses escadrilles et la surprise causée par la nouvelle tactique allemande, il réussit à infliger aux Allemands la perte de 41 appareils en en perdant lui-même 28. Le choc ressenti le plus durement par les Allemands provint d'une attaque particulièrement sévère de la part de l'escadrille 303 (polonaise) basée à Northolt.

Les incendies qui faisaient rage dans l'East End guidèrent comme un phare l'attaque nocturne qui suivit et dura de 8 heures du soir à près de 5 heures du matin. Göring téléphona triomphalement à sa femme : « Londres est en flammes. » L'absence de résistance lui fit croire, ainsi qu'à beaucoup de ses subordonnés, que la chasse anglaise était au bout du rouleau. Le lendemain il ordonna donc d'élargir le périmètre de Londres qui devait être bombardé.

Entre-temps, le rassemblement de péniches de débarquement dans la Manche avait augmenté de jour en jour, et, le matin du 7, le Gouvernement britannique avait donné par précaution un ordre d'alerte à l'invasion. Après l'attaque aérienne, qui suivit de si près, l'alerte fut renforcée, avec pour conséquence le fait qu'un certain nombre d'unités auxiliaires furent appelées et qu'on fit sonner quelques cloches d'églises qui étaient chargées de signaler l'invasion.

Par suite du manque de chasseurs de nuit adéquats, la défense de Londres, comme celle des autres villes, dépendait surtout, à cette époque cruciale, des canons de D.C.A. et des projecteurs. La nuit du 7, il n'y avait sur place que 264 pièces pour assurer la défense de Londres, mais, grâce aux mesures rapides de Pile, ce nombre fut doublé au cours des quarante-huit heures qui suivirent. De plus, à partir de la nuit du 10, il institua le « barrage », ordonnant à chaque batterie de tirer autant qu'elle le pouvait et quels que fussent ses renseignements. Le nombre de coups au but fut assez réduit, mais le bruit du tir de barrage eut un grand effet tonique sur le moral de la population, tout en ayant aussi des conséquences matérielles importantes en forçant les bombardiers à voler plus haut.

Kesselring lança sa seconde offensive de jour sur Londres dans l'après-midi du 9. Cette fois le groupe n° 11 y était préparé, avec 9 escadrilles en position, tandis que d'autres escadrilles des groupes n° 10 et 12 apportèrent leur collaboration. Les interceptions réussirent si bien que la plupart des formations allemandes furent disloquées longtemps avant d'avoir atteint Londres. Moins de la moitié des bombardiers parvint à passer et pratiquement aucun ne réussit à atteindre son objectif.

La conséquence, de loin la plus importante, de cette nouvelle offensive allemande fut le soulagement qu'elle apporta au Fighter Command qui avait tant souffert des efforts concentrés sur lui par les Allemands et était presque à son point de rupture quand les Allemands décidèrent de diriger leurs efforts sur l'attaque de Londres. Les souffrances endurées par la capitale et sa population devaient représenter finalement le facteur de salut pour la défense du pays.

De plus, les résultats décevants du 9 septembre conduisirent Hitler à repousser une nouvelle fois sa période d'alerte de dix jours pour l'invasion; elle fut repoussée cette fois au 14, en vue d'une invasion le 24.

La détérioration des conditions météorologiques apporta quelque répit aux défenseurs de Londres, mais, le 11 et le 14, un certain nombre de bombardiers parvint à passer et les interceptions de la chasse furent si décousues que la Luftwaffe conclut avec optimisme que la résistance du Fighter Command commençait de s'effondrer. Si bien que Hitler, tout en remettant de nouveau la date d'alerte, ne la repoussa que de trois jours, au 17.

Kesselring lança une nouvelle grande attaque ce matin du dimanche 15. Cette fois la défense de la chasse fut mieux organisée. L'armada aérienne fut assaillie en permanence depuis la côte par une série d'escadrilles, 22 en tout, opérant seules ou par deux, mais 148 bombardiers parvinrent à atteindre le secteur de Londres où ils furent cependant empêchés d'assurer leur bombardement avec précision et la plupart des bombes furent largement dispersées. Puis, alors que les Allemands entreprenaient leur vol de retour, le Wing de Duxford, du groupe n° 12, venant d'East Anglia, fondit sur eux avec quelque 60 chasseurs et, bien que perdant un peu de son efficacité faute d'avoir pu prendre suffisamment d'altitude, sa masse donna un choc aux aviateurs allemands. Dans l'après-midi, les nuages aidèrent les attaquants et un grand nombre d'entre eux rencontrèrent un chemin libre jusqu'à Londres, où leurs bombes causèrent de gros dégâts, en particulier parmi les maisons surpeuplées de l'East End. Mais, au cours de l'ensemble de la journée, environ un quart des bombardiers fut mis hors d'action et beaucoup d'autres furent endommagés, un ou plusieurs membres de l'équipage étant souvent ramenés tués ou blessés à la base, avec les effets que cela avait sur le moral dans ces aérodromes.

Les pertes allemandes réelles ce jour-là, comme on put le vérifier par la suite, s'élevèrent à 60 appareils. Cela faisait beaucoup moins du tiers des 185 annoncés triomphalement à l'époque par le ministère de l'Air britannique, mais ce chiffre soutenait une comparaison tout à fait favorable avec les 26 chasseurs perdus par la R.A.F. (dont la moitié des pilotes furent sauvés), et l'équilibre était bien meilleure qu'au cours des récentes semaines. Göring, jetant comme toujours le blâme sur ses chasseurs, continua de parler avec optimisme et estima que la chasse anglaise serait achevée en quatre ou cinq jours. Mais son optimisme n'était plus partagé par ses subordonnés, ni par ses supérieurs.

Le 17, Hitler, d'accord avec l'État-Major de la Marine pour penser que la R.A.F. n'était nullement vaincue, et soulignant qu'une période de mauvais temps approchait, remit l'invasion à « une date ultérieure ». Le lendemain, il ordonna de cesser le rassemblement des embarcations dans les ports de la Manche et donna l'autorisation de commencer leur dispersion : 12 % des transports de troupes (21 sur 170) et 10 % des péniches (214 sur 1 918) avaient été coulés ou endommagés par les attaques aériennes anglaises. Le 12 octobre, l'opération *Sealion* fut définitivement remise au printemps 1941, et, en janvier, Hitler décida que tous les préparatifs devaient être arrêtés, à l'exception de quelques mesures à long terme. Il avait maintenant définitivement tourné son esprit vers l'Est.

Göring persista encore dans ses attaques de jour, mais les résultats furent de plus en plus décevants, malgré quelques succès occasionnels sur des ports isolés. Les usines d'aviation de Filton, près de Bristol, furent sévèrement touchées le 25 septembre, et, le lendemain, l'usine de Spitfire, près de Southampton, fut momentanément détruite. Mais un grand raid contre Londres, le 27, fut un échec cuisant et, le 30 septembre, lors de la dernière attaque diurne, une partie seulement des avions allemands atteignit Londres et 47 appareils furent abattus, pour 20 chasseurs perdus par la R.A.F.

A la suite des résultats décevants de la seconde moitié de septembre, et de ses lourdes pertes en bombardiers, Göring décida d'utiliser des chasseurs-bombardiers opérant à haute altitude. Vers la mi-septembre, les formations de chasse allemandes engagées dans la bataille avaient reçu l'ordre de renoncer à un tiers de leurs effectifs qui devaient être convertis en chasseurs-bombardiers et on produisit de la sorte un total d'environ 250 appareils. Mais un temps insuffisant fut consacré au recyclage des pilotes et la charge de bombes qu'ils pouvaient emporter n'était pas de nature à causer de gros dégâts, tandis qu'ils avaient tendance instinctivement à se délester de leurs bombes dès qu'ils étaient engagés.

Tout ce que l'on peut dire en faveur de cette formule est qu'elle entraîna une diminution temporaire des pertes allemandes tout en maintenant la tension de la R.A.F. Mais, dès la fin octobre, les pertes allemandes remontaient à nouveau à l'ancien taux, tandis que la dégradation du temps augmentait la fatigue des équipages de chasseurs-bombardiers qui opéraient à partir d'aérodromes improvisés et transformés en bourbiers. Au cours du mois d'octobre les Allemands perdirent 325 appareils, beaucoup plus que les Britanniques.

Les seules opérations sérieuses de harcèlement sur l'Angleterre provenaient maintenant des bombardements nocturnes à l'aide de bombardiers classiques. A partir du 9 septembre les 300 bombardiers de la Luftflotte 3: de Sperrle, adoptèrent un dispositif régulier et, pendant cinquante-sept nuits, Londres fut attaquée par des formations de 160 bombardiers en moyenne.

Début novembre, Göring fit parvenir de nouveaux ordres qui marquaient un changement clair de politique. L'offensive aérienne devait se concentrer uniquement sur des bombardements de nuit, contre des villes, des centres industriels et des ports. Grâce au prélèvement des bombardiers de la Luftflotte 2, les Allemands purent disposer d'un total de 750 bombardiers, mais un tiers seulement de ce chiffre fut employé à la fois. Comme ils pouvaient se permettre de voler plus lentement et à une altitude inférieure, ils pouvaient emporter de plus lourdes charges qu'en plein jour et jusqu'à 1 000 tonnes de bombes furent déversées en une nuit. Mais la précision laissait à désirer.

La nouvelle offensive fut lancée dans la nuit du 14 novembre, avec l'attaque de Coventry. Elle fut favorisée par un brillant clair de lune et par l'emploi d'une formation spéciale d' « éclaireurs ». Les attaques qui suivirent sur d'autres grandes villes, comme celles de Birmingham, Southampton, Bristol, Plymouth et Liverpool, n'eurent pas la même efficacité. Le 29 décembre, Londres subit de gros dégâts, en particulier le centre de la City, mais les attaques s'atténuèrent ensuite jusqu'au retour du beau temps, en mars. Une série de grosses attaques atteignit son point culminant dans la nuit du 10 mai, avec un raid qui causa de très importants dommages pour l'anniversaire du déclenchement de l'offensive éclair sur le front occidental. Mais, dans le ciel de l'Angleterre, le « Blitz », comme on l'appelait, se termina le 16 mai, après que le gros de la Luftwaffe eut été envoyé à l'est pour la future invasion de l'Union soviétique.

L'offensive aérienne allemande, de juillet à la fin octobre 1940, avait causé de bien plus grands dégâts et une bien plus grande dislocation qu'on n'avait bien voulu l'admettre, et les effets auraient été encore plus graves si les Allemands avaient fait preuve de plus de persévérance dans la répétition de leurs attaques sur les principaux centres industriels. Mais ils n'avaient pas atteint leur but qui était de détruire la chasse de la R.A.F. et le moral du peuple britannique.

Au cours de la bataille d'Angleterre, de juillet à la fin octobre, les Allemands avaient perdu 1 733 appareils, et non pas les 2 698 annoncés par les Anglais, tandis que la R.A.F. avait perdu 915 chasseurs, au lieu des 3 058 annoncés par l'ennemi.

9.
Contre-attaque en Égypte

Lorsque l'offensive occidentale de Hitler atteignit un degré (avec la rupture du front improvisé sur la Somme et l'Aisne) faisant que la défaite de la France devenait certaine, Mussolini fit entrer l'Italie dans la guerre, le 10 juin 1940, dans l'espoir de bénéficier de quelques dépouilles de la victoire. Cette décision semblait parfaitement sans danger pour lui et fatale pour la position de la Grande-Bretagne en Méditerranée et en Afrique. Pour elle, ce fut l'heure la plus sombre de son histoire. En effet, bien qu'une grande partie de son armée de France ait pu s'échapper par mer, elle avait dû abandonner la plupart de ses armes et de son équipement derrière elle, et il lui fallait faire face, dans cet état de dénuement, à une menace imminente d'invasion de la part des Allemands victorieux. Aucun renfort n'était disponible pour la petite fraction de l'armée anglaise qui protégeait l'Égypte et le Soudan contre la menace imminente d'invasion des armées italiennes de Lybie et d'Afrique-Orientale italienne.

La situation était d'autant plus précaire que l'entrée en guerre de l'Italie avait rendu la route de la Méditerranée d'un usage trop hasardeux et les renforts devaient venir par la route circulaire du Cap, en descendant d'abord le long de la côte occidentale d'Afrique, puis en remontant par la côte orientale jusqu'en mer Rouge. Un petit détachement de 7 000 hommes, qui était prêt à partir en mai 1940, n'atteignit l'Égypte qu'à la fin août.

Numériquement, les armées italiennes possédaient une supériorité sur les minces forces anglaises placées en face d'elles, sous les ordres du général Sir Archibald Wavell, qui avait été nommé en juillet 1939, sur la proposition de Hore-Belisha, au poste nouvellement créé de commandant en chef au Moyen-Orient, au moment où l'on prenait les premières mesures pour renforcer le dispositif de ce secteur. Malgré cela, les forces britanniques atteignaient à peine un total de 50 000 hommes face à un demi-million d'Italiens et de soldats des troupes coloniales italiennes.

Sur les fronts méridionaux, les forces italiennes d'Erythrée et d'Abyssinie comptaient plus de 200 000 hommes et elles auraient pu entrer au Soudan, à l'ouest, qui n'était défendu que par 9 000 hommes de troupe anglais et soudanais, ou au Kenya, au sud, où la garnison n'était pas supérieure. La nature accidentée du terrain et la longueur des distances, combinées aux difficultés des Italiens à soumettre leur récente conquête éthiopienne, et à leur propre manque d'efficacité, constituèrent la principale protection du Soudan au cours de cette dangereuse période. A part deux petites violations de frontières à Kassala et à Gallabat, les Italiens n'entreprirent aucune action offensive.

Sur le front nord-africain, le maréchal Graziani disposait de forces encore plus importantes, face aux 36 000 hommes de troupe britanniques, néo-zélandais et indiens qui assuraient la garde de l'Égypte. Le désert occidental, à l'intérieur des frontières égyptiennes, séparait les deux bords de ce front. La position britannique la plus avancée se trouvait à Marsa Matrouh, à 250 kilomètres à l'intérieur des frontières et 320 kilomètres à l'ouest du delta du Nil.

Au lieu de rester passif, cependant, Wavell utilisa une partie de son unique division blindée incomplète, comme force de protection offensive aux confins du désert. Elle se montra très offensive et lança une série ininterrompue de raids de harcèlement contre les postes italiens de l'autre côté de la frontière. Dès le début de la campagne, la 7ᵉ division blindée du général Creagh, qui allait devenir célèbre sous le sobriquet de « rats du désert », acquit un ascendant moral sur l'ennemi. Wavell rendit particulièrement hommage au 11ᵉ hussards (le régiment de voitures blindées), commandé par le lieutenant-colonel J.F.B. Combe, disant qu'il « fut en permanence sur le front, et le plus souvent derrière les lignes ennemies, au cours de toute cette période ».

Le 14 juin, une colonne mobile sous les ordres du général J.A.C. Caunter, lança une attaque surprise sur Fort Capuzzo et s'empara de cette importante place forte frontalière, mais les Anglais n'essayèrent pas de la tenir de façon permanente car leur stratégie consistait à rester mobiles et « maîtres du désert », tout en incitant les Italiens à concentrer leurs forces pour offrir des objectifs. La liste officielle des pertes italiennes au cours des trois mois allant jusqu'à la mi-septembre atteignait le chiffre de 3 500, alors que les pertes anglaises dépassaient tout juste 150 hommes, en dépit de nombreux bombardements et mitraillages à partir des airs où l'aviation italienne relativement nombreuse ne rencontrait que peu d'opposition à cette époque.

C'est seulement le 13 septembre que les Italiens, après avoir massé plus de 6 divisions, commencèrent de s'avancer prudemment dans le désert occidental. Après une progression de 80 kilomètres qui les amena moins qu'à mi-chemin des positions anglaises de Marsa Matrouh, ils s'installèrent à Sidi Barrani et établirent là une chaîne de camps fortifiés qui étaient trop éloignés les uns des autres pour pouvoir s'apuyer mutuellement. Les semaines s'écoulèrent ensuite sans aucune tentative de progression. Entre-

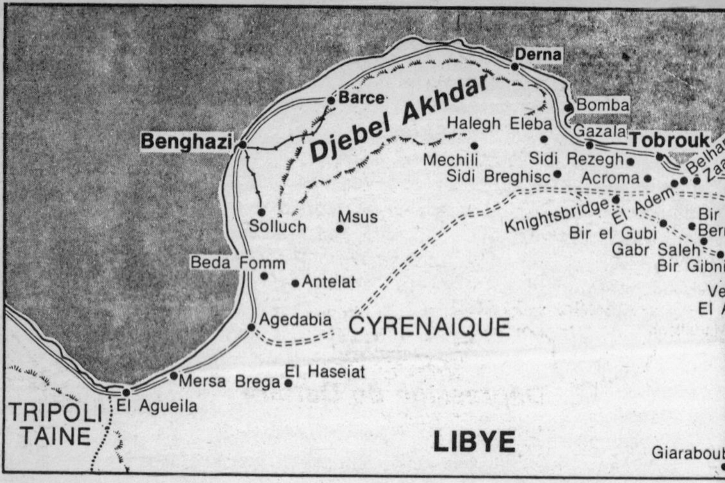
Derna
Bomba
Barce
Djebel Akhdar
Halegh Eleba
Gazala
Tobrouk
Benghazi
Mechili
Sidi Rezegh
Sidi Breghisc
Acroma
Knightsbridge
El Adem
Solluch
Msus
Bir el Gubi
Gabr Saleh
Bir Gibni
Beda Fomm
Antelat
Agedabia
CYRENAIQUE
Mersa Brega
El Haseiat
El Agueila
TRIPOLITAINE
LIBYE
Giarabout

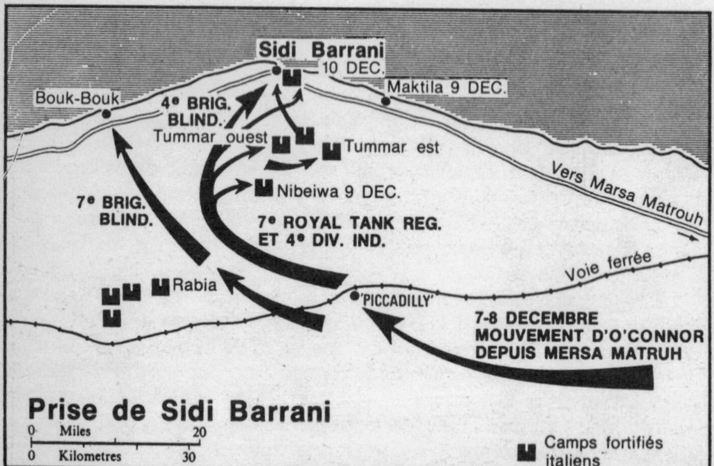
Sidi Barrani
10 DEC.
Maktila 9 DEC.
Bouk-Bouk
4e BRIG. BLIND.
Tummar ouest
Tummar est
Nibeiwa 9 DEC.
Vers Marsa Matrouh
7e BRIG. BLIND.
7e ROYAL TANK REG. ET 4e DIV. IND.
Voie ferrée
Rabia
'PICCADILLY'
7-8 DECEMBRE MOUVEMENT D'O'CONNOR DEPUIS MERSA MATRUH
Prise de Sidi Barrani
0 Miles 20
0 Kilometres 30
Camps fortifiés italiens

MER MÉDITERRANÉE
Le bond sur El Agheila
Darnan
El Mards
0 Miles 100
0 Kilometres 200
Benghazi 7 FEVR.
Mekhili
Djebel Akhdar
Tobrouk 22 JANV.
Bardia 6 JANV. 1941
Fort Capuzzo
Msous
Sidi Barrani
Bedafomm 5 FEVR.
Antelat
CYRENAIQUE
7e DIV. BLIND
Ajdabiyah
LIBYE
EGYPTE
El Agueila 9 FEVR.

Le désert occidental
0 Miles 50 100 150
0 Kilometres 100 200
MER MÉDITERRANÉE
Bardia
Capuzzo
Sollum
Boukbouk
Sidi Barrani
Mersa Matruh
Alexandrie
Delta du Nil
Col d'Halfaya
Habata
Fouka
El Daba
El Alamein
Plateau libyen
Madallena
Dépression de Qattara
EGYPTE
LE CAIRE
Nil

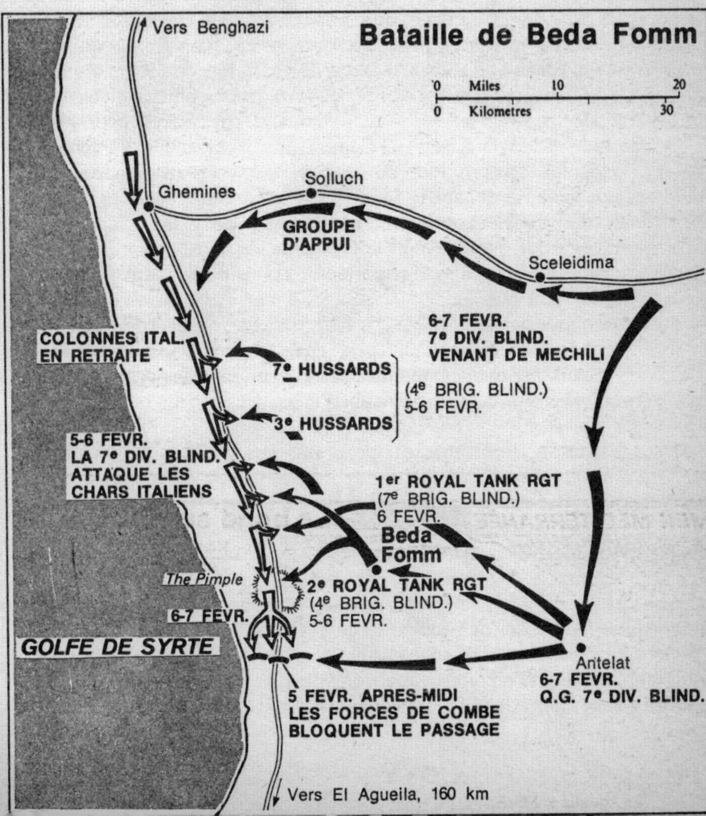
Bataille de Beda Fomm
0 Miles 10 20
0 Kilometres 30
Vers Benghazi
Ghemines
Solluch
GROUPE D'APPUI
Sceleidima
6-7 FEVR.
7e DIV. BLIND.
VENANT DE MECHILI
COLONNES ITAL.
EN RETRAITE
7e HUSSARDS
3e HUSSARDS
(4e BRIG. BLIND.)
5-6 FEVR.
5-6 FEVR.
LA 7e DIV. BLIND.
ATTAQUE LES
CHARS ITALIENS
1er ROYAL TANK RGT
(7e BRIG. BLIND.)
6 FEVR.
Beda Fomm
The Pimple
2e ROYAL TANK RGT
(4e BRIG. BLIND.)
5-6 FEVR.
6-7 FEVR.
GOLFE DE SYRTE
Antelat
6-7 FEVR.
Q.G. 7e DIV. BLIND.
5 FEVR. APRES-MIDI
LES FORCES DE COMBE
BLOQUENT LE PASSAGE
Vers El Agueila, 160 km

temps, Wavell reçut de nouveaux renforts comprenant 3 régiments blindés expédiés de toute urgence d'Angleterre au moyen de trois navires marchands rapides, sur l'initiative audacieuse de Churchill.

Voyant que les Italiens n'avançaient plus, Wavell décida alors de sortir à leur rencontre et de les attaquer. Cette offensive devait avoir des conséquences stupéfiantes, entraînant la destruction de toute l'armée italienne et lui faisant presque perdre pied en Afrique du Nord.

Mais des résultats aussi spectaculaires n'étaient pas prévus. Le coup fut préparé, non pas comme une offensive soutenue, mais plutôt comme un raid de vaste envergure. Wavell pensait assener un brusque coup de poing pour étourdir momentanément les envahisseurs pendant qu'il enverrait une partie de ses troupes au Soudan pour repousser l'autre armée italienne qui se trouvait là. On ne fit donc pas, malheureusement, de préparatifs en vue d'exploiter l'écrasante victoire qui fut finalement remportée.

Une grande partie du succès fut due à un changement radical dans le plan d'attaque consécutif à une répétition qui avait fait naître des doutes quant à ses possibilités de réalisation. On substitua une approche indirecte, visant à prendre à revers les camps ennemis, à un assaut frontal qui aurait probablement échoué, d'autant plus qu'il aurait rencontré un champ de mines. Ce changement de méthode fut suggéré par un officier d'état-major, le général Dorman-Smith, qui avait été envoyé par Wavell pour assister à la répétition. Mais le général O'Connor, qui commandait les forces du désert occidental, comprit tout de suite les avantages de ce changement et la série de victoires qui suivit fut principalement due à son action, car ses supérieurs, Wavell et le Général H. M. Wilson, étaient trop éloignés pour avoir une influence positive sur une bataille de mouvement rapide. Ils eurent, en fait, une influence importante, et malheureusement négative, comme on le verra plus loin.

Dick O'Connor disposait de 30 000 hommes contre une armée de 80 000, mais il avait 275 chars contre 120. Les 50 chars Matilda, lourdement blindés, du 7e royal tank regiment, imperméables à la plupart des armes antichars de l'ennemi, jouèrent un rôle particulièrement décisif dans cette bataille et celles qui suivirent.

Dans la nuit du 7 décembre, les forces anglaises sortirent de leur position de Matrouh et commencèrent leur approche de 110 kilomètres à travers le désert. La nuit suivante, elles se faufilèrent par un trou dans la ligne de camps ennemis et, le matin du 9, l'infanterie de la 4e division indienne (général Beresford-Peirse) fondit à revers sur le camp de Nibeiwa, avec, en avant-garde, le 7e royal tank regiment. La garnison fut frappée par surprise et 4 000 soldats furent capturés au prix de pertes réduites chez les attaquants (les blindés ne perdirent que 7 hommes).

Les chars Matilda ouvrirent ensuite le chemin du Nord, en direction du camp appelé « Tummar-Ouest » qui fut pris au début de l'après-midi, tandis que le camp de « Tummar-Est » tombait également avant la fin de cette journée triomphale. Entre-temps, la 7e division blindée [1] avait progressé vers l'ouest et atteint la route de la côte, barrant ainsi la ligne de retraite de l'ennemi.

Le lendemain, la 4e division indienne se porta au nord, contre le groupe de camps italiens qui entourait Sidi Barrani. L'ennemi était maintenant en alerte et de violentes tempêtes de sable gênèrent également la progression. Mais, après un échec initial, un assaut convergent sur les deux ailes, avec deux régiments de chars supplémentaires envoyés par la 7e division blindée, fut lancée dans l'après-midi et la plus grande partie de la position fut enlevée avant la fin de la journée.

Le troisième jour, la brigade de réserve de la 7e division blindée fut chargée d'un nouveau bond enveloppant vers l'ouest et parvint sur la côte, au-delà de Boukbouk, où elle intercepta une importante colonne d'Italiens qui battaient en retraite. La capture de 14 000 nouveaux prisonniers et de 88 canons porta le total à près de 40 000 prisonniers et 400 canons.

Les éléments restant de l'armée d'invasion italienne, après avoir retraversé la frontière, se réfugièrent dans la forteresse côtière de Bardia, où ils furent rapidement isolés par un mouvement encerclant de la 7e division blindée. Malheureusement aucune division d'infanterie de soutien n'était disponible pour profiter de leur démoralisation, car le Haut Commandement anglais avait prévu de retirer la 4e division indienne aussitôt après la chute de Sidi Barrani et de la ramener en Égypte pour l'envoyer au Soudan. Son éloignement du champ de bataille l'empêcha de se rendre compte de l'importance de la victoire décisive de O'Connor et de la magnifique occasion qu'elle offrait, il maintint donc l'ordre de retrait de la 4e division indienne.

Si bien que, le 11 décembre, troisième jour de la bataille, les Italiens en déroute couraient vers l'ouest dans une panique totale, pendant que la moitié des forces du vainqueur marchait vers l'est, dos à dos! C'était un étrange spectacle et qui entraîna un retard fatidique. Trois semaines s'écoulèrent en effet avant que la 6e division australienne n'arrivât de Palestine pour aider à la poursuite de l'avance britannique.

Le 3 janvier 1941, l'attaque de Bardia fut enfin déclenchée. 22 chars Matilda du 7e royal tank regiment marchaient en tête pour ouvrir la route. La défense s'effondra rapidement et, le troisième jour, toute la garnison avait capitulé, ce qui représentait la capture de 45 000 soldats, 462 canons et 129 chars. Le commandant de la division australienne (le général I.G. Mackay) déclara que chaque Matilda représentait pour lui la valeur de tout un bataillon d'infanterie.

Aussitôt après la capitulation de Bardia, la 7e division blindée se porta à l'ouest pour isoler Tobrouk, en attendant que les Australiens puissent venir se lancer à l'assaut de la forteresse côtière. Tobrouk fut attaquée le 21 janvier

1. Commandée en la circonstance par le général J.A.C. Caunter, le général Creagh étant malade.

et tomba le lendemain, laissant aux mains des Anglais 30 000 prisonniers, 236 canons et 87 chars. Il nc restait plus que 16 Matilda pour cet assaut, mais ils réalisèrent une fois encore la pénétration décisive. Au cours de cette nuit, quelques hommes du royal tank regiment écoutaient un bulletin d'information à la radio quand ils entendirent le commentateur déclarer : « Nous avons de bonnes raisons de croire que l'assaut fut mené par un célèbre régiment de cavalerie. » Un des tankistes fut tellement furieux qu'il envoya un violent coup de pied dans le poste en s'écriant : « Il faut être colonial, noir, ou cavalier pour avoir quelque mérite dans cette B... D... de guerre ! » Cette réaction était compréhensible. En effet, jamais dans l'histoire de la guerre une seule unité ne joua un rôle aussi décisif dans le résultat d'une série de batailles que le 7e royal tank regiment à Sidi Barrani, Bardia et Tobrouk.

Les progrès rapides réalisés par l'avance anglaise en Cyrénaïque furent d'autant plus remarquables que les troupes britanniques durent surmonter un nouveau handicap. Les renforts, les véhicules de transport et l'aviation, qui auraient dû être envoyés à O'Connor, furent retenus en Égypte et un certain nombre d'unités lui furent même retirées. En effet, l'imagination de Churchill courait maintenant après un autre lièvre. Repensant à son ancienne entreprise de la Première Guerre mondiale, et encouragé par la façon dont les Grecs résistaient aux Italiens, il envisageait la possibilité de créer une puissante coalition des pays balkaniques contre l'Allemagne. C'était une idée séduisante mais utopique, car les primitives armées balkaniques ne pouvaient pas résister aux chars et aux avions allemands et l'Angleterre ne pouvait leur apporter que peu d'aide.

Au début de janvier, Churchill décida d'insister auprès des Grecs pour qu'ils acceptassent qu'un contingent de chars et d'artillerie britanniques débarque à Salonique, et il ordonna à Wavell de faire des préparatifs immédiats en vue d'un tel débarquement, malgré l'affaiblissement que cela signifiait pour les minces forces de O'Connor.

Mais le général Metaxas, qui était alors à la tête du Gouvernement grec, refusa la proposition anglaise en disant que l'envoi de ce contingent pourrait provoquer une invasion allemande sans donner de moyens suffisants pour la repousser. De plus, le commandant en chef, le général Papagos, exprima l'opinion que les Anglais feraient mieux d'achever la conquête en Afrique avant de faire de nouvelles tentatives et de disperser leurs efforts.

Cette rebuffade polie du Gouvernement grec coïncida avec la prise de Tobrouk par O'Connor, et le Gouvernement décida alors d'autoriser ce dernier à faire un pas de plus et à s'emparer de Benghazi. Cette mesure achèverait la conquête de la Cyrénaïque, qui représentait la moitié orientale de l'Afrique du Nord italienne. Mais le Premier ministre anglais continua d'entretenir ses projets balkaniques et Wavell reçut l'ordre de ne pas envoyer à O'Connor des renforts qui pourraient représenter une ponction sur une éventuelle force de débarquement dans les Balkans.

Après avoir reçu l'autorisation d'aller de l'avant, O'Connor parvint une fois de plus à faire beaucoup mieux que ce qu'on aurait pu attendre de lui avec ses maigres ressources. (Son arme mobile, la 7e division blindée, avait vu ses effectifs tomber à 50 chars de bataille et 95 chars légers qui avaient un blindage très léger et ne disposaient pas de canons antichars efficaces.) Découvrant l'ennemi dans une position forte à Derna, sur la route de la côte, il pensa à le déloger par un mouvement tournant dès qu'il aurait reçu un nouveau ravitaillement et ses chars lourds. Il espérait obtenir ces derniers à temps pour reprendre son avance le 12 février.

Mais, le 3, des reconnaissances aériennes montrèrent que l'ennemi se préparait à abandonner le secteur de Benghazi pour se retirer dans l'étranglement d'El Agheila, où il pourrait bloquer la route de Cyrénaïque en Tripolitaine. On pouvait déjà voir d'importantes colonnes en marche.

O'Connor imagina immédiatement une mesure audacieuse pour intercepter la retraite de l'ennemi. Faisant uniquement appel à ce qui restait de la 7e division blindée sous les ordres du général Creagh, il l'envoya à travers le désert de l'intérieur dans le but d'atteindre la route de la côte largement au-delà de Benghazi. Les troupes avaient environ 240 kilomètres à parcourir depuis leur position de Mechili, dont une première longue étape sur un terrain extrêmement rude. Elles se mirent en route, avec des rations pour deux jours seulement et une quantité juste suffisante d'essence, pour entreprendre l'une des expéditions les plus audacieuses et l'une des courses les plus effrénées de toute l'histoire militaire.

La 4e brigade blindée de Caunter démarra le 4 à 8 h 30, précédée des voitures blindées du 11e hussards. (L'autre brigade blindée, la 7e, était réduite à une seule unité, le 1er royal tank regiment.) A midi, un rapport de l'aviation apporta la nouvelle déconcertante que l'ennemi en retraite était déjà au sud de Benghazi. Pour tenter de hâter l'interception, Creagh ordonna à Caunter de constituer une force uniquement dotée de véhicules à pneus et composée d'infanterie motorisée et d'artillerie, et de l'envoyer en avant avec le 11e hussards du lieutenant-colonel Combe. Les objections de Caunter à cette décision furent confirmées par la confusion et le retard causés par les manœuvres nécessaires pour extraire ces unités de l'arrière de la colonne et pour organiser le transport et les transmissions dont elles avaient besoin. D'ailleurs, sur le terrain terriblement difficile qu'il fallut franchir au cours de l'après-midi, les chars faillirent dépasser le détachement sur pneus. Caunter continua la progression au clair de lune jusqu'à plus de minuit, avant de laisser les équipages de ses chars prendre quelques heures de repos.

Dans la matinée du 5, le terrain étant plus facile, le détachement Combe (« Combe Force ») progressa plus rapidement. Dans le courant de l'après-midi il avait établi un barrage, au sud de Beda Fomm, en travers des deux routes de retraite de l'ennemi. Ce soir-là, une colonne stupéfaite, composée d'artilleurs italiens et de réfugiés civils, tomba dans le piège.

Entre-temps, les chars de Caunter, qui suivaient de près, étaient arrivés vers 17 heures sur la ligne de retraite ennemie au-delà de Beda Fomm. Avant la nuit, ils interceptèrent deux colonnes d'artillerie et de transport. Ces actions couronnèrent dignement une avance au cours de laquelle ils avaient parcouru 270 kilomètres en trente-trois heures, un record de mobilité pour des blindés et qui n'a encore jamais été égalé. L'absence de route et la difficulté du terrain rendaient cet exploit encore plus remarquable.

Le lendemain matin, 6 février, les principales colonnes ennemies commencèrent d'apparaître, escortées par des chars. Les Italiens disposaient en tout de plus de 100 chars moyens d'un type nouveau alors que Caunter ne pouvait en aligner que 29. Heureusement, les chars italiens se présentèrent par petits paquets, au lieu d'agir en formation concentrée, et ils restèrent près de la route, alors que les chars anglais manœuvraient habilement jusqu'à des positions de tir où ils étaient dissimulés et abrités par des replis de terrain. Une série de combats de chars continua toute la journée, le poids le plus gros de la bataille étant supporté par les 19 chars du 1er royal tank regiment (de l'autre brigade) avec 10 chars supplémentaires. Les 3e et 7e hussards, utilisant audacieusement leurs chars légers, contribuèrent beaucoup à harceler l'ennemi et à disperser son attention.

Lorsque la nuit tomba sur le champ de bataille, 60 chars italiens avaient été immobilisés et 40 autres furent découverts abandonnés le matin suivant, alors que 3 chars anglais seulement avaient été effectivement mis hors de combat. L'infanterie italienne et les autres troupes se rendirent en masse lorsqu'elles se virent sans protection après la destruction de leur escorte de chars.

Le détachement de Combe, jouant le rôle d'arrière, arrêta les fractions de colonnes qui avaient réussi à échapper à la 4e brigade blindée. Peu après le lever du jour, les Italiens firent leur dernière tentative pour passer et, emmenés par 16 chars, attaquèrent les positions de ce détachement, mais ils furent arrêtés par le 2e bataillon de la rifle brigade.

Au cours de cette bataille de Beda Fomm, les Anglais s'emparèrent en tout de 20 000 hommes, 216 canons et 120 chars. Le total des effectifs britanniques, en comptant les forces de Caunter et de Combe, étaient seulement de 3 000 hommes. Après la chute de Bardia et de sa garnison, le 4 janvier, Anthony Eden, qui venait de reprendre le Foreign Office, après sept mois passés au War Office, avait inventé une nouvelle version de la phrase célèbre de Churchill, en disant : « Jamais un si grand nombre d'hommes n'abandonna autant de choses à une si petite poignée de leurs semblables. » C'était encore plus vrai de la victoire de Beda Fomm[1].

La joie de la victoire fut cependant bientôt assombrie. La disparition complète de l'armée de Graziani avait ouvert aux Anglais la route de Tripoli,

---

1. Une grande partie du mérite revenait à un homme qui ne prit aucune part à cette campagne, le général P.C.S. Hobart, qui avait été nommé à la tête de la division blindée d'Égypte lors de sa formation, en 1938, et qui l'avait amenée à ce haut niveau de capacité manœuvrière. Mais ses idées sur la façon de mener une force blindée, et sur les résultats qu'elle pouvait remporter en opérant dans l'indépendance stratégique des forces classiques, étaient contraires aux opinions de supérieurs plus conservateurs. Son « hérésie », associée à une attitude intransigeante, l'avait amené à être relevé de son commandement à l'automne 1939, six mois avant que les forces de Panzer allemands, appliquant les mêmes idées, apportent la preuve de leur réalisme.

à travers l'étranglement d'El Agheila. Mais, au moment précis où O'Connor et ses troupes espéraient pouvoir s'y précipiter pour expulser l'ennemi de sa dernière possession en Afrique du Nord, ils furent arrêtés par un ordre du Cabinet britannique.

Le 12 février, Churchill envoya à Wavell un long télégramme dans lequel, après avoir exprimé sa très grande satisfaction de la prise de Benghazi « trois semaines plus tôt que prévu », il lui ordonnait d'arrêter la progression, de laisser seulement un minimum de forces pour tenir la Cyrénaïque, et de se préparer à envoyer le maximum de forces en Grèce. La quasi-totalité de son aviation fut immédiatement retirée à O'Connor, qui conserva seulement une escadrille de chasse.

Quelle avait été la cause de ce revirement? Le général Metaxas était mort subitement le 29 janvier, et le nouveau Premier ministre grec était un homme d'une moins forte personnalité. Churchill vit là une occasion de reprendre le projet balkanique qui lui était cher, et il s'en empara. Il fit à nouveau son offre au Gouvernement hellénique, et, cette fois, celui-ci se laissa convaincre. Le 7 mars, avec l'accord de Wavell et l'approbation des chefs d'état-major et des trois commandants en chef du Moyen-Orient, un premier contingent britannique de 50 000 hommes débarqua en Grèce.

Le 6 avril, les Allemands envahirent la Grèce et les Anglais furent rapidement acculés à un nouveau « Dunkerque ». Ils échappèrent de justesse à un désastre complet et furent évacués par mer au prix de grosses difficultés, laissant derrière eux tous leurs chars, la plus grande partie de leur matériel et 12 000 hommes aux mains des Allemands.

O'Connor et son état-major étaient sûrs qu'ils auraient pu s'emparer de Tripoli. Cette avance nécessitait l'emploi de Benghazi comme port de base et une partie des navires de transport qui s'y trouvaient avait été réservée pour l'aventure grecque. Mais toutes les difficultés furent résolues. Le général de Guingand, qui devint plus tard le chef d'état-major de Montgomery, a révélé que l'État-Major interarmes au Moyen-Orient était convaincu de la possibilité de s'emparer de Tripoli et de chasser les Italiens d'Afrique avant le printemps.

Le général Warlimont, membre influent de l'État-Major de Hitler, a révélé que le Commandement suprême allemand partageait cette opinion :

> « Nous ne comprîmes pas, à l'époque, pourquoi les Anglais n'exploitaient pas les difficultés des Italiens en Cyrénaïque pour pousser jusqu'à Tripoli. Il n'y avait rien qui puisse les arrêter. Les quelques troupes italiennes qui restaient là étaient frappées de panique et s'attendaient à tout moment à voir arriver les chars britanniques [1]. »

Le 6 février, le jour même où l'armée de Graziani fut définitivement détruite à Beda Fomm, un jeune général allemand, Erwin Rommel, qui

1. Liddell Hart : *The Other Side of the Hill*, p. 250 *n*.

s'était brillamment illustré dans la campagne de France, à la tête de la 7ᵉ division de Panzer, était convoqué par Hitler pour se voir confier le commandement d'une petite formation mécanisée qui allait être envoyée au secours des Italiens. Elle devait consister en deux divisions réduites, la 5ᵉ division légère et la 15ᵉ division de Panzer. Mais l'acheminement complet de la première ne fut pas achevé avant la mi-avril et celui de la seconde avant la fin mai. Ce programme avançait lentement et les Anglais avaient le chemin libre.

Le 12, Rommel partit pour Tripoli. Deux jours plus tard, un navire allemand débarqua un bataillon de reconnaissance et un bataillon qui constituaient le premier détachement. Rommel les envoya aussitôt sur le front et les fit appuyer par des modèles de chars en bois qu'il fit rapidement construire, dans l'espoir de donner une impression de force. Ces modèles étaient montés sur des Volkswagen, la « voiture du peuple » qui était fabriquée en masse et à bon marché en Allemagne. Le régiment de chars de la 5ᵒ division légère n'arriva à Tripoli que le 11 mars.

Les Anglais ne bougeant pas, Rommel décida d'essayer de lancer une action offensive avec les éléments dont il disposait. Son premier objectif était simplement d'occuper l'étranglement d'El Agheila. Il y réussit si facilement, le 31 mars, qu'il décida de pousser plus avant. Il était clair pour lui que les Anglais surestimaient largement sa force, peut-être à cause des modèles en bois. De plus les Allemands disposaient de forces aériennes équivalentes à celles des Anglais, ce qui leur permit de dissimuler au commandement britannique leur faiblesse au sol et entraîna aussi certains rapports erronés de la part de la R.A.F. au cours des batailles ultérieures.

La chronologie des événements favorisa également Rommel. La 7ᵉ division blindée était retournée en Égypte à la fin février pour se reposer et effectuer des réparations. Sa place fut prise par une partie de la 2ᵉ division blindée nouvellement arrivée et inexpérimentée (le reste de cette unité était parti en Grèce). La 6ᵉ division australienne avait été envoyée en Grèce et la 9ᵉ, qui la remplaçait, manquait à la fois de matériel et d'entraînement. O'Connor avait, lui aussi, était mis au repos, et il avait été relevé par Neame qui n'avait encore jamais exercé de commandement. De plus, Wavell, comme il le reconnut plus tard, n'ajoutait pas foi aux rapports qui faisaient état d'une attaque allemande imminente. Les chiffres justifiaient son opinion et on peut difficilement le blâmer de ne pas avoir prévu un Rommel.

N'écoutant pas les ordres supérieurs d'attendre jusqu'à la fin du mois de mai, Rommel reprit son avance le 2 avril avec 50 chars suivis plus lentement par deux nouvelles divisions italiennes. Il chercha à grossir ses maigres effectifs grâce à la mobilité et à la ruse. A la suite du choc provoqué par son premier assaut, l'ombre de Rommel s'étendait si loin que ses deux doigts minces, écartés de près de 160 kilomètres, prirent l'allure de deux cornes encerclantes.

L'effet de son avance audacieuse fut magique. Les forces britanniques se replièrent en toute hâte dans la confusion et, le 3 avril, évacuèrent Benghazi.

Vu l'urgence de la situation O'Connor fut envoyé auprès de Neame pour le conseiller, mais, la nuit du 6, au cours de la retraite, leur voiture sans escorte tomba sur un groupe d'avant-garde allemand et ils furent tous deux faits prisonniers. Entre-temps, l'unique brigade blindée britannique avait perdu presque tous ses chars dans la longue retraite précipitée, tandis que, le lendemain, le chef de la 2e division blindée se laissait encercler et contraindre de capituler à Mechili avec une brigade motorisée nouvellement arrivée et d'autres unités. L'importance des forces qui les entouraient avait été grossie par les nuages de poussière que les hommes de Rommel soulevaient avec des files de camions afin de masquer leur faiblesse en chars. Les Italiens étaient encore à la traîne.

Le 11 avril, les Anglais avaient été chassés de Cyrénaïque et ramenés en Égypte, à l'exception d'un petit détachement enfermé dans Tobrouk. C'était, d'une certaine façon, un exploit aussi stupéfiant que la première conquête de la Cyrénaïque et il avait été accompli encore plus rapidement.

Les Anglais devaient maintenant recommencer tous leurs efforts pour nettoyer l'Afrique du Nord, et avec des handicaps plus lourds qu'auparavant, en particulier la présence de Rommel. Le prix à payer pour avoir laissé passer l'occasion magnifique de février 1941 était lourd.

10.

La conquête de l'Afrique-Orientale italienne

Lorsque l'Italie fasciste entra en guerre, en juin 1940, à l'instigation de Mussolini, ses forces en Afrique-Orientale italienne (qui comprenait l'Éthiopie depuis 1936) étaient beaucoup plus nombreuses que celles des Anglais, tout comme en Afrique du Nord. Selon les archives italiennes, les effectifs se montaient, dans le secteur à 91 000 Européens et près de 200 000 indigènes, bien que ce dernier chiffre semble avoir surtout existé sur le papier et pourrait être estimé plus raisonnablement à environ la moitié du chiffre avancé. Au cours des premiers mois de 1940 qui précédèrent l'entrée en guerre de l'Italie, les effectifs britanniques s'élevaient seulement à quelque 9 000 hommes de troupe anglais et indigènes au Soudan et 8 500 hommes des troupes britanniques d'Afrique orientale au Kenya.

Sur ce vaste et double théâtre d'opérations, les Italiens furent presque aussi lents à prendre l'initiative qu'en Afrique du Nord. Une première raison fut le fait qu'ils étaient conscients des difficultés qu'ils rencontreraient pour se ravitailler en carburant et en munitions à cause du blocus britannique. Mais ce n'était pas une très bonne raison, car elle rendait d'autant plus nécessaire l'exploitation de leur immense supériorité numérique avant que les forces anglaises d'Afrique aient pu recevoir des renforts adéquats.

Au début juillet, les Italiens s'avancèrent d'une manière hésitante à partir de l'Erythrée, au nord-ouest, et occupèrent la ville de Kassala, située à quelque 20 kilomètres à l'intérieur de la frontière soudanaise. Ils employèrent à cet effet une formation composée de 2 brigades, 4 régiments de cavalerie et deux douzaines de chars, soit quelque 6 500 hommes, contre un poste avancé tenu par une compagnie d'environ 300 hommes de la Sudan Defense Force. Le général William Platt, qui commandait au Soudan, disposait alors pour l'ensemble de cette région, de seulement 3 bataillons d'infanterie britanniques qui étaient stationnés respectivement à Khartoum, Atbara et

Port-Soudan. Sagement il ne les jeta pas dans la bataille avant de voir comment se développait l'invasion italienne. Au lieu de continuer sa progression, celle-ci s'arrêta, après avoir occupé quelques autres postes frontaliers comme Gallabat, à la frontière nord-ouest de l'Éthiopie et Moyale, sur la frontière nord du Kenya.

C'est seulement au début août que les Italiens déclenchèrent une offensive plus sérieuse, et celle-ci fut lancée sur l'objectif le plus facile, la Somalie britannique, cette bande de territoire côtier sur le rivage africain du golfe d'Aden. Ce mouvement très limité fut même entrepris sous un prétexte défensif. Mussolini avait bien ordonné aux Italiens de se cantonner sur la défensive, mais le duc d'Aoste, qui était vice-roi d'Éthiopie et commandant suprême dans cette région, avait le sentiment que le port de Djibouti, en Somalie française, offrait aux Anglais un point d'entrée facile en Éthiopie, et il n'avait aucune confiance dans les accords d'armeistice avc la France. Il décida donc d'occuper la zone voisine et plus vaste de la Somalie britannique.

La garnison anglaise, sous les ordres du général A.R. Chater, se composait seulement de 4 bataillons africains et indiens et 1 bataillon britannique, le 2e black watch, qui était en route. La force d'invasion italienne comprenait 26 bataillons accompagnés d'artillerie et de chars. Mais le petit corps de chameliers somaliens retarda efficacement son avance et le général A.R. Godwin-Austen arriva sur les lieux pour prendre la relève, juste au moment où les envahisseurs atteignaient le col du Tug Argan, aux abords de Berbera, port maritime et capitale. Les défenseurs établirent une défense si vigoureuse que les attaquants furent mis aux abois au cours d'une bataille de quatre jours. Mais, faute de renforts et de positions défensives, les Anglais furent évacués par le port de Berbera et la plupart d'entre eux allèrent grossir le rassemblement britannique qui était alors en cours au Kenya. Ils avaient infligé à l'ennemi la perte de plus de 2 000 hommes en en perdant eux-mêmes moins de 250, et ils laissèrent aux Italiens une impression qui eut des effets stratégiques importants sur leur action future.

Les forces britanniques au Kenya, placées sous les ordres du général Sir Alan Cunningham, qui avait pris son poste en novembre 1940, comprenaient la 12e division africaine, commandée par Godwin-Austen (1re brigade sud-africaine, 22e brigade Côte-d'Or) récemment renforcée par la 11e division africaine.

A l'automne, les forces au Kenya atteignaient environ 75 000 hommes, 27 000 Sud-Africains, 33 000 Est-Africains, 9 000 Ouest-Africains et environ 6 000 Anglais. Trois divisions avaient été formées, la 1re sud-africaine et les 11e et 12e africaines. Il y avait maintenant un total de 28 000 hommes au Soudan, y compris la 5e division indienne, tandis que la 4e division indienne devait y être envoyée après avoir pris part à la phase initiale de la brillante contre-offensive contre les Italiens en Afrique du Nord. Il y avait aussi un escadron de chars du 4e royal tank regiment et la Sudan Defense Force.

Churchill avait le sentiment que des forces britanniques aussi nombreuses

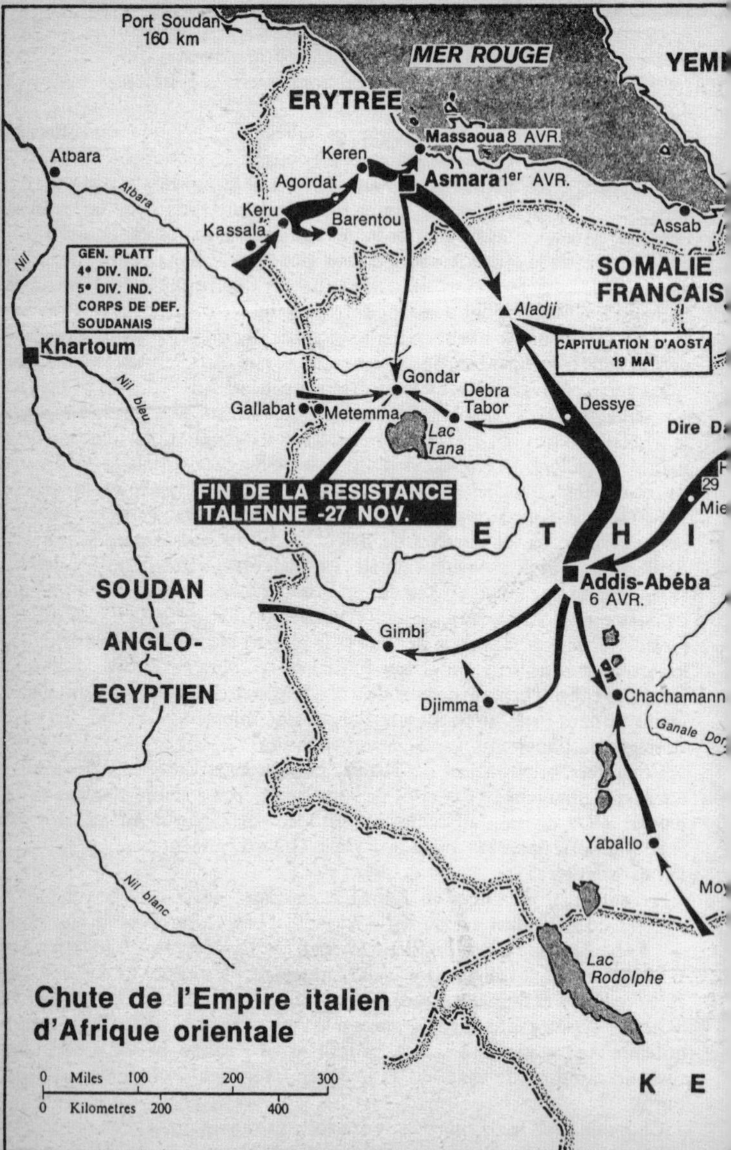

Chute de l'Empire italien d'Afrique orientale

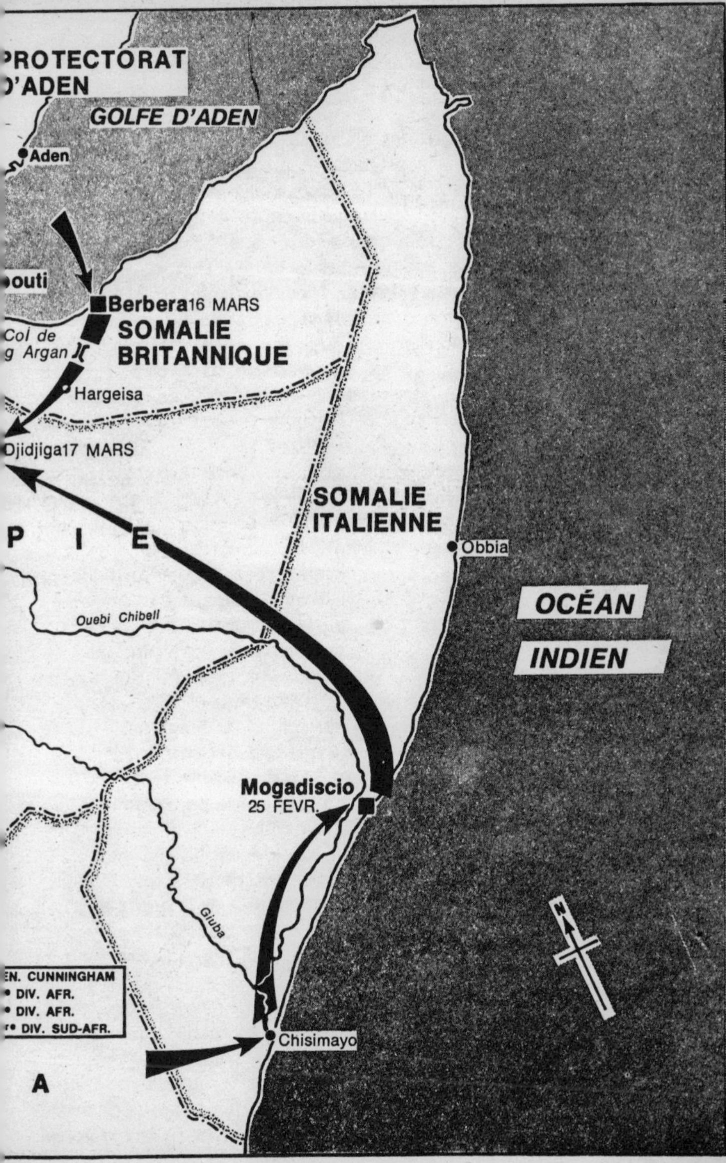
PROTECTORAT
D'ADEN
GOLFE D'ADEN
Aden
bouti
Berbera 16 MARS
SOMALIE
BRITANNIQUE
Col de
g Argan
Hargeisa
Djidjiga 17 MARS
SOMALIE
ITALIENNE
P I E
Obbia
OCÉAN
INDIEN
Ouebi Chibeli
Mogadiscio
25 FEVR.
Giuba
N
EN. CUNNINGHAM
DIV. AFR.
DIV. AFR.
DIV. SUD-AFR.
Chisimayo
A

exigeaient de faire preuve de plus d'activité qu'on n'en avait montré jusque-là et il insista à plusieurs reprises pour qu'une action plus agressive que celles qui avaient été entreprises ou envisagées soit déclenchée. Wavell, qui était commandant en chef pour le Moyen-Orient, proposa, en accord avec Cunningham, de lancer, à partir du Kenya, une attaque en Somalie italienne au mois de mai ou de juin, après les pluies de printemps. Les doutes de Wavell étaient renforcés par la résistance vigoureuse qu'avait rencontrée la première avance de Platt, sur le front septentrional en novembre, lorsqu'une offensive sur Gallabat avait été lancée par la 10e brigade indienne du général W.J. Slim, un officier résolu qui devint plus tard l'un des chefs les plus illustres de la guerre. L'attaque initiale de Gallabat réussit, mais l'attaque suivante contre le poste voisin de Metemma subit un échec, face à une brigade coloniale italienne pratiquement de même force. L'avortement de cette tentative était dû dans une large mesure à l'échec inattendu d'un bataillon britannique qui venait d'être inséré dans cette brigade indienne, contre l'avis de Slim, soi-disant pour la renforcer. Comme la suite des événements le prouva, les forces italiennes du secteur septentrional étaient bien plus énergiques qu'ailleurs.

Les seuls épisodes encourageants de cet hiver furent les activités du général D.A. Sandford, un officier en retraite qui avait été rappelé au début de la guerre et envoyé par la suite en Éthiopie pour inciter à la révolte les chefs des Hauts Plateaux autour de Gondar. Ces activités furent appuyées et étendues au cours de l'hiver par un homme encore moins orthodoxe, le capitaine Orde Wingate, aidé par un bataillon soudanais et son insaisissable « Force Gideon ». L'empereur en exil, Haïlé Selassié, fut ramené en Éthiopie par avion le 20 janvier 1941 et, à peine trois mois plus tard, le 5 mai, il rentrait dans Addis-Abeba, sa capitale, aux côtés de Wingate, et bien plus tôt que Churchill lui-même avait pu imaginer.

En effet, sous la pression continue de Churchill, et de Smuts en Afrique du Sud, Wavell et Cunningham avaient été incités à déclencher l'invasion de la Somalie italienne en février 1941. Les Anglais s'emparèrent avec une facilité imprévue du port de Kismayu, ce qui simplifia le problème du ravitaillement, puis les forces de Cunningham traversèrent la rivière Juba et avancèrent de quelque 400 kilomètres jusqu'à Mogadishu (Mogadiscio), la capitale et le plus grand port, qu'ils occupèrent moins d'une semaine plus tard, le 25 février. Là, ils s'emparèrent d'une énorme quantité de carburant d'automobile et d'avion, la rapidité de leur avance ayant empêché les démolitions prévues, comme à Kismayu. Un bon appui aérien fut un autre facteur important de cette avance rapide.

Puis les forces de Cunningham se tournèrent vers l'intérieur des terres et entrèrent en Ethiopie méridionale. Le 17 mars, au terme d'une avance de 650 kilomètres, la 11e division africaine occupa Djidjiga, à proximité de la capitale provinciale de Harar. Cette progression les avait amenés aux abords de la frontière de l'ancienne Somalie britannique où un petit détachement en provenance d'Aden avait redébarqué le 16. Le 29 mars, après une résistance quelque peu plus vigoureuse, Harar fut occupée et les forces de Cunningham marchèrent alors vers l'ouest, en direction de la capitale éthiopienne, Addis-Abeba distante de quelque 500 kilomètres, dans le Centre-Ouest du pays. Elles l'occupèrent une semaine plus tard, le 6 avril, soit un mois avant le retour dans sa capitale de l'empereur Haïlé Sélassié escorté de Wingate. La reddition remarquablement prompte des Italiens fut précipitée par des rapports selon lesquels des atrocités avaient été commises par des troupes irrégulières éthiopiennes sur des femmes italiennes.

Dans le Nord, cependant, l'opposition fut beaucoup plus énergique, comme cela avait été le cas dès le début. Le commandant du secteur, le général Frusci, avait à sa disposition sur le front d'Erythrée, quelque 17 000 soldats italiens bien équipés, appuyés par plus de 3 divisions à l'arrière. L'avance du général Platt, déclenchée au cours de la troisième semaine de janvier, fut confiée aux puissantes 4e et 5e divisions indiennes. Le duc d'Aoste avait donné l'ordre aux forces italiennes de se replier avant que l'avance anglaise ne se développât et, par conséquent, la première résistance sérieuse fut rencontrée à Kerou, à 100 kilomètres à l'est de Kassala et à 60 kilomètres à l'intérieur de la frontière d'Erythrée.

Les deux colonnes indiennes se virent opposer une plus forte résistance sur les positions montagneuses de Barentou et Agordat, respectivement situées à 75 kilomètres et 120 kilomètres à l'est de Kerou. Heureusement, la 4e division indienne du général Beresford-Peirse atteignit en premier l'objectif le plus éloigné et cela facilita l'avance de la 5e division sur Barentou.

Wavell se rendit alors compte de la possibilité d'étendre son objectif à la conquête de toute l'Erythrée et il donna au général Platt de nombreux ordres en conséquence. Mais la capitale, Asmara, était à plus de 150 kilomètres d'Agordat (et le port de Massaoua était encore plus éloigné), et, à peu près à mi-chemin, se dressait la position montagneuse de Keren, l'une des positions défensives les plus fortes d'Afrique-Orientale et la seule porte vers Asmara et Massaoua, la base navale italienne.

Les premières tentatives pour forcer le passage, qui commencèrent au matin du 3 février, échouèrent et furent à nouveau repoussées à plusieurs reprises au cours des jours suivants. Le commandant italien du secteur, le général Carnimeo, fit preuve d'un magnifique esprit combatif et d'une grande habileté tactique. Au bout de plus d'une semaine d'efforts, l'attaque fut abandonnée et une longue accalmie s'ensuivit. L'offensive ne fut reprise qu'à la mi-mars, lorsque la 5e division indienne fut arrivée sur place et prête à engager le combat. Encore une fois, la lutte fut longue et les attaquants furent repoussés par une série de contre-attaques italiennes, mais le 27 mars, un escadron de chars d'infanterie lourdement blindés du 4e royal tank régiment parvint enfin à franchir le barrage et à percer le front italien, représentant le même facteur décisif que les chars du 7e royal tank régiment en Afrique du Nord dans toutes les batailles de Sidi Barrani à Tobrouk.

Cela mit un terme à la bataille de Keren, au bout de cinquante-trois jours.

Les troupes du général Frusci se replièrent vers le sud, en Ethiopie, et, le 1er avril, les Anglais occupèrent Asmara. Puis ils poussèrent vers l'est jusqu'à Massaoua, 80 kilomètres plus loin, dont ils obtinrent la reddition, après de nouveaux combats, le 8 avril. Ce fut la fin de la campagne d'Erythrée.

Pendant ce temps, les forces italiennes restantes du duc d'Aoste s'étaient retirées vers le sud, en Ethiopie, dans l'intention d'opposer une dernière résistance dans une position montagneuse située à Amba Alagi, 130 kilomètres au sud d'Asmara. Le duc n'avait plus que 7 000 hommes disposant de 40 canons et à peine 3 mois de ravitaillement. De plus, le moral des Italiens était en baisse du fait de rumeurs au sujet de la façon dont les Ethiopiens traitaient les prisonniers. Malgré son courage, il était donc plus disposé à accepter une « capitulation honorable » qui eut lieu le 19 mai et amena le nombre de prisonniers italiens à un total de 230 000 hommes. Il restait encore des groupes italiens isolés, sous les ordres du général Gazzera, dans le sud-ouest de l'Ethiopie, et du général Nasi dans le nord-ouest, près de Gondar. Mais ils furent cernés, respectivement au cours de l'été et de l'automne. C'était la fin du bref Empire africain de Mussolini.

QUATRIÈME PARTIE

Le flot s'étend

1941

AUTRICHE
HONGRIE
Budapest
STYRIE
CARINTHIE
Ljubljana
2e ARMÉE
Danube
Cluj
Iasi
U.R.S.S.
Zagreb
Fiume
Save
Temesoara
ROUMANIE
Belgrade 12 AVR.
Ploesti
Bucarest
YOUGOSLAVIE
Ancône
Split
Sarajevo
KLEIST
Morava
Nis
Danube
Varna
MER ADRIATIQUE
Dubrovnik
Sofia
BULGARIE
Strouma
12e ARMÉE
ITALIE
ALBANIE
Skopje
Edirne
Istambul
Naples
Bari
Monastir
Vardar
THRACE
Tarente
Salonique
Dédéagach
TURQUIE
Mt. Olympe
LIGNE METAXAS
6 AVRIL
FRONT
GRECO-ITAL.
GRECE
MER
ÉGÉE
Thermopyles
Smyrne
Athènes 27. AVR.
Kalamata
La Canée
Maleme
20 MAI
LES TROUPES AEROP.
ALLEM. SE POSENT.
CRETE
L'Invasion des Balkans
Pays de l'Axe et Alliés.
Offensives allem. 6-28 avr. 1941.
Frontières internat. sept. 1941.
0 Miles 300
0 Kilometres 200

11.

La conquête des Balkans et de la Crète

Certains prétendent que le débarquement en Grèce du contingent du général Wilson, bien qu'il s'achevât en évacuation précipitée, fut justifié par le retard de six semaines qu'il provoqua dans l'invasion de la Russie. Cette opinion a été mise en doute, et l'entreprise a été condamnée comme un coup de poker politique par un certain nombre de militaires qui connaissaient bien la situation en Méditerranée, en particulier le général de Guingand, qui devint par la suite le chef d'état-major de Montgomery, et qui faisait partie de l'État-Major interarmes du Caire. Ces militaires représentent qu'une occasion splendide d'exploiter la défaite des Italiens en Cyrénaïque, et de s'emparer de Tripoli avant l'arrivée de l'assistance allemande, fut sacrifiée pour envoyer en Grèce des forces insuffisantes qui n'avaient aucune chance réelle de sauver celle-ci d'une invasion allemande.

Cette dernière opinion fut confirmée par les événements. En l'espace de trois semaines, la Grèce fut conquise, les Britanniques rejetés des Balkans, et les forces anglaises réduites de Cyrénaïque chassées de ce pays par l'Afrika Korps qu'on avait laissé débarquer à Tripoli. Ces défaites entraînèrent une ruineuse perte de prestige, compromirent les chances de l'Angleterre et hâtèrent le malheur du peuple grec. Même s'il était prouvé que la campagne de Grèce retarda l'invasion de la Russie, cela ne suffirait pas à justifier la décision du Gouvernement britannique, car il n'envisageait aucunement cette éventualité à l'époque.

Il est cependant d'un intérêt historique de chercher si la campagne eut effectivement un tel effet. Cette hypothèse est principalement confirmée par le fait que Hitler avait, à l'origine, donné l'ordre que les préparatifs de l'attaque de la Russie fussent terminés pour le 15 mai, alors qu'à la fin mars la date fut repoussée d'environ un mois, puis fixée au 22 juin. Le maréchal von Rundstedt déclara que les préparatifs de son Groupe d'armées avaient été gênés par la venue trop lente des divisions blindées qui avaient constitué le facteur essentiel du retard, en association avec les conditions météorologiques.

Le maréchal von Kleist, qui commandait les forces blindées de Rundstedt, fut encore plus explicite. « Il est exact, déclara-t-il, que les forces employées dans les Balkans ne représentaient qu'une petite partie du total de nos effectifs, mais la proportion de chars utilisés là-bas était très élevée. La plus grande partie des chars qui vinrent se placer sous mes ordres pour l'offensive sur le front russe de Pologne méridionale avaient pris part à la campagne des Balkans et leurs équipages avaient besoin de repos tandis que les machines avaient besoin d'être révisées. Un grand nombre de ces chars étaient allés jusqu'au Péloponnèse et durent être ramenés d'un endroit aussi éloigné [1]. »

L'opinion des maréchaux von Rundstedt et von Kleist est naturellement influencée par le fait que leur offensive dépendait largement du retour de ces divisions blindées. D'autres généraux attachèrent moins d'importance aux effets de la campagne des Balkans. Ils soulignent que le rôle principal dans l'offensive contre la Russie était confié au Groupe d'armées Centre du maréchal von Bock, en Pologne septentrionale, et que les chances de victoire reposaient surtout sur le succès de sa progression. Étant donné le rôle secondaire du Groupe d'armées de Rundstedt, une diminution de ses effectifs n'aurait pas modifié le résultat décisif puisque les forces soviétiques auraient eu du mal à se déplacer rapidement sur l'autre front. Cette diminution aurait peut-être même empêché Hitler d'avoir tendance à faire porter son effort sur le Sud au cours de la seconde phase de l'invasion, une tendance qui eut pour effet, ainsi que nous le verrons plus loin, de retarder de manière fatale les chances d'atteindre Moscou avant l'hiver. Au besoin, l'invasion aurait pu être déclenchée sans attendre que l'arrivée des divisions des Balkans vienne renforcer le Groupe d'armées de Rundstedt. Mais, en réalité, ce motif d'attente fut doublé d'une incertitude quant à savoir si le terrain était assez sec pour permettre un départ plus précoce. L'opinion du général Halder est qu'en fait les conditions météorologiques n'étaient pas favorables avant la date où l'invasion fut effectivement déclenchée.

Les opinions rétrospectives de généraux ne peuvent cependant pas fournir un guide sûr quant à ce qui se serait passé s'il n'y avait pas eu les complications des Balkans. Une fois la date de l'invasion repoussée pour ce motif, il n'était plus question de songer à attaquer avant le retour de ces divisions supplémentaires.

Mais le retard ne fut pas causé par la campagne de Grèce. Hitler avait déjà tenu compte de ce facteur quand l'invasion de la Grèce fut ajoutée au programme de 1941, comme préliminaire à l'invasion de la Russie. La cause décisive du délai fut le coup d'État inattendu qui eut lieu le 27 mars en

1. Liddell Hart : *The Other Side of the Hill*, p. 251.

Yougoslavie. Le général Simovich et ses associés renversèrent le Gouvernement qui venait de lier la Yougoslavie par un pacte avec l'Axe. Hitler fut tellement courroucé par cette nouvelle désagréable qu'il décida le jour même de lancer une offensive écrasante contre la Yougoslavie. Les forces terrestres et aériennes supplémentaires nécessitées pour cette invasion entraînèrent un bien plus vaste engagement que la seule campagne de Grèce, et Hitler fut amené à prendre la décision plus importante, et plus fatidique, de repousser la date de l'offensive contre la Russie.

C'était la crainte d'un débarquement britannique, et non ce débarquement lui-même, qui avait poussé Hitler à entrer en Grèce, et les résultats de la campagne calmèrent ses inquiétudes. Le débarquement anglais n'empêcha même pas le Gouvernement yougoslave d'alors de traiter avec Hitler. Par contre il encouragea peut-être Simovich à tenter, avec succès, son coup d'État et à défier Hitler... avec moins de bonheur.

Le récit des opérations de la campagne des Balkans, fait par le général von Greiffenberg, chef d'état-major à la XIIe armée du maréchal List qui mena cette offensive, est encore plus intéressant.

Se souvenant que l'installation des Alliés à Salonique en 1915 mena à une avance stratégique décisive en septembre 1918, Greiffenberg souligna dans son récit que Hitler craignait, en 1941, que les Anglais débarquent à nouveau à Salonique ou sur la côte méridionale de la Thrace. Ce débarquement les aurait placés sur les arrières du Groupe d'armées Sud quand celui-ci serait entré en Russie méridionale. Hitler présumait que les Anglais essayeraient, comme la première fois, de pénétrer dans les Balkans et il se rappelait le rôle important joué par l'armée alliée des Balkans pour emporter le décision à la fin de la Première Guerre mondiale.

Il décida donc, par précaution, avant d'engager les hostilités contre la Russie, d'occuper la côte de la Thrace méridionale, entre Salonique et Dédé-Agatch (Alexandropolis). La XIIe armée (List), comprenant le groupe de Panzer de Kleist, fut désignée pour cette opération. Elle s'assembla en Roumanie, traversa le Danube et entra en Bulgarie d'où elle devait partir pour percer la Ligne Metaxas, son aile gauche avançant sur Salonique et son aile droite sur Dédé-Agatch. Une fois la mer atteinte, les Bulgares devaient prendre la relève pour assurer la principale protection de la côte où seuls devaient demeurer quelques éléments allemands. Le gros de la XIIe armée, en particulier le groupe de Panzer de Kleist, devait ensuite faire demi-tour et être envoyé vers le nord, via la Roumanie, afin d'entrer en action dans le secteur sud du front oriental. Le plan initial ne prévoyait pas l'occupation du territoire central de la Grèce.

Lorsque les Allemands montrèrent ce plan au roi Boris de Bulgarie, celui-ci déclara qu'il n'avait pas confiance dans la Yougoslavie, qui pourrait menacer le flanc droit de la XIIe armée. Les représentants allemands assurèrent cependant le roi Boris, qu'étant donné le pacte de 1939 entre l'Allemagne et la Yougoslavie, ils n'avaient pas d'inquiétude dans ce secteur. Ils eurent l'impression que le roi de Bulgarie n'était pas entièrement convaincu.

Il avait raison. Au moment où la XIIe armée était sur le point de commencer les opérations à partir de la Bulgarie, comme prévu par les plans, le coup d'État qui devait amener l'abdication du régent, le prince Paul, fut soudain déclenché à Belgrade, juste avant que les troupes n'entament leur mouvement.

> « Il semble que certains milieux de Belgrade étaient en désaccord avec la politique proallemande du prince Paul, et désiraient se ranger dans le camp des puissances occidentales. Le complot fut-il soutenu avant coup par les puissances occidentales ou par l'U.R.S.S. ? En tant que soldats, il nous est difficile de le dire. Mais en tout cas il ne fut pas organisé par Hitler! Au contraire, ce fut une surprise très désagréable qui bouleversa presque tous les plans d'opérations de la XIIe armée en Bulgarie [1]. »

Par exemple, les divisions de Panzer de Kleist durent immédiatement quitter la Bulgarie en direction du nord-ouest pour marcher sur Belgrade. Une autre opération fut improvisée par la IIe armée (Weichs) avec des éléments basés en Carinthie et en Styrie, rapidement rassemblés pour entrer en Yougoslavie vers le sud. Dans cette mesure, le coup d'État de Belgrade affecta effectivement le déclenchement de l'attaque de Hitler contre la Russie.

Mais les conditions météorologiques jouèrent aussi un rôle important en 1941, et cela fut accidentel. A l'est de la ligne Boug-San, en Pologne, les opérations terrestres sont rendues très réduites jusqu'au mois de mai car la plupart des routes sont couvertes de boue et la campagne n'est généralement qu'une fondrière. Les nombreuses rivières non domestiquées provoquent de vastes inondations. Plus on se déplace vers l'est plus ces inconvénients deviennent prononcés, en particulier dans les régions de forêts marécageuses du Rokitno (ou Pripet) et de la Bérésina. Même en temps normal les déplacements sont très difficiles avant la mi-mai, cependant, 1941 fut une année exceptionnelle. L'hiver avait duré très longtemps. Au début de juin, le Bug était encore sorti de son lit sur des kilomètres.

Les conditions étaient similaires plus au nord. Le général von Manstein, qui commandait alors un corps d'armée de Panzer en Prusse-Orientale, dit que de fortes pluies tombèrent fin mai et début juin. Il est évident que si l'invasion avait été déclenchée plus tôt, les chances de réussite auraient été réduites et, comme le dit Halder, il est douteux qu'une date plus précoce eût été possible, même sans l'affaire des Balkans. En 1940, le temps n'avait que trop favorisé l'invasion de l'Ouest, mais, en 1941, il contrecarrait celle de l'Est.

Lorsque les Allemands envahirent la Grèce, en avril 1941, à la suite du débarquement d'une petite armée britannique de renfort à Salonique, l'armée grecque fut principalement alignée de manière à couvrir les passages

---

1. Blumentritt in Liddell Hart : *The Other Side of the Hill*, p. 254.

montagneux vers la Bulgarie, où les Allemands avaient rassemblé leurs forces. Mais l'avance allemande prévue, à travers la vallée de la Strouma, masquait un mouvement moins direct. Des colonnes mécanisées allemandes firent un crochet à l'ouest de la Strouma, remontèrent la vallée de la Stroumitza, parallèle à la frontière et pénétrèrent par les cols de montagne dans l'extrémité yougoslave de la vallée du Vardar. De là ils percèrent à travers la jonction des armées grecque et yougoslave et exploitèrent cette pénétration par une avance rapide le long du Vardar jusqu'à Salonique. Ce mouvement isola en Thrace une grande partie de l'armée grecque.

Les Allemands enchaînèrent sur ce coup, non pas par une avance directe de Salonique vers le sud en passant au pied du mont Olympe, où l'armée anglaise avait pris position, mais par un nouveau crochet à travers la percée de Monastir plus à l'ouest. L'exploitation de cette avance vers la côte occidentale de Grèce isola les divisions grecques d'Albanie, prit à revers les Anglais et, par la menace qu'elle faisait peser sur la ligne de retraite des forces alliées survivantes, entraîna l'effondrement rapide de toute résistance dans le pays. Le gros des troupes britanniques et alliées fut évacué par la mer jusqu'en Crète.

La prise de la Crète par une invasion exclusivement aérienne fut l'un des exploits les plus étonnants et les plus audacieux de la guerre. Ce fut aussi l'opération aéroportée la plus remarquable. Cette performance fut accomplie aux dépens de l'Angleterre et devrait rester comme un avertissement de ne pas négliger à l'avenir le risque de telles surprises venant comme un coup de tonnerre dans le ciel bleu.

A 8 heures du matin, le 20 mai 1941, quelque 3 000 parachutistes allemands furent lâchés dans le ciel de la Crète. L'île était défendue par 28 600 soldats anglais, australiens et néo-zélandais, ainsi que par deux divisions grecques dont les effectifs atteignaient un chiffre pratiquement comparable.

Cette attaque avait été prévue comme suite à la conquête allemande des Balkans et des agents anglais en Grèce avaient envoyé de précieux renseignements sur les préparatifs. Mais la menace aéroportée ne fut pas prise aussi au sérieux qu'elle aurait dû l'être. Churchill a révélé que le général Freyberg, qui avait été nommé, sur sa suggestion, commandant en Crète, déclara dans un rapport du 5 mai : « Ne peux pas comprendre l'inquiétude qui règne; ne suis pas du tout inquiet au sujet d'une attaque aéroportée [1]. » Il était plus inquiet au sujet d'une invasion maritime, un danger qui fut, dans le cas présent, écarté par la Royal Navy.

Churchill était inquiet d'une menace, « en particulier aérienne ». Il demanda avec insistance l'envoi « d'au-moins une autre douzaine de chars d'infanterie » en renfort de la demi-douzaine qui était déjà là-bas [2]. Un

1. Churchill : *The Second World War*, vol. III, p. 246.
2. *Ibid.*, p. 249.

point faible encore plus grave était l'absence totale d'appui aérien pour combattre les bombardiers en piqué allemands et intercepter les troupes aéroportées. L'armement antiaérien était lui-même très réduit.

Le premier soir, le nombre d'Allemands arrivés dans l'île avait plus que doublé et ils continuèrent de recevoir des renforts, par parachutes, par planeurs et, à partir du second soir, par avions transports de troupes. Ces derniers commencèrent d'atterrir sur l'aérodrome de Maleme, qui venait de tomber, alors que les pistes étaient encore balayées par le feu de l'artillerie et des mortiers des défenseurs. En tout, les Allemands débarquèrent environ 22 000 hommes par la voie des airs. Un grand nombre furent tués ou blessés en s'écrasant au sol, mais les survivants étaient de redoutables combattants, alors que leurs adversaires, numériquement supérieurs, n'étaient pas aussi bien entraînés et n'étaient pas encore remis, pour certains, du choc du départ précipité de Grèce. Leur manque de matériel était encore plus important, en particulier l'absence d'équipement radio à courte distance. Néanmoins, beaucoup de ces hommes se battirent valeureusement et leur vigoureuse résistance eut de grosses conséquences qui ne furent connues que plus tard.

L'optimisme continua de régner en haut lieu pendant un certain temps. A la lumière de rapports reçus, Churchill déclara le second jour, devant la Chambre des Communes, que « la plus grande partie » des envahisseurs aéroportés avait été balayée. Pendant deux jours encore on continua de parler, au Q.G. du Moyen-Orient, du « nettoyage » des derniers Allemands.

Mais le septième jour, le 26, le commandant anglais de Crète envoya un rapport déclarant : « A mon avis, les troupes sous mon commandement ont atteint leur limite d'endurance [...] notre situation est désespérée. » Venant de la part d'un soldat aussi intrépide que Freyberg, ce verdict ne fut pas mis en doute. L'évacuation commença dans la nuit du 28 et s'acheva dans la nuit du 31. La Royal Navy subit de lourdes pertes du fait de l'aviation ennemie, maîtresse du ciel, au cours de ses efforts acharnés pour emmener autant de soldats que possible. En tout 16 500 hommes furent sauvés, y compris quelque 2 000 Grecs, mais les autres, tués ou prisonniers, durent être abandonnés aux mains des Allemands. La Royal Navy eut plus de 2 000 morts. 3 croiseurs et 6 destroyers furent coulés, 13 autres bâtiments furent sévèrement endommagés, y compris 2 cuirassés et le seul porte-avions de la Flotte de Méditerranée.

Les Allemands eurent quelque 4 000 tués et environ 2 000 blessés. Leurs pertes définitives représentaient donc moins du tiers de celles des Anglais, sans compter les Grecs et les recrues locales. Mais le fait que ces pertes affectaient les troupes d'élite de la seule division de parachutistes allemande eut sur Hitler des conséquences imprévues qui tournèrent à l'avantage des Anglais.

Cependant, sur le moment, l'effondrement de la Crète prit des allures de désastre. Le peuple britannique fut d'autant plus durement affecté qu'il se produisit aussitôt après deux autres désastres. En avril, les forces anglaises avaient été balayées de Cyrénaïque en dix jours, par Rommel, et chassées de Grèce moins de trois semaines après le déclenchement de l'invasion allemande. La conquête par Wavell de la Cyrénaïque sur les Italiens, au cours de l'hiver, n'apparaissait plus que comme une éclaircie illusoire dans les nuages amoncelés. Avec cette nouvelle série de défaites devant les Allemands et la reprise du « Blitz » au printemps, l'avenir semblait encore plus sombre qu'en 1940.

Mais Hitler ne fit suivre sa troisième victoire en Méditerranée d'aucune des mesures auxquelles s'attendaient les Britanniques : une ruée sur Chypre, la Syrie, Suez ou Malte. Un mois plus tard, il déclencha l'invasion de la Russie et, à partir de cette époque, il négligea les occasions qui s'offraient à lui de chasser les Anglais de la Méditerranée et du Moyen-Orient. Cette négligence fut principalement due à l'absorption de son attention par l'entreprise russe, mais elle fut aussi due à sa réaction après la victoire de Crète. Le prix payé le déprima plus que la conquête ne le réjouit. Il formait un tel contraste avec celui de ses succès précédents et plus importants!

En Yougoslavie et en Grèce ses nouvelles forces blindées s'étaient montrées aussi irrésistibles que dans les plaines de Pologne ou de France, en dépit des montagnes qu'elles avaient rencontrées. Elles avaient traversé ces deux pays comme un tourbillon et avaient culbuté les armées adverses comme des quilles.

Les archives montrèrent que l'armée du maréchal List avait capturé 90 000 Yougoslaves, 270 000 Grecs et 13 000 Britanniques, en ne perdant que 5 000 tués ou blessés. A l'époque, les journaux anglais estimaient les pertes allemandes à plus d'un quart de million et une déclaration officielle britannique les estima « probablement à plus de 75 000 ».

La tache sur la victoire de Crète n'était pas seulement le montant plus élevé des pertes, mais le fait qu'elles affaiblissaient momentanément le seul type nouveau de forces terrestres dont Hitler disposait pour atteindre et capturer des places situées au-delà des mers sans risque d'interception de la part de la marine anglaise qui dominait toujours les mers en dépit de ses lourdes pertes. En fait, Hitler « s'était foulé le poignet en Crète ».

Après la guerre, le général Student, commandant en chef des Forces aéroportées allemandes, révéla de manière surprenante que Hitler ne s'était rallié qu'à contrecœur au projet d'invasion de la Crète.

> « Il voulait interrompre la campagne des Balkans après avoir atteint le sud de la Grèce. Lorsque j'appris son intention, je pris l'avion pour aller voir Göring et proposai de nous emparer de la Grèce uniquement à l'aide de troupes aéroportées. Göring, qui s'enthousiasmait toujours facilement, ne fut pas long à voir les avantages de ce projet et m'envoya à Hitler. Je vis ce dernier le 21. Lorsque je lui eus d'abord expliqué le projet, Hitler dit : « Cela a l'air très bien mais je ne crois pas que ce soit réalisable. »

« Pour cette opération nous utilisâmes notre unique division de parachutistes, notre seul régiment de planeurs et la 5e division de montagne qui n'avait encore jamais été aéroportée [1]. »

L'appui aérien fut fourni par les bombardiers en piqué et les chasseurs du 8e corps d'armée aérienne de Richtofen qui avait servi d'instrument décisif pour forcer l'entrée en Belgique, puis en France, en 1940.

« Aucune troupe ne fut envoyée par la mer. On avait eu l'intention initialement d'utiliser de tels renforts, mais les seuls navires disponibles étaient des caïques grecs. Il fut ensuite décidé qu'un convoi de ces petits bâtiments transporterait les armes les plus lourdes de l'expédition, canons antiaériens et antichars, l'artillerie et quelques chars, en même temps que deux bataillons de la 5e division de montagne [...] On nous dit que la Flotte anglaise était encore à Alexandrie, alors qu'en réalité elle était en route pour la Crète. Le convoi appareilla, tomba sur la Flotte, et fut dispersé. La Luftwaffe vengea cette mésaventure en « arrachant pas mal de cheveux » de la tête de la Royal Navy. Mais, en Crète, nos opérations terrestres furent beaucoup gênées par l'absence des armes lourdes sur lesquelles nous avions compté...

« Le 20 mai nous ne réussîmes nulle part à occuper complètement un aérodrome. Les résultats les meilleurs furent obtenus sur l'aérodrome de Maleme, où notre valeureux régiment d'assaut combattait contre les soldats d'élite néo-zélandais. La nuit du 20 au 21 fut difficile pour le Commandement allemand. Je dus prendre une décision capitale. Je décidai d'utiliser la masse des réserves de parachutistes dont je disposais encore, pour nous emparer de l'aérodrome de Maleme. Si l'ennemi avait lancé une contre-attaque organisée au cours de la nuit ou dans la matinée du 21 mai, il aurait probablement réussi à mettre en déroute les restes épuisés et délabrés du régiment d'assaut, d'autant plus que ceux-ci étaient gênés par un manque de munitions.

« Mais les Néo-Zélandais ne lancèrent que des contre-attaques isolées. J'appris par la suite que le commandement anglais s'attendait, en plus du débarquement aéroporté, à l'arrivée du gros des forces allemandes par la mer entre Maleme et La Canée et en conséquence maintenait ses troupes sur la côte. A ce moment décisif, le Commandement britannique ne prit pas le risque d'envoyer ces troupes à Maleme. Le 21, les réserves allemandes s'emparèrent de l'aérodrome et du village de Maleme. Dans la soirée, le 1er bataillon de montagne pouvait atterrir, représentant le premier contingent transporté par avion et c'est ainsi que l'Allemagne remporta la bataille de Crète. »

Mais le prix de la victoire fut bien plus lourd que ce qui avait été prévu par les avocats de ce plan, en partie parce que les forces anglaises de l'île étaient trois fois plus importantes que les Allemands ne l'avaient pensé, mais aussi pour d'autres raisons.

---

1. Cet extrait et ceux des pages 136 et 138 sont de Student in Liddell Hart : *The Other Side of the Hill*, pp. 238-243.

« Une grande partie des pertes fut occasionnée par de mauvais atterrissages. Il y avait très peu d'endroits adéquats en Crète et le vent dominant soufflait de l'intérieur vers la mer. De peur de larguer les hommes dans la mer, les pilotes eurent tendance à les lâcher trop loin à l'intérieur, parfois même en plein sur lignes anglaises. Les containers renfermant les armes tombèrent souvent loin des hommes, ce qui représenta un autre handicap qui contribua à nos pertes excessives. Les quelques chars anglais qui étaient là nous ébranlèrent d'abord rudement; il fut heureux pour nous qu'il n'y en eût que deux douzaines. Malgré la surprise, l'infanterie, en majorité néo-zélandaise, se battit vaillamment.

« Le Führer fut très troublé par les lourdes pertes des unités de parachutistes et il arriva à la conclusion que leur valeur de surprise s'était estompé. Par la suite, il me dit souvent : « Le temps des parachutistes est fini... »

« Lorsque j'avais convaincu Hitler d'accepter le plan de l'expédition de Crète, j'avais également proposé de continuer en capturant Chypre par la voie des airs, puis par un nouveau bond en partant de Chypre pour nous emparer du canal de Suez. Hitler ne semblait pas ennemi de cette idée, mais il refusa de s'engager définitivement, son esprit étant trop occupé par la prochaine invasion de la Russie. Après le choc des lourdes pertes de Crète, il refusa de tenter un autre grand effort aéroporté. J'insistai à plusieurs reprises auprès de lui, mais sans succès. »

Les pertes anglaises, australiennes et néo-zélandaises en Crète ne furent donc pas sans compensation. Le projet de Student de s'emparer du canal de Suez était peut-être irréalisable tant que Rommel n'aurait pas reçu de renforts suffisants pour ses forces de Panzer d'Afrique, mais la prise de Malte eût été plus facile. Hitler se laissa convaincre de l'entreprendre un an plus tard, mais il changea d'avis et annula l'opération. Student dit : « Il savait que si la Flotte britannique faisait son apparition, tous les navires italiens se précipiteraient dans leurs bases et laisseraient en plan les forces aéroportées allemandes. »

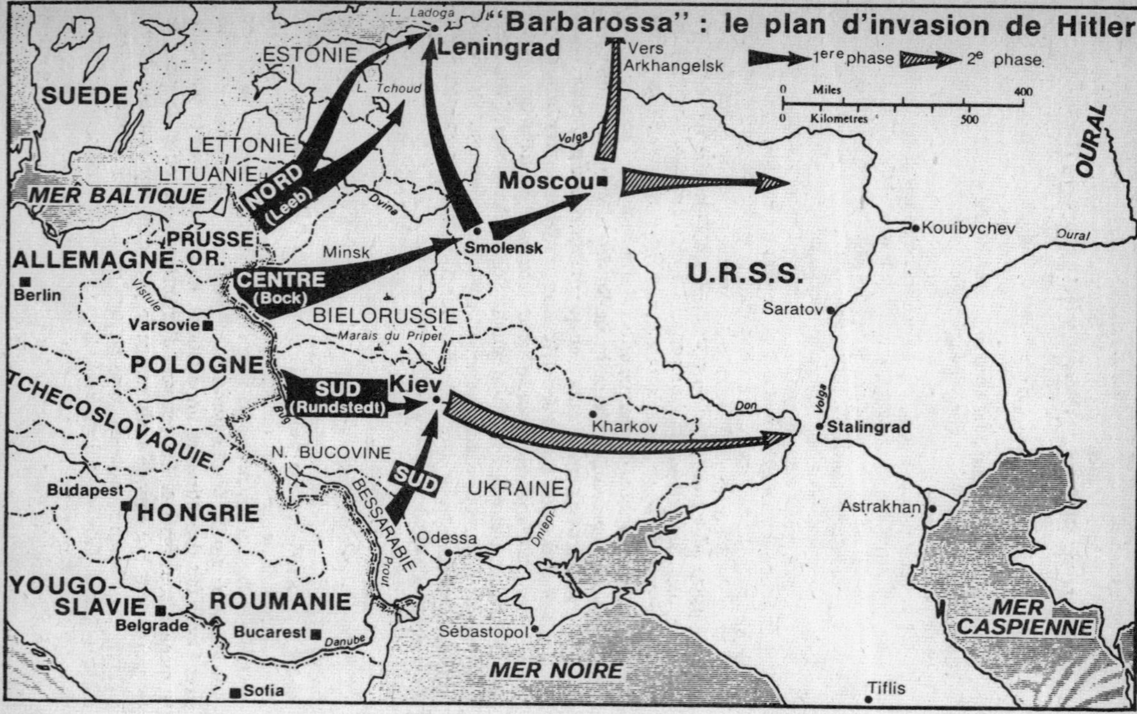
"Barbarossa" : le plan d'invasion de Hitler
1ere phase
2e phase
0 Miles 400
0 Kilometres 500
SUEDE
MER BALTIQUE
ALLEMAGNE
Berlin
PRUSSE OR.
LITUANIE
LETTONIE
ESTONIE
L. Ladoga
L. Tchoud
Leningrad
Vers Arkhangelsk
NORD (Leeb)
Dvina
CENTRE (Bock)
Minsk
Smolensk
Moscou
Volga
Vistule
Varsovie
POLOGNE
BIELORUSSIE
Marais du Pripet
SUD (Rundstedt)
Kiev
Bug
TCHECOSLOVAQUIE
N. BUCOVINE
SUD
BESSARABIE
Prout
UKRAINE
Dniepr
Odessa
Kharkov
Don
U.R.S.S.
Saratov
Kouibychev
Oural
OURAL
Stalingrad
Astrakhan
Budapest
HONGRIE
YOUGO-SLAVIE
Belgrade
ROUMANIE
Bucarest
Danube
Sofia
Sébastopol
MER NOIRE
MER CASPIENNE
Tiflis

12.
Hitler se retourne contre la Russie

Tout l'aspect de la guerre fut bouleversé lorsque Hitler envahit la Russie, le 22 juin 1941, un jour avant l'anniversaire de l'invasion de Napoléon en 1812. Cette décision se révéla aussi fatale pour Hitler que pour son prédécesseur, même si la fin arriva moins vite.

Napoléon fut contraint d'évacuer la Russie avant la fin de l'année, et les Russes entrèrent dans *sa* capitale en avril de la deuxième année après son invasion. Hitler ne fut chassé de Russie qu'au bout de trois ans, et les Russes n'entrèrent dans *sa* capitale qu'en avril de la quatrième année. Il n'avait pénétré que deux fois plus profondément en Russie que Napoléon, mais il n'avait pas réussi à renouveler le succès illusoire de celui-ci avec la prise de Moscou. La plus grande profondeur de sa pénétration était due à une mobilité supérieure. Mais celle-ci n'était pas suffisante pour atteindre son but. L'étendue des espaces russes entraîna d'abord l'anéantissement de ses projets, puis sa défaite.

L'histoire se répéta aussi dans les effets secondaires de cette agression-suicide. Elle apporta à l'Angleterre le soulagement d'une situation qui apparaissait désespérée aux yeux de la plupart des observateurs hors de son île. Pour ceux-là, le caractère très critique de la situation de cette petite île en bordure d'un continent hostile était évident. Le rôle défensif de la mer était amoindri par le développement de l'aviation. L'industrialisation du pays l'avait fait dépendre des importations, multipliant ainsi la portée de la menace sous-marine. En refusant d'examiner toute offre de paix, le Gouvernement britannique avait engagé le pays dans une voie qui devait logiquement l'amener, dans de telles conditions, à un effondrement final, même si Hitler s'abstenait d'entreprendre une conquête rapide par l'invasion. Le refus des compromis était équivalent à un lent suicide.

Les États-Unis pouvaient envoyer « de l'air » pour garder l'Angleterre à flot, mais cela suffirait seulement à prolonger le processus, pas à empêcher la fin. De plus cette mesure de répit fut annulée par la décision de Churchill, au milieu de l'été, de poursuivre le bombardement de l'Allemagne avec tout le poids de ses faibles forces. Ce bombardement ne pouvait guère infliger que des coups d'épingle, mais il ne pouvait manquer d'avoir tendance à empêcher Hitler de tourner toute son attention ailleurs.

Cependant les Anglais ne faisaient guère attention à la dure réalité de leur situation. Ils étaient instinctivement têtus et ignorants de la stratégie. Les discours vivifiants de Churchill contribuèrent à effacer l'influence déprimante de Dunkerque et apportèrent le tonus dont les habitants avaient besoin. Ils furent ragaillardis par son ton de défi et ils ne s'arrêtèrent pas pour demander si celui-ci était stratégiquement justifié.

L'effet produit par Hitler fut encore plus profond que l'influence de Churchill. Sa conquête de la France et son arrivée au bord de leurs rivages les réveilla davantage que tous les signes antérieurs de sa tyrannie et de son désir d'agression n'avaient pu le faire. Ils réagirent une fois de plus de leur manière ancestrale, acharnés à ne démordre de la peau de Hitler à aucun prix. Jamais leur ressemblance collective avec un bulldog ne fut aussi clairement démontrée, et justifiée, dans toute sa stupidité sublime.

Une fois encore, un conquérant de l'Occident fut confondu par un peuple qui « refusa de voir qu'il était battu ». Comme le montre *Mein Kampf*, Hitler comprenait mieux les Anglais que Napoléon; et il avait donc pris des précautions inhabituelles pour éviter de blesser leur fierté. Mais il avait compté sur leur sens pratique et il fut déconcerté par leur refus de voir le caractère désespéré de leur situation et de reconnaître que les conditions contenues dans son offre de paix étaient extraordinairement favorables, étant donné les circonstances. Sous le coup de la surprise il hésita quant au choix de ce qu'il allait faire, puis se tourna, dans la même direction que Napoléon, vers la conquête de la Russie, comme étape préliminaire à un règlement final avec la Grande-Bretagne.

Cette décision ne fut pas soudaine, mais progressive. Elle eut aussi des causes complexes, plus complexes que celle de Napoléon, et elle ne peut pas être expliquée simplement par un seul facteur ou une seule raison isolés.

Les lourdes pertes de la Luftwaffe au-dessus du sud de l'Angleterre furent stratégiquement moins décisives, même si tactiquement elles le furent davantage, que l'échec de la Flotte française au large du Finistère en 1805. Car la défaite de Göring n'eut pas un effet aussi instantané sur l'esprit de Hitler que la retraite de Villeneuve sur celui de Napoléon Hitler persévéra dans ses efforts pour infléchir la volonté du peuple britannique, et changea seulement de méthode de pression, passant d'une tentative de destruction de l'aviation des défenseurs au bombardement nocturne des villes industrielles. Les relâchements intermittents de la pression furent causés, en dehors des conditions météorologiques, par des hésitations de Hitler. Il semble qu'il répugnait à aller jusqu'aux extrêmes contre la Grande-Bretagne s'il avait une chance de la convaincre d'accepter de faire la paix et il s'accrocha à cet espoir tout en poursuivant son but de manière désordonnée.

Entre-temps, son attention se tournait avec une vitesse de plus en plus grande dans une autre direction, sous l'influence de ses besoins et de ses craintes économiques, multipliés par ses préjugés. Bien que le pacte germano-soviétique eût ouvert la voie à ses victoires occidentales, ses conquêtes à l'ouest avaient été, dans une large mesure, le fruit des circonstances, alors qu'il avait toujours envisagé la conquête de la Russie soviétique. Pour lui, cette idée représentait beaucoup plus qu'une question d'opportunité dans la poursuite d'une ambition; l'antibolchevisme était sa conviction émotionnelle la plus profonde.

Cette impulsion vers l'Est fut fortement influencée par la résistance britannique, mais elle avait été ravivée avant le rejet par la Grande-Bretagne de ses offres de paix.

Début juin 1940, alors que Hitler était encore occupé par la campagne de France, Staline avait saisi l'occasion d'occuper la Lituanie, l'Estonie et la Lettonie. Hitler avait donné son accord pour que les États baltes soient dans la sphère d'influence soviétique, pas pour leur occupation effective, et il sentit qu'il avait été roulé par son associé, bien que la plupart de ses conseillers eussent considéré avec réalisme cette action soviétique comme une précaution naturelle, inspirée par la crainte de ce que Hitler aurait pu être tenté d'entreprendre après sa victoire à l'Ouest. La profonde méfiance de Hitler à l'égard de l'U.R.S.S. s'était observée à la façon dont il s'inquiéta, tout au long de la campagne occidentale, à l'idée de n'avoir laissé que 10 divisions à l'est, face à 100 divisions russes.

Puis, le 26 juin, toujours sans en avoir averti son partenaire, la Russie adressa un ultimatum à la Roumanie, exigeant le retour immédiat de la Bessarabie de même que la cession de la Bucovine septentrionale, en guise de « petite compensation » pour la façon dont cette ancienne province avait été « volée » à la Russie en 1918. Le Gouvernement reçut vingt-quatre heures pour donner sa réponse, et, dès qu'il eut cédé à la menace, les troupes soviétiques s'engouffrèrent dans ces territoires.

Pour Hitler c'était plus grave qu'une « gifle », car cette action plaçait les Russes à une distance dangereusement courte des gisements de pétrole roumains sur lesquels il comptait pour son approvisionnement, maintenant que les puits d'outre-mer lui étaient fermés. Au cours des semaines suivantes, ce risque et les conséquences possibles sur l'offensive aérienne d'Angleterre le rendirent de plus en plus inquiet. Le 29 juillet, il parla à Jodl de la possibilité d'avoir à faire la guerre à l'U.R.S.S. si celle-ci tentait de s'emparer des pétroles roumains. Quelques semaines plus tard il commença, à titre de contre-mesure, de transférer en Pologne 2 divisions blindées et 10 divisions d'infanterie. Une directive aux services de contre-espionnage, en date du 6 septembre, disait : « Les effectifs en territoire oriental seront accrus au cours des semaines à venir. Ces groupements ne devant pas créer l'impression en Russie que nous préparons une offensive à l'est. »

Le nombre des forces allemandes devait être camouflé par de fréquents changements de secteur :

> « D'un autre côté les Russes se rendront compte que des troupes allemandes fortes et bien entraînées sont stationnées dans le Gouvernement général, les Provinces orientales et le Protectorat. Ils devraient en tirer la conclusion que nous sommes prêts à protéger nos intérêts avec des forces nombreuses contre une emprise russe, en particulier dans les Balkans. »

Cette directive était d'un ton surtout défensif. Elle dénotait l'intention de dissuader une agression soviétique plutôt que préparer une offensive allemande. Mais, du fait de la distance qui séparait le front allemand des gisements de pétrole que Hitler désirait préserver, il ne pouvait pas escompter leur donner une protection directe et il fut amené à envisager une offensive de diversion en Pologne. L'idée de cette diversion se transforma bientôt en celle d'une invasion à grande échelle, pour prévenir ce risque particulier en supprimant le danger tout entier.

A la mi-septembre, des informations arrivèrent selon lesquelles les services de propagande soviétique avaient adopté un ton antiallemand dans leur propagande au sein de l'Armée Rouge. Ce signe montrait une réaction soupçonneuse des Russes aux premières augmentations d'effectifs des forces allemandes de l'Est et leur promptitude à préparer leurs troupes à un conflit germano-soviétique. Mais, aux yeux de Hitler, c'était la preuve de leurs intentions agressives. Il commença de penser qu'il ne pouvait pas se permettre d'attendre d'avoir complété et consolidé sa victoire à l'ouest, avant de s'occuper de l'U.R.S.S. Ses craintes, ses ambitions et ses préjugés réagirent les uns sur les autres pour donner de l'élan à cette nouvelle idée. Dans cet état d'esprit, ses soupçons furent aisément avivés. Étonné de voir comment l'Angleterre semblait ne pas se rendre compte de sa situation désespéré, il chercha l'explication du côté de l'U.R.S.S. Comme les mois passaient, il répéta à d'innombrables reprises, à Jodl et à d'autres, que l'Angleterre devait espérer une intervention soviétique, sans quoi, elle aurait cédé. Il devait déjà exister un accord secret. L'envoi de Sir Stafford Cripps à Moscou, et ses entretiens avec Staline, furent une confirmation. L'Allemagne devait frapper vite ou bien elle serait étranglée. Hitler refusait de voir que les Russes pouvaient craindre, eux aussi, une agression de sa part.

Les plans d'une offensive contre la Russie avaient déjà été esquissés lorsque le général von Paulus (qui devait devenir célèbre plus tard comme commandant de l'armée qui fut enfermée par les Russes dans Stalingrad) avait été nommé chef-adjoint de l'État-Major général, début septembre. Il avait reçu l'instruction d' « examiner les possibilités ». Les objections définis étaient d'abord la destruction des armées soviétiques en Russie occidentale, puis une avance suffisamment profonde pour assurer l'Allemagne contre le risque d'attaque aérienne venant de l'est, et allant jusqu'à une ligne tirée d'Arkhangelsk à la Volga.

Le plan fut achevé en détail au début de septembre et fut ensuite essayé au cours de deux séances de Kriegspiel. Hitler était maintenant moins inquiet au sujet d'une offensive soviétique, mais il penchait cependant en faveur d'une offensive allemande. La préparation et la vue de vastes plans stratégiques l'enivraient toujours. Les doutes exprimés par ses généraux lorsqu'il leur révéla sa pensée ne firent que le confirmer dans ses projets. N'avait-il pas eu finalement raison toutes les fois qu'ils avaient douté de ses chances de succès ? Il devait une fois de plus leur montrer qu'ils avaient tort, et de façon plus éclatante, car leurs doutes montraient qu'en dépit de toute leur servilité ils se méfiaient encore secrètement de lui comme d'un amateur. De plus, ses amiraux et ses généraux avaient de fortes appréhensions au sujet d'une opération maritime contre l'Angleterre, et il ne pouvait pas lui-même rester passif. Il avait mis sur pied les plans d'une offensive à travers l'Espagne contre Gibraltar, afin de fermer l'extrémité occidentale de la Méditerranée, mais c'était une opération de trop petite envergure pour satisfaire son ambition gigantesque.

A la fin octobre, un nouvel événement affecta sa décision, et, dans une plus large mesure, le résultat final de celle-ci. Ce fut l'invasion de la Grèce par Mussolini, déclenchée sans que Hitler en eût été averti. Il fut extrêmement courroucé que son associé mineur eût négligé de lui demander ses conseils et furieux des conséquences de cette opération qui bouleversait son propre programme et représentait le risque de voir les Italiens s'installer dans la sphère qu'il convoitait. Bien que ce dernier risque se fût bientôt évanoui avec les revers italiens, l'initiative indépendante de Mussolini conduisit Hitler à accélérer ses propres mouvements dans les Balkans. Elle apporta une nouvelle raison de différer l'achèvement de son programme occidental et accentua les visées de son esprit à l'est. Comme il lui fallait battre ses associés dans la course aux Balkans, il allait d'abord s'occuper de la Russie et laisser le problème anglais pour plus tard. La décision n'était pas encore nettement arrêtée dans son esprit, mais c'était le courant dominant de sa pensée.

Le 10 novembre, Molotov arriva à Berlin pour discuter d'une large série de problèmes, y compris la proposition allemande suggérant que l'Union soviétique rejoigne les rangs des forces de l'Axe. Un communiqué conjoint fut publié à l'issue de ces conversations, disant que : « L'échange de vues eut lieu dans une atmosphère de confiance mutuelle et aboutit à une compréhension réciproque sur toutes les questions importantes intéressant l'Allemagne et l'Union soviétique. » En privé également, les participants allemands se montrèrent très satisfaits des résultats, qui, le 16, furent résumés dans ces termes :

> « Il n'y aura pas pour l'instant de traité défini. La Russie a semblé désireuse de se joindre au pacte des Trois Puissances après que plusieurs questions ultérieures eurent été clarifiées [...] Molotov a été averti de l'action envisagée par l'Allemagne dans les Balkans afin de soutenir l'Italie, et il ne soulève

aucune objection. Il suggère de créer des conditions permettant à l'influence soviétique de s'exercer en Bulgarie, dans des conditions similaires à l'influence allemande en Roumanie, mais cette suggestion n'est pas suivie par les Allemands. L'Allemagne indique cependant qu'elle se désintéresse de la domination turque sur les Dardanelles et qu'elle comprendrait le désir des Russes d'installer des bases dans ce secteur... »

Mais la « confiance mutuelle » faisait totalement défaut, et cette expression diplomatique n'a jamais rendu un son aussi creux. Le 12, Hitler avait déclaré dans sa Directive de Guerre n° 18 :

« L'initiative de conversations politiques a été prise dans le but de clarifier l'attitude soviétique actuelle. Quels que soient les résultats de ces entretiens, tous les préparatifs à l'est qui ont déjà été ordonnés verbalement seront poursuivis. »

Pendant que les diplomates parlaient, les plans militaires progressaient. Hitler lui-même ne trouvait pas les résultats des conversations aussi satisfaisants que certains membres de son entourage. Il considérait les questions supplémentaires de la Russie sur le pacte des Trois Puissances comme une simple mesure dilatoire et était dominé par son désir croissant de prendre l'offensive. Raeder, qui le vit le 14, nota que « le Führer est toujours d'avis d'ouvrir le conflit contre la Russie ». Après le départ de Molotov, Hitler vit un certain nombre de ses subordonnés et leur fit clairement comprendre qu'il allait envahir l'Union soviétique. Leurs tentatives pour le dissuader de se lancer dans cette entreprise furent vaines. Lorsqu'ils lui représentaient que cela signifierait de faire la guerre sur deux fronts, comme cela avait été fatal à l'Allemagne dans la Première Guerre mondiale, il répliquait qu'il était impossible de compter que la Russie se tînt tranquille jusqu'à ce que la résistance anglaise eût été brisée. Il fallait, pour vaincre l'Angleterre, accroître les forces de l'aviation et de la marine, ce qui entraînerait une réduction des forces terrestres, mais une telle réduction n'était pas possible tant que la menace russe subsistait. La situation avait été modifiée par « l'instabilité russe manifestée dans les états balkaniques ». L'opération *Sealion* devrait donc être remise à plus tard.

Le 5 décembre, Hitler reçut le rapport de Halder sur les plans de l'Est et, le 18, il envoya la « Directive n° 21 : Affaire Barbarossa ». Elle commençait par cette déclaration décisive : « Les forces armées allemandes doivent se tenir prêtes à écraser la Russie soviétique au cours d'une campagne rapide, avant la fin de la guerre avec l'Angleterre. »

« Dans ce but, l'armée devra employer toutes ses unités disponibles, sous la réserve que les pays occupés restent protégés contre une attaque surprise. L'effort principal de la Marine reste concentré sans ambiguïté contre l'Angleterre!

« Si l'occasion se manifeste, j'ordonnerai la concentration des troupes en vue d'une action contre l'Union soviétique, huit semaines avant la date prévue pour le début des opérations. Les préparatifs demandant davantage de temps doivent, si cela n'est pas déjà fait, commencer immédiatement, et ils devront être achevés pour le 15 mai 1941 [qui était considéré comme la date minimale pour que les conditions météorologiques fussent favorables]. De grandes précautions doivent être prises pour que l'on ne puisse pas s'apercevoir des intentions offensives de l'Allemagne...

« La masse de l'armée soviétique doit être détruite par des opérations audacieuses en enfonçant quatre coins profonds à l'aide des chars, et les forces ennemies en état de combattre doivent être empêchées de se replier dans les vastes espaces russes. »

La directive continuait en disant que si ces résultats ne suffisaient pas à mettre la Russie hors de combat, sa dernière zone industrielle de l'Oural pourrait être détruite par la Luftwaffe. La flotte soviétique serait paralysée par la prise des bases baltes. La Roumanie apporterait son aide en fixant les forces russes dans le Sud et en assurant des services auxiliaires à l'arrière. Hitler avait sondé le nouveau dictateur de la Roumanie, le général Antonescu, en novembre, au sujet de sa participation à une attaque contre l'U.R.S.S.

L'expression « si l'occasion se manifeste » est assez vague, mais il semble pratiquement certain que Hitler était décidé. Cette restriction peut être expliquée par un passage ultérieur de la directive : « Tous les ordres émis par le Haut Commandement suivant la présente instruction doivent être travestis en des termes permettant de les prendre pour dés mesures de précaution au cas où l'Union soviétique modifierait son attitude présente à notre égard. » Le plan devait être enrobé dans un programme habile de dissimulation et Hitler se devait de donner l'exemple.

De plus, cette dissimulation devait être valable pour son propre peuple tout autant que pour l'ennemi. Un si grand nombre de ceux auxquels il s'ouvrait du projet était troublé par les risques d'une invasion de la Russie, en particulier par la guerre sur deux fronts qu'elle entraînerait, qu'il jugea sage de donner l'impression de réserver sa décision finale. Cette attitude leur donnerait le temps de s'habituer au changement d'orientation, tout en lui donnant, à lui, le temps d'apporter des preuves plus persuasives des intentions hostiles de la Russie. Les généraux se montraient en particulier si réservés qu'il était inquiet des effets de leur manque d'enthousiasme. Il aurait pu, bien sûr, les contraindre à l'obéissance par le serment qu'ils lui avaient prêté, mais cela n'aurait pas suffi à créer dans leurs esprits la détermination nécessaire au succès. Comme il lui fallait se servir d'eux en tant qu'instruments professionnels, il était nécessaire de les convaincre.

Le 10 janvier, un nouveau traité fut signé avec l'Union soviétique, concrétisant les résultats des conversations de novembre avec Molotov au sujet des problèmes économiques et frontaliers. Les difficultés semblaient donc s'aplanir en surface. Mais Hitler exprima son opinion personnelle en disant que Staline était un « maître-chanteur glacial ». En même temps, des rapports inquiétants arrivèrent de Roumanie et de Bulgarie au sujet des activités soviétiques dans ces pays.

Le 19, Hitler reçut la visite de Mussolini et, au cours de cette réunion, il parla de ses difficultés avec la Russie. Il ne révéla pas ses propres plans offensifs mais il fit allusion de façon significative aux vigoureuses protestations élevées par les Russes au sujet de la concentration de troupes allemandes en Roumanie. Une importante indication sur sa pensée intime était contenue dans cette remarque : « Autrefois la Russie n'aurait pas représenté le moindre danger car elle ne peut nous mettre en péril d'aucune façon; mais, maintenant, à l'époque de l'aviation, les puits de pétrole roumains peuvent être réduits en cendres par une attaque venant de Russie ou de la Méditerranée, et la vie de l'Axe dépend de ces puits. » Il donna aussi cet argument à ses généraux qui suggéraient que même dans le cas où les Russes auraient l'intention de tenter une invasion, il était possible de faire face efficacement à ce risque en augmentant la force défensive des troupes allemandes derrière la frontière au lieu de lancer une offensive en Russie.

Le 3 février, Hitler approuva le texte final du plan *Barbarossa*, à la suite d'une conférence de ses chefs militaires à Berchtesgaden, au cours de laquelle les différents points du plan furent exposés. Keitel donna une estimation des forces ennemies en Russie occidentale selon laquelle celles-ci s'élevaient approximativement à 100 divisions d'infanterie, 25 divisions de cavalerie, et l'équivalent de 30 divisions mécanisées. C'était proche de la vérité puisque, lorsque l'invasion fut déclenchée, les Russes disposaient à l'ouest de 88 divisions blindées et motorisées. Keitel déclara alors que les effectifs allemands ne seraient pas tout à fait aussi importants, « mais très supérieurs en qualité ». En fait, les armées d'invasion comprenaient 116 divisions d'infanterie (dont 14 motorisées), une division de cavalerie et 19 divisions blindées, sans compter 9 divisions affectées aux lignes de communication. L'énumération de ces effectifs n'était pas faite pour calmer l'inquiétude des généraux car elle montrait qu'ils s'embarquaient dans une vaste offensive sans aucun atout en leur faveur et avec un net avantage en faveur de l'ennemi dans l'élément décisif, les forces blindées. Il était clair que les auteurs du plan faisaient un lourd pari sur la supériorité en qualité.

Keitel continua : « Les intentions opérationnelles des Russes nous sont inconnues. Il n'y a pas de gros effectifs sur la frontière. Un mouvement de retraite pourrait seulement être de faible envergure, les États baltes et l'Ukraine étant d'une importance vitale pour le ravitaillement russe. » Ce raisonnement semblait, à l'époque, raisonnable, mais il se révéla très largement optimiste.

Les forces d'invasion devaient être divisées en trois groupes d'armées et les grandes lignes de leurs tâches opérationnelles furent précisées. Le groupe Nord (sous les ordres de Leeb) devait partir de Prusse-Orientale et attaquer à travers les Pays baltes en direction de Leningrad. Le groupe Centre (sous les ordres de Bock) devait attaquer en partant de la région de Varsovie en direction de Minsk et de Smolensk, sur la route de Moscou. Le groupe

TABLEAU DES GROUPES D'ARMÉES ALLEMANDS SUR LE FRONT EST *
Montrant les changements de désignation et de commandement.
Juin 1941 - Mai 1945

	NORD	CENTRE	SUD		
1941 - Juin	von LEEB	von BOCK	von RUNDSTEDT		
— Déc.		von KLUGE	von REICHENAU		
1942 - Jan.	von KÜCHLER		von BOCK		
			B		A
— Juil.			von WEICHS		LIST
— Sept.					HITLER
— Nov.				DON (formé à partir de la 11e Armée) von MANSTEIN	von KLEIST
1943 - Fév.			dissous	SUD	
— Oct.		BUSCH			
1944 - Jan.	MODEL				
— Mars	LINDEMANN			UKRAINE-NORD	UKRAINE-SUD
				MODEL	SCHÖRNER
— Juin					
— Juil.	FRIESSNER				FRIESSNER
	SCHÖRNER				
— Août		REINHARDT		A	SUD
— Sept.				HARPE	
— Déc.					WÖHLER
1945 - Janv.	RENDULIC				
	COURLANDE	NORD	VISTULE (Nouveau Gr)	CENTRE	
				SCHÖRNER	
— Jan.	von VIETINGHOFF	RENDULIC	HIMMLER		
— Mars	RENDULIC	WEISS	HEINRICI		RENDULIC
— Avril	HILPERT	dissous			
— Mai			STUDENT		OSTMARK

* Reproduit avec l'aimable autorisation du lieutenant-colonel Albert Seaton à partir de l'Appendice B de son livre *The Russo-German War. 1941-1945* (Londres, Arthur Barker, 1970).

Sud (sous les ordres de Rundstedt) devait attaquer au sud des Marais du Pripet, et s'étendre jusqu'à la Roumanie, avec pour objectifs le Dniepr et Kiev. Le poids principal devait être concentré sur le groupe Centre afin de lui donner une supériorité numérique. On escomptait que les effectifs seraient juste à parité dans le Nord et que ceux des forces allemandes seraient inférieurs à ceux de l'adversaire dans le Sud.

Dans son exposé, Keitel fit remarquer que l'attitude de la Hongrie était encore incertaine, et il souligna que des accords avec les pays susceptibles de coopérer avec l'Allemagne ne pourraient être conclus qu'à la onzième heure, pour des raisons de secret. La Roumanie devait cependant être une exception à cette règle parce que sa coopération était « vitale ». (Hitler venait de rencontrer de nouveau Antonescu, et il lui avait demandé d'autoriser les troupes allemandes à traverser la Roumanie pour aller soutenir les Italiens en Grèce, mais Antonescu avait hésité, représentant qu'une telle mesure pourrait précipiter une invasion russe en Roumanie. Lors d'une troisième rencontre, Hitler lui promit non seulement le retour de la Bessarabie et de la Bucovine septentrionale, mais aussi une bande de Russie méridionale « jusqu'au Dniepr », en récompense de l'aide roumaine dans l'affaire.)

Keitel ajouta que l'opération de Gibraltar n'était plus possible puisque que le gros de l'artillerie allemande avait été envoyé à l'est. Tandis que l'opération *Sealion* avait également été mise au rancart, « tout le possible doit être fait pour maintenir chez nos troupes l'impression que l'invasion de l'Angleterre est toujours en préparation ». Pour répandre cette idée, certaines zones de la côte de la Manche et de Norvège devaient être soudainement interdites tandis que, par une double opération de bluff, la concentration à l'est devait être présentée comme un exercice de dissimulation en vue du débarquement en Angleterre.

Le plan militaire était associé à un plan économique de grande envergure, le « Plan Oldenburg », pour l'exploitation du territoire soviétique conquis. Un état-major économique, entièrement distinct de l'État-Major général, fut créé. Un rapport en date du 2 mai sur son examen du problème commençait par ces déclarations : « La guerre ne peut être poursuivie que si toutes les forces armées sont nourries par la Russie à partir de la troisième année de la guerre. Il est certain que des millions de gens mourront de faim en Russie si nous sortons du pays les choses dont nous avons besoin. » On ne peut savoir clairement si ceci constituait une simple affirmation scientifique de sang-froid ou une mise en garde contre des buts et des demandes excessifs. Le rapport continuait en disant : « Il est essentiel de saisir et de transférer toutes les graines et tourteaux de lin; le blé est seulement d'un intérêt secondaire. » Un rapport antérieur du général Thomas, chef du service de l'Économie de guerre à l'O.K.W., avait montré que la conquête de toute la Russie d'Europe pourrait alléger les problèmes alimentaires de l'Allemagne si la question du transport pouvait être résolue, mais ne résoudrait pas d'autres parties importantes de son problème économique; l'approvisionnement en « caoutchouc, tungstène, cuivre, platine, étain, amiante et chanvre de Manille resterait impossible tant que les communications avec l'Extrême-Orient ne seraient pas assurées ». De tels avertissements restèrent sans effet sur Hitler. Mais une autre conclusion, disant que « les puits de pétrole du Caucase sont indispensables à l'exploitation des territoires occupés », devait avoir un effet très important en l'incitant à étendre son avance jusqu'au point de perdre l'équilibre.

Le plan *Barbarossa* pâtit encore plus d'un bouleversement préliminaire qui eut des effets importants à long terme. Il fut dû à l'action psychologique sur Hitler de la double rebuffade diplomatique qu'il subit de la part de la Grèce et de la Yougoslavie, avec le soutien de l'Angleterre. Il avait espéré s'assurer le contrôle des Balkans sans combats sérieux en employant la diplomatie armée. Il avait l'impression qu'après ses victoires à l'Ouest, celle-ci devrait réussir plus facilement que jamais. La Russie lui avait facilité les choses en Roumanie par son entrée en Bessarabie; la Roumanie lui était tombée dans les bras par un choc en retour. La démarche suivante se révéla également facile. Le Gouvernement bulgare se laissa corrompre et accepta un pacte aux termes duquel les forces allemandes étaient autorisées à traverser son territoire pour prendre position sur la frontière grecque. Le Gouvernement soviétique exprima à la radio sa désapprobation devant cet abandon de neutralité, mais le fait qu'il s'abstint de prendre des mesures plus énergiques confirma encore Hitler dans sa certitude que l'Union soviétique n'était pas prête à la guerre.

Le Gouvernement grec se montra moins disposé à répondre aux approches diplomatiques de Hitler, ainsi qu'il était naturel après que la Grèce eut été envahie par son associé de l'Axe. Le Gouvernement grec ne se laissa pas non plus impressionner par ses menaces. L'esprit du peuple grec avait été enflammé et il était stimulé par ses succès contre l'invasion de Mussolini. En février, un accord avait été conclu pour l'envoi de renforts britanniques et ceux-ci commencèrent de débarquer quelques jours après l'entrée des Allemands en Bulgarie.

Ce défi incita Hitler à déclencher son attaque contre la Grèce, qui fut lancée un mois plus tard. C'était là une déviation inutile de sa route principale car les forces que l'Angleterre pouvait fournir n'étaient pas assez importantes pour lui occasionner plus qu'une légère irritation sur son épaule droite, et les Grecs étaient tout entiers occupés avec les Italiens.

L'effet néfaste sur ses plans russes fut accru par les événements de Yougoslavie. Sous la pression allemande, le Gouvernement yougoslave accepta de lier son sort à celui de l'Axe sur la base d'un compromis le libérant de toute obligation militaire mais avec la condition secrète que la ligne de chemin de fer Belgrade-Nich, en direction de la frontière grecque, soit ouverte aux troupes allemandes. Les représentants yougoslaves signèrent le pacte le 25 mars. Deux jours plus tard, un coup d'État militaire éclatait à Belgrade sous la direction du général Simivich, chef de l'aviation yougoslave et d'un groupe de jeunes officiers. Ils prirent le contrôle de la radio et du central téléphonique, chassèrent le Gouvernement, en établirent un nouveau dirigé par Simovich, puis défièrent les demandes allemandes. Des agents britanniques avaient aidé à la préparation du complot et, lorsque la nouvelle de sa réussite atteignit Londres, Churchill annonça dans un discours : « J'ai de grandes nouvelles pour vous et pour tout le pays. Tôt ce matin, la Yougoslavie a retrouvé son âme. » Il continua en déclarant que le nouveau gouvernement recevrait de la Grande-Bretagne « toute l'aide et le secours possibles ».

Ce coup d'État bouleversa toute la situation des Balkans. Hitler ne pouvait pas tolérer un tel affront et la joie de Churchill le rendit furieux. Il décida aussitôt d'envahir la Yougoslavie en même temps que la Grèce. Les mesures nécessaires furent si rapidement prises qu'il put frapper dix jours plus tard, le 6 avril.

Les résultats directs de ce défi des Balkans furent lamentables. La Yougoslavie fut conquise en l'espace d'une semaine et sa capitale dévastée par l'attaque aérienne initiale. La Grèce fut conquise en un peu plus de trois semaines et les forces britanniques rembarquèrent après une longue retraite et peu de combats. Elles s'étaient laissées manœuvrer à chaque occasion. Le résultat porta atteinte au jugement de Churchill et de ceux qui l'avaient soutenu en proclamant la possibilité d'une intervention militaire, non seulement à cause de la perte de prestige anglaise, mais aussi à cause du malheur qui s'abattit sur les peuples yougoslave et grec. De plus, par une de ces ironies de l'histoire, la conséquence ultime de l'initiative de Churchill fut la résurrection de la Yougoslavie sous la forme d'un État hostile à tout ce qu'il représentait.

Mais les résultats indirects de cet épisode furent essentiels et ils rejaillirent sur le jugement de Hitler. En opérant avec une marge de forces aussi réduite, même en comptant que la qualité décuplait la quantité, il ne pouvait se permettre de mener campagne en Yougoslavie et en Grèce en même temps que d'envahir la Russie. Il était en particulier handicapé par son désavantage numérique en chars face à la Russie. La conquête rapide des Balkans dépendait de l'emploi de divisions de Panzer et il aurait besoin de toutes celles qu'il pouvait réunir avant de s'aventurer à lancer l'offensive contre l'U.R.S.S. Le 1er avril, l'opération *Barbarossa* fut donc repoussée de la mi-mai à la seconde moitié de juin.

Le fait que Hitler fut capable de conquérir deux pays assez rapidement pour ne pas changer cette nouvelle date d'entrée en Russie demeure un exploit militaire stupéfiant. Ses généraux allaient jusqu'à considérer que, si les Anglais avaient réussi à se maintenir en Grèce, l'opération *Barbarossa* n'aurait jamais vu le jour. En fait, le retard fut seulement de cinq semaines. Mais ce fut l'un des facteurs qui compromirent ses chances de victoire en Russie, en association, avec le coup d'État en Yougoslavie, un délai accidentel en avril (par suite d'hésitations) et l'arrivée précoce de l'hiver cette année-là.

Le 1er mai, les Anglais s'étaient rembarqués des plages du sud de la Grèce, à l'exception de ceux qui avaient été isolés et capturés. Le même jour, Hitler fixa la date de *Barbarossa*. Sa directive résumait les effectifs respectifs, puis ajoutait :

> « *Prévision du déroulement des opérations* : Vraisemblablement de violents combats sur les frontières, pouvant durer jusqu'à quatre semaines. Au cours du développement ultérieur, on peut s'attendre à une résistance plus faible. Un Russe se battra sur un emplacement désigné jusqu'à son dernier souffle. »

Le 6 juin, Keitel publia le calendrier détaillé de l'opération. En dehors de l'énumération des forces employées pour l'invasion, il faisait état que 46 divisions d'infanterie avaient été laissées à l'ouest, face à l'Angleterre, mais une seule d'entre elles était motorisée et il ne restait qu'une seule brigade blindée. Les opérations *Attila* (consistant à s'emparer de l'Afrique du Nord française) et *Isabella* (pour contrer une éventuelle initiative britannique au Portugal) pouvaient toujours être exécutées sous un délai de dix jours, mais pas simultanément ». « La Luftflotte 2 a été retirée des combats et transférée à l'est, tandis que la Luftflotte 3 a pris la responsabilité exclusive de la guerre aérienne contre l'Angleterre. »

Ces ordres indiquaient que des négociations avec l'État-Major général finlandais avaient été entamées le 25 mai dans le but de s'assurer sa coopération dans l'offensive. Les Roumains, dont la coopération avait été déjà acquise, devaient être informés des derniers arrangements le 15 juin. Le 16, les Hongrois devaient être informés d'avoir à renforcer la garde à leurs frontières. Le lendemain, toutes les écoles d'Allemagne orientale devaient être fermées. Les navires de commerce allemands devaient quitter la Russie sans attirer l'attention et les départs de navires devaient être interrompus. A partir du 18, il était inutile de « camoufler plus longtemps l'intention d'attaquer ». Il serait alors trop tard pour que les Russes puissent prendre des mesures de renforcement de grande envergure. La date limite pour l'annulation de l'offensive était le 21 à 13 heures et le mot de code dans ce cas serait *Altona*, pour déclencher l'attaque, il serait *Dortmund*. L'heure du franchissement de la frontière était fixée à 3 h 30 le 22 juin.

Malgré les précautions allemandes, l'Intelligence Service fut remarquablement bien renseignée sur les intentions de Hitler longtemps à l'avance et elle informa l'Union soviétique. Elle fut même en état de prédire sans se tromper la date exacte de l'invasion — une semaine avant que celle-ci n'eût été fixée définitivement. Mais ses avertissements répétés furent reçus avec une attitude d'incrédulité et de confiance persistante dans le pacte germano-soviétique, que les Anglais trouvèrent aussi déconcertante qu'exaspérante. Ils sentaient que cette incrédulité était sincère. Cette impression se refléta dans le discours radiodiffusé de Churchill après que la nouvelle de l'invasion fut connue, et, lorsque l'Armée rouge subit d'abord des désastres, les Russes les attribuèrent en partie au fait qu'elle avait été attaquée par surprise.

L'étude de la presse et des émissions de la radio soviétique n'aurait pas confirmé cette impression. A partir d'avril, elle contenait les indications significatives de mesures de précaution et montraient une connaissance des mouvements de troupes allemands. Il y avait en même temps des allusions plus ostensibles à l'observation stricte par l'Allemagne des termes du Pacte, combinées à des attaques contre les tentatives anglaises et américaines pour semer la discorde entre la Russie et l'Allemagne, en particulier en répandant des rumeurs au sujet de préparatifs allemands dirigés contre l'Union soviétique. Une émission de ce genre, en date du 13 juin, dans le style caractéristique de Staline, faisait remarquer que « l'envoi de troupes allemandes dans les régions est et nord-est de l'Allemagne doit être attribué à des motifs qui n'ont rien à voir avec la Russie ». Ces propos pouvaient encourager Hitler à croire que son programme de dissimulation avait réussi à donner l'impression désirée. On peut répondre à un double bluff en le surcontrant. La même émission répondait à des rapports étrangers faisant état du rappel des réservistes soviétiques en expliquant qu'il s'agissait simplement d'un entraînement avant les grandes manœuvres d'été habituelles. Le 20, Radio-Moscou fit un récit chaleureux des exercices militaires qui se déroulaient près des Marais du Pripet, récit qui avait peut-être pour but de renforcer la confiance dans le pays. Elle annonça également que les défenses anti-aériennes civiles de Moscou devaient être essayées « dans des conditions réalistes » le dimanche 22. Malgré cela les rumeurs d'origine étrangère d'une invasion imminente de la Russie étaient encore une fois décrites comme des « fabrications délirantes forgées par des forces hostiles à l'Union soviétique ».

Les Allemands étaient au courant des efforts britanniques pour avertir les Russes. Le 24 avril, leur attaché naval à Moscou signala même que « l'ambassadeur britannique [prédisait] le 22 juin comme date du début de la guerre ». Mais cela ne conduisit pas Hitler à modifier la date. Il se peut qu'il ait escompté que les Russes ne feraient aucun cas de rapports britanniques ou bien qu'il ait pensé que le jour lui-même n'avait aucune importance.

Il est difficile d'estimer à quel point Hitler croyait que les Russes ne s'attendaient pas à son attaque, car il dissimulait souvent sa pensée à son propre entourage. Depuis le printemps, les rapports de ses observateurs à Moscou lui disaient que le Gouvernement soviétique redoutait passivement un danger et qu'il était anxieux de l'apaiser; qu'il n'y avait aucun risque que la Russie attaque l'Allemagne, aussi longtemps que Staline vivrait. A une date aussi avancée que le 7 juin, l'ambassadeur allemand à Moscou rapportait : « Toutes mes observations montrent que Staline et Molotov, qui sont les seuls responsables de la politique étrangère soviétique, font tout pour éviter un conflit avec l'Allemagne. » Tout cela semblait confirmé non seulement par la façon dont l'U.R.S.S. accomplissait ses livraisons en conformité avec les termes de l'accord commercial, mais aussi par ses concessions à Hitler en cessant de reconnaître diplomatiquement la Yougoslavie, la Belgique et la Norvège.

D'un autre côté, Hitler déclarait souvent que les diplomates nazis de Moscou étaient les plus mal informés du monde. Il exhiba aussi à ses généraux des rapports d'une nature opposée, disant que les Russes préparaient une offensive qu'il était urgent de prévenir. Il se peut que dans ce cas il ait délibérément tenté de les tromper, sans croire lui-même à ces rapports, car il continuait d'avoir des difficultés avec ses généraux qui présentaient toujours des objections à l'invasion. Ou alors il est possible qu'il se soit tardivement rendu compte que les Russes n'étaient pas dans un état d'impréparation comparable à ce qu'il espérait et que, par contrecoup, il ait pensé que leurs intentions étaient les mêmes que les siennes. Après avoir franchi la frontière, les généraux ne découvrirent aucun signe de préparatifs russes à proximité du front en vue d'une offensive, et ils s'aperçurent alors que Hitler les avait abusés.

FINLANDE
SUEDE
L. Ladoga
Leningrad
Tallinn
MER BALTIQUE
ESTONIE
L. des Tchoudes
L. Ilmen
0 Miles 200
0 Kilometres 300
Riga
LETTONIE
GROUPE D'ARM. NORD (Leeb)
Y compris la 4e PANZ. GREN. (Höppner)
LITUANIE
Dvina
Dvinsk
Rjev
Kline
Moscou
Vitebsk
Vyasma
Kaunus
Beresina
Smolensk
ALLEM.
PRUSSE OR.
Grodno
Minsk
Mogilev
Orcha
Toula
GROUPE D'ARM. CENTRE (Bock)
Roslavl
Slonim
Bialystok
Rogatchev
Briansk
Y compris la 3e PANZ. GREN. (Hoth)
Varsovie
Brest-Litovsk
Kobrine
Marais du Pripet
Bobruisk
la 2e PANZ. GREN. (Guderian)
Gomel
Novgorod Severskiy
POLOGNE
Bug
Loutsk
Korosten
Desna
Don
Lvov
Brody
GALICIE
Kiev
Kharkov
UKRAINE
Mts Carpathes
GROUPE D'ARM. SUD (Rundstedt)
Y compris la 1ère PANZ. GREN.(Kleist)
Dnieper
Donetz
Dnepropetrovsk
HONGRIE
BESSARABIE
Dniestr
Rostov
Marioupol
Odessa
MER NOIRE
Crimée
YOUGO-SLAVIE
ROUMANIE
Sébastopol
L'Offensive initiale en U.R.S.S.
Principales offensives allemandes
Front au 1er sept. 1941
Front le 5 décemb. 1941
Poches de résistance soviétique
Ligne Staline

13.
L'invasion de la Russie

En Russie, le résultat final dépendait moins de la stratégie et de la tactique, que de l'espace, la logistique et la mécanique. Certaines décisions opérationnelles furent d'une importance capitale, mais elles ne comptèrent pas autant que l'infériorité mécanique conjuguée à des espaces trop vastes, et leur effet doit être estimé en relation avec ces facteurs fondamentaux. Le facteur espace peut être facilement appréhendé en regardant une carte de l'U.R.S.S., mais le facteur mécanique nécessite de plus amples explications. Une analyse préliminaire de cet élément est essentielle à la compréhension des événements.

Comme dans les invasions précédentes de Hitler tout reposait sur les forces mécanisées, bien que celles-ci ne représentassent qu'une petite partie du total des forces. Les 19 divisions de Panzer disponibles ne figuraient qu'à peine un dixième du nombre total des divisions allemandes et des pays satellites. Dans ce vaste résidu, 14 divisions seulement étaient motorisées et donc capables de suivre le rythme des avant-gardes blindées.

En tout, l'armée allemande possédait 21 divisions de Panzer en 1941, contre 10 en 1940. Mais cette apparente multiplication par deux de ses forces blindées n'était qu'une illusion. Elle était surtout le résultat d'une répartition. Au cours de la campagne occidentale le noyau de chaque division était constitué par une brigade blindée de 2 régiments comprenant chacun 160 chars de combat. Avant l'invasion de la Russie, un régiment de chars fut retiré à chaque division et une nouvelle division fut formée autour de celui-ci.

Certains des meilleurs experts en blindés s'élevèrent contre cette décision, représentant que son effet réel était de multiplier le nombre d'états-majors et de troupes auxiliaires non blindées au sein des prétendues forces blindées, sans changer pour autant la taille des forces blindées elles-mêmes, et donc en amoindrissant le punch de chaque division. Sur les 17 000 hommes que comptaient ces unités, 2 600 seulement seraient aujourd'hui considérés comme des « tankistes ». Mais Hitler se montra inflexible. Devant l'étendue des espaces soviétiques il voulait avoir l'impression de disposer d'un plus grand nombre de divisions blindées capables de frapper en profondeur, et il estimait que l'infériorité technique des Russes compenserait la dilution de ses propres forces. Il pouvait également souligner le fait que, grâce à la production accrue des derniers modèles de Mark III et IV, les deux tiers des effectifs blindés de chaque division consisteraient désormais en chars moyens, dotés de plus grands canons et d'un blindage deux fois plus épais, alors que, pendant la campagne occidentale, les deux tiers étaient constitués par des chars légers. La puissance de frappe serait donc augmentée malgré la diminution de moitié des effectifs. C'était là un argument valable jusqu'à un certain point et à l'époque même.

La réduction du nombre de chars mit cependant en lumière le défaut fondamental de la « division blindée » allemande : le gros de ses éléments était dépourvu de blindage et incapable de se déplacer en tout-terrain. La plus grande nouveauté apportée par le char à l'art de la guerre, plus encore que la renaissance de l'armure, était sa capacité à quitter la route, à ne pas dépendre de la surface lisse et dure d'une piste préparée. Alors que le véhicule automobile sur roues permettait seulement une plus grande vitesse de progression, avec les mêmes effets que le chemin de fer mais sous une forme plus souple, le char avait révolutionné la notion de mobilité. En posant sa propre piste au fur et à mesure de sa progression, il se libérait de la nécessité de suivre un itinéraire fixe le long d'un chemin préfabriqué, substituant ainsi un mouvement bidimensionnel à un mouvement unidimensionnel.

L'importance de ces possibilités avait été vue par les premiers théoriciens anglais de la guerre mécanisée. Dans le modèle de force blindée qu'ils avaient proposé à la fin de la Première Guerre mondiale, tous les véhicules, y compris ceux qui transportaient le ravitaillement, devaient être d'un type tout-terrain monté sur chenilles [1]. Même dans l'armée allemande, qui était allée plus loin que toute autre dans l'application de ces théories, ce système n'avait pas été adopté.

Dans la nouvelle division de Panzer de 1941, il y avait près de 300 véhicules à chenilles, pour un total de près de 3 000 véhicules à roues dont la plupart étaient tributaires de la route. La surabondance de ces derniers avait été de peu d'importance au cours de la campagne occidentale où un mauvais dispositif de défense s'effondra d'un bout à l'autre et où les attaquants purent profiter d'un réseau de routes bien pavées pour exploiter leurs chances. Mais à l'est, où les bonnes routes étaient rares, ce facteur représenta à la longue un frein décisif. Les Allemands payèrent ici le prix des vingt ans de retard qu'ils avaient en pratique sur la théorie qu'ils avaient adoptée pour remporter leurs succès.

---

1. Cf. Liddell Hart : *Mémoires*, pp. 72-87, Fayard. *(N. d. T.)*.

La durée et l'ampleur de leur réussite furent dues au retard encore plus grand du matériel de leurs adversaires. En effet, si les Russes possédaient une vaste supériorité numérique en matière de chars, le nombre total de leurs véhicules automobiles était si restreint que même leurs forces blindées ne disposaient pas d'un nombre suffisant de véhicules de transport motorisés. Ce fut un handicap vital pour manœuvrer face aux avances des Panzer allemands.

Les forces blindées allemandes dans cette offensive s'élevaient à 3 550 chars, c'est-à-dire seulement 800 de plus que lors de l'invasion de l'Europe occidentale. (Ce qui n'empêcha pas les Russes de proclamer en août qu'ils en avaient détruit 8 000.) Le nombre total des chars de l'Armée Rouge, selon le télégramme de Staline à Roosevelt, du 30 juillet 1941, s'élevait à 24 000 dont plus de la moitié était en Russie occidentale.

Tôt le matin, le dimanche 22 juin, le flot allemand s'engouffra à travers la frontière en décrivant trois grandes vagues parallèles entre la mer Baltique et les monts Carpates.

Sur la gauche, le Groupe d'armées Nord, sous les ordres de Leeb, franchit la frontière de Prusse-Orientale pour entrer dans la Lituanie occupée par les Russes. Au centre gauche, à l'est de Varsovie, le Groupe d'armées Centre de Bock commença une avance massive contre les deux ailes du saillant formé par le front russe en Pologne septentrionale. Au centre droit s'étendait une zone de calme de 100 kilomètres où le flot allemand était partagé par l'extrémité occidentale des Marais du Pripet. Sur la droite, le Groupe d'armées Sud de Rundstedt s'avançait en direction du flanc nord du saillant de Lvov formé par le front russe de Galicie, à proximité des Carpates.

L'espace entre la droite de Bock et la gauche de Rundstedt était laissé délibérément dans le but d'obtenir une meilleure concentration et d'avoir à franchir le minimum d'obstacles. La vitesse de la progression allemande en fut donc accrue au cours de la première phase. Mais, ce secteur du Pripet ayant été laissé intact, les Russes disposaient d'une zone protégée où leurs réserves pouvaient se rassembler à l'abri, et à partir de laquelle ils purent, dans une phase ultérieure, lancer une série de contre-attaques de flanc en direction du sud qui freinèrent l'avance de Rundstedt sur Kiev. Cela aurait eu moins d'importance si la progression de Bock au nord des Marais du Pripet avait réussi à prendre au piège les armées russes autour de Minsk.

Le centre de gravité de l'offensive allemande était au centre gauche. Bock s'y voyait confier le rôle directeur qui était originellement le sien dans l'invasion occidentale avant qu'il ne soit transféré de son Groupe d'armées à celui de Rundstedt. Pour cette mission décisive on lui avait confié la plus grande partie des forces blindées, 2 groupes de Panzer, commandés par Guderian et Hoth, alors que les autres Groupes d'armées n'en avaient qu'un chacun. Bock disposait également des IVe et IXe armées, de 3 corps d'infanterie chacune.

Les groupes de Panzer (rebaptisés plus tard armées de Panzer) comprenaient chacun 4 à 5 divisions de Panzer et 3 divisions motorisées.

Si tous les dirigeants allemands étaient d'accord sur le fait que le résultat reposait sur l'emploi de ces groupes de Panzer, un conflit d'opinion s'éleva quant à la meilleure façon de les utiliser. Cette « bataille de théories » eut des conséquences importantes. Certains généraux voulaient détruire les armées russes au cours d'une bataille décisive sur le modèle classique de l'encerclement, qu'il faudrait mener à bien aussitôt que possible après avoir traversé la frontière. Leur plan obéissait à la théorie stratégique orthodoxe formulée par Clausewitz, instituée par Moltke et développée par Schlieffen. Ils penchaient d'autant plus en sa faveur qu'ils étaient inquiets de trop progresser en Russie avant que le gros des armées soviétiques eût été battu. Pour assurer la réussite de leur plan, ils demandaient que les groupes de Panzer coopèrent dans la bataille avec les corps d'infanterie en décrivant un mouvement de tenaille à partir de chaque aile et en venant achever l'encerclement des forces ennemies par l'arrière.

Les experts en blindés, avec Guderian à leur tête, étaient d'une opinion différente. Ils voulaient que les groupes Panzer s'enfoncent aussi profondément et aussi vite que possible, en suivant la méthode qui s'était révélée si décisive en France. Guderian représentait que son groupe et celui de Hoth ne devaient pas perdre une minute pour exploiter leur percée en direction de Moscou et devaient avoir au moins atteint le Dniepr avant de faire demi-tour. Plus vite ils atteindraient cette ligne et plus il y aurait de chances que la défense russe fût démantelée, comme l'avait été celle de la France, et que le Dniepr jouât le même rôle d'enclume que la Manche en 1940. Selon Guderian, l'encerclement des forces russes stationnées dans l'espace compris entre les deux avances de Panzer devait être confié aux corps d'infanterie, assistés par des détachements relativement restreints que les groupes de Panzer pourraient envoyer vers l'arrière tout en poursuivant leurs course en avant.

Cette « bataille de théorie » fut tranchée en faveur de l'orthodoxie, sur la décision de Hitler. Malgré toute sa témérité, il n'était pas assez audacieux pour jouer sa fortune sur la carte à laquelle il devait déjà ses succès précédents. Son compromis avec le conservatisme se révéla plus nuisible qu'en 1940. Les spécialistes des chars se virent confier une meilleure place qu'en 1940, mais ils n'eurent pas la possibilité de remplir leur rôle de la façon qu'ils jugeaient la plus appropriée. La décision de Hitler fut influencée non seulement par ses doutes au sujet de leur méthode, mais aussi par son imagination très vive. Son esprit était plein de la vision d'un encerclement du gros de l'Armée rouge au centre d'un anneau gigantesque.

Cette vision devint un mirage l'attirant de plus en plus profondément en Russie. En effet, les deux premières tentatives furent des échecs. La troisième rapporta un plus grand nombre de prisonniers mais l'entraîna au-delà du Dniepr. A la quatrième tentative, plus d'un demi-million de Russes furent pris au piège mais l'intervention de l'hiver empêcha les Allemands d'exploiter le gouffre béant ouvert dans le front. Chacune de ces batailles avait pris du temps pour ouvrir ou refermer les tenailles, si bien qu'en essayant d'exécuter le projet tactique on passa à côté de l'objectif stratégique.

La question de savoir si la méthode de Guderian aurait été plus heureuse reste ouverte. Mais elle fut soutenue, même à l'époque, par certains des membres les plus compétents de l'État-Major général allemand qui n'appartenaient pas à l'école de pensée des blindés, et leur jugement restrictif penchait encore plus nettement en sa faveur. Tout en reconnaissant les difficultés pour faire parvenir les renforts et le ravitaillement à une avance aussi profonde, ils avaient l'impression que celles-ci auraient pu être résolues en utilisant à plein les moyens de transport aérien disponibles et en débarrassant les forces de Panzer de tout leur attirail, poussant en avant leurs éléments de combat et concentrant les efforts sur l'entretien de ces chars, tout en laissant les colonnes motorisées accessoires suivre de leur mieux. Mais cette idée d'alléger le mouvement à la Sherman était trop contraire aux conventions militaires européennes pour obtenir une approbation générale à cette phase de la guerre.

La « bataille des théories » ayant donc été tranchée en faveur de la théorie orthodoxe, le plan fut élaboré de manière à provoquer un vaste encerclement destiné à enfermer dans un filet et à annihiler les principales forces soviétiques avant que le Dniepr n'ait été atteint. Pour augmenter les chances, le plan prévoyait pour le front de Bock une manœuvre d'encerclement d'envergure réduite par les corps d'infanterie des IVe et IXe armées et une manœuvre de plus vaste envergure à l'extérieur de la première par les groupes de Panzer qui devaient s'enfoncer plus loin que l'infanterie avant de faire demi-tour. Cette conception télescopique répondait dans une certaine mesure, mais de manière insuffisante, aux idées de Guderian, Bock et Hoth.

L'axe de progression suivait l'autoroute de Minsk et de Moscou. Celle-ci traversait le secteur de la IVe armée, commandée par Kluge, à laquelle était rattaché le groupe de Panzer de Guderian. L'entrée était barrée par la forteresse de Brest-Litovsk, qui était elle-même protégée par le fleuve Boug. Le problème initial était donc de s'assurer une tête de pont de l'autre côté du fleuve et d'éliminer l'obstacle par la forteresse, afin que la progression ultérieure pût prendre de la vitesse grâce à l'usage de l'autoroute.

Lors de l'examen de ce problème, la question fut posée de savoir si les divisions de Panzer attendraient que l'infanterie ait réalisé une percée ou bien s'ils coopéreraient à la réalisation de cette percée aux côtés des divisions d'infanterie. La seconde solution fut adoptée dans le but de gagner du temps. Les divisions d'infanterie furent utilisées pour la prise de la forteresse, appuyées de chaque côté par deux divisions de Panzer. Après avoir réussi à franchir le Boug, celles-ci contournèrent Brest-Litovsk et convergèrent sur la section d'autoroute qui s'étendait au-delà de la ville. Afin de gagner également du temps, toutes les forces engagées dans cette action furent momentanément placées sous les ordres de Guderian. Une fois la percée réalisée, le groupe de Panzer poursuivit sa route indépendamment comme un obus quittant le fût du canon.

Grâce à la longueur du front et à leur tactique de contournement, combinées à la soudaineté de l'attaque, les armées de Bock réalisèrent en de nombreux points une pénétration profonde. Le deuxième jour, les forces blindées de son aile droite atteignirent Kobrin, 65 kilomètres à l'est de Brest-Litovsk, tandis que son aile gauche s'emparait de la forteresse et du centre ferroviaire de Grodno. Le saillant russe en Pologne septentrionale, le saillant de Bialystok, changeait de forme à vue d'œil et devenait pincé en taille de guêpe. Ce mouvement s'accentua au cours des jours suivants au fur et à mesure que les ailes convergeaient sur Baranovitchi, menaçant ainsi d'isoler toutes les forces soviétiques en zone avancée. Les progrès de cette manœuvre furent favorisés par l'inefficacité des troupes blindées soviétiques numériquement fortes.

Mais la progression allemande fut retardée par une résistance russe extrêmement vigoureuse. Les Allemands se montrèrent généralement supérieurs sur le plan tactique, mais ils ne parvenaient pas à l'emporter dans les combats. Des forces encerclées furent parfois contraintes à se rendre mais elles ne le firent qu'après une longue résistance, et leur entêtement dans une situation stratégiquement désespérée freina sérieusement les plans de l'envahisseur. Cela était encore plus important dans un pays où les lignes de communication étaient rares.

Cet effet se fit sentir pour la première fois dans l'attaque initiale de Brest-Litovsk. La garnison de la vieille citadelle tint une semaine en dépit des bombardements intenses de l'artillerie massée et de l'aviation et elle arracha un prix élevé aux troupes d'assaut avant d'être enfin submergée. Cette première expérience, qui se répéta en d'autres points, ouvrit les yeux des Allemands sur ce qui les attendait, tandis que la vive opposition rencontrée en de nombreux centres routiers mettait un frein à leurs mouvements de contournement en bloquant les routes nécessaires à leurs colonnes de ravitaillement.

Leur début de sensation d'échec fut accentué par les caractéristiques du pays traversé par leur invasion. L'impression créée par ce paysage a été très bien résumée par l'un des généraux allemands :

> « Les espaces semblaient infinis, les horizons nébuleux. Nous étions déprimés par la monotonie du paysage et l'immensité des étendues de forêts, de marécages et de plaines. Les bonnes routes étaient rares et les mauvais chemins nombreux, tandis que la pluie transformait rapidement le sable ou la glaise en bourbier. Les villages avaient l'air misérables et mélancoliques, avec leurs maisons de bois à toit de chaume. La nature était dure et les êtres humains qui étaient en son sein étaient tout aussi durs et insensibles, indifférents au temps, à la faim et à la soif et presque aussi indifférents à la vie et aux pertes, à la peste et à la famine. Le civil russe était rude et le soldat russe encore plus rude. Il semblait posséder une capacité illimitée d'obéissance et d'endurance. »

La première tentative d'encerclement atteignit son apogée aux alentours de Slonim, quelque 150 kilomètres derrière le front initial, où les branches internes des tenailles se refermèrent presque autour des deux armées russes qui avaient été rassemblées dans le saillant de Bialystok. Mais les Allemands ne fermèrent pas le cercle assez rapidement et environ la moitié des troupes encerclées parvint à s'échapper, bien que ce fût en petits groupes désordonnés. La prépondérance d'éléments non mécanisés au sein des IVe et IXe armées allemandes était un handicap pour réaliser le plan projeté.

Les principales forces blindées disposées aux ailes s'enfoncèrent de plus de 150 kilomètres, traversèrent la frontière russe de 1939, puis infléchirent leur course en direction de Minsk, qui fut prise le 30 juin, neuvième jour de l'offensive. Cette nuit-là l'une des avant-gardes avancées de Guderian atteignit la rivière historique de la Bérésina, près de Bobrouisk, à 140 kilomètres au sud-est de Minsk et à moins de 60 kilomètres du Dniepr. Mais leur effort pour fermer le cercle ne fut pas couronné de succès et, avec l'échec de leur grand encerclement, le rêve de Hitler d'une victoire décisive rapide s'évanouit. Des pluies subites, que les Français avaient appelées en vain au cours de l'été précédent, vinrent au secours des Russes malmenés. Elles transformèrent le sol sablonneux en boue.

Ce handicap était bien plus grave en Russie qu'il ne l'aurait été en France, car il ne gêna pas seulement les mouvements tactiques à travers champs mais arrêta aussi les déplacements stratégiques sur route. En effet, la seule bonne route goudronnée de toute la région était la nouvelle « autoroute » qui allait directement à Moscou en passant par Minsk, et celle-ci n'était que partiellement utile au plan de Hitler qui prévoyait, non pas de se précipiter sur Moscou, mais de réaliser une manœuvre profonde d'encerclement qui devait utiliser de chaque côté les routes sans revêtement. A la suite des trombes d'eau qui tombèrent au début de juillet, ces « sables mouvants » absorbèrent la mobilité de l'envahisseur et amplifièrent les effets de la résistance acharnée de nombreux îlots de troupes russes à l'intérieur de la zone conquise par les Allemands. Bien que plus de 300 000 prisonniers aient été faits au cours de la double bataille d'encerclement aux abords de Bialystok et de Minsk, environ le même nombre put s'échapper avant que les mailles du filet se fussent resserrées. Leur évasion fut importante car elle permit de renforcer la ligne de défense suivante qui s'étendait devant et derrière le Dniepr.

La nature du pays devint également un frein de plus en plus puissant dans cette phase cruciale. Au sud-est de Minsk s'étend une vaste région de forêts et de marécages, et la Bérésina n'est pas une rivière aux contours nets mais une série de cours d'eau serpentant à travers un marais de tourbe noire. Les Allemands s'aperçurent que les ponts ne pouvaient supporter de lourdes charges que sur deux routes, la route principale traversant Orcha et celle menant à Moghilev. Sur les autres routes ce n'était que des échafaudages de bois branlants. Malgré la rapidité de leur progression, les Allemands s'aperçurent que les Russes avaient fait sauter les ponts les plus importants. Pour la première fois, les envahisseurs rencontrèrent des champs de mines et le retard causé fut d'autant plus grand que leur progression était confinée sur les routes. La Bérésina se révéla presque aussi efficace pour arrêter l'avance de Hitler qu'elle l'avait été pour bouleverser la retraite de Napoléon.

Tous ces facteurs ajoutèrent aux difficultés pour refermer le piège autour des troupes russes à l'ouest du Dniepr ainsi qu'il était prévu.

L'échec du grand encerclement entraînait maintenant le Commandement allemand dans cette avance au-delà du Dniepr qu'il avait espéré éviter. Les Allemands s'étaient déjà enfoncés de plus de 500 kilomètres en Russie. Les tenailles s'ouvrirent à nouveau pour réaliser un nouvel encerclement qui devrait se refermer derrière les Soviétiques sur la ligne du Dniepr, au-delà de Smolensk. Mais les deux premiers jours de juillet avaient été passés à essayer de refermer le piège de Minsk et à ramener les corps d'infanterie des IVe et IXe armées, dont certains éléments parcoururent 35 kilomètres par jour pendant deux semaines et demie pour venir aider au franchissement de la Ligne Staline.

Cet assaut se révéla plus facile que le Commandement allemand ne l'avait prévu, car les troupes russes en retraite n'eurent pas le temps de se réorganiser en vue d'une véritable résistance ni d'améliorer les défenses qui étaient loin d'être achevées. Le Dniepr lui-même constituait le plus gros obstacle, mais les divisions blindées de Guderian le surmontèrent grâce à une série d'attaques surprises rapides sur un certain nombre de points éloignés des principaux points de passage. Le 12, les Allemands avaient rompu la Ligne Staline sur un large front s'étendant de Rogatchev à Vitebsk et ils fonçaient sur Smolensk. La facilité de cette percée donnait à penser qu'il y aurait eu plus d'avantages que de risques à laisser une force blindée avancer la première, comme l'aurait désiré Guderian.

La difficulté du train, accentuée par les averses, fut un obstacle plus grand que la résistance désorganisée. Dans ces circonstances, le prix payé pour le temps perdu fut élevé car chaque grosse averse réduisait à néant la mobilité de l'envahisseur. Vu d'avion, c'était un étrange spectacle que les « taches » immobiles des Panzer s'étirant à travers le paysage sur plus de 150 kilomètres.

Les chars auraient pu continuer de progresser, mais, avec les autres véhicules à chenilles, ils ne formaient qu'une petite partie de chaque « division blindée ». Leur ravitaillement et leurs énormes éléments d'infanterie étaient transportés sur des véhicules à roues, gros et pesants, qui ne pouvaient pas quitter la route ni se mouvoir sur celle-ci quand sa surface devenait de la boue. Lorsque le soleil revenait, les routes sablonneuses séchaient rapidement et la procession pouvait alors repartir. Mais les retards accumulés représentaient un handicap sérieux pour le plan stratégique.

Cela n'apparaissait pas extérieurement à cause de l'avance relativement rapide du groupe de Panzer de Guderian sur la grand-route principale de Smolensk où il entra le 16. La distance de plus de 150 kilomètres entre le

Dniepr et la Desna fut couverte en moins d'une semaine. Mais, à l'aile nord, le groupe de Panzer de Hoth fut retardé dans son avance par les marécages et les pluies diluviennes. La lenteur de sa progression affecta naturellement la réalisation du plan d'encerclement de Hitler et donna davantage de temps aux Russes pour reformer leurs troupes autour de Smolensk. Au cours de la phase finale de l'opération, une résistance plus vigoureuse fut rencontrée sur les deux flancs. La résistance fut même presque trop acharnée car les tenailles manquèrent se refermer à 15 kilomètres près et les Allemands estimaient qu'un demi-million de Russes étaient pris dans la masse. Une grande partie put s'échapper, mais 300 000 d'entre eux vinrent grossir le nombre des prisonniers, le 5 août.

Cette victoire incomplète mit les Allemands en face d'un problème insoluble. La route de Moscou, 350 kilomètres plus loin, était toujours barrée par des forces considérables qui recevaient des renforts permanents de la part d'éléments nouvellement mobilisés, alors que les Allemands étaient handicapés, pour organiser un nouvel effort, par la difficulté de faire parvenir des renforts de leur côté par les mauvaises routes.

Cela entraînait un retard inévitable, mais sans aucune mesure avec le temps qui fut effectivement perdu. En effet, il fallut attendre octobre pour que la marche sur Moscou reprît. Les deux meilleurs mois de l'été s'écoulèrent pendant que les armées de Bock étaient arrêtées sur la Desna. Il faut rechercher les causes dans l'incertitude d'esprit de Hitler, combinée avec les progrès des armées de Rundstedt au sud des Marais du Pripet.

Sur le front méridional, les Allemands ne jouissaient d'aucune supériorité numérique. Ils étaient même partis avec un désavantage qui, sur le papier, avait l'air formidable. Le Groupe d'armées Sud-Ouest soviétique du maréchal Boudienny comprenait 30 divisions blindées et motorisées, 5 divisions de cavalerie et 45 divisions d'infanterie stationnées en Pologne méridionale et en Ukraine; sur ce nombre, 6 divisions blindées et motorisées, 3 divisions de cavalerie et 13 divisions d'infanterie se trouvaient en Bessarabie, face aux Roumains. Il comptait près du double de chars par rapport au Groupe d'armées Ouest du maréchal Timochenko qui avait supporté l'attaque allemande principale. En tout, Boudienny avait environ 5 000 chars de différents modèles, alors que le groupe de Panzer de Kleist, qui constituait la force de frappe blindée de Rundstedt, ne comptait que 600 chars. De plus, un grand nombre de ces derniers avait pris part à la campagne de Grèce et avait eu peu de temps pour subir des révisions avant d'être lancés dans cette plus vaste entreprise.

Pour obtenir l'avantage, Rundstedt ne pouvait compter que sur la surprise, la vitesse, l'espace — et les chefs de l'armée adverse. Boudienny, le célèbre vieux héros de la cavalerie du temps de la guerre civile, a été très bien décrit par l'un de ses propres officiers comme « un homme doté d'une immense moustache mais d'un très petit cerveau ». Quelques-uns des meilleurs généraux soviétiques avaient été éliminés au cours des purges d'avant-guerre, et ceux qui avaient survécu, comme politiquement sûrs, ne l'étaient souvent pas d'un point de vue militaire. Il fallut attendre que ces trop solides anciens eussent été emportés sous l'épreuve de la guerre pour voir l'élite d'une génération plus jeune arriver aux plus hauts postes.

L'effort principal de Rundstedt portait sur son aile gauche, le long du Boug. Ce plan tirait parti au maximum de ses forces réduites tout en profitant du fait que sa ligne de départ était située largement en arrière du saillant de Lvov formé par la zone russe de Galicie. L'attaque fut donc déclenchée à partir d'une zone en forme de « coin » naturel qu'il suffisait d'enfoncer un peu plus pour qu'il commence à menacer les communications de toutes les forces russes à proximité des Carpathes. Après que la VIe armée de Reichenau eut forcé la traversée du Boug, les forces blindées de Kleist furent lancées à travers la brèche en direction de Loutsk et de Brody.

L'effet de surprise contribua non seulement à faciliter sa percée initiale, mais aussi à empêcher la contre-attaque éventuellement dangereuse que les Russes auraient pu autrement déclencher. Sachant qu'ils avaient 25 divisions face à la frontière hongroise des Carpathes, Rundstedt avait craint que celles-ci ne se retournent et attaquent son flanc droit pendant qu'il avançait vers Loutsk. Au lieu de cela, elles battirent en retraite. (Cette réaction, associée à l'absence de préparatifs dans la zone russe avancée, amena Rundstedt et d'autres généraux allemands à douter des arguments de Hitler selon lesquels les Russes étaient sur le point de prendre l'offensive.)

Malgré ce départ en flèche, les forces de Rundstedt ne purent progresser aussi rapidement que celles de Bock au centre gauche. Guderian soulignait l'importance de ne laisser aux Russes aucun répit et de ne pas leur donner le temps de se reformer. Il était convaincu de pouvoir atteindre Moscou si l'on ne perdait pas de temps; convaincu également que frapper le centre nerveux du pouvoir de Staline paralyserait la résistance soviétique. Hoth partageait cette opinion et Bock l'appuyait. Mais Hitler revint à son idée originale dans une directive en date du 19 juillet pour la phase suivante des opérations. Les forces de Panzer devaient être enlevées à Bock, au centre et envoyées aux ailes. Le groupe de Panzer de Guderian devait se tourner vers le sud afin d'aider Rundstedt à vaincre les armées russes qui lui étaient opposées en Ukraine, tandis que le groupe de Panzer de Hoth devait se tourner vers le nord pour aider à l'attaque de Leeb sur Leningrad.

Encore une fois, Brauchitsch temporisa au lieu de proposer aussitôt un plan différent. Il représenta que les forces de Panzer devaient prendre du repos pour réviser leurs machines et remplacer leurs pertes. Hitler reconnut la nécessité d'une pause. Entre-temps, les discussions sur la conduite à tenir continuèrent en haut lieu et elles se poursuivirent encore après que les forces de Panzer eurent été en état de reprendre leur course.

Après que plusieurs semaines se furent écoulées dans ces discussions, le chef d'état-major général, Halder, incita Brauchitsch à mettre en avant des propositions en vue d'une avance rapide sur Moscou. Hitler répliqua dans une nouvelle directive, en date du 21 août, qui était encore plus claire. Elle commençait ainsi :

« Je ne suis pas d'accord avec les propositions soumises par l'armée en date du 18 août, pour la poursuite de la guerre à l'est. Ce qui est d'une importance primordiale avant le début de l'hiver n'est pas la prise de Moscou, mais l'occupation de la Crimée, de la région industrielle et minière du Bassin du Donetz, c'est de couper la route de ravitaillement soviétique en pétrole du Caucase... »

En conséquence, il donna l'ordre que, dans le but de préparer le chemin à ces objectifs méridionaux, une partie du Groupe d'armées de Bock (y compris les forces de Panzer de Guderian) se tourne vers le sud afin d'aider Rundstedt à écraser les armées russes qui lui étaient opposées autour de Kiev.

Lorsque ces ordres arrivèrent, Halder tenta de convaincre Brauchitsch d'offrir leur double démission. Mais celui-ci déclara que ce serait un geste inutile puisque Hitler la refuserait tout simplement. Quand aux arguments, Hitler les balaya avec la remarque qu'il aimait répéter souvent : « Mes généraux ne connaissent rien des aspects économiques de la guerre. » Tout ce qu'il voulut bien concéder fut qu'après que les armées russes du secteur de Kiev auraient été écrasées Bock serait autorisé à reprendre son avance sur Moscou et que les forces de Panzer de Guderian lui seraient rendues dans ce but.

L'encerclement de Kiev fut en lui-même une grande réussite et il éveilla des espoirs roses. Guderian fondit vers le sud à travers les arrières russes pendant que le groupe de Panzer de Kleist fonçait vers le nord. Les deux branches de la tenaille firent leur jonction 250 kilomètres à l'est de Kiev, refermant un piège où plus de 600 000 Russes étaient prisonniers, selon les chiffres allemands. Mais la bataille ne s'acheva que fin septembre car les mauvaises routes et le temps pluvieux avaient ralenti l'allure de la manœuvre d'encerclement. L'éclat de la victoire fut terni par l'ombre de l'hiver apportant sa menace historique aux envahisseurs de la Russie. Les deux mois perdus en été se révélèrent fatals aux chances d'atteindre Moscou.

La nouvelle avance commença le 30 septembre. Ses chances semblaient bonnes après que les armées de Bock eurent mené à bien un vaste encerclement autour de Viazma où 600 000 Russes furent capturés. Cela laissait aux Allemands le champ momentanément libre pratiquement jusqu'à Moscou. Mais la bataille de Viazma ne s'était achevée qu'à la fin octobre, les troupes allemandes étaient fatiguées, le pays devenait un marécage avec la dégradation du temps et de nouvelles forces soviétiques apparaissaient devant Moscou.

La plupart des généraux allemands voulaient interrompre l'offensive et adopter une ligne convenable pour l'hiver. Ils se rappelaient ce qui était arrivé à l'armée de Napoléon. Beaucoup d'entre eux commencèrent de relire le sinistre récit de 1812 fait par Caulaincourt. Mais un point de vue différent l'emportait en haut lieu. Cette fois il n'était pas le fait de Hitler, qui commençait d'être impressionné et déprimé à la fois par les difficultés croissantes et par les conditions hivernales. Le 9 novembre, il remarqua sombrement : « La reconnaissance qu'aucune des deux forces n'est capable d'annihiler l'autre mènera à une paix de compromis. » Mais Bock pressait pour que l'offensive allemande continue. Brauchitsch et Halder étaient d'accord avec lui. Halder déclara, lors d'une conférence du Haut État-Major, le 12 novembre, qu'il y avait de bonnes raisons de croire que la résistance soviétique était au bord de l'effondrement.

Brauchitsch et Halder, tout comme Bock, étaient naturellement d'autant plus réticents à donner l'ordre de faire halte qu'ils s'étaient battus contre Hitler pour lui faire accepter leurs arguments en faveur de la prise de Moscou au lieu de la poursuite d'objectifs dans le sud de la Russie. L'avance vers Moscou fut donc reprise le 15 novembre, lors d'une amélioration momentanée du temps. Mais après deux semaines de combats dans la boue et dans la neige, elle fut arrêtée à 35 kilomètres de Moscou.

Bock lui-même en vint à douter de l'intérêt de poursuivre, bien qu'il eût récemment déclaré : « Le dernier bataillon fera la décision. » Mais Brauchitsch, loin à l'arrière, continuait d'insister pour que l'offensive continue à tout prix. Il était malade, et terriblement inquiet de la colère de Hitler devant la médiocrité des résultats.

Le 2 décembre, un nouvel effort fut déclenché et quelques détachements pénétrèrent dans la banlieue de Moscou, mais, dans son ensemble, l'avance fut arrêtée dans les forêts qui protègent la capitale.

Ce fut le signal pour une contre-offensive soviétique de large envergure, préparée et dirigée par Joukov. Elle bouscula les Allemands épuisés, enveloppa leurs flancs et provoqua une situation critique. Des généraux jusqu'à la base, les envahisseurs furent remplis des souvenirs lugubres de la retraite de Moscou de Napoléon. Dans ces circonstances, Hitler interdit tout mouvement de retraite à l'exception des décrochements localisés les plus restreints possibles, et il eut raison en l'occurrence. Sa décision exposa ses troupes à d'affreuses souffrances dans leurs positions avancées face à Moscou, car elles n'avaient ni l'habillement ni le matériel nécessaires à une campagne d'hiver en Russie, mais si elles avaient entamé, ne serait-ce qu'une fois, un mouvement de retraite générale, il aurait eu toutes les chances de dégénérer en déroute affolée.

Hitler avait laissé passer sa chance de s'emparer de Moscou à la suite de sa décision du mois d'août d'arrêter la progression dans cette direction pour ouvrir un chemin en Russie du Sud. L'échec sur Moscou ne fut pas compensé par les résultats de la campagne méridionale. Après le grand encerclement de Kiev, Rundstedt envahit la Crimée et le bassin du Donetz, mais, privé des chars de Guderian, il échoua dans sa tentative pour atteindre les gisements de pétrole du Caucase. Ses troupes parvinrent jusqu'à Rostov sur le Don, mais dans un état de total épuisement, et elles furent bientôt repoussées par les Russes. Il voulut ensuite se retirer sur une bonne ligne de défense constituée par la rivière Mious, mais Hitler interdit le recul. Rundstedt répliqua qu'il ne pouvait pas obéir à un tel ordre et demanda à être relevé de son commandement. Hitler le remplaça rapidement, mais le front fut rompu aussitôt après et Hitler fut contraint d'accepter la retraite. C'était dans la première semaine de décembre, en même temps que l'échec devant Moscou.

La même semaine, Brauchitsch demanda à être relevé de son commandement pour raison de santé; la semaine suivante Bock fit de même et un peu plus tard Leeb démissionna après que Hitler eut rejeté sa proposition de battre en retraite sur le front septentrional à proximité de Leningrad. Les quatre chefs s'en allèrent donc.

Hitler ne désigna pas de successeur à Brauchitsch et saisit l'occasion de se nommer lui-même commandant en chef direct de l'Armée. Avant Noël il s'était débarrassé de Guderian, le principal responsable de ses victoires antérieures, qui avait fait reculer ses troupes épuisées sans l'autorisation de Hitler.

L'un des facteurs fondamentaux de l'échec de l'invasion fut l'erreur d'estimation par les envahisseurs des réserves que Staline pouvait puiser dans les profondeurs de l'Union soviétique. A cet égard, l'État-Major général et son service de Renseignements s'étaient trompés tout autant que Hitler. Cette erreur fatale est résumée dans une phrase lourde de sens du journal de Halder à la mi-août : « Nous avons sous-estimé la Russie : nous nous attendions à 22 divisions, mais maintenant nous en avons identifié déjà 360. »

Ce fait annulait dans une large mesure les merveilleux succès du début. Au lieu d'avoir devant eux un chemin débarrassé de ses défenseurs, les Allemands devaient maintenant faire face à des armées fraîches qui venaient d'arriver sur place. Le lourd système de mobilisation soviétique avait pu être mis en application hors de portée des armées allemandes, et, à partir de l'hiver 1941, les Allemands furent toujours en état d'infériorité numérique sur le front russe. Grâce à leur propre supériorité de technique et d'entraînement, ils réussirent finalement à détruire ces armées au cours de grandes batailles successives d'encerclement, mais ce fut pour s'enliser alors dans la boue de l'automne. Lorsque le gel hivernal eut durci le sol, ils trouvèrent à nouveau des armées fraîches leur barrant la route et ils étaient eux-mêmes trop épuisés pour continuer les combats jusqu'à la réalisation de leurs objectifs.

Aussitôt après leur erreur d'appréciation des ressources soviétiques, le facteur le plus fatal avait été la façon dont Hitler et ses généraux avaient gaspillé le mois d'août à discuter de ce que serait leur prochain mouvement. Il régnait un état stupéfiant de confusion mentale au niveau le plus élevé du Commandement allemand.

A l'échelon inférieur, Guderian en particulier avait une vision très nette de ce qu'il voulait faire : foncer sur Moscou aussi rapidement que possible en laissant le soin aux armées d'infanterie de nettoyer les troupes adverses désorganisées, à travers lesquelles il s'était ouvert un chemin. En 1940, il avait remporté la Bataille de France de cette façon. Cette méthode aurait fait courir de grands risques, mais elle aurait peut-être permis de s'emparer de Moscou avant que les armées de la seconde ligne russe ne fussent en état de la protéger. La méthode choisie entraîna de bien plus grands risques qui se révélèrent finalement fatals.

En définitive, la Russie dut son salut plus à la survivance de son état primitif qu'à tous les progrès techniques accomplis depuis la Révolution soviétique. Cette réflexion ne s'applique pas seulement à la rudesse de son peuple et de ses soldats, à leur capacité à endurer la souffrance et à tenir au milieu de privations qui auraient paralysé des armées et des peuples occidentaux. Plus décisif encore fut l'état primitif des routes russes. La plupart d'entre elles n'étaient que des pistes sablonneuses. La façon dont elles se dissolvaient en une boue sans fond, quand il pleuvait, contribua davantage à arrêter l'invasion allemande que tous les sacrifices héroïques de l'Armée Rouge. Si le régime soviétique avait donné à la Russie un système de routes comparable à celui des pays occidentaux, elle aurait été écrasée presque aussi rapidement que la France.

Mais cette conclusion a une réciproque. Hitler perdit ses chances de victoire parce que la mobilité de son armée était appuyée sur des roues et non sur des chenilles. Sur les routes bourbeuses de la Russie, ses camions de transport s'enlisèrent alors que les chars pouvaient encore continuer. Si les forces de Panzer avaient disposé de véhicules de transports montés sur *chenilles*, elles auraient pu atteindre les centres vitaux de la Russie avant l'automne, en dépit de la boue.

14.
L'entrée de Rommel en Afrique

En 1941, le cours de la guerre en Afrique connut une série de changements surprenants qui bouleversèrent les attentes dans les deux camps mais n'eurent aucun résultat décisif. Ce fut une guerre de mouvement rapide, mais selon un mouvement de bascule, penchant tantôt d'un côté, tantôt de l'autre. L'année avait commencé pour les Britanniques par l'expulsion des Italiens de Cyrénaïque, mais ensuite une force allemande arriva sur place, sous le commandement du général Erwin Rommel, et, à peine deux mois plus tard, les Anglais étaient chassés de Cyrénaïque à l'exception de la garnison du petit port de Tobrouk. Rommel fut à son tour repoussé lors de deux attaques successives sur Tobrouk, mais les Anglais subirent ensuite deux revers successifs en essayant de libérer la garnison assiégée. Après une pause de cinq mois pour concentrer leurs forces, ils lancèrent une plus vaste offensive en novembre qui aboutit à une bataille hésitante d'un mois au cours de laquelle la fortune changea plusieurs fois de camp avant que les restes épuisés de l'armée adverse ne fussent contraints à se retirer de nouveau jusqu'à la frontière occidentale de la Cyrénaïque. Malgré cela Rommel lança une riposte frontalière au cours de la dernière semaine de l'année, riposte qui fut la préfiguration d'un nouveau renversement spectaculaire de la progression britannique [1].

L'avance initiale de Rommel, à la fin mars 1941, et son exploitation profonde, causa une émotion profonde d'autant plus grande que les Anglais avaient écarté la possibilité d'une attaque précoce de l'ennemi. Dans un rapport sur la situation envoyé par Wavell aux chefs d'état-major à Londres, le 2 mars, celui-ci, après les avoir averti que des troupes allemandes commençaient d'arriver à Tripoli, soulignait que Rommel devrait attendre d'avoir

1. Pour les cartes, cf. pp. 116-117.

concentré 2 divisions ou plus avant d'essayer de lancer une attaque sérieuse, et il concluait que les difficultés rencontrées rendaient « une telle attaque invraisemblable avant la fin de l'été ». Au contraire, les messages de Churchill dénotaient la crainte que les Allemands n'attendent pas d'avoir achevé une concentration orthodoxe, de même que le sentiment de la nécessité d'une contre-attaque offensive, malgré un optimisme exagéré au sujet des capacités des forces anglaises de l'époque. Le 26 mars il télégraphia à Wavell :

« Nous sommes naturellement inquiets au sujet d'une avance allemande rapide en direction d'El Agheila. C'est leur habitude de s'avancer partout où il n'y a pas d'opposition. Je présume que vous attendez seulement que la tortue ait suffisamment sorti la tête pour la lui trancher. Il semble de la plus haute importance de les faire tâter dès que possible de notre qualité [1]. »

Mais la qualité faisait défaut, à la fois techniquement et tactiquement. Bien que ce qui restât de la 2e division blindée, qui était postée dans la zone avancée, disposât encore de 3 unités blindées, contre les 2 de Rommel, et d'une supériorité numérique en matière de chars armés d'un canon, une grande partie de ceux-ci était des M13 pris sur les Italiens et qui avaient reçu des équipages britanniques pour compenser le manque de chars de combat, tandis que la plupart étaient en mauvais état d'usure. Les chances d'une telle formation improvisée furent encore réduites par les instructions de Wavell stipulant qu' « en cas d'attaque » elle devait se replier et « mener un combat de retardement ». En effet, en abandonnant leur position sur l'étranglement à l'est d'El Agheila lors de l'offensive initiale de Rommel, le 31 mars, les troupes anglaises ouvrirent à ce dernier le chemin d'une vaste étendue désertique où il avait largement le choix entre différentes routes et différents objectifs pour leur plus grande confusion, alors qu'elles n'étaient pas elles-mêmes en état d'exécuter des manœuvres aussi éprouvantes. Au cours des jours suivants, Rommel ne leur laissa aucun répit. Elles perdirent la plupart de leurs chars, non pas en combattant, mais par suite d'accidents mécaniques ou de pannes sèches lors d'une longue série de retraites décousues.

En moins d'une semaine, les Anglais avaient reculé de quelque 350 kilomètres par rapport à leur position sur la frontière occidentale de Cyrénaïque. En moins de quinze jours, ils se retrouvèrent 650 kilomètres en arrière, à la frontière est de la Cyrénaïque (et ouest de l'Égypte), à l'exception d'un détachement encerclé dans Tobrouk. La décision de s'accrocher à ce petit port et de conserver cette position comme « une épine dans le flanc de l'ennemi », eut une influence capitale sur le déroulement de la campagne africaine au cours des douze mois suivants.

L'extension rapide de l'effondrement avait naturellement eu tendance à ébranler la confiance du commandement et des troupes dans le camp

---

1. Churchill : *The Second World War*, vol. III, p. 183.

anglais, tout en les conduisant à grossir la force des effectifs ennemis. De loin, il était plus facile de garder un compte exact des forces restreintes et des handicaps stratégiques de l'attaquant. Après les avoir dûment soupesés, Churchill télégraphia à Wavell le 7 avril :

« Vous devriez certainement être en mesure de tenir Tobrouk, avec ses défenses permanentes italiennes, tout au moins tant que l'ennemi n'amène pas de grosses forces d'artillerie. Il semble tout à fait invraisemblable qu'il puisse le faire avant plusieurs semaines. Il prendrait de grands risques en contournant Tobrouk et en marchant sur l'Égypte, sachant que nous pouvons envoyer des renforts par la mer et que nous représenterions une menace pour ses communications. Tobrouk apparaît donc comme une place qui doit être tenue jusqu'à la mort sans idée de retraite. Je serais heureux d'apprendre quelles sont vos intentions [1]. »

Wavell avait déjà décidé de tenir Tobrouk si possible, mais après s'y être rendu en avion le 8, il déclara dans son rapport que la situation s'était grandement détériorée; il avait l'air si sceptique quant aux chances de défendre la place, que Churchill, réuni en conclave avec les chefs d'État-Major, rédigea un message encore plus énergique disant : « Il semble impensable d'abandonner la forteresse de Tobrouk. » Cependant, avant que ce message eût été envoyé, Wavell informa Churchill qu'il avait décidé de tenir pendant un certain temps et de rassembler une force mobile sur la frontière pour organiser une diversion et réduire la pression sur Tobrouk, tout en s'efforçant de « réaliser le vieux plan de défense dans le secteur de Marsa Matrouh », 350 kilomètres plus à l'est. En fait il n'y eut pas d'autre mouvement de repli, grâce à la défense acharnée de Tobrouk qui dut pourtant attendre près de huit mois avant d'être délivrée.

La garnison était principalement constituée par la 9ᵉ division australienne, sous les ordres du général Morshead, qui avait pu se replier sans encombre de la région de Benghazi. De plus la 18ᵉ brigade d'infanterie (de la 7ᵉ division australienne) était arrivée en renfort par la mer, suivie de détachements des 1ᵉʳ et 7ᵉ royal tank régiments, avec l'aide desquels il avait été possible de mettre sur pied une petite force blindée de quelque 50 chars.

L'offensive de Rommel commença le 11 avril (Vendredi saint) par des attaques exploratoires. L'attaque principale fut déclenchée au matin du lundi de Pâques, contre la partie médiane de la face sud du périmètre de 50 kilomètres, à quelque 15 kilomètres du port. Elle perça les minces défenses, et le bataillon de Panzer de tête poursuivit sa progression vers le nord sur plus de 3 kilomètres, mais il fut arrêté là par l'artillerie des défenseurs, puis repoussé à l'extérieur après avoir perdu 16 chars sur les 38 qui avaient été engagés, un total qui montrait la maigreur des effectifs de Rommel.

---

1. Churchill : *The Second World War*, vol. III, p. 183.

Les Italiens firent une tentative le 16, mais leur attaque s'effondra rapidement et près d'un millier d'entre eux se rendirent sous l'effet de la contre-attaque d'un bataillon australien.

Le Commandement suprême italien de Rome, déjà mal à l'aise devant la profondeur de l'avance de Rommel, demanda maintenant au Commandement suprême allemand de contenir l'initiative aventureuse qu'on lui prêtait l'intention de prendre en poussant jusqu'en Egypte. Halder, chef de l'État-Major général allemand, était également anxieux de freiner toute action outre-mer qui pourrait nécessiter des renforts aux dépens des armées allemandes du principal théâtre d'opérations, armées qui se préparaient alors à envahir la Russie. Il avait également une aversion instinctive pour la tendance de Hitler à soutenir des chefs dynamiques comme Rommel qui ne se conformaient pas au moule de l'État-Major général. L'adjoint de Halder, le général Paulus, fut donc envoyé en visite en Afrique afin de « barrer la route à ce militaire devenu fou à lier », comme Halder l'écrivit avec mordant dans son journal. Paulus vint, vit et réprimanda, mais après avoir admonesté il donna son accord pour un nouvel assaut contre Tobrouk.

Cet assaut fut déclenché le 30 avril, date à laquelle certains éléments avancés de la 15ᵉ division de Panzer (cependant pas son régiment de chars) étaient arrivés d'Europe pour renforcer la 5ᵉ division légère. Cette fois l'attaque visait le coin sud-ouest des défenses et fut exécutée sous le couvert de l'obscurité. Au lever du jour, le 1ᵉʳ mai, l'infanterie avait ouvert une brèche large de près de 2 kilomètres et la première vague de chars s'élança alors en direction de Tobrouk située à 15 kilomètres. Mais après 1 500 mètres de progression, elle tomba sur un champ de mines imprévu qui venait d'être posé en guise de piège, et 17 chars sur 40 furent endommagés; cependant, à l'exception de 5 d'entre eux, ils purent tous regagner leurs lignes sans encombre après que leurs chenilles eurent été réparées sous le feu de l'ennemi. La seconde vague de chars et d'infanterie prit au sud-est en longeant l'arrière du périmètre, afin de contourner les défenses. Mais après une avance latérale de près de 5 kilomètres elle fut finalement arrêtée par l'action combinée de l'artillerie déployée derrière le champ de mines, une contre-attaque menée par 20 chars britanniques et la résistance acharnée de plusieurs postes australiens qui n'avaient pas pu être enlevés. Quant aux troupes italiennes d'appui, elles furent lentes à avancer et rapides à reculer.

Le lendemain, 35 chars allemands seulement, sur les quelque 70 qu'il y avait au départ, étaient encore en état de se battre et l'attaque fut suspendue. Dans la nuit du 3, Morshead lança une contre-attaque avec sa brigade d'infanterie de réserve mais il échoua à son tour et la situation devint celle d'un échec réciproque. Le coin sud-ouest du périmètre restait aux mains de Rommel, mais il était évident que ses forces étaient insuffisantes pour s'emparer de Tobrouk et, avant de repartir, Paulus mit son veto à toute nouvelle tentative d'attaque. Un siège s'instaura qui devait durer une bonne partie de l'année, après l'échec des deux premières tentatives de Wavell pour repousser les troupes de Rommel et porter secours à la garnison.

La première de ces tentatives, à la mi-mai, avait un caractère expérimental qui apparaissait dans son nom de code : « Opération *Brevity* » (Opération Brièveté), mais la seconde, à la mi-juin, fut plus importante et suscita de bien plus grands espoirs. Elle fut baptisée « Opération *Battleaxe* ». Les résultats furent une maigre compensation par rapport aux risques qui avaient été pris, à l'initiative de Churchill, pour assurer son succès. On avait pris le risque d'envoyer de gros renforts de chars en Egypte à une époque où les forces assuraient la défense de l'Angleterre étaient encore mal équipées et où Hitler ne s'était pas encore retourné contre la Russie; on avait aussi pris celui d'envoyer ces renforts par la route de la Méditerranée, en passant sous le feu des forces aériennes ennemies.

L'empressement audacieux de Churchill à prendre de tels risques dans le but de remporter un succès en Afrique et de préserver la position britannique en Egypte, était en contraste frappant avec l'attitude de Hitler et de Halder qui étaient d'accord pour essayer de limiter l'engagement allemand sur le théâtre de la Méditerranée. En octobre, lorsque le général von Thoma avait été envoyé faire une visite exploratrice en Cyrénaïque, il avait conclu que 4 divisions de Panzer seraient nécessaires et devraient être suffisantes pour assurer le succès d'une invasion de l'Egypte; mais Mussolini s'était montré aussi réticent pour accepter une aide allemande de cette importance que Hitler pour l'accorder. Les deux petites divisions de Rommel n'avaient été envoyées là-bas qu'après la défaite italienne et dans un effort pour préserver Tripoli. Même après qu'il eut démontré tout ce qu'il pouvait faire avec une force de Panzer autant réduite, Hitler et Halder restèrent réticents à envoyer les renforts relativement restreints qui auraient, selon toute probabilité, été décisifs. Par ce refus ils laissèrent passer leur chance de conquérir l'Egypte et de chasser les Britanniques de la zone de la Méditerranée à une époque où l'Angleterre était encore faible, alors qu'ils furent contraints à un engagement, et à des sacrifices, de bien plus grande envergure à plus long terme.

Mais en Angleterre, malgré le manque de ressources, un convoi chargé d'importants renforts blindés était déjà prêt à partir pour l'Egypte en avril. Il était sur le point d'appareiller quand un télégramme de Wavell arriva, le 20 avril, soulignant la gravité de la situation et l'urgence de ses besoins en blindés. Churchill proposa immédiatement [1], après avoir enlevé l'accord des chefs d'Etat-Major, que les 5 navires rapides qui transportaient les chars prennent à l'est en atteignant Gibraltar et empruntent le raccourci de la Méditerranée, ce qui économiserait près de six semaines de route.

1. Dans une note personnelle aux chefs d'État-Major, il écrivit ce jour-là, de son style mordant : « Le sort de la guerre au Moyen-Orient, la perte du canal de Suez, l'échec ou la confusion des forces énormes que nous avons mises sur pied en Égypte, la perte de toutes les chances d'une aide américaine par la mer Rouge, tout cela peut dépendre de quelques centaines de véhicules blindés. Ils doivent si possible être transportés là-bas à tout prix. » (*The Second World War*, vol. III, p. 218.)

Il insista aussi pour que les renforts fussent augmentés et qu'une centaine des derniers chars moyens fût ajoutée, malgré l'opposition du chef de l'Etat-Major général impérial, le général Dill, à une telle ponction sur les maigres forces disponibles dans le pays pour faire face à une éventuelle invasion au printemps.

Cette opération *Tiger* fut la première tentative pour faire passer un convoi par la Méditerranée depuis que la Luftwaffe y avait fait son apparition en janvier. Aidé par un temps brumeux, le convoi réussit à passer sans subir de dommages de la part de l'aviation. Un des navires coula cependant avec 57 chars après avoir heurté une mine en franchissant le détroit de Sicile. Les 4 autres navires atteignirent Alexandrie sans encombre le 12 mai, avec 238 chars (135 Matilda, 82 chars moyens et 21 chars légers), c'est-à-dire quatre fois plus que ce que Wavell avait pu réunir pour la défense de l'Egypte.

Cependant, sans attendre ces importants renforts, Wavell avait décidé de profiter de l'échec de Rommel devant Tobrouk et de son manque aigu de ravitaillement pour tenter de lancer une offensive à l'aide de la force improvisée rassemblée près de la frontière sous les ordres du général Gott. Ce fut l'opération *Brevity*. Le but initial de Wavell était de reprendre les positions frontalières à proximité de la côte, dont il savait qu'elles étaient mal défendues, et de liquider par surprise leurs garnisons avant que l'ennemi ait pu envoyer des renforts. Il espérait faire plus, comme il le dit dans un télégramme à Churchill le 13 mai : « En cas de succès, j'envisagerai une action combinée immédiate des forces de Gott et de la garnison de Tobrouk pour repousser l'ennemi à l'ouest de Tobrouk. »

Deux unités de chars vinrent constituer la force de frappe de Gott, le 2e royal tank regiment, équipé de 29 anciens modèles de chars moyens qui avaient été reconstruits, et le 4e royal regiment, avec 26 Matilda lourdement blindés, relativement lents et officiellement classés comme « chars d'infanterie ». Le 2e royal tank regiment, appuyé par un groupe d'infanterie motorisée et d'artillerie, devait, du côté du désert, contourner le flanc des positions fortifiées jusqu'à Sidi Azeiz et barrer la route aux renforts et à la retraite de l'ennemi. Le 4e royal tank regiment devait conduire à l'assaut la 22e guards brigade motorisée dans l'attaque directe.

Après une marche d'approche de nuit de 50 kilomètres, le poste tenu par les Italiens au sommet du col de Halfaya fut enlevé par surprise au matin du 15 mai et plusieurs centaines de soldats faits prisonniers, mais 7 Matilda furent mis hors de combat par l'artillerie des défenseurs au moment où ils s'approchaient. Deux autres postes, Bir Waid et Musaïd, furent rapidement enlevés, mais l'effet de surprise s'était estompé avant que Fort Capuzzo eût été atteint et l'intervention de flanc d'un groupe de bataille allemand disloqua l'attaque. Le fort fut finalement enlevé mais il fut évacué par la suite. Pendant ce temps, le mouvement tournant en direction de Sidi Azeiz avait été interrompu par crainte d'une contre-attaque. D'un autre côté, le commandant des forces ennemies frontalières avait été tellement impressionné par l'importance apparente de l'attaque qu'il avait amorcé son repli.

Si bien qu'à la tombée de la nuit les forces des deux camps étaient en train de se replier... Mais, alors que le repli germano-italien fut rapidement arrêté par un ordre de Rommel qui envoyait d'urgence un bataillon de Panzer depuis Tobrouk, Gott avait décidé de se retirer jusqu'à Halfaya, et les troupes étaient déjà en marche lorsqu'il reçut du lointain Haut Commandement l'ordre de tenir bon. Au lever du jour, les Allemands trouvèrent le champ de bataille vide à leur plus grand soulagement car le bataillon de Panzer de renfort était tombé en panne sèche et resta immobilisé jusqu'à ce qu'il ait été ravitaillé tard dans la journée.

Le repli anglais ne s'arrêta pas à Halfaya, mais une petite garnison fut laissée là. Les Allemands ne perdirent pas de temps pour tirer parti de sa situation exposée et ils s'emparèrent à nouveau du col, le 27, par une attaque surprise convergeant de plusieurs côtés à la fois. Cette prise représenta pour eux un gain avantageux car elle gêna sérieusement l'offensive suivante anglaise *Battleaxe*. De plus, dans l'intervalle, Rommel disposa des pièges pour les chars britanniques à Halfaya, et dans d'autres postes avancés, en enterrant des batteries de 88 mm converties très efficacement d'un rôle antiaérien à un rôle antichar.

Cette mesure d'urgence se révéla de la plus haute importance pour le résultat de la prochaine bataille. A cette époque, près des deux tiers des canons antichars allemands étaient encore de vieilles pièces de 37 mm adoptées cinq ans avant la guerre et très inférieures au canon antichar anglais de deux qui était également monté sur les chars. Elles ne pouvaient pas grand chose contre les chars moyens et elles étaient totalement inefficaces contre les Matilda. Même le nouveau canon antichar de 50 mm. dont Rommel possédait quelque cinquante exemplaires, ne pouvait percer l'épais blindage de Matilda que pratiquement à bout portant. Seul le 88 mm monté sur roues était capable de percer le blindage frontal du Matilda (épais de 77 mm) à une distance de près de 2 000 mètres. Rommel n'avait que 12 exemplaires de ce canon, mais il posta une batterie (de 4 pièces) à Halfaya et une autre sur la crête de Hafid, 2 points dont les Anglais avaient l'intention de s'emparer dès le début de leur offensive.

Ce fut heureux pour Rommel car, à bien des égards, il avait un désavantage sérieux lorsque l'attaque fut déclenchée, en particulier quant au nombre de chars, cette arme primordiale dans les batailles du désert. Aucun nouveau renfort n'était arrivé d'Allemagne et il ne disposait à peine que d'une centaine de chars lors du déclenchement de la bataille, dont plus de la moitié était avec les forces assiègèrent Tobrouk, 130 kilomètres en arrière. Dans l'autre camp, l'arrivée du convoi *Tiger* permit aux Anglais de déployer quelque 200 chars, ce qui leur donnait une supériorité de 4 contre 1 dans la phase initiale. Tout dépendait de l'exploitation de cet avantage pour écraser les forces ennemies dans la zone frontalière avant que Rommel pût recevoir le reste de ses chars (le 5e régiment de Panzer) de la lointaine Tobrouk.

Malheureusement pour les Anglais, leurs chances furent réduites par une préparation de l'offensive faite avec « la mentalité d'un fantassin ». Cette tendance découla de l'hétérogénéité des modèles de chars et annula pratiquement les effets de la supériorité numérique.

L'arrivée du convoi avait permis à Wavell de reconstituer deux brigades blindées en vue de la nouvelle offensive, mais il restait si peu de chars après l'échec de l'opération *Brevity*, à la mi-mai, que le total fut seulement suffisant pour mettre sur pied 2 des 3 régiments de chaque brigade [1]. De plus, le nombre de nouveaux chars moyens qui était arrivé ne permit d'équiper qu'un seul régiment et il ne restait des anciens chars moyens qu'un nombre suffisant pour en équiper un seul autre. Les 2 régiments de l'autre brigade furent équipés de chars d'infanterie Matilda, ce qui influença fortement la décision du Commandement d'utiliser cette brigade au départ pour assister l'infanterie dans un assaut direct contre la position fortifiée ennemie, au lieu de concentrer tous les chars disponibles pour écraser les forces de Panzer allemandes dans la zone avancée. Les conséquences de cette décision se révélèrent fatales au développement de l'offensive.

Les objectifs de l'opération *Battleaxe* étaient ambitieux, selon les termes de Churchill; ils étaient de remporter une victoire « décisive » en Afrique du Nord et de « détruire » les forces de Rommel. Wavell exprima un doute prudent quant aux chances de remporter un succès aussi complet, mais il espérait que l'attaque réussirait « à repousser l'ennemi au-delà de Tobrouk ». Ce fut l'objectif qu'il définit dans ses instructions au général Beresford-Peirse qui devait, en sa qualité de commandant de la Western Desert Force, conduire l'offensive.

Le plan d'attaque comprenait trois étapes. D'abord un assaut contre la zone fortifiée Halfaya - Soloum - Capuzzo, mené par la 4e division indienne, aidée de la 4e brigade blindée (équipée de chars Matilda), pendant que le reste de la 7e division blindée couvrait le côté du désert. Dans une seconde étape, la 7e division blindée devait exploiter le résultat en fonçant sur Tobrouk avec ses deux brigades blindées. Dans la troisième étape, cette division, assistée de la garnison de Tobrouk, devait progresser vers l'ouest. Ce plan contenait les germes de son propre échec. En effet, en détachant la moitié des blindés pour aider l'infanterie dans la première phase, il réduisait de plus de moitié les chances de vaincre le régiment de Panzer ennemi dans la zone avancée avant que celui de Tobrouk ne vienne à son secours; il compromettait ainsi grandement les chances de réussite des deux phases ultérieures.

---

1. Churchill demanda avec insistance l'envoi de 100 chars supplémentaires (le nombre nécessaire pour équiper le 3e régiment de chaque brigade) par la route de la Méditerranée, mais l'Amirauté hésita à courir un nouveau risque. Dans ses Mémoires, Churchill remarque avec amertume : « Rien n'aurait pu m'empêcher de demander et d'obtenir une décision du Cabinet à ce sujet, mais le général Wavell lui-même n'insista pas et se rangea même à l'avis contraire. Cela me coupa l'herbe sous les pieds. » (*The Second World War*, vol. III, p. 223.) Le convoi passa donc par Le Cap et n'arriva à Suez qu'à la mi-juillet.

Pour atteindre les positions ennemies de la frontière, les attaquants devaient exécuter une marche d'approche de 50 kilomètres qui débuta dans l'après-midi du 14 juin. Le bond final, de 12 kilomètres, fut accompli au clair de lune dans les premières heures du 15, et la bataille commença avec l'attaque de l'aile droite contre les positions excentriques du col de Halfaya. Mais les défenseurs étaient mieux préparés qu'en mai, tandis que l'effet de surprise était réduit à néant par la décision de ne lancer les tanks à l'assaut que lorsque la lumière serait suffisante pour permettre à l'artillerie de tirer. Cette disposition fut d'autant plus préjudiciable que la seule batterie prévue pour appuyer cet assaut s'enlisa dans le sable. Il faisait plein jour quand l'escadron de Matilda qui conduisait l'attaque s'avança pour parcourir la dernière distance, et les premières nouvelles qui parvinrent à l'arrière furent données par la voix de son commandant à la radio : « Ils sont en train de réduire mes chars en morceaux. » Ce fut son dernier message. Sur les 13 Matilda, un seul survécut au « piège antichar » des 4 pièces de 88 mm placées par Rommel en cet endroit que les Anglais baptisèrent fort justement « le col du feu d'enfer ».

Entre-temps, la colonne centrale avait continué sa progression à travers le plateau désertique, en direction de Fort Capuzzo, précédée d'un régiment complet de Matilda. Il n'y avait pas de canons de 88 mm et la résistance de la garnison s'effondra devant cette menace massive. Le fort fut enlevé et deux contre-attaques furent repoussées au cours de la journée.

Mais la brigade de chars moyens, conduisant la colonne de gauche qui devait contourner le flanc de l'ennemi, était tombée dans le piège antichar disposé par Rommel sur la crête de Hafid et sa progression avait été arrêtée. Remontant à l'attaque en fin d'après-midi, elle parvint seulement à s'enferrer davantage dans le piège et à subir de plus lourdes pertes. A cette heure-là, le gros des éléments du régiment de Panzer avancé était arrivé sur les lieux et la menace qu'il faisait peser sur leur flanc contraignit les derniers chars anglais à se replier lentement jusqu'à la frontière.

A la tombée de la nuit, les Anglais avaient perdu plus de la moitié de leurs chars, principalement dans les 2 pièges antichars, alors que ceux de Rommel étaient pratiquement intacts. L'arrivée de son autre régiment de Panzer en provenance de Tobrouk fit désormais pencher la balance en sa faveur.

Le deuxième jour, Rommel prit l'initiative en se servant de toute la 5e division légère, arrivée de Tobrouk, pour envelopper le flanc gauche britannique dans le désert. En même temps, la 15e division de Panzer lançait une forte contre-attaque sur Capuzzo. Celle-ci fut repoussée, les Anglais ayant l'avantage d'être sur la défensive dans des positions bien choisies et camouflées. Mais l'effet combiné de ces menaces frontales et latérales compromit le projet anglais de reprendre l'offensive ce jour-là, et, à la tombée de la nuit, le mouvement d'enveloppement allemand avait dangereusement progressé.

Pour accentuer cet avantage, Rommel reporta, aux premières heures du troisième jour, l'ensemble de ses forces mobiles sur le flanc en bordure du désert, dans le but de décrire un mouvement de faux jusqu'au col de Halfaya et de couper la ligne de retraite des Anglais. Vers le milieu de la matinée, lorsque la menace devint manifeste, le Haut Commandement anglais, après une rapide consultation, donna l'ordre à ses troupes disloquées d'effectuer une retraite précipitée. La fraction avancée de Capuzzo s'échappa de justesse, mais la résistance acharnée des derniers chars anglais du secteur donna le temps aux troupes d'infanterie transportées par camions de se replier et, au matin du quatrième jour, les forces anglaises étaient de retour sur leur ligne de départ, 50 kilomètres en arrière.

Les pertes en vies humaines furent légères au cours des trois jours de la bataille, moins d'un millier de tués, blessés ou disparus dans le camp anglais et à peu près la même chose dans le camp adverse. Mais les Anglais perdirent 91 chars et les Allemands seulement 12. Restés maîtres du champ de bataille, ces derniers furent en mesure de récupérer et de réparer la plupart de leurs chars endommagés, alors que les Anglais durent abandonner, au cours de leur retraite précipitée, de nombreux chars qui étaient simplement immobilisés par des ennuis mécaniques et qui auraient pu être réparés si on avait eu le temps. La disproportion entre ces pertes soulignait l'échec de cette offensive qui n'avait pas atteint les objectifs importants qui avaient été fixés et avait déçu les grands espoirs qui l'accompagnaient.

Tobrouk, *Brevity* et *Battleaxe* marquèrent un nouveau tournant dans l'aspect tactique de la guerre. Jusque-là on avait assisté à un renversement presque total de la domination de la défensive qu'on avait constatée au cours de la Première Guerre mondiale et de la première moitié du siècle. Depuis septembre 1939, l'offensive avait été si souvent et si complètement couronnée de succès sur tous les théâtres d'opérations, lorsqu'elle était exécutée par des forces blindées rapides, que l'opinion publique et l'opinion militaire en étaient arrivées à considérer la défensive comme naturellement faible et à croire que toute attaque devait nécessairement l'emporter. Mais *Battleaxe* montra, comme Tobrouk et *Brevity* l'avaient déjà laissé deviner, à quel point la défense pouvait être efficace si elle était conduite avec habileté et fondée sur une bonne compréhension des capacités des instruments modernes. A partir de ce moment, au fur et à mesure que la guerre continuait et que l'expérience s'accumulait, il devint de plus en plus évident que la défense, sous une forme plus mobile, avait retrouvé la supériorité qui était la sienne pendant la Première Guerre mondiale, et pouvait seulement être surmontée par une vaste supériorité de force ou un très haut degré d'habileté rompant l'équilibre de l'adversaire.

Malheureusement pour les chances de la prochaine tentative britannique en vue d'écraser Rommel et de nettoyer l'Afrique du Nord, les leçons de *Battleaxe* furent négligées ou mal comprises. Le point le plus important, négligé par le Haut Commandement britannique dans ses conclusions, fut le rôle joué par les canons de 88 mm dans la défense allemande. Il ne tint pas compte des rumeurs selon lesquelles ce canon antiaérien lourd était utilisé comme canon antichar. Lorsqu'il se rendit enfin compte du fait, en automne, après que les chars eurent subi de nouvelles lourdes pertes sous le feu de ce canon, il resta obstinément convaincu qu'une arme aussi lourde ne pouvait être utilisée qu'à partir d'une position enterrée. Il ne put donc pas imaginer et mettre au point une tactique efficace pour contrer la prochaine invention de Rommel en matière de tactique défensive : l'emploi des canons de 88 mm dans un rôle mobile. Une autre innovation importante négligée par les troupes britanniques et leur Haut Commandement fut l'emploi de plus en plus audacieux par l'ennemi de ces canons antichars classiques en combinaison étroite avec ses chars, non seulement en défense, mais aussi en attaque. Au cours des batailles suivantes, cette combinaison devint un facteur dominant qui exerça une influence encore plus grande sur les résultats que les pièces de 88 mm. En fait, la raison principale des pertes disproportionnellement lourdes des blindés britanniques semble, après analyse, avoir été la façon dont les canons antichars allemands de 50 mm, comparativement petits et maniables, furent déployés en avant de leurs propres chars, dissimulés dans des creux de terrain. Les équipages des chars anglais ne s'en rendirent pas compte. Ils ne pouvaient pas savoir si l'obus qui traversait leur blindage avait été tiré par un char ou par un canon antichar et ils avaient naturellement tendance à attribuer le coup à l'adversaire le plus visible. Cette déduction erronée créa par la suite, chez eux, l'illusion que leurs propres chars et les canons dont ils étaient dotés étaient inférieurs à ceux de l'ennemi, ce qui provoqua une perte de confiance.

A côté des points qui furent négligés lors de l'étude du déroulement de la campagne d'été, il y eut également un point important qui fut mal interprété, avec des conséquences sérieuses sur le plan de l'offensive anglaise à venir. Wavell, dans un rapport rédigé près de trois mois après *Battleaxe*, arriva à la conclusion que « la cause [primordiale] de notre échec fut sans aucun doute la difficulté à combiner l'action de chars moyens et de chars d'infanterie... » Mais en réalité on n'avait pas essayé de réaliser cette combinaison ni de tester sa possibilité. Les deux régiments de Matilda avaient été détachés de la division blindée et placés au départ sous les ordres du commandant de la division d'infanterie. Celui-ci s'était accroché à eux tout au long de la bataille au lieu de les laisser partir à l'issue de la phase initiale comme le prévoyait le plan. Avec une combinaison intelligente, les chars d'infanterie auraient pu jouer un rôle important dans la bataille de blindés en servant de puissant pivot de manœuvre offensif pour les chars moyens. Il n'y avait qu'une légère différence de vitesse entre les Matilda et les chars moyens A. 10 qui avaient utilement collaboré avec des chars moyens plus rapides lors de la première campagne de Libye et au cours de l'opération *Battleaxe* elle-même. A cette époque, comme par la suite, les Allemands se révélèrent capables de combiner des modèles de chars présentant une aussi grande différence de vitesse que les chars moyens anglais les plus rapides et les Matilda.

Malheureusement, l'opinion non vérifiée que cette association était trop difficile à réaliser entraîna une séparation complète entre les brigades de chars moyens et celles de chars d'infanterie au cours de l'offensive britannique suivante qui prit l'aspect, du côté anglais, d'une bataille livrée en deux compartiments séparés.

15.
Opération « Crusader »

L'échec de l'effort tenté au milieu de l'été 1941, pour remporter une victoire décisive en Afrique et chasser l'ennemi de ce continent, confirma plus que jamais Churchill dans sa détermination d'atteindre cet objectif. Il était décidé à renouveler cette tentative aussitôt que possible, avec des forces supérieures. Dans ce but, il envoya de vastes renforts en Égypte en balayant les objections de ses conseillers militaires qui lui rappelaient la vieille décision selon laquelle la défense de l'Extrême-Orient, et en particulier de Singapour, était la deuxième priorité, aussitôt après la défense de la Grande-Bretagne elle-même, et avant celle du Moyen-Orient. Le chef de l'État-Major général impérial, Sir John Dill, essaya de rappeler à Churchill le choix soigneusement pesé qui avait été fait entre ces deux régions du monde et leurs risques respectifs, mais il avait des manières trop douces et des habitudes trop déférentes pour maintenir ce point de vue face à la personnalité, aux arguments et à la situation de Churchill.

Cependant, le danger était maintenant devenu très grand en Extrême-Orient où les forces britanniques demeuraient lamentablement faibles. Bien que le Japon fût resté jusque-là en dehors de la guerre, les mesures prises par Roosevelt et Churchill en juillet pour couper ses ressources économiques ne pouvaient manquer d'entraîner la seule riposte possible pour lui, celle des armes. Ses hésitations accordèrent aux États-Unis et à l'Angleterre un délai de grâce de plus de quatre mois pour développer leurs défenses dans le Pacifique, mais ils n'en profitèrent pas, et, dans le cas de l'Angleterre, cette négligence fut due dans une large mesure à la façon dont l'intérêt et les efforts de Churchill s'étaient fixés sur l'Afrique du Nord. Rommel entraîna donc indirectement la chute de Singapour et tout autant du fait de l'impression personnelle qu'il fit sur ce Premier ministre féru de personnalités, qu'à cause de la menace éventuelle qu'il faisait peser sur la vallée du Nil et le canal de Suez [1].

1. Pour les cartes, cf. pp. 116-117.

Pour la nouvelle offensive d'Afrique, baptisée « Operation *Crusader* », les forces britanniques furent considérablement renforcées en hommes et en matériel. Les 4 unités de chars furent portées à 14, si bien que la force de frappe put disposer de 4 brigades blindées complètes (de 3 unités chacune), tandis que la garnison de Tobrouk reçut 1 brigade (composée de 2 unités de chars et d'1 escadron supplémentaire) envoyée par la mer, destinée à servir dans la sortie organisée pour aller à la rencontre de la force de frappe. (Ces brigades furent dotées en majorité du nouveau char moyen Crusader ou bien du nouveau char américain Stuart, le plus rapide de tous sur le champ de bataille, mais il y avait quatre unités de chars d'infanterie Matilda ou Valentine.) 3 nouvelles divisions d'infanterie motorisée furent amenées, ce qui porta le total à 4, sans compter une nouvelle division à Tobrouk où la 70e division britannique releva la 9e division australienne qui avait soutenu le plus fort du siège.

Au contraire, Rommel reçut très peu de renforts d'Allemagne et aucune nouvelle unité de chars ne vint s'ajouter aux 4 dont il disposait initialement. La 5e division légère fut rebaptisée 21e division de Panzer, mais le nombre de chars ne fut pas augmenté. Il put seulement improviser une division d'infanterie non motorisée (d'abord appelée « Division Afrika » puis 90e division légère), à l'aide de quelques bataillons supplémentaires d'artillerie et d'infanterie. Les 3 divisions (dont 1 blindée) des forces italiennes furent renforcées de 3 nouvelles petites divisions d'infanterie, mais leur valeur était très réduite à cause de leur matériel démodé et de l'absence de véhicules de transport automobiles, si bien qu'elles ne pouvaient être utilisées que dans un rôle statique et représentaient un handicap gênant pour la liberté de manœuvre stratégique de Rommel.

Les Anglais jouissaient maintenant aussi d'une forte supériorité aérienne. Le nombre d'appareils immédiatement disponibles pour appuyer l'offensive avait été porté à près de 700, contre un total de 120 avions allemands et 200 avions italiens.

En matière de chars, la supériorité britannique était encore plus nette. Lors du déclenchement de l'offensive, les Anglais avaient plus de 710 chars (dont quelque 200 chars d'infanterie) alors que l'ennemi n'avait que 174 chars allemands et 146 chars italiens, qui étaient d'un type ancien et sans grande valeur. La supériorité anglaise dépassait donc largement la proportien de 2 contre 1 par rapport à l'ensemble des troupes ennemies et de 4 contre 1 par rapport aux troupes allemandes, dont les 2 divisions de Panzer, avec leurs 2 unités de chars chacune, étaient considérées par le commandant en chef britannique comme « l'épine dorsale de l'armée ennemie ». De plus, Rommel n'avait aucun char en réserve, à part quelques-uns en réparation, alors que les Anglais en avaient plus de 500 en réserve ou en cours d'acheminement, ce qui leur permettait de maintenir un combat bien plus prolongé. Finalement ce furent ces réserves qui firent pencher la balance [1].

---

1. Les chiffres donnés ici, des effectifs et ressources respectifs en chars, sont ceux figurant dans un tableau de la *British Official History*, pp. 30-31. Les chiffres des effectifs opération-

Le principal atout de Rommel, face à cette écrasante supériorité en matière de chars, était qu'à l'automne les deux tiers de ses canons antichars ordinaires étaient du nouveau modèle de 50 mm à tube long, d'un pouvoir de pénétration supérieur de 70 % par rapport à l'ancien modèle allemand de 37 mm et de 25 % par rapport au canon anglais de 2. Il était donc moins tributaire de sa poignée de canons de 88 mm qu'au cours de l'été.

En plus des renforts et du matériel récent, Churchill envoya aussi des nouveaux chefs à la force de frappe. Quatre jours après l'échec de *Battleaxe*, Wavell fut relevé de son commandement et remplacé par Sir Claude Auchinleck, qui était commandant en chef aux Indes. Les commandants de la Western Desert Force et de la division blindée furent remplacés peu après. La prudence de Wavell impatientait de plus en plus Churchill et les résultats décevants de *Battleaxe* le décidèrent à nommer un nouveau commandant en chef. Mais il s'aperçut, avec une irritation renouvelée, qu'Auchinleck résistait fermement à ses pressions en faveur de déclenchement rapide d'une nouvelle offensive et insistait pour attendre d'être tout à fait prêt et assez fort pour avoir de bonnes chances d'emporter un succès décisif. L'offensive suivante, *Crusader*, ne fut donc lancée qu'à la mi-novembre, cinq mois après *Battleaxe*. Entre-temps, les forces largement augmentées furent rebaptisées VIIIe armée et leur commandement fut confié au général Sir Alan Cunningham, qui avait dirigé les opérations en Somalie italienne puis en Éthiopie entraînant l'éviction des Italiens. La nouvelle armée était divisée en 2 corps d'armée, le 13e, commandé par le général A.R. Godwin-Austen, et le 30e corps d'armée (blindé) sous les ordres du général C.W.M. Norrie. Mais, à l'exception de Norrie, un cavalier, aucun de ces hommes n'avait l'expérience des chars. Quant à Norrie, il avait été nommé en remplacement de l'expert de l'arme blindée initialement choisi pour commander le corps d'armée blindé et qui avait été tué dans un accident d'avion peu avant le début de l'offensive.

Le 13e corps d'armée comprenait la division néo-zélandaise, la 4e division indienne et une brigade de chars d'infanterie. Le 30e corps d'armée comprenait la 7e division blindée, avec 2 brigades blindées (les 7e et 22e), le 4e groupe de brigade blindé, la 22e guards brigade (motorisée) et la division sud-africaine. La 2e division sud-africaine était en réserve.

La base du plan de l'offensive était la suivante : le 13e corps d'armée devait immobiliser les troupes ennemies qui défendaient les positions frontalières, pendant que le 30e corps d'armée contournait ces positions fortifiées pour « rechercher et détruire » les forces blindées de Rommel, puis faire leur jonction avec la garnison de Tobrouk qui devait sortir à leur rencontre. Les 2 corps d'armée et leurs blindés respectifs opéreraient donc dans des zones largement distinctes plutôt qu'avec un effet combiné. L'élé-

---

nels britanniques, soit un total de 713 (dont 201 chars d'infanterie) furent déduits à partir de différentes compilations d'un certain nombre d'archives divergentes. Un autre calcul à partir des archives donne un total de 756 chars (dont 225 chars d'infanterie).

ment le plus formidable des blindés britanniques, la brigade de Matilda et de Valentine ne participerait pas à la bataille de blindés mais serait seulement employé par petits groupes aux côtés de l'infanterie. Lorsque l'avance se fut développée, cette distribution devint bientôt de la dispersion, génératrice de faiblesse générale.

Ce facteur compromit l'avantage initial obtenu par le mouvement stratégique de contournement qui avait pris les Allemands par surprise et entraîné une confusion momentanée. L'attaque britannique se disloqua, et, dans une large mesure, de son propre fait. Comme Rommel le fit remarquer ironiquement : « Quelle différence cela fait-il que vous soyez à 2 chars contre 1 si vous les dispersez et que vous me laissiez les détruire un par un ? Vous m'avez offert 3 brigades l'une après l'autre. »

L'origine du mal se trouvait dans la vieille maxime, inculquée depuis longtemps dans chaque manuel militaire officiel et à l'École de Guerre, selon laquelle « la destruction des principales forces ennemies sur le champ de bataille » était l'objectif primordial et le seul raisonnable pour un chef militaire. Entre les deux guerres, cette maxime fut adoptée avec encore plus de ferveur par les officiers formés à l'école de l'infanterie, en réfléchissant à la meilleure façon d'utiliser les chars mis à leur disposition, et ils avaient tendance à dire : « Détruisez les chars de l'ennemi, et ensuite nous pourrons nous occuper de la bataille. » La persistance de cette habitude de pensée n'était que trop manifeste dans les instructions données à la VIIIe armée et à son corps blindé : « Votre objectif immédiat est la destruction des forces blindées ennemies. » Mais une force blindée ne constitue pas en elle-même un bon objectif immédiat. On a de meilleures chances de la détruire par une méthode indirecte en l'amenant à protéger ou à reprendre une position d'importance majeure. En essayant de détruire les forces de Panzer insaisissables de Rommel par une méthode trop directe, les blindés anglais devinrent non seulement trop étirés et dispersés, mais se laissèrent aisément attirer dans ses pièges antichars garnis de canons.

Le 30e corps d'armée anglais traversa la frontière au matin du 18 novembre puis amorça un mouvement vers la droite en direction de Tobrouk, située 150 kilomètres plus loin. L'avance se faisait sous la protection d'une « ombrelle aérienne », mais cette mesure destinée à éviter la détection et l'intervention ne fut pas nécessaire dans l'immédiat, car, au cours de la nuit, un violent orage avait transformé les aérodromes de l'ennemi en marécages et cloué au sol son aviation. Pour la même raison, le ralentissement dû au mauvais état du terrain fut sans importance. Rommel ne s'attendait pas au « déluge d'acier » qui était sur le point de fondre sur lui. Son esprit restait préoccupé par la préparation de l'assaut qu'il projetait lui-même de lancer sur Tobrouk et sa force de frappe avait été envoyée dans ce secteur en prévision de l'attaque. Il avait cependant disposé une importante force de couverture plus au sud dans le désert pour prévenir une intervention.

Le 18, à la tombée de la nuit, les colonnes blindées britanniques traversaient le Trigh El Abd et continuaient le lendemain matin vers le nord, leur front, qui s'étendait sur 50 kilomètres, s'élargissant jusqu'à 80 kilomètres au fur et à mesure qu'ils repoussaient l'écran disposé par Rommel. Les conséquences néfastes de cette distension ne devaient pas être longues à se manifester.

Au centre, les deux régiments de pointe de la 7e brigade blindée atteignirent l'aérodrome ennemi situé au sommet de l'escarpement de Sidi Rezegh, à 20 kilomètres seulement du périmètre de Tobrouk, et s'en emparèrent. Mais le reste de la brigade et le groupe d'appui de la division n'arrivèrent que le lendemain matin, 20 novembre; Rommel avait eu le temps de dépêcher sur place une partie de la division Afrika, équipée de nombreux canons antichars, pour défendre l'arête supérieure de l'escarpement et barrer le passage. Les troupes britanniques ne reçurent aucun renfort car les deux autres brigades blindées avaient eu des ennuis, l'une à l'extrême ouest et l'autre à l'extrême est, tandis que la 1re division sud-africaine avait également été entraînée vers l'ouest.

Il s'était produit sur le front ouest la chose suivante : la 22e brigade blindée était tombée sur des chars italiens, et, en les repoussant, avait été amenée à attaquer la position fortifiée italienne située près de Bir El Goubi. La 22e brigade était composée de régiments de Yeomanry [1] qui n'étaient pas dotés de chars depuis longtemps et qui étaient nouveaux venus dans la guerre du désert. Au cours d'un assaut très chevaleresque, exécuté dans l'esprit immortel de la « Charge de la Brigade Légère » à Balaklava, ils subirent le pilonnage intense des batteries enterrées italiennes et perdirent plus de 40 chars sur les 160 qu'ils avaient. Ayant l'impression que l'attaque se déroulait de façon satisfaisante, le commandant du corps d'armée dérouta les Sud-Africains vers Bir El Goubi pour occuper la position.

Sur le flanc est, le 4e groupe de brigade blindé, qui s'était étiré sur plus de 40 kilomètres en pourchassant une unité de reconnaissance allemande, avait soudain été déconcerté par l'apparition d'un fort détachement blindé allemand sur ses arrières et la dernière unité de la colonne avait été durement malmenée avant que les deux autres unités n'aient pu faire demi-tour pour venir à son secours. Cette attaque était la suite de la première réaction de Rommel et elle fut lancée par un fort groupe de bataille (comprenant les 2 unités de chars de la 21e division de Panzer) envoyé vers le sud en exploration.

Heureusement pour eux, les blindés de l'aile gauche anglaise n'eurent pas à faire face, le lendemain matin, à une attaque concentrée de tout l'Afrika Korps. Ce répit fut dû à un rapport erroné reçu par son commandant, Cruewell, qui lui donna à penser que l'avance anglaise la plus dange-

1. La Yeomanry était à l'origine un corps de cavalerie constitué de petits propriétaires fonciers qui fournissaient leur monture. C'était donc une sorte de Garde nationale à cheval. Elle fut très progressivement dotée de chars entre les deux guerres pour constituer l'élément blindé de l'armée territoriale *(N. d. T.)*.

reuse se faisait par la route septentrionale, la Trigh Capuzzo. Il déplaça donc ses 2 divisions de Panzer dans cette direction et trouva la zone vide. Rendus aveugles faute de reconnaissance aérienne, les Allemands tâtonnaient encore dans « le brouillard de la guerre ». Plus grave encore, la 21e division de Panzer tomba en panne sèche au cours de cette expédition et fut momentanément immobilisée. Seule, la 15e division de Panzer fut en mesure de faire demi-tour ce jour-là, et, au cours de l'après-midi, elle attaqua à Gabr Saleh la 4e brigade blindée anglaise qui était toujours isolée et qui dut supporter, pour la deuxième journée consécutive, le plus fort de la contre-attaque allemande qui la malmena à nouveau. Bien que le Haut Commandement britannique fût informé des mouvements de l'ennemi, il fut lent à tirer parti de ce répit et de l'occasion offerte par le départ momentané de l'Afrika Korps. Aucune mesure immédiate ne fut prise pour concentrer les trois brigades blindées largement dispersées. Vers midi, lorsque le danger qui pesait sur la 4e brigade blindée devint manifeste, la 22e, qui devait initialement rejoindre la 7e à Sidi Rezegh, fut envoyée à son aide. Mais elle avait un long chemin à parcourir pour aller d'une aile à l'autre et elle n'arriva qu'à la tombée de la nuit, trop tard pour prendre part au combat.

Pourtant, pendant tout ce temps-là, la division néo-zélandaise et la brigade de chars d'infanterie du 13e corps d'armée se trouvaient seulement à 12 kilomètres de là, à Bir Gibni, impatientes d'avancer et de venir à la rescousse. Mais on ne fit pas appel à ces unités et leurs offres de service furent déclinées. Cela montre d'une façon extraordinairement révélatrice à quel point la conception « en deux compartiments étanches » fut poussée dans la conduite de cette bataille.

Lorsque le jour se leva, le 21 novembre, les brigades blindées anglaises de Gabr Saleh s'aperçurent que l'ennemi avait disparu du front. Cette fois ce n'était pas pour frapper dans le vide, car Rommel s'était fait alors une image très claire du dispositif britannique et avait ordonné à Cruewell de lancer une attaque convergente avec ses deux divisions de Panzer, contre les forces anglaises avancées de Sidi Rezegh.

Norrie venait de donner l'ordre à ces dernières de reprendre leur avance en direction de Tobrouk, dont la garnison avait également reçu l'ordre de tenter une sortie. Mais l'avance fut désorganisée avant d'avoir été reprise. A 8 heures du matin, 2 colonnes blindées allemandes furent repérées, venant du sud et de l'est. 2 des 3 unités blindées anglaises de Sidi Rezegh furent précipitamment envoyées à leur rencontre. Si bien que le 6e royal tank regiment se retrouva seul pour foncer sur Tobrouk et il fut bientôt mis en pièces par les batteries adverses habilement disposées qui purent concentrer leur feu sur cette seule unité. Ce fut une nouvelle « Charge de la Brigade Légère », une brigade bien trop légère dans le cas présent. Entre-temps les 2 autres unités blindées de la 7e brigade subirent le choc de tout l'Afrika Korps. L'une d'entre elles, le 7e régiment de hussards, fut écrasée et pratiquement balayée par la 21e division de Panzer. L'autre, le 2e royal tank regiment, attaqua la 15e division de Panzer avec une telle audace que l'ennemi dut tourner bride sous l'effet de l'habileté supérieure des Anglais pour tirer pendant les déplacements. Mais les Allemands attaquèrent de nouveau dans l'après-midi et eurent l'intelligence d'utiliser leur nouvelle tactique consistant à placer discrètement des canons antichars en avant de leurs blindés et sur le flanc de l'adversaire. Ils causèrent de la sorte de telles pertes que les restes rapidement fondus de la 7e brigade blindée ne furent sauvés de l'annihilation que par l'arrivée tardive de la 22e brigade blindée en provenance de Gabr Saleh. La 4e n'arriva que le lendemain. Quant à la garnison de Tobrouk, elle progressa de plus de 6 kilomètres à l'intérieur des positions germano-italiennes, mais son avance fut alors suspendue par suite de l'échec du 30e corps d'armée et les troupes qui avaient participé à la sortie se retrouvèrent ainsi dans un saillant dangereusement profond et étroit.

A l'aube du cinquième jour, l'Afrika Korps avait de nouveau disparu, mais cette fois seulement pour faire le plein en carburant et en munitions. Une accalmie, même aussi courte, n'était pas du goût de Rommel et, vers midi, il arriva au Q.G. de la 21e division de Panzer qui était restée près du champ de bataille et la lança dans une opération d'approche et d'attaque indirectes. Après avoir avancé vers l'ouest à travers la vallée qui se trouvait au nord de Sidi Rezegh, le régiment de Panzer fit demi-tour et attaqua le flanc sud de la position britannique. Remontant la pente, il s'empara de l'aérodrome et écrasa une partie du groupe d'appui avant que les deux autres brigades blindées anglaises eussent pu intervenir. Leurs contre-attaques tardives manquèrent de coordination et se terminèrent dans la confusion à la tombée de la nuit. Mais ce n'était pas encore la fin de cette mauvaise journée. La 15e division de Panzer, revenant au crépuscule dans la zone de bataille après une journée de « repos », tomba sur les arrières de la 4e brigade blindée et encercla le camp où se trouvait son Q.G. et son régiment de réserve, le 8e hussards. Sous l'effet de la surprise, les Allemands s'emparèrent de la plus grande partie du personnel, des chars et des moyens radio. Le commandant de la brigade était en train de diriger la contre-attaque à Sidi Rezegh et il échappa à la capture, mais, à l'aube du 23, il se retrouva à la tête d'une brigade mutilée et dispersée et dépourvu des moyens permettant de diriger et de rassembler les fragments. Ce facteur paralysa son action au cours d'une journée qui allait se révéler encore plus critique.

Ce fut une compensation, cependant pas immédiate, de voir le Q.G. de l'Afrika Korps subir un sort identique au matin du 23. Cunningham avait enfin donné l'ordre au 13e corps d'armée d'avancer, mais de façon limitée. Les Néo-Zélandais s'emparèrent de Capuzzo le 22 et une brigade (la 6e) reçut ensuite l'ordre de pousser jusqu'à Sidi Rezegh. Le 23, peu après l'aube, elle tomba sur le Q.G. de l'Afrika Korps et le détruisit. Cruewell ne dut sa liberté qu'au fait qu'il venait de partir diriger la phase suivante de la bataille. Mais la perte de son état-major opérationnel et de ses moyens de liaison radio devint un sérieux handicap au cours des jours suivants, plus sérieux même que les Anglais, accaparés par leurs propres ennuis et leurs revers grandissants, ne s'en rendirent compte.

Le 23 novembre était un dimanche : en Angleterre le « dernier dimanche après la Pentecôte » et en Allemagne le *Totensountag*, le « dimanche des morts ». A la lumière de ce qui se passa ce jour-là dans le désert, on comprend que la bataille conserva par la suite le nom donné par les Allemands à ce dimanche.

Au cours de la nuit, les forces anglaises de Sidi Rezegh s'étaient légèrement repliées vers le sud pour attendre l'arrivée de la 1re division sud-africaine qui était en route. Mais la jonction n'eut jamais lieu. Une attaque convergente des deux divisions de Panzer émergeant de la brume matinale prit les Anglais et les Sud-Africains par surprise et les sépara, dévastant les camps de leurs véhicules de transport et produisant une débandade. Le désastre aurait été plus grand si les divisions de Panzer n'avaient pas été rappelées à ce moment-là par Cruewell qui n'avait pas une image très claire de la situation et voulait faire sa jonction avec la division italienne Ariete avant de tenter un coup décisif. Mais les Italiens avançaient avec une prudente lenteur et Cruewell ne put déclencher son attaque que dans l'après-midi. Partant du sud, il lança ses forces contre la partie la plus importante des troupes avancées de Norrie, la 5e brigade sud-africaine et la 22e brigade blindée, qui étaient maintenant isolées. Entre-temps, plusieurs fractions plus petites étaient parvenues à s'extraire du piège. Avant son attaque, les Britanniques avaient organisé une bonne défense. Il réussit cependant à envahir finalement la position et à écraser les défenseurs, dont quelque 3 000 furent tués ou faits prisonniers. Mais l'Afrika Korps perdit plus de 70 chars sur les 160 qui lui restaient.

Les pertes allemandes subies au cours de cette seule attaque directe contre une position défensive annulèrent largement l'avantage matériel remporté par d'habiles manœuvres au cours des jours précédents. Le prix payé pour ce succès tactique fut même plus ruineux pour les Allemands, stratégiquement, que tous les autres combats de l'opération *Crusader*. S'il est vrai que le 30e corps d'armée avait subi de bien plus lourdes pertes et n'avait plus que quelque 70 chars en état de combattre sur les 500 dont il disposait au départ, les Anglais avaient de vastes réserves où ils pouvaient puiser pour reconstituer leurs effectifs de blindés, alors que Rommel n'avait aucune réserve.

Le 24 novembre, la bataille prit une nouvelle tournure spectaculaire. Rommel cherchait maintenant à exploiter son succès par une percée profonde jusqu'à la frontière et au-delà, pour frapper les arrières de la VIIIe armée avec toutes ses forces mobiles. Plutôt que de perdre du temps pendant que ces dernières se rassemblaient, il partit avec la 21e division de Panzer dès que celle-ci fut prête à se mettre en mouvement. Il prit lui-même la tête en disant à la 15e division de suivre et après avoir reçu l'assurance que le corps d'armée mobile italien (division blindée Ariete et division motorisée Trieste) viendrait appuyer les divisions de Panzer et achever l'encerclement des forces britanniques.

Son intention originale, telle qu'elle transparaissait dans son rapport expédié la veille au soir à Berlin et à Rome, était de tirer parti de l'éclatement des forces anglaises pour aller dégager les garnisons frontalières germano-italiennes. Mais, au cours de la nuit, il élargit son objectif ainsi que le rapportent ses principaux officiers d'état-major. Leur témoignage est confirmé par le journal de guerre du Q.G. qui déclare : « Le commandant en chef décida de poursuivre l'ennemi avec ses divisions blindées, de rétablir la situation sur le front de Soloum et, en même temps, de s'avancer contre les lignes de communications arrières des Anglais dans la zone de Sidi Omar [...] Cela les amènerait rapidement à être obligés de cesser le combat. »

Rommel voulait frapper l'esprit du commandant adverse tout autant que l'arrière de ses forces et ses lignes de ravitaillement. A ce moment-là une telle entreprise avait plus de chances de réussir que Rommel ne pouvait le savoir. En effet, la veille, Cunningham avait songé, à la suite du résultat désastreux de la bataille de chars, à se replier de l'autre côté de la frontière et il n'avait été arrêté que par l'arrivée d'Auchinleck, venu en avion du Caire, qui insista pour que le combat continue. Cependant, la progression rapide de Rommel vers la frontière entraîna la débandade des unités qui étaient sur sa route et provoqua une inquiétude encore plus grande au Q.G. de la VIIIe armée.

A 4 heures de l'après-midi, Rommel atteignit la frontière à Bir Sheferzen, après avoir parcouru 100 kilomètres à travers le désert en cinq heures. Aussitôt arrivé, il envoya un groupe de bataille de l'autre côté de la frontière pour occuper le col de Halfaya, qui dominait la route côtière de retraite et de ravitaillement de la VIIIe armée, augmentant du même coup la menace contre les arrières britanniques. Après avoir accompagné quelque temps le groupe de bataille, Rommel fit demi-tour, mais il fut immobilisé dans le désert par une panne de moteur. Heureusement pour lui, Cruewell vint à passer dans son command car et le prit avec lui. Mais la nuit tombait et ils ne purent pas trouver de passage dans les barbelés de la frontière. Si bien que les deux généraux et leurs chefs d'état-major, passèrent la nuit au milieu des troupes anglaises et indiennes du secteur, ne dépendant, pour leur sécurité, que de la tendance instinctive des simples soldats à « ne pas réveiller les généraux qui dorment », car le command car de Cruewell avait été pris aux Anglais. Cela leur permit aussi de s'esquiver à l'aube sans être inquiétés et de regagner sans encombre le Q.G. de la 21e division de Panzer.

Mais, en revenant à son Q.G. après ces douze heures de « détention », Rommel s'aperçut que la 15e division de Panzer n'était pas encore arrivée sur la frontière, tandis que la division Ariete s'était immobilisée à un stade précoce de son avance après avoir repéré la 1re brigade sud-africaine en position en travers de sa route. Les colonnes de transport apportant le ravitaillement en carburant n'étaient pas non plus arrivées. Ces retards n'étaient pas seulement gênants pour la contre-attaque de Rommel, elles en limitaient aussi l'envergure. Il ne pouvait plus envoyer, comme prévu, un détachement à l'est, jusqu'à Habata, la gare de ravitaillement britannique, pour bloquer à la fois les accès à l'escarpement et la principale route menant en Égypte par l'intérieur des terres qui passait sur la crête. Il devait aussi abandonner l'idée d'envoyer un autre groupe vers le sud par la piste de Fort Maddalena, jusqu'à l'oasis de Giaraboub où se trouvait le Q.G. avancé de la VIIIe armée. Une initiative qui aurait décuplé la confusion et l'inquiétude qui y régnaient déjà. Même dans la zone frontalière, la journée s'écoula sans aucune opération plus fructueuse qu'une ruineuse tentative contre Sidi Omar par les forces déjà réduites du régiment de chars de la 21e division de Panzer. Lorsque la plus puissante 15e division de Panzer fit enfin son apparition, sa poussée vers le nord le long de la frontière permit seulement la destruction d'un atelier de campagne où 16 chars anglais étaient en réparation.

Un développement aussi mince de la menace qui planait si lourdement la veille donnait une chance aux Anglais de reprendre leur souffle et de retrouver leur équilibre. De plus, le matin du troisième jour, le 26 novembre, Cunningham fut remplacé à la tête de la VIIIe armée par le chef d'État-Major général adjoint d'Auchinleck, Neil Ritchie, nommé dans ces circonstances pour assurer la poursuite de la bataille quels qu'en fussent les risques. Heureusement pour les Anglais, l'avance ennemie avait épargné les deux grands dépôts de ravitaillement, situés au sud de la Trigh El Abd, dont dépendaient dans une large mesure la poursuite de la bataille et la reprise de la progression. L'avance en direction du sud-est des divisions de Panzer parties de Sidi Rezegh passait bien au nord de ces dépôts, mais l'itinéraire des Italiens, s'ils avaient continué leur route, en serait passé beaucoup plus près.

Cependant, bien que l'avance de Rommel eût perdu de sa vitesse, la situation des Britanniques restait encore très précaire au matin du 26. Le 30e corps d'armée était tellement disloqué qu'il ne fit rien au cours de la journée pour atténuer la menace ennemie contre les éléments arrière du 13e corps, et ces derniers se trouvaient eux-mêmes non seulement largement dispersés mais aussi isolés du fait de pannes de radio. Les Allemands avaient eux aussi des problèmes de télécommunications dus à leurs pertes en équipement radio et c'était encore plus grave dans leur situation. En effet, leurs chances reposaient sur une action rapide et coordonnée pour accentuer la menace pesant sur les lignes arrières britanniques, alors que la meilleure chose que pouvaient faire les troupes anglaises qui s'y trouvaient était de rester fermement sur leurs positions frontalières pendant que les éléments avancés du 13e corps continuaient leur marche vers l'ouest pour faire leur jonction avec la garnison de Tobrouk et créer une double menace sur les arrières de Rommel. Cette menace avait maintenant commencé de provoquer une série de messages provenant du Q.G. du groupe de Panzer d'El Adem, et demandant le retour des divisions de Panzer pour soulager la pression.

Ces appels inquiétants de l'arrière, combinés à des pannes de radio et à un manque de carburant dans la zone avancée, contribuèrent à empêcher la poursuite de la contre-attaque de Rommel. Au matin du 26, il avait ordonné à Cruewell de « nettoyer rapidement le front de Soloum » par le moyen d'une attaque simultanée de la 15ᵉ division de Panzer d'un côté et de la 21ᵉ de l'autre. Mais il s'aperçut avec consternation que la 15ᵉ était repartie pour Bardia aux premières heures de la matinée pour refaire ses pleins de carburant et de munitions, puis, au moment où elle regagnait le champ de bataille, il découvrit que la 21ᵉ division s'était retirée de Halfaya par suite d'un ordre mal interprété, et était partie se ravitailler à son tour à Bardia. Aucune action ne fut donc entreprise ce jour-là, et, dans la soirée, Rommel décida à contrecœur de laisser la 21ᵉ division de Panzer retourner à Tobrouk. Le lendemain il donna l'ordre à la 15ᵉ de faire de même, après une attaque au lever du jour au cours de laquelle elle réussit à anéantir le Q.G. et les éléments d'appui de la brigade néo-zélandaise la moins avancée. Ce fut le dernier acte d'une contre-offensive qui avait commencé de façon si prometteuse.

Les commentaires rétrospectifs à son sujet ont naturellement été influencés par la connaissance de son échec. Les critiques portées sur la tactique ont exprimé l'opinion que Rommel aurait dû concentrer son effort sur une exploitation plus locale de son succès de Sidi Rezegh, en achevant la destruction des derniers éléments du 30ᵉ corps d'armée ou en écrasant la division néo-zélandaise dans sa position avancée ou encore en s'emparant de Tobrouk et en dégageant ainsi son flanc et ses lignes de ravitaillement. Mais aucune de ces tactiques ne permettait d'espérer obtenir des résultats stratégiques aussi décisifs sur les Anglais, alors qu'elles représentaient pour lui un plus grand risque de perdre du temps et de subir un affaiblissement décisif au cours d'un assaut infructueux. L'équilibre numérique était tellement défavorable à Rommel, dès le départ, qu'il ne pouvait manquer d'être vaincu au cours d'une longue bataille d'usure. S'il essayait de poursuivre et de détruire les derniers chars du 30ᵉ corps, ceux-ci pouvaient toujours refuser le combat car ils étaient plus rapides que les siens. Les autres solutions l'amenaient à s'attaquer à des forces d'artillerie et d'infanterie placées en position défensive. Puisqu'il n'avait pas les moyens de livrer un combat d'usure, ç'eût été folie de sa part d'adopter l'une de ces tactiques si une meilleure voie s'ouvrait à lui. Cette meilleure voie était, tout naturellement, celle qu'il choisit, une poussée stratégique profonde avec toutes ses forces mobiles. Les chances de réussite étaient encore accrues par le fait qu'il avait enfin pu persuader Mussolini de placer le corps mobile italien sous ses ordres.

L'offensive de Rommel a souvent été critiquée, après coup, comme téméraire. Mais l'histoire des guerres montre qu'une initiative de ce genre a souvent été couronnée de succès, en particulier par son effet moral sur les troupes adverses et surtout sur leurs chefs. L'expérience personnelle de Rommel prêchait également en sa faveur. Deux fois déjà, en avril et en juin, il avait provoqué une retraite anglaise (dans le premier cas un effondrement) grâce à une telle avance stratégique, réalisée avec des moyens plus faibles et qui n'avait pas atteint des positions aussi menaçantes. Deux mois plus tard, en janvier 1942, il provoqua un nouvel effondrement grâce à une quatrième avance en profondeur qui ne fut pas cependant aussi dangereuse pour la ligne de retraite anglaise que celle de novembre. De plus, lorsqu'il déclencha son avance de novembre, les forces adverses étaient plus dispersées et plus fragmentées que dans chacun des trois cas où sa riposte stratégique fut une réussite.

Les causes de son échec dans le cas présent ont déjà émergé du récit de ces journées cruciales : le retard de la 15e division de Panzer et l'inertie du corps d'armée mobile italien pour appuyer l'avance dirigée par Rommel de la 21e division de Panzer; la perte de vitesse et l'étalement qui s'en suivirent dans l'exploitation de l' « onde de choc »; l'action maladroite et inutile sur la frontière, due en partie à un manque de renseignements précis, à des pannes de radio et une mauvaise interprétation des ordres donnés, la création par les Anglais d'une menace sur les arrières de leur adversaire; la détermination d'Auchinleck à continuer le combat et à créer cette contre-menace, au lieu de se replier; le remplacement du chef de la VIIIe armée à un moment critique. Son successeur, nommé dans de telles circonstances, ne pouvait que continuer le combat quels que fussent les risques et cette décision se révéla heureuse, bien qu'elle eût pu se révéler tout autre. (Deux mois plus tard, la réaction de Ritchie à une menace moins dangereuse fut la même que celle de son prédécesseur en novembre.)

Un autre facteur mérite d'attirer l'attention et d'être souligné lorsqu'on fait l'analyse militaire de cet épisode et de ses enseignements. La décision de continuer le combat n'aurait servi à rien et aurait simplement entraîné un désastre encore plus grand, si la débandade provoquée par Rommel s'était étendue. Mais la plupart des « fragments » du 30e corps d'armée qui ne se trouvaient pas sur sa route demeurèrent sur leurs positions précédentes ou à proximité, même lorsqu'ils étaient isolés, ceux du 13e corps en firent autant. Le fait même d'être aussi dispersé, et dans le cas du 30e corps aussi abasourdi par les coups reçus dans les jours précédents, contribua à enrayer la tendance habituelle de formations disloquées à se replier vers leur base. Dans le cas présent, l'ennemi les avait si visiblement dépassées dans son avance vers l'est, qu'il a dû sembler plus sûr de rester sur place, au bord du tourbillon, même si la continuation du ravitaillement était incertaine.

Après l'échec de la contre-attaque stratégique de Rommel, la première question était de savoir s'il pourrait se relever de cet échec, et la seconde de savoir s'il avait une chance de reprendre le dessus. D'une façon stupéfiante, étant donné sa faiblesse, il réussit à donner une réponse positive à ces deux questions. Cependant il ne fut pas en mesure de tirer profit de l'avantage retrouvé et dut finalement se replier en raison des effets accumulés du processus d'usure. Ce dernier résultat tend à démentir qu'il avait raison de tenter son avance stratégique profonde et apparemment téméraire du 24 novembre, comme le seul moyen lui offrant une chance raisonnable de faire pencher la balance en sa faveur de manière décisive.

Lorsque l'Afrika Korps repartit vers l'ouest avec les 60 chars qui lui restaient (dont un tiers consistait en chars légers), ses chances de rétablir la situation à Tobrouk par une action directe semblaient minces, tandis que sa propre situation apparaissait comme très précaire. En effet, la division sud-africaine, appuyée par près de 90 chars Valentine et Matilda, parvint à franchir le rideau des assiégeants dans la nuit du 26 et à faire sa liaison avec les forces anglaises de Tobrouk, qui comptaient plus de 70 chars (dont 20 chars légers). Entre-temps une nouvelle livraison de la base avait porté les effectifs de la 7e division blindée à près de 130 chars, si bien que les Anglais avaient maintenant en tout une supériorité de 5 à 1 en matière de chars (et 7 à 1 en matière de chars disposant d'un canon). S'ils avaient été utilisés avec une concentration maximale, les chances de survie de l'Afrika Korps auraient été minces et la 7e division blindée aurait pu l'écraser à elle seule.

L'Afrika Korps était dangereusement exposé au cours de la première étape de son repli, d'autant plus que la 21e division de Panzer fut retardée par un barrage et ne put porter secours à la 15e division lorsque celle-ci fut interceptée dans l'après-midi du 27 par les deux brigades blindées de la 7e division disposant de trois fois plus de chars qu'elle. Une brigade (la 22e) lui barra la route, tandis que l'autre (la 4e) attaquait le flanc de la colonne en marche en causant des ravages parmi les véhicules de transport. Les Allemands réussirent en définitive à enrayer l'attaque après quelques heures critiques, mais ils furent obligés d'interrompre leur propre marche vers l'ouest le long de la Trigh Capuzzo. A la tombée de la nuit, les chars anglais se retirèrent vers le sud, dans le désert, pour passer la nuit dans un endroit protégé, selon leur habitude. Cela permit aux Allemands de reprendre leur route à la faveur de l'obscurité. Le lendemain, les brigades blindées britanniques renouvelèrent leur attaque, mais elles furent tenues en respect par l'écran antichar de l'ennemi et, à la tombée de la nuit, les Allemands purent de nouveau poursuivre leur route sans encombre.

Au matin du 29, l'Afrika Korps fit donc sa jonction avec le reste des forces de Rommel et atténua la pression qui pesait sur elles. Le lendemain, Rommel concentra son effort contre la 6e brigade néo-zélandaise qui était isolée sur l'arête de Sidi Rezegh; il utilisa la division Ariete pour protéger son flanc ainsi que l'opération d'une intervention des blindés britanniques situés plus au sud. Ses chars, après avoir contourné le côté le plus éloigné de la position, attaquèrent par l'ouest, pendant que l'infanterie attaquait par le sud. Le soir, la 6e brigade néo-zélandaise avait été délogée de la crête, mais une partie réussit à s'échapper et à rejoindre le gros de la division dans la vallée en contrebas, près de Belhamed. Les forces blindées anglaises, bien que leur effectif eût été reconstitué par une nouvelle livraison de chars et concentré sous la bannière de la 4e brigade blindée, ne firent aucun effort sérieux pour franchir l'écran antichar de Rommel et venir à la rescousse. Leurs chefs avaient été si souvent attirés dans des pièges, et avaient tant souffert de l'habile combinaison des chars et des canons antichars ennemis, qu'ils étaient maintenant devenus excessivement prudents.

Le 1er décembre, aux premières heures de la matinée, les forces de Rommel encerclèrent les Néo-Zélandais à Belhamed, coupant le « couloir » qui s'étendait entre eux et les forces de Tobrouk. Vers 4 h 30 du matin, la 4e brigade blindée reçut l'ordre de se porter vers le nord « à toute vitesse » dès les premières lueurs de l'aube, et d'engager les chars ennemis « à tout prix ». Elle se mit en route vers 7 heures, atteignit l'aérodrome de Sidi Rezegh à 9 heures et, après être descendu de l'escarpement, établit le contact avec les Néo-Zélandais. Une contre-attaque fut alors projetée contre les chars ennemis, estimés à « environ 40 ». Mais, dans l'intervalle, une partie des troupes néozélandaises avait été débordée et un ordre de repli général fut donné. Ce qui restait de la division néo-zélandaise se replia vers l'est jusqu'à Zaafran (puis, au cours de la nuit, jusqu'à la frontière), tandis que la 4e brigade blindée se repliait de 40 kilomètres vers le sud jusqu'à Bir Berraneb.

Le résultat de ce troisième round de la bataille représentait un exploit stupéfiant de la part d'un ennemi qui était dominé à 7 chars contre 1 au début du round et encore à 4 contre 1 à son issue par rapport à l'ensemble des blindés du camp opposé.

Auchinleck se rendit à nouveau en avion au Q.G. de la VIIIe armée. Se fondant sur une estimation correcte de la faiblesse sous-jacente de Rommel, il était déterminé à poursuivre le combat avec les forces fraîches et les réserves de chars qu'il pouvait envoyer en ligne dans ce but. La 4e division indienne fut relevée sur la frontière par la 2e division sud-africaine et envoyée se joindre à la 7e division blindée pour effectuer un mouvement tournant destiné à couper la ligne de ravitaillement et de retraite de Rommel.

Lorsque Rommel fut avisé de cette nouvelle et grave menace, il décida de se replier vers l'ouest et de concentrer les chars qui lui restaient dans une attaque visant à disloquer le mouvement tournant britannique. Dans la nuit du 4 décembre, l'Afrika Korps s'esquiva donc vers l'ouest, abandonnant le siège de Tobrouk.

Ce matin-là, la brigade de tête de la 4e division indienne avait lancé une offensive contre la position italienne de Bir El Goubi (30 kilomètres au sud de Sidi Rezegh), mais l'assaut échoua sous le feu des défenseurs. Il fut renouvelé le lendemain matin mais de nouveau repoussé. Pendant ces opérations, les blindés britanniques avaient assuré la protection du flanc nord de l'attaque contre une intervention de Rommel, mais malheureusement ils se retirèrent pour établir leur camp dans l'après-midi du 5, avec l'intention d'expérimenter un nouveau système de campement. A 17 h 30, les forces de Panzer de Rommel firent soudain leur apparition à Bir El Goubi et écrasèrent une partie de la brigade indienne sans protection. Le reste parvint à s'échapper à la tombée de la nuit.

A la suite de ce revers, le commandant du 30e corps, Norrie, décida de remettre à plus tard son avance de flanc jusqu'à Acroma, perdant ainsi toute chance de couper la retraite à Rommel. La 4e brigade blindée reçut l'ordre de chercher les blindés ennemis et de les détruire avant qu'une nouvelle avance ne soit tentée. Mais ce but ne fut pas atteint et l'examen des archives révèle qu'aucun effort sérieux ne fut fait dans ce sens, bien que l'arrivée de

40 chars neufs eût porté le total des chars de la brigade à 136, soit pratiquement le triple de ceux qui restaient encore à l'Afrika Korps. La brigade passa les deux jours suivants en position près de Bir El Goubi, faisant de courtes sorties occasionnelles organisées dans l'espoir vain d'attirer l'ennemi dans un assaut direct contre les positions d'artillerie de la 4e division indienne.

Le 7 décembre, Rommel, auquel on avait notifié qu'il ne recevrait aucun renfort avant la fin de l'année, décida de se replier sur la ligne de Gazala. Au cours de la nuit, l'Afrika Korps entama son désengagement. Les Anglais mirent un certain temps à se rendre compte de ce qui se passait et leurs blindés ne partirent que le 9 décembre en direction de « Knightsbridge », l'embranchement routier situé au sud d'Acroma. Ils furent arrêtés par une arrière-garde ennemie à 12 kilomètres de Knightsbridge et se montrèrent plus anxieux d'assurer leur propre protection que d'arrêter l'ennemi. Le 11, les forces de Rommel étaient parvenues sans encombre à Gazala où des positions défensives avaient été préparées antérieurement pour constituer une ligne de réserve.

Le 13 décembre, le 13e corps d'armée de Godwin-Austen, qui avait pris la relève dans la poursuite, lança une attaque contre la ligne de Gazala. L'assaut frontal fut enrayé, mais le corps mobile italien, qui couvrait le flanc de Rommel opposé à la mer, céda rapidement sous la pression et l'aile gauche anglaise atteignit Sidi Breghisc, 25 kilomètres derrière la ligne de Gazala. Cependant, une contre-attaque de Panzer mit un terme au mouvement d'encerclement.

Le 14, avant de relancer l'assaut, Godwin-Austen envoya la 4e brigade blindée décrire un plus vaste mouvement tournant, jusqu'à Halegh Eleba, un carrefour de pistes situé à mi-chemin entre Gazala et Mekhili. Ce mouvement commença à 14 h 30 et la brigade s'arrêta pour la nuit après avoir parcouru 35 kilomètres plein sud. Repartant le lendemain matin à 7 heures, avec 100 kilomètres à parcourir, elle fut retardée par un terrain et n'atteignit Halegh Eleba qu'à 15 heures, soit avec quatre heures de retard sur l'horaire et trop tard pour aider à l'assaut principal en attirant comme prévu les réserves de Panzer de Rommel. De plus elle ne bougea pas et ne fit rien pour faire sentir sa présence, si bien que l'ennemi ne s'en aperçut que le lendemain matin.

Entre-temps, l'attaque principale du 15 décembre avait été un échec. Un assaut le long de la côte avait pu pénétrer dans la position de Gazala, mais une attaque enveloppante fut brisée par une contre-offensive de Panzer, à midi, qui balaya les éléments avancés des troupes attaquantes.

Le Haut Commandement anglais espérait encore que la forte brigade blindée qu'il avait placée à l'arrière de l'ennemi obtiendrait des résultats décisifs le lendemain. Mais, au matin du 16, la brigade se replia de 35 kilomètres vers le sud afin de faire le plein de carburant en toute sécurité, et lorsqu'elle revint, dans l'après-midi, en un point plus rapproché du front, elle fut arrêtée par un écran antichar et se retira de nouveau vers le sud pour passer la nuit. Il y eut un échange de coups de canon, à longue distance, mais elle n'enregistra aucune perte. L'analyse de ces opérations laisse l'impression que le désir dominant était de voir partir l'ennemi, et il partit par le chemin qui lui était laissé grand ouvert.

En effet, les pertes pourtant réduites subies au cours de la contre-attaque réussie par les Panzer, le 15, n'avaient laissé à l'Afrika Korps qu'à peine 30 chars, alors que les Anglais en avaient maintenant près de 200 sur les lieux. En soupesant la situation, Rommel vit qu'il était impossible de tenir longtemps sur la ligne de Gazala et il décida de faire un grand pas en arrière, hors de portée, en attendant des renforts. Il se retirerait dans l'étranglement de Marsa El Brega, sur la frontière de Tripolitaine, une position idéale pour la défensive. Elle avait déjà servi de tremplin à sa première offensive et jouerait à nouveau ce rôle. Il commença donc son repli dans la nuit du 16 décembre, l'Afrika Korps et le corps d'armés mobile italien passant par la route du désert, pendant que les divisions d'infanterie italiennes se repliaient par la route côtière.

La poursuite fut lente à s'organiser. La 4e brigade blindée ne se mit en route que le lendemain à 13 heures et s'arrêta pour la nuit deux heures plus tard, à 25 kilomètres de sa position initiale de Halegh Eleba, pendant que les préparatifs administratifs en vue d'une continuation de l'avance étaient faits. Le 18, elle s'avança à travers le désert jusqu'à un point au sud de Mekhili, mais, en se tournant vers le nord, rata de peu l'arrière-garde des colonnes ennemies en retraite.

Durant ce temps, la 4e division indienne, montée sur camions et accompagnée de chars d'infanterie progressait plus près de la côte, à travers les collines accidentées du Djebel Akhdar. Elle s'empara de Derna au matin du 19, mais le gros des colonnes à pied de l'ennemi avait déjà franchi cet étranglement. Une tentative pour les intercepter plus à l'ouest fut gênée par la difficulté du terrain et le manque d'essence et seuls quelques fragments purent être capturés. Une grande partie des poursuivants était maintenant immobilisée faute d'essence.

Des éléments d'infanterie motorisée furent utilisés pour pourchasser l'ennemi le long de la corde qui sous-tend à travers le désert le grand arc de Benghazi. Atteignant Antelat le 22 décembre, ils trouvèrent les forces de Panzer ennemies postées (avec 30 chars) près de Beda Fomm, afin de protéger la retraite côtière des forces à pied italiennes et ils furent tenus en respect jusqu'au 26, date à laquelle l'arrière-garde de Rommel décrocha de 50 kilomètres jusqu'à Adjedabia. Entre-temps les poursuivants avaient été rejoints par la 22e brigade blindée équipée de neuf. Emboîtant le pas à l'arrière-garde ennemie, la Guards Brigade lança un assaut frontal contre Adjedabia, qui échoua, pendant que la 22e brigade blindée effectuait un mouvement tournant 50 kilomètres plus avant dans le désert, en passant par El Haseiat. Cette manœuvre subit un revers imprévu. En effet, le 27, la brigade fut soudain assaillie sur son propre flanc par une formation de Panzer allemands, puis encerclée trois jours plus tard au cours de combats ultérieurs. Quelque 30 chars anglais parvinrent à s'échapper mais 65 furent perdus. Pour organiser cette riposte, Rommel avait bénéficié de l'arrivée de 2 nouvelles compagnies de chars (30 chars) qui avaient été débarquées à Benghazi le 19, juste avant que le port ne fût évacué. C'était le premier renfort qu'il eût reçu depuis le début de l'opération *Crusader*.

Le revers britannique d'El Haseiat marqua la fin décevante d'une longue poursuite. Il tomba comme une douche froide sur la joie du succès final dans la bataille autour de Tobrouk. Mais la retraite forcée de Rommel apporta des gains substantiels. Elle laissait les garnisons germano-italiennes de la frontière égyptienne isolées dans une situation sans espoir. Bardia capitula le 2 janvier et les deux derniers postes le 17. Cela porta le nombre de prisonniers capturés sur les positions frontalières à 20 000, y compris ceux qui avaient été capturés antérieurement à Sidi Omar, et le total des pertes de l'Axe à 33 000, contre un peu moins de 18 000 du côté britannique. Mais près des deux tiers des pertes de l'Axe étaient représentés par des Italiens et, sur les 13 000 Allemands, une grande partie était du personnel administratif, alors que le gros des pertes subies par les Britanniques au cours des six semaines de bataille était représenté par des combattants et comprenait de nombreux et chevronnés vétérans du désert qu'il était difficile de remplacer.

L'inconvénient de devoir s'appuyer sur des troupes inexpérimentées, en particulier dans le désert, apparaîtrait une fois de plus au cours de la prochaine bataille. Celle-ci commença dans la troisième semaine de janvier, quand Rommel, qui était supposé être hors de combat, lança une nouvelle attaque imprévue avec des résultats étonnamment semblables à ceux de sa première offensive de 1941.

16.
Le flot monte en Extrême-Orient

A partir de 1931, les Japonais furent engagés dans une expansion agressive de leurs possessions sur le continent asiatique, aux dépens des Chinois qui étaient affaiblis par leurs conflits internes, et au détriment des intérêts américains et britanniques dans cette région du monde. Cette année-là, ils avaient envahi la Mandchourie et l'avaient convertie en état satellite du Japon. En 1932, ils pénétrèrent dans la Chine proprement dite et, à partir de 1937, poursuivirent un effort logique pour s'emparer du contrôle de cette vaste région. Mais ils s'enlisèrent dans les difficultés d'une guérilla et cherchèrent finalement la solution du problème dans de nouveaux mouvements expansionnistes dirigés vers le sud et ayant pour but d'interdire aux Chinois l'arrivée de ravitaillements extérieurs.

A la suite de la conquête de la France et des Pays-Bas par Hitler, en 1940, les Japonais profitèrent de l'impuissance de la France pour l'amener à accepter sous la menace leur occupation « protectrice » de l'Indochine française.

En réponse, le président Roosevelt exigea, le 24 juillet 1941, le retrait des troupes japonaises d'Indochine, et, pour appuyer cette exigence, il ordonna, le 26, le gel de tous les avions japonais aux Etats-Unis et plaça un embargo sur les livraisons de pétrole. Churchill entreprit une action simultanée, et deux jours plus tard, le Gouvernement hollandais réfugié à Londres fut amené à faire de même, ce qui signifiait, comme Churchill l'a fait remarquer, que « le Japon fut privé d'un seul coup de tout son ravitaillement vital en pétrole ».

Au cours d'entretiens antérieurs remontant à 1931, il avait toujours été reconnu qu'une mesure aussi paralysante contraindrait le Japon à faire la guerre, comme seule alternative à l'effondrement ou à l'abandon de sa politique. Il est remarquable de constater qu'il attendit pendant plus de quatre mois, tout en essayant de négocier une levée de l'embargo. Le gouvernement des États-Unis refusa de le lever, à moins que le Japon n'évacue non seulement l'Indochine mais aussi la Chine. On pouvait s'attendre à ce qu'aucun gouvernement, et le Gouvernement japonais moins que tout autre, n'acceptât des conditions aussi humiliantes et une telle perte de prestige. A partir de la dernière semaine de juillet on avait donc toutes les bonnes raisons de redouter une guerre dans le Pacifique d'un moment à l'autre. Dans ces circonstances, les Américains et les Britanniques eurent de la chance en se voyant accorder un délai de grâce de quatre mois. Mais ils ne tirèrent guère parti de ce sursis pour faire des préparatifs défensifs.

Au matin du 7 décembre 1941, une force navale japonaise comprenant 6 porte-avions lança une terrible attaque aérienne contre Pearl Harbor, la base navale américaine des îles Hawaii. L'offensive eut lieu avant la déclaration de guerre, suivant le précédent de l'attaque contre Port-Arthur, en 1904, qui marqua le début de la guerre russo-japonaise.

Jusqu'au début de 1941, le plan japonais en cas de guerre avec les États-Unis prévoyait d'utiliser la flotte principale nippone dans le Pacifique Sud, en association avec une attaque contre les Philippines, pour faire face à une avance des Américains à travers l'océan pour venir au secours de la garnison qu'ils avaient dans ces îles. C'était l'initiative que les Américains attendaient et ils avaient été confirmés dans cette attente par la récente occupation japonaise de l'Indochine.

Cependant, l'amiral Yamamoto avait conçu dans l'intervalle un nouveau plan prévoyant une attaque surprise contre Pearl Harbor. La force de frappe fit une approche très détournée par les îles Kouriles et arriva du nord sur les îles Hawaii sans être repérée, puis elle lança son attaque avant le lever du soleil avec 360 appareils partant d'une position située à près de 500 kilomètres de Pearl Harbor. 4 des 8 cuirassés américains furent coulés, 1 fut échoué et les autres furent sérieusement endommagés. En un peu moins d'une heure, les Japonais avaient pris le contrôle du Pacifique.

Ce coup ouvrit la voie à une invasion maritime ininterrompue des territoires américains, britanniques et hollandais situés dans cet océan. Pendant que la principale force de frappe japonaise faisait route vers Hawaii, d'autres forces navales escortaient des convois de troupes dans le Pacifique Sud-Ouest. Presque simultanément à l'attaque de Pearl Harbor, les débarquements commencèrent dans la péninsule malaise de même qu'aux Philippines.

Les premiers avaient pour objectif la grande base navale britannique de Singapour, mais aucune tentative ne fut faite par la mer car c'était le genre même d'attaque contre lequel les défenses avaient été essentiellement prévues. L'approche fut très indirecte. Un débarquement eut lieu à Kota Bharu, sur la côte nord-est de la péninsule malaise, pour s'emparer des aérodromes et détourner l'attention pendant que le gros des forces débarquait dans la partie thaïlandaise de la péninsule, quelque 800 kilomètres au nord de Singapour. A partir de ces emplacements situés à l'extrême nord-est, les forces japonaises déferlèrent vers le sud en longeant la côte

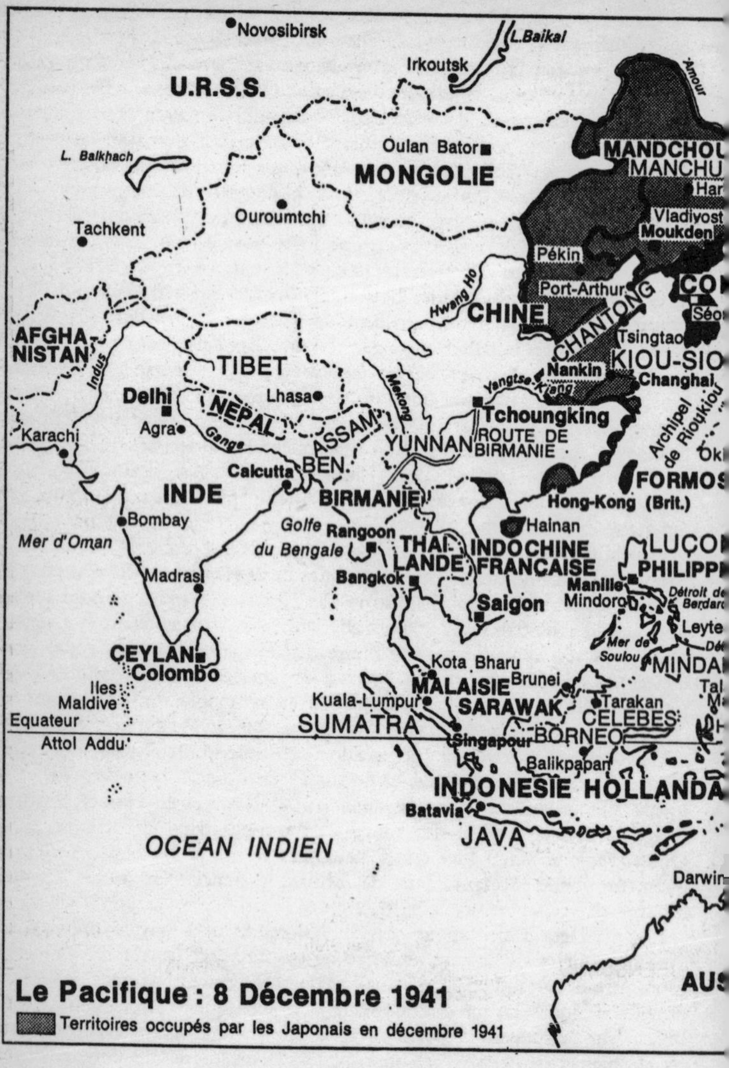

Le Pacifique : 8 Décembre 1941

Territoires occupés par les Japonais en décembre 1941

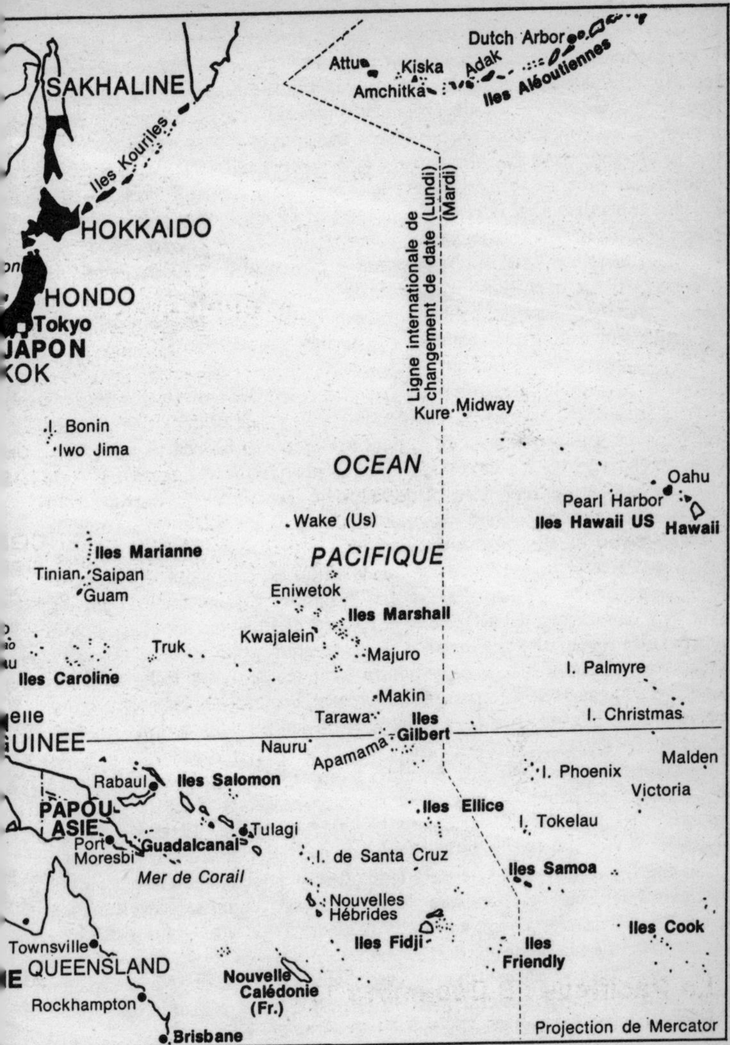
SAKHALINE
Iles Kouriles
HOKKAIDO
HONDO
Tokyo
JAPON
Dutch Arbor
Attu
Kiska
Adak
Amchitka
Iles Aléoutiennes
Ligne internationale de changement de date
(Lundi)
(Mardi)
Kure
Midway
I. Bonin
Iwo Jima
OCEAN
Oahu
Pearl Harbor
Iles Hawaii US
Hawaii
Wake (Us)
PACIFIQUE
Iles Marianne
Tinian
Saipan
Guam
Eniwetok
Iles Marshall
Kwajalein
Truk
Majuro
Iles Caroline
I. Palmyre
Makin
Tarawa
Iles Gilbert
I. Christmas
UINEE
Nauru
Apamama
Malden
Rabaul
Iles Salomon
I. Phoenix
Victoria
PAPOU-ASIE
Iles Ellice
I. Tokelau
Tulagi
Port Moresbi
Guadalcanal
I. de Santa Cruz
Mer de Corail
Iles Samoa
Nouvelles Hébrides
Iles Fidji
Iles Cook
Townsville
Iles Friendly
QUEENSLAND
Nouvelle Calédonie (Fr.)
Rockhampton
Brisbane
Projection de Mercator

ouest de la péninsule et en contournant successivement toutes les lignes sur lesquelles les forces anglaises tentèrent de les arrêter.

Les Japonais profitèrent non seulement de leur choix inattendu d'une route aussi difficile mais aussi des possibilités d'infiltration surprise qu'offrait l'épaisse végétation. Après six semaines d'une retraite pratiquement ininterrompue, les forces britanniques furent contraintes d'évacuer le continent pour se réfugier dans l'île de Singapour à la fin janvier. Dans la nuit du 8 février, les Japonais déclenchèrent leur attaque à travers le bras de mer large de moins de 2 kilomètres, prirent pied en de nombreux points et réussirent de nouvelles infiltrations sur un large front. Le 15 février, les défenseurs capitulèrent et avec eux fut perdue la clef du sud-ouest du Pacifique.

Au cours d'une opération distincte et de moindre envergure, les Japonais avaient lancé, une attaque contre la base britannique de Hongkong, le 8 décembre, et contraint la colonne à capituler, avec sa garnison le jour de Noël.

Dans la principale île philippine de Luçon, les débarquements initiaux au nord de Manille avaient été rapidement suivis par un débarquement en arrière de la capitale. Sous l'effet de cette poussée dislocatrice et de la menace convergente, les forces américaines abandonnèrent la plus grande partie de l'île et se replièrent dans la petite péninsule de Bataan avant la fin de décembre. Là elles n'étaient exposées qu'à un assaut frontal sur un front très étroit et elles parvinrent à résister à l'écrasement jusqu'en avril.

Bien avant cette date et avant même la chute de Singapour, la vague de conquête japonaise s'étendit à travers l'archipel malais. Le 11 janvier, des forces japonaises débarquèrent à Bornéo et aux îles Célèbes, suivies le 24 par des forces plus nombreuses. Cinq semaines plus tard, le 1er mars, les Japonais lancèrent une attaque contre Java, au cœur des Indes néerlandaises, après avoir isolé l'île par des mouvements tournants. En moins d'une semaine toute l'île de Java était tombée entre leurs mains comme un fruit mûr.

Mais la menace en apparence imminente contre l'Australie ne se développa pas. L'effort principal japonais était maintenant dirigé dans la direction opposée, vers l'ouest, vers la conquête de la Birmanie. L'avance directe sur un large front, à partir de la Thaïlande en direction de Rangoon, était en fait une approche indirecte vers leur objectif majeur sur l'ensemble du continent asiatique : la paralysie de la résistance chinoise; car Rangoon était le port d'entrée des livraisons de matériel anglo-américain à destination de la Chine via la Route de Birmanie.

En même temps, cette initiative était habilement destinée à compléter la conquête de la porte occidentale du Pacifique pour y établir une solide barrière à travers les routes principales par lesquelles une offensive terrestre anglo-américaine pourrait être tentée par la suite. Le 8 mars, Rangoon tomba et, en l'espace de deux autres mois, les forces britanniques furent chassées de Birmanie et contraintes à rentrer en Inde après avoir traversé les montagnes.

Les Japonais venaient aussi de s'emparer d'une position protectrice si naturellement forte que toute tentative de reconquête serait très difficile et inévitablement lente.

Un long moment s'écoula avant que les Alliés ne fussent en mesure de rassembler des forces suffisantes pour tenter de reprendre les conquêtes japonaises, en commençant par leur extrémité sud-est. Ils bénéficièrent dans ce secteur du fait que l'Australie avait été épargnée et leur procura une vaste base à proximité de la chaîne de postes avancés japonais.

Le Japon était la seule nation industrielle avancée en dehors de l'Europe et de l'Amérique du Nord, et cela grâce au processus rapide de modernisation qui avait commencé sous le règne de l'empereur Mutsu-Hito à partir de 1868. Cependant la société japonaise restait « féodale » dans l'âme, le guerrier y était exalté par l'industriel ou le commerçant. L'empereur était divin et la classe dirigeante toute-puissante. De plus l'influence des militaires était immense. D'un patriotisme fervent et souvent d'une xénophobie agressive, ils espéraient asseoir la domination de leur pays sur toute l'Asie orientale et en particulier la Chine. A partir des années 30, par l'intimidation et l'assassinat, ils s'étaient virtuellement assurés le contrôle de la politique japonaise.

L'attitude du Japon face aux problèmes politiques et stratégiques était très influencée par le fait qu'il n'avait jamais subi de défaite depuis le début de sa modernisation. La croyance de son peuple dans son invincibilité devint quasiment générale après la guerre de 1904-1905 contre la Russie, au cours de laquelle ses forces armées avaient fait la démonstration de leur supériorité à la fois sur terre et sur mer et prouvé que la domination des Européens sur le reste du monde pouvait être battue en brèche.

En août 1914, le Japon, agissant en tant qu'allié de l'Angleterre depuis 1902, s'était emparé de Tsingtao et de Chantoung, les concessions allemandes en Chine, de même que des îles Marshall, Carolines et Mariannes qui étaient des colonies allemandes. Ces accroissements territoriaux furent confirmés par le traité de Versailles en 1919, faisant ainsi du Japon la puissance prédominante du Pacifique Ouest. Malgré cela, son peuple ne fut pas satisfait des gains de la guerre et garda l'impression d'être une nation « lésée », comme l'Italie. Les Japonais acquirent donc le sentiment d'avoir quelque chose en commun avec l'Italie et l'Allemagne.

Leur sens de frustration naquit probablement de l'échec de la tentative japonaise pour prendre le contrôle de la Chine en 1915, lorsque leur « 21 exigences » durent être retirées sous l'effet de la protestation américaine. La Chine fut toujours l'objectif principal de l'armée japonaise à partir de la guerre sino-japonaise de 1895. Bien qu'au lendemain de la Première Guerre mondiale les États-Unis fussent désignés comme le premier ennemi potentiel par la politique de Défense impériale, en accord avec les milieux navals, l'armée se montra toujours plus inquiète au sujet de l'Union soviétique dont elle considérait les vastes forces terrestres d'Extrême-Orient comme bien plus dangereuses pour les projets continentaux du Japon.

Puis, dans les années 1921-1924, le Japon subit une série d'humiliations. Les Anglais commencèrent par refuser poliment le renouvellement de leur alliance avec le Japon. Cette rupture fut inspirée dans une certaine mesure par divers signes dénotant l'existence de projets expansionnistes japonais dans le Pacifique, mais la décision définitive fut prise sous la forte pression des États-Unis. Les Japonais la prirent comme une insulte et comme un signe que les peuples blancs se regroupaient contre eux. Leur indignation fut accrue par une série de mesures législatives américaines visant à restreindre l'immigration japonaise et culminant dans l'Acte de 1924 interdisant l'immigration asiatique. Cette double humiliation fut amèrement ressentie.

Entre-temps, les Anglais avaient annoncé leur intention de construire une base navale d'Extrême-Orient à Singapour, pouvant recevoir une flotte de ligne. Cette mesure était évidemment destinée à limiter les ambitions japonaises et fut reçue comme un défi.

Tout ceci se retourna contre les dirigeants japonais qui se virent exposés à des attaques de plus en plus violentes pour avoir accepté un rapport de 3-5-5- entre les flottes japonaise, américaine et anglaise dans le cadre du traité de Washington de 1921 sur la limitation des forces navales. On leur faisait également grief d'avoir accepté le retour de la province de Chantoung à la Chine et d'avoir signé par la suite le traité des Neuf Puissances de 1922 garantissant l'intégrité du territoire chinois.

En réalité, par une ironie du sort, le traité de Washington favorisa les futures menées expansionnistes du Japon en affaiblissant les entraves à son action dans le Pacifique, car la réalisation des bases navales américaines et anglaises projetées fut retardée ou, quand elle existait fortifiée insuffisamment. Quant au Japon, il put finalement tourner les normes imposées en matière de puissance d'armement et de tonnage pendant la période de treize ans avant qu'il ne dénonce officiellement le traité.

Les dirigeants les plus libéraux du Japon pâtirent également des conséquences de la crise économique mondiale de 1929 qui furent particulièrement graves dans leur pays, avec pour résultat une montée du mécontentement que les militaires exploitèrent en représentant que l'expansion était la seule solution du problème économique japonais.

En septembre 1931, l'« incident de Moukden » donna aux autorités militaires locales japonaises un prétexte et une occasion d'entrer en Mandchourie et de la transformer en État fantoche du nom de Mandchoukouo. Leurs troupes qui montaient la garde le long de la voie ferrée de Sud-Mandchourie, selon les termes du traité, attaquèrent et désarmèrent les garnisons chinoises de Moukden et des villes avoisinantes en prétextant agir ainsi pour se défendre contre une menace d'attaque. Les faits n'étaient pas clairs et furent encore obscurcis, permettant ainsi aux Japonais d'envahir la totalité de la Mandchourie au cours des mois suivants. La Société des Nations et les États-Unis refusèrent d'avaliser cette occupation, mais les protestations et les critiques générales incitèrent le Japon à quitter la S.D.N.

en 1933. Trois ans plus tard, il rejoignit l'Allemagne nazie et l'Italie fasciste au sein du pacte anti-Komintern.

En juillet 1937, à la suite d'un autre « incident » hautement suspect, au pont Marco Polo, l'armée japonaise du Chantoung envahit la Chine du Nord proprement dite. L'invasion continua et s'étendit au cours des deux années suivantes, mais les Japonais s'enlisèrent de plus en plus dans leur lutte contre les forces nationalistes chinoises de Tchang Kaï-chek, et leur attaque de Changhaï pendant l'été 1937 fut repoussée. Cet échec, à la longue, tourna cependant à leur avantage, car il les incita à corriger leurs erreurs tactiques et leur tendance à faire preuve d'un excès de confiance remontant à la guerre russo-japonaise, même s'il fallut attendre pour cela qu'une nouvelle leçon leur soit infligée par l'armée soviétique au cours d'un incident sur la frontière contestée de la Mandchourie occidentale. Dans la région de Nomonhan, une force japonaise de quelque 15 000 hommes fut encerclée et perdit plus de 11 000 soldats sous l'action de 5 brigades mécanisées et 3 divisions d'infanterie soviétiques, en août 1939.

Dans le courant du même mois, la nouvelle inattendue du pacte germano-soviétique provoqua un revirement et le retour des modérés au Gouvernement japonais. Mais cette réaction ne dura que jusqu'à la conquête de l'Europe occidentale par Hitler en 1940, et, en juillet 1940, l'armée mit au pouvoir un gouvernement favorable à l'Axe et dirigé par le prince Konoye. L'expansion japonaise en Chine fut alors accélérée, tandis qu'à la fin septembre le Japon signait le « Pacte Tripartite » avec l'Allemagne et l'Italie, par lequel ces trois pays déclaraient leur intention de faire la guerre à tout nouveau pays qui rejoindrait le camp des Alliés, c'est-à-dire que ce pacte était avant tout destiné à prévenir une intervention américaine.

En avril 1941, les Japonais se donnèrent de nouvelles assurances en signant un pacte de neutralité avec l'Union soviétique. Celui-ci leur permit de libérer des forces pour des opérations expansionnistes méridionales. Cependant leur méfiance à l'égard de l'U.R.S.S. et de ses desseins les amena à ne consacrer que 11 divisions à ces opérations tandis qu'ils en maintenaient 13 en Mandchourie et 22 en Chine.

Le 24 juillet, avec l'accord réticent du Gouvernement de Vichy, les Japonais s'emparèrent de l'Indochine française. Deux jours plus tard, le président Roosevelt « gelait » tous les avions japonais, imité rapidement dans cette action par les gouvernements britannique et néerlandais. Le commerce avec le Japon fut donc arrêté, en particulier celui du pétrole.

En temps de paix, le Japon importait 88 % du pétrole qu'il consommait. Au moment de l'embargo, il avait des stocks suffisants pour trois années de consommation normale ou la moitié de cette période en consommation de guerre maximale. De plus, une étude du ministère de la Guerre japonais avait montré que les stocks seraient épuisés avant la fin des trois ans jugés nécessaires pour finir la guerre en Chine. Une victoire dans ce pays semblait donc d'autant plus importante. Les seules ressources disponibles qu'il restât étaient les gisements de pétrole des Indes néerlandaises et on prévoyait que comme il était vraisemblable, même si les Hollandais détruisaient leurs installations avant que les Japonais ne s'en emparent, il serait possible de les réparer et de les remettre en service avant que les stocks métropolitains n'aient baissé dangereusement. Le pétrole de Java et de Sumatra sauverait la situation et permettrait d'achever la conquête de la Chine.

La conquête de cette région, y compris de la Malaisie, mettait également le Japon en possession des quatre cinquièmes de la production mondiale de caoutchouc et des deux tiers de celle de l'étain. Cela ne représenterait pas seulement un gain considérable pour lui mais ses adversaires en seraient plus durement touchés qu'il ne l'avait été lui-même par la perte du pétrole.

Tels sont les principaux facteurs que les dirigeants japonais durent examiner, face à l'embargo allié. A moins de pouvoir convaincre les États-Unis de lever ces mesures, ils avaient le choix entre, d'une part, l'abandon de leurs ambitions, qui risquait d'entraîner un coup d'État militaire, et d'autre part la reprise du pétrole et la guerre avec les puissances blanches. C'était une alternative difficile. S'ils continuaient la guerre en Chine mais se retiraient d'Indochine et arrêtaient leur expansion vers le sud, ils obtiendraient peut-être une atténuation de l'embargo, mais le Japon lui-même s'affaiblirait et serait moins en mesure de résister à de futures exigences américaines.

La raison pour laquelle le Japon fut si lent à réagir et différa sa décision de quatre mois reste une énigme. Celle-ci peut peut-être s'expliquer par une hésitation naturelle avant de faire un choix de tout ou rien. La tendance instinctive des chefs militaires à désirer un temps amplement suffisant pour terminer les préparatifs, et à discuter longuement de la stratégie à adopter, joua également un rôle. Il y eut même certains milieux pour espérer et démontrer que les États-Unis resteraient en dehors de l'affaire si le Japon se contentait de s'emparer de territoires hollandais et britanniques.

Le 6 août, le Japon adjura les États-Unis de lever l'embargo. Au cours du même mois les Américains décidèrent de tenir toutes les îles Philippines en cas de guerre et les Japonais demandèrent qu'il soit mis en terme au flot continu de renforts américains dans ce secteur. Ils reçurent une réponse vigoureuse, les mettant en garde contre toute nouvelle tentative d'agression.

Après deux mois passés encore à discuter, le Gouvernement du prince Konoye fut remplacé par celui du général Hideki Tojo. Cet événement fut probablement décisif. Cependant les discussions continuèrent et la guerre ne fut décidée que le 15 novembre. L'un des facteurs qui précipitèrent cette décision fut un rapport montrant que les stocks de pétrole avaient diminué d'un quart entre avril et septembre.

Même alors, le commandant en chef de la Flotte combinée japonaise, l'amiral Yamamoto, reçut un ordre indiquant que l'attaque de Pearl Harbor devait être annulée dans le cas où les négociations qui continuaient à Washington réussiraient.

L'état respectif des forces navales dans le Pacifique, en décembre 1941, est résumé dans le tableau suivant [1] :

	Cuirassés	*Porte-Avions*	*Croiseurs de 1re Classe*	*Croiseurs de 2e Classe*	*Destroyers*	*Sous-Marins*
Empire Britannique	2	—	1	7	13	—
U.S.A.	9	3	13	11	80	56
Pays-Bas	—	—	—	3	7	13
Forces Françaises Libres	—	—	—	1	—	—
Total Allié	11	3	14	22	100	69
Japon	10	10	18	18	113	63

Il faut remarquer, alors que les forces des deux camps s'équilibraient dans la plupart des catégories, que les Japonais possédaient une grosse supériorité dans le domaine crucial des porte-avions. De plus ce tableau ne fait pas apparaître les différences qualitatives. Les forces japonaises étaient homogènes et bien entraînées, en particulier pour les combats nocturnes, elles n'avaient pas de problèmes linguistiques ou de commandement, à la différence des forces alliées. Les deux principales bases alliées, Pearl Harbor et Singapour, étaient séparées par 9 600 kilomètres d'océan. Sur le plan du matériel, la marine japonaise était très supérieure. Elle disposait de nombreux bâtiments plus récents et la plupart d'entre eux étaient mieux armés et plus rapides. Dans le domaine des vaisseaux de ligne, seul le H.M.S. Prince of Wales pouvait rivaliser à cet égard avec les meilleurs cuirassés japonais.

Dans le domaine des forces terrestres, les Japonais n'employèrent que 11 divisions pour leurs opérations dans le Pacifique Sud-Ouest, sur un total général de 51. Cela représentait un peu moins de 150 000 combattants, soit, avec les services administratifs, un total d'environ 400 000 hommes. Le

1. Chiffres empruntés à Roskill : *The War at Sea*, vol. I, p. 560.

nombre des troupes alliées est moins précis. Lorsqu'ils prirent la décision d'attaquer, les Japonais estimaient les forces britanniques à 11 000 hommes pour Hongkong, 88 000 hommes pour la Malaisie et 35 000 pour la Birmanie, soit un total de 134 000 hommes. Ils estimaient les forces américaines à 31 000 hommes pour les Philippines, assistés de quelque 110 000 soldats philippins. Pour les Hollandais, les estimations donnèrent 25 000 soldats réguliers et 40 000 miliciens. Vu superficiellement, le déclenchement d'une offensive capitale avec une marge de supériorité aussi réduite était un pari téméraire. En réalité c'était un pari soigneusement pesé, car la maîtrise des mers et des airs donnerait généralement aux Japonais une supériorité numérique locale, qui serait encore décuplée par l'expérience et la qualité supérieure de l'entraînement, en particulier en matière d'opérations amphibies de combat de jungle et d'attaques nocturnes.

Dans le domaine de l'aviation, les Japonais n'engagèrent que 700 appareils de première ligne sur les 1 500 dont ils disposaient, mais ceux-ci furent renforcés par 480 appareils de l'Aéronavale de la 11e escadre aérienne basée à Formose et par 360 appareils alloués pour l'attaque de Pearl Harbor. Initialement, les porte-avions étaient réservés à la couverture aérienne des opérations méridionales. Mais en novembre, tout juste quatre semaines avant la guerre, le rayon d'action des chasseurs Zéro, qui surclassaient tous les chasseurs alliés disponibles, fut accru, leur permettant désormais de parcourir les 750 kilomètres qui séparaient Formose des Philippines et d'assurer leur retour. Cela permit de libérer les porte-avions pour l'attaque de Pearl Harbor.

Face à ces puissantes forces aériennes japonaises, il y avait 307 appareils américains opérationnels aux Philippines, comprenant 35 bombardiers à longue distance B. 17, mais par ailleurs de qualité inférieure; 158 appareils britanniques de première ligne en Malaisie, pour la plupart d'un modèle archaïque; et 144 appareils néerlandais. En Birmanie les Anglais n'avaient alors que 37 chasseurs. La supériorité numérique des Japonais était encore augmentée par une supériorité qualitative (en particulier dans le cas des chasseurs Zéro).

Les Japonais furent également très redevables envers le développement de leur technique de la guerre amphibie au milieu d'une zone océanique constituée d'îles et de golfes. Leur seule faiblesse sérieuse résidait dans les proportions relativement réduites de leur marine marchande (à peine plus de 6 millions de tonnes), mais cela ne devint un handicap décisif que dans une phase ultérieure de la guerre.

En résumé, les Japonais commencèrent la guerre avec un gros avantage dans tous les domaines, en particulier celui de la qualité. Au cours de la phase initiale des opérations, le seul danger réel pour eux était représenté par l'éventualité d'une intervention rapide de la flotte américaine du Pacifique, mais ils prévinrent ce risque par leur attaque de Pearl Harbor.

La guerre de renseignement est un autre facteur dont on tient rarement suffisamment compte dans l'examen de l'équilibre des forces. En règle générale, les Japonais étaient bien informés grâce à une étude longue et soigneuse du terrain, réalisée avant coup, mais les Alliés possédaient un immense avantage du fait que les Américains étaient parvenus à percer à jour le code diplomatique japonais au cours de l'été 1940 (cet exploit était dû au colonel William F. Friedmann). A partir de cette date, tous les messages secrets du ministère des Affaires étrangères ou du commendement japonais purent être déchiffrés par les Américains, et, pendant les négociations qui précédèrent la guerre, ils connaissaient les dernières propositions de Tokyo avant qu'elles leur fussent présentées. Seule la date et les détails opérationnels de l'attaque ne furent pas communiqués à l'ambassadeur japonais.

Bien que les Américains se fussent laissé surprendre à Pearl Harbor, leur connaissance des codes japonais représentait en elle-même un avantage fondamental et qui se confirma comme tel au fur et à mesure qu'ils apprirent à mieux s'en servir.

La stratégie japonaise était axée sur le double objectif, à la fois défensif et offensif, consistant à assurer le ravitaillement en pétrole nécessaire pour lui permettre de vaincre une Chine qui serait elle-même, en même temps, privée de ravitaillement nécessaire à la poursuite de sa résistance. En prenant le risque de défier l'Amérique, une puissance dont le potentiel était largement supérieur au leur, les Japonais étaient encouragés par la tournure des événements en Europe, où l'Axe dominait maintenant presque tout le Continent et où l'Union soviétique était si durement harcelée par l'attaque de Hitler qu'elle ne pouvait guère envisager d'intervenir en Extrême-Orient. Si les Japonais réalisaient leur rêve d'établir un anneau défensif concentrique depuis les îles Aléoutiennes au nord jusqu'à la Birmanie au sud, ils espéraient que les États-Unis, après de vains efforts pour briser cet anneau, finiraient par accepter les conquêtes du Japon et l'établissement de ce qu'il appelait « la grande sphère de co-prospérité d'Asie orientale ».

Ce plan représentait une ressemblance fondamentale avec l'idée de Hitler d'établir par l'offensive une barrière défensive allant d'Arkhangelsk à Astrakhan pour fermer et isoler la frontière de l'Asie.

Initialement, le plan des Japonais était de s'emparer des Philippines, puis d'attendre l'offensive de reconquête américaine, qui devait venir par les îles placées sous mandat, tout en concentrant leurs propres forces pour la repousser. (Selon les prévisions du plan de guerre en trois étapes, le Japon comptait achever la conquête des Philippines en 50 jours, celle de la Malaisie en 100 jours et celle de toutes les Indes néerlandaises en 150 jours.) Mais, en 1939, l'amiral Yamamoto, un ardent partisan des porte-avions, fut nommé à la tête de la flotte combinée japonaise. Il s'aperçut intelligemment de la nécessité de paralyser par une attaque immédiate et surprise la flotte américaine du Pacifique, qu'il appelait « un poignard pointé sur la gorge du Japon ». L'État-Major naval nippon accepta cet argument sans grande confiance ni enthousiasme.

Le problème du déclenchement de l'attaque était compliqué par des questions d'horaire et de ligne de changement de date (le dimanche 7 décembre à Hawaii serait le lundi 8 décembre en Malaisie). Mais il fut décidé que toutes les opérations principales commenceraient entre 17 h 15 et 19 h 00 G.M.T., et que tous les assauts seraient lancés aux premières heures de la matinée selon l'heure locale.

Dans le camp américain, on considérait depuis longtemps que l'abandon des Philippines serait politiquement déplorable, mais l'argument des militaires disant qu'il était impossible de défendre ces îles situées à 8 000 kilomètres de Pearl Harbor avait prévalu. Les plans prévoyaient donc seulement d'y maintenir une présence dans la péninsule fortifiée de Bataan, à proximité de Manille. Cependant, en août 1941, les plans furent modifiés et il fut décidé de tenir toutes les Philippines.

L'un des facteurs de ce revirement fut la pression exercée par le général Douglas MacArthur qui avait été conseiller militaire auprès du Gouvernement philippin à partir de 1935, puis avait été rappelé en activité dans l'armée des États-Unis à la fin juillet 1941 et nommé général-commandant en chef en Extrême-Orient. La haute opinion dans laquelle le président Roosevelt tenait le jugement de MacArthur était déjà apparue antérieurement à la façon dont il avait prolongé d'un an, en 1934, le bail de quatre ans de MacArthur en tant que chef d'état-major de l'armée américaine. Un autre facteur fut le sentiment du président Roosevelt que, puisque l'Allemagne s'était enlisée dans l'affaire russe, il pouvait prendre le risque de durcir son attitude envers le Japon, comme il l'avait fait en imposant l'embargo sur le pétrole. Un troisième facteur fut l'optimisme soulevé par l'entrée en service des bombardiers à long rayon d'action B.17, qui, espérait-on, pourraient frapper non seulement Formose, mais le Japon lui-même. Cependant ce dernier frappa lui-même avant qu'un grand nombre de B.17 aient pu être envoyés en renfort aux Philippines. De plus, les chefs d'état-major américains n'envisageaient pas sérieusement l'éventualité d'une attaque japonaise contre Pearl Harbor.

17.
La vague de conquêtes japonaises

L'exécution du plan d'attaque sur Pearl Harbor dépendit autant de l'impulsion de l'amiral Yamamoto que son adoption. Pendant de nombreux mois, un flot d'informations, en particulier au sujet des mouvements de navires américains, fut envoyé par les officiers experts en renseignement maritime qui avaient été postés au consulat japonais d'Honolulu. Dans les rangs de la flotte japonaise elle-même, les équipages des navires et des avions subirent un entraînement intensif en vue de l'opération et de son exécution par n'importe quel temps. Les équipages des bombardiers exécutèrent au moins 150 vols d'exercice.

Comme il a été dit plus haut, le plan fut considérablement facilité par la récente augmentation du rayon d'action des avions de chasse du type Zero, qui libérait la flotte de porte-avions de son rôle de couverture dans les opérations du Pacifique sud-ouest. Il profita aussi de l'exemple de l'attaque navale britannique contre Tarente, en novembre 1940, au cours de laquelle l'Aéronavale anglaise avait réussi, avec seulement 21 avions lance-torpilles, à couler trois cuirassés italiens mouillés dans un port puissamment fortifié. A cette époque, on avait considéré comme impossible le lancement de torpilles aériennes dans des eaux ne dépassant pas 25 mètres de profondeur, qui étaient la profondeur moyenne à Tarente, et Pearl Harbor avait été jugée à l'abri de telles attaques puisque la profondeur n'y excédait pas 10 à 15 mètres. Mais, en 1941, les Anglais, utilisant leur expérience de Tarente, étaient devenus capables de lancer des torpilles aériennes dans à peine 15 mètres d'eau en adaptant des ailerons en bois qui les empêchaient de tanguer et de heurter le fond de la mer tout proche.

Apprenant ces détails par leurs ambassades à Londres et à Rome, les Japonais furent incités à réaliser des essais dans ce sens. De plus, afin de rendre leur attaque projetée plus efficace, leurs bombardiers de haute altitude furent équipés d'obus perceurs de blindages de 15 à 16 pouces

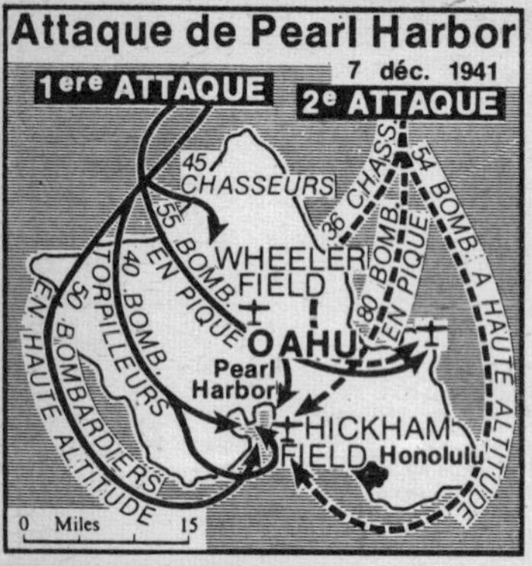
Attaque de Pearl Harbor
7 déc. 1941
1ère ATTAQUE
2e ATTAQUE
45 CHASSEURS
55 BOMB. EN PIQUE
40 BOMB. TORPILLEURS
50 BOMBARDIERS EN HAUTE ALTITUDE
36 CHASS.
80 BOMB. EN PIQUE
54 BOMB. A HAUTE ALTITUDE
WHEELER FIELD
OAHU
Pearl Harbor
HICKHAM FIELD
Honolulu
0 Miles 15

Invasion de Hong Kong
8-26 déc. 1941
CHINE OCCUPEE PAR LES JAPONAIS
(NOUVEAUX TERRITOIRES)
LIGNE GIN DRINKERS
Kowloon
Lantao
Victoria
Hong Kong
0 Miles 10

Invasion des Philippines 10 déc.-9* juin 1941
*La résistance à Mindano (Sud-Phil.) s'acheva ce jour là
0 Miles 300
0 Kilometres 200
14e ARM. JAP. (Homma) venant de Formose
I. Batan
Camiguin 10 DEC.
Aparri 10 DEC.
Vigan DEC.10
LUÇON
Ilagan
OCEAN PACIFIQUE
Golfe de Lingayen
ILES PHILIPPINES
Lingayen 22 DEC.
Cabanatuan
24 DEC. DEPUIS LES ILES RIOUKIOU
6 JANV.-9 AVR. FORCES US DANS LA PENINSULE
Ipo
Manille 2 JANV.
Péninsule de Bataan
Corregidor
Baie de Lamon
12 DEC. DEPUIS LES ILES PALAOS
Nasugbu
6 MAI RESISTANCE US DANS LES N. PHILIPPINES
Batangas
Legaspi
Mindoro

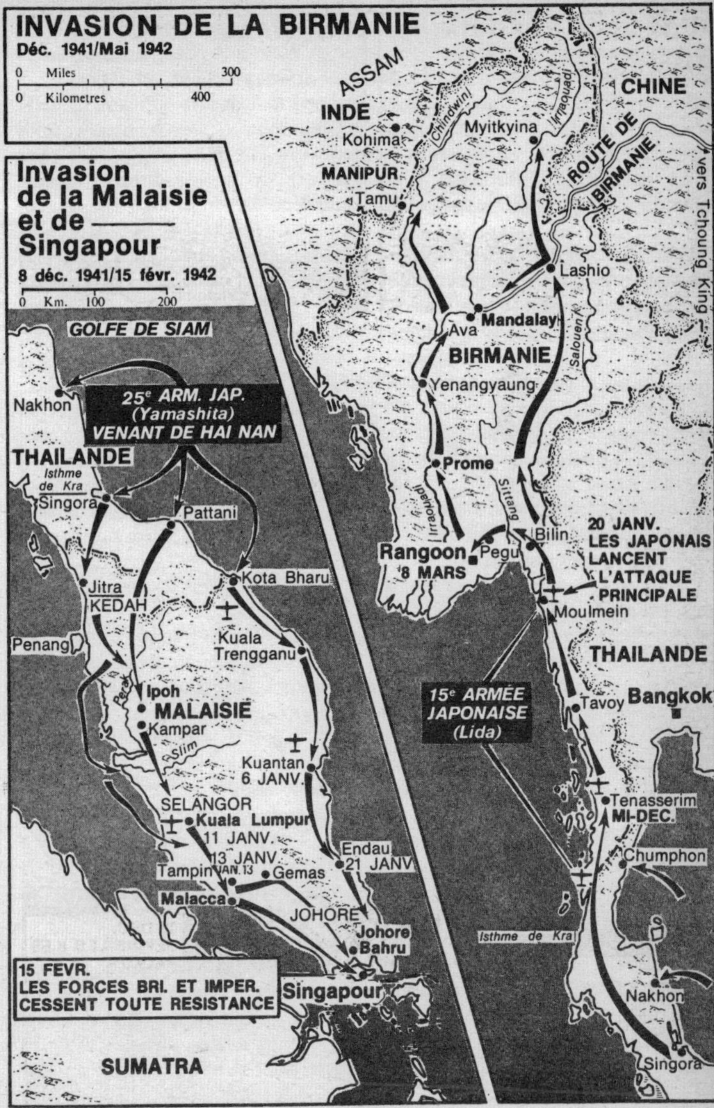
INVASION DE LA BIRMANIE
Déc. 1941/Mai 1942
0 Miles 300
0 Kilometres 400
Invasion de la Malaisie et de Singapour
8 déc. 1941/15 févr. 1942
0 Km. 100 200
GOLFE DE SIAM
25e ARM. JAP. (Yamashita) VENANT DE HAI NAN
Nakhon
THAILANDE
Isthme de Kra
Singora
Pattani
Kota Bharu
Jitra
KEDAH
Penang
Kuala Trengganu
Perak
Ipoh
MALAISIE
Kampar
Slim
Kuantan 6 JANV.
SELANGOR
Kuala Lumpur 11 JANV.
13 JANV.
Tampin
Gemas
Endau 21 JANV.
Malacca
JOHORE
Johore Bahru
15 FEVR.
LES FORCES BRI. ET IMPER.
CESSENT TOUTE RESISTANCE
Singapour
SUMATRA
ASSAM
INDE
Kohima
MANIPUR
Tamu
Chindwin
Irraouadi
Myitkyina
CHINE
ROUTE DE BIRMANIE
vers Tchoung King
Lashio
Mandalay
Ava
BIRMANIE
Salouen
Yenangyaung
Prome
Sittang
Irraouadi
Rangoon 8 MARS
Pegu
Bilin
20 JANV.
LES JAPONAIS
LANCENT
L'ATTAQUE
PRINCIPALE
Moulmein
THAILANDE
15e ARMÉE JAPONAISE (Lida)
Tavoy
Bangkok
Tenasserim
MI-DEC.
Chumphon
Isthme de Kra
Nakhon
Singora

(38 à 40 cms), dotés d'ailerons afin de les faire tomber comme des bombes. Lâchés verticalement aucun blindage de port ne pouvait leur résister.

La flotte américaine du Pacifique aurait pu contrer le « danger de Tarente » en équipant ses grandes unités de filets antitorpilles, et cette possibilité ennuyait les Japonais; mais l'amiral Husband E. Kimmel, son commandant en chef était d'avis, comme le ministère de la Marine, que les filets encombrants dont on disposait alors représenteraient une gêne trop grande pour les mouvements rapides des bâtiments et pour la circulation maritime. Comme les événements le prouvèrent, cette décision condamna virtuellement la flotte de Pearl Harbor.

Une combinaison de facteurs détermina la date de l'attaque. Les Japonais savaient que l'amiral Kimmel faisait toujours rentrer la flotte à Pearl Harbor pendant le week-end et que les navires n'auraient pas leurs équipages au complet à ce moment, ce qui augmenterait les effets d'une attaque surprise. Le choix d'un dimanche s'imposait donc tout naturellement. A partir de la mi-décembre, le temps serait vraisemblablement défavorable à des débarquements amphibies en Malaisie et aux Philippines car la mousson serait à son apogée, et il serait également défavorable au ravitaillement en mer de la force devant attaquer Pearl Harbor. Le 8 décembre (heure de Tokyo), un dimanche à Hawaii, il n'y aurait pas de clair de lune, et l'obscurité faciliterait l'approche surprise des porte-avions. Les marées seraient également favorables pour un débarquement à Hawaii, une idée qui fut d'abord envisagée, pour être finalement rejetée par manque de navires-transport de troupes et parce que l'approche d'une telle force d'invasion serait vraisemblablement repérée.

Pour le choix de la route d'approche de la force de frappe navale, trois alternatives furent examinées. La première était une route méridionale passant par les îles Marshall, et la seconde était une route centrale passant par les îles Midway. Ces deux routes étaient les plus courtes, mais elles furent écartées en faveur d'une approche septentrionale, en partant des îles Kouriles, qui nécessiterait un ravitaillement en mer mais évitait les voies maritimes fréquentées et présentait moins de risques de repérage par les patrouilles aériennes de reconnaissance américaine.

Les Japonais bénéficièrent également de l'emploi de ce qui a été appelé l'attaque « à distance inégale ». S'approchant dans l'obscurité, les porte-avions larguèrent leurs appareils aux premières lueurs du jour, lorsqu'ils furent arrivés au point le plus proche de leur objectif, puis ils déviérent de leur cible, mais sans faire complètement demi-tour et ils furent rejoints par leurs avions à un point plus éloigné de l'objectif que le point de largage. Ce qui fait que les appareils japonais parcoururent une distance courte et une distance plus longue, alors que les avions américains lancés à leur poursuite auraient à parcourir deux fois la plus longue distance, à l'aller et au retour. Les responsables de la défense américaine n'avaient pas pensé à cet inconvénient.

Les cibles étaient, par ordre d'importance, les porte-avions américains (les Japonais espéraient qu'il y en aurait jusqu'à 6, et au moins 3 à Pearl Harbor); les cuirassés; les réservoirs d'essence et autres installations portuaires; les avions sur les bases principales de Wheeler, Hickam et Bellows Field. Les Japonais employèrent pour cette attaque 6 porte-avions totalisant 423 appareils dont 360 furent employés sur Pearl Harbor (104 bombardiers à haute altitude, 135 bombardiers en piqué et 40 bombardiers lance-torpilles, ainsi que 81 avions de chasse). L'escorte comportait 2 cuirassés, 3 croiseurs, 9 destroyers, 3 sous-marins et 8 pétroliers d'accompagnement, elle était commandée par l'amiral Nagumo. Il était également prévu une attaque par des sous-marins de choc pour exploiter le chaos.

Le 19 novembre, les sous-marins quittèrent la base navale de Kure, au Japon, avec 5 sous-marins de poche en remorque. La flotte principale se rassembla le 22 dans la baie de Tankan, dans les îles Kouriles, et appareilla le 26. Le 2 décembre, elle fut informée de la confirmation de l'ordre d'attaque, les bâtiments furent donc camouflés. Il était encore prévu d'abandonner la mission si la flotte était repérée avant le 6 décembre ou si un accord de dernière minute était atteint à Washington. Le 4, le dernier ravitaillement eut lieu et la vitesse fut accrue de 13 à 25 nœuds.

Elle recevait en permanence des rapports du consulat d'Honolulu via le Japon, et il y eut une déception quand le 6, veille de l'attaque, aucun porte-avions ne fut signalé à Pearl Harbor. (En réalité, il y en avait un sur la côte californienne, un autre emportait des bombardiers à Midway et un troisième venait de livrer des avions de chasse dans l'île de Wake, tandis que trois autres se trouvaient dans l'Atlantique). Cependant, la présence de 8 cuirassés dépourvus de filets antitorpilles étaient signalés à Pearl Harbor et l'amiral Nagumo décida d'aller de l'avant. Les avions furent largués entre 6 heures et 7 h 15 (heure d'Hawaii) le lendemain matin, à environ 440 kilomètres au nord de Pearl Harbor.

Il y eut deux avertissements de dernière minute qui auraient pu changer la tournure des événements, mais il n'en fut rien. Tout d'abord, l'approche des sous-marins japonais fut repérée à plusieurs reprises à partir de 3 h 55; l'un des sous-marins fut coulé à 6 h 51 par des destroyers américains et un autre le fut à 7 h 00 par des appareils de l'Aéronavale. Puis la plus septentrionale des 6 stations radar de l'île détecta une importante force aérienne comportant visiblement plus de 100 appareils, et s'approchant peu après 7 h 00. Mais ce renseignement fut interprété par le centre d'information comme l'arrivée d'une formation de B.17 attendus de Californie, bien que celle-ci ne comprit que 12 appareils et dut arriver de l'est et non du nord.

L'attaque commença à 7 h 55 et dura jusqu'à 8 h 25, puis une seconde vague, constituée de bombardiers en piqué et de bombardiers à haute altitude, frappa à 8 h 40. Mais l'emploi des bombardiers lance-torpilles dans la première vague avait été l'élément décisif.

Sur les 8 cuirassés américains présents, 4, l'*Arizona*, l'*Oklahoma*, le *West Virginia* et le *California*, furent coulés, et 4, le *Maryland*, le *Nevada*, le

Pennsylvania et le *Tennessee*, furent sévèrement endommagés [1]. Furent également coulés : 3 destroyers et 4 bâtiments de moindre importance, tandis que 3 croiseurs de seconde classe et 1 ravitailleur d'hydravions étaient gravement endommagés. Quant à l'aviation américaine, 188 appareils furent détruits et 63 endommagés. Les pertes japonaises furent seulement de 29 appareils détruits et 70 endommagés, sans compter les 5 sous-marins de poche qui furent perdus au cours d'une attaque qui échoua complètement. En vies humaines, les Américains eurent 3 435 tués ou blessés, alors que les pertes japonaises sont moins bien connues, mais le nombre de tués n'excéda pas une centaine.

Les appareils japonais se posèrent à nouveau sur les porte-avions entre 10 h 30 et 13 h 30. Le 23 décembre, la flotte principale était de retour au Japon.

Ce coup apporta trois grands avantages au Japon. La flotte américaine du Pacifique fut virtuellement mise hors de combat. Les opérations dans le Pacifique Sud-Ouest n'eurent plus à craindre d'intervention navale et purent compter sur l'appui de la flotte qui avait servi à Pearl Harbor. Les Japonais avaient maintenant plus de temps devant eux pour étendre et consolider leur anneau défensif.

Le principal point noir était que l'attaque avait manqué les porte-avions américains, son objectif primordial et l'objectif clé dans l'avenir. Elle avait également raté les réservoirs d'essence et d'autres installations importantes dont la destruction aurait rendu la récupération américaine plus lente puisque Pearl Harbor était la seule base navale complète. Venant comme une surprise, apparemment sans aucune déclaration de guerre, cette attaque souleva une immense indignation aux États-Unis et fit l'unité de l'opinion publique derrière le président Roosevelt et dans une violente colère contre le Japon.

Non sans ironie, les Japonais avaient eu l'intention de rester dans les limites de la légalité tout en gardant l'avantage de l'effet de surprise, en d'autres termes ils avaient essayé d'aller jusqu'à la frontière de la légalité sans la violer. Ils calculèrent l'envoi de leur réponse aux exigences américaines du 26 novembre de manière à ce qu'elle parvienne à l'ambassadeur japonais à Washington le samedi 6 décembre en fin de soirée et soit remise au Gouvernement américain le dimanche 7 à 13 heures, ce qui ferait 7 h 30 du matin, heure d'Hawaii. Cela ne donnerait aux Américains qu'une mince chance (environ une demi-heure) pour notifier aux commandants de ses troupes à Hawaii et ailleurs que la guerre était déclarée, mais permettrait de prétendre qu'on avait agit correctement, selon la loi internationale. Cependant, du fait de la longueur de la note japonaise (5 000 mots) et des délais nécessaires à son déchiffrage par l'ambassade japonaise, l'ambassadeur ne fut en mesure de la remettre qu'à 14 h 20, heure de Washington, c'est-

1. Le *Nevada* fut échoué; le *California* fut renfloué par la suite.

à-dire quelque 35 minutes après le début de l'attaque sur Pearl Harbor.

La violence avec laquelle les Américains dénoncèrent Pearl Harbor comme un exemple de conduite barbare et la surprise que causa cette attaque sont surprenantes à la lumière de l'histoire. En effet elle était en étroit parallèle avec l'attaque japonaise contre la flotte russe à Port-Arthur qui en était la préfiguration.

En août 1903, des négociations s'étaient ouvertes entre le Japon et la Russie pour régler leurs différends en Extrême-Orient. Mais, après cinq mois et demi de conversations, le Gouvernement japonais arriva à la conclusion que l'attitude russe n'offrait la possibilité d'aucun arrangement satisfaisant, et, le 4 février 1904, il décida d'avoir recours à la force. Le 6, les négociations furent rompues, mais sans aucune déclaration de guerre. La flotte japonaise, sous les ordres de l'amiral Togo, appareilla secrètement pour Port-Arthur, la base navale russe. Dans la nuit du 8, Togo lança ses torpilleurs contre l'escadre russe ancrée à Port-Arthur. La prenant par surprise, il détruisit 2 de ses plus beaux cuirassés et 1 croiseur, avec pour résultat l'établissement de la suprématie navale japonaise en Extrême-Orient à partir de cette date. Les Japonais ne déclarèrent la guerre que le 10 et les Russes le firent en même temps.

L'attitude des Anglais, qui avaient conclu une entente avec le Japon deux ans auparavant, contrastait alors ironiquement avec la façon dont ils se firent l'écho de la dénonciation par les Américains de la conduite des Japonais trente-sept ans plus tard. On pouvait lire dans le *Times*, au mois de février 1904 :

> « La marine japonaise, grâce à la décision virile du Mikado et de ses conseillers, a pris l'initiative et a ouvert les hostilités par un coup d'audace [...] Du fait de sa situation dans le chenal extérieur, l'escadre russe était exposée et appelait une attaque. Cet appel a reçu une réponse dont la rapidité et la ponctualité sont à l'honneur de la marine de nos vaillants alliés [...] L'effet moral de cet exploit promet d'être énorme, et il affectera probablement toute la conduite de la guerre [...] Par ces actes vigoureux, la marine japonaise a tiré parti de l'initiative que lui ont permis de prendre ses habiles dirigeants et a su prendre le contrôle moral de la situation. »

L'article sur le Japon, dans l'édition de 1911 de l'*Encyclopeadia Britannica*, vante également l'action du Japon et fait l'éloge de ce qu'il ait pris les armes « contre une dictature militaire et une politique de restriction égoïstes ».

Le 21 octobre 1904, 99e anniversaire de Trafalgar, l'amiral Sir John Fisher devint Premier Lord de la Mer en Angleterre. Il se mit aussitôt à essayer de convaincre le roi Edouard VII et d'autres milieux influents de la nécessité de prévenir le danger croissant représenté par la flotte allemande en lui faisant « le coup de Copenhague », c'est-à-dire en lançant contre elle une attaque soudaine sans déclaration de guerre. Il alla même jusqu'à faire de la propagande pour cette idée. Son plaidoyer permanent en faveur d'une telle décision revint naturellement aux oreilles du Gouvernement allemand et tout aussi naturellement fut pris beaucoup plus au sérieux en Allemagne que dans les milieux politiques anglais.

On ne sait pas exactement si les propositions de Fisher avaient été faites pour la première fois avant le succès de l'attaque japonaise contre Port-Arthur. En tout cas, le coup par lequel Nelson détruisit la flotte danoise à Copenhague, sans aucune déclaration de guerre, était un épisode célèbre de l'histoire navale britannique, familier à tout marin. Togo, lorsqu'il était jeune officier de marine, avait passé sept ans en Angleterre à étudier sa profession. L'influence du coup de Copenhague de Nelson, sur l'initiative de l'amiral Togo en 1904, peut donc avoir été aussi grande que celle de l'amiral Togo sur les plans de Fisher.

Pour les Américains, le coup de Pearl Harbor en 1941 fut une telle surprise, en dépit des avertissements de l'histoire, que le choc qu'il produisit provoqua non seulement une critique générale des autorités, avec à leur tête le président Roosevelt, mais aussi une profonde impression que des facteurs plus sinistres que l'aveuglement et la confusion étaient responsables du désastre. Cette impression se répandit particulièrement parmi les détracteurs et les adversaires politiques de Roosevelt et persista longtemps.

Mais, s'il est visible que le président Roosevelt espérait depuis longtemps engager tout le poids de l'Amérique dans la guerre contre Hitler et cherchait un moyen de le faire, les preuves de l'autosatisfaction et des erreurs de calcul des états-majors de l'armée et de la marine suffisent à écarter les arguments des historiens « révisionnistes » américains, selon lesquels Roosevelt combina ou imagina le désastre de Pearl Harbor dans ce but, et à balayer leurs maigres témoignages sur lesquels ces arguments ont été fondés.

La chute de Hongkong

La perte précoce de ce poste avancé britannique en Extrême-Orient fut un exemple on ne peut plus clair de la façon dont la stratégie et le bon sens peuvent être sacrifiés vainement au nom d'un prestige capricieux [1]. Même les Japonais ne commirent jamais une telle folie « pour sauver la face ». Hongkong était visiblement le point faible des positions britanniques et bien plus difficile à défendre que Singapour. Ce port insulaire le long de la côte

1. En mars 1935, le général Dill, qui venait d'être nommé à la tête de la direction des Opérations militaires et du Renseignement, m'invita à venir m'entretenir avec lui au War Office au sujet des problèmes de la défense. La conversation porta sur l'Extrême-Orient et en particulier sur la question de la défense de Hongkong en cas de guerre avec le Japon. Selon les termes d'une note que je rédigeai le soir même : « Je suggérai, et il sembla partager mon opinion, qu'il vaudrait mieux risquer de perdre cette position en ne la défendant pas assez que de la renforcer au point d'en faire, moralement, un « Verdun » ou un « Port-Arthur » dont la perte mettrait gravement en danger notre prestige. »

Cet entretien est rapporté dans le chapitre 12 (« La politique stratégique de la Grande-Bretagne ») des *Mémoires* de Sir Basil Liddell Hart *(N. du T.)*.

chinoise était situé à moins de 650 kilomètres des bases aériennes japonaises de Formose alors qu'il était à plus de 2 500 kilomètres de la base navale anglaise de Singapour.

Dans une étude de la situation réalisée au début de 1937 les chefs d'état-major britanniques plaçaient le Japon au second rang des ennemis possibles, après l'Allemagne, et désignaient Singapour et la Grande-Bretagne elle-même comme les clefs de voûte dont dépendrait la survie du Commonwealth britannique, soulignant par là qu'aucune considération pour la sauvegarde des intérêts britanniques en Méditerranée ne pourrait empêcher l'envoi d'une flotte à Singapour. A propos de Singapour, ils étaient d'accord pour reconnaître qu'un minimum de quatre-vingt-dix jours s'écoulerait avant qu'on pût la secourir et que, si une garnison renforcée pouvait tenir la colonie, le port lui-même pouvait être neutralisé par les forces aériennes japonaises opérant depuis Formose. Mais, d'une façon plus confiante que réaliste, ils rejetaient la conclusion logique de ce raisonnement, en vertu du principe selon lequel l'évacuation de la garnison entraînerait une perte de prestige et n'encouragerait pas la Chine, ainsi qu'il était nécessaire, à résister aux Japonais. Ils arrivaient à la conclusion que « Hongkong devait être considérée comme un poste avancé important mais non vital, devant être défendu aussi longtemps que possible [1] ». Cette conclusion condamnait à l'avance la garnison.

Deux ans plus tard, au début de 1939, une nouvelle étude de la situation arriva à la même conclusion générale, mais montra un changement d'orientation très significatif en plaçant la sécurité de la Méditerranée avant celle de l'Extrême-Orient dans l'ordre des priorités. Cela rendait la défense de Hongkong encore plus aléatoire, d'autant plus qu'un corps expéditionnaire japonais était maintenant installé en Chine continentale au nord et au sud de Hongkong, isolant ainsi cette possession britannique et l'exposant à une attaque terrestre.

En août 1940, à la suite de la chute de la France, la situation fit l'objet d'une nouvelle étude de la part des nouveaux chefs d'état-major parmi lesquels Dill représentait l'armée puisqu'il était maintenant chef de l'État-Major général impérial. Cette fois ils reconnurent que Hongkong était indéfendable et recommandèrent le retrait de la garnison qui était alors de 4 bataillons. Leur opinion fut acceptée par le Cabinet à la tête duquel était maintenant Churchill. Mais rien ne fut fait pour traduire cette décision dans les faits. De plus, un an plus tard, leur opinion subit un nouveau revirement et ils conseillèrent à Churchill d'accepter l'offre du Gouvernement canadien proposant 2 bataillons pour renforcer la garnison. Cette offre et le revirement étaient inspirés par l'opinion optimiste du général A. E. Grasett, Canadien lui-même, qui avait été récemment à la tête des troupes de Hongkong et qui avait déclaré à son retour en Angleterre, au chef de l'état-

1. *Official History : The War Against Japan*, vol. I, p. 17.

major général canadien, qu'un renfort de cette envergure permettrait à la place de soutenir une attaque pendant une longue période. En recommandant l'acceptation de cette offre, les chefs d'état-major anglais exprimèrent l'opinion que même au pire ce renfort permettrait à la garnison d'opposer une « défense plus valeureuse » de l'île, encore un argument de prestige. Le 27 octobre 1941, les 2 bataillons canadiens appareillèrent pour Hongkong, augmentant ainsi de près de 50 % la taille de ce vain sacrifice.

L'attaque japonaise à partir du continent fut déclenchée au matin du 8 décembre par une force bien armée comportant plus d'1 division (12 bataillons) ainsi qu'une forte couverture aérienne et un soutien d'artillerie. Le lendemain, les Anglais s'étaient repliés sur la ligne Gindrinkers dans la péninsule de Kowloon et, aux premières heures du 10, un détachement japonais s'était emparé d'un point clef de cette ligne. Ce coup précipita l'abandon de la Ligne et le repli dans l'île de Hongkong, alors que les Japonais étaient encore en train de faire mouvement pour attaquer, comme prévu, la Ligne Gindrinkers.

Leurs premières tentatives de franchissement du bras de mer furent repoussées, mais provoquèrent un étirement des défenses. Puis, dans la nuit du 18 au 19, le gros des forces japonaises débarqua dans le coin nord-est et parvint, par une attaque concentrée, à progresser jusqu'à la baie de Deep Water, au sud, en séparant en deux les forces des défenseurs. Une partie capitula le soir de Noël et l'autre l'imita le lendemain matin. Malgré les renforts, Hongkong avait résisté à peine dix-huit jours, soit le cinquième de la durée espérée. Les pertes japonaises étaient inférieures à 3 000 hommes, alors que toute la garnison britannique, près de 12 000 hommes, était capturée. La perte de l'île survint dans l'année du centenaire de son occupation et du 99e anniversaire de sa cession légale par la Chine à la Grande-Bretagne.

La chute des Philippines

Le 8 décembre à 8 h 30 du matin, la nouvelle de l'attaque japonaise sur Pearl Harbor atteignit et alerta le commandant américain des Philippines. Entre-temps, l'attaque aérienne japonaise qui aurait dû s'abattre sur ces îles fut retardée par des brumes matinales. Mais ce handicap tourna à l'avantage des Japonais. En effet, une grande confusion, qui est restée un cas de controverse, régnait dans le camp américain au sujet de savoir si les B.17 devaient être envoyés bombarder Formose en riposte immédiate. En conséquence, ils reçurent l'ordre de survoler la grande île de Luçon pour éviter d'être surpris au sol. A 11 h 30, ils atterrirent pour se préparer à leur raid, au moment précis où les avions japonais, qui avaient été retardés, arrivaient dans le ciel philippin. A cause du système d'alerte défectueux, la plupart des appareils américains furent mis hors de combat au cours de cette première journée de combat, en particulier les bombardiers B.17 et les chasseurs récents P.40E. La supériorité aérienne passa donc aux mains des Japonais qui, à partir de cette date, disposèrent de la maîtrise du ciel avec leurs 190 appareils de l'armée et leurs 300 appareils de l'Aéronavale basés à Formose. Le 17, les 10 B.17 restants furent envoyés en Australie, et la poignée de navires de surface de la flotte de l'amiral Hart, pompeusement baptisée « Flotte d'Asie », fut également éloignée, laissant seulement ses 29 sous-marins dans le secteur.

Quand aux forces terrestres, MacArthur, malgré la décision récente, prise sur son insistance, de tenir toutes les Philippines, avait laissé la plupart des 31 000 soldats réguliers (Américains et Éclaireurs philippins) près de Manille, si bien que les innombrables kilomètres de côtes étaient seulement défendus par des troupes philippines de second ordre atteignant un total théorique de 110 000 hommes. Cette décision, stratégiquement habile, signifiait cependant que les Japonais ne rencontreraient guère de résistance où qu'ils décident de débarquer.

L'attaque fut confiée à la XIVe armée japonaise, sous le commandement du général Homma. Il employa 57 000 hommes au cours des débarquements et des opérations initiales. Ce chiffre était relativement peu important et rendait donc l'effet de surprise et la maîtrise des airs encore plus essentiels. Il était également nécessaire pour les Japonais de s'emparer de quelques îles avancées et de régions côtières mal défendues pour y construire rapidement des aérodromes destinés à leurs appareils à courts rayons d'action.

Le premier jour de l'offensive, ils s'emparèrent de l'île principale de l'archipel de Batan, à 190 kilomètres au nord de Luçon, et, le 10, ils accomplirent un nouveau bond jusqu'à l'île de Caminguin, juste au nord de Luçon. Au cours de cette même journée, deux autres détachements débarquèrent sur la côte septentrionale de Luçon, à Aparri et à Vigan, tandis que, le 12, un quatrième détachement venant des îles Palaos débarquait sans rencontrer de résistance à Legaspi, dans l'extrême sud-est de Luçon. Ces débarquements préparèrent la voie aux débarquements principaux qui eurent lieu dans le golfe de Lingayen situé seulement à 190 kilomètres au nord de Manille, à partir du 22 décembre. Les 43 000 hommes du général Homma furent débarqués par 85 navires. Le 24, une autre force comprenant 7 000 hommes et venant des îles Rioukiou débarqua dans la baie de Lamon sur la côte orientale, face à Manille. Aucune de ces forces ne rencontra d'opposition sérieuse car les troupes philippines primitives et mal armées s'effondrèrent rapidement, en particulier en voyant arriver des chars sur elles, et les Américains se rendirent trop tard à leur secours. Jusque-là, les pertes japonaises n'avaient pas atteint 2 000 hommes.

MacArthur, se rendant compte qu'il ne pourrait pas réaliser son plan d'écraser les envahisseurs avant qu'ils ne fussent véritablement installés à terre, avait, dès le 23, repris le plan initial d'un repli de toutes les forces restantes dans la péninsule de Bataan. Sa décision fut précipitée par l'arrivée de rapports erronés qui surestimaient de près du double les effectifs japonais et ne tenaient pas compte de la plupart de ses propres troupes philippines.

Le 26, Manille fut déclarée ville ouverte. Malgré la confusion initiale, les troupes de MacArthur parvinrent à se replier pas à pas sous la pression de l'ennemi et, le 6 janvier, elles étaient établies dans la péninsule de Bataan, aidées par le fait que les troupes japonaises étaient en réalité moitié moins nombreuses qu'elles.

Mais une fois repliés dans cette péninsule, qui faisait environ 40 kilomètres de long sur 35 kilomètres de large, les Américains subirent le handicap d'avoir à nourrir plus de 100 000 bouches, y compris les civils, au lieu des 43 000 originellement prévues. De plus la péninsule était infestée de paludisme, si bien qu'au bout de très peu de temps, à peine un quart des forces américaines était en état de combattre.

Les premières attaques japonaises contre la péninsule furent repoussées, de même que les tentatives d'attaques amphibies de flanc. Le 8 février, les Japonais suspendirent leurs attaques après un mois d'efforts car leurs troupes étaient devenues trop faibles : 10 000 hommes souffraient du paludisme et la 48e division avait été soustraite pour l'offensive contre les Indes néerlandaises. Début mars, il ne restait plus que 3 000 hommes dans les lignes japonaises, mais les Américains, ignorants de cette situation, ne firent aucune tentative pour prendre l'offensive. D'ailleurs leurs propres effectifs avaient fondu des quatre cinquièmes et leur moral était affecté par le départ de MacArthur pour l'Australie, le 10 mars. Il était également évident qu'on ne faisait aucun effort pour venir à leur secours, ainsi qu'il en avait été décidé par les autorités de Washington au début janvier.

Fin mars, les Japonais reçurent le renfort de 22 000 hommes de troupes fraîches, ainsi que de nouveaux avions et de nombreux canons supplémentaires. Ils reprirent leurs attaques à partir du 3 avril et les Américains furent graduellement repoussés vers le sud de la péninsule. Le 9 avril, le dernier responsable américain sur place, le général King, capitula sans conditions pour éviter « un massacre ».

Les combats se déplacèrent alors sur l'île fortifiée de Corregidor, qui avait une garnison de près de 15 000 hommes (y compris les forces stationnées sur trois îles plus petites qui étaient à proximité). Mais elle n'était séparée de la péninsule de Bataan que par un peu plus de 3 kilomètres, ce qui permettait aux Japonais d'entretenir un intense bombardement d'artillerie par dessus le bras de mer en même temps que des raids aériens continuels. Ce pilonnage se poursuivit semaine après semaine, pulvérisant peu à peu les défenses et mettant hors de combat la plupart des batteries américaines, tout en frappant également le système de ravitaillement en eau. Le 4 mai, le bombardement atteignit l'intensité de 16 000 obus dans la même journée. Le 5, peu avant minuit, 2 000 soldats japonais traversèrent le détroit et débarquèrent. Ils rencontrèrent une résistance vigoureuse et perdirent plus de la moitié de leurs effectifs avant d'avoir pu prendre pied, mais l'arrivée de chars fit pencher la balance de l'autre côté et provoqua l'effondrement des défenseurs, bien que 3 chars seulement fussent effectivement entrés en action. Le lendemain matin, 6 mai, le général Wainwright, qui commandait Corregidor depuis le départ de la péninsule, envoya un message radio de capitulation, afin d'éviter des pertes inutiles.

Le général Homma refusa d'abord cette capitulation locale, alors que des détachements américains et philippins continuaient une guerre de guérilla dans les îles méridionales, de même que d'autres détachements dans les secteurs les plus isolés de Luçon. Wainwright accepta alors de donner un ordre de capitulation générale, de crainte que la garnison de Corregidor, maintenant désarmée, ne soit massacrée. Mais certains de ces détachements refusèrent d'obéir, par loyauté envers les demandes pressantes de MacArthur depuis l'Australie, et leur résistance ne cessa finalement que le 9 juin.

Les Américains avaient perdu quelque 30 000 hommes dans cette campagne et leurs alliés philippins quelque 110 000. Si un grand nombre de ces derniers avait disparu par suite de désertions, le nombre total des Américains et des Philippins qui capitulèrent dans la péninsule de Bataan fut d'environ 80 000 et 15 000 sur Corregidor. Les pertes japonaises, bien que plus difficiles à évaluer, semblent n'avoir été que de 12 000 hommes environ, sans compter les malades.

Néanmoins, malgré l'effondrement initial, les défenseurs des Philippines résistèrent finalement plus longtemps que partout ailleurs, quatre mois dans la Péninsule de Bataan et six mois en tout, bien qu'ils n'aient bénéficié d'aucun soutien ou ravitaillement extérieur.

La chute de la Malaisie et de Singapour

Dans les plans japonais, la tâche de conquérir la Malaisie et Singapour revenait à la XXVe armée du général Yamashita. Elle comprenait 3 divisions avec leurs troupes d'appui, soit environ 70 000 combattants et un effectif total de quelque 110 000 hommes. Cependant les navires disponibles permettaient seulement de transporter un quart de ces forces directement de l'autre côté du golfe de Siam, soit 17 000 combattants, 27 000 hommes en tout. Cette fraction avancée devait s'emparer des aérodromes du Nord du pays. Le gros de l'armée de Yamashita devait se rendre par la voie terrestre d'Indochine en Malaisie en passant par la Thaïlande et l'isthme de Kra, pour venir aussitôt que possible renforcer les troupes débarquées, puis continuer la progression vers le sud le long de la côte occidentale de la péninsule malaise.

Apparemment, il s'agissait d'une force remarquablement réduite pour une expédition aussi ambitieuse, et très inférieure en nombre aux 88 000 défenseurs de la Malaisie placés sous les ordres du général Percival (19 000 Britanniques, 15 000 Australiens, 37 000 Indiens et 17 000 Malais). Mais ces derniers constituaient une troupe hétérogène, mal équipée et mal entraînée, face aux 3 divisions de Yamashita, la Garde impériale, la 5e et la 18e divisions, qui comptaient parmi les meilleures de toute l'armée japonaise. Elles étaient appuyées par 211 chars, alors que les Britanniques de Malaisie n'en avaient aucun, et 560 avions, soit quatre fois plus que les Britanniques et avec une qualité très supérieure. De plus, les Japonais escomptaient que la mousson, qui régnait de novembre à mars, gênerait les mouvements britanniques destinés à contrer leur avance, car, pendant cette période, seules les meilleures routes seraient praticables. Ils escomptaient également que l'arête dorsale montagneuse de la Malaisie, avec ses sommets jusqu'à 2 500 mètres et ses pentes couvertes d'une jungle épaisse, forcerait la défense à se séparer en deux parties, et favoriserait leur brusque crochet de la côte est à la côte ouest.

L'ironie fondamentale du dispositif britannique résidait dans le fait que les forces terrestres étaient largement dispersées pour garder des aérodromes qui n'abritaient aucune aviation adéquate, et que ces aérodromes avaient été construits pour protéger une base navale qui n'abritait aucune flotte. Les principaux bénéficiaires à la fois des aérodromes et de la base navale devaient être les Japonais.

Les principaux débarquements nippons eurent lieu à Singora et à Pattani, sur la partie étranglée de la péninsule malaise, en territoire thaïlandais. Il y eut également quatre débarquements secondaires plus au nord, sur la côte de Thaïlande. Le troisième débarquement en importance eut lieu à Kota Bharu, juste à l'intérieur de la frontière malaise. Les forces débarquées là, devaient, après s'être emparées de l'aérodrome local, réaliser une avance de diversion le long de la côte est pendant que l'avance principale aurait lieu par la côte ouest. Ces débarquements eurent lieu dans les premières heures du 8 décembre, heure locale. Le débarquement à Kota Bharu de 5 500 soldats japonais se produisit en fait plus d'une heure avant l'attaque de Pearl Harbor. L'aérodrome qui s'y trouvait fut abandonné aux mains des Japonais après de brefs combats, tandis que ceux qui étaient situés en territoire thaïlandais furent pris encore plus facilement. L'avance préventive prévue par les Anglais, l'« Opération *Matador* », fut déclenchée trop tard du fait de leur réticence à traverser la frontière avant que la neutralité thaïlandaise n'eût été violée par les Japonais. Des avions de reconnaissance anglais avaient découvert une flotte japonaise dans le golfe de Siam, le 6 décembre, mais le mauvais temps avait par la suite dissimulé ses mouvements et ses objectifs. Les mouvements préparatoires de l'opération *Matador* servirent seulement à bouleverser les dispositifs défensifs britanniques. Au matin du 10 décembre, la 5e division japonaise avait déjà fait un crochet jusqu'à la côte ouest et pénétré en Malaisie, progressant le long de deux routes jusqu'en Kedah.

Ce jour-là, la Grande-Bretagne connut un désastre naval décisif.

Après la décision prise en juillet de couper le ravitaillement pétrolier du Japon, Winston Churchill se rendit tardivement compte « des effets formidables de l'embargo » et il proposa, un mois plus tard, le 25 août, l'envoi de ce qu'il appelait une force navale « de dissuasion » en Extrême-

Orient. L'Amirauté envisageait de réunir dans ce secteur le *Nelson*, le *Rodney*, et 4 cuirassés plus anciens, de même qu'1 croiseur de bataille et 2 ou 3 porte-avions. Churchill préférait employer « le plus petit nombre possible des meilleures navires disponibles », et il proposa d'envoyer un cuirassé du type du nouveau *King George V*, accompagné d'un croiseur de bataille et d'un porte-avions, en disant le 29 août à l'Amirauté :

« Je pense que le Japon ne pourra pas faire face à la coalition des États-Unis, de la Grande Bretagne et de la Russie, qui se forme maintenant contre lui... Rien ne peut autant augmenter ses hésitations que l'apparition de la force à laquelle j'ai fait allusion et surtout d'un K.G.V. [1]. En fait cette force pourrait représenter une dissuasion décisive [2]. »

En conséquence, le *Prince of Wales* et le cuirassé *Repulse* appareillèrent pour Singapour, mais sans porte-avions. Celui qui avait été désigné s'échoua à la Jamaïque et dut être mis en cale sèche pour y subir des réparations. En réalité, il y en avait un autre qui se trouvait dans l'océan Indien, et donc à portée de Singapour, mais il ne reçut pas l'ordre de s'y rendre. Les deux grands bâtiments devaient donc dépendre pour leur couverture aérienne de chasseurs basés à terre et ceux-ci étaient rares, même avant la perte des aérodromes du Nord.

Le *Prince of Wales* et le *Repulse* atteignirent Singapour le 2 décembre, et, le lendemain, l'amiral Sir Tom Phillips arriva pour prendre le commandement de la « flotte d'Extrême-Orient ». Le 6, comme il a été dit plus haut, un important convoi japonais de transport de troupes fut signalé, venant d'Indochine et se dirigeant vers la Malaisie. Le 8 à midi, Phillips apprit qu'ils débarquaient leurs troupes à Singora et Kota Bharu, sous la protection d'au moins 1 cuirassé de la classe du Kongo, 5 croiseurs et 20 destroyers. En fin d'après-midi, Phillips appareilla courageusement en direction du nord avec ce qu'on appelait la Force Z, c'est-à-dire ses 2 grands bâtiments et une escorte de 4 destroyers, afin d'attaquer les transports de troupes japonais, bien qu'il fût impossible de lui fournir une couverture aérienne aussi loin au nord, maintenant que les aérodromes locaux étaient aux mains de l'ennemi.

Dans la soirée du 9, le temps s'éclaircit et cette amélioration fit perdre à Phillips l'abri de l'obscurité. Sa Force Z fut repérée par des avions japonais, il fit donc demi-tour pour retourner à Singapour. Mais, dans le courant de la nuit, il reçut un message de la base faisant état, par erreur, d'un débarquement japonais à Kuantan, point situé à mi-parcours. Escomptant la possibilité d'un effet de surprise et calculant que le risque était justifié, il modifia sa route en direction de Kuantan.

Les Japonais étaient prêts à faire face à une intervention de la Force Z

1. *K.G.V.* : abréviation de « Bâtiment de la classe du *King George V* ». *(N. du T.)*
2. Churchill : *The Second World War*, vol. III, p. 774.

dont l'arrivée à Singapour avait été annoncée par la radio au monde entier. Leur escadrille d'élite, la 22e escadrille aérienne, avec leurs meilleurs pilotes de l'Aéronavale, était basée sur les aérodromes autour de Saigon, dans le Sud de l'Indochine. De plus, une patrouille de 12 sous-marins protégeait la route de Singapour à Kota Bharu et Singora. Déjà, au début de l'après-midi du 9, le mouvement vers le nord de la Force Z avait été repéré et signalé par le sous-marin situé le plus à l'est de cet écran. Dès que la nouvelle arriva, la 22e escadrille aérienne, qui se préparait à un raid sur Singapour, échangea en toute hâte ses bombes contre des torpilles et décolla pour attaquer de nuit la Force Z, mais elle ne put la trouver du fait du demi-tour de Phillips. Cependant l'escadrille décolla de nouveau juste avant l'aube et cette fois découvrit la Force Z près de Kuantan. Les Japonais employèrent 34 bombardiers à haute altitude et 51 bombardiers lance-torpilles, les premiers ouvrant l'attaque à 11 heures et les autres suivant en vagues successives. Les deux types de bombardements se révélèrent remarquablement précis, bien qu'ils fussent dirigés contre des navires manœuvrant à grande vitesse et non pas immobiles et surpris comme à Pearl Harbor. De plus, le *Prince of Wales* pouvait tirer, avec ses 175 pièces de D.C.A., 60 000 obus par minute. Les deux bâtiments furent coulés : le *Repulse* à 12 h 30 et le *Prince of Wales* à 13 h 20. Les destroyers de l'escorte parvinrent à sauver plus de 2 000 hommes sur les 2 800 que comprenaient les équipages des 2 navires, mais l'amiral Phillips fut au nombre des disparus. Les Japonais ne gênèrent pas le sauvetage. Ils perdirent seulement 3 avions.

Avant la guerre, les chefs de l'Amirauté avaient traité par le mépris l'idée que des cuirassés puissent être coulés par une attaque aérienne, et Churchill avait eu tendance à soutenir leur point de vue. Cette illusion persista même jusqu'à ces journées fatales de décembre 1941. De plus, comme Churchill l'a écrit : « L'efficacité des Japonais dans le domaine de la guerre aérienne était à cette époque largement sous-estimée à la fois par nous-mêmes et par les Américains [1]. »

Ce coup régla le sort de la Malaisie et de Singapour. Les Japonais furent en mesure de continuer leurs débarquements sans pouvoir être arrêtés et d'établir des bases aériennes à terre. La supériorité de leur aviation sur les maigres forces aériennes anglaises de Malaisie fut un facteur décisif de l'effondrement de la résistance des troupes britanniques et permit aux Japonais de progresser vers le sud de la péninsule et de forcer la porte de Singapour. La chute de la base fut la conséquence de négligences et d'erreurs de jugement antérieures, surtout de la part de Londres.

A partir du 10 décembre, la retraite anglaise le long de la côte occidentale devint pratiquement continue. Les barrages comme celui de Jitra furent enlevés par l'artillerie et les chars japonais ou bien par un mouvement tournant de l'infanterie japonaise s'infiltrant à travers la jungle environnante.

---

1. Churchill : *The Second World War*, vol. III, p. 551.

Le commandant de la Malaisie septentrionale, le général Heath, espérait pouvoir organiser la résistance sur la rivière Perak, mais cette ligne fut contournée par la colonne japonaise avançant en oblique depuis Patani. Une forte position située plus en arrière, à Kampar, fut enlevée par un mouvement tournant exécuté en mer par des troupes utilisant de petites embarcations saisies au cours de l'avance.

Le 27 décembre, le général Sir Henry Pownall remplaça l'air chief marshal Sir Robert Brook-Popham comme commandant en chef en Extrême-Orient.

Début janvier, les Anglais se replièrent sur la rivière Slim, protégeant la province de Selangor, et les approches des aérodromes méridionaux situés près de Kuala Lumpur. Mais dans la nuit du 7 au 8, une compagnie de chars japonais perça les défenses mal organisées et, sur sa lancée, parvint à s'emparer du pont routier qui était situé à près de 35 kilomètres du front. Les troupes britanniques au nord de la rivière furent isolées et perdirent quelque 4 000 hommes avec leur matériel, au prix, pour les Japonais, de 6 chars perdus et de quelques fantassins. La 11e division indienne était disloquée. Ce désastre entraîna l'abandon rapide de tout le centre de la Malaisie et compromit sévèrement les chances de tenir le nord de la province de Johore assez longtemps pour permettre à des renforts suffisants d'atteindre Singapour par la mer en venant du Moyen-Orient.

Le jour même du désastre, le Général Wavell arriva à Singapour, en route pour Java, pour y prendre son nouveau poste, créé devant l'urgence de la situation, de commandant suprême, A.B.N.A. (Américains, Britanniques, Néerlandais, Australiens). Pownall devint alors chef d'état-major A.B.N.A., le Quartier général d'Extrême-Orient étant supprimé. Wavell décida de baser désormais la défense sur le Johore, où se trouvaient les meilleures troupes et les renforts. Cela signifiait un repli, plus rapide, à la place du repli graduel par le général Percival. Kuala Lumpur fut abandonnée le 11 janvier et la position sur l'étranglement de Tampin le 13 (au lieu du 24). En donnant aux Japonais accès au meilleur réseau routier de Johore, ce repli leur permit d'employer 2 divisions simultanément au lieu de successivement, ce qui réduisit à néant la vigoureuse défense de Gemas par les Australiens. Finalement le repli à travers le Johore devint même plus rapide que prévu.

Entre-temps, un repli correspondant des forces britanniques de la côte orientale avait entraîné l'abandon de Kuantan et de ses aérodromes, le 6 janvier; d'Endau, le 21, à la suite d'une menace amphibie; et, le 30, les forces orientales et occidentales étaient revenues toutes deux à l'extrême sud de la péninsule malaise: La nuit suivante, les arrière-gardes traversèrent le détroit et se réfugièrent dans l'île de Singapour. L'aviation de l'armée japonaise, moins efficace que l'Aéronavale, n'avait pas fait grand chose pour harceler la retraite et s'était révélée seulement efficace contre les aérodromes.

Les Japonais avaient donc conquis la Malaisie en 54 jours. Leurs pertes s'élevaient, en tout, à environ 4 600 hommes, alors que les Britanniques avaient perdu quelque 25 000 hommes (pour la plupart faits prisonniers) et une grande quantité de matériel.

C'est dans la nuit du dimanche 8 février 1942 que les 2 divisions de tête de la force d'invasion japonaise, qui avaient parcouru les 800 kilomètres de la péninsule malaise, traversèrent l'étroit chenal qui sépare l'île de Singapour du continent. La traversée eut lieu sur un front de 13 kilomètres (sur les 30 que compte le détroit), à travers un bras de mer de moins de 1 600 mètres de largeur. Ce secteur était défendu par 3 bataillons de la 22e brigade australienne.

Les premières vagues d'attaquants étaient transportées par des péniches blindées, mais le reste suivit dans des bateaux de toutes sortes réunis sur place et un certain nombre de Japonais traversèrent même à la nage, avec leurs fusils et leurs munitions. Quelques embarcations furent coulées, mais la plupart des troupes d'assaut débarquèrent sans encombre, aidées par des erreurs des défenseurs qui n'ont jamais pu être expliquées de façon satisfaisante. Les projecteurs de plage ne furent pas utilisés, les moyens de communications furent défectueux ou non utilisés et l'artillerie fut lente à établir le rideau de feu prévu.

Au lever du jour, 13 000 Japonais avaient débarqué et les Australiens s'étaient repliés dans des positions de l'intérieur. Avant midi, les envahisseurs étaient plus de 20 000 et ils établirent une forte position logée profondément dans la partie nord-ouest de l'île. Un peu plus tard, une troisième division japonaise débarqua, portant le total à plus de 30 000.

Il y avait encore 2 autres divisions à proximité sur le continent, mais le général Yamashita considéra qu'il ne pouvait pas les déployer avec efficacité dans l'avance sur l'île. Cependant, au cours des jours suivants, il envoya un grand nombre d'hommes remplacer les pertes de Singapour.

Numériquement, les défenseurs étaient plus qu'assez nombreux dans l'île pour repousser l'invasion, d'autant plus qu'elle se produisait dans le secteur où on l'attendait le plus. Le général Percival avait encore quelque 85 000 hommes sous ses ordres, en majorité britanniques, australiens et indiens, plus quelques unités malaises et chinoises. Mais la majorité était mal entraînée pour faire face aux troupes japonaises composées d'unités spécialement choisies pour cette opération, et ils avaient été sans cesse manœuvrés dans la jungle épaisse ou dans les plantations de caoutchouc. En règle générale, le commandement était de mauvaise qualité.

L'aviation anglaise avait été surclassée en nombre et en qualité dès le début de la campagne, et le peu qui restait fut retiré de la phase finale. L'absence de protection contre les attaques aériennes ennemies, violentes et incessantes, étaient encore plus démoralisantes pour les troupes déjà déprimées par la longue retraite de Malaisie.

Les effets de l'incapacité du Gouvernement de Londres à procurer une couverture aérienne n'étaient pas atténués par les appels qu'envoyaient maintenant Churchill et ses conseillers militaires, demandant aux troupes de « combattre jusqu'au bout et à tout prix » et à leurs commandants de

« mourir avec leurs troupes » pour « l'honneur de l'Empire britannique », d'appliquer « une politique générale de la terre brûlée » et de détruire tout ce qui pourrait servir à un occupant sans essayer de « sauver les hommes ou d'épargner la population ». Tout cela montrait un manque extraordinaire de psychologie de la part des autorités métropolitaines. Le moral des combattants sur le front n'était pas relevé par la vue des nuages de fumée noire, derrière eux, montant des réservoirs de pétrole en flammes. Ils ne se sentaient pas particulièrement encouragés par le fait de savoir qu'ils étaient condamnés à la mort ou à la captivité. Un an plus tard, les rudes vétérans allemands d'Afrique s'effondrèrent eux-mêmes rapidement quand, après qu'ils eurent reçu l'ordre de Hitler de tenir Tunis à n'importe quel prix, leur front fut percé et qu'ils se retrouvèrent avec, derrière eux, la mer contrôlée par leurs ennemis. Le fait de demander à des troupes de se battre « le dos au mur », quand le mur est de ce genre-là, est rarement efficace pour redresser leur colonne vertébrale.

A Singapour, la fin arriva le dimanche 15 février, exactement une semaine après le débarquement japonais. A cette date, les défenseurs avaient été repoussés jusque dans la banlieue de la ville de Singapour qui se trouve sur la côte sud de l'île. Les stocks alimentaires s'épuisaient rapidement et l'eau pouvait être coupée à tout moment. Ce soir-là, le général Percival sortit sous la protection d'un drapeau blanc pour capituler entre les mains du commandement japonais. Pour un homme courageux c'était une décision amère mais inévitable, et il décida de se déplacer en personne dans l'espoir d'obtenir un meilleur traitement pour ses troupes et pour la population.

Ces deux dimanches noirs de Singapour furent fatals à la domination impériale de ce qu'on appelait depuis tant d'années « l'Empire sur lequel le soleil ne se couche jamais ».

L'échec devant les assauts de l'armée japonaise n'en était pas cependant la cause primordiale. La capitulation de Singapour était la conséquence d'une défaite navale, deux mois auparavant.

Elle était également le dernier maillon d'une longue chaîne d'erreurs et de négligences. Le développement de la nouvelle base et de ses défenses avait été d'une lenteur lamentable. La réticence politique n'était pas le seul frein. Au cours des années qui suivirent la décision de construire cette base, une violente controverse fit rage dans Whitehall quant aux meilleurs moyens de la défendre. La controverse fut surtout féroce au sein du comité des chefs d'état-major, qui sont pourtant supposés être aussi unis que la Trinité. Trenchard, le chef de l'état-major aérien, soulignait l'importance capitale de l'aviation. Beatty, le Premier Lord de la Mer, se faisait l'avocat des canons de gros calibre et tournait en dérision l'idée que l'aviation puisse représenter une grosse menace pour des cuirassés. Ils était tous deux célèbres, et forts.

Le Gouvernement hésita à choisir entre leurs opinions, et la controverse se poursuivit encore longtemps après qu'ils furent partis. Finalement, la Marine l'emporta. On installa les canons de gros calibre et on n'envoya pas d'aviation. Malheureusement, quand l'attaque survint elle n'arriva pas dans la direction où les canons étaient pointés mais par derrière.

Dans les années trente, plusieurs militaires qui se penchaient sur le problème commencèrent de suggérer que l'attaque pourrait venir par la « porte de derrière », le long de la péninsule malaise. Cela semblait d'autant plus vraisemblable que la base navale avait été bâtie sur la face nord de Singapour, dans l'étroit chenal séparant l'île du continent. Parmi ces hommes se trouvait le général Percival, alors officier principal d'état-major général en Malaisie de 1936 à 1937. Il fut appuyé par le général Dobbie, le commandant en chef de l'époque, qui commença en 1938 la construction d'une ligne de défense dans le Sud de la péninsule malaise.

Hore-Belisha, qui était maintenant devenu ministre de la Guerre, comprit rapidement la nécessité d'accroître la petite garnison, car l'une des principales caractéristiques du programme qu'il adopta en prenant ses fonctions était la priorité de la défense impériale sur la défense continentale. Le danger d'une guerre avec l'Allemagne et l'Italie associées devenait tel qu'un renforcement des défenses en Méditerranée était prioritaire, mais il incita le Gouvernement de l'Inde à envoyer deux brigades en Malaisie pour y tripler la taille de la garnison. Les ressources limitées d'avant-guerre ne permettant pas de faire plus.

Lorsque la guerre survint, en septembre 1939, les ressources de la Grande-Bretagne commencèrent de s'accroître. Mais comme la guerre était alors limitée à l'Europe occidentale, il était naturel de réserver le plus clair d'entre elles à ce secteur. Puis arrivèrent les catastrophes de mai et juin 1940, avec l'effondrement de la France et l'entrée en guerre de l'Italie. Dans cette crise effroyable, le premier besoin était de reconstituer la défense de l'Angleterre, et le second de prévoir la défense du secteur de la Méditerranée. Il était déjà difficile de faire face à ces deux nécessités simultanément. En fait, Churchill fit preuve de son initiative la plus audacieuse et la plus grande en prenant le risque de renforcer la défense de l'Égypte avant que la Grande-Bretagne elle-même fût assurée contre l'invasion.

Il serait injuste de chercher à redire au sujet des mesures prises pour la défense de la Malaisie pendant cette période. Étant donné les circonstances, il est remarquable que la garnison ait été renforcée de 6 nouvelles brigades au cours de l'hiver 1940-1941. Malheureusement, l'aviation ne reçut pas un renfort équivalent qui eût été d'une plus grande importance vitale.

Au début de 1940, le nouveau commandant en chef, le général Bond, avait exprimé l'opinion que la défense de Singapour dépendait de celle de la Malaisie dans son ensemble. Il estimait que 3 divisions représentaient le minimum nécessaire à cette tâche, et suggérait que la R.A.F. prît la principale responsabilité de la défense. Les autorités métropolitaines se rangèrent en principe à son avis, mais avec une modification importante. Alors que les commandants de Malaisie considéraient que plus de 500 appareils modernes étaient nécessaires, le comité des chefs d'état-major estima que 300 appareils suffiraient et déclara que ce nombre ne pourrait même pas être atteint avant la fin de 1941. De plus, lorsque l'invasion japonaise eut lieu, en décembre 1941, le nombre des appareils de première ligne en Malaisie n'était que de 158 et il s'agissait pour la plupart d'appareils démodés.

Au cours de l'année 1941, la majorité des avions de chasse modernes disponibles, en plus des besoins de la défense aérienne de l'Angleterre, fut envoyée pour appuyer les tentatives malheureuses d'offensive dans le secteur de la Méditerranée. Au cours de la deuxième moitié de l'année, quelque 600 appareils furent expédiés en Union soviétique. Mais la Malaisie n'en reçut pratiquement aucun. Aucun bombardier à long rayon d'action n'y fut envoyé alors que des centaines d'entre eux étaient employés chaque nuit dans des bombardements sur l'Allemagne qui étaient visiblement futiles à ce stade de la guerre. Il est évident que les besoins de la défense de la Malaisie ne furent pas examinés avec toute l'attention nécessaire.

La clef de l'énigme nous est apportée par Churchill lui-même dans ses Mémoires de guerre. Début mai, le chef de l'État-Major général impérial, Sir John Dill, soumit un document au Premier ministre dans lequel il exposait ses arguments contre la poursuite des concentrations de forces en Afrique du Nord au détriment de l'Angleterre elle-même ou de Singapour.

> « La perte de l'Égypte serait une calamité que je ne considère pas comme vraisemblable [...] La réussite d'une invasion suffirait à elle seule à consommer notre défaite finale. C'est donc le Royaume-Uni qui est d'une importance vitale, et non l'Égypte, et la défense du Royaume-Uni doit passer en premier. l'Égypte ne vient même pas en seconde priorité car c'est un principe accepté de notre stratégie qu'en dernier ressort la sécurité de Singapour passe avant celle de l'Égypte. Cependant les défenses de Singapour sont encore très en dessous du niveau fixé.
>
> « Il faut bien sûr prendre des risques à la guerre, mais ils doivent être des risques calculés. Nous ne devons pas commettre l'erreur de rogner sur la sécurité de points vitaux [1]. »

Churchill fut très contrarié par ce document car il s'opposait à son intention de prendre l'offensive contre Rommel et contre son rêve de remporter rapidement une victoire décisive en Afrique du Nord. « L'application des termes de ce document aurait entraîné un retour complet à la défensive [...] Plus rien ne permettrait de prendre l'initiative. » En réponse, il écrivit avec vivacité :

> « Je crois comprendre que vous seriez prêt à accepter la perte de l'Égypte et de la vallée du Nil, de même que la capitulation ou la destruction de l'armée d'un demi-million d'hommes que nous avons concentrés là-bas, plutôt que la perte de Singapour. Je ne suis pas de cet avis et je ne crois pas non plus que l'alternative se présentera [...] Si le Japon entrait dans la guerre, les États-Unis se rangeraient selon toute probabilité à nos côtés, et, en tout cas, le

1. Churchill : *The Second World War*, vol. III, p. 375.

Japon n'assiégerait vraisemblablement pas Singapour dès le début des hostilités, car cette opération serait bien plus dangereuse pour lui et bien moins nuisible pour nous que l'envoi de ses croiseurs et de ses cuirassés sur les routes maritimes de l'Orient [1]. »

Il est clair que Churchill, dans son exaspération, déformait les arguments de Dill. Il n'était pas question d'affaiblir la défense de l'Égypte, mais simplement de remettre à plus tard l'offensive qui lui tenait à cœur et sur laquelle Churchill fondait des espoirs exagérés. Finalement l'offensive de juin en Afrique du Nord se révéla un fiasco et l'offensive de novembre, avec l'aide de gros renforts supplémentaires, ne parvint pas à remporter un résultat décisif. La réponse de Churchill au maréchal Dill montrait également à quel point Churchill se trompait dans l'estimation du risque couru par Singapour. Il est stupéfiant qu'il ait pu déclarer rétrospectivement :

« J'ai connu de nombreux gouvernements qui auraient cédé devant un avertissement aussi grave de la plus haute autorité professionnelle, mais je n'eus aucune difficulté à convaincre mes collègues politiques et je reçus bien entendu l'appui des responsables de la Marine et de l'Aviation. Mon opinion l'emporta donc et le flot des renforts continua de se déverser au Moyen-Orient sans aucune diminution. »

Au mois de juillet, le président Roosevelt envoya son conseiller privé, Harry Hopkins, en mission à Londres pour y exprimer ses appréhensions quant à la sagesse de cette politique et donner un avertissement au sujet des risques, pour les autres régions du monde, qu'il y avait « à essayer d'en faire trop » au Moyen-Orient. Les experts militaires et navals américains appuyèrent cet avertissement et exprimèrent l'opinion que Singapour devrait avoir une priorité sur l'Égypte.

Aucun de ces arguments n'ébranla Churchill : « Il n'était pas question pour moi de tolérer l'abandon de la lutte en Égypte et j'étais résigné à payer le prix qu'il faudrait en Malaisie. » Mais il n'était pas très inquiet de ce côté-là. Il admit franchement : « Je reconnais que, dans mon esprit, toute la menace japonaise baignait dans une sinistre pénombre, par rapport à nos autres besoins. » Il est clair que le responsable principal du non renforcement des défenses de la Malaisie fut Churchill lui-même et que cette attitude fut motivée par son insistance à vouloir une offensive prématurée en Afrique du Nord.

Les conséquences stratégiques immédiates de la perte de Singapour furent désastreuses car elle fut rapidement suivie de la conquête de la Birmanie et des Indes néerlandaises, une avance dont les deux fourches amenèrent les Japonais à proximité menaçante de l'Inde d'un côté, et de l'Australie de

1. Churchill : *The Second World War*, vol. III, p. 376.

l'autre. Près de quatre années d'une guerre ruineuse s'écoulèrent avant que Singapour puisse être récupérée à la suite de l'effondrement final du Japon du fait de son épuisement et du choc causé par la bombe atomique.

Mais les conséquences plus vastes et à plus long terme de la chute initiale de Singapour furent irréparables. Singapour avait été un symbole, le symbole éminent de la puissance occidentale en Extrême-Orient, car cette puissance avait été édifiée et longtemps garantie par la puissance navale britannique. Un tel accent avait été mis depuis la Première Guerre mondiale sur la création d'une grande base navale à Singapour, que son importance symbolique en était arrivée à dépasser sa valeur stratégique. Sa prise facile par les Japonais, en février 1942, ébranla le prestige de la Grande-Bretagne et de l'Europe en Asie.

Aucun retour tardif ne pouvait effacer cette impression. L'homme blanc avait perdu son ascendant avec l'échec de sa magie. La compréhension de sa vulnérabilité engendra et encouragea la vague de révolte asiatique de l'après-guerre contre la domination ou l'intrusion des Européens.

La chute de la Birmanie

La perte de la Birmanie par l'Angleterre fut une conséquence précoce de la chute de la Malaisie et permit aux Japonais d'achever leur mainmise sur les portes occidentales de la Chine et du Pacifique, complétant ainsi la grande barrière défensive prévue par leurs plans stratégiques. Bien qu'elle fût une suite, la campagne de Birmanie fut une opération indépendante, confiée à la XVe armée sous les ordres du général S. Iida.

Cette « armée » ne comprenait que 2 divisions, et, même avec ses troupes d'appui, n'atteignait qu'un effectif global de 35 000 hommes. Sa tâche était d'occuper la Thaïlande, y compris la plus grande partie de l'isthme de Kra, et de protéger les arrières de la XXVe armée pendant que celle-ci s'enfonçait vers le sud de la Malaisie à partir des points de débarquements de la région de Singapour. La XVe armée devait ensuite exécuter sa propre mission et envahir la Birmanie, avec comme objectif immédiat Rangoon, la capitale.

Le fait de confier une entreprise d'une telle ampleur à des forces aussi réduites était justifié par la médiocrité, à la fois quantitative et qualitative, des forces défendant la Birmanie. Initialement, celles-ci consistaient en un peu plus d'1 division, composée principalement d'unités birmanes récemment levées, organisées autour d'un noyau de 2 bataillons britanniques et 1 brigade indienne. Une seconde brigade indienne, était en route, pour fournir des réserves générales. Lorsque la crise s'ouvrit, la plupart des renforts disponibles furent envoyés en Malaisie, trop tard pour sauver Singapour, et ce n'est qu'à la fin janvier que la 17e division indienne, incomplète et mal entraînée, commença d'arriver en Birmanie, comme premier élément des renforts plus substantiels qui avaient été promis. La défense aérienne était dans une situation encore plus mauvaise puisque 37 appareils seulement étaient initialement disponibles pour faire face à 100 avions japonais, dont le nombre fut doublé par l'arrivée d'une nouvelle brigade aérienne après la chute de Manille, au début de janvier.

L'invasion japonaise de la Birmanie avait débuté dès la mi-décembre, avec l'arrivée d'un détachement de la XVe armée à Tenasserim, dans la partie occidentale ou birmane de l'isthme de Kra, pour s'emparer des 3 aérodromes clés qui se trouvaient là et empêcher ainsi l'arrivée de renforts aériens britanniques en Malaisie. Les 23 et 25 décembre, Rangoon subit de violentes attaques aériennes qui provoquèrent la fuite massive des travailleurs indiens, bloquant les routes et abandonnant les ouvrages de défense. Le 20 janvier, l'attaque directe commença par une avance sur Moulmein à partir de la Thaïlande. La ville fut occupée le 31, après des combats rudes mais confus, au cours desquels les défenseurs, qui avaient le dos à l'estuaire de la Salouen, n'échappèrent que de justesse au désastre et à la captivité.

A la fin décembre, Wavell avait envoyé son chef d'état-major général en Inde, le général T. J. Hutton, prendre le commandement en Birmanie et celui-ci avait placé à son tour les diverses troupes défendant Moulmein et les abords de Rangoon sous les ordres du général J. G. Smyth, commandant la 1re division indienne récemment arrivée.

Après la chute de Moulmein, les Japonais poussèrent au nord-ouest et s'emparèrent de points de traversée de la Salouen, près de Moulmein, et quelque 40 kilomètres en amont, au cours de la première quinzaine de février. Smyth avait préconisé avec insistance un repli sur une position où il put concentrer ses forces, mais il ne reçut l'autorisation de se replier qu'à une date trop tardive pour lui permettre d'organiser la défense sur la rivière Bilin, qui était, par ailleurs, étroite et guéable en plusieurs points. Cette position fut bientôt contournée. Alors commença une course contre la montre pour ramener les troupes sur la rivière Sittang, large de 1,5 km et située quelque 50 kilomètres en arrière (à 110 kilomères de Rangoon). Grâce au départ retardé des Britanniques, les Japonais purent arriver avant eux, malgré la difficulté de leurs mouvements tournants sur des pistes de jungle, et ils firent sauter le pont vital sur la Sittang aux premières heures du 23 février, laissant ainsi la plus grande partie des troupes de Smyth sur la rive orientale. Moins de 3 500 hommes parvinrent à revenir, par des chemins détournés, et, sur ce total, moins de la moitié avaient conservé leurs fusils. Le 4 mars, exploitant leur avantage, les Japonais atteignirent et encerclèrent Pegu, un carrefour ferroviaire et routier, où les restes des troupes de Smyth et quelques renforts se rassemblèrent.

Le lendemain, le général Sir Harold Alexander arriva pour remplacer le général Hutton au commandement de la Birmanie. Dans les circonstances, cette décision de Churchill était tout à fait naturelle, d'autant plus que l'effondrement rapide de la défense avait été totalement imprévu en tout lieu. Mais elle était injuste envers « Tom » Hutton qui n'avait pas seulement exprimé des doutes quant à la possibilité de tenir Rangoon, mais aussi fait preuve d'une sage clairvoyance en envoyant des ravitaillements dans la zone de Mandalay, quelque 650 kilomètres au nord de Rangoon, tout en hâtant la construction d'une route de montagne partant de l'État de Manipur, en Inde, pour relier Mandalay et la Route de Birmanie vers Tchoungking. Au cours de cette période, comme auparavant, l'opinion de Londres était très influencée par les déclarations de Wavell disant que l'habileté des Japonais était surestimée, et n'était qu'un mythe qui ne résisterait pas à une action énergique.

Dès son arrivée, Alexander insista sur le fait que Rangoon devait être tenue, et il donna l'ordre de lancer une offensive pour rétablir la situation. Mais celle-ci ne fit guère de progrès, malgré l'action vigoureuse de la 7e brigade blindée nouvellement arrivée, avec quelques renforts d'infanterie. Aussi Alexander se rangea-t-il bientôt à l'avis de Hutton, et ordonna, dans l'après-midi du 6 mars, l'évacuation de Rangoon, après des travaux de démolition qui eurent lieu le lendemain après-midi. Si bien que le 8, les Japonais, très surpris, entrèrent dans une ville déserte. Les défenseurs avaient eu la chance, pour s'échapper vers le nord par la route de Prome, de trouver une brèche dans l'encerclement japonais.

Il y eut ensuite une pause momentanée, au cours de laquelle les Japonais reçurent le renfort de 2 nouvelles divisions, la 18e et la 56e, ainsi que 2 régiments de chars, tandis que leur aviation était doublée, atteignant un total de plus de 400 appareils. Les Anglais reçurent de bien plus maigres renforts. Dans les airs, leurs 3 escadrilles de chasse incomplètes et les 2 escadrilles de l'American Volunteer Group (prêtées par le généralissime Tchang Kaï-chek) alignant initialement un total de seulement 44 Hurricane et Tomahawk, étaient parvenues à repousser des raids aériens japonais sur Rangoon, tout en infligeant aux attaquants de lourdes pertes disproportionnées. Mais, avec l'abandon de Rangoon, la plupart des appareils britanniques furent repliés en Inde, où un premier renfort de 150 avions (bombardiers et chasseurs) arriva du Moyen-Orient à la fin mars. La perte de Rangoon avait disloqué le système d'alerte avancé, si bien que les appareils britanniques restants furent incapables, comme plus tôt en Malaisie, d'opposer une résistance efficace aux Japonais.

Début avril, la XVe armée japonaise renforcée fit mouvement vers le nord, le long de l'Irraouaddi, en direction de Mandalay, dans l'intention de couper et d'interdire la Route de Birmanie vers la Chine. Les Anglais, maintenant au nombre de quelque 60 000, tenaient une ligne est-ouest de 240 kilomètres au sud de Mandalay, assistés par les forces chinoises sur leur flanc est. Mais les Japonais contournèrent audacieusement leur flanc ouest, encerclant ses défenseurs et s'emparant à la mi-avril des puits de pétrole de Yenangyaung. Le général américain Joseph Stilwell, qui était le bras droit de Tchang Kaï-Chek, mit au point un plan prévoyant de laisser les Japonais remonter la rivière Sittang puis de les prendre au piège par un mouvement de tenaille; mais ce plan fut devancé et annulé par un plus vaste mouvement japonais, contournant le flanc est en direction de Lashio et de la Route de Birmanie.

Un reflux rapide se déclencha sur ce flanc et il apparut bientôt que ni Lashio, ni la route de ravitaillement vers la Chine ne pour raientêtre préservées.

Alexander décida alors sagement de ne pas résister à Mandalay, comme les Japonais espéraient qu'il le ferait, mais de se replier en direction de la frontière indienne. La longue retraite de plus de 350 kilomètres commença le 26 avril, protégée par une arrière-garde, et le pont d'Ava, sur l'Irraouaddi, sauta le 30, le jour où les Japonais atteignaient Lashio.

Le principal problème était maintenant d'atteindre la frontière indienne et l'Assam avant que la mousson ne commencât, à la mi-mai, inondant les routes et faisant déborder les rivières qu'il fallait traverser. Les Japonais se précipitèrent le long de la rivière Chindwin pour intercepter la retraite britannique, mais l'arrière-garde anglaise parvint à passer en prenant un chemin détourné et arriva à Tammu une semaine avant le début de la mousson. Les Anglais perdirent une grande partie de leur matériel, en particulier tous les chars, dans la bousculade finale, mais la majorité des troupes fut sauvée. Cependant leurs pertes au cours de la campagne de Birmanie furent trois fois plus élevées que celles des Japonais : 13 500 hommes contre 4 500. Si les forces de Birmanie purent s'échapper, au terme de leur retraite de 1 600 kilomètres, ce fut dans une large mesure grâce aux interventions répétées des chars de la 7e brigade blindée, et au sang-froid avec lequel la retraite fut conduite après que la décision d'abandonner Rangoon eut été prise.

Ceylan et l'océan Indien

Pendant qu'en Birmanie l'armée japonaise avançait, d'une manière apparemment irrésistible, de Rangoon jusqu'à Mandalay, les Britanniques connaissaient une autre cause d'alarme du fait de l'entrée de la marine japonaise dans l'Océan Indien. En effet, la grande île de Ceylan, au large de l'extrémité sud-est de l'Inde, était considérée comme vitale par les Anglais car elle représentait un tremplin potentiel pour la marine japonaise, à partir duquel celle-ci pourrait menacer la route de ravitaillement anglaise pour le Moyen-Orient passant par le cap de Bonne-Espérance et l'Afrique du Sud, de même que ses autres routes maritimes à destination de l'Inde et de l'Australie. Le caoutchouc cingalais était également devenu très important pour la Grande-Bretagne depuis la perte de la Malaisie.

Wavell fut informé par les chefs d'état-major britanniques que la préservation de Ceylan était plus essentielle que celle de Calcutta. Pour cette raison, pas moins de 6 brigades furent employées à la garde de Ceylan, à une époque où les forces de Birmanie étaient tangiblement insuffisantes et celles de l'Inde dangereusement faibles. De plus, une nouvelle force navale fut rassemblée dans ce secteur au mois de mars, sous le commandement de l'amiral Sir James Somerville, elle comprenait 5 cuirassés (dont 4 étaient vieux et démodés) et 3 porte-avions, dont l'un (le *Hermes*) était à la fois vieux et petit.

A la même époque, les Japonais préparaient une offensive dans l'Océan Indien, en partant de Célèbes, avec une formation plus puissante comprenant 5 porte-avions (ceux qui avaient été utilisés dans l'attaque de Pearl Harbor) et 4 cuirassés. A l'arrivée de cette nouvelle, les chances de préserver Ceylan semblaient faibles. Mais la menace n'était pas aussi grave ni aussi réelle qu'il y paraissait, car l'offensive navale japonaise avait un objectif essentiellement défensif. Les Japonais n'avaient pas de troupes disponibles pour réaliser une invasion de Ceylan. Leur but était de disperser les forces navales anglaises qui se rassemblaient dans le secteur et de protéger leurs propres renforts en route vers Rangoon par la mer.

S'attendant à une attaque le 1er avril, Somerville avait divisé ses forces en deux parties, la partie la plus rapide et la plus efficace, la Force A, effectuant des patrouilles avant d'être envoyée se ravitailler sur l'atoll Addu, une nouvelle base secrète dans les îles Maldives, quelque 950 kilomètres au sud-ouest de Ceylan. L'attaque japonaise se déclencha en réalité le 5 avril. Plus d'une centaine d'avions attaquèrent le port de Colombo, infligeant de lourds dégâts et repoussant les contre-attaques aériennes. Une nouvelle attaque eut lieu dans l'après-midi, exécutée par 50 bombardiers qui coulèrent deux croiseurs britanniques. Les deux parties de la force de Somerville, voyant qu'il était trop tard pour intervenir, se replièrent alors, les cuirassés les plus anciens vers l'Afrique orientale et les éléments les plus rapides vers Bombay. Mais, après une attaque réussie le 9 sur Trincomalee, la flotte japonaise se retira, son détachement envoyé contre les navires de commerce ayant entre-temps coulé 23 navires (112 000 tonnes) dans la baie du Bengale.

C'était une nouvelle défaite humiliante pour la puissance navale britannique, mais, heureusement, les choses s'arrêtèrent là. En fait, si les Anglais n'avaient pas provoqué cette offensive en essayant de constituer à Ceylan une force navale d'un genre visiblement archaïque, les Japonais n'auraient probablement pas attaqué Ceylan qui n'était pas dans les limites qu'ils s'étaient fixées.

Une autre suite de cette opération entraîna une nouvelle tension dans les relations franco-britanniques et une dispersion de force. Il s'agit de l'envoi d'une expédition combinée militaire et navale britannique pour s'emparer du port de Diego Suarez, au nord de Madagascar, afin de prévenir une éventuelle occupation japonaise. Cette mesure assez coûteuse fut prise en mai et suivie en septembre d'une plus vaste opération destinée à prendre le contrôle de l'île. Comme dans le cas de l'attaque de la flotte française à Mers El-Kébir en 1940, la peur se révéla à long terme mauvaise conseillère.

CINQUIÈME PARTIE

Le flot tourne

1942

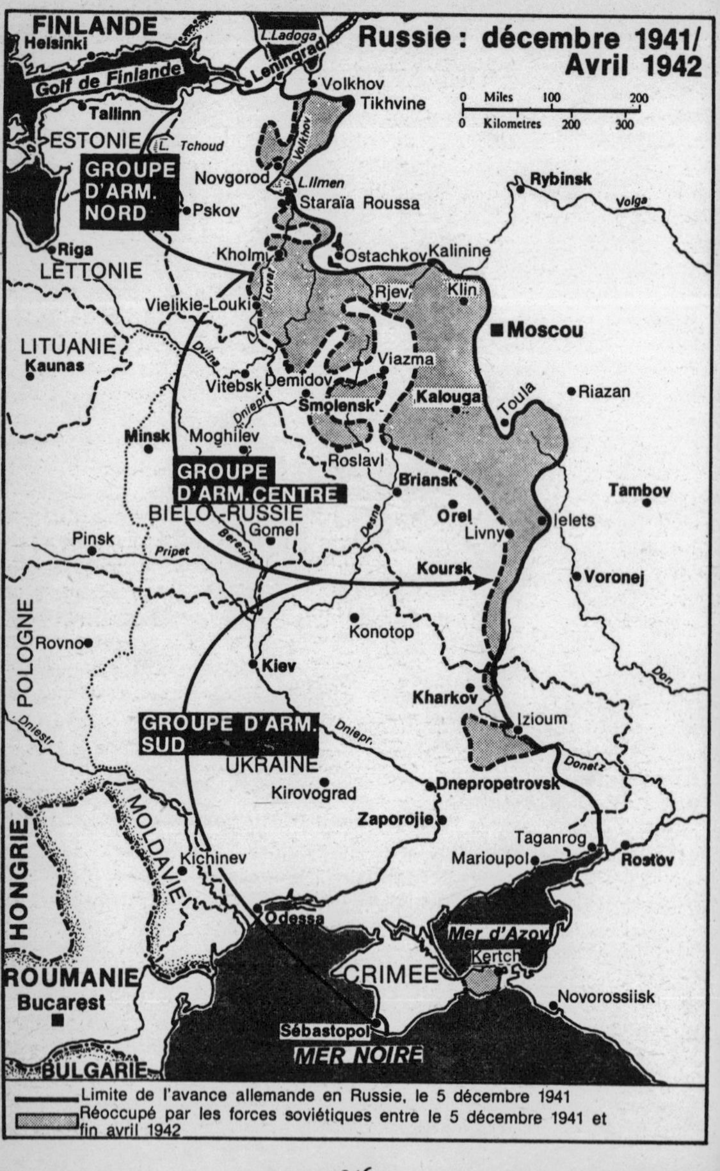
Russie : décembre 1941/
Avril 1942
0 Miles 100 200
0 Kilometres 200 300
FINLANDE
Helsinki
Golf de Finlande
L.Ladoga
Leningrad
Volkhov
Tikhvine
Tallinn
ESTONIE
L. Tchoud
Volkhov
GROUPE D'ARM. NORD
Novgorod
L.Ilmen
Staraïa Roussa
Pskov
Rybinsk
Volga
Riga
LETTONIE
Kholm
Ostachkov
Kalinine
Lovat
Rjev
Klin
Vielikie-Louki
Moscou
LITUANIE
Kaunas
Dvina
Viazma
Vitebsk
Demidov
Kalouga
Toula
Riazan
Dniepr
Smolensk
Minsk
Moghilev
Roslavl
GROUPE D'ARM. CENTRE
Briansk
Tambov
BIELO-RUSSIE
Orel
Ielets
Gomel
Livny
Desna
Pinsk
Pripet
Beresina
Koursk
Voronej
POLOGNE
Konotop
Rovno
Kiev
Don
Kharkov
Dniestr
GROUPE D'ARM. SUD
Dniepr.
Izioum
UKRAINE
Donetz
Kirovograd
Dnepropetrovsk
Zaporojie
HONGRIE
MOLDAVIE
Taganrog
Kichinev
Marioupol
Rostov
Odessa
Mer d'Azov
Kertch
ROUMANIE
CRIMEE
Novorossiisk
Bucarest
Sébastopol
MER NOIRE
BULGARIE
Limite de l'avance allemande en Russie, le 5 décembre 1941
Réoccupé par les forces soviétiques entre le 5 décembre 1941 et fin avril 1942

18.
Le flot tourne en Russie

En 1940, les Allemands avaient commencé leur campagne le 9 avril, en se précipitant sur la Norvège et le Danemark. En 1941, ils l'avaient commencée le 6 avril, avec leur offensive dans les Balkans. Mais en 1942 le début de la campagne ne fut pas aussi précoce. C'était la preuve des effets épuisants pour les Allemands de leur vaine tentative de 1941 pour remporter une victoire rapide sur l'Union soviétique, et des proportions dans lesquelles leur effort offensif avait été absorbé par cette action. Car si les conditions météorologiques n'étaient pas favorables à une offensive de printemps précoce sur le front russe, il n'en était pas de même pour une offensive contre les extrémités orientales ou occidentales de la fragile position anglaise en Méditerranée. Cependant aucune nouvelle menace ne se manifesta dans cette zone clef des communications extérieures britanniques.

Sur le théâtre d'opérations russes, la contre-offensive hivernale de l'Armée Rouge se poursuivit pendant plus de trois mois, après son déclenchement, en décembre, mais ses progrès allèrent en diminuant. Au mois de mars, elle avait avancé de plus de 240 kilomètres dans certains secteurs. Mais les Allemands maintinrent leur emprise sur les principaux bastions de leur front hivernal (des villes comme Schlüsselburg, Novgorod, Rjev Viazma, Briansk, Orel, Kharkov et Taganrog) malgré le fait que les Russes étaient parvenus à une bonne distance derrière la plupart de ces villes en progressant dans l'espace qui les séparaient.

Ces villes bastions représentaient de formidables obstacles d'un point de vue tactique; stratégiquement, elles avaient tendance à dominer la situation, car elles étaient des points de convergence dans le réseau épars de communications. Si les garnisons allemandes ne pouvaient pas empêcher les infiltrations dans les vastes espaces qui s'étendaient entre elles, le blocage des voies de communications gênait et limitait l'exploitation de toute pénétration aussi longtemps que des positions demeuraient intactes. Si bien qu'elles jouèrent, sur une plus vaste échelle, le rôle de frein que les forts français de la Ligne Maginot devaient jouer, et auraient effectivement joué si la ligne de forts de la frontière française ne s'était pas arrêtée à mi-chemin en laissant largement la place aux Allemands pour la contourner.

Comme l'Armée rouge ne parvint pas à miner suffisamment ces positions pour provoquer leur effondrement, les avances profondes qu'elle réalisa entre elles eurent par la suite tendance à tourner à son désavantage. En effet, les saillants qu'elle créa étaient naturellement moins faciles à défendre que des villes bastions et ils absorbèrent pour leur défense une quantité excessive de troupes alors qu'ils pouvaient aisément être isolés par des attaques de flanc à partir des bastions allemands servant de tremplins.

Au printemps 1942, le front de Russie était devenu si profondément dentelé qu'il en arrivait presque à ressembler à la côte norvégienne, avec ses fjords pénétrant loin dans les terres. La façon dont les Allemands avaient été capables de se maintenir dans les « péninsules » était une preuve remarquable de la puissance de la défensive moderne lorsque celle-ci était menée avec habileté et ténacité, et équipée des armements adéquats. Cette leçon allait même plus loin que celle de la défense russe en 1941, pour réfuter les déductions superficielles tirées des rapides succès remportés à un stade antérieur de la guerre par des offensives rencontrant une faible opposition, parce que l'attaquant possédait une supériorité décisive en matière d'armement ou bien trouvait en face de lui des défenses mal entraînées et désorientées. Elle était la répétition, sur une bien plus vaste échelle, de l'histoire du saillant de Saint-Mihiel au cours de la Première Guerre mondiale, et apportait la démonstration qui avait été amorcée par les quatre années de résistance de ce saillant théoriquement indéfendable. L'expérience de la campagne d'hiver de 1941 tendait également à confirmer ce témoignage à plus long terme de l'histoire selon lequel l'effet de coïncidence est avant tout psychologique et le danger est à son maximum dans les premiers stades, diminuant ensuite si le choc brutal ressenti à son apparition par les troupes partiellement encerclées n'entraîne pas un effondrement immédiat.

Il est clair, rétrospectivement, que l'interdiction par Hitler de tout repli important eut pour effet de restaurer la confiance des troupes allemandes et leur évita probablement un effondrement grave, tandis que son insistance sur le système de défense « en hérisson » apporta aux Allemands d'importants avantages au début de la campagne de 1942.

Néanmoins, ils payèrent indirectement un prix élevé pour cette défense rigide. Son succès donna à penser qu'elle pouvait être rejetée avec le même succès dans les conditions moins favorables des hivers suivants. Un handicap plus immédiat fut la fatigue éprouvante à laquelle leur aviation fut soumise pour continuer le ravitaillement aérien, dans les conditions hivernales, des garnisons de ces bastions plus ou moins isolés. Du fait du mauvais temps, la proportion d'accidents était élevée alors qu'un grand nombre d'appareils devaient être utilisé dans les intervalles de beau temps pour compenser les manques de ravitaillement. Dans certains cas, plus de 300 avions de transport durent être utilisés dans une même journée pour ravitailler un seul corps d'armée. L'effort fourni pour assurer une telle quantité de ravitaillement aérien à toute une série de positions avancées exposées compromit l'organisation du transport aérien de la Luftwaffe, et le retrait d'unités expérimentées, envoyées sur d'autres théâtres d'opérations, réduisit l'efficacité au combat de la Luftwaffe sur le front russe.

La fatigue considérable de cette campagne d'hiver, pour une armée qui n'y avait pas été préparée, eut également de sérieux effets à long terme d'une autre façon. Avant la fin de l'hiver, de nombreuses divisions se trouvèrent réduites à parfois moins d'un tiers de leurs effectifs initiaux. Ceux-ci ne furent jamais reconstitués et il fallut attendre que l'été soit déjà bien commencé pour qu'ils atteignent un niveau suffisant pour permettre de reprendre des opérations actives. De plus, les divisions supplémentaires qui furent levées en Allemagne au cours de l'hiver créèrent un effectif total qui était fondamentalement fictif. En 1942, et par la suite, des divisions qui avaient été presque entièrement détruites au cours de durs combats furent maintenues en existence, par mesure de camouflage, sans que les trous fussent comblés dans leurs rangs. Ces divisions nominales ne comptaient parfois que 2 ou 3 bataillons.

Hitler avait été informé par ses généraux qu'un supplément de 800 000 hommes était nécessaire si l'offensive devait être reprise en 1942. Albert Speer, le ministre de l'Armement, dit qu'il n'était pas possible de se passer d'un si grand nombre d'hommes dans les usines.

Finalement on combla le déficit par un changement radical d'organisation. Les divisions d'infanterie furent réorganisées sur la base de 7 bataillons au lieu de 9. L'effectif de combat de la compagnie d'infanterie fut fixé à 80 hommes au maximum, au lieu de 180 auparavant. Cette réduction avait un double motif : on s'aperçut qu'avec la perte des officiers confirmés, les officiers plus jeunes qui les remplaçaient à la tête des compagnies avaient tendance à perdre le contrôle des compagnies de l'ancienne taille, de même qu'on s'aperçut également que les compagnies plus importantes subissaient de plus lourdes pertes sans changer grand-chose aux résultats.

La réduction simultanée du nombre de bataillons et du nombre d'hommes vida de son sens, au cours des années suivantes, la tendance des services de Renseignements allié à continuer de tenir compte du nombre de divisions allemandes comme si elles avaient la même taille que les leurs. Il aurait été plus exact de compter 2 divisions allemandes comme l'équivalent d'1 division anglaise ou américaine. Et cette proportion même cessa d'être vraie à la fin de l'été 1944, quand peu de divisions approchèrent en réalité de leurs effectifs réduits théoriques.

La campagne de 1942 vit également une augmentation du nombre de chars allemands qui était plus superficielle que réelle. Deux nouvelles divisions blindées furent formées au cours de l'hiver, en partie par la conversion de la division de cavalerie à cheval qui avait été conservée jusque-là, seulement pour découvrir qu'elle était d'une valeur négligeable. Les divisions d'infanterie motorisée reçurent quelques chars supplémentaires, mais à peine la moitié des 20 divisions blindées existantes virent leurs effectifs de chars reconstitués.

Donc, en résumé, le bilan de l'armée allemande présentait une base précaire pour la poursuite de l'offensive. En dépit des plus grands efforts, les Allemands purent à peine reconstituer leurs effectifs antérieurs et, encore, ce fut au prix de prélèvements de plus en plus importants sur les forces de leurs alliés, qui étaient d'une qualité inférieure aux leurs. Ils ne disposaient d'aucune marge pour faire face aux pertes d'une nouvelle campagne difficile. L'impossibilité de développer leurs deux principaux atouts offensifs, l'aviation et les blindés, dans les proportions nécessaires pour avoir une supériorité indiscutée, représentait un handicap encore plus grand [1]. L'État-Major général allemand se rendait compte des aspects défavorables de la situation, mais ses chefs n'avaient qu'une influence restreinte sur les décisions de Hitler. La pression de Hitler était trop forte pour eux, et la pression des événements était trop forte pour Hitler. Il était obligé d'aller sans cesse de l'avant.

Le problème de la reprise de l'offensive en 1942 était en discussion, en novembre 1941, avant même l'effort final pour s'emparer de Moscou. Rundstedt s'est vanté non seulement de s'être élevé au cours de ces discussions en faveur d'un passage sur la défensive mais aussi d'avoir conseillé un repli sur la ligne de départ en Pologne. Leeb est supposé avoir été d'accord. Si les autres généraux ne se firent pas les avocats d'un changement de politique aussi radical, la plupart d'entre eux étaient de plus en plus inquiets de savoir où la campagne de Russie les entraînait et montraient peu d'enthousiasme pour la reprise de l'offensive. L'échec de l'attaque de Moscou en décembre et les épreuves de l'hiver renforcèrent leurs doutes.

Le poids de l'opposition militaire fut affaibli par les changements qui intervinrent dans les divers hauts commandements, à la suite de l'avortement de la campagne de 1941. Rundstedt avait demandé et été autorisé à démissionner à la fin novembre, après que Hitler eut rejeté sa proposition d'interrompre la progression méridionale vers le Caucase et de se replier sur une ligne de défense hivernale le long de la rivière Mius. Lui au moins fut relativement favorisé quant au moment et aux modalités de son départ. Lorsque l'échec de toute la campagne fut devenu clair aux yeux du monde, le départ de Brauchitsch, le 19 décembre, fut annoncé publiquement dans des termes qui impliquaient qu'il était le responsable de ce échec. Cette façon de procéder répondait au double but de Hitler de trouver un bouc

1. Ces inconvénients pouvaient être aperçus, même par de lointains observateurs occidentaux. Dans un commentaire écrit en mars 1942, j'arrivais à la conclusion qu'il « serait raisonnable de s'attendre cet été non seulement à une répétition des échecs allemands de l'automne dernier, mais à un net changement d'orientation dans la tournure des événements. »

émissaire et d'ouvrir la voie à une prise de contrôle direct de l'armée. Bock, le trop zélé partisan de la dernière tentative de Hitler pour s'emparer de Moscou, s'était fait porter malade à la mi-décembre; il souffrait d'une maladie d'estomac causée par l'inquiétude et la fatigue, sa démission fut acceptée le 20 décembre. Leeb restait pour l'instant en place et il était moins facile de lui faire porter le blâme, pour ne pas s'être emparé de Leningrad, puisque son attaque prévue sur cette ville avait été annulée sur l'ordre personnel de Hitler juste au moment où elle allait être déclenchée, par crainte des pertes que pourraient entraîner les combats de rues. Mais lorsque Leeb s'aperçut que rien ne pouvait convaincre Hitler de se retirer du saillant de Demiansk, il demanda à être relevé de son commandement.

La disparition de Brauchitsch et des chefs initiaux des trois groupes d'armées diminua l'influence modératrice de Halder, le chef d'État-Major général. L'ascendant de Hitler fut également accentué par la tendance naturelle des successeurs à ravaler leurs doutes et à être plus souples devant les désirs du Führer. Hitler avait très bien compris les effets d'une promotion sur le jugement et l'obéissance d'un homme. L'ambition professionnelle résiste rarement à ce genre de tentation.

Rundstedt fut remplacé par Reichenau; Bock par Kulge; et Leeb, plus tard, par Küchler. Le départ de Bock du commandement du Groupe d'armées Centre était dû à une maladie temporaire et, lorsque Reichenau mourut subitement d'une crise cardiaque, en janvier, Bock fut rappelé pour lui succéder. Il fut cependant écarté finalement en juillet, quand les Forces sud furent réorganisées, pendant l'offensive d'été. Lors de cette réorganisation, un « Groupe d'armées A » fut spécialement créé, à partir du Groupe d'armées Sud, en vue de l'avance sur le Caucase, et son commandement fut confié au maréchal List. Le reste du Groupe d'armées Sud fut alors rebaptisé « Groupe d'armées B », d'abord sous les ordres de Bock, puis sous ceux de Weichs.

Le plan d'une nouvelle grande offensive cristallisa dans les premiers mois de 1942. La décision de Hitler fut influencée par les pressions exercées par ses experts économistes. Ils lui représentèrent que l'Allemagne ne pourrait pas continuer la guerre si elle ne se procurait pas un ravitaillement pétrolier dans le Caucase, ainsi que du blé et des minerais. Cette opinion était erronée ainsi que les faits le montrèrent puisque l'Allemagne ne réussit pas à s'emparer du pétrole caucasien et parvint cependant à continuer la guerre pendant trois autres années. Mais Hitler était d'autant plus réceptif à ce genre d'arguments qu'ils coïncidaient avec son propre désir instinctif de prendre une initiative positive et offensive. L'idée d'un repli lui répugnait quels que fussent le soulagement et les avantages potentiels qu'il pouvait apporter. Puisqu'il se refusait à faire ce pas en arrière, il ne voyait pas ce qu'il pouvait faire d'autre que d'avancer à nouveau.

Cet instinct le rendit aveugle aux faits désagréables. Par exemple, le service de Renseignements allemand apprit que 600 à 700 chars étaient produits chaque mois dans les usines soviétiques de l'Oural et d'ailleurs. Mais lorsque

Halder lui apporta cette information, il frappa sur la table et déclara qu'un tel taux de production était impossible. Il refusait de croire ce qu'il ne voulait pas croire.

Il fut cependant contraint de reconnaître les limites des ressources allemandes, jusqu'au point d'admettre la nécessité de limiter l'envergure de sa nouvelle offensive. Conformément à ce qui avait été décidé au début du printemps, elle devait se poursuivre sur les deux ailes mais pas sur toute l'étendue du front.

L'effort principal devait porter sur l'aile sud, près de la mer Noire. Il prendrait la forme d'une progression par le corridor s'étendant entre le Don et le Donetz. Après avoir atteint et traversé le cours inférieur du Don, entre sa boucle vers le sud et son embouchure sur la mer Noire, la progression devait prendre vers le sud, en direction des gisements de pétrole du Caucase, tout en s'étendant vers l'est en direction de Stalingrad, sur la Volga.

En formulant ce double objectif, Hitler caressait initialement l'idée que la prise de Stalingrad ouvrirait la voie à un mouvement tournant vers le nord pour prendre à revers les armées soviétiques qui gardaient Moscou, tandis que dans son entourage on parlait même d'une avance jusqu'à l'Oural. Mais, après de longues discussions, Halder parvint à le convaincre que ce projet était irréalisable et l'objectif fixé fut de ne continuer l'avance au-delà de Stalingrad que dans la limite nécessaire à la sécurité tactique de ce point clef stratégique. De plus, la prise de Stalingrad était maintenant définie comme un moyen d'assurer la couverture stratégique du flanc de l'avance vers le Caucase. En effet, Stalingrad se trouvait sur la Volga, commandant le pont de terre s'étendant entre ce fleuve et le Don, et, en tant que centre de communications, elle constituait le bouchon potentiel de cet étranglement.

Le plan de Hitler pour 1942 comprenait également une offensive secondaire pour s'emparer de Leningrad dans le courant de l'été. A part la notion de prestige, ce mouvement septentrional était considéré comme important dans la mesure où il permettrait d'assurer les communications terrestres avec la Finlande et de mettre un terme à son isolement.

Sur le reste du front russe, les armées allemandes devaient rester sur la défensive, en se contentant d'améliorer leurs positions fortifiées. En bref, l'offensive allemande de 1942 devait être limitée aux deux ailes. Cette restriction montrait à quel point les réserves allemandes commençaient de s'épuiser D'ailleurs, l'avance projetée à l'aile sud n'était rendue possible que par un prélèvement plus important sur les troupes des alliés de l'Allemagne, destiné à fournir l'essentiel de la couverture d'arrière-garde chargée de protéger les flancs de l'avance au fur et à mesure de sa progression.

Cette idée d'une avance profonde à une aile, sans exercer de pression simultanée sur le centre de l'ennemi, était contraire aux canons de la stratégie qui avaient été inculqués aux généraux allemands depuis leur jeunesse. Elle leur semblait d'autant plus dangereuse qu'il lui faudrait passer entre les principales armées russes et la mer Noire. Ils se sentaient encore plus inquiets à l'idée que la protection de leur flanc terrestre dépendrait dans une

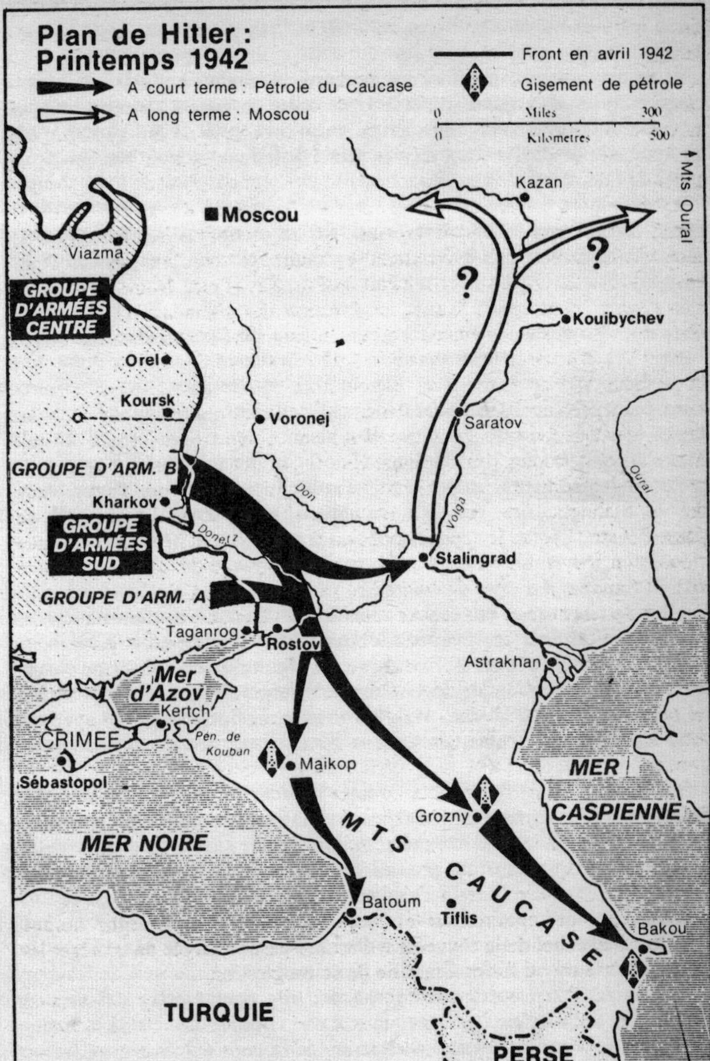
Plan de Hitler : Printemps 1942
A court terme : Pétrole du Caucase
A long terme : Moscou
Front en avril 1942
Gisement de pétrole
0 Miles 300
0 Kilometres 500
Mts Oural
Kazan
Moscou
Viazma
GROUPE D'ARMÉES CENTRE
Kouibychev
Orel
Koursk
Voronej
Saratov
GROUPE D'ARM. B
Kharkov
Oural
Don
Volga
GROUPE D'ARMÉES SUD
Donetz
Stalingrad
GROUPE D'ARM. A
Taganrog
Rostov
Astrakhan
Mer d'Azov
Kertch
Pén. de Kouban
CRIMEE
Maikop
Sébastopol
MER CASPIENNE
Grozny
MTS CAUCASE
MER NOIRE
Batoum
Tiflis
Bakou
TURQUIE
PERSE

large mesure de troupes roumaines, hongroises et italiennes. Hitler répondit à leurs questions angoissées en utilisant l'argument décisif selon lequel l'Allemagne ne pourrait se maintenir dans la guerre qu'en s'emparant du pétrole du Caucase. Quant au risque d'avoir à confier la protection de leur flanc à des troupes alliées, il déclara que celles-ci seraient chargées de tenir la ligne du Don et celle de la Volga, entre Stalingrad et le Caucase, où la présence de ces fleuves eux mêmes serait déjà d'une grande assistance. La prise de Stalingrad et la garde de ce point clef seraient confiées à des troupes allemandes.

En préliminaire à l'offensive principale sur le continent, les forces allemandes de Crimée déclenchèrent une attaque le 8 mai pour s'emparer de la partie est de la province, la péninsule de Kertch, où les Russes étaient parvenus à les arrêter à l'automne précédent. Une attaque soigneusement préparée, protégée par une forte couverture de bombardiers en piqué, ouvrit une brèche dans les défenses. Les Allemands s'y engouffrèrent puis tournèrent vers le nord, et acculèrent une grande partie des défenseurs contre la côte, où ils furent rapidement contraints de capituler sous les coups des bombardiers en piqué. Le chemin étant libre, les Allemands descendirent le long des 80 kilomètres de la péninsule. Après avoir été arrêtés quelque temps sur le « Fossé Tartare », une ligne de défense historique située à 20 kilomètres de l'extrémité de la péninsule, ils s'emparèrent de la ville de Kertch le 16 mai, évinçant ainsi les Soviétiques de Crimée, à l'exception de la forteresse de Sébastopol, au sud-ouest, qui était isolée depuis longtemps.

Cette attaque avait été conçue dans le but de créer un mouvement de levier pour faciliter la conquête de l'objectif principal, grâce à un bond de l'autre côté du détroit de Kertch, sur la péninsule de Kouban qui constitue l'extrémité occidentale du Caucase. Les forces allemandes devaient être utilisées pour ouvrir la voie. Mais l'offensive principale progressa avec une telle rapidité par la route continentale du Caucase, que ce mouvement de levier devint inutile.

Le facteur le plus favorable à l'avance allemande fut une offensive russe en direction de Kharkov, qui fut lancée le 12 mai contre la VIe armée de Paulus, qui se préparait elle-même à éliminer le saillant russe d'Izioum. C'était un effort prématuré, au-dessus des forces de l'armée soviétique à ce stade de la guerre, face à l'habileté défensive des Allemands. Des buts ambitieux et des espoirs excessifs transparaissaient dans l'Ordre du Jour du maréchal Timochenko qui déclarait : « J'ordonne donc aux troupes de commencer l'offensive décisive. » La prolongation de l'offensive de Kharkov fit le jeu des Allemands en absorbant une trop grande partie des réserves de l'armée russe et en l'exposant ainsi à une risposte mortelle. Les Russes pénétrèrent dans les défenses allemandes de la région de Kharkov puis se déployèrent vers le nord-ouest et le sud-ouest. Sur l'ordre de Hitler, l'offensive prévue contre le saillant d'Ozioum fut avancée d'un jour et l'offensive russe fut arrêtée par une contre-offensive de Bock. Deux armées soviétiques entières et les éléments de deux autres furent mis en pièces, et, à la fin mai, 241 000 soldats de l'Armée rouge partirent en captivité. Il restait peu de réserves disponibles pour faire face aux Allemands lorsqu'ils déclenchèrent eux-mêmes leur grande offensive en juin.

L'offensive allemande était « décalée », à la fois dans l'espace et dans le temps. Elle devait avoir lieu sur tout le front allemand de Russie méridionale qui allait, en oblique, depuis la côte, près de Taganrog et le long du Donetz, jusqu'à Kharkov et Koursk. C'était un front en échelons. Les parties les plus en arrière, sur la gauche, devaient avancer les premières. Les parties les plus avancées, sur la droite, devaient attendre que l'aile gauche soit arrivée à leur niveau avant d'entamer leur progression, mais elles devaient, entre-temps, exercer une pression de flanc qui affaiblirait la résistance rencontrée par l'aile gauche.

Sur la droite se trouvait la XVIIe armée, avec la XIe armée en Crimée. A côté de la XVIIe armée, et plus en arrière, on trouvait la Ire armée de Panzer. A partir du 9 juillet, ces deux armées constituèrent le Groupe d'armées A de List, destiné à envahir le Caucase. A sa gauche figurait le Groupe d'armées B de Bock, comprenant la IVe armée de Panzer, la VIe armée, la IIe armée et la IIe armée hongroise. Les deux armées de Panzer devaient exécuter les poussées décisives, toutes deux réalisées à partir de l'aile arrière allemande contre les positions russes les plus avancées, la Ire armée partant du secteur de Kharkov et la IVe de celui de Koursk. Les armées d'infanterie devaient suivre et les appuyer.

Comme préliminaire immédiat à l'offensive principale, un assaut de siège fut lancé contre la forteresse de Sébastopol, le 7 juin. Il fut l'œuvre de la XIe armée de Manstein. La résistance fut vigoureuse mais les Allemands l'emportèrent finalement grâce à un poids et une habileté supérieurs. Cependant la forteresse, et avec elle toute la Crimée, ne tomba entre leurs mains que le 4 juillet. Les Russes furent donc privés de leur principale base navale sur la mer Noire. Mais leur flotte existait toujours, bien qu'elle se cantonnât en fait dans un rôle passif.

Entre-temps, le déclenchement de cette offensive en Crimée avait été suivi d'une autre attaque importante de diversion, plus près du secteur où l'opération principale se préparait. Le 10 juin, les Allemands exploitèrent la situation du saillant d'Izioum et forcèrent la traversée du Donetz, prenant pied sur la rive nord du fleuve. Après avoir graduellement établi une vaste tête de pont, ils lancèrent à partir de celle-ci, le 22, une puissante attaque blindée vers le nord et atteignirent en deux jours le carrefour de Koupiansk, quelque 70 kilomètres au nord du fleuve. Cela leur permit d'exercer une pression de flanc incomparable pour faciliter l'avance vers l'est de l'offensive principale qui fut déclenchée le 28.

A l'aile gauche de cette offensive principale, de durs combats se déroulèrent pendant plusieurs jours avant que les réserves soviétiques ne vinssent à faire défaut. La IVe armée de Panzer parvint finalement à percer dans le secteur situé entre Koursk et Belgorod. Ensuite la progression se fit rapidement, à travers les 160 kilomètres de plaine, jusqu'au Don, près de Voronej. Ce mouvement semblait annoncer une action directe de l'autre côté du cours supérieur du Don et au-delà de Voronej, coupant la liaison ferroviaire latérale entre Moscou, Stalingrad et le Caucase. En fait, les Allemands n'avaient pas du tout cette intention. Les ordres étaient de s'arrêter sur le fleuve et de le transformer en une position défensive pour protéger la poursuite de l'avance vers le sud-est. La IIe armée hongroise vint relever la IVe armée de Panzer qui se dirigea alors vers le sud-est, le long du corridor s'étendant entre le Don et le Donetz, suivie par la VIe armée qui avait pour mission la reprise de Stalingrad.

Les opérations qui se déroulaient à l'aile gauche avaient tendance à masquer la menace qui se développait à l'aile droite. Pendant que l'attention était attirée par l'avance partie de Koursk en direction de Voronej, la Ire armée de Panzer de Kleist effectuait une avance plus dangereuse à partir du secteur de Kharkov. Celle-ci profita de la désorganisation de la position des Russes à la suite du coup d'arrêt subi par leur offensive, et de l'existence du saillant de Koupiansk enfoncé dans le flanc russe. Après avoir réalisé une rapide percée, les divisions blindées de Kleist s'avancèrent vers l'est par le corridor entre le Don et le Donetz, jusqu'à Tchertkovo, sur la voie ferrée de Moscou-Rostov. Puis elles firent un brusque coude vers le sud et dépassèrent Millerovo et Kamensk, fonçant vers le cours inférieur du Don autour et en amont de Rostov.

L'aile gauche s'empara d'un point de traversée, le 22 juillet, sans rencontrer de résistance sérieuse, au terme d'une avance de 400 kilomètres depuis son point de départ. Le lendemain, l'aile droite atteignit la limite des défenses de Rostov et parvint à en enfoncer une partie. Située sur la rive ouest du Don, la ville était exposée à de telles attaques et, dans le flot rapide de la retraite, sa défense n'avait pas été organisée convenablement. Les mouvements tournants allemands accentuèrent la confusion et la ville tomba bientôt entre leurs mains. Cette prise coupait le pipe-line venant du Caucase, faisant dépendre le ravitaillement en pétrole de l'armée russe des quantités qui pouvaient être transportées par pétrolier sur la mer Caspienne et par la nouvelle voie ferrée qui avait été construite en toute hâte à travers les steppes bordant cette mer à l'ouest. L'Union soviétique avait perdu aussi une nouvelle tranche énorme de son ravitaillement en pain. Le seul aspect négatif majeur de cette avance spectaculaire était qu'en dépit du nombre important de troupes russes qui avaient été bousculées le nombre total de prisonniers était bien moins élevé qu'en 1941. L'allure n'avait pas été tout à fait assez rapide. Ce fait n'était pas autant dû à la résistance concentrée, qu'à la perte, au cours de la phase antérieure, des meilleures troupes de chars allemandes et à une tendance à adopter des méthodes plus prudentes. Les « groupes de Panzer » de 1941 avaient été réorganisés sous la forme d' « armées de Panzer », avec une proportion d'infanterie et d'artillerie accrue. Cet accroissement des troupes d'appui avait tendance à entraîner une perte de vitesse.

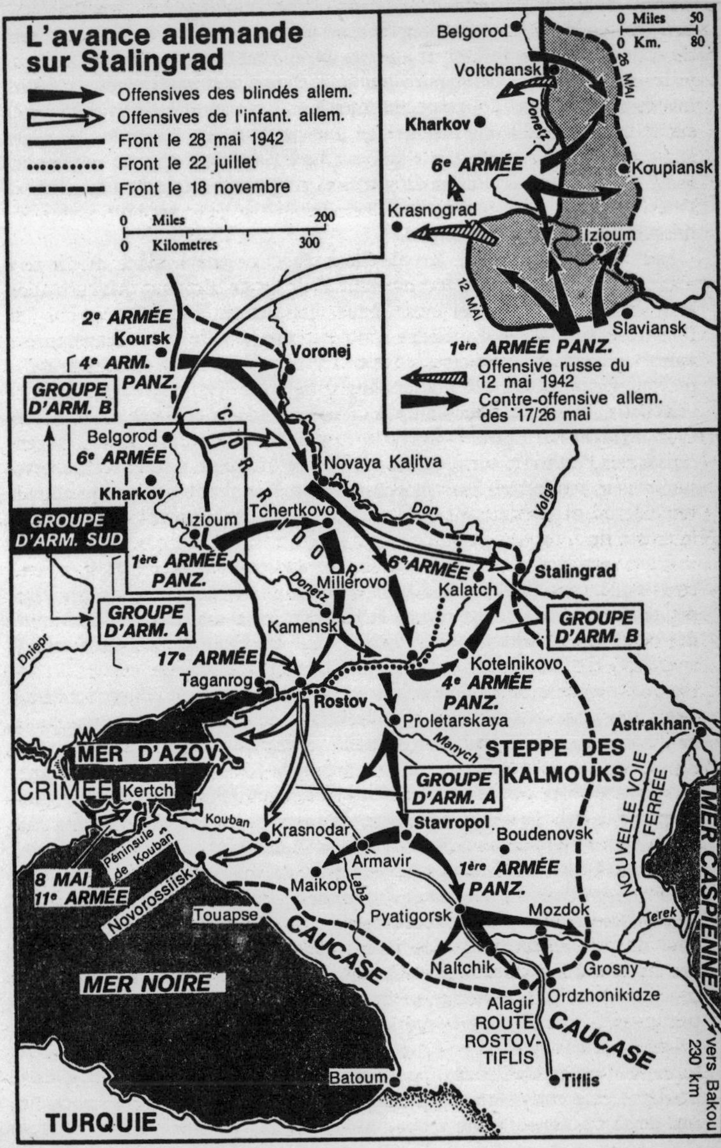
L'avance allemande sur Stalingrad
Offensives des blindés allem.
Offensives de l'infant. allem.
Front le 28 mai 1942
Front le 22 juillet
Front le 18 novembre
0 Miles 200
0 Kilometres 300
Belgorod
Voltchansk
Kharkov
Donetz
6e ARMÉE
Koupiansk
Krasnograd
Izioum
12 MAI
26 MAI
Slaviansk
1ère ARMÉE PANZ.
Offensive russe du 12 mai 1942
Contre-offensive allem. des 17/26 mai
0 Miles 50
0 Km. 80
2e ARMÉE
Koursk
4e ARM. PANZ.
GROUPE D'ARM. B
Voronej
CORRIDOR
Belgorod
6e ARMÉE
Kharkov
Novaya Kalitva
GROUPE D'ARM. SUD
Izioum
Tchertkovo
Don
Volga
1ère ARMÉE PANZ.
6e ARMÉE
Stalingrad
Millerovo
Kalatch
Donetz
GROUPE D'ARM. A
Kamensk
GROUPE D'ARM. B
Dniepr
17e ARMÉE
Kotelnikovo
Taganrog
4e ARMÉE PANZ.
Rostov
Proletarskaya
Astrakhan
Manych
STEPPE DES KALMOUKS
MER D'AZOV
CRIMÉE
Kertch
GROUPE D'ARM. A
NOUVELLE VOIE FERRÉE
MER CASPIENNE
Kouban
Péninsule de Kouban
Krasnodar
Stavropol
Boudenovsk
8 MAI 11e ARMÉE
Novorossiisk
Armavir
Maikop
Laba
1ère ARMÉE PANZ.
Touapse
Pyatigorsk
Mozdok
Terek
CAUCASE
Naltchik
Grosny
MER NOIRE
Alagir
Ordzhonikidze
ROUTE ROSTOV-TIFLIS
CAUCASE
vers Bakou 230 km
Batoum
Tiflis
TURQUIE

Bien qu'un grand nombre de soldats eussent été momentanément isolés par l'avance allemande, beaucoup d'entre eux parvinrent à s'échapper. En raison de la direction sud-est de l'avance allemande, ils avaient naturellement tendance à se replier vers le nord-est, aidant ainsi le Commandement russe à les regrouper dans la zone de Stalingrad ou à proximité, où ils commencèrent de représenter une menace sur le flanc de l'avance vers le Caucase. Cela eut un retentissement vital sur la phase suivante de la campagne, au moment où les armées allemandes se divisèrent pour suivre des routes divergentes, certaines vers les puits de pétrole du Caucase, les autres vers la Volga et Stalingrad.

Après avoir traversé le cours inférieur du Don, la Ire armée de Panzer de Kleist s'engagea vers le sud-est dans la vallée de la rivière Manych qui communique par un canal avec la mer Caspienne. En faisant sauter le grand barrage qui s'y trouvait, et en inondant la vallée, les Russes arrêtaient momentanément le flot des chars. Mais les forces allemandes réussirent finalement à traverser la rivière après avoir été retardées pendant deux jours, et elles poursuivirent leur route jusqu'au Caucase, en se déployant sur un large front. Encouragée par l'absence d'opposition et par le caractère découvert du pays, la colonne de droite de Kleist avança pratiquement plein sud, en passant par Armavir, jusqu'au grand centre pétrolier de Maïkop, 320 kilomètres au sud de Rostov, qu'elle atteignit le 9 août. Le même jour, l'avant-garde de sa colonne centrale entra dans Pyatigorsk, 240 kilomètres à l'est de Maïkop, sur les premiers contreforts du Caucase. Sa colonne de gauche prit une direction encore plus à l'est, vers Boudenovsk. Des détachements mobiles avaient été envoyés en avant à toute vitesse et il en résulta que l'allure de cette avance au-delà du Don fut extrêmement élevée.

Mais cette allure ralentit presque aussi brusquement qu'elle avait accéléré. La première raison de ce ralentissement fut une pénurie d'essence et une abondance de montagnes. Cette double cause de freinage fut aggravée ensuite par les conséquences de la lutte pour Stalingrad qui draina une grande partie des forces qui auraient pu être utilisées pour donner une impulsion décisive à l'avance dans le Caucase.

Il était difficile de maintenir le flot de ravitaillement en carburant nécessaire à une avance aussi profonde et la difficulté était accrue du fait que ce ravitaillement devait être acheminé par chemin de fer à travers l'étranglement de Rostov et qu'il avait fallu convertir la voie large russe au standard européen. Les Allemands ne pouvaient pas se risquer à envoyer des ravitaillements par la mer tant que la flotte soviétique n'était pas éliminée. Une petite quantité était envoyée par les airs, mais le total du ravitaillement effectué par chemin de fer et par avion n'était pas suffisant pour maintenir le rythme de l'avance.

Les montagnes constituèrent une barrière naturelle entre les Allemands et leur objectif, mais cet obstacle fut encore renforcé par la résistance de plus en plus acharnée qu'ils rencontrèrent dans cette région. Dans les premiers stades de l'offensive, il n'avait pas été très difficile de contourner les forces russes qui tentaient de s'opposer à l'avance allemande, et celles-ci avaient eu tendance à se replier avant d'être isolées, au lieu de continuer de se battre avec acharnement, comme en 1941. Ce changement d'attitude était peut-être dû à une stratégie défensive plus élastique, bien que le Commandement allemand fût convaincu, d'après les interrogatoires des prisonniers, qu'il y avait une tendance croissante, de la part des troupes contournées, à chercher à rentrer dans leurs foyers, en particulier dans le cas des troupes venant de Russie d'Asie. Mais une fois dans le Caucase, la résistance se durcit. Les défenseurs étaient, dans une grande proportion, des soldats recrutés sur place, ils avaient le sentiment de protéger leurs propres foyers et ils étaient familiarisés avec le pays montagneux dans lequel ils se battaient. Ces facteurs décuplèrent les forces de la défense, alors que les attaquants étaient handicapés par la nature du pays qui canalisait l'avance impétueuse de leurs forces blindées.

Pendant que la Ire armée de Panzer avançait jusqu'au Caucase, la XVIIe armée avait poursuivi sa route à pied à travers l'étranglement de Rostov. De là elle partit vers le sud en direction des côtes de la mer Noire.

Après la prise des gisements de pétrole de Maïkop, le front du Caucase fut à nouveau divisé en plusieurs parties et de nouveaux objectifs furent fixés. La Ire armée de Panzer se vit confier la responsabilité de la zone principale qui s'étendait entre la rivière Laba et la mer Caspienne. Son premier objectif était de s'emparer de la section montagneuse de la grand-route allant de Rostov à Tiflis; son second objectif était Bakou sur la mer Caspienne. La XVIIe armée fut chargée de la zone plus restreinte s'étendant entre la rivière Laba et le détroit de Kertch. Sa première tâche était d'aller vers le sud, en partant de Maïkop et de Krasnodar et en traversant l'extrémité occidentale de la chaîne du Caucase, pour s'emparer des ports de Novorossiisk et de Touapse sur la mer Noire. Son second objectif était de forcer un passage sur la route côtière au-delà de Touapse, ouvrant ainsi la voie en direction de Batoum.

Alors que la route côtière au sud de Touapse était surplombée par de hautes montagnes, la première tâche de la XVIIe armée semblait relativement aisée, puisqu'elle avait moins de 80 kilomètres à parcourir pour atteindre la côte et que l'extrémité ouest de la chaîne montagneuse se terminait par des collines. Mais cette tâche se révéla ardue. La XVIIe armée dut traverser la rivière Kouban qui était bordée de vastes marécages près de son embouchure, et les collines plus à l'est étaient suffisamment tourmentées pour représenter un obstacle difficile. Elle ne s'empara de Novorossiisk qu'à la mi-septembre, et elle n'atteignit jamais Touapse.

Par comparaison, la Ire armée de Panzer progressa plus rapidement, mais son allure diminuait et les arrêts devenaient plus fréquents. Dans cette avance vers les montagnes, la pénurie de carburant constituait le handicap décisif. Les divisions de Panzer étaient quelquefois immobilisées pendant plusieurs jours, attendant le ravitaillement. Ce handicap priva les Allemands de leur meilleure chance, qui aurait été de franchir rapidement les cols avant que l'effet de surprise ne se fût atténué et que les défenses n'eussent été renforcées. Lorsqu'il s'agit de s'ouvrir un chemin dans la montagne, la Ire armée de Panzer connut de grandes difficultés, car la plupart des troupes de montagne avaient été attribuées à la XVIIe armée pour sa tentative contre Touapse et sur la route de Batoum.

Le premier obstacle sérieux fut rencontré en atteignant la rivière Terek, qui protégeait les abords de la route de montagne vers Tiflis et les puits de pétrole plus exposés de Groznyi, au nord de ces montagnes. Le Terek est loin d'avoir la largeur impressionnante de la Volga, mais son rapide courant en faisait un obstacle peu commode. Kleist tenta alors une manœuvre vers l'est, en aval, et parvint à forcer le passage de Mozdok dans la première semaine de septembre. Mais ses forces furent à nouveau arrêtées dans les collines couvertes d'épaisses forêts qui s'étendaient au-delà du Terek. Groznyi n'était qu'à 80 kilomètres du point de traversée de Mozdok, mais, en dépit de tous leurs efforts, les Allemands ne purent arriver à s'en emparer.

L'une des causes importantes de cet échec fut l'envoi par les Russes de plusieurs centaines de bombardiers sur les aérodromes situés à proximité de Groznyi. Leur apparition soudaine constitua un frein d'autant plus efficace sur l'avance de Kleist que la plupart de ses unités de D.C.A. et une grande partie de son aviation lui avaient été enlevées pour être utilisées à Stalingrad. Les bombardiers russes purent donc harceler l'armée de Kleist sans rencontrer d'opposition et ils ajoutèrent encore à ses épreuves en incendiant de vastes étendues de la forêt au milieu de laquelle elle se débattait pour avancer.

Les Russes augmentaient également la confusion en amenant des divisions de cavalerie le long de la côte de la mer Caspienne pour harceler le flanc allemand oriental qui était exposé. Opérant à travers les steppes contre un écran défensif très étiré, la cavalerie russe trouva un terrain exceptionnellement favorable à l'exploitation de ses qualités particulières. Dans cette vaste plaine, elle était en mesure de pénétrer dans les postes avancés allemands partout où elle le désirait et de couper leur ravitaillement. La concentration de plus en plus importante des troupes russes sur ce flanc était facilitée par l'existence de la voie ferrée partant d'Astrakan vers le sud. Celle-ci était posée à travers l'étendue plate de la steppe, sans aucune fondation et sans aucun ouvrage de déblai ou de remblai. Les Allemands s'aperçurent bientôt de l'inutilité de la couper, car, aussitôt qu'une section de voie avait été détruite, de nouveaux rails étaient rapidement posés. L'ennemi était tout aussi insaisissable et la menace qu'il faisait peser sur le flanc allemand ne cessait de croître. Des détachements mobiles parvinrent à pénétrer jusqu'aux rivages de la mer Caspienne, mais celle-ci resta « un mirage dans désert ».

Tout au long de septembre et d'octobre, Kleist continua d'essayer d'avancer au sud de Mozdok en lançant des attaques surprises en différents points. Chaque tentative se heurta à un barrage. Il décida alors de déplacer son poids principal du centre gauche au centre droit, pour organiser un mouvement en tenaille contre Ordjonikidze, la porte du col de Daryal par lequel la route de montagne atteint Tiflis. Cette offensive fut déclenchée dans la dernière semaine d'octobre et il reçut à cet effet tout l'appui aérien dont il était possible de disposer. La branche droite de sa tenaille s'empara de Nalchic par un mouvement tournant vers l'ouest puis d'Alagir où commençait la route militaire de remplacement passant par le col de Mamison. D'Alagir, elle poussa sur Ordjonikidze en coordination avec une avance convergente par la vallée du Terek. La pluie et la neige retardèrent la phase finale, mais les forces de Kleist étaient presqoe à portée de leur objectif immédiat lorsque les Russes lancèrent une contre-attaque soigneusement calculée. Celle-ci provoqua l'effondrement soudain d'une division roumaine de troupes de montagne qui s'était bien comportée au cours de l'avance mais commençait de ressentir la fatigue de ces efforts. De ce fait Kleist fut contraint à se replier et à renoncer à son plan. Le front se stabilisa alors, les Allemands restant au pied de la barrière montagneuse qu'ils avaient vainement tenté de percer.

Cet échec final dans le Caucase central coïncida avec le déclenchement de la contre-offensive russe à Stalingrad.

Un dernier effort dans le Caucase occidental avait également été prévu, mais il ne fut jamais mis à exécution. En prévision de celui-ci, Hitler avait, bien tardivement, décidé d'abattre son atout aéroporté qu'il avait jusque-là soigneusement gardé dans sa manche. La division de parachutistes, toujours appelée 7e division aérienne par souci de camouflage, avait été rassemblée aux abords de la Crimée en vue d'une brusque attaque sur la route côtière de Touapse à Batoum, en coordination avec une nouvelle poussée de la XVIIe armée. Mais les Russes déclenchèrent alors leur contre-offensive de Stalingrad qui fut suivie d'une nouvelle attaque à proximité de Rjev où les armées de Joukov étaient presque parvenues à percer au mois d'août lors de leur tentative indirecte pour soulager Stalingrad. Hitler fut tellement inquiet de cette double menace qu'il annula sa dernière tentative en direction de Batoum et ordonna d'envoyer d'urgence les forces de parachutistes vers le nord, par chemin de fer, jusqu'à Smolensk pour renforcer le front central.

Tous ces périls et ces insuccès étaient le fruit de l'échec de Stalingrad où un objectif secondaire était graduellement devenu un effort essentiel qui détourna les réserves terrestres et aériennes nécessaires à la poursuite de l'objectif principal et épuisa en fin de compte les forces de l'Allemagne sans aucun résultat.

Il est ironique que dans la première phase les Allemands aient payé le prix de leur respect des canons de la stratégie orthodoxe pour avoir ensuite à souffrir de s'en être écartés. A la convergence initiale des efforts succéda une divergence fatale.

L'avance directe sur Stalingrad fut exécutée par la VIe armée de Paulus. Elle progressa le long de la bordure septentrionale du corridor formé par le Don et le Donetz. Aidée par la grande avance blindée qui se déroulait sur la bordure méridionale, la VIe armée progressa d'abord rapidement. Mais, au fur et à mesure que l'avance s'étendait, les effectifs s'amenuisaient du fait qu'un nombre sans cesse croissant de divisions devaient être détachées pour protéger le flanc nord de plus en plus étendu sur le Don. La fonte des effectifs était aggravée par le gaspillage dû à des marches rapides et prolongées sous la chaleur et par les pertes au combat. Cette diminution devint à son tour un handicap pour surmonter les résistances successives opposées par les Russes en retraite. De plus durs combats entraînaient de plus lourdes pertes et affaiblissaient les Allemands pour faire face à la résistance suivante.

Les effets se firent sentir d'une manière prononcée lorsque la VIe armée approcha de la grande courbe que le Don décrit vers l'est. Le 28 juillet, une de ses avant-gardes mobiles atteignit le fleuve près de Kalatch, à 560 kilomètres de leur ligne de départ et 65 kilomètres à peine du coude ouest de la Volga, à Stalingrad. Mais ce n'était qu'un feu de paille et l'avance générale fut retardée par une résistance acharnée des Russes sur la courbe du Don. La largeur réduite du front et la proportion de troupes mobiles plus faible dans la VIe armée que dans les armées de Panzer nuisaient à la puissance de manœuvre. Quinze jours s'écoulèrent avant que les Allemands ne viennent à bout des forces soviétiques dans la boucle du fleuve. Et il fallut attendre encore dix jours avant qu'ils ne parviennent à établir des têtes de pont sur l'autre rive.

Le 23 août les Allemands étaient prêts à entamer la phase finale de leur avance sur Stalingrad. Il s'agissait d'une attaque en tenaille par la VIe armée au nord-ouest et la IVe armée de Panzer au sud-ouest. Cette nuit-là des unités mobiles allemandes atteignirent les bords de la Volga 50 kilomètres en amont de Stalingrad d'une part, et s'approchèrent d'autre part de la boucle du fleuve située à 25 kilomètres de la ville. Mais les mâchoires furent maintenues larges ouvertes par les défenseurs. Dans une phase suivante, les Allemands lancèrent une attaque par l'ouest, complétant ainsi la pression semi-circulaire. Le caractère tendu de la situation se manifesta dans le ton de l'appel lancé aux troupes russes, les exhortant à tenir à tout prix et jusqu'au dernier homme. Elles répondirent à cet appel avec un courage magnifique car elles combattaient dans des conditions atroces qui étaient rendues encore plus dures par les problèmes de ravitaillement et de renfort. Le fait d'être acculées à un fleuve large de plus de 3 kilomètres n'était pas entièrement désavantageux. Dans le cas de telles troupes, cela contribuait à durcir la résistance tout en la compliquant.

Sur l'arc de cercle des défenses russes, les attaques suivaient les attaques dans une succession apparemment infinie; le lieu et la méthode changeaient fréquemment, mais les progrès accomplis étaient trop restreints pour compenser les pertes des attaquants. Parfois la défense était percée, mais l'avance ne pouvait jamais être assez profonde pour provoquer plus qu'un repli local. Le plus souvent les attaques ne parvenaient pas à pénétrer. Les échecs succédant aux échecs, l'importance psychologique de la place augmenta, comme à Verdun en 1916. Dans le cas présent, elle était multipliée par le nom de la ville. « Stalingrad » était un symbole stimulant pour les Russes et un symbole hypnotique pour les Allemands, en particulier pour leur chef. Il hypnotisait Hitler au point de lui faire perdre tout sens stratégique et tout souci de l'avenir. Cela devint plus fatal que pour Moscou car le nom était chargé de plus de signification.

Le manque d'intérêt et les risques de cet effort continu étaient visibles pour tout analyste de la guerre qui gardait la tête froide. De telles attaques répétées sont rarement payantes, à moins que les défenseurs ne soient isolés sans pouvoir recevoir de renforts ou que les réserves de leur pays ne soient épuisées, alors que dans le cas présent c'étaient les Allemands qui étaient le moins à même de soutenir une longue guerre d'usure.

Malgré les immenses pertes soviétiques, les réserves en hommes de l'U.R.S.S. restaient très supérieures à celles de l'Allemagne. La pénurie la plus grave était celle du matériel. Elle résultait des pertes de 1941 qui expliquaient en partie ses nouvelles défaites de 1942. L'artillerie manquait et était remplacée dans une large mesure par des mortiers qui étaient transportés par camions. Les chars et tous les types de véhicules automobiles faisaient aussi sérieusement défaut. Mais vers la fin de l'été un flot croissant de matériel neuf arriva des usines nouvellement construites à l'arrière, de même que des livraisons américaines et anglaises. Parallèlement, le système extensif de conscription, qui avait été appliqué après le début des hostilités, commençait de porter ses fruits et le nombre de nouvelles divisions venant d'Asie augmentait.

La zone de bataille de Stalingrad, située loin à l'est, était d'autant plus accessible à ces nouvelles arrivées. Cela facilitait la défense de la ville car, si l'importance des renforts directs était limitée par sa position difficile, l'augmentation du nombre des forces russes sur le flanc nord avait un effet indirect représentant l'équivalent de nombreux renforts. La pression que ces forces exerçaient sur ce flanc aurait fait pencher la balance bien plus tôt, si elle n'avait été gênée par un manque de matériel dans le domaine des armes prédominantes de la guerre moderne. Mais les effets se firent de plus en plus sentir, au fur et à mesure que les Allemands, enlisés dans une guerre locale d'usure, puisaient sur leurs réserves limitées en hommes et en matériel. Dans ce genre de bataille, leurs dépenses étaient proportionnellement plus élevées, du fait qu'ils étaient les attaquants, et c'étaient eux qui en avaient le moins les moyens.

L'État-Major se rendit bientôt compte des dangers de ce processus. En revenant de sa conférence quotidienne avec Hitler, Halder étendait souvent les bras dans un geste d'exaspération et de découragement qui indiquait à ses adjoints qu'il avait encore une fois vainement essayé d'amener Hitler à la raison. Ses arguments contre la poursuite de l'offensive se firent plus pressants à l'approche de l'hiver et Hitler était à bout de nerfs, si bien que leurs relations prirent un tour intolérable pour tous les deux. En discutant des plans, Hitler conservait son habitude désinvolte de balayer la carte avec de larges gestes, bien que les avances fussent maintenant si réduites qu'elles étaient à peine discernables. Comme il lui devenait moins facile de chasser les Russes, il avait de plus en plus tendance à chasser de son bureau les conseillers gênants. Il avait toujours eu le sentiment que les « vieux généraux » n'étaient pas enthousiasmés par ses plans, et plus ceux-ci rencontraient d'échecs, plus il avait l'impression que l'État-Major général en était responsable.

Aussi, à la fin septembre, Halder s'en alla, à la suite de plusieurs de ses adjoints, et fut remplacé par Kurt Zeitzler, un homme beaucoup plus jeune que lui, qui était chef d'état-major de Rundstedt à l'Ouest. En 1940, Zeitzler était chef d'état-major du groupe de Panzer de Kleist, et c'était dans une large mesure grâce à son organisation audacieuse du ravitaillement que la longue avance blindée du Rhin à la Manche s'était révélée administrativement possible. A part cette importante recommandation, Hitler avait l'impression qu'il aurait moins de mal, avec un officier plus jeune, à traiter du problème encore plus éloigné de l'avance vers la mer Caspienne et la Volga, en particulier du fait de l'aiguillon que représentait pour ce dernier sa soudaine promotion au plus haut poste. Zeitzler justifia d'abord la confiance de Hitler à ce sujet, car il ne l'ennuya pas avec des objections perpétuelles comme Halder l'avait fait. Mais Zeitzler lui-même ne tarda pas à s'inquiéter, et, quand l'espoir de s'emparer de Stalingrad s'estompa, il commença de présenter de nouveau à Hitler que l'idée de maintenir le front allemand à une distance aussi avancée était irréalisable. Lorsque les événements eurent démontré la justesse de son avertissement, Hitler n'en apprécia pas davantage son avis et il adopta en 1943 une attitude distante envers celui qui rendit ses conseils de moins en moins efficaces.

Les mêmes facteurs fondamentaux qui expliquèrent l'échec de l'attaque allemande sur Stalingrad la transformèrent en un revers fatal en facilitant la contre-offensive soviétique.

Plus les Allemands s'approchaient de la ville, plus leur faculté de manœuvrer devenait réduite, alors que le rétrécissement du front aidait les défenseurs à déplacer leurs réserves plus rapidement vers un point menacé de l'arc de cercle. En même temps les Allemands avaient perdu l'avantage qui avait été le leur quand ils pouvaient semer la confusion quant à leurs intentions. Pendant la première phase de leur campagne d'été, au cours de leur avance jusqu'au Don, l'incertitude quant à leur objectif avait contribué à paralyser la résistance, mais maintenant que leur but était devenu évident, le Commandement soviétique pouvait engager ses réserves avec assurance. Si bien que la concentration de forces de plus en plus importantes en face de Stalingrad devint de moins en moins efficace en elle-même, puisqu'une attaque concentrée se heurtait à une défense également concentrée.

En même temps, la concentration allemande devant Stalingrad drainait un nombre croissant de réserves sur leurs forces de couverture qui étaient déjà soumises à rude épreuve du fait de l'étendue de la ligne qu'elles devaient protéger, près de 650 kilomètres le long du Don, de Voronej à l' « isthme « de Stalingrad et autant de Stalingrad à la Terek, à travers les steppes des Kalmouks. Si ces étendues désertiques limitaient la portée d'une contre-attaque soviétique dans ce second secteur, il n'en était pas de même dans le secteur du Don qui, malgré la protection du fleuve, pouvait devenir très vulnérable lorsque celui-ci aurait gelé et au cas où les Russes trouveraient des endroits mal gardés pour exécuter un passage en force. De plus ils avaient réussi à conserver une tête de pont sur l'autre rive du Don, près de Serafimovitch, à 160 kilomètres à l'ouest de Stalingrad.

Une série de petites offensives exploratoires, que les Russes lancèrent à partir du mois d'août, laissa présager le danger qui pesait sur ce flanc étiré. Ces attaques montrèrent la minceur des défenses qui étaient en majeure partie confiées à des alliés de l'Allemagne, Hongrois de Voronej à Novaï Kalitva; Italiens autour de cette dernière ville; Roumains près de la dernière boucle du Don à l'ouest de Stalingrad, de même qu'au-delà de cette ville. Cette longue ligne de défense était seulement renforcée à certains endroits par des régiments allemands isolés, parfois des divisions, intercalés entre leurs alliés. Les secteurs divisionnels avaient jusqu'à 65 kilomètres de long et il n'y avait aucune position fortifiée proprement dite. Les gares de ravitaillement étaient souvent à 150 kilomètres, ou même plus, en arrière du front et le pays était si nu qu'il n'offrait guère de bois pour construire des défenses.

Désagréablement conscient de ce handicap, l'État-Major général allemand informa Hitler, dès le mois d'août, qu'il serait impossible de garder la ligne défensive du Don pendant l'hiver. Leur avertissement ne fut pas du goût de Hitler. Toutes les considérations défensives passaient après la prise de Stalingrad.

Les aspects paralysants de cette offensive trop directe devinrent plus accentués après la mi-septembre, lorsque les Allemands pénétrèrent dans la banlieue disséminée, puis dans la zone industrielle. Les combats de rue sont toujours un handicap dans une offensive, mais ils étaient encore plus nuisibles pour une armée dont la supériorité principale résidait dans la puissance de manœuvre. En même temps la défense pouvait employer des unités de travailleurs qui se battaient avec la férocité d'hommes qui savent que leurs propres maisons sont l'enjeu immédiat des combats. Dans les circonstances présentes, ce renfort ouvrier représenta une aide précieuse pour les défenseurs (la LXIIe armée sous les ordres du général Tchouikov et une partie de la LXIVe armée, sous les ordres du général Shoumilov) au cours des semaines cruciales qui s'écoulèrent avant que le flot des renforts ne commence de retourner la situation. En effet, la LXIIe armée avait été durement malmenée dans les combats qui s'étaient déroulés à l'ouest du Don et le général Eremenko, qui était responsable de tout le secteur, n'avait guère de ressources immédiatement disponibles à lui consacrer.

L'arrivée des Allemands dans la zone bâtie eut également tendance à fractionner leur offensive en une série d'attaques localisées, ce qui diminuait leur élan. Cette situation redonna naissance à l'habitude, familière aux officiers de la vieille école, d'utiliser les chars en petits paquets au lieu de les utiliser en masse. De nombreuses attaques furent lancées avec 20 ou 30 chars et, si quelques-unes des offensives les plus importantes utilisèrent une centaine de chars, ce chiffre ne représentait pas plus d'1 char pour 300 hommes engagés. Avec une proportion aussi faible, il était naturel que les armes antichars gardent le dessus. Cependant, ces effectifs n'entraînèrent pas seulement une tactique médiocre, ils étaient également le signe d'une pénurie de matériel croissante. Elle se manifestait également par la diminution continuelle du nombre d'avions de transport. Les Allemands commençaient de manquer des deux armes qui avaient le plus contribué à assurer leur réussite. Il en résulta naturellement une augmentation des fardeaux de l'infanterie et chaque avance devint plus coûteuse.

Apparemment, la situation des défenseurs devenait de plus en plus critique et même désespérée, au fur et à mesure que le cercle s'amenuisait et que l'ennemi s'approchait du centre de la ville. Le jour le plus critique fut le 14 octobre, mais l'offensive allemande fut enrayée par la 13e division de la Garde du général Rodimstev. Cependant la situation demeura grave. Les défenseurs se battaient le dos à la Volga, ils n'avaient même plus la place nécessaire à la pratique d'une tactique élastique. Ils ne pouvaient plus se permettre de céder du terrain pour gagner du temps. Mais, malgré les apparences, des facteurs fondamentaux jouaient en leur faveur.

Le moral des attaquants était sapé par des pertes grandissantes, une sensation d'échec croissante et l'arrivée de l'hiver. Leurs réserves étaient sollicitées au point de laisser les flancs trop étirés sans ressources. La situation devenait mûre pour la contre-offensive que le Commandement soviétique préparait et en vue de laquelle il avait maintenant accumulé des réserves suffisantes pour la rendre efficace contre un adversaire épuisé.

Elle fut déclenchée les 19 et 20 novembre. La date était bien choisie. Elle commença dans l'intervalle compris entre les premières fortes gelées, qui durcissent le sol, permettant des déplacements rapides, et les fortes chutes de neige, qui entravent les manœuvres. Elle devait saisir les Allemands au paroxysme de leur épuisement, alors qu'ils ressentaient le plus vivement la réaction naturelle causée par l'échec de leur offensive.

La contre-offensive soviétique avait, fort habilement, un double but : stratégique et psychologique. Elle exploitait la notion d'approche indirecte dans un double sens. Une paire de tenailles, chacune composée de plusieurs mâchoires, fut insérée dans le flanc des attaquants de Stalingrad, afin d'isoler la VIe armée et la IVe armée de Panzer du Groupe d'armées B. Les tenailles furent enfoncées à des endroits où la couverture était assurée en majorité par des troupes roumaines. Ce plan était l'œuvre d'un brillant triumvirat de l'État-Major général soviétique, composé des généraux Joukov, Vassilevski et Voronov. Les principaux exécutants étaient le général Vatutin, commandant le front sud-ouest, le général Rokossovski, commandant le front du Don et le général Eremenko, commandant le front de Stalingrad.

Il faudrait expliquer ici que l'ensemble du front russe était divisé en douze « fronts » placés directement sous les ordres du G.Q.G. de Moscou. Au lieu de les organiser à titre permanent dans un cadre plus large, les Soviétiques envoyaient un général et des éléments d'état-major du G.Q.G. pour coordonner l'action des divers « fronts » impliqués dans une série donnée d'opérations. Les « fronts » comprenaient en moyenne quatre « armées » d'une taille plus réduite que les armées occidentales, et celles-ci contrôlaient directement les divisions, sans passer par un Q.G. de corps d'armée. Les troupes blindées et motorisées étaient organisées en groupes de brigades qu'on appelait des « corps » mais qui correspondaient à de grandes divisions, et ces corps étaient sous les ordres du commandant du « front ».

Le système des corps d'armée fut réintroduit par les Russes au cours de l'été 1943, avant que le nouveau système ait eu le temps d'être complètement essayé. En effet, en faisant sauter des maillons dans la chaîne de commandement, et en donnant aux chefs des plus grandes unités un plus grand nombre d' « unités subalternes » à manier, on avait de fortes chances d'augmenter la rapidité d'opération et la souplesse de manœuvre. Chaque maillon supplémentaire représente un inconvénient. Il a tendance à occasionner une perte de temps à la fois pour faire revenir les renseignements au haut commandement et pour transmettre ses ordres aux exécutants effectifs. De plus, il affaiblit son pouvoir de contrôle en atténuant sa conscience de la situation et en diminuant la force de son influence personnelle sur les exécutants. Il en découle que moins les Q.G. intermédiaires sont nombreux, plus les opérations deviennent dynamiques. D'un autre côté, l'augmentation du nombre des unités subalternes maniées par un seul Q.G. améliore la capacité de manœuvre en donnant une plus grande souplesse. Une organisation plus souple permet d'obtenir des résultats plus décisifs du fait de s'adapter à des circonstances mouvantes et de se concentrer au point critique. Si un homme n'avait qu'un ou deux doigts en plus de son pouce, il aurait beaucoup plus de difficultés à s'assurer une prise adéquate sur un objet ou un adversaire, qu'avec quatre doigts et un pouce. Sa main aurait moins de souplesse et pourrait moins facilement exercer une pression appuyée. On pouvait constater cette infirmité dans les armées alliées occidentales où la plupart des formations et des unités n'étaient subdivisées qu'en deux ou trois parties manœuvrables.

Au nord-ouest de Stalingrad, les avant-gardes soviétiques s'avancèrent le long des rives du Don, vers Kalatch et la voie ferrée menant au bassin du Donetz. Au sud-est de Stalingrad, les mâchoires de la tenaille de gauche s'avancèrent en direction de la voie ferrée partant vers le sud, vers Tikhoretsk et la mer Noire. Après avoir franchi cette ligne, elles continuèrent en direction de Kalatch; le 23 l'encerclement était achevé. Il fut soudé plus solidement au cours des jours suivants, enfermant dans le piège la VIe armée et un corps d'armées de la IVe armée de Panzer. En l'espace de ces quelques jours de mouvement rapide, les Russes avaient réussi à retourner la situation stratégique, tout en conservant leur avantage tactique défensif. C'était là un double résultat que l'approche indirecte permet souvent d'atteindre. Les Allemands étaient maintenant contraints de continuer à attaquer, non plus pour avancer mais pour rompre l'encerclement. Leurs efforts dans cette nouvelle direction ne furent pas plus couronnés de succès que leurs efforts inverses précédents.

Pendant ce temps, une autre puissante armée soviétique s'était élancée de la tête de pont de Serafimovitch et s'était répandue à travers le pays situé à l'ouest de la courbe du Don, poussant les multiples mâchoires de son avance dans le corridor Don-Donetz, afin de faire sa jonction sur le Tchir avec la tenaille gauche qui poursuivait son avance au-delà de Kalatch. Ce mouvement d'encerclement extérieur fut d'une importance vitale pour le succès de l'ensemble du plan, car il bouleversa la base opérationnelle de l'ennemi et fit tomber un rideau de fer en travers des routes les plus directes par lesquelles Paulus aurait pu recevoir du secours.

La riposte allemande, à la mi-décembre, partit donc du sud-ouest, au-delà du Don, le long de la ligne Kotelnikovo-Stalingrad. Les troupes utilisées provenaient d'une formation hétérogène réunie en toute hâte sous les ordres du Q.G. de la XIe armée de Manstein, retirée pour la circonstance du Groupe d'armées Centre, et rebaptisée « Groupe d'armées du Don ». Ses faibles effectifs ne justifiaient guère une appellation aussi impressionnante et Manstein, pour sa tentative contre Stalingrad, ne pouvait compter que sur de maigres réserves, comprenant la VIe division de Panzer qui avait été expédiée de Bretagne par chemin de fer.

Grâce à une tactique habile, Manstein tira le maximum de ses quelques blindés et parvint à pénétrer profondément dans la position soviétique de couverture. Mais cette avance improvisée dans la hâte fut arrêtée à 50 kilomètres de l'armée assiégée, puis repoussée progressivement sous l'effet d'une pression latérale russe. Avec l'échec de cette tentative, le dernier espoir de secourir Paulus s'évanouissait car le Commandement allemand ne disposait plus de réserves pour faire une autre tentative. Cependant Manstein se maintint sur ses positions exposées aussi longtemps qu'il le put, et plus longtemps qu'il n'eût été sage, afin de protéger la ligne de communication aérienne par laquelle un maigre flot de ravitaillement pouvait parvenir à l'armée condamnée.

Durant cette période, le 16 décembre, les Russes déclenchèrent un nouveau mouvement tournant extérieur loin à l'ouest. Le général Golikov, commandant le front de Voronej, lança son aile gauche sur le cours moyen du Don en plusieurs endroits des 100 kilomètres qui séparent Novaïa Kalitva de Monastyrshtchina, et qui étaient défendus par la VIIIe armée italienne. Après un violent bombardement qui avait déjà mis en fuite une grande partie des Italiens, les chars et l'infanterie traversèrent le fleuve gelé aux premières lueurs du jour. Des tourmentes de neige contribuèrent à aveugler le peu de résistance qui fut rencontrée, mais n'arrêtèrent pas les Russes qui

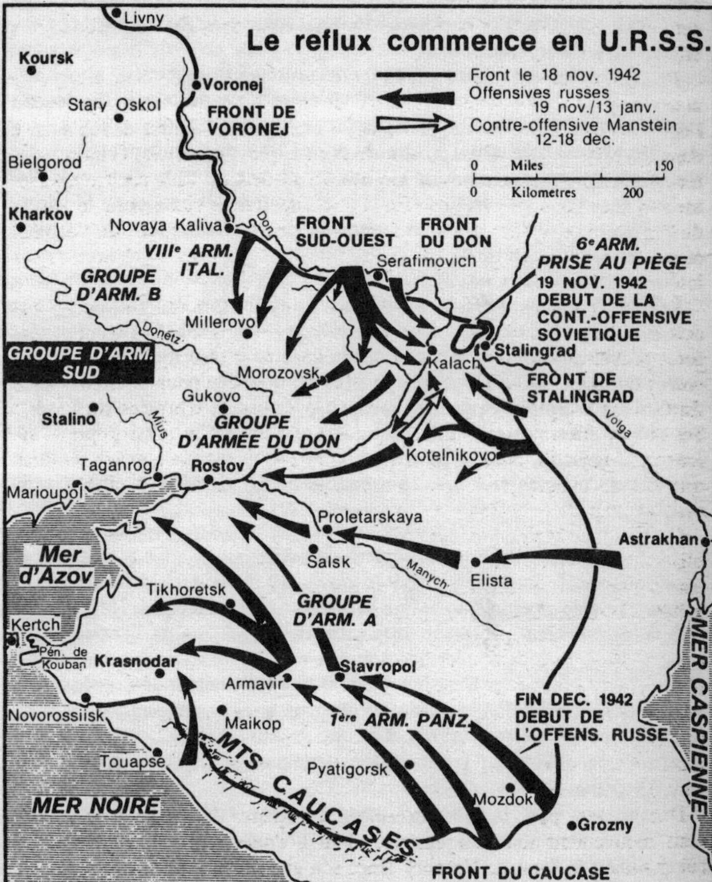

Le reflux commence en U.R.S.S.
Front le 18 nov. 1942
Offensives russes 19 nov./13 janv.
Contre-offensive Manstein 12-18 dec.
0 Miles 150
0 Kilometres 200
Livny
Koursk
Voronej
Stary Oskol
FRONT DE VORONEJ
Bielgorod
Kharkov
Novaya Kaliva
Don
FRONT SUD-OUEST
FRONT DU DON
6e ARM. PRISE AU PIÈGE 19 NOV. 1942 DEBUT DE LA CONT.-OFFENSIVE SOVIETIQUE
VIIIe ARM. ITAL.
Serafimovich
GROUPE D'ARM. B
Millerovo
Donetz
GROUPE D'ARM. SUD
Stalingrad
Kalach
Morozovsk
FRONT DE STALINGRAD
Gukovo
Stalino
Mius
GROUPE D'ARMÉE DU DON
Volga
Kotelnikovo
Taganrog
Rostov
Marioupol
Proletarskaya
Mer d'Azov
Salsk
Manych
Elista
Astrakhan
Tikhoretsk
GROUPE D'ARM. A
Kertch
Pén. de Kouban
Krasnodar
Stavropol
Armavir
FIN DEC. 1942 DEBUT DE L'OFFENS. RUSSE
MER CASPIENNE
Novorossiisk
Maikop
1ère ARM. PANZ.
MTS CAUCASES
Touapse
Pyatigorsk
Mozdok
MER NOIRE
Grozny
FRONT DU CAUCASE

progressèrent rapidement vers le sud, en direction de Millerovo et du Donetz. Au même moment, les forces de Vatutin, parties du Chir, attaquèrent vers le sud-ouest en direction du Donetz. En moins d'une semaine, les avances convergentes soviétiques avaient chassé l'ennemi de la quasi-totalité du corridor Don-Donetz. Au cours du premier stade la défense avait été trop inconsistante et la débandade trop rapide pour qu'il puisse être fait de nombreux prisonniers, mais au cours de la phase suivante, un plus grand nombre d'ennemis en retraite purent être rattrapés et encerclés, si bien qu'à la fin de la seconde semaine, qui était également celle de l'année, le total des prisonniers s'élevait à 60 000 hommes.

Cette avance menaçait l'arrière de toutes les armées allemandes situées sur la partie inférieure du Don et dans le Caucase. Mais une neige de plus en plus épaisse, et la résistance acharnée des troupes allemandes de Millerovo et de plusieurs autres centres de communications au nord du Donetz, écartaient un danger immédiat.

Néanmoins la menace était tellement tangible et son extension si probable, que Hitler se laissa enfin convaincre du caractère inévitable d'un désastre pire que celui de l'encerclement de Stalingrad, s'il persistait dans son rêve de conquête du Caucase et contraignait ses armées à rester sur place alors que leur flanc était découvert sur près de 1 000 kilomètres. L'ordre de retraite fut donc donné en janvier. Cette décision fut prise juste à temps pour éviter à ces armées d'être isolées. La réussite de leur dégagement prolongea la guerre, mais avant même la reddition effective des armées de Stalingrad cette retraite montra au monde que le reflux allemand avait commencé.

Le déroulement de la contre-offensive soviétique avait été marqué par l'habileté avec laquelle le général Joukov avait choisi ses points d'attaque, tant sur le plan psychologique que sur le plan topographique. Il frappa aux points moralement faibles du dispositif ennemi. De plus il avait fait la preuve de sa capacité à créer une nouvelle menace, une fois que ses troupes avaient perdu leur élan local immédiat et que les chances de provoquer un effondrement généralisé s'amenuisaient. Une attaque concentrée ayant un effet destructeur décroissant sur la faculté de résistance de l'ennemi, il avait renouvelé cet effet initial par une série d'attaques très dispersées ayant pour but d'étendre la menace. Cette stratégie a généralement tendance à être la plus profitable et la moins épuisante pour soi-même quand une contre-offensive se transforme en offensive, perdant ainsi l'élan que lui conférait l'effet de recul initial.

Au-dessus de tous les autres facteurs, matériels et psychologiques, qui gouvernèrent le cours des événements, on trouve la clause fondamentale du rapport entre l'espace et le nombre. L'espace était si *vaste* sur le front de l'Est, qu'un attaquant pouvait toujours trouver la place de réaliser un mouvement tournant s'il ne concentrait pas ses forces sur un objectif trop évident, comme Moscou en 1941, et Stalingrad en 1942. Les Allemands avaient donc remporté leurs succès offensifs sans avoir la supériorité numérique, aussi longtemps qu'ils conservaient leur supériorité qualitative. La *profondeur* de l'espace sur le front de l'Est était cependant un facteur de salut pour les Russes à l'époque où ils n'étaient pas en mesure d'égaler la puissance mécanisée et la capacité manœuvrière des Allemands.

Mais les Allemands avaient perdu cet avantage technique et tactique en même temps qu'ils avaient épuisé une grande partie de leurs ressources humaines. Face à la diminution de leurs forces, l'étendue des espaces russes s'étaient retourné contre eux, compromettant leurs chances de tenir un front aussi vaste. La question était maintenant de savoir s'ils seraient en mesure de retrouver leur équilibre en contractant leur front ou bien s'ils avaient dépensé leurs forces au point d'avoir perdu leur dernière chance.

19.
L'apogée de Rommel

La campagne de 1942 en Afrique vit des retournements de situation encore plus violents et plus importants que ceux de 1941. Quand elle commença, les deux armées rivales se faisaient face sur la frontière occidentale de Cyrénaïque, tout comme neuf mois auparavant. Mais l'année nouvelle avait à peine trois semaines que Rommel lançait une nouvelle contre-offensive stratégique qu'il allait mener sur plus de 400 kilomètres, faisant refaire aux Anglais les deux tiers du chemin de la frontière égyptienne avant qu'ils ne se ressaisissent. Puis le front allait s'immobiliser sur la ligne de Gazala.

Vers la fin mai, Rommel attaqua à nouveau, prenant de court une offensive britannique, tout comme la sienne avait été prise de court en novembre. Cette fois, après une nouvelle bataille tourbillonnante et des revirements sensationnels, les Anglais furent contraints à la retraite, une retraite si longue et si rapide qu'ils ne purent se ressaisir avant la ligne d'El Alamein, la dernière sur le chemin du delta du Nil. Cette fois, l'avance de Rommel avait progressé de 500 kilomètres en une semaine. Mais son élan et ses forces étaient alors presque épuisés. Ses efforts en direction d'Alexandrie et du Caire demeurèrent vains, et il était au bord de la défaite lorsque l'épuisement mutuel mit un terme à la bataille.

Fin août, après avoir reçu des renforts, il fit une nouvelle tentative pour forcer la victoire. Mais les Anglais avaient reçu des renforts plus importants et, sous les ordres d'une nouvelle équipe dirigeante à la tête de laquelle se trouvaient le général Sir Harold Alexander et le général Sir Bernard Montgomery, ils parèrent le coup et contraignirent Rommel à céder à nouveau la plus grande partie du maigre terrain qu'il avait d'abord gagné.

Puis, dans les derniers jours d'octobre, les Britanniques reprirent l'offensive, avec des forces supérieures à celles qu'ils avaient eues auparavant, et cette fois avec des résultats décisifs. Au bout de treize jours de combat, Rommel était au bout de ses ressources et n'avait pratiquement plus de chars. Son front s'effondra et il eut la chance de pouvoir s'échapper avec les lambeaux de son armée. Ceux-ci étaient trop faibles pour pouvoir opposer toute nouvelle résistance sérieuse, et, à la fin de l'année, huit semaines plus tard, il avait été reconduit jusqu'à Bouerat, en Tripolitaine, à plus de 1 500 kilomètres d'El Alamein. Et il ne s'agissait encore que d'une halte dans une retraite qui se termina à Tunis au mois de mai suivant avec l'extinction totale de toutes les forces germano-italiennes en Afrique [1].

Début janvier 1942, les Anglais considéraient leur recul jusqu'à Adjedabia comme une simple interruption momentanée de leur avance sur Tripoli. Ils étaient tout à la préparation de cette opération qui avait été baptisée fort à propos « Acrobat ». Avant que le mois ne se termine, ils avaient réalisé toute une série de sauts périlleux, en arrière.

Le 5 janvier, un convoi de 6 navires qui avait réussi à se faufiler à travers le barrage naval et aérien britannique atteignit Tripoli avec une nouvelle livraison de chars qui porta les effectifs de Rommel à un peu plus d'une centaine. Grâce à ce renfort, et à la lumière de rapports indiquant la faiblesse des éléments avancés britanniques, il se mit à échafauder une contre-offensive immédiate qu'il garda secrète. Il déclencha celle-ci le 21 janvier. Le 23, le ministre de la Guerre italien arriva à son Q.G. pour soulever des objections, mais ce jour-là l'avant-garde de Rommel avait déjà progressé de plus de 150 kilomètres vers l'est et les Anglais reculaient dans la même direction encore plus vite.

Au moment où Rommel lança son attaque, les éléments avancés des forces britanniques consistaient principalement en une division blindée récemment arrivée, la 1re division, dont la brigade blindée (comptant 150 chars moyens) était composée de 3 régiments de cavalerie reconvertis qui n'avaient qu'une petite expérience des opérations blindées et aucune expérience des opérations dans le désert. Leur handicap était encore renforcé du fait que les nouveaux Panzer III de Rommel disposaient d'un meilleur blindage (50 mm) que les anciens, tandis que les artilleurs des batteries antichars allemandes avaient mis au point une tactique offensive encore améliorée en association avec leurs propres chars. Cette amélioration nous est expliquée par Heinz Schmidt :

> « Avec nos douze pièces antichars, nous bondissions d'une position de tir à une autre pendant que nos Panzer, à l'arrêt et dissimulés jusqu'à la tourelle si possible, nous couvraient de leur feu. Puis nous nous installions de manière à pouvoir les couvrir à notre tour tandis qu'ils avançaient de nouveau. Cette tactique était efficace et, malgré l'intensité de leur tir, les chars ennemis ne pouvaient pas contenir notre progression. Ils subissaient des pertes constantes et devaient sans cesse céder du terrain. Nous ne pouvions nous empêcher

1. Cf. cartes pp. 116-117.

de penser que nous n'avions plus en face de nous les adversaires coriaces et expérimentés qui nous avaient harcelés si durement sur la Trigh Capuzzo [1]. »

Pour aggraver les choses les 3 régiments blindés anglais furent engagés séparément. Ils perdirent près de la moitié de leurs chars lors des premiers engagements, lorsque les Allemands les attaquèrent par surprise près d'Antelat. L'avance de Rommel fut ensuite momentanément arrêtée par l'intervention du ministre de la Guerre italien, le général Cavallero, qui refusait d'autoriser le corps d'armées mobile italien à suivre l'Afrika Korps. Mais les Anglais ne mirent pas cette pause à profit et l'absence de toute réaction énergique de leur part enhardit Rommel à reprendre son avance le 25 jusqu'à Msous, faisant voler en éclats la ligne défensive tenue par la Guards Brigade et la 1re division blindée qui se replia vers le nord avec les 30 chars qui lui restaient, hors du chemin de Rommel.

Devant l'avance profonde et menaçante vers Msous, la 4e division indienne reçut l'ordre d'évacuer le port de Benghazi, qui regorgeait maintenant de ravitaillement, et de se replier sur la ligne Derna-Mekhili. Ce repli fit l'objet d'un contre-ordre au cours de la nuit, et Auchinleck, qui venait d'arriver par avion du Caire pour voir Ritche au Q.G. de la VIIIe armée, ordonna de préparer une contre-offensive. Mais son intervention ne se révéla pas aussi heureuse ni aussi efficace qu'en novembre. Elle eut pour résultat d'étaler et d'immobiliser les forces britanniques dans le but de protéger les 330 kilomètres entre Benghazi et Mekhili, alors que Rommel dans sa position centrale de Msous avait tout son temps et toute sa liberté pour organiser son action, de même que le choix entre différents objectifs.

La flexibilité de la menace qu'il faisait peser provoqua au sein du commandement britannique « des ordres, des contre-ordres, et des désordres » au cours des jours suivants. L'une des conséquences de cette situation fut que le chef du corps d'armée, Godwin-Austen, demanda à être relevé de son commandement devant la façon dont le chef de l'armée donnait directement ses ordres aux chefs des unités subalternes. D'autres résultats furent plus graves.

Les forces de Rommel étant restreintes, celui-ci décida de marcher à l'ouest sur Benghazi, afin d'empêcher toute menace sur ses arrières dans ce secteur, tout en donnant l'impression de se diriger vers Mekhili, à l'est. Cette feinte hypnotisa le commandement britannique qui envoya en toute hâte des renforts à Mekhili pendant que la 4e division indienne restait seule et largement étirée. Le rapide crochet de Rommel sur Benghazi provoqua une commotion et entraîna l'abandon précipité du port avec toutes les réserves qui s'y entassaient. Exploitant la surprise, il envoya deux petits détachements vers l'est. La menace que les Anglais crurent discerner devant leur avance audacieuse, leur fit abandonner toute une série de positions défensives éventuelles pour se retirer sur la ligne de Gazala, alors que le gros de

1. Schmidt : *With Rommel in the Desert*, pp. 125-126.

l'Afrika Korps, à cours de ravitaillement, n'avait pas encore dépassé Msous. La VIIIe armée se retira à l'abri des défenses de Gazala le 4 février, mais Rommel, après avoir surmonté les hésitations du Haut Commandement italien, ne fut en mesure d'aligner ses forces en face de cette position qu'à la fin avril.

La position de Gazala avait été transformée en une ligne fortifiée par la construction d'ouvrages de campagne et la pose de vastes champs de mines. Mais ces préparatifs furent bientôt éclipsés par le projet d'une nouvelle offensive britannique et, si la position devint un tremplin approprié, elle perdit de sa valeur défensive du fait de son aspect trop linéaire et de son manque de profondeur. A l'exception du secteur côtier, les points fortifiés étaient trop éloignés les uns des autres pour pouvoir s'appuyer mutuellement de leur tir. Ils s'étendaient sur 80 kilomètres vers le sud depuis la côte, espacés par des intervalles de plus en plus grands. La position de Bir Hakeim, à l'aile gauche, tenue par la 1re brigade de la France Libre sous les ordres du général Koenig, était située à plus de 25 kilomètres de celle de Sidi Mouftah. Une autre complication pour la défense provenait de l'existence de la base avancée et de la gare de ravitaillement établie à Belhamed en vue de la nouvelle offensive. Elles représentaient un objectif évident pour un mouvement tournant ennemi et la nécessité de protéger les grandes quantités de ravitaillement qui s'y accumulaient fut un souci constant pour les responsables britanniques pendant la bataille et gêna leur liberté de manœuvre.

La politique et les projets des Britanniques souffrirent également des conséquences d'une divergence d'opinion dans le camp anglais au sujet du caractère souhaitable et réalisable d'une offensive précoce. A partir de février, Churchill insista pour qu'une action fût rapidement entreprise, représentant que 635 000 hommes restaient dans l'expectative au Moyen-Orient pendant que les Soviétiques se battaient désespérément et que, plus près d'eux, Malte était près de succomber sous les coups d'une attaque aérienne prolongée menée par Kesselring. Mais Auchinleck, qui était parfaitement conscient des faiblesses techniques et tactiques de l'armée anglaise, souhaitait attendre que les forces de Ritchie eussent atteint un niveau suffisant pour être sûr d'annuler la supériorité qualitative de Rommel. Finalement, Churchill, passant sur ces arguments, décida de lui envoyer l'ordre définitif d'attaquer « sous peine d'être relevé de son commandement ». Mais Rommel frappa le premier, le 26 mai, prenant une nouvelle fois de court les Anglais, dont l'offensive devait commencer à la mi-juin.

Les renforts reçus avaient porté les forces des adversaires à un niveau supérieur à celui du début de la bataille de novembre (Opération *Crusader*), mais le nombre de divisions était resté le même : 3 divisions allemandes (dont 2 blindées) et 6 divisions italiennes (dont 1 blindée) contre 6 divisions anglaises (dont 2 blindées). Si l'on calcule en nombre de divisions, comme les politiciens et les généraux ont coutume de la faire, Rommel attaquait à 9 contre 6, et cette arithmétique militaire a été utilisée pour expliquer la défaite anglaise.

Mais, dans la réalité, le rapport des forces était très différent et montre à quel point il peut être trompeur de calculer en « divisions ». Sur les 5 divisions d'infanterie italiennes à effectif réduit, 4 n'étaient pas motorisées et ne pouvaient donc prendre aucune part active à une bataille de manœuvres mobiles comme celle de Gazala. La VIIIe armée britannique disposait non seulement d'une abondance de véhicules de transport automobiles, mais avait aussi de 2 groupes de brigade motorisés indépendants et 2 brigades d' « armée » de chars, en plus de ses 6 divisions, dont une, la 1re division blindée, avait 2 brigades blindées au lieu d'1, suivant le modèle désormais normal. En tout, la VIIIe armée avait 14 unités de chars sur le terrain, plus 3 sur le point d'arriver, contre les 7 unités de Rommel dont 4 seulement, les unités allemandes, étaient dotées de chars efficaces.

En chiffre, les Anglais avaient 850 chars au sein des formations blindées de la VIIIe armée et 420 autres prêts à être envoyés en renfort. Leur adversaires avaient 560 chars, mais 230 d'entre eux étaient des chars italiens démodés et peu sûrs, et 50 chars allemands sur 330 étaient des chars légers. Seuls les 280 chars allemands moyens dotés d'un canon compteraient réellement dans une bataille, et il n'y en avait aucun en réserve, à part une trentaine en réparation et un nouveau lot d'une vingtaine qui venait d'être débarqué à Tripoli. Si bien qu'en faisant les calculs sur une base réaliste, les Anglais étaient numériquement à 3 contre 1 pour le premier choc de blindés et à plus de 4 contre 1 si le combat tournait à la bataille d'usure.

Dans le domaine de l'artillerie, les Anglais avaient une supériorité numérique de 3 à 2, mais cet avantage était partiellement annulé du fait que toutes leurs pièces étaient distribuées au sein des divisions, alors que Rommel faisait un usage très efficace d'une réserve mobile de 56 pièces de calibre moyen qu'il gardait sous son propre commandement.

En matière d'aviation, les forces des deux camps s'équilibraient mieux que dans toute autre bataille. La Desert Air Force britannique comptait approximativement 600 appareils de première ligne (380 chasseurs, 160 bombardiers et 60 avions de reconnaissance) contre un total germano-italien de 530 appareils (350 chasseurs, 140 bombardiers, 40 avions de reconnaissance). Mais les 120 Me 109 des Allemands étaient qualitativement supérieurs aux Hurricane et aux Kittyhawk anglais.

La question du rapport qualitatif entre les chars des deux armées est plus épineuse. Après la défaite de leur VIIIe armée, les Anglais pensèrent naturellement que leurs chars étaient inférieurs à ceux de l'ennemi, et cette opinion fut exprimée comme un fait reconnu dans le Rapport officiel d'Auchinleck. Mais elle ne résiste pas à l'analyse des caractéristiques techniques et des rapports d'essais de leurs canons et blindages respectifs. La plupart des chars allemands étaient dotés du canon de 50 mm court qui avait un pouvoir de pénétration légèrement inférieur à celui de la pièce de 2 à plus grande vitesse initiale dont tous les chars de fabrication anglaise étaient dotés. En matière de blindage, la plupart des chars allemands de 1941 avaient une protection plus mince que les derniers modèles de chars moyens anglais (un maximum de 30 mm contre 40 mm), mais ils étaient maintenant mieux protégés, à l'exception de la tourelle, les plus récemment arrivés ayant des plaques de blindage plus épaisses (50 mm) et les autres ayant reçu des plaques de renfort aux parties les plus exposées de la coque. Cependant, tous les chars allemands étaient plus vulnérables que les Matilda (78 mm de blindage) et les Valentine (65 mm de blindage).

Un nouveau char moyen allemand, le Panzer III (J) Special, entra en action dans cette bataille. Il était armé d'un tube de 50 mm long semblable à celui des pièces antichars allemands. Mais seulement 19 de ces chars étaient parvenus sur le front, tandis qu'un autre lot de même importance avait été débarqué à Tripoli. Ce renfort était largement annulé par l'arrivée en Egypte de plus de 400 exemplaires du nouveau char américain Grant. Lorsque la bataille se déclencha, les 2 divisions blindées britanniques de Gazala avaient été équipées de près de 170 de ces chars Grant, qui étaient dotés d'un canon de 75 mm possédant une force de pénétration supérieure à celle du 50 mm long du Panzer III (J) Special, de même que d'un blindage supérieur (57 mm contre 50). L'affirmation si souvent répétée, selon laquelle les chars utilisés par les Anglais étaient inférieurs à ceux des Allemands, est donc dénuée de tout fondement. Au contraire les Anglais possédaient un avantage qualitatif associé à une très importante supériorité numérique [1].

Dans le domaine des canons antichars, les Anglais avaient également retrouvé un avantage qualitatif grâce à l'arrivée de leur pièce de 6 (57 mm) qui avait un pouvoir de pénétration de 30 % supérieur à celui du canon antichar de 50 mm long des Allemands. Un nombre suffisant de ces pièces était arrivé pour équiper les deux brigades d'infanterie motorisée et les bataillons motorisés des brigades blindées. Le canon allemand de 88 mm demeurait encore le plus formidable « tombeur de chars », mais Rommel n'en avait que 48 et la hauteur de leur affût les rendait plus vulnérables que toutes les pièces antichars standard britanniques ou allemandes.

L'analyse des facteurs techniques n'apporte aucune explication satisfaisante de la défaite de la VIIIe armée à Gazala. Les faits montrent clairement qu'elle découla de la tactique supérieure des Allemands en général, et en particulier de leur combinaison tactique des chars et des canons antichars.

La ligne fortifiée de Gazala était tenue par le 13e corps d'armée, placé maintenant sous les ordres du général *Strafer* (bombardier) Gott, avec 2 divisions d'infanterie avancées, la 1re division sud-africaine à droite et la 50e à gauche. Le 30e corps d'armée, toujours commandé par Norrie, et comprenant la plus grande partie des blindés, devait protéger le flanc sud, et parer toute attaque blindée au centre, que les responsables britanniques, pour

1. Pour de plus amples détails à ce sujet, cf. Liddell Hart : *The Tanks*, vol. II, pp. 92-98 et 154-156.

quelque obscure raison, considéraient comme le chemin le plus vraisemblable de Rommel. La dualité de cette tâche entraîna un dispositif aberrant pour les blindés. La 1re division blindée fut gardée à proximité de la Trigh Capuzzo, tandis que la 7e division blindée (qui n'avait qu'une seule brigade blindée) était postée quelque 15 kilomètres au sud et largement déployée pour couvrir et appuyer la brigade française de Bir Hakeim. Auchinleck avait écrit à Ritchie pour lui suggérer une meilleure concentration, mais malheureusement ses suggestions ne furent pas respectées sur place.

Dans la nuit du 26, par un beau clair de lune, Rommel contourna rapidement le flanc britannique avec ses 3 divisions allemandes et les 2 divisions blindées italiennes, pendant que les 4 divisions italiennes non motorisées « faisaient des grimaces » aux défenseurs de la Ligne de Gazala. Bien que son mouvement tournant (avec plus de 10 000 véhicules) ait été repéré avant la tombée de la nuit et à nouveau au lever du jour, alors qu'il contournait Bir Hakeim, les responsables anglais croyaient toujours que son attaque principale aurait lieu au centre, selon leur attente. Les brigades blindées anglaises furent lentes à se déplacer et arrivèrent au combat en ordre dispersé, tandis que les 2 brigades motorisése du flanc sud étaient disloquées alors qu'elles étaient séparées et sans appui. Le Q.G. de la 7e division blindée fut envahi et son chef, le général F.W. Messervy, fut capturé, il réussit cependant à s'évader par la suite. C'était pour lui la seconde catastrophe en quelques mois, car il était à la tête de la 1re division blindée lorsque celle-ci avait été surprise et dispersée par Rommel à Antelat, en janvier.

Mais Rommel, malgré ce premier succès, ne réussit pas à percer jusqu'à la mer et à isoler de ce fait les divisions de la Ligne de Gazala, ainsi qu'il avait espéré le faire. Ses divisions de Panzer ressentirent un choc en trouvant en face d'elles pour la première fois les chars Grant avec leurs canons de 75 mm. Les Allemands se trouvèrent sous un feu destructeur à trop longue portée pour qu'ils puissent riposter et ne réussirent à avancer qu'après avoir amené des pièces antichars, y compris 3 batteries de 88, pendant que leurs propres chars contournaient les blindés britanniques dont les unités, tout comme les brigades, étaient séparées, et donc d'autant plus sensibles à des pressions de flanc. Néanmoins les divisions de Panzer n'avaient progressé que de 5 kilomètres au nord de la Trigh Capuzzo à la tombée de la nuit, au prix de lourdes pertes, et se trouvaient encore à plus de 30 kilomètres de la mer. Rommel lui-même écrivit dans son journal : « Notre plan de vaincre les forces anglaises derrière la Ligne de Gazala, n'a pas réussi [...] l'apparition du nouveau char américain avait ouvert de grands trous dans nos rangs [...] Largement plus du tiers des chars allemands avaient été perdus au cours de cette seule journée [1]. »

Un nouvel effort de Rommel pour atteindre la mer, le second jour, ne réalisa aucune avance notable et entraîna de nouvelles pertes. A la tombée de la nuit, ses chances de remporter une victoire rapide s'étaient déjà éva-

1. *The Rommel Papers*, pp. 207-208.

nouies, bien que les Anglais n'eussent rien fait pour exploiter sa perte d'équilibre qui était pour eux la meilleure occasion de provoquer sa chute. Mais sa situation était encore rendue plus périlleuse par le long détour que ses colonnes de ravitaillement devaient faire autour de Bir Hakeim. sous la menace permanente d'une interception des blindés ou de l'aviation britannique. Il n'échappa lui-même que de justesse à la capture alors qu'il allait en avant dans son command-car, et il eut d'autant plus de chance qu'il rentra à son Q.G. pour s'apercevoir qu'en son absence les Anglais avaient capturé son état-major. L'Afrika Korps n'avait plus que 150 chars en état de combattre, et les Italiens 90, alors que les Anglais en avaient encore 420.

Après une nouvelle journée d'échecs, il donna l'ordre à ses forces d'adopter une position défensive. C'était là une position précaire, car il se trouvait au-delà de la Ligne fortifiée de Gazala, séparé du reste de ses troupes par la garnison britannique et d'immenses ceintures de champs de mines. Il n'est pas très agréable de se battre « avec le dos au mur », mais quand ce mur est une barrière de mines, la situation est encore moins rose.

Au cours des jours suivants, l'aviation anglaise fit pleuvoir un déluge de bombes sur cette position, qui avait été rebaptisée fort à propos « le chaudron », pendant que la VIIIe armée l'attaquait sur le terrain. Les journaux se remplirent de rapports triomphants proclamant que Rommel était maintenant pris au piège, tandis qu'il régnait dans les hautes sphères militaires britanniques une tranquille assurance quant aux chances d'achever le travail quand on voudrait, Rommel ne pouvant faire autrement que de capituler.

Cependant, dans la nuit du 13 juin, toute la perspective changea. Le 14, Ritchie abandonna la Ligne de Gazala et entama une retraite rapide vers la frontière, laissant les troupes de Tobrouk isolées. Le 21 Rommel s'était emparé de cette forteresse et des 35 000 hommes de sa garnison, ainsi que d'une immense quantité de ravitaillement. Pour les Anglais ce fut le plus grave désastre de la guerre, à part la chute de Singapour. Le lendemain, le reste de la VIIIe armée abandonnait sa position sur la frontière près de Soloum et battait en retraite en toute hâte vers l'est à travers le désert avec Rommel sur ses talons.

Quelle avait été la cause d'un revirement aussi dramatique? Une bataille a rarement été aussi embrouillée et tous les fils n'en ont jamais été tout à fait débrouillés d'une manière satisfaisante. Le « mystère du Chaudron » continue d'intriguer ceux qui ont essayé d'écrire son histoire du côté anglais et il a été rendu encore plus déconcertant par les mythes auxquels il a donné naissance.

A côté du mythe selon lequel Rommel possédait des forces de chars supérieures il existe un autre mythe selon lequel la situation fut retournée et le gros des chars anglais détruit en une seule journée fatale, le 13 juin. En réalité, cette journée fut seulement le point culminant d'une série de journées désastreuses. La clef fondamentale du « mystère du Chaudron » se trouve dans les notes de Rommel. Le soir du 27 mai :

« Malgré la situation précaire et la difficulté des problèmes, je regardais l'avenir plein d'espoir quant au sort de la bataille. En effet Ritchie avait jeté ses blindés dans la bataille par petits groupes et il nous offrait ainsi l'occasion de les combattre à chaque fois avec une quantité juste suffisante de nos propres chars [...] Ils n'auraient jamais dû se laisser aller à diviser leurs forces... [1] »

Il rapporte ensuite qu'il adopta cette position défensive apparemment dangereusement exposée...

« en sachant avec certitude [...] que les Anglais n'oseraient pas utiliser une partie de leurs forces blindées pour attaquer les Italiens sur la Ligne de Gazala (alors que des forces de Panzer allemandes pouvaient menacer leurs arrières) [...] Je prévoyais donc que les brigades mécanisées britanniques continueraient de venir se heurter contre notre front défensif bien organisé, épuisant ainsi leurs forces dans le processus [2]. »

Les prévisions de Rommel ne se vérifièrent que trop bien. Les Anglais s'entêtèrent dans une série d'assauts décousus contre sa position, au prix de pertes élevées. De tels assauts directs se révélèrent la pire sorte d'imprudence. Tout en les repoussant, Rommel enleva le point fortifié isolé de Sidi Mouftah, défendu par la 150e brigade d'infanterie, qui se trouvait derrière lui, et il avait un passage à travers les champs de mines pour son ravitaillement.

Quatre jours plus tard, le 5 juin, Ritchie lança une attaque de plus grande envergure contre la position de Rommel. Mais celle-ci fut encore exécutée par petits groupes, alors que les défenseurs avaient profité du large répit qui leur avait été accordé pour organiser et fortifier leur position. Le plan d'attaque très complexe subit une série d'anicroches et se transforma en une suite décousue d'assauts trop directs qui furent repoussés à tour de rôle. Le soir du second jour, le nombre des chars anglais avait fondu de 400 à 170 du fait des pertes au combat et des pannes mécaniques. De plus, exploitant la confusion qui régnait chez les attaquants, Rommel lança le premier soir une brusque riposte en tenaille qui dispersa l'une des brigades de la 5e division indienne, puis se referma dans le dos d'une autre qui fut anéantie le lendemain, ainsi que toute l'artillerie d'appui de la division. La prise de 4 régiments d'artillerie et de 4 000 hommes représentait un bilan non négligeable.

Les brigades blindées anglaises étaient tenues en respect pendant que cette opération se déroulait. Leurs efforts pour venir au secours des troupes encerclées furent spasmodiques et mal coordonnés, le Commandement ayant encore perdu de son efficacité depuis que le chef de la 7e division blindée, Messervy, avait été chassé des lieux par la prise du Q.G. de la

---

1. *The Rommel Papers*, p. 208.
2. *Ibid.*, p. 211.

5e division indienne par les chars allemands, et contraint ainsi d'effectuer sa deuxième « sortie » depuis le début de la bataille.

Entre-temps Rommel s'attaquait également à une autre section importante de la position de la VIIIe armée. Le soir du 1er juin, aussitôt après avoir enlevé Sidi Mouftah, il avait envoyé un détachement et la division Trieste attaquer le point fortifié, encore plus isolé, de Bir Hakeim, qui était situé à l'extrême flanc sud et défendu par la 1re brigade de la France Libre. Celle-ci opposa une résistance tellement vigoureuse que Rommel dut venir prendre en personne le commandement des forces d'assaut, et il écrivit : « Nulle part en Afrique je ne rencontrai une opposition aussi vive. » Il ne réussit à pénétrer dans la place que le dixième jour et la plupart des Français parvinrent à s'esquiver à l'abri de l'obscurité.

Rommel était maintenant en mesure de faire une nouvelle et plus longue avance. Bien que les effectifs des brigades blindées anglaises eussent été reconstitués, grâce à des renforts, jusqu'à un total de 330 chars (plus du double de ce qu'il restait à l'Afrika Korps), leur confiance était durement ébranlée et les Allemands sentaient l'odeur de la victoire. Le 11 juin, Rommel frappa vers l'est et, le lendemain, il coinça 2 des 3 brigades blindées anglaises entre ses divisions de Panzer, forçant les Britanniques à se battre dans un secteur étroit où il pouvait les marteler sous un feu convergent. Elles auraient pu faire de plus grands efforts pour sortir du piège si elles n'avaient été, encore une fois, privées de commandement du fait que Messervy était coupé de ses troupes, pour la troisième fois en trois semaines, par l'avance de l'ennemi alors qu'il se rendait auprès du chef de la VIIIe armée. Vers le milieu de l'après-midi du 12, les 2 brigades furent encerclées et seuls quelques lambeaux parvinrent à s'échapper, tandis que la 3e brigade subit de lourdes pertes de la part des Allemands placés en bonne position, en venant à la rescousse des deux autres. Le 13, Rommel se tourna vers le nord et chassa les Anglais du point fortifié « Knightsbridge », tout en continuant de harceler les chars britanniques restants. A la tombée de la nuit ils n'étaient plus qu'une centaine à peine. Pour la première fois Rommel avait maintenant la supériorité numérique en matière de chars, et, étant maître du champ de bataille, il pouvait, à la différence des Anglais, récupérer et réparer un grand nombre de ses chars endommagés.

Les 2 divisions de la Ligne de Gazala couraient maintenant le risque imminent d'être isolées et encerclées, car, le 14 juin, Rommel envoya l'Afrika Korps vers le nord, via Acroma, en direction de la route côtière. Mais elle fut retardée par des champs de mines qu'elle ne réussit à franchir que tard dans l'après-midi, et les hommes étaient tellement fatigués qu'ils s'endormirent à l'endroit où ils s'arrêtèrent à la tombée de la nuit, en dépit des appels de Rommel leur enjoignant de continuer et de couper la route côtière. Cela fut heureux pour les Sud-Africains dont les convois motorisés foncèrent toute la nuit sur la route en direction de l'est, Mais une partie de leur arrière-garde fut isolée lorsque les forces de Panzer se précipitèrent vers la mer le lendemain matin. L'autre division, la 50e britannique, ne parvint à s'échapper qu'en rompant vers l'ouest après avoir traversé le front italien, puis en faisant un long circuit vers le sud et enfin vers l'est jusqu'à la frontière. La 1re division sud-africaine, après s'être esquivée par la route côtière, poursuivit également sa retraite jusqu'à la frontière distante de plus de 160 kilomètres et 110 kilomètres au-delà de Tobrouk.

Un repli d'une telle envergure était contraire aux intentions d'Auchinleck dont les ordres stipulaient que la VIIIe armée devait se reformer sur une ligne à l'ouest de Tobrouk. Mais Ritchie omit d'informer son commandant en chef que les divisions de la Ligne de Gazala se repliaient jusqu'à la frontière et, le temps qu'Auchinleck l'apprenne, il était trop tard pour les arrêter. Le pire était que les troupes britanniques avaient l'impression « d'être assises entre deux chaises ».

En effet, le 14 juin, alors qu'elles se repliaient, Churchill envoya un message catégorique disant : « Je présume qu'il n'est en aucun cas question d'abandonner Tobrouk » Il répéta cette exhortation dans des télégrammes en date du 15 et du 16. Ce conseil venu de Londres conduisit à la faute suprême. Car la décision hâtive de laisser une partie de la VIIIe armée à Tobrouk, alors que le reste se repliait jusqu'à la frontière, donna l'occasion à Rommel d'écraser les forces isolées de Tobrouk avant qu'elles n'eussent eu le temps d'organiser véritablement leur défense.

Rapidement tournées à nouveau vers l'est par Rommel, après leur avance sur la côte, les forces de Panzer contournèrent le périmètres de Tobrouk, capturant ou isolant les points fortifiés établis sur les arrières de la VIIIe armée et poursuivirent leur chemin pour s'emparer des aérodromes de Gambout, à l'est de Tobrouk. Lors de cette progression elles balayèrent les derniers lambeaux des brigades blindées anglaises qui se replièrent ensuite vers la frontière. Mais Rommel ne les poursuivit pas encore. Dès qu'il se fut emparé des aérodromes de Gambout, il retourna ses forces vers l'ouest et, avec une rapidité stupéfiante, déclencha une attaque contre Tobrouk. La garnison renforcée comprenait la 2e division sud-africaine (dont faisait partie la 11e brigade indienne) sous les ordres du général Klopper, la Guards Brigade et la 32e brigade d'armée de chars avec 70 chars, Mais, après avoir vu les Panzer de Rommel continuer leur retour vers l'est, les Britanniques ne s'attendaient pas à une attaque et ne s'y étaient pas préparés. Le 20 juin, à 5 h 20 du matin, l'artillerie et les bombardiers en piqué allemands firent pleuvoir un déluge de feu sur un secteur situé au sud-est du périmètre. Le bombardement fut suivi d'un assaut d'infanterie. à 8 h 30 les chars allemands s'engouffraient par une brèche dans les défenses et Rommel en personne était sur place pour accélérer le mouvement. L'après-midi, les Panzer avaient vaincu la résistance des défenseurs en pleine confusion et entraient dans Tobrouk. Le lendemain matin, le commandant de la garnison, le général Klopper, voyant que la poursuite de la résistance était sans espoir et la retraite impossible, prit la décision fatidique de capituler. Quelques éléments isolés parvinrent à s'échapper, mais 35 000 hommes furent faits prisonniers.

La conséquence de ce désastre fut la retraite précipitée du reste des forces de Ritchie jusqu'en Egypte, avec Rommel sur leurs talons. Cette poursuite fut grandement facilitée pour Rommel par l'énorme butin qu'il avait pris sur les réserves de Tobrouk. Selon Bayerlein, le chef de l'état-major de l'Afrika Korps, 80 % des véhicules de transport dont disposaient à ce moment là les Allemands étaient des véhicules pris aux Anglais. Ces prises de guerre leur procurèrent donc moyens de transport, carburant et nourriture, mais elles ne leur permirent pas de reconstituer leurs effectifs de combat. Le 23 juin, lorsque l'Afrika Korps atteignit la frontière, il ne lui restait que 44 chars en état de marche et 14 aux Italiens. Néanmoins Rommel décida d'appliquer à nouveau la maxime : « Serrez de près une armée en déroute. »

Le maréchal Kesselring arriva en avion de Sicile, le lendemain de la chute de Tobrouk, pour s'opposer à une poursuite de l'avance en Afrique et réclamer le retour de ses unités aériennes afin d'organiser une attaque contre Malte, ainsi qu'il avait été précédemment arrangé. Le Commandement suprême italien en Afrique était également opposé à cette avance et, le 22, Bastico donna l'ordre à Rommel de s'arrêter. Rommel répondit qu'il n'entendait pas « suivre ce *conseil* » et invita facétieusement son supérieur officiel à dîner avec lui au Caire. Il pouvait se permettre de prendre des libertés après une telle victoire, d'autant plus qu'un message du Q.G. de Hitler venait de lui annoncer son élévation à la dignité de maréchal en récompense de sa victoire. En même temps, Rommel fit directement appel à Hitler et à Mussolini pour obtenir la permission de continuer. Hitler et ses conseillers militaires étaient devenus très sceptiques au sujet de l'assaut projeté contre Malte. Ils avaient le sentiment que la marine italienne ne leur apporterait aucun appui face à la Royal Navy et que les parachutistes allemands largués sur Malte se retrouveraient abandonnés à eux-mêmes, sans ravitaillement ni renforts. Un mois plus tôt, le 21 mai, Hitler avait décidé que si Rommel réussissait à s'emparer de Tobrouk l'attaque de Malte, baptisée « Opération *Hercule* », serait abandonnée. Mussolini était également soulagé à l'idée de substituer une alternative moins redoutable à ce travail « d'Hercule » et il était tout près de se rallier à une perspective plus glorieuse. Le matin du 24, Rommel reçut donc un message radio : « Le Duce approuve l'intention de la Panzerarmée de poursuivre l'ennemi en Égypte. » Quelques jours plus tard Mussolini se rendait en avion à Derna, suivi, dans un autre appareil, d'un cheval blanc destiné à son entrée triomphale au Caire. Selon les documents italiens, Kesselring lui-même semble avoir reconnu qu'une poursuite en Égypte était préférable à un assaut contre Malte.

La hâte des Anglais à battre en retraite de la frontière avant même que Rommel y fût arrivé justifia et confirma l'audace de ce dernier. C'était là une démonstration frappante de l'importance du moral, et de la phrase de Napoléon souvent citée et selon laquelle « dans la guerre, le moral est trois fois plus important que le matériel ». En effet, lorsque Ritchie décida d'abandonner la frontière, « afin de gagner du temps grâce à la distance », comme il télégraphia à Auchinleck, il avait 3 divisions d'infanterie pratiquement intactes, une quatrième, constituée de troupes fraîches, était en route pour le rejoindre et il lui restait trois fois plus de chars que l'Afrika Korps.

Mais le choc des nouvelles de Tobrouk avait amené Ritchie à abandonner toute idée de défendre la frontière. Il prit cette décision dans la nuit du 20 juin, six heures avant que Klopper ne décidât de capituler.

L'intention de Ritchie était d'organiser la résistance à Marsa Matrouh et d'engager là une bataille décisive avec l'aide des divisions ramenées de la frontière, renforcées par la 2e division néo-zélandaise qui arrivait venant de Syrie. Mais, le 25 au soir, Auchinleck releva Ritchie de ses fonctions et prit personnellement le commandement de la VIIIe armée. Après avoir fait le tour du problème avec son principal officier d'état-major, Éric Dorman-Smith, il annula l'ordre de tenir la position fortifiée de Marsa Matrouh et décida d'engager une bataille plus mobile dans la région d'El Alamein. C'était une décision difficile, car non seulement elle entraînait de nombreuses difficultés pour déplacer les troupes et le ravitaillement, mais elle ne pouvait manquer de causer de nouvelles alarmes à Londres, en particulier à Whitehall. En prenant cette décision, Auchinleck fit preuve de sang-froid et de courage. Bien qu'un nouveau repli ne pût se justifier par le rapport des forces matérielles il était probablement sage, étant donné les points faibles de la position de Marsa Matrouh qui pouvait être facilement contournée, étant donné aussi le moral des troupes. En effet, si les troupes qui refluaient de la frontière n'étaient pas démoralisées, leur confiance était ébranlée et la confusion était grande. Le général et historien néo-zélandais, Sir Howard Kippenberger, les vit arriver dans la région de Marsa Matrouh « dans un tel état de désorganisation et d'hétérogénéïté » qu'il ne put distinguer « une seule unité homogène d'infanterie, de blindés ou d'artillerie [1] ». Rommel ne leur accordait pas un instant pour se réorganiser, et la rapidité de sa poursuite réduisit à néant l'intention de Ritchie d'abandonner la frontière « pour gagner du temps grâce à la distance ».

Après avoir reçu le « feu vert » de Rome dans la nuit du 23 au 24 juin, Rommel franchit la frontière et s'avança au clair de lune à travers le désert. Le soir du 24 il avait couvert plus de 150 kilomètres et atteint la côte bien au-delà de Sidi Barrani, sur les talons des Anglais. Mais il n'attrapa qu'une petite partie de l'arrière-garde. Le lendemain soir, ses forces étaient à proximité des positions occupées par les Anglais à Marsa Matrouh et au sud de la localité.

Étant donné la facilité avec laquelle Marsa Matrouh pouvait être contournée, les forces mobiles du 13e corps d'armées (Got) avaient été postées au sud dans le désert, appuyées par la division néo-zélandaise, tandis que la défense de Marsa Matrouh était assurée par le 10e corps (Holmes) avec 2 divisions d'infanterie. Entre les 2 corps d'armée s'étendait un espace d'une quinzaine de kilomètres, protégé par une ceinture de champs de mines.

Rommel ne s'arrêta pas pour organiser une attaque soigneusement pré-

---

1. Kippenberger : *Infantry Brigadier*, p. 127.

parée. Faute d'effectifs, il lui fallait se reposer sur la vitesse et la surprise. Alors que le nombre des chars anglais avait été porté à un total de 160 (dont près de la moitié était des chars Grant), il n'avait qu'à peine 60 chars allemands (dont un quart de chars légers Panzer III) et une poignée de chars italiens. Les effectifs d'infanterie de ses 3 divisions allemandes atteignaient à peine 2 500 hommes et ceux des 6 divisions italiennes quelque 6 000 hommes. C'était pure audace de lancer une attaque avec des forces aussi réduites, mais l'audace triompha, avec l'aide de l'effet psychologique et de la vitesse.

Les 3 divisions allemandes très diminuées avancèrent en tête et déclenchèrent leur attaque dans l'après-midi du 26. Deux d'entre elles étaient arrivées en face de l'espace mentionné plus haut. La 90e division légère eut la chance d'arriver sur la partie la plus étroite du champ de mines et, à minuit, elle l'avait dépassé de 20 kilomètres (elle rejoignit la route côtière le lendemain soir, barrant ainsi la route directe de Marsa Matrouh). La 21e division de Panzer mit plus longtemps à traverser la double ceinture de mines qu'elle avait rencontrée, mais, au lever du jour, elle progressa de 35 kilomètres en profondeur puis se retourna contre les arrières de la division néo-zélandaise, à Minkar Kaim, et dispersa une partie de ses véhicules de transport avant d'être arrêtée. La 15e division de Panzer, plus au sud, tomba sur les blindés anglais et fut tenue en échec pendant la plus grande partie de la journée. Mais la percée rapide et profonde de la 21e division de Panzer et sa menace contre la ligne de retraite anglaise avait produit une telle impression que, dans l'après-midi, Gott ordonna une retraite qui devint bientôt désordonnée. La division néo-zélandaise resta isolée mais réussit à traverser l'encerclement ennemi après la tombée de la nuit. Le 10e corps à Marsa Matrouh ne fut informé de la retraite du 13e corps que le lendemain peu avant le lever du jour, c'est-à-dire neuf heures après que sa route de retraite eut été barrée. Près des deux tiers des forces de Marsa Matrouh parvinrent cependant à s'échapper au cours de la nuit suivante en rampant vers le sud en petits groupes à l'abri de l'obscurité. Mais 6 000 hommes furent faits prisonniers (un nombre supérieur au total des effectifs de la force de frappe de Rommel) et une grande quantité de ravitaillement et de matériel fut abandonnée au profit de Rommel.

Entre-temps, son avant-garde de Panzer continuait sa progression à une telle vitesse qu'elle rendit caduc l'espoir des Britanniques d'organiser une résistance temporaire à Fouka. Elle atteignit la route côtière à cet endroit le 28 au soir, attrapa et détruisit les restes d'une brigade indienne qui avait été dispersée lors de l'attaque initiale, et encercla le lendemain matin quelques-unes des colonnes qui s'étaient échappées de Marsa Matrouh. La 90e division légère, qui avait été chargée du nettoyage de Marsa Matrouh, reprit son avance le long de la côte dans l'après-midi du même jour. A minuit elle avait franchi 150 kilomètres et dépassé l'avant-garde de Panzer. Le lendemain matin, 30 juin, Rommel, exultant, écrivit à sa femme : « plus que 160 kilomètres jusqu'à Alexandrie ! » Le soir il n'était plus qu'à 100 kilomètres de son but et la clef de l'Égypte semblait à portée de sa main.

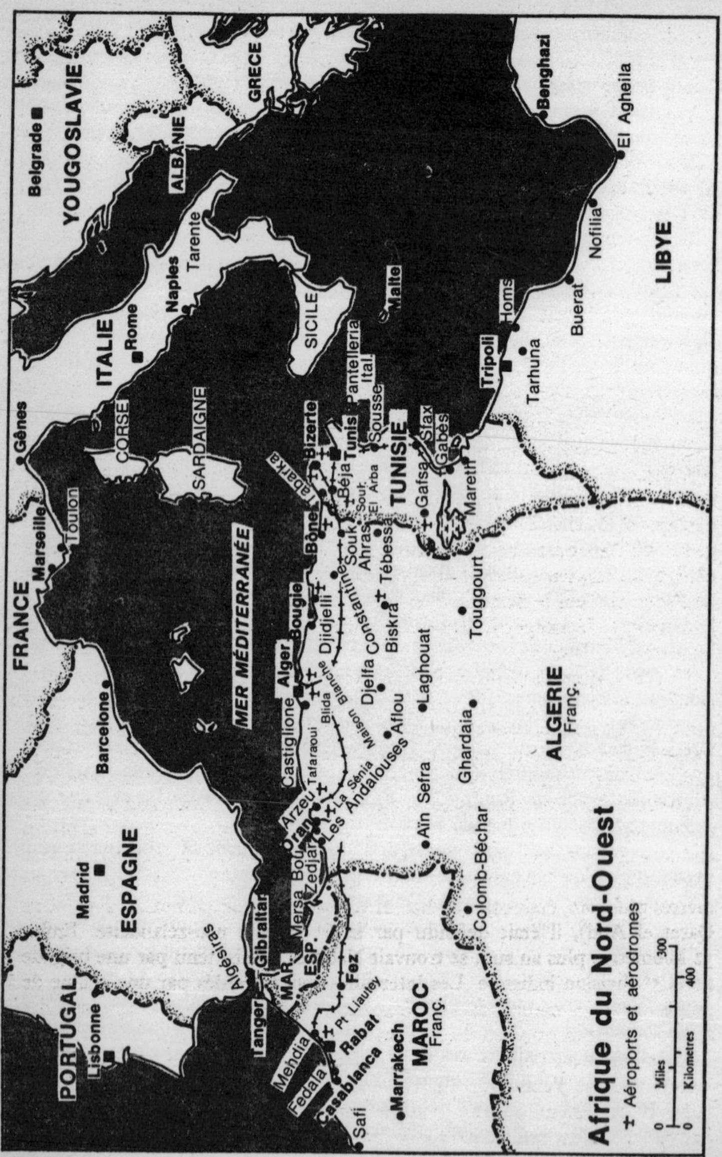

Afrique du Nord-Ouest
Aéroports et aérodromes
Miles
Kilometres
0
300
400
FRANCE
ESPAGNE
PORTUGAL
ITALIE
YOUGOSLAVIE
ALBANIE
GRECE
MER MÉDITERRANÉE
CORSE
SARDAIGNE
SICILE
Malte
Pantelleria Ital.
TUNISIE
ALGERIE Franç.
MAROC Franç.
LIBYE
ESP.
MAR.
Belgrade
Madrid
Lisbonne
Barcelone
Marseille
Toulon
Gênes
Rome
Naples
Tarente
Algésiras
Gibraltar
Tanger
Mehdia
Fedala
Casablanca
Rabat
Safi
Marrakech
Pt Lyautey
Fez
Mersa Bou Zedjar
Oran
Arzeu
Les Andalouses
La Sénia
Tafaraoui
Maison Blanche
Castiglione
Alger
Blida
Bougie
Djidjelli
Constantine
Bône
Tabarka
Bizerte
Tunis
Béja
Souk Ahras
Souk El Arba
Sousse
Sfax
Gabès
Gafsa
Mareth
Tébessa
Biskra
Djelfa
Aflou
Laghouat
Ghardaïa
Touggourt
Aïn Sefra
Colomb-Béchar
Tripoli
Homs
Tarhuna
Buerat
Nofilia
El Agheila
Benghazi

20.
Le flot tourne en Afrique

Le 30 juin, les Allemands vinrent se placer juste en face de la ligne d'El Alamein, ce qui représentait une avance relativement courte, en attendant l'arrivée des Italiens. Ce bref arrêt pour concentrer ses forces tourna au détriment des chances de Rommel. En effet, ce matin-là, les restes des brigades blindées britanniques étaient encore dans le désert au sud de la route côtière, inconscients d'avoir été dépassés, dans leur retraite, par les Panzer de Rommel. Seul le manque d'épaisseur des forces lancées à leur poursuite leur permit d'échapper à l'encerclement et de rejoindre la protection de la ligne d'El Alamein.

L'arrêt momentané de Rommel fut peut-être causé par des rapports erronés de ses services de renseignements au sujet des défenses de cette position. En réalité, elles comprenaient quatre points fortifiés disposés dans les 56 kilomètres qui séparaient la côte du bord escarpé de la grande dépression de Kattara, dont les marécages salés et les sables mous limitaient les possibilités d'un éventuel contournement. Le point fortifié le plus important se trouvait sur la côte, à El Alamein, et était défendu par la 1re division sud-africaine. Il était suivi, au sud, par un point tout récemment édifié à Deir el Shein, et défendu par la 18e brigade indienne. Le troisième, 11 kilomètres plus loin, était celui de Bab el Kattara (que les Allemands appelaient Qaret el Abd), il était défendu par la 6e brigade néo-zélandaise. Enfin, 32 kilomètres plus au sud, se trouvait Naqb el Dweis, tenu par une brigade de la 5e division indienne. Les intervalles étaient gardés par une chaîne de petites colonnes mobiles formées à partir de ces 3 divisions et des restes des 2 divisions de la garnison de Marsa Matrouh.

En mettant au point son plan d'attaque pour le 1er juillet, Rommel ne connaissait pas l'existence du nouveau point fortifié de Deir el Shein. Il ignorait également que les blindés anglais avaient été dépassés par ses Panzer et étaient seulement sur le point d'arriver à El Alamein. Il estima donc que ceux-ci seraient vraisemblablement postés en couverture du flanc sud. Sur cette base, il projeta de lancer à cet endroit une attaque de fixation, suivie d'un crochet vers le nord pour effectuer une percée entre El Alamein et Bab el Kattara. Mais l'Afrika Korps se heurta à l'obstacle imprévu de Deir el Shein et ne put s'en emparer, avec la plupart de ses défenseurs, que dans la soirée. La résistance avait été assez longue pour réduire à néant l'espoir de Rommel d'effectuer et d'exploiter rapidement une percée. Les blindés britanniques arrivèrent trop tard pour sauver la position fortifiée mais leur apparition tardive empêcha l'Afrika Korps de poursuivre son avance. Rommel donna l'ordre de continuer au clair de lune, mais cette intention fut compromise par l'aviation anglaise qui profita de ce même clair de lune pour bombarder et disperser les colonnes allemandes de ravitaillement.

Ce jour-là, mercredi 1er juillet, fut le moment le plus dangereux de la lutte en Afrique. Ce fut le véritable tournant de la campagne, plus que l'échec de la nouvelle offensive de Rommel à la fin août ou la bataille d'octobre qui se termina par la retraite de Rommel et qui, du fait de son issue plus spectaculaire, a monopolisé le nom d' « El Alamein ». Il y eut en réalité une série de « batailles d'El Alamein » et la première fut la plus cruciale.

En apprenant la nouvelle de l'arrivée de Rommel devant El Alamein, la flotte britannique avait quitté Alexandrie et, traversant le canal de Suez, s'était réfugiée en mer Rouge. Des nuages de fumée s'élevaient des cheminées des quartiers généraux du Caire où l'on brûlait les archives en toute hâte. Avec un humour noir, les militaires appelèrent ce jour-là « le Mercredi des Cendres ». Les anciens de la Première Guerre mondiale se souvenaient que c'était l'anniversaire du déclenchement de l'offensive de la Somme en 1916, au cours du premier jour de laquelle l'armée anglaise avait perdu 60 000 hommes, le total le plus lourd de toute son histoire. En voyant ces nuages de papier calciné, la population du Caire conclut tout naturellement que les Anglais s'enfuyaient d'Égypte et les gares furent assiégées d'une foule de fuyards. En entendant les nouvelles à la radio, le monde extérieur crut que l'Angleterre avait perdu la guerre au Moyen-Orient.

Mais, à la tombée de la nuit, la situation sur le front semblait s'être améliorée et les défenseurs paraissaient plus confiants, surtout par contraste avec la panique qui régnait à l'arrière.

Rommel continua ses attaques le 2 juillet, mais l'Afrika Korps n'avait même plus 40 chars en état et les troupes étaient mortes de fatigue. L'offensive ne reprit que l'après-midi et fut bientôt arrêtée à la vue de deux importantes formations blindées anglaises, l'une d'elle lui barrant la route et l'autre contournant son flanc. Auchinleck ayant analysé la situation avec sang-froid, s'était rendu compte de la faiblesse des forces de Rommel et avait organisé une contre-attaque qu'il espérait décisive. Les opérations ne se déroulèrent pas selon le plan prévu et les anicroches rencontrées ne permirent pas la réalisation de ses espoirs, mais cependant cela suffit à compromettre les plans de Rommel.

Première bataille d'El Alamein

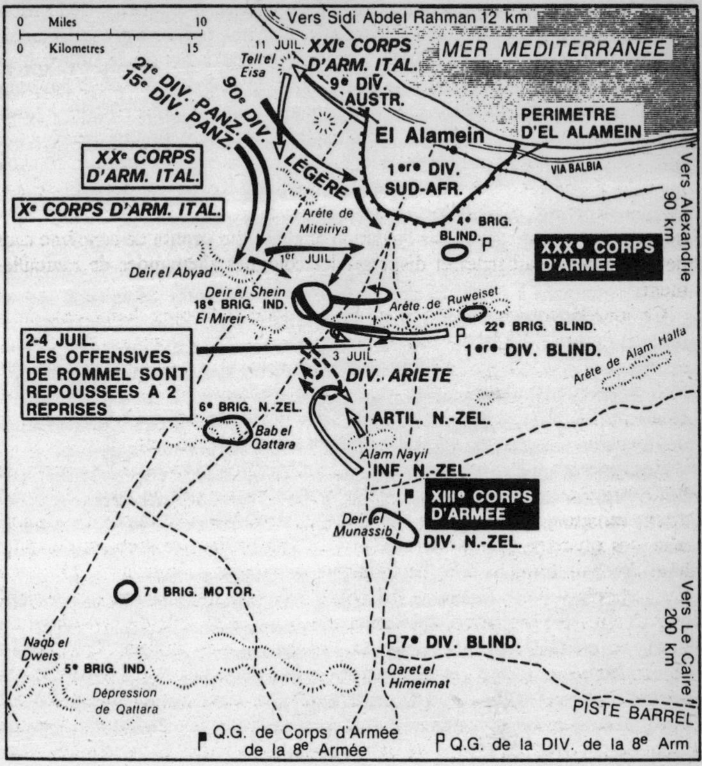

Rommel fit une nouvelle tentative le 3 juillet, mais il ne restait plus alors à l'Afrika Korps que 26 chars en état de combattre et cette tentative avorta sous les coups des blindés anglais. Cependant un nouvel effort permit d'avancer de 15 kilomètres au cours de l'après-midi. Une avance convergente de la division Ariete fut également repoussée et, au cours des combats, le 19e bataillon néo-zélandais s'empara de la quasi-totalité de l'artillerie de cette division italienne, grâce à une brusque contre-attaque de flanc, tandis que « le reste des Italiens s'enfuyaient, pris de panique [1] ». Cet effondrement était un signe évident d'épuisement.

1. *The Rommel Papers*, p. 249.

Le lendemain, 4 juillet, Rommel écrivit tristement à sa famille : « Les choses ne vont malheureusement pas comme nous le voudrions. La résistance est trop forte et nous sommes épuisés. » Non seulement ses attaques avaient été repoussées mais elles avaient été suivies de violentes ripostes. Ses troupes étaient trop fatiguées et trop peu nombreuses pour faire de nouveaux efforts pour le moment. Il fut obligé d'interrompre l'offensive et de les laisser souffler, malgré le répit que cela donnait à Auchinleck pour faire venir des renforts.

D'ailleurs Auchinleck avait repris l'initiative et il parvint presque à retourner la situation avant même l'arrivée des renforts. Ce jour-là, son plan fut à peu près le même que la veille : il consistait à contenir l'attaque de la Panzerarmée à l'aide du 30ᵉ corps de Norrie, pendant que le 13ᵉ corps de Gott attaquait à partir du sud les arrières de l'ennemi. Mais cette fois le gros des blindés resta au nord, avec le 30ᵉ corps, tandis que le 13ᵉ corps disposait de la 7ᵉ division blindée récemment réorganisée et rebaptisée « division blindée légère » avec une brigade motorisée, des autos blindées et des chars Stuart. Elle manquait de punch, mais sa mobilité lui permettait de décrire un vaste et rapide mouvement tournant sur les arrières de l'ennemi pendant que la puissante division néo-zélandaise attaquait sur le flanc.

Malheureusement, une défaillance de la sécurité radio permit aux services d'interception allemands de surprendre les projets d'Auchinleck et d'en avertir Rommel. La 21ᵉ division de Panzer fut reculée pour faire face à l'attaque enveloppante et ce mouvement accrût peut-être les hésitations des chefs d'unités dans l'exécution des plans décisifs d'Auchinleck. De semblables hésitations se manifestèrent dans le secteur nord. Lorsque la 21ᵉ division de Panzer recula, quelques-uns des chars Stuart de la 1ʳᵉ division blindée commencèrent d'avancer, et cette progression insignifiante eut des effets très significatifs; une panique soudaine s'empara des troupes clairsemées de la 15ᵉ division de Panzer (dont les forces combattantes étaient maintenant réduites à 15 chars et quelque 200 fusiliers). Une telle panique de la part de troupes allemandes aussi aguerries montrait à quel point elles étaient épuisées. Mais les Anglais ne firent rien pour saisir l'occasion d'une attaque générale de la division blindée et de tout le corps d'armée, qui aurait bien pu se révéler décisive.

Cette nuit-là Auchinleck ordonna à ses troupes, encore plus catégoriquement qu'auparavant, de poursuivre leurs attaques jusqu'au bout, il disait : « Notre mission est de détruire l'ennemi aussi loin vers l'est que possible et non de le laisser s'enfuir intact [...] l'ennemi ne doit connaître aucun répit [...] La VIIIᵉ armée attaquera et détruira l'ennemi sur ses positions actuelles. » Mais il ne parvint pas à faire passer sa propre énergie jusqu'au bas de la hiérarchie. Il avait établi son Q.G. tactique à côté du Q.G. du 30ᵉ corps, mais celui-ci était à près de 35 kilomètres du front et à une distance à peu près équivalente de celui du 13ᵉ corps, au sud. Le Q.G. de la Panzerarmee n'était qu'à 10 kilomètres du front et Rommel lui-même se trouvait souvent au milieu des troupes avancées pour imprimer son impulsion personnelle sur place. Rommel a souvent été critiqué par des militaires plus orthodoxes, Allemands aussi bien qu'Anglais, pour ses fréquentes absences de son Q.G. et sa prédilection à diriger lui-même le combat. Mais cette direction personnelle, si elle causa certains de ses ennuis, fut la cause primordiale de ses grandes réussites. Elle ressuscitait dans la guerre moderne la pratique et l'influence des grands capitaines du passé.

Le 5 juillet, le 13ᵉ corps ne fit pas grand-chose, et le 30ᵉ encore moins, pour appliquer les intentions et les ordres de Auchinleck. Les brigades de la division néo-zélandaise, auxquelles avait été dévolu le rôle principal dans l'attaque sur les arrières de Rommel, ne furent même pas informées des intentions de leur commandant en chef et de l'action décisive qu'on attendait d'elles. On peut raisonnablement reprocher à Auchinleck d'avoir laissé le gros des blindés avec le 30ᵉ corps, au lieu de les envoyer renforcer l'attaque du 13ᵉ corps, mais il y a peu de raisons de croire qu'ils auraient été employés plus vigoureusement au sud qu'au centre, où une attaque sérieuse aurait aisément réussi, étant donné la faiblesse de l'ennemi. La 1ʳᵉ division blindée disposait maintenant de 99 chars, alors qu'en face d'elle la 15ᵉ division de Panzer n'en avait plus que 15 et tout l'Afrika Korps à peine une trentaine.

La meilleure excuse, et l'explication la plus juste, résident dans la fatigue provenant d'un effort prolongé. Ce facteur fut déterminant dans l'issue de cette première phase cruciale de la bataille qui se termina par un match nul.

Ce résultat était probablement à l'avantage immédiat des Allemands et des Italiens, mais, à plus long terme, il était à leur désavantage. En surface, la situation des Anglais semblait n'avoir jamais été aussi désespérée, alors que le 5 juillet les forces de Rommel étaient plus près d'un effondrement total qu'elles l'avaient jamais été d'une victoire complète.

Au cours de la brève accalmie qui suivit, le reste des divisions d'infanterie italiennes vint prendre la relève sur le front désormais statique dans le secteur nord, libérant ainsi les Allemands pour la nouvelle offensive que Rommel préparait dans le secteur sud. Mais, le 8 juillet, au moment où il allait faire cette tentative, les effectifs de combat de ses trois « divisions » allemandes s'élevaient seulement à 50 chars et 2 000 fantassins, tandis que ceux des 7 « divisions » italiennes (y compris la division blindée Littorio récemment arrivée) ne dépassaient pas 44 chars et environ 4 000 fantassins. Les Anglais avaient été renforcés par l'arrivée de la 9ᵉ division australienne, qui avait si vigoureusement défendu Tobrouk en 1941, et par celle de 2 régiments frais, ce qui portait le nombre de leurs chars à plus de 200. La division australienne fut affectée au 30ᵉ corps d'armée qui reçut également un nouveau chef en la personne du général W. H. Ramsden, qui commandait précédemment la 50ᵉ division.

L'intention de Rommel de faire porter son effort au sud arrangeait Auchinleck dont le nouveau plan prévoyait d'utiliser les Australiens dans une attaque vers l'ouest, le long de la route côtière. Lorsque les Allemands avancèrent vers le sud, les Néo-Zélandais se replièrent vers l'est, évacuant la position de Bab el Kattara, si bien que tout ce que les Allemands gagnèrent au cours de cette progression du 9 juillet fut l'occupation de cette place vide.

Tôt le lendemain matin, les Australiens lancèrent leur attaque près de la côte et bousculèrent rapidement les divisions italiennes qui gardaient le secteur. Les troupes allemandes, envoyées de toute urgence, parvinrent à enrayer l'avance australienne et à regagner une partie du terrain perdu, mais cette forte menace sur la route côtière de ravitaillement de Rommel força ce dernier à abandonner son avance au sud. Auchinleck essaya sans tarder d'exploiter cet effet par une attaque dirigée contre le centre maintenant affaibli du dispositif de Rommel, sur l'arête de Ruweisat. Mais, encore une fois, un plan bien conçu échoua en raison de la mauvaise exécution des subordonnés et du manque de coordination entre les blindés et l'infanterie. Un phénomène auquel les Allemands devaient un grand nombre de leur succès.

La mauvaise coordination tactique entre les deux armes fut aggravée par la méfiance qui grandissait depuis longtemps parmi les fantassins au sujet de l'appui susceptible de leur être fourni par leurs propres blindés, quand, au cours d'une avance, ils s'exposaient à une contre-attaque des troupes de Panzer.

> « Il y avait à cette époque dans toute la VIIIe armée, et pas seulement dans la division néo-zélandaise, une méfiance très forte, presque une haine, envers nos blindés. On entendait partout raconter comment ces derniers laissaient tomber les autres armes ; on colportait comme un axiome que les chars n'étaient jamais au bon moment là où on avait besoin d'eux [1]. »

Malgré cela, cette attaque et cette menace éprouvèrent les maigres ressources de Rommel, tandis qu'une contre-offensive qu'il essaya de lancer au nord réussissait médiocrement. Les chars anglais étaient peut-être lents à parer les contre-attaques des Panzer contre l'infanterie britannique, mais ils contribuaient, par la peur qu'ils inspiraient, à provoquer de vastes capitulations de l'infanterie italienne. Le 17 juillet, Rommel écrivit chez lui :

> « Les choses vont carrément mal pour moi en ce moment, tout au moins du point de vue militaire. L'ennemi se sert de sa supériorité, en particulier en infanterie, pour détruire les formations italiennes l'une après l'autre, et les formations allemandes sont bien trop faibles pour rester seules. Il y a de quoi pleurer [2]. »

Le lendemain, la 7e division blindée fit peser une menace sur le flanc sud des forces de Rommel, pendant qu'Auchinleck préparait une nouvelle offensive de plus vaste envergure avec des renforts supplémentaires qu'il

---

1. Kippenberger : *Infantry Brigadier*, p. 180.
2. *The Rommel Papers*, p. 257.

venait de recevoir. Elle avait toujours pour but d'effectuer une percée au centre mais, cette fois, au sud de l'arête de Ruweisat, du côté d'El Mireir. La 23e brigade blindée, qui venait d'arriver (avec 150 Valentine) devait être utilisée dans cette attaque, mais l'un de ses trois régiments fut envoyé aider les Australiens dans une attaque secondaire sur l'arête de Miteiriya, au nord.

La perspective semblait bonne, d'autant plus que la VIIIe armée, grâce à cette brigade supplémentaire et aux livraisons reçues par les autres brigades, avait maintenant près de 400 chars. Les chars de Rommel étaient encore moins nombreux que ne le croyaient ses adversaires, il ne lui en restait pas 30. Mais, par une combinaison de chance et d'habileté, ils étaient postés à l'endroit précis où menaçait la principale attaque britannique et, en fin de compte, une petite proportion seulement de chars anglais entra en action dans ce secteur.

Cette fois le plan d'Auchinleck était de percer le centre du dispositif ennemi par le moyen d'une attaque nocturne sur un large front où l'infanterie, la 5e division indienne, avancerait le long de l'arête de Ruweisat et de la vallée au sud de celle-ci, après que la résistance eut été affaiblie par une attaque de flanc dirigée vers le nord et confiée à la division néo-zélandaise. Puis, au lever du jour, la nouvelle 23e brigade blindée devait progresser jusqu'à El Mireir, à l'autre extrémité de la vallée, suivie de la 2e brigade blindée, chargée de l'exploitation de la percée. Le plan était finement conçu, mais nécessitait une étude soigneuse des détails de la part des exécutants, ce qui ne fut pas le cas. Les étapes successives ne furent pas coordonnées de façon appropriée au cours d'une conférence d'état-major et les subordonnés de Gott ne surent pas avec précision quel était leur rôle respectif.

L'attaque fut déclenchée dans la nuit du 21 juillet, et les Néo-Zélandais arrivèrent sur leur objectif. Mais des chars allemands surgirent et les attaquèrent, causant de la confusion. Au lever du jour, ils dispersèrent la brigade néo-zélandaise la plus avancée, alors que la 22e brigade blindée, qui aurait dû protéger le flanc de l'avance néo-zélandaise, n'avait pas fait son apparition. En effet, son commandant, à la différence des Allemands, avait décrété que les chars ne pouvaient pas se déplacer dans l'obscurité.

De son côté, l'attaque nocturne de la 5e division indienne n'avait pas atteint ses objectifs. Ce qui était plus grave, c'est qu'elle n'avait pas réussi à ouvrir un chemin dans les champs de mines pour la 23e brigade blindée qui devait la suivre. Lorsque les 40e et 46e royal tank regiment de cette brigade furent lancés à l'attaque, le lendemain matin, ils rencontrèrent les Indiens qui se repliaient, mais ne purent apprendre avec précision si un passage avait été ouvert dans les champs de mines. Ils poursuivirent donc courageusement leur route et exécutèrent ce que les Néo-Zélandais appelèrent avec admiration, mais hélas! aussi avec juste raison, une véritable charge de « Balaklava ». Ils s'aperçurent bientôt que le passage n'avait pas été ouvert et que leur charge les avait amenés dans un triple piège. Ils tombèrent sous le feu intense des chars et des canons antichars allemands au moment où ils se heurtaient au champ de mines et se trouvaient immobilisés. Il ne revint que 11 chars. Le seul aspect positif de cette attaque fatidique fut le fait que ces 2 nouveaux régiments du Royal Tank avaient contribué à redonner confiance à l'infanterie, et en particulier aux Néo-Zélandais, dans la campagne des blindés britanniques. L'autre régiment de la brigade avait fait preuve d'un même esprit offensif dans l'attaque septentrionale. Toutefois le tribut était lourd : 118 chars avaient été perdus au cours de la journée, contre seulement 3 chars perdus par les Allemands. Malgré tout, les chars anglais demeuraient dix fois plus nombreux que ceux de Rommel. Mais l'énergie avait tellement été refroidie par l'avortement de l'attaque initiale qu'on ne fit guère d'efforts pour reprendre l'offensive et exploiter la supériorité écrasante des forces britanniques.

Après un répit de quatre jours, utilisé à réorganiser et regrouper les forces, une nouvelle tentative eut lieu pour percer le front de Rommel par une avance dans le secteur nord. L'affaire s'annonça bien, les Australiens s'emparèrent de l'arête de Miteiriya au clair de lune, et, plus au sud, la 50e division prit un bon départ. Mais le commandement de la 1re division blindée trouva que le passage ouvert dans le champ de mines n'était pas assez large. Son retard compromit les chances de toute l'offensive. On était au milieu de la matinée quand les premiers chars commencèrent de s'aventurer dans le champ de mines et ils furent alors cloués sur place par le tir de chars allemands envoyés d'urgence vers le nord. L'infanterie qui avait déjà franchi le champ de mines se trouva isolée et fut taillée en pièces par une contre-attaque. Durant ce temps-là les Australiens avaient également été chassés de l'arête et une partie d'entre eux avaient été pris au même piège.

Auchinleck décida alors à contrecœur de suspendre l'attaque. Une grande partie des troupes donnaient des signes d'épuisement à la suite des combats prolongés et manifestaient une tendance croissante à se rendre quand elles étaient isolées. Il était également évident que la défense avait l'avantage sur un front aussi restreint et que cet avantage ne ferait qu'augmenter avec l'arrivée des renforts que Rommel recevait enfin. Au début du mois d'août, ses effectifs de chars étaient devenus cinq fois plus importants que le 22 juillet.

Pour les Anglais, la bataille se terminait sur une déception, mais cependant leur situation était bien meilleure qu'à son début. La dernière phrase du récit de la bataille fait par Rommel donne le verdict final : « Bien que les pertes britanniques eussent été plus élevées que les nôtres au cours de ces combats d'El Alamein, le prix payé par Auchinleck n'était pas excessif, car la seule chose qui comptait pour lui était d'arrêter notre avance et, malheureusement, il y avait réussi [1]. »

La VIIIe armée avait perdu plus de 13 000 hommes au cours des combats de juillet, mais elle avait fait plus de 7 000 prisonniers, dont plus d'un millier

1. *The Rommel Papers*, p. 260.

d'Allemands. Les pertes auraient été moins lourdes et les gains plus importants si les plans avaient été exécutés avec davantage de vigueur et d'efficacité. Cependant la différence entre le total des pertes dans chaque camp n'était pas grande, et Rommel était bien moins en mesure que les Anglais de supporter de telles pertes. Il était pratiquement inévitable que son échec se révélât fatal, étant donné le flot de renforts britanniques qui arrivait maintenant en Égypte.

Son propre récit montre à quel point il frôla la défaite à la mi-juillet. La confidence qu'il fit à l'époque à sa femme dans une lettre écrite le 18 est encore plus claire : « La journée d'hier a été particulièrement dure et critique. Nous nous en sommes tirés encore une fois. Mais cela ne peut pas durer longtemps, autrement le front craquera. Du point de vue militaire, c'est la période la plus difficile que j'aie jamais traversé. Bien sûr, nous avons des secours en vue, mais la question est de savoir si nous vivrons jusqu'à leur arrivée [1]. » Quatre jours plus tard, alors que ses réserves avaient encore fondu, ses troupes durent faire face à un coup encore plus dur et eurent de la chance d'y survivre.

Dans la suite de son récit de la bataille, Rommel rend hautement hommage au commandant en chef britannique : « Le général Auchinleck, qui avait [...] pris personnellement le commandement à El Alamein, dirigeait ses troupes avec une habileté consommée [...] Il semblait appréhender la situation avec un total sang-froid car il ne se laissait jamais acculer précipitamment à une solution " de seconde classe " par nos mouvements. Cela devait apparaître de façon particulièrement évidente dans ce qui suivit [2]. »

Mais chacune des solutions de « première classe » imaginée par Auchinleck (avec l'aide de l'esprit fertile de son chef d'état-major, Dorman-Smith) tourna mal dans les compartiments de troisième classe du train des exécutants. Les couloirs de ce train furent également bloqués. L'une des causes principales de ce blocage fut la présence d'un tel mélange de contingents provenant des différents pays du Commonwealth, dans des conditions aussi difficiles, et la façon dont leur commandants furent embarrassés par les questions inquiètes et les précautions de leurs gouvernements respectifs. Une telle inquiétude était toute naturelle après les expériences malheureuses des derniers mois, mais elle augmenta l'usure normale de la guerre.

Il était également naturel que la déception qui régnait à la fin de la bataille de juillet renforçât l'impression de mauvais commandement qu'avait laissée le désastre de juin, et donnât naissance à un sentiment impulsif suivant lequel des changements radicaux étaient nécessaires au sein du Haut Commandement. Comme d'habitude, les critiques convergèrent sur le sommet de l'échelle, et non pas plus bas, où les erreurs et les maladresses avaient été commises. Ce sentiment se justifiait davantage par la nécessité

---

1. *The Rommel Papers*, p. 257.
2. *Ibid.*, p. 248.

de restaurer la confiance des troupes qui avaient de nouveau été ébranlées par l'échec de la contre-offensive d'Auchinleck. Dans de telles conditions, un changement de commandement est la solution la plus facile pour apporter un réconfort, et il peut représenter un stimulant essentiel, quelle que soit par ailleurs l'injustice de cette mesure à l'égard du chef destitué.

Churchill décida de se rendre en Égypte pour jauger la situation. Il arriva au Caire par avion le 4 août, le jour anniversaire de l'entrée fatidique de l'Angleterre dans la Première Guerre mondiale. Bien qu'Auchinleck ait réussi à « endiguer le flot adverse », comme Churchill le reconnut et le lui dit, il n'était pas aussi visible que maintenant, avec le recul du temps, que le flot avait en réalité tourné. Rommel était toujours à moins de 100 kilomètres d'Alexandrie et du delta du Nil, c'est-à-dire dangereusement près. Churchill songeait déjà à un changement de commandement et cette idée devint une décision définitive quand il s'aperçut qu'Auchinleck s'opposait fermement à son désir de relancer prochainement l'offensive et insistait pour que l'attaque fût remise à septembre, afin de donner le temps aux nouveaux renforts de s'acclimater et de subir un certain entraînement dans les conditions de combat du désert.

Sa décision fut également influencée et confirmée par des discussions avec le maréchal Smuts, le Premier ministre sud-africain, qui s'était rendu en Égypte à la demande de Churchill. La première idée de ce dernier était d'offrir le commandement au très compétent chef de l'État-Major général impérial, le général Sir Alan Brooke; mais Brooke, tant par délicatesse que par politique, ne souhaitait pas quitter le War Office pour prendre la place d'Auchinleck. Aussi, après de nouvelles discussions, Churchill télégraphia aux autres membres du cabinet de Guerre, à Londres, qu'il proposait de nommer Alexander commandant en chef et de placer Gott à la tête de la VIIIe armée, ce qui était un choix surprenant à la lumière des résultats maladroits obtenus par cet officier courageux en tant que commandant de corps d'armée dans les récentes batailles. Mais Gott fut tué le lendemain dans un accident d'avion, alors qu'il se rendait au Caire, et, fort heureusement, Montgomery fut rappelé d'Angleterre pour prendre sa place. Deux nouveaux chefs de corps d'armée furent également envoyés en Égypte, le général Sir Oliver Leese pour le 30e corps et le général Brian Horroks pour le 13e.

Mais le résultat ironique de ces changements fut que la reprise de l'offensive anglaise fut remise à une date bien plus lointaine que celle proposée par Auchinleck, car le bouillant Premier ministre dut céder devant la ferme détermination de Montgomery d'attendre que les préparatifs et l'entraînement eussent été achevés. Cela revenait à laisser l'initiative à Rommel et à lui accorder une nouvelle chance de victoire avec ce qui allait devenir la « Bataille d'Alam Halfa », mais celle-ci ne devait lui rapporter que « la corde pour se pendre ».

Dans le courant du mois d'août Rommel ne reçut en renfort que deux nouvelles formations : 1 brigade de parachutistes allemands et 1 division de parachutistes italiens. Toutes arrivèrent pour être utilisées en tant qu'éléments d'infanterie. Mais les pertes des divisions déjà engagées furent compensées dans une large mesure par des contingents de nouvelles recrues et des arrivées en matériel. Cependant les divisions italiennes profitèrent de renforts bien plus importants que les divisions allemandes. A la veille de l'attaque que Rommel prévoyait de lancer à la fin août, il avait environ 200 chars dans les 2 divisions de Panzer et 240 dans les 2 divisions blindées italiennes. Tandis que les chars italiens étaient toujours du même vieux modèle, maintenant plus démodé que jamais, les Panzer III comprenaient 74 chars dotés d'un canon de 50 mm long et, quant aux Panzer IV, 27 étaient dotés du nouveau 75 mm long. C'était là un important gain qualitatif.

Mais le nombre total des chars anglais sur le front avait été porté à plus de 700 (dont quelque 160 chars Grant). Quelque 500 d'entre eux seulement furent engagés dans la bataille de chars qui, cette fois, fut brève.

Le front fortifié était toujours tenu par les 4 mêmes divisions d'infanterie qu'en juillet, dont les effectifs avaient été reconstitués. La 7e division blindée (légère) était encore là, tandis que la 1re division blindée était partie à l'arrière pour effectuer des réparations et avait été remplacée par la 10e (commandée par le général A. H. Gatehouse), qui comprenait 2 brigades blindées, la 22e et la 8e, nouvellement arrivée; la 23e, qui avait été rééquipée, fut placée sous le même commandement après le début de la bataille. Une division d'infanterie récemment arrivée fut aussi amenée sur le front pour garder la position arrière de la crête d'Alam Halfa.

Les défenses, qui avaient été organisées par Dorman-Smith et approuvées par Auchinleck quand il était encore en poste, ne subirent aucune modification radicale. Après la victoire, la rumeur fut largement répandue que les plans avaient été entièrement refondus à la suite du changement de commandement. Il faut donc souligner qu'Alexander, dans son *Rapport officiel*, narra les faits avec une honnêteté devant laquelle ces histoires ne tiennent pas. Il déclara que, lorsqu'il succéda à Auchinleck :

> « Le plan prévoyait de tenir aussi fermement que possible le secteur compris entre la mer et l'Arête de Ruweisat et de menacer par le flanc toute avance ennemie au sud de cette crête à partir d'une position préparée fortement défendue sur l'Arête d'Alam el Halfa. Le Général Montgomery, maintenant à la tête de la VIIIe Armée, accepta le principe de ce plan, avec mon accord, et il espérait, si l'ennemi nous en laissait le temps, améliorer nos positions en renforçant le flanc gauche ou sud. »

La position d'Alam Halfa fut renforcée avant l'attaque de Rommel, mais ses défenses ne furent pas sérieusement mises à l'épreuve, car l'issue de la bataille dépendit du choix habile de la position des blindés et de leur action défensive hautement efficace.

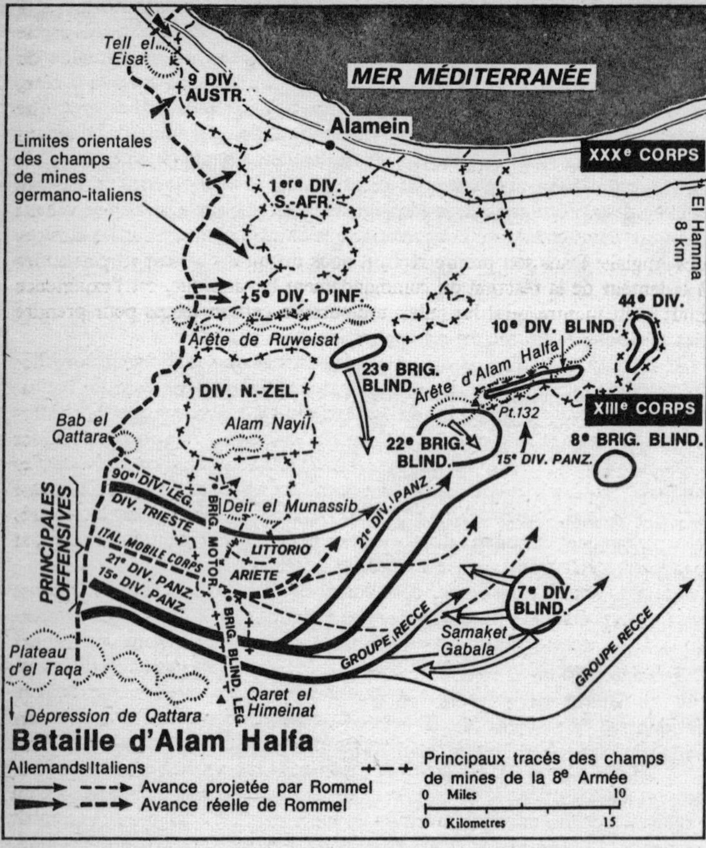

Le nord et le centre du front étaient si solidement fortifiés que les 25 kilomètres séparant la position des Néo-Zélandais sur l'arête d'Alam Nayil de la dépression de Kattara représentaient la seule partie du front où une tentative de pénétration rapide avait des chances de réussir. Si bien que, pour tenter une percée, Rommel ne pouvait faire autrement que de suivre cette ligne. C'était évident et c'était le but du plan d'Auchinleck.

Ne pouvant pas créer la surprise par le choix du point d'attaque, Rommel devait donc réussir à la créer par le choix du moment et par la rapidité de l'exécution. Il espérait qu'en réussissant à percer rapidement le secteur sud, et en se plaçant en travers des lignes de communications de la VIIIe armée, il parviendrait à déséquilibrer cette dernière et à disloquer son dispositif de défense. Son plan prévoyait de s'emparer de la ceinture de mines à la faveur d'une attaque nocturne, après quoi l'Afrika Korps et une partie du corps mobile italien progresseraient vers l'est sur un cinquantaine de kilomètres avant le lever du jour, puis prendraient au nord-est vers la côte, en direction de la zone de ravitaillement de la VIIIe armée. Il espérait que cette menace attirerait les blindés britanniques à sa poursuite, lui donnant ainsi une chance de les encercler et de les détruire. En même temps, la 90e division légère et le reste du corps mobile italien devaient former un couloir de protection assez solide pour résister aux contre-attaques venant du nord, en attendant qu'il ait remporté la bataille de chars sur les arrières des Anglais. Dans son propre récit, il nous dit qu'il « se fiait en particulier à la lenteur de la réaction du commandement britannique, car l'expérience nous avait montré qu'il lui fallait toujours un certain temps pour prendre des décisions et les mettre en application ».

Mais, lorsque l'attaque fut déclenchée, dans la nuit du 30 août, les Allemands s'aperçurent que la ceinture de mines était bien plus épaisse que prévu. Au lever du jour, l'avant-garde de Rommel ne l'avait dépassée que de 12 kilomètres, et le gros de l'Afrika Korps ne put commencer sa progression vers l'est qu'à près de 10 h du matin. Pendant ce temps la masse de ses véhicules subissait un intense bombardement de la part de l'aviation anglaise. Le commandant de l'Afrika Korps, le général Walter Nehring, fut blessé très tôt, et, pendant le restant de la bataille, le commandement fut assuré par son chef d'état-major, le Général Fritz Bayerlein.

Quant il apparut que tout effet de surprise s'était évanoui et que le rythme de l'avance était beaucoup plus lent que prévu, Rommel songea à interrompre l'offensive. Après avoir consulté Bayerlein, et suivant son propre penchant naturel, il décida d'aller de l'avant, mais avec des objectifs différents et plus limités. Comme il était évident que les blindés britanniques avaient eu le temps de prendre leurs positions de bataille et pouvaient donc menacer le flanc d'une avance profonde, il se sentit obligé de « tourner vers le nord plus tôt que prévu ». Il ordonna donc à l'Afrika Korps d'obliquer immédiatement en direction de la cote 132, le point culminant de l'arête d'Alam Halfa. Ce changement de direction l'amena vers le secteur où se trouvait postée la 22e brigade blindée, mais aussi vers un secteur de sable mou, gênant pour les manœuvres. La ligne de progression initiale passait bien au large de cette zone « collante ».

Les positions de combat de la 8e brigade blindée étaient situées à une quinzaine de kilomètres au sud-est de celles de la 22e. Elles étaient placées de manière à arrêter un mouvement tournant au lieu de s'en remettre à l'arrêt indirect par la menace d'une position de flanc. En acceptant le risque de poster les deux brigades à une telle distance l'une de l'autre Montgomery se fiait à l'idée que chacune d'elles était presque aussi forte en chars que tout l'Afrika Korps, et devrait donc pouvoir tenir en attendant l'arrivée de l'autre.

Cependant la 8e n'atteignit sa position désignée qu'à 4 h 30 du matin.

Heureusement l'ennemi avait accumulé un grand retard, car le plan initial de Rommel prévoyait que l'Afrika Korps devait arriver dans ce même secteur avant l'aube. Une rencontre dans l'obscurité ou un assaut matinal, avant que la 8e brigade fût établie solidement sur ses positions, auraient pu produire une situation embarrassante, en particulier pour des soldats qui étaient engagés pour la première fois.

Du fait du changement de direction vers le nord survenu moins loin que prévu, l'attaque porta sur la 22e brigade blindée et sur elle seule, mais elle n'eut lieu que tard dans la journée. Les attaques aériennes continuelles et le retard des convois de carburant et de munitions ralentirent tellement la progression de l'Afrika Korps qu'elle n'obliqua vers le nord que dans l'après-midi. En arrivant à proximité d'Alam Halfa et des positions de la 22e brigade blindée, les colonnes de Panzer se trouvèrent sous un déluge de feu provenant d'abord des chars bien placés puis de l'artillerie d'appui de ce groupe de brigade interarmes qui était fort habilement dirigé par son nouveau et jeune commandant, « Pip » Roberts. Des tentatives répétées pour reprendre l'avance et effectuer des mouvements tournants localisés furent arrêtées jusqu'à ce que la tombée de la nuit mette un terme aux combats et apporte un répit bien gagné aux défenseurs et un découragement contagieux parmi les attaquants.

L'échec de l'offensive ne fut cependant pas seulement imputable à ces actions défensives. La pénurie de carburant était telle dans l'Afrika Korps qu'au milieu de l'après-midi Rommel avait annulé son ordre de s'emparer à tout prix de la cote 132.

Au matin du 1er septembre, la pénurie de carburant était encore si aiguë que Rommel dut renoncer à organiser la moindre opération d'envergure ce jour-là. Tout ce qu'il put tenter fut une attaque locale et limitée, avec une seule division, la 15e de Panzer, dans l'intention de s'emparer de la crête d'Alam Halfa. L'Afrika Korps était maintenant dans une situation très fâcheuse et il subissait des pertes de plus en plus lourdes à cause du bombardement par l'aviation britannique et l'artillerie du 13e corps d'Horrocks qui avait duré toute la nuit et continua toute la journée. Les attaques affaiblies des blindés allemands furent arrêtées les unes après les autres par une défense renforcée, car, aux premières heures de la matinée, Montgomery, désormais assuré que l'ennemi n'avançait pas contre ses arrières, avait ordonné aux deux autres brigades blindées de venir se regrouper aux côtés de celle de Roberts.

Dans le courant de l'après-midi Montgomery donna l'ordre de « préparer une contre-attaque qui nous redonnerait l'initiative ». L'idée était de mettre un bouchon sur le goulot de la bouteille où les Allemands s'étaient engagés, en lançant une attaque vers le sud à partir des positions néo-zélandaises. Il ordonna également de faire venir le Q.G. du 10e corps afin de « prendre le commandement d'une force de poursuite » qui devait se préparer « à pousser jusqu'à El Daba avec toutes les réserves disponibles ».

La Panzerarmée n'avait plus maintenant qu'une journée de carburant, soit de quoi faire parcourir une centaine de kilomètres à ses unités. Aussi, après une seconde nuit de bombardement pratiquement continu, Rommel avait-il décidé d'interrompre l'offensive et d'organiser un repli progressif.

Pendant la journée, les Anglais virent les troupes allemandes situées en face d'Alam Halfa s'amenuiser et commencer un mouvement vers l'ouest. Mais l'autorisation de les poursuivre ne fut pas accordée car Montgomery avait pour politique de ne pas courir le risque de laisser ses blindés tomber dans un piège tendu par Rommel, comme cela avait trop souvent été le cas auparavant. Au même moment, Montgomery décida que l'attaque vers le sud des Néo-Zélandais renforcés par d'autres troupes serait lancée dans la nuit du 3 au 4 septembre.

Mais le 3 septembre les forces de Rommel amorcèrent un mouvement de repli général, poursuivies seulement par quelques patrouilles. L'attaque de « bouclage » fut lancée cette nuit-là contre le flanc arrière de l'ennemi qui était gardé par la 90e division légère et la division Trieste. L'attaque tourna à la confusion, subit de lourdes pertes et fut suspendue.

Au cours des deux jours suivants, les 3 et 4 septembre, l'Afrika Korps continua son repli progressif, sans qu'aucun nouvel effort fût tenté pour lui barrer la route, poursuivi seulement avec la plus grande prudence par quelques détachements avancés. Le 6, les Allemands firent halte sur un haut plateau situé à 10 kilomètres de leur front initial, dans l'intention évidente d'y organiser une forte résistance. Le lendemain Montgomery décida, avec l'approbation d'Alexander, d'interrompre la bataille. Rommel resta donc en possession de ce gain de terrain limité au sud. Ce n'était qu'une petite consolation pour les pertes subies et l'échec décisif de son projet initial.

Pour les hommes de la VIIIe armée, le fait de voir l'ennemi battre en retraite, même sur une courte distance, compensait largement la déception de ne pas lui avoir coupé la route. C'était une preuve tangible que le flot avait désormais tourné. Montgomery avait déjà réussi à créer un nouvel esprit de confiance parmi les troupes et leur confiance en lui se trouva confirmée.

Cependant, la question demeure de savoir si une magnifique occasion de détruire la capacité de résistance ultérieure de l'ennemi, pendant qu'il était pris au piège, ne fut pas manquée. Cela aurait épargné le souci et les pertes élevées de l'assaut ultérieur contre ses positions préparées. Néanmoins, la bataille d'Alam Halfa fut un beau succès pour les Anglais. Lorsqu'elle se termina, Rommel avait définitivement perdu l'initiative et, étant donné le flot croissant des renforts britanniques, la prochaine bataille serait inévitablement pour Rommel une « bataille sans espoir » comme il la baptisa fort justement lui-même.

A la lumière de la connaissance que l'on a maintenant des forces et des ressources respectives, on peut voir que la défaite finale de Rommel devint probable à partir du moment où son avance en Égypte fut enrayée pour la première fois, en juillet, par la première bataille d'El Alamein, et l'on peut donc considérer celle-ci comme le véritable tournant. Cependant il représentait encore une grande menace lorsqu'il déclencha sa nouvelle offensive renforcée à la fin août et, les forces des deux camps étant plus équilibrées à ce moment-là que jamais auparavant ou que par la suite, il avait encore une chance de remporter la victoire, et il l'aurait peut-être remportée si ses adversaires avaient commis les mêmes erreurs et les mêmes maladresses que dans les circonstances précédentes où leur avantage avait paru plus certain. Mais, dans les circonstances présentes, cette chance s'évanouit sans aucun espoir de retour. L'importance cruciale de la bataille d'Alam Halfa est symbolisée par le fait que, bien qu'elle se fût déroulée dans la même région que les autres batailles d'El Alamein, elle a reçu un nom distinct.

Cette bataille est également particulièrement intéressante du point de vue tactique. En effet, elle ne fut pas seulement remportée par les défenseurs, mais aussi au prix d'une action purement défensive, sans aucune contre-offensive ni même aucune tentative sérieuse d'en déclencher une. Elle est donc en contraste avec la plupart des autres « tournants » de la Seconde Guerre mondiale et des guerres précédentes. La décision de Montgomery de ne pas exploiter son succès défensif par une action offensive compromit les chances (qui étaient très bonnes sur le moment) de détruire les forces de Rommel, mais elle n'enleva rien au caractère décisif de la bataille en tant que tournant de la campagne. A partir de cette date, le moral des troupes anglaises était soutenu par la certitude d'un succès final, alors que les forces adverses luttaient sans espoir, sachant que tous leurs efforts et leurs sacrifices serviraient seulement à reculer la fin.

Du point de vue technique, la tactique de cette bataille est également riche d'enseignements. Le choix des positions des forces britanniques et celui du terrain eut une grande influence sur le résultat. La souplesse du dispositif compta également beaucoup. Le plus important fut la combinaison bien calculée de l'aviation et des forces terrestres. Son efficacité fut accrue par le caractère défensif de la bataille. Les forces terrestres tenaient les « gradins » pendant que l'aviation bombardait constamment l'arène qui était devenue un piège pour les troupes de Rommel. Avec un tel dispositif, l'aviation pouvait opérer avec d'autant plus de liberté et d'efficacité qu'elle pouvait considérer toutes les troupes de l'arène comme des ennemis, et donc des cibles, à la différence d'une bataille plus fluide.

Sept semaines s'écoulèrent avant que les Anglais ne lançassent leur offensive. L'impatient Premier ministre rongeait son frein, mais Montgomery était décidé à attendre que ses préparatifs fussent achevés et que le succès fût raisonnablement assuré. Alexander le soutenait, et Churchill, dont la position politique avait été affaiblie par la série des désastres britanniques depuis le début de l'année, dut se plier à leurs arguments et remettre l'attaque à la fin d'octobre.

La date exacte du jour J fut déterminée en fonction des phases de la lune, car l'offensive devait commencer par un assaut nocturne, afin de gêner le tir de l'ennemi, mais le clair de lune était nécessaire pour permettre d'ouvrir des passages dans les champs de mines. La date de l'assaut fut donc fixée à la nuit du 23 octobre, la pleine lune étant le 24.

L'un des motifs les plus importants du désir de Churchill de lancer l'attaque plus tôt était que le grand projet de débarquement combiné anglo-américain en Afrique du Nord française, baptisé « Opération Torch », devait maintenant être mis à exécution début novembre. Une victoire décisive à El Alamein encouragerait les Français à faire bon accueil aux porteurs de la torche de la libération du joug des forces de l'Axe et inciterait le général Franco à ne pas accepter l'entrée des forces allemandes en Espagne et au Maroc espagnol, laquelle compromettrait la sécurité des débarquements alliés.

Mais Alexander considérait que si son attaque, baptisée « Opération *Lightfoot* », était lancée quinze jours avant *Torch*, cet intervalle « serait assez long pour nous permettre de détruire la plus grande partie de l'armée de l'Axe face à nous, mais d'un autre côté serait trop court pour permettre à l'ennemi de commencer de renforcer sa position en Afrique de manière importante ». De toute façon, il pensait qu'il était essentiel de s'assurer de la réussite à cette extrémité de l'Afrique du Nord si on désirait la réussite des nouveaux débarquements à l'autre extrémité. « J'étais certain que le fait d'attaquer avant d'être prêt serait risquer l'échec, sinon courir au-devant de la catastrophe. » Ces arguments l'emportèrent et, bien que la date qu'il proposait maintenant fût près d'un mois plus tard que celle suggérée précédemment par Churchill à Auchinleck, le Premier ministre accepta finalement le 23 octobre.

A cette date, la supériorité anglaise, tant quantitative que qualitative, était plus forte que jamais auparavant. En utilisant le calcul traditionnel « en divisions », les deux camps semblaient être à égalité, avec chacun 12 « divisions » dont 4 blindées. Mais, au niveau des effectifs réels, la situation était toute différente puisque la VIIIe armée alignait 230 000 combattants alors que Rommel n'en alignait qu'à peine 80 000 dont seulement 27 000 Allemands. De plus, la VIIIe armée avait 7 brigades blindées et un total de 23 régiments blindés, alors que Rommel ne disposait que de 4 bataillons de chars allemands et de 7 italiens. La comparaison du nombre de chars de chaque armée est encore plus frappante. Au début de la bataille, la VIIIe armée disposait de 1 440 chars dotés d'un canon, dont 1 229 étaient prêts à entrer en action; en cas de bataille prolongée, elle pouvait puiser sur la réserve d'un millier d'autres chars entreposés dans les dépôts et les ateliers égyptiens. Rommel n'avait que 260 chars allemands (dont 20 étaient en réparation et 30 Panzer II légers) et 280 chars italiens (tous d'un modèle archaïque). Seuls les 210 chars moyens allemands dotés d'un canon pouvaient être utiles dans une bataille de blindés, si bien qu'en réalité les Anglais partaient avec une supériorité dans la proportion de 6 à 1 et avec de bien plus vastes réserves pour compenser leurs pertes.

En valeur de combat char contre char, la supériorité était encore plus grande, car aux chars Grant s'ajoutaient maintenant les chars Sherman, encore plus récents et d'une qualité supérieure, qui arrivaient d'Amérique en grand nombre. Au début de la bataille, la VIIIe armée avait plus de 500 Sherman et Grant, et d'autres étaient en route, alors que Rommel n'avait que 30 exemplaires (4 de plus qu'à Alam Halfa) du nouveau Panzer IV (doté du canon de 75 mm à grande vitesse initiale) qui pouvait rivaliser avec ces nouveaux chars américains. De plus, Rommel avait perdu son ancienne supériorité en matière de canons antichars. Le nombre de ses pièces de 88 avait été porté à 86 et il avait reçu 68 pièces de 76 mm prises aux Soviétiques, mais ses canons antichars classiques de 50 mm de pouvaient pas entamer le blindage des Sherman, des Grant ou des Valentine, sauf à bout portant. Ce handicap était d'autant plus sévère que les nouveaux chars américains étaient dotés d'obus à haut pouvoir explosif qui leur permettaient de détruire les canons antichars adverses à longue distance.

Dans les airs, la supériorité britannique était également plus forte que jamais. Sir Arthur Tedder, le commandant en chef des forces aériennes du Moyen-Orient, disposait maintenant de 96 escadrilles opérationnelles, comprenant 13 escadrilles américaines, 13 sud-africaines, 1 rhodésienne, 5 australiennes, 2 grecques 1 française et 1 yougoslave. Elles représentaient plus de 1 500 appareils de première ligne. Sur ce total 1 200 appareils basés en Egypte et en Palestine étaient prêts à appuyer l'offensive de la VIIIe armée, alors que les Allemands et les Italiens réunis n'avaient que quelque 350 appareils disponibles en Afrique pour soutenir la Panzerarmee. Cette supériorité aérienne était très utile pour harceler les mouvements de la Panzerarmee et le ravitaillement de ses divisions, de même que pour protéger le flot de ravitaillement de la VIIIe armée d'une semblable intervention. Mais l'action stratégique indirecte de l'aviation, associée à celle des sous-marins de la Royal Navy, pour couper les artères maritimes de ravitaillement de l'Afrika Korps, était encore plus importante pour l'issue de la bataille. Au cours du mois de septembre, près d'un tiers des navires de ravitaillement de l'Axe fut coulé en traversant la Méditerranée et de nombreux bâtiments furent contraints de rebrousser chemin. En octobre, l'obstruction devint encore plus grande et moins de la moitié du ravitaillement envoyé en Afrique. Les munitions d'artillerie devinrent si rares que les obus manquèrent pour contrer le bombardement anglais. La perte la plus lourde fut celle des pétroliers dont aucun n'atteignit l'Afrique au cours des semaines précédant l'offensive britannique, si bien que l'Afrika Korps n'avait plus que trois rations de carburant en réserve au début de la bataille au lieu des 30 habituellement considérées comme un minimum. Cette sévère pénurie gêna la manœuvre de bien des façons. Elle entraîna une répartition des forces mobiles en petits groupes, empêcha leur concentration rapide aux points d'attaque et les immobilisa de plus en plus au fur et à mesure des combats.

Les pertes de ravitaillement alimentaire furent également la cause de l'augmentation du nombre de malades parmi les troupes. La situation sanitaire était aggravée par les mauvaises conditions d'hygiène dans les tranchées, en particulier les tranchées italiennes. Déjà, au cours de la bataille de juillet, les Anglais avaient souvent été chassés par la saleté et les mauvaises odeurs des tranchées italiennes dont ils venaient de s'emparer, et avaient été surpris à plusieurs reprises à découvert par des blindés allemands avant qu'ils n'aient eu le temps de creuser de nouvelles tranchées. Mais le mépris de l'hygiène provoqua finalement une réaction en chaîne, semant la dysenterie et l'hépatite virale non seulement parmi les Italiens mais aussi parmi leurs alliés allemands, et certains officiers les plus importants de la Panzerarmee furent au nombre des victimes.

La victime la plus importante de la maladie fut Rommel lui-même. Il avait été obligé de s'aliter au mois d'août, avant l'offensive d'Alam Halfa. Il récupéra suffisamment pour exercer son commandement au cours de la bataille, mais la pression de ses médecins l'emporta finalement, et, en septembre, il rentra en Europe pour se soigner et se reposer. Il fut remplacé temporairement par le général Stumme, et le général von Thoma prit la tête de l'Afrika Korps. Ces deux généraux arrivaient du front russe. L'absence de Rommel et leur ignorance des conditions de la guerre du désert représentaient un nouveau handicap dans la préparation des mesures nécessaires pour faire face à l'offensive anglaise imminente. Le second jour de cette offensive, Stumme se rendit sur le front, rencontra un tir intense, tomba de sa voiture et mourut d'une crise cardiaque. Ce soir-là la convalescence de Rommel en Autriche fut interrompue par un appel téléphonique de Hitler lui demandant de retourner en Afrique. Il s'envola le lendemain, 25 octobre, et arriva près d'El Alamein dans la soirée pour prendre la tête d'une défense qui avait déjà été profondément entamée et avait perdu près de la moitié de ses meilleurs chars au cours des contre-attaques infructueuses de la journée.

Le plan initial de Montgomery prévoyait de lancer une attaque simultanée à gauche et à droite, par le 30e corps d'armée de Leese au nord et le 13e corps de Horrocks au sud, puis d'avancer la masse de ses blindés (regroupés sous les ordres de Herbert Lumsden au sein du 10e corps) pour barrer les routes de ravitaillement de l'ennemi. Mais, au début octobre, il arriva à la conclusion que ce plan était trop ambitieux, « étant donné le niveau d'entraînement insuffisant de l'armée » et il en adopta un nouveau, plus restreint. Dans celui-ci, baptisé « Opération Lightfoot » (Opération « Pied Léger »), l'attaque était concentrée au nord, près de la côte, sur les 6,5 kilomètres qui séparent la crête de Tell El Eisa de celle de Miteiriya, tandis que le 13e corps devait lancer une attaque secondaire dans le sud, afin de distraire l'ennemi, mais sans insister, à moins que la défense ne s'écroulât. Ce plan prudemment limité entraîna des combats prolongés et coûteux que le plan original plus audacieux aurait peut-être évités, étant donné l'immense supériorité quantitative de la VIIIe armée. La bataille tourna au processus d'usure, consistant en une grêle de coups violents mais confus plutôt qu'en manœuvres, et, pendant un certain temps, l'entreprise sembla au bord de l'échec. Mais la disparité entre les forces des deux camps était si considérable que même un taux d'usure disparate jouerait nécessairement en faveur de Montgomery, qui tendait à son but avec la détermination inébranlable qui le caractérisait dans toutes ses entreprises. Dans les limites délibérées de son plan, il fit également preuve d'une habileté consommée pour varier la direction de ses attaques et appliquer une pression tactique afin de déséquilibrer l'adversaire.

Après que plus d'un millier de canons eurent fait pleuvoir un déluge de feu pendant quinze minutes, l'assaut d'infanterie fut déclenchée à 10 h 00 dans la nuit du 23 octobre. Il prit un bon départ, favorisé par la pénurie d'obus qui régnait chez l'ennemi et qui amena Stumme à empêcher son artillerie de bombarder les positions anglaises de rassemblement. Mais la profondeur et la densité des champs de mines représentaient un plus gros obstacle dont le franchissement prit un temps plus long que prévu, si bien qu'au lever du jour les blindés anglais étaient encore dans les passages ou arrêtés juste au-delà. C'est seulement au matin du second jour, après de nouvelles attaques nocturnes de l'infanterie, que 4 brigades blindées parvinrent à se déployer de l'autre côté, 10 kilomètres au-delà du front initial, après avoir subi de lourdes pertes en franchissant ces étroits couloirs. Pendant ce temps, l'attaque secondaire du 13e corps, dans le sud, avait connu des ennuis semblables et elle fut abandonnée le 25.

Mais le coin que les Anglais avaient enfoncé dans les défenses au nord semblait si menaçant que le commandement allemand engagea ses chars les uns après les autres au cours de la journée dans le but d'essayer d'empêcher les Anglais d'agrandir ce saillant. Cette action répondait aux prévisions de Montgomery et permit à ses chars, maintenant installés sur de bonnes positions, d'infliger de lourdes pertes à ces contre-attaques spasmodiques. Le soir, la 15e division de Panzer n'avait plus qu'un quart de ses chars en état de combattre. La 21e division de Panzer était encore dans le secteur sud.

Le lendemain, 26 octobre, les Anglais repartirent à l'attaque, mais leur avance fut enrayée et leurs blindés subirent de lourdes pertes. L'espoir de transformer l'enfoncement du front en percée s'était évanoui, et les blindés anglais étaient entourés d'un anneau de canons antichars allemands, Lumsden et ses chefs de divisions avaient déjà soulevé des objections au cours de la seconde nuit quant à la façon dont les blindés étaient utilisés pour forcer un passage dans des couloirs aussi étroits, et le sentiment d'une mauvaise utilisation se répandait de plus en plus parmi les officiers et les hommes au fur et à mesure que les pertes se multipliaient dans les étroites attaques frontales.

Tout en continuant d'arborer un air de confiance totale Montgomery se rendait compte intelligemment que son attaque initiale avait échoué, que la percée était bloquée, et qu'il lui fallait mettre au point un nouveau plan tout en accordant un repos à ses principales forces d'assaut. La façon dont il était toujours prêt à modifier son objectif en fonction des circonstances,

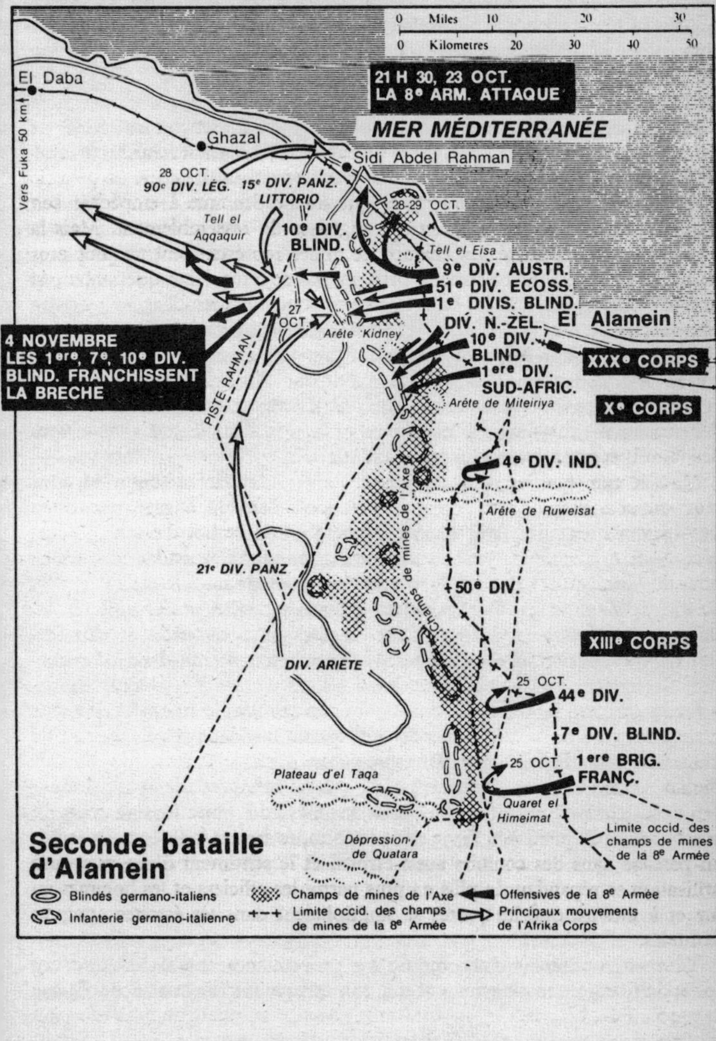
0 Miles 10 20 30
0 Kilometres 20 30 40 50
21 H 30, 23 OCT.
LA 8e ARM. ATTAQUE
MER MÉDITERRANÉE
El Daba
Vers Fuka 50 km
Ghazal
Sidi Abdel Rahman
28 OCT.
90e DIV. LÉG.
15e DIV. PANZ.
LITTORIO
28-29 OCT.
Tell el Aqqaquir
10e DIV. BLIND.
Tell el Eisa
9e DIV. AUSTR.
51e DIV. ECOSS.
1e DIVIS. BLIND.
DIV. N.-ZEL.
El Alamein
27 OCT.
Arête Kidney
10e DIV. BLIND.
XXXe CORPS
1ere DIV. SUD-AFRIC.
Arête de Miteiriya
Xe CORPS
4 NOVEMBRE
LES 1ere, 7e, 10e DIV. BLIND. FRANCHISSENT LA BRECHE
PISTE RAHMAN
4e DIV. IND.
Arête de Ruweisat
Champs de mines de l'Axe
21e DIV. PANZ
50e DIV.
XIIIe CORPS
DIV. ARIETE
25 OCT.
44e DIV.
7e DIV. BLIND.
25 OCT.
1ere BRIG. FRANÇ.
Plateau d'el Taqa
Quaret el Himeimat
Dépression de Quatara
Limite occid. des champs de mines de la 8e Armée
Seconde bataille d'Alamein
Blindés germano-italiens
Infanterie germano-italienne
Champs de mines de l'Axe
Limite occid. des champs de mines de la 8e Armée
Offensives de la 8e Armée
Principaux mouvements de l'Afrika Corps

dans le cas présent comme dans les cas ultérieurs, représentait un meilleur stimulant pour les troupes et une plus grande preuve de ses qualités de commandement que l'habitude qu'il avait de parler rétrospectivement comme si tout s'était passé « comme prévu ». D'une manière ironique, cette habitude a eu tendance à obscurcir et à diminuer le mérite qui lui revient grâce à son adaptabilité et à sa souplesse.

Le nouveau plan fut baptisé « Opération supercharge », un nom bien choisi pour donner aux exécutants l'impression qu'il était entièrement différent et comportait de meilleures chances de succès que le précédent. La 7e division blindée fut amenée en renfort dans le nord. Mais Rommel saisit également l'occasion de regrouper ses forces pendant l'accalmie et la 21e division de Panzer était déjà en route vers le nord, suivie de la division Ariete. L'attaque secondaire dans le sud n'avait pas réussi à distraire l'attention de l'ennemi et à lui faire garder une partie de ses blindés dans ce secteur. La concentration des deux armées dans le nord était, tactiquement, un avantage pour Rommel. Elle faisait dépendre le succès des Anglais de la seule capacité de porter des coups et du processus d'usure. Heureusement pour eux, leur supériorité numérique était si importante que l'usure, même si elle leur coûtait de plus lourdes pertes qu'aux Allemands, devait nécessairement faire pencher la balance en leur faveur si le processus de destruction était appliqué avec une détermination inflexible.

La nouvelle offensive de Montgomery commença, dans la nuit du 28 octobre, par une attaque vers le nord en direction de la côte, à partir du saillant qui avait été enfoncé dans le front ennemi. L'intention de Montgomery était de faire éclater la « poche » côtière ennemie puis d'exploiter ce résultat par une avance vers l'ouest le long de la route côtière, en direction d'El Daba et Fouka. Mais l'attaque s'enlisa dans les champs de mines et les chances de réussite s'estompèrent avec la réaction rapide de Rommel ramenant la 90e division légère sur ce flanc. Malgré tout Rommel s'estima heureux lorsque cette attaque s'arrêta, car ses ressources s'épuisaient dangereusement. L'Afrika Korps n'avait plus que 90 chars, alors que la VIIIe armée en avait encore plus de 800 sur place, si bien qu'en dépit d'un prix de près de 4 chars anglais pour 1 char allemand, la supériorité anglaise avait augmenté et était maintenant de 11 contre 1.

Le 29, Rommel écrivit à sa femme : « Il ne me reste plus guère d'espoir. La nuit je reste allongé les yeux grands ouverts, incapable de dormir, accablé par le poids qui pèse sur mes épaules. Dans la journée je suis mort de fatigue. Qu'arrivera-t-il si les choses tournent mal ici ? Cette pensée me tourmente nuit et jour. Je ne vois aucun moyen d'en sortir si cela se produit [1]. » Il apparaît dans cette lettre que la tension n'épuisait pas seulement les troupes mais aussi leur commandant, qui était encore un homme malade. Au début de la matinée, il avait songé à ordonner un repli sur la position de Fouka,

1. *The Rommel Papers*, p. 312.

100 kilomètres plus à l'ouest, mais cette décision lui répugnait car elle revenait à sacrifier une grande partie de son infanterie non mobile. Il remit donc à plus tard cette mesure fatidique dans l'espoir qu'un nouveau coup d'arrêt amènerait Montgomery à interrompre son offensive. Finalement l'échec de l'attaque anglaise sur la côte tourna à l'avantage des Britanniques, car, si Rommel s'était esquivé à ce moment-là, tous les plans auraient été désorganisés.

Dès que Montgomery s'aperçut de l'échec de son avance vers la mer, il décida de revenir à sa ligne de progression initiale, avec l'espoir de bénéficier du déplacement vers le nord des maigres réserves ennemis. C'était une décision habilement pesée et un nouvel exemple de sa souplesse d'esprit. Mais ses forces n'étaient pas aussi souples et le temps passé à les regrouper empêcha sa nouvelle offensive de commencer avant le 2 novembre.

Cette nouvelle pause, succédant aux échecs répétés, accrut le découragement et l'inquiétude de Londres. Churchill était amèrement déçu par la lenteur des progrès de l'offensive, et il fut difficile de l'empêcher d'envoyer un télégramme très désagréable à Alexander. Le choc retomba sur le chef de l'État-Major général impérial, le général Sir Alan Bròoke, qui s'efforçait de rassurer le Cabinet, mais sentait intérieurement ses doutes croître et se demandait anxieusement s'il avait « tort ou si Montgomery était battu ». Montgomery lui-même n'était plus aussi confiant qu'il le laissait paraître et il confessait son inquiétude en privé.

Le début de la nouvelle attaque, aux premières heures du 2 novembre, fut à nouveau décevant et augmenta le sentiment qu'il faudrait peut-être interrompre l'offensive. En effet, une fois de plus, les champs de mines furent plus longs que prévu à traverser et la résistance se montra vigoureuse. Au lever du jour la brigade blindée de tête « se trouva en face du puissant écran de canons antichars sur la poste de Rahman, et non au-delà de cet écran ainsi qu'il était prévu [1] ». Dans cette position malaisée, elle subit la contre-attaque des blindés restants de Rommel et perdit les trois quarts de ses chars au cours des combats de la journée. Les survivants résistèrent courageusement et permirent ainsi aux autres brigades d'avancer par la percée, mais celles-ci furent à leur tour arrêtées juste après la piste de Rahman. Lorsque la tombée de la nuit mit un terme aux combats, les Anglais avaient perdu 200 nouveaux chars détruits ou victimes d'accidents mécaniques.

Après ce nouvel échec, la situation semblait sombre, en particulier vue de loin, mais les nuages étaient sur le point de se dissiper. En effet, à la fin de cette journée, Rommel était au bout de ses ressources. Il est stupéfiant que la défense ait pu tenir si longtemps. Son noyau était constitué des 2 divisions de Panzer de l'Afrika Korps, mais, au début de la bataille, elles ne comptaient déjà plus que 9 000 combattants et ce nombre avait fondu sous

---

1. Alexander : *Rapport Officiel*, p. 856.

le feu pour ne plus atteindre que quelque 2 000 hommes. Plus grave encore, il ne restait à l'Afrika Korps qu'une trentaine de chars en état de marche, alors que les Anglais en avaient encore plus de 600, si bien que le rapport des forces était maintenant de 20 contre 1. Quant aux chars italiens légèrement blindés, ils avaient été pulvérisés par le tir des Anglais et beaucoup des survivants avaient disparu du champ de bataille pour s'enfuir vers l'ouest.

Cette nuit-là, Rommel prit la décision de se replier sur la position de Fouka en deux étapes. Cette retraite était déjà largement entamée lorsque, le 3 novembre, peu après-midi, un ordre catégorique de Hitler arriva, enjoignant de tenir la position d'El Alamein à n'importe quel prix. Rommel, qui n'avait encore jamais eu à souffrir de l'intervention de Hitler et qui n'avait pas non plus la nécessité de désobéir, arrêta la retraite et rappela les colonnes qui étaient déjà en route.

Ce demi-tour compromit toute chance sérieuse d'organiser une résistance efficace plus à l'ouest, et il était futile d'essayer de recommencer celle d'El Alamein. Le mouvement de repli avait été repéré par l'aviation aux premières heures du 3 et il avait naturellement encouragé Montgomery à poursuivre et intensifier ses efforts. Deux tentatives en vue de contourner l'écran ennemi furent repoussées au cours de la journée, mais une nouvelle attaque d'infanterie (par la 51ᵉ highland division et la 4ᵉ division indienne) effectuée selon une oblique sud-ouest, réussit à percer à la jonction entre l'Afrika Korps et les Italiens. Peu après l'aube du 4, les 3 divisions blindées franchirent la brèche et se déployèrent, avec l'ordre d'obliquer vers le nord et de barrer la route de retraite de l'ennemi le long de la côte. Elles reçurent le renfort, pour cette avance, de la division néo-zélandaise motorisée et d'une quatrième brigade blindée placée sous son commandement.

Il s'offrait maintenant une occasion magnifique d'isoler et de détruire toute l'armée de Rommel. D'autant plus que le chef de l'Afrika Korps, Thoma, fut capturé dans la confusion du matin et que l'ordre de retraite ne fut donné que dans l'après-midi, alors que l'autorisation tardive de Hitler n'arriva que le lendemain. Dès que Rommel eut donné l'ordre de retraite, les troupes allemandes se replièrent à toute vitesse, entassées dans les véhicules qui leur restaient, tandis que l'exploitation britannique souffrit de ses vieux défauts, excès de prudence, hésitations, lenteur de mouvement et manœuvres étriquées.

Après avoir franchi la brèche et s'être déployées, les 3 divisions blindées se dirigèrent vers le nord et atteignirent la route côtière de Ghazal, 16 kilomètres seulement derrière le front rompu. Ce mouvement limité donnait une chance aux vestiges de l'Afrika Korps de leur bloquer la route grâce à un rapide pas de côté. Après une progression de quelques kilomètres, elles se heurtèrent à ce mince écran et furent tenues en échec jusqu'à l'après-midi, puis la Panzerarmee commença de se replier, selon les ordres. Au crépuscule, les Britanniques s'arrêtèrent pour la nuit. Ce fut heureux, car ils se trouvaient largement à l'ouest du gros de ce qui restait de la Panzerarmee.

Le lendemain, 5 novembre, les mouvements pour isoler Rommel furent encore trop étroits et trop lents. Les 1re et 7e divisions blindées se dirigèrent d'abord sur El Daba à 15 kilomètres seulement de Ghazal, et les éléments de tête n'atteignirent cette localité qu'à midi, pour s'apercevoir que l'ennemi en retraite les avait dépassés. La 10e division blindée s'était dirigée sur Galal, 25 kilomètres plus à l'ouest, et, en arrivant là, avait attrapé la queue de l'ennemi, s'emparant d'une quarantaine de chars, pour la plupart des chars italiens tombés en panne sèche. Aucune tentative pour poursuivre les principales colonnes ennemies ne fut entreprise avant le soir et les blindés anglais s'arrêtèrent pour la nuit, selon leur habitude, après une brève avance de 17 kilomètres, alors qu'ils étaient à 10 kilomètres de leur nouvel objectif, l'escarpement de Fouka.

La division néo-zélandaise (avec sa brigade blindée) avait reçu l'ordre, quand la percée avait été réalisée, de se diriger sur Fouka, mais elle fut retardée en suivant les divisions blindées à travers la brèche, en partie à cause d'un contrôle défectueux de la circulation, puis elle perdit à nouveau du temps à disperser des Italiens qui étaient sur sa route. Elle n'était donc même pas à mi-chemin de Fouka lorsqu'elle fit halte pour la nuit le 4 au soir. Elle arriva à proximité de son objectif le 5 à midi, mais elle s'arrêta alors devant un champ de mines qui était en réalité un faux obstacle disposé par les Anglais pour couvrir leur propre retraite vers El Alamein. La nuit tombait presque lorsqu'elle le traversa.

La 7e division blindée, après son mouvement trop précoce vers la mer à El Daba, avait été renvoyée dans le désert en direction de Baqqoush, 25 kilomètres au-delà de Fouka. Mais elle fut retardée en traversant les derniers éléments néo-zélandais et par le faux champ de mines. Elle s'arrêta ensuite pour la nuit.

Le lendemain matin, les 3 divisions de poursuivants se rejoignirent autour de Fouka et de Baqqoush, mais l'ennemi s'était déjà esquivé vers l'ouest. Elles attrapèrent seulement quelques centaines de traînards et quelques chars à court d'essence.

Le principal espoir de rattraper les colonnes de Rommel reposait maintenant sur la 1re division blindée qui, après les avoir manquées à El Daba, avait reçu l'ordre de faire un plus grand circuit dans le désert et de couper la route côtière à Marsa Matrouh. Mais sa progression fut arrêtée à deux reprises par un manque de carburant, la seconde fois à quelques kilomètres seulement de la route côtière. C'était d'autant plus exaspérant pour son commandant qu'il avait, lui et d'autres, demandé qu'au moins l'une des divisions blindées fût préparée en vue d'une longue poursuite jusqu'à Soloum en remplaçant une partie des munitions qu'elle transportait par du carburant supplémentaire.

Dans l'après-midi du 6 novembre, la pluie commença de tomber sur la ceinture côtière et elle devint très intense au cours de la nuit. Elle freina tous les mouvements de poursuite et assura la fuite de Rommel. Elle constitua après coup l'excuse principale de cette fuite. Mais l'analyse montre qu'on avait déjà laissé passer les meilleures occasions avant l'intervention de la pluie, du fait de mouvements trop étriqués, d'un excès de prudence, d'un sens insuffisant du facteur temps, d'une réticence à progresser la nuit, et en s'obnubilant sur la bataille elle-même au point de perdre de vue les conditions nécessaires de son exploitation décisive. Si les poursuivants avaient pénétré plus profondément dans le désert pour barrer la route de l'ennemi en un point plus éloigné, tel que l'escarpement de Soloum, ils auraient évité le risque d'une intervention de l'ennemi ou de la pluie car si celle-ci est vraisemblable sur la côte, elle est rare dans le désert.

Dans la nuit du 7, Rommel se replia de Marsa Matrouh à Sidi Barrani et organisa là une brève résistance pour donner le temps à ses colonnes de transport de franchir l'étranglement de la frontière par les cols de Soloum et de Halfaya, qui étaient soumis à un bombardement intense de l'aviation britannique. A un certain moment il y eut un énorme embouteillage sur la route côtière, une queue de 40 kilomètres de long, mais, grâce à une circulation bien organisée, la plus grande partie des véhicules passèrent pendant la nuit suivante en dépit des bombardements. Le 9, bien qu'un millier d'autres véhicules n'eussent pas encore franchi l'étranglement, Rommel ordonna à son arrière-garde de se replier jusqu'à la frontière.

Dans l'intervalle, Montgomery avait mis sur pied une force spéciale de poursuite composée de la 7e division blindée et de la division néo-zélandaise, et il avait immobilisé les 2 autres divisions blindées afin d'éviter le risque de manquer d'essence et de donner à Rommel l'occasion de lancer une riposte contre une force en panne sèche. Cette plus longue poursuite commença le 8, mais les Néo-Zélandais n'atteignirent la frontière que le 11 et les 2 brigades blindées de la 7e division blindée qui la franchirent dans l'après-midi précédent ratèrent de peu les derniers éléments des colonnes ennemies lorsque ceux-ci traversèrent Capuzzo, le 11.

Rommel s'était échappé des griffes de Montgomery, passant au travers de toutes les tentatives successives organisées pour lui couper la retraite, mais il était trop faible pour établir une nouvelle ligne de défense sur la frontière ou, plus loin, en Cyrénaïque. Il ne disposait plus que de 5 000 combattants allemands, 2 500 Italiens, 11 chars allemands, 35 canons antichars allemands, 65 canons de campagne allemands et quelques canons italiens. Car, en effet, si 15 000 combattants allemands avaient réussi à s'échapper sans encombre, les deux tiers avaient perdu tout leur matériel de combat et, parmi les Italiens qui s'étaient échappés, une proportion encore plus grande avait abandonné son matériel. La VIIIe armée avait non seulement tué plusieurs milliers d'adversaires, mais elle avait capturé quelque 10 000 Allemands et plus de 20 000 Italiens (y compris du personnel administratif), ainsi que 450 chars et plus de 1 000 canons. C'était une grosse compensation pour la perte de 13 500 hommes et pour la déception de voir Rommel s'échapper « pour livrer d'autres batailles ».

Après une courte pause de ravitaillement, les Anglais reprirent leur avance. Mais il s'agissait d'une suite plutôt que d'une poursuite et les contre-attaques passées de Rommel avaient laissé une telle impression que l'avance se fit prudemment le long de la côte au lieu de traverser le désert. Les premiers blindés n'atteignirent Marsa El Brega que le 26 novembre, soit plus de quinze jours après avoir traversé la frontière orientale de Cyrénaïque et bien après que Rommel eut regagné l'abri de cette position. Les seuls ennuis sérieux que rencontrèrent ses forces pendant la retraite à travers la Cyrénaïque étaient dus à un manque d'essence. A Marsa El Brega, il reçut le renfort d'une nouvelle division blindée italienne, la division Centauro, et d'éléments de 3 divisions d'infanterie italiennes, bien que ces dernières, n'étant pas motorisées, représentaient une gêne plutôt qu'un avantage.

Il y eut une nouvelle pause de quinze jours pendant que les Anglais amenaient des renforts et du ravitaillement en vue d'un assaut contre la position de Marsa El Brega. Montgomery prépara à nouveau un plan pour « annihiler l'ennemi sur ses défenses » en clouant Rommel sur place par un assaut frontal pendant que d'autres forces importantes entreprendraient un contournement pour bloquer sa retraite. L'assaut frontal devait être lancé le 14 décembre, précédé par des raids de grande envergure dans la nuit du 11 au 12 afin de distraire l'attention de l'ennemi de la manœuvre de contournement qui devait alors entamer son circuit à travers le désert. Mais Rommel s'esquiva dans la nuit du 12, rendant ainsi caduc le plan anglais. Il fit un bond rapide jusqu'à une position située à proximité de Bouerat, 400 kilomètres à l'ouest de Marsa El Brega et à 800 kilomètres de la nouvelle base avancée de la VIIIe armée à Benghazi.

A la fin de l'année, Rommel tenait toujours la position de Bouerat car cette fois il y eut une pause d'un mois pour reconstituer les forces anglaises avant que Montgomery ne fût prêt à reprendre son avance. Néanmoins il était visible qu'en Afrique le flot avait définitivement tourné. En effet il y avait peu de chances pour que l'armée de Rommel pût être reconstituée dans des proportions comparables à celles de la VIIIe armée, tandis que ses arrières étaient maintenant mis en péril par l'avance de la 1re armée anglo-américaine d'Algérie en Tunisie.

Cependant les illusions de Hitler renaquirent bientôt, tandis que Mussolini s'accrochait désespérément aux siennes car il ne pouvait pas supporter de voir s'effondrer l'empire africain de l'Italie. Leurs illusions avaient même repris le dessus alors qu'il n'était pas encore sûr que Rommel réussît à échapper à ses poursuivants et à sauver les restes de son armée. En arrivant à Marsa El Brega, il avait reçu l'ordre de tenir cette ligne « à n'importe quel prix » et d'empêcher les Anglais d'entrer en Tripolitaine. Pour renforcer cette exigence onirique il fut de nouveau placé sous les ordres du maréchal Bastico, comme il l'avait été avant l'entrée en Égypte. Lorsqu'il rencontra Bastico, le 22 novembre, il lui déclara sans ménagements que l'ordre de « résister jusqu'au bout » sur cette frontière du désert signifiait la destruction certaine des dernières troupes : « Ou bien nous perdons la position quatre jours plus tôt et nous sauvons l'armée, ou bien nous perdons à la fois la position et l'armée quatre jours plus tard. »

Puis Cavallero et Kesselring rendirent visite à Rommel le 24; il leur déclara qu'étant donné qu'à peine 5 000 de ses hommes étaient armés, il avait besoin, pour tenir la position de Marsa El Brega, d'une livraison rapide, avant que Montgomery n'attaque, de 50 Panzer IV dotés du nouveau canon de 75 mm long et 50 canons antichars du même modèle, sans compter la quantité nécessaire de carburant et de munitions. C'était une estimation très modeste de ses besoins, mais il était évident qu'ils n'avaient aucune chance d'être satisfaits puisque tout le matériel et les renforts disponibles étaient réservés à la Tunisie. Cependant ses visiteurs confirmèrent avec insistance l'ordre de tenir Marsa El Brega.

Aussi dans l'espoir d'amener Hitler à regarder la réalité en face, Rommel partit en avion pour le Q.G. du Führer situé près de Rastenburg, dans les forêts de Prusse-Orientale. Il reçut un accueil glacé et, quand il suggéra que la conduite la plus sage serait d'évacuer l'Afrique du Nord, Hitler « entra en fureur » et refusa d'écouter d'autres arguments. Cette explosion de colère contribua plus que tous les événements précédents à ébranler la foi de Rommel dans son Führer. Comme il l'écrivit dans son journal : « Je commençai de m'apercevoir qu'Adolf Hitler refusait simplement de voir les choses comme elles étaient et qu'il réagissait émotionnellement contre ce que son intelligence aurait dû lui montrer comme juste. » Hitler insista sur le fait que « c'était une nécessité politique de conserver une importante tête de pont en Afrique et qu'il n'était donc pas question de se retirer de la ligne de Marsa El Brega [1] ».

Mais en passant par Rome, au retour, Rommel trouva Mussolini plus raisonnable, et plus conscient des difficultés d'envoyer un ravitaillement suffisant à Tripoli et de là à Marsa El Brega. Il réussit donc à obtenir la permission de Mussolini pour préparer une position intermédiaire à Bouerat, y envoyer dès que possible l'infanterie italienne non motorisée et y replier le reste de ses maigres forces en cas d'attaque britannique. Rommel n'avait pas attendu pour se servir de cette autorisation et s'esquiver dans l'obscurité dès que les Anglais avaient manifesté leur intention d'attaquer. De plus, il avait décidé de ne pas s'arrêter à Bouerat ou devant Tripoli, pour offrir une occasion à Montgomery de l'encercler. Son plan était déjà formé de se retirer jusqu'à la frontière tunisienne et à l'étranglement de Gabès, où il ne serait pas aisé de le contourner et d'où il pourrait lancer une contre-attaque efficace à l'aide des renforts qui seraient plus facilement disponibles là-bas.

1. *The Rommel Papers*, p. 366.

21.

Opération « Torch »
Le vent souffle de l'Atlantique

Les débarquements alliés en Afrique du Nord française eurent lieu le 8 novembre 1942 [1]. Ces opérations se déroulèrent donc quinze jours après le déclenchement de l'offensive britannique contre les positions de Rommel à El Alamein, à l'extrême nord-est de l'Afrique, et quatre jours après l'effondrement de ces positions.

A la « conférence d'Arcadie » tenue à Washington à Noël 1941, la première conférence alliée après l'attaque japonaise sur Pearl Harbor qui fit entrer les États-Unis dans la guerre, Churchill mit en avant le « projet d'Afrique Nord-Ouest », comme une mesure destinée à « boucher et resserrer l'encerclement de l'Allemagne ». (Il informa les Américains de l'existence d'un plan *Gymnast* en vue d'un débarquement en Algérie dans le cas où la VIIIe armée remporterait un succès suffisamment décisif en Cyrénaïque pour lui permettre de pousser jusqu'à la frontière tunisienne. Il proposa alors que « des forces américaines, à supposer que les Français donnent leur accord, procèdent en même temps à un débarquement sur les côtes marocaines sur l'invitation de ces derniers ». Le président Roosevelt était favorable à ce projet car il n'avait pas été long à voir les avantages politiques qu'il représentait dans le domaine de la haute stratégie, mais ses conseillers militaires étaient sceptiques quant au caractère réalisable de l'opération et inquiets que celle-ci ne nuisît aux chances d'une attaque prochaine et plus directe contre l'emprise de Hitler en Europe. Ils acceptaient seulement que l'étude de cette opération, rebaptisée « Opération Super-Gymnast », fût poursuivie.

Au cours des mois suivants la discussion porta surtout sur un projet d'attaque à travers la Manche qui serait lancée en avril ou en septembre

---

1. Cf. carte p. 286.

pour répondre à la demande de Staline de l'ouverture d'un « second front ». Le Cotentin était le site le plus favorablement envisagé, à la demande pressante du général Marshall, chef d'état-major de l'Armée américaine et du général Eisenhower qui avait été désigné comme commandant des forces américaines sur le théâtre d'opérations européen et envoyé à Londres. Les Anglais soulignaient les inconvénients d'un débarquement prématuré en Europe avec des forces insuffisantes, et le risque de voir une tête de pont étouffée ou écrasée sans apporter de soulagement notable aux Soviétiques. Mais le président Roosevelt appuya le projet de tout son poids et s'engagea, lorsque Molotov se rendit à Washington à la fin mai, jusqu'à lui donner l'assurance qu'il « espérait » et « escomptait » créer « un second front en Europe en 1942 ».

Le projet de débarquement en Afrique du Nord-Ouest redevint d'actualité à la suite de l'effondrement britannique imprévu en Afrique du Nord-Est, qui se produisit en juin, à la suite de l'attaque de Rommel sur la ligne de Gazala.

La bataille de Gazala avait déjà pris un tour inquiétant lorsque Churchill se rendit à Washington le 17 juin avec ses chefs d'État-Major, pour participer à une nouvelle conférence. A son arrivée, Churchill continua sa route jusqu'à Hyde Park, le domicile particulier de Roosevelt, sur l'Hudson, pour un entretien privé. Là, il souligna à nouveau les inconvénients et les risques d'un débarquement prématuré en France, tout en suggérant qu'un retour au projet *Gymnast* serait une meilleure solution. Les chefs d'état-major anglais et américains, réunis à Washington le 21 juin, avaient été en désaccord au sujet du projet du Cotentin, mais avaient par contre fait l'accord unanime pour déclarer que le projet d'Afrique du Nord n'était pas praticable.

Leur conclusion négative à ce sujet fut bientôt balayée sous la pression des événements et le désir pressant de Roosevelt d'entreprendre une action positive en 1942, en exécution, même indirecte, de sa promesse aux Russes. Le 21 juin arriva la nouvelle de la chute de Tobrouk sous les coups de Rommel et de la retraite en Égypte des lambeaux de la VIIIe armée.

Les semaines suivantes virent la situation britannique empirer et les arguments en faveur d'une intervention américaine directe ou indirecte en Afrique se renforcer d'autant. A la fin juin, Rommel atteignit la ligne d'El Alamein sur les talons des Anglais en retraite et commença de l'attaquer. Le 8 juillet, Churchill câbla à Roosevelt que *Sledgehammer* (Coup de Massue), le plan d'un débarquement en France cette année, devait être abandonné et il plaida encore une fois en faveur de *Gymnast*. Il assortit ce télégramme d'un message confié au maréchal Sir John Dill, qui était maintenant à la tête de la mission conjointe d'État-Major à Washington, disant : « *Gymnast* représente le seul moyen pour les États-Unis de frapper contre Hitler en 1942 », autrement, les deux alliés occidentaux devraient rester « immobiles en 1942 ».

Les chefs d'état-major américains accueillirent cette affirmation par de nouvelles objections contre le projet. Marshall le condamnait comme « coûteux et inefficace », soutenu en cela par l'amiral King qui déclarait qu'il était « impossible de remplir des engagements navals sur d'autres théâtres d'opérations et de procurer en même temps les bâtiments de transport et d'escorte qui seraient indispensables à cette opération si elle était entreprise ». Ils étaient également d'accord pour considérer le refus britannique d'une tentative de débarquement en France en 1942 comme un signe évident que les Anglais ne désiraient pas véritablement prendre ce risque, même en 1943. Marshall, soutenu volontiers par King, proposa donc un changement de stratégie radical, prévoyant, qu'à moins que les Anglais n'acceptent le plan américain d'un prochain débarquement dans le Cotentin, « nous nous tournions vers le Pacifique pour frapper le Japon d'une manière décisive, qu'en d'autres termes nous adoptions une attitude défensive à l'égard de l'Allemagne, à l'exception des opérations aériennes, et que nous utilisions tous les moyens disponibles dans le Pacifique ».

Mais le Président rejeta l'idée de lancer un tel ultimatum à ses alliés britanniques, il exprima sa désapprobation au sujet du projet de renversement stratégique et déclara à ses chefs d'état-major, qu'à moins de pouvoir persuader les Anglais d'entreprendre une opération dans la Manche en 1942, il leur faudrait en déclencher une en Afrique du Nord française ou bien envoyer de gros renforts au Moyen-Orient. Il souligna qu'il était politiquement impératif d'entreprendre une action frappante avant la fin de l'année.

On aurait pu s'attendre à ce que les chefs d'état-major, une fois placés en face de la décision présidentielle, choisissent de renforcer momentanément les Anglais au Moyen-Orient, plutôt que de s'embarquer dans le plan *Gymnast* auquel ils s'étaient opposés si fermement avec tant de persistance. D'ailleurs, après avoir examiné les deux solutions, l'état-major de Marshall était arrivé à la conclusion que la première représentait le moindre mal. Mais, contrairement à toute prévision, King et lui accomplirent un revirement en faveur de l'opération *Gymnast*. Celle-ci devint leur éventualité préférée lorsqu'ils se rendirent à Londres, à la mi-juillet, avec Harry Hopkins, en tant que représentant du président, et trouvèrent les chefs d'état-major britanniques fermement opposés au plan d'Eisenhower concernant un débarquement prochain près de Cherbourg.

Selon Harry Hopkins, la raison primordiale de Marshall, dans ce choix, était « la difficulté de mélanger nos troupes avec celles des Anglais en Égypte ». Un tel amalgame se produirait aussi dans le cas d'une opération conjointe en Afrique du Nord-Ouest, mais il était évident que des renforts américains envoyés au Moyen-Orient auraient été placés sous les ordres d'un commandant en chef britannique.

L'adoption du plan *Super-Gymnast* fut formelle au cours de deux nouvelles réunions des chefs d'état-major américains et britanniques, à Londres, les 24 et 25 juillet, et rapidement avalisée par Roosevelt. Ce dernier insistait dans son télégramme pour qu'il fût prévu que le débarquement eût lieu « au plus tard le 30 octobre ». Cette directive lui avait été suggérée par Hopkins dans un message personnel, comme un moyen d' « éviter temporisations et retards ». Sur l'initiative de Churchill, l'opération fut rebaptisée du nom plus évocateur de *Torch*. On se mit également d'accord pour que le commandement suprême fût confié à un Américain. C'était une mesure destinée à calmer les sentiments douloureux des chefs d'État-Major américains et que Churchill était tout disposé à concéder. Le 26, Eisenhower fut informé par Marshall qu'il était désigné pour ce poste.

La décision était maintenant arrêtée, mais la question du choix de la date et du lieu n'avait pas encore été réglée ni même examinée à fond. Si bien que de nouveaux conflits d'opinion surgirent à ce sujet.

Les chefs d'état-major anglais, pressés par Churchill, proposaient la date du 7 octobre. Mais leurs homologues américains recommandaient le 7 novembre comme « la date raisonnablement la plus proche pour le débarquement des troupes en se basant sur les unités de transport disponibles ».

Les opinions divergeaient encore plus au sujet du lieu. Les Anglais insistaient pour que le débarquement eût lieu sur la côte méditerranéenne d'Afrique afin de permettre une avance rapide vers la Tunisie. Mais les Américains ne démordaient pas de l'objectif limité du plan *Gymnast*, tel qu'il avait été modifié en juin alors qu'il était question d'une opération uniquement américaine, et ils voulaient absolument limiter les débarquements à la zone de Casablanca, sur le côte atlantique du Maroc. Ils ne craignaient pas seulement les dangers d'une opposition française, mais aussi une réaction hostile et une contre-offensive allemande visant à bloquer l'entrée de la Méditerranée en s'emparant de Gibraltar. Les Britanniques étaient atterrés par une approche aussi prudente du problème stratégique. Ils représentaient que le plan américain donnerait le temps aux Allemands de s'emparer de la Tunisie, de raidir la résistance française en Algérie et au Maroc, ou de la remplacer par une résistance allemande, et de faire échouer ainsi le but de l'opération alliée [1].

Eisenhower et son état-major avaient tendance à pencher en faveur de la solution britannique. Le premier avant-projet, formulé le 9 août, était conçu comme un compromis. Il proposait des débarquements simultanés à l'intérieur et à l'extérieur de la Méditerranée, mais pas à l'est d'Alger, à cause du risque de raids aériens ennemis à partir de la Sicile et de la Sardaigne à l'exception d'un débarquement mineur à Bône pour s'emparer de l'aérodrome local (Bône est à 320 kilomètres d'Alger mais seulement à 200 kilomètres de Bizerte). Ce compromis ne satisfit pas les Anglais car il ne semblait pas pouvoir répondre à la principale condition de succès qu'ils défi-

1. Je fus consulté sur la question du projet d'Afrique du Nord-Ouest le 28 juin, immédiatement après la conférence de Washington où il avait été remis sur le tapis. En apprenant que le débarquement principal était prévu à Casablanca, sur la côte atlantique, je fis remarquer que cette ville se trouvait à 1 800 kilomètres de Bizerte et de Tunis, les points stratégiques, et que la meilleure chance de succès rapide était de nous emparer de ces points aussi vite que possible, ce qui nécessitait de débarquer aussi près que possible. Je soulignai également l'importance qu'il y avait à débarquer en Algérie, sur la côte nord, « dans le dos des Français » afin de diminuer les risques d'une résistance qui se développerait vraisemblablement face à une attaque frontale progressant lentement à partir de Casablanca.

nissaient en ces termes : « Nous devons avoir occupé les points clés de la Tunisie 26 jours après avoir franchi le détroit de Gibraltar, et de préférence 14 jours après. » Selon eux, un débarquement majeur à Bône, ou même plus à l'est, était la condition essentielle d'une avance rapide en Tunisie.

Ces arguments impressionnèrent le Président qui donna l'ordre à Marshall et à King de réexaminer le projet. Ils avaient également impressionné Eisenhower qui informa Washington que les membres américains de son état-major étaient maintenant convaincus de la justesse du raisonnement anglais et qu'il était en train de mettre au point un nouveau plan en éliminant les débarquements de Casablanca et en avançant la date des autres.

Son état-major présenta (le 21 août) un nouvel avant-projet qui suivait dans une large mesure l'idée des Anglais. Abandonnant le débarquement de Casablanca, il prévoyait un débarquement américain à Oran (400 kilomètres à l'est de Gibraltar) et des débarquements britanniques à Alger et Bône. Mais Eisenhower ne donnait qu'un avis favorable mitigé, soulignant qu'une telle expédition, entièrement à l'intérieur de la Méditerranée, serait dangereusement exposée sur son flanc. Cette conclusion rejoignait l'opinion de Marshall.

Ce nouvel avant-projet était aussi peu du goût des chefs d'état-major américains que le premier l'avait été pour les Anglais. Marshall déclara au Président : « Une seule ligne de communications à travers le détroit de Gibraltar est bien trop risquée », et il était opposé à tout débarquement en Méditerranée à l'est d'Oran (située à près de 1 000 kilomètres de Bizerte).

Churchill apprit la tournure prudente des préparatifs au retour de son voyage avec le général Brooke en Égypte et à Moscou, où Staline s'était gaussé de l'incapacité des puissances occidentales à ouvrir un « second front » en leur posant des questions méprisantes comme : « Avez-vous l'intention de nous laisser faire tout le travail pendant que vous regardez Est-ce que vous ailez vous décider à vous battre un jour Vous verrez que ce n'est pas mal une fois que vous aurez commencé ! » Churchill avait été naturellement piqué au vif, mais il était parvenu à éveiller l'intérêt de Staline pour les possibilités de l'opération *Torch*, et il lui avait expliqué avec éclat comment cette opération pourrait soulager indirectement la pression à laquelle l'U.R.S.S. était soumise. Il fut donc choqué de voir que les Américains proposaient de rogner sur ce plan.

Le 27 août, il envoya un long télégramme à Roosevelt, protestant que les changements suggérés par les chefs d'état-major américains pourraient être « fatals à tout le plan » et que « toute la sève de l'opération sera perdue si nous n'entrons pas à Alger et à Oran le premier jour ». Il soulignait la mauvaise impression qu'un rétrécissement de l'objectif ferait sur Staline.

Dans sa réponse, en date du 30, Roosevelt insistait sur le fait que « quelles que soient les circonstances, l'un de nos débarquements doit avoir lieu sur l'Atlantique ». Il proposait donc que les Américains se chargent des débarquements de Casablanca et d'Oran et laissent aux Britanniques le soin des débarquements plus à l'est. De plus, se souvenant des actions militaires anglaises contre les forces de Vichy en Afrique du Nord, en Syrie et ailleurs, il soulevait un nouveau problème.

« J'ai la conviction que les attaques initiales doivent être confiées à des forces terrestres exclusivement américaines [...] J'irai même jusqu'à dire que je suis raisonnablement certain qu'un débarquement simultané des Anglais et des Américains entraînerait une résistance complète de tous les Français en Afrique, alors qu'un débarquement initial des Américains sans la présence de forces terrestres britanniques a des chances réelles de ne rencontrer aucune résistance française, ou alors une résistance symbolique [...] Nous sommes persuadés que des troupes aéroportées allemandes ne peuvent pas arriver à Alger ou à Tunis en nombre important avant un délai d'au moins deux semaines après l'attaque initiale [1]. »

Les Anglais étaient atterrés à l'idée d'avoir à attendre une semaine avant de réaliser les débarquements à l'est et ils étaient loin de se satisfaire de l'estimation optimiste américaine selon laquelle les Allemands ne pourraient pas efficacement intervenir en moins de deux semaines.

Churchill était tout disposé à profiter de l'influence persuasive de l'ambassadeur américain auprès du gouvernement de Vichy, l'amiral Leahy, pour faciliter les choses du point de vue politique et psychologique. Tout en étant « désireux de préserver le caractère américain de l'expédition », et par conséquent disposé à laisser les forces britanniques « autant à l'arrière-plan que possible », il ne croyait pas à la possibilité de dissimuler le fait que la majeure partie des bâtiments de transport, de l'escorte aérienne et des forces navales serait britannique — et ces éléments seraient aperçus les premiers, avant les forces terrestres. Il évoqua ces points dans une réponse pleine de tact à Roosevelt, en date du 1er septembre, et il souligna que, dans le cas où « la victoire politique sans une goutte de sang, qui est, j'en suis d'accord avec vous, tout à fait possible, ne pouvait pas être remportée, un désastre militaire très lourd de conséquences s'ensuivrait ». Il continuait :

« En fin de compte et malgré les difficultés, il nous semble qu'Alger doive être occupée simultanément avec Casablanca et Oran. C'est l'endroit le plus amical et sur lequel on peut fonder le plus d'espoir. Sa réaction politique serait décisive au plus haut point d'un bout à l'autre de l'Afrique du Nord. Renoncer à Alger pour un débarquement problématique à Casablanca nous semble être une décision très grave. Si elle permettait aux Allemands de nous prendre de vitesse non seulement à Tunis mais aussi en Algérie, le résultat global serait catastrophique dans tout le Bassin méditerranéen [2]. »

Cette excellente démonstration en faveur du débarquement d'Alger ne faisait pas allusion à l'importance d'autres débarquements plus à l'est et

1. Churchill : *The Second World War*, vol. IV, p. 477.
2. *Ibid.*, vol. IV, pp. 479-480.

plus près de Bizerte. C'était une omission, et une concession qui devait avoir des conséquences fatidiques sur les chances de remporter un succès stratégique rapide.

Répondant au câble de Churchill le 3 septembre, Roosevelt donna son accord pour qu'un débarquement à Alger fût inclus dans les plans, tout en suggérant que les troupes américaines débarquent les premières « suivies à moins d'une heure par les troupes britanniques ». Churchill accepta immédiatement cette solution, à condition que les forces destinées à Casablanca soient réduites de façon à rendre le débarquement d'Alger efficace. Roosevelt accepta sous une forme différente, suggérant une réduction « d'un groupe de combat régimentaire » à Casablanca et un autre à Oran, afin de libérer « 10 000 hommes pour Alger ». Churchill répondit le 5 septembre : « Nous sommes d'accord pour le dispositif militaire que vous proposez. Nous disposons de nombreuses troupes hautement entraînées aux opérations de débarquement. Si nécessaire, nos hommes peuvent revêtir vos uniformes. Ils en seront fiers. Aucun problème pour la flotte de débarquement. » Le même jour, Roosevelt répondit en câblant un seul mot : « Hourra! »

L'affaire fut donc finalement réglée par cet échange de télégrammes entre Roosevelt et Churchill. Trois jours plus tard, Eisenhower fixa la date de débarquement au 8 novembre, tout en déclinant l'offre de Churchill de mettre les commandos britanniques en uniforme américain, car il était désireux de conserver un aspect exclusivement américain aux débarquements initiaux. Churchill se résigna au délai et à la modification du plan. Il déclara humblement dans un télégramme à Roosevelt, en date du 15 septembre : « Dans toute l'affaire *Torch*, sur le plan militaire et sur le plan politique, je me considère comme votre lieutenant et demande seulement la possibilité d'exposer franchement mon point de vue devant vous [1]. »

Le « Hourra! » télégraphié par Roosevelt, le 5 septembre, mettait un terme à ce qui a été appelé à juste raison « la concurrence académique transatlantique ». Marshall continua d'exprimer des doutes et son supérieur politique immédiat, Henry Stimson, le ministre de la Guerre, se plaignit amèrement auprès du Président de la décision de débarquer en Afrique du Nord. Mais la décision présidentielle permit de faire avancer rapidement les préparatifs détaillés pour pallier les effets de la temporisation. Cependant le plan portait la marque à double tranchant d'un compromis. En diminuant les chances d'un succès rapidement décisif en Afrique du Nord, il rendait plus certaine la prolongation de la diversion alliée en Méditerranée, ainsi que les historiens officiels américains l'ont reconnu et souligné [2].

Dans le projet final, le débarquement sur la côte atlantique pour s'emparer de Casablanca devait être réalisé par les forces exclusivement américaines du général George S. Patton, avec 24 500 hommes, transportés par la Western

---

1. Churchill : *The Second World War*, vol. IV, p. 488.

2. Cf. en particulier la très bonne analyse de Maurice Matloff et Edwin M. Snell dans *Strategic Planning For Coalition Warfare 1941-1942*.

Naval Task Force du contre-amiral H. Kent Hewitt. Celle-ci devait appareiller directement d'Amérique, principalement de Hampton Roads, en Virginie, et comportait 102 bâtiments, dont 29 bâtiments de transport de troupes.

La prise d'Oran était confiée à la Center Task Force, qui comprenait 18 500 soldats américains sous les ordres du général Lloyd R. Fredendall, mais était escortée par une force navale britannique sous les ordres du commodore Thomas Troubridge. Elle devait appareiller de la Clyde car elle était composée de troupes américaines arrivées en Écosse et en Irlande du Nord, début août.

Pour l'opération sur Alger, l'Eastern Naval Task Force était également entièrement britannique, et placée sous les ordres du contre-amiral Sir Harold Burroughs, mais les troupes d'assaut étaient composées de 9 000 soldats anglais et 9 000 soldats américains, et leur chef, le général Charles Ryder, était américain. De plus, des éléments américains étaient incorporés aux 2 000 hommes des unités de commandos britanniques. Ce curieux amalgame était inspiré par l'espoir que le fait de mettre des Américains sur le devant de la vitrine conduirait les Français à supposer que toutes les troupes d'assaut étaient américaines. Le 9 novembre, lendemain des débarquements, le commandement général de toutes les troupes alliées d'Algérie devait être pris par le commandant de la Ire armée britannique nouvellement créée, le Général Kenneth Anderson.

Les forces d'assaut destinées à Oran et à Alger appareillèrent toutes deux de Grande-Bretagne en deux vastes convois. Le plus lent partit le 22 octobre et le plus rapide quatre jours plus tard. Cette chronologie avait pour but de leur faire traverser simultanément le détroit de Gibraltar dans la nuit du 5 novembre. A partir de là, leur protection était assurée par une partie de la flotte anglaise de Méditerranée, sous les ordres de l'amiral Sir Andrew Cunningham. Sa présence suffit à dissuader la flotte italienne d'intervenir, même après les débarquements, si bien qu'ainsi que le faisait tristement remarquer Cunningham ses puissantes unités durent « continuer de croiser à ne rien faire ». Mais il avait lui-même suffisamment de travail sur les bras car il était commandant en chef des forces navales alliées, en dessous d'Eisenhower, et par conséquent responsable de tout l'aspect maritime de l'opération *Torch*. Y compris les navires de ravitaillement arrivés par convois début octobre, plus de 250 navires marchands, dont une quarantaine de transport de troupes (comprenant trois bâtiments américains), appareillèrent des côtes britanniques, tandis que la force navale britannique employée dans l'opération, à des tâches d'escorte ou de couverture, comprenait 160 navires de guerre de divers types.

Le prélude diplomatique aux débarquements ressemble à un mélange de roman d'espionnage et de western, avec des interludes comiques, transposé dans le domaine historique. Robert Murphy, le principal représentant diplomatique américain en Afrique du Nord, avait activement préparé le terrain en vue des débarquements en effectuant de discrets sondages auprès des officiers français au sujet desquels il avait l'impression qu'ils seraient susceptibles de sympathiser et de collaborer avec les Alliés. Il avait en particulier confiance dans le général Mast, commandant les troupes du secteur d'Alger (et ancien chef d'état-major du général Juin, le commandant en chef) et dans le général Béthouart qui commandait les troupes du secteur de Casablanca, bien que ce secteur fût placé dans son ensemble sous les ordres de l'amiral Michelier, ce dont les Américains ne s'étaient pas rendu compte.

Mast avait demandé avec insistance qu'un haut représentant militaire allié vienne secrètement à Alger pour des conversations en coulisses avec Juin et quelques autres. A la suite de cette requête, le général Mark Clark (qui venait d'être nommé commandant en chef adjoint de l'opération *Torch*), s'envola pour Gibraltar avec quatre officiers d'état-major, et, de là, le petit groupe fut amené par un sous-marin anglais, H.M.S. *Seraph* (lieutenant N.A.A. Jewell), à un rendez-vous dans une villa sur la côte à une centaine de kilomètres d'Alger. Le sous-marin arriva en vue de la côte aux premières heures du 21 octobre, mais trop tard pour débarquer Clark et ses compagnons avant le lever du jour. Il resta donc en plongée toute la journée, tandis que les Français rentraient chez eux, déçus et intrigués. Un message du sous-marin à Gibraltar, relayé vers Alger par une radio clandestine, ramena Murphy et certains des Français à la villa, la nuit suivante. Clark et ses compagnons se rendirent à terre dans quatre canoës de toile, dont l'un se retourna au moment où ils embarquaient. Ils avaient été guidés jusqu'au lieu de rendez-vous par une lampe allumée à une fenêtre devant une couverture blanche.

Mark Clark déclara à Mast, en termes assez vagues, que d'importantes forces américaines se préparaient à débarquer en Afrique du Nord avec le soutien de forces aériennes et navales britanniques. Ces propos manquaient pour le moins de franchise. De plus, dans l'intérêt de la sécurité, il s'abstint de donner à Mast une idée claire de la date et du lieu des débarquements. Cet excès de mystère envers un homme dont la collaboration était d'une importance vitale était maladroit, car il le privait, lui et ses compagnons, des informations et du temps nécessaires pour mettre au point et apporter leur collaboration. Clark autorisa Murphy à informer Mast de la date, immédiatement avant les débarquements, mais non du lieu. Cela ne donnait pas le temps à Mast de le notifier à ses camarades au Maroc.

La réunion fut momentanément et dramatiquement interrompue par l'apparition de policiers français soupçonneux. Mark Clark et ses compagnons furent rapidement dissimulés dans un cellier vide pendant que la police fouillait la villa. Soudain le danger redoubla quand l'un des officiers de commandos britanniques qui avaient guidé le petit groupe se mit à tousser. Mark Clark lui passa un chewing-gum pour calmer sa toux, mais il en demanda bientôt un autre disant que celui-ci n'avait pas grand goût, ce à quoi Clark répliqua : « Ce n'est pas étonnant cela faisait deux heures que je le mâchais! » Après que les policiers furent repartis, sans que leurs soupçons eussent été dissipés, Clark et ses compagnons connurent de nouvelles difficultés au moment où ils essayaient de rembarquer au crépuscule, car la houle s'était creusée, et Clark manqua de peu se noyer lorsque son canoë se retourna. Lors d'une nouvelle tentative, peu avant l'aube, les autres canoës chavirèrent, mais en définitive tout le monde réussit à franchir les brisants et à atteindre le sous-marin, sain et sauf mais trempé. Le lendemain ils passèrent à bord d'un hydravion qui les ramena à Gibraltar.

Un problème important dont il avait été également débattu à cette réunion était la question du choix de l'homme le plus capable de rallier les forces françaises d'Afrique du Nord dans le camp allié. Juin, le commandant en chef, avait exprimé en privé un penchant favorable, mais il faisait preuve d'une tendance à rester dans l'expectative le plus longtemps possible, en même temps que d'une répugnance à prendre l'initiative. Ses principaux subordonnés n'avaient pas le prestige suffisant et répugnaient également à enfreindre délibérément les ordres du gouvernement de Vichy. L'amiral Darlan, commandant en chef de toutes les forces françaises d'Afrique du Nord et successeur éventuel du vieux maréchal Pétain si celui-ci venait à mourir, avait laissé entendre à Leahy, en 1941, et plus récemment à Murphy, qu'il accepterait peut-être de rompre la politique de collaboration avec l'Allemagne et de ramener les Français dans le camp allié s'il était assuré d'une aide militaire américaine d'envergure suffisante. Mais il avait joué le jeu de Hitler depuis si longtemps que ces allusions n'inspirèrent guère de confiance. De plus il avait un préjugé antibritannique qui avait été naturellement renforcé par l'action des Anglais contre la flotte française à Mers El-Kebir et ailleurs après l'effondrement français de 1940. Tout cela rendait son attitude d'autant plus incertaine, en raison de la difficulté de dissimuler la part importante prise par les Anglais dans l'opération *Torch*.

Le général de Gaulle était à éliminer pour la raison inverse. Sa rupture avec Pétain en 1940 et la part qu'il avait prise ensuite aux actions de Churchill à Dakar, en Syrie et à Madagascar auraient incité tous les officiers français restés loyaux envers le gouvernement de Vichy, même les plus désireux de rejeter le joug allemand, à rejeter son autorité. Cet argument était souligné par Murphy, et Roosevelt, qui n'avait aucune confiance dans le jugement de De Gaulle et ne pouvait pas supporter son arrogance, s'y rallia bien volontiers.

Churchill, qui s'était récemment désigné comme le « lieutenant » de Roosevelt, s'inclina devant la voix de son maître et de Gaulle ne fut pas informé du projet avant que les débarquements n'aient eu lieu.

Dans ces circonstances, les Américains, depuis le Président jusqu'aux généraux, se rallièrent à la thèse du général Mast et de ses associés faisant du général Giraud le candidat le plus souhaitable et le plus acceptable, ainsi que Murphy l'avait déjà suggéré avant cette réunion. Giraud, qui commandait une armée en mai 1940, avait été fait prisonnier par les Allemands, mais il était parvenu à s'évader en avril 1942 et à atteindre la zone libre où il avait été autorisé à séjourner à condition de soutenir l'autorité du maréchal Pétain. Il se fixa près de Lyon. De là, bien qu'il fût placé sous surveillance, il entra en communication avec de nombreux officiers (à la fois en France et en Afrique du Nord) qui partageaient son désir d'organiser une révolte contre la domination allemande avec l'aide des Américains. Le point de vue de Giraud était exprimé dans une lettre à un de ses partisans, le général Odic : « Nous ne voulons pas que les Américains nous libèrent, nous voulons qu'ils nous aident à nous libérer, ce qui n'est pas tout à fait la même chose. » D'ailleurs, au cours de ses négociations privées avec les Américains, il mettait au nombre de ses conditions qu'il fût nommé commandant en chef des forces alliées en territoire français partout où des troupes françaises se battraient. Il crut comprendre, par un message qu'il avait reçu, que Roosevelt avait accepté ses conditions, mais Eisenhower tomba des nues à ce sujet lorsque Giraud arriva à Gibraltar pour le rencontrer, le 7 novembre, veille des opérations de débarquement.

Giraud avait été pris sur la côte sud de la France par le même sous-marin anglais, H.M.S. *Seraph* [1], qui avait emmené Mark Clark en mission secrète sur la côte algérienne. Il fut ensuite transféré à bord d'un hydravion, échappa de peu à la noyade au cours de ce transfert, et fut déposé à Gibraltar. A son arrivée il fut stupéfait d'apprendre que les débarquements alliés auraient lieu le lendemain matin, alors qu'on lui avait dit qu'ils étaient prévus pour le mois suivant, et de découvrir que le commandement de ces opérations était confié à Eisenhower et non à lui-même. Ces découvertes entraînèrent une discussion animée au cours de laquelle il s'appuya sur son grade supérieur et sur les assurances qu'il avait reçues, répétant constamment que le fait d'accepter tout autre poste que celui de commandant suprême serait un reniement du prestige de son pays et de son prestige personnel. Mais, lorsque les conversations reprirent dans la matinée du 8, il se résigna à la situation, après avoir reçu l'assurance explicite d'être placé à la tête de l'administration et des forces françaises d'Afrique du Nord — une promesse qui devait être bientôt écartée pour des raisons d'opportunité et face à la meilleure carte de l'amiral Darlan.

En apportant la *Torche* de la liberté en Afrique du Nord française, les Américains avaient trop bien réussi la surprise, jetant leurs amis et collaborateurs dans une confusion encore plus grande que celle de l'ennemi. Leurs amis français n'eurent pas le temps de préparer utilement le terrain et, sous le choc de l'invasion soudaine, la plupart des responsables militaires français réagirent de la façon naturelle en de telles circonstances et confor-

1. Giraud avait stipulé, pour des raisons politiques, qu'un navire américain devait être envoyé pour le chercher; cette exigence fut respectée en plaçant le *Seraph*, sous le commandement nominal d'un officier américain, le capitaine Jerault Wright, et en emportant un drapeau américain qui pouvait être arboré en cas de besoin. Giraud était accompagné par son fils et par deux jeunes officiers d'état-major. L'un d'entre eux, le capitaine André Beaufre, avait pris une part influente dans la préparation de cette tentative spectaculaire pour faire basculer l'armée française dans la guerre contre l'Allemagne. Wright et Beaufre s'élevèrent tous les deux jusqu'aux plus hauts postes dans leur armée respective et dans les structures de commandement de l'O.T.A.N.

mément à leur loyauté envers l'autorité légitime incarnée par le maréchal Pétain à Vichy. Les débarquements rencontrèrent donc une résistance initiale, moins forte à Alger, cependant, qu'à Oran ou Casablanca.

A Casablanca, le général Bethouart, commandant divisionnaire, reçut le 7 en fin de soirée un message l'informant que le débarquement aurait lieu le 8 à 2 h 00 du matin. Il envoya des détachements arrêter les membres des commissions allemandes d'Armistice et posta un certain nombre de ses officiers pour accueillir les Américains sur la plage de Rabat, 80 kilomètres au nord de Casablanca, où il présumait que le débarquement aurait lieu, étant donné qu'il n'y avait pas de batteries de défense côtière et que c'était le siège du Gouvernement français au Maroc.

Après avoir accompli ces préliminaires, Bethouart prit la tête d'un bataillon, alla occuper le Q.G. de l'Armée à Rabat et fit emmener le général qui le commandait, sous bonne escorte. Bethouart avait également fait porter des lettres au général Noguès, le Résident général au Maroc, et à l'amiral Michelier, les informant que les Américains étaient sur le point de débarquer, que Giraud arrivait pour prendre le commandement d'Afrique du Nord française et qu'il avait été lui-même placé par Giraud à la tête de l'armée du Maroc. Dans sa lettre il demandait à Noguès et à Michelier de confirmer l'ordre qu'il avait donné de laisser les Américains débarquer sans opposition, ou bien de rester en dehors de l'affaire jusqu'à ce qu'il fût plus facile pour eux d'accepter le fait accompli.

A la réception de cette lettre, Noguès décida d'essayer de rester dans l'expectative jusqu'à ce que la situation se clarifiât. Pendant que Noguès hésitait, Michelier agissait rapidement. Ses patrouilles aériennes et sous-marines n'avaient pas repéré l'armada des forces de débarquement avant la tombée de la nuit, il en conclut que Bethouart avait été trompé ou bluffé. Noguès fut tellement impressionné par l'affirmation de Michelier qu'aucune force importante n'avait été aperçue au large, que, même après avoir reçu les rapports des premiers débarquements, peu après 5 h 00 du matin, il crut qu'il ne s'agissait que de raids de commandos. Il se départit donc de son expectative pour adopter une attitude antiaméricaine. Il ordonna aux forces françaises de résister et fit mettre Bethouart en état d'arrestation sous l'inculpation de trahison.

Le débarquement principal de Patton eut lieu à Fedala, 25 kilomètres au nord de Casablanca, accompagné de débarquements secondaires à Mehdia, 90 kilomètres plus au nord, et à Safi, 220 kilomètres au sud de Casablanca. Fedala présentait les plages de débarquement les plus proches de cette grande ville et de son port fortement défendu qui était le seul grand port bien équipé de la côte atlantique marocaine. Mehdia avait été choisie car elle était le point de débarquement le plus proche de l'aérodrome de Port-Lyautey, le seul aérodrome marocain doté d'une piste en béton. Safi avait été retenue parce qu'une force opérant à l'aile droite à partir de ce point pourrait empêcher la forte garnison française de Marrakech d'intervenir à Casablanca et aussi parce que des chars moyens pouvaient être débarqués dans son port, les nouveaux L.S.T. (Landing Ships Tank) en cours de production n'ayant pas pu être terminés à temps pour l'opération *Torch*.

Le 6 novembre, alors que l'armada américaine approchait des côtes du Maroc, après une traversée calme, une forte mer fut annoncée dans la zone vers laquelle elle se dirigeait tandis que la météo prévoyait pour le 8 des rouleaux d'une hauteur à rendre tout débarquement impossible. Mais l'expert météo de l'amiral Hewitt prévoyait, quant à lui, que la tempête ne durerait pas, et l'amiral décida de prendre le risque de continuer selon les plans. Le 7, la mer commença de se calmer et le 8 elle était calme, avec seulement une houle de terre modérée. Le ressac était plus faible que tous les autres matins du même mois. Malgré tout, de nombreux accidents et retards furent provoqués par l'inexpérience.

Mais du moins les choses se passèrent mieux que Patton ne l'avait prédit à la dernière conférence avant l'embarquement, dans un de ses discours tonitruants où il avait déclaré aux représentants de la Marine que leurs beaux plans de débarquement s'effondreraient « dans les cinq minutes » et que : « Jamais dans l'histoire, la Marine n'a débarqué une armée au moment et au lieu prévus. Mais si vous nous débarquez quelque part à moins de 80 kilomètres de Fedala et dans un délai de moins d'une semaine du jour J, je me charge de gagner. »

Heureusement, la confusion et les hésitations des Français permirent aux premières vagues de débarquement d'atteindre la terre ferme avant que le tir des défenseurs ne devînt inquiétant et, dès lors, il faisait assez jour pour que l'artillerie navale pût ouvrir le feu sur les batteries côtières. Mais de nouveaux ennuis se manifestèrent sur la plage, en raison de l'inexpérience et de la confusion des troupes débarquées, pour étendre la tête de pont, si bien que Patton fit retomber sa critique explosive sur ses propres troupes et sur l'armée de terre. Soldats et bateaux avaient été surchargés. L'avance sur Casablanca commença le deuxième jour et ne rencontra pas d'opposition sérieuse, mais elle fut brusquement arrêtée faute de matériel, alors que celui-ci s'entassait sur les plages sans pouvoir parvenir aux troupes de combat. Le troisième jour, les progrès furent peu importants et la résistance devint plus forte. L'avenir semblait sombre.

La situation aurait été plus grave si la menace navale française n'avait pas été jugulée dès le premier jour. Cela fut réalisé au cours d'une bataille au large de Casablanca, qui garda un arrière-goût des batailles navales d'autrefois. Elle commença peu avant 7 h 00, lorsque les canons de la batterie côtière du cap El Hawk et ceux du *Jean-Bart* (le plus récent cuirassé français qui n'était pas encore achevé et ne pouvait quitter son mouillage dans le port) ouvrirent le feu sur le groupe de protection du contre-amiral R. L. Giffen qui comprenait le cuirassé *Massachusetts*, 2 croiseurs de première classe et 4 destroyers. Ceux-ci ne furent pas touchés, malgré plusieurs coups près du but, et leur riposte fut suffisamment efficace pour réduire temporairement au silence les batteries d'El Hawk et le *Jean-Bart*. Mais ils furent tellement absorbés par ces opérations qu'ils négligèrent de bloquer le passage des autres navires. A 9 h 00 1 croiseur léger, 7 destroyers et 8 sous-marins avaient réussi à s'esquiver. Les destroyers firent route sur Fedala où se trouvaient les navires de transport de troupes américains. Heureusement, ils furent arrêtés et contraints de battre en retraite par 1 croiseur lourd, 1 croiseur léger et 2 destroyers qui avaient reçu l'ordre de l'amiral Hewitt de les intercepter. Celui-ci ordonna alors au groupe de protection de venir leur couper la retraite. Grâce à une parfaite maîtrise, à un usage habile des écrans de fumée et aux effets d'une attaque de diversion de leurs sous-marins, les Français parvinrent à échapper à cette concentration écrasante en perdant seulement 1 destroyer. Puis ils firent courageusement une nouvelle tentative en direction des transports de troupes. Au cours de ce second engagement, ils perdirent un nouveau bâtiment et un seul des 8 navires français revint intact au port. Arrivés là deux autres coulèrent et d'autres unités furent à nouveau endommagées par des bombardements.

Mais ces résultats n'étaient pas décisifs, car les batteries d'El Hawk et les canons de 380 mm du *Jean-Bart* redonnaient de la voix, alors que les navires américains avaient utilisé une telle proportion de leurs munitions qu'ils n'auraient peut-être pas été en mesure de repousser les bateaux de guerre français basés à Dakar si ceux-ci étaient intervenus comme on le craignait.

Par bonheur la situation à Casablanca, et sur l'ensemble de la côte atlantique, subit une modification décisive du fait d'événements politiques favorables à Alger. En fin d'après-midi, le général Noguès apprit indirectement que les autorités françaises d'Alger, placées sous les ordres de l'amiral Darlan, avaient ordonné, le 10 novembre, d'arrêter les combats. Noguès n'attendit pas une confirmation et ordonna à ses subordonnés de cesser toute résistance active en attendant un armistice.

Par ailleurs, les débarquements américains à Oran avaient rencontré une opposition plus vigoureuse que ceux de la zone de Casablanca. Cependant la coopération entre les forces terrestres américaines et les forces navales britanniques qui les avaient transportées et débarquées avait été excellente. De plus, l'avant-garde des troupes de débarquement, constituée par la 1re division d'infanterie U.S., commandée par le général Terry Allen, possédait un très haut niveau d'entraînement et était appuyée par la moitié de la 1re division blindée U.S.

Le plan prévoyait de s'emparer du port et de la ville d'Oran par un double mouvement enveloppant, deux des groupes de combats régimentaires de Terry Allen débarquant sur les plages du golfe d'Arzev, 38 kilomètres à l'est, tandis que le troisième (sous les ordres du général Theodore Roosevelt) débarquait sur la plage des Andalouses, 22 kilomètres à l'ouest de la ville. Une colonne blindée légère devait ensuite s'enfoncer dans les terres depuis la tête de pont d'Arzev, de même qu'une colonne moins importante partant d'un autre point de débarquement, Mersa Bou Zadjar, 50 kilomètres à l'ouest d'Oran, afin de s'emparer des aérodromes situés au sud et de réaliser l'encerclement de la ville. Il était de la plus haute importance de terminer cet encerclement rapidement car, selon les estimations, sa garnison de 10 000 hommes pouvait être pratiquement doublée en vingt-quatre heures par l'arrivée de renforts de l'intérieur.

L'opération débuta bien. Le 7 novembre, à la tombée de la nuit, le convoi avait trompeusement dépassé Oran, route à l'est, puis avait fait demi-tour dans l'obscurité. Les débarquements commencèrent rapidement à l'heure (1 h 00) à Arzev, et avec seulement une demi-heure de retard aux Andalouses et à Mersa Bou Zadjar. La surprise joua totalement et aucune opposition ne fut rencontrée sur les plages. Bien que le secteur comportât 13 batteries côtières, il n'y eut aucun tir de harcèlement avant le lever du jour, et même alors il ne causa guère de dommages grâce à un appui naval efficace et à un écran de fumée de celui-ci. Les opérations de débarquement et de déchargement se déroulèrent régulièrement dans l'ensemble, en dépit d'un ralentissement dû à la surcharge des soldats qui transportaient chacun près de 40 kg de matériel. Les chars moyens étaient à bord de transport de troupes et ils furent déchargés sur les quais d'Arzev après que le port eut été pris.

Le seul revers sérieux fut essuyé dans la tentative de s'emparer du port d'Oran par un assaut direct afin de prévenir le sabotage des installations et des navires qui s'y trouvaient. Deux petits navires britanniques, H.M.S. *Walney* et H.M.S. *Hartland*, transportant 400 soldats américains et accompagnés de 2 vedettes automobiles, furent utilisés pour l'exécution de ce plan audacieux, que les autorités navales américaines avaient désapprouvé comme téméraire. Le résultat confirma leur opinion qu'il s'agissait d'une « mission suicide ». Son déclenchement était prévu deux heures après l'heure H, au moment précis où les Français avaient été mis en alerte par les débarquements. La précaution de déployer un vaste drapeau américain n'empêcha pas les Français de riposter par un feu intense qui immobilisa les deux bâtiments, tuant la moitié des membres de leurs équipages et des troupes embarquées, tandis que les survivants, blessés pour la plupart, étaient faits prisonniers.

La progression à partir des plages commença à 9 h 00 du matin, ou même plus tôt, et, peu après 11 h 00, la colonne blindée légère du colonel Waters atteignit l'aérodrome de Tafaroui, qui fut signalé une heure plus tard comme étant en état de recevoir des avions en provenance de Gibraltar. Mais lorsque la colonne se tourna vers le nord, elle fut arrêtée peu avant l'aérodrome de La Sénia, et la colonne du colonel Robinett partie de Mersa Bou Zedjar connut le même sort. L'avance des éléments d'infanterie convergeant d'Arzev et des Andalouses fut également arrêtée par une résistance aux approches d'Oran.

Le deuxième jour peu de progrès furent réalisés; la résistance française se durcit et une contre-attaque sur le flanc de la tête de pont d'Arzev disloqua tout le plan des opérations du fait de rapports pessimistes qui amenèrent le général Fredenhall à distraire des forces affectées à d'autres missions. L'aérodrome de La Sénia fut pris au cours de l'après-midi, mais la plupart des appareils français avaient eu le temps de s'envoler et les pistes ne pouvaient pas être utilisées à cause d'un tir d'artillerie persistant. Une attaque concentrique en direction d'Oran fut lancée au matin du troisième jour, après que quelques-uns des îlots de résistance sur les routes d'approche eurent été contournés au cours de la nuit. Les attaques de l'infanterie venant de l'est et de l'ouest furent à nouveau enrayées, mais contribuèrent à fixer l'attention des défenseurs pendant que les éléments avancés des deux colonnes blindées pénétraient dans la ville par le sud sans rencontrer d'opposition, à part quelques tirs de franc-tireurs, et atteignaient le Q.G. français avant midi. Le commandement français accepta alors de capituler. Au cours de ces trois journées de combats terrestres, les Américains avaient perdu moins de 400 hommes et les Français encore moins. La modicité de ces pertes et en particulier la résistance décroissante au cours du troisième jour, s'expliquent en grande partie par le fait que les responsables français savaient que des négociations se déroulaient à Alger.

Les opérations de débarquement à Alger avaient connu un déroulement plus calme et plus rapide, grâce, dans une large mesure, à l'action du commandant local, le général Mast, et de ses compagnons. Aucune résistance sérieuse ne fut rencontrée, excepté lors d'une tentative de forcement du port, comme à Oran.

Un navire de transport de troupes U.S., *Thomas Stone*, fut momentanément mis hors service le 7 au lever du jour par une torpille tirée par un U-Boot alors qu'il se trouvait encore à 240 kilomètres d'Alger, mais le restant du parcours en Méditerranée se passa sans encombre. Bien qu'il eût été repéré par quelques avions de reconnaissance ennemis, le convoi ne subit aucune attaque aérienne jusqu'au moment où il obliqua vers le sud, après la tombée de la nuit, en direction des plages de débarquement. Un groupe débarqua près du cap Matifou, à 25 kilomètres à l'est d'Alger, un autre près du cap Sidi Ferruch, à une quinzaine de kilomètres de la ville, et le troisième également à une quinzaine de kilomètres, mais plus à l'ouest, près de Castiglione. Pour des raisons de camouflage politique, les débarquements les plus proches d'Alger furent réalisés par les Américains, mêlés de commandos britanniques, et le principal débarquement anglais eut lieu au point le plus occidental, près de Castiglione.

A cet endroit les débarquements commencèrent rapidement à 1 h 00 du matin et se déroulèrent sans encombre malgré des plages difficiles et dangereuses. Les troupes françaises rencontrées un peu à l'intérieur des terres déclarèrent qu'elles avaient reçu l'ordre de ne pas résister. L'aérodrome de Blida fut atteint vers 9 h 00. A l'est d'Alger, les débarquements furent un peu en retard et connurent une certaine confusion, mais, en l'absence de toute résistance, la situation pu être rapidement rétablie.

L'aérodrome important de Maison-Blanche fut atteint peu après 6 h 00 et occupé après quelques coups de feu symboliques. L'avance sur Alger proprement dite se heurta à un point fortifié qui refusa le passage, puis fut arrêtée par la menace de 3 chars français. La batterie côtière du cap Matifou refusa également de se rendre et ne céda qu'après avoir été bombardée à deux reprises dans l'après-midi par des cuirassés et des bombardiers en piqué.

Les tentatives contre le port d'Alger se déroulèrent beaucoup plus mal. Les destroyers anglais *Broke* et *Malcolm*, arborant de grands drapeaux américains et transportant un bataillon d'infanterie U.S. étaient chargés de cette opération. Ils devaient pénétrer dans le port trois heures après le débarquement, dans l'espoir que les défenseurs auraient été retirés dans le cas où leur collaboration n'aurait pas pu être acquise. En fait les destroyers se trouvèrent sous un tir intense dès qu'ils approchèrent de l'entrée du port. Le *Malcolm* fut gravement endommagé et se replia. A la quatrième tentative, le *Broke* parvint à franchir le rideau de feu et à mouiller le long d'un quai où ses troupes débarquèrent. Elles purent d'abord occuper certaines installations sans rencontrer de résistance, mais vers 8 h 00 des obus commencèrent de pleuvoir sur le *Broke* qui fut contraint de se replier. Les troupes débarquées furent encerclées par des troupes coloniales françaises et se rendirent peu après midi, leurs munitions commençant de manquer et aucun secours n'étant en vue. Cependant le tir des Français avait été dirigé de manière à les immobiliser plutôt qu'à les détruire.

Les opérations de débarquement près du cap Sidi Ferruch se déroulèrent avec beaucoup plus de retard et de confusion. Un certain nombre d'embarcations s'égarèrent et atterrirent sur les plages de débarquement britanniques, plus à l'ouest. Des éléments de chaque bataillon furent dispersés sur 25 kilomètres de côtes tandis que de nombreuses embarcations sombraient dans les rouleaux ou subissaient des avaries de moteur. Heureusement, les troupes rencontrèrent tout de suite un accueil amical ou tout au moins passif, Mast et quelques-uns de ses officiers étant venus à leur rencontre pour leur ouvrir le chemin; sans cela, ces débarquements auraient tourné au fiasco ruineux. Mais lorsque les colonnes hâtivement organisées poussèrent en direction d'Alger, elles trouvèrent en face d'elles une résistance en plusieurs endroits. Mast avait été relevé de son commandement, ses ordres de coopération avaient été annulés et ses troupes avaient reçu l'ordre de s'opposer à la progression alliée.

Les collaborateurs algérois des Alliés avaient joué un rôle remarquable, étant donné la brièveté du délai qui leur avait été accordé et le plan d'informations qu'ils possédaient sur les objectifs du débarquement. Leur plan d'aide au débarquement entra rapidement en action. Des officiers furent placés tout au long de la côte pour accueillir et guider les Américains, des commandos organisés s'emparèrent des postes de contrôle, les services téléphoniques furent en grande partie bloqués, le quartier et les postes de police occupés, les officiels non sympathisants enfermés et la station de radio prise sous leur contrôle en prévision d'un appel radiodiffusé de Giraud ou d'un de ses représentants dont on espérait qu'il aurait des effets décisifs. En résumé, leur action permit de paralyser toute opposition au moment où les débarquements se déroulaient, et ils parvinrent à garder le contrôle de la ville jusque vers 7 h 00 du matin, soit plus longtemps qu'ils ne l'espéraient et qu'ils ne l'avaient jugé nécessaire. Mais la progression à partir des plages fut trop lente pour faire face à la situation.

Lorsqu'à 7 h 00 les Américains ne firent pas leur apparition, les limites de l'influence de ces hommes sur leurs compatriotes devinrent manifestes. De plus, lorsqu'ils diffusèrent un appel au nom de Giraud, qui n'était pas non plus arrivé, cet appel tomba à plat, montrant par là qu'ils avaient surestimé le poids de son nom. La situation commença bientôt à leur échapper et ils furent écartés ou mis en état d'arrestation.

Durant ce temps, des discussions capitales se déroulaient à un plus haut niveau. Une demi-heure après minuit, Robert Murphy était allé voir le général Juin, lui avait révélé que des forces considérables étaient sur le point de débarquer, et l'avait fortement invité à coopérer en donnant rapidement l'ordre de ne pas opposer de résistance. Murphy déclara que ces forces venaient sur l'invitation de Giraud, pour aider la France à se libérer. Juin ne se montra pas disposé à accepter l'autorité de Giraud ou à la considérer comme suffisante, et il déclara que cet appel devait être soumis à l'amiral Darlan qui était par hasard à Alger au chevet de son fils gravement malade. Darlan fut réveillé par un coup de téléphone lui demandant de se rendre à la villa de Juin pour y recevoir communication d'un message urgent de Murphy. A son arrivée, en apprenant l'attaque imminente, sa première réaction fut de s'exclamer avec colère : « Je savais depuis longtemps que les Anglais étaient des imbéciles, mais j'avais toujours cru les Américains plus intelligents. Je commence à croire que vous faites autant de bêtises qu'eux. »

Après une certaine discussion, il accepta finalement d'envoyer un message radio au maréchal Pétain pour lui exposer la situation et lui demander carte blanche pour y faire face en son nom. Entre-temps la villa avait été encerclée par un groupe armé de Français antipétainistes, si bien que Darlan était pratiquement en résidence surveillée. Mais, peu après, ceux-ci furent chassés par un détachement de gardes mobiles qui placèrent Murphy en état d'arrestation. Puis Darlan et Juin, se guettant mutuellement du coin de l'œil comme des chats soupçonneux, partirent pour le Q.G. d'Alger. Une fois là, Juin prit des mesures pour reprendre le contrôle de la ville libérant le général Kœltz et d'autres officiers qui avaient été arrêtés par Mast et ses compagnons et plaçant ces derniers en état d'arrestation. Cependant Darlan envoya un nouveau télégramme au maréchal Pétain, juste avant 8 h 00, dans lequel il soulignait que : « La situation empire d'heure en heure et les défenses seront bientôt débordées », ce qui revenait à suggérer qu'il serait sage de s'incliner devant un cas de force majeure. La réponse de Pétain lui apporta l'autorisation demandée.

Peu après 9 h 00, le chargé d'Affaires américain à Vichy, Pinkney Tuck, s'était rendu auprès du maréchal Pétain pour lui remettre la lettre de Roosevelt lui demandant sa coopération. Pétain lui tendit une réponse qui était déjà préparée dans laquelle il exprimait « sa stupéfaction et sa tristesse » devant l' « agression » américaine et déclarait que la France résisterait aux attaques contre son empire, même si elles venaient de vieux amis. « Tel est mon ordre. » Mais il se montra très aimable envers Tuck et il semblait loin d'être triste. En fait son attitude donnait l'impression que sa réponse officielle était destinée à éviter les soupçons de l'intervention des Allemands. Mais, quelques heures plus tard, Pierre Laval accepta, sous la pression de Hitler, une offre de soutien aérien allemand et, le soir, les puissances de l'Axe se préparèrent à envoyer des forces en Tunisie.

De son côté, et sous sa propre responsabilité, Darlan avait donné l'ordre aux troupes et aux navires français du secteur d'Alger de cesser le feu. Cet ordre ne s'appliquait pas aux secteurs d'Oran et de Casablanca, mais Darlan autorisa Juin à conclure un accord pour l'ensemble de l'Afrique du Nord. De plus, il fut décidé en début de soirée que le contrôle d'Alger passerait aux Américains à 8 h 00 du soir et que les Alliés auraient la libre disposition du port à partir du lendemain matin, 9 novembre. L'après-midi du 9 vit l'arrivée de Mark Clark pour conduire les négociations plus complètes nécessaires, et celle de Kenneth Anderson pour prendre le commandement des troupes alliées en vue de l'avance en Tunisie. Giraud arriva également un peu plus tôt, mais découvrit qu'il était loin d'être le bienvenu auprès de ses principaux compagnons, il se réfugia dans une famille qui habitait un endroit écarté. Mark Clark remarqua « qu'il disparut pratiquement sous terre ». Il émergea cependant le lendemain matin pour assister à la première conférence de Clark avec Darlan, Juin et leurs principaux subordonnés.

A cette réunion Clark pressa Darlan d'ordonner un cessez-le-feu immédiat dans toute l'Afrique du Nord, et, voyant que celui-ci hésitait, représentant qu'il avait envoyé un résumé des conditions à Vichy et devait attendre les instructions, Clark se mit à taper sur la table, déclarant que Giraud donnerait cet ordre à sa place. Darlan répondit que Giraud n'avait aucune autorité légale ni un poids personnel suffisant. Il déclara également qu'un tel ordre « entraînerait l'occupation immédiate du sud de la France par les Allemands » — une prévision qui se réalisa bientôt. Après plus ample discussion, accompagnée de coups de poing sur la table, Clark déclara violemment à Darlan que, s'il ne donnait pas immédiatement cet ordre, il serait mis en prison. (Clark avait pris la précaution de poster une garde armée autour du bâtiment.) Après avoir consulté son état-major, Darlan accepta alors cet ultimatum et son ordre partit à 11 h 20 du matin.

Lorsque la nouvelle arriva à Vichy, la réaction de Pétain fut d'approuver cet ordre, mais lorsque Laval l'apprit, alors qu'il se rendait à Munich sur une brusque convocation de Hitler, il téléphona à Pétain et le convainquit de le désavouer. Au début de l'après-midi Clark apprit que Vichy avait rejeté l'armistice. Lorsqu'il l'annonça à Darlan, celui-ci répondit tristement : « Il ne me reste qu'à révoquer l'ordre que j'ai signé ce matin. » Clark répliqua : « Il n'en est pas question. Ces ordres ne seront pas révoqués, et pour m'en assurer je vous placerai en état d'arrestation. » Darlan, qui avait déjà fait allusion à cette solution, se montra tout disposé à l'accepter et télégraphia à

Pétain : « J'annule mes ordres et me constitue prisonnier », l'annulation étant uniquement destinée à Vichy et aux oreilles allemandes. Le lendemain, sous la pression de Hitler, par l'intermédiaire de Laval, Pétain annonça que toute l'autorité en Afrique du Nord était transférée de Darlan à Noguès, mais il avait déjà envoyé à Darlan un message secret disant que cette désapprobation avait été dictée par la pression allemande et était contraire à ses propres vœux. Ce double jeu était un subterfuge imposé par la situation périlleuse de la France, mais il laissait la situation et les responsables militaires français d'Afrique du Nord dans la confusion.

Heureusement, Hitler contribua à clarifier la situation et à disperser les doutes en ordonnant à ses forces d'envahir la zone libre de la France qui avait été laissée sous le contrôle du gouvernement de Vichy par l'armistice de 1940. Les 8 et 9 novembre, Vichy avait mis le feu aux soupçons de Hitler en accueillant avec réserves ses offres d'appui armé. Le 10, Laval arriva à Munich pour rencontrer Hitler et Mussolini et, dans l'après-midi, Hitler insista pour que les ports et les bases aériennes de Tunisie fussent ouvertes aux forces de l'Axe. Laval essaya encore de biaiser, disant que la France ne pouvait pas accepter l'entrée des Italiens et que, dans tous les cas, seul Pétain pouvait décider. Hitler perdit alors toute patience et, peu après la fin de l'entretien, donna l'ordre à ses forces d'entrer en zone libre à minuit (l'opération avait déjà été préparée) et de s'emparer des bases aériennes et navales de Tunisie, en collaboration avec les Italiens.

Le sud de la France fut rapidement envahi par les forces mécanisées allemandes et par 6 divisions italiennes arrivées de l'Est. Des avions allemands avaient commencé d'atterrir sur un aéroport près de Tunis dans l'après-midi du 9, accompagnés d'une escorte de troupes destinées à assurer leur protection à terre, mais ils avaient été confinés sur l'aérodrome par un cordon de troupes françaises. A partir du 11, le pont aérien s'intensifia, les troupes françaises voisines furent désarmées, tandis que des chars, des canons, des véhicules de transport et des réserves de ravitaillement étaient amenées par la mer jusqu'à Bizerte. A la fin du mois, 15 000 soldats allemands, dont une forte proportion de personnel administratif destiné à l'organisation de la base, étaient arrivés ainsi qu'une centaine de chars. Quelque 9 000 Italiens les avaient rejoints, venant principalement de Tripoli par la route, afin d'assurer surtout la protection du flanc sud. Pour un mouvement hâtivement improvisé, à un moment où les forces de l'Axe étaient partout sur la brèche, c'était un bel exploit. Mais ces forces étaient très réduites comparées à celles que les Alliés avaient débarquées en Afrique du Nord française, et n'auraient qu'une petite chance de leur résister si le plan *Torch* avait prévu d'utiliser une plus grande partie du corps expéditionnaire allié pour l'avance sur la Tunisie ou si le Commandement allié avait déclenché cette avance plus rapidement.

L'invasion de la zone libre de la France par les Allemands contribua plus que toute autre chose à favoriser la situation des Alliés en Afrique par le choc qu'elle représenta pour le Commandement français. Dans la matinée du 11, avant que la nouvelle ne fût connue, la situation avait de nouveau été fluctuante à Alger. Le premier signe de cette fluctuation fut la réaction de Darlan lors d'une visite de Clark. Celui-ci était venu le voir pour le presser de prendre deux mesures urgentes : ordonner à la flotte française de Toulon de venir mouiller dans un port d'Afrique du Nord et ordonner au gouverneur de la Tunisie, l'amiral Esteva, de résister à l'entrée des Allemands. Darlan se montra d'abord évasif, représentant que ses ordres ne seraient peut-être pas obéis après que la nouvelle du relèvement de son commandement aurait été diffusée, puis, lorsque Clark le poussa dans ses derniers retranchements, il refusa de se plier à ses exigences. Clark partit en claquant la porte pour soulager ses nerfs. Dans l'après-midi, il reçut un coup de téléphone lui demandant de passer voir Darlan de nouveau, et celui-ci accepta alors de faire ce qu'il lui demandait, étant donné l'évolution de la situation en France. Cependant son message au commandant de la flotte de Toulon était rédigé comme un avis pressant plutôt que comme un ordre. Une autre bonne nouvelle fut l'annonce que le général Noguès, le successeur de Darlan nommé par Vichy, acceptait de venir à Alger pour participer à une conférence le lendemain.

Mais aux premières heures du 12, Clark reçut un nouveau choc en apprenant que l'ordre de Darlan de résister en Tunisie avait été révoqué. Il convoqua Darlan et Juin à son hôtel et il apparut bientôt que ce revirement était dû à Juin qui expliqua qu'il ne s'agissait pas d'une révocation mais seulement d'une suspension de l'ordre précédent, en attendant l'arrivée de Noguès qui était maintenant son supérieur légitime. Ces scrupules au sujet de la légalité, caractéristiques du code militaire français, apparaissaient à Clark comme autant de faux-fuyants légalistes. Darlan et Juin s'inclinèrent devant son insistance sur le fait que l'ordre devait être redonné immédiatement sans attendre l'arrivée de Noguès, mais la suspicion de Clark fut à nouveau éveillée par leur réticence à accepter la participation de Giraud à la conférence. Il était tellement exaspéré par leur temporisation qu'il parla de placer tous les responsables français en état d'arrestation et de les enfermer à bord d'un navire, dans le port, s'ils ne se décidaient pas favorablement dans les vingt-quatre heures.

La position de Darlan vis-à-vis des autres responsables français d'Afrique du Nord avait été renforcée par l'arrivée d'un second message clandestin de Pétain réaffirmant la confiance que le Maréchal avait en lui et soulignant qu'il était lui-même en accord intime avec le président Roosevelt, bien qu'il ne pût exprimer sa pensée publiquement du fait de la présence allemande. Ce message aida Darlan, qui avait un sens plus aigu des réalités que beaucoup de ses compatriotes, à obtenir l'accord de Noguès et des autres pour un accord de travail avec les Alliés et la reconnaissance de Giraud. Le 13, les débats d'une nouvelle réunion furent activés par une nouvelle menace de Clark d'emprisonner tout le monde. L'accord fut atteint dans l'après-midi et rapidement approuvé par Eisenhower qui venait d'arriver de Gibraltar. Selon les termes de cet accord, Darlan devenait haut-commissaire et commandant en chef des forces navales ; Giraud devenait commandant en chef des forces terrestres et aériennes ; Juin, commandant du secteur oriental ; Noguès, commandant du secteur occidental et résident général au Maroc français. Une coopération active avec les Alliés pour libérer la Tunisie devait commencer immédiatement.

Eisenhower souscrivit d'autant plus volontiers à cet accord qu'il s'était rendu compte, comme Clark, que Darlan était le seul homme capable de rallier les Français aux Alliés, et aussi parce qu'il s'était souvenu de la remarque que lui avait faite Churchill juste avant son départ de Londres : « Si je pouvais rencontrer Darlan, et le persuader de faire entrer sa flotte dans le cercle des forces alliées, malgré toute la haine que j'ai pour lui, je ramperais joyeusement sur les mains pendant un kilomètre ». Roosevelt et Churchill ne furent pas moins prompts à approuver la décision d'Eisenhower.

Mais un tel « marché avec Darlan », qui avait si longtemps été présenté dans la presse comme un sinistre pronazi, souleva une tempête de protestations en Grande-Bretagne et aux États-Unis — une tempête bien plus forte que ce que Churchill ou Roosevelt avait prévu. En Angleterre, elle fut d'autant plus forte que de Gaulle était présent, et ses partisans firent tout leur possible pour augmenter l'explosion d'indignation populaire. Roosevelt essaya de calmer les esprits par une déclaration publique dans laquelle il adopta une expression utilisée par Churchill dans un télégramme personnel disant que l'accord avec Darlan n'était « qu'un expédient momentané, uniquement justifié par les nécessités de la bataille ». De plus, dans une conférence de presse officieuse, il le décrivit comme une application d'un vieux proverbe de l'Église orthodoxe qui dit : « Mes enfants, il vous est permis, en période de grave danger, de marcher avec le diable jusqu'à ce que vous ayez traversé le pont. »

La façon de Roosevelt d'expliquer cet accord comme « un simple expédient momentané » choqua naturellement Darlan, qui eut l'impression d'avoir été roulé. Dans une lettre de protestation envoyée à Mark Clark, il remarqua amèrement que les déclarations publique et privée semblaient montrer qu'il n'était « qu'un citron que les Américains jetteraient après l'avoir pressé jusqu'au bout ». Les paroles de Roosevelt furent encore plus durement ressenties par les généraux français qui avaient soutenu Darlan pour la conclusion d'un accord avec les Alliés. Eisenhower, très perturbé, câbla à Washington pour souligner que « les sentiments français actuels ne ressemblent même pas de loin aux prévisions antérieures, et il est de la plus haute importance de n'entreprendre aucune action précipitée de nature à bouleverser l'équilibre que nous avons pu créer ». Le général Smuts, qui passa par Alger en revenant de Londres pour regagner l'Afrique du Sud, câbla à Churchill : « En ce qui concerne Darlan, les déclarations publiées ont eu un effet troublant sur les responsables français locaux et il serait dangereux d'aller plus loin dans cette direction. Noguès a menacé de démissionner et, comme il contrôle la population marocaine, les conséquences d'une telle décision pourraient être graves. »

Entre-temps Darlan avait conclu avec Clark un accord définitif et détaillé pour une action conjointe. Il incita également les responsables français d'Afrique-Occidentale à imiter son exemple et à mettre le port de Dakar et les bases aériennes à la disposition des Alliés. Mais, la veille de Noël, il fut assassiné par un jeune fanatique, Bonnier de la Chapelle, qui militait dans les milieux royalistes et gaullistes qui avaient exigé l'élimination de Darlan du pouvoir. Cette élimination expéditive contribua à résoudre l'embarrassant problème politique des Alliés et à ouvrir la route à de Gaulle; par ailleurs, les Alliés avaient eu le temps de recueillir les fruits de leur « marché avec Darlan ». Dans ses Mémoires, Churchill commente ainsi l'événement : « L'assassinat de Darlan, aussi criminel qu'il fût, soulagea les Alliés de leur embarras à travailler avec lui, tout en leur laissant les avantages qu'il aurait pu leur donner au cours des heures cruciales des débarquements alliés. » Son assassin fut jugé sans retard par une cour martiale convoquée par Giraud, et rapidement exécuté. Le lendemain, les responsables français désignèrent Giraud pour succéder à Darlan en tant que haut-commissaire. Il « boucha le trou », pour quelque temps.

Si les Alliés n'étaient pas parvenus à rallier Darlan à leur cause, leur problème aurait été beaucoup plus ardu. L'armée française avait, en effet, près de 120 000 hommes en Afrique du Nord, environ 55 000 au Maroc, 50 000 en Algérie et 15 000 en Tunisie. Bien qu'ils fussent largement dispersés, ils auraient pu opposer une résistance considérable s'ils avaient décidé de continuer la lutte contre les Alliés.

Le seul domaine important dans lequel la collaboration et l'autorité de Darlan n'eurent pas l'effet désiré fut celui de la flotte française de Toulon. Son chef, l'amiral de Laborde, hésita à suivre les instructions de Darlan sans avoir reçu la confirmation de Pétain, et un émissaire spécial que Darlan lui avait envoyé pour le convaincre fut arrêté par les Allemands. Les hésitations de De Laborde furent prolongées, et son inquiétude fut calmée, par l'attitude rusée des Allemands qui s'arrêtèrent à l'extérieur de la base navale et la laissèrent demeurer une zone non occupée tenue par une garnison française. Pendant ce temps-là ils préparaient un coup de force pour s'emparer de la flotte intacte. Ils déclenchèrent leur attaque le 27 novembre, après avoir bloqué les sorties du port par des mines. Le retard avait compromis les chances des Français de sortir du port, mais ils réussirent à exécuter leur plan préparé de sabordage de la flotte; ils le firent assez rapidement pour empêcher les Allemands de s'en emparer, remplissant ainsi la promesse faite par Darlan lors de sa première conférence avec Clark, le 10 novembre à Alger : « En aucun cas notre flotte ne tombera aux mains des Allemands. » La déception des Alliés, constatant que cette flotte n'avait pas rejoint l'Afrique du Nord, fut compensée par leur soulagement à l'idée qu'elle ne pourrait pas être utilisée contre eux.

Une autre cause de soulagement au cours de cette période critique, et en particulier dans les premiers jours, fut le fait que l'Espagne n'était pas intervenue et que Hitler n'avait pas essayé de riposter par une attaque à travers l'Espagne contre la porte occidentale de la Méditerranée. L'armée espagnole aurait pu rendre le port et l'aérodrome de Gibraltar inutilisables en lançant un bombardement d'artillerie depuis Algésiras. Elle aurait pu également couper les communications entre les forces de Patton et les forces alliées d'Algérie, car la voie ferrée Casablanca-Oran longeait de tout près la frontière du Maroc espagnol (à une trentaine de kilomètres). Lors de la préparation des plans de l'opération *Torch*, les Anglais avaient déclaré que si Franco intervenait, il serait impossible de conserver l'utilisation de Gibraltar [1], tandis que l'état-major d'Eisenhower estimait qu'il faudrait 5 divisions pour occuper le Maroc espagnol et qu'un délai de trois mois et demi serait nécessaire pour venir à bout de cette tâche. Heureusement, Franco se contenta de rester tranquille, en tant qu'allié « non-belligérant » de l'Axe, et ce d'autant plus volontiers que les Américains achetaient des produits espagnols et lui permettaient de se fournir en pétrole dans la mer des Caraïbes. D'ailleurs les archives de l'Axe montrent que Hitler, après s'être déjà heurté à l'habileté de Franco pour éluder ses désirs contre Gibraltar, n'envisagea pas sérieusement une telle riposte en novembre 1942. L'idée fut seulement remise sur le tapis, et à ce moment-là par Mussolini, au mois d'avril suivant, lorsque les forces de l'Axe en Tunisie se trouvaient en mauvaise posture et que l'on redoutait une prochaine invasion de l'Italie. Même alors, Hitler rejeta la suggestion de Mussolini, tant parce qu'il craignait que son allié « non-belligérant » ne s'opposât fermement à un mouvement à travers l'Espagne, que parce qu'il restait persuadé que les forces de l'Axe pourraient se maintenir en Tunisie. Cette confiance s'appuyait sur la façon remarquable dont les forces réduites envoyées en novembre étaient parvenues à contenir l'avance des Alliés.

1. Cette conclusion n'était pas nouvelle. J'avais souligné ce point dans de nombreux articles, conférences et entretiens privés après le déclenchement de la guerre civile espagnole en 1936, en montrant le danger que représenterait l'arrivée d'un régime fasciste en Espagne et la possibilité que celui-ci décidât de coopérer activement avec les puissances de l'Axe.

22.
La course vers Tunis

L'avance sur Tunis et Bizerte débuta par une opération maritime de très petite envergure puisqu'elle ne mena les Alliés qu'à Bougie, à 160 kilomètres à l'est d'Alger et seulement au quart de la distance de Bizerte. C'était une diminution du plan original qui prévoyait, en supposant une entière et rapide coopération des Français, d'utiliser des parachutistes et des commandos amphibies pour s'emparer des aérodromes de Bône, Bizerte et Tunis en trois jours successifs, les 11, 12, et 13 novembre, tandis qu'une réserve embarquée faisant partie des forces d'Alger devait aller s'emparer du port de Bougie et de l'aérodrome de Djidjelli situé à 65 kilomètres de la base avancée. Mais, étant donnée l'incertitude qui régnait après le débarquement d'Alger, ce plan fut considéré comme trop risqué et les opérations les plus lointaines furent abandonnées. Le 9 il fut décidé, en remplacement, d'occuper Bougie et l'aérodrome, puis d'envoyer rapidement des forces jusqu'à une gare de ravitaillement à Souk Ahras, près de la frontière tunisienne, pendant que d'autres forces transportées par air et par mer occuperaient Bône.

Le 10, au petit matin, deux convois appareillèrent d'Alger sous bonne protection, emportant le 36e groupe de brigades de la 78e division britannique (général Vyvyan Evelegh) et le ravitaillement de l'expédition. Ils arrivèrent en face de Bougie tôt le lendemain matin, mais les troupes perdirent du temps à débarquer sur les plages avoisinantes, avec un fort ressac, de crainte d'une réception hostile; cette dernière se révéla en fin de compte amicale. A cause d'un ressac intense, le débarquement prévu à proximité de Djidjelli ne fut pas tenté et l'aérodrome ne fut occupé que deux jours plus tard, si bien que plusieurs bâtiments furent détruits par des raids aériens faute d'une couverture efficace de chasseurs. Cependant, aux premières heures du 12, des forces de commandos se faufilèrent dans le port de Bône et un détachement de parachutistes s'abattit sur l'aérodrome, bien reçus dans les deux cas par les Français.

Le 13, le groupe de brigades de Bougie avait commencé sa progression, pendant que d'autres éléments de la division avançaient par la route en provenance d'Alger, suivis de près par la Force Blade, une colonne blindée qui venait de débarquer et se composait des 17e et 21e lanciers et des troupes qui s'y rattachaient, sous les ordres du colonel R. A. Hull; c'était le premier contingent de la 6e division blindée [1]. Afin de préparer le terrain, il était prévu que, le 15, un bataillon de parachutistes anglais serait largué sur Souk El Arba, à 120 kilomètres de Tunis, à l'intérieur du territoire tunisien, de même qu'un bataillon de parachutistes américains à proximité de Tebessa pour protéger le flanc sud et s'assurer d'un aérodrome avancé. Le lâcher de parachutistes américains eut lieu comme prévu, et, deux jours plus tard, ce bataillon, commandé par le colonel E. D. Raffe, accomplit un bond de 120 kilomètres vers le sud-est pour s'emparer de l'aérodrome de Gafsa situé à moins de 115 kilomètres du golfe de Gabès et de la route encaissée de Tripoli. L'opération anglaise fut retardée d'un jour du fait des conditions météorologiques et les troupes terrestres de tête progressèrent si rapidement qu'elles atteignirent également Souk El Arba le 16. A cette date, le petit port tunisien de Tabarka, sur la route de Bizerte, fut atteint par une autre colonne progressant le long de la route côtière.

Le lendemain, 17 novembre, le général Anderson donna l'ordre à la 78e division « d'avancer sur Tunis et de détruire les forces de l'Axe » après avoir achevé sa concentration avancée. Cette concentration, aussi souhaitable qu'elle ait pu paraître, était inopportune, étant donné le petit nombre de troupes de l'Axe qui était arrivé jusque-là : un régiment de parachutistes réduit à 2 bataillons à Tunis, qui était arrivé d'Italie par avion le 11, et 2 bataillons à Bizerte (1 bataillon de sapeurs parachutistes et 1 d'infanterie). Le 16, le général Nehring, l'ancien commandant de l'Afrika Korps, qui avait été grièvement blessé à la bataille d'Alam Halfa et était tout juste rétabli, arriva en compagnie d'un seul officier d'état-major pour prendre le commandement de ces 3 000 hommes formant le noyau du « 90e corps d'armée ». A la fin du mois, il avait seulement atteint les effectifs d'1 division.

Les Allemands, sans prendre le temps de concentrer leurs forces, avancèrent rapidement vers l'ouest, dissimulant leur faiblesse sous cette audace. Les troupes françaises de Tunisie, bien que beaucoup plus nombreuses, se replièrent devant eux afin d'éviter un choc prématuré avant l'arrivée des renforts alliés. Le 17, un bataillon de parachutistes allemands (de 300 hommes seulement) commandé par le capitaine Knoche s'avança sur la route Tunis-Alger et les troupes françaises postées à cet endroit se retirèrent jusqu'au centre routier de Medjez El Bab (55 kilomètres à l'ouest de Tunis) où un pont important enjambait l'oued Medjerda. Là les Français furent renforcés au cours de la nuit du 18 par des éléments de la Force Blade comprenant

1. Au sein des 17e et 21e lanciers, et des autres régiments blindés de cette division, 2 pelotons de chaque escadron étaient dotés du nouveau char rapide Crusader III, armé du puissant canon de 6, tandis que les deux autres pelotons étaient dotés du Valentine armé du canon 2, qui, bien que plus lent, était plus sûr et mieux blindé.

un bataillon de parachutistes anglais et un bataillon d'artillerie de campagne américain. (Les 17e et 21e lanciers et leurs chars n'étaient pas encore arrivés; l'escadron de tête atteignit Souk El Arba le 18, mais ne fut pas envoyé en avant.)

A 4 h 00 du matin, le commandant français en Tunisie, le général Barré, fut convoqué par un émissaire allemand qui lui présenta un ultimatum de Nehring exigeant que les troupes françaises se retirent sur une ligne près de la frontière tunisienne. Barré tenta de parlementer, mais les Allemands se rendirent compte qu'il essayait seulement de gagner du temps et au petit matin des opérations de reconnaissance repérèrent la présence de troupes alliées. A 9 h 00 ils rompirent donc les pourparlers et ouvrirent le feu un quart d'heure plus tard. Une heure et demie après des bombardiers en piqué allemands vinrent ajouter de la force au bluff. A la suite des bombardements qui ébranlèrent durement les défenseurs, les parachutistes allemands lancèrent deux petites attaques terrestres et cette impression d'action vigoureuse donna une idée exagérée de leurs forces. Les commandants alliés eurent le sentiment de ne pas pouvoir tenir, à moins de recevoir de nouveaux renforts, et les instructions du général Anderson empêchaient tout secours de ce genre tant que la concentration alliée en vue de l'avance sur Tunis n'était pas achevée.

Après la tombée de la nuit, le capitaine Knoche envoya de petits groupes traverser la rivière à la nage et ceux-ci simulèrent fort habilement une attaque par de nouveaux renforts. Les Alliés se replièrent, laissant le pont intact. Peu avant minuit, le commandant britannique local appela le commandant français à son poste de commandement et insista pour qu'un repli immédiat soit effectué sur une position élevée plus sûre, 12 kilomètres en arrière. Ainsi fut fait et les Allemands occupèrent Medjez El Bab. Cet épisode nous présente un exemple parfait de bluff réalisé par l'audace d'un petit détachement dix fois moins nombreux que les défenseurs.

Plus au nord, le bataillon de sapeurs parachutistes du major Witzig, venant de Bizerte avec quelques chars, s'était avancé vers l'ouest le long de la route côtière et avait rencontré le bataillon de tête du 36e groupe de brigades d'infanterie, le 6e royal west kent, à Djebel Abiod. Les Allemands détruisirent une partie du bataillon, mais celui-ci parvint à tenir jusqu'à l'arrivée du reste de la brigade.

Entre-temps, des petits groupes d'Allemands envoyés vers le sud, s'étaient emparés des villes clés de la route de Tripoli, Sousse, Sfax et Gabès. Une cinquantaine de parachutistes transportés par avion firent évacuer la garnison française de Gabès par un coup de bluff. Ils furent renforcés le 20 par 2 bataillons italiens arrivés de Tripoli juste à temps pour prévenir un mouvement sur Gabès des parachutistes américains du colonel Raffe. Le 22 une petite colonne blindée allemande chassa les Français du carrefour routier central de Sbeïtla et y installa un détachement italien avant de repartir pour Tunis, mais celui-ci fut rapidement expulsé par un autre détachement du bataillon de Raffe.

Néanmoins, les forces squelettiques de Nehring avaient non seulement conservé leurs têtes de pont à Tunis et à Bizerte, mais les avaient étendues en une vaste tête de pont comprenant la plus grande partie de la moitié nord de la Tunisie.

L'offensive prévue par Anderson pour s'emparer de Tunis ne débuta que le 25. Dans l'intervalle, les maigres forces allemandes avaient triplé, bien que leurs éléments de combat rapproché ne comprissent que 2 petits régiments de parachutistes (de 2 bataillons chacun), 1 bataillon de sapeurs parachutistes, 3 bataillons d'infanterie et 2 compagnies d'un bataillon de Panzer (le 190e) avec 30 chars. Ces derniers comptaient un certain nombre des nouveaux Panzer IV dotés de canon de 75 mm long, ce qui était un atout important. L'énorme disparité entre les forces en présence avait donc diminué du fait de la longue pause d'Anderson à la frontière tunisienne, en attendant que sa concentration fût achevée.

Il exprima lui-même un doute, le 21, quant au nombre suffisant de ses effectifs pour atteindre l'objectif. Il fut donc rapidement renforcé sur l'ordre d'Eisenhower par de nouvelles unités américaines, en particulier le Combat Command B de la 1re division blindée qui arriva d'Oran, 1 150 kilomètres plus à l'ouest, les véhicules sur roues et les half-tracks voyageant par la route et les chars étant transportés par chemin de fer [1]. Cependant, une seule partie de ces éléments arriva à temps pour le début des opérations.

L'offensive devait se dérouler selon une fourche à trois dents, le 36e groupe de brigades d'infanterie à gauche, près de la côte, la Force Blade, bien plus considérable, au centre, et le 11e groupe de brigades d'infanterie à droite, le long de la route principale. Chacun de ces groupes étant renforcé par des unités américaines de blindés et d'artillerie.

La colonne gauche partit avec un jour de retard et parcourut seulement 10 kilomètres au cours de chacun des deux premiers jours, avançant prudemment sur la route côtière ondulant parmi les collines, tandis que le petit bataillon de sapeurs parachutistes de Witzig se repliait devant elle. Puis, le 28, elle progressa deux fois plus vite, mais tomba dans une embuscade tendue par Witzig dans un col près de Djefna et le bataillon fut décimé. Le 30, une attaque de plus vaste envergure échoua devant une défense renforcée et fut abandonnée. Cet échec entraîna à son tour l'échec d'une opération amphibie lancée par un commando anglo-américain qui débarqua le lendemain matin au nord de Djefna et barra la route à l'est de Mateur, mais fut contraint de se retirer trois jours plus tard faute de ravitaillement et en ne voyant apparaître aucun signe de renfort.

La colonne du centre était formée par la Force Blade qui avait été encore

1. A cette époque de la guerre les divisions blindées américaines comprenaient 2 régiments blindés, comportant chacun 1 bataillon de chars légers et 2 bataillons de chars moyens, 1 régiment d'infanterie blindée de 3 bataillons et 3 bataillons blindés d'artillerie de campagne. Chaque division disposait de 390 chars, 158 légers et 232 moyens. Elle était opérationnellement divisée en deux Combat Commands, A et B, et un troisième vint s'ajouter par la suite.

renforcée par un bataillon de chars légers américain (le 1er bataillon du 1er régiment blindé, équipé de chars Stuart), si bien qu'elle comptait désormais plus d'une centaine de chars. Le 25, elle avança de 50 kilomètres, jusqu'au col de Chouigui, après avoir franchi une ligne d'avant-postes tenue par un petit détachement de forces de l'Axe. Cependant, le lendemain matin, elle fut arrêtée par un détachement allemand comprenant 1 compagnie de Panzer de 10 chars suivie de 2 compagnies de troupes à pied, qui attaqua en partant de Mateur. 8 de ces chars furent mis hors de combat, pour la plupart par les canons antichars américains de 37 mm, mais leur sacrifice, en créant cette menace de flanc, amena le Haut Commandement anglais à interrompre la progression de la Force Blade et à redistribuer ses éléments pour protéger le flanc de la colonne de droite.

Dans les deux camps, on « tâtonnait dans le brouillard des combats », mais une telle prudence à un moment crucial contrastait maladroitement avec l'audace allemande, d'autant plus que, dans l'après-midi précédent, un détachement de la Force Blade avait donné par hasard une belle peur au Haut Commandement allemand. Hull avait ordonné au lieutenant-colonel John K. Waters, commandant le bataillon de chars légers américain, de reconnaître les ponts sur l'oued Medjerda, près de Tebourba et de Djedeida. La compagnie C, sous les ordres du major Rudolph Barlow, fut chargée de cette mission et se retrouva ainsi sur le bord de l'aérodrome récemment mis en service à Djedeida. Saisissant l'occasion, Barlow fonça sur l'aérodrome avec ses 17 chars et détruisit une vingtaine d'appareils — qui devinrent une quarantaine dans les rapports. Cette profonde pénétration, également exagérée dans les rapports qui parvinrent à Nehring, lui causèrent un tel choc qu'il replia ses troupes pour une défense serrée de Tunis.

La colonne alliée de droite, sur la route principale, avait été très vite arrêtée lors de l'attaque de Medjez El Bab [1], et de petites contre-attaques provoquèrent un repli désorganisé. Mais, le 25, après la tombée de la nuit, Nehring, ébranlé par le raid sur Djedeida, ordonna aux défenseurs de se replier, de crainte qu'ils ne fussent écrasés par une nouvelle attaque. La colonne alliée les suivit et occupa Tebourba, 35 kilomètres plus loin, aux premières heures du 27. Mais le lendemain, après une courte avance, elle fut brusquement arrêtée à Djedeida, à 20 kilomètres de Tunis, par un groupe de bataillons mixte. Le 29, un nouvel assaut fut également repoussé. Le général Evelegh conseilla alors de faire une pause jusqu'à l'arrivée de nouveaux renforts et d'une meilleure protection de chasseurs contre les bombardiers en piqué allemands qui n'avaient pas cessé de harceler de plus en plus intensément les troupes alliées en mettant leurs nerfs à vif.

Cette recommandation fut acceptée par Anderson et par Eisenhower. Celui-ci visita la zone avancée pendant ces deux jours et fut accueilli par les

---

1. Medjez El Bab était défendue par un bataillon de parachutistes allemands, une compagnie antichar italienne et deux canons de 88 mm, soutenus par une compagnie du 190e bataillon de Panzer, avec 17 chars.

officiers américains « avec toujours le même grief » : « Où est notre bon dieu d'aviation ? Pourquoi ne voyons-nous que des Heinkel ? » Dans ses Mémoires, il remarque : « Toutes les conversations le long de la route faisaient apparaître d'incroyables exagérations » au sujet des dommages subis, mais il était néanmoins inquiétant d'entendre des commentaires comme : « Nos troupes seront sûrement obligées de battre en retraite; des êtres humains ne peuvent pas vivre dans de telles conditions [1]. »

Durant ce temps, le maréchal Kesselring, qui était en visite à Tunis, reprochait à Nehring de se montrer trop prudent et trop défensif. Il balaya de côté les arguments selon lesquels les forces alliées étaient largement supérieures en nombre et l'arrivée des renforts de l'Axe sérieusement gênée par les bombardements alliés sur les aérodromes. Critiquant la décision de se replier de Medjez El Bab, il lui ordonna de refaire le terrain perdu, au moins jusqu'à Tebourba. Le 1er décembre, une contre-attaque fut donc lancée par 3 compagnies de Panzer [2] avec une quarantaine de chars, et quelques éléments d'appui, comprenant une batterie de campagne de 3 canons et 2 compagnies de canons antichars. La contre-offensive n'était pas directement dirigée contre la force qui avait attaqué Djedeida mais, en partant du nord, vers le col de Chouigui, sur son flanc, avec l'intention de la contourner pour arriver sur ses arrières dans la région de Tebourba. Les Allemands, formés en deux colonnes convergentes, attaquèrent d'abord la Force Blade qui souffrit de sa large distribution en protection de flanc, et dont une partie fut détruite. Puis, dans l'après-midi, les Allemands poussèrent en direction de Tebourba : ils furent arrêtés par un tir d'artillerie et des bombardements aériens avant d'avoir atteint leur objectif et de s'être placés en travers de la route principale.

Mais la continuation de leur pression représentait une telle menace pour cette artère que l'avant-garde alliée à Djedeida fut repliée sur une position située plus près de Tebourba. Le 3, la pression devint insoutenable et se développa de manière concentrique quand Nehring jeta dans la bataille tous les autres détachements allemands disponibles, ne laissant qu'une poignée d'hommes pour garder Tunis. Au cours de la nuit, les avant-gardes alliées furent chassées de Tebourba et parvinrent de justesse à s'échapper en utilisant une piste de terre le long de la rivière, ce qui entraîna l'abandon d'une grande quantité de matériel et de véhicules de transport. Les Allemands s'emparèrent, au cours de leur contre-offensive, de plus d'un millier de prisonniers et d'une cinquantaine de chars.

Cela vaut la peine de mentionner que les derniers renforts allemands comprenaient 5 exemplaires du nouveau char Tigre de 56 tonnes, doté d'un canon de 88 mm long. Ces monstres étaient une « arme secrète », toutefois

---

1. Eisenhower : *Crusade in Europe*, p. 120.
2. Les premiers éléments de la 10e division de Panzer venaient d'arriver en Tunisie et comprenaient 2 compagnies d'un nouveau bataillon de Panzer, avec 32 Panzer III et 2 Panzer IV. Ces deux compagnies furent immédiatement utilisées pour la contre-offensive, avec 1 compagnie du bataillon de Panzer arrivé précédemment.

Hitler avait décidé d'en envoyer quelques-uns à Tunis pour les essayer au combat, et 2 d'entre eux furent affectés au groupe de combat de Djedeida dans cette bataille pour Tebourba.

Les jours suivants, les chefs alliés préparèrent une reprise prochaine de leur offensive, avec des forces accrues. Mais les chances furent bientôt compromises par l'action de Nehring pour exploiter ses gains. Celui-ci projetait maintenant d'utiliser ses quelques forces blindées pour reprendre Medjez El Bab par un vaste mouvement tournant au sud de la Medjerda. Le Combat Command B de la 1re division blindée U.S. venait d'être déployé à cet endroit en vue de la reprise de la progression et afin de le séparer des Anglais, pour qu'il puisse opérer en tant qu'unité intégrée. Un détachement avancé était posté à Djebel El Guessa, une hauteur située au sud-ouest de Tebourba et surplombant la plaine s'étendant vers le sud. En préliminaire à leur mouvement tournant, les Allemands attaquèrent ce point d'observation au matin du 6 décembre et dispersèrent ses défenseurs qui s'étaient désorganisés en tentant de se replier hâtivement. Des renforts avaient été envoyés, mais ils furent lents à se mettre en route, et, lorsqu'ils arrivèrent sur les lieux, ils furent repoussés avec de lourdes pertes.

Cette nouvelle attaque allemande et la menace qu'elle représentait, entraînèrent le commandement récemment arrivé du 5e corps britannique, le général Allfrey, à ordonner le repli de ses troupes, stationnées au nord de la rivière, de leur position près de Tebourba à une nouvelle position près de la cote 290 (que les Anglais appelaient « Longstop Hill ») plus proche de Medjez El Bab. De plus, il préconisa un repli plus important sur une ligne située à l'ouest de cette localité. Cette proposition fut acceptée par Anderson, mais rejetée par Eisenhower. Cependant « Longstop Hill » fut évacuée.

Le 7, écrivant à un ami, le général Handy, Eisenhower remarquait : « Je ne peux pas mieux décrire nos opérations du moment qu'en disant qu'elles ont violé tous les principes reconnus de la guerre, qu'elles sont opposées à toutes les méthodes opérationnelles et logistiques exposées dans les manuels et seront condamnées d'un bout à l'autre dans tous les collèges d'État-Major au cours des vingt-cinq prochaines années. »

Reprenant leur mouvement tournant, le 10 décembre, avec une trentaine de chars moyens et 2 chars Tigre, les Allemands furent arrêtés à 3 kilomètres de Medjez El Bab par une batterie française habilement postée. Ils s'enlisèrent momentanément en essayant de quitter la route pour la contourner, puis furent contraints de se replier sous l'effet de la menace qu'un détachement du Combat Command B faisait peser sur leurs arrières. Mais ils remportèrent un succès indirect et imprévu lorsque le Combat Command B commença de se retirer de sa position exposée après la tombée de la nuit, versa dans la confusion, fit demi-tour à la suite d'une fausse rumeur de menace allemande et s'engagea sur une piste boueuse près de la rivière où un grand nombre de ses chars et autres véhicules restants s'embourbèrent et durent être abandonnés. Ce désastre était momentanément paralysant et très compromettant pour les chances des Alliés de reprendre rapidement leur avance sur Tunis. Pour l'instant il ne restait au Combat Command B que 44 chars en état de marche, soit à peine un quart de ses effectifs normaux. Les deux contre-attaques allemandes n'avaient que trop bien réussi à bouleverser les plans des Alliés.

Durant cette période, le général Jurgen von Arnim avait été envoyé par Hitler pour prendre le commandement suprême des forces de l'Axe rebaptisées « Ve armée de Panzer ». Il prit la relève de Nehring le 9 et, avec l'arrivée de nouveaux renforts, transforma les deux périmètres de Tunis et de Bizerte en une seule tête de pont, protégée par une chaîne de postes défensifs répartis sur 160 kilomètres et s'étendant depuis la côte à une trentaine de kilomètres à l'ouest de Bizerte jusqu'à Enfidaville sur la côte orientale. Elle était divisée en trois secteurs : le secteur nord, tenu par la division von Broich improvisée, le secteur centre (allant de l'ouest de Chouigui à Pont du Fahs), tenu par la 10e division de Panzer, arrivée en Tunisie par petits paquets, et le secteur sud tenu par la division italienne Superga. A la mi-décembre, les services de Renseignements alliés estimaient les forces de l'Axe à environ 25 000 combattants et 10 000 administratifs, avec 80 chars — ce qui était au-dessus de la vérité. Les effectifs alliés approchaient de 40 000 combattants : 20 000 Anglais, 12 000 Américains et 7 000 Français et leur nombre total était beaucoup plus important car leur organisation administrative était plus abondante.

Des retards, dus en partie au mauvais temps, amenèrent Anderson à repousser la date de la reprise de l'offensive. Mais, le 16, il décida que celle-ci serait déclenchée le 24 de façon à profiter de la pleine lune pour un assaut d'infanterie nocturne. Celui-ci devait être lancé par la 78e division et la 6e division blindée britanniques, assistées d'une partie de la 1re division d'infanterie U.S.

Pour permettre un meilleur déploiement, des attaques préliminaires furent lancées pour reprendre « Longstop Hill » et la cote 466 sur la ligne d'approche la plus septentrionale vers Tebourba. Ces deux assauts tournèrent à la confusion dans le mauvais temps et l'attaque principale dut être remise. Le 25, les Allemands avaient repris toutes leurs positions initiales et rebaptisèrent tout naturellement « Longstop Hill » la « colline de Noël ».

Déjà, la veille de Noël, Eisenhower et Anderson avaient décidé à contre-cœur de renoncer à leur offensive en raison de ces échecs et des pluies torrentielles qui transformaient le champ de bataille en marécage. Les Alliés avaient perdu « la course vers Tunis ».

Cependant, par une ironie du sort, cet échec rapporta la chance déguisée la plus incroyable. En effet, sans celui-ci, Hitler et Mussolini n'auraient pas eu le temps de déverser d'immenses renforts en Tunisie et de porter la défense de cette tête de pont à un total de plus de 250 000 hommes qui devraient se battre le dos à une mer dominée par les Alliés et seraient pris au piège en cas de défaite. Au mois de mai, lorsque les forces de l'Axe furent finalement écrasées, le sud de l'Europe se retrouva pratiquement dégarni, facilitant ainsi l'invasion de la Sicile par les Alliés au mois de juillet. Sans cet échec de décembre, qui permit le fantastique « butin » de mai, il est probable que la rentrée des Alliés en Europe aurait été repoussée. Ce que Churchill aimait appeler « la sous-ventrière molle » était un terrain si montagneux qu'il aurait été très dur pour des forces d'invasion, et ne se révéla « mou » que grâce à l'absence de défenseurs.

23.
Le flot tourne dans le Pacifique

Les buts offensifs du Japon dans le Pacifique, pour fonder ce qu'il appelait « la grande sphère de coprospérité d'Asie-Orientale », avaient été pratiquement atteints en quatre mois [1]. Durant ce laps de temps la Malaisie et les Indes néerlandaises avaient été entièrement conquises, de même que Hongkong, la quasi-totalité des Philippines et le sud de la Birmanie. Moins d'un mois plus tard, la capitulation de l'île forteresse de Corregidor entraînait la chute de la dernière base américaine aux Philippines. Une semaine après, les Anglais avaient été chassés de Birmanie et reconduits en Inde et la Chine était coupée de ses alliés. Toutes ces conquêtes n'avaient coûté aux Japonais que 15 000 hommes, 380 avions et 4 destroyers.

Après une telle série de triomphes faciles, les Japonais hésitaient évidemment à passer sur la défensive, comme le prévoyait leur plan stratégique. Ils craignaient qu'un tel changement d'attitude n'entraînât une baisse progressive de l'esprit combatif, tout en donnant à leurs adversaires occidentaux, économiquement beaucoup plus puissants qu'eux, le temps de respirer et de rétablir la situation. La marine japonaise était en particulier anxieuse d'éliminer les deux bases possibles pour un éventuel retour offensif des Américains dans le Pacifique : Hawaii et l'Australie. En effet, les porte-avions de la marine américaine pouvaient toujours opérer à partir de Hawaii, tandis que l'Australie était ostensiblement transformée en tremplin et en forteresse.

L'armée japonaise, les yeux toujours rivés sur la Chine et la Mandchourie, était réticente à fournir les troupes nécessaires à de telles expéditions, qui, dans le cas d'une invasion de l'Australie, auraient dû être nombreuses. Elle avait déjà refusé de coopérer à un plan de l'état-major de la flotte combinée pour s'emparer de Ceylan.

1. Cf. carte pp. 206-209.

Cependant, la Marine espérait parvenir, grâce à un nouveau succès dans l'une ou l'autre direction, à surmonter les objections des chefs militaires et à les amener à fournir les troupes nécessaires pour l'une ou l'autre de ces expéditions, mais elle était elle-même divisée au sujet du choix de la meilleure direction. L'amiral Yamamoto et l'état-major de la flotte combinée étaient en faveur d'un plan prévoyant de se servir de l'île de Midway (1 760 kilomètres à l'ouest de Pearl Harbor) comme d'un appât pour attirer la flotte américaine du Pacifique et l'écraser. L'état-major naval préférait quant à lui attaquer à travers les îles Salomon pour s'emparer de la Nouvelle-Calédonie, de Fidji et de Samoa et fermer ainsi les routes maritimes entre l'Amérique et l'Australie. Un argument de poids en faveur de ce dernier plan était le fait que les Japonais avaient déjà réalisé une grande partie de cet encerclement isolant l'Australie. A la fin mars, ils étaient entrés, à partir de Rabaul, dans les îles Salomon et sur la côte septentrionale de Nouvelle-Guinée. Le débat fut interrompu par le raid aérien américain sur Tokyo, le 18 avril 1942.

Le raid sur Tokyo

Ce raid aérien sur la capitale japonaise, le cœur de la patrie nippone, fut inspiré par l'idée de représailles après le coup de Pearl Harbor, et sa préparation avait commencé en janvier. Étant donné que la distance à partir des bases américaines restantes était trop longue, le raid devait nécessairement être lancé à partir de porte-avions. Mais, du fait que les Japonais entretenaient des patrouilles navales à 800 kilomètres de leur pays, il faudrait lâcher les avions à une distance de quelque 900 kilomètres, ce qui impliquait un vol aller et retour d'environ 1 800 kilomètres, soit beaucoup trop pour des appareils de l'Aéronavale. De plus, les rares et précieux porte-avions américains seraient mis en danger s'il leur fallait attendre dans la même zone le retour des appareils. Il fut donc décidé d'employer des bombardiers à plus long rayon d'action de l'U.S. Air Force et de leur faire continuer leur vol vers l'ouest, après avoir bombardé Tokyo, pour se poser sur des aérodromes chinois.

Cela signifiait un vol de plus de 3 000 kilomètres et la possibilité de décoller depuis un porte-avions. Le Mitchell B.25 fut donc sélectionné. Ce type d'appareil, une fois équipé de réservoirs supplémentaires, pouvait transporter environ une tonne de bombes sur une distance de 3 800 kilomètres. Les pilotes, dirigés par le lieutenant-colonel James H. Doolittle, s'entraînèrent au décollage court et au vol de longue durée au-dessus de la mer. On n'utilisa que 16 appareils car ils étaient trop grands pour être stockés sous le pont et avaient besoin d'un espace suffisant pour décoller.

Le 2 avril, le porte-avions choisi pour cette mission, le *Hornet*, appareilla de San Francisco avec son escorte de croiseurs et de destroyers. Le 13, il fut rejoint par la Task Force 16, organisée autour du porte-avions *Enterprise* qui devait fournir l'appui aérien, les appareils normaux du *Hornet* étant immobilisés sous le pont. Aux premières heures du 18, les porte-avions furent repérés par un patrouilleur japonais alors qu'ils se trouvaient encore à plus de 1 000 kilomètres de Tokyo. Le commandant des forces navales, le vice-amiral William F. Halsey, consulta Doolittle et ils tombèrent d'accord pour décider qu'il vaudrait mieux lancer les bombardiers immédiatement, malgré la distance supplémentaire qu'ils auraient à parcourir. Ce fut une décision sage et heureuse.

Après avoir décollé par forte mer, entre 8 h 15 et 9 h 24, les bombardiers atteignirent le Japon quatre heures plus tard, prenant les défenses par surprise, et lâchèrent leurs bombes (dont un certain nombre de bombes incendiaires) sur Tokyo, Nagoya et Kobé. Ils continuèrent ensuite leur vol vers la Chine, aidés par un vent en poupe. Malheureusement, à la suite d'un cafouillage, l'aérodrome de Tchoutcheou n'était pas prêt à les recevoir, si bien que les équipages durent faire des atterrissages de fortune ou sauter en parachute. Sur un total de 82 hommes, 70 revinrent sains et sauf, et, sur les manquants, 3 furent exécutés par les Japonais pour avoir bombardé des objectifs civils. Les deux porte-avions s'échappèrent sans encombre et atteignirent Pearl Harbor le 25.

Le premier résultat du raid fut le coup de fouet qu'il donna au moral américain qui avait été durement ébranlé par Pearl Harbor. Mais il força également les Japonais à maintenir 4 groupes de chasse sur leur territoire pour la défense de Tokyo et des autres grandes villes, tout en provoquant la diversion de 53 bataillons, envoyés en expédition punitive dans la province du Tchekiang où les bombardiers américains avaient atterri. Une autre conséquence plus importante, entraînant inévitablement une dispersion de force, fut la décision d'empêcher de nouveaux raids en entreprenant l'opération de Midway et d'avance encore en vue d'isoler l'Australie de l'Amérique. Ce double effort nuisait fatalement à la concentration de force.

Les nouveaux plans japonais prévoyaient un premier mouvement, orienté lui-même dans deux directions différentes, et visant à pénétrer plus profondément dans les îles Salomon afin de s'emparer de Tulagi comme base d'hydravions pour protéger un futur bond vers le sud-est, en même temps qu'on s'emparerait de Port Moresby, sur la côte méridionale de Nouvelle-Guinée, mettant ainsi le Queensland australien à la portée des bombardiers japonais. Ensuite, la flotte combinée, sous les ordres de Yamamoto, devait occuper l'île de Midway et des points clés des Aléoutiennes occidentales. Une fois la flotte américaine du Pacifique détruite, le troisième mouvement consisterait à reprendre l'avance au sud-est pour bloquer les routes maritimes menant d'Amérique en Australie.

Le premier de ces mouvements entraîna la bataille de la mer de Corail, le second la bataille de Midway et le troisième les combats intenses et prolongés autour de Guadalcanal, la grande île à proximité de Tulagi.

Par une ironie du sort, le plan japonais eut pour conséquence indirecte de cimenter une faille du plan américain et d'imposer un accord entre les parties divergentes.

Début avril, un accord avait confié aux Américains la responsabilité de toute la zone du Pacifique, à l'exception de Sumatra, tandis que les Anglais gardaient la responsabilité de Sumatra et de la zone de l'océan Indien. La Chine constituait un théâtre d'opérations distinct, sous tutelle américaine. La zone américaine était divisée en deux secteurs : celui du Sud-Ouest pacifique, sous les ordres du général MacArthur, dont le Q.G. était maintenant établi en Australie, et le secteur de l'océan Pacifique, sous les ordres de l'amiral Ghester W. Nimitz. Ces deux hommes avaient un caractère entier et énergique et les heurts étaient prévisibles. Le plan japonais offrit à chacun d'amples occasions d'exercer son activité. De plus, la frontière entre leurs secteurs respectifs passait par les îles Salomon où la menace amphibie des Japonais nécessitait l'emploi conjugué des forces terrestres de MacArthur et des forces navales de Nimitz. Ils furent donc contraints d'arriver à un accord de travail.

La bataille de la mer de Corail

Les forces terrestres et aériennes japonaises destinées au premier mouvement furent rassemblées à Rabaul, en Nouvelle-Bretagne, et les forces navales à Truk dans les îles Carolines, 1 600 kilomètres au nord. Derrière les groupes amphibies destinés aux deux invasions, se trouvaient des porte-avions prêts à repousser une intervention américaine. Il s'agissait des porte-avions *Zuikaku* et *Shokaku*, avec une escorte de croiseurs et de destroyers, et transportant 125 appareils embarqués (42 chasseurs et 83 bombardiers). 150 autres appareils se tenaient à Rabaul, prêts à intervenir.

Les services de Renseignements américains, qui étaient le principal avantage des Alliés, avaient percé à jour les grandes lignes du plan japonais, et l'amiral Nimitz envoya vers le sud toutes ses forces disponibles. Les porte-avions *Yorktown* et *Lexington* appareillèrent de Pearl Harbor avec 141 appareils (42 chasseurs et 99 bombardiers) et 2 groupes de croiseurs en guise d'escorte. Les 2 autres porte-avions américains, le *Hornet* et l'*Enterprise*, de retour de leur participation au raid sur Tokyo, reçurent également l'ordre de faire route en toute hâte vers la mer de Corail, mais ils arrivèrent après la bataille.

Le 3 mai, les Japonais débarquèrent sur .Tulagi et s'emparèrent de l'île sans opposition, la petite garnison australienne, informée à l'avance, ayant été retirée. A ce moment-là, le *Lexington* se ravitaillait en mer, tandis que le *Yorktown*, portant la marque du contre-amiral Fletcher, se trouvait plus loin des lieux. Mais, le lendemain, il lança une série d'attaques alors qu'il était à environ 150 kilomètres de Tulagi. Elles n'eurent d'autre résultat que de couler un destroyer japonais. Le *Yorktown* eut la chance d'éviter des représailles car les deux porte-avions japonais avaient été envoyés à Rabaul pour livrer quelques avions de chasse. Ce fut le début d'une série d'erreurs ou de fausses interprétations dans les deux camps dont les États-Unis devaient finalement tirer avantage.

Le groupe de porte-avions de l'amiral Takagi faisait maintenant route au sud, en contournant les îles Salomon par l'est pour entrer dans la mer de Corail, dans l'espoir de prendre par-derrière les porte-avions américains. Entre-temps, le *Lexington* avait rejoint le *Yorktown* et ils avaient mis tous deux cap au nord pour intercepter les forces d'invasion japonaises en route pour Port Poresby. Le 6 mai — jour sombre de la capitulation de Corregidor — les escadres adverses se cherchèrent mutuellement sans parvenir au contact, bien qu'à un certain moment, elles ne fussent séparées que de 110 kilomètres.

Aux premières heures du 7, les patrouilles japonaises rapportèrent avoir détecté un porte-avions et un croiseur. Takagi déclencha aussitôt une attaque de bombardiers et coula les deux bâtiments. Mais il s'agissait en réalité seulement d'un pétrolier et de son destroyer d'escorte, si bien que ce temps et ces efforts furent gaspillés en vain. Dans la soirée, Tagaki tenta une nouvelle attaque, de moindre envergure, mais elle n'eut pour résultat que la perte de 20 appareils sur les 27 engagés. Pendant ce temps, les appareils embarqués de Fletcher, égarés eux aussi par de faux rapports, s'attaquèrent aux forces de couverture immédiate de l'invasion de Port Moresby. Ils coulèrent le porte-avions léger *Shoho*, et ce en dix minutes, ce qui représente l'un des records de rapidité de toute la guerre. La conséquence la plus importante de cette attaque fut que les Japonais durent renoncer à leur invasion et rappeler leurs forces. C'était la conséquence ironique de cette erreur de navire. C'était aussi l'un des nombreux coups à l'aveuglette de cette journée.

Au matin du 8 mai, les deux forces de porte-avions en vinrent enfin aux prises. Les deux camps étaient équilibrés, les Japonais ayant 121 avions et les Américains 122, tandis que les escortes étaient de force à peu près égales : 4 croiseurs lourds et 6 destroyers pour les Japonais, 5 croiseurs lourds et 7 destroyers pour les Américains. Cependant les Japonais se déplaçaient sous une zone de nuages, alors que les Américains devaient opérer sous un ciel clair. La première conséquence de cette situation fut que le porte-avions *Zuikaku* échappa à l'attention des Américains. Néanmoins, le *Shokaku* fut touché par trois bombes et dut être retiré de la bataille. Dans l'autre camp, le *Lexington* fut atteint par deux torpilles et par deux bombes et les explosions intérieures qui s'ensuivirent contraignirent à l'abandon de cette unité bien-aimée que les marins appelaient le « Lady Lex ». Le *Yorktown*, plus mobile, s'échappa après avoir été atteint par une seule bombe.

Dans l'après-midi, Nimitz donna l'ordre de se retirer de la mer de Corail, d'autant plus que la menace sur Port Moresby avait disparu pour le moment. Les Japonais quittèrent également les lieux, persuadés d'avoir coulé les deux porte-avions.

En chiffres absolus, les pertes américaines en appareils étaient légèrement

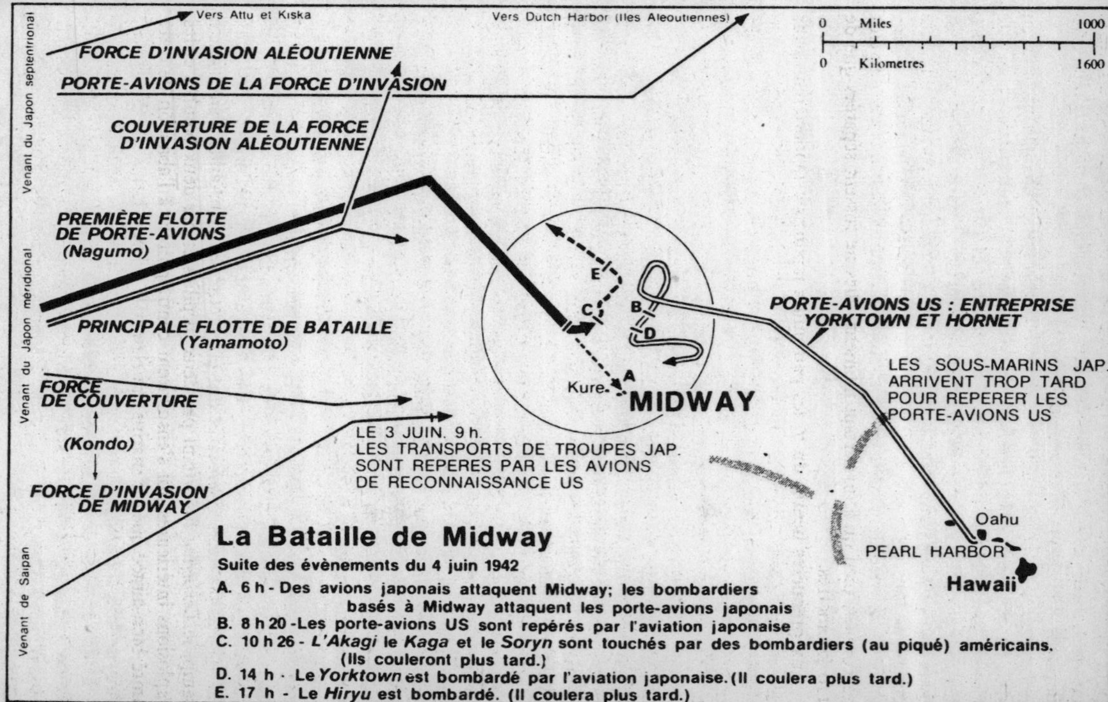

La Bataille de Midway

Suite des évènements du 4 juin 1942

A. 6 h - Des avions japonais attaquent Midway; les bombardiers basés à Midway attaquent les porte-avions japonais

B. 8 h 20 - Les porte-avions US sont repérés par l'aviation japonaise

C. 10 h 26 - *L'Akagi* le *Kaga* et le *Soryn* sont touchés par des bombardiers (au piqué) américains. (Ils couleront plus tard.)

D. 14 h - Le *Yorktown* est bombardé par l'aviation japonaise. (Il coulera plus tard.)

E. 17 h - Le *Hiryu* est bombardé. (Il coulera plus tard.)

inférieures à celles des Japonais : 74 contre plus de 80. Les Américains n'avaient également perdu que 543 hommes contre plus de 1 000 pour les Japonais. Par contre ils avaient perdu un porte-avions lourd alors que les Japonais n'avaient perdu qu'un porte-avions léger. Ce qui était plus important, cependant, c'est que les Américains avaient fait avorter les projets stratégiques de leurs ennemis, la prise de Port Moresby, en Nouvelle-Guinée. Ensuite, grâce à une forte supériorité technique, ils parvinrent à réparer le *Yorktown* à temps pour la phase suivante de la bataille du Pacifique, alors qu'aucun des deux porte-avions japonais endommagés dans les combats de la mer de Corail ne put être prêt pour la seconde bataille plus décisive.

La bataille de la mer de Corail fut la première de l'histoire où deux flottes se combattirent sans jamais se voir à des distances allant jusqu'à 150 kilomètres et plus, au lieu de la limite extrême d'une trentaine de kilomètres dans le cas des cuirassés. Une répétition à plus grande échelle devait suivre.

La bataille de Midway

Le G.Q.G. impérial japonais avait déclenché cette nouvelle phase par un ordre du 5 mai. Le plan mis au point par l'état-major de la flotte combinée était extraordinairement exhaustif et élaboré, mais il manquait de souplesse. Presque toute la Marine devait être engagée dans l'opération. Le total de quelque 200 navires comprenait 8 porte-avions, 11 cuirassés, 22 croiseurs, 65 destroyers, 21 sous-marins. Ils étaient assistés par plus de 600 avions. L'amiral Nimitz ne put réunir que 76 navires dont un tiers, appartenant aux forces du Pacifique nord, n'arriva jamais sur le champ de bataille.

Pour l'opération sur Midway, les Japonais employèrent : 1) une force avancée de sous-marins, patrouillant en trois cordons et devant empêcher les contre-attaques de la marine américaine; 2) une force d'invasion, sous les ordres de l'amiral Kondo, comprenant 12 navires de transport de troupes chargés de 5 000 soldats, avec une escorte immédiate de 4 croiseurs lourds et une couverture plus lointaine composée de deux cuirassés, 1 porte-avions léger et 4 autres croiseurs lourds; 3) la « 1re Force » de porte-avions de Nagumo, comprenant 4 porte-avions, avec plus de 250 appareils embarqués, escortés par 2 cuirassés, 2 croiseurs lourds, et 1 écran de destroyers; 4) la flotte principale, sous les ordres de Yamamoto, comprenant 3 cuirassés, avec un écran de destroyers et 1 porte-avions léger. L'un des cuirassés était le géant récemment construit, le *Yamato*, jaugeant 70 000 tonnes et doté de 9 canons de 450 mm.

Pour l'opération sur les îles Aléoutiennes, les Japonais engagèrent : 1) une force d'invasion constituée de 3 navires de transport de troupes, emportant 2 400 hommes, escortés par 2 croiseurs lourds; 2) une force de porte-avions comportant 2 porte-avions légers; 3) une couverture de 4 cuirassés d'un modèle plus ancien.

La bataille devait débuter dans les Aléoutiennes par des attaques aériennes sur Dutch Harbor, le 3 juin, suivies de débarquements en trois endroits le 6. Entre-temps, le 4, les avions embarqués de Nagumo devait attaquer l'aérodrome de Midway et, le lendemain, l'atoll de Kure (100 kilomètres à l'ouest) devait être occupé pour servir de base d'hydravions. Le 6, les croiseurs bombarderaient Midway et les troupes seraient débarquées sous la protection des cuirassés de Kondo.

Les Japonais s'attendaient à ce qu'il n'y eût aucun navire américain dans le secteur de Midway jusqu'après les débarquements et ils espéraient que la flotte américaine du Pacifique se précipiterait vers le nord dès que la nouvelle de l'attaque aérienne sur les Aléoutiennes serait connue. Cela leur permettrait de la prendre au piège entre les deux forces de porte-avions. Mais, dans la poursuite de leur objectif stratégique, la destruction des porte-avions américains, les Japonais furent gênés par leurs propres arrangements tactiques. Yamamoto refusa d'attendre que le *Zuikaku* eût remplacé ses appareils perdus dans la bataille de la mer de Corail et fût en mesure de venir renforcer les autres porte-avions. Quant aux 8 porte-avions disponibles, 2 furent envoyés aux Aléoutiennes et 2 autres accompagnèrent les groupes de cuirassés. En même temps, les mouvements de la flotte furent liés à la vitesse lente des transports de troupes. De plus, on voit mal la justification d'une diversion sur les Aléoutiennes si l'objectif principal des Japonais était la destruction des porte-avions américains et non la prise de Midway elle-même. Surtout, en décidant de s'emparer d'un point déterminé à une heure déterminée, les Japonais renonçaient à toute souplesse stratégique.

Dans le camp américain, le souci principal de l'amiral Nimitz était la supériorité des forces japonaises. Depuis le désastre de Pearl Harbor il n'avait plus aucun cuirassé et, à la suite de la bataille de la mer de Corail, il ne lui restait que 2 porte-avions en état de combattre, l'*Enterprise* et le *Hornet*. Mais, par un effort stupéfiant, ce nombre fut porté à 3 grâce à la réparation du *Yorktown* en deux jours au lieu des quatre-vingt-dix prévus.

La grande supériorité de Nimitz résidait dans ses moyens d'information. Les 3 porte-avions américains, avec leurs 233 appareils, étaient stationnés très au nord de Midway, hors de vue des appareils de reconnaissance japonais, mais ils pouvaient être avertis très tôt des mouvements japonais par leurs Catalina à long rayon d'action basés à Midway. Ils espéraient ainsi pouvoir attaquer les forces japonaises de flanc. Le 3 juin, un jour après que les porte-avions eurent pris position, des avions de reconnaissance signalèrent les lents navires de transport de troupes à 1 000 kilomètres à l'ouest de Midway. Des failles dans le réseau de reconnaissance des avions japonais permirent aux porte-avions américains de s'approcher par le nord-est sans être repérés. Ils profitèrent aussi du fait que Yamamoto et Nagumo étaient persuadés que la flotte américaine du Pacifique n'était pas en mer.

Au matin du 4 juin, Nagumo lança 108 de ses appareils à l'attaque de Midway, tandis qu'une autre vague de même importance se tenait prête à attaquer tout navire de guerre repéré. La première vague causa de gros dommages aux installations de Midway, sans subir de fortes pertes, mais les pilotes déclarèrent qu'une seconde attaque était nécessaire. Ses propres porte-avions étant soumis au bombardement des avions de Midway, Nagumo sentit qu'il était nécessaire de neutraliser les aérodromes de l'île; il donna donc l'ordre aux appareils de la seconde vague d'échanger leurs torpilles contre des bombes en vue de cette opération, car les porte-avions américains n'étaient toujours pas en vue.

Peu après, un groupe de navires américains fut signalé à environ 300 kilomètres, mais on pensa d'abord qu'il s'agissait seulement de croiseurs et de destroyers. Cependant, à 8 h 20, un rapport plus précis annonça que le groupe comprenait un porte-avions. Ce fut un moment difficile pour Nagumo dont la plupart des avions lance-torpilles étaient maintenant armés de bombes et dont la plupart des chasseurs étaient en patrouille. Il lui fallait également recueillir les appareils revenant de la première attaque contre Midway.

Néanmoins, le changement de cap vers le nord-est réalisé par Nagumo dès réception de la nouvelle lui permit d'échapper à la première vague de bombardiers en piqué envoyée contre lui par les porte-avions américains. Et lorsque trois vagues successives de bombardiers lance-torpilles (appareils relativement lents) attaquèrent les porte-avions japonais entre 9 h 30 et 10 h 24, 35 des 41 appareils utilisés furent abattus par la chasse ou la D.C.A. japonaise. A ce moment, les Japonais eurent le sentiment d'avoir gagné la bataille.

Mais deux minutes plus tard, 37 bombardiers en piqué de l'*Enterprise* (commandant Clarence W. McClusky) fondirent de 6 300 mètres d'altitude et de façon si totalement inattendue qu'ils ne rencontrèrent aucune opposition. Les chasseurs japonais qui venaient d'abattre la troisième vague de bombardiers lance-torpilles n'avaient aucune chance de prendre de l'altitude pour contre-attaquer. Le porte-avions *Akagi*, le navire-amiral, fut touché par des bombes au moment où ses propres appareils étaient en train de changer de projectiles, ceux-ci explosèrent et contraignirent l'équipage à abandonner le bâtiment. Le porte-avions *Kaga* fut touché par plusieurs bombes qui détruisirent la passerelle de commandement et déclenchèrent un incendie d'un bout à l'autre du navire. Il coula finalement dans la soirée. Le porte-avions *Soryu* fut atteint par trois bombes d'une demi-tonne lancées par les bombardiers en piqué du *Yorktown* qui arrivaient à leur tour. Il dut être abandonné par son équipage vingt minutes plus tard.

Le seul porte-avions japonais encore intact, le *Hiryu*, attaqua le *Yorktown* et l'endommagea si gravement, au cours de l'après-midi, qu'il fallut l'abandonner. Il était encore affaibli par les dommages subis au cours de la bataille de la mer de Corail. Mais 24 bombardiers en piqué américains, comprenant 10 appareils du *Yorktown*, attaquèrent le *Hiryu* en fin d'après-midi, et le touchèrent si sérieusement que son équipage dut l'évacuer dans les premières heures du 5, et qu'il coula à 9 h 00.

Cette bataille du 4 juin vit le retournement de situation le plus rapide de toute l'histoire de la guerre navale et démontra également le caractère hasardeux de ce nouveau style de bataille aéronavale à longue distance.

En apprenant le désastre, la première réaction de Yamamoto fut de rassembler ses cuirassés, tout en rappelant des îles Aléoutiennes ses deux porte-avions légers, dans l'espoir de rétablir la situation par une bataille plus classique. Mais la nouvelle de la perte du *Hiryu* et les rapports lugubres de Nagumo le firent changer d'avis, et, au matin du 5, Yamamoto prit la décision de suspendre l'attaque sur Midway. Il espérait toujours attirer les Américains dans un piège, en se repliant vers l'ouest, mais cet espoir fut réduit à néant par la belle combinaison d'audace et de prudence dont fit preuve l'amiral Raymond A. Spruance, qui commandait l'*Enterprise* et le *Hornet* dans cette bataille cruciale.

Entre-temps, l'attaque japonaise sur les îles Aléoutiennes avait été déclenchée comme prévu au matin du 3 juin. Les 2 porte-avions légers assignés à cette opération lancèrent 23 bombardiers et 12 chasseurs contre Dutch Harbor. Ces forces étaient trop réduites pour causer de gros dégâts, à moins de compter sur la chance, et des nuages cachaient le sol. Une nouvelle attaque, le lendemain, par temps clair, enregistra quelques coups au but mais n'eut aucun résultat décisif. Puis, le 5 juin, les porte-avions furent appelés vers le sud par Yamamoto. Cependant, le 7, les forces japonaises d'invasion débarquèrent et s'emparèrent sans opposition de 2 des 3 îles (Kiska et Attu) qui leur avaient été désignées comme objectifs. La propagande japonaise fit grand bruit sur ce succès mineur pour minimiser l'échec crucial de Midway. Apparemment, la prise de ces îles semblait importante car l'archipel aléoutien, qui s'étend à travers le Pacifique Nord, était situé à proximité de la route la plus courte menant de San Francisco à Tokyo. Mais en réalité ces îles rocheuses et désertiques, souvent couvertes par le brouillard ou battues par les tempêtes, étaient tout à fait impropres à constituer des bases navales ou aériennes pour une avance transpacifique dans un sens ou dans l'autre.

En résumé, les opérations de juin 1942 furent une défaite écrasante pour les Japonais. Ils avaient perdu, dans la bataille de Midway proprement dite, 4 porte-avions lourds, ainsi qu'1 croiseur lourd, alors que les Américains n'avaient perdu qu'1 porte-avions et environ 150 appareils. Du côté américain, l'arme décisive avait été les bombardiers en piqué, à la différence des bombardiers lance-torpilles dont 90 % avaient été abattus. Quant aux grands bombardiers B 17 de l'armée, ils s'étaient révélés tout à fait inefficaces contre des navires.

A côté des erreurs stratégiques fondamentales déjà mentionnées, les Japonais furent également handicapés par d'autres maladresses. Au nombre des fautes de commandement, on peut noter l'isolement virtuel de Yamamoto sur la passerelle du cuirassé *Yamato*, la perte de sang-froid de Nagumo et la tradition navale qui amena Yamaguchi et d'autres officiers supérieurs à couler avec leurs navires au lieu de chercher à reprendre l'initiative. Nimitz, en restant à terre, était en mesure de garder en main la situation stratégique, à la différence de Yamamoto.

Les difficultés japonaises furent multipliées par une série d'erreurs tactiques : le nombre insuffisant d'appareils de reconnaissance envoyés à la recherche des porte-avions américains; l'absence de couverture de chasseurs à haute altitude; la médiocrité des consignes d'incendie; le fait de lancer à l'attaque les appareils des 4 porte-avions en même temps, ce qui entraînait la nécessité de les récupérer et de les réarmer tous au même moment, privant ainsi les porte-avions de toute force de frappe pendant une certaine période; le fait de mettre le cap sur l'ennemi pendant que les changements d'armement avaient lieu, ce qui donna aux avions américains l'occasion de localiser plus facilement les forces de Nagumo et de les attaquer avant qu'elles ne puissent riposter ou se défendre avec leurs chasseurs. La plupart de ces maladresses s'expliquent par un excès de confiance complaisante.

Une fois ces 4 porte-avions lourds et leurs pilotes bien entraînés perdus, le maintien de la supériorité japonaise en matière de cuirassés et de croiseurs n'avait plus grande signification. Ces bâtiments ne pouvaient se risquer que dans des zones protégées par leur aviation basée à terre, et la défaite japonaise dans la longue bataille pour Guadalcanal fut essentiellement due à l'absence de maîtrise aérienne. La bataille de Midway eut l'immense mérite de donner aux Américains le temps de respirer jusqu'à ce que leurs nouveaux porte-avions lourds de la classe *Essex* commencent d'entrer en ligne, vers la fin de l'année. On peut donc raisonnablement estimer que Midway fut le tournant qui annonça la défaite finale du Japon.

Le sud-ouest du Pacifique après Midway

Malgré tout, si le résultat de la bataille de Midway représenta un lourd handicap qui freina l'avance japonaise dans le sud-ouest du Pacifique il ne l'arrêta pas. Les Japonais ne pouvaient plus se servir de leur flotte pour appuyer leur avance, mais ils décidèrent de la poursuivre, et dans deux directions : en Nouvelle-Guinée, par une attaque terrestre à travers la péninsule de Papouasie, à l'est de cette grande île; et dans les îles Salomon, par une suite de bonds d'île en île; en établissant des aérodromes au fur et à mesure pour protéger les petits bonds successifs.

La Nouvelle-Guinée et la Papouasie

Lorsque le Japon entra dans la guerre, en décembre 1941, la plus grande partie des forces opérationnelles australiennes combattaient en Afrique du Nord avec la VIIIe armée britannique. (Elles devaient être rappelées lorsque l'urgence de la situation le nécessita.) En Nouvelle-Guinée, située si dangereusement à proximité de l'Australie proprement dite, les seules forces de quelque importance avaient environ la taille d'une brigade et étaient

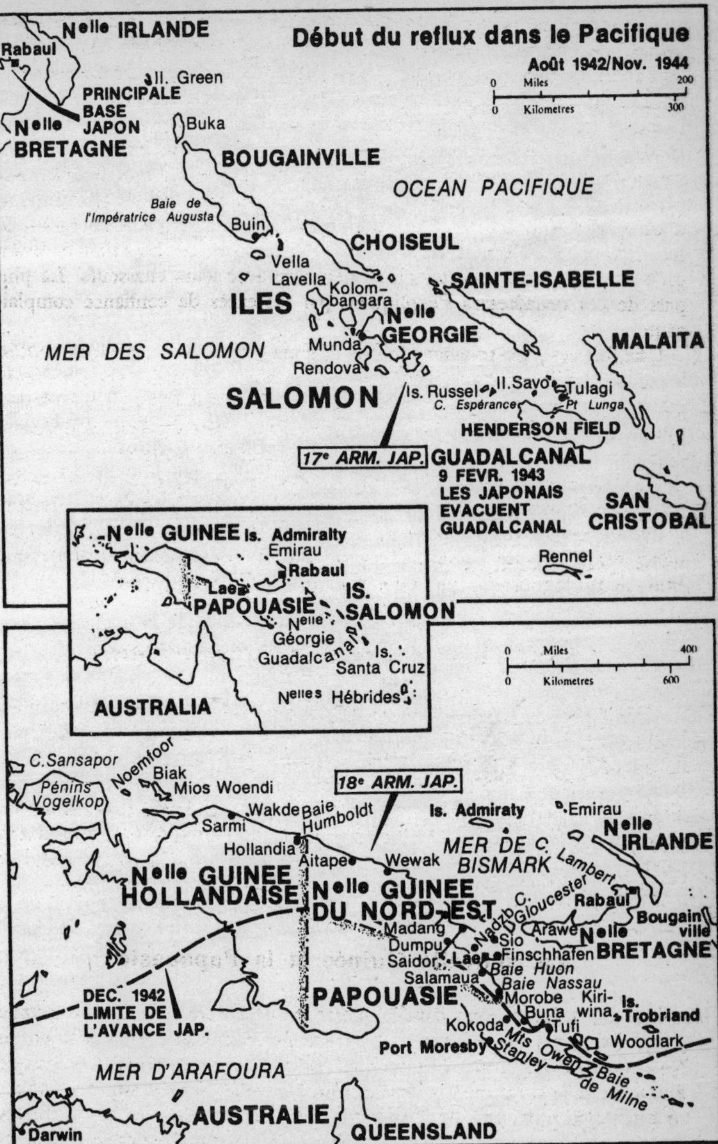

Début du reflux dans le Pacifique
Août 1942/Nov. 1944
0 Miles 200
0 Kilometres 300
Nelle IRLANDE
Rabaul
Il. Green
PRINCIPALE BASE JAPON
Nelle BRETAGNE
Buka
BOUGAINVILLE
OCEAN PACIFIQUE
Baie de l'Impératrice Augusta
Buin
CHOISEUL
Vella Lavella
SAINTE-ISABELLE
Kolombangara
ILES
Nelle GEORGIE
MER DES SALOMON
Munda
MALAITA
Rendova
SALOMON
Is. Russel
Il. Savo
Tulagi
C. Espérance
Pt Lunga
HENDERSON FIELD
17e ARM. JAP.
GUADALCANAL
9 FEVR. 1943 LES JAPONAIS EVACUENT GUADALCANAL
SAN CRISTOBAL
Rennel
Nelle GUINEE
Is. Admiralty
Emirau
Rabaul
Lae
PAPOUASIE
IS. SALOMON
Nelle Géorgie
Guadalcanal
Is. Santa Cruz
AUSTRALIA
Nelles Hébrides
0 Miles 400
0 Kilometres 600
C. Sansapor
Noemfoor
Biak
Pénins Vogelkop
Mios Woendi
18e ARM. JAP.
Wakde
Baie Humboldt
Sarmi
Is. Admiraty
Emirau
Hollandia
Nelle IRLANDE
Aitape
Wewak
MER DE BISMARK
C. Lambert
Nelle GUINEE HOLLANDAISE
Nelle GUINEE DU NORD-EST
Rabaul
C. Gloucester
Nadzab
Bougainville
Madang
Arawe
Dumpu
Sio
Nelle BRETAGNE
Saidor
Lae
Finschhafen
Baie Huon
Salamaua
Baie Nassau
DEC. 1942 LIMITE DE L'AVANCE JAP.
PAPOUASIE
Morobe
Kiriwina
Is. Trobriand
Buna
Kokoda
Tufi
Woodlark
Port Moresby
Mts Owen Stanley
Baie de Milne
MER D'ARAFOURA
AUSTRALIE
Darwin
QUEENSLAND

stationnées à Port Moresby, la capitale de la Papouasie, sur la côte sud. Les toutes petites garnisons australiennes de la côte nord, ainsi que de l'archipel Bismarck et des îles Salomon, furent retirées dès que les Japonais approchèrent. Mais la défense de Port Moresby était considérée comme vitale car les Japonais auraient pu se servir de cette base pour lancer des attaques aériennes sur le Queensland, en Australie proprement dite. Les Australiens étaient naturellement très sensibles à une telle menace.

Début mars 1942, les Japonais, partant de Rabaul, avaient débarqué à Lae, sur la côte septentrionale de la Nouvelle-Guinée, près de la péninsule de Papouasie. Mais, comme nous l'avons déjà relaté, leur corps expéditionnaire destiné à s'emparer de Port Moresby avait fait demi-tour au mois de mai à la suite de la bataille, par ailleurs non décisive, de la mer de Corail. Entre-temps, le général Douglas MacArthur avait été nommé commandant en chef allié du secteur du Sud-Ouest pacifique. Après la bataille de Midway, début juin, la position des Alliés devint bien meilleure, directement et indirectement, la plupart des troupes australiennes étant maintenant rentrées et de nouvelles divisions étant en cours de formation, tandis que les États-Unis avaient placé en Australie 2 divisions et 8 groupes aériens. En Papouasie également les forces australiennes dépassaient maintenant la taille d'1 division, 2 brigades à Port Moresby et une troisième à Milne Bay, à l'extrémité orientale de la péninsule, tandis que 2 bataillons progressaient sur la piste de Kokoda, en direction de Buna, dans l'intention d'y établir une base aérienne pour protéger l'avance amphibie vers l'ouest projetée par les Alliés le long de la côté de Nouvelle-Guinée.

Mais ce mouvement fut devancé par la renaissance de la menace japonaise qu'on avait crue en train de se dissiper. Quelque 2 000 Japonais débarquèrent près de Buna, dans une nouvelle tentative pour s'emparer de Port Moresby, mais cette fois par une attaque terrestre. Les Alliés connurent de nouvelles émotions lorsque, le 29, les Japonais s'emparèrent de Kokoda, presque à mi-chemin de leur objectif, et lorsque, à la mi-août, avec maintenant plus de 13 000 hommes, ils contraignirent les Australiens à reculer sur la piste traversant la jungle. Mais bien que la péninsule ne fît guère plus de 150 kilomètres de large à cet endroit, l'avance japonaise devait traverser les montagnes Owen Stanley, hautes de 2 900 mètres en un certain point, et les difficultés croissantes de ravitaillement, évidemment plus grandes pour les attaquants, furent multipliées par des raids aériens alliés. Au bout d'un mois, les Japonais durent s'arrêter à une cinquantaine de kilomètres de leur objectif. Pendant ce temps 1 200 Japonais (devenus 2 000 après l'arrivée de renforts) avaient débarqué dans Milne Bay le 25 août et étaient parvenus à atteindre le bord de l'aérodrome situé dans le secteur, après cinq jours de combats féroces; mais une contre-attaque australienne les contraignit à rembarquer.

A la mi-septembre, MacArthur avait rassemblé en Papouasie les 6e et 7e divisions australiennes et 1 régiment américain, prêts à prendre l'offensive. Le 23, le général Sir Thomas Blamey, le commandant en chef australien des forces terrestres alliées dans le sud-ouest du Pacifique, arriva à Port Moresby pour prendre la direction des opérations. Ses forces rencontrèrent à leur tour une résistance vigoureuse en tentant de refaire le chemin jusqu'à Kokoda et Buna, mais leur ravitaillement fut facilité par un emploi de plus en plus intensif des moyens de transport aériens. A la fin octobre, les Japonais furent délogés dans la dernière des trois positions successives qu'ils avaient établis près de Templeton's Crossing, au sommet de la chaîne montagneuse, et, le 2 novembre, les Australiens réoccupèrent Kokoda et en rouvrirent l'aérodrome. Les Japonais essayèrent d'organiser une nouvelle résistance sur la rivière Kumusi, mais leurs défenses furent balayées, avec l'aide de matériel de pont largué par parachute, et grâce à la menace que faisaient peser sur leur flanc des troupes australiennes et américaines amenées par avion sur la côte nord.

Néanmoins, les Japonais réussirent à opposer une dernière résistance prolongée autour de Buna tout au long du mois de décembre, et il fallut l'arrivée de nouveaux renforts alliés pour que la dernière poche de résistance japonaise sur la côte fût liquidée, le 21 janvier 1943. Au cours de ces six mois de campagne, les Japonais avaient perdu plus de 12 000 hommes. Les pertes au combat des Australiens étaient de 5 700 hommes et celles des Américains de 2 800, soit un total de 8 500 hommes; mais les pertes dues à la maladie, dans le chaleur moite de ces jungles infestées de paludisme, étaient trois fois plus importantes. Cependant, les Alliés avaient apporté la preuve qu'ils étaient capables de vaincre les Japonais, même dans des conditions de terrain aussi abominables, et que l'aviation sous toutes ses formes représentait un avantage décisif.

Guadalcanal

La campagne de Guadalcanal surgit du désir mutuel et compréhensible du général MacArthur et de l'amiral Nimitz d'exploiter la victoire de Midway en passant rapidement de la défensive à la contre-offensive dans le Pacifique. Ce désir était appuyé par leurs chefs respectifs à Washington, le général Marshall et l'amiral King, dans la mesure où une telle offensive pouvait être conciliée avec la décision de haute stratégie prise en accord avec les Britanniques et prévoyant de « vaincre l'Allemagne d'abord ». Le seul terrain possible pour une prochaine contre-offensive était le sud-ouest du Pacifique, et tout le monde était d'accord sur ce point. Mais un conflit d'opinion s'éleva tout naturellement sur la question de savoir qui dirigerait la contre-offensive. Maintenant que la pression sur les îles Hawaii avait été non seulement diminuée mais supprimée, la Marine devenait de plus en plus désireuse de jouer son rôle à fond dans une opération qui serait nécessairement amphibie. L'amiral King n'avait accepté qu'à contrecœur la politique consistant à s'occuper d'abord de l'Allemagne et à rassembler des forces américaines en Grande-Bretagne à cet effet. Les arguments britanniques contre une attaque précoce en Normandie, en 1942, avaient fait pencher Marshall en faveur d'une priorité pour le Pacifique, et King se réjouit d'un tel revirement, même s'il n'était que momentané et n'avait aucune chance d'être approuvé et mis en application par le président Roosevelt

Mais l'accord pour prendre l'offensive dans le sud-ouest du Pacifique fit immédiatement naître une discussion pour savoir qui serait responsable des opérations, et, à la fin juin, le débat devint passionné. Le résultat fut un compromis exprimé dans la direction des chefs d'état-major en date du 2 juillet et inspiré par Marshall. L'offensive devait se dérouler en trois étapes, la première étant l'occupation des îles Santa Cruz et des Salomons orientales, en particulier Tulagi et Guadalcanal. Dans ce but, la frontière entre les zones fut déplacée, et ce secteur fut placé sous les ordres de Nimitz qui serait donc responsable de la première phase de l'offensive. La seconde étape serait la prise des autres îles Salomon, et de la côte de la Nouvelle-Guinée jusqu'à la péninsule de Huon, au-delà de Lae, tandis que la troisième consisterait à s'emparer de Rabaul, la principale base japonaise du sud-ouest du Pacifique, et du reste de l'archipel Bismarck. Selon la nouvelle répartition des zones, ces deux dernières phases tombaient sous la responsabilité de MacArthur.

Ce plan de compromis ne plut pas à MacArthur qui, aussitôt après la victoire de Midway, préconisait une attaque rapide et de vaste envergure contre Rabaul, prédisant avec confiance qu'il pouvait s'en emparer très vite, ainsi que du reste de l'archipel de Bismarck, et repousser les Japonais jusqu'à Truk (dans les îles Carolines, 1 100 kilomètres plus loin). Mais il dut reconnaître qu'il ne pouvait pas escompter obtenir les forces dont il estimait avoir besoin : 1 division de Marines et 2 porte-avions, en plus des 3 divisions d'infanterie qu'il avait déjà. Le plan de compromis en trois étapes fut donc adopté et son application prit beaucoup plus de temps qu'aucun des responsables ne s'y attendait.

Le projet des Alliés de s'emparer des Salomons orientales fut devancé par les Japonais, comme en Papouasie. Le 5 juillet, des avions de reconnaissance signalèrent que les Japonais avaient déplacé des troupes de Tulagi sur la plus grande île voisine de Guadalcanal (145 kilomètres de longueur sur 40 kilomètres de largeur), et construisaient une piste d'aviation à Lunga Point (celle-ci devait être baptisée plus tard « Aérodrome Henderson »). Le danger évident de voir des bombardiers japonais opérer à partir de cette piste provoqua une révision immédiate de la stratégie américaine et Guadalcanal devint l'objectif primordial. Avec ses montagnes boisées, ses fortes pluies et son climat malsain, cette île ne représentait pas un objectif favorable.

La direction stratégique globale de l'opération, sous les ordres de Nimitz, fut confiée au vice-amiral Robert L. Ghormley, commandant en chef du secteur, tandis que le contre-amiral Fletcher était responsable du commandement tactique et des trois groupes navals de protection respectivement constitués autour des porte-avions *Enterprise*, *Saratoga* et *Wasp*. L'appui aérien à partir de bases terrestres était fourni par Port Moresby, le Queensland et divers aérodromes insulaires. Les forces de débarquement, commandées par le général Alexander A. Vandegrift, comprenaient la 1re division de Marines et 1 régiment de la 2e, soit un total de 19 000 Marines, à bord de 19 navires de transport de troupes accompagnés d'une escorte. L'ennemi ne se manifesta pas tandis que l'armada approchait, et, aux premières heures du 7 août, le bombardement naval et aérien commença. Les opérations de débarquement débutèrent à 9 heures, et, le soir, 11 000 Marines étaient à terre. L'aérodrome fut occupé le lendemain matin, il était presque terminé. Les 2 200 Japonais de Guadalcanal, qui étaient en grande partie des ouvriers, s'étaient enfuis pour la plupart dans la jungle. Sur Tulagi, la garnison japonaise de 1 500 hommes avait opposé une plus forte résistance, et elle ne fut balayée que le lendemain soir par les 6 000 Marines qui avaient été débarqués.

La réaction japonaise fut rapide, et, par une ironie du sort, elle fut d'autant plus rapide que les Japonais avaient cru que les forces américaines débarquées étaient beaucoup moins importantes qu'elles ne l'étaient en réalité. Ils ne prirent donc pas le temps de préparer une riposte adéquate et envoyèrent une série de petits renforts, qui devinrent peu à peu plus importants, si bien que ce que les deux camps avaient conçu une attaque et une contre-attaque rapides devint une longue bataille.

Les escortes navales japonaises étaient plus puissantes et leurs avances successives entraînèrent une série de heurts considérables. Le premier de ces heurts, et le plus grave pour les Américains, fut la bataille de l'île de Savo, au large de la côte nord-ouest de Guadalcanal. Dans la journée du 7 août, le vice-amiral Mikawa, le commandant en chef japonais de Rabaul, rassembla 5 croiseurs lourds, 2 croiseurs légers, et appareilla pour Guadalcanal. Le lendemain, se faufilant sans être repéré à travers ce qu'on appelait « *the slot* » (la fente), c'est-à-dire les eaux étroites séparant les deux chaînes d'îles des Salomons, il arriva à proximité de l'île de Savo dans la soirée, peu après que Fletcher eût retiré les porte-avions américains qui commençaient de manquer de combustible et de chasseurs. Les croiseurs et les destroyers alliés avaient pris des précautions pour la nuit, mais la coopération et la veille étaient médiocres. Aux premières lueurs du jour, Mikawa prit par surprise successivement le groupe sud et le groupe nord des bâtiments alliés et, moins d'une heure plus tard, il faisait demi-tour, laissant derrière lui 4 croiseurs lourds alliés coulés ou en train de couler et 1 gravement endommagé — 5 sur 5 — sans que ses propres navires aient pratiquement été endommagés.

Les Japonais profitèrent beaucoup de leur habileté supérieure au combat de nuit, favorisée par la supériorité de leurs instruments optiques et de leurs torpilles de 600 mm. Ce fut l'une des pires défaites de la marine américaine au cours de la guerre. Heureusement pour les Alliés, Mikawa ne compléta pas son exploit en détruisant la masse de transports de troupes et de navires de ravitaillement qui mouillait sans défense dans la baie de Lunga, car il ignorait que les porte-avions alliés s'étaient retirés et il s'attendait à une rapide contre-attaque aérienne s'il ne regagnait pas en toute hâte l'abri relatif du *Slot*. De plus, il ne savait pas que le débarquement américain sur Guadalcanal était en réalité d'une telle envergure. Il faut juger un commandant à la lumière des informations dont il dispose au moment où il prend ses décisions.

Toutes les forces navales alliées survivantes se retirèrent vers le sud dans l'après-midi, bien que moins de la moitié du ravitaillement des Marines en nourriture et en munitions eût été déchargée. Les rations des troupes furent réduites à deux repas par jour, et, pendant les deux semaines suivantes, les Marines furent isolés; ils restèrent sans appui naval et aérien jusqu'à ce que l'aérodrome Henderson entre en service le 20, avec l'arrivée des premières escadrilles américaines. Cependant, même après cette date, la couverture aérienne resta très limitée.

Les Japonais ratèrent cette occasion, en grande partie parce qu'ils sous-estimaient encore gravement les effectifs de Marines débarqués sur Guadalcanal. Ils les estimaient à 2 000 hommes et pensaient qu'une force de 6 000 hommes serait suffisante pour les vaincre et reconquérir l'île. Ils envoyèrent 2 détachements avancés, totalisant 1 500 hommes, transportés par des destroyers qui débarquèrent le 18 août, à l'est et à l'ouest de Lunga Point. Ils attaquèrent sans attendre l'arrivée du convoi suivant et ils furent rapidement balayés par les Marines. Le convoi de soutien appareilla de Rabaul, le 19, avec seulement 2 000 hommes. Bien que de taille réduite, il reçut une forte escorte navale, car il devait servir d'appât pour attirer la flotte américaine dans un piège, comme à Midway. Le porte-avions léger *Ryujo*, faisant lui-même partie de l'appât, venait en tête, suivi par 2 cuirassés et 3 croiseurs sous les ordres de l'amiral Kondo, eux-mêmes suivis par les porte-avions lourds *Zuikaku* et *Shokaku* sous les ordres de l'amiral Nagumo.

Le plan japonais donna naissance à ce qu'on appela la bataille des Salomon orientales, mais le piège ne fonctionna pas. En effet, l'amiral Ghormley fut averti à temps de l'approche des navires japonais par des « guetteurs côtiers », une organisation composée principalement d'officiers de Renseignements de la Royal Australian Navy et de planteurs locaux. Il rassembla 3 Task Forces navales autour des porte-avions *Enterprise*, *Saratoga* et *Wasp*, au sud-est de Guadalcanal. Le *Ryujo* fut repéré dans la matinée du 24 et coulé dans l'après-midi par les appareils des porte-avions américains. Les 2 porte-avions lourds japonais avaient également été repérés entre-temps, si bien que, lorsqu'ils lancèrent leurs attaques, tous les appareils de chasse des porte-avions américains les attendaient en l'air et leur infligèrent de lourdes pertes, abattant plus de 70 appareils ennemis sur les 80 engagés, en n'en perdant eux-mêmes que 17. L'*Enterprise* fut le seul navire gravement endommagé. Après cette bataille indécise, la flotte japonaise se retira au cours de la nuit, imitée par la flotte américaine.

Après cette effort naval inefficace, il y eut une accalmie, excepté sur terre où les faibles forces japonaises tentèrent vainement d'atteindre l'aérodrome Henderson. Les Japonais furent repoussés par les Marines et se battirent « jusqu'à la mort ». Ils furent presque tous tués. Mais ils furent remplacés par une série de petits détachements amenés par destroyers, avec une succession à ce point régulière que les Marines appelèrent ce processus le « Tokyo Express ». Les forces terrestres japonaises de Guadalcanal augmentèrent ainsi régulièrement; début septembre, les navettes avaient déposé 6 000 soldats supplémentaires. Dans la nuit du 13 au 14 septembre, ces forces attaquèrent violemment la position des Marines (qui prit le nom d' « Arête sanglante »), mais toutes les attaques furent repoussées et elles perdirent plus de 1 200 hommes

Cependant, la marine américaine fut alors sérieusement affaiblie dans le secteur par la perte des porte-avions *Saratoga* et *Wasp*, gravement endommagés et coulés par des sous-marins. Comme l'*Enterprise* était encore en réparation, il ne restait que le *Hornet* pour assurer la couverture aérienne.

Après l'échec des premières tentatives japonaises pour reconquérir Guadalcanal, le G.Q.G. impérial publia le 18 septembre une nouvelle directive accordant à cette campagne la priorité sur celle de Nouvelle-Guinée. Mais les Japonais sous-estimaient encore gravement les effectifs des Marines, en comptant un maximum de 7 500 hommes, et ils prévoyaient sur cette base que l'envoi d'une division serait suffisant, en coopération momentanée avec leur flotte combinée. Les préliminaires navals de l'arrivée du premier contingent de renforts entraînèrent une nouvelle bataille navale au large des côtes de Guadalcanal, les 11 et 12 octobre. Au cours de ces combats, baptisés « bataille du Cap Espérance », les pertes respectives ne furent pas élevées, mais comparativement favorables aux Américains, ce qui stimula leur moral. Cependant, au cours de la bataille, les Japonais réussirent à débarquer des renforts qui portèrent le total de leurs effectifs à 22 000 hommes. A la même époque les Américains portèrent leurs effectifs à 23 000 hommes sur Guadalcanal, et 4 500 sur Tulagi.

Malgré tout, la mi-octobre fut la période la plus critique pour les Américains, en particulier lorsque 2 cuirassés japonais bombardèrent l'aérodrome Henderson, labourant le terrain, incendiant les stocks de carburant et réduisant le nombre de leurs appareils de 90 à 42, tout en forçant également les bombardiers lourds de l'armée à retourner se poser aux Nouvelles-Hébrides. Les bombardements aériens japonais étaient éprouvants, tandis que la chaleur humide et le régime alimentaire inadapté prélevaient un lourd tribut.

Le 24 octobre, l'offensive terrestre japonaise, qui avait été retardée par des pluies torrentielles et la densité de la jungle, se déclencha. L'attaque principale vint du sud, mais les Marines étaient habilement postés dans leur position défensive et leur artillerie était bien maniée. Les Japonais furent repoussés, leurs pertes se chiffrant par milliers, contre quelques centaines dans le camp américain. Le 26, ils furent contraints de battre en retraite en laissant derrière eux quelque 2 000 morts.

La flotte combinée de Yamamoto avait fait route avec 2 porte-avions légers, 4 cuirassés, 14 croiseurs et 44 destroyers. Elles croisaient au nord-est des îles Salomon, en attendant d'apprendre la nouvelle de la prise de l'aérodrome Henderson par l'armée. Du côté américain, les forces navales atteignaient à peine la moitié du total japonais, malgré l'arrivée du nouveau cuirassé *South Dakota* et de plusieurs croiseurs. Les cuirassés U.S. étaient à 1 contre 4. Mais le porte-avions *Hornet* avait été rejoint par l'*Enterprise* réparé et cela était plus important en termes de guerre navale moderne. La nomination de l'amiral Halsey à la place de Ghormley, totalement épuisé, insuffla également une nouvelle vigueur. Les deux flottes en vinrent aux prises le 26 octobre, et ce fut la bataille des îles de Santa Cruz, dominée encore une fois de chaque côté par les opérations aériennes. Le *Hornet* fut coulé et l'*Enterprise* endommagé, tandis que, dans le camp adverse, le *Shokaku* était gravement touché, ainsi que le porte-avions léger *Zuiho*, avant que les deux flottes ne se retirent du lieu des combats le 27. Mais l'aviation embarquée japonaise subit de bien plus lourdes pertes : 70 appareils furent abattus et, au cours de la période de dix jours qui atteignit son point culminant dans cette bataille, elle perdit 200 appareils (qui vinrent s'ajouter aux 300 autres perdus depuis la dernière semaine d'août. De plus, les Américains reçurent bientôt un renfort de plus de 200 avions, ainsi que le reste de la 2e division de Marines et une partie de la division Americal.

Néanmoins, les Japonais reçurent également des renforts suffisants pour reprendre leurs tentatives, dictées par l'orgueil et par des rapports d'un optimisme absurde sur les dommages qu'ils avaient infligés. Ces efforts amenèrent deux nouveaux heurts connus sous le nom de « bataille navale de Guadalcanal ». Le premier de ces heurts eut lieu au matin du vendredi 13 novembre, et, bien qu'il dura moins d'une demi-heure, les Américains eurent 2 croiseurs coulés, tandis que le cuirassé japonais *Hiei* était si sévèrement touché qu'il dut être sabordé le lendemain. C'était le premier cuirassé perdu par les Japonais depuis le début de la guerre.

Le second épisode de cette bataille navale se déroula dans la nuit du 14 au 15 avec des rôles renversés. Les Japonais essayèrent de faire passer un convoi transportant 11 000 hommes de renfort, protégé par une forte escorte de destroyers placée sous les ordres de l'indomptable contre-amiral Tanaka et par les plus gros bâtiments de l'amiral Kondo. 7 transports de troupes furent coulés pendant leur approche et les 4 autres qui réussirent à atteindre Guadalcanal furent détruits dans la matinée par une attaque aérienne, si bien que seulement 4 000 hommes purent être débarqués ainsi qu'une toute petite partie du ravitaillement qui faisait si cruellement défaut.

Au cours de la bataille navale proprement dite, les destroyers américains subirent de lourdes pertes, mais, à minuit, les canons guidés par radar du cuirassé américain *Washington*, ouvrirent le feu à une distance de 7 700 mètres sur le dernier cuirassé de Kondo, le *Kirishima*, le touchant d'une manière si dévastatrice qu'il fut mis hors de combat en sept minutes et dut bientôt être sabordé.

Durant ce temps, sur terre, les Marines et les autres troupes américaines, possédant maintenant un avantage en matière de ravitaillement, avaient pris l'offensive et agrandissaient leur périmètre. A la fin du mois, le nombre d'appareils américains basés sur l'île atteignait 188 et les Japonais n'osaient plus envoyer des renforts ou du ravitaillement par convoi lent. En décembre, ils furent réduits à envoyer parcimonieusement l'un et l'autre par sous-marins.

La marine japonaise avait subi de si lourdes pertes que ses chefs préconisaient l'abandon de Guadalcanal, mais les chefs de l'armée, qui avaient maintenant rassemblé 50 000 hommes à Rabaul, espéraient encore les envoyer en renfort aux 25 000 qui étaient dans l'île. Cependant, à la date du 7 janvier 1943, les Américains avaient porté leurs effectifs de Guadalcanal à plus de 50 000 hommes, qui étaient bien ravitaillés, alors que les Japonais, dont les rations avaient été réduites au tiers de la normale, étaient tellement affaiblis par la faim et le paludisme qu'ils ne pouvaient pas espérer reprendre l'offensive, malgré la ténacité avec laquelle ils continuaient de se battre sur la défensive.

Le 4 janvier, le G.Q.G. impérial regarda donc la réalité en face et donna, à contrecœur, l'ordre de les évacuer progressivement. Dans l'ignorance de cette décision, les Américains continuèrent d'avancer prudemment et les Japonais furent en mesure d'évacuer toutes leurs troupes en trois étapes, entre la nuit du 1er février et celle du 7 février, en ne perdant qu'un seul destroyer au cours de l'opération.

Cependant, en fin de compte, la lutte prolongée pour Guadalcanal fut une très grave défaite pour le Japon. Il avait perdu quelque 25 000 hommes, dont 9 000 par suite de famine et de maladie, alors que les pertes américaines étaient bien moindres. Plus grave encore, il avait perdu au moins 600 avions avec leurs équipages bien entraînés. Parallèlement, la force de l'Amérique s'accroissait continuellement dans tous les domaines, maintenant que la mobilisation de ses ressources humaines et industrielles battait son plein.

La Birmanie, mai 1942-mai 1943
La riposte échoue

En mai 1942, après la retraite des Anglais de Birmanie jusqu'en Inde, les Japonais avaient atteint la limite projetée de leur expansion dans le Sud-Est asiatique. Ils passèrent donc à la défensive et cherchèrent à consolider leurs conquêtes. Les Anglais, eux, dressèrent des plans pour un retour offensif à la prochaine saison sèche, en novembre 1942. Aucun de ces plans ne se révéla réalisable du fait de difficultés logistiques. Et la seule tentative, l'offensive limitée d'Arakan, se termina par un échec désastreux [1].

1. Cf. carte p. 517.

Du point de vue logistique, la zone cruciale était représentée par l'Assam et le Bengale, mais il n'avait jamais été envisagé de s'en servir comme d'une base militaire. Les aérodromes, les dépôts, les routes, les voies ferrées et les pipe-lines restaient à construire, les ports à agrandir, et toute la région à réorganiser.

Le problème le plus ardu pour le commandement britannique aux Indes était le transport maritime, car la plus grande partie des éléments dont il avait besoin devait être acheminée par la mer. Mais tous les autres théâtres d'opérations avaient priorité, et il ne restait guère de navires disponibles pour l'Inde, même lorsque celle-ci était menacée d'une invasion, une fois pourvu aux besoins des convois de l'Atlantique et de l'Arctique, et des théâtres d'opérations de Méditerranée et du Pacifique. L'Inde ne put obtenir qu'environ un tiers de ce qui aurait été nécessaire pour faire de la zone un tremplin en vue d'une offensive.

Les transports à l'intérieur du pays représentaient également une difficulté majeure. Le réseau routier et ferroviaire du nord-est de l'Inde était archaïque et capricieux. De grandes améliorations étaient indispensables pour que le ravitaillement en provenance de Calcutta et des autres ports pût être acheminé jusque sur le front. Toutes sortes de pénuries gênaient l'avance des travaux. Il en était de même pour les pluies de la mousson qui provoquaient des glissements de terrain et emportaient des ponts. La situation était encore compliquée par les raids aériens japonais et l'agitation de la main-d'œuvre et des milieux politiques, en particulier au cours de la période de désordre généralisé qui suivit l'échec de la mission Cripps, à la fin de l'été 1942, et le mot d'ordre du parti du Congrès en faveur d'une campagne de désobéissance civique. Ces troubles étaient imputables à l'action d'éléments pro-japonais, mais aussi à la dégradation de la situation économique indienne. Le plus grave handicap était le manque de locomotives. Wavell en avait demandé au moins 185, il en reçut 4.

Seulement le problème logistique avait été décuplé par la décision de faire de l'Inde une base militaire capable de recevoir 34 divisions et 100 escadrilles aériennes. Plus d'un million d'hommes furent employés à la construction des 220 nouveaux aérodromes, restreignant ainsi la main-d'œuvre disponible pour les autres travaux dont le plus urgent était la construction de routes. De plus, le problème du ravitaillement fut rendu plus aigu par la nécessité de nourrir 400 000 réfugiés civils arrivés de Birmanie.

Le Commandement britannique disposait maintenant d'un grand nombre de divisions, mais la plupart d'entre elles avaient été récemment constituées lors de la mise sur pied de guerre de l'armée indienne; elles manquaient de matériel et d'entraînement, ainsi que d'officiers et sous-officiers. Les rares divisions qui avaient quelque expérience du combat étaient épuisées et décimées, non seulement par la campagne de Birmanie, mais aussi par les ravages du paludisme, et elles avaient perdu la plus grande partie de leur matériel au cours de la retraite. Sur les 15 divisions théoriquement disponibles, 3 seulement étaient en état de combattre dans un futur proche.

Les problèmes administratifs se compliquaient de problèmes de commandement, en particulier avec les forces chinoises qui s'étaient repliées en Inde, avec la 10e US Army Air Force, et avec le difficile général Stilwell.

Un autre facteur crucial était le besoin d'acquérir la maîtrise du ciel, pour protéger l'Inde proprement dite, pour assurer la continuité du ravitaillement de la Chine, et pour fournir la couverture aérienne essentielle au succès d'une tentative de reconquête de la Birmanie. Heureusement, dès l'arrivée de la mousson, en mai 1942, les Japonais avaient envoyé une grande partie de leur aviation sur les théâtres d'opérations du sud-ouest Pacifique et avaient accordé une période de repos au reste. Cela permit aux Alliés de constituer leurs propres forces aériennes dans un calme relatif. En septembre 1942, il y avait en Inde 31 escadrilles britanniques et indiennes. Sur ce total, néanmoins, 6 n'étaient pas en état de combattre, 9 étaient réservées pour la défense de Ceylan, et 5 étaient affectées à des tâches de transport et de reconnaissance, ce qui laissait seulement 7 escadrilles de chasse et 4 escadrilles de bombardement pour les opérations dans le nord-est de l'Inde. Mais le nombre d'appareils arrivant des États-Unis en Grande-Bretagne augmentait chaque mois, et, en février 1943, 52 escadrilles auraient été mises sur pied. De plus les avions eux-mêmes étaient maintenant remplacés par des appareils d'un type plus récent, Mitchell, Hurricane, Liberator, Beaufighter. La plupart d'entre eux purent se rendre directement sur les nouveaux aérodromes d'Assam et du Bengale, le danger d'une invasion maritime de l'Inde étant devenu minime après les batailles navales de la mer de Corail et de Midway.

En avril 1942, Wavell avait refondu l'organisation militaire de l'Inde. Le Q.G. central, maintenant à Agra, était responsable de l'entraînement et du ravitaillement. Trois régions militaires furent créées, le Nord-Ouest, le Sud, et l'Est, où se trouvait le commandement opérationnel.

La préparation des opérations de reconquête de la Birmanie nécessitait une coopération avec les armées chinoises, celles qui étaient maintenant en Assam comme celles de la province chinoise du Yunnan. Les plans chinois de 1942 prévoyaient une avance convergente sur la Birmanie de 15 soi-disant divisions chinoises partant du Yunnan et 3 partant d'Assam, en même temps qu'une dizaine de divisions britanniques ou indiennes. Le rôle des Anglais, dans les plans chinois, n'était pas seulement d'envahir la Birmanie septentrionale, mais aussi de lancer un débarquement en direction de Rangoon. Wavell était en principe d'accord avec ces plans, mais il doutait d'obtenir ce qu'il considérait comme les deux conditions essentielles, à savoir, des forces aériennes suffisantes pour assurer la maîtrise du ciel birman, et une forte flotte britannique comprenant 4 ou 5 porte-avions pour assurer la maîtrise de l'océan Indien et protéger l'attaque sur Rangoon. Cette seconde condition était en fait irréalisable du fait des engagements de la Grande-Bretagne sur d'autres mers. Tchang Kaï-chek, considérant ces conditions essentielles comme des faux-fuyants de la part de Wavell et une preuve que les Anglais ne voulaient pas faire d'efforts sérieux, renonça avec colère à participer à l'opération, fin 1942.

L'offensive d'Arakan, décembre 1942-mai 1943

Wavell décida néanmoins de lancer une offensive limitée pour reconquérir la région côtière d'Arakan au moyen d'une avance de 160 kilomètres le long de la péninsule du Mayu, combinée à un débarquement dans l'île d'Akyab, à l'extrémité de la péninsule voisine, dans le but de reprendre les aérodromes de cette région, à partir desquels les escadrilles japonaises pouvaient attaquer la plus grande partie du nord-est de l'Inde. Si les escadrilles alliées pouvaient se réinstaller dans le secteur, elles seraient en mesure de protéger tout le nord et le centre de la Birmanie. Cependant, cet aspect important du plan dut être abandonné, faute de flottille de débarquement.

Malgré tout, Wavell préféra maintenir l'idée d'une avance terrestre en Arakan, plutôt que de ne rien faire. En décembre 1942, la 14e division indienne commença sa progression, mais elle avança si lentement que le général Iida, commandant la 15e armée japonaise, eut le temps d'envoyer des renforts dans la région et d'arrêter la progression britannique avant la fin janvier. En février, il envoya encore de nouveaux renforts. Cependant Wavell insista sur la poursuite de l'avance, malgré les arguments et les protestations du général Noel Irwin, commandant l'armée de l'Est, qui l'avertissait que les troupes étaient décimées et le moral affecté par les ravages du paludisme. Les Japonais attaquèrent les arrières de la 14e division et atteignirent Htizwe, sur la rivière Mayu, le 18 mars, menaçant ainsi son flanc et le contraignant à se replier. La 14e division indienne fut remplacée par la 26e, mais la contre-attaque japonaise continua, franchit le Mauy et atteignit la côte à Indin, au début du mois d'avril. Les Japonais poussèrent alors vers le nord, dans le but de s'emparer de la ligne Maungdaw-Buthidaung au mois de mai, au moment de l'arrivée de la mousson, compromettant ainsi tous les plans anglais de reconquête de la Birmanie au cours de la saison sèche à venir, de novembre 1943 à mai 1944.

Le 14 avril, le général W. J. Slim, du 15e corps d'armée indien, prit le commandement des forces d'Arakan et fut effrayé de voir à quel point l'état physique et moral des troupes avait été affecté par le paludisme et par les pertes dues à des attaques frontales contre les positions japonaises. Bien qu'espérant pouvoir tenir la ligne Maungdaw-Buthidung, entre la mer et le Mayu, il prévoyait de se replier plus loin si nécessaire, jusqu'à une ligne s'étendant vers l'intérieur des terres à partir de Cox's Bazar, 80 kilomètres plus au nord, de l'autre côté de la frontière. Là le pays était relativement plus découvert, et donc davantage adapté à la supériorité britannique en matière de chars et d'artillerie que la jungle et les marécages de la péninsule du Mayu, tandis que la distance, en étirant les lignes de communications japonaises, les rendaient plus vulnérables.

Mais aucun de ces plans ne fut appliqué. En effet, les Japonais contraignirent les Anglais à abandonner Buthidaung le 6 mai, après la tombée de la nuit, et cette menace de flanc entraîna l'abandon de Maungdaw sur la côte. Puis les Japonais décidèrent de s'arrêter sur cette ligne, du fait de l'approche de la mousson. Finalement, la tentative britannique de reconquérir Akyab et ses aérodromes, au moyen d'une avance terrestre et sans l'aide d'un débarquement, se révéla un échec total et désastreux. Les Japonais avaient fait la preuve de leur habileté à réaliser des mouvements tournants et des infiltrations à travers la jungle, alors que les Anglais avaient mis à rude épreuve le moral de leurs troupes par de ruineuses attaques frontales et un maladroit mépris pour l'approche indirecte. Au mois de mai 1943, ils étaient de retour sur leurs positions de l'automne précédent.

Les « Chindits »

Le seul rayon de lumière dans cette sombre période de la guerre fut apporté, à l'extrémité nord du théâtre d'opérations birman, par la première opération des « chindits », un nom attribué par l'auteur de cette initiative, Orde Wingate, d'après un animal mythologique, le chinthe, mi-lion, mi-aigle, dont les statues abondent dans les pagodes birmanes. Il avait été frappé par la façon dont cette espèce de griffon symbolisait l'étroite coopération terre-air nécessaire dans de telles opérations et pour de telles forces. Le fait que les premières opérations se déroulèrent à proximité de la rivière Chindwin, en Birmanie septentrionale, contribua peut-être à graver ce nom dans l'esprit du public.

A l'automne 1938, Orde Wingate, qui était alors capitaine et arrivait de Palestine en permission, avait rencontré un certain nombre de personnages influents et avait fait sur eux une forte impression, comme précédemment, au cours de l'année, sur le général Wavell, qui commandait alors en Palestine et sur le général John Evetts, responsable de la zone nord [1]. Mais, à son retour en Palestine, en décembre, il s'aperçut que ses activités politiques dans les milieux sionistes l'avaient rendu tellement suspect, aux yeux des officiels britanniques, que le successeur de Wavell, le général Haining, qui avait initialement approuvé l'organisation des « Sections spéciales de Nuit » (S.N.S.), avait décidé de lui en retirer la direction et de le nommer à un poste inoffensif dans son propre Q.G. Puis, en mai 1939, il fut renvoyé

1. Il vint me voir plusieurs fois pour discuter de l'entraînement des S.N.S. (les Sections Spéciales de Nuit) qu'il avait été autorisé à mettre sur pied au printemps, à partir de jeunes gens sélectionnés, membres des forces de défense juives clandestines, les Hagana, pour lutter contre les bandes armées arabes qui causaient de nombreux troubles en Palestine. Il me raconta comment il avait appliqué ma tactique dans ces opérations de guérilla et il me remit des documents à ce sujet. A cette époque, il soulignait également, avec une fierté visible, qu'il était un cousin éloigné de T. E. Lawrence, bien que plus tard il eut tendance à dénigrer celui-ci lorsqu'il fut lui-même devenu célèbre. A la demande de Wingate, j'écrivis une lettre à son sujet, à Churchill, pour lui servir d'introduction.

en Angleterre à la demande de Haining et affecté à un poste d'état-major sans intérêt dans la D.C.A.

A l'automne 1940, il fut sorti de ce cul-de-sac et envoyé en Ethiopie pour organiser une campagne de guérilla contre la domination italienne en Afrique-Orientale. Cette affectation, suggérée par Leo Amery, qui était entré au Gouvernement, fut aussitôt acceptée par Wavell. A la conclusion heureuse de cette campagne d'Afrique-Orientale, en mai 1941, succéda une nouvelle mauvaise passe pour Wingate et un état de dépression qui le poussa à tenter de se suicider pendant une crise de paludisme. Mais, alors qu'il était convalescent en Angleterre, il fut sauvé par une nouvelle occasion de manifester ses talents, cette fois à la suite des désastres britanniques en Extrême-Orient. Cette occasion lui fut encore une fois offerte par Wavell, qui avait lui-même été relevé de son commandement au Moyen-Orient en juin, à la suite de l'échec de l'offensive d'été, et envoyé en Inde. A la fin de l'année, Wavell se trouva placé au sein d'une crise encore plus grave avec l'invasion par les Japonais de la Malaisie puis de la Birmanie. En février 1942, quand la situation semblait bien sombre en Birmanie, Wavell demanda que Wingate lui fût envoyé pour y organiser des opérations de guérilla.

A son arrivée, Wingate préconisa la création de ce qu'on appela des « Groupes de pénétration à longue distance », spécialement entraînés pour opérer dans la jungle birmane et s'attaquer aux communications et aux avant-postes japonais. Il représenta que ces forces devaient être assez importantes pour frapper de manière efficace et assez réduites pour échapper à l'ennemi. La taille d'une brigade était considérée comme convenable, et la 77e brigade indienne fut réorganisée dans cette intention. Ces « chindits » devaient être de meilleurs combattants de jungle que les Japonais, et devaient comprendre des experts de différentes sortes de combat, en particulier des experts en démolition et en radio. Ils devaient également mettre au point une coopération terre-air, puisqu'ils dépendraient de l'aviation pour leur ravitaillement; pour cette raison, une petite section de la R.A.F. fut affectée à chaque colonne. Dans chacune de ces colonnes, des animaux de bâts assureraient le transport.

Wingate insistait pour qu'une opération fût rapidement montée, à la fois pour rendre aux Anglais leur moral, en leur montrant qu'ils pouvaient atteindre celui de l'ennemi, et pour essayer ces Groupes de pénétration à longue distance. Wavell préférait qu'ils fussent utilisés aussitôt avant et pendant une offensive générale britannique, mais il décida, en réponse au désir de Wingate, qu'une première expérience valait d'être tentée du fait des enseignements et des informations qu'elle pourrait apporter.

La brigade comprenait 7 colonnes, et, pour l'opération prévue, elle fut divisée en 2 groupes : un groupe nord avec 5 colonnes, totalisant 2 200 hommes et 850 mulets, et un groupe sud avec 2 colonnes, totalisant 1 000 hommes et 250 mulets. Les deux groupes traversèrent la rivière Chindwin dans la nuit du 14 février 1943, aidés par des actions de diversion des forces régulières. Avançant vers l'est, les groupes se divisèrent en colonnes puis attaquèrent une série de postes avancés japonais, coupèrent des voies ferrées, firent sauter des ponts, posèrent des embuscades sur les routes. A la mi-mars, les colonnes traversèrent l'Irraouaddi, à 150 kilomètres à l'est de la Chindwin. Cependant, les Japonais s'étaient rendu compte à cette date de la menace et avaient déployé une grande partie de 2 divisions, sur les 5 qu'ils avaient en Birmanie, pour la contrer. Sous la pression de ces forces, ainsi que d'autres difficultés, les colonnes furent contraintes à se replier, et, à la mi-avril, elles étaient de retour en Inde, ayant perdu un tiers de leurs effectifs et abandonné la plus grande partie de leur matériel.

L'opération n'eut pas de grosses conséquences stratégiques et les pertes japonaises avaient été légères, mais elle prouva que des troupes britanniques et indiennes pouvaient opérer dans la jungle; elle avait apporté de plus une expérience utile en matière de ravitaillement aérien, tout en démontrant la nécessité d'une supériorité aérienne.

Elle amena également le général Mutagachi, commandant la XVe armée japonaise, à reconnaître qu'il ne pouvait pas considérer la Chindwin comme une barrière sûre et que, pour prévenir une contre-offensive britannique, il lui faudrait continuer sa propre avance. Elle provoqua donc le franchissement de la frontière indienne par les Japonais en 1944 et la bataille cruciale d'Imphal.

Les chances d'une offensive britannique sérieuse au cours de la saison sèche de 1942-1943 avaient été réduites à néant par la combinaison de difficultés administratives et du manque de ressources. Ainsi qu'il en fut décidé à la conférence de Casablanca, en janvier 1943, le projet principal pour la saison sèche de 1943-1944 était un débarquement en direction de Rangoon, opération baptisée « Opération *Anakim* », succédant à des offensives britanniques et chinoises en Birmanie septentrionale et à la prise de points clés sur de la côte. Le choix de ces objectifs signifiait qu'il fallait s'assurer de la maîtrise du ciel et qu'une importante force navale disposant de nombreuses péniches de débarquement devait être rassemblée, tout en apportant une solution aux problèmes d'administration et de transport intérieur.

Les difficultés pour réunir toutes ces conditions étaient telles que Wavell au printemps 1943, pensait à se détourner de la Birmanie en faveur d'une attaque contre Sumatra, comme moyen indirect de hâter la défaite japonaise Lors de ses entretiens avec Churchill et les chefs d'Etat-Major, au cours d'une visite à Londres, en avril, il les convainquit de la nécessité de retarder ou d'abandonner l'opération *Anakim*, et de la remplacer par une attaque contre Sumatra. Celle-ci fut décidée et baptisée « Opération *Culverin* ». Ce projet d'attaque indirecte plaisait à Churchill, Mais il dut être abandonné à son tour pour les mêmes raisons qui avaient entraîné l'abandon de l'opération *Anakim*, et à cause de l'insistance des Américains sur la nécessité de rouvrir la route terrestre de ravitaillement de la Chine dès que possible. Les projets d'opérations méridionales furent donc abandonnés. Si quelque chose devait être tenté sur ce théâtre d'opérations, il fallait que ce fût dans le nord de la Birmanie.

24.
La bataille de l'Atlantique

La période la plus critique de la bataille de l'Atlantique s'étendit de la seconde moitié de 1942 à la première partie de 1943, mais la bataille, longue et changeante, dura tout au long des six années de guerre. On peut même dire qu'elle commença avant la guerre elle-même, puisque les premiers U-Boote appareillèrent d'Allemagne pour gagner leurs positions de guerre dans l'Atlantique dès le 19 août 1939. A la fin de ce mois, à la veille de l'invasion de la Pologne, 17 sous-marins allemands étaient postés dans l'Atlantique et 14 autres dans la mer du Nord.

Malgré le début tardif de leur réarmement en sous-marins, les Allemands en possédaient 56 (dont 10 incomplètement opérationnels) à la déclaration de guerre, soit 1 de moins seulement que la marine britannique. Sur ce total, 30 bâtiments étaient des « canards de mer du Nord » incapables de naviguer dans l'Atlantique.

La première unité de leur tableau de chasse fut le paquebot *Athenia* coulé dans la soirée du 3 septembre, le jour même où l'Angleterre déclara la guerre, deux jours après l'invasion de la Pologne. Il fut torpillé sans avertissement, malgré l'ordre de Hitler spécifiant que la guerre sous-marine devait être menée en accord avec les conventions de La Haye; le commandant de l'U-Boot justifia son action en déclarant qu'il croyait que le paquebot était un croiseur marchand. Au cours des jours suivants, plusieurs autres navires furent coulés.

Puis, le 17, le U.29 remporta un succès plus important en coulant le porte-avions *Courageous*, à l'ouest des îles Britanniques. Trois jours plus tôt, le porte-avions *Ark Royal* avait échappé de justesse au U.39, qui fut rapidement contre-attaqué et coulé par les destroyers de l'escorte. Les risques évidents entraînèrent le retrait des porte-avions lourds des missions de chasse anti-sous-marine.

Les U-Boote remportèrent également des succès considérables contre les

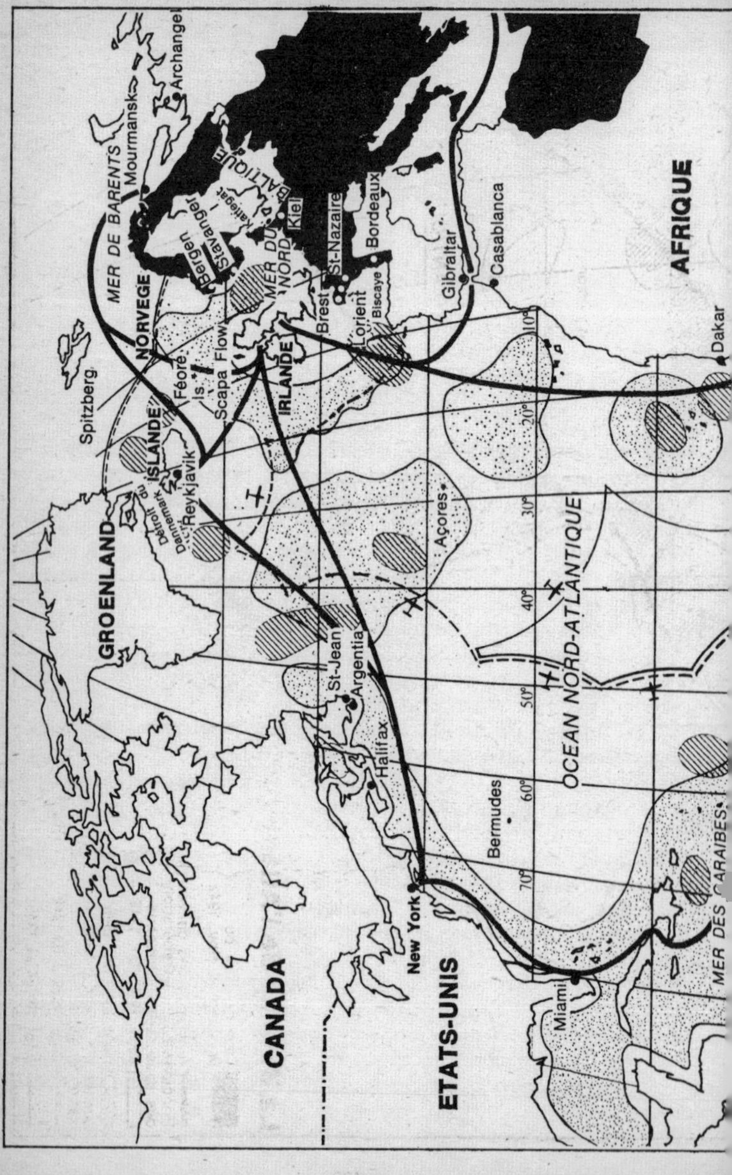
GROENLAND
ISLANDE
Reykjavik
Détroit du Danemark
Spitzberg
Féroé Is.
Scapa Flow
NORVEGE
MER DE BARENTS
Mourmansk
Archangel
BALTIQUE
Kattegat
Bergen
Stavanger
MER DU NORD
Kiel
IRLANDE
Brest
St-Nazaire
Lorient
Bordeaux
Biscaye
Gibraltar
Casablanca
AFRIQUE
Dakar
Açores
OCEAN NORD-ATLANTIQUE
St-Jean
Argentia
Halifax
Bermudes
New York
Miami
CANADA
ETATS-UNIS
10°
20°
30°
40°
50°
60°
70°

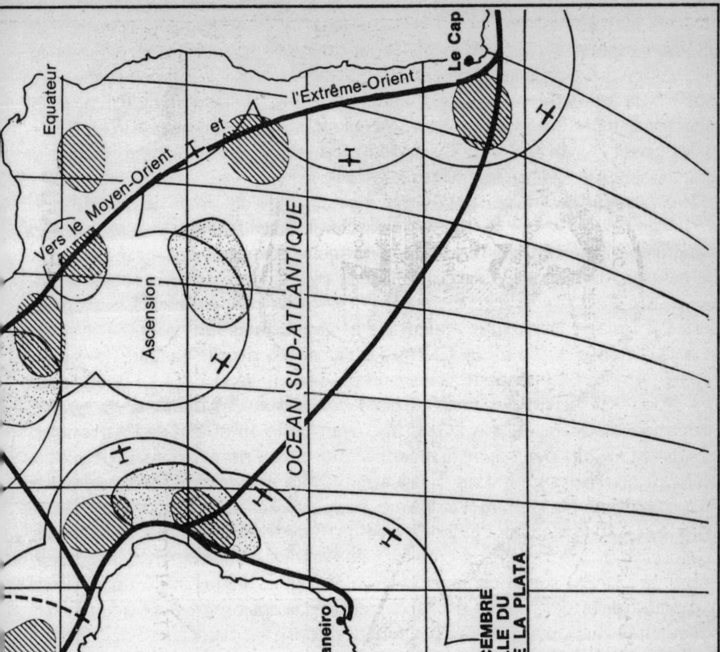
La Bataille de l'Atlantique
Pays de l'Axe ou occupés en Nov. 1942
Itinéraires des convois
Principales zones d'opération des sous-marins allemands:
Sept. 1939-Juil. 1942
Août 1942-Mai 1945
Limites de la couverture aérienne alliée :
Sept. 1939-Juil. 1942
Août 1942-Mai 1945
Equateur
Vers le Moyen-Orient et l'Extrême-Orient
Le Cap
Ascension
OCEAN SUD-ATLANTIQUE
BRESIL
Rio de Janeiro
Montevideo
14 DECEMBRE
BATAILLE DU
RIO DE LA PLATA

navires marchands. Au total, 41 bâtiments alliés et neutres, représentant 154 000 tonnes, furent coulés au cours du mois de septembre, et, à la fin de l'année, les pertes atteignaient 114 navires et plus de 420 000 tonnes. De plus, à la mi-octobre, le U.17, commandé par le lieutenant Prien, avait pénétré dans la base navale de Scapa Flow et coulé le cuirassé *Royal Lak*, provoquant du même coup l'abandon momentané de cette base jusqu'à ce que les défenses aient été améliorées.

Il est cependant intéressant de noter qu'au cours des mois de novembre et de décembre les pertes en navires marchands furent la moitié de ce qu'elles avaient été au cours des deux premiers mois, et qu'un plus grand nombre de navires furent perdus du fait de mines plus que du fait des sous-marins. De plus 9 U-Boote avaient été coulés, soit un sixième du total. Les attaques aériennes contre les navires avaient été gênantes, mais sans plus.

A ce premier stade de la guerre, la marine allemande fondait de grands espoirs sur ses bâtiments de surface, et pas seulement sur ses U-Boote, mais ces espoirs ne furent pas justifiés par l'expérience. Au début de la guerre, le cuirassé de poche *Admiral Graf Spee* était posté au milieu de l'Atlantique, et son sister-ship *Deutschland* (rebaptisé plus tard *Lützow*) dans l'Atlantique Nord. Mais Hitler ne les autorisa à attaquer les navires britanniques que le 26 septembre. Ni l'un ni l'autre ne remportèrent de grand succès, et le *Graf Spee*, bloqué dans l'embouchure du Rio de la Plata, dut se saborder en décembre. Les nouveaux croiseurs de bataille, *Gneisenau* et *Scharnhorst*, firent une brève sortie en novembre, mais, après avoir coulé un croiseur marchand dans les détroits d'Islande, ils rentrèrent rapidement à leur base. Les navires alliés, instruits par l'expérience de 1917-1918, étaient déjà formés en convois, et, bien que les escortes ne fussent pas toujours efficaces — et trop de navires n'en avaient encore aucune —, elles représentaient une remarquable force de dissuasion.

Après la chute de la France, en juin 1940, les routes maritimes de la Grande-Bretagne furent en bien plus grand danger. Tous les navires passant au sud de l'Irlande étaient maintenant exposés à des attaques sous-marines et de surface, ainsi qu'à des attaques aériennes. A moins de prendre de grands risques, la seule route restante était par le nord de l'Irlande. Cette route elle-même pouvait être atteinte, surveillée et bombardée par les premiers avions allemands à long rayon d'action, les quadrimoteurs Focke-Wulf Kondor (F.W. 200), opérant depuis Stavanger, en Norvège, et Mérignac près de Bordeaux. Pendant le mois de novembre 1940, ces bombardiers coulèrent 18 navires représentant 66 000 tonnes. De plus, le bilan de l'action des U-Boote avait considérablement augmenté, atteignant un total de 63 bâtiments et plus de 350 000 tonnes pour le mois d'octobre.

La menace était devenue si grave qu'un grand nombre de navires de guerre anglais furent distraits de leurs missions de garde contre l'invasion et envoyés sur la route du nord de l'Irlande. Malgré cela, les escortes aériennes et de surface restèrent dangereusement faibles.

Au mois de juin, le premier mois de la nouvelle situation stratégique, le nombre de navires coulés par les U-Boote était monté à 58, représentant 284 000 tonnes. Il descendit un peu en juillet, mais se maintint à une moyenne mensuelle de 250 000 tonnes au cours des mois suivants.

Sur la route maritime de la côte orientale, les mines larguées par avion avaient causé de plus grosses pertes que les sous-marins, dans les derniers mois de 1939, et, après l'invasion de la Norvège et des Pays-Bas par les Allemands, au printemps 1940, cette menace s'intensifia.

De plus, à l'automne, le cuirassé de poche *Admiral Scheer*, se faufila sans être repéré dans l'Atlantique Nord, et, le 5 novembre, il attaqua un convoi en provenance de Halifax en Nouvelle-Écosse, coulant 5 cargos et le seul navire d'escorte, le croiseur marchand *Jervis Bay*, qui se sacrifia pour donner au reste du convoi le temps de s'échapper. L'apparition soudaine de l'*Admiral Scheer* sur cette voie maritime vitale désorganisa momentanément tout le ravitaillement maritime à travers l'Atlantique, immobilisant les autres convois pendant deux semaines jusqu'à ce qu'on apprenne que le cuirassé allemand était parti pour l'Atlantique Sud. Là il trouva des cibles moins nombreuses mais réussit néanmoins à inscrire à son tableau de chasse un total de 16 navires et 99 000 tonnes, avant de regagner Kiel sans encombre le 1er avril, au terme d'une « croisière » de plus de 73 000 kilomètres. A la fin novembre, le croiseur *Admiral Hipper* se faufila également dans l'Atlantique, mais, à l'aube du jour de Noël, il eut une surprise désagréable en attaquant un convoi qui se révéla fortement escorté puisqu'il s'agissait d'un convoi de troupes à destination du Moyen-Orient. Les croiseurs de l'escorte repoussèrent l'*Admiral Hipper*, que des ennuis de machines contraignirent à mettre le cap sur Brest. De là, il fit une nouvelle sortie en février et réussit cette fois à couler 7 navires d'un convoi remontant les côtes d'Afrique sous escorte, mais, le combustible commençant de manquer, son capitaine décida de regagner Brest. A la mi-mars, il reçut l'ordre de l'État-Major naval allemand de rentrer en Allemagne pour y subir une révision plus complète; il arriva à Kiel peu avant l'*Admiral Scheer*. Le manque d'endurance de l'*Admiral Hipper* avait démontré qu'en dehors de défauts mécaniques, ce type de navire n'était pas adapté à la chasse aux navires marchands.

Après les U-Boote et les mines, l'arme allemande la plus efficace dans la guerre maritime consista en des bâtiments de commerce camouflés adaptés à des tâches militaires et qui étaient partis pour de longues croisières à partir d'avril 1940. A la fin de l'année, la première « vague » de 6 avait coulé 54 navires de commerce, totalisant 366 000 tonnes, pour la plupart dans les mers lointaines. Leur présence, réelle ou supposée, causa autant d'ennuis et de désorganisation que les pertes qu'ils provoquèrent, et la portée de cette menace était décuplée par l'habileté consommée avec laquelle ils étaient ravitaillés au cours de rendez-vous secrets. Ils étaient habilement utilisés et leurs objectifs étaient bien choisis; un seul d'entre eux avait été contraint au combat et il n'avait pas été sérieusement endommagé. Cependant, à une seule exception près, leurs capitaines faisaient preuve d'humanité, laissant le temps aux équipages des navires attaqués de gagner les canots de sauvetage et traitant bien leurs prisonniers.

Face à cette menace multiple, et surtout à celle des U-Boote dans l'Atlantique, les navires d'escorte de la Royal Navy furent mis à rude épreuve. A partir des ports français de l'Atlantique, Brest, Lorient et La Pallice, les U-Boote pouvaient croiser jusqu'à 25° O., alors que, pendant l'été 1940, les Anglais ne pouvaient fournir une escorte que jusqu'à 15° O., environ 300 kilomètres à l'ouest de l'Irlande; au-delà, les convois en provenance des îles Britanniques n'avaient plus qu'à se disperser ou continuer leur route sans escorte. En octobre, l'escorte put seulement être étendue jusqu'aux environs de 19° O., 650 kilomètres à l'ouest de l'Irlande. De plus, l'escorte habituelle consistait en un seul croiseur marchand et il fallut attendre la fin de l'année pour que la moyenne passe à deux bâtiments. Seuls les convois à destination du Moyen-Orient recevaient une protection plus sérieuse.

Il faut expliquer ici que le principal terminus occidental des convois de l'Atlantique était Halifax, en Nouvelle-Écosse, et que les convois à destination de la Grande-Bretagne, chargés de produits alimentaires, de pétrole et de munitions, étaient escortés par des destroyers canadiens pendant les 500 à 600 premiers kilomètres, ensuite l'escorte atlantique prenait la relève jusqu'à ce que le convoi atteigne les abords mieux protégés de la Grande-Bretagne.

L'apparition des corvettes au printemps 1940 représenta une solution intéressante aux problèmes d'escorte. Ces petites unités de 925 tonnes étaient épuisantes, par gros temps, pour leurs équipages et présentaient l'inconvénient de ne pas être assez rapides pour dépasser un U-Boot en surface ou même simplement se maintenir à sa hauteur, mais elles accomplirent un travail magnifique en escortant les convois par tous les temps.

Les problèmes d'escorte furent également simplifiés à la suite d'un accord avec le président Roosevelt, obtenu par Churchill en septembre après deux mois d'efforts persuasifs. Cet accord donnait à l'Angleterre 50 vieux destroyers américains de la Première Guerre mondiale, en échange d'un bail de quatre-vingt-dix-neuf ans pour 8 bases britanniques sur la côte est de l'Atlantique. Ces destroyers étaient d'un modèle démodé et il fallait les équiper d'un asdic avant de les mettre en service, mais ils prirent bientôt une part importante aux tâches d'escorte et de chasse anti-sous-marine. De plus, cet échange permit aux États-Unis de préparer des bases pour la protection de leur navigation côtière et maritime tout en faisant le premier pas vers un engagement dans la bataille de l'Atlantique. L'arrivée de l'hiver et du mauvais temps entraîna naturellement une augmentation des difficultés pour les convois et leurs escortes, mais également une diminution de l'activité des sous-marins allemands. Les statistiques allemandes montrent qu'en juillet 1940 le nombre de U-Boote avait augmenté de 50 % depuis le début de la guerre, que 27 d'entre eux avaient été détruits et qu'il en restait 51. Au mois de février suivant, ce chiffre était tombé à 21. Mais, grâce aux bases françaises, les Allemands pouvaient maintenir un plus grand nombre de sous-marins en mer, malgré un total plus réduit, et leurs U-Boote de type côtier pouvaient être utilisés sur les routes atlantiques.

D'un autre côté, la contribution de la marine italienne se révéla négligeable. Ses sous-marins avaient commencé d'opérer dans l'Atlantique à partir du mois d'août et, en novembre, ils n'étaient pas moins de 26 à patrouiller dans l'océan, mais avec des résultats pratiquement nuls.

La pression des U-Boote avait diminué au cours de l'hiver, principalement à cause de mauvais temps, mais elle reprit au début de 1941 et fut accentuée par l'adoption de la tactique de la « meute » préconisée par l'amiral Dönitz, les sous-marins opérant désormais à plusieurs ensemble et non plus individuellement. Cette nouvelle tactique avait été adoptée en octobre 1940 et mise au point au cours des mois suivants.

Ils opéraient de la façon suivante : quand l'existence d'un convoi avait été approximativement établie, le Q.G. terrestre des sous-marins avertissait le groupe des U-Boote le mieux situé, et celui-ci envoyait un bâtiment repérer et suivre le convoi en guidant les autres par radio. Une fois rassemblés sur place, les U-Boote lançaient des attaques en surface et de nuit, de préférence avec le vent en poupe, et répétées plusieurs nuits de suite. Pendant la journée les U-Boote se retiraient loin du convoi et de son escorte. En surface ils avaient une vitesse supérieure à la plupart des bâtiments d'escorte. Des attaques nocturnes en surface avaient eu lieu pendant la Première Guerre mondiale, et Dönitz avait lui-même décrit, dans un livre publié avant la Seconde Guerre mondiale, comment il pratiquerait.

Cette nouvelle tactique surprit complètement les Anglais, pensant surtout aux attaques en immersion et plaçant toute leur confiance dans le système asdic de détection sous-marine, qui avait une portée d'environ 1 500 mètres. L'asdic ne pouvait pas détecter les U-Boote, qui opéraient en surface comme des vedettes lance-torpilles à proximité du convoi, et, lorsque ces sous-marins opéraient de nuit, les navires d'escorte étaient pratiquement aveugles. Le recours des Allemands à des attaques nocturnes de sous-marins en surface réduisit ainsi à néant les préparatifs britanniques à la guerre sous-marine.

La meilleure chance de contrer cette nouvelle tactique résidait dans le repérage précoce du sous-marin suiveur, chargé de garder le contact, et dans son élimination du secteur. Si les navires d'escorte pouvaient contraindre les U-Boote à plonger, ceux-ci étaient alors handicapés car leurs périscopes étaient inutilisables la nuit. Une parade très importante la nuit était l'illumination de la mer. Celle-ci était d'abord réalisée au moyen d'obus et de fusées éclairantes, mais un éclairage plus efficace fut apporté par le *snowflake* (flocon de neige), qui donnait quasiment la lumière du jour ; un projecteur très puissant, appelé « projecteur Leigh », d'après le nom de son inventeur, fut monté sur les avions chargés de missions d'escorte ou de patrouille anti-sous-marine. L'introduction du radar joua un rôle encore plus important. Parallèlement à l'adoption de ces nouveaux instruments, on améliora l'entraînement des équipages des vaisseaux et des groupes d'escorte et l'organisation des services de Renseignements.

Toutes ces améliorations prirent du temps et il fut heureux que le petit nombre d'U-Boote existant à cette époque restreignit l'activité de ces nouvelles « meutes ». Avant la guerre, l'amiral Dönitz avait estimé que, si l'Angleterre adoptait un système de convois à l'échelle mondiale, l'Allemagne aurait besoin de 300 sous-marins pour obtenir des résultats décisifs, alors qu'au printemps 1941 elle ne disposait que du dixième de ce chiffre.

C'était d'autant plus heureux que les raids sur la navigation marchande par les bâtiments de surface et l'aviation atteignirent un nouveau paroxysme au mois de mars. Le cuirassé de poche *Admiral Scheer* et les croiseurs de bataille *Scharnhorst* et *Gneisenau* coulèrent ou capturèrent 17 navires, les bombardiers à long rayon d'action en coulèrent 41 et les U-Boote autant, soit au total 139 navires détruits, représentant plus d'un demi-million de tonnes.

Cependant, après avoir atteint Brest le 22 mars, les croiseurs de bataille y furent immobilisés par des raids aériens anglais dévastateurs lancés sur le port au mois d'avril.

Peu après le milieu du mois de mai, le nouveau cuirassé allemand *Bismarck*, accompagné d'un nouveau croiseur *Prinz Eugen*, appareilla pour l'Atlantique afin d'y augmenter la menace. Les services de Renseignements britanniques fonctionnèrent bien et Londres fut averti de leur présence dans le Kattegat, le matin du 21 mai. Plus tard, dans la même journée, ils furent repérés près de Bergen par des appareils de l'aviation côtière. Le croiseur de bataille *Hood* et le cuirassé *Prince of Wales*, sous les ordres du vice-amiral L. Holland, appareillèrent aussitôt de Scapa Flow pour les intercepter au nord de l'Islande. Le lendemain soir, après qu'une reconnaissance aérienne eut montré qu'ils n'étaient plus au large de Bergen, le reste de la flotte (sous les ordres de l'amiral Tovey) appareilla également de Scapa Flow dans la même direction. Dans la soirée du 23, les deux bâtiments allemands furent repérés par les croiseurs *Norfolk* et *Suffolk* dans le détroit du Danemark, entre la côte ouest de l'Islande et la limite orientale des *icefields* du Groenland. A ce moment, les navires du vice-amiral Holland étaient à proximité de l'extrémité sud du détroit.

Sur le papier, ces bâtiments possédaient un gros avantage, puisque le *Hood*, 42 000 tonnes, était théoriquement le plus gros bâtiment du monde et était doté de 8 canons de 380 mm, tandis que le nouveau cuirassé *Prince of Wales* jaugeait 35 000 tonnes et était équipé de 10 canons de 365 mm. Mais le *Hood*, construit en 1920, avant le traité de Washington, n'avait jamais été complètement modernisé et la déclaration de guerre, en septembre 1939, avait pris de vitesse le projet de l'Amirauté, en mars 1939, de le doter d'un meilleur blindage horizontal et vertical. Quant au *Prince of Wales*, il était tellement récent que ses essais d'armement n'avaient pas été terminés [1].

1. En fait, il appareilla alors que plusieurs ouvriers des Chantiers de la Clyde se trouvaient encore à son bord.

Les navires allemands, bien qu'ils fussent supposés se conformer aux termes du traité, limitant les cuirassés à 35 000 tonnes et les croiseurs de première classe à 10 000 tonnes, déplaçaient en réalité respectivement 42 000 et 15 000 tonnes, ce qui avait permis de leur donner un blindage plus épais qu'en apparence. De plus, leur infériorité en armement lourd (8 canons de 380 mm sur le *Bismarck* et 8 canons de 190 mm sur le *Prinz Eugen*) fut compensée non seulement par les défauts des canons du *Prince of Wales* et la présence de meilleurs appareils de visée sur les bâtiments allemands, mais aussi par la façon dont les navires britanniques engagèrent la bataille.

Les Allemands furent repérés (dans la pénombre) à 5 h 35 du matin, une heure avant le lever du soleil et à 5 h 52 les 4 navires ouvrirent le feu, à une distance d'environ 23 kilomètres. Du côté anglais le *Hood* venait en tête, et les deux bâtiments allemands concentrèrent leur tir sur lui. Il était le bateau-amiral et également le plus vulnérable, surtout à un tir plongeant, ce qui aurait été une raison pour essayer de réduire le plus possible la distance. L'approche se faisait pratiquement de plein fouet, si bien que les Anglais ne pouvaient pas utiliser leurs tourelles arrières, alors que les Allemands pouvaient se servir de toutes leurs pièces par le travers. Leur deuxième ou troisième salve toucha au but et à 6 heures le *Hood* explosa et coula en quelques minutes. Il n'y eut que 3 survivants sur les 1 400 hommes qui étaient à bord. Cette fin rappelait de manière sinistre le sort des croiseurs de bataille anglais dans la bataille du Jutland, un quart de siècle plus tôt.

Le *Prince of Wales*, sur lequel les deux navires allemands pouvaient maintenant faire converger leur tir, fut également gravement endommagé en quelques minutes par les coups du *Bismarck* et par trois coups du *Prinz Eugen*. A 6 h 13, le capitaine du *Prince of Wales* décida donc sagement de rompre le combat et s'enfuit sous la protection d'un écran de fumée. Les navires n'étaient plus maintenant qu'à 13 kilomètres les uns des autres. Le contre-amiral Wake-Walker, commandant les deux croiseurs, et maintenant l'ensemble des forces puisque Holland était mort, confirma la décision et décida de garder simplement le contact avec l'ennemi, jusqu'à l'arrivée de la flotte de l'amiral Tovey. Celle-ci était encore à environ 500 kilomètres et les chances d'attraper les navires allemands n'étaient pas bonnes car la visibilité s'était réduite au cours de la matinée. Tovey fut donc soulagé d'apprendre, au début de l'après-midi, que le *Bismarck* avait changé de cap et que sa vitesse était tombée à 24 nœuds.

En effet, au cours des brefs combats de la matinée, le *Prince of Wales* avait touché le *Bismarck* à deux reprises causant une fuite de mazout qui réduisait son autonomie et l'amiral allemand, Lütjens, décida de mettre le cap sur un port français, en renonçant à son raid dans l'Atlantique et à la possibilité de faire demi-tour avant que les forces britanniques qui convergeaient maintenant sur les lieux ne pussent l'intercepter.

Dans l'après-midi, Tovey envoya la 2ᵉ escadre de croiseurs, sous les ordres de l'amiral Curteis, et le porte-avions *Victorious* (qui était sur le point de partir pour la Méditerranée avec une cargaison de chasseurs) prendre position à quelque 150 kilomètres du *Bismarck*, assez près pour permettre au *Victorious* de lâcher ses 9 bombardiers lance-torpilles. Ces derniers s'élancèrent peu après 22 heures, par très mauvais temps, et ils eurent du mal à trouver le *Bismarck*, mais ils purent finalement l'attaquer à plusieurs reprises peu après minuit. Il fut touché une fois, mais sans grand dommage du fait de son épais blindage. De plus il parvint à semer ses poursuivants dans les premières heures du 25, et le reste de cette journée fut passé à la rechercher en vain.

Il ne fut repéré à nouveau que le 26 à 10 h 30 par un Catalina de l'aviation côtière, à environ 1 100 kilomètres de Brest. La flotte de Tovey était mal placée pour le rattraper avant qu'il ne se mît à l'abri, et elle commençait aussi à manquer de combustible. Mais la « Force H » de l'amiral Somerville, en provenance de Gibraltar, était maintenant assez près pour intercepter le *Bismarck*. Cette force comprenait le grand porte-avions *Ark Royal*. La première attaque échoua, mais, vers 21 heures, une seconde fut plus heureuse. Sur les 13 torpilles, 2 atteignirent leur but. L'une d'elle frappa le blindage sans causer de gros dégâts, mais la deuxième toucha la poupe, endommageant les hélices, détruisant la timonerie et bloquant le gouvernail. Ce coup fut décisif.

Pendant que les destroyers du capitaine Vian assuraient l'encerclement et lançaient de nouvelles attaques à la torpille au cours de la nuit, les cuirassés *King George V* et *Rockney* arrivèrent sur les lieux et leurs canons lourds arrosèrent le navire blessé avec des obus perforants pendant une heure et demie. A 22 h 15, le *Bismarck* n'était plus qu'un charnier en flammes. Sur l'ordre de Tovey, les cuirassés anglais se retirèrent alors afin d'éviter l'intervention de sous-marins ou de bombardiers lourds allemands, laissant aux croiseurs le soin d'achever le navire moribond. Le *Dorsetshire* s'en chargea et tira trois torpilles. A 22 h 36, le *Bismarck* disparaissait sous les flots.

Avant de disparaître, il avait survécu à au moins 8 (et peut être 12) torpilles au but et à un bien plus grand nombre d'obus de gros calibre. C'était un exploit remarquable au crédit de ses constructeurs.

Le *Prinz Eugen* avait quitté le *Bismarck* le 24 pour se ravitailler en plein Atlantique, mais, peu après, il avait eu des ennuis de machines, si bien que son capitaine avait décidé de renoncer à son expédition et de gagner Brest. Il fut repéré aux abords de ce port mais parvint néanmoins à l'atteindre sans encombre le 1er juin.

La conclusion de ces événements dramatiques de mai 1941 marqua le paroxysme et la défaite finale des plans allemands pour remporter la bataille de l'Atlantique au moyen de navires de surface.

La campagne sous-marine continua beaucoup plus longtemps et devint une grave menace en dépit de multiples fluctuations.

En mai, le nombre de navires coulés par les U-Boote remonta de façon inquiétante et dépassa à nouveau, au mois de juin, les 300 000 tonnes (exactement 61 navires représentant 310 000 tonnes). Cela représentait le tonnage d'un seul grand convoi. Il est remarquable que les marins ne furent jamais découragés et que les équipages ne manquèrent jamais.

Un certain nombre de facteurs favorables entrèrent cependant en jeu au printemps. Le 11 mars, la loi du Prêt-Bail fut adoptée par le Congrès américain et, dans le courant du même mois, les « groupes d'appui de la flotte de l'Atlantique » furent constitués, à l'aide de destroyers et d'hydravions. En avril, la « zone de sécurité » américaine, où patrouillaient les forces de la U.S. Navy, fut étendue vers l'est du 60° O. au 26° O..

En mars, les Américains ouvrirent également des bases aériennes sur la côte orientale du Groenland et aux Bermudes. En mai, la U.S. Navy s'installa dans la base louée aux Anglais à Argentia, au sud-est de Terre-Neuve. Début juillet, les U.S. Marines relevèrent la garnison britannique de Reykjavik, en Islande, et, à partir de cette date, les forces navales américaines protégèrent les liaisons maritimes U.S. avec l'Islande, la « neutralité » américaine devenait de moins en moins nette dans l'Atlantique. Les réparations de navires britanniques dans les chantiers navals américains avaient déjà été approuvées en avril, tandis que la construction de navires de guerre et de commerce, en accord avec les termes du Prêt-Bail, avait commencé.

D'autre part, l'action du Canada soulageait de plus en plus la Grande-Bretagne dans la lutte atlantique. Une Force d'escorte canadienne fut créée en juin et basée à Saint-Jean, en Terre-Neuve. La Royal Canadian Navy se chargeait désormais de l'escorte anti-sous-marine jusqu'à un point de rendez-vous situé au sud de l'Islande. Tout cela permit de réaliser le projet d'escorte continue de l'Amirauté britannique.

Au cours de l'été 1941, les escortes canadiennes et britanniques se rencontraient et échangeaient la responsabilité des convois à un point de rendez-vous situé par 35°O. Les escortes d'Islande et de l'ouest de la Grande-Bretagne se relayaient à un point situé par 18°O.

A partir de juillet, un groupe d'escorte rapproché accompagnait également les convois jusqu'à Gibraltar et les convois de Sierra Leone recevaient également une escorte continue le long de la côte d'Afrique-Occidentale.

Les convois recevaient maintenant une moyenne de 5 bâtiments d'escorte. Un convoi de 45 navires avait un périmètre de plus de 50 kilomètres à protéger. L'asdic de chaque vaisseau d'escorte ne pouvait balayer qu'un arc d'environ 1 500 mètres, et il subsistait donc des failles importantes par lesquelles les U-Boote pouvaient s'introduire sans être repérés.

Quant à la couverture aérienne, l'arrivée d'hydravions Catalina à partir du printemps, dans le cadre du Prêt-Bail, permit de l'étendre à quelque 1 100 kilomètres au large des îles Britanniques (chassant les U-Boote des atterrages ouest), 1 000 kilomètres au large du Canada et 650 kilomètres au sud de l'Islande. Mais il restait un trou d'environ 500 kilomètres au milieu de l'Atlantique et les Liberator américains à très long rayon d'action, qui auraient pu protéger cette zone, ne furent pas régulièrement disponibles avant la fin mars, 1943, et, à la mi-avril, il n'y en avait encore que 41 en service.

Peu à peu le nombre des U-Boote augmentait. En juillet 1941, 65 étaient opérationnels, et 80 en octobre. Le 1er septembre l'effectif total était de 198, alors que 47 unités avaient été perdues jusque-là. En bref, de nouveaux sous-marins étaient mis en service beaucoup plus rapidement qu'ils n'étaient coulés. De plus ils étaient maintenant plus solides. Leurs coques soudées sous pression étaient plus difficiles à briser que les coques anglaises en tôles rivées, et une grenade sous-marine devait exploser plus près pour être fatale.

Pendant le mois de septembre, 4 convois sans couverture aérienne suffisante subirent de lourdes pertes.

Au cours du même mois, cependant, la coopération entre les deux marines fut encore accrue grâce à l'approbation par le président Roosevelt, à la suite de ses entretiens avec Churchill, en août, de l'excellent « Plan de défense nº 4 de l'hémisphère occidental » préparé par les Américains. L'application de celui-ci permit à la U.S. Navy d'escorter des convois de navires non américains et elle commença d'escorter certains convois jusqu'au point de rendez-vous du milieu de l'océan, qui fut déplacé vers l'est jusqu'au 22°O.

Cela facilita la fourniture par les Anglais d'escortes adéquates entre les îles Britanniques et ce point de rendez-vous. A la fin de l'année il y avait 8 groupes d'escorte, comprenant chacun 3 destroyers et environ 6 corvettes. 11 autres groupes, chacun de 5 destroyers, étaient théoriquement tenus en réserve pour renforcer l'escorte d'un éventuel convoi en difficulté, ou pour faire face à des concentrations de sous-marins, mais ils étaient largement occupés par des tâches de routine.

En octobre, le tonnage coulé tomba à 156 000 tonnes pour 32 navires. De manière significative, aucun navire ne fut coulé à moins de 650 kilomètres d'une base de l'aviation côtière. Ce fait montrait la répugnance des U-Boote à pénétrer dans des zones couvertes par des appareils de reconnaissance et de bombardement à long rayon d'action, bien que cette chute fût également due en partie à l'envoi de plusieurs U-Boote dans la Méditerranée pour appuyer l'action de Rommel en Afrique du Nord.

En novembre, le nombre d'unités coulées par les U-Boot tomba à un peu moins du tiers du total d'octobre, et il baissa encore en décembre dans l'Atlantique Nord. Mais les lourdes pertes provoquées en Extrême-Orient par l'entrée du Japon dans la guerre firent monter le total des navires perdus à 282, représentant près de 600 000 tonnes.

En Europe, les bombardiers allemands à long rayon d'action étaient devenus plus dangereux que les U-Boote dans la deuxième moitié de 1941, en particulier pour les convois de Gibraltar. Les Anglais se rendirent compte de la nécessité de la présence de chasseurs en appui rapproché de tous les convois, et, en juin, ils mirent en service le premier porte-avions d'escorte, H.M.S. *Audacity*, avec des chasseurs embarqués. Celui-ci joua un rôle essentiel dans la défense d'un convoi en provenance de Gibraltar au mois de décembre, mais il fut malheureusement coulé au terme des neufs jours de combat.

A la fin de l'année, le nombre total de U-Boote opérationnels était de 86, et environ 150 autres étaient en cours d'entraînement ou d'essais en mer. Mais, comme 50 d'entre eux étaient maintenant en Méditerranée ou aux abords de cette mer, il n'en restait que 36 pour l'Atlantique Nord. Une chasse aux navires de ravitaillement allemands dans ce secteur avait permis d'en intercepter 9 au mois de juin, et avait entraîné le retrait des U-Boote de l'Atlantique Sud. Pendant les neuf mois allant d'avril à décembre 1941, le tonnage total coulé par les sous-marins allemands et italiens avait été de 1 576 000 tonnes pour 328 navires, mais seulement un tiers de ces derniers naviguaient en convoi. De plus, sur les 30 sous-marins détruits, 20 l'avaient été par des escortes de convoi. Il était clair que le renforcement des escortes et l'adoption d'itinéraires détournés avaient permis de prendre momentanément le dessus sur les U-Boote.

Il peut être utile de donner ici une brève description de la situation des escortes au début de 1942. Les trois grandes bases opérationnelles des atterrages ouest, sous la direction de l'amiral Sir Percy Noble, étaient Liverpool, Greenock et Londonderry. Elles contrôlaient 25 groupes d'escorte totalisant 70 destroyers et 95 unités plus petites.

Ces bâtiments se répartissaient en quatre catégories : 1) en destroyers à autonomie réduite, pour les convois du Moyen-Orient ou la première phase des convois arctiques, ainsi que pour les paquebots quand ceux-ci commencèrent d'amener des soldats américains en Angleterre; 2) les destroyers et les corvettes à long rayon d'action pour les convois de l'Atlantique Nord. depuis le point de rendez-vous occidental jusqu'en Grande-Bretagne, et pour les convois de Gibraltar; 3) les sloops, destroyers et cutters à long rayon d'action pour les convois de Sierra Leone sur la plus grande partie de leur trajet; 4) les groupes antiaériens pour appuyer les escortes à portée des bombardiers allemands et pour les convois arctiques et de Gibraltar.

Il y avait aussi l'équivalent de deux groupes à Gibraltar pour des escortes locales et la Force d'escorte de Freetown comprenant une flottille de destroyers et deux douzaines de corvettes. La Force d'escorte de Terre-Neuve, essentiellement constituée d'unités de la marine canadienne, comportait 14 destroyers et une quarantaine de corvettes, ainsi qu'une vingtaine d'autres bâtiments pour les tâches d'escorte locale.

Cependant l'amélioration de la situation fut dangereusement compromise au début de 1942. L'une des raisons fut le manque d'appareils. En prenant le commandement de l'aviation côtière, l'été précédent, Sir Philip Joubert de la Ferté avait estimé ses besoins à environ 800 appareils de tous types, et il avait insisté sur l'importance des bombardiers à long rayon d'action. Mais, au Nouvel An, les bombardiers de l'aviation côtière furent transférés à l'aviation de bombardement qui se vit attribuer tous les nouveaux appareils en vue de l'offensive aérienne contre l'Allemagne. Les conflits de priorité devinrent aigus. De plus, l'Aéronavale avait des difficultés pour obtenir des chasseurs pour les 31 nouveaux porte-avions d'escorte qui avaient été commandés.

Un autre handicap était le fait que les nouvelles frégates en cours de construction pour le compte des Anglais, en Amérique, n'entraient pas en service aussi rapidement qu'on l'avait espéré, en grande partie à cause de la priorité accordée aux engins de débarquement en vue d'une attaque en Normandie que les Américains espéraient encore lancer en 1943, à défaut de 1942. Cette priorité contribua dans une grande mesure à la faiblesse des efforts britanniques dans l'Atlantique et entraîna de nouvelles et lourdes pertes marchandes. Dans les premiers mois de 1942, les ennuis maritimes des États-Unis représentèrent un troisième handicap. Ces ennuis provenaient non seulement des suites du désastre de Pearl Harbor dans le Pacifique, mais aussi de l'intensification des activités des U-Boote et des pertes que cela entraîna pour l'Amérique.

En mai 1942, l'amiral Dönitz et son état-major estimaient qu'il fallait couler une moyenne de 700 000 tonnes par mois pour vaincre l'Angleterre. Ils savaient que cette moyenne n'avait pas été atteinte en 1941, mais ils ignoraient que la moyenne mensuelle n'avait été en réalité que de 180 000 tonnes. Cependant, ils pensaient que l'entrée en guerre de l'Amérique leur donnerait une plus grande liberté d'action dans l'Atlantique Ouest et de plus grandes chances de rencontrer des cibles sans escorte.

Seul un petit nombre de sous-marins allemands purent aller opérer au large des côtes américaines, mais ils obtinrent des résultats hors de proportion En effet, les amiraux américains furent lents et réticents à former des convois, tout comme les amiraux britanniques de la Première Guerre mondiale. Les Américains furent également lents à prendre d'autres précautions. Les balises éclairées et le libre emploi de la radio maritime facilitèrent grandement la tâche des U-Boote. Les stations balnéaires, comme Miami, continuèrent d'illuminer leurs promenades et leurs plages, sur lesquelles les navires se détachaient nettement dans la nuit. Le jour, les U-Boote restaient en immersion et ils faisaient surface la nuit pour attaquer au canon ou à la torpille.

Bien que les U-Boote ne fussent jamais plus d'une douzaine à opérer au large des côtes américaines, ils coulèrent près d'un demi-million de tonnes de navires jusqu'au début avril, dont 57 % de pétroliers.

Les conséquences de cette situation furent graves pour la Grande-Bretagne. La U.S. Navy fut contrainte de replier ses navires et ses avions d'escorte dans les eaux américaines, et les bateaux marchands britanniques qui avaient réussi à traverser l'Atlantique sans encombre devenaient une proie facile près des côtes américaines.

L'amiral Dönitz trouvait ces résultats tellement encourageants qu'il désirait envoyer dans le secteur tous les sous-marins disponibles. Heureusement pour les Alliés, « l'intuition » de Hitler vint à leur aide en ce moment critique. A sa conférence du 22 janvier il annonça qu'il était convaincu que la Norvège « était la zone du destin » et il insista pour que tous les navires de surface et les sous-marins disponibles fussent envoyés dans ce secteur pour prévenir une invasion alliée. Trois jours plus tard, Dönitz reçut l'ordre totalement inattendu d'envoyer un premier lot de 8 sous-marins pour couvrir les abords maritimes de ce pays. Le nouveau cuirassé *Tirpitz* fut également envoyé en Norvège, en janvier suivi du *Scheer* du *Prince Eugen*, du *Hipper* et du *Lützow*.

Ce pressentiment n'était pas sans fondement puisqu'en avril Churchill demanda aux chefs d'État-Major d'examiner les possibilités d'un débarquement en Norvège, dans le but de diminuer la pression allemande sur les convois arctiques, mais leurs doutes furent renforcés par ceux des Américains et le projet n'alla pas plus loin.

Les Alliés eurent également la bonne fortune que l'entraînement des U-Boote dans la Baltique fût retardé par le dur hiver 1941-1942, et, de ce fait, 69 sous-marins seulement purent être rendus opérationnels au cours de la première moitié de 1942. Sur ce total, 26 furent envoyés au nord de la Norvège, 2 en Méditerranée, et 12 vinrent compenser les pertes, si bien que l'accroissement net des forces de l'Atlantique ne fut que de 29 unités.

Malgré tout, le tonnage coulé par les U-Boote augmenta chaque mois. En février il atteignit près de 500 000 tonnes; en mars il dépassa ce chiffre, en avril il y eut un fléchissement à 430 tonnes, mais, en mai, il atteignit 600 000 tonnes et le chiffre fatidique de 700 000 tonnes fut atteint en juin. A la fin de ce mois, le bilan pour la première moitié de l'année était de plus de 3 millions de tonnes, sur un total de 4 147 406 tonnes, dont près de 90 % dans l'Atlantique et l'Arctique. Il fallut attendre juillet pour que les pertes mensuelles du fait des sous-marins tombassent un peu en dessous de 500 000 tonnes, grâce à une amélioration générale des méthodes de lutte anti-sous-marine et à l'adoption des convois par les Américains.

La légère accalmie de l'été 1942 se révéla illusoire. Dès le mois d'août, l'arrivée de nouveaux U-Boote avait porté leur nombre total à plus de 300 dont plus de la moitié étaient opérationnels. Les groupes de sous-marins étaient basés au large du Groenland, de la côte canadienne, des Açores, de l'Afrique du Nord, dans la mer des Caraïbes ou à ses abords, et sur les côtes brésiliennes. Au mois d'août, ils coulèrent à nouveau plus de 500 000 tonnes. Au cours des mois suivants, ils furent particulièrement actifs près de Trinidad où de nombreux navires naviguaient encore isolément. Une initiative moins heureuse, du point de vue de la politique et de la haute stratégie, fut l'attaque de 5 navires brésiliens à la mi-août, qui amena rapidement le Brésil à déclarer la guerre. L'accès des bases brésiliennes permit aux Alliés d'exercer une bien meilleure surveillance dans tout l'Atlantique Sud et d'en chasser les corsaires allemands.

Cependant, ce dernier facteur avait moins d'importance qu'il n'en aurait eu auparavant, car la place des corsaires de surface allemands était maintenant prise par les nouveaux U-Boote de plus grande taille, les « croiseurs sous-marins » de 1 600 tonnes, possédant un rayon d'action de 50 000 kilomètres.

Les U-Boote étaient maintenant capables de plonger beaucoup plus bas, jusqu'à des profondeurs de 200 mètres, et même plus en cas d'urgence. Cet avantage fut cependant bientôt contrebalancé, par un nouveau réglage des grenades sous-marines qui étaient elles-mêmes produites en plus grande quantité. Les U-Boote bénéficiaient également d'un ravitaillement en mer par les nouveaux pétroliers sous-marins, et leur service de Renseignements par radio devenait de plus en plus efficace. En outre, les Allemands étaient maintenant de nouveau en mesure de déchiffrer une grande partie des messages secrets des convois britanniques, comme cela avait déjà été le cas jusqu'en août 1940.

Dans l'autre camp, le nouvel équipement radar sur 10 cm de longueur d'onde, que les U-Boote ne pouvaient pas intercepter, était une magnifique réalisation des savants britanniques. Lorsque son usage devint généralisé à bord des avions d'escorte, associé au projecteur Leigh, il redonna l'initiative, de nuit ou par mauvaise visibilité, aux Alliés, et rendit caducs les systèmes allemands de détection de radar fonctionnant sur 1,5 m.

Le journal de guerre de Dönitz montre à quel point il était ennuyé à cette époque par les conséquences de l'adoption de ce nouveau système de localisation britannique et par le nombre accru d'appareils anglais dans l'Atlantique Est.

Tout au long de la campagne, Dönitz s'était montré un très habile stratège, cherchant toujours les points faibles et concentrant ses forces pour frapper à ces endroits. Il avait eu l'initiative depuis le début des opérations et les forces sous-marines alliées étaient toujours une étape derrière lui.

Dans la seconde moitié de 1942, il fixa son attention sur la faille que présentait l'escorte aérienne au sud du Groenland, dans le but de repérer les convois alliés avant qu'ils n'atteignissent cet espace, de les attaquer pendant qu'ils s'y trouvaient et de se replier avant qu'ils ne fussent de nouveau sous une escorte aérienne.

De plus, à partir de l'automne, Dönitz avait assez de sous-marins pour être en mesure de lancer une « meute » chaque fois qu'une occasion se présentait.

La pression sous-marine augmenta donc à partir de juillet et, en novembre, le tonnage coulé atteignit 729 000 tonnes pour 119 bateaux. Cependant, un grand nombre de ceux-ci furent surpris par des U-Boote alors qu'ils naviguaient isolément au large de l'Afrique du Sud ou de l'Amérique du Sud.

Les besoins en escortes furent accrus cet automne par les exigences de l'opération *Torch*. Les convois de Gibraltar, de Sierra Leone et de l'Arctique durent être momentanément suspendus. Les convois de troupes américaines, d'Islande en Grande-Bretagne, créèrent aussi de nouveaux besoins. Ces convois rapides avaient une escorte d'au moins 4 destroyers pour 3 transports de troupes.

Une exception à ces demandes d'escorte fut apportée par la conversion en transports de troupes de deux paquebots géants de 80 000 tonnes : *Queen Mary* et *Queen Elizabeth*, qui pouvaient transporter chacun plus de 550 000 hommes, soit presque une division. Leur vitesse, supérieure à 28 nœuds, était trop grande pour permettre à des destroyers de les escorter, excepté aux deux extrémités de leur traversée, si bien que ces géants devaient dépendre, pour leur sécurité, de leur vitesse associée à des zig-zags et de fréquents changements de cap. Cette politique risquée réussit si bien qu'aucun sous-marin ne parvint jamais à les intercepter au cours de leurs nombreuses traversées à partir d'août 1942.

En règle générale, la production de nouveaux moyens d'escorte navale et aérienne ne pouvait pas suivre le rythme d'augmentation du nombre des U-Boote. Chaque mois, une moyenne de 17 sous-marins allemands entraient en service, et, à la fin de 1942, 212 étaient opérationnels sur un total de 393, par rapport aux 91 unités opérationnelles sur un total de 249 au début de l'année. Les pertes infligées étaient de 87 sous-marins allemands et 22 italiens, soit un total tout à fait insuffisant pour contrebalancer le rythme de production.

Le tonnage des nouveaux navires marchands mis en service par les Alliés était d'environ 7 millions de tonnes, mais il n'empêchait pas, depuis le début de la guerre, le déficit chronique de s'accroître chaque année encore d'un million de tonnes. Les importations britanniques pour l'année tombèrent en dessous de 3 millions de tonnes, soit un tiers de moins qu'en 1939. En particulier, les stocks de combustible de la marine marchande étaient tombés dangereusement bas, seulement 300 000 tonnes, par rapport, à une consommation mensuelle de 130 000 tonnes. Il était bien sûr possible de puiser sur les réserves de la Royal Navy, mais c'était une mesure à éviter sauf en cas extrême nécessité.

Aussi, lorsque les Alliés se réunirent à la conférence de Casablanca, en janvier 1943, pour fixer les prochaines étapes de leur stratégie, ils durent examiner un bilan très inquiétant du tonnage marchand. A moins de mettre un terme à la menace sous-marine et de gagner la bataille de l'Atlantique, il était impossible d'envisager un débarquement en Europe. Cette bataille était devenue aussi cruciale que la bataille d'Angleterre en 1940. Le résultat dépendait essentiellement de la capacité de l'un des deux camps à tenir matériellement et psychologiquement plus longtemps que l'autre.

Le cours de la bataille fut affecté par des changements de commandement. Au mois de novembre, l'amiral Sir Percy Noble fut nommé chef de la Mission navale britannique à Washington, devenant ainsi le représentant en Amérique du First Sea Lord auprès de l'organisation des chefs d'état-major conjoints. Pendant ses vingt mois de commandement, il avait largement contribué à l'amélioration des moyens de lutte anti-sous-marine, et à l'entretien du moral des équipages d'escorte navale et aérienne grâce à sa compréhension de leurs problèmes et au contact personnel qu'il avait établi. Heureusement, son successeur fut bien choisi. C'était l'amiral Sir Max Horton, qui avait été un remarquable commandant de sous-marin au cours de la Première Guerre mondiale, et était à la tête des sous-marins britanniques basés en Angleterre depuis le début de 1940. Il apporta à la lutte anti-sous-marine une excellente connaissance des sous-marins et des sous-mariniers, associée à une imagination et un dynamisme entraînants. Toutes ces qualités faisaient de lui l'homme idéal pour donner la réplique à Dönitz.

Le plan de Horton était de développer une contre-attaque plus puissante et plus massive contre les U-Boote. Les corvettes et autres petites unités n'avaient pas une vitesse suffisante pour aller jusqu'au bout dans les combats avec les sous-marins, car, si elles les poursuivaient à une certaine distance, elles ne pouvaient plus attraper les convois qu'elles escortaient. Il fallait plus de destroyers et de frégates, travaillant séparément, pour venir à l'aide des escortes de convoi et, après avoir établi le contact avec les sous-marins, les chasser à mort. Des groupes d'appui avaient été formés à partir de septembre dans cette intention, mais Horton les développa aussitôt intensément et réduisit même à cet effet les effectifs des groupes d'escorte rapprochée. Il voulait surprendre l'ennemi en plein Atlantique par une contre-attaque coordonnée de plusieurs nouveaux groupes d'appui et de l'aviation embarquée, en collaboration avec les escortes et les bombardiers à très long rayon d'action. Il souligna que les groupes d'appui ne devaient pas perdre leur temps à chercher en tous sens les U-Boote, comme il était d'usage dans le passé. Il fallait les trouver près des convois, et les groupes d'appui devaient travailler en étroite collaboration avec les groupes d'escorte des convois. Chacun de ces derniers devait être renforcé par un groupe d'appui et si possible par de l'aviation embarquée lors de la traversée de la zone sans protection aérienne. Il prévoyait que les U-Boote, habitués à être attaqués à partir de la direction suivie par le convoi, seraient désorientés lorsque les groupes d'appui fonceraient sur eux de tous les points cardinaux.

Dans le camp allemand, Hitler fut rendu furieux par les résultats négatifs d'une attaque lancée le 31 décembre contre un convoi arctique par le *Hipper*, le *Lützow* et 6 destroyers émergeant de l'Alden Fjord. Cette colère eut d'importantes conséquences. Dans son dégoût, il exprima sa « résolution ferme et irrévocable » de se débarrasser de ses grandes unités. Cette décision entraîna un mois plus tard la démission du grand amiral Raeder et son remplacement par Dönitz au poste de commandant en chef de la Marine. Dönitz conserva en même temps son titre et sa fonction de commandant des sous-marins. Dönitz savait mieux manier Hitler et il obtint finalement son accord pour garder le *Tirpitz*, le *Lützow* et le *Scharnhorst* en Norvège.

Décembre et janvier furent marqués par une accalmie dans la bataille et le tableau de chasse des U-Boote tomba à 200 000 tonnes. C'était surtout dû au gros temps. Mais ce répit fut contrebalancé par la dispersion et les ravages causés dans les convois, en particulier dans le cas des navires les moins puissants.

En février, les pertes furent presque doublées; en mars, elles atteignirent 108 navires et 627 000 tonnes, approchant à nouveau les chiffres records de juin et novembre 1942. Fait ennuyeux, les deux tiers furent coulés dans des convois. Au milieu du mois de mars, 38 U-Boote furent massés pour attaquer deux convois en route pour l'Angleterre et qui se trouvaient à proximité l'un de l'autre. Ils coulèrent 21 navires, représentant 141 000 tonnes, en ne perdant qu'un des leurs, avant que la protection aérienne ne fût regagnée, le 20. Ce fut l'une des plus grandes batailles de convoi de toute la guerre.

Rétrospectivement, l'Amirauté enregistra que « les Allemands ne furent jamais aussi près de couper les communications entre le Nouveau et l'Ancien Monde que dans les vingt premiers jours de mars 1943 ». L'État-Major de la Marine en arriva même à se demander s'il fallait continuer à considérer les convois comme un système de défense efficace.

Mais, dans les onze derniers jours de mars, le dernier tiers de ce mois fatidique, un grand changement se produisit. 15 navires seulement furent coulés dans l'Atlantique Nord, par rapport au cours des deux premiers tiers du mois. En avril, le bilan fut réduit de moitié et, en mai, il diminua encore beaucoup. La contre-offensive coordonnée de Max Horton était entrée en application et elle avait atteint son but en un temps remarquablement court.

Au moment le plus critique du mois de mars, les Américains avaient demandé à se retirer du système d'escorte de l'Atlantique Nord pour prendre la responsabilité des routes maritimes de l'Atlantique Sud, en particulier vers la Méditerranée. Ils étaient également très préoccupés par le Pacifique. Cependant les conséquences pratiques ne furent pas importantes. Le Gouvernement américain plaça le premier porte-avions de groupe d'appui sous commandement britannique et fournit les Liberator à très long rayon d'action. A partir du 1er avril, l'Angleterre et le Canada furent donc entièrement responsables de tous les convois entre le continent américain et les îles Britanniques.

Au cours du printemps 1943, les U-Boote essuyèrent des défaites et de lourdes pertes dans une série de batailles de convoi. A la mi-mai, Dönitz déclara, dans un rapport à Hitler : « Nous traversons la plus grande crise de la guerre sous-marine car l'ennemi, grâce à de nouveaux systèmes de détection [...] rend le combat impossible et nous inflige de lourdes pertes. » En effet, les pertes en sous-marins allemands avaient plus que doublé en mai, atteignant 30 % des unités en mer, c'est-à-dire un rythme qui ne pouvait pas être soutenu longtemps. Le 23 mai, Dönitz retira donc ses U-Boote de l'Atlantique Nord, en attendant de disposer de nouvelles armes.

Dès le mois de juillet, le nombre de navires marchands construits par les Alliés dépassait celui des navires coulés. C'était là le nœud de la question et la preuve que l'offensive sous-marine allemande avait été mise en échec.

Cependant, si l'on regarde en arrière, on s'aperçoit que la Grande-Bretagne avait échappé de peu à la défaite, en mars. Il est également évident que la cause essentielle de ce péril était le manque d'avions à long rayon d'action pour la protection des convois. De janvier à mai, 2 navires seulement furent coulés dans l'Atlantique en présence d'une escorte aérienne. Une fois qu'une couverture aérienne efficace fut assurée aux convois, en particulier grâce aux Liberator, il devint de plus en plus difficile aux U-Boote d'opérer en « meutes ». Ils pouvaient maintenant, à tout moment, découvrir au-dessus d'eux un avion qui dirigeait un groupe d'appui sur leur position.

Le nouveau radar sur 10 cm de longueur d'onde, qui ne pouvait pas être intercepté par les U-Boote, fut certainement un facteur très important, comme Dönitz s'en rendit compte et le souligna. De nouvelles armes, comme le *hedgehog* (hérisson), un système de fusées anti-sous-marines, et des grenades sous-marines plus puissantes jouèrent également un rôle important. Il en fut de même pour le travail d'analyse des services tactiques créés au début de 1942 pour mettre au point le meilleur système tactique face aux U-Boote. L'analyse opérationnelle du déploiement des convois, par le professeur P.M.S. Blackett, fut également précieuse. De plus, l'adoption d'un nouveau chiffre pour le contrôle de la navigation, à la fin mai 1942, priva les Allemands de leur meilleure source de renseignements.

Cependant le facteur le plus déterminant pour la victoire fut probablement l'amélioration du niveau d'entraînement des équipages d'escorte maritime et aérienne et le développement de la coopération entre marins et aviateurs.

Au niveau des personnes, l'amiral Sir Max Horton prit une part prépondérante à la défaite des sous-marins allemands, ainsi que nous l'avons déjà souligné. Le maréchal de l'Air, Sir John Slessor, qui devint commandant en chef de l'aviation côtière en février 1943, moment crucial de la bataille, joua également un rôle important. Parmi la fine équipe de commandants de groupes d'escorte, deux hommes méritent d'être spécialement mentionnés pour leurs exploits : le capitaine F. J. Walker, à partir de 1941, et le commandant P. W. Gretton (qui devint plus tard le vice-amiral Sir Peter Gretton) en 1942-1943.

Aucun convoi ne fut attaqué dans l'Atlantique Nord pendant le mois de juin 1943, et juillet fut un mois très pénible pour les U-Boote, en particulier dans le golfe de Gascogne où les patrouilles aériennes de l'aviation côtière en coulèrent plusieurs. Sur les 86 sous-marins qui tentèrent de traverser le golfe ce mois-là, 55 furent repérés, 17 furent coulés (tous, sauf un, par des avions) et 6 contraints de faire demi-tour. Leur seule route vers l'Atlantique était un étroit couloir dans le golfe de Gascogne, le long des côtes espagnoles, ainsi que Dönitz le déclara sombrement à Hitler. Les patrouilles anti-sous-marines payèrent cependant leurs succès d'un prix élevé puisque 14 appareils furent perdus.

En trois mois, de juin à août 1943, les sous-marins allemands ne coulèrent que 58 navires marchands alliés sur toutes les surfaces des mers à l'exclusion de la Méditerranée, et près de la moitié de ces navires se trouvaient au large de l'Afrique du Sud ou dans l'océan Indien. Ce résultat très médiocre fut obtenu au prix de la perte de 79 U-Boote, dont 58 furent coulés par l'aviation.

Dans l'espoir de reprendre l'avantage, Dönitz insista auprès de Hitler pour obtenir un plus grand nombre d'appareils de reconnaissance à longue distance au-dessus de l'Atlantique et une meilleure couverture aérienne des routes de transit. Ses arguments reçurent un accueil plus favorable que ceux de Raeder pour vaincre la réticence de Göring à collaborer avec la Marine. Dönitz obtint également l'augmentation de la production de sous-marins de 30 à 40 unités par mois, avec une priorité pour les nouveaux modèles capables d'atteindre une plus grande vitesse en plongée. Mais le modèle très prometteur, Walter, mû par un mélange de gas-oil et de peroxyde d'hydrogène, connut de telles difficultés de mise au point qu'aucun exemplaire n'entra en service avant la fin de la guerre. Cependant un progrès très important fut réalisé par l'adoption du *schnorkel*, un système inventé par les Hollandais avant 1940, qui permettait aux sous-marins d'utiliser leurs diesels pour recharger leurs batteries en plongée périscopique. Au milieu de 1944, 30 U-Boote étaient dotés de cet équipement.

Les Allemands mirent en service deux autres armes nouvelles vers le milieu de 1943 : la torpille acoustique, automatiquement attirée par les hélices des navires, et la bombe volante. Mais, en septembre et en octobre, les deux premiers mois de la nouvelle campagne sous-marine, les Alliés ne perdirent que 9 navires marchands sur les 2 468 qui traversèrent l'Atlantique Nord, formés en 64 convois, alors que 25 U-Boote furent coulés. Après cette nouvelle et lourde défaite, Dönitz renonça à employer ses sous-marins en vastes groupes mobiles.

Le 8 octobre, les Anglais s'installèrent dans deux bases aériennes des Açores, à la suite d'un accord avec le Portugal, et, à partir de cette date, une couverture aérienne put être assurée sur toute la superficie de l'Atlantique Nord.

Au cours des trois premiers mois de 1944, les U-Boote subirent des pertes encore plus lourdes. 3 navires marchands seulement furent coulés, sur un total de 3 360 qui traversèrent l'Atlantique Nord en 105 convois, alors que les Allemands perdirent 36 sous-marins. Dönitz annula alors toutes les opérations contre les convois, en disant à Hitler qu'il serait impossible de les reprendre tant que les nouveaux modèles de sous-marins et de nouveaux systèmes de défense, ainsi qu'une meilleure reconnaissance aérienne ne seraient pas disponibles.

A la fin du mois de mars 1944, Dönitz reçut l'ordre de constituer un groupe de 40 U-Boote en vue d'opérations près des côtes dans le cas d'un débarquement allié en Europe occidentale. A la fin de mai, il en avait rassemblé 70 dans les ports du golfe de Gascogne, n'en laissant que 3 dans l'Atlantique Nord, principalement chargés de missions météorologiques.

L'abandon par les Allemands de la campagne sous-marine dans l'Atlantique Nord fut un soulagement pour l'aviation côtière dont les appareils du 19e groupe avaient coulé, jusqu'en mai 1944, 50 U-Boote et endommagé 56 autres (sur 2 425 mouvements en direction ou en provenance des côtes françaises), en 41 mois d'opérations de lutte anti-sous-marine. Le 19e groupe avait perdu 350 appareils dans le golfe de Gascogne au cours de cette période, un total qui aurait probablement été moindre, pour une efficacité supérieure, si l'aviation côtière s'était vue assigner un plus grand nombre d'appareils, en rapport avec l'importance vitale de sa mission.

Parmi les événements de cette période, on relève deux attaques dévastatrices contre le *Tirpitz* dans son mouillage de Norvège septentrionale, par 3 sous-marins de poche en septembre 1943 et par l'Aéronavale en mars 1944, précédant une attaque de bombardiers lourds de la R.A.F. qui le coulèrent finalement en novembre de la même année. Il n'avait eu qu'une seule occasion de se servir de son armement principal lors d'un raid sur Spitzberg, mais la gravité et le nombre des dommages auxquels il survécut rendit hommage aux qualités de conception et de solidité de la construction navale allemande. De plus, le seul fait de son existence et de la menace potentielle qu'il représentait eut une grande influence sur la stratégie maritime de la Grande-Bretagne, tout en absorbant une quantité considérable de ses ressources navales.

Il avait été mis un terme à la menace représentée par le *Scharnhorst* au cours du mois de décembre précédent. Il fut intercepté et coulé par un détachement de la Home Fleet, alors qu'il tentait lui-même d'intercepter un convoi arctique.

Au cours de la première moitié de 1944, la principale source d'ennuis pour les Anglais dans leurs eaux territoriales provint des vedettes lance-torpilles appelées « E-Boote », que les Allemands avaient adoptées. Leur nombre ne dépassa jamais la trentaine, mais elles pouvaient être rapidement déplacées d'une route de convoi à une autre et, grâce à un choix habile des occasions, elles réalisèrent un harcèlement pénible.

Les U-Boot rassemblés dans les ports français pour s'opposer à un débarquement allié ne se révélèrent guère efficaces qu'ils eussent été dotés de *schnorkel* avant le début de l'invasion et fussent ainsi moins vulnérables aux attaques aériennes.

Lorsque la IIIe armée américaine partie de Normandie approcha de ces ports — Brest, Lorient et Saint-Nazaire —, à la mi-août, la plupart des sous-marins furent envoyés en Norvège. A partir de ce moment, les navires en provenance ou à destination de l'Angleterre purent de nouveau utiliser la route normale traditionnelle par le sud de l'Irlande, de même que la route de la côte nord.

A partir de la fin août, toute une série d'U-Boote, en provenance de Norvège et d'Allemagne, passa par le nord de l'Écosse et de l'Irlande pour venir se poster tout près des côtes en des endroits fréquentés, allant jusqu'à Portland Bill, sur la côte sud de l'Angleterre. Mais cette campagne côtière n'eut que peu de résultats. Cependant, en restant en plongée permanente, grâce à leurs *schnorkel*, les sous-marins subirent moins de pertes qu'auparavant. En quatre mois, de septembre à décembre 1944, ils ne coulèrent que 14 navires dans les eaux territoriales britanniques.

Les convois arctiques

Les convois britanniques à destination de la Russie septentrionale commencèrent à la fin septembre 1941. Arkhangelsk étant bloqué par les glaces en hiver, Mourmansk, le seul grand port d'eau libre soviétique, fut utilisé. En s'abstenant de s'emparer de ce port par une puissante attaque terrestre, les Allemands commirent une étrange erreur stratégique qui leur enleva une chance d'étrangler cette route de ravitaillement septentrionale, au moment où elle était le plus vulnérable.

Lorsque les Allemands se rendirent compte de l'ampleur de l'aide que les navires britanniques, puis américains, apportaient à l'U.R.S.S. par ce chemin, ils se dépêchèrent de renforcer leurs effectifs navals et aériens en Norvège et ils lancèrent une série de puissantes attaques sur les convois alliés en mars, avril et mai 1942. Le convoi le plus durement touché fut le *PQ* 17 qui avait appareillé en direction de Mourmansk à la fin juin. Le 4 juillet, croyant que le convoi et son escorte étaient sur le point d'être écrasés par des navires de guerre allemands, l'Amirauté lui donna l'ordre de se disperser dans la mer de Barents. Les navires marchands, impuissants, furent attaqués par des avions et des U-Boote. Sur les 36 bâtiments, 13 seulement échappèrent à la curée. Finalement les navires restants purent livrer 87 avions, mais 210 furent perdus; sur les 594 chars transportés, 164 seulement arrivèrent à bon port, ainsi que 896 véhicules de transport sur les 4 246 embarqués au départ. De plus, 99 316 tonnes d'autres marchandises furent perdues, soit les deux tiers de la cargaison.

Après ce désastre, le convoi suivant vers la Russie ne fut envoyé qu'en septembre. Il reçut une escorte beaucoup plus puissante, et l'amiral Raeder, averti par radio, retint prudemment ses plus gros bâtiments, qui pourtant auraient eu une chance de vaincre l'escorte. En fin de compte, sur les 40 navires marchands du convoi *PQ* 18, 27 arrivèrent sans encombre à Arkhangelsk, tandis que les avions et les sous-marins allemands subirent de lourdes pertes. Les Allemands ne déployèrent plus jamais des forces aériennes aussi importantes dans le Grand Nord.

Après un nouvel intervalle, quelques convois plus petits partirent au cours de l'hiver. Mais les Russes, tout en insistant fréquemment pour que le nombre de convois augmente, ne participaient pas du tout à leur protection au cours de la longue traversée, seulement un peu à l'arrivée. A partir de mars 1943, le commandant en chef de la Home Fleet, l'amiral Tovey, ne se montra guère disposé à risquer de nouveaux convois au moment où la durée du jour polaire augmentait. La situation critique de l'Atlantique fit pencher la balance et les escortes arctiques furent affectées dans l'Atlantique où elles prirent une part importante à la défaite décisive des U-Boote, au printemps.

Lorsque les convois arctiques furent repris, en novembre, les Alliés disposaient d'escortes plus puissantes, comprenant les nouveaux porte-avions. Ceux-ci infligèrent de lourdes pertes à la Luftwaffe faiblissante et aux sous-marins, tout en amenant à bon port d'énormes cargaisons.

Parmi les 40 convois envoyés en Russie à partir de 1941, 58 navires furent coulés, 33 firent demi-tour pour une raison ou pour une autre, et 720 arrivèrent sans encombre, apportant en U.R.S.S. quelque 4 millions de tonnes de marchandises. Parmi les livraisons figurèrent 5 000 chars et plus de 7 000 avions. Au cours de ces opérations de vaste envergure, les Alliés avaient perdu 18 bâtiments de guerre et 98 bâtiments marchands, en comptant les pertes du retour, alors que les Allemands avaient perdu le croiseur de bataille *Scharnhorst*, 3 destroyers et 38 sous-marins.

La phase finale

Au cours des premiers mois de 1945, la force de la flotte d'U-Boote augmenta encore, du fait de la production de nouvelles unités et de la diminution des pertes grâce au *schnorkel*, grâce aussi à la suspension des raids à longue distance dans l'Atlantique. Au mois de janvier, 30 nouvelles unités entrèrent en service, alors que la moyenne des mois précédents avait été de 18. Parmi elles il y avait plusieurs exemplaires des nouveaux modèles améliorés, dotés d'un plus long rayon d'action et d'une plus grande vitesse en plongée : le type XXI, de 1 600 tonnes, destiné aux océans, et le type XXIII, de 230 tonnes, destiné à la navigation côtière. Environ les deux tiers des nouveaux sous-marins étaient du type XXI. En mars les effectifs des U-Boote atteignirent leur apogée avec un total de 463 unités.

Il fallut attendre également le mois de mars pour que les effets de la campagne de bombardement aérien se fissent sentir sérieusement dans la production. Heureusement pour les Alliés, les largages de mines par avion dans la Baltique, s'ils ne causèrent que peu de dégâts matériels par rapport aux efforts dépensés, eurent des conséquences plus importantes que les responsables navals alliés ne s'en rendirent compte sur le moment, en gênant les essais et l'entraînement des sous-marins allemands et en empêchant ainsi les nouveaux U-Boote de devenir opérationnels en nombre suffisant. Si les nouveaux types d'unités avaient pu gagner la mer en grand nombre, la menace sous-marine aurait pu redevenir aussi dangereuse qu'en 1943.

En mars, une fois que les troupes alliées eurent traversé le Rhin et s'avancèrent sur Berlin en conjonction avec les Russes, la pression fut intensifiée sous toutes ses formes, avec des effets paralysants.

Dans les dernières semaines de la guerre, les U-Boote furent surtout actifs au large des côtes est et nord-est de la Grande-Bretagne. Ils n'obtinrent que de faibles résultats, mais il est significatif qu'aucun exemplaire des nouveaux types de sous-marins ne fut jamais coulé dans ces parages.

Au mois de mai, après la capitulation de l'Allemagne, 159 U-Boote se rendirent, mais 203 autres furent sabordés par leurs équipages. Cette action fut tout à fait caractéristique de la fierté entêtée et du moral inébranlable de ces hommes.

Au cours des cinq années et demie de guerre, les Allemands avaient construit et armé 1 157 sous-marins et ils avaient incorporé 15 unités anciennement étrangères. Sur ce total, ils en avaient perdu 789 (dont 3 anciennement étrangères). Ils avaient également armé quelque 700 sous-marins de poche. La plus grande partie des sous-marins coulés *en mer* — 500 sur 632 — furent détruits par les forces britanniques ou sous contrôle britannique. D'un autre côté, les sous-marins allemands, italiens et japonais coulèrent 2 828 navires représentant près de 15 millions de tonnes. La plus grande partie de cet énorme tonnage fut coulé par les Allemands, dont les U-Boote envoyèrent également par le fond 175 bâtiments de guerre alliés, pour la plupart britanniques. Sur le total des pertes alliées dues aux sous-marins allemands, 61 % étaient constitués de navires isolés, 9 % de retardataires des convois et seulement 30 % des navires formés en convois, et les pertes des convois furent très minimes à chaque fois qu'il y avait une couverture aérienne.

L'utilisation par les Allemands, pendant quatre ans, des bases navales françaises de la côte atlantique et le refus de l'Irlande du Sud de laisser les Alliés accéder à ses côtes occidentales et méridionales, alors qu'elle dépendait elle-même dans une large mesure du ravitaillement que les convois lui apportaient, contribuèrent énormément aux pertes alliées dans l'océan Atlantique. Et c'est en grande partie grâce à leur contrôle de l'Irlande du Nord et de l'Islande que les Alliés purent garder ouverte la dernière route maritime vers la Grande-Bretagne.

SIXIÈME PARTIE

Le reflux

1943

25.
Les Allemands chassés d'Afrique

La première conséquence de l'échec des Alliés devant Tunis, en décembre 1942, fut l'abandon du plan initial prévoyant de prendre Rommel au piège entre la VIIIe armée qui était à ses trousses et la nouvelle Ire armée qui avançait en Tunisie pour venir à sa rencontre [1]. Pendant un certain temps, les deux armées devraient maintenant s'occuper séparément des forces de Rommel en Tripolitaine et d'Arnim en Tunisie. Lorsque celles de Rommel se rapprocheraient de celles d'Arnim, elles profiteraient de l'avantage stratégique conféré par une position centrale leur permettant de faire peser leur poids combiné contre l'un ou l'autre de leurs assaillants.

Lorsqu'il se trouva arrêté devant Tunis, à Noël, et face à la perspective d'une boue continuelle jusqu'à la fin de la saison des pluies, Eisenhower essaya de lancer un mouvement vers le sud pour atteindre la côte près de Sfax, barrant ainsi la route de ravitaillement et de retraite de Rommel. Pour cette « opération *Satin* », il prévoyait d'utiliser essentiellement des troupes américaines, rassemblées autour de Tebessa pour constituer le 2e corps d'armée U.S. sous les ordres du général Fredendall. Mais lorsqu'il exposa ses intentions devant les chefs d'état-major conjoints venus en Afrique à la mi-janvier, avec Roosevelt et Churchill, pour participer à la conférence alliée de Casablanca, le caractère risqué d'une telle avance confiée à des troupes non aguerries, dans une région où les vétérans de Rommel pourraient bientôt arriver, fut souligné au cours de la discussion, en particulier par le général Alan Brooke, et Eisenhower reçut l'ordre de renoncer à son plan.

Cette décision fit retomber la responsabilité de la prochaine initiative sur Montgomery, qui s'était arrêté à la mi-décembre près de Nofilia pour

1. Cf. carte p. 286.

reconstituer ses forces avant d'attaquer la position de Bouerat, à 220 kilomètres plus à l'ouest, où Rommel avait replié les restes de son armée au terme de sa longue retraite d'Égypte.

Montgomery lança sa nouvelle offensive à la mi-janvier. Elle était conçue sur le même modèle que les précédentes : une attaque frontale de fixation associée à un mouvement tournant à travers le désert intérieur pour barrer la retraite. Cette fois, cependant, il s'abstint de tout sondage préliminaire qui révélerait son intention et qui, « en effrayant l'ennemi, le ferait quitter ses positions actuelles ». De plus, un simple rideau de voitures blindées était utilisé pour surveiller les positions ennemies, et les forces principales de Montgomery furent tenues loin derrière jusqu'à la veille de l'offensive. Ce jour-là, elles commencèrent une longue marche d'approche à la suite de laquelle elles entrèrent directement en action au matin du 15. La 51e division, appuyée par des blindés, attaqua le long de la route côtière pendant que la 7e division blindée et la division néo-zélandaise exécutaient la manœuvre tournante prévue. Mais aucune opposition ne fut d'abord rencontrée, et lorsqu'une résistance se manifesta enfin, à l'ouest de Bouerat, elle provint seulement d'éléments d'arrière-garde. Rommel s'était esquivé de la position de Bouerat, échappant ainsi encore une fois à l'encerclement. Sa tâche avait été facilitée, comme Alexander le fit remarquer en guise de réprimande dans son rapport officiel, par la façon dont les Néo-Zélandais et la 7e division blindée avaient prudemment tâté le terrain avant de contourner l'extrémité sud de l'écran antichar ennemi.

Pour Rommel, la plus dure bataille avait été comme d'habitude celle qu'il avait dû mener contre le Commandement suprême des forces de l'Axe. Installé de nouveau dans la sécurité de la Rome lointaine Mussolini avait perdu le contact des réalités, et, la semaine avant Noël, il avait envoyé l'ordre de « résister jusqu'au bout » sur les positions de Bouerat. Sur quoi Rommel demanda par radio au maréchal Cavallero, chef du Commando supremo, ce qu'il devait faire dans le cas où les Anglais ignoreraient cette position qui était facile à contourner, et continueraient leur route vers l'ouest. Cavallero ne répondit pas à la question mais souligna que les troupes italiennes ne devaient pas être laissées aux mains des Anglais, comme à El Alamein.

Rommel démontra à Bastico la contradiction évidente entre l'ordre de Mussolini et les stipulations de Cavallero. Comme la plupart des serviteurs d'un régime autoritaire, Bastico essaya d'éviter de faire un choix et de prendre la responsabilité d'une conduite qui ne correspondrait pas aux espoirs et aux rêves de son Duce. Mais, en insistant, Rommel avait réussi à le convaincre de donner l'ordre de replier les troupes italiennes non motorisées sur la ligne Tarhuma-Homs, 200 kilomètres plus à l'ouest. Puis, dans la deuxième semaine de janvier, Cavallero demanda l'envoi d'une division allemande dans le défilé de Gabès, pour le défendre contre la menace d'une avance américaine dans cette direction, menace qui, ainsi que nous l'avons déjà relaté, ne s'accomplit pas. Rommel était bien entendu disposé à se plier à une requête qui cadrait avec le plan qu'il avait conçu, et il envoya la 21e division de Panzer. Cette mesure ne lui laissait que les 36 chars de la 15e division de Panzer et les 57 chars archaïques de la division Centauro, pour faire face aux 450 chars de Montgomery. Rommel n'avait pas l'intention de livrer une bataille sans espoir contre des forces aussi écrasantes; il décrocha donc de Bouerat dès qu'il apprit, grâce à son service d'interception radio, que les Anglais se préparaient à attaquer le 15.

Après les avoir tenus en échec les deux premiers jours, au cours desquels ils furent rendus prudents par un grand nombre de mines et par la perte d'une cinquantaine de chars lors de tentatives pour percer l'écran antichars, Rommel, le 17, replia ses forces motorisées sur la ligne Tarhouma-Homs, et, à son arrivée, il ordonna immédiatement à l'infanterie italienne de se retirer à Tripoli. La ligne Tarhouma-Homs était plus facilement défendable que la position de Bouerat, mais le nombre de blindés que Montgomery fit peser contre son flanc, de l'intérieur des terres, convainquit Rommel, le 19, qu'une résistance prolongée à cet endroit serait sans espoir et mettrait en danger sa ligne de retraite. Il commença donc de replier le reste de ses forces au cours de la nuit, tandis qu'on faisait sauter les installations portuaires de Tripoli.

Au début de la matinée, une message de Cavallero arriva, exprimant la vive désapprobation de Mussolini au sujet du repli et son exigence que Rommel résistât sur la ligne pendant au moins trois semaines. Dans l'après-midi, Cavallero arriva sur place pour confirmer le message. Rommel lui fit ironiquement remarquer qu'en l'absence de tout renfort adéquat ce délai dépendait uniquement de l'action de l'ennemi. Il termina en le mettant au cœur du problème, dans les mêmes termes qu'il avait employés avec Bastico en novembre au sujet de la ligne de Marsa El Brega : « Vous pouvez ou bien vous accrocher à Tripoli quelques jours de plus et perdre l'armée, ou bien perdre Tripoli quelques jours plus tôt et sauver l'armée pour Tunis. Décidez-vous. » Cavallero évita de donner une réponse claire, mais il répondit indirectement en déclarant à Rommel que l'armée devait être sauvée bien qu'il faille tenir Tripoli aussi longtemps que possible. Rommel ordonna aussitôt le repli aux troupes italiennes non motorisées ainsi qu'à la plus grande partie des réserves transportables. Puis, dans la nuit du 22, il retira le reste de ses troupes de la ligne Tarhouma-Homs et se replia d'abord jusqu'à la frontière tunisienne, 160 kilomètres à l'ouest de Tripoli, puis sur la ligne de Mareth, 130 kilomètres plus loin.

La poursuite anglaise à partir de Bouerat avait été « gluante », pour employer l'expression de Montgomery. Cela en raison non seulement des mines et des démolitions de routes, mais aussi de l'extrême prudence montrée pour affronter les protections d'arrière-garde. Dans ses Mémoires, Montgomery souligne que l'avance sur la route côtière « fit généralement preuve d'une absence d'initiative et d'énergie », et il appuie ce commentaire d'une citation de son journal personnel en date du 20 janvier : « J'ai convoqué le commandant de la 51e division (Highland) et lui ai passé un savon de première classe qui a eu un effet immédiat. » En réalité Rommel s'était déjà retiré sur la ligne Tarhouma-Homs et ce n'était pas la poussée accentuée sur la route côtière mais le poids des blindés rassemblés sur son flanc qui avait précipité son ordre du 22 janvier d'abandonner cette ligne et de gagner la frontière tunisienne. Le 23 janvier, au point du jour, les avant-gardes des colonnes britanniques convergeant sur Tripoli étaient entrées dans la ville sans rencontrer d'opposition.

La conquête de cet objectif, qui avait été le but des offensives britanniques successives depuis 1941, couronna l'avance de 2 200 kilomètres depuis El Alamein à la poursuite de Rommel. Elle fut réalisée exactement trois mois, jour pour jour, après le déclenchement de l'offensive. Pour Montgomery et ses hommes, c'était un succès réjouissant, mais Monty poussa aussi un soupir de soulagement car, ainsi qu'il l'écrivit : « J'étais véritablement inquiet pour la première fois depuis que j'assumais le commandement de la VIIIe armée. » Dans la première semaine de janvier, une bourrasque avait causé de gros dégâts dans le port de Benghazi, réduisant l'arrivée des marchandises de 3 000 à moins de 1 000 tonnes par jour, le contraignant à recourir à Tobrouk, à 1 200 kilomètres de Tripoli, ce qui rallongeait encore une route de ravitaillement déjà très longue. Afin de trouver les véhicules de transport nécessaires, il avait « mis à pied » le 10e corps pour utiliser ses véhicules, mais il craignait de devoir suspendre la progression à moins de pouvoir atteindre Tripoli moins de dix jours après ce nouveau départ.

Heureusement pour lui, l'ennemi n'était pas au courant de ses problèmes de délai et de ravitaillement. Rommel voyait seulement que les Anglais marchaient sur lui avec une supériorité écrasante en matière de chars : 14 contre 1 en comptant les seuls chars efficaces dont il disposait, ceux de la 15e division de Panzer. Si la 21e division de Panzer n'avait pas été appelée pour faire face à l'avance américaine en direction du défilé de Gabès — avance qui fut annulée le 13, deux jours après la défaite de cette division — une défense de la ligne Tarhouma-Homs eût été plus réalisable. Dans ce cas, Montgomery, selon son propre témoignage, aurait peut-être dû interrompre son avance et se replier à Bouerat car, lorsqu'il entra dans Tripoli, il était à deux jours de l'expiration du délai de dix jours.

A Tripoli, il fit une pause de plusieurs semaines pour reconstituer ses forces et déblayer le port bloqué par les démolitions. C'est seulement le 3 février que le premier navire put faire son entrée, et le premier convoi n'arriva que le 9. Seules des troupes légères avaient suivi la retraite de l'ennemi et la division de tête de Montgomery ne franchit la frontière tunisienne que le 16, l'arrière-garde de Rommel s'étant retirée la nuit précédente sur les premiers contreforts de la ligne de Mareth initialement construite par les Français pour arrêter une éventuelle invasion de la Tunisie par les Italiens de Tripolitaine. Elle consistait simplement en une série de blockhaus archaïques et Rommel jugea plus sage d'utiliser des retranchements récemment creusés dans les intervalles. En fait, après avoir inspecté la Ligne de Mareth, il déclara qu'il serait plus sage d'appuyer la défense de la route de Tunis sur la ligne de l'Oued Akarit, 65 kilomètres plus loin et 15 kilomètres à l'ouest de Gabès, qui ne pouvait pas être contournée, parce qu'elle aboutissait à l'intérieur des terres dans les lacs salés du Chott Djerid. Mais cette proposition était inacceptable pour des dictateurs lointains qui continuaient, pleins d'espoir, de construire des « châteaux en Espagne », et ses actions personnelles étaient au plus bas.

Mussolini passa sa rage, lors de la perte de Tripoli, en rappelant Bastico et révoquant Cavallero, qui fut remplacé par le général Ambrosio. Le 26, Rommel avait reçu un télégramme l'informant qu'en raison de son mauvais état de santé il serait relevé de son commandement une fois qu'il aurait consolidé sa nouvelle position sur la Ligne de Mareth, et que son armée, rebaptisée Ire armée italienne, passerait sous le commandement du général Giovanni Messe. Cependant on lui laissait le choix de la date de son départ, et il sut tirer parti de cette concession, au détriment des Alliés.

Rommel était malade, et les épreuves de ces trois derniers mois n'avaient pas amélioré sa condition physique. Mais, en février, il devait montrer qu'il avait encore beaucoup d'énergie.

Au lieu d'être effrayé par l'approche des Américains vers sa ligne de retraite à travers le sud de la Tunisie, il flaira une belle occasion de frapper avant que Montgomery ne l'eût à nouveau rattrapé. Les défenses de la Ligne de Mareth étaient médiocres mais elles représentaient un obstacle pour les chars et elles retarderaient tout au moins Montgomery. De plus, l'armée de Rommel reprenaient des forces. En battant en retraite vers l'ouest, il s'était rapproché de ses ports de ravitaillement et le gain était supérieur aux pertes de la longue retraite, tandis que les effectifs de ses troupes étaient maintenant semblables à ce qu'ils avaient été en automne au début de la bataille d'El Alamein. Au moment de son arrivée en Tunisie, il disposait de près de 30 000 soldats allemands [1] et environ 48 000 Italiens, bien que ces chiffres comprissent la 21e division de Panzer, qui avait été envoyée dans la région de Gabès-Sfax, et la division blindée Centauro qui était en route pour le défilé d'El Guettar, face à la position américaine de Gafsa. Cependant, en matière d'armement, la situation était loin d'être aussi bonne, les unités allemandes n'avaient qu'environ le tiers du nombre normal de chars, le quart des canons antichars et le sixième de l'artillerie. De plus, sur un total d'approximativement 130 chars, moins de la moitié était en état de marche. Néanmoins, la situation globale était relativement meilleure que ce qu'elle risquait de devenir une fois que Montgomery aurait eu le temps de tirer complètement parti du port de Tripoli et de masser ses forces supérieures sur la frontière tunisienne. Rommel était impatient de tirer profit de ce délai.

Aussi prépara-t-il une double attaque dans le style napoléonien pour

1. Soit environ la moitié des effectifs normaux, comme c'était le cas au début de la bataille d'El Alamein.

exploiter ce que les stratèges appellent la théorie des « lignes intérieures », en profitant d'une position centrale entre deux forces ennemies convergentes, pour attaquer l'une des deux avant que l'autre ne puisse venir à son aide. S'il pouvait défaire les Américains situés derrière lui, il aurait les mains libres pour s'occuper de la VIIIe armée qui était maintenant étirée en raison de l'allongement de ses lignes de ravitaillement.

C'était un plan brillant, mais le plus gros handicap de Rommel pour le mettre en application était le fait qu'il dépendait dans une large mesure de forces qui n'étaient pas sous son commandement. Il ne pouvait prélever sur les défenses de la Ligne de Mareth que de quoi former un gros groupe de combat, d'une taille inférieure à celle d'une demi-division, et placé sous les ordres du colonel von Liebenstein. Sa célèbre et solide 21e division de Panzer se trouvait exactement là où il désirait attaquer, mais elle était passée sous le commandement du général von Arnim. C'était donc à celui-ci de décider, au départ, des objectifs de l'avance principale et des forces qui seraient employées, Rommel devant se limiter à aider de son mieux.

Le 2e corps américain (qui comprenait une division française) était la cible de cette contre-attaque. Son front s'étendait sur 150 kilomètres, mais était surtout concentré autour des trois routes traversant les montagnes en direction de la mer, avec des avant-gardes sur les cols situés près de Gafsa, Faïd et Fondouk, où il rejoignait le 19e corps d'armée français sous les ordres du général Koeltz. Ces passages étaient si étroits que leurs occupants s'y sentaient en sécurité et l'attention du Haut-Commandement allié avait été très absorbée par une série d'attaques exploratoires dans le secteur nord de Fondouk.

A la fin janvier, les vétérans de la 21e division de Panzer lancèrent une attaque soudaine contre le col de Faïd et balayèrent la garnison française, mal armée, avant l'arrivée tardive des secours américains. Cette opération permit d'obtenir un port de sortie pour l'offensive plus importante qui devait suivre. Le haut commandement allié suspecta qu'une telle offensive se préparait mais il ne l'attendait pas là où elle se produisit. Considérant l'attaque préliminaire de Faïd comme une diversion, il pensait que l'attaque principale aurait lieu près de Fondouk. Comme le général Omar Bradley le remarque dans ses Mémoires : « Cette croyance se révéla presque fatale ». Elle était partagée par le Q.G. d'Eisenhower comme par celui de la Ire armée britannique d'Anderson, qui avait été placé à la tête de toutes les forces alliées de Tunisie en attendant l'arrivée d'Alexander. Ce dernier avait été désigné à la conférence de Casablanca, pour commander sous les ordres d'Eisenhower, le nouveau 18e groupe d'armées composé de la Ire et de la VIIIe armée, qui devait être constitué lors de l'entrée de cette dernière en Tunisie. Afin de défendre la ligne d'attaque prévue, Anderson fut amené à garder en réserve, près de Fondouk, le Combat Command B, comprenant la moitié des blindés américains. Cette erreur contribua à faciliter l'avance ennemie.

Au début février, les forces de l'Axe en Tunisie atteignaient un total de 100 000 hommes (74 000 Allemands et 26 000 Italiens), ce qui représentait un rapport de forces avec les Alliés beaucoup plus favorable que ce qu'il était en décembre ou qu'il ne le deviendrait lorsque les Alliés auraient terminé leur concentration. Le personnel administratif représentait environ 30 %. Le nombre total de chars, qui dépendait presque entièrement de la contribution allemande, était légèrement supérieure à 280 : 110 chars de la 10e division de Panzer, 91 de la 21e (soit exactement la moitié du nombre normal), une douzaine de chars Tigre réunis dans une unité spéciale, tandis que Rommel amenait un bataillon de 26 chars dans le groupe de combat de Liebenstein pour renforcer les 23 chars italiens survivants de la division Centauro sur la route de Gafsa. Ce total était loin d'atteindre celui des Alliés et, même s'il était utilisé en entier, il ne donnerait une supériorité numérique sur le front projeté de l'attaque dans le sud de la Tunisie. En effet, la 1re division U.S. qui défendait ce secteur, bien qu'elle n'eût pas encore atteint ses effectifs complets, disposait d'environ 300 chars, dont 90 Stuart et 36 batteries antichars, tandis que son artillerie était supérieure à celle d'une division de Panzer [1]. Mais, à la grande déception de Rommel, seule une partie de la 10e division de Panzer (avec 1 bataillon de chars moyens et 1 compagnie de 4 chars Tigre) fut envoyée pour renforcer la 21e, et seulement pour la phase initiale, car Arnim prévoyait d'utiliser la 10e pour une attaque plus au nord.

Le 14 février la véritable offensive commença. La 21e division de Panzer s'élança de Faïd avec le contingent de la 10e. Le second d'Arnim, le général Ziegler, était le responsable direct de l'attaque. Tandis que les deux petits groupes de combat de la 10e division de Panzer jaillissaient du col de Faïd en formant une paire de tenailles pour saisir les éléments avancés de la 1re division blindée U.S. (Combat Command A), deux autres groupes de la 21e division (chacun formé autour d'un bataillon de chars) décrivaient pendant la nuit un plus vaste circuit vers le sud pour contourner et encercler les Américains. Un certain nombre parvint à s'échapper avant que l'encer-

---

1. Ces chiffres tirés des archives montrent à quel point il peut être fallacieux de comparer les forces alliées et celles de l'Axe en comptant les « divisions » engagées de chaque côté, ainsi que les chefs alliés et de nombreux historiens officiels l'ont fait dans leurs récits. A cette époque, la dotation d'une division blindée américaine (390 chars) était plus que le double de celle d'une division de Panzer normale (180). Mais la disproportion était généralement plus grande, car les Allemands avaient plus de mal à combler les vides. Comme on peut le voir ici, la 1re division blindée U.S., même incomplète, avait environ trois fois plus de chars que la moyenne des divisions de Panzer qui lui étaient opposées.

La dotation d'une division blindée britannique avait été réduite récemment à 270 chars, sans compter les chars spéciaux; les divisions américaines, à quelques exceptions près, furent réorganisées sur le même principe un peu plus tard dans l'année. Mais, en 1944, les divisions blindées britanniques furent portées à 310 chars, en remplaçant les voitures blindées de leurs unités de reconnaissance par des chars, et le nombre de chars disponibles des divisions blindées alliées était habituellement deux à trois fois supérieur à celui des divisions allemandes. Pour conserver un certain équilibre, les Allemands devaient dépendre d'un avantage qualitatif.

clement ne fût réalisé, du côté de Sidi Bouzid, mais les pertes en matériel furent lourdes. Le champ de bataille était jonché de chars américains en flammes, dont 40 furent perdus au cours de cette action. Le lendemain matin, le Combat Command C fut envoyé en avant en toute hâte pour lancer une contre-attaque, et il se retrouva rapidement encerclé par les Allemands 4 chars seulement parvinrent à s'échapper. 2 beaux bataillons de chars légers avaient donc été balayés successivement au cours de ces combats décousus contre un ennemi habile qui avait réussi à concentrer des forces supérieures à partir de ressources inférieures. Heureusement pour les Alliés, l'exploitation allemande fut lente.

Le 14, Rommel avait insisté auprès de Ziegler afin qu'il continue de progresser pendant la nuit pour exploiter à plein le succès initial : « Les Américains n'avaient aucune expérience pratique des combats et il nous fallait leur donner dès le départ un profond complexe d'infériorité. » Mais Ziegler se sentait obligé d'attendre l'autorisation d'Arnim et ce n'est que le 17 qu'il avança de 40 kilomètres jusqu'à Sbeïtla, où les Américains s'étaient reformés. Il rencontra donc une plus forte opposition puisque le Combat Command B (maintenant commandé par le général Paul Robinett) avait été dépêché vers le sud. Celui-ci tint les Allemands en échec jusqu'en fin d'après-midi et protégea la retraite des restes meurtris des deux autres Combat Commands avant de se retirer lui-même, dans un mouvement général de repli de l'aile sud des Alliés, jusqu'à la Dorsale occidentale, ordonné par Anderson. Malgré le retard subi pour entrer dans Sbeïtla, les Allemands s'emparèrent en tout de plus d'une centaine de chars et de près de 3 000 prisonniers.

Par ailleurs, le groupe de combat amené par Rommel contre l'extrémité du flanc sud des Alliés à Gafsa était entré dans ce centre routier après qu'il eut été évacué le 15. Forçant l'allure et poussant au nord-ouest, il progressa de 80 kilomètres le 17, traversant Fériana et s'emparant des aérodromes américains de Thelepte. Il se trouvait maintenant presque au niveau de la 21e division de Panzer, mais 55 kilomètres plus à l'ouest, et donc plus près des lignes de communications alliées. Alexander, qui arriva ce jour-là et prit le commandement des deux armées le 19, déclara dans son rapport officiel que, dans la « confusion de la retraite, les troupes américaines, françaises et britanniques s'étaient mélangées d'une manière inextricable, il n'y avait aucun plan de défense coordonné et la plus grande incertitude régnait dans le commandement ». Rommel apprit que les Alliés avaient mis le feu à leurs dépôts de ravitaillement de Tebessa, 65 kilomètres plus loin, de l'autre côté de la chaîne montagneuse. Ce qui lui semblait indiquer clairement qu'ils commençaient à devenir « nerveux ».

C'est à ce moment que se place le véritable tournant, bien que les chefs alliés crurent qu'il s'était situé trois jours plus tard. Rommel voulait exploiter la confusion et la panique au moyen d'une avance combinée de toutes les forces mécanisées disponibles à travers Tebessa. Il avait la conviction qu'une telle avance en profondeur, sur la principale ligne de communica-

Tentative de Rommel pour tourner la 1ère Armée 14-22 Février 1943

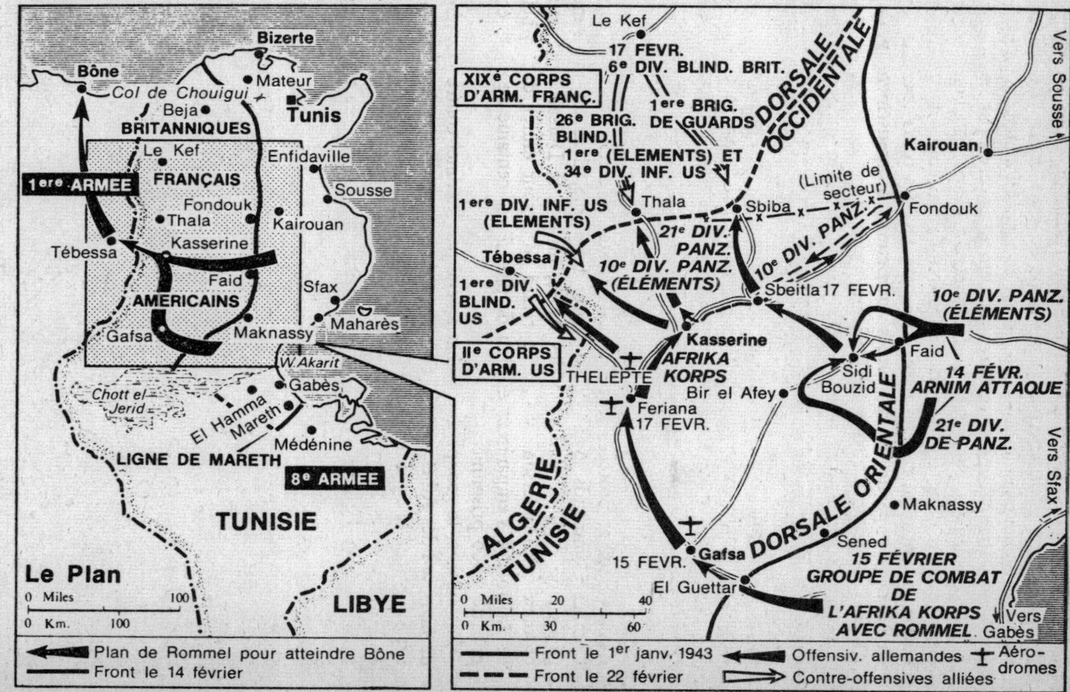

tions des Alliés, « forcerait les Américains et les Britanniques à replier le gros de leurs forces en Algérie — une perspective qui s'imposait maintenant aux esprits inquiets des chefs alliés ».

Mais il s'aperçut qu'Arnim, qui avait déjà rappelé la 10e division de Panzer, n'était pas disposé à s'embarquer dans une telle entreprise. Rommel envoya donc ses propositions au Commando supremo, en escomptant que Mussolini désirerait une « victoire pour renforcer sa situation politique intérieure », tandis que Bayerlein obtenait l'appui du commandant de l'aviation en Tunisie.

Les heures s'écoulèrent et ce n'est que le 18, peu avant minuit, qu'un message arriva de Rome, autorisant la poursuite de l'attaque, désignant Rommel pour la diriger et plaçant à cet effet les deux divisions de Panzer sous ses ordres. Mais le message stipulait que l'offensive devait avoir lieu vers le *nord*, en direction de Thala et Le Kef, et non pas vers le *nord-ouest*, en passant par Tebessa. Aux yeux de Rommel cette modification était « un exemple affolant et incroyable de myopie intellectuelle » car elle signifiait que l'attaque combinée se ferait « beaucoup trop près du front et nous entraînerait inévitablement à nous heurter aux fortes réserves de l'ennemi ».

L'attaque se produisit donc là où Alexander l'attendait, puisqu'il avait ordonné à Anderson de « concentrer ses blindés en vue de la défense de Thala », en estimant à tort que Rommel préférerait chercher une « victoire tactique », plutôt que de poursuivre un objectif stratégique moins direct. Cette erreur de calcul tourna heureusement au bénéfice des Alliés grâce à l'intervention du Commando supremo, mais ils auraient été dangereusement pris à contre-pied si Rommel avait été autorisé à suivre la voie qu'il avait choisie. En effet, le gros des renforts américains et britanniques qui avaient été dépêchés vers le sud furent envoyés à Thala et dans le secteur de Sbiba, à l'est de celle-ci, alors que la défense de Tebessa n'était assurée que par les restes de la 1re division blindée U.S.

La principal renfort britannique était la 6e division blindée. Son unité de chars, la 26e brigade blindée, fut postée à Thala où des compléments d'infanterie et l'artillerie de la 9e division d'infanterie U.S. furent également envoyés pour l'appuyer. La 1re guards brigade, l'unité d'infanterie portée de la 6e division blindée, fut postée au défilé de Sbiba, au nord de Sbeïtla, ainsi que 3 groupes de combat régimentaires des 1re et 34e divisions d'infanterie U.S.

L'attaque de Rommel fut déclenchée au matin du 19, quelques heures après l'arrivée du message du Commando supremo. Mais les chances de réussite étaient compromises par les délais antérieurs et par le rappel ordonné par Arnim de la 10e division de Panzer qui dut d'abord être ramenée et n'arriva pas à temps pour jouer un rôle dans la phase initiale de la nouvelle offensive. Avec ce handicap, Rommel décida de faire effectuer un demi-tour à son groupe de combat de l'Afrika Korps pour mener l'avance vers Le Kef, en passant par Thala, et d'envoyer la 21e division de Panzer vers Le Kef également, mais en passant par la route de Sbiba, de façon que les deux avances convergentes développent une pression mutuelle les aidant réciproquement.

L'approche vers Thala se faisait par le col de Kasserine, à mi-chemin entre Sbeïtla et Fériana, et cette position était défendue par une force composite américaine placée sous les ordres du colonel Stark. Une première tentative pour forcer le passage par surprise échoua et, dans l'après-midi, Stark reçut des renforts qui portèrent ses effectifs à un total considérablement supérieur à ceux du groupe de l'Afrika Korps (3 petits bataillons, 1 de chars et 2 d'infanterie) qui montait à l'attaque. Mais la défense n'était pas très bien coordonnée, ce qui permit aux Allemands de s'infiltrer en plusieurs points dans la soirée et de pousser plus avant. Entre-temps, la progression de la 21e division de Panzer en direction de Sbiba avait été arrêtée par un champ de mines et par les forces alliées déployées en retrait de celui-ci : 11 bataillons d'infanterie contre les 2 des attaquants, ainsi qu'un nombre supérieur de canons et de chars (il en restait moins d'une quarantaine à la 21e division de Panzer). Aussi, pendant la nuit, Rommel décida de concentrer ses efforts sur le col de Kasserine où la défense semblait moins solide, et d'employer à cet effet la 10e division de Panzer qui s'était enfin mise en route. Cependant celle-ci ne comprenait plus qu'1 bataillon de chars, 2 bataillons d'infanterie et 1 bataillon de motocyclistes, ce qui réduisait encore les chances déjà bien compromises. Arnim avait gardé près de la moitié de la division et son bataillon de chars Tigre sur lequel Rommel comptait tout particulièrement.

L'offensive contre le col de Kasserine ne put être déclenchée que dans l'après-midi du 20, après que les éléments de la 10e division de Panzer furent enfin arrivés, avec un retard qui le rendit « extrêmement furieux ». Dans la matinée, un premier assaut avait été arrêté par le feu des défenseurs, mais, à 16 h 30, après s'être rendu en personne sur le front, il lança toute l'infanterie disponible, soit 5 bataillons (y compris le 5e bataillon de bersaglieri) dans un assaut simultané qui réussit bientôt à percer. Mais les attaquants se heurtèrent alors à la résistance acharnée d'un tout petit détachement britannique (1 escadron de chars, 1 compagnie d'infanterie et 1 batterie d'artillerie de campagne) sous les ordres du lieutenant-colonel A. C. Gore, qui avait été envoyé en appui pour la défense du col, et son opposition ne put être surmontée qu'après l'entrée en action d'1 bataillon de Panzer dont les 11 chars furent mis hors de combat. L'histoire officielle américaine, avec une honnêteté rare dans les histoires officielles de n'importe quel pays, souligne non seulement la résistance exceptionnellement vigoureuse de ce détachement, mais remarque d'une manière significative, au sujet de la percée facile des forces de Rommel aux autres endroits : « L'ennemi fut stupéfait de la quantité et de la qualité du matériel américain capturé pratiquement intact [1]. »

1. Howe : *U.S. Army in World War II*, « Northwest Africa : Seizing the Initiative in the West », p. 456.

Après s'être emparé du col, Rommel envoya des détachements de reconnaissance sur la route de Thala, et aussi sur la route de Tebessa, afin de mettre les Alliés devant un dilemme pour déplacer leurs réserves, et aussi afin d'explorer la possibilité de réaliser son plan originel et de s'emparer des vastes dépôts de ravitaillement américains de Tebessa. Son premier objectif avait déjà été atteint avec l'effet produit par la nouvelle de la progression de Rommel. Fredendall, après avoir ordonné au Combat Command B, dans la matinée, de quitter l'extrémité du flanc droit pour se porter sur Thala, l'avait ensuite détourné pour aller protéger la route de Kasserine-Tebessa. Le 26e groupe de brigades blindées britanniques (sous les ordres du général Charles Dunphie), avec 2 régiments de chars et 2 bataillons d'infanterie, avait quitté Thala vers le sud et pris position à une quinzaine de kilomètres du col de Kasserine pour y attendre l'arrivée du Combat Command B. Heureusement pour les Alliés, les forces des attaquants étaient beaucoup moins nombreuses qu'ils ne l'imaginaient.

Le lendemain matin, 21 février, Rommel demeura d'abord sur ses positions, dans l'attente d'une contre-attaque alliée visant à reprendre le col de Kasserine. Cette pause déconcerta ses adversaires qui ne se rendaient pas compte de la minceur de ses forces par rapport à celles qu'ils avaient maintenant rassemblées. Lorsqu'il s'aperçut que les Alliés ne bougeaient pas, il poussa par la route jusqu'à Thala, avec les éléments de la 10e division de Panzer qu'il avait sous ses ordres, c'est-à-dire un simple groupe de combat comprenant 30 chars, 20 canons automoteurs et 2 bataillons de panzergrenadier (infanterie motorisée). Le groupe de brigades de Dunphie se replia progressivement devant les Allemands, en résistant sur les crêtes successives, jusqu'au moment où il fut contourné et pris en enfilade. Mais lorsque ses chars se replièrent au crépuscule sur des positions préparées à l'avance, à Thala, une colonne de chars allemands les suivit de près, habilement précédée par un Valentine capturé, qui la fit passer pour une colonne de retardataires britanniques. Les Allemands firent donc irruption dans la position, débordant une partie de l'infanterie, détruisant de nombreux véhicules et semant la confusion. Ils furent contraints de se retirer au terme d'une mêlée de trois heures, mais ils emmenèrent avec eux 700 prisonniers. Au cours de cette série de combats sur la route de Kasserine, ils avaient perdu une douzaine de chars, mais ils avaient détruit près d'une quarantaine de chars adverses, y compris ceux d'un escadron qui s'égara et tomba au beau milieu de leur campement lors d'une contre-attaque, le lendemain matin.

S'attendant à une plus forte contre-attaque, Rommel décida de la laisser venir, avec l'idée de poursuivre l'ennemi après l'avoir repoussé. Mais, dans le courant de la matinée, une reconnaissance aérienne montra que d'importants renforts alliés étaient arrivés sur place et que d'autres étaient en route. Il devint donc évident que les chances d'une exploitation au-delà de Thala s'étaient évanouies, alors que le flanc gauche des forces de l'Axe était maintenant exposé à un danger grandissant. Au cours de l'après-midi précédent, le groupe de combat de l'Afrika Korps avait poussé sur la route de Tebessa dans le dessein de s'emparer des cols, afin de protéger le flanc de l'avance sur Thala, mais il avait été arrêté par un fort tir convergent de l'artillerie américaine postée sur les hauteurs. Un nouvel effort au matin du 22 n'apporta qu'un léger gain de terrain, et des pertes plus importantes que n'en pouvaient supporter les attaquants qui étaient maintenant largement dominés en nombre par les forces américaines rassemblées dans le secteur : le Combat Command B de Robinett et des éléments de la 1re division d'infanterie de Terry Allen.

Dans l'après-midi, Rommel et Kesselring, ce dernier étant venu en avion pour le voir, arrivèrent à la conclusion qu'aucun avantage nouveau ne pourrait être tiré de la contre-offensive occidentale et décidèrent de l'interrompre pour retourner leurs forces vers l'est contre la VIIIe armée britannique. En conséquence, les troupes de l'Axe reçurent l'ordre d'amorcer un repli, dans un premier temps, jusqu'au col de Kasserine.

Durant ce temps, Allen essayait depuis les premières heures de la matinée d'organiser une contre-attaque contre le flanc des forces de Rommel, mais celle-ci fut retardée en raison de difficultés de communications avec Robinett, et elle ne fut déclenchée qu'en fin d'après-midi. Elle hâta alors et bouscula quelque peu la retraite du groupe de l'Afrika Korps dont les éléments italiens se replièrent en désordre. Rommel fut impressionné par l'habileté tactique de plus en plus grande des troupes américaines et par la précision de leur tir d'artillerie, ainsi que par l'abondance de leur armement. Ses forces relativement restreintes auraient couru un grave danger si une contre-attaque plus importante avait été lancée.

Mais le Haut Commandement allié ne se rendit pas compte de la faiblesse de Rommel et du changement de situation. Comme il est dit dans l'histoire officielle américaine, « les opérations terrestres (dirigée par Fredendall) contre l'ennemi en retraite se firent extraordinairement hésitantes, au moment précis où l'ennemi était le plus vulnérable ». Anderson pensait encore, lui aussi, en termes de défensive. L'important détachement allié de Sbiba fut même replié d'une quinzaine de kilomètres au nord pendant la nuit, de crainte que Rommel ne perce jusqu'à Thala et ne menace ses arrières. Des appréhensions semblables firent envisager l'évacuation de Tebessa. Au matin du 23, lorsqu'on s'aperçut que l'ennemi avait abandonné Thala, rien ne fut fait pour le poursuivre et c'est seulement tard dans la nuit que l'ordre fut donné de préparer une contre-attaque générale, pour le 25. A cette date, l'ennemi avait eu le temps de se replier sans encombre par le col de Kasserine et l'effort des Alliés pour « détruire » l'ennemi et « reprendre » le col prit la tournure d'une simple avance processionnelle seulement freinée par les destructions et les mines que celui-ci avait semées dans son sillage avant de disparaître.

Lorsqu'on examine objectivement le rapport des forces et la résistance de plus en plus vigoureuse, il apparaît que l'arrêt de l'offensive de l'Axe était un choix très sage. Ç'eût été folie que de la poursuivre, face aux forces énormément supérieures que les Alliés avaient rassemblées. Elles avaient permis des gains matériels importants en comparaison de ce qu'elle avait coûté : Rommel avait capturé plus de 4 000 prisonniers en ne perdant qu'un peu plus de 1 000 hommes et environ 200 chars. Pour une offensive « à objectif limité » c'était un brillant succès. Mais, tout en s'approchant dangereusement, elle n'avait pas atteint son but stratégique qui était de contraindre les Alliés à se retirer de Tunisie. Ce résultat aurait probablement été obtenu si Rommel avait pu disposer de toute la 10ᵉ division de Panzer et s'il avait été responsable de l'opération dès son début, avec la faculté de la diriger contre Tebessa. En s'emparant rapidement de cette base américaine et des aérodromes, ainsi que de l'énorme quantité de ravitaillement qui s'y trouvait, il aurait mis les Alliés dans l'impossibilité de se maintenir en Tunisie.

L'ironie du sort voulut qu'un ordre de Rome, plaçant toutes les forces de l'Axe en Tunisie sous le commandement de Rommel, arrive le 23 février. Cette nomination à la tête du nouveau « groupe d'armées Afrika » montrait à quel point les effets spectaculaires de la contre-offensive avaient fait remonter les actions de Rommel dans l'esprit de Mussolini et de Hitler, mais elle avait une saveur amère pour le maréchal car elle arrivait le lendemain matin du début de la retraite et beaucoup trop tard pour rattraper l'occasion perdue.

Elle arrivait également trop tard pour annuler l'attaque prévue par Arnim dans le nord du pays et pour laquelle il avait conservé des réserves qui eussent été mieux employées dans le plan de Rommel. L'objectif limité de cette offensive devait être la prise de Medjez El Bab, et elle devait être lancée le 26 avec 2 bataillons de Panzer et 6 autres bataillons. Mais, à l'aube du 24, après avoir envoyé un membre de son état-major informer Rommel de ce plan limité, Arnim partit en avion pour rencontrer Kesselring à Rome et de leur discussion naquit dans la journée un plan beaucoup plus ambitieux. Il prévoyait d'attaquer en 8 points différents sur les 11 kilomètres de front s'étendant depuis la côte jusqu'à Pont-du-Fahs, et tenus par le 5ᵉ corps britannique (46ᵉ et 48ᵉ divisions, division Y, ainsi qu'un groupe régimentaire français près de la côte). L'attaque principale, confiée à un groupe blindée, devait être dirigée contre le centre routier de Béja (à une centaine de kilomètres à l'ouest de Tunis) et associée à une offensive en tenailles plus limitée pour s'emparer de Medjez El Bab. Toutes les forces disponibles devaient être employées, mais l'augmentation des effectifs n'était en aucun point égale, et de loin, à l'augmentation des ambitions. En vue de l'attaque sur Béja, les effectifs du groupe blindé, constitué de 2 bataillons de Panzer, furent portés à 77 chars (dont 14 chars Tigre), mais ce total, encore insuffisant, ne fut atteint qu'en détournant 15 chars récemment arrivés à Tunis et destinés à la 21ᵉ division de Panzer. Lorsqu'on l'informa de ce nouveau plan, Rommel fut stupéfait et le qualifia de « complètement irréaliste ». Il en attribuait par erreur la responsabilité au Commando supremo, mais celui-ci avait été tout aussi déconcerté par cette initiative.

Arnim donna ses ordres le 25 et l'offensive fut déclenchée le lendemain, en respectant donc la date prévue pour le plan plus restreint. C'était une preuve remarquable de la rapidité et de l'élasticité des préparatifs allemands, même si cette hâte était un peu trop grande en raison de l'importance des modifications. Cependant, les meilleurs résultats furent remportés par les offensives récemment ajoutées et confiées à la division de Manteuffel, dans le secteur extrême nord où les troupes françaises et britanniques eurent 1 600 prisonniers. Mais le groupe blindé allemand chargé de l'offensive principale, après avoir emporté la position avancée britannique de Sidi Nsir, fut bloqué dans un étroit défilé marécageux une quinzaine de kilomètres avant Béja, et l'artillerie de campagne et les canons antichars anglais lui infligèrent de terribles pertes. Tous les chars allemands furent mis hors de combat, à l'exception de 6, et l'offensive avorta. L'attaque secondaire en direction de Medjez El Bab se solda par un échec, après quelques succès initiaux, et il en fut de même pour les autres attaques plus au sud. En tout, Arnim fit 2 500 prisonniers en ne perdant qu'un peu plus d'un millier d'hommes, mais ce résultat était largement contrebalancé par la perte de 71 chars, détruits ou immobilisés, alors que les Anglais en avaient perdu moins d'une vingtaine. En effet, les Allemands manquaient déjà de chars et les vides ne pouvaient pas être comblés facilement.

Plus grave encore, cette offensive avortée entraîna un retard dans l'envoi des divisions dont Rommel avait besoin pour lancer sa seconde attaque prévue cette fois contre les positions de Montgomery à Medenine, face à la Ligne de Mareth. Kesselring avait demandé que les 10e et 21e divisions de Panzer restent à proximité du flanc des Américains assez longtemps pour les dissuader d'envoyer des réserves vers le nord contre l'offensive d'Arnim. Ce retard compromit les chances de la contre-offensive orientale de Rommel. Jusqu'au 26 février, Montgomery n'avait qu'une seule division à Medenine. Il a admis que pour une fois il était inquiet, et son état-major travailla fiévreusement à redresser l'équilibre avant que Rommel ne fût en mesure d'attaquer. Le 6 mars, lorsque l'attaque fut déclenchée, les forces de Montgomery avaient été quadruplées et représentaient l'équivalent de 4 divisions, avec près de 400 chars, 350 canons et 470 pièces antichars.

Les chances de Rommel d'attaquer avec des forces supérieures s'étaient donc évanouies. Ses 3 divisions de Panzer (les 10e, 15e et 21e) réunissaient seulement 160 chars (c'est-à-dire moins que l'effectif normal d'une seule division) et n'étaient appuyées que par 200 canons et 10 000 fantassins, abstraction faite du cordon des faibles divisions italiennes stationnées sur la Ligne de Mareth. De plus, Montgomery disposait maintenant de 3 escadrons de chasse aérienne opérant à partir d'aérodromes avancés, ce qui lui conférait la maîtrise du ciel. Enfin Rommel perdit toute chance d'obtenir un effet de surprise lorsque l'approche des divisions de Panzer fut repérée et signalée le 4 mars, deux jours avant l'attaque.

Dans cette situation, Montgomery était à même de faire preuve de toute son habileté pour établir une défense bien disposée et l'offensive fut contrée d'une manière encore plus radicale qu'à Alam Halfa, six mois plus tôt. Les attaquants furent rapidement immobilisés et décimés par le tir convergent des Britanniques. Voyant la futilité de toute obstination, Rommel interrompit l'attaque dans la soirée. Il avait déjà perdu plus de 40 chars, mais les pertes humaines étaient peu importantes : 645 hommes dans le camp allemand, encore moins dans le camp anglais.

Cet échec mettait un terme aux espoirs allemands de battre en brèche l'une ou l'autre armée alliée avant qu'elles ne fissent leur jonction et ne soumissent les forces de l'Axe, inférieures en nombre et en armement, à une pression combinée. Déjà, la semaine précédente, Rommel avait envoyé à Kesselring un rapport sobre et sombre exprimant l'opinion de ses deux chefs d'armée, Arnim et Messe, en même temps que la sienne. Dans ce document, il soulignait le fait que les forces de l'Axe étaient dangereusement étirées sur un front de près de 650 kilomètres face à des forces supérieures, disposant de deux fois plus d'hommes et six fois plus de chars [1]. Il avait préconisé avec insistance que le front fût réduit à un arc de 150 kilomètres protégeant Tunis et Bizerte, tout en spécifiant que celui-ci ne pourrait être défendu que si les arrivées de ravitaillement étaient portées à 140 000 tonnes par mois, et il avait explicitement demandé à être tenu au courant des plans à long terme du Haut Commandement au sujet de la campagne de Tunisie. Après avoir confirmé plusieurs fois son rapport, il reçut une réponse disant simplement que le Führer n'était pas d'accord avec son appréciation de la situation. Il y était annexé un tableau des forces respectives en présence, ne tenant aucun compte des effectifs réels en hommes et en matériel, et reprenant la même base erronée de comparaison que celle utilisée par les commandants alliés pour rendre compte de leurs succès.

Après l'échec de Medenine, Rommel arriva à la conclusion que ce serait un « pur suicide » pour les forces germano-italiennes de rester en Afrique. Aussi, le 9 mars, prit-il enfin son congé de maladie, laissant le commandement du Groupe d'armées à Arnim pour rentrer en Europe dans l'intention de faire comprendre la situation à ses maîtres. En fin de compte, ses efforts n'eurent d'autre résultat que de mettre un terme à son rôle personnel dans la campagne d'Afrique.

En arrivant à Rome, il vit Mussolini qui « semblait dépourvu de tout sens de la réalité dans l'adversité et passa tout le temps de l'entretien à chercher des arguments pour justifier son opinion ». Puis Rommel alla voir Hitler, qui fut imperméable à ses arguments et lui fit sentir qu'à ses yeux il était « devenu un pessimiste ». Il empêcha Rommel de retourner en Afrique pour le moment en lui disant qu'ainsi il serait peut-être rétabli à temps « pour prendre la tête d'opérations contre Casablanca ». Étant donné l'éloignement

1. Ils estimaient les ressources des Alliés à 210 000 hommes, 1 600 chars, 850 canons et 1 100 pièces antichars — ce qui était en dessous de la vérité. Début mars, les Alliés disposaient en réalité de plus de 500 000 hommes (dont cependant seulement la moitié de combattants), près de 1 800 chars, plus de 1 200 canons et plus de 1 500 pièces antichars. Les forces de l'Axe disposaient de 120 000 combattants et à peine 200 chars allemands.

de Casablanca, il est évident que Hitler s'imaginait encore pouvoir chasser complètement les Alliés d'Afrique, ce qui montre le degré de ses illusions.

Durant ce temps, les Alliés préparaient, avec des forces très supérieures en nombre, une offensive convergente pour s'emparer de la porte méridionale de la Tunisie, afin de permettre aux Ire et VIIIe armées de faire leur jonction, et de prendre en tenailles la « Ire armée italienne » de Messe. (Celle-ci était l'ancienne Panzerarmee Afrika de Rommel. Bayerlein, qui n'était en titre que le chef d'état-major allemand de Messe, avait le commandement direct et total de tous les éléments allemands de cette formation.)

A la suite du cuisant échec de la contre-offensive allemande de Medenine, Montgomery n'essaya pas d'exploiter ce succès décisif ni d'ébranler l'ennemi par une poursuite immédiate. Il continua de concentrer méthodiquement ses forces et son ravitaillement en vue d'une attaque délibérée contre la Ligne de Mareth. La date de celle-ci fut fixée au 20 mars, deux semaines après la bataille de Medenine.

Afin de l'aider par une action dans le dos de l'ennemi, le 2e corps américain lança une attaque dans le Sud tunisien trois jours plus tôt, le 17 mars. Son objectif, assigné par Anderson et approuvé par Alexander, était triple : distraire des ressources ennemies qui auraient pu être utilisées contre Montgomery; reprendre les aérodromes avancés du secteur de Thelepte afin de les utiliser pour appuyer l'avance de la VIIIe armée; établir un centre avancé de ravitaillement près de Gafsa pour faciliter l'approvisionnement de l'avance orientale. Mais il n'était pas prévu de couper la retraite de l'ennemi en avançant jusqu'à la route côtière. Cette restriction était inspirée par des doutes quant à la faculté des Américains de réaliser une percée aussi profonde (250 kilomètres) et par le souci d'éviter de les exposer à une nouvelle contre-attaque allemande comme celle qu'ils avaient subie en février. Mais cette limitation allait contre l'ardeur agressive de Patton qui remplaçait maintenant Fredendall à la tête du 2e corps. Celui-ci comportait 4 divisions et 88 000 hommes, soit environ quatre fois plus que toutes les forces de l'Axe disponibles qui pouvaient lui être opposées. D'ailleurs les Alliés estimaient le nombre des forces ennemies dans le secteur visé à seulement 800 Allemands et 7 850 Italiens, ces derniers faisant principalement partie de la division Centauro stationnée près de Gafsa [1].

L'offensive américaine débuta de façon prometteuse. Le 17, la 1re division d'infanterie d'Allen occupa Gafsa sans encombre, les Italiens se repliant de près de 35 kilomètres jusqu'à un défilé situé à l'est d'El Guettar, à l'embranchement des routes menant aux villes côtières de Gabès et Maharès. Le 20, la 1re division blindée de Ward descendit de la région de Kasserine et atteignit la troisième route menant de Gafsa à la côte; le lendemain elle occupa Sened, avant de poursuivre sa route jusqu'au col situé au-delà de Maknassy.

Ce jour-là, Alexander lâcha la bride à Patton en lui disant de préparer une

1. Ce chiffre était même au-dessus de la réalité. Avant les combats de février, la division Centauro ne comptait que 5 000 hommes, et ses effectifs avaient encore diminué par la suite.

forte avance blindée en vue de couper la route côtière, afin de mieux aider l'offensive que Montgomery venait de déclencher contre la Ligne de Mareth. Mais cet ordre devint lettre morte en raison de la résistance acharnée opposée par le tout petit détachement allemand posté sur le col et sur les hauteurs avoisinantes et commandé par le colonel Rudolf Lang. Le 23, les attaques successives pour s'emparer de la cote 322 furent tenues en échec par un groupe de seulement 80 défenseurs qui étaient les anciens gardes du corps de Rommel. Le lendemain, une nouvelle attaque, lancée par 3 bataillons d'infanterie appuyés par 4 bataillons d'artillerie et 2 compagnies de chars, fut à nouveau repoussée par 350 défenseurs. Le 25, Ward, après avoir reçu par téléphone un ordre péremptoire de Patton insistant sur le fait que l'attaque devait absolument réussir, monta personnellement à la tête d'un nouvel assaut. Mais ce fut un nouvel échec et l'attaque dut être abandonnée face à de nouveaux renforts ennemis.

Patton s'était déjà plaint que la division « flânait » et, en conséquence, Ward fut relevé de son commandement. Mais Patton avait tellement l'esprit offensif qu'il ne se rendait pas compte des avantages inhérents de la défensive, même face à des troupes très supérieures en nombre, lorsqu'elle était menée par des hommes hautement entraînés contre des attaquants inexpérimentés.

Ces avantages furent démontrés encore une fois dans le secteur d'El Guettar et par des troupes qui étaient relativement inexpérimentées mais possédaient un très haut niveau d'entraînement : la 1re division d'infanterie U.S. Dans ce secteur, les troupes d'Allen avaient pénétré dans la position italienne le 21 et elles avaient à nouveau progressé le lendemain, mais, le 23, elles se heurtèrent à une contre-offensive allemande. Celle-ci était lancée par la 10e division de Panzer, la principale unité du groupe d'armées Afrika, qui avait été dépêchée en toute hâte depuis la côte. (Elle ne comprenait que 2 bataillons de chars, 2 bataillons d'infanterie, 1 bataillon de motocyclistes et 1 bataillon d'artillerie.) Les attaquants enlevèrent d'abord les positions avancées américaines, mais ils furent ensuite arrêtés par un champ de mines et soumis à un intense bombardement de l'artillerie et des canons antichars d'Allen. Cela fit perdre de son mordant à l'attaque, et un nouvel effort dans la soirée ne fut pas davantage couronné de succès, comme le déclara un rapport triomphal de l'infanterie américaine : « Notre artillerie les a crucifiés avec des obus à grande puissance explosive et ils tombaient comme des mouches. » Les pertes allemandes au cours de la seconde attaque ne furent pas aussi lourdes que ce rapport pittoresque pourrait le laisser croire, mais une quarantaine de chars furent mis hors de combat par les tirs d'artillerie ou par les mines, au cours de la journée.

En attirant le gros des réserves blindées ennemies dans cette ruineuse contre-attaque, l'avance limitée des Américains avait largement compensé son propre échec de Maknassy. Elle avait non seulement distrait une partie importante des forces qui auraient pu compromettre les chances de Montgomery, mais elle avait aussi contribué à détruire une plus grande partie des

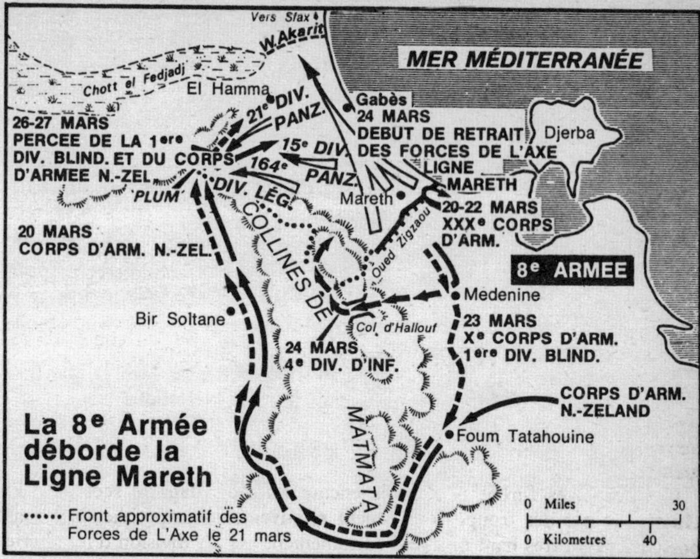
Vers Sfax
W. Akarit
MER MÉDITERRANÉE
Chott el Fedjadj
El Hamma
21e DIV. PANZ.
Gabès
24 MARS
DEBUT DE RETRAIT DES FORCES DE L'AXE
Djerba
26-27 MARS
PERCEE DE LA 1ere DIV. BLIND. ET DU CORPS D'ARMEE N.-ZEL.
15e DIV. PANZ.
164e
LIGNE MARETH
'PLUM'
DIV. LÉG.
Mareth
20-22 MARS
XXXe CORPS D'ARM.
COLLINES DE MATMATA
20 MARS
CORPS D'ARM. N.-ZEL.
Oued Zigzaou
8e ARMEE
Medenine
Bir Soltane
Col d'Hallouf
23 MARS
Xe CORPS D'ARM.
1ere DIV. BLIND.
24 MARS
4e DIV. D'INF.
CORPS D'ARM. N.-ZELAND
Foum Tatahouine
La 8e Armée déborde la Ligne Mareth
...... Front approximatif des Forces de L'Axe le 21 mars
0 Miles 30
0 Kilometres 40

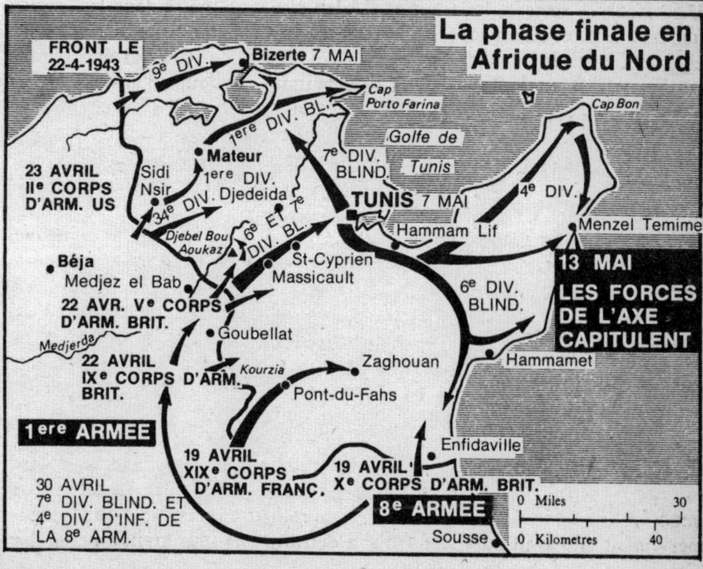
La phase finale en Afrique du Nord
FRONT LE 22-4-1943
9e DIV.
Bizerte 7 MAI
Cap Porto Farina
Cap Bon
1ere DIV. BL.
Golfe de Tunis
Mateur
7e DIV. BLIND.
23 AVRIL
IIe CORPS D'ARM. US
Sidi Nsir
1ere DIV.
Djedeida
34e DIV.
7e
TUNIS 7 MAI
4e DIV.
6e ET 7e DIV. BL.
Djebel Bou Aoukaz
Hammam Lif
Menzel Temime
Béja
St-Cyprien
Massicault
13 MAI
LES FORCES DE L'AXE CAPITULENT
Medjez el Bab
6e DIV. BLIND.
22 AVR. Ve CORPS D'ARM. BRIT.
Goubellat
Medjerda
22 AVRIL
IXe CORPS D'ARM. BRIT.
Kourzia
Zaghouan
Hammamet
Pont-du-Fahs
1ere ARMEE
Enfidaville
19 AVRIL
XIXe CORPS D'ARM. FRANÇ.
19 AVRIL
Xe CORPS D'ARM. BRIT.
30 AVRIL
7e DIV. BLIND. ET 4e DIV. D'INF. DE LA 8e ARM.
8e ARMEE
0 Miles 30
0 Kilometres 40
Sousse

maigres ressources en chars de l'ennemi. Les Alliés durent davantage leur victoire finale aux trois contre-offensives malheureuses de l'ennemi qui suivirent sa contre-offensive réussie de février, qu'à leurs propres assauts. Ils ne furent en mesure de prendre le dessus qu'après que l'ennemi eut épuisé ses propres forces. Et, par la suite, il aurait encore pu faire durer les combats s'il n'avait continué d'épuiser ses dernières forces en de vaines ripostes.

Montgomery déclencha son attaque sur la Ligne de Mareth dans la nuit du 20 mars. Il avait rassemblé à cet effet les 10e et 30e corps, avec environ 160 000 hommes, 610 chars, et 1 410 canons. L'armée de Messe comprenait en théorie 9 divisions, alors que Montgomery n'en alignait que 6, mais elle comptait moins de 80 000 hommes, avec 150 chars (y compris ceux de la 10e division de Panzer strationnée près de Gafsa) et 680 canons. Les attaquants étaient donc à plus de 2 contre 1 en matière de troupes et de canons ainsi que d'aviation, et à 4 contre 1 en matière de chars.

De plus, la Ligne de Mareth s'étendait sur 35 kilomètres, de la mer jusqu'aux collines de Matmata, et présentait un flanc désertique dégarni au-delà de ces hauteurs. Dans ces circonstances, il eût été plus sage, de la part des forces de l'Axe relativement peu nombreuses, de n'opposer sur la Ligne de Mareth que de simples combats de retardement à l'aide de troupes mobiles et d'organiser leur résistance sur la ligne de l'oued Akarit, au nord de Gabès, resserrée sur à peine 22 kilomètres entre la mer et les lacs salés *(chotts)*. C'était la conduite que Rommel avait préconisée et la position qu'il avait proposée d'adopter depuis la retraite d'El Alamein, en novembre. Lors de sa rencontre avec Hitler, le 10 mars, il avait réussi à le convaincre de donner les instructions nécessaires à Kesselring pour que les divisions non mobiles italiennes de la Ligne de Mareth fussent déplacées sur l'oued Akarit afin d'y construire des positions défensives. Mais les responsables taliens préféraient tenir la Ligne de Mareth, et Kesselring, qui partageaiti leur opinion, amena Hitler à annuler son ordre.

Le plan initial de Montgomery était baptisé « Pugilist Gallop ». Il prévoyait une attaque frontale principale par les 3 divisions d'infanterie du 30e corps de Leese, dans le but de percer les défenses près de la mer afin d'ouvrir une brèche par laquelle les forces blindées du 10e corps de Brian Horrocks s'élanceraient pour exploiter le succès. En même temps le corps d'armée provisoire néo-zélandais, sous les ordres de Bernard Freyberg, effectuerait un vaste mouvement tournant en direction d'El Hamma (à 40 kilomètres de Gabès à l'intérieur des terres) afin de menacer les arrières de l'ennemi et d'immobiliser ses réserves.

L'attaque frontale fut un échec. Lancée dans un étroit secteur près de la côte par une brigade d'infanterie et un régiment de 50 chars d'infanterie, elle ne fit qu'une légère brèche dans la position ennemie qui était protégée par l'oued Zigzaou, large de 60 mètres et profond de 6, et par un fossé antichar s'étendant au-delà du cours d'eau. Le terrain mou et les mines posées dans le lit de l'oued gênèrent l'avance des chars et de l'artillerie d'appui, tandis que la position de l'infanterie dans les lignes ennemies devint une cible parfaite pour un tir en enfilade. Un nouvel assaut réalisé avec des renforts, au cours de la nuit suivante, permit d'agrandir quelque peu la tête de pont et de nombreux Italiens saisirent l'occasion de se rendre lorsque les Anglais furent dans leurs lignes. Mais l'arrivée des canons antichars fut encore retardée par le terrain bourbeux qu'ils avaient à traverser, et, dans l'après-midi, des éléments avancés d'infanterie furent bousculés par une contre-attaque allemande [1] alors qu'ils n'avaient pas encore d'appui adéquat. Les Anglais se replièrent de l'autre côté de l'oued à l'abri de l'obscurité. Si bien que, dans la nuit du 22, non seulement l'attaque frontale n'avait pas permis de réaliser une brèche, mais les positions conquises dans les défenses ennemies avaient été abandonnées.

Par ailleurs, le mouvement tournant avait lui aussi été arrêté après avoir pris un bon départ. Au terme d'une longue marche d'approche depuis les arrières de la VIIIe armée à travers un terrain désertique difficile, les 27 000 hommes et les 200 chars du corps néo-zélandais étaient arrivés à proximité du petit col surnommé « Plum » et situé à 50 kilomètres à l'ouest de Gabès et 25 kilomètres au sud-ouest d'El Hamma, lorsque l'attaque côtière se déclencha, dans la nuit du 20. Mais, après avoir nettoyé les abords du col, ils furent tenus en échec par les défenseurs italiens successivement renforcés par la 21e division de Panzer tenue en réserve, et par les 4 bataillons de la 164e division légère Afrika arrivés de l'aile droite de la Ligne de Mareth.

Aux premières heures du 23 mars, lorsqu'il fut clair qu'il n'y avait aucune chance de relancer l'attaque côtière, Montgomery décida de refondre son plan et de concentrer toutes ses ressources sur le flanc du désert, où une nouvelle attaque avec des forces supérieures avait davantages de chances de percer jusqu'à El Hamma. Il ordonna à Horrocks de commencer cette nuit à s'avancer dans les terres avec le Q.G. de son 10e corps et la 1re division blindée, sous les ordres du général Raymond Briggs (160 chars), et de décrire un long circuit à travers le désert pour aller renforcer les Néo-Zélandais. En même temps, la 4e division indienne (général Francis Tuker) reçut l'ordre de s'avancer de Medenine et de s'emparer du col d'Hallouf, dans les collines de Matmata, qui permettrait de raccourcir de plus de 150 kilomètres la route de ravitaillement de la masse de manœuvre qui progressait dans le désert. Après avoir nettoyé le col, Tuker devait pousser vers le nord, le long de la ligne des crêtes, au-delà de l'extrémité immédiate de la Ligne de Mareth, afin de faire peser une menace supplémentaire sur le flanc de l'ennemi et d'ouvrir une voie d'exploitation de remplacement dans le cas où la plus vaste manœuvre par le col de « Plum » serait arrêtée.

Ce nouveau plan était bien conçu et représentait un revirement magistral. Encore plus qu'à El-Alamein, il montrait la capacité de Montgomery à faire preuve de souplesse dans le déplacement de ses points d'attaque et à

1. Elle était lancée par un peu moins d'une trentaine de chars et 2 bataillons d'infanterie de la 15e division de Panzer.

faire peser de nouvelles menaces une fois tenu en échec. Mais, selon son habitude, il eut tendance par la suite à obscurcir le mérite qui lui revenait grâce à sa souplesse, cette caractéristique des grands généraux, en parlant comme si tout s'était déroulé « selon les plans prévus » dès le départ. A bien des points de vue, Mareth représente sa plus belle bataille de toute la guerre, malgré les ennuis découlant de son plan initial de réaliser une percée dans un secteur étroit et fangeux près de la côte, et de sa manœuvre à travers le désert sans emploi des forces suffisantes pour assurer une réussite rapide.

Cette manœuvre prématurée devint le principal handicap de son nouveau plan baptisé « Supercharge II », en mémoire du plan finalement heureux d'El Alamein. En effet, alerté par l'arrivée des Néo-Zélandais à proximité de « Plum », le 20, le commandement des forces de l'Axe ne fut pas long à déduire que les nouveaux mouvements dans cette direction, repérés, d'abord dans la soirée du 23 et de nouveau le 24, par des observateurs postés sur les collines, annonçaient un changement dans le plan de Montgomery et le report de son poids principal contre le flanc du désert. En conséquence, la 15e division de Panzer fut ramenée à proximité d'El Hamma, prête à soutenir la 21e division de Panzer et la 164e division légère, deux jours avant que les renforts britanniques n'arrivent dans le secteur, juste à temps pour le déclenchement de l'attaque prévu dans l'après-midi du 26 mars.

Les chances de l'opération *Supercharge II* diminuèrent du fait de la disparition de l'effet de surprise, mais cette disparition fut compensée par la combinaison de quatre autres facteurs. Le facteur essentiel fut la décision prise par Arnim, le 24, de replier l'armée de Messe, contre le vœu de celui-ci, sur la ligne de l'oued Akarit plutôt que de courir le risque de la voir encerclée; si bien que les défenseurs de « Plum » reçurent seulement l'ordre de contenir l'assaut assez longtemps pour permettre aux divisions non-mobiles de quitter la Ligne de Mareth. Le second facteur fut la façon dont le chemin de l'assaut fut préparé par un « barrage » aérien exécuté par des attaques successives à basse altitude, à la bombe et au canon, par 16 escadrilles de chasseurs-bombardiers opérant deux par deux à quinze minutes d'intervalle. Cette adaptation, terrifiante pour les défenseurs, de la méthode allemande du *Blitz*, était due à l'air vice-marshal Harry Broadhurst, commandant la Desert Air Force, et elle fut très efficace, en dépit du fait qu'elle représentait une infraction à la doctrine de l'État-Major, ce qui fit froncer le sourcil aux lointains supérieurs de la R.A.F. Le troisième facteur fut la décision audacieuse de continuer l'avance blindée pendant la nuit, ce que les Allemand avaient souvent fait avec profit, mais que les Britanniques avaient été réticents à essayer. Le quatrième facteur fut un coup de chance qui voulut qu'une tempête de sable dissimulât le rassemblement des blindés britanniques et la première phase de leur avance au milieu d'un col hérissé des deux côtés de canons antichars ennemis.

L'attaque fut déclenchée le 26 à 16 h 00, au moment où le soleil déclinant contribuait à aveugler l'adversaire. La 8e brigade blindée et l'infanterie néo-zélandaise avancèrent les premières. Puis vers 18 heures, la 1re division blindée de Briggs les dépassa, progressa de 8 kilomètres à la faveur de la poussière et du crépuscule, s'arrêta à 19 h 30, à la tombée de la nuit, et reprit sa progression, formée « en phalange compacte » peu après minuit, lorsque la lune se leva. Le 27 mars, à l'aube, elle avait traversé le défilé sans encombre et était arrivée aux abords d'El Hamma.

Mais là, les Anglais furent tenus en échec pendant deux jours par l'écran antichar allemand et par une contre-attaque sur leur flanc d'une trentaine de chars de la 15e division de Panzer. Ce délai fut assez long pour permettre au gros de la garnison de la Ligne de Mareth d'échapper à l'encerclement et de se replier à pied sur la ligne de l'oued Akarit. Quelque 5 000 Italiens avaient été faits prisonniers, surtout au cours de la première phase de la bataille, et un millier d'Allemands furent capturés au cours des combats autour d'El Hamma, mais leur sacrifice permit au gros des forces de l'Axe de se replier sans encombre le long de la côte en ne perdant que très peu de matériel. Un changement rapide de la ligne d'attaque aurait peut-être permis d'atteindre la côte et de couper la route, mais l'occasion ne fut pas saisie. Plus d'une semaine s'écoula avant que Montgomery ne fût prêt à attaquer l'ennemi dans ses nouvelles positions.

De son côté, Patton reprit son offensive en direction de la côte et des arrières de l'ennemi, après avoir reçu le renfort des 9e et 34e divisions d'infanterie U.S. L'attaque principale devait se faire à partir d'El Guettar en direction de Gabès, avec les 1re et 9e divisions d'infanterie, chargées d'ouvrir un chemin à la 1re division blindée, pendant que la 34e division d'infanterie devait s'emparer du col de Fondouk, 150 kilomètres au nord, ouvrant ainsi une autre route vers la plaine côtière. Mais l'attaque sur Fondouk, lancée le 27 mars, fut vite arrêtée par un mince dispositif de défense, et fut abandonnée le lendemain. La 34e division se replia alors de 6 kilomètres vers l'ouest pour se mettre hors de portée et se réorganiser, ce qui amena ses adversaires à conclure, dans un rapport rédigé sur le champ de bataille, que : « L'Américain rompt le combat aussitôt qu'il est attaqué. »

L'attaque principale à partir d'El Guettar fut lancée le 28, mais elle subit également un échec après un petit gain de terrain au prix de durs combats. A cette date, Montgomery était parvenu à percer à El Hamma et à atteindre Gabès. Alexander ordonna donc à Patton de lancer sa colonne blindée vers la côte sans attendre que l'infanterie lui ouvrît la route. La tentative fut enrayée par le dispositif de canons antichars ennemi et, après trois jours d'efforts sans succès, il fut de nouveau fait appel à l'infanterie pour ouvrir le chemin, mais celle-ci ne réussit pas mieux, malgré les sollicitations vigoureuses de Patton. Néanmoins, la menace d'une percée sur ses arrières avait amené l'ennemi à dépêcher la 21e division de Panzer dans ce secteur, pour appuyer la 10e, et cette nouvelle diversion des maigres réserves blindées de l'Axe représenta une aide précieuse pour l'assaut imminent de Montgomery contre les positions de l'oued Akarit, avec 570 chars et 1 470 canons.

Cette position était naturellement forte puisque la bande de plaine côtière s'étend seulement sur 6,5 km protégée par la profonde coupure de l'oued Akarit, tandis qu'à l'endroit où cet oued devient étroit et peu profond une chaîne de petites collines escarpées s'élève entre la plaine et la ceinture de lacs salés. Mais la décision d'évacuer la Ligne de Mareth avait été prise si tardivement que les forces de l'Axe avaient eu peu de temps pour fortifier la position et l'étendre en profondeur. Plus grave encore, les défenseurs étaient à court de munitions après avoir épuisé la plus grande partie de leurs réserves limitées dans une résistance prématurée sur des positions trop avancées.

Comme à Mareth, la première idée de Montgomery était de percer à travers la position ennemie dans un secteur étroit le long de la côte, puis d'envoyer les blindés à travers la brèche pour exploiter la pénétration. La réalisation de la brèche devait être confiée à la 51ᵉ division (Highland), tandis que la 4ᵉ division indienne devait s'emparer de l'extrémité orientale de la ligne de collines pour protéger le flanc. Mais Tuker insista pour que l'attaque eût lieu sur un front plus large et fût étendue vers l'ouest pour s'emparer des hauteurs dominantes du centre, selon l'adage de la guerre de montagne qui veut que « le second sommet ne serve à rien ». Il était persuadé que ses troupes étaient assez bien entraînées au combat de montagne comme au combat de nuit pour surmonter un tel obstacle. Montgomery accepta sa proposition et élargit le front de l'attaque en employant les 3 divisions d'infanterie du 30ᵉ corps. De plus, plutôt que d'attendre encore une semaine pour bénéficier du clair de lune, il prit la décision audacieuse de lancer son offensive dans l'obscurité, estimant que l'avantage de l'obscurité compenserait le risque de confusion.

Le 5 avril, à la tombée de la nuit, la 4ᵉ division indienne entama sa progression et le 6, bien avant l'aube, elle avait pénétré profondément dans les collines, en faisant quelque 4 000 prisonniers, pour la plupart des Italiens. A 4 h 30 du matin, les 50ᵉ et 51ᵉ divisions montèrent à l'assaut, appuyées par le bombardement de près de 400 canons. La 50ᵉ division fut arrêtée au niveau du fossé antichars, mais la 51ᵉ parvint bientôt à ouvrir une brèche dans les défenses de l'adversaire, brèche qui cependant n'était pas aussi large que celle réalisée par la 4ᵉ division indienne. Cette double pénétration offrait l'occasion d'une exploitation rapide par les forces blindées du 10ᵉ corps de Brian Horrocks, qui avaient été postées à proximité immédiate dans ce but.

A 8 h 45, Horrocks vint jusqu'au Q.G. de Tuker, et une note rapporte que : « Le commandant de la 4ᵉ division indienne souligna devant le commandant du 10ᵉ corps que nous avons brisé l'ennemi; que la voie était libre pour le 10ᵉ corps; qu'une offensive immédiate mettrait un terme à la campagne d'Afrique du Nord. C'était le moment de cravacher et de n'épargner ni les hommes ni les machines. Le commandant du 10ᵉ corps demanda par téléphone au commandant de l'armée l'autorisation d'engager le 10ᵉ corps pour garder la vitesse acquise de l'offensive. » Mais le mouvement commença avec un retard malencontreux et l'exploitation fut encore plus lente. Le rapport officiel d'Alexander déclare qu'à « 12 h 00 le général Montgomery engagea le 10e corps ». A cette heure-là, la 90e division légère allemande avait déjà contre-attaqué et repris à la 51e division britannique une partie du terrain gagné, fermant ainsi partiellement la brèche. Puis, dans l'après-midi, lorsque les premiers éléments du 10e corps commencèrent enfin de s'avancer dans la brèche, ils furent arrêtés par une contre-attaque de la 15e division de Panzer, la seule réserve disponible de l'ennemi. Aucune tentative ne fut faite au cours de la journée pour lancer le poids du 10e corps dans la brèche ouverte par la 4e division indienne.

Montgomery prévoyait, avec la méthode délibérée qui le caractérisait, de réaliser sa percée le lendemain matin, en comptant sur l'aide d'une formidable attaque aérienne et d'un bombardement d'artillerie. Mais, lorsque le jour se leva, l'ennemi avait disparu et son offensive décisive se transforma en une nouvelle poursuite d'une armée qui lui avait échappé.

Cependant, s'il avait laissé passer sa chance de remporter une victoire décisive, son adversaire avait, quant à lui, perdu toute chance de combler la brèche et de se maintenir sur l'oued Akarit, car 2 de ses 3 divisions de Panzer, les 10e et 21e divisions, avaient été appelées l'une après l'autre pour parer à la menace américaine sur ses arrières. La veille au soir, Messe avait donc déclaré à Arnim qu'il n'était pas possible de tenir cette position un seul jour de plus en l'absence de tels renforts, et il avait obtenu son accord pour se replier jusqu'à la position d'Enfidaville, 240 kilomètres au nord, où la plaine côtière était également resserrée entre la mer et les collines.

Les troupes de l'Axe avaient commencé de se replier le 6, peu avant la nuit, et elles atteignirent sans encombre Enfidaville le 11, bien que la plupart d'entre elles dussent se déplacer à pied. Les premiers éléments de la VIIIe armée, avançant à deux groupes de front, n'atteignirent cette position que deux jours plus tard, bien qu'ils fussent entièrement motorisés et disposassent d'une supériorité écrasante sur les faibles arrière-gardes allemandes qui se déployèrent occasionnellement pour freiner leur poursuite.

Avec le dessein d'intercepter la retraite de l'ennemi, Alexander lança le 9e corps (de la Ire armée) dans une tentative pour s'emparer du col de Fondouk et progresser de 80 kilomètres vers l'est, en passant par Kairouan, jusqu'à Sousse, à une trentaine de kilomètres au sud d'Enfidaville. Ce corps de création récente était placé sous les ordres de John Crocker et comportait la 6e division blindée britannique, 1 brigade d'infanterie de la 46e division, et la 34e division d'infanterie U.S., qui avait 250 chars. La tâche de l'infanterie était de s'emparer des hauteurs clés de chaque côté du col de Fondouk, afin d'ouvrir le passage aux blindés. L'attaque, hâtivement organisée, devait commencer dans la nuit du 7 au 8 avril. Mais la 34e division partit avec près de trois heures de retard et, du fait qu'elle n'était plus protégée par l'obscurité, fut bientôt arrêtée par le feu de l'ennemi, d'autant plus facilement que l'expérience de l'attaque qu'elle avait lancée dix jours auparavant l'incitait à s'arrêter et à se mettre à l'abri. Cet arrêt permit à l'ennemi de retourner son tir vers le nord, contre la brigade de la 46e division qui avait mieux progressé en direction des hauteurs nord du col. Crocker décida donc d'engager ses blindés pour tenter de forcer le passage sans attendre que l'infanterie ait ouvert la route, car tout l'intérêt de l'attaque reposait sur une percée rapide jusqu'à la plaine côtière.

Cet assaut fut donné le lendemain, 9 avril, par la 6e division blindée britannique du général Keightley qui réussit à passer au prix de la perte de 34 chars (mais seulement 67 hommes). Ce prix parut élevé, mais il était extraordinairement léger en regard des difficultés qu'il fallut surmonter pour progresser à travers des champs de mines et passer sous le feu des 15 pièces antichars qui protégeaient l'étroit défilé et qui furent toutes réduites au silence. Cependant, le passage n'ayant été forcé que dans l'après-midi, Crocker décida donc de remettre l'exploitation au lendemain matin et ordonna aux unités de revenir en arrière pour passer la nuit dans un campement protégé à l'entrée du col. Cette prudente décision formait un curieux contraste avec la témérité de sa décision précédente. Mais il restait encore à ouvrir un passage dans le champ de mines pour les véhicules de transport et des rapports signalaient que les blindés allemands se repliant du sud sous les ordres de Bayerlein approchaient déjà de Kairouan. La 6e division blindée reprit son avance vers l'est à l'aube du 10 avril, mais lorsqu'elle atteignit Kairouan les colonnes de l'ennemi en retraite avaient déjà traversé sans encombre ce centre routier. Le petit détachement allemand (composé de 2 bataillons d'infanterie et d'1 compagnie antichar) du secteur de Fondouk s'était également esquivé, après avoir exécuté l'ordre de Bayerlein de tenir en échec le 9e corps jusqu'au matin du 10 avril afin de couvrir la retraite de l'armée de Messe le long de la côte. Il avait accompli un exploit remarquable en parvenant à s'échapper d'une situation aussi précaire, avec des forces largement supérieures menaçant à la fois son front et ses arrières.

Les deux armées de l'Axe avaient maintenant réalisé leur jonction pour assurer la défense des 150 kilomètres s'étendant en arc de cercle depuis la côte nord jusqu'à Enfidaville. Leur situation en fut momentanément améliorée, mais le bénéfice était diminué par les pertes subies, en particulier en matériel, si bien que cette ligne raccourcie était encore trop longue pour leurs forces réduites, face à la supériorité croissante, en nombre et en puissance d'armement, que les Alliés rassemblaient maintenant pour lancer l'assaut contre cet arc défensif. De plus, le terrain gagné par Arnim, lors de sa contre-attaque de février près de Medjez El Bab et vers le nord, avait été repris dans sa plus grande partie fin mars et début avril par les attaques du 5e corps britannique du général Allfrey, ce qui permettait aux Alliés d'être bien placés pour lancer une nouvelle avance vers l'est en direction de Tunis et de Bizerte.

Des considérations politiques et psychologiques influencèrent fortement le choix des Alliés quant à la zone où porterait leur prochain effort en vue de mettre un terme à la campagne par un coup décisif. Dans une lettre à

Alexander, en date du 23 mars, et dans plusieurs autres par la suite, Eisenhower avait insisté pour que l'effort principal fût fait dans le Nord, dans le secteur de la Ire armée et pour que le corps d'armée de Patton prît part à l'attaque décisive afin de soutenir le moral américain. Alexander retint cette suggestion en préparant ses plans et ordonna, à Anderson, le 10 avril, de préparer l'attaque principale pour les environs du 22. Il s'inclina également devant les vigoureuses protestations de Patton à l'idée d'être à nouveau placé sous la coupe de la Ire armée et prit des dispositions pour que le 2e corps U.S. continuât d'opérer séparément sans sa propre détection. En même temps il rejeta la requête de Montgomery demandant que la 6e division blindée qui venait de faire sa jonction avec la VIIIe armée fût transférée sous ses ordres, et il lui notifia que le rôle de la VIIIe armée allait devenir secondaire et qu'il lui faudrait renoncer à l'une de ses 2 divisions blindées (la 1re) au profit de la Ire armée.

En l'occurrence, les intérêts de la politique coïncidaient avec ceux de la stratégie. Le secteur nord offrait un meilleur terrain aux Alliés pour utiliser leurs forces supérieures grâce à de plus larges voies d'attaque et à des lignes de ravitaillement plus courtes, alors que le secteur sud d'Enfidaville était moins favorable à une action efficace du fait que les forces blindées avaient moins d'espace pour s'y déployer.

Les troupes du 2e corps U.S. furent amenées du secteur sud au secteur nord de la Tunisie selon un plan prévoyant 2 400 mouvements de véhicules par jour à travers les arrières britanniques, ce qui représentait un exploit complexe de travail d'état-major. (Omar Bradley remplaça Patton à la tête du 2e corps et ce dernier retourna prendre sa place dans la préparation de l'invasion de la Sicile par les Américains.) Le 9e corps britannique fut également envoyé vers le nord et inséré au centre droit, entre le 5e corps anglais et le 19e corps français qui était maintenant disposé à côté de la VIIIe armée, à l'aile droite alliée.

Le « plan final », présenté par Alexander le 16 avril, prévoyait une offensive convergente à partir de quatre points de départ. La VIIIe armée devait attaquer dans la nuit du 19 avril, avec le 10e corps de Brian Horrocks, traverser Enfidaville et avancer vers le nord en direction d'Hammamet et de Tunis, dans le but de bloquer l'accès du cap Bon afin d'empêcher le reste des forces de l'Axe de s'y replier pour y faire durer la résistance. Cet objectif nécessitait une progression d'au moins 80 kilomètres à travers une zone resserrée très difficile. Le 19e corps français devait entretenir une pression menaçante et exploiter toutes les occasions offertes par l'avance de ses voisins. Le 9e corps britannique, qui disposait d'1 division d'infanterie et de 2 divisions blindées, devait attaquer aux premières heures du 22 avril entre Pont-du-Fahs et Goubellat, dans le but d'ouvrir la route à une avance blindée à cet endroit. A sa gauche, le 5e corps britannique, avec 3 divisions d'infanterie et 1 brigade de chars, était chargé de l'effort principal et devait attaquer le même jour à la tombée de la nuit près de Medjez El Bab, sur le secteur de 25 kilomètres tenu par deux régiments de la 334e division allemande. Le 2e corps U.S. devait lancer son attaque dans le secteur nord un jour plus tard; ce secteur était défendu par les 3 régiments de la division Manteuffel et un régiment de la 334e division, mais les effectifs allemands n'atteignaient pas 8 000 hommes, contre les 95 000 hommes du 2e corps U.S.

Les chances d'une telle offensive générale, lancée presque simultanément dans tous les secteurs, semblaient bonnes. Les Alliés disposaient maintenant de 20 divisions représentant plus de 300 000 combattants et 1 400 chars. Le total des effectifs des 9 divisions allemandes, qui constituaient l'épine dorsale de la défense sur un arc de 150 kilomètres, était estimé correctement, par les services de Renseignements alliés, à 60 000 hommes et moins de 100 chars. (Un rapport allemand donne le chiffre de 45 chars en état de marche.) De plus, une attaque lancée par Arnim au sud de Medjez El Bab, dans la nuit du 20 avril, avança d'environ 8 kilomètres dans l'obscurité mais fut repoussée au lever du jour, sans réussir à bouleverser la préparation et le déclenchement de l'offensive britannique dans ce secteur.

L'offensive générale alliée fut déclenchée comme prévu, mais ne se déroula pas selon les plans. La défense allemande se révéla encore très acharnée et fit un usage habile du terrain difficile pour arrêter des forces supérieures. Le plan « final » d'Alexander avorta donc et dut être refondu, devenant ainsi le pénultième.

L'attaque des 3 divisions d'infanterie de la VIIIe armée à Enfidaville se heurta à une vigoureuse opposition dans les collines bordant la frange de plaine côtière et fut tenue en échec en subissant de lourdes pertes, démentant ainsi la croyance optimiste de Montgomery et de Horrocks selon laquelle l'ennemi pouvait être aisément expulsé de ce défilé. En l'occurrence, les Italiens se battirent aussi énergiquement que les Allemands. Plus loin à l'intérieur des terres, les blindés du 9e corps britannique réussirent à pénétrer dans les lignes ennemies sur une profondeur de 13 kilomètres dans le secteur de Kourzia, au nord-ouest de Pont-du-Fahs, mais ils furent alors obligés de s'arrêter à la suite de l'intervention de la seule réserve mobile substantielle dont disposait Arnim, la 10e division de Panzer, dont les chars étaient plus de dix fois moins nombreux que ceux des attaquants (qui en avaient 360 en état de marche). Le 5e corps britannique chargé de l'attaque principale progressa lentement, face à la résistance tenace des 2 régiments d'infanterie allemands défendant le secteur central et, après quatre jours de durs combats, il n'avait dépassé Medjez El Bab que de 10 à 11 kilomètres. Son avance fut alors définitivement arrêtée et il fut même repoussé en plusieurs endroits à la suite de l'intervention d'une brigade de Panzer improvisée à l'aide des derniers chars du Groupe d'armées Afrika. Dans le secteur nord, le 2e corps U.S. ne progressa guère pendant les deux premiers jours de son attaque en terrain très accidenté, puis s'aperçut, le 25 avril, que l'ennemi s'était esquivé à la dérobée jusqu'à une autre ligne de défense quelques kilomètres plus loin. En résumé, l'offensive alliée s'était arrêtée partout sans avoir réalisé une brèche décisive.

Mais les forces de l'Axe avaient souffert et elles avaient épuisé jusqu'à leurs dernières ressources pour la repousser. Le 25 avril leurs deux armées n'avaient plus que le quart de la quantité de carburant nécessaire pour refaire le plein de leurs engins, c'est-à-dire qu'il ne leur restait que de quoi parcourir 25 kilomètres, tandis que les stocks de munitions étaient à peine suffisants pour permettre encore trois jours de combats. Elles ne pouvaient pratiquement compter sur l'arrivée d'aucun ravitaillement. C'était le facteur décisif en faveur de la prochaine offensive alliée. La nourriture commençait également à manquer d'une manière aiguë. Arnim déclara plus tard : « Même sans une nouvelle offensive alliée, il m'aurait fallu capituler avant le 1er juin au plus tard car nous n'avions plus rien à manger. »

Fin février, Rommel et Arnim avaient signalé qu'un minimum de 140 000 tonnes de ravitaillement par mois seraient nécessaires pour maintenir la capacité combative des forces de l'Axe, si le Commandement suprême décidait de rester en Tunisie. Les autorités de Rome, parfaitement conscientes des difficultés du transport maritime, abaissèrent le chiffre à 120 000 tonnes, tout en estimant qu'un tiers de ce total risquait de ne jamais arriver en Tunisie. Mais, finalement, les forces de l'Axe ne reçurent que 29 000 tonnes au cours du mois de mars, dont un quart par avion. Par comparaison, les Américains livrèrent à eux seuls 400 000 tonnes de ravitaillement dans les ports d'Afrique du Nord au cours du même mois. En avril, les livraisons de l'Axe s'abaissèrent à 23 000 tonnes, pour atteindre à peine 2 000 tonnes dans la première semaine d'avril. Cela donne la mesure de l'emprise que l'aviation et la marine alliées (en majorité britannique), aidées par d'excellentes informations des services de Renseignements sur les mouvements de navires ennemis, avaient sur les routes de ravitaillement méditerranéennes. Ces chiffres suffisent amplement à expliquer l'effondrement brutal de la résistance des forces de l'Axe, bien mieux que les récits de n'importe quel responsable allié.

Le nouveau « plan final » d'Alexander découla indirectement de l'échec de l'offensive d'Enfidaville. Le 21 avril, lorsque cet échec était devenu douloureusement évident, Montgomery avait été amené à suspendre l'attaque à cause des pertes croissantes. Cette suspension avait permis à Arnim d'envoyer tout le reste de ses blindés vers le nord pour empêcher l'offensive principale britannique de percer à l'est de Medjez El Bab, ainsi que nous l'avons relaté. Montgomery prévoyait de reprendre l'attaque le 29, en concentrant ses efforts sur l'étroite frange de plaine côtière, sans essayer de s'emparer des hauteurs avoisinantes. Cette directive fut acceptée par Horrocks, mais les chefs des 2 divisions les plus avancées, Tuker et Freyberg soulevèrent de fortes objections. Leurs avertissements furent confirmés par l'échec rapide de cette nouvelle offensive. Le lendemain, 30 avril, Alexander arriva sur place pour discuter de la situation avec Montgomery, puis il donna l'ordre de transférer à la Ire armée les deux meilleures divisions disponibles de la VIIIe armée, en vue d'une nouvelle attaque renforcée dans le secteur de Medjez El Bab. Cette mesure avait déjà été préconisée par Tuker avant le début de l'offensive malheureuse d'Enfidaville. Elle aurait tout aussi bien pu être adoptée plus tôt, car l'offensive d'Enfidaville n'avait pas atteint l'objectif limité de fixer les forces de l'Axe dans le secteur pour empêcher des renforts d'être envoyés au centre.

Une fois ce changement décidé, il fut rapidement mis en application. Les 2 divisions choisies, la 4e division indienne et la 7e division blindée entamaient leur longue route vers le nord le jour même, avant la tombée de la nuit. Pour la 7e division blindée, qui était en réserve à l'arrière, cela représentait un trajet de près de 500 kilomètres par des routes accidentées, mais il fut réalisé en deux jours, les chars étant transportés par camions. Les 2 divisions furent transférées au 9e corps. Horrocks les suivit pour prendre le commandement du 9e corps, Crocker venant d'être victime d'un accident au cours de la démonstration d'un nouveau mortier, ce qui était pour lui un coup de malchance à la veille d'une telle occasion.

Le 2e corps américain de Bradley avait repris son attaque dans le secteur nord au cours de la nuit du 26 avril. Pendant quatre jours de durs combats, ses efforts pour avancer à travers cette région de collines furent tenus en échec par la résistance acharnée de l'ennemi. Mais ce dernier fut soumis à une telle pression qu'il dut se replier, faute de munitions, sur une ligne moins facilement défendable, à l'est de Mateur. Ce repli fut habilement exécuté dans les nuits du 1er et du 2 mai, mais la nouvelle ligne n'était qu'à 25 kilomètres de la base navale de Bizerte et la défense manquait désormais dangereusement de profondeur, comme c'était déjà le cas dans le secteur de Medjez El Bab, devant Tunis.

Ce manque de profondeur rendit fatal le manque de ravitaillement des défenseurs et contribua dans une large mesure au succès de l'offensive que les Alliés préparaient maintenant pour le 6 mai. En effet, une fois la première ligne percée, il n'y aurait aucune possibilité de prolonger la résistance au moyen d'une défense élastique et de manœuvres de retraite. Les forces de l'Axe avaient réussi à repousser les attaques précédentes, mais elles n'y étaient parvenues qu'en épuisant presque totalement leurs maigres réserves, et il ne leur restait que tout juste assez de munitions pour une brève riposte au feu écrasant des assaillants et tout juste assez de carburant pour de très brefs mouvements de contre-attaque. De plus elles étaient privées de couverture aérienne, les aérodromes de Tunisie étant devenus intenables et la plupart des derniers avions ayant été repliés en Sicile.

L'attaque imminente ne fut pas une surprise pour les chefs de l'Axe, car ils avaient intercepté des messages radio alliés faisant état du transport de forces importantes de la VIIIe à la Ire armée. Mais la connaissance de l'attaque ne changeait pas grand-chose, faute de moyens pour y faire face.

Selon le nouveau plan d'Alexander, baptisé « Vulcan », la percée devait être réalisée par une attaque massive du 9e corps, qui, après s'être rassemblé à l'abri du 5e corps, devait traverser celui-ci et attaquer sur un front très étroit (d'environ 3 kilomètres de largeur) dans la vallée située au sud de l'oued Medjerda. L'assaut devait être donné par une formation composée de la 4e division britannique et de la 4e division indienne, appuyées par 4 bataillons de chars d'infanterie, et suivies de près par les 6e et 7e divisions blindées. Elle comprenait en tout plus de 470 chars. Après que les 2 divisions d'infanterie eurent pénétré d'environ 5 kilomètres dans les défenses, les 2 divisions blindées devaient se porter en avant et atteindre dans un premier bond le secteur de Saint-Cyprien, à 20 kilomètres de la ligne de départ, et à mi-chemin de Tunis. Dans ses instructions, Alexander soulignait que « l'objectif primordial [était] la prise de Tunis », afin de prévenir toute tentative de regroupement, et qu'il ne fallait pas s'arrêter « pour nettoyer les localités que l'ennemi continuerait de tenir ».

En préliminaire à l'assaut du 9e corps, le 5e corps reçut l'ordre de s'emparer des hauteurs du Djebel Bou Aoukaz dans la soirée du 5 mai, ce qui fut fait après de rudes combats. Ensuite, la tâche principale du 5e corps était de « maintenir ouvert l'entonnoir » par lequel le 9e corps allait s'engouffrer. Cela ne présenta aucune difficulté, l'ennemi n'ayant plus les moyens de lancer une contre-attaque efficace.

Le passage aurait peut-être été plus difficile à ouvrir si le 9e corps avait lancé son assaut en plein jour ainsi qu'il était initialement prévu en raison du manque d'expérience de la Ire armée en matière d'attaques nocturnes. Mais, à la demande de Tuker, le plan fut modifié et l'heure H fut fixée à 3 h 00 du matin, afin de profiter pleinement de l'obscurité d'une nuit sans lune. A sa demande également, le barrage d'artillerie habituel fut remplacé par une série de tirs concentrés, contrôlés à partir d'un point central et portant sur tous les points fortifiés connus de l'ennemi; à cet effet les approvisionnements en munitions avaient été doublés et portés à mille salves par canon. Ces tirs convergents firent pleuvoir sur le front un obus tous les deux mètres, et les défenses furent arrosées par un feu cinq fois plus intense que par le tir de barrage d'El Alamein à l'automne précédent. L'effet paralysant du tir convergent des 400 canons d'appui immédiat fut encore accru par une terrible attaque aérienne à l'aube, au cours de laquelle l'aviation effectua plus de 200 sorties.

A 9 h 30 du matin, la 4e division indienne avait ouvert une brèche profonde, au prix de la perte d'une centaine d'hommes, et elle signalait qu'aucune résistance sérieuse ne se manifestait à l'avant, déclarant au Q.G. du corps d'armée que les blindés pouvaient maintenant avancer « aussi vite et aussi loin qu'ils le désiraient ». Avant 10 heures les premiers éléments de la 7e division blindée avaient commencé de s'engouffrer dans la brèche ouverte par l'infanterie. A l'aile droite, la 4e division britannique partit en retard et progressa lentement, mais elle fut aidée par l'avance de sa voisine de gauche et atteignit son objectif avant midi. Les divisions blindées reçurent enfin l'autorisation de partir en avant. Cependant, au milieu de l'après-midi, elles furent arrêtées pour la nuit près de Massicault, à 10 kilomètres de la ligne de départ de l'assaut et à 5 kilomètres de la brèche ouverte par l'infanterie, soit au quart du chemin de Tunis. Cette extrême prudence est expliquée dans l'historique de la 7e division par une déclaration selon laquelle son commandant « considérait qu'il serait plus sage de maintenir chacune des deux brigades sur les positions solides qu'elles tenaient plutôt que de desserrer leur emprise et de compliquer les longues opérations de ravitaillement en carburant ». Cette explication ne dénote que trop clairement une incompréhension des principes élémentaires et de l'esprit d'une mission d'exploitation. Comme sur l'oued Akarit, Horrocks et les chefs des divisions blindées furent lents à exploiter les occasions offertes et continuèrent d'opérer à un rythme convenant davantage à une action d'infanterie qu'aux possibilités d'unités mobiles mécanisées.

Une telle prudence n'était pas justifiée. Le secteur de 12 kilomètres situé au sud de l'oued Medjerda, où l'attaque fut déclenchée sur un front de 3 kilomètres, n'était défendu que par 2 faibles bataillons d'infanterie et 1 bataillon antichar de la 15e division de Panzer, appuyés par une force hétérogène de moins de 60 chars, représentant à peu près toutes les dernières ressources blindés de l'Axe. Ce mince bouclier avait été martelé et pulvérisé par la formidable concentration d'obus et de bombes appuyant l'assaut. De plus, Arnim avait été empêché par le manque de carburant d'envoyer vers le nord, ainsi que prévu, les éléments restants non blindés des 10e et 21e divisions de Panzer. Cette fatale pénurie d'essence s'était révélée plus efficace pour les immobiliser sur place que le plan complexe de diversion mis au point par les Anglais pour faire croire qu'ils allaient une nouvelle fois attaquer dans le secteur de Kourzia.

Les 6e et 7e divisions blindées reprirent leur avance le 7 mai à l'aube, mais firent encore preuve d'une prudence excessive, et elles furent tenues en respect jusqu'à l'après-midi par une poignée d'Allemands avec 10 chars et quelques canons à Saint-Cyprien. Il était 15 h 15 lorsque l'ordre fut donné d'entrer dans Tunis. Une demi-heure plus tard, les voitures blindées du 11e hussards entraient dans la ville, couronnant ainsi dignement le rôle essentiel joué par ce régiment depuis le début de la campagne d'Afrique du Nord, près de trois ans plus tôt. Le Derbyshire Yeomanry, le régiment de voitures blindées de la 6e division, fit une entrée presque simultanée. Ils furent suivis par des chars et des éléments d'infanterie portée chargés d'étendre et de compléter l'occupation de la ville. Dans cette opération, les troupes furent davantage gênées par l'enthousiasme hystérique de la population qui les couvrait de fleurs et de baisers, que par la résistance sporadique de quelques petits groupes d'Allemands désorganisés. Un nombre considérable de prisonniers fut fait ce soir-là et de nombreux autres furent capturés le lendemain matin, tandis qu'un nombre encore plus important d'Allemands essayaient de s'échapper en s'enfuyant vers le nord où le sud de la ville. Les dernières formations combattantes du périmètre se replièrent également dans ces directions divergentes après avoir été séparées par l'entrée des Alliés dans Tunis.

Pendant ce temps, le 2e corps d'armée américain repris son attaque dans le secteur nord en coordination avec l'offensive britannique. Le 6 mai, la progression avait été lente et la résistance semblait encore vigoureuse, mais, le lendemain après-midi, des éléments de reconnaissance de la 9e division d'infanterie trouvèrent la route libre et entrèrent dans Bizerte à 16 h 15, l'ennemi ayant évacué la ville pour se replier vers le sud-est. L'entrée officielle dans la ville fut réservée aux troupes françaises du Corps Franc d'Afrique qui arrivèrent le 8. La 1re division blindée U.S. progressant depuis Mateur avait été arrêtée à plusieurs reprises au cours des deux premiers jours. Les 1re et 34e divisions d'infanterie avaient connu un sort semblable plus au sud. Mais, le 8, la 1re division blindée U.S. vit la défense s'effondrer et progressa facilement, l'ennemi étant complètement à court de munitions et de carburant tandis que la 7e division blindée britannique avançait sur ses arrières en longeant la côte vers le nord depuis Tunis.

Pris au piège entre les avant-gardes britannique et américaine, et sans aucun moyen de résister ou de battre en retraite, les Allemands commencèrent de capituler en masse. Avant la soirée, l'escadron de tête du 11e hussards avait fait quelque 10 000 prisonniers. Aux premières heures du lendemain matin 9 mai, des éléments d'un autre escadron entrèrent dans Porto Farina, près du cap du même nom, à une trentaine de kilomètres à l'est de Bizerte, et ils y reçurent la capitulation de 9 000 soldats qui étaient entassés sur la plage, certains d'entre eux essayant de construire des radeaux — et ils furent soulagés de remettre cette foule de prisonniers aux blindés américains qui arrivèrent peu après. A 9 h 30 du matin, le général von Vaerst, commandant la Ve armée de Panzer et le secteur nord, envoya un message radio à Arnim : « Nos blindés et notre artillerie ont été détruits. Sommes sans munitions et sans carburant. Nous nous battrons jusqu'au dernier. » Cette dernière phrase était d'une courageuse absurdité, car des troupes ne peuvent pas se battre sans munitions. Vaerst apprit bientôt que ses hommes, conscients de l'idiotie d'ordres aussi héroïques, se rendaient. Aussi accepta-t-il, à midi, de signer la capitulation de ses dernières troupes, ce qui porta le total des prisonniers dans le secteur à près de 40 000 hommes.

Une partie beaucoup plus importante des forces de l'Axe se trouvait, lors de la rupture, au sud de Tunis. Cette zone était, par sa nature, plus facile à défendre et les responsables alliés s'attendaient à une plus longue résistance. Mais là aussi, l'épuisement des munitions et du carburant entraînèrent un effondrement rapide de l'ennemi après une courte résistance. L'effondrement fut accéléré par un sentiment général de désespoir du fait que, même là où il restait quelques réserves, les troupes de l'Axe savaient qu'aucun nouveau ravitaillement n'arriverait, pour la même raison qui rendait toute fuite impossible.

Le but d'Alexander était maintenant d'empêcher l'armée de Messe, représentant la partie méridionale des forces de l'Axe, de se replier dans la vaste péninsule du cap Bon et d'y établir un « dernier fossé » de résistance. Dès la prise de Tunis, la 6e division blindée reçut donc l'ordre de pousser au sud-est en direction de Hammam Lif, à la base de la péninsule, pendant que la 1re division blindée U.S. convergeait également dans la même direction. A Hammam Lif, les collines s'approchaient tellement de la mer que la frange de plaine côtière n'excédait pas 300 mètres de large. Cet étroit défilé était défendu par un détachement allemand appuyé par des canons de 88 mm pris sur des défenses d'aérodromes, et, pendant deux jours, il interdit tout passage. Mais l'obstacle fut finalement enlevé par une attaque bien coordonnée. L'infanterie de la 6e division blindée s'empara des hauteurs surplombant la ville, l'artillerie nettoya systématiquement les rues maison par maison, et une colonne de chars fut ensuite envoyée sur la plage, à la limite des flots où elle était mieux abritée du tir du dernier canon allemand. Le 10, à la tombée de la nuit, l'avance fut étendue à travers la base de la péninsule jusqu'à Hammamet, isolant ainsi les dernières forces ennemies. Paralysées par le manque d'essence, elles n'avaient pas pu se replier dans la péninsule. Le lendemain, la 6e division blindée continua sa route vers le sud et atteignit les arrières des troupes de l'Axe qui tenaient la VIIIe armée en échec près d'Enfidaville. Elles avaient encore quelques munitions, mais la preuve évidente de leur encerclement sans espoir de salut entraîna rapidement leur capitulation.

Le 13 mai, tous les derniers chefs de l'Axe et leurs troupes s'étaient rendus. Quelques centaines d'hommes seulement avaient réussi à s'échapper jusqu'en Sicile par avion ou par bateau, sans compter les 9 000 blessés ou malades évacués depuis le début du mois d'avril. Quant au nombre total de prisonniers, une incertitude subsiste. Le 12 mai, le Q.G. d'Alexander signala à Eisenhower que le nombre de prisonniers faits depuis le 5 mai s'élevait à 100 000 et qu'il atteindrait vraisemblablement 130 000 lorsque les comptes auraient été terminés. Un rapport ultérieur « estima le nombre total à environ 150 000 ». Mais, dans son rapport officiel rédigé après la guerre, Alexander déclara que le total s'élevait à « un quart de million d'hommes ». Dans ses Mémoires, Churchill donne le même chiffre rond mais l'atténue par le mot « presque ». Eisenhower donne « 240 000 hommes dont environ 125 000 Allemands ». Mais le Groupe d'armées Afrika avait signalé à Rome, le 2 mai, que le nombre de rations avait varié au mois d'avril entre 170 000 et 180 000 — et c'était avant les durs combats de la dernière semaine de campagne. Il est donc difficile d'imaginer comment le nombre de prisonniers aurait pu être supérieur à ce chiffre de près de 50 %. Le personnel d'intendance, qui est chargé de nourrir les troupes, n'a habituellement pas tendance à en sous-estimer le nombre. Cela vaut la peine de faire remarquer ici qu'on note des différences encore plus importantes entre le dernier nombre connu de rations allemandes et le nombre de prisonniers avancé par les Alliés au cours de la phase finale de la guerre.

Mais, cependant, quel qu'ait été le nombre exact de prisonniers faits en Tunisie, ce nombre était de toute façon très élevé. La conséquence la plus importante fut que l'Axe se retrouva privé du gros de ses troupes aguerries sur le théâtre d'opérations méditerranéen et qui auraient pu être utilisées pour barrer la route à l'invasion prochaine de la Sicile, la première phase cruciale du retour des Alliés en Europe.

26.
La rentrée en Europe : le débarquement en Sicile

Rétrospectivement, la conquête de la Sicile par les Alliés en 1943 semble avoir été une affaire facile. Mais en réalité ce premier pas en Europe fut une opération risquée et pleine d'incertitudes. La réussite finale fut due en grande partie à une série de facteurs qui restèrent longtemps ignorés. En premier lieu l'aveuglement orgueilleux de Hitler et de Mussolini essayant tous deux de « sauver la face » en Afrique. Ensuite, la crainte jalouse de Mussolini à l'égard de ses alliés allemands et sa répugnance à leur laisser prendre une part dominante dans la défense du territoire italien. Enfin la croyance de Hitler, en désaccord avec Mussolini, que la Sicile n'était pas le véritable objectif des Alliés (en partie à cause d'une ruse subtile des Anglais).

Le premier de ces facteurs fut le plus déterminant. L'une des plus grandes ironies de toute la guerre fut la façon dont Hitler et l'État-Major général allemand, qui avaient toujours eu peur de s'embarquer dans des expéditions outre-mer à la portée de la puissance maritime britannique, s'abstinrent de fournir à Rommel des forces suffisantes pour exploiter ses victoires, mais envoyèrent en dernier lieu en Afrique une quantité de troupes suffisante pour compromettre leurs chances de défendre l'Europe.

Par une ironie semblable, ils furent amenés à cette erreur fatale par leur propre succès inattendu contre la première tentative d'Eisenhower en direction de Tunis, après avoir été surpris par les débarquements anglo-américains en Afrique du Nord française au moins de novembre précédent. Tandis que l'avant-garde alliée avançait prudemment vers l'est à partir de l'Algérie, les Allemands avaient rapidement réagi à la menace en envoyant des troupes par avion à travers la Méditerranée, dans l'espoir d'empêcher les Alliés de s'emparer des ports de Tunis et de Bizerte. Ils avaient réussi à tenir les hauteurs d'approche et à immobiliser la situation de manière prolongée.

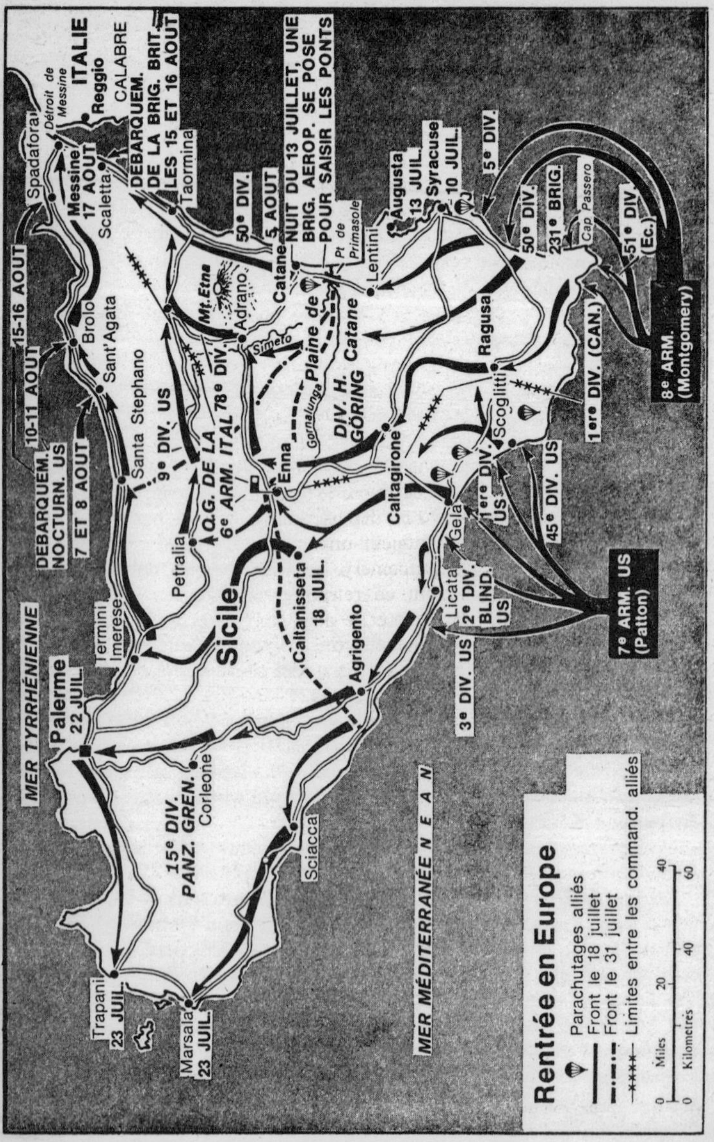
Rentrée en Europe
Parachutages alliés
Front le 18 juillet
Front le 31 juillet
Limites entre les command. alliés
Miles 0 20 40
Kilometres 0 20 40 60
MER TYRRHÉNIENNE
MER MÉDITERRANÉE
Sicile
ITALIE
CALABRE
Détroit de Messine
Reggio
Spadafora
Messine 17 AOUT
Scaletta
Taormina
DEBARQUEM. DE LA BRIG. BRIT. LES 15 ET 16 AOUT
15-16 AOUT
10-11 AOUT
DEBARQUEM. NOCTURN. US 7 ET 8 AOUT
Brolo
Sant'Agata
Santa Stephano
Termini Imerese
Palerme 22 JUIL.
Trapani 23 JUIL.
Marsala 23 JUIL.
Corleone
15e DIV. PANZ. GREN.
Sciacca
Agrigento
Caltanisseta 18 JUIL.
Petralia
9e DIV. US
Q.G. DE LA 6e ARM. ITAL
78e DIV.
Enna
Mt. Etna
Adrano
Simeto
Catane
50e DIV.
5 AOUT
NUIT DU 13 JUILLET, UNE BRIG. AEROP. SE POSE POUR SAISIR LES PONTS
Pt de Primasole
Plaine de Catane
Gornalunga
DIV. H. GÖRING
Caltagirone
Lentini
Augusta 13 JUIL.
Syracuse 10 JUIL.
5e DIV.
50e DIV.
231e BRIG.
Cap Passero
51e DIV. (Ec.)
8e ARM. (Montgomery)
Ragusa
Scoglitti
1ère DIV. (CAN.)
1ère DIV. US
45e DIV. US
Gela
Licata
2e DIV. BLIND. US
3e DIV. US
7e ARM. US (Patton)

Mais ce succès amena Hitler et Mussolini à croire qu'ils pouvaient se maintenir indéfiniment en Tunisie. Ils décidèrent donc d'envoyer des renforts en nombre suffisant pour faire face aux effectifs croissants d'Eisenhower. Et plus ils s'engageaient et plus ils avaient le sentiment de ne pouvoir faire machine arrière sans perdre leur prestige. En même temps, la difficulté de se retirer ou de se maintenir augmentait au fur et à mesure que les forces navales et aériennes supérieures des Alliés commençaient d'interdire le passage du détroit entre la Sicile et la Tunisie.

Les forces germano-italiennes de la tête de pont de Tunisie tinrent les Alliés en échec tout au long de l'hiver et accueillirent les restes de l'armée de Rommel au terme de sa retraite de 3 200 kilomètres depuis El Alamein. Néanmoins, l'échec initial des Alliés en Tunisie tourna finalement à leur avantage, car Hitler et Mussolini refusèrent d'écouter les arguments en faveur d'une évacuation des forces de l'Axe pendant qu'il était encore temps.

Dans un dernier effort pour convaincre Hitler de la nécessité d'un retrait, Rommel se rendit en avion au Q.G. de Hitler, en Prusse-Orientale, le 10 mars 1943. Il nota dans son journal à quel point sa démarche se révéla inutile : « J'insistai aussi fortement que je le pus sur le fait que les troupes d'Afrique devaient être rééquipées en Italie pour leur permettre de défendre notre flanc d'Europe méridionale. J'allai même jusqu'à lui donner l'assurance solennelle — ce que normalement je n'aime pas faire — qu'avec ces troupes je repousserais toute tentative d'invasion alliée en Europe méridionale. Mais tout cela en vain [1]. »

Lorsque les armées alliées convergèrent sur la tête de pont pour la « mise à mort », les troupes de l'Axe ne purent que rester là, avec un moral déclinant, à attendre le coup, et en laissant passer l'occasion offerte en avril, par une période de brume, de se rembarquer si elles avaient eu l'autorisation de se replier. Elles réussirent à arrêter la première tentative des Alliés pour rompre leurs défenses du 20 au 22 avril, mais elles s'effondrèrent lorsque leur front fut enfoncé au cours de la grande offensive suivante, le 6 mai. L'effondrement total qui s'ensuivit fut dû en grande partie au manque de profondeur de la tête de pont et au fait que les défenseurs étaient hautement conscients de se battre le dos à une mer hostile.

La capture des 8 divisions de Tunisie, comprenant la plupart des vétérans de Rommel et la fine fleur de l'armée italienne, laissa l'Italie et les îles italiennes pratiquement sans défenses. Ces forces auraient permis de défendre puissamment l'entrée de l'Europe par l'Italie et les chances de réussite d'une invasion alliée auraient été faibles. Cependant les Alliés n'étaient pas prêts à profiter immédiatement de l'occasion, bien qu'ils eussent décidé en janvier que leur prochaine étape serait un débarquement en Sicile, et que la prise de Tunis eût eu lieu à peu près au moment prévu. Heureuse-

1. *The Rommel Papers*, p. 419.

ment pour eux, les dissensions et les divergences d'opinions au sein des Q.G. ennemis, maintinrent cette opportunité.

Nous trouvons ici un autre témoignage, apporté principalement par le général Westphal, qui était alors chef d'état-major du maréchal Kesselring, commandant en chef en Italie méridionale. L'Italie n'ayant plus de forces mobiles mécanisées, ses responsables militaires demandèrent aux Allemands de leur fournir d'importants renforts en divisions du type de Panzer. Hitler était disposé à satisfaire cet urgent besoin et il envoya à Mussolini un message personnel pour lui offrir 5 divisions. Mais Mussolini, sans en parler à Kesselring, répondit à Hitler qu'il n'en voulait que 3, ce qui représentait l'envoi d'1 seule division en plus des 2 divisions improvisées à l'aide de jeunes recrues qui se trouvaient déjà en Italie et en partance pour l'Afrique. Il exprima même le vœu de ne recevoir aucun autre renfort allemand.

La réticence de Mussolini à accepter cette offre faite à la mi-mai était due à un mélange d'orgueil et de crainte. Il ne pouvait supporter l'idée de laisser voir au monde et à son peuple qu'il était tributaire de l'aide allemande. Comme le dit Westphal, « il voulait que l'Italie fût défendue par des Italiens, et il refusait de voir que l'état catastrophique de ses troupes rendait une telle idée parfaitement irréalisable ». Mais il ne voulait pas non plus laisser les Allemands acquérir une position prépondérante en Italie. Il était presque aussi désireux d'empêcher les Allemands d'entrer dans son pays que d'empêcher une invasion alliée.

Le nouveau chef d'état-major de l'Armée, le général Roatta (précédemment commandant de la Sicile), réussit finalement à convaincre Mussolini qu'il était essentiel de demander de plus gros renforts allemands pour avoir une chance de défendre l'Italie et ses îles avancées. Il accepta donc de laisser entrer d'autres divisions allemandes, à la condition qu'elles fussent subordonnées tactiquement au commandement italien.

La garnison italienne de Sicile consistait seulement en 4 divisions de campagne et 6 divisions statiques de défense côtière, toutes mal équipées et d'un moral assez bas. Les jeunes recrues allemandes, qui étaient en partance pour l'Afrique lorsque la défense s'y effondra, furent constituées en une division baptisée « 15e division de panzergrenadier », mais ne disposant que d'une seule unité de chars. Une division constituée sur le même modèle, la division de Panzer « Hermann Göring », fut envoyée en Sicile vers la fin du mois de juin. Mais Mussolini refusa de laisser réunir ces deux divisions en un corps d'armée sous les ordres d'un général allemand. Elles furent placées directement sous les ordres du commandant de l'armée italienne de Sicile, le général Guzzoni, et réparties en 5 groupes de réserve mobile sur les 240 kilomètres de pourtour de l'île. L'officier de liaison allemand du grade le plus élevé, le général von Senger und Etterlin, reçut un petit état-major opérationnel et une compagnie de transmissions afin de pouvoir exercer un commandement en cas d'urgence.

Lorsque Mussolini fut disposé à accepter une aide allemande plus importante, Hitler devint plus indécis à l'accorder et eut tendance à considérer que le danger venait d'ailleurs. D'un côté, il craignait que les Italiens ne renversassent Mussolini et ne signassent la paix, une crainte qui fut bientôt vérifiée par les événements, et, pour cette raison, il hésitait à engager trop profondément de nouvelles divisions allemandes qui risqueraient d'être isolées si leurs alliés s'effondraient ou changeaient de camp. Et, d'un autre côté, il commençait à penser que Mussolini, le Haut Commandement italien et Kesselring se trompaient en prévoyant que le prochain mouvement des Alliés serait un bond d'Afrique en Sicile. Sur ce point, les événements lui donnèrent tort.

Le grand désavantage stratégique de Hitler, pour faire face au retour des Alliés en Europe, était l'immensité de ses conquêtes qui s'étendaient de la côte occidentale française, sur l'océan Atlantique, à la côte orientale de Grèce, sur la mer Égée. Il lui était difficile de prévoir où les Alliés attaqueraient. Leur plus grand avantage stratégique résidait dans le vaste choix des objectifs et leur pouvoir de diversion, grâce à la maîtrise des mers. Hitler, tout en continuant à se garder d'un débarquement à travers la Manche, pouvait s'attendre à voir les armées anglo-américaines d'Afrique du Nord débarquer en n'importe quel point du front méridional entre l'Espagne et la Grèce [1].

Hitler pensait que les Alliés débarqueraient plutôt en Sardaigne qu'en Sicile. La Sardaigne représenterait un tremplin idéal pour entrer en Corse et pour bondir ensuite sur les côtes françaises ou italiennes du continent. En même temps, on s'attendait à un débarquement allié en Grèce et Hitler souhaitait garder des réserves disponibles pour les dépêcher dans cette direction en cas de besoin.

Ces hypothèses furent entretenues par la découverte faite en Espagne, par des agents nazis, de documents trouvés sur un « officier britannique » dont le corps avait été poussé par les vagues sur la côte espagnole. A côté de papiers d'identité et d'une correspondance personnelle, les documents comprenaient une lettre, dont le mort avait été porteur, adressé à titre privé par le général Sir Archibald Nye, chef adjoint de l'État-Major général impérial, au général Alexander. Cette lettre faisait allusion à de récents télégrammes officiels au sujet des prochaines opérations et comportait des commentaires indiquant que les Alliés avaient l'intention de débarquer en Sardaigne et en Grèce tout en essayant, grâce à leur « plan de couverture », de convaincre l'ennemi que la Sicile était leur objectif.

Ce cadavre et sa lettre faisaient partie d'un ingénieux stratagème imaginé par une section des services de Renseignements britanniques. Le coup était si bien monté que les services de Renseignements allemands furent convaincus de l'authenticité du document. Il ne modifia pas l'opinion des responsables italiens ni de Kesselring, mais il semble avoir fait une grosse impression sur Hitler.

---

1. Cf. carte p. 286.

Sur l'ordre de Hitler, la 1re division de Panzer fut expédiée de France en Grèce pour y appuyer les 3 divisions d'infanterie allemandes et la XIe armée italienne, tandis que la 90e division de panzergrenadier, récemment constituée, était envoyée en renfort aux 4 divisions italiennes de Sardaigne. L'envoi d'autres renforts dans cette île fut rendu difficile par le fait que la plus grande partie des quais des rares ports sardes avait été détruite par des bombardements, mais, en guise de précaution supplémentaire, Hitler envoya le 11e corps aéroporté (composé de 2 divisions de parachutistes) du général Student dans le midi de la France en vue d'une contre-attaque aéroportée contre un débarquement allié en Sardaigne.

Les préparatifs alliés se déroulaient sur un rythme plus lent. La décision de débarquer en Sicile était le fruit d'un compromis et n'avait été accompagnée d'aucune conclusion quant aux objectifs ultérieurs. Lorsque les chefs d'État-Major américains et britanniques s'étaient rencontrés, à la conférence de Casablanca de janvier 1943, leurs opinions avaient d'abord été totalement divergentes. Les Américains (l'amiral King, le général Marshall et le général Arnold), une fois l'Afrique du Nord libérée, voulaient liquider ce qu'ils considéraient comme une diversion méditerranéenne pour revenir à une ligne d'action contre l'Allemagne. Le général Brooke, l'amiral Pound et le maréchal de l'Air Portal estimaient que la situation n'était pas encore mûre pour une invasion directe à travers la Manche et qu'une telle opération tentée en 1943 se terminerait par un désastre ou par des résultats négligeables — une opinion qui ne peut guère être contestée avec le recul du temps. Mais ils étaient tous d'accord pour reconnaître qu'il fallait prendre une nouvelle initiative afin de maintenir la pression et de distraire des forces allemandes du front russe. Du côté des Anglais, l'état-major interarmes préconisait un débarquement en Sardaigne, mais les chefs d'état-major, tant anglais qu'américains, penchaient en faveur de la Sicile, qui avait également la préférence de Churchill, si bien qu'on arriva rapidement à un accord en ce sens. L'argument le plus convaincant était le fait que la prise de la Sicile ouvrirait le passage à la navigation en Méditerranée, évitant ainsi bien des détours, puisque, depuis 1940, la plus grande partie des convois de troupes et de ravitaillement à destination de l'Égypte et de l'Inde étaient forcés de faire le grand tour par l'Afrique du Sud.

En prenant la décision, le 19 janvier, d'envahir la Sicile, les chefs d'état-major conjoints définirent les objectifs comme étant : « 1) De rendre plus sûres les lignes de communications à travers la Méditerranée; 2) de réduire la pression allemande sur le front russe; 3) d'intensifier la pression sur l'Italie. » La question de l'exploitation de cette opération demeure sans réponse. Une tentative pour décider du prochain objectif aurait fait renaître des divergences d'opinion, mais, dans ce domaine, un ajournement diplomatique comporte toutes les chances d'aboutir à un manque de préparation stratégique.

On ne donna pas non plus un caractère d'urgence aux préparatifs de l'attaque en Sicile. On pensait que la conquête de la Tunisie pourrait être terminée à la fin avril, mais les chefs d'état-major conjoints désignèrent comme date d'invasion la période de pleine lune du mois de juillet. Le 20 janvier, les Anglais présentèrent les grandes lignes du plan de l' « Opération Husky », prévoyant une approche convergente par la mer et un débarquement de forces provenant respectivement de l'est et de l'ouest de la Méditerranée. Il était entendu qu'Eisenhower serait le Commandant suprême et qu'Alexander serait son adjoint. (Ce qui revenait à admettre clairement que les États-Unis avaient un rôle prédominant dans l'alliance, puisque le commandant en chef britannique avait un grade plus élevé et une plus grande expérience et que les Anglais fournissaient la plus grande partie des troupes.) Un état-major spécial chargé des préparatifs fut créé au début février, dont le Q.G était à Alger, mais dont les différentes sections étaient largement dispersées. Dans le cas de l'aviation, cette dispersion n'était pas seulement géographique, mais également au niveau de la conception, si bien qu'au cours de la campagne de Sicile l'action de l'aviation fut mal coordonnée avec les besoins des forces terrestres et maritimes. Beaucoup de temps fut passé en va-et-vient. Eisenhower, Alexander et les deux commandants d'armée désignés, Montgomery et Patton, étaient trop occupés par la dernière phase de la campagne d'Afrique du Nord pour accorder une attention suffisante à l'étape suivante. Montgomery ne trouva pas le temps d'étudier l'avant-projet avant la fin d'avril et demanda alors de nombreuses modifications. Le plan fut refondu le 3 mai et reçut l'approbation finale des chefs d'état-major conjoints le 13 mai, une semaine après l'effondrement du front germano-italien à Tunis et le jour même de la reddition des derniers éléments ennemis.

Ce délai était d'autant plus regrettable qu'1 seule des 10 divisions prévues pour l'invasion de la Sicile était engagée dans la phase finale de la campagne d'Afrique du Nord, et que 7 autres étaient de nouvelles venues. En débarquant en Sicile peu de temps après l'effondrement de l'Axe en Afrique, les Alliés auraient trouvé l'île pratiquement sans défense. Le long délai accordé à l'ennemi pour renforcer les défenses de la Sicile aurait pu être encore plus long sans l'intervention de Churchill qui, à la conférence de Casablanca et par la suite, insista pour que le débarquement eût lieu en juin. Il obtint l'appui des chefs d'état-major, mais les commandants des troupes de Méditerranée ne furent pas prêts à déclencher l'invasion avant le 10 juillet.

Le principal changement dans le plan était que l'armée de Patton (la Western Task Force), au lieu de débarquer à l'extrémité ouest de la Sicile, près de Palerme, débarquerait dans le Sud-Est, à proximité de l'armée de Montgomery, dont les points de débarquement seraient plus rapprochés les uns des autres. Étant donné le délai qui avait été accordé à l'ennemi pour renforcer sa défense, cette plus grande concentration des forces d'invasion était une sage précaution contre le danger d'une forte contre-attaque; elle se révéla finalement superflue. Mais cette modification enlevait toute chance de s'emparer du port de Palerme dès le début des opérations, ce qui aurait été très gênant si l'association des nouveaux véhicules amphibies DUKW et des L.S.T. (Landing Ships Tank) n'avait permis de résoudre le problème du ravitaillement à même les plages. Ce nouveau plan compromettait également une bonne partie de l'effet de dispersion initialement recherché, et permettait à l'ennemi de rassembler ses réserves après que le débarquement eut eu lieu, pour barrer la route aux Alliés à travers le centre montagneux de l'île. Si Patton avait débarqué près de Palerme, sur la côte nord-ouest, il aurait été beaucoup plus près du détroit de Messine, par lequel l'ennemi pouvait recevoir des renforts ou battre en retraite, et on aurait eu des chances de prendre au piège toutes les troupes adverses de Sicile. En l'occurrence, la fuite des divisions allemandes eut d'importantes conséquences néfastes sur l'avenir des mouvements alliés.

Cependant il était naturel de préférer un excès de sécurité dans ce premier bond en Europe et pour cette première grande opération amphibie sur une côte tenue par l'ennemi. Il est intéressant de noter ici que le premier assaut par 8 divisions débarquées simultanément fut encore plus important qu'en Normandie onze mois plus tard. Quelque 150 000 hommes furent débarqués le premier jour et les deux jours suivants, et le total atteignit finalement 478 000 hommes, 250 000 Anglais et 228 000 Américains. Les débarquements britanniques eurent lieu sur un secteur côtier de 65 kilomètres dans le coin sud-est de l'île et les débarquements américains sur un secteur de même étendue situé sur la côte sud, avec un intervalle d'une trentaine de kilomètres entre l'aile gauche anglaise et l'aile droite américaine.

L'aspect naval de l'opération fut préparé et conduit sous la direction de l'amiral Sir Andrew Cunningham. Il impliquait des mouvements complexes aboutissant à un débarquement nocturne, mais tout se déroula du début à la fin avec une régularité et une précision qui honorent grandement les responsables des préparatifs et les exécutants. Les opérations amphibies se passèrent bien mieux que dans le cas de l'opération *Torch*, en Afrique du Nord française, au mois de novembre précédent, dont de nombreux enseignements furent tirés.

La Eastern Naval Task Force (britannique), placée sous les ordres du vice-amiral Sir Bertram Ramsay, comprenait 795 bâtiments, emportant 715 embarcations de débarquement. Les 5e et 50e divisions (et la 231e brigade d'infanterie) arrivaient de l'extrémité orientale de la Méditerranée (Suez, Alexandrie et Haïfa) par bateaux; elles devaient débarquer le long de la partie sud de la côte orientale de la Sicile, entre Syracuse et le cap Passero. La 51e division arrivait de Tunisie, transportée par des embarcations de débarquement, dont une partie fit escale à Malte; elle devait débarquer dans le coin sud-est de la Sicile. La 1re division canadienne, qui devait débarquer à l'ouest de ce même coin, arrivait de Grande-Bretagne en deux convois, dont le second (et le plus rapide), transportant la plus grande partie des troupes, appareilla de la Clyde au jour J moins 12 (le 28 juin). Il traversa le chenal déminé aux abords de Bizerte, juste avant les convois américains.

La Western Naval Task Force (américaine), placée sous les ordres du vice-amiral H. Kent Hewitt, comprenait 580 bâtiments et 1 124 embarcations de débarquement. La 45e division d'infanterie, chargée du débarquement à l'aile droite près de Scoglitti, traversa l'Atlantique en deux convois, puis, après une brève escale à Oran, reçut ses L.S.T. et autres embarcations au large de Bizerte. La 1re division d'infanterie et la 2e division blindée, chargées du débarquement de Gela, embarquèrent à Alger et à Oran. La 3e division d'infanterie, chargée du débarquement à l'aile gauche, près de Licata, s'embarqua à Bizerte et fit la traversée exclusivement à bord d'embarcations de débarquement.

La traversée et le rassemblement des convois de cette armada se déroulèrent sous la protection d'une couverture navale et aérienne et sans aucune intervention sérieuse de l'ennemi. Les Alliés ne perdirent que 4 navires de convoi et deux L.S.T., coulés par des sous-marins. Aucun dommage important ne fut subi du fait d'attaques aériennes au cours de l'approche, et l'aviation ennemie fut tellement bien tenue en échec que la plupart des convois ne furent même pas repérés. La supériorité aérienne des Alliés était si importante (plus de 4 000 appareils opérationnels contre quelque 1 500 avions allemands et italiens) que les bombardiers ennemis furent repliés au mois de juin sur des bases situées dans le centre nord de l'Italie. A partir du 2 juillet, les aérodromes siciliens furent soumis à de telles attaques continuelles que seuls quelques terrains secondaires étaient encore en état le Jour J, et que la plupart des chasseurs intacts s'étaient repliés en Sardaigne ou sur le continent. (Cependant le nombre réel d'appareils détruits au cours de toute la campagne ne dépassa pas 200, et non 1 100 ainsi que le proclamèrent les Alliés.)

Dans l'après-midi du 9 juillet, les convois commencèrent d'arriver dans leurs zones de rassemblement situées à l'est et à l'ouest de Malte, et en même temps le vent se mit à souffler fortement, imprimant aux navires un tangage de nature à mettre en danger les plus petites embarcations et à disloquer les débarquements. Heureusement, il tomba un peu vers minuit, laissant cependant persister une forte houle, et une petite partie seulement des embarcations d'assaut atteignit les plages avec du retard.

Les atteintes les plus graves furent reçues par les opérations aéroportées qui précédèrent les débarquements. Ces opérations avaient été confiées à des éléments de la 1re division aéroportée britannique et de la 82e division aéroportée américaine. C'était la première tentative de grande envergure de ce genre pour les Alliés et elle aurait été difficile de toute façon, à cause du manque d'expérience et de la nécessité de la faire de nuit. La force du vent augmenta les difficultés de navigation des avions de transport et de remorquage pour atteindre leur cible, puis se combina aux effets de la D.C.A. pour rendre la descente plus délicate. Les parachutistes américains se retrouvèrent dispersés en petits groupes dans une zone de 80 kilomètres de diamètre. Les planeurs britanniques furent également très dispersés et, sur 134 planeurs, 47 tombèrent en mer. Toutefois la dispersion imprévue de ces opérations aéroportées contribua à répandre largement l'alarme et la confusion derrière le front ennemi, tandis que certains groupes remportaient des résultats plus concrets en s'emparant de ponts et de carrefours d'une importance vitale.

Les ennuis causés aux attaquants par la tempête soudaine furent plus que largement compensés par la façon dont elle désarma la défense de l'île. En effet, bien que 5 convois eussent été repérés dans l'après-midi, alors qu'ils faisaient route au nord depuis Malte, et qu'une série de rapports eussent été reçus avant la tombée de la nuit, les avertissements du Haut Commandement n'atteignirent pas ou n'impressionnèrent pas les Q.G. locaux. Toutes les troupes allemandes en réserve furent mises en état d'alerte une heure après l'arrivée du premier rapport, mais les Italiens stationnés sur les côtes eurent tendance à penser que le vent et la mer déchaînés leur garantiraient au moins encore une nuit de repos. Dans son rapport officiel, l'amiral Cunningham fait justement remarquer que les mauvaises conditions atmosphériques eurent pour conséquence « de faire que les Italiens fatigués, qui étaient en alerte depuis de nombreuses nuits, se retournèrent avec gratitude dans leur lit en disant : « au moins ce soir ils ne viendront pas ». Mais ils vinrent ».

La lassitude des Italiens n'était pas seulement physique. La plupart d'entre eux en avaient assez de la guerre, et beaucoup n'avaient jamais partagé l'enthousiasme belliqueux de Mussolini. De plus, les troupes de défense côtière étaient composées pour la plupart de Siciliens, choisis en pensant qu'ils seraient encore plus désireux de se montrer à la hauteur de leur réputation de bagarreurs pour défendre leurs propres maisons. Mais ce choix ne tenait pas compte de leur vieille antipathie manifeste à l'égard des Allemands, ni du fait que leur sens pratique leur faisait voir que plus ils se battraient moins il resterait de leurs maisons.

Leur hésitation à résister se trouva renforcer lorsque le jour se leva, le 10 juillet, et qu'ils purent voir la formidable armada de navires couvrant la mer jusqu'à l'horizon, et le flot perpétuel d'embarcations de débarquement apportant des renforts aux vagues d'assaut qui avaient déferlé sur les plages aux premières heures de la journée.

Les défenses des plages furent rapidement balayées et la crainte que de nombreux soldats eussent souffert du mal de mer fut rapidement dissipée par la légèreté des pertes infligées par le feu ennemi au moment où ils touchaient terre. Alexander a résumé la première phase de l'invasion en deux phrases : « Les divisions de défense côtière italienne, dont la valeur n'avait jamais été estimée très grande, se désintégrèrent pratiquement sans tirer un coup de fusil et les divisions de campagne, lorsqu'elles furent engagées, se dispersèrent également comme des fétus de paille. Des redditions en masse furent fréquentes. » Si bien que, dès le premier jour, presque tout le poids de la défense retomba sur les épaules de 2 divisions allemandes improvisées, renforcées ensuite par 2 autres.

Au cours de la période critique précédant le moment où les armées d'invasion furent solidement implantées à terre, il n'y eut qu'une contre-attaque dangereuse. Celle-ci fut lancée par la division Hermann Göring, qui avait été postée, avec un détachement de nouveaux chars Tigre de 56 tonnes, aux alentours de Catalgirone, à une trentaine de kilomètres de la côte, dans les montagnes surplombant la plaine de Gela, où la 1re division d'infanterie américaine avait débarqué. Heureusement cette action vigoureuse n'eut lieu que le second jour. Un petit groupe de chars légers italiens, d'un modèle archaïque, lança une courageuse contre-attaque de peu d'envergure le matin du premier jour et réussit à pénétrer dans la ville de Gela avant d'être repoussé, mais la principale colonne allemande fut retardée en route et ne fit son apparition que le lendemain matin. Seul un tout petit nombre de chars américains avait été débarqué, du fait des problèmes de déchargement entraînés par de forts brisants et de l'encombrement des plages. On manquait également encore de canons antichars et d'artillerie. Les blindés allemands descendirent vers la plaine en groupe convergents, balayèrent les avant-postes américains et atteignirent les dunes de sable qui bordaient les plages. On put croire un instant que les envahisseurs allaient être rejetés à la mer, mais le tir habilement dirigé des bâtiments de guerre aida à disperser les attaquants en un rien de temps. Une dangereuse avance sur le flanc gauche de la 45e division, par une autre colonne allemande qu'appuyait une compagnie de chars Tigre, fut repoussée de la même manière.

Le lendemain, 2 groupes de combat de la 15e division de panzergrenadier arrivèrent sur le front américain après une marche forcée depuis l'ouest de la Sicile, mais la division Hermann Göring était repartie pour le secteur britannique, appelée d'urgence pour enrayer l'avance anglaise qui paraissait à ce moment la plus dangereuse, car elle était déjà parvenue aux abords du port de Catania, au milieu de la côte orientale, alors que les 3 têtes de pont américaines manquaient encore de profondeur et n'avaient pas réalisé leur jonction.

Les débarquements britanniques avaient rencontré une aussi faible opposition que les débarquements américains, et la progression fut facilitée par l'absence de toute contre-attaque. Les opérations de débarquement n'allèrent pas sans ennuis et sans retards, mais se déroulèrent dans l'ensemble mieux que sur les plages occidentales qui étaient plus exposées. A partir du deuxième jour, les raids aériens furent plus fréquents, la couverture aérienne plus efficace, si bien que les pertes de navires furent pratiquement aussi réduites que dans le secteur américain. En vérité, pour ceux qui avaient connu les premières années de guerre en Méditerranée, il semblait, ainsi que l'amiral Cunningham le fait remarquer, « presque magique que de vastes flottes puissent rester à l'ancre sur la côte ennemie [...] en ne subissant que des pertes aussi légères venues d'attaques aériennes. » Cette immunité fut un facteur clé dans le succès des opérations amphibies. Mais, au cours de l'étape suivante, la progression fut arrêtée par une action aérienne d'un genre différent.

Les forces britanniques avaient dégagé toute la partie sud-est de l'île au cours des trois premiers jours. Montgomery décida alors « de faire un gros effort pour percer dans la plaine de Catane à partir du secteur de Lentini » et ordonna « une offensive de grande envergure pour la nuit du 13 juillet ». Le problème essentiel était la prise du pont de Primasole sur la rivière Simeto, quelques kilomètres au sud de Catane. Il fut fait appel à une brigade de parachutistes. La moitié seulement de ses effectifs tomba au bon endroit, mais ces éléments réussirent à s'emparer du pont intact.

La phase suivante est résumée dans le récit du général Student, commandant le 11e corps aéroporté allemand. Ses 2 divisions avaient été stationnées sur l'ordre de Hitler dans le midi de la France, prêtes à s'envoler pour la Sardaigne si les Alliés y débarquaient ainsi que Hitler s'y attendait. Mais des troupes aéroportées constituent une réserve stratégique très souple, aisément manœuvrée pour faire face à des situations différentes, ainsi que le prouve le récit de Student :

> « Lorsque les Alliés débarquèrent en Sicile, le 10 juillet, je proposai aussitôt de lancer une contre-attaque immédiate à l'aide de mes deux divisions. Mais Hitler refusa, Jodl, en particulier, y était opposé. La 1re division de parachutistes fut donc simplement envoyée par avion en Italie d'abord (une partie à Rome et une partie à Naples), tandis que la 2e division restait avec moi à Nîmes. Cependant, la 1re division ne tarda pas à être envoyée en Sicile, afin d'y être utilisée comme force terrestre pour renforcer les quelques troupes allemandes qui se trouvaient là au moment où les Italiens commencèrent de s'effondrer en masse. [Une partie de] la division fut emmenée par avion, en vagues successives lâchées en arrière de nos lignes dans le secteur oriental, au sud de Catane. J'avais demandé qu'elles fussent lâchées derrière les lignes alliées. Le premier contingent fut largué environ 3 kilomètres derrière nos lignes et, par une coïncidence extraordinaire, il atterrit presque au même moment que les parachutistes britanniques lancés derrière nos lignes pour s'emparer du pont sur la rivière Simeto. Il parvint à balayer les parachutistes anglais et à leur reprendre le pont. On était le 14 juillet [1]. »

Lorsque le gros des forces britanniques arriva, il parvint, au bout de trois jours de rudes combats, à reprendre le pont et à ouvrir la route de la plaine de Catane. Mais la progression vers le nord fut arrêtée par la résistance de plus en plus forte des réserves allemandes qui se rassemblaient maintenant pour protéger cette ligne d'accès direct à Messine, par la côte est des lignes situées 100 kilomètres plus loin, à l'endroit où le coin nord-est de la Sicile se trouve à proximité de l'orteil de la botte sicilienne.

Cette réaction compromit l'espoir de dégager rapidement la Sicile. Montgomery fut obligé d'incliner vers l'ouest le poids de la VIIIe armée pour lui faire parcourir un circuit plus détourné à travers les collines intérieures et autour du mont Etna, en coordination avec une avance vers l'est de la VIIe armée qui atteignit la côte nord et occupa Palerme le 22 juillet, trop tard cependant pour intercepter la retraite vers l'est des forces mobiles

1. Liddell Hart : *The Other Side of the Hill*, p. 355.

allemandes. Le nouveau plan modifia complètement le rôle de l'armée de Patton. Son rôle de bouclier chargé de protéger l'avance décisive de la VIIIe armée en direction de Messine, et d'empêcher la concentration de l'ennemi, devint celui d'un levier offensif et même, dans la phase finale, d'une avant-garde.

Pour la nouvelle offensive, prévue pour le 1er août, 2 nouvelles divisions (la 9e U.S., et la 78e britannique) furent amenées d'Afrique, ce qui porta le total à 12. Entre-temps, les Allemands furent renforcés par l'arrivée de la 29e division de panzergrenadier, et du Q.G. du 14e corps de Panzer, sous les ordres du général Hube, qui prit le contrôle de la bataille. Il n'avait pas pour mission de continuer la défense de la Sicile, mais seulement de mener une action de retardement pour couvrir l'évacuation des forces de l'Axe. Guzzoni et Kesselring étaient arrivés à cette décision chacun de leur côté, peu après le renversement de Mussolini, le 25 juillet, et avant la nouvelle offensive alliée.

Cette action de retardement fut facilitée par la forme et le caractère accidenté du nord-est de la Sicile qui constituait un triangle montagneux. Le terrain favorisait la défense et chaque pas en arrière raccourcissait le front, diminuant ainsi le nombre de défenseurs nécessaire, alors que les armées alliées étaient de plus en plus à l'étroit pour déployer toutes leurs forces supérieures. Patton fit trois tentatives pour accélérer la progression par de petites opérations amphibies — un débarquement à Santa Agata dans la nuit du 7 au 8 août, un second à Brolo, dans celle du 10 au 11; et un troisième à Spadafora dans celle du 15 au 16 —; chaque fois l'opération fut déclenchée trop tard pour être efficace. Montgomery tenta un petit débarquement dans la nuit du 15 au 16, mais l'arrière-garde ennemie s'était déjà échappée plus au nord et la plupart des troupes ennemies avaient déjà traversé le détroit de Messine et regagné le continent.

Le repli bien organisé fut accompli en majeure partie en six jours (et sept nuits), sans pertes et sans aucune interception sérieuse de la part des forces aériennes ou navales alliées. Près de 40 000 Allemands et plus de 60 000 Italiens furent évacués sans encombre. Les Italiens n'emportèrent que 200 véhicules et abandonnèrent tout le reste derrière eux, alors que les Allemands remportaient près de 10 000 véhicules, 47 chars, 94 canons et 17 000 tonnes de ravitaillement et de matériel. Le 17 août vers 6 h 30 du matin, la première patrouille américaine entra dans Messine, suivie peu après par un détachement britannique qui fut joyeusement accueilli au cri de : « Alors les touristes, où étiez-vous ? »

Le succès de ce décrochage bien organisé fit rendre un son plutôt creux au rapport qu'Alexander envoya ce jour-là au Premier ministre : « A 10 heures ce matin, 17 août 1943, le dernier soldat allemand a été expulsé de Sicile [...]. On peut considérer que toutes les forces italiennes qui étaient dans l'île le 10 juillet ont été détruites, à part quelques unités qui ont pu se retirer sur le continent. »

D'après les archives, les effectifs des troupes allemandes de Sicile s'élevaient à un peu plus de 60 000 hommes et ceux des troupes italiennes à 195 000 hommes. (Alexander estimaient alors ces chiffres à 90 000 Allemands et 315 000 Italiens.) 5 500 Allemands furent capturés et 13 500 blessés furent évacués en Italie avant la retraite, si bien que le nombre de tués peut difficilement avoir dépassé quelques milliers (24 000 selon les Britanniques). Les pertes anglaises s'élevèrent à 2 721 tués, 2 183 disparus et 7 939 blessés, soit un total de 12 843 hommes. Les pertes américaines furent de 2 811 tués, 686 disparus et 6 471 blessés, soit un total de 9 968 hommes. Le total des pertes alliées s'éleva donc à environ 22 800 hommes. Le prix n'était pas très élevé en comparaison des importants résultats politiques et stratégiques de la campagne ; résultats qui entraînèrent la chute de Mussolini et la capitulation de l'Italie. Mais les pertes allemandes auraient été plus nombreuses, facilitant d'autant la progression ultérieure, si les Alliés avaient eu recours davantage à des mouvements tournants amphibies. C'était l'opinion de l'amiral Cunningham qui fit remarquer, dans son rapport officiel, qu'après les premiers jours :

> « la VIIIe armée ne fit aucun usage de ses moyens amphibies. Les petits L.S.T. étaient prêts à intervenir au moindre appel [...] de même que des péniches de débarquement [...] Il y avait sans aucun doute de bonnes raisons militaires pour ne pas utiliser cet atout inestimable, à mon avis, de puissance navale et de souplesse de manœuvre, mais il est intéressant de considérer si, à l'avenir, on ne pourra pas éviter de grosses pertes de temps et de vies humaines en organisant des mouvements tournants, même de petite envergure, qui seraient nécessairement gênants pour l'ennemi. »

Au grand soulagement de Kesselring, le Haut Commandement allié n'avait pas tenté de débarquer en Calabre, dans la pointe de la botte italienne, dans le dos de ses forces revenant de Sicile, afin de leur barrer la retraite à travers le détroit de Messine. Pendant toute la campagne de Sicile, il avait redouté cette attaque qu'il n'avait pas les moyens de parer. Selon lui, « une offensive secondaire en Calabre aurait permis de transformer le débarquement de Sicile en une écrasante victoire alliée ». Jusqu'à la fin de la campagne de Sicile et jusqu'à l'évasion des 4 divisions allemandes qui y étaient engagées, Kesselring ne disposait que de 2 divisions allemandes pour couvrir tout le sud de l'Italie.

27.
L'invasion de l'Italie : Capitulation et coup d'arrêt

« La victoire vole au secours de la victoire », dit un vieux proverbe français. Mais il est également souvent vrai, dans un sens plus profond, que « la défaite vole au secours de la victoire ». Des mouvements religieux ou politiques écrasés par l'autorité en place ont souvent repris vigueur et l'ont finalement emporté après que leurs chefs eurent été auréolés par le martyre. L'influence du Christ devint plus grande après sa mise en croix que pendant sa vie. Des généraux vainqueurs ont été éclipsés par leurs vaincus, ainsi que le montre le destin immortel de Hannibal, Napoléon, Robert E. Lee et Rommel.

On peut constater un phénomène semblable, quoique plus subtil, dans l'histoire des nations. Tout le monde sait que, dans la guerre, « les Anglais ne gagnent qu'une seule bataille, la dernière ». Ce dicton traduit leur tendance caractéristique à commencer par connaître des désastres pour terminer par une victoire. Cette habitude est dangereuse et coûteuse. Cependant, par une ironie du sort, le résultat final provient souvent de la façon dont les défaites initiales des Anglais et de leurs alliés ont amené l'ennemi à dépasser ses possibilités par excès de confiance.

De plus, même lorsque la balance a penché dans l'autre sens, un échec provisoire a souvent contribué à un plus grand succès et à une victoire finale plus complète. Cela est arrivé à deux reprises, de manière particulièrement frappante, au cours des campagnes de Méditerranée de la Seconde Guerre mondiale.

C'est à cause de l'échec initial de l'avance des Alliés sur Tunis, à partir d'Alger, en novembre 1942, que Hitler et Mussolini envoyèrent des renforts en Tunisie où les Alliés purent les prendre au piège six mois plus tard, s'emparant de 2 armées de l'Axe et faisant disparaître ainsi le principal obstacle à leur entrée en Europe méridionale.

L'autre exemple d'échec initial tournant à l'avantage des Alliés fut l'invasion de l'Italie proprement dite. Après la conquête rapide de la Sicile et la

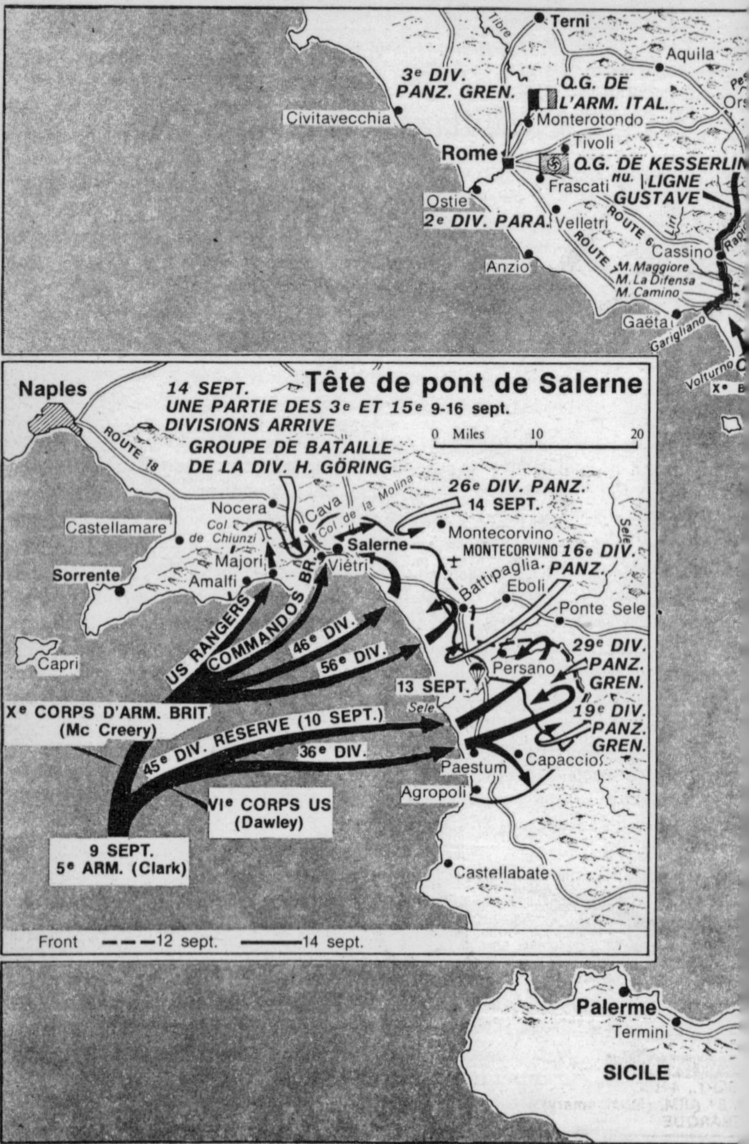
Tête de pont de Salerne
9-16 sept.
0 Miles 10 20
Terni
Aquila
Tibre
3e DIV.
PANZ. GREN.
Q.G. DE
L'ARM. ITAL.
Monterotondo
Civitavecchia
Tivoli
Rome
Q.G. DE KESSERLI
LIGNE
GUSTAVE
Frascati
Ostie
2e DIV. PARA.
Velletri
ROUTE 6
ROUTE 7
Liri
Cassino
Anzio
M. Maggiore
M. La Difensa
M. Camino
Gaëta
Garigliano
Volturno
Naples
14 SEPT.
UNE PARTIE DES 3e ET 15e
DIVISIONS ARRIVE
GROUPE DE BATAILLE
DE LA DIV. H. GÖRING
ROUTE 18
Nocera
Cava
Col de la Molina
26e DIV. PANZ.
14 SEPT.
Castellamare
Col de Chiunzi
Montecorvino
Salerne
MONTECORVINO
16e DIV. PANZ.
Majori
Viétri
Sorrente
Amalfi
Battipaglia
Eboli
Sele
Ponte Sele
US RANGERS
COMMANDOS BR.
46e DIV.
56e DIV.
Capri
29e DIV.
PANZ.
GREN.
Persano
13 SEPT.
19e DIV.
PANZ.
GREN.
Xe CORPS D'ARM. BRIT.
(Mc Creery)
45e DIV. RESERVE (10 SEPT.)
36e DIV.
Paestum
Capaccio
Agropoli
VIe CORPS US
(Dawley)
9 SEPT.
5e ARM. (Clark)
Castellabate
Front ---12 sept. ——14 sept.
Palerme
Termini
SICILE

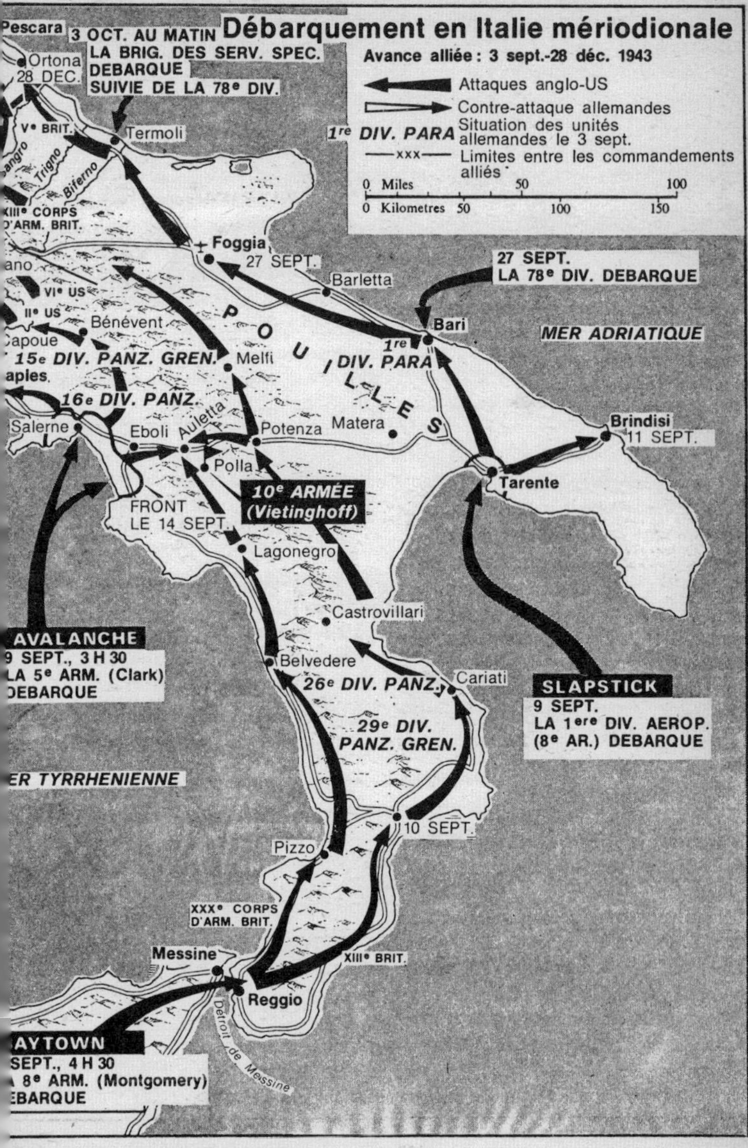
Débarquement en Italie mériodionale
Avance alliée : 3 sept.-28 déc. 1943
Attaques anglo-US
Contre-attaque allemandes
1re DIV. PARA
Situation des unités allemandes le 3 sept.
—xxx— Limites entre les commandements alliés
0 Miles 50 100
0 Kilometres 50 100 150
Pescara
3 OCT. AU MATIN
LA BRIG. DES SERV. SPEC.
DEBARQUE
SUIVIE DE LA 78e DIV.
Ortona
28 DEC.
Ve BRIT.
Termoli
Trigno
Biferno
XIIIe CORPS
D'ARM. BRIT.
Foggia
27 SEPT.
27 SEPT.
LA 78e DIV. DEBARQUE
Barletta
VIe US
IIe US
Bénévent
Capoue
15e DIV. PANZ. GREN.
Melfi
Bari
MER ADRIATIQUE
1re DIV. PARA
P O U I L L E S
16e DIV. PANZ.
Salerne
Eboli
Auletta
Potenza
Matera
Brindisi
11 SEPT.
Polla
Tarente
10e ARMÉE
(Vietinghoff)
FRONT
LE 14 SEPT.
Lagonegro
Castrovillari
AVALANCHE
9 SEPT., 3 H 30
LA 5e ARM. (Clark)
DEBARQUE
Belvedere
26e DIV. PANZ.
Cariati
SLAPSTICK
9 SEPT.
LA 1ere DIV. AEROP.
(8e AR.) DEBARQUE
29e DIV.
PANZ. GREN.
ER TYRRHENIENNE
10 SEPT.
Pizzo
XXXe CORPS
D'ARM. BRIT.
Messine
XIIIe BRIT.
Reggio
Détroit de Messine
AYTOWN
SEPT., 4 H 30
8e ARM. (Montgomery)
EBARQUE

chute de Mussolini, le bond suivant, et plus rapproché, en Italie semblait être relativement facile. Les chances de réussite étaient d'autant plus grandes que la capitulation de l'Italie avait fait l'objet d'un accord secret, inconnu des Allemands, qui devait être rendu public lors du principal débarquement allié. A ce moment, il n'y avait que 6 faibles divisions allemandes en Italie méridionale, et 2 autres près de Rome, pour faire face à la double tâche de repousser l'invasion alliée et de se garder de leurs ex-alliés italiens.

Le maréchal Kesselring réussit cependant à tenir les envahisseurs en échec, pendant qu'il désarmait les Italiens, puis il arrêta les Alliés sur une ligne située à quelque 150 kilomètres de Rome. Huit mois s'écoulèrent avant que les armées alliées ne parvinssent à atteindre la capitale italienne, et il fallut encore attendre huit autres mois pour qu'elles réussissent à percer de l'étroite péninsule montagneuse dans les plaines de l'Italie du Nord.

Pourtant ce long délai, avant d'atteindre une fin qui semblait si proche en septembre 1943, apporta d'importantes compensations pour les chances des Alliés en général. Hitler avait d'abord songé à retirer ses forces du sud de l'Italie, et à établir un barrage dans le nord montagneux. Mais la réussite inattendue de la défense de Kesselring l'amena à envoyer dans le Sud, contre l'avis de Rommel, un flot de renforts, pour garder une aussi grande partie de l'Italie que possible, le plus longtemps possible. Cette décision fut prise aux dépens des ressources dont Hitler eut bientôt besoin pour faire face à la menace plus dangereuse de la double avance vers l'Allemagne des Soviétiques à l'est et des Alliés occidentaux à l'ouest.

Par rapport à leurs effectifs, les forces alliés d'Italie absorbèrent une plus grande proportion des ressources allemandes que celles des autres fronts. De plus, le front italien était celui où les Allemands pouvaient se permettre de céder du terrain au moindre risque, alors que plus ils épuisaient leurs ressources pour tenir un front étendu dans tous les secteurs, plus ils avaient de chances d'aboutir à un effondrement fatal. De telles réflexions décidèrent les troupes alliées d'Alexander, en Italie, à se consoler de leur long échec avant de voir leurs espoirs de victoire se réaliser.

Malgré tout, il ne faut pas oublier qu'on ne lance pas de grandes expéditions dans l'espoir d'aboutir à un échec qui ait des chances de devenir un jour avantageux. Il n'est pas dans la nature humaine de désirer et de chercher l'échec. Il est donc intéressant d'étudier les événements et la façon dont ils arrivèrent.

Le premier facteur important dans l'échec des Alliés fut leur retard à exploiter l'occasion offerte par le coup d'État qui renversa Mussolini. Celui-ci eut lieu le 25 juillet, cependant les Alliés n'entrèrent en Italie que plus de six semaines plus tard. Les causes de ce délai furent à la fois politiques et militaires. Fin mai, à la conférence des chefs d'état-major anglo-américains, à Washington, les Américains s'étaient montrés hostiles à l'idée d'entrer en Italie par la Sicile, de peur que cette mesure ne gênât les plans de débarquement en Normandie et la victoire sur les Japonais dans le Pacifique. C'est seulement le 20 juillet, lorsque le désir de capitulation des forces italiennes de Sicile fut devenu si manifeste, que les chefs d'état-major américains acceptèrent de continuer l'avance en Italie. Mais il était trop tard pour mettre sur pied une exploitation immédiate. Sur le plan politique, l'exigence d'une « capitulation SANS condition », formulée par Roosevelt et Churchill à la conférence de Casablanca, représentait également un obstacle. Le nouveau Gouvernement italien du maréchal Badoglio était naturellement très désireux de savoir si des conditions plus favorables pouvaient être obtenues en négociant avec les gouvernements alliés, mais il eut beaucoup de difficulté à entrer en contact avec eux. Les ministres britannique et américain auprès du Vatican représentaient un canal évident et facilement accessible, mais qui se révéla inutilisable à cause d'un double manque de prévision officiel, ainsi que le révèle Badoglio dans son récit : « Le ministre britannique nous informa que malheureusement son code secret était très ancien et presque certainement connu des Allemands, ce qui faisait qu'il ne pouvait pas nous conseiller de l'utiliser pour communiquer secrètement avec son Gouvernement. Quant au Chargé d'affaires américain, il nous répondit qu'il n'avait pas de code secret. » Les Italiens durent donc attendre jusqu'à la mi-août, date à laquelle se présenta un motif plausible pour envoyer un émissaire au Portugal, où il rencontra des représentants de la Grande-Bretagne et des États-Unis. Et cette voie détournée entraîna de nouvelles lenteurs dans le règlement d'un accord.

Par contre Hitler n'avait pas perdu de temps pour prendre des mesures destinées à faire face à l'éventualité d'une recherche de la paix et d'un abandon de l'alliance par le nouveau Gouvernement italien. Le jour du coup d'État de Rome, le 25 juillet, Rommel était arrivé en Grèce pour y prendre le commandement, mais, peu avant minuit, il reçut un coup de téléphone l'informant que Mussolini avait été renversé et lui donnant l'ordre de prendre le premier avion pour se rendre au Q.G. de Hitler en Prusse-Orientale. Il y arriva le lendemain à midi et « reçut l'ordre de rassembler des troupes dans les Alpes pour préparer une éventuelle entrée en Italie ».

Cette entrée commença bientôt, d'une manière partiellement déguisée. Craignant que les Italiens n'organisent une action pour barrer les cols alpins avec l'aide de troupes aéroportées alliées, Rommel donna l'ordre, le 30 juillet, aux premiers éléments des troupes allemandes, de franchir la frontière et d'occuper les cols. Cette action fut justifiée par le prétexte de protéger les routes de ravitaillement vers l'Italie contre des opérations de sabotage ou de troupes aéroportées. Les Italiens protestèrent et, pendant un certain temps, menacèrent de s'opposer au passage par les armes, mais ils hésitèrent à ouvrir le feu et à précipiter un conflit avec leurs alliés. L'infiltration allemande fut ensuite étendue, sous le prétexte de soulager les Italiens de la défense du nord de leur pays afin de leur permettre d'envoyer des renforts au sud où il était évident que les Alliés allaient débarquer d'un moment à l'autre. Cet argument était tellement vraisemblable du point de vue stratégique, que les responsables italiens ne pouvaient guère le rejeter sans révéler leur intention de changer de camp. Si bien que, début septembre, 8 divisions allemandes sous les ordres de Rommel étaient établies à l'intérieur des frontières alpines de l'Italie, prêtes à appuyer ou à renforcer les troupes de Kesselring au sud.

De plus, la 2e division de parachutistes, une formation particulièrement efficace, fut amenée de France jusqu'à Ostie, près de Rome. Le général Student, commandant en chef des troupes aéroportées allemandes, l'accompagna. Interrogé après la guerre celui-ci déclara :

> « Le Haut Commandement italien ne fut pas prévenu de l'arrivée de cette division et fut simplement informé qu'elle devait renforcer les troupes de Sicile ou de Calabre. Mais j'avais pour instructions, de la bouche de Hitler, de la maintenir près de Rome et de prendre également sous mon commandement la 3e division de panzergrenadier qui avait été amenée dans le secteur. Avec ces deux divisions, je devais me tenir prêt à désarmer les troupes italiennes stationnées autour de Rome [1]. »

La présence de ces divisions réduisit à néant le projet des Alliés de lâcher une de leurs propres divisions aéroportées sur Rome, la 82e division américaine du général Matthew Ridgway, pour aider les Italiens à tenir leur capitale. Si ce renfort était arrivé, le Q.G. de Kesselring aurait été en danger car il se trouvait à Frascati, une quinzaine de kilomètres au sud-est de Rome.

Malgré cela, la tâche de Student semblait de prime abord difficile. Le maréchal Badoglio avait gardé 5 divisions italiennes dans le secteur de Rome, en dépit des efforts des Allemands pour le persuader d'en envoyer quelques-unes dans le Sud. Tant qu'elles ne seraient pas désarmées, Kesselring se trouverait dans une position très embarrassante, avec 2 armées alliées en face de lui et une troisième armée hostile en travers de la ligne de ravitaillement et de retraite des 6 divisions allemandes d'Italie méridionale. Celles-ci venaient d'être réunies au sein de la Xe armée, commandée par Vietinghoff, et comprenant 4 divisions évadées de Sicile où elles avaient été affaiblies par les pertes subies au cours de cette campagne.

Le 3 septembre, l'invasion commença par le débarquement de la VIIIe armée de Montgomery près de Reggio, à la pointe de la botte italienne. Le même jour, les représentants italiens signèrent secrètement l'armistice avec les Alliés. Mais il fut décidé de garder cette signature secrète jusqu'à la seconde et principale opération de débarquement alliée, prévue à Salerne, au sud de Naples.

Le 8 septembre à minuit, la Ve armée anglo-américaine du général Mark Clark commença de débarquer dans le golfe de Salerne, quelques heures après l'annonce officielle par la B.B.C. de la capitulation italienne. Les dirigeants italiens ne s'attendaient pas à un débarquement aussi proche, et ils ne furent avertis de la diffusion de l'annonce que tard dans l'après-midi. Badoglio se plaignit, non sans quelque raison, de n'avoir pas eu le temps

1. Interrogatoire mené par Liddell Hart. Cf. également Liddell Hart : *The Other Side of the Hill*, pp. 356-357.

d'achever ses préparatifs pour coopérer. Mais l'état d'impréparation et d'agitation des Italiens était déjà devenu tellement évident aux yeux du général Maxwell Taylor, envoyé secrètement par Eisenhower à Rome, que ce dernier avait annulé l'opération aéroportée de Ridgway sur Rome, après avoir reçu un message de Taylor lui disant que les chances de réussite étaient médiocres. Il était alors trop tard pour revenir au plan initial prévoyant de lâcher les troupes de Ridgway le long de la rivière Volturno, au nord de Naples, pour empêcher les renforts ennemis d'arriver à Salerne.

L'annonce officielle de la capitulation italienne prit également les Allemands par surprise. Mais leur action à Rome fut rapide et décisive, malgré la situation créée simultanément dans le Sud par le débarquement de Salerne.

Le résultat final aurait probablement été différent si l'action des Italiens avaient été à la hauteur de leur dissimulation, qui leur avait permis, grâce à une habile comédie, de cacher leurs intentions et de calmer les appréhensions de Kesselring au cours des jours précédents. Un piquant récit de ces événements nous est donné par son chef d'état-major, le général Westphal :

> « Le 7 septembre, le ministre italien de la Marine, l'amiral comte de Courten, vint rendre visite au maréchal Kesselring pour l'informer que la flotte italienne allait appareiller de Spezia le 8 ou le 9, afin de chercher le combat avec la flotte britannique de Méditerranée. La flotte italienne, disait-il avec des larmes dans les yeux, vaincrait ou périrait. Il décrivit ensuite en détail son plan de bataille [1]. »

Ces assurances solennelles firent une impression très convaincante. Le lendemain après-midi, Westphal et un autre général, Toussaint, se rendirent au Q.G. de l'armée italienne à Monterotondo (25 kilomètres au nord-est de Rome).

> « Le général Roatta nous accueillit très cordialement. Il s'entretint en détail avec moi de la poursuite en commun des opérations en Italie méridionale pour la VIIe armée italienne et la Xe armée allemande. Pendant notre conversation, on me remit un message téléphonique du colonel von Waldenburg m'informant de l'annonce officielle par la B.B.C. de la capitulation italienne... Le général Roatta nous assura qu'il ne s'agissait que d'une manœuvre de propagande. La lutte continuerait en commun comme nous en étions tombés d'accord [2]. »

Westphal ne fut pas entièrement convaincu par ces assurances et, lorsqu'il regagna le Q.G. allemand à Frascati, en fin de soirée, il s'aperçut que Kesselring avait déjà envoyé à tous les commandements subalternes le mot de code « *Axis* », signifiant que l'Italie avait quitté les rangs de l'Axe et que les mesures nécessaires devaient être prises en vue de désarmer les Italiens immédiatement.

---

1. Liddell Hart : *The Other Side of the Hill*, p. 359.
2. Liddell Hart : *The Other Side of the Hill*, p. 359.

Les commandements locaux employèrent un mélange de persuasion et de force selon la situation et leur propre tournure d'esprit. Dans la région de Rome, où la situation pouvait être dangereuse pour les Allemands, Student employa une tactique de choc :

« Je tentai de m'emparer du G.Q.G. italien en tombant dessus du ciel. Ce ne fut que partiellement un succès. Trente généraux et cent cinquante autres officiers furent capturés dans une partie des bâtiments, mais une autre partie résista. Le chef d'état-major s'était échappé la nuit précédente, avec Badoglio et le roi. »

Au lieu d'essayer de battre les 2 divisions de Student, les généraux italiens s'empressèrent de se mettre hors de portée, en se repliant vers l'est avec leurs forces jusqu'à Tivoli, et en laissant leur capitale aux mains des Allemands. Ce repli ouvrit la voie à des négociations au cours desquelles Kesselring usa d'une forme plus aimable de persuasion, en proposant d'autoriser les troupes italiennes, si elles déposaient les armes, à rentrer chez elles immédiatement. Cette offre était contraire aux ordres de Hitler selon lesquels tous les soldats italiens devaient être faits prisonniers, mais elle se révéla plus efficace au prix d'une moindre perte en temps et en vies humaines. On peut reprendre les termes de Westphal :

« La situation se rétablit complètement autour de Rome, après que le commandant des forces italiennes eut accepté SANS réserve l'offre de capitulation proposée par les Allemands. Cela élimina tout danger pour le ravitaillement de la Xe armée...

« C'était également un soulagement pour nous de voir qu'il ne serait pas nécessaire de transformer Rome en champ de bataille. Dans l'accord de capitulation, le maréchal Kesselring s'engagea à considérer Rome comme une ville ouverte. Elle ne devait être occupée que par 2 compagnies de forces de police chargées de garder les centraux téléphoniques, etc. Cet engagement fut toujours observé jusqu'à la fin de l'occupation allemande. Grâce à cette capitulation, il fut possible de reprendre les communications radio avec l'O.K.W. (le Commandant suprême allemand) qui avaient été interrompues le 8. Une autre conséquence de l'élimination pacifique des forces italiennes fut la possibilité d'envoyer immédiatement des renforts, par la route de Rome, à la Xe armée dans le Sud [...] Après tant de soucis, la situation avait donc été rétablie à Rome d'une manière qu'on pouvait difficilement rêver d'améliorer [1]. »

Jusque-là, Hitler et ses conseillers militaires de l'O.K.W. avaient eu tendance à considérer l'armée de Kesselring comme condamnée. Westphal apporte un témoignage intéressant à ce sujet :

---

1. Liddell Hart : *The Other Side of the Hill*, pp. 360-361.

« ... les fournitures en hommes, en armes et en matériel nous furent pratiquement supprimées à partir du mois d'août. A cette époque, toutes nos demandes étaient refusées par l'O.K.W. avec la formule : " On verra plus tard. " Cette attitude pessimiste inhabituelle explique probablement aussi l'envoi du Groupe d'armées B (de Rommel en Italie du Nord. Je reçus l'ordre d'emmener dans la position des Apennins ceux de nos éléments qui auraient réussi à échapper à l'attaque conjointe des Alliés et des Italiens.

« Le maréchal Kesselring considérait également la situation comme grave. Mais il existait encore, selon lui, une possibilité de la rétablir dans certaines circonstances : plus le débarquement de vaste envergure se produirait au sud, meilleures seraient les chances. Mais si l'ennemi arrivait par la mer et par les airs dans la région de Rome, on ne pourrait guère escompter sauver la Xe armée. Les 2 divisions que nous avions près de Rome étaient loin de suffire pour la double tâche d'éliminer les nombreuses forces italiennes et de repousser le débarquement allié, tout en protégeant la ligne de communications vers l'arrière de la Xe armée. Dès le 9 septembre il devenait désagréablement visible que les troupes italiennes barraient la route de Naples, empêchant ainsi le ravitaillement de la Xe armée. Celle-ci n'aurait pas pu faire face à cette situation pendant longtemps. Et le commandant en chef poussa un soupir de soulagement en voyant qu'aucune opération aéroportée ne se produisait sur les aérodromes de la périphérie de Rome le 9 et le 10. Pendant ces deux jours nous nous attendions d'une heure à l'autre à un atterrissage avec l'aide des forces italiennes. Une opération aéroportée aurait sans aucun doute encouragé les troupes italiennes et la population civile qui nous était hostile [1]. »

Kesselring lui-même résuma la situation en disant : « Un débarquement aérien sur Rome et un débarquement maritime à proximité, au lieu de Salerne, nous auraient automatiquement obligés d'évacuer toute la moitié sud de l'Italie [2]. »

Malgré tout, les jours qui suivirent le débarquement allié de Salerne représentèrent une période extrêmement pénible pour les Allemands, d'autant plus qu'ils manquaient d'informations sur les événements qui se déroulaient dans le secteur. Jamais le « brouillard de la guerre » ne fut aussi épais, et cela était dû au fait que les Allemands se battaient dans le pays d'un allié qui avait soudain déserté leur camp. On peut s'en rendre compte encore une fois dans le récit de Westphal :

« Le commandant en chef ne put d'abord apprendre que très peu de chose sur ce qui se passait à Salerne. Les communications téléphoniques furent interrompues, puisqu'elles dépendaient du réseau postal italien. Il n'était pas facile de les rétablir car les Italiens ne nous avaient pas autorisé à examiner leur dispositif téléphonique. Il fut d'abord impossible d'établir des communications radio parce que le personnel des transmissions du nouveau Q.G. de la Xe armée n'était pas habitué aux conditions atmosphériques particulières au sud de l'Italie [3]. »

1. *Ibid.*, pp. 361-362.
2. *Ibid.*, pp. 362-363.
3. *Ibid.*, pp. 362-363.

Heureusement pour les Allemands, le principal débarquement allié se produisit dans le secteur où ils l'attendaient et où Kesselring pouvait le plus facilement concentrer ses maigres forces pour y faire face. L'avance de la VIIIe armée à l'extrémité de la botte italienne se déroula également comme prévu et fut trop éloignée pour représenter un danger immédiat pour ses forces. Il profita beaucoup de la répugnance des généraux alliés à s'aventurer hors des limites de la couverture aérienne, répugnance dont il put tenir compte dans l'estimation de ses mouvements. Il en résulta que le débarquement allié de Salerne, baptisé avec optimisme « Opération Avalanche », subit un coûteux échec. Mark Clark lui-même dit de cette opération que ce fut « presque un désastre [1] ». Les envahisseurs ne parvinrent que de justesse à résister à la contre-attaque allemande et à ne pas être rejetés à la mer.

Lors de la préparation du débarquement, Mark Clark avait proposé de faire le débarquement dans le golfe de Gaëte, au nord de Naples, où le pays était plus ouvert et où l'avance vers l'intérieur ne risquait pas de se heurter, comme à Salerne, à un terrain montagneux. Mais lorsque Tedder, le commandant en chef des forces aériennes alliées, lui dit que l'appui aérien ne serait pas aussi efficace s'il était étendu jusqu'à Gaëte, Clark s'inclina et accepta le choix de Salerne.

Dans certains milieux alliés, on avait représenté que la méthode la plus efficace pour prendre les Allemands en défaut et les déséquilibrer était d'organiser un débarquement au-delà de ces limites. Et on faisait remarquer qu'un débarquement sur le talon de la botte italienne, dans le secteur de Tarente et de Brindisi, aurait lieu à l'endroit où on l'attendait le moins, tout en présentant un risque minimal et en permettant de s'emparer de deux excellents ports.

Ce débarquement fut ajouté au plan à la dernière minute, en tant qu'opération secondaire, mais les forces qui y furent affectées ne comprenaient que la 1re division aéroportée britannique, qui fut rapidement rappelée de camps de repos tunisiens et transportée dans les bâtiments qu'on put trouver en si peu de temps. Elle ne rencontra aucune opposition, mais débarqua sans aucun char et avec seulement quelques pièces d'artillerie et quelques véhicules automobiles. Il lui manquait en fait les éléments indispensables pour exploiter l'occasion qu'elle avait créée.

Quittons maintenant ce vaste survol de l'invasion alliée pour examiner en détail le déroulement des opérations, qui commencèrent avec la traversée du détroit de Messine par la VIIIe armée de Montgomery, le 3 septembre.

Les instructions en vue de ce débarquement en Calabre, baptisé « Opération Baytown », ne furent données que le 16 août, alors que les derniers éléments de l'arrière-garde allemande quittaient la Sicile. Elles ne mention-

---

1. Clark : *Calculated Risk*, p. 179.

naient aucun « objectif », ainsi que Montgomery le fit ironiquement remarquer à Alexander dans un message radio en date du 19. La réponse qu'il reçut définissait enfin l'objectif en ces termes :

« Votre mission consiste à établir une tête de pont à la pointe de la botte italienne afin de permettre à nos forces navales d'opérer à travers le détroit de Messine.

Dans le cas où l'ennemi se replierait du secteur, vous le poursuivrez avec toutes les forces dont vous pourrez disposer en vous rappelant que plus vous pourrez engager un grand nombre de forces ennemies dans l'extrême sud de l'Italie, plus vous faciliterez la tâche de l'opération *Avalanche* (le débarquement de Salerne). »

C'était un objectif bien maigre et aux contours mal définis pour les vétérans de la VIIIe armée. Montgomery remarque dans ses Mémoires : « Aucune tentative ne fut faite pour coordonner mes opérations avec celles de la Ve armée débarquant à Salerne... » Quant à l'objectif secondaire de faciliter la tâche de cette armée, le débarquement de la VIIIe armée eut lieu à l'endroit le moins approprié, séparé de Salerne par plus de 500 kilomètres d'étroites routes de montagne idéales pour une obstruction de l'ennemi. Il n'existait que deux bonnes routes pour remonter vers le nord, l'une longeant la côte ouest et l'autre la côte est, il n'était donc possible d'employer que 2 divisions, chacune précédée d'1 seule brigade, et il était souvent difficile de déployer plus d'1 bataillon à la fois. L'ennemi n'avait donc aucune raison de garder des forces importantes dans ce secteur, d'autant plus qu'il pouvait être sûr que la plus grande partie des forces alliées débarquerait ailleurs. Une fois la VIIIe armée engagée dans la péninsule de Calabre, les chances de surprise de la Ve armée étaient réduites, du fait que le nombre de possibilités avec lesquelles l'ennemi devait compter se trouvait restreint. La Calabre était le plus mauvais endroit possible pour créer une diversion efficace. L'ennemi pouvait en toute sécurité retirer ses forces du secteur et laisser l'invasion se débattre dans les difficultés opérationnelles imposées par le terrain.

Malgré le peu de vraisemblance d'une forte opposition, Montgomery organisa le débarquement avec son soin et son sérieux habituels. Près de 600 canons furent réunis, sous le commandement du 30e corps, pour lancer un tir de barrage écrasant à partir de la côte sicilienne, afin de protéger la traversée du détroit et les débarquements sur les plages près de Reggio, qui furent réalisés par le 13e corps d'armée du général Miles Dempsey. Le rassemblement de cette masse d'artillerie retarda de plusieurs jours le déclenchement de l'assaut. L'intensité du bombardement fut encore accrue par le tir de 120 canons de la marine.

Au cours des jours précédents, des rapports des services de Renseignements avaient montré que les Allemands n'avaient pas gardé « plus de 2 bataillons d'infanterie » à l'extrémité de la botte et que ceux-ci étaient postés à plus d'une quinzaine de kilomètres des plages pour couvrir les routes menant vers l'intérieur de la péninsule. La nouvelle du retrait des forces ennemies amena les observateurs critiques à faire remarquer que le tir de barrage revenait à « utiliser un marteau-pilon pour casser une noix ». Ce commentaire était bien trouvé mais inexact, car il ne restait même pas une noix à casser. Ce fut un énorme gaspillage de munitions.

Le 3 septembre à 4 h 30 du matin, la 5e division britannique et la 1re division canadienne débarquèrent sur des plages vides, même pas défendues par des mines ou des barbelés. Un rapport canadien nota facétieusement que « la résistance la plus vigoureuse enregistrée au cours de la journée, provint d'un puma, qui s'était échappé d'un zoo de Reggio et qui semblait avoir un faible pour le chef de la brigade ». L'infanterie ne subit aucune perte et au soir l'extrémité de la péninsule avait été occupée sur une profondeur de plus de 8 kilomètres sans rencontrer d'opposition. 3 traînards allemands et 3 000 Italiens avaient été faits prisonniers. Les Italiens ne se firent pas prier pour se porter volontaires et aider au déchargement des péniches de débarquement. Aucune résistance sérieuse ne fut rencontrée au cours des jours suivants tandis que les envahisseurs remontaient vers le nord, à part quelques brefs contacts avec des éléments d'arrière-garde ennemis. Mais la progression de la VIIIe armée fut fréquemment arrêtée par des destructions habilement exécutées par les Allemands au cours de leur repli. Le 6 septembre, quatre jours après le débarquement, elle n'était qu'à une cinquantaine de kilomètres des plages de départ, et elle n'atteignit la partie la plus étroite de la péninsule que le 10. Elle n'avait encore parcouru que moins du tiers de la distance jusqu'à Salerne.

Cependant, selon Montgomery, « Alexander était trop optimiste » lorsqu'il rendit visite à la VIIIe armée, le 5 septembre, et annonça que les Italiens avaient secrètement signé un armistice deux jours plus tôt. Montgomery remarque qu'Alexander « était visiblement prêt à croire, pour l'établissement de ses plans, que les Italiens feraient tout ce qu'ils disaient ». Montgomery ne partageait pas cette confiance : « Je lui dis que, selon moi, lorsque les Allemands s'apercevraient de ce qui se tramaient, ils matraqueraient les Italiens. » Les événements vérifièrent cette remarque, consignée dans le Journal de Montgomery.

La confiance d'Alexander dans les chances de l'opération *Avalanche* est d'autant plus surprenante que, deux semaines avant son déclenchement, le commentateur militaire allemand « Sertorius » avait prédit à la radio que le principal débarquement allié aurait lieu dans le secteur de Naples-Salerne, avec un débarquement secondaire dans la péninsule calabraise.

Encore une semaine auparavant, le 18 août, Hitler avait donné ses instructions pour faire face à la menace et il y était dit de manière significative :

« 1. On doit s'attendre à ce que l'Italie capitule plus ou moins rapidement devant la pression ennemie.

« 2. En prévision de cette capitulation, la Xe armée doit maintenir ouverte sa ligne de retraite. Le centre de l'Italie, en particulier la région de Rome, doit être tenu jusque-là.

« 3. Dans le secteur côtier s'étendant entre Naples et Salerne, qui est d'abord le plus menacé, un fort regroupement doit être réalisé, comprenant au moins 3 formations mobiles de la Xe armée. Tous les autres éléments non mobiles de cette armée doivent être envoyés dans ce secteur. Dans un premier temps, les éléments entièrement mécanisés peuvent rester entre Catanzaro et Castrovillari, pour participer à des opérations mobiles. Des éléments de la 1re division de parachutistes peuvent être employés à la protection de Foggia. En cas de débarquement ennemi, le secteur Naples-Salerne doit être tenu. Au sud du défilé de Castrovillari, seules doivent être organisées des opérations de retardement... »

Kesselring affecta au Sud 6 de ses 8 divisions, dans le cadre de la Xe armée nouvellement constituée et placée sous les ordres du général von Vietinghoff qui établit son Q.G. à Polla, située au sud-est de Salerne, à l'intérieur des terres. Hitler avait personnellement demandé à Vietinghoff, le 22, de considérer Salerne comme « le centre de gravité » (ainsi que le rapportent les archives de guerre de cette armée). Les 2 autres divisions de Kesselring furent tenues en réserve près de Rome pour prendre le contrôle de la capitale et protéger la ligne de retraite de la Xe armée, « en cas de trahison italienne ». Les 6 divisions du Sud comprenaient 2 unités récemment arrivées en Italie, la 16e et la 26e division de Panzer, et les 4 divisions qui s'étaient échappées de Sicile. Les 2 d'entre elles qui avaient subi les plus lourdes pertes, la division Hermann Göring et la 15e division de panzergrenadier, avaient été ramenées dans la région de Naples pour être reconstituées, et la 1re division de parachutistes se rendit à Apulia, tandis que la 29e division de panzergrenadier restait dans le Sud, face à Montgomery. Pour l'aider à tenir Montgomery en échec, la 26e division de Panzer qui était arrivée sans aucun char [1] fut momentanément envoyée en Calabre. La division la mieux armée, la 16e de Panzer, fut placée de façon à couvrir le golfe de Salerne, le secteur le plus vraisemblable pour un débarquement d'envergure, où elle pouvait être rapidement renforcée par les autres divisions. Elle ne comprenait cependant qu'1 seul bataillon de chars [2] et 4 bataillons d'infanterie, avec une forte artillerie.

Cela ne représentait que de faibles forces face à l'armada qui voguait vers le golfe de Salerne, avec quelque 700 navires et péniches de débarquement, transportant 55 000 hommes pour le débarquement initial et 115 000 autres pour l'exploitation.

---

1. Comme la plupart des divisions blindées allemandes à cette époque, elle ne comprenait que 2 bataillons de chars, l'un équipé de chars Panther et l'autre de chars Mark IV plus légers, son bataillon de chars Panther n'avait pas été envoyé en Italie et l'autre avait été gardé près de Rome pour tenir les Italiens en respect.

2. Ce bataillon était doté d'environ 80 chars Mark IV. Son bataillon de chars Panther avait été remplacé par un bataillon d'artillerie d'assaut blindée comprenant 40 canons automoteurs qui, vus de loin, pouvaient être pris pour des chars. Malgré cela, on ne comprend pas comment le général Mark Clark, dans ses Mémoires de guerre intitulées *Calculated Risk*, peut arriver à la conclusion que les Allemands « disposaient probablement à l'origine d'environ 600 chars à Salerne » (p. 199), ce total étant près de huit fois supérieur au chiffre réel.

La 36e division d'infanterie U.S. devait débarquer à l'aile droite et les 46e et 56e divisions britanniques à l'aile gauche, tandis qu'une partie de la 45e division d'infanterie U.S. était en réserve. Ces divisions étaient regroupées respectivement au sein du 6e corps U.S. (général Dawley) et du 10e corps britannique (général R. L. McCreery). Ce dernier devait débarquer sur une étendue de 12 kilomètres de plages située immédiatement au sud de Salerne près de la route principale menant à Naples en traversant la péninsule montagneuse de Sorrente par le défilé de Cava, peu élevé mais d'un franchissement difficile. Son succès précoce était donc de la plus haute importance, tant pour ouvrir la route du grand port de Naples que pour empêcher l'arrivée de renforts allemands venant du nord. Pour faciliter cette tâche, 2 bataillons de commandos britanniques et 3 bataillons de rangers américains furent employés pour s'emparer rapidement de ce défilé et du col de Chiunzi situé sur une route voisine.

Le principal convoi d'assaut britannique appareilla de Tripoli le 6 septembre et le principal convoi américain appareilla d'Oran la veille au soir. D'autres convois appareillèrent d'Alger, de Bizerte et des ports de Palerme et Termini situés dans le nord de la Sicile. Leur destination était un secret précieusement gardé, mais elle n'était pas difficile à deviner en se fondant sur les limites possibles de la couverture aérienne et sur la nécessité de s'emparer rapidement d'un grand port, deux conditions qui se recoupaient clairement pour désigner le but. A Tripoli, le cuisinier chinois d'un petit bâtiment causa des émotions en saluant le départ du convoi au cri de : « A bientôt à Naples ! [1] » Mais il se faisait seulement l'écho de toutes les conversations entre marins et militaires. Un autre facteur fut le choix malheureux des appellations de « Force N » et « Force S » pour les forces d'attaque nord et sud. Il n'était pas non plus nécessaire de chercher bien loin car l'une des instructions administratives largement diffusées mentionnait nommément un certain nombre de lieux situés dans Salerne ou à proximité.

Avec un objectif aussi évident, le débarquement allié fut encore plus handicapé par le fait que le général Mark Clark, commandant l'armée, persista à escompter un effet de surprise au point d'interdire à la marine de déclencher un bombardement préliminaire des défenses, malgré les arguments du commandant de la Naval Task Force chargée d'escorter et d'appuyer les troupes de débarquement, le vice-amiral H. Kent Hewitt de la U.S. Navy, qui se rendait parfaitement compte qu'il « était incroyable de penser créer une surprise tactique [2] ». Mais on peut répondre que d'un autre côté, le fait de réduire les défenses côtières aurait peut-être été contrebalancé par une concentration plus rapide des réserves ennemies grâce à une délimitation plus précise du site de débarquement.

L'approche des convois le long des côtes ouest et nord de la Sicile fut repérée et signalée au Commandement allemand le 8 au début de l'après-

1. Linklater : *The Campaign in Italy*, p. 63.
2. S. E. Morison : *History of U.S. Naval Operations in World War II*, vol. IX, p. 249.

midi et, à 15 h 30, les troupes allemandes furent mises en état d'alerte pour faire face au débarquement attendu. A 18 h 30 Eisenhower annonça l'armistice avec l'Italie sur Radio-Alger et l'annonce fut reprise à 19 h 20 par la B.B.C. Les troupes alliées embarquées dans les convois entendirent l'une ou l'autre de ces émissions. Cette nouvelle, malgré l'avertissement de certains de leurs officiers qu'il restait encore à combattre les Allemands, leur donna malheureusement l'impression que les débarquements seraient une simple formalité. Leurs illusions furent bientôt dissipées. Il en fut de même pour celles des généraux alliés qui avaient prévu avec optimisme que Naples serait prise le troisième jour, alors qu'elle ne fut atteinte qu'au bout de trois semaines de combat et après avoir frisé la catastrophe.

Dans l'après-midi du 8, les convois furent attaqués à plusieurs reprises par l'aviation allemande qui les survola de nouveau après la tombée de la nuit en lâchant des fusées éclairantes attachées à des petits parachutes, mais l'armada eut la chance de ne pas subir de gros dommages. Peu après minuit, les premiers transports de troupes arrivèrent à une quinzaine de kilomètres des côtes et commencèrent de mettre à l'eau leurs péniches de débarquement. Celles-ci atteignirent les plages à l'heure H prévue, soit 3 h 30 du matin. Deux heures auparavant, une batterie côtière occupée par les Allemands avait ouvert le feu sur les péniches approchant le flanc nord, mais elle avait été réduite au silence par les destroyers de l'escorte et la phase finale avait été facilitée par un bref mais intense bombardement des défenses des plages par des canons de marine et des roquettes qui furent utilisées ici pour la première fois. Mais, dans le secteur sud, les troupes ne bénéficièrent d'aucun tir d'appui, le commandant divisionnaire américain s'en tenant aux instructions de Clark dans l'espoir que la surprise pourrait encore être localement créée par un débarquement silencieux. Le résultat fut que dans la dernière distance avant d'atteindre la plage, les péniches de débarquement tombèrent sous un feu d'enfer et que les troupes subirent de lourdes pertes.

Les chances d'avancer rapidement jusqu'à Naples dépendant de la prise de la route partant de Salerne vers le nord à travers les montagnes, il vaut mieux relater les opérations de débarquement de gauche à droite en partant du flanc nord. Là, les rangers américains débarquèrent SANS rencontrer de résistance sur une petite plage, à Maiori, et, en l'espace de trois heures, ils s'emparèrent du col de Chiunzi et s'installèrent sur les hauteurs surplombant la route principale allant de Salerne à Naples. Les commandos britanniques débarquèrent également sans difficulté à Vietri, là où la route quitte la côte et commence à monter. Mais l'ennemi réagit rapidement, retardant le nettoyage de la ville, puis arrêtant les commandos un peu plus au nord au petit col de La Molina, à l'entrée du défilé de Cava.

Les principaux autres débarquements britanniques, sur les plages situées quelques kilomètres au sud de Salerne, rencontrèrent dès le départ une vive opposition et la progression fut également gênée du fait qu'une partie de la 46ᵉ division fut débarquée par erreur sur les plages de sa voisine de droite, la 56e division, provoquant ainsi de la confusion et de l'encombrement. Certains éléments avancés poussèrent jusqu'à 3 kilomètres à l'intérieur des terres, mais ils subirent de lourdes pertes et ne parvinrent pas à atteindre les objectifs du premier jour : le port de Salerne, l'aérodrome de Monte Corvino et les carrefours routiers de Battipaglia et Eboli. De plus, à la fin de la journée, il y avait encore un trou de 11 kilomètres entre l'aile droite anglaise, au nord de la Sele et l'aile gauche américaine, au sud de cette rivière.

Les débarquements américains eurent lieu sur quatre plages à proximité des célèbres temples grecs de Paestum. Après avoir atteint le rivage sous un feu intense, et sans être appuyées par leurs propres navires, les troupes tombèrent sur d'autres rideaux de feu après avoir débarqué et furent soumises à plusieurs attaques aériennes une fois sur les plages. Ce fut une dure épreuve pour la 36e division dont c'était le baptême du feu. Heureusement, elle fut ensuite bien appuyée par le tir des destroyers qui s'avancèrent témérairement à travers les champs de mines pour l'aider et dont l'action se révéla particulièrement efficace à cet endroit ainsi que dans le secteur britannique pour arrêter les contre-attaques de petits groupes de chars allemands qui représentaient la menace principale pour les envahisseurs. A la tombée de la nuit, l'aile gauche américaine avait progressé d'environ 8 kilomètres à l'intérieur des terres, jusqu'à la petite ville de Capaccio, mais l'aile gauche était encore rivée près des plages.

Le deuxième jour, 10 septembre, fut calme dans le secteur américain, la 16e division de Panzer ayant déplacé la plus grande partie de ses maigres effectifs vers le nord dans le secteur britannique qui représentait stratégiquement la plus grave menace pour l'emprise allemande sur la région de Salerne. Les Américains profitèrent de l'occasion pour étendre leur tête de pont et débarquer le gros de la 45e division de réserve. Dans l'intervalle, la 56e division britannique avait occupé l'aérodrome de Monte Corvino et la ville de Battipaglia au début de la matinée, mais elle fut repoussée ensuite par la vigoureuse contre-attaque de 2 bataillons allemands d'infanterie motorisée appuyés par quelques chars qui produisirent une panique locale, même au sein de certains éléments de la Guards Brigade, avant que les chars du Royal Scots Greys ne vinssent apporter un appui similaire.

Au cours de la nuit, la 56e division lança ses trois brigades à l'attaque des hauteurs du mont Eboli, mais celle-ci ne progressa guère, tout en réoccupant Battipaglia. La 46e division occupa Salerne et envoya une brigade pour relever les commandos, mais ne progressa pas vers le nord. Dans le secteur américain, la 45e division nouvellement débarquée avança d'une quinzaine de kilomètres sur la rive gauche de la Sele en prenant Persano au passage, et faillit atteindre le centre routier de Ponte Sele, le point le plus avancé de la tête de pont prévue. Mais elle fut arrêtée, puis contrainte à se replier par la contre-attaque d'un bataillon allemand d'infanterie motorisée appuyé par 8 chars, qui avaient traversé la rivière pour venir du secteur britannique. Si bien qu'au terme du troisième jour, les 4 divisions alliées débarquées, et les unités supplémentaires représentant l'équivalent d'une cinquième division, étaient encore confinées dans 2 étroites têtes de pont séparées, alors que les Allemands tenaient à la fois les hauteurs avoisinantes et les routes menant à la frange de plaine côtière. Pour les Alliés, l'espoir d'atteindre Naples le troisième jour s'était évanoui. La 16e division de Panzer, comptant deux fois moins d'unités combattantes qu'une division alliée, avait réussi à enrayer l'invasion et à gagner du temps pour permettre l'arrivée de renforts allemands.

Les premiers arrivés furent la 29e division de panzergrenadier, qui était déjà en route, retour de Calabre, et un groupe de combat (avec 2 bataillons d'infanterie et une vingtaine de chars) que la division Hermann Göring était parvenue à réunir. Ce groupe de combat en provenance de la région de Naples contre-attaqua, franchit les lignes britanniques au-dessus du col de La Molina, et s'approcha de Vietri avant d'être arrêté le 13 par les commandos, de retour dans la bataille. Cependant, le col était désormais interdit. Il était devenu clair que le 10e corps britannique était enfermé dans l'étroite frange côtière près de Salerne au pied des hauteurs occupées par les Allemands. Par ailleurs, la confiance initiale de Mark Clark fut encore plus rudement ébranlée par les événements qui se déroulèrent dans le secteur sud. En effet, la 29e division de panzergrenadier, appuyée par des éléments de la 16e division de Panzer, s'engouffra dans la faille séparant les Américains des Anglais. Le 12 septembre au soir l'aile droite britannique fut à nouveau chassée de Battipaglia en subissant de lourdes pertes, en particulier en prisonniers. Le 13, les Allemands exploitèrent l'agrandissement de la faille entre les Alliés en attaquant l'aile gauche américaine et en la chassant de Persano, ce qui provoqua un repli général. Dans la confusion qui s'ensuivit, les Allemands pénétrèrent dans les lignes américaines en plusieurs endroits et parvinrent même en un point à environ 800 mètres des plages.

Dans la soirée, la situation paraissait si sombre que le déchargement de tous les navires marchands fut arrêté dans le secteur sud. De plus Mark Clark envoya à l'amiral Hewitt un message urgent lui demandant de se préparer à rembarquer le Q.G. de la Ve armée et de tenir prêtes toutes les embarcations disponibles pour évacuer le 6e corps et le redéposer dans le secteur britannique, ou bien pour transférer le 10e corps vers le sud [1]. Une opération d'urgence d'une telle envergure était à peine réalisable et cette suggestion amena les protestations horrifiées de McCreery et de son collègue le commodore Oliver, tandis qu'elle provoquait la consternation dans les hautes sphères lorsque Eisenhower et Alexander eurent été mis au courant. Mais elle contribua à accélérer le renforcement des troupes débarquées, avec l'aide d'embarcations supplémentaires obtenues en prélevant 18 L.S.T. qui étaient en route pour l'Inde. La 82e division aéroportée fut mise à la disposition de Clark et, en réponse à son appel d'urgence lancé dans l'après-

1. Cunningham of Hyndhope : *A Sailor's Odyssey*, p. 569. Seule la dernière de ces mesures d'urgence est mentionnée par S. E. Morisson dans *History of U.S. Naval Operations*, vol. IX.

midi, Matt Ridgway réussit à lâcher un premier contingent dans la soirée au-dessus de la tête de pont méridionale. Le 15, la 7e division blindée britannique commença de débarquer dans le secteur nord. Mais, à cette date, la crise était passée, grâce, dans une large mesure, à l'action plus rapide de l'aviation et de la marine alliées.

Le 14, tous les appareils disponibles des forces stratégiques et tactiques de la Méditerranée, furent utilisés pour bombarder les troupes allemandes et leurs lignes de communications immédiates. Plus de 1 900 sorties furent exécutées dans la journée. L'avance des Allemands en direction des plages fut contrée d'une manière encore plus efficace par le pilonnage intense des canons de marine. Vietinghoff écrivit rétrospectivement :

> « Ce matin l'attaque rencontra une résistance plus vigoureuse; mais surtout les troupes durent progresser sous le feu le plus intense encore jamais vu, provenant d'au moins 16 ou 18 cuirassés, croiseurs et destroyers mouillés dans la rade. Avec une précision, une liberté de manœuvre et une efficacité stupéfiantes, ces navires ouvraient le feu sur chaque cible repérée. »

Grâce à un tel appui, les troupes américaines parvinrent à se maintenir sur la ligne où elles s'étaient repliées au cours de la nuit précédente.

Il y eut une accalmie le 15, pendant que les Allemands réorganisaient leurs unités éprouvées par les bombes et les obus en vue d'une nouvelle offensive aidée par l'arrivée de quelques renforts. La 26e division de Panzer, toujours *sans* chars, était maintenant arrivée en Calabre, après s'être esquivée du front de Montgomery selon les ordres reçus de Vietinghoff le jour du débarquement de Salerne. Des détachements des 3e et 15e divisions de panzergrenadier étaient également arrivés, venant respectivement de Rome et de Gaëte. Mais, malgré ces renforts, les Allemands n'avaient encore que l'équivalent de 4 divisions, avec un peu plus d'une centaine de chars, alors que, le 16, la Ve armée disposait de l'équivalent de 7 divisions de plus grande envergure, avec environ 200 chars. Le Commandement allié n'avait donc pas de raison de s'inquiéter, à moins que le moral ne s'effondre avant que la supériorité de ses troupes ne fût devenue manifeste. De plus, la VIIIe armée était maintenant toute proche pour accroître cette supériorité et menacer le flanc ennemi.

Ce matin-là Alexander, venu de Bizerte à bord d'un destroyer, arriva au Q.G. de Clark et visita les têtes de pont. Avec son tact habituel, il écarta toute idée d'évacuation. Un nouveau renfort matériel fut apporté par l'arrivée, vers 10 heures du matin, des cuirassés britanniques *Warspite* et *Valiant*, qui avaient appareillé de Malte l'après-midi précédent en compagnie de 6 destroyers. Ils n'entrèrent en action que sept heures plus tard à cause de retards dans l'établissement des communications avec les observateurs avancés, mais ils bombardèrent alors des objectifs situés jusqu'à une vingtaine de kilomètres à l'intérieur des terres et les obus de leurs canons de 380 mm eurent des effets très éprouvants, physiquement et moralement.

Ce matin-là arriva également un groupe de correspondants de guerre de la VIIIe armée. Ayant le sentiment que celle-ci progressait trop lentement et avec une prudence superflue pour venir à l'aide de la Ve armée, ils étaient partis en avant la veille, de leur propre initiative; à bord de deux jeeps, passant par des routes secondaires et des chemins de terre pour éviter les ponts détruits de la route principale, ils avaient franchi les 80 kilomètres de « pays ennemi » sans rencontrer un seul Allemand. Vingt-sept heures plus tard, la première unité de reconnaissance de la VIIIe armée entrait en contact avec la Ve armée.

Le 16 au matin, les Allemands lancèrent une nouvelle offensive. Celle-ci commença dans le secteur britannique par une avance vers le nord en direction de Salerne et par une autre en direction de Battipaglia. Ces attaques furent arrêtées par l'action combinée de l'artillerie terrestre, de l'artillerie navale et des chars. A la vue de cet échec et de l'approche de la VIIIe armée, Kesserlring arriva à la conclusion que ses chances de rejeter les envahisseurs à la mer avaient disparu. Aussi autorisa-t-il dans la soirée « un décrochage sur le front côtier » et une retraite progressive vers le nord. La première étape de cette retraite devait être un repli sur la ligne du Volturno, une trentaine de kilomètres au nord de Naples, sur laquelle il décida que ses troupes devraient se maintenir jusqu'à la mi-octobre.

Étant donné la façon dont l'artillerie de marine avait contribué à faire échouer leur contre-attaque, avant même l'entrée en scène des grandes unités, ce fut une consolation pour les Allemands d'être parvenus à mettre le *Warspite* hors de combat au cours de l'après-midi par un coup au but de l'une de leurs nouvelles bombes volantes téléguidées F.X. 1 400. Ils avaient décoché une flèche du Parthe par le même moyen à la flotte principale de leurs ex-alliés italiens, lorsque celle-ci appareilla de La Spezia, le 9 septembre, pour rejoindre les flottes alliées, en coulant le navire-amiral *Roma* à l'aide d'une bombe volante téléguidée.

Lorsqu'on analyse les événements, il est évident qu'une fois que leurs efforts pour rejeter les Alliés à la mer avaient échoué, il était inévitable que les Allemands se retirent de Salerne. Kesselring avait fait tout son possible pour exploiter l'occasion offerte par ce qu'il appelait « la progression très prudente de Montgomery », mais il était clair qu'il ne pourrait pas se maintenir sur cette bande de la côte occidentale lorsque la VIIIe armée arriverait sur les lieux et serait en mesure de contourner sa position en progressant par l'intérieur après avoir quitté l'étroite péninsule calabraise. Il était loin d'avoir assez de troupes pour couvrir un front d'une telle étendue. Mais la menace ne se développa pas assez vite pour inquiéter la retraite allemande. En effet, ce fut seulement dans l'après-midi du 20 septembre qu'une avant-garde canadienne de la VIIIe armée pénétra dans Potenza, le principal centre routier situé sur la « cheville » de la botte italienne, à 80 kilomètres du golfe de Salerne. Une centaine de parachutistes allemands envoyés en toute hâte à Potenza, au cours de l'après-midi précédent, avait contraint les Alliés à s'arrêter pour la nuit et à organiser une attaque à l'aide d'une brigade, trente fois plus nombreuse qu'eux, afin de surmonter leur résistance, ce qui apporte un nouvel exemple de la puissance de retardement d'une défense habile dans une situation confuse. Lorsque ce minuscule détachement fut obligé de se replier, les Alliés ne capturèrent que 16 Allemands, mais près de 2 000 civils italiens avaient été tués au cours de l'attaque aérienne préliminaire. Des patrouilles canadiennes poussèrent prudemment, au cours de la semaine suivante, jusqu'à Melfi, 65 kilomètres plus au nord, en ayant seulement de brefs accrochages avec l'arrière-garde ennemie. De son côté, le gros de la VIIIe armée s'était arrêté, son ravitaillement commençant à manquer; désormais elle sera ravitaillée depuis Tarente et Brindisi, dans l'extrémité sud-est de l'Italie.

En effet, les opérations de débarquement dans le talon de la botte italienne s'étaient déroulées sans rencontrer de résistance. Tarente avait figuré au nombre des objectifs possibles envisagés au moins de juin après qu'Eisenhower eut reçu l'ordre des chefs d'état-major conjoints de préparer l'exploitation de la prise de la Sicile. Mais elle avait été écartée en grande partie parce qu'elle n'obéissait pas au principe cardinal immédiatement proclamé par son état-major, selon lequel il n'était pas question d'étudier un débarquement hors des limites de la couverture de chasse. Tarente, comme Naples, se trouvait juste en dehors du rayon d'action de 290 kilomètres des Spitfire opérant à partir d'aérodromes situés dans le nord-est de la Sicile, alors que Salerne se trouvait juste à l'intérieur de ce rayon d'action. Le projet de Tarente fut seulement remis sur le tapis lors de la signature de l'armistice avec l'Italie, le 3 septembre. Il fut alors ajouté au plan d'invasion en tant que débarquement secondaire et improvisé, baptisé « Opération Slapstick ». Cette improvisation fit suite à l'arrivée de renseignements indiquant que le secteur était seulement défendu par une poignée d'Allemands, elle fut également inspirée par le fait que le port de Naples, même après sa prise et sa remise en service, ne suffirait pas pour entretenir une avance à l'est et à l'ouest des Apennins.

L'amiral Cunningham, qui prit l'initiative de suggérer ce débarquement, déclara à Eisenhower que si les troupes nécessaires pouvaient être trouvées, il fournirait les navires pour les transporter. A ce moment-là, la 1re division aéroportée britannique se trouvait au repos en Tunisie. Faute de moyens aériens suffisants pour lui faire jouer un rôle aéroporté, elle fut donc hâtivement embarquée à Bizerte à bord de 5 croiseurs et d'1 mouilleur de mines, qui appareillèrent pour Tarente le soir du 8 septembre. Le lendemain après-midi, alors que le convoi approchait de Tarente, il croisa l'escadre italienne basée dans ce port et qui se rendait à Malte pour y capituler. Le convoi entra dans le port à la tombée de la nuit et y découvrit la plupart des installations intactes. Deux jours plus tard, le succès fut étendu de l'autre côté de la péninsule par l'occupation de Brindisi (où le roi Victor-Emmanuel et le maréchal Badoglio s'étaient réfugiés) et de Bari, situé une centaine de kilomètres plus au nord. La possession de trois grands ports avait donc été assurée dans cette région, en vue d'entretenir une avance sur la côte est, bien avant que les Alliés eussent pu s'emparer d'un port comparable sur la côte ouest, où il devenait évident que le long retard pris pour atteindre Naples, depuis Salerne, donnerait largement le temps aux Allemands de détruire le port avant de l'abandonner.

Mais la magnifique occasion qui se présentait sur la côte est tourna court faute de prévision. Le nom de code *Slapstick* (Coup de bâton) devint douloureusement justifié. L'opération étant conçue simplement pour s'emparer des ports, la 1re division aéroportée fut envoyée sans véhicules de transport, à part une demi-douzaine de jeeps, et resta dans cet état de dénuement jusqu'au 14. Au cours de ces cinq jours, quelques patrouilles en jeep et à bord de véhicules réquisitionnés, avaient poussé des pointes vers le nord jusqu'à Bari, sans rencontrer aucun ennemi dans la large ceinture côtière. En effet, la 1re division de parachutistes était le seule unité allemande du coin et une partie avait été appelée dans le secteur de Salerne, tandis que le reste avait reçu l'ordre de se replier à Foggia, 250 kilomètres au nord de Tarente, pour couvrir l'extrémité du flanc oriental de Kesselring. Cependant, lorsque les véhicules de transport arrivèrent pour rendre leur mobilité aux troupes britanniques, celles-ci furent encore tenues « en laisse » pendant la préparation méthodique d'une avance de vaste envergure le long de la côte est. Le respect de ces habitudes de prudence était d'autant plus malvenu, en une telle période riche en occasions, que la 1re division de parachutistes allemande était trop loin pour contre-attaquer et qu'elle ne comptait que 1 300 combattants au total, alors que les effectifs britanniques étaient déjà quatre fois plus nombreux, sans compter d'importants renforts en route pour la progression envisagée. Mais l'habitude l'emporta.

La conduite des opérations avait été confiée au commandant du 5e corps, le général Allfrey, qui avait été le responsable de l'avance, trop prudente et finalement malheureuse, sur Tunis au mois de décembre précédent. Sa mission lui avait été définie par Alexander comme étant de « s'emparer d'une base dans le talon de la botte italienne comprenant les ports de Tarente et de Brindisi et, si possible, de Bari, en vue d'une avance ultérieure ». Les chances d'une progression rapide au-delà de ces limites diminuèrent, lorsque, le 13, les troupes d'Allfrey furent placées sous les ordres de la VIIIe armée, car on pouvait compter sur Montgomery pour n'avancer qu'après avoir massé ses forces et s'être assuré des ressources amplement suffisantes.

Le 22 septembre, la 78e division commença de débarquer à Bari, suivie de la 8e division indienne à Brindisi, tandis que le 13e corps de Dempsey était en route pour la côte orientale. Mais c'est seulement le 27 septembre qu'une petite force mobile, partie de Bari pour explorer la situation, occupa Foggia, que les Allemands évacuèrent aussitôt que les Anglais approchèrent, si bien que ces derniers s'emparèrent des aérodromes tant désirés sans avoir à tirer un seul coup de feu. Cependant Montgomery confirma son ordre antérieur spécifiant qu'aucune formation importante ne devait avancer avant le 1er octobre, et, lorsque cette avance commença, il n'utilisa que les

2 divisions du 13e corps, gardant à l'arrière les 3 divisions du 5e corps, pour s'assurer d'une « base ferme » et protéger son flanc ouest.

La 1re division allemande de parachutistes tenait maintenant une ligne située le long de la rivière Biferno et protégeant le petit port de Termoli; cela représentait un front bien étendu pour les forces aussi réduites. L'attaque de Montgomery fut organisée de manière à briser cette ligne au moyen d'une opération amphibie la prenant à revers. Aux premières heures du 3 octobre, une brigade des forces spéciales débarqua au-delà de Termoli et, à la faveur de la surprise nocturne et d'une pluie battante, s'empara rapidement de la ville et du port avant de faire sa jonction avec une tête de pont créée par l'attaque directe de l'autre côté de la rivière. Au cours des deux jours suivants, 2 nouvelles brigades d'infanterie de la 78e division furent amenées par mer de Barletta à Termoli, pour renforcer la tête de pont et continuer l'avance.

Mais le commandant de l'armée allemande, Vietinghoff, profitant des lenteurs britanniques, avait déjà envoyé (le 2) la 16e division de Panzer, qui se trouvait sur la ligne du Volturno, à l'ouest, renforcer le mince rideau de parachutistes qui assurait la protection du lointain flanc gauche de se retraite. Après avoir traversé en toute hâte l'épine dorsale montagneuse de l'Italie, elle arriva à proximité de Termoli le 5 au matin et lança aussitôt une contre-attaque qui repoussa les Anglais jusqu'au bord de la ville et faillit couper leur ligne de communications vers le sud. Mais les Allemands furent arrêtés, puis repoussés lorsque les renforts de la 78e division entrèrent en action, appuyés par des chars britanniques et canadiens.

Les Allemands décrochèrent alors, et se replièrent sur des positions protégeant la ligne de la rivière suivante, le Trigono, environ 25 kilomètres plus au nord. L'impression laissée par leur vigoureuse contre-attaque amena Montgomery à respecter une pause de deux semaines pour concentrer ses forces et assurer son ravitaillement avant de s'attaquer à la ligne du Trigono.

La Ve armée de Mark Clark avait lentement progressé vers le nord en partant de Salerne et en essayant de bousculer la retraite de la Xe armée de Vietinghoff. La première étape fut la plus difficile. L'aile gauche allemande s'accrochait avec acharnement aux collines situées au nord de Salerne, pour protéger le repli de l'aile gauche qui se retirait de la bande côtière méridionale située autour de Battipaglia et de Paestum. Près d'une semaine s'écoula entre le début de ce repli et le moment où le 10e corps britannique parvint à forcer le passage vers Naples par une offensive lancée le 23 septembre. Au cours de celle-ci, le 10e corps employa non seulement les 46e et 56e divisions, mais aussi la 7e division blindée et une brigade blindée supplémentaire. Toutes ces forces furent lancées contre les trois ou quatre bataillons allemands qui défendaient les cols. La progression fut lente jusqu'au 26 septembre, date à laquelle on s'aperçut que les Allemands avaient disparu au cours de la nuit précédente, après avoir rempli leur mission et gagné du temps pour protéger le repli de leurs camarades au sud.

A partir de ce moment, le principal obstacle rencontré par les Alliés fut représenté par des ponts détruits. Le 28, le 10e corps atteignit la plaine à Nocera, mais c'est seulement le 1er octobre que les éléments de tête entrèrent dans Naples, une trentaine de kilomètres plus loin.

Le 6e corps américain était arrivé au niveau du 10e corps au terme d'une lente progression, au cours de laquelle elle avait parcouru moins d'une dizaine de kilomètres par jour, sur des routes bloquées par les destructions, et qui l'avait amenée à Benevento le 2 octobre. Cette formation était désormais commandée par le général John P. Lucas, qui avait été envoyé sur place en remplacement de Dawley.

Il avait fallu trois semaines à la Ve armée, après son débarquement, pour atteindre Naples, son objectif initial, et cette avance lui avait coûté la perte de près de 12 000 hommes (près de 7 000 Anglais et 5 000 Américains). Tel fut le prix du choix d'une ligne d'attaque et d'un lieu de débarquement trop évidents, rejetant l'effet de surprise, sous prétexte que le secteur de Salerne se trouvait à l'intérieur des limites de la couverture aérienne.

Une nouvelle semaine s'écoula avant que la Ve armée n'atteignît la ligne du Volturno sur laquelle les Allemands s'étaient replis. L'avance fut ralentie par des routes boueuses et un terrain détrempé, une période de pluie ayant commencé dans la première semaine d'octobre, un mois plus tôt que prévu. L'attaque de la Ve armée contre la ligne de Volturno, défendue par 3 divisions allemandes, fut déclenchée dans la nuit du 12 octobre, soit avec trois jours de retard. Le 6e corps U.S. s'empara d'une tête de pont de l'autre côté de la rivière, en amont de Capoue, mais son extension fut gênée par l'échec de la tentative de l'aile droite du 10e corps britannique à Capoue, sur la route principale menant de Naples à Rome. Les petites têtes de pont conquises par les 2 autres divisions britanniques plus près de la côte furent balayées par de rapides contre-attaques. Les troupes allemandes avancées obéirent donc à l'ordre de Kesselring de rester sur cette ligne jusqu'au 16, avant de commencer à se retirer sur la prochaine ligne de défense, 25 kilomètres plus au nord, une ligne improvisée en hâte et partant de l'embouchure du Garigliano pour s'enfoncer vers le cours supérieur de la rivière et les vallées de ses affluents, le Rapido et le Liri, en passant par les collines accidentées le long de la route nationale no 6 et du défilé de Mignano. Kesselring espérait tenir cette ligne avancée pendant qu'il fortifiait, en vue d'une défense prolongée, une ligne soigneusement choisie longeant le Garigliano et le Rapido, et appuyée au centre sur le défilé de Cassino. Cette position légèrement en arrière fut baptisée « Ligne Gustav » ou encore « Ligne d'Hiver ».

L'attaque de la Ve armée sur la première de ces lignes fut encore retardée de trois semaines, jusqu'au 5 novembre, par le mauvais temps et les destructions, ensuite, la résistance allemande se révéla tellement vigoureuse qu'au bout de dix jours de combats sans enregistrer de grands progrès, excepté le long de la côte, Mark Clark fut contraint de replier ses troupes épuisées pour les réorganiser en vue d'une offensive plus puissante. Celle-ci ne fut pas prête avant la première semaine de décembre. A la mi-novembre, les pertes de la Ve armée s'élevaient à 22 000 hommes dont près de 12 000 Américains.

Pendant ces longues pauses, Hitler changea d'optique d'une façon lourde de conséquences. Encouragé par la lenteur de l'avance alliée à partir de Salerne et de Bari, il était arrivé à la conclusion qu'il ne serait peut-être pas nécessaire de se replier en Italie septentrionale, et, le 4 octobre, il donne ses instructions pour que « la ligne Gaëte-Ortona soit tenue », en promettant à Kesselring de lui envoyer 3 divisions du Groupe d'armées B de Rommel pour l'aider à se maintenir au sud de Rome aussi longtemps que possible. Hitler penchait de plus en plus en faveur du projet de Kesselring d'opposer une résistance prolongée, mais c'est seulement le 21 novembre qu'il adopte définitivement cette solution en plaçant toutes les forces allemandes d'Italie sous le commandement de Kesselring. Le Groupe d'armées de Rommel fut dissous et les éléments restants mis à la disposition de Kesselring. Cependant Kesselring devait encore garder une partie de ces troupes dans le Nord pour contrôler ce vaste secteur, tandis que 4 des meilleures divisions, dont 3 blindées, étaient envoyées en Russie et remplacées par 3 divisions décimées qui avaient besoin de récupérer.

L'arrivée de la 90e division de panzergrenadier représenta un renfort plus petit mais de grande valeur. Cette division avait été envoyée en Sardaigne au moment de l'armistice italien, mais avait été évacuée en Corse par l'étroite baie de Bonifacio, puis ramenée sans encombre à Livourne, en Italie, par petits paquets transportés par avion ou par bateau sur une période de deux semaines, en échappant aux tentatives d'interception faibles et spasmodiques des forces aériennes et navales alliées. La division ne fut mise à la disposition de Kesselring que six semaines plus tard, mais il la dépêcha alors vers le sud, à temps pour arrêter l'offensive tardive de la VIIIe armée le long de la côte orientale de l'Italie. La décision de Hitler de placer toutes les forces allemandes d'Italie, désormais rebaptisées « Groupe d'armées C », sous le commandement de Kesselring, fut prise le lendemain matin du déclenchement par Montgomery d'une offensive exploratrice contre les positions allemandes situées le long de la rivière Sangro et couvrant Ortona et la prolongation adriatique de la Ligne Gustav.

Après avoir rencontré une résistance vigoureuse pour traverser le Biferno dans la première semaine d'octobre, Montgomery avait amené le 5e corps dans le secteur côtier et envoyé le 13e corps dans les collines de l'intérieur où l'avance des Canadiens avait été tenue en échec à plusieurs reprises par l'arrière-garde allemande. Une fois ce regroupement réalisé, le 5e corps poussa jusqu'au Trigono (25 kilomètres au-delà du Biferno) et s'empara d'une petite tête de pont dans la nuit du 22 octobre; tête de pont qui fut ensuite agrandie lors d'une attaque nocturne de plus vaste envergure, le 27. Mais sa progression fut arrêtée par l'effet combinée de la boue et du feu ennemi, si bien qu'il ne parvint au cœur de la position principale allemande que dans la nuit du 3 novembre. Les Allemands se replièrent alors jusque sur le Sangro, 27 kilomètres plus au nord.

Une nouvelle et longue pause suivit, pendant que Montgomery préparait son offensive et amenait la 2e division néo-zélandaise récemment arrivée. Ce renfort important portait ses forces à 5 divisions et 2 brigades blindées. Entre-temps, le 76e corps de Panzer, qui faisait face à la VIIIe armée, avait reçu la 65e division d'infanterie, destinée à relever dans le secteur côtier la 16e division de Panzer, envoyée en Russie. Mais, en dehors de cette unité, il ne disposait que des restes de la 1re division de parachutistes et d'un groupe de combat de la 26e division de Panzer qui repartait maintenant peu à peu sur le flanc de l'Adriatique, au fur et à mesure que la pression de la Ve armée alliée s'estompait.

L'objectif de Montgomery, dans son offensive sur le Sangro, était d'écraser la ligne d'hiver des Allemands, puis de progresser d'une trentaine de kilomètres jusqu à Pescara, d'atteindre la route nationale est-ouest menant de là à Rome et de menacer les arrières des forces allemandes qui bloquaient l'avance de la Ve armée. En effet, Alexander s'en tenait encore avec optimisme à ses instructions du 21 septembre, prévoyant pour les armées alliées d'atteindre leur objectif en quatre phases successives : la première étant la « consolidation » de la ligne Salerne-Bari; la seconde la prise « du port de Naples et des aérodromes de Foggia; la troisième la prise « de Rome, de ses aérodromes et de l'important nœud ferroviaire et routier de Terni »; et la quatrième ayant pour objectif « le port de Livourne et les centres de communications de Florence et d'Arezzo », 250 kilomètres au nord de Rome. La prise rapide de Rome avait été de nouveau soulignée comme le point capital dans les nouvelles instructions données par Alexander le 8 novembre après réception d'instructions semblables d'Eisenhower.

L'offensive de Montgomery était prévue pour le 20 novembre, mais l'aggravation des conditions météorologiques et les inondations le contraignirent à réduire l'assaut initial à une attaque limitée qui permit, après plusieurs jours de combats, de s'emparer d'une tête de pont d'une dizaine de kilomètres de large sur 1,5 km de profondeur. Celle-ci fut conservée au prix de grosses difficultés, jusqu'au déclenchement de l'attaque principale, dans la nuit du 28, avec une semaine de retard. Cependant Montgomery faisait encore preuve d'une confiance totale dans le résultat final, et il déclara, le 25, dans un message personnel à ses troupes : « Le moment est maintenant venu de repousser les Allemands au nord de Rome [...] Les Allemands se trouvent, en fait, dans la situation exacte que nous désirons. Nous allons maintenant leur infliger un coup formidable. » Mais, comme un mauvais présage, il lança ce message, debout devant sa caravane sous un énorme parapluie.

L'offensive commença bien, sous la protection d'un intense bombardement de l'artillerie et de l'aviation, et, grâce à une supériorité numérique de 5 contre 1. La 65e division ennemie, une unité mal aguerrie, mal équipée et composée de soldats de diverses nationalités, s'effondra sous le choc et les crêtes s'étendant au-delà du Sangro furent prises le 30. Mais les Allemands se reformèrent après s'être repliés sur leur ligne principale, aidés par la façon dont leurs poursuivants obéissaient au principe maintes fois répété par Montgomery d'établir « une base solide ». Une occasion particulièrement favorable ne fut pas exploitée, les 2 et 3 décembre, à Orsogna, sur le flanc intérieur. Cette lenteur donna le temps au reste de la 26e division de Panzer et de la 90e division de panzergrenadier d'arriver du nord, à l'appel de Kesselring. L'avance s'enlisa de plus en plus. Les rivières succédaient aux rivières. La VIIIe armée ne parvint à traverser le Moro, 12 kilomètres au-delà du Sangro, que le 10 décembre. Elle ne parvint à s'emparer d'Ortona, à 3,5 km du Moro, que le 28 décembre. Puis elle fut arrêtée sur la Riccio, à mi-chemin de Pescara et de la route latérale menant à Rome. Telle était la situation à la fin de l'année, lorsque Montgomery passa le commandement de la VIIIe armée à Oliver Leese, pour rentrer en Angleterre et prendre le commandement du 21e groupe d'armées en vue du débarquement de Normandie.

Mark Clark avait repris l'offensive à l'ouest des Apennins le 2 décembre. A cette date, les effectifs de la Ve armée avaient été portés à l'équivalent de 10 divisions, mais 2 d'entre elles, la 7e division blindée britannique et la 82e division aéroportée U.S., étaient en cours de rapatriement en Angleterre en vue du débarquement de Normandie. Les forces de Kesselring avaient également reçu des renforts et le front allemand de l'ouest était maintenant défendu par 4 divisions, avec une autre division en réserve.

L'objectif de la première phase de l'offensive était le contrefort montagneux situé à l'ouest de la route nationale nº 6 et du défilé de Mignano. Le 10e corps britannique et le 2e corps U.S. récemment arrivé, sous les ordres du général Geoffrey Keyes, furent employés dans cette attaque, appuyés par plus de 900 canons qui déversèrent plus de 4 000 tonnes d'obus sur les positions allemandes au cours des deux premiers jours. Le 3 décembre, les Britanniques faillirent atteindre le sommet de 1 000 mètres de Monte Camino, mais ils furent repoussés par des contre-attaques et ne s'en emparèrent finalement que le 6. Cela leur permit d'atteindre la ligne du Garigliano. A leur droite, les Américains s'étaient emparés de Monte La Difensa et de Monte Maggiore, situés plus bas mais aussi plus près de la route traversant le défilé. Au cours de la deuxième phase, commençant le 7 décembre, les 2e et 6e corps U.S. attaquèrent en direction du Rapido sur un front plus large, dans l'espoir de chasser l'ennemi du contrefort rocheux situé à l'est de la route nationale nº 6, au moyen d'une poussée profonde de chaque côté. Mais ils rencontrèrent une résistance de plus en plus vigoureuse et ne parvinrent à progresser que de quelques kilomètres au cours des semaines suivantes. Avant la seconde semaine de janvier, cette offensive avait fait long feu, sans réussir à atteindre le Rapido et les premières positions de la Ligne Gustav. Les pertes au combat de la Ve armée avaient atteint près de 40 000 hommes, soit beaucoup plus que celles de l'ennemi. D'un autre côté, les Américains avaient eu, à eux seuls, 50 000 malades au cours des deux mois de combats dans les montagnes par un hiver rigoureux.

Les suites du débarquement en Italie avaient été très décevantes. En l'espace de quatre mois, les forces alliées n'avaient progressé que de 110 kilomètres à partir de Salerne — principalement au cours des premières semaines — et se trouvaient encore à 120 kilomètres de Rome. Alexander décrivit lui-même cette avance comme un long piétinement. Mais le terme général qui devint le plus usité à l'automne fut celui de « grignotage ».

Même en tenant compte des difficultés causées par le terrain et le mauvais temps, il apparaît clairement, à l'examen de la campagne, que des occasions de progresser plus rapidement furent manquées à plusieurs reprises à cause de l'insistance des généraux alliés sur la nécessité de « consolider » chaque avance et d'établir une « base solide » avant de pousser de l'avant, de même que du fait de leur souci primordial de s'assurer des ressources amplement suffisantes en hommes et en ravitaillement avant d'avancer. A chaque fois, ils agirent « trop tard » de peur d'être « trop peu ».

Commentant la campagne, Kesselring déclara de manière significative :

> « Les plans alliés montrèrent d'un bout à l'autre de la campagne que le souci primordial du Haut Commandement allié était de s'assurer de la victoire, et ce souci l'amena à utiliser des méthodes et un matériel orthodoxes. Il en résulta que je fus presque toujours en mesure, malgré des moyens de reconnaissance et des renseignements insuffisants, de prévoir le prochain mouvement stratégique ou tactique de mes adversaires, et donc d'adopter la parade nécessaire, dans la mesure où mes ressources me le permettaient [1]. »

Mais la source d'ennuis des Alliés résida dans leur choix de Salerne, à l'extrémité de la botte italienne, comme site de débarquement, un choix qui correspondait à l'attente de son adversaire, instruit de leur prudence habituelle. Kesselring et son chef d'état-major Westphal, les bénéficiaires de cette décision trop évidente, considéraient que les Alliés avaient payé un lourd tribut stratégique à cause de leur désir de s'assurer une sécurité tactique contre les attaques aériennes, et que ce souci n'était pas justifié par les maigres ressources de l'aviation allemande en Italie méridionale. Ils pensaient également que l'habitude du Haut Commandement allié de limiter l'envergure de ses attaques en fonction des possibilités de couverture aérienne permanente avait sauvé les défenseurs en simplifiant les problèmes multiples de la défense.

Quand à la conduite que les Alliés auraient dû adopter, Westphal exprima l'opinion que :

> « Si les forces employées pour le débarquement de Salerne avaient été utilisées à Civitavecchia [50 kilomètres au nord de Rome], les résultats auraient

1. Liddell Hart : *The Other Side of the Hill*, p. 364.

été beaucoup plus décisifs [...] il n'y avait que deux divisions allemandes à Rome et [...] il aurait été impossible d'en amener d'autres assez vite pour la défendre. En association avec les 5 divisions italiennes stationnées à Rome, un débarquement naval et aérien combiné aurait permis de s'emparer de la capitale italienne en moins de 72 heures. En dehors des répercussions politiques qu'elle aurait eues, une telle victoire aurait coupé d'un seul coup le ravitaillement des 5 divisions allemandes qui se repliaient de Calabre [...] Elle aurait donné aux Alliés toute l'Italie située au sud de la ligne Rome-Pescara [1]. »

Westphal considérait également que c'était une erreur de débarquer la VIIIe armée de Montgomery à la pointe de la botte italienne, d'où il lui fallait remonter une longue distance, alors que la meilleure occasion offerte par le talon de la botte et la côte adriatique ne fut pas exploitée à fond :

« Le débarquement de la VIIIe armée britannique aurait dû avoir lieu dans le secteur de Tarente où n'était stationnée qu'une seule division de parachutistes (avec seulement 3 batteries d'artillerie divisionnaire!). En fait il aurait encore mieux valu organiser ce débarquement dans le secteur de Pescara-Ancône [...] Ce débarquement n'aurait pas pu être contré depuis le secteur de Rome, faute de forces disponibles. Il n'aurait pas non plus été possible d'envoyer des forces suffisantes depuis la plaine du Pô [2]. »

Il aurait également été impossible de déplacer rapidement les forces de Kesselring de la côte ouest sur la côte sud-est, si le débarquement principal de la Ve armée alliée avait eu lieu à Tarente au lieu de Salerne.

En résumé, les Alliés n'utilisèrent pas, ni initialement, ni par la suite, leur plus grande supériorité, celle de leur puissance amphibie, et cette défaillance devint leur plus gros handicap. Les témoignages de Kesselring et Westphal confirment la conclusion acerbe exprimée par Churchill dans un télégramme adressé de Carthage le 19 décembre aux chefs d'état-major britanniques :

« La stagnation de toute la campagne sur le front italien devient scandaleuse [...] La négligence de toute action amphibie sur la côte adriatique et sur la côte ouest a été désastreuse.

« Aucune embarcation de débarquement n'a été utilisée [pour un assaut] en Méditerranée depuis trois mois [...] Il est peu d'exemples, même dans cette guerre, d'un tel gaspillage de forces aussi précieuses [3]. »

Ce qu'il ne voyait pas, c'était que la doctrine de guerre des Alliés était en faute, à cause de son respect pour la maxime du banquier prudent : « Pas d'avance à découvert. »

---

1. Liddell Hart : *The Other Side of the Hill*, pp. 364-365.
2. *Ibid.*, p. 365.
3. Churchill : *The Second World War*, vol. V, p. 380.

28.
Le reflux allemand en Russie

Au début de 1943, les armées allemandes du Caucase semblaient promises à un sort semblable à celui des armées de Stalingrad. Elles étaient bien plus profondément engagées que ces dernières l'avaient été. Cependant, elles avaient été maintenues sur place plus d'un mois après l'encerclement de Stalingrad, alors que l'hiver s'accentuait et que le péril grandissait. La perspective était sombre pour la Ire armée de Panzer et la XVIIe armée, composant le Groupe d'armées A, sous les ordres du général Kleist, qui avait succédé au maréchal List.

Dans la première semaine de janvier, la situation précaire du Groupe d'armées A fut accentuée par le développement de plusieurs menaces d'enveloppement. La menace la plus directe se manifesta à l'endroit où ses éléments avancés étaient engagés dans les montagnes du Caucase. Les Soviétiques attaquèrent d'abord à l'aile gauche, près de Mozdok, puis à l'aile droite, près de Naltchik, et s'emparèrent de ces deux localités. Les Russes déclenchèrent simultanément un mouvement encore plus dangereux à travers la steppe des Kalmouks, 300 kilomètres derrière son flanc gauche, à sa jonction avec le Groupe d'armées du Don. Après s'être emparés d'Elista, les Russes descendirent vers le sud en passant par l'extrémité orientale du lac Manych, en direction d'Armavir, par où passait la ligne de communications de Kleist avec Rostov. Enfin, les Russes lancèrent leur attaque la plus dangereuse en faisant brusquement irruption de la ligne du Don vers le sud, venant de la direction de Stalingrad et fonçant vers Rostov. Une de leurs avant-gardes parvint même à moins de 80 kilomètres de cet étranglement.

Kleist reçut cette nouvelle alarmante le même jour qu'un ordre impératif de Hitler lui interdisant de se replier quelles que fussent les circonstances. A ce moment-là, sa Ire armée de Panzer se trouvait à près de 600 kilomètres à l'*est* de Rostov. Le lendemain il reçut un nouvel ordre, lui enjoignant de se retirer du Caucase en emportant avec lui tout son matériel. Cette exigence

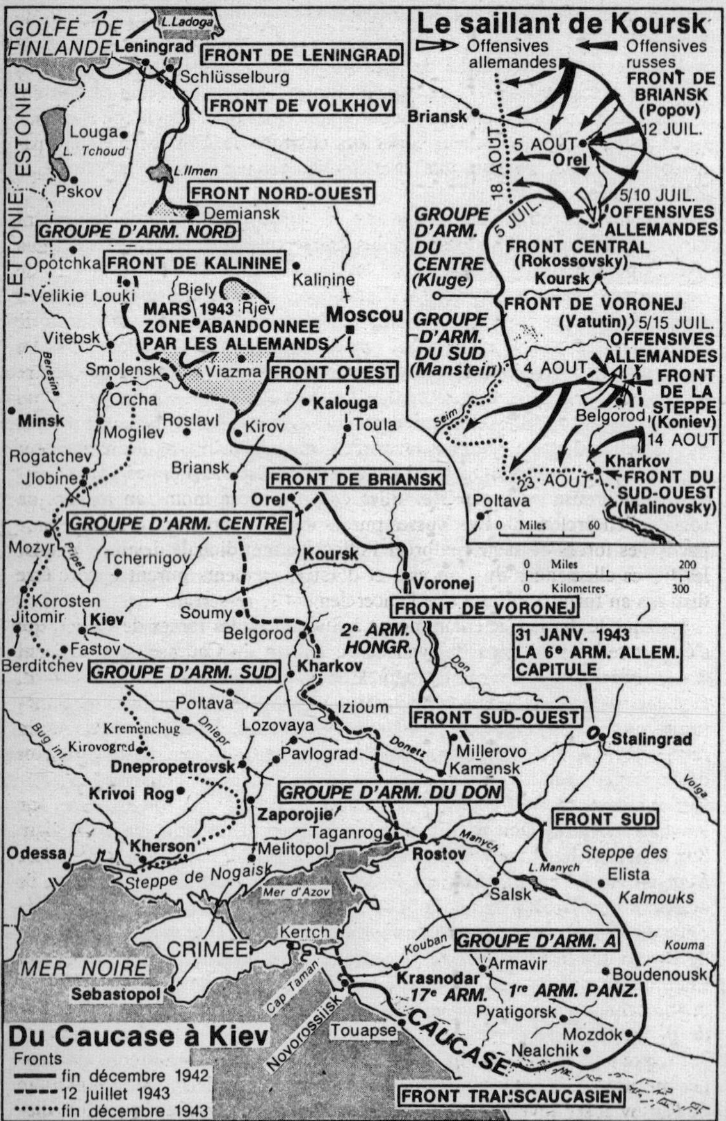
Le saillant de Koursk
Offensives allemandes
Offensives russes
FRONT DE BRIANSK (Popov)
12 JUIL.
Briansk
5 AOUT
Orel
18 AOUT
5 JUIL.
5/10 JUIL. OFFENSIVES ALLEMANDES
GROUPE D'ARM. DU CENTRE (Kluge)
FRONT CENTRAL (Rokossovsky)
Koursk
FRONT DE VORONEJ (Vatutin)
5/15 JUIL. OFFENSIVES ALLEMANDES
GROUPE D'ARM. DU SUD (Manstein)
4 AOUT
FRONT DE LA STEPPE (Koniev)
Belgorod
Seim
14 AOUT
Kharkov
FRONT DU SUD-OUEST (Malinovsky)
23 AOUT
Poltava
0 Miles 60
GOLFE DE FINLANDE
L. Ladoga
Leningrad
FRONT DE LENINGRAD
Schlüsselburg
FRONT DE VOLKHOV
ESTONIE
Louga
L. Tchoud
L. Ilmen
Pskov
FRONT NORD-OUEST
Demiansk
LETTONIE
GROUPE D'ARM. NORD
Opotchka
FRONT DE KALININE
Kalinine
Velikie Louki
Biely
MARS 1943
Rjev
ZONE ABANDONNEE PAR LES ALLEMANDS
Moscou
Vitebsk
Beresina
Smolensk
Viazma
FRONT OUEST
Orcha
Kalouga
Minsk
Roslavl
Kirov
Toula
Mogilev
Rogatchev
Briansk
Jlobine
FRONT DE BRIANSK
Orel
GROUPE D'ARM. CENTRE
Mozyr
Pripet
Tchernigov
Koursk
Voronej
0 Miles 200
0 Kilometres 300
Korosten
Jitomir
Kiev
Soumy
Belgorod
FRONT DE VORONEJ
2e ARM. HONGR.
31 JANV. 1943 LA 6e ARM. ALLEM. CAPITULE
Fastov
Berditchev
GROUPE D'ARM. SUD
Kharkov
Don
Poltava
Izioum
Kremenchug
Dniepr
Lozovaya
FRONT SUD-OUEST
Stalingrad
Bug inf.
Kirovograd
Pavlograd
Donetz
Millerovo
Kamensk
Dnepropetrovsk
Volga
Krivoi Rog
GROUPE D'ARM. DU DON
Zaporojie
FRONT SUD
Taganrog
Odessa
Kherson
Melitopol
Rostov
Manych
Steppe des Kalmouks
Steppe de Nogaisk
L. Manych
Elista
Mer d'Azov
Salsk
Kertch
CRIMEE
GROUPE D'ARM. A
Kouban
Kouma
MER NOIRE
Armavir
Boudenousk
Krasnodar
Cap Taman
Sebastopol
17e ARM.
1re ARM. PANZ.
Novorossiisk
Pyatigorsk
Touapse
CAUCASE
Mozdok
Nealchik
Du Caucase à Kiev
Fronts
fin décembre 1942
12 juillet 1943
fin décembre 1943
FRONT TRANSCAUCASIEN

vint s'ajouter au handicap de la distance dans une course contre la montre.

Afin de laisser les routes de Rostov à la disposition de la Ire armée de Panzer, la XVIIe armée reçut l'ordre de se replier vers l'ouest en longeant la rivière Kouban, en direction de la péninsule de Taman d'où elle pourrait, en cas de nécessité, être transportée en Crimée à travers le détroit de Kertch. Ce repli ne représentait pas une longue étape, et les forces soviétiques récemment assiégées dans le secteur côtier aux environs de Touapse n'étaient pas assez fortes pour exercer une pression dangereuse sur la retraite de la XVIIe armée.

Par contre, la retraite de la Ire armée de Panzer était semée de périls, tant directs qu'indirects. La phase la plus dangereuse fut celle qui se déroula dans la période du 15 janvier au 1er février, au terme de laquelle le gros de cette armée avait atteint Rostov. Cependant, la suite de sa retraite, bien que se faisant par un chemin moins resserré, était menacée par une série d'offensives soviétiques s'étendant encore sur plus de 300 kilomètres. Le 10 janvier, le général Rokossovsky avait lancé un assaut concentrique contre les forces allemandes encerclées dans Stalingrad, à la suite du rejet d'un ultimatum soviétique leur enjoignant de capituler. Les troupes de Paulus étaient tellement affaiblies par la faim, le froid, la maladie, le découragement et le manque de munitions, qu'elles n'étaient pas en état d'opposer une résistance vigoureuse ou prolongée. Elles étaient encore moins en mesure de rompre l'encerclement. Les Russes purent donc se permettre d'envoyer une partie des forces de siège renforcer l'offensive méridionale destinée à isoler les forces allemandes du Caucase, et d'autres éléments purent encore être distraits au fur et à mesure que l'encerclement se resserrait.

Lorsque le dernier acte commença à Stalingrad, les forces de Kleist, qui s'étaient retirées de la partie avancée du saillant du Caucase, se trouvaient sur la rivière Kouma, entre Pyatigorsk et Boudenovsk. Dix jours plus tard, l'avance russe au sud d'Élista atteignit un point situé à plus de 150 kilomètres à l'arrière de la ligne de la Kouma. Mais, à cette date, les colonnes en retraite de Kleist s'approchaient d'Armavir et avaient donc dépassé le point de danger immédiat.

Cependant, plus en arrière, l'avance plus puissante des forces russes sur les deux rives du Don en direction de Rostov représentait un péril aigu. Sur la rive est les Russes étaient maintenant arrivés à proximité de la rivière Manych et de l'embranchement ferroviaire de Salsk. Sur la rive ouest, ils avaient atteint le Donetz non loin de l'endroit où il rejoignait le cours inférieur du Don. L'arrière-garde de Kleist était encore trois fois plus éloignée de Rostov que les Russes. De plus, les troupes épuisées de Manstein, qui s'efforçaient de protéger le flanc du couloir de retraite de Kleist, étaient maintenant soumises à une telle pression qu'elles semblaient sur le point de s'effondrer.

Malgré tout, les Allemands remportèrent la course et parvinrent à s'échapper du piège. Dix jours plus tard, l'arrière-garde de Kleist était à proximité de Rostov et ses adversaires avaient été bernés. Heureusement pour les Allemands, les Russes eux-mêmes avaient été empêchés par la nature désolée du terrain couvert de neige de progresser assez loin de leurs stations de ravitaillement, et ils n'étaient pas en nombre suffisant pour refermer le piège. Les mâchoires du piège ne furent maintenues ouvertes que de justesse. Les troupes de Manstein s'étaient accrochées si longtemps à des positions exposées que leurs chances de repli étaient compromises et que Kleist dut leur envoyer en toute hâte quelques divisions en renfort pour les aider à se replier.

Les forces allemandes du Caucase traversèrent le Don sans encombre à Rostov, au moment précis où les forces de Stalingrad s'effondrèrent. Paulus lui-même et une importante partie des troupes capitulèrent le 31 janvier. La derniere fraction capitula le 2 février. En tout 92 000 Allemands avaient été faits prisonniers depuis le déclenchement de l'attaque, trois semaines auparavant, et le total des pertes s'élevait à près de trois fois ce chiffre. Parmi les prisonniers figuraient 24 généraux. Les généraux allemands du front de l'Est avaient été dotés de capsules de poison pour le cas où ils seraient capturés par les Soviétiques, mais très peu semblent en avoir fait usage jusqu'au lendemain du « complot des généraux » destiné à assassiner Hitler, le 20 juillet 1944. Ils commencèrent alors de s'en servir plutôt que de tomber aux mains de la Gestapo. Mais la chute de Stalingrad agit comme un poison subtil dans l'esprit des généraux allemands où qu'ils fussent, sapant leur confiance dans la stratégie qu'ils étaient chargés d'appliquer. Moralement encore plus que matériellement, le désastre subi par l'armée de Stalingrad eut des conséquences dont l'armée allemande ne se remit jamais.

Cependant, Hitler n'était pas dépourvu de justifications lorsqu'il déclara, en guise de consolation, que le sacrifice de l'armée de Stalingrad avait donné au Commandement suprême le temps et la possibilité de prendre des mesures dont dépendait le sort de tout le front de l'Est. Si l'armée de Stalingrad avait capitulé pendant les sept premières semaines de l'encerclement, les autres armées allemandes auraient probablement connu un désastre de bien plus grande envergure. En effet, les maigres forces de Manstein n'auraient pas pu résister au flot soviétique qui aurait déferlé le long du Don jusqu'à Rostov, et les forces du Caucase auraient été isolées. Elles auraient été également perdues si l'armée de Stalingrad avait réussi à rompre l'encerclement et à se replier vers l'ouest. De plus, bien que sa résistance au cours de la dernière quinzaine de janvier ne fût pas assez énergique pour empêcher les Russes d'envoyer des forces importantes en direction de Rostov, elle permit cependant de retenir une partie de leurs forces dans une proportion suffisante pour donner une chance aux armées du Caucase d'atteindre Rostov à temps pour s'esquiver.

En dépit de cette aide, la retraite du Caucase ne réussit que d'extrême justesse. Étant donné le délai, la distance, les forces et les conditions météorologiques, ce fut un exploit remarquable qui valut à Kleist son bâton de maréchal. L'habileté et la ténacité avec lesquelles fut conduite cette retraite méritent d'être reconnues, mais son plus grand intérêt réside dans la preuve qu'elle apporta de l'extraordinaire puissance de résistance de la défensive moderne aussi longtemps que les généraux et les troupes gardent la tête froide et le cœur chaud.

Cette vérité fut encore démontrée au cours des semaines suivantes. Après que les armées en retraite eurent franchi sans encombre l'étranglement de Rostov, elles devaient encore faire face à des dangers qui se manifestaient loin à l'arrière sur leur ligne de retraite. A la mi-janvier, l'aile gauche du général Vatutin avait repris son avance vers le sud depuis le cours moyen du Don en direction du Donetz derrière Rostov. Après avoir provoqué, en contournant cet obstacle, l'effondrement de Millerovo, elle franchit le Donetz à Kamensk et à l'est de cette ville.

Au cours de la même semaine, les Soviétiques avaient lancé deux nouvelles offensives. L'une d'elles dans le secteur de Léningrad. Celle-ci parvint à rompre l'encerclement de la grande ville et à soulager ainsi la pression d'un siège qui durait depuis dix-sept mois. Elle ne réussit pas à balayer le saillant que les Allemands avaient créé jusqu'au lac Ladoga, en arrière de la ville, mais elle ouvrit une percée jusqu'à Schlüsselburg (Petrokrepost) sur la rive du lac, permettant à la garnison et à la population, grâce à cette « trachéotomie », de respirer plus librement.

L'autre offensive menaçait les Allemands dans le Sud. Elle fut déclenchée le 12 janvier par les armées du général Golikov, à partir du cours occidental du Don, en aval de Voronej, et elle perça le front de la IIe armée et de la IIe armée hongroise. En une semaine, elle s'enfonça de plus de 150 kilomètres, arrivant à mi-distance de Kharkov. L'aile droite du général Vatutin lança une attaque convergente vers l'est, le long du Corridor Don-Donetz.

Dans la dernière semaine de janvier, l'offensive fut encore étendue. Pendant que l'attention était attirée par l'avance au sud-ouest en direction de Kharkov, les Russes attaquèrent vers l'ouest à partir de Voronej sur un large front, bouleversant le repli local que les Allemands étaient en train de réaliser dans le secteur, et le transformant en un reflux généralisé. En l'espace de trois jours, les Russes étaient parvenus pratiquement à mi-chemin de Koursk, qui avait servi de tremplin à l'offensive d'été allemande.

Pendant la première semaine de février, ils poussèrent leur aile droite en avant, enfonçant profondément un coin à travers la voie ferrée et la route reliant Koursk à Orel. Puis ils enfoncèrent un autre coin sur la ligne Koursk-Bielgorod. Ayant ainsi contourné Koursk des deux côtés ils s'emparèrent de la ville le 7 février par un brusque bond en avant. De la même manière, le second coin qu'ils avaient enfoncé leur permit de s'emparer de Bielgorod deux jours plus tard. Cette dernière progression leur permit à son tour de menacer le flanc nord de Kharkov.

Cette avance apparemment directe sur Kharkov avait été prolongée vers le sud-ouest, en direction de la mer d'Azov et de la ligne de retraite depuis Rostov. Le 5, les forces de Vatutin s'emparèrent d'Izioum, d'où les Allemands avaient réalisé leur menace de flanc décisive au printemps, et elles exploitèrent leur traversée du Donetz pour exercer une pression identique dans l'autre sens. Après avoir franchi la voie ferrée située au sud du Donetz, elles se répandirent vers l'ouest et s'emparèrent, le 11, de l'important embranchement ferroviaire de Lozovaïa.

Tous ces gains territoriaux sapèrent la situation de Kharkov, qui tomba aux mains de Golikov le 16. C'était une victoire triomphale. Toutefois la menace la plus immédiate pour la situation des Allemands dans leur ensemble provenait de la continuation de l'avance russe vers le sud en direction de la mer d'Azov. Quatre jours plus tôt, des éléments mobiles avaient atteint Krasnoarmeïsk sur la ligne principale Rostov-Dniepropetrovsk, menaçant ainsi de couper la retraite des armées qui venaient de s'échapper du Caucase.

Le système d'alternance et le rythme de l'offensive soviétique étaient devenus encore plus prononcés qu'au cours de sa phase initiale. Étant donné l'étendue du front que les Allemands devaient couvrir avec une marge de réserve de plus en plus réduite, on peut se rendre compte à quel point leur capacité de résistance et leurs ressources, déjà trop largement étirées, furent mises à rude épreuve. La façon progressive et variée employée par les Russes pour jouer sur cette faiblesse montra de façon éclatante qu'ils avaient amélioré leur technique et appris à exploiter leur nouvelle supériorité. Quand on étudie la façon dont ils s'étaient emparés d'une série aussi importante de points clés, on s'aperçoit qu'à chaque fois la victoire, même lorsqu'elle était l'exploitation d'une avance dans le voisinage immédiat, fut la suite d'un mouvement indirect qui rendait la place pratiquement indéfendable ou lui enlevait du moins toute valeur stratégique. On peut facilement retracer les effets de cette série de pressions indirectes dans le déroulement des opérations et on pourrait comparer le commandement de l'Armée Rouge à un pianiste promenant ses doigts d'un bout à l'autre du clavier.

Le rythme alterné de l'offensive soviétique était semblable à celui employé par le maréchal Foch en 1918, mais il représentait une application plus subtile et aussi plus rapide de cette méthode stratégique. Chaque fois le point d'attaque trompa davantage l'adversaire et les pauses furent plus brèves. Les manœuvres préparatoires ne visèrent jamais directement l'endroit qu'elles devaient menacer, tandis que les manœuvres finales furent souvent directes dans le sens géographique du terme, produisant ainsi un effet psychologique indirect, du fait qu'elles provenaient de la direction la plus inattendue.

Mais un changement spectaculaire se produisit au cours de la dernière quinzaine de février. L'avantage des Soviétiques commença de s'atténuer au moment où ils obliquèrent sur le Donetz en direction de la mer d'Azov et de la boucle du Dniepr, dans l'intention d'isoler les armées allemandes méridionales. Le but des Soviétiques était maintenant évident et les amenait dans la région vers laquelle les Allemands se dirigeaient également. L'étape suivante devint donc une course dont le résultat dépendait de la possibilité pour les Russes de barrer le couloir de retraite des Allemands avant que ceux-ci n'arrivent et ne puissent concentrer leurs forces pour arrêter l'offensive ennemie.

Malheureusement pour les Russes, leurs mouvements furent gênés par un dégel précoce qui vint s'ajouter au handicap découlant d'une avance prolongée. Lorsqu'ils avaient dressé les plans de leur offensive d'hiver, ils s'étaient aperçus que l'intendance ne suivait pas la stratégie puisqu'ils ne disposaient pas de véhicules de transport en nombre suffisant pour emporter ne serait-ce que la moitié du ravitaillement minimum en essence, munitions et nourriture nécessaires à une telle série d'attaques. Avec une audace tout à fait caractéristique, ils décidèrent que, plutôt que de modifier leurs plans, ils tenteraient de prendre la plus grande partie de leur ravitaillement sur l'ennemi! Cette politique fut couronnée de succès, puisque les Russes s'emparèrent d'un grand nombre de dépôts de ravitaillement à chacune de leurs percées. Mais lorsque la résistance ennemie se durcit et que les prises se firent plus rares, les Russes devinrent d'autant plus sensibles à leur manque de véhicules qu'ils s'éloignaient de plus en plus de leurs gares de ravitaillement. La loi de la distance joua à nouveau, mais cette fois au détriment des Soviétiques. Les voies ferrées étaient rares dans le corridor Don-Donetz, et elles étaient perpendiculaires à leur avance vers le sud-ouest. Par contre, les voies ferrées est-ouest, relativement nombreuses au sud du Donetz, permirent aux Allemands d'accélérer leur concentration au point dangereux. Ceux-ci commencèrent également à tirer profit du rétrécissement de leur front, réduit maintenant de 1 000 kilomètres par rapport à l'automne précédent.

Contraints de s'arrêter par cette association de causes, les Russes se retrouvèrent dans une situation difficile. Ils avaient enfoncé de 130 kilomètres un large coin au-delà du Donetz, en direction du Dniepr, mais n'arrivant encore qu'à Pavlograd, à une cinquantaine de kilomètres de ce fleuve. Ils avaient enfoncé un coin plus étroit, 110 kilomètres au sud du Donetz, jusqu'à Krasnoarmeïsk, en travers du corridor s'étendant entre ce fleuve et la mer d'Azov. Les Allemands rassemblèrent toutes leurs forces disponibles et montèrent rapidement une contre-attaque dans trois directions sous le commandement de Manstein. Elle était organisée de façon à tirer profit de la forme irrégulière du saillant soviétique et en particulier de ses deux pointes avancées. A gauche, une attaque fut déclenchée à partir du Dniepr contre la pointe sud-ouest; à droite une autre attaque fut lancée contre la pointe sud-est; enfin une attaque centrale fut organisée en direction de Lozovaïa, contre la ligne en retrait séparant les deux pointes. Celles-ci furent toutes deux balayées et les blindés allemands s'enfoncèrent profondément dans le corps du saillant. Ces contre-attaques, lancées dans la dernière semaine de février, se transformèrent en contre-offensive générale, grâce à l'arrivée des renforts provenant du repli de Rostov. Dans la première semaine de mars, les Allemands avaient de nouveau atteint le Donetz sur un vaste front autour d'Izioum, le saillant russe avait été pratiquement effacé et une grande partie des forces soviétiques avaient été acculées au sud de Kharkov.

Si les Allemands avaient pu traverser le Donetz rapidement et venir se placer sur les arrières des armées russes qui avançaient vers l'ouest, ils auraient probablement provoqué un désastre soviétique comparable à celui qu'ils avaient eux-mêmes subi à Stalingrad. Mais ils en furent empêchés faute d'avoir un poids suffisant pour prendre d'assaut un obstacle fortement défendu. Après ce coup d'arrêt, le centre de gravité se déplaça vers le nord-ouest où la pression de l'enveloppement allemand chassa de nouveau les Russes de Kharkov, le 15 mars. Quatre jours plus tard les Allemands reprirent Bielgorod grâce à une rapide avance vers le nord. Mais ce fut la limite des succès allemands. Leur contre-offensive s'arrêta d'elle-même au cours de la semaine suivante dans la boue du dégel printanier.

Pendant que les Allemands lançaient leur contre-offensive dans le Sud, ils se repliaient dans le Nord. C'était la première retraite importante dans ce secteur depuis plus d'un an. A l'issue de la campagne d'hiver 1941-1942, le front allemand devant Moscou avait la forme d'un poing serré dont les Russes léchaient le poignet, dans la région de Smolensk. Au mois d'août les Russes avaient attaqué en force la phalange de gauche, le centre fortifié de Rjev, dans le but de créer une diversion pour soulager Stalingrad en faisant craquer le front central de l'ennemi. Leur offensive avait été tenue en échec par la résistance acharnée de Rjev, mais elle était parvenue à entamer les flancs et à placer la phalange dans une situation très exposée. Une nouvelle offensive lancée en novembre avait accru le danger pour la position, qui ressemblait désormais à une péninsule avec un isthme étroit. A la fin de l'année, les Russes attaquèrent à partir de l'extrémité de leur vaste saillant situé au nord du saillant allemand, et s'emparèrent de l'embranchement de Vielikie Louki, 240 kilomètres à l'ouest de Rjev, sur la ligne Moscou-Riga. Cette offensive fit apparaître de manière plus évidente la menace pesant sur Rjev mais aussi sur toute la position allemande.

Un mois plus tard, la menace fut indirectement accentuée par la reddition des forces de Stalingrad, tandis que l'effondrement qui gagna dans le Sud, en conséquence, fit apparaître le danger de vouloir tenir un front trop étendu. Zeitzler réussit à cette occasion son seul et unique exploit de persuasion dans l'histoire de ses rapports avec Hitler. Malgré la haine du Führer pour toute idée de repli, en particulier devant Moscou, il se laissa convaincre d'autoriser la rectification du front dans ce secteur afin d'éviter un effondrement et de libérer des réserves. Rjev fut évacuée début mars, au moment où les Russes lançaient une nouvelle attaque, et, le 12, tout le saillant fut abandonné, y compris l'important centre de communications de Viazma. Les Allemands se replièrent sur des positions plus rectilignes protégeant Smolensk. Le saillant fortifié et plus petit de Demiansk, situé entre Vielikie Louki et le lac Ilmen, fut également abandonné début mars. (L'importance de ce retrait ne fut pas clairement perçue en Occident, les cartes publiées par les journaux américains et anglais faisant déjà figurer le front, depuis plus d'un an, comme une ligne droite dans ce secteur, avec Demiansk largement à l'intérieur des lignes soviétiques.)

Cependant, l'avantage acquis par les armées allemandes du fait de ce rétrécissement du front dans le Nord fut plus que largement contrebalancé par l'extension, et les tentations, consécutives au succès de leur contre-offensive dans le Sud. Elles réduisirent à néant l'espoir des généraux de voir Hitler autoriser un vaste retrait sur une ligne où il serait possible de consolider les positions et de réorganiser les troupes hors de portée des Soviétiques. Ce succès offrait encore une fois une série de tremplins offensifs qui étaient tentants pour un homme dont l'instinct était avant tout agressif et dont l'esprit était réticent à abandonner l'idée que toute la situation pouvait encore être retournée en sa faveur par un pari offensif.

La réussite de la contre-offensive avait enlevé tout caractère d'urgence à un repli du Bassin du Donetz. En se maintenant sur sa ligne de l'année précédente au sud du Donetz, près de Taganrog, Hitler pouvait conserver cet atout industriel de même que l'espoir d'une nouvelle tentative en direction du Caucase. Grâce au retour récent sur les rives du Donetz plus loin à l'ouest, entre Kharkov et Izioum, Hitler pouvait imaginer d'exercer une nouvelle pression de flanc à partir de ce secteur. Grâce à la reprise de Bielgorod et au maintien dans Orel, il disposait d'excellentes positions latérales pour organiser un mouvement de tenaille contre les positions soviétiques de Koursk et de ses environs. En faisant éclater à la base cet énorme saillant, il ouvrirait un trou béant dans le front russe, et, une fois que ses divisions de Panzer s'y seraient engouffrées, tout pourrait arriver. Les forces soviétiques étaient plus importantes qu'il ne l'avait d'abord cru, mais leurs pertes avaient été très lourdes. Il n'y avait que les « vieux généraux » pour croire que leurs ressources étaient inépuisables. En suivant cette idée, faussée par son penchant naturel, il semblait à Hitler, chaque jour davantage, qu'une percée à Koursk ferait de nouveau pencher la balance en sa faveur et lui apporterait la solution de tous ses problèmes. Il n'eut aucun mal à se convaincre que l'hiver russe était la source de ses ennuis et qu'il pouvait toujours compter sur un avantage en été. Cette perspective devint pour lui un véritable « songe d'une nuit d'été ».

L'offensive principale devait porter sur le secteur de Koursk, mais le programme d'été comprenait également une attaque sur Leningrad qui avait déjà été reportée à deux reprises. Il est curieux de constater à quel point son plan reprenait les lignes de celui de 1942. Un corps d'armée de parachutistes composé de 2 divisions avait été constitué et il devait être lancé sur Leningrad pour ouvrir la voie à l'offensive terrestre. Hitler devenait plus aventureux, au fur et à mesure que ses chances déclinaient, car, un an auparavant, il avait hésité à accepter la proposition du général Student de lancer une attaque aéroportée sur Leningrad. Mais après l'effondrement de Tunisie, ce corps d'armée fut envoyé dans le midi de la France en vue d'une riposte aéroportée au débarquement allié attendu en Sardaigne. Ensuite, l'échec de l'offensive de Koursk provoqua l'abandon complet et définitif de l'attaque sur Leningrad.

Les généraux allemands étaient divisés au sujet de l'offensive de Koursk. Un nombre croissant d'entre eux étaient devenus sceptiques sur les chances d'une victoire à l'est, et, cette année, un fonceur comme Kleist figurait parmi eux. Mais en l'occurrence il n'était pas directement concerné par cette offensive. Lors des regroupements intervenus au cours de la campagne d'hiver, Manstein avait été mis à la tête de la plus grande partie du front méridional. La Ire armée de Panzer avait été transférée à son groupe d'armées au début de l'année, alors que Kleist restait seulement responsable de la Crimée et de la tête de pont du Kouban. L'offensive contre le saillant de Koursk devait être confiée à l'aile gauche de Manstein au sud et à l'aile droite du Groupe d'armées Centre de Kluge au nord. Ces deux généraux parlèrent avant coup de cette opération en des termes laissant entendre qu'ils espéraient réussir. Mais l'espoir naît souvent des occasions professionnelles. Les militaires les plus ardents ont naturellement tendance à prendre foi dans une opération dont ils sont chargés, et à éviter d'exprimer des doutes qui affaibliraient la confiance de leurs supérieurs dans leurs capacités.

Toute l'éducation militaire allemande contribuait également à étouffer les doutes. De nombreux généraux auraient maintenant été en faveur d'un vaste repli pour se débarrasser des Russes, ainsi que Rundstedt l'avait préconisé plus d'un an auparavant, mais le Führer interdisait une telle mesure. Les positions occupées par l'armée allemande à la fin de l'hiver n'étant pas favorables à la défensive, les généraux avaient tendance à faire confiance au principe qui leur avait été enseigné, selon lequel « l'attaque est la meilleure défense ». En attaquant, ils espéraient effacer les défauts de leurs positions et bouleverser les préparatifs de l'ennemi en vue d'une nouvelle offensive. Tous les efforts furent donc concentrés sur le succès de l'offensive, sans accorder d'attention aux conséquences d'un échec et au fait que l'épuisement des réserves allemandes récemment accumulées compromettait toute chance de défense ultérieure.

La diminution des atouts de l'Allemagne était dissimulée par une politique de secret interne absolu associée à une nouvelle dilution des unités et des formations. Le nombre de divisions fut maintenu à un chiffre tellement proche de l'ancien niveau, que son manque total de valeur indicative quant à la force réelle n'était pas apparent. Au printemps 1943, les divisions n'atteignaient pas, en moyenne, la moitié de leur dotation en hommes et en armement, mais un grand nombre d'entre elles étaient largement en dessous de ce niveau, tandis que d'autres atteignaient presque le niveau normal. Les chefs d'unités étaient maintenus dans des compartiments tellement étanches, au nom de la politique de sécurité, que peu d'entre eux avaient une idée claire de la situation générale, et on les avait prévenus qu'il était malsain d'essayer de se renseigner. Mais la politique de dilution était dictée par d'autres motifs que celui du camouflage.

Hitler était fasciné et enivré par les chiffres. Dans son esprit démagogique, le nombre était synonyme de puissance. La division étant l'unité de compte militaire, il était obsédé par l'importance d'avoir le plus grand nombre possible de divisions, bien que ses victoires de 1940 aient essentiellement eu pour cause la supériorité qualitative de la fraction mécanisée de ses forces. Avant d'envahir l'Union soviétique, il avait insisté sur la politique de dilution afin d'augmenter au maximum le nombre de divisions et il avait par la suite intensifié cette politique, afin d'empêcher ce total sans signification de diminuer. Le résultat d'une telle dilution était une dangereuse inflation dans le domaine de l'économie militaire.

En 1943, l'étendue de cette inflation contribua dans une large mesure à annuler les avantages apportés par les améliorations qualitatives de l'équipement allemand, en particulier l'apparition des nouveaux chars Tigre et Panther. Chaque fois qu'une division éprouve de lourdes pertes, son fer de lance tend à diminuer dans des proportions beaucoup plus importantes que son effectif global, puisque les pertes sont surtout subies par les éléments combattants. Dans le cas d'une division blindée, le taux de pertes le plus élevé est généralement soutenu par les chars et leurs équipages, tandis que les éléments d'infanterie souffrent un taux moins élevé et que le taux le plus bas est supporté par les éléments administratifs. Il est donc désavantageux, du point de vue de la puissance au combat, de maintenir des divisions, et en particulier des divisions blindées, en dessous de leur dotation normale. A moins de pouvoir compenser rapidement le gaspillage, le corps garde des proportions beaucoup plus importantes par rapport à sa puissance effective.

Ces handicaps de l'armée allemande étaient rendus encore plus sensibles par le fait que l'armée soviétique était maintenant bien meilleure, qualitativement, qu'en 1942, et en même temps plus nombreuse. Elle profitait du flot croissant de matériel en provenance de ses nouvelles usines de l'Oural et des livraisons de ses alliés occidentaux. Ses chars valaient au moins ceux de toutes les autres armées, et la plupart des officiers allemands les considéraient même comme supérieurs. Ils souffraient d'un manque d'accessoires, tels que l'équipement radio, mais atteignaient néanmoins un très haut niveau d'efficacité dans le domaine des performances, de l'autonomie et de l'armement. L'artillerie soviétique était d'une qualité excellente et les lance-roquettes avaient été développés sur une vaste échelle et avec une efficacité remarquable. Le fusil soviétique était plus moderne que le fusil allemand et capable d'un tir plus rapide, tandis que la plupart des armes d'infanterie plus lourdes étaient de valeur égale.

La principale faiblesse résidait dans les moyens de transport automobiles et ce besoin vital était maintenant satisfait par un flot croissant de camions américains. Presque aussi important, pour assurer la mobilité, était la quantité de conserves américaines qui se déversait en U.R.S.S., car elle contribuait à résoudre le problème du ravitaillement qui, en raison de la taille des forces soviétiques et du manque de communications, représentait le plus gros obstacle à l'emploi effectif de leur puissance. Ce problème aurait encore été plus grave si les troupes russes n'avaient pas été habituées à vivre et à combattre avec des rations bien moins élevées que celles des armées occidentales. L'Armée Rouge n'atteignit jamais le niveau de mobilité de ces dernières, mais elle était relativement plus mobile qu'elles si l'on considère ses ressources techniques, car elle pouvait opérer avec un équipement très inférieur. Son équipement très primitif était un avantage tout autant qu'un inconvénient. Les soldats soviétiques pouvaient subsister là où d'autres seraient morts de faim. Si bien que le fer de lance de l'Armée Rouge pouvait maintenant disposer d'une plus grande puissance de pénétration, grâce à des ressources plus importantes, tandis que la masse pouvait suivre, grâce à des besoins aussi réduits en matière de transport et de nourriture.

L'Armée Rouge s'était également beaucoup améliorée dans le domaine tactique. Alors que 1942 avait vu une détérioration, du fait de la perte, en 1941, d'une grande partie des troupes les mieux entraînées, l'expérience croissante des combats avait largement compensé ce défaut en 1943 et avait donné aux nouvelles formations des bases plus solides que celles apportées par l'entraînement d'avant-guerre aux anciennes unités. L'amélioration commença au sommet. L'élimination draconienne des chefs initiaux avait permis l'arrivée rapide d'une génération de jeunes généraux dynamiques qui avaient pour la plupart moins de quarante ans, et qui était plus militaires et moins politiques que leurs prédécesseurs. L'âge moyen au sein du Haut Commandement soviétique était maintenant de près de vingt ans plus jeune que dans l'armée allemande, et l'abaissement de l'âge entraîna une élévation de l'efficacité et de l'activité. Les effets combinés d'un commandement plus jeune et d'une meilleure expérience des combats se firent sentir à la fois dans le travail d'état-major et dans la capacité tactique des troupes.

L'amélioration aurait été encore plus sensible si les généraux, par crainte ou par désir de se faire bien voir, n'avaient continué d'attaquer sans gain réel, face à une opposition vigoureuse. Plutôt que de reconnaître un échec, ils préféraient souvent relancer sans cesse leurs troupes sur des obstacles infranchissables, au prix de pertes croissantes. Cette tendance est fréquente dans toutes les armées du fait de l'association de la discipline militaire avec un système hiérarchique, mais elle était naturellement accentuée au sein de l'Armée rouge sous la pression des conditions soviétiques, des traditions russes et des immenses ressources du pays. Dans un tel système, seuls les généraux dont la position était la plus solide pouvaient se risquer à faire preuve d'un sens des limites du possible, alors que l'abondance du matériel humain encourageait le gaspillage. Il était plus facile de se montrer impitoyable en sacrifiant des hommes que de risquer la colère de son supérieur hiérarchique.

Dans l'ensemble, l'immensité de l'espace contrebalança dans une large mesure cette tendance au coup de bélier. Il y avait généralement la place de manœuvrer et le Haut Commandement russe était devenu habile pour choisir les points faibles du vaste front allemand. L'Armée rouge disposait maintenant de la supériorité numérique, le Haut Commandement pouvait escompter une supériorité d'au moins 4 contre 1 dans tout secteur où il décidait de préparer une attaque, et, une fois la brèche ouverte, l'espace de manœuvre s'agrandissait encore. Les vains assauts de front, et leur répétition inutile, étaient plus habituels dans le Nord où les défenses allemandes étaient plus rapprochées et plus solidement établies. Dans le Sud, les Russes avaient leurs meilleurs généraux et leurs meilleures troupes, ainsi que l'espace nécessaire pour exploiter leur habileté.

Néanmoins, la façon dont les Allemands se maintenaient encore face à une telle supériorité, était la preuve, avant même que deux nouvelles années de guerre vinssent le confirmer, que les forces soviétiques étaient encore loin d'atteindre le niveau de qualité technique des forces allemandes. La conscience de cet avantage technique influençait l'opinion des deux camps en ce printemps 1943. Elle encourageait Hitler, et même ses conseillers militaires, à espérer qu'il serait possible de faire pencher la balance en faveur de l'Allemagne si l'on évitait de retomber dans les erreurs du passé. Elle laissait persister un doute dans la confiance que les responsables soviétiques avaient prise grâce à leurs victoires de l'hiver, car ils ne pouvaient pas oublier que les espoirs soulevés par leurs succès de l'hiver précédent avaient été dispersés au cours de l'été suivant. Au seuil d'un nouvel été, ils ne pouvaient pas être sûrs de la victoire finale.

Cette incertitude sous-jacente fut peut-être la cause d'un interlude diplomatique qui se produisit avant la reprise des combats. Au mois de juin, Molotov rencontra Ribbentrop à Kirovograd, qui se trouvait alors à l'intérieur des lignes allemandes, pour discuter des possibilités de mettre fin à la guerre. Selon des officiers allemands qui assistèrent à la rencontre en qualité de conseillers techniques, Ribbentrop mit comme condition à la paix que la nouvelle frontière soviétique longeât le Dniepr, tandis que Molotov refusait de considérer une autre solution que le retour aux frontières initiales. Les pourparlers furent bloqués par la difficulté de concilier des exigences aussi contradictoires et ils furent rompus à l'annonce que les puissances occidentales avaient été informées de cette entrevue. On s'en remit alors de nouveau au jugement de la bataille pour décider du résultat.

La campagne d'été commença plus tardivement qu'au cours des deux années précédentes. Plus de trois mois s'écoulèrent après la fin de la campagne d'hiver. Ce délai fut imputable, au moins partiellement, aux difficultés croissantes rencontrées par les Allemands pour rééquiper leurs forces et rassembler les réserves nécessaires pour une nouvelle offensive. Mais il y avait également de leur part un désir accru de voir les Russes prendre l'initiative et s'enferrer, de façon à donner à l'offensive allemande l'effet d'une contre-attaque. Ce désir fut déçu, non pas tant du fait de l'impatience de Hitler qu'à cause de la décision des Soviétiques d'adopter cette fois une stratégie similaire.

L'opinion rétrospective des responsables allemands fut que leur offensive aurait pu remporter un grand succès si leurs forces avaient été prêtes à la lancer six semaines plus tôt. Lorsque leur mouvement de tenaille s'enlisa dans une série de champs de mines et qu'ils s'aperçurent que les Russes avaient replié l'essentiel de leurs forces très en arrière, ils attribuèrent leur échec à ce que les Russes avaient eu vent de leurs préparatifs dans l'intervalle et avaient ainsi été en mesure de prendre leurs dispositions. Cette opinion ne tenait pas compte du fait que le saillant de Koursk représentait un objectif évident. Il s'offrait tout aussi clairement à un mouvement de tenaille allemand que le saillant voisin allemand autour d'Orel s'offrait à un mouvement de tenaille soviétique. Il n'y avait donc guère de doute quant au point d'attaque éventuel de chaque adversaire, et la question principale était de savoir qui attaquerait le premier.

Cette question avait été débattue dans le camp soviétique. L'argument en faveur d'une initiative soviétique était le fait que la défense russe avait été vaincue deux étés de suite par l'offensive allemande; la confiance engendrée par les nombreux succès offensifs russes depuis Stalingrad rendait les responsables plus impatients d'attaquer les premiers cet été. D'un autre côté, on faisait remarquer qu'en 1942 Timochenko avait en fait pris l'initiative en mai avec son offensive à Kharkov, offensive dont l'effondrement russe au mois de juin, entre cette ville et Koursk, avait été une suite désastreuse.

Lors de sa première conférence avec l'État-Major général soviétique, à la fin mai, le général G. Le Q. Martel, le nouveau chef de la Mission militaire britannique, retira l'impression que la balance penchait en faveur d'une initiative. Il déclara franchement qu'il pensait que ce serait chercher des ennuis que de lancer une offensive alors que les nouvelles forces de Panzer allemandes n'étaient pas encore engagées et que les Russes « en prendraient un bon coup s'ils faisaient une tentative de ce genre ».

Quelques jours plus tard il fut interrogé au sujet de la tactique britannique en Afrique du Nord et il leur expliqua que « notre victoire d'El Alamein fut en grande partie due au fait que nous avions laissé les Allemands détruire, ou tout au moins affaiblir, leurs forces blindées sur nos défenses. Une fois qu'elles furent engagées et qu'elles eurent été rudement malmenées, alors vint le moment de lancer notre offensive. » A la réunion suivante, il eut l'impression que l'État-Major général soviétique penchait en faveur de ce plan. Il saisit l'occasion de leur communiquer une autre leçon de l'expérience britannique : l'importance qu'il y avait à tenir les « hanches » de chaque côté d'une pénétration de chars ennemis, et à utiliser toutes les réserves disponibles pour renforcer les flancs de la brèche, pour réaliser un coup d'arrêt indirect, plutôt que de s'opposer de front au torrent [1].

Lorsqu'on essaie de retracer les origines d'un plan, il est généralement difficile de déterminer les influences décisives, même lorsque toutes les archives sont accessibles, car les documents enregistrent rarement les véritables causes déterminantes. Ils ne montrent pas comment les idées sont semées et mûrissent dans l'esprit des véritables responsables. Certains de ceux qui sèment des idées ont tendance à surestimer les effets de leur graine personnelle, alors que ceux dans l'esprit desquels les idées mûrissent ont encore plus tendance à minimiser ces effets, quelle qu'ait pu être leur

1. Cf. Martel : *An Outspoken Soldier*, pp. 211-254.

influence. Tout cela s'applique avec particulièrement de force aux milieux officiels et au-dessus d'eux dans les cas où l'orgueil national est en jeu. Il est normal entre alliés, que chacun minimise l'aide reçue et exalte l'aide donnée, que ce soit avec ou sans fondement. Il est donc tout à fait vraisemblable que l'histoire ne nous dira jamais dans quelle mesure le plan russe de 1943 fut influencé ou non, et il est évident que les stratèges soviétiques disposaient d'une expérience amplement suffisante dans leurs propres campagnes pour tirer les conclusions implicitement contenues dans le plan qu'ils adoptèrent finalement.

L'aspect le plus important réside dans le résultat spectaculairesment décisif de l'adoption de la méthode d'offensive défensive.

Le 5 juillet à l'aube, les Allemands déclenchèrent leur attaque sur les deux flancs du saillant de Koursk. La face rectiligne de ce saillant faisait plus de 150 kilomètres de long; le flanc sud s'étendait sur environ 80 kilomètres, et le flanc nord sur plus de 240 kilomètres car il était dans le prolongement du flanc sud du saillant allemand d'Orel qui se projetait dans le sens opposé. La plus grande partie du saillant était défendue par les troupes de Rokossovsky, tandis que l'aile droite de Vatutin embrassait le coin sud.

Manstein au sud et Kluge au nord disposaient de forces à peu près équivalentes, mais Manstein avait davantage de blindés. Au total, 18 divisions de Panzer et de panzergrenadier furent engagées dans cette offensive. Elles représentaient près de la moitié des forces utilisées et la quasi-totalité des forces blindées allemandes disponibles sur le front de l'Est. Hitler jouait grand jeu.

La tenaille sud pénétra d'une trentaine de kilomètres en certains points au cours des premiers jours, ce qui ne représentait pas une avance rapide. Les Allemands furent ralentis par les vastes champs de mines qu'ils rencontrèrent et ils s'aperçurent que la masse des défenseurs s'était repliée à l'arrière, si bien que le nombre de prisonniers était désespérément bas. De plus, ils eurent du mal à agrandir les coins qu'ils avaient enfoncés à cause de la défense acharnée des bords du saillant. Au nord, les forces de Kluge réalisèrent une pénétration encore plus restreinte et ne parvinrent pas à ouvrir une brèche dans la principale position défensive soviétique. Au bout d'une semaine de combats, les effectifs des divisions de Panzer avaient considérablement fondu. Alarmé par les signes d'une menace imminente sur son propre flanc, Kluge commença de replier ses divisions de Panzer.

Au même moment, le 12 juillet, les Russes lancèrent leur offensive contre le flanc nord et contre l'extrémité du saillant d'Orel. L'attaque vers le nord pénétra de 50 kilomètres en trois jours, en direction de l'arrière d'Orel, tandis que l'autre avance, qui avait une moindre distance à parcourir, arrivait à une vingtaine de kilomètres de la ville. Mais 4 des divisions de Panzer que Kluge avait repliées, arrivèrent juste à temps pour empêcher l'aile nord des Russes de barrer la voie ferrée menant d'Orel à Briansk. A partir de ce moment l'offensive devint une forte poussée comptant sur un poids supérieur pour faire reculer les Allemands. Ce fut un effort coûteux, mais il fut facilité par l'offensive lancée sur le flanc sud du saillant de Koursk par les forces de Rokossovsky. Le 5 août, les Allemands furent chassés d'Orel. Orel n'était pas seulement le plus formidable et le principal bastion du front allemand depuis 1941, mais, tant qu'il restait intact, il était possible de faire à nouveau peser une menace sur Moscou. La situation stratégique de la place, associée à la puissance vérifiée de sa défense, faisaient d'Orel un symbole militaire, et son évacuation fut donc aussi éprouvante pour le moral des Allemands qu'elle fut encourageante pour les Russes.

Les troupes de Vatutin avaient suivi le repli allemand depuis la brèche ouverte sur le flanc sud du saillant de Koursk jusqu'à la ligne de départ de l'offensive. Le 4 août, Vatutin attaqua cette ligne affaiblie et s'empara de Bielgorod le lendemain. Exploitant l'épuisement de l'ennemi, il pénétra de 130 kilomètres au cours de la semaine suivante, en obliquant en direction de l'arrière de Kharkov et de sa ligne de communications avec Kiev. Ce mouvement de faux fit surgir une occasion de disloquer tout le front méridional allemand. Dix jours plus tard, les forces de Koniev, à la gauche de Vatutin, traversèrent le Donetz au sud-est de Kharkov, menaçant d'achever l'encerclement de cette ville. Koniev avait créé cette menace en choisissant audacieusement de traverser le Donetz dans les marais de Liubotin.

Si l'une ou l'autre des attaques avait atteint l'embranchement de Poltava, elle aurait pu non seulement prendre au piège la garnison de Kharkov, mais aussi semer la confusion au sein de toutes les troupes allemandes situées le long du Donetz. A ce moment, la seule réserve allemande importante était constituée par le 3e corps de Panzer. Il avait été envoyé avec les 3 divisions S.S. de Panzer faire face à une menace sur la rivière Mious, près de Taganrog. Il fut rappelé d'urgence et parvint de justesse à contenir le danger autour de Poltava. Cela permit au gros de la garnison de Kharkov d'être évacué sans encombre avant la chute de la ville, le 23 août. En d'autres endroits, les divisions de Panzer décimées firent la preuve qu'en dépit de leur affaiblissement elles étaient encore en mesure de ralentir l'avance des masses soviétiques. La crise se calma et la situation se stabilisa, sans pour autant devenir statique. Les Russes continuèrent d'avancer, mais à faible allure. Dans les six semaines qui suivirent le déclenchement de leur offensive, ils s'emparèrent de 25 000 hommes. C'étaient un nombre peu élevé pour une bataille de cette envergure, se déroulant dans de nombreux secteurs, et il montrait que les effondrements de la défense avaient été localisés et limités.

Dans la deuxième quinzaine d'août, l'offensive soviétique fut encore étendue. Pendant que les forces de Popov avançaient progressivement d'Orel sur Briansk, les forces d'Eremenko entamaient une avance en direction de Smolensk, à leur aile droite. A leur aile gauche, Rokossovsky commençait une avance plus profonde en direction du Dniepr, près de Kiev, vers où convergeait également Vatutin. Dans l'extrême sud, Tolboukhine traversa le Mious et força les Allemands à abandonner Taganrog. Puis, au début septembre, Malinovsky attaqua au sud, de l'autre côté du Donetz, en direction de Stalino, et cette pression de flanc contraignit les Allemands à se replier en toute hâte de leurs positions avancées au sud du Donetz. D'une manière significative, ils réussirent cependant à s'accrocher aux endroits protégeant le flanc de leur longue retraite et aux voies ferrées, jusqu'à ce que la plus grande partie de leurs troupes eût été évacuée. L'embranchement de Lozovaïa ne tomba qu'à la mi-septembre.

Le système et le rythme des opérations soviétiques ressemblaient de plus en plus à ceux de l'offensive générale de Foch en 1918, avec son alternance d'attaques en différents points, chacune momentanément suspendue à l'instant où son élan diminuait, face à une résistance croissante, chacune calculée afin de préparer la route pour la suivante, et toutes se succédant de façon à réagir les uns sur les autres. En 1918, cette méthode avait amené les Allemands à dépêcher des réserves aux points qui étaient attaqués, en réduisant simultanément leur possibilité d'en envoyer à temps aux points qui allaient être attaqués ensuite. Elle avait paralysé leur liberté d'action tout en épuisant progressivement leurs réserves. Un quart de siècle plus tard, les Russes reprenaient cette méthode, dans des conditions plus favorables et sous une forme améliorée.

C'est la méthode naturelle pour une armée dont la mobilité est limitée mais qui possède une supériorité numérique générale. Elle est encore plus adaptée à une situation dans laquelle les communications latérales sont suffisantes pour permettre d'envoyer rapidement des réserves d'un secteur dans un autre pour exploiter un succès local. Étant donné la nécessité d'ouvrir à chaque fois une brèche dans un nouveau front, le prix de cette exploitation « en largeur » a tendance à être plus élevé que dans le cas d'une exploitation « en profondeur ». Elle a également moins de chances d'être rapidement décisive, mais la fin peut être plus sûre, à condition que l'armée qui applique cette méthode dispose d'une réserve suffisante de supériorité matérielle pour continuer le processus.

Avec ce système, les pertes soviétiques furent naturellement plus lourdes que celles des Allemands, mais les pertes allemandes dépassaient leurs possibilités, à la suite du coûteux échec de leur propre offensive. Pour eux usure était synonyme de défaite. La répugnance de Hitler à autoriser tout repli important retarda leur retraite mais hâta leur épuisement.

En septembre, l'amincissement de leur front et la diminution de leurs réserves se réfléta dans l'accélération de la progression soviétique. Des généraux aussi habiles que Vatutin, Koniev et Rokossovsky n'étaient pas longs à tirer parti des points faibles du vaste front. Leur avance était facilitée par le flot sans cesse croissant des livraisons de camions américains. Avant la fin du mois, les Russes avaient atteint le Dniepr, non seulement dans sa grande boucle orientale près de Dniepropetrovsk, mais aussi sur la plus grande partie de son cours, jusqu'à la rivière Pripet, au-delà de Kiev. Le fleuve fut rapidement traversé en de nombreux endroits et des têtes de pont furent établies. C'était de mauvais augure pour les chances que pouvaient avoir les Allemands de se reposer et de se réorganiser à l'abri de cette large barrière fluviale que des porte-parole militaires avaient imprudemment mentionnée comme leur « ligne d'hiver ». L'établissement de têtes de pont fut facilité par l'habileté et l'audace dont firent preuve les généraux soviétiques pour exploiter les possibilités offertes par l'immensité de l'espace. L'établissement d'une importante tête de pont autour de Krementchoug, au sud-est de Poltava, fut en grande partie dû à la décision de Koniev de traverser le fleuve en un grand nombre de points (18 en tout sur une étendue d'une centaine de kilomètres) au lieu de concentrer ses efforts en un seul point. L'effet de suprise de cette dispersion calculée fut encore accrue par le fait que la traversée s'effectua sous la protection d'un épais brouillard. Des méthodes semblables permirent à Vatutin de s'emparer d'une série de têtes de ponts au nord de Kiev, qu'il réunit ensuite en une seule.

Cependant, le facteur fondamental de la situation était le fait que les Allemands n'avaient plus assez de troupes pour couvrir la totalité de leur front, même par un mince cordon, et qu'il leur fallait recourir à des contre-attaques pour empêcher l'extension des têtes de pont ennemies. Cette politique était inévitablement précaire, étant donné la maigreur de leurs réserves et l'importance de celles des attaquants.

Le 25, les Allemands abandonnèrent Smolensk, 500 kilomètres au nord de Kiev. Ils avaient été chassés de Briansk une semaine plus tôt. Ils se repliaient lentement sur la chaîne de bastions qui longeait le cours supérieur du Dniepr : Jlobine, Rogatchev, Moghilev et Orcha, jusqu'à Vitebsk sur la Dvina.

A l'extrême sud, ils évacuèrent leur tête de pont sur le Kouban et se replièrent en Crimée. Celle-ci était maintenant, elle aussi, en danger d'être isolée par l'avance soviétique sur le continent. Kleist avait reçu l'ordre d'évacuer le Kouban pour amener ses forces dans un secteur allant de la mer d'Azov à la boucle du Dniepr, à Zaporojie. Cette décision fut prise quinze jours trop tard. Le temps que ses troupes commencent d'arriver dans leurs nouvelles positions, à la mi-octobre, les Russes avaient percé jusqu'à Melitopol et tout le secteur refluait.

Après les premières traversées du Dniepr, le secteur fut relativement calme pendant la première quinzaine d'octobre, tandis que les Russes amenaient des renforts, accumulaient du ravitaillement et construisaient des ponts. La plupart de ceux-ci étaient des ponts sur piles ou sur chevalets et ils étaient rapidement construits avec des arbres abattus aux environs. Les Russes étaient maîtres dans l'art d'improviser des ponts, comme les troupes de Sherman lors de leur marche à travers la Géorgie et les deux Carolines. Il leur fallait en moyenne quatre jours pour jeter un pont qui puisse supporter les plus lourdes charges sur ce large fleuve.

Alors que l'attention était fixée sur Kiev où l'on s'attendait à voir éclater la tempête, la phase suivante commença par une attaque à peu près à mi-chemin entre la courbe du Dniepr et Kiev. Koniev fit soudain irruption de la tête de pont de Krementchoug, au sud-est de Poltava, et enfonça un énorme coin vers le sud à la base du grand saillant. Il y avait au départ peu de troupes allemandes dans le secteur, mais Manstein y appela rapidement des réserves et parvint à le ralentir, permettant ainsi d'évacuer les forces allemandes en danger dans la boucle du fleuve. Celles-ci contribuèrent à empêcher les Russes d'entrer dans Krivoï Rog, 110 kilomètres au sud de leur ligne de départ et à peu près au milieu du saillant.

Mais ce succès partiel fut payé de l'effondrement du secteur situé au sud de la boucle du Dniepr, car Manstein avait été obligé d'y prélever des troupes avant que celles de Kleist ne fussent arrivées pour les remplacer. Exploitant leur pénétration à Melitopol, les Russes franchirent la steppe de Nogaïsk jusqu'au cours inférieur du Dniepr, dans la première semaine de novembre, isolant en Crimée les forces ennemies qui s'y trouvaient encore.

Les résultats, cependant, n'étaient pas ce qu'auraient laissé croire les déclarations optimistes selon lesquelles « un million d'hommes » avaient été encerclés à l'est du Dniepr. 6 000 hommes seulement furent capturés au cours des deux jours les plus rapides de la poursuite, et le gros des forces allemandes, qui étaient bien moins nombreuses qu'on ne l'imaginait, eut le temps de se replier de l'autre côté du fleuve. Au total les Russes annoncèrent 98 000 prisonniers au cours des quatre mois qui s'étaient écoulés depuis le début de la campagne, et plus de la moitié étaient des blessés. Bien que peu de commentateurs alliés le fissent remarquer, ces chiffres ne cadraient pas avec l'annonce simultanée que l'ennemi avait eu 900 000 tués et 1 700 000 blessés au cours de la même période. En effet, dans toute percée, un grand nombre de blessés tombe généralement aux mains des attaquants, et plus la défaite est sévère, moins les blessés peuvent être évacués. Plus remarquable encore fut la déclaration faite par Staline le 6 novembre et selon laquelle les Allemands avaient perdu 4 000 000 d'hommes au cours de l'année écoulée. Si cela avait été vrai, ou même à moitié vrai, la guerre aurait été terminée. Elle devait encore être longue, mais la fin s'annonçait.

Dans la dernière quinzaine d'octobre, peu de nouvelles filtrèrent du secteur de Kiev, mais les Russes étaient en train d'étendre leur tête de pont au nord de la ville jusqu'à ce qu'elle forme un tremplin assez large pour permettre de lancer une puissante attaque tournante. Celle-ci fut déclenchée par Vatutin dans la première semaine de novembre. Elle trouva des points faibles dans le front maintenant très largement étiré, s'y engouffra vers l'ouest, puis obliqua vers l'intérieur pour couper les routes venant de Kiev et prendre la ville par-derrière. Une fois encore les Allemands parvinrent à s'esquiver en ne laissant que 6 000 prisonniers aux mains des Russes, mais ils furent incapables d'endiguer l'avance soviétique, la plupart des divisions de Panzer ayant été attirées vers le sud par l'attaque de Koniev dans la boucle du Dniepr.

Le lendemain de la prise de Kiev, les forces blindées soviétiques atteignirent Fastov, 65 kilomètres au sud-ouest. Après avoir surmonté l'opposition rencontrée, elles parcoururent une centaine de kilomètres au cours des cinq jours suivants pour s'emparer de l'embranchement de Jitomir situé sur la seule voie ferrée latérale restante à l'est des Marais du Pripet. Puis elles se répandirent vers le nord et s'emparèrent, le 16, de l'embranchement de Korosten. A ce moment-là, la résistance allemande était sur le point de s'effondrer et d'apporter une confirmation précoce à la déclaration faite par Staline, le 6, disant que « la victoire est proche ». En effet, Manstein n'avait pas de réserves sous la main.

Étant donné l'urgence de la situation, il ordonna à Manteuffel, le dynamique commandant de la 7e division de Panzer, de réunir les unités qu'il pourrait trouver et les éléments qui lui restaient, et de lancer une contre-attaque à partir de Berditchev avec ces forces improvisées. Menée avec audace sur un parcours en zigzag, l'attaque de Manteuffel réussit brillamment, perça le flanc russe et repris Jitomir dans la nuit du 19, avant de continuer jusqu'à Korosten. La répartition des forces en un grand nombre de petits groupes blindés avançant sur un large front avait contribué à donner une fausse idée de puissance. Elles foncèrent entre les colonnes soviétiques et surgirent sur leurs arrières, attaquant les Q.G. et les centres de transmissions, et semant de la sorte une confusion paralysante sur leur chemin.

Dans l'intention d'exploiter l'occasion ainsi créée, Manstein lança alors une contre-offensive sur le saillant russe encore important situé à l'ouest de Kiev. Il fut aidé par l'arrivée de plusieurs nouvelles divisions de Panzer en provenance d'Europe occidentale. Le plan prévoyait un mouvement de tenailles au moyen d'une attaque blindée partant du nord-ouest en direction de Fastov et d'une attaque convergente partant du sud. La première fut lancée par les 3 divisions du corps de Panzer de Balck, comprenant celle de Manteuffel. Mais les éléments avancés de Vatutin avaient maintenant été renforcés par une quantité croissante d'artillerie et de pièces antichars déversée à travers les ponts sur le Dniepr, et par des divisions de réserve. La contre-offensive allemande n'eut pas le même succès que la riposte initiale. Elle avait l'air plus dangereuse sur la carte que sur le terrain. En effet, elle n'avait plus l'avantage de la surprise pour compenser sa force restreinte, et elle fut gênée par le mauvais temps. Elle s'enlisa dans la boue au début du mois de décembre. Au cours de l'accalmie qui suivit, Vatutin massa ses armées en vue d'une nouvelle offensive plus puissante.

Le commentaire le plus juste sur la situation fut apporté involontairement par Hitler lorsque celui-ci, pour marquer sa reconnaissance de l'initiative salvatrice de Manteuffel, invita ce dernier à passer Noël en sa compagnie à Angerburg et lui déclara : « Comme cadeau de Noël, je vous offre cinquante chars. » C'était la plus belle récompense que Hitler pût imaginer, et une grosse récompense, par rapport à ses ressources, car les divisions de Panzer les plus fortes et les plus favorisées ne disposaient que de 180 chars et peu d'entre elles atteignaient la moitié de ce chiffre.

La partie nord du front allemand avait également été soumise à une pression dure et prolongée au cours de l'automne. Mais les offensives soviétiques répétées n'étaient pas parvenues à enfoncer le front du Dniepr supérieur sur lequel les Allemands s'étaient repliés après avoir évacué Smolensk. L'échec des Soviétiques dans ce secteur avait pour cause la puissance inhérente à la défensive moderne combinée au fait qu'ils avaient moins de place pour manœuvrer que dans le Sud et faisaient apparaître leur objectif avec trop d'évidence.

Dans ces combats, le rôle de l'aviation fut très réduit, à cause de la gêne imposée par la neige et la glace. Cette limitation épargna à la défense une pression aérienne qui aurait multiplié les effets de la supériorité terrestre de l'ennemi. La reconnaissance aérienne des défenseurs s'en trouvait également limitée, mais ils étaient en mesure de déduire la direction vraisemblable des principales avances soviétiques et d'obtenir une confirmation grâce à un emploi judicieux de patrouilles offensives.

Le poids principal de l'attaque fut supporté par la IVe armée de Heinrici dont les 10 divisions décimées tenaient les 150 kilomètres de front entre Orcha et Rogatchev. Les Russes lancèrent 5 offensives dans ce secteur entre octobre et septembre, chacune durant cinq ou six jours avec plusieurs efforts nouveaux chaque jour. Ils employèrent une vingtaine de divisions dans la première offensive, alors que les Allemands venaient seulement d'occuper des positions hâtivement préparées ne comprenant qu'une seule ligne de tranchées. Ils employèrent 30 divisions dans l'offensive suivante, mais les Allemands avaient eu le temps de développer leur dispositif de défense. Les offensives furent lancées avec 36 divisions.

L'essentiel de l'offensive soviétique était concentré sur Orcha, sur un front d'une vingtaine de kilomètres autour de la grand-route Moscou-Minsk. Cet emplacement représentait des avantages évidents pour le ravitaillement et l'exploitation éventuelle. Mais cette évidence même permettait aux Allemands de concentrer leurs forces pour faire face à l'offensive. Il est intéressant d'étudier ici les méthodes des défenseurs. Heinrici utilisait 3 divisions et demie dans ce secteur très étroit, laissant à 6 divisions et demie le soin de couvrir le reste de son vaste front. Il avait donc un taux de concentration assez élevé au point vital. Son artillerie était pratiquement intacte et il concentrait une masse de 380 canons pour protéger ce secteur crucial. Commandée par un seul officier se trouvant au Q.G. de la IVe armée, l'artillerie était en mesure de concentrer son tir sur tout point menacé du secteur. En même temps, Heinrici avait pris l'habitude de « mettre au vert » les divisions dans la partie la plus calme de son front afin de procurer à chacune des divisions qui étaient engagées un bataillon frais chaque jour. Cette méthode compensait généralement les pertes de la veille, tout en fournissant à la division concernée des réserves locales intactes qu'elle pouvait utiliser pour une contre-attaque. L'inconvénient de mélanger les formations était réduit au moyen d'un système de rotation à l'intérieur des divisions qui étaient composées maintenant de 3 régiments de 2 bataillons chacun. Le deuxième jour, le bataillon de renfort provenait du même régiment que celui de la veille, et était accompagné par le Q.G. du régiment; deux jours plus tard un régiment entièrement nouveau était en ligne; et, au bout de six jours, toute la division initiale avait été relevée et envoyée dans le secteur calme d'où la relève était venue, unité par unité.

Cette série de succès défensifs remportée à 1 contre 6 représentait un exploit remarquable. Elle montrait à quel point il aurait été possible de faire durer la guerre et d'épuiser les Soviétiques si la stratégie défensive avait été à la hauteur de la tactique. Mais les chances furent compromises par l'insistance de Hitler sur ce point qu'aucun repli ne devait être entrepris sans son autorisation, autorisation qu'il ne donnait qu'avec la plus extrême répugnance. Les chefs d'armées qui prenaient une telle initiative étaient menacés d'être traduits en cour martiale, même s'il s'agissait du repli d'un petit détachement depuis une position dangereusement isolée. Ce veto était appliqué avec une telle rigueur que les officiers subalternes étaient encore plus paralysés et on racontait que les chefs de bataillon n'osaient pas « déplacer une sentinelle de la fenêtre à la porte ». Comme un perroquet, le Commandant suprême répétait : « Chaque homme doit se battre sur place. »

Ce principe rigide avait permis à l'armée allemande de surmonter la crise de nerfs du premier hiver russe, mais il devint fatal à la longue, lorsque les troupes allemandes eurent vaincu leur peur panique de l'hiver russe mais manquèrent de plus en plus de ressources pour remplir les espaces soviétiques. Il priva les commandants locaux de la souplesse indispensable pour s'esquiver, se regrouper et appliquer la méthode qui consiste « à reculer pour mieux sauter ».

Les résultats désastreux de cette rigidité avaient été enregistrés sur le front méridional en 1943. Ils devaient se répéter en 1944 dans le Nord, dans le secteur où la défense allemande s'était précisément montrée si difficile à surmonter précédemment.

29.
Le reflux japonais dans le Pacifique

La première phase de la guerre dans le Pacifique avait vu la conquête par le Japon de toute la zone ouest et sud-ouest de cet océan, de toutes les îles qui s'y trouvaient, et des pays voisins du Sud-Est asiatique. La deuxième phase avait vu la tentative du Japon d'étendre son contrôle aux bases américaines et britanniques des îles Hawaii et d'Australie, et son échec décisif dans la bataille aéronavale de Midway et à Guadalcanal, dans les îles Salomon, sur la route de l'Australie.

Dans la troisième phase, les Japonais étaient sur la défensive, ainsi que le soulignaient les ordres reçus par les généraux du Pacifique Sud-Ouest stipulant qu'ils devaient « préserver toutes les positions des îles Salomon et de Nouvelle-Guinée ». C'est seulement en Birmanie que les Japonais poursuivirent des opérations offensives contre les Alliés occidentaux, et celles-ci étaient en fait d'essence défensive, ayant pour but d'empêcher une contre-offensive britannique à partir de l'Inde. Les Japonais avaient perdu la possibilité d'engager une action efficace à la suite de la perte de 4 porte-avions à Midway, de 2 cuirassés et de nombreuses autres unités à Guadalcanal, ainsi que de centaines d'avions dans ces deux opérations cruciales. Les Alliés avaient repris l'avantage, la question était maintenant de savoir s'ils pourraient en tirer parti et comment.

Le plan et l'offensive des Japonais avaient profité de l'avantage stratégique de la position géographique du Japon. Ils avaient exploité cet avantage fondamental à la fois pour l'offensive et la défensive. En effet, le résultat de leurs rapides conquêtes étaient qu'ils avaient entouré le Japon d'anneaux de défense concentriques qui représentaient autant d'obstacles formidables à toute tentative de contre-offensive alliée en direction du Japon [1].

---

1. Cf. carte pp. 206-207 et 359.

Un coup d'œil sur la carte semblait montrer de nombreuses possibilités, mais un examen plus approfondi en laissait subsister très peu. Si l'on regarde la carte de haut en bas, la route du Pacifique Nord était à éliminer faute de bases appropriées et à cause de la fréquence des tempêtes et des brouillards dans ce secteur. Une contre-offensive à partir des positions soviétiques d'Extrême-Orient était également à éliminer du fait du refus de Staline de participer à des opérations contre le Japon tant que la Russie serait soumise à la pression de l'offensive allemande sur son flanc occidental. Une action alliée à travers la Chine était rendue impraticable à cause des difficultés de ravitaillement dans les circonstances actuelles, ainsi que de l'instabilité des Chinois. La route encore plus longue à travers la Birmanie était impossible à envisager à la suite du recul des Britanniques jusqu'en Inde et de leur manque évident de moyens adéquats en vue d'un retour prochain.

Il apparut donc que toute contre-offensive efficace devrait dépendre des Américains et se faire par une route qui leur conviendrait. Il y avait deux principales possibilités : à travers le Pacifique Sud-Ouest, à partir de la Nouvelle-Guinée jusqu'aux Philippines, ou à travers le Pacifique Central. Le général Douglas MacArthur, en tant que commandant en chef du Pacifique Sud-Ouest, était naturellement en faveur de cette première route. Il représentait que ce serait la façon la plus rapide de priver le Japon de ses nouvelles conquêtes méridionales dont il dépendait pour les matières premières indispensables à son effort de guerre. Selon lui, la route du Pacifique Central serait exposée à des attaques en provenance des îles sous mandat dont le Japon s'était emparé et où il avait rapidement construit des bases navales et aériennes. De plus, une contre-offensive aussi lointaine ne calmerait pas les inquiétudes australiennes.

Cependant les responsables navals américains étaient, quant à eux, en faveur d'une route centrale. Ils représentaient que celle-ci leur permettrait de faire usage de leur nombre croissant de porte-avions rapides avec une plus grande efficacité que dans les eaux encombrées des alentours de la Nouvelle-Guinée, tout en répondant mieux à leur nouvelle conception de l'emploi de Task Forces de porte-avions pour isoler et dominer un groupe d'îles. Cette route leur permettrait également d'appliquer leur nouveau système de ravitaillement en mer au lieu d'avoir à renvoyer périodiquement leurs porte-avions dans des ports. Ils expliquaient aussi qu'elle éviterait de courir le risque, auquel serait exposée la route méridionale, d'attaques de flanc par les forces japonaises stationnées dans les îles sous mandat. D'autre part, la route méridionale étant plus évidente et plus prévisible, il était vraisemblable que l'opposition rencontrée serait plus vigoureuse et plus continue. Une raison plus puissante, bien que d'ordre privé, était le désir des amiraux de laisser le gros de leurs nouveaux porte-avions hors de portée de MacArthur et de ses tendances monopolisatrices.

En fin de compte, il fut décidé à la conférence du Trident, qui se tint à Washington en mai 1943, d'exécuter une double avance, sur les deux routes, ce qui laisserait les Japonais dans l'incertitude et les contraindrait à garder leurs forces dispersées sans pouvoir concentrer leurs réserves sur l'une ou l'autre route. Ces deux routes convergeraient finalement au large des Philippines. Cette décision répondait au désir de menacer plusieurs objectifs à la fois, ce qui représente un avantage vital dans la conception stratégique de l'approche indirecte. Mais ce compromis ne tenait pas assez compte du fait que nous enseigne l'histoire, qu'il est plus économique d'atteindre une telle dualité en adoptant une ligne d'avance unique menaçant simultanément plusieurs objectifs, chacun précieux pour l'adversaire, tout en ne représentant qu'une seule ligne d'opérations.

L'avance par deux routes distinctes nécessitait inévitablement des préparatifs beaucoup plus importants, et donc plus longs, dans le domaine des forces, de la marine, des péniches de débarquements, des bases navales et des aérodromes. La prolongation de la période préparatoire donna davantage de temps aux Japonais pour intensifier leurs propres préparatifs défensifs et rendre la tâche des Américains plus ardue, en particulier pour les opérations terrestres et de débarquement.

Au cours de cette longue accalmie, la seule opération de quelque envergure fut l'expédition américaine pour reprendre les îles Aléoutiennes, dans le Pacifique Nord. Stratégiquement, cette opération était trop lointaine pour avoir une chance d'affecter le cours de la guerre. Elle était secondaire, sans être complémentaire et sans avoir un effet de diversion. Sa seule valeur était psychologique, pour rassurer l'opinion publique américaine alarmée par la menace apparente pour la sécurité de l'Alaska que représentait la prise, au mois de juin précédent, de Kiska et Attu par une petite force de débarquement japonaise. Mais ce réconfort fut acquis au prix d'un emploi ruineux des ressources américaines encore limitées.

La première réaction à la prise des deux îles avait été un bombardement naval sur Kiska au début du mois d'août; puis, à la fin du même mois, des troupes américaines avaient débarqué sur l'île d'Adak, environ 300 kilomètres à l'est de Kiska, et y avaient construit un aérodrome pour appuyer l'attaque de l'île occupée. En janvier 1943, elles avaient réoccupé l'île d'Amchitka, 150 kilomètres à l'est de Kiska dans le même but. Mais, à ce moment-là, les responsables militaires locaux décidèrent de s'attaquer à Attu, l'île la plus occidentale de l'archipel aléoutien, car ils s'étaient aperçus qu'elle était moins bien défendue que Kiska. Il y eut une interruption à la fin mars, lorsque les forces du blocus naval interceptèrent des forces japonaises légèrement supérieures qui escortaient 3 transports de troupes. Les Japonais firent demi-tour après trois heures de combat à longue distance. Aucun navire ne fut coulé, mais les renforts transportés ne purent être acheminés.

Le 11 mai, les Américains débarquèrent 1 division sur Attu, sous la protection du brouillard et du bombardement de 3 cuirassés. Avec une supériorité numérique de plus de 4 contre 1, cette division repoussa progressivement la garnison japonaise (d'environ 2 500 hommes) dans les montagnes, au cours de quinze jours de durs combats. Puis les Japonais simplifièrent le problème des Américains en lançant un assaut suicide contre leurs positions, au cours duquel ils furent balayés, ne laissant que 26 prisonniers aux mains de l'adversaire. Les Américains purent alors concentrer leurs efforts sur Kiska. Sous l'effet d'une pression aérienne et navale constante, les Japonais durent évacuer leur garnison (5 000 hommes) de cette île désormais isolée, dans la nuit du 15 juillet, sous la protection du brouillard, fréquent dans cette région. Les bombardements continuèrent de pleuvoir sur l'île pendant deux semaines et demie, puis 34 000 soldats américains débarquèrent et passèrent cinq jours à fouiller le terrain avant d'être convaincus du départ des occupants.

Les îles Aléoutiennes étaient donc libérées, mais les Américains avaient employé 100 000 hommes au total, appuyés par d'importantes forces navales et aériennes pour une tâche tout à fait secondaire, ce qui représente un exemple flagrant de gaspillage de forces, et un bon exemple de diversion à bon marché.

Dans le Pacifique Sud-Ouest, l'accalmie apparente dura jusqu'à l'été 1943.

Heureusement pour les Américains et leurs alliés, l'action défensive de l'ennemi fut gênée et retardée par d'intenses divergences d'opinion entre les chefs de la marine et de l'armée japonaises. Ils étaient tous anxieux de conserver la totalité des conquêtes japonaises, mais ils n'étaient pas d'accord sur la meilleure manière de le faire. Les chefs de l'Armée étaient en faveur d'opérations terrestres en Nouvelle-Guinée, une position avancée qu'ils considéraient comme nécessaire à la sécurité des territoires occupés des Indes néerlandaises et des Philippines. Les chefs de la Marine désiraient voir accorder la priorité aux îles Salomon et Bismarck pour assurer la couverture stratégique de la grande base navale de Truk, dans les Carolines, 1 600 kilomètres au nord. Comme d'habitude, ce fut l'Armée qui l'emporta.

La ligne de défense finalement adoptée allait des îles Santa Isabel et de Nouvelle-Géorgie, dans les Salomon, à l'ouest de Guadalcanal, jusqu'à Lae, en Nouvelle-Guinée, c'est-à-dire la zone ouest de la péninsule de Papouasie. La marine devait être chargée du secteur des Salomon et l'armée du secteur de Nouvelle-Guinée.

Le commandement militaire de Rabaul, Q.G. de toute la zone, dirigeait les opérations de la XVIIe armée dans les îles Salomon et de la XVIIIe armée en Nouvelle-Guinée, la 7e division aérienne étant rattachée à la XVIIe armée et à la 6e division aérienne à la XVIIIe armée. Les forces navales comprenaient la 8e flotte et la 11e flotte aéronavale, toutes deux dirigées à partir du Q.G. naval de Rabaul. Les forces navales consistaient en croiseurs et en destroyers, mais pouvaient être renforcées par des bâtiments plus importants envoyés de Truk.

Les forces terrestres étaient plus importantes : 3 divisions de la XVIIIe armée en Nouvelle-Guinée, totalisant 55 000 hommes, et 2 divisions plus 1 brigade et d'autres troupes de la XVIIe armée dans les îles Salomon et Bismarck. Malgré les lourdes pertes de la bataille de Guadalcanal, l'armée disposait de 170 avions et la marine de 240. On estimait qu'il était possible d'envoyer en renfort dans ce théâtre d'opérations, en moins de six mois, 10 à 15 divisions et plus de 850 appareils. Il était donc parfaitement raisonnable de considérer une stratégie défensive comme réalisable.

L'établissement des plans américains était rendu plus compliqué par la décision antérieure de diviser ce théâtre d'opérations en deux zones, celle de l'océan Pacifique et celle du Pacifique Sud-Ouest, les îles Salomon se trouvant sur la ligne de séparation. Dans le but de rendre ce système plus praticable, les chefs d'état-major décidèrent de confier le commandement stratégique de tout le secteur de Nouvelle-Guinée et des Salomon à MacArthur, tout en laissant le commandement tactique à l'amiral Halsey, commandant en chef du Pacifique Sud, tandis que les forces navales basées à Pearl Harbor et opérant dans cette zone resteraient sous les ordres de l'amiral Nimitz, responsable du secteur de l'océan Pacifique.

L'objectif stratégique des Américains était de briser la barrière formée par l'Archipel Bismarck et de s'emparer de la base principale japonaise de Rabaul. Il devait être atteint au moyen d'une série d'opérations alternées sur les deux routes d'approche, afin de laisser les Japonais dans l'incertitude. Les forces de Halsey devaient d'abord occuper les îles Russell juste à l'ouest de Guadalcanal, pour y constituer une base navale et aérienne. Ensuite, on devait s'emparer de deux îles du groupe de Trobriand, à l'est de la Nouvelle-Guinée, pour y constituer des bases aériennes en vue de l'attaque de Rabaul et comme escale intermédiaire permettant de faire passer les forces aériennes d'une ligne d'avance à l'autre. Dans une seconde phase, Halsey s'avancerait jusqu'à la Nouvelle-Géorgie (dans les Salomon, à l'ouest de Guadalcanal) et s'emparerait de l'aérodrome clé de Munda, pendant que MacArthur s'emparerait des bases japonaises situées autour de Lae sur la côte nord de Nouvelle-Guinée. On espérait qu'à cette époque Halsey se serait emparé de l'île Bougainville à l'extrémité ouest des Salomon. Dans la troisième phase, les forces de MacArthur, se tournant vers le nord, devaient traverser le bras de mer les séparant de la Nouvelle-Bretagne, dans l'Archipel Bismarck, la grande île où se trouvait Rabaul à l'extrémité nord. Enfin, dans une quatrième phase, l'attaque sur Rabaul même devait être déclenchée. C'était un processus très progressif, puisque les plans prévoyaient que l'attaque sur Rabaul ne serait lancée que huit mois après le déclenchement des premières opérations de la campagne.

Dans son secteur du Pacifique Sud-Ouest, MacArthur avait 7 divisions (dont 3 australiennes) et environ un millier d'avions (dont un quart d'australiens), tandis que 2 autres divisions américaines étaient attendues et 8 divisions australiennes à l'entraînement. Halsey avait 7 divisions (dont 2 divisions de Marines et une néo-zélandaise) et 1 800 appareils (dont 700 de l'U.S. Army). Les effectifs navals étaient variables car, lorsqu'une opération amphibie était en cours de préparation, un grand nombre de bâtiments était emprunté pour un certain temps aux forces de Nimitz à Pearl Harbor. Au départ, Halsey avait 6 cuirassés et 2 porte-avions, ainsi qu'un grand nombre d'unités plus petites. Au total les forces étaient maintenant amplement suffisantes pour assurer le succès, même si elles n'atteignaient pas le niveau souhaité par MacArthur qui avait demandé 22 divisions et 45 groupes aériens.

Au cours de la période préliminaire de « stagnation », Halsey débarqua des forces sur les îles Russel, le 21 février, mais elles ne trouvèrent pas trace de la garnison japonaise qu'elles s'attendaient à y trouver. De plus, ses forces navales mirent un terme à l'habitude des Japonais de faire des raids dans le *slot*. En Nouvelle-Guinée, une tentative japonaise pour s'emparer de l'aérodrome de Wau, près du golfe Huon, fut repoussée par une brigade australienne amenée par avions, et, lorsque les Japonais envoyèrent le gros d'une division en renfort, le convoi de 8 navires escortés par 8 destroyers fut rapidement repéré et intercepté par l'aviation alliée de Nouvelle-Guinée qui coula tous les transports et la moitié des destroyers, infligeant la perte de 3 600 hommes (soit la moitié du total). A la suite de cette désastreuse « bataille de la mer de Bismarck », les Japonais n'osèrent plus envoyer de ravitaillement à leurs troupes de Nouvelle-Guinée autrement que par sous-marins ou par péniches.

L'amiral Yamamoto essaya alors de redresser la situation aérienne en envoyant les appareils embarqués de la 3e flotte de Truk à Rabaul, dans l'espoir d'épuiser la force aérienne des Alliés au moyen de raids continuels sur leurs bases. Mais ces opérations de harcèlement (commencées, comme par un mauvais présage, le 1er avril) coûtèrent en quinze jours deux fois plus d'appareils aux Japonais qu'aux défenseurs, contrairement aux rapports optimistes des attaquants. Puis Yamamoto lui-même fut attiré dans une embuscade et abattu lors d'une visite par avion à Bougainville, visite dont les services de Renseignements américains avaient été informés à l'avance. Son successeur à la tête de la flotte japonaise, l'amiral Koga, ne se révéla pas aussi redoutable que lui.

L'offensive américaine, prévue de longue date, devait être déclenchée le 30 juin par une triple attaque : les troupes américaines du général Krueger devaient débarquer sur les îles Kiriwina et Woodlark (ou Murua) dans l'archipel Trobriand; les forces de Nouvelle-Guinée (en majorité australiennes), sous les ordres du général Herring, devaient débarquer près de Salamaua, dans le golfe Huon; et les troupes de l'amiral Halsey devaient débarquer en Nouvelle-Géorgie.

Le débarquement dans les Trobriand se révéla sans histoire, puisque aucune opposition ne fut rencontrée, et la construction d'aérodromes commença aussitôt. L'offensive de Nouvelle-Guinée démarra bien et les Américains débarqués en appui des Australiens ne rencontrèrent aucune opposition sérieuse, mais il fallut attendre la mi-août pour que les forces japonaises du secteur (environ 6 000 hommes) fussent repoussées dans les faubourgs de Salamaua, et les forces américaines reçurent alors l'ordre d'attendre les débarquements principaux prévus sur la péninsule Huon, en préliminaire à l'attaque de Lae qui était l'objectif principal. La troisième offensive, celle des forces de Halsey en Nouvelle-Géorgie, se révéla encore plus difficile.

La grande île de la Nouvelle-Géorgie avait une garnison japonaise d'environ 10 000 hommes, dont l'efficacité était multipliée par la jungle montagneuse et le climat humide. La difficulté était encore accrue par un ordre du G.Q.G. impérial stipulant que l'île devait être défendue aussi longtemps que possible. De plus, le débarquement était rendu plus ardu par la présence de récifs sur la côte nord-est et d'une ceinture d'îles au sud et à l'ouest.

Les plans américains prévoyaient un débarquement en trois mouvements. Le débarquement principal, à l'échelon de la division, devait être réalisé sur l'île côtière de Rendova, à l'ouest, d'où les troupes devaient traverser le bras de mer de 8 kilomètres pour venir débarquer à proximité de l'important aérodrome de Munda Point. Dès que ce bond aurait été réalisé, des forces importantes devaient débarquer sur la côte nord de Nouvelle-Géorgie, à une quinzaine de kilomètres de Munda, empêchant ainsi les Japonais de recevoir des renforts par la mer. Il devait également y avoir 3 débarquements secondaires dans le Sud. Les forces navales de couverture comprenaient 5 porte-avions, 3 cuirassés, 9 croiseurs et 29 destroyers. L'aviation comptait environ 530 appareils.

A la suite du rapport d'un observateur côtier, selon lequel les Japonais se dirigeaient vers la partie sud de l'île, Halsey décida de déclencher le débarquement intitial dans ce secteur, le 21 juin au lieu du 30, mais aucune résistance ne fut rencontrée et les autres débarquements secondaires eurent lieu le 30, sans encombre.

Quand au débarquement principal dans l'île de Rendova, les 6 000 Américains employés dans l'opération submergèrent rapidement les 200 hommes de la garnison japonaise et les débarquements près de Munda eurent lieu dans la première semaine de juillet. Au cours de cette semaine et de la suivante, de petites forces navales japonaises lancèrent plusieurs ripostes, comme dans la campagne de Guadalcanal et parvinrent à infliger des dégâts considérables aux croiseurs, tout en débarquant quelque 3 000 hommes en renfort.

A terre, la division américaine inexpérimentée progressa très lentement à travers la jungle en direction de Munda, malgré un appui considérable de l'aviation, de l'artillerie et de l'artillerie de marine. A la suite de rapports sur son mauvais moral, d'autres forces, comprenant 1 division et demie, reçurent l'ordre de se rendre en Nouvelle-Géorgie. Cependant, Munda et la zone avoisinante furent enfin prises le 5 août, mais la plus grande partie de la garnison japonaise fut en mesure de se replier dans l'île voisine de Kolombangara, au nord. De plus, au cours d'autres actions navales, la maîtrise aérienne des Américains leur permit d'infliger de lourdes pertes aux Japonais.

La conséquence de loin la plus importante de la lenteur de la progression américaine en Nouvelle-Géorgie fut le fait qu'elle amena Halsey et d'autres responsables américains à se rendre compte de l'inconvénient d'une telle avance pas à pas qui donnait à l'ennemi tout le temps nécessaire pour renforcer sa prochaine ligne de défense. Cette méthode rendait caduc le grand avantage de la supériorité navale et aérienne. Il fut donc décidé d'isoler l'île de Kolombangara et sa garnison de plus de 10 000 Japonais, et de la laisser « pourrir sur place », pendant que les Américains s'attaqueraient à la grande île mal défendue de Vella Lavella où les Japonais n'avaient qu'une garnison de 250 hommes. (C'était un exemple de « contournement concerté » représentant une amélioration sur la méthode employée dans les îles Aléoutiennes.) De plus, l'établissement d'un aérodrome sur Vella Lavella amènerait les Américains à 150 kilomètres de Bougainville, la plus occidentale des îles Salomon.

Le débarquement sur Vella Lavella eut lieu le 15 août avant même que l'occupation de la Nouvelle-Géorgie ne fût achevée. Parallèlement, l'espoir du commandant japonais local, le général Sasaki, de maintenir une résistance prolongée sur Kolombangara, fut également réduit à néant par un ordre supérieur d'abandonner les îles Salomon centrales pour se replier sur Bougainville. Fin septembre et début octobre, l'importante garnison de Kolombangara et la petite garnison de Vella Lavella furent évacuées en plusieurs nuits. Au total, les Japonais eurent environ 2 500 tués dans la campagne de Nouvelle-Géorgie et perdirent 17 bâtiments de guerre, alors que les Alliés eurent environ 1 000 tués (et un nombre important de morts par maladie) et perdirent 6 bâtiments de guerre. Dans les airs, les pertes japonaises furent également beaucoup plus lourdes.

Au mois d'août, les Alliés avaient maintenu leur pression sur Salamaua, en grande partie pour détourner l'attention des Japonais de leurs préparatifs en vue de l'attaque sur Lae et sur la péninsule Huon dont ils désiraient s'emparer des ports et aérodromes pour continuer leur avance vers le nord jusqu'à l'île de Nouvelle-Bretagne et pour protéger le flanc de cette avance.

Pour s'emparer de la péninsule Huon, MacArthur avait prévu une attaque combinée par la mer, par les airs et sur terre. Cette triple combinaison rendait l'opération complexe et ses ressources étaient suffisantes pour n'avoir recours qu'à un seul mode d'attaque s'il l'avait voulu. Le 5 septembre, ses forces amphibies débarquèrent le gros de la 9ᵉ division australienne juste à l'est de Lae. Le lendemain, le 503ᵉ régiment de parachutistes américain fut lâché sur l'aérodrome désaffecté de Nadzab, au nord-ouest de Lae (c'était la première opération aéroportée alliée dans le Pacifique), et, dès que l'aérodrome fut remis en service, la 7ᵉ division australienne y fut débarquée par avion. Entre-temps, l'avance terrestre américano-australienne en direction de Salamaua fut reprise.

Les attaques convergentes ne rencontrèrent que peu d'opposition. En effet, le G.Q.G. impérial s'était rendu compte que la seule division japonaise du secteur risquait d'être isolée et avait approuvé le repli de cette division à travers la péninsule montagneuse en direction de Kiari, à 80 kilomètres de

Lae. Salamaua fut donc évacuée le 11 septembre et Lae le 15. Mais l'espoir des Japonais de se maintenir dans le port de Finschhaffen, à l'extrémité de la péninsule, fut réduit à néant par le débarquement à cet endroit d'une brigade australienne le 22. Les Japonais envoyèrent une autre division en renfort, mais il furent peu à peu repoussés le long de la côte. De son côté, la 7e division australienne progressait plus rapidement le long de la vallée du Markham, à partir de Lae, et elle atteignit Dumpu début octobre, à moins de 80 kilomètres du port de Madang, 250 kilomètres au nord de Lae. A la fin de 1943, les forces alliées étaient prêtes à lancer une double offensive, le long de la côte et par l'intérieur, contre Madang. Cependant leur progression avait été plus lente que prévu.

En septembre 1943, le G.Q.G. impérial se rendit enfin compte qu'il lui fallait réviser son estimation optimiste antérieure de la situation. Les forces japonaises étaient étirées sur une profondeur trop faible le long d'un front trop long, et les Américains avaient récupéré avec une rapidité imprévue après leur défaite initiale. Ils avaient maintenant une supériorité navale et aérienne. Il apparaissait que désormais les Japonais devraient « rentrer leurs cornes » et raccourcir leur front défensif. En effet, en plus de la pression que celui-ci subissait sur les ailes, il y avait au centre la menace potentielle de Pearl Harbor où l'amiral Nimitz avait maintenant concentré le plus grand nombre de navires jamais réuni depuis la Grande Flotte de l'amiral Jellicoe au cours de la Première Guerre mondiale.

La précarité de la situation militaire du Japon était encore accentuée par la faiblesse de ses bases économiques. Il ne produisait pas assez d'avions pour faire face à la production américaine et il était incapable de protéger ses navires marchands.

La « nouvelle politique opérationnelle » établie par le G.Q.G. impérial à la mi-septembre, définissait une zone minimale essentielle à la poursuite des objectifs de guerre du Japon. Cette zone minimale, baptisée « sphère de défense nationale absolue », s'étendait depuis la Birmanie jusqu'en Nouvelle-Guinée occidentale, en passant par la Malaisie, puis, de là, jusqu'aux îles Carolines et Mariannes et jusqu'aux îles Kouriles. Ce rétrécissement du front défensif signifiait que la plus grande partie de la Nouvelle-Guinée et la totalité des îles Bismarck (y compris Rabaul), et des îles Salomon, Gilbert et Marshall étaient désormais considérées comme non essentielles, bien que leur défense dût être maintenue pendant encore six mois. On espérait que d'ici là la zone minimale ou « absolue » aurait été transformée en une barrière infranchissable, que la production d'avions aurait triplé et que la flotte japonaise aurait été suffisamment reconstituée pour défier à nouveau au combat la flotte américaine du Pacifique.

En attendant, on demandait aux forces japonaises du Pacifique Sud-Ouest de contenir les forces alliées qui comportaient maintenant une vingtaine de divisions appuyées par près de 3 000 avions. Les Japonais avaient 3 divisions en Nouvelle-Guinée orientale, 1 en Nouvelle-Bretagne, 1 sur

Bougainville, et une sixième était en route. Cependant, ils avaient encore 26 divisions en Chine et 15 en Mandchourie, pour faire face à l'éventualité d'une invasion soviétique, si bien que la faiblesse des forces terrestres japonaises ne résidait pas dans leur nombre mais dans leur répartition.

Dans le camp allié, la lenteur de la progression rendait MacArthur encore plus impatient d'aller de l'avant, surtout depuis qu'il savait que les chefs d'état-major américains étaient maintenant enclins à donner la priorité au secteur du Pacifique centre où la distance plus courte permettait d'espérer une avance plus rapide. Son impatience augmenta lorsqu'ils lui exprimèrent leur opinion selon laquelle la prise de Rabaul n'était pas indispensable et que cette place fortement défendue pouvait très bien être contournée et isolée. L'amiral Halsey avait, lui aussi, un naturel de fonceur et le désir d'accélérer son avance dans les Salomon fut accru par le fait qu'un grand nombre de ses navires et la 2e division de Marines lui furent retirés en vue de la progression dans le Pacifique Centre.

La campagne de Bougainville

Cette grande île, la plus occidentale de l'archipel Salomon, avait une garnison japonaise de près de 40 000 soldats et 20 000 marins, stationnés pour la plupart dans le sud de l'île. Halsey était maintenant tellement à court de navires et de péniches de débarquement, qu'il ne put débarquer d'abord qu'une seule division renforcée. Celle-ci arriva dans un endroit soigneusement choisi, la baie de l'impératrice Augusta, située sur la côte ouest mal défendue et offrant un terrain favorable à la construction d'aérodromes.

Après un intense bombardement aérien des bases aériennes japonaises de Bougainville, et la prise préliminaire des îles voisines, les débarquements eurent lieu le 1er novembre, à la surprise des Japonais qui étaient sûrs que l'attaque aurait lieu dans le Sud où le ressac était moins fort. Les contre-attaques aériennes et navales japonaises furent repoussées, en subissant des pertes bien plus lourdes qu'elles n'en infligèrent. L'intervention de l'aviation japonaise de Rabaul, récemment renforcée, fut dans une grande mesure empêchée par les attaques sur Rabaul effectuées par les appareils des porte-avions américains et des forces aériennes alliées de Nouvelle-Guinée. La façon dont des porte-avions rapides se révélèrent capables d'opérer, dans des zones apparemment bien protégées par l'aviation japonaise basée à terre, fut riche d'enseignements pour l'avenir.

Sur l'île, les troupes américaines, renforcées par une nouvelle division, agrandirent peu à peu leurs têtes de pont, jusqu'à n'en plus former qu'une seule de près de 20 kilomètres de large, où 44 000 hommes se trouvaient à la mi-décembre. La réaction des Japonais fut lente car ils continuaient de croire que l'attaque principale se produirait ailleurs. Même lorsqu'ils se furent rendu compte que le débarquement de la baie de l'impératrice

Augusta était la menace principale, ils furent encore retardés par le fait d'avoir à faire traverser 80 kilomètres de jungle à leurs troupes pour les amener du sud. Par conséquent, ils ne firent pas grand-chose avant la fin février et il y eut une stagnation prolongée.

La prise de l'archipel Bismarck et des îles de l'Amirauté

Entre-temps, les Alliés continuaient d'avancer en Nouvelle-Guinée. Le 2 janvier 1944, MacArthur débarqua près de 7 000 soldats américains à Saidor, à mi-chemin entre la péninsule Huon et Madang, et cet effectif fut bientôt doublé. Les derniers éléments japonais, faibles et fatigués, qui tentaient de s'accrocher à Sio, à l'ouest de la péninsule, avec des effectifs comparables, virent donc leur ligne de retraite côtière coupée. Ils parvinrent de justesse à s'extirper du piège au moyen d'une longue marche détournée à travers la jungle montagneuse, au cours de laquelle ils perdirent plusieurs milliers d'hommes. En même temps, les troupes australiennes reprenaient leur avance convergente à partir de Dumpu, dans la vallée du Markham, et atteignaient la côte le 13 avril. Le 24 avril, les forces de MacArthur entraient dans Madang sans rencontrer d'opposition sérieuse. En effet, le G.Q.G. impérial avait été contraint d'accélérer le repli et d'ordonner à ses troupes de Nouvelle-Guinée de reculer sur Wewak, 300 kilomètres plus à l'ouest.

MacArthur déclencha son offensive suivante avant même que la péninsule Huon n'eût été complètement libérée. Le 15 décembre, la force *Alamo* du général Krueger avait commencé de débarquer sur la côte sud-ouest de Nouvelle-Bretagne, près d'Arawe, puis, peu après Noël, le gros de cette force composée de 2 divisions débarqua à l'extrémité occidentale, près du cap de Gloucester, pour s'emparer de l'aérodrome qui se trouvait là. L'attaque de Rabaul avait bien été écartée, mais MacArthur voulait avoir le contrôle des deux rives du détroit pour assurer la protection du flanc de son avance vers l'ouest, en Nouvelle-Guinée. L'extrémité occidentale de Nouvelle-Bretagne, où les Américains avaient débarqué, était défendue par un détachement d'environ 8 000 Japonais arrivés récemment de Chine. Mais ces derniers étaient séparés de Rabaul par une vaste étendue de pays sauvage. Rabaul est situé à près de 500 kilomètres de là, à l'autre extrémité de cette grande île en forme de croissant, et ils ne pouvaient compter que sur un maigre appui aérien, la 7e division aérienne venant d'être envoyée dans le secteur des Célèbes, 3 000 kilomètres plus à l'ouest. Les Japonais n'offrirent donc pas une forte résistance près du cap de Gloucester et entamèrent bientôt une longue retraite en direction de Rabaul.

Puis, à la fin de février, des éléments de reconnaissance de la 1re division de cavalerie débarquèrent dans les îles de l'Amirauté (400 kilomètres au nord du cap de Gloucester) où se trouvaient plusieurs aérodromes et emplacements favorables ainsi qu'un très grand mouillage abrité. Les 4 000 hommes de la garnison japonaise opposèrent une résistance plus vigoureuse que prévu, mais ils furent submergés après que la plus grande partie des forces américaines eut débarqué, le 9 mars, pour les prendre à revers. A la mi-mars, les Américains avaient atteint leurs principaux objectifs et pouvaient commencer de convertir les îles de l'Amirauté en une immense base. Cependant les derniers Japonais continuèrent de se battre et ne furent complètement balayés qu'au mois de mai.

Rabaul et sa garnison de plus de 100 000 hommes étaient donc maintenant isolées et laissées à « pourrir sur place ». La barrière des îles Bismarck avait été percée à un prix bien moindre que celui qu'aurait coûté une attaque directe.

Sur Bougainville, près de quatre mois s'écoulèrent avant que le commandant japonais ne se rendît compte que le débarquement américain sur la côte occidentale était le débarquement principal. En mars 1944, il amena environ 15 000 hommes à travers la jungle et les lança contre la tête de pont américaine maintenant tenue par plus de 60 000 hommes. Il avait estimé les forces américaines à environ 20 000 hommes et 10 000 aviateurs des services à terre, un chiffre qui aurait dû à lui seul lui faire comprendre que sa contre-attaque tardive n'avait guère de chances de réussir. Au cours de l'assaut lancé à 1 contre 4, le 8 mars, et poursuivi pendant deux semaines, il perdit plus de 8 000 hommes (soit plus de la moitié de ses effectifs) pendant que les Américains perdaient moins de 300 hommes. Après cet échec sanglant, ce qui restait de la garnison japonaise se retrouva isolé et fut également laissé à « pourrir sur place ».

L'avance dans le Pacifique Centre

Cette avance, comme celle à travers le Pacifique Sud-Ouest, était dirigée vers les Philippines et non pas vers le Japon lui-même. A cette phase de la guerre, l'idée originale des chefs d'état-major de Washington était, qu'après avoir reconquis les Philippines, les forces américaines entreraient en Chine pour y établir de vastes bases aériennes à partir desquelles l'aviation américaine serait en mesure de dominer le ciel du Japon et de pulvériser sa capacité de résistance tout en coupant son ravitaillement.

Ce plan stratégique était un facteur sous-jacent de l'aide apportée par les Américains aux nationalistes chinois de Tchang Kaï-chek pour soutenir leur résistance contre les Japonais. Il expliquait également l'impatience des Américains de voir les Britanniques reprendre leur avance en Birmanie et rouvrir la route de la Birmanie menant en Chine méridionale afin de ravitailler Tchang Kaï-chek et de lui faire parvenir des renforts armés.

Finalement, l'avance à travers le Pacifique Centre se fit si rapidement que les forces de l'amiral Nimitz durent infléchir leur ligne opérationnelle vers le nord et s'emparer des îles Mariannes, tandis que l'apparition des nouveaux bombardiers à long rayon d'action B.29 Superfortress permettait de frapper directement le Japon, les Mariannes étant situées à moins de 2 300 kilomètres du Japon. De plus, lorsque les Mariannes eurent été conquises, en octobre 1944, les chefs d'état-major américains s'étaient rendu compte qu'il était inutile de compter sur une aide des nationalistes chinois et qu'il était peu vraisemblable que les Britanniques atteignent la Chine méridionale dans un proche avenir.

La prise des îles Gilbert

Lors de l'établissement du plan d'avance à travers le Pacifique Centre, l'amiral King avait manifesté l'intention de commencer par une attaque sur les îles Marshall, mais cette idée fut écartée à cause du manque de navires et de troupes entraînées, nécessaires au succès. Il fut décidé, à la place, de commencer par une attaque sur les îles Gilbert, bien que celles-ci fussent un peu plus éloignées de Pearl Harbor, car leur prise semblait devoir être moins ardue, tout en apportant une expérience dans le domaine des opérations amphibies et de l'établissement de bases aériennes, expérience qui serait utile pour la future attaque sur les îles Marshall. Les objectifs principaux devaient être les deux îles les plus occidentales, Makin et Tarawa.

En tant que commandant en chef, Nimitz choisit le vice-amiral Raymond Spruance pour commander les forces de débarquement. Les troupes terrestres, nommées 5ᵉ corps amphibie, furent placées sous les ordres du général de Marine Holland Smith, tandis que la flotte était confiée au commandement du contre-amiral Richard Turner qui avait déjà acquis une grande expérience pour ce genre d'opérations dans les îles Salomon. L'ensemble des forces fut divisé en deux groupes, un groupe nord chargé de la prise de Makin et comportant 6 navires de transport emmenant environ 7 000 hommes de la 27ᵉ division, et un groupe sud chargé de la prise de Tarawa, avec 16 transports de troupe emmenant les 18 000 hommes de la 2ᵉ division de Marines. En plus des porte-avions d'escorte, la force d'invasion était protégée par l'escadre rapide du contre-amiral Charles Pownall; elle comprenait 6 porte-avions lourds, 5 porte-avions légers et 6 cuirassés neufs ainsi que plusieurs unités plus petites. A côté des 850 appareils embarqués, il y avait également 150 bombardiers (de l'armée) basés à terre.

Le perfectionnement le plus important était l'emploi de la Mobile Service Force pour le maintien de la flotte en opérations et pouvant faire face à tous ses besoins à l'exception des grosses réparations des plus gros cuirassés. Elle disposait de tankers, de navires ravitailleurs, de remorqueurs, de dragueurs de mines, de péniches, de chalands et de transports de munitions. Par la suite, des navires-hôpitaux, des navires-casernes, une cale sèche et des grues flottantes, des navires hydrographiques, des navires d'assemblage de pontons et d'autres encore vinrent s'adjoindre à cette Force. Ces véritables services de « train » flottant accrurent grandement le rayon d'action et la puissance de la marine américaine dans les opérations amphibies.

Après des bombardements préliminaires, l'attaque sur les îles Gilbert, baptisée « Opération *Galvanic* », commença le 20 novembre 1943, jour anniversaire de l'offensive historique des blindés à Cambrai, en 1917. Les îles Gilbert étaient mal défendues, les renforts promis dans le cadre de la « nouvelle politique opérationnelle » japonaise, décidée en septembre, n'étant pas encore arrivés. L'île de Makin n'avait qu'une garnison de 800 hommes et l'atoll d'Apamama, qui était un objectif secondaire, n'était défendu que par 25 hommes. Mais Tarawa avait une garnison de plus de 3 000 hommes et était solidement fortifiée.

Sur Makin, la petite garnison résista pendant quatre jours contre une division américaine inexpérimentée. L'action de quelques *amphtracks* (véhicules amphibies à chenilles qui franchissaient les récifs coraliens) fut beaucoup plus efficace, mais les forces de débarquement n'en avaient que quelques-uns.

Tarawa, qui était beaucoup plus solidement défendue et fortifiée, fut soumise à un intense bombardement naval (3 000 tonnes d'obus en deux heures et demie) et aérien, avant l'assaut de la 2e division de Marines qui s'était distinguée à Guadalcanal. Malgré ces précautions, un tiers des 5 000 hommes débarqués le premier jour fut mis hors de combat en traversant l'espace de 500 mètres qui s'étendait entre les récifs coraliens et les plages. Mais les survivants se montrèrent indomptables et forcèrent les Japonais à se replier dans deux points fortifiés de l'intérieur, ce qui permit aux Marines de se répandre dans l'île et d'investir les positions des défenseurs. Puis, dans la nuit du 22, les Japonais résolurent le problème encore ardu des Marines en se lançant dans une série de contre-attaques au cours desquelles ils furent balayés. L'occupation des autres îles se fit ensuite sans difficulté.

La marine perdit un porte-avions d'escorte, mais, dans l'ensemble, les groupes de porte-avions firent la preuve qu'ils pouvaient repousser les attaques aériennes japonaises de jour comme de nuit, tandis que les navires de surface japonais n'étaient pas de taille à affronter la vaste flotte de l'amiral Spruance.

Le peuple américain fut choqué par les pertes subies et l'attaque des îles Gilbert devint la source d'une violente controverse. Mais l'expérience acquise se révéla précieuse dans bien des domaines et amena d'importantes améliorations de la technique des opérations amphibies. Le contre-amiral S.E. Morison, historien officiel de la Marine, nomma cette attaque : « la pépinière de la victoire de 1945 ».

Nimitz et son état-major étaient déjà très occupés par les préparatifs du prochain bond en avant jusqu'aux îles Marshall, mais c'est seulement après l'offensive dans les îles Gilbert qu'un changement fondamental fut introduit dans les plans sur l'insistance de Nimitz. Au lieu d'une attaque directe contre les îles orientales les plus proches de l'archipel, celles-ci devaient être contournées et le prochain objectif devait être l'atoll de Kwajalein,

650 kilomètres plus loin. Ensuite, si tout allait bien, les réserves de Spruance devaient s'emparer d'Eniwetok, à l'extrémité la plus éloignée de cette chaîne d'îles longue de plus de 1 100 kilomètres. Les forces furent organisées de la même façon que pour l'attaque contre les îles Gilbert, mais 2 divisions fraiches furent employées pour l'assaut qui réunit au total 54 000 hommes pour l'attaque proprement dite et 31 000 hommes pour occuper le territoire conquis. Sur le plan naval, il y avait 4 groupes de porte-avions comprenant 12 porte-avions et 8 cuirassés. Un nombre beaucoup plus grand de *amphtracks* fut utilisé, et ils étaient à la fois blindés et armés, tandis que les avions de chasse et les canonnières étaient dotés de roquettes. Le bombardement préparatoire devait être quatre fois plus intense que dans le cas des îles Gilbert.

Le succès de ce plan fut favorisé par la façon dont les Japonais envoyèrent tous les renforts dont ils pouvaient disposer dans les îles orientales de l'archipel, se laissant ainsi surprendre par la nouvelle stratégie américaine de l'approche indirecte et du contournement.

Après un bref retour à Pearl Harbor pour reposer les hommes et refaire les pleins, les forces de porte-avions rapides revinrent à la fin janvier 1944 et réussirent, grâce à des sorties ininterrompues (plus de 6 000 en tout), à paralyser les mouvements de la marine et de l'aviation japonaise pendant toute la durée de l'offensive dans les îles Marshall, tout en détruisant quelque 150 appareils japonais.

La première opération de l'offensive fut la prise, le 31 janvier, de l'île non défendue de Majuro, dans l'archipel oriental, qui procura un excellent mouillage pour la Mobile Service Force de soutien. Cette opération fut bientôt suivie de la prise des petites îles entourant Kwajalein et l'attaque principale fut déclenchée le 1er février. La tâche des attaquants fut facilitée par les contre-attaques répétées et suicidaires de la garnison chargeant sauvagement dans l'esprit de sacrifice du *Banzai*. Bien que les effectifs de la garnison japonaise eussent dépassé un total de 8 000 hommes, dont 5 000 combattants, les Américains n'eurent à déplorer que 370 tués pour remporter cette victoire.

Comme il n'avait pas été nécessaire de faire appel aux quelques 10 000 hommes de réserve du corps d'armée, ceux-ci furent envoyés à la conquête d'Eniwetok. Une fois là, les Américains seraient encore à 1 600 kilomètres des îles Mariannes, tout en étant à moins de 1 150 kilomètres de Truk, la principale base japonaise dans les îles Caroline. Il fut donc décidé, afin de protéger le flanc de l'attaque sur Eniwetok, de lancer un raid important contre Truk à partir de 9 porte-avions américains, le jour même des débarquements d'Eniwetok. Une nouvelle attaque fut lancée au cours de la nuit, avec l'aide du radar pour identifier les objectifs, et une troisième eut lieu dans la matinée. L'amiral Koga avait prudemment retiré la plus grande partie de sa flotte, mais 2 croiseurs, 4 destroyers et 26 cargos et pétroliers furent coulés. Dans les airs, les pertes japonaises furent encore plus lourdes puisqu'elles s'élevèrent à plus de 250 appareils, contre 25 seulement pour les

Américains. Sur le plan stratégique, les effets furent encore plus considérables, puisque ce triple raid força les Japonais à retirer toute leur aviation des îles Bismarck, laissant ainsi Rabaul sans défense et apportant la preuve que l'avance dans le Pacifique Centre pouvait faciliter, et non retarder, la progression de MacArthur dans le Pacifique Sud-Ouest.

Par-dessus tout, cette opération démontra que les forces de porte-avions pouvaient paralyser une base ennemie de première importance sans l'occuper directement et sans l'aide d'aviation basée à terre.

Dans ces circonstances, la prise d'Eniwetok se révéla facile. Les îles voisines furent rapidement conquises et la garnison de l'île principale fut neutralisée en trois jours par une force de débarquement comptant moins d'une demi-division. La construction de nouveaux aérodromes dans les îles Marshall, à l'usage des Américains, fut alors rapidement réalisée. Il n'avait fallu qu'un peu plus de deux mois aux Américains pour s'emparer des îles Gilbert et Marshall, alors que les Japonais avaient escompté tenir cette zone de retardement pendant au moins six mois. Quant à la position essentielle de Truk, dans leur zone de défense « absolue », elle avait été dangereusement compromise.

Birmanie, 1943-1944

La campagne de Birmanie ne se déroula pas du tout selon les prévisions et forma un contraste déprimant avec l'avance désormais rapide des Alliés dans le Pacifique Centre. En effet, la principale caractéristique de la guerre en Birmanie fut une nouvelle offensive japonaise, la seule qui permit aux Japonais de franchir la frontière indienne et d'entrer dans le Sud de l'Assam, alors que les Britanniques avaient escompté et préparé une offensive qui aurait chassé l'envahisseur du Nord de la Birmanie et aurait ouvert la route de Chine. La nette amélioration des communications avec l'Inde et l'augmentation de leurs effectifs leur avaient semblé de nature à permettre de grands espoirs.

L'offensive japonaise eut pour but de prévenir et de disloquer l'offensive britannique et elle approcha dangereusement du succès tactique en dépit d'une infériorité numérique; quant à son échec final, il eut pour conséquence stratégique de repousser l'avance anglaise jusqu'en 1945. Cependant, lorsque l'avance japonaise fut arrêtée, au printemps 1944, par la résistance énergique d'Imphal et de Kohima, situées toutes deux une cinquantaine de kilomètres à l'intérieur du territoire d'Assam, il devint bientôt évident que les Japonais avaient épuisé leurs maigres forces à un point tel qu'ils ne purent offrir aucune résistance sérieuse à la contre-offensive britannique immédiate ainsi qu'à l'offensive plus importante qui suivit en 1945.

Lors des préparatifs de la campagne, les Alliés s'étaient mis d'accord pour donner la priorité à la réoccupation de la Birmanie septentrionale qui

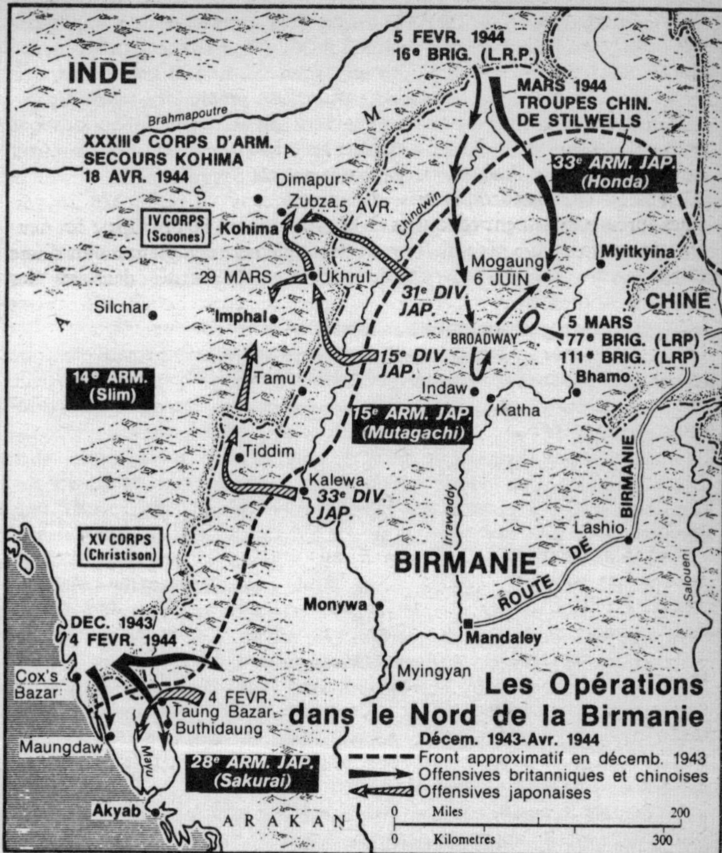

offrait le moyen le plus rapide de rentrer en contact avec la Chine et de reprendre son ravitaillement par « la route de Birmanie », à travers la barrière montagneuse. Après de longues discussions, d'autres projets, tels que des opérations amphibies contre Akyab, Rangoon ou Sumatra, furent écartés. L'offensive anglaise en Birmanie septentrionale devait être précédée d'une reprise de l'attaque en Arakan et d'une offensive de diversion confiée aux Chinois dans le Nord.

A la fin du mois d'août 1943, un nouveau commandement unifié du « Sud-Est asiatique » fut organisé sous les ordres de l'amiral Lord Louis Mountbatten, qui était précédemment chef des Opérations combinées. Les différentes armées étaient respectivement commandées par l'amiral Somerville, le général Giffard et l'Air Chief Marshal Peirse, tandis que le général américain Stilwell était désigné comme adjoint à Mountbatten. Le commandement des Indes fut détaché du commandement du Sud-Est asiatique et chargé de l'entraînement des troupes; Wavell fut promu vice-roi des Indes et remplacé par Auchinleck comme commandant en chef.

L'essentiel des forces militaires du général Giffard (le 11e Groupe d'armées) était constitué par la nouvelle XIVe armée dont le commandement avait été confié au général Slim. Elle comprenait le 15e corps d'armée de Christison, stationné en Arakan, et le 4e corps d'armée de Scoone stationné sur le front central en Birmanie septentrionale. Elle avait également le contrôle opérationnel des divisions chinoises situées dans le secteur. Les ressources navales restaient réduites, mais les ressources aériennes furent portées à 67 escadrilles (dont 19 américaines) soit un total d'environ 850 appareils.

C'est cet important accroissement des forces alliées, et la menace évidente qu'il représentait, qui incita les Japonais à se lancer dans une nouvelle offensive préventive en Assam, au lieu de se contenter, comme ils l'auraient fait autrement, de rester sur la défensive et de consolider le secteur qu'ils avaient conquis en Birmanie au début de 1942. Le premier raid des *chindits* de Wingate leur avait montré que la rivière Chindwin ne représentait pas une défense sûre. L'objectif de l'offensive japonaise était d'empêcher une offensive alliée au cours de la saison sèche de 1944, en occupant la plaine d'Imphal et en prenant le contrôle des cols de montagne menant en Assam; il n'était pas question d'envahir l'Inde ou de « marcher sur New Delhi ».

Au cours de cette période préliminaire, les Japonais réorganisèrent eux aussi leur système de commandement. Le général Kawabe, commandant le théâtre d'opérations de Birmanie, avait à ses ordres 3 « armées » (en fait elles atteignaient à peine les proportions d'un corps d'armée) : la XXXIIIe armée, sous les ordres du général Honda (2 divisions), dans le Nord-Est; la XXVIIIe, sous les ordres du général Sakurai (3 divisions) sur le front d'Arakan; et la XVe, sous les ordres du général Mutagachi, placée au centre du front et disposant de 3 divisions ainsi que d'1 « division nationale indienne » comptant seulement 9 000 hommes, soit à peine plus de la moitié des effectifs d'une division japonaise normale.

L' « armée » de Mutagachi devait livrer l'offensive sur Imphal, après des attaques préliminaires contre l'Arakan et le Yunnan.

Dans chaque cas on avait prévu de lancer une offensive limitée en Arakan avant l'attaque de plus vaste envergure sur le front central. Du côté britannique, cela fournit au général Slim l'occasion de mettre à l'épreuve une nouvelle tactique de combat de jungle, basée sur la création de points fortifiés dans lesquels les troupes se replieraient et seraient ravitaillées par avion tandis que des réserves seraient envoyées pour écraser les Japonais infiltrés entre elles et les points fortifiés. Cette technique était en contraste avec l'habitude précédente de battre en retraite une fois que les ailes avaient été débordées.

Au début de 1944, le 15e corps d'armée de Christison progressait peu à peu en 3 colonnes marchant vers le sud en direction d'Akyab. C'est alors qu'au début du mois de février, son avance fut interrompue par l'offensive lancée par les Japonais, bien que ceux-ci n'eussent engagé qu'une seule de leurs 3 divisions d'Arakan. A la faveur de la négligence britannique, ils purent s'emparer de Taung Bazar, puis, après avoir infléchi leur course vers le sud, mettre les colonnes britanniques dans une position dangereuse dont elles ne furent tirées que par l'arrivée de renforts aéroportés. Cependant, mis à part quelques erreurs localisées, l'intérêt de la nouvelle technique fut prouvé et les Japonais, à court de ravitaillement et de munitions, furent contraints d'abandonner leur contre-offensive avant même que l'arrivée de la mousson ne mît un terme aux opérations au mois de juin.

Depuis la fin de la première opération *chindit*, terminée par un repli en mai 1943, les forces de Wingate s'étaient tenues tranquilles. Mais, pendant ce temps, leurs effectifs avaient été portés de 2 à 6 brigades, en grande partie grâce à la façon dont les idées et les arguments de Wingate avaient enflammé l'imagination de Churchill et avaient convaincu les chefs d'État-Major, jusque-là sceptiques, après qu'ils eurent entendu Wingate à la Quadrant Conference de Québec, en août 1943. Quant à Orde Wingate lui-même, il fut promu général de division et ses forces furent dotées d'une unité aérienne propre : le « No 1 Air Commando », appellation bien modeste par rapport à ses effectifs réels représentant l'équivalent de 11 escadrilles. Cette unité était habituellement désignée sous le nom de « cirque Cochran », allusion faite à son jeune commandant américain, Philip Cochran.

Les derniers mois de 1943 et les premiers de 1944 furent consacrés à l'entraînement spécial des brigades nouvellement attribuées à Wingate. Bien que la formation portât encore le nom de 3e division indienne, pour des raisons de camouflage, elle ne comprenait plus aucun élément indien et représentait désormais l'équivalent de 2 divisions, l'essentiel du nouvel apport provenant de la 70e division britannique.

Les idées de Wingate avaient également évolué, abandonnant la tactique du coup de main de guérilla pour celle de la pénétration prolongée à longue distance. Ses groupes de L.R.P. (Long Range Penetration : Pénétration à Longue Distance) devaient s'emparer d'Indaw et de ses environs, sur l'Irrawaddy, à quelque 240 kilomètres au nord de Mandalay, dans l'espace séparant le 4e corps d'armée britannique des forces chinoises de Stilwell (2 divisions), coupant ainsi les lignes de communication japonaises en établissant une ligne de points fortifiés ravitaillés par avion. Les groupes de L.R.P. devaient s'attaquer complètement à l'ennemi et non pas se contenter de le harceler. Les *chindits* deviendraient en fait le fer de lance du 4e corps, celui-ci étant chargé des tâches d'appui et de nettoyage. Wingate envisageait d'avoir par la suite plusieurs divisions de L.R.P., opérant loin en avant du gros de l'armée.

L'opération fut déclenchée dans la soirée du 5 mars et commença sous de mauvais auspices, puisqu'un grand nombre des 62 planeurs emportant le premier contingent fut perdu en vol ou bien s'écrasa en atterrissant à « Broadway », un endroit situé 80 kilomètres au nord-est d'Indaw, tandis qu'un autre site d'atterrissage prévu se révélait inutilisable du fait d'arbres abattus et qu'un troisième site devait être abandonné pour diverses raisons. Néanmoins, une piste d'atterrissage put être construite à « Broadway » et l'essentiel de la 77ᵉ brigade L.R.P. de Mike Calvert débarqua sans encombre au cours des nuits suivantes, bientôt suivie de la 111ᵉ brigade L.R.P. de Lentaigne. Le 13 mars, quelque 9 000 hommes avaient été débarqués loin derrière les lignes ennemies. De plus, la 16ᵉ brigade L.R.P. de Bernard Ferguson s'était mise en route par voie de terre au début de février, en partant d'Assam, et, en dépit des effroyables difficultés du terrain, elle approchait d'Indaw peu après la mi-mars.

Bien qu'ils eussent été pris par surprise, les Japonais parvinrent à rassembler rapidement une formation improvisée représentant environ 1 division, sous les ordres du général Hayashi, et destinée à faire face à cette invasion aéroportée. Une partie de cette formation arriva à Indaw le 18 mars et fut rejointe par le reste avant la fin du mois. De plus, le 17 mars, une contre-attaque de l'aviation japonaise détruisit la plupart des 6 ou 7 Spitfire qui opéraient maintenant à partir de « Broadway », laissant ainsi cette base sous la seule protection aérienne des patrouilles de chasse opérant depuis les lointains aérodromes de la région d'Imphal. Puis, le 24 mars, Wingate lui-même fut tué dans un accident d'avion au-dessus de la jungle. Cependant, avant même cette fin tragique, ses plans hautement élaborés mais assez mal conçus, commençaient de se désagréger. Le 26, une attaque directe contre Indaw lancée par la 16ᵉ brigade L.R.P. sur l'ordre de Wingate fut repoussée par les Japonais établis dans leurs positions préparées à l'avance, et ils parvinrent également à contrer la menace des autres brigades L.R.P. L'évolution des idées de Wingate, au sujet de l'action de guérilla jusqu'à la pénétration plus massive à longue distance, ne fut donc pas couronnée de succès. Il faut reconnaître cependant qu'il n'avait pas reçu l'appui des forces principales sur lequel il comptait.

Après la mort de Wingate, Lentaigne fut nommé à sa place à la tête des Forces spéciales et, au début d'avril, il accepta, au terme de conversations avec Slim et Mountbatten, d'envoyer les *chindits* plus au nord pour faciliter l'avance de Stilwell et des Chinois. Stilwell n'accueillit pas très favorablement ce transfert, car il avait le sentiment qu'il attirerait les forces japonaises dans sa direction, mais ils aidèrent sa progression dans une certaine mesure en s'emparant de Mogaung, sans que pour autant les troupes chinoises de Stilwell parvinssent à s'emparer de la position clef ennemie de Myitkyina. Les *chindits* furent déplacés vers le nord, juste avant qu'une nouvelle division japonaise n'arrive sur les lieux.

L'offensive « préventive » japonaise en Assam pour s'emparer d'Imphal et de Kohima avait été déclenchée à la mi-mars par 3 divisions. Sa progression ne fut pas affectée, contrairement à ce qui était escompté, par le raid des *chindits* dans la vallée de l'Irrawaddy, sur son flanc est et ses arrières, car la menace était trop lointaine pour mettre en danger sa ligne d'avance et de communication vers le nord.

A la fin janvier, Scoones avait interrompu l'avance vers le sud de son 4e corps d'armée à partir d'Imphal, et il avait adopté des positions défensives à la suite de rapports prouvant que les Japonais se regroupaient et concentraient leurs forces sur le cours supérieur de la Chindwin en vue d'une offensive contre Imphal. Cependant, les 3 divisions de Scoones restaient encore relativement dispersées, celle qui se trouvait le plus au sud (la 17e) étant même isolée près de Tiddim, sa route de repli vers Imphal étant bloquée. La situation semblait tellement précaire qu'une quatrième division, de retour d'Arakan, fut mise sur pied de guerre en toute hâte pour être transférée par avion à Imphal en cas d'urgence, avec d'autres renforts. L'avance japonaise depuis la Chindwin progressait également et menaçait le repli de la 20e division. Puis, le 19 mars, les positions britanniques d'Ukhrul, une cinquantaine de kilomètres au nord-est d'Imphal, furent attaquées, montrant ainsi à l'évidence que cette avance profonde des Japonais était dirigée contre Kohima, 100 kilomètres au nord d'Imphal, sur la route menant aux Indes à travers les montagnes. La route Imphal-Kohima fut effectivement coupée pendant plusieurs heures, le 29 mars. 2 nouvelles divisions furent alors envoyées à la rescousse pour rétablir la situation. En résumé, l'habileté et l'esprit offensif des Japonais avaient une fois de plus déséquilibré leurs adversaires numériquement supérieurs et les avaient mis dans une situation difficile.

Les Anglais parvinrent à se rétablir dans la plaine d'Imphal, où ils avaient plus de 4 divisions déployées sur la défensive, mais Kohima n'était tenue que par 1 500 hommes (placés sous les ordres du colonel Hugh Richards). Heureusement pour les Britanniques, le commandant en chef japonais, le général Kawabe, refusa au général Mutagachi qui commandait sur place l'autorisation d'envoyer un détachement s'emparer de Dimapur, 50 kilomètres au-delà de Kohima, au débouché des montagnes. Une telle initiative aurait empêché toute contre-offensive anglaise en vue de soulager Imphal.

Par l'interstice resté ouvert, les éléments avancés du 33e corps d'armée du général Montagu Stopford furent amenés depuis l'Inde et, le 2 avril, cet officier général se voyait confier la responsabilité du secteur Dimapur-Kohima, en attendant l'arrivée du reste de ses troupes.

Dans la nuit du 4, les Japonais lancèrent leur 31e division à l'attaque de Kohima et s'emparèrent rapidement des hauteurs avoisinantes, isolant ainsi, dès le 6 avril, la petite garnison de la brigade qui lui avait été envoyée en renfort, tandis que cette même brigade était à son tour coupée de Dimapur par un barrage routier établi par les Japonais à Zubza.

Le 10, le général Slim ordonna une contre-offensive générale. Le 14, une brigade de troupes fraîches, envoyée en avant par Stopford, s'empara du barrage routier de Zubza, et, le 18, les 2 brigades de renfort parvenaient à faire leur jonction avec la petite garnison exténuée de Kohima, au moment précis où elle allait devoir cesser toute résistance. Puis elles chassèrent les Japonais des hauteurs avoisinantes.

De durs combats se déroulèrent également aux alentours d'Imphal, où 2 des divisions britanniques contre-attaquèrent vers le nord pour nettoyer la route de Kohima, et vers le nord-est pour reprendre Ukhrul et menacer l'arrière de la division japonaise attaquant Kohima. Les 2 autres divisions anglaises d'Imphal s'élancèrent vers le sud.

Heureusement pour les Anglais, ils avaient maintenant la maîtrise presque totale du ciel (les Japonais ne disposaient pas de 200 appareils dans toute la Birmanie) et ils purent ainsi ravitailler leurs importantes forces d'Imphal par avion pendant ces semaines cruciales. (Les Britanniques avaient environ 120 000 hommes à Imphal, même après l'évacuation par avion de 35 000 malades, blessés ou non combattants.)

Au mois de mai, les troupes renforcées de Stopford ouvrirent la route d'Imphal après avoir chassé les Japonais de leurs positions autour de Kohima, et Scoones faillit acculer les Japonais au sud d'Imphal. Ceux-ci auraient pu se replier sans encombre si Mutagachi n'avait pas insisté pour continuer l'offensive longtemps après que toute chance de succès se fut envolée, et malgré les protestations de ses subordonnés. Dans sa passion, il limogea ses trois chefs de division, ce qui lui valut d'être limogé à son tour quelque temps plus tard.

Au cours du mois de juillet, la XIVe armée britannique de Slim poursuivit sa contre-offensive et atteignit la Chindwin. Sa progression fut retardée davantage par l'arrivée de la mousson que par la résistance des Japonais dont il ne restait plus que quelques éléments épuisés et affamés.

Pendant cette offensive d'une longueur excessive, les Japonais avaient perdu plus de 50 000 hommes sur les 84 000 qu'ils avaient engagés. Grâce à un commandement plus prudent, les Britanniques n'en avaient perdu qu'à peine 17 000 pour un total initial plus élevé et un total final considérablement plus important. Ils avaient employé en tout 6 divisions et un certain nombre de formations plus petites, tout en profitant de la maîtrise du ciel, alors que les Japonais n'avaient employé que 3 de leurs divisions plus 1 prétendue division de nationalistes indiens peu nombreuse et de mauvaise qualité. D'un autre côté les Japonais avaient compromis la supériorité que leur conférait leur habileté tactique en se conformant aveuglément à une tradition militaire irréaliste. Le prix d'une telle inconséquence apparaîtrait d'une manière encore plus évidente au cours de l'étape suivante de la guerre.

SEPTIÈME PARTIE

Le reflux bat son plein

1944

30. Prise de Rome et second coup d'arrêt en Italie

La situation des Alliés en Italie au début de 1944 était décevante par rapport aux grands espoirs qui avaient suivi les débarquements de septembre 1943. Les deux armées d'invasion, la Ve (américaine) et la VIIIe (britannique) avaient subi de lourdes pertes et s'étaient épuisées en une série d'attaques frontales en remontant la péninsule italienne respectivement à l'ouest et à l'est de la chaîne des Apennins. Leur lente progression sur toute la longueur de la péninsule commençait de ressembler dangereusement au procédé des coups de bélier utilisé par les armées alliées au cours de la Première Guerre mondiale. La situation extrêmement difficile dans laquelle les Allemands s'étaient trouvés placés en septembre, à la suite de la capitulation de leurs alliés italiens immédiatement suivie d'un changement de camp, à la suite également du triple débarquement anglo-américain à Reggio, Tarente et Salerne, avait été rétablie grâce à la promptitude de leur réaction. Les troupes de Kesselring, un moment déséquilibrées et surprises, avaient si bien fait face à ces multiples difficultés que Hitler avait bientôt pu annuler son plan initial d'un abandon de la péninsule italienne et d'un repli dans le Nord du pays pour ordonner une défense prolongée de la péninsule.

A partir de l'automne 1943, le but maximal que les Alliés pouvaient espérer atteindre était un but négatif, celui d'immobiliser le plus grand nombre possible de divisions allemandes en Italie, loin de la Normandie où les Anglo-Américains pensaient débarquer dans le courant de l'été 1944.

La conférence de Téhéran réunissant les trois principales puissances alliées en novembre 1943, juste avant la conférence anglo-américaine du Caire, confirma cette conclusion en décidant de donner la priorité à l'opération *Overlord*, nom de code du débarquement en Normandie, ainsi qu'à l'opération *Anvil* consistant en un débarquement complémentaire dans le midi de la France; l'objectif en Italie était en même temps limité à la prise de Rome et à une avance jusque sur une ligne Pise-Rimini. L'exploitation

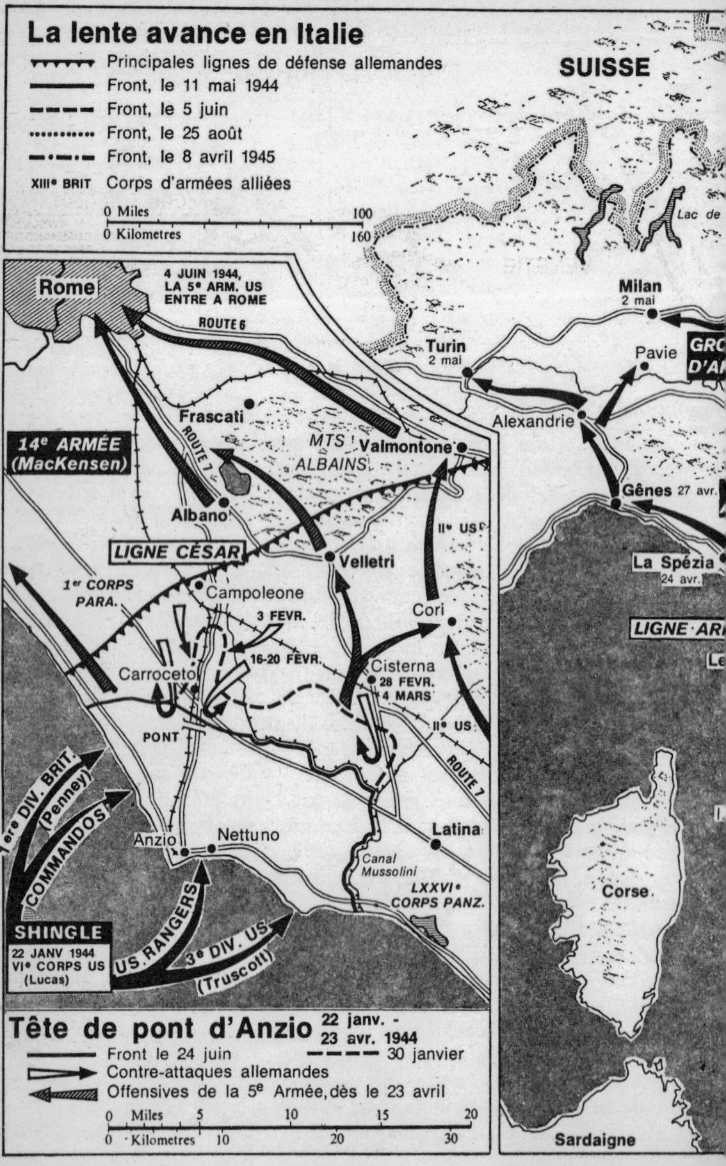
La lente avance en Italie
Principales lignes de défense allemandes
Front, le 11 mai 1944
Front, le 5 juin
Front, le 25 août
Front, le 8 avril 1945
XIIIe BRIT Corps d'armées alliées
0 Miles 100
0 Kilometres 160
SUISSE
Lac de
Milan
2 mai
Turin
2 mai
Pavie
Alexandrie
Gênes 27 avr.
La Spézia
24 avr.
LIGNE·AR
Corse
Sardaigne
Rome
4 JUIN 1944,
LA 5e ARM. US
ENTRE A ROME
ROUTE 6
Frascati
ROUTE 7
MTS
ALBAINS
Valmontone
14e ARMÉE
(MacKensen)
Albano
IIe US
LIGNE CÉSAR
Velletri
1er CORPS
PARA.
Campoleone
3 FEVR.
Cori
16-20 FEVR.
Carroceto
Cisterna
28 FEVR.
4 MARS
PONT
IIe US
ROUTE 7
1ere DIV. BRIT.
(Penney)
COMMANDOS
Anzio
Nettuno
Latina
Canal
Mussolini
LXXVIe
CORPS PANZ.
SHINGLE
22 JANV 1944
VIe CORPS US
(Lucas)
US RANGERS
3e DIV. US
(Truscott)
Tête de pont d'Anzio 22 janv. - 23 avr. 1944
Front le 24 juin
30 janvier
Contre-attaques allemandes
Offensives de la 5e Armée, dès le 23 avril
0 Miles 5 10 15 20
0 Kilometres 10 20 30

La Brèche d'Argenta
Front, 8 avril
Attaques alliées, 9 avril
0 Miles 30
Po
Ferrare
BRECHE D'ARGENTA
L. Comacchio
1er AVRIL COMMANDOS ET BRIGADES-GUARDS
Reno
Argenta
Bastia
Bologne
Santerno
Senio
Ve BRIT.
Ravenne
Imola
IIe POL.
R.65
Forli
IVe US
Xe BRIT.
M. Battaglia
XIIIe BRIT.
ROUTE 9
Col du Brenner
6 mai
AUTRICHE
Trente
Bellune
Udine
VENETIE
Garde
Trieste
2 mai
Vérone
Padoue
Venise
28 avr.
Adige
10e ARMÉE
Argenta
L. Comacchio
Ve BRIT.
Ravenne
Bologne
IVe US
IIe POL.
LIGNE GOTHIQUE
M. Battaglia
XIIIe BRIT.
Xe BRIT.
IIe US
Rimini
Conca
Foglia
Saint-Marin
Pesaro
Florence
Arno
Ancône
18 juil.
Metauro
IIe POL.
CAN. I
Ve BRIT.
Arezzo
MER ADRIATIQUE
YOUGO-SLAVIE
Sienne
LIGNE TRASIMENE
L. Trasimene
Pérouse
St.-Benedetto
Todi
IIe POL.
CORPS FR.
Tibre
Terni
Pescara
LIGNE GUSTAVE (LIGNE HITLER)
Civita
IIe POL.
IVe US
Ve BRIT.
Civitavecchia
JUNE 7
Xe BRIT.
Rome
IIe US
XIIIe BRIT.
Sangro
VIe US
Valmontene
Arce
Xe BRIT.
IIe POL.
8e ARM. BRIT. (Leese)
15e Group. d'ARM. (Alexander)
Ceprano
Cassino
Anzio
IVe US
Liri
XIIIe BRIT
CORPS FR.
IIe US
Xe BRIT.
5e ARM. US (Clark)
Garigliano
Naples

vers le nord-est en direction des Balkans n'était pas envisagée. En vérité, ce point ne semblait pas être une considération majeure de la politique britannique à l'époque.

En dépit de l'accord de base pour accorder la priorité aux opérations *Overlord* et *Anvil*, il restait de nombreux désaccords sous-jacents entre les dirigeants américains et anglais au sujet de l'importance à donner à la campagne d'Italie. L'opinion britannique, telle qu'elle était défendue par Churchill et Sir Alan Brooke, était que plus les Alliés enverraient de forces en Italie, plus ils y attireraient de forces allemandes, loin de la Normandie. Cette opinion se révéla fausse, mais elle était inspirée par l'espoir de Churchill de voir les Britanniques remporter un succès sur ce théâtre d'opérations. L'opinion américaine, dans la mesure où elle s'écartait de l'opinion anglaise, était dictée par le souci qu'aucun renfort envoyé en Italie ne vienne en soustraction des forces destinées à la France, que les Américains considéraient à juste titre comme le théâtre d'opérations décisif. Ils étaient conscients, avec plus de réalisme que Churchill ou les chefs militaires britanniques, du fait que les difficultés du terrain risquaient de gêner un succès rapide en Italie ainsi que son exploitation. Ils soupçonnaient également chez les Anglais une tendance à mettre l'accent sur l'Italie pour éviter de parler du débarquement en France, qui était une entreprise autrement ardue.

Kesselring disposait maintenant de 15 divisions dans la Xe armée (sans compter 8 autres au sein de la XIVe armée dans le Nord) pour défendre son front sur ce qu'on appelait la Ligne Gustav, contre la poursuite de l'offensive, alliée. Bien que les effectifs des divisions allemandes fussent moins élevés, et en dépit de pertes importantes, elles avaient l'air d'être capables de tenir tête à toute attaque directe des 18 divisions alliées qui avaient débarqué en Italie à la fin 1943.

La solution naturelle était donc d'organiser un débarquement derrière la Ligne Gustav, et cela promettait d'être d'autant plus facile que les Alliés disposaient de la supériorité à la fois navale et aérienne. Si une telle opération était déclenchée en même temps qu'une nouvelle attaque sur la Ligne Gustav, elle avait toutes les chances de chasser les Allemands de cette Ligne et de leur faire perdre leur emprise sur la région située au sud de Rome. Un tel plan, nommé « Opération *Shingle* », existait déjà et Churchill, impatienté par la lente progression des Alliés en Italie, lui donna une nouvelle impulsion. Il obtint les embarcations nécessaires à la conférence de Téhéran et du Caire en donnant son accord à l'opération *Anvil* souhaitée par les Américains puis en demandant que la flotte de débarquement restât en Méditerranée jusqu'à cette date, demeurant ainsi disponible pour une opération amphibie à Anzio, juste au sud de Rome, qui était prévue en janvier.

Le plan, dressé par Alexander et son état-major, était bien conçu dans ses grandes lignes. L'offensive contre la Ligne Gustav devait être lancée aux alentours du 20 janvier par la Ve armée de Mark Clark. Le 2e corps U.S. devait attaquer en franchissant le Rapido puis en remontant la vallée du Liri dès que le corps d'armée français situé à sa droite et le 10e corps britannique situé à sa gauche auraient attiré hors du secteur le 14e corps de Panzer du général Senger, grâce à des attaques préliminaires. Une fois entamée l'avance principale, le 6e corps amphibie U.S. débarquerait à Anzio. On espérait que les divisions de réserve allemandes seraient à ce moment-là en train de se précipiter vers le sud et qu'elles devraient faire demi-tour pour faire face aux troupes alliées débarquées à Anzio, permettant ainsi à la Ve armée d'exploiter la confusion pour percer à travers la Ligne Gustav et faire sa liaison avec le 6e corps à Anzio. Même si la Xe armée allemande n'était pas écrasée entre les deux forces alliées, le Commandement anglo-américain espérait qu'elle serait contrainte de se replier jusque dans la région de Rome pour se réorganiser.

Mais le plan ne se réalisa pas comme prévu. Les troupes allemandes ne présentèrent ni la confusion ni la fatigue escomptées et elles combattirent avec leur ténacité habituelle. D'un autre côté les préparatifs alliés avaient été précipités et l'offensive de la Ve armée fut déclenchée d'une manière désorganisée.

Elle commença bien avec la traversée réussie du Garigliano, dans la nuit du 17 au 18 janvier, par le 10e corps britannique de McCreery dans le secteur ouest. Ce succès incita Kesselring à dépêcher une grande partie de ses réserves (les 29e et 90e divisions de panzergrenadier ainsi que des éléments de la division Hermann Göring) dans ce secteur du front. Mais, le 20, l'attaque du 2e corps U.S. au centre gauche, à travers le Rapido, fut un coûteux échec, les deux régiments de tête furent en grande partie détruits. La vallée du Liri était fortement défendue, et toute tentative s'y heurtait aux défenses de Monte Cassino dont la valeur était sous-estimée. Le courant du Rapido était lui-même très rapide et, même sans opposition, la traversée eût été difficile. Or, la 36e division américaine chargée de l'opération fut lancée après cinq jours seulement de repos et de préparation à l'issue de la prise de Monte Trocchio par cette unité pendant son approche du Rapido. La 46e division britannique, avançant immédiatement à sa gauche, connut pareil échec. L'offensive de la Ve armée progressait encore mais les perspectives étaient sombres lorsque le débarquement d'Anzio eut lieu, le 22 janvier.

Le secteur d'Anzio offrait les seules plages favorables à un débarquement en arrière des lignes allemandes, à moins de se risquer à choisir un site au nord de Rome, c'est-à-dire considérablement plus loin du front principal de la Ligne Gustav. Malgré cela, Kesselring fut pris par surprise, car il considérait un débarquement au nord de Rome plus dangereux pour lui d'un point de vue stratégique, et il n'avait qu'une seule unité dans le secteur d'Anzio (1 bataillon de la 29e division de panzergrenadier en repos dans ce secteur) lorsque le débarquement eut lieu. Heureusement pour lui, le chef des forces d'invasion, le général John P. Lucas, qui avait pris le commandement du 6e corps d'armée au cours de la dernière phase de la bataille de Salerne, était extrêmement prudent et profondément pessimiste. Il avait exprimé son pessimisme avant même que le combat ne fût engagé, non seulement dans son journal personnel, mais aussi à ses subordonnés et à ses alliés, y compris Alexander lui-même.

Le 6ᵉ corps comprenait, pour la phase du débarquement initial, 2 divisions d'infanterie, la 1ʳᵉ britannique et la 3ᵉ américaine, appuyées par des unités de commandos et de rangers, 1 régiment de parachutistes et 2 bataillons de chars. Elles devaient être suivies par la 1ʳᵉ division blindée et la 4ᵉ division d'infanterie américaines. Ces effectifs ne lui donnaient pas seulement une écrasante supériorité sur les lieux du débarquement, mais également toutes les chances d'une puissante exploitation dont Churchill espérait qu'elle atteindrait rapidement les monts Albains, au sud de Rome, et couperait les routes stratégiques essentielles nº 6 et 7, isolant ainsi la Xᵉ armée allemande sur la Ligne Gustav.

Les opérations de débarquement se déroulèrent sans encombre, les Britanniques au nord d'Anzio et les Américains au sud de la ville ne rencontrèrent pratiquement aucune opposition. Mais la réaction allemande fut à la fois rapide et résolue. Les troupes de la Ligne Gustav reçurent l'ordre de se tenir ferme sur la défensive, tandis que la division Hermann Göring était envoyée de nouveau vers le nord et que d'autres unités disponibles étaient dépêchées depuis Rome. L'O.K.W. informa Kesselring qu'il pouvait faire appel à toute division stationnée en Italie du Nord et qu'il allait recevoir en renfort 2 divisions, 3 régiments indépendants et 2 bataillons de chars lourds. En effet, Hitler était inquiet et désirait décourager les Alliés d'organiser d'autres débarquements en Italie et ultérieurement en France.

Kesselring réorganisa son dispositif d'une manière absolument remarquable. Au cours des huit premiers jours, des éléments de 8 divisions allemandes différentes furent acheminés jusque dans le secteur d'Anzio. Le commandement fut également réorganisé. La XIVᵉ armée de Mackensen fut chargée du secteur d'Anzio, prenant ainsi sous sa coupe le 1ᵉʳ corps de parachutistes et le 76ᵉ corps de Panzer qui défendaient ainsi respectivement les zones situées au nord et au sud de la tête de pont alliée. Vietinghoff, à la tête de la Xᵉ armée, gardait la responsabilité de la Ligne Gustav, avec le 14ᵉ corps de Panzer et le 51ᵉ corps de troupes de montagne. Au total on trouvait 8 divisions allemandes autour de la tête de pont d'Anzio, 7 (au sein du 14ᵉ corps de Panzer de Senger) faisaient face à la Vᵉ armée alliée de Mark Clark et enfin 3 divisions seulement (dans le cadre du 51ᵉ corps de troupes de montagne) étaient opposées à la VIIIᵉ armée britannique sur les rives de l'Adriatique. Il restait d'autre part 6 autres divisions dans le Nord de l'Italie, sous les ordres du général von Zangen. (La VIIIᵉ armée était maintenant placée sous les ordres de Sir Oliver Leese, Montgomery ayant été rappelé en Angleterre pour diriger les préparatifs du futur débarquement en Normandie.)

L'espoir de Churchill de voir réaliser une avance rapide d'Anzio jusqu'aux monts Albains fut réduit à néant par la résolution obstinée de Lucas, appuyé par Mark Clark, de consolider sa tête de pont avant de foncer vers l'intérieur. Cependant, étant données la rapidité de la réaction et l'habileté supérieure des Allemands, ainsi que la maladresse de la plupart des chefs et des troupes alliés, l'excès de prudence de Lucas put être un bien pour un mal. Une avance vers l'intérieur réalisée dans ces conditions aurait donné prise à de faciles attaques de flanc pouvant mener à un désastre.

La tête de pont prévue fut établie dès le deuxième jour, simplifiant de la sorte le problème du ravitaillement, mais aucune véritable tentative de pénétration n'eut lieu avant le 30 janvier, soit plus d'une semaine après le débarquement initial. Cette tentative fut bientôt arrêtée par les forces allemandes rencontrées sur place. De plus, la tête de pont tout entière était maintenant harcelée par les tirs d'artillerie allemands et l'aviation alliée qui opérait depuis Naples ne pouvait pas empêcher la Luftwaffe d'attaquer les eaux couvertes d'embarcations aux environs d'Anzio. Si bien que les troupes de Mark Clark combattant contre la Ligne Gustav, loin d'être aidées par l'opération de débarquement, durent lancer une nouvelle offensive directe pour soulager les troupes encerclées à Anzio.

Cette fois le 2e corps U.S. essaya de franchir la Ligne Gustav par une attaque sur Cassino, en partant du nord. Le 24 janvier, la 34e division américaine monta à l'assaut, appuyée sur son flanc par les Français. Mais elle ne put s'emparer d'une solide tête de pont qu'au bout d'une semaine de durs combats, et, dans l'intervalle, Senger avait amené de nouvelles réserves dans le secteur renforçant ainsi sa position défensive. Le 11 février les Américains durent être repliés, épuisés et ayant subis de lourdes pertes.

Après cet échec, le corps d'armée néo-zélandais, nouvellement constitué sous les ordres du général Bernard Freyberg, fut envoyé en ligne. Il était composé de la 2e division néo-zélandaise et de la 4e division indienne, deux unités de vétérans qui s'étaient hautement distinguées dans la campagne d'Afrique du Nord. (La 4e division indienne, composée d'unités anglaises et indiennes, avait été considérée par les Allemands comme la meilleure division engagée sur ce théâtre d'opérations.) Les plans de Freyberg, prévoyant un assaut convergent sur Monte Cassino, ne différaient pas réellement de la méthode employée jusqu'alors et consistant en de ruineuses attaques frontales contres des positions allemandes bien situées et défendues avec acharnement. Francis Tuker, commandant de la 4e division indienne, préconisait instamment une approche indirecte et une plus ample manœuvre à travers les montagnes. Les Français étaient également en faveur de cette idée, mais Tuker ne put exercer toute son influence, étant tombé malade. Sa division avait été désignée pour attaquer Monte Cassino proprement dit, et, après que sa proposition eut été rejetée, il demanda que le monastère historique qui couronnait la colline fût neutralisé par un bombardement aérien concentré. Il n'y avait aucune preuve que les troupes allemandes utilisaient ce monastère (et il fut amplement prouvé par la suite qu'elles n'y avaient pas pénétré), mais ce vaste édifice dominait les lieux de telle manière qu'il avait un effet déprimant sur les troupes qui devaient se lancer à l'assaut de ces hauteurs. Il fut accédé à cette demande après accord de Freyberg et d'Alexander, et, le 15 février, un formidable bombardement détruisit les bâtiment du célèbre monastère. Les troupes allemandes se sentirent alors justifiées d'occuper les ruines ce qui leur permit de renforcer encore leur défense.

Cette nuit-là et la suivante, des attaques répétées de la 4e division indienne ne permirent pratiquement aucun progrès. La nuit suivante, celle du 17 au 18 février, le corps néo-zélandais revint donc au plan original. La 4e division indienne parvint à s'emparer de la cote 593 si souvent disputée, mais elle en fut chassée par des contre-attaques des parachutistes allemands, et, le lendemain, la 2e division néo-zélandaise fut chassée de sa tête de pont sur le Rapido par une contre-offensive de chars allemands.

En attendant les vastes renforts promis par l'O.K.W. pour réduire la tête de pont alliée, Mackensen lança des contre-attaques pour empêcher celle-ci de s'étendre. La première de ces contre-attaques, dans la nuit du 3 février, fut lancée contre le saillant créé par la 1re division britannique lors de sa tentative malheureuse en direction de Campoleone le 30 janvier. Heureusement, la première brigade de la 56e division britannique venait de débarquer et l'avance fut contenue. Une nouvelle et forte contre-offensive eut lieu le 7, et, bien qu'elle eût été arrêtée, les pertes britanniques furent si élevées que la 1re division dut être relevée par la 45e division U.S. qui venait d'arriver.

A la mi-février, Mackensen était prêt à lancer sa grande contre-offensive. Il disposait maintenant de 10 divisions pour encercler les 5 divisions alliées débarquées dans la tête de pont, et la Luftwaffe avait reçu des renforts substantiels pour l'appuyer de façon efficace. Afin de semer la confusion parmi les défenseurs, il devait être fait usage des Goliath, les nouveaux chars miniatures téléguidés et bourrés d'explosifs. La concentration des forces ne fut gênée ni par les attaques alliées contre Monte Cassino, ni par les opérations de l'aviation anglo-américaine.

L'offensive allemande commença le 16 février par une série de coups de sonde tout le long du périmètre de la tête de pont et de fréquents raids de la Luftwaffe. Dans la soirée, une faille fut ouverte dans le secteur défendu par la 45e division U.S. C'était une occasion que les Allemands attendaient : 14 bataillons, emmenés par l'unité favorite de Hitler, le régiment d'infanterie Lehr, et appuyés par des blindés, s'engouffrèrent dans la faille, le 17, pour l'élargir et atteindre la route Albano-Anzio. La victoire était à portée de la main.

Mais la quantité et la diversité des forces entassées sur cette unique route devint un élément de gêne et offrit une cible idéale à l'artillerie, à l'aviation et à la marine alliées. Les chars Goliath se révélèrent décevants. Néanmoins, et malgré de lourdes pertes, le poids de l'attaque allemande força les Alliés à reculer, et, le 18, un nouvel assaut appuyé par la 26e division de Panzer, progressa encore en direction des plages. Mais les 56e et 1re divisions britanniques, ainsi que la 45e américaine, combattirent avec l'énergie du désespoir et parvinrent à tenir la dernière ligne de défense de la tête de pont. La poussée allemande fut arrêtée sur la crique de Carroceto et les assaillants épuisés perdirent leur élan. Les divisions de panzergrenadier firent un dernier effort le 20, mais elles furent rapidement arrêtées. Le succès de la défense fut grandement facilité par l'arrivée du général Lucian K. Truscott comme adjoint, puis comme successeur de Lucas. Dans le secteur britannique, le général W. R. C. Penney, commandant la 1re division, avait été blessé et remplacé par le général Gerald Templer qui sut fort bien coordonner la défense de son unité et de la 56e division.

Ulcéré par l'échec de ses troupes, Hitler ordonna une nouvelle offensive qui commença le 28 par des attaques de diversion et une offensive principale lancée par 4 divisions le long de la route de Cisterna. Mais cette avance fut arrêtée sans difficulté par la 3e division américaine et, lorsque les nuages bas se dissipèrent, au bout de trois jours, l'aviation alliée pulvérisa les assaillants. Le 4 mars, Mackensen fut contraint par ses lourdes pertes d'arrêter son offensive. 5 divisions allemandes furent laissées sur place pour assurer l'encerclement, tandis que les autres étaient envoyées au repos.

Les Alliés lancèrent alors une nouvelle attaque contre Monte Cassino afin d'ouvrir la voie à leur offensive de printemps. Cette fois l'attaque fut encore plus directe que les précédentes. La division néo-zélandaise devait avancer à travers la ville, puis la 4e division indienne devait donner l'assaut à la colline du Monastère. Un violent bombardement par l'artillerie et l'aviation (190 000 obus et 1 000 tonnes de bombes) fut organisé dans le but de paralyser les troupes allemandes de la ville.

Ce bombardement eut lieu le 15 mars, par un temps assez clair. Mais les défenseurs du secteur, c'est-à-dire un régiment (3 bataillons) de la 1re division de parachutistes, un corps d'élite, non seulement supportèrent ce double bombardement sans flancher, mais s'en remirent assez bien pour enrayer l'offensive d'infanterie qui suivit. Leur tâche fut facilitée par l'amoncellement de ruines que créa le bombardement et qui empêcha les tanks alliés de passer. La colline du Château fut prise, mais la progression de la 4e division indienne fut gênée par des pluies torrentielles qui vinrent à l'aide des défenseurs. Une compagnie de Gurkhas parvint jusqu'à la colline du Bourreau, juste en dessous du monastère, mais s'y retrouva isolée. Pendant ce temps des combats acharnés continuaient de se dérouler dans la ville. Le 19, les nouvelles tentatives des deux camps échouèrent et, le lendemain, Alexander décida que si l'opération n'était pas couronnée de succès dans les 36 heures, elle serait abandonnée, les pertes devenant trop lourdes. Le 23 elle fut définitivement interrompue avec l'accord de Freyberg. La troisième bataille de Monte Cassino se terminait donc par une déception. Par la suite, le corps d'armée néo-zélandais fut dissous, ses unités furent mises au repos, puis dispersées dans d'autres corps, tandis que le secteur de Monte Cassino était confié à la 78e division britannique et à la 1re brigade de la garde de la 6e division blindée.

Le 22 février, Alexander avait proposé de lancer l'opération *Diadem* par la vallée du Liri, conjointement avec une percée suivie d'une avance convergente depuis la tête de pont d'Anzio. Dans les grandes lignes, l'opération serait semblable à l'offensive de janvier, mais avec une meilleure préparation et une meilleure coordination. Elle devait être déclenchée environ trois semaines avant *Overlord*, c'est-à-dire le débarquement en Normandie, afin d'attirer des divisions allemandes hors de France.

Les plans de l'opération, préparés par John Harding, le chef d'état-major d'Alexander, accordaient un maximum de forces à l'offensive en ne laissant qu'un seul corps d'armée sur les rives de l'Adriatique et en envoyant tout le reste de la VIIIe armée à l'ouest dans le secteur de Monte Cassino et de la vallée du Liri. La Ve armée, y compris les troupes françaises, serait chargée non seulement du secteur du Garigliano, sur la rive gauche, mais aussi de la tête de pont d'Anzio. En même temps, il était proposé d'abandonner le débarquement en Provence nommé « Opération Anvil ».

Les généraux britanniques acceptèrent assez normalement ce plan, mais l'État-Major américain s'y opposa, considérant qu'un débarquement en Provence constituerait une meilleure diversion pour le débarquement en Normandie. Eisenhower proposa alors un compromis prévoyant de donner la priorité à l'offensive d'Italie, tout en continuant la préparation de l'opération *Anvil*. S'il était clair, le 20 mars, qu'il serait impossible d'organiser un débarquement de grande envergure, la plus grande partie des navires serait retirée des eaux italiennes au bénéfice d'*Overlord*. L'État-Major interallié donna son accord à ce compromis le 25 février.

Alors que la date de la décision approchait, le général Maitland Wilson (qui s'était vu confier le nouveau poste de commandant suprême en Méditerranée) apprit par Alexander qu'il n'était pas possible de lancer l'offensive de printemps en Italie avant le mois de mai, et il était bien entendu qu'il n'était pas question de prélever des troupes en vue de l'opération *Anvil* avant que le gros des forces faisant face à la Ligne Gustav n'eussent réussi à faire leur jonction avec les troupes d'Anzio. Cela voulait dire, si l'on comptait dix semaines pour le regroupement et les préparatifs, que l'opération *Anvil* ne pourrait pas avoir lieu avant la fin juillet, environ deux mois après le débarquement de Normandie, perdant ainsi son rôle de diversion préliminaire. Maitland Wilson et Alexander jugèrent donc que les circonstances les autorisaient à abandonner *Anvil* et à concentrer leurs efforts pour donner un tour décisif à la campagne d'Italie. Cette opinion rejoignait les préférences de Churchill et des chefs d'état-major britanniques. Pour des raisons quelque peu différentes, Eisenhower aurait eu tendance à se ranger à cet avis, voyant qu'ainsi l'opération *Overlord* hériterait de la plus grande partie des navires de la Méditerranée. Mais les chefs d'état-major américains, tout en acceptant à contrecœur la remise de l'opération *Anvil* au mois de juillet, étaient opposés à son abandon et exprimaient des doutes quant à l'intérêt de poursuivre l'offensive d'Italie au-delà des limites déjà fixées. Ils ne croyaient guère non plus que celle-ci pût distraire des divisions allemandes du front de Normandie — ce en quoi les événements leur donnèrent bientôt raison. Une longue querelle s'ensuivit, au cours de laquelle Churchill et Roosevelt échangèrent leurs arguments dans de longs télégrammes.

Durant ce temps, en Italie, les préparatifs de l'offensive de printemps continuaient, étant donné qu'ils dépendaient du commandement britannique. Le déplacement et le redéploiement de la VIIIe armée associés à d'autres facteurs, en particulier le manque de navires de transport, reportèrent le déclenchement de l'offensive au 11 mai. La tâche assignée à la VIIIe armée était de percer à Monte Cassino tandis que la Ve armée devait l'aider, sur la rive gauche, en franchissant le Garigliano et en perçant, depuis la tête de pont d'Anzio, en direction de Valmontone, sur la route n° 6. A Anzio, on avait désormais 6 divisions alliées faisant face à 5 divisions allemandes, 4 autres divisions allemandes étant en réserve près de Rome. Sur la Ligne Gustav 16 divisions alliées (dont 4 étaient toutes prêtes à entamer une exploitation) étaient réunies contre 6 divisions allemandes (dont 1 en réserve). La plus grande partie des forces alliées était concentrée entre Monte Cassino et l'embouchure du Garigliano, soit au total 12 divisions (2 américaines, 4 françaises, 4 anglaises et 2 polonaises) prêtes à percer et 4 autres prêtes à exploiter cette avance en remontant la vallée du Liri dans l'espoir de percer la Ligne Hitler, une dizaine de kilomètres plus loin, avant que les Allemands n'eussent eu le temps de se reformer et de la consolider.

Les 9 divisions de la VIIIe armée étaient appuyées par plus de 1 000 canons et bénéficiaient surtout d'une période de temps sec qui permettait à leurs chars et autres véhicules automobiles de suivre leur avance, à la différence de l'offensive d'hiver où la boue gênait tous les mouvements. Les 3 divisions blindées (la 6e britannique, la 5e canadienne et la 6e sud-africaine) avaient donc toutes les meilleures chances de se montrer efficaces.

Lors de l'attaque, le corps d'armée polonais (comprenant 2 divisions) devait s'occuper de Monte Cassino, pendant que le 13e corps britannique (comprenant 4 divisions) progressait à sa gauche, en direction de Santo Angelo.

L'ensemble de l'offensive alliée sur le front principal devait être appuyé par plus de 2 000 canons, tandis que les forces aériennes alliées apportaient leur coopération en attaquant de façon intensive les réseaux routier et ferroviaire de l'ennemi, avant de viser des objectifs sur le champ de bataille lors de la phase finale. (Cependant, cette opération *Strangle* (Étranglement) n'affecta pas les communications et le ravitaillement allemands aussi gravement qu'on l'avait espéré.) De vastes opérations de sabotage furent également organisées, mais avec des résultats décevants. Dans un but d'intoxication, des troupes alliées firent ouvertement des exercices de débarquement dans l'espoir de faire croire à Kesselring que des débarquements allaient avoir lieu, en particulier près de Civitavecchia, juste au nord de Rome, mais celui-ci était déjà si intimement convaincu que les Alliés devraient utiliser leur supériorité navale dans ce but que ces tentatives semblent n'avoir eu aucun effet décisif.

L'offensive fut déclenchée à 23 h 00 dans la nuit du 11 mai par un massif bombardement d'artillerie, immédiatement suivi par la progression de l'infanterie. Au cours des trois premiers jours les progrès furent très réduits, face à une résistance très active dans la plupart des secteurs. Lors de l'assaut de Monte Cassino, les Polonais du général Anders subirent de lourdes pertes malgré une détermination farouche et le choix habile de chemins d'approche moins directs. Le 13ᵉ corps britannique progressa aussi très lentement et aurait subi de lourdes pertes si l'attention de l'ennemi n'avait pas été captée par les Polonais. De même, le 2ᵉ corps d'armée américain ne gagna que peu de terrain dans le secteur côtier. Mais les 4 divisions du corps d'armée français du général Juin, qui se trouvait entre ces deux derniers secteurs, ne rencontrèrent qu'une seule division allemande et progressèrent relativement vite à travers la région montagneuse qui s'étend au-delà du Garigliano où les Allemands ne s'attendaient pas à une attaque sérieuse. Le 14, les Français firent irruption dans la vallée de l'Ausente et la 71ᵉ division allemande commença de se replier en toute hâte devant leur avance. Cela permit au 2ᵉ corps américain d'accélérer sa progression sur la route côtière face à la 94ᵉ division allemande. De plus les chemins de retraite de ces 2 divisions allemandes étaient maintenant séparés par une région pratiquement dépourvue de routes, les monts Aurunci. Juin saisit l'occasion et envoya dans cet intervalle ses montagnards marocains, les Goums (représentant environ 1 division, sous les ordres de Guillaume), pour s'emparer de la Ligne Hitler dans la vallée du Liri, avant qu'elle n'eût pu être renforcée.

L'aile droite (ou ouest) des Allemands était maintenant en train de s'effondrer et ses chances de se ressaisir étaient d'autant plus faibles que son excellent chef, Senger, était absent lors du déclenchement de l'offensive alliée. De plus, Kesselring attendit, cette fois, de voir comment la situation évoluait au nord avant d'envoyer des réserves vers le sud et c'est seulement le 13 qu'1 division fut envoyée dans la vallée du Liri. 3 autres suivirent bientôt, mais elles furent aspirées dans ce qui devint rapidement une bataille tournoyante et elles arrivèrent trop tard pour pouvoir espérer stabiliser le front. Dans le secteur de Monte Cassino, les Allemands résistèrent encore plusieurs jours, bien que les Canadiens eussent été jetés dans la bataille le 15 mai en vue de l'exploitation, mais, dans la nuit du 17, les indomptables parachutistes allemands se replièrent enfin et les Polonais firent leur entrée le lendemain matin dans les ruines tant convoitées du monastère. Au cours de leurs vaillantes tentatives ils avaient perdu près de 4 000 hommes.

La plupart des maigres réserves allemandes ayant enfin été attirées vers le sud, le moment était venu de tenter la percée prévue depuis la tête de pont d'Anzio, laquelle avait maintenant reçu en renfort une nouvelle division américaine, la 36e. En ordonnant cette percée pour le 23, Alexander espérait une avance forte et rapide jusqu'à Valmontone, pour couper la route no 6 (la principale route intérieure), isolant ainsi la plus grande partie de la Xe armée allemande qui défendait jusque-là la Ligne Gustav. S'il était possible d'atteindre ce résultat, Rome tomberait comme un fruit mûr. Mais les chances de réussite furent compromises par les opinions divergentes de Mark Clark, et par son désir de voir la Ve armée entrer la première dans Rome. La 1re division blindée et la 3e division d'infanterie américaines atteignirent Cori, juste au-delà de la route côtière no 7 (mais bien en deçà de la route no 6) le 25, après avoir avancé de 20 kilomètres et fait leur jonction avec le 2e corps qui progressait vers le nord le long de la route no 7. La seule division mobile restant à Kesselring, la division Hermann Göring faisait route en toute hâte vers le théâtre des opérations sous le harcèlement de l'aviation alliée. Mais à ce stade, Mark Clark infléchit son avance pour foncer directement sur Rome avec 4 divisions, en n'en laissant qu'1 seule continuer vers Valmontone. Celle-ci fut arrêtée à 5 kilomètres de la route no 6 par les principaux éléments de 3 divisions allemandes.

Malgré un appel à Churchill, Alexander ne put décider Mark Clark à changer de direction, et l'avance de ce dernier fut ralentie par la résistance allemande sur la Ligne César au sud de Rome. De plus, les divisions blindées de la VIIIe armée s'étaient aperçues que leur avance le long de la vallée du Liri n'était pas aussi facile qu'elles l'avaient espéré, et elles ne parvinrent pas à immobiliser la Xe armée allemande en retraite le long des Apennins. Les Allemands réussirent à se mettre en sécurité en empruntant des routes de montagne, leur fuite étant facilitée par l'absence d'intervention des troupes alliées d'Anzio.

Les Allemands donnèrent même l'impression d'avoir une chance de se rétablir sur la Ligne César et d'y stabiliser le front, grâce à la résistance farouche opposée dans le secteur d'Arce-Ceprano, sous la direction de Senger, le long de la route no 6; grâce aussi à la taille et à l'encombrement des éléments de transport des divisions blindées qui s'efforçaient de progresser sur cette route surchargée.

Mais la sombre perspective d'un nouvel enlisement fut écartée par la réussite de la 36e division U.S. qui parvint, le 30 mai, à s'emparer de Velletri, sur la route no 7, dans les monts Albains, et à percer la Ligne César. Pour exploiter l'occasion qui était ainsi offerte, Mark Clark ordonna une offensive générale de la Ve armée. Au cours de celle-ci, le 2e corps s'empara de Valmontone et continua son avance sur Rome par la route no 6, tandis que le gros du 6e corps appuyait cette avance par la route no 7. Sous l'action de 11 divisions, les forces allemandes relativement restreintes, qui défendaient les approches de Rome, durent céder le terrain, et les Américains entrèrent dans la ville le 4 juin. Ils y trouvèrent les ponts intacts, Kesselring ayant préféré déclarer Rome « ville ouverte » plutôt que de risquer la destruction de la Ville éternelle au cours de combats prolongés.

Deux jours plus tard, le 6 juin, les Alliés déclenchèrent le débarquement de Normandie, et la campagne d'Italie passa au second plan. L'offensive de printemps en Italie, surnommée « Opération Diadème », avait coûté aux Américains la perte de 18 000 hommes, 14 000 pour les Anglais et 10 000 pour les Français, avant d'être couronnée par la prise de Rome. Les Allemands avaient perdu environ 10 000 hommes, tués ou blessés, mais quelque 20 000 d'entre eux avaient été faits prisonniers au cours des différentes actions.

Si on compare les forces absorbées par la bataille, soit 30 divisions alliées contre 22 divisions allemandes, ce qui représente environ 2 contre 1 en effectifs réels, la poursuite de l'offensive alliée en Italie se révélait comme un mauvais investissement stratégique. Elle ne réussit pas non plus à faciliter le débarquement de Normandie en attirant au loin les forces allemandes. En fait, « elle ne réussit pas à empêcher l'ennemi de renforcer ses défenses dans le nord-ouest de l'Europe [1] ». L'effectif des forces allemandes en France (au nord de la Loire) et aux Pays-Bas passa de 35 divisions au début de 1944 à 41 lors du débarquement de juin.

Il serait plus exact de dire, au sujet de l'effet stratégique de la campagne d'Italie, que, sans elle, la pression allemande sur le front de la Manche aurait pu être encore plus forte. Les effectifs des forces d'assaut et d'exploitation immédiate alliées étaient limités par le nombre d'embarcations de débarquement disponibles, si bien que les forces employées par les Alliés en Italie n'auraient pas pu être utilisées pour accroître la puissance du débarquement de Normandie pendant la phase initiale cruciale. Par contre, si les forces allemandes retenues en Italie avaient pu être déployées en Normandie, elles auraient peut-être été fatales au débarquement. Cet argument est valable, même si, de façon curieuse, un grand nombre des avocats britanniques de la campagne d'Italie l'ont négligé en voulant trop prouver. Cependant il reste également sujet à caution dans la mesure où l'on peut se demander si les Allemands auraient été en mesure de réaliser un vaste mouvement de troupes avec les bombardements alliés sur les voies ferrées.

Sur le plan politique, le principal événement de cette période fut l'abdication du roi Victor-Emmanuel en faveur de son fils et le remplacement du maréchal Badoglio comme Premier ministre par l'antifasciste Bonomi.

Pour les armées alliées d'Italie, les suites de la prise de Rome, si longtemps attendue, furent décevantes. Cela en partie à cause des décisions supérieures, mais aussi du rétablissement et des contre-attaques de l'ennemi.

Maitland Wilson s'était rallié à l'opinion des Américains selon laquelle l'opération *Anvil*, même retardée, était le moyen le plus efficace pour le commandement de Méditerranée de faciliter l'avance en Normandie en attirant des divisions allemandes hors de la moitié nord de la France, mais

1. Ehrmann : *Grand Strategy*, vol. V, p. 279.

Alexander était d'un tout autre avis. Le 6 juin, deux jours après l'entrée dans Rome, il exposa son plan pour exploiter le succès de l'opération *Diadem.* Il considérait que si ses forces restaient intactes, elles seraient en mesure d'attaquer la Ligne Gothique établie par les Allemands au nord de Florence à partir du 15 août, date fixée par Wilson pour le débarquement de Provence, et qu'elles perceraient cette barrière à moins que Hitler ne la renforce en distrayant au moins 8 nouvelles divisions d'un autre front. Il jugeait qu'ensuite il serait rapidement en mesure d'envahir le nord-ouest de l'Italie, avec de bonnes chances de poursuivre son avance par la « trouée de Lubliana », ainsi qu'on l'appelait, jusqu'en Autriche. C'était là un pronostic remarquablement optimiste quant à la possibilité de surmonter rapidement la série d'obstacles montagneux qui séparaient la Vénétie de la région de Vienne et qui présentaient de nombreuses positions de retardement — pronostic d'autant plus optimiste qu'il suffisait de se rappeler les échecs répétés rencontrés dans ce secteur par les Italiens lors de la Première Guerre mondiale.

Mais ce plan plut à Churchill et aux chefs d'état-major britanniques, en particulier Alan Brooke. Il leur semblait offrir une alternative aux lourdes pertes, et même à la catastrophe, qu'ils redoutaient en Normandie. En défendant son idée Alexander trouva une meilleure justification, soulignant l'avantage qu'il y aurait sur le plan moral à donner conscience à ses troupes de l'importance de la campagne d'Italie.

Les chefs d'état-major américains, sur le conseil du général Marshall, s'opposèrent à cette nouvelle et incertaine extension de l'offensive d'Italie, mais Alexander parvint à gagner Maitland Wilson à sa cause. Cependant Eisenhower intervint en faveur d'*Anvil.* Une fois de plus Churchill et Roosevelt furent engagés dans la discussion. Le 2 juillet, les Anglais durent céder et Wilson reçut l'ordre de lancer l'opération *Anvil* (rebaptisée « Opération *Dragon* ») le 15 août. Cette décision entraîna le départ du 6e corps U.S. (comprenant 3 divisions), puis des 4 divisions du corps d'armée français dont les chefs et les soldats préféraient naturellement participer à la libération de leur patrie. La Ve armée se trouva donc réduite à 5 divisions, tandis que le Groupe d'armées perdait près de 70 % de son appui aérien.

De leur côté, Kesselring et ses hommes s'efforçaient déjà, avec succès, d'empêcher les Alliés d'exploiter la victoire partielle qu'ils avaient remportée. Les pertes allemandes avaient été sérieuses : 4 divisions d'infanterie durent se replier pour se reconstituer et 7 autres avaient été durement amoindries. Mais 4 divisions fraîches étaient en route, de même qu'1 régiment de chars lourds. La plupart de ces renforts étaient destinés à la XIVe armée qui protégeait les routes les plus favorables à une avance. Les plans de Kesselring étaient de ralentir la progression alliée par une série d'actions de retardement tout au long de l'été et de se replier sur la puissante Ligne Gothique pour l'hiver. A quelque 130 kilomètres au nord de Rome se trouvait située une ligne naturelle de défense à proximité de Trasimène, là où Hannibal avait organisé son guet-apens le plus réussi. Cette ligne représentait une position convenant à une première résistance, tandis que les troupes du Génie allemand contribueraient par un habile travail de démolition à ralentir la progression des troupes alliées.

Cette dernière commença le 5 juin, le lendemain de l'entrée des Américains dans Rome. Mais elle ne fut pas menée très activement alors que c'était le moment où elle aurait pu être la plus dangereuse. Puis les Français prirent la tête des opérations dans le secteur de la Ve armée. Entre-temps le 13e corps d'armée britannique remontait les routes no 3 et 4, s'avançant vers l'intérieur, mais il rencontra une résistance de plus en plus vigoureuse et dut s'arrêter sur la Ligne de Trasimène. Dans les autres secteurs, la progression fut également arrêtée. Ainsi, moins de quinze jours après son évacuation de Rome, Kesselring était parvenu à stabiliser une situation qui avait été momentanément très dangereuse.

De plus, il avait été prévenu que l'O.K.W. allait lui envoyer 4 divisions supplémentaires (qui étaient sur le front russe ou destinées à celui-ci) ainsi que des nouvelles recrues pour reconstituer ses unités les plus durement touchées. Tout ceci venait s'ajouter aux 4 divisions fraîches et au régiment de chars lourds qui arrivaient déjà. Par une ironie du sort ce vaste renforcement des ressources de Kesselring se produisait au moment où Alexander devait faire face à la perspective déprimante de voir partir 7 de ses divisions, la plus grande partie de son appui aérien et un grand nombre des éléments logistiques du Groupe d'armées allié d'Italie.

Kesselring s'était révélé un chef particulièrement capable et il était maintenant récompensé par le destin. Il avait décidé de résister sur une ligne naturelle de défense bien adaptée, au moment précis où l'exploitation alliée perdait de son souffle.

Les deux mois qui suivirent le 20 juin représentèrent pour les armées d'Alexander une période de déception et de frustration. Les progressions furent décousues et n'eurent jamais un aspect décisif. Les batailles furent une série d'actions isolées entre des éléments alliés et allemands au cours desquelles la politique de ces derniers était de tenir une position jusqu'à ce qu'ils voient que les Alliés se déployaient pour lancer une attaque massive, et alors de décrocher pour se replier jusqu'à la prochaine ligne d'obstacles naturels.

A la suite du rapide regroupement de Kesselring, la situation était désormais la suivante : sur la côte occidentale, le 14e corps de Panzer faisait face au 2e corps U.S.; le 1er corps de parachutistes était opposé au corps français (pas encore parti pour l'opération *Anvil*); le 76e corps de Panzer faisait face aux 13e et 10e corps britanniques, tandis que le 51e corps de montagne avait en face de lui le 2e corps polonais, sur la côte adriatique.

Début juillet, le centre du dispositif allié, gêné par le mauvais temps, franchissait enfin la Ligne Trasimène, mais était à nouveau arrêté quelques jours plus tard sur la Ligne Arezzo. Le 15 juillet, les Allemands s'esquivaient de cette dernière et se repliaient peu à peu sur la Ligne de l'Arno, quittant Pise vers l'est en passant par Florence. Les armées alliées furent alors contraintes à une halte prolongée à une courte distance de leur but, c'est-à-dire la Ligne Gothique. Elles connurent une certaine compensation grâce à la prise d'Ancône par les Polonais, le 18 juillet, et celle de Livourne, le 19, par les Américains, ce qui raccourcit leurs lignes de ravitaillement.

Étant donné le désir des Britanniques, en particulier d'Alexander et de Churchill, d'intensifier la campagne d'Italie, en dépit des déceptions et des prélèvements de troupes, des plans furent préparés en vue d'une grande offensive d'automne contre la Ligne Gothique. On espérait que celle-ci aurait encore l'avantage d'attirer des forces allemandes hors des principaux théâtres d'opération; ou bien, dans le cas où le front occidental allemand s'effondrerait, entraînant un retrait d'Italie septentrionale, il serait permis aux forces d'Alexander d'exploiter une percée dans cette région en fonçant sur Trieste et Vienne.

Le plan original d'attaque sur la Ligne Gothique avait été préparé par le chef d'état-major d'Alexander, Harding, et l'état-major du Groupe d'armées. Il était axé sur une poussée surprise au centre du front allemand, dans les Apennins, mais, le 4 août, Oliver Leese, chef de la VIIIe armée, persuada Alexander d'adopter un autre plan. Son principe était de faire repasser la VIIIe armée sur la côte adriatique secrètement et, dans ce but, de percer dans cette zone en direction de Rimini. L'attention de Kesselring ayant ainsi été attirée sur la côte adriatique, la Ve armée attaquerait alors au centre gauche avec pour objectif Bologne. Ensuite, une fois que Kesselring aurait réagi à cette nouvelle attaque, la VIIIe armée pousserait de nouveau en avant et ferait irruption dans la plaine de Lombardie où ses forces blindées auraient un espace de manœuvre meilleur que tout ce qu'elles avaient pu avoir depuis leur débarquement en Italie.

Malgré les problèmes administratifs qu'il impliquait, ce nouveau plan fut d'autant mieux accueilli que les chances de réussite du plan original étaient amoindries par le retrait des Français et de leurs troupes de montagne expérimentées. Leese pensait également que les Ve et VIIIe armées auraient de meilleurs résultats en ne visant pas le même objectif. Alexander fut prompt à se ranger à ces arguments et à adopter le nouveau plan qui reçut le nom de code d' « Opération Olive ».

Mais ce plan présentait des inconvénients qui apparurent avec plus d'évidence une fois que l'opération eut été déclenchée. La VIIIe armée n'aurait plus en face d'elle une série d'arêtes montagneuses, mais son avance serait ralentie par la nécessité de franchir plusieurs rivières difficiles. Au contraire, la route n° 9 (allant de Rimini vers l'ouest en passant par Bologne) offrirait à Kesselring l'avantage de disposer d'une bonne route latérale pour déplacer ses troupes. Les auteurs du plan semblent aussi avoir entretenu un optimisme exagéré en prévoyant une continuation du temps sec. Quoi qu'il en soit, le pays s'étendant au nord de Rimini, bien qu'il fût plat, était boueux et loin de convenir à une avance rapide d'éléments blindés.

Le 25 août, l'offensive d'Alexander débuta de manière satisfaisante — et avec dix jours de retard. Les Allemands furent encore une fois pris par surprise, les mouvements du 5e corps britannique (5 divisions) et du 1er corps canadien (2 divisions) pour gagner leurs positions de départ derrière le 2e corps polonais n'ayant pas été repérés. (Le 10e corps britannique continua de tenir le secteur britannique situé près du centre, tandis que le 13e corps se portait plus à l'ouest pour appuyer la prochaine attaque de la Ve armée.)

Le secteur de l'Adriatique était seulement défendu par 2 divisions de second ordre, appuyées cependant par la 1re division de parachutistes. A cette époque, la plupart des mouvements de troupes allemands se faisaient d'est en ouest. La progression des Polonais le long de l'Adriatique n'avait guère retenu l'attention et c'est seulement le 29 août, après que les 3 corps alliés eurent progressé pendant quatre jours sur un large front, avançant d'une quinzaine de kilomètres du Metauro jusqu'à la Foglia, que les Allemands commencèrent à réagir. Le lendemain, des éléments de 2 nouvelles divisions étaient arrivés sur les lieux pour essayer d'aider à contenir l'avance alliée, mais leur arrivée était trop tardive pour empêcher les Alliés d'atteindre la Conca, quelque 12 kilomètres plus loin, le 2 septembre.

L'élan de la VIIIe armée commençait cependant à diminuer. La bataille capitale eut lieu pour la prise de la crête de Coriano, au-delà de l'Ausa, deux rivières plus loin, le 4 septembre. A ce point, l'avance britannique s'arrêta et s'effondra. Pendant ce temps, les Allemands recevaient quelques renforts et, le 6 septembre, de fortes pluies venaient à leur aide.

Kesselring avait ordonné le repli général de ses autres divisions sur les positions de la Ligne Gothique, ce qui avait raccourci son front et libéré quelques troupes pour le secteur de l'Adriatique. Ce repli ouvrait les traversées de l'Arno, permettant ainsi à la Ve armée de se préparer à l'attaque. A partir du 10 septembre, le 2e corps U.S. et le 13e corps britannique attaquèrent les positions allemandes défendues par des forces peu nombreuses mais décidées et ils parvinrent au bout d'une semaine à percer au nord de Florence par le col de Gioga. Encore une fois Kesselring semble avoir été pris par surprise car dix jours s'écoulèrent avant qu'il ne s'aperçut qu'il s'agissait d'une offensive de grande envergure. C'est seulement le 20 qu'il dépêcha en toute hâte 2 divisions dans le secteur. A cette date, cependant, la division de réserve américaine, la 88e d'infanterie, fonçait en avant pour attaquer Bologne par l'est. Malgré tout, bien qu'ils eussent perdu la Ligne Gothique et un point clé situé plus en arrière, le mont Battaglia, les Allemands se montrèrent encore capables d'enrayer les attaques alliées. Fin septembre, Mark Clark revint à l'idée d'une offensive plus directe contre Bologne.

De son côté, la VIIIe armée était toujours en difficulté sur le flanc adriatique. A partir du 17 septembre, des éléments de 10 divisions allemandes étaient sur les lieux pour ralentir l'action des Alliés. Les Canadiens parvinrent à s'emparer de Rimini le 21, atteignant ainsi le delta du Pô, mais les Allemands se rabattirent sur une nouvelle ligne de défense, l'Uso (connu dans l'Antiquité sous le nom de Rubicon). Il restait encore 13 rivières à traverser dans cette région plate et imbibée d'eau avant d'atteindre le cours du Pô proprement dit, et, au cours des diverses tentatives pour y parvenir, près de 500 chars avaient été mis hors de combat, enlisés ou endommagés, tandis qu'un grand nombre de divisions d'infanterie avaient été décimées. Cela permit aux Allemands de déplacer une grande partie de leurs forces vers le théâtre d'opérations de la Ve armée.

Le 2 octobre, Mark Clark déclencha sa nouvelle offensive contre Bologne, empruntant cette fois la route n° 65. Il engagea les 4 divisions de son 2e corps d'armée, mais les défenseurs allemands firent preuve d'une telle ténacité qu'au cours des trois semaines suivantes l'avance quotidienne des Américains ne dépassa pas 1,500 km en moyenne et que l'attaque dut être abandonnée. A la fin octobre, l'avance de la VIIIe armée fut également interrompue, alors que 5 nouvelles rivières seulement avaient été traversées et que le Pô se trouvait encore à 80 kilomètres.

Les seuls changements notables de cette période eurent lieu au niveau du commandement. Kesselring, blessé dans un accident de voiture, fut remplacé par Vietinghoff. A la tête de la VIIIe armée, McCreery remplaça Leese, envoyé en Birmanie. Vers la fin novembre, Maitland Wilson fut appelé à Washington et remplacé par Alexander, tandis que Mark Clark prenait le commandement du groupe d'armées d'Italie.

Fin 1944, la situation des Alliés était décevante par comparaison avec les grands espoirs nés au printemps et en été. Alexander faisait toujours preuve d'optimisme à l'égard d'une pénétration en Autriche, mais la lente et pénible progression dans la péninsule italienne donnait un air de moins en moins réaliste à cette perspective. Maitland Wilson lui-même l'admit dans un rapport du 22 novembre aux chefs d'état-major britanniques. La perte de confiance et le mécontentement des troupes alliées se manifestaient sous la forme d'un nombre croissant de désertions.

Dans un dernier effort pour 1944, les Alliès tentèrent de s'emparer de Bologne et de Ravenne pour en faire leurs bases hivernales. Les Canadiens de la VIIIe armée parvinrent à s'emparer de Ravenne le 4 décembre et ce succès incita les Allemands à envoyer 4 divisions pour enrayer toute autre progression de la VIIIe armée. Cela semblait offrir une meilleure occasion à la Ve armée. Mais celle-ci fut compromise par une contre-attaque ennemie dans la vallée du Sieno, le 26 décembre. Cette action avait été inspirée par Mussolini dans l'espoir d'imiter la contre-offensive de Hitler dans les Ardennes et elle fut menée en grande partie par des Italiens qui lui étaient restés fidèles. Cette attaque fut rapidement et facilement arrêtée. Mais la VIIIe armée était maintenant épuisée et à cours de munitions alors qu'on savait que les Allemands disposaient de vastes dépôts près de Bologne. Alexander décida donc de placer les armées alliées sur la défensive pour préparer une puissante offensive de printemps.

Une autre douche sur les espoirs placés dans la campagne d'Italie fut la décision des chefs d'état-major interalliés de prélever 5 nouvelles divisions sur ce théâtre d'opérations pour les affecter au front occidental, afin d'y renforcer les armées alliées lors de leur offensive de printemps en Allemagne. En conséquence, les 2 divisions du corps d'armée canadien furent envoyées sur ce front, mais il ne fut pas nécessaire d'en envoyer d'autres.

31.
La libération de la France

Avant son déclenchement, le débarquement de Normandie semblait être une entreprise extrêmement risquée. Les troupes alliées devaient débarquer sur une côte que l'ennemi occupait déjà depuis quatre ans, qu'il avait largement eu le temps de fortifier, de couvrir d'obstacles et de parsemer de mines. Les Allemands disposaient à l'ouest de 58 divisions et 10 d'entre elles étaient des divisions de Panzer capables de lancer rapidement une contre-attaque blindée.

La capacité des Alliés de mettre en action les énormes forces maintenant rassemblées en Angleterre était limitée par la nécessité d'avoir une mer à traverser et par le nombre d'embarcations de débarquement disponibles. Ils ne pouvaient débarquer que 6 divisions lors de la première opération amphibie, ainsi que 3 divisions aéroportées, et il leur faudrait une semaine pour pouvoir doubler le nombre d'unités déposées à terre.

Il y avait donc des raisons d'être inquiet quant aux chances d'enlever ce que Hitler appelait le « Mur de l'Atlantique » (un nom très impressionnant) et quant au risque d'être rejetés à la mer.

Cependant, une fois l'opération déclenchée, les premiers points d'appui purent être rapidement transformés en une vaste tête de pont de 130 kilomètres de large. L'ennemi ne parvint pas à lancer une seule contre-attaque véritablement dangereuse avant que les forces alliées ne sortent de cette tête de pont. La percée eut lieu de la façon et à l'endroit prévu dès l'origine par les plans du maréchal Montgomery. Dès lors tout le dispositif allemand en France s'effondra rapidement.

Quand on regarde rétrospectivement les événements, le déroulement du débarquement semble merveilleusement aisé et assuré. Mais les apparences sont trompeuses.

En l'espèce, l'opération se déroula en fin de compte « conformément au plan » mais non à la chronologie établie. Au début, la marge séparant le

Débarquement en Normandie
6 juin-25 juillet 1944
GOLD Plage de débarquement
Têtes de pont alliées au soir du 6 juin.
Objectifs du jour J
Front le 7 juin
Front le 27 juin
Front le 25 juillet
Contre-attaque allemande
0 Miles 10
0 Kilometres 16
Auderville
30 JUIN
21 JUIN
Cherbourg
Les Pieux
Valognes
Montebourg
Merderet
Carteret
Portbail
Ste-Mère-Eglise
La Madeleine
UTAH
VIIe CORPS D'ARM.
4e DIV. D'INF
82e DIV. AEROP. US
101e DIV. AEROP. US
Douve
Carentan
Isigny
Granc
La Haye-du-Puits
Lessay
Taute
St.-Jean-de-Daye
Périers
Vire
Marigny
St.-L
Coutances
Vers Avranches 32 km

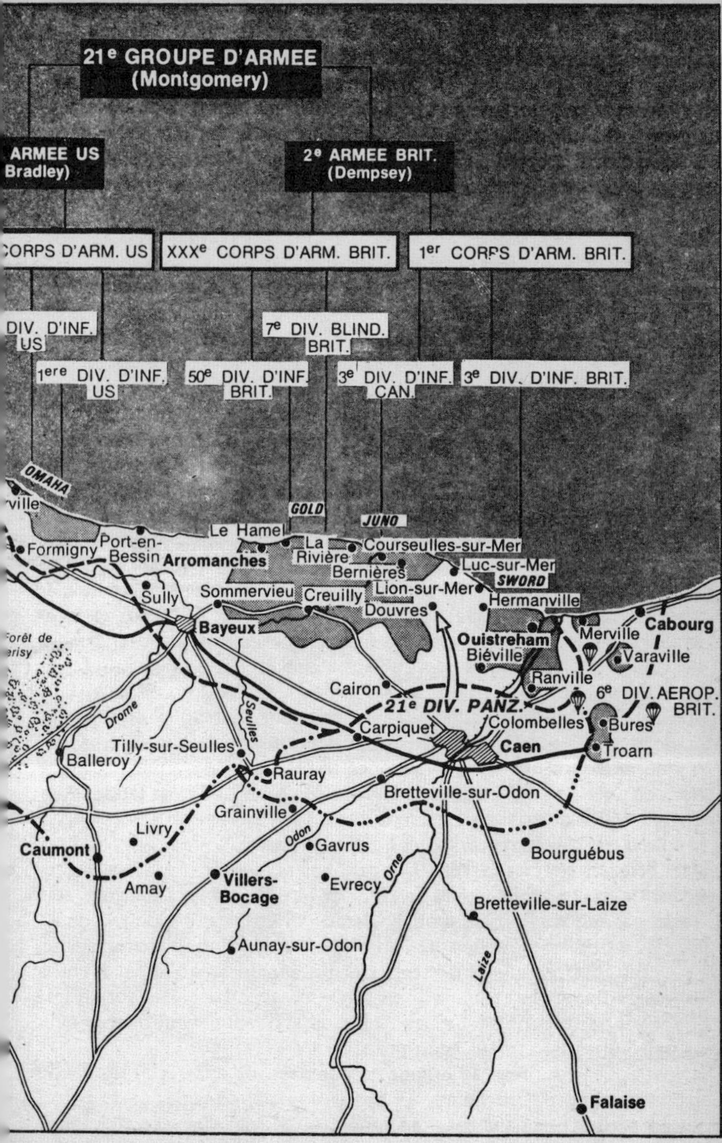

21e GROUPE D'ARMEE
(Montgomery)
ARMEE US
Bradley)
2e ARMEE BRIT.
(Dempsey)
CORPS D'ARM. US
XXXe CORPS D'ARM. BRIT.
1er CORPS D'ARM. BRIT.
DIV. D'INF. US
7e DIV. BLIND. BRIT.
1ere DIV. D'INF. US
50e DIV. D'INF. BRIT.
3e DIV. D'INF. CAN.
3e DIV. D'INF. BRIT.
OMAHA
GOLD
JUNO
SWORD
Formigny
Port-en-Bessin
Arromanches
Le Hamel
La Rivière
Courseulles-sur-Mer
Bernières
Luc-sur-Mer
Lion-sur-Mer
Hermanville
Sommervieu
Creuilly
Douvres
Sully
Bayeux
Ouistreham
Biéville
Cabourg
Merville
Varaville
Ranville
Cairon
21e DIV. PANZ.
6e DIV. AEROP. BRIT.
Colombelles
Bures
Carpiquet
Caen
Troarn
Drome
Seulles
Tilly-sur-Seulles
Balleroy
Rauray
Bretteville-sur-Odon
Grainville
Livry
Caumont
Odon
Gavrus
Bourguébus
Amay
Villers-Bocage
Evrecy
Orne
Bretteville-sur-Laize
Aunay-sur-Odon
Laize
Falaise

succès de l'échec fut très mince. Le triomphe final a permis d'oublier le fait que les Alliés étaient au départ en grand danger et s'en tirèrent de peu.

L'idée communément répandue selon laquelle le débarquement se déroula sans anicroche ni hésitation a été entretenue par l'accent mis ensuite par Montgomery sur ce point que « la bataille se déroula exactement selon les plans prévus avant le débarquement », ainsi que par le fait que les armées alliées atteignirent la Seine en quatre-vingt-dix jours, alors que cette ligne figurait sur la carte des prévisions rédigée en avril comme devant être atteinte le jour J + 90.

C'était très caractéristique de Monty que de parler de toutes les opérations qu'il avait dirigées comme si elles s'étaient toujours déroulées exactement comme prévu, avec la sûreté et la précision d'une machine — ou de la divine providence. Cette habitude a souvent dissimulé son pouvoir d'adaptation aux circonstances, le privant ainsi ironiquement du mérite qui lui revenait pour cette association de souplesse et de détermination dans le commandement.

Selon le plan original, Caen devait être prise le premier jour du débarquement, le 6 juin. L'opération débuta bien et les défenses côtières furent réduites au silence dès 9 heures du matin. Mais, dans son récit, Montgomery a omis de dire que l'avance sur Caen ne commença pas avant l'après-midi. Ce fait était dû en partie à un embouteillage sur les plages, mais aussi à la prudence excessive des chefs locaux à un moment où ils n'auraient pratiquement rien rencontré pour les arrêter. Quand ils avancèrent enfin vers Caen, qui représentait le point clé de la zone de débarquement, 1 division de Panzer, la seule qui se trouva dans toute la Normandie, arriva sur les lieux et enraya la progression. Une seconde division de Panzer arriva le lendemain. Il s'écoula plus d'un mois avant que Caen pût être prise et nettoyée, au prix de durs combats.

Sur l'aile droite britannique, c'était également l'intention originale de Montgomery de pénétrer immédiatement jusqu'à Villers-Bocage, à une trentaine de kilomètres à l'intérieur des terres, afin de couper les routes partant de Caen vers l'ouest et le sud-ouest. Mais il n'en est pas fait mention dans son récit. La vérité est que cette avance fut très lente à se déclencher bien que la résistance rencontrée à l'ouest de Caen eût été négligeable une fois les défenses côtières percées. Des prisonniers révélèrent par la suite que pendant les trois premiers jours un front de plus de quinze kilomètres était défendu par une seule unité mobile allemande, un bataillon de reconnaissance. Une troisième division de Panzer commença alors d'arriver sur les lieux et fut affectée dans ce secteur. Les Britanniques parvinrent à entrer dans Villers-Bocage le 13, mais ils en furent chassés. Le blocus fut ensuite renforcé par une quatrième division de Panzer et il fallut attendre deux mois pour que Villers-Bocage fût enfin prise.

Il était également prévu à l'origine de s'emparer de toute la péninsule du Cotentin, y compris Cherbourg, en moins de deux semaines et de percer ensuite à partir de ce flanc ouest au Jour J + 20. Mais l'avance vers l'intérieur à partir des points de débarquement américains se révéla aussi beaucoup plus lente que prévu, bien que la plus grande partie des forces allemandes et des renforts arrivés par la suite fussent occupés à essayer d'endiguer l'avance britannique sur le flanc est, près de Caen, ainsi que Montgomery l'avait d'ailleurs réellement calculé.

La percée sur le flanc ouest fut effectivement réalisée, conformement au plan de Montgomery, mais seulement à la fin juillet, soit Jour J + 56.

Il avait toujours été évident que si les Alliés pouvaient s'emparer d'une tête de pont suffisamment large et profonde pour pouvoir concentrer leurs forces sur la rive française de la Manche, le total de leurs ressources était tellement supérieur à celui de l'ennemi qu'il était inévitable qu'ils réalisent une percée dans un laps de temps plus ou moins long. Aucun barrage ne pouvait être assez fort pour contenir en permanence le flot de l'envahisseur si les Alliés pouvaient s'emparer d'un espace suffisant pour amasser leur immense puissance.

En fin de compte, la prolongation de la « bataille de la tête de pont » tourna à l'avantage des Alliés. Une fois de plus ce fut « un bien pour un mal ». En effet, le gros des forces allemandes du front ouest fut attiré dans la bataille, mais arriva de façon perlée à cause des divergences d'opinion au sein du Haut Commandement et de la gêne constante imposée par les forces aériennes alliées considérables qui dominaient les airs. Les divisions de Panzer, arrivées les premières sur place et utilisées pour boucher les trous, furent décimées les premières, privant ainsi l'ennemi de l'arme mobile dont il aurait eu besoin lorsque les combats se déroulèrent en terrain découvert. La ténacité même de la résistance, qui imposa un tel retard à la percée des troupes alliées, leur assura une route libre pour traverser la France une fois la percée réalisée.

Les Alliés n'auraient eu aucune chance de s'établir à terre sans leur totale suprématie aérienne. Ils durent beaucoup à l'appui de l'artillerie navale, mais le facteur décisif fut l'effet paralysateur de l'action des forces aériennes alliées placées sous les ordres du maréchal de l'Air Tedder, l'adjoint d'Eisenhower au Commandement suprême. En détruisant la plupart des ponts sur la Seine, à l'est, et sur la Loire, au sud, l'aviation transforma la zone de bataille normande en une zone d'isolement stratégique. Les réserves allemandes devaient faire de longs détours et étaient soumises à un tel harcèlement qu'elles subirent des retards incalculables et arrivèrent en petits groupes.

Mais les Alliés furent aussi redevables d'un conflit d'opinions au sein du camp allemand — entre Hitler et ses généraux et entre les généraux eux-mêmes.

Initialement, le plus gros handicap des Allemands résidait dans le fait qu'ils avaient près de 5 000 kilomètres de côtes à couvrir, depuis la Hollande jusqu'à Menton. Sur leurs 58 divisions, la moitié était d'un type statique et fixée dans des secteurs de cette longue ligne de côtes. Mais l'autre moitié consistait en divisions de campagne avec en particulier 10 divisions de

Panzer hautement mobiles. Cela donnait à l'ennemi la faculté de concentrer des forces en supériorité écrasante pour rejeter les envahisseurs à la mer avant qu'ils n'eussent eu le temps de s'établir fermement en nombre suffisant.

Le Jour J, la seule division de Panzer présente en Normandie à proximité de la zone de débarquement réussit à empêcher les Alliés de s'emparer, dès le premier jour, de la ville clé de Caen. Certains éléments de cette division parvinrent même à percer le front britannique et à atteindre la plage, mais ils n'étaient pas assez nombreux pour que cette percée eût des conséquences importantes.

Et même si les 3 divisions de Panzer (sur un total de 10) présentes sur les lieux à partir du quatrième jour avaient été en mesure d'intervenir dès le premier jour, les Alliés auraient pu être délogés de leurs premiers points de débarquement avant d'avoir eu le temps de faire leur jonction et de se consolider. Mais toutes les chances de lancer une telle contre-attaque puissante et rapide furent compromises par les désaccords qui régnaient au sein du Commandement allemand, tant au sujet du lieu probable du débarquement qu'à propos de la conduite à tenir pour y faire face.

Avant le déclenchement des opérations, l'intuition de Hitler se révéla supérieure aux calculs de ses généraux pour estimer le lieu probable du débarquement. Par la suite, en revanche, ses interférences continuelles et la rigidité de son contrôle des opérations enlevèrent toute chance à ses généraux de rétablir la situation et menèrent finalement au désastre.

Le maréchal von Rundstedt, commandant en chef sur le front occidental, pensait que l'invasion aurait lieu à l'endroit où la Manche était la plus étroite, entre Calais et Dieppe. Cette opinion s'appuyait sur la conviction que telle était la meilleure stratégie pour les Alliés. Mais elle était également entretenue par l'absence de renseignements. Aucune information importante ne filtra de « l'île à la bouche cousue » où s'assemblaient les armées d'invasion.

Le général Blumentritt, chef d'état-major de Rundstedt, confia plus tard, lors de l'un de ses interrogatoires, à quel point les services de Renseignements allemands étaient perplexes :

> « Nous recevions d'Angleterre très peu de nouvelles dignes de foi. [Nos services] nous envoyaient des rapports assez vagues sur les grandes zones de rassemblement des forces britanniques et américaines dans le sud de l'Angleterre. Nous avions un petit nombre d'agents allemands sur place qui nous adressaient des rapports par radio sur ce qu'ils voyaient [1]. Mais ils ne découvrirent pas grand-chose d'autre [...] aucune de nos informations ne nous donna d'indication précise quant au lieu de débarquement [2]. »

Mais, cependant, les soupçons de Hitler se portaient sur la Normandie. A partir du mois de mars il ne cessa d'envoyer à ses généraux des avertissements au sujet de la possibilité d'un débarquement entre Caen et Cherbourg.

1. Cette affirmation n'était étayée par aucune preuve sérieuse. *(N. de l'A.)*
2. Liddell Hart : *The Other Side of the Hill*, pp. 391-392.

Comment arriva-t-il à cette conclusion qui se révéla correcte? Le général Warlimont, qui faisait partie de son état-major, a déclaré que cette opinion était inspirée par la physionomie générale du dispositif des troupes en Angleterre, les Américains se trouvant dans le Sud-Ouest, ainsi que la conviction que les Alliés chercheraient à s'emparer le plus tôt possible d'un grand port et que Cherbourg semblait tout désigné pour répondre à leurs besoins... Il fut encore renforcé dans cette conclusion par des rapports oculaires faisant état de vastes exercices de débarquement dans le Devon sur une étendue de côtes plates et découvertes semblables à celles du secteur visé en Normandie.

Rommel, qui avait la responsabilité des troupes du littoral de la Manche, arriva à la même conclusion que Hitler. Au cours des derniers mois il fit des efforts fébriles pour hâter la construction d'obstacles sous-marins, de bunkers blindés et de champs de mines. Au mois de juin tous ces ouvrages étaient beaucoup plus denses qu'au printemps précédent. Mais, heureusement pour les Alliés, il n'eut ni le temps ni les ressources suffisantes pour amener les défenses de la côte normande au niveau désiré ni même à celui des défenses à l'est de la Seine.

Rommel était également en désaccord avec Rundstedt au sujet de la méthode à employer pour faire face à l'invasion. Rundstedt était en faveur d'une puissante contre-offensive destinée à écraser les Alliés après qu'ils auraient débarqué. Rommel était d'avis que cela interviendrait trop tard étant donné la maîtrise des airs possédé par les Alliés et la possibilité qu'ils avaient de retarder la concentration des réserves allemandes en vue d'une telle contre-offensive.

Il était certain que pour les Allemands la meilleure chance de vaincre les envahisseurs était de les affronter sur la côte avant qu'ils n'eussent complètement pris pied. L'état-major de Rommel a déclaré qu'il était « profondément influencé par le souvenir de la façon dont il avait été immobilisé pendant des jours et des jours en Afrique par une aviation loin d'être aussi puissante que celle à laquelle il avait affaire maintenant ».

En fin de compte, le plan adopté fut un compromis entre ces différentes idées et il tomba « entre deux chaises ». Pour aggraver les choses Hitler insista pour conserver le contrôle des opérations depuis Berchtesgaden et garda la haute main sur l'emploi des réserves.

Rommel ne disposait que d'une seule division de Panzer en Normandie et il l'avait disposée juste en arrière de Caen. Elle fut donc en mesure d'affronter les Anglais dès le Jour J. Il en avait demandé en vain une deuxième pour la disposer près de Saint-Lô — ce qui l'aurait située à proximité des plages où les Américains débarquèrent.

Le Jour J, les Allemands perdirent des heures précieuses en discussions. L'élément le plus proche de la réserve générale était le 1er corps de Panzer S.S., qui se trouvait au nord-ouest de Paris, mais Rundstedt ne pouvait pas le déplacer sans l'autorisation du Q.G. de Hitler. Blumentritt déclara :

« Dès 4 heures du matin, j'appelai le Q.G. de la part du maréchal von Rundstedt et demandai le déblocage de ce corps d'armée pour renforcer la puissance de frappe de Rommel. Mais j'essuyai un refus de Jodl, parlant au nom de Hitler. Il pensait que les débarquements en Normandie n'étaient qu'une feinte et il était sûr qu'un autre débarquement allait se déclencher à l'est de la Seine. La discussion continua jusqu'à 4 heures de l'après-midi, heure à laquelle nous reçûmes enfin l'autorisation d'utiliser ce corps [1]. »

Deux autres aspects étonnants de ce premier jour sont le fait que Hitler n'apprit la nouvelle du débarquement que très tard dans la matinée et, d'autre part, le fait que Rommel n'était pas sur place. Sans ces deux facteurs, les actions entreprises auraient peut-être été plus promptes et plus puissantes.

Comme Churchill, Hitler avait l'habitude de ne se coucher que bien après minuit ce qui était très épuisant pour son État-Major qui ne pouvait pas se lever tard mais était encore très souvent ensommeillé en vacant aux affaires de la matinée. Jodl, réticent à déranger la grasse matinée de Hitler, prit sur lui de refuser à Rundstedt le déblocage des réserves.

Celles-ci auraient peut-être été débloquées plus tôt si Rommel n'avait été absent de Normandie. En effet, ce dernier, à la différence de Rundstedt, téléphonait souvent directement à Hitler et avait encore auprès de lui une influence plus grande que celle de n'importe quel autre général. Mais Rommel avait quitté son Q.G. la veille pour se rendre en Allemagne. La force du vent et l'état de la mer semblant rendre un débarquement improbable pour le moment, il avait décidé de combiner une visite à Hitler pour lui demander d'envoyer davantage de divisions de Panzer en Normandie et une visite à son domicile, près d'Ulm, à l'occasion de l'anniversaire de sa femme. Tôt le matin, avant qu'il n'ait eu le temps de poursuivre sa route jusqu'auprès de Hitler, il fut averti du débarquement par un coup de téléphone. Il ne put regagner son Q.G. que dans la soirée et les Alliés avaient déjà eu la possibilité de s'établir solidement à terre.

Le général commandant l'armée de ce secteur de Normandie était également parti, pour diriger des manœuvres en Bretagne. Le commandant du corps de Panzer de réserve était en Belgique. On a raconté qu'un autre général de premier plan était absent, passant la nuit en galante compagnie. La décision d'Eisenhower de déclencher le débarquement malgré l'état de la mer tourna donc largement à l'avantage des Alliés.

Une caractéristique étrange des semaines qui suivirent fut le fait que Hitler, qui avait deviné le lieu du débarquement, devint obsédé, une fois que celui-ci eut été déclenché, par l'idée qu'il ne s'agissait que d'un préliminaire à un second débarquement plus important à l'*est* de la Seine. De ce fait, il répugnait à autoriser le déplacement de réserves de cette zone vers la Normandie. Cette croyance en un second débarquement était due à la suresti-

1. Liddell Hart : *The Other Side of the Hill*, p. 405.

mation grossière faite par les services allemands de Renseignements du nombre de divisions alliées encore disponibles en Angleterre. Ceci était en partie la conséquence du plan de camouflage britannique. Mais c'était également un nouveau résultat, et la preuve éloquente de l'imperméabilité de la Grande-Bretagne à l'espionnage.

Après l'échec des premières contre-mesures qui n'avaient visiblement pas réussi à empêcher les Alliés de se renforcer dans la tête de pont, Rundstedt et Rommel se rendirent bientôt compte qu'ils n'avaient aucune chance de tenir une ligne aussi occidentale.

En relatant la suite des événements, Blumentritt déclara :

> « En désespoir de cause, le maréchal von Rundstedt supplia Hitler de venir en France pour un entretien. En compagnie de Rommel, il se rendit à Soissons pour y rencontrer Hitler le 17 juin, et là les deux hommes essayèrent de lui faire comprendre la situation [...] Mais Hitler insista pour qu'il n'y eût aucun repli : " Vous devez rester là où vous êtes. " Il refusa même de nous accorder la moindre liberté supplémentaire dans l'emploi des forces [...] Du fait de son refus de modifier ses ordres, les troupes devaient continuer à s'accrocher à leur ligne sur le point de céder. Il n'y avait plus aucun plan. Nous ne faisions qu'essayer, sans espoir, d'obéir à l'ordre de Hitler selon lequel la ligne Caen-Avranches devait être tenue à tout prix [1]. »

Hitler balaya les avertissements de ses maréchaux en les assurant que la nouvelle arme V, la bombe volante, aurait bientôt un effet décisif sur le cours de la guerre. Les maréchaux demandèrent alors avec insistance que cette arme, si elle était si décisive, soit utilisée contre les plages de débarquement, ou, si cela présentait des problèmes techniques, contre les ports de chargement d'Angleterre méridionale. Hitler maintint qu'il fallait concentrer les bombardements sur Londres « afin de convertir les Anglais à la paix ».

Mais les bombes volantes n'eurent pas l'effet escompté par Hitler, tandis que les Alliés accentuaient leur pression en Normandie. Un jour que le Q.G. de Hitler lui demandait par téléphone : « Que faut-il faire ? », Rundstedt répliqua : « Mettre un terme à la guerre ! Que pouvez-vous faire d'autre ? » La solution adoptée par Hitler fut de limoger Rundstedt et de le remplacer par Kluge, qui venait du front russe.

« Le maréchal von Kluge était un militaire robuste du genre agressif », raconte Blumentritt. « Au début il se montra très enjoué et confiant, comme tous les chefs qui viennent d'être nommés [...] En l'espace de quelques jours il adopta un ton très sobre et mesuré. Hitler n'apprécia pas ce changement de ton dans ses rapports [2]. »

Le 17 juillet, Rommel fut grièvement blessé dans un accident de voiture à la suite d'une attaque aérienne alliée sur la route qu'il empruntait. Puis, trois jours plus tard, le 20, eut lieu la tentative d'assassinat contre Hitler à

---

1. Liddell Hart : *The Other Side of the Hill*, p. 409.
2. *Ibid.*, p. 413.

son Q.G. de Prusse-Orientale. La bombe des conspirateurs manqua son principal objectif, mais l' « onde de choc » eut de terribles répercussions sur la bataille du front ouest au moment critique. Blumentritt se rappelle :

« Lorsque la Gestapo fit son enquête sur la conspiration [...] elle découvrit des documents mentionnant le nom du maréchal von Kluge. Celui-ci se trouva donc gravement soupçonné. Par la suite, un autre incident aggrava encore les choses. Peu après la percée du général Patton en Normandie, pendant que la bataille décisive d'Avranches était en cours, le maréchal von Kluge fut coupé de son Q.G. pendant plus de douze heures. L'explication réside dans le fait qu'il était parti sur le front et y avait été bloqué par un intense bombardement d'artillerie [...] Dans l'entre-temps, nous avions été soumis à un " bombardement " de l'arrière. En effet, l'absence prolongée du maréchal avait aussitôt excité les soupçons de Hitler, étant donnés les documents découverts antérieurement [...] Hitler soupçonnait le maréchal de s'être rendu en première ligne pour entrer en contact avec les Alliés et négocier une reddition. Le retour du maréchal ne calma pas Hitler. A partir de cette date les ordres que lui envoya Hitler furent rédigés d'une manière brutale et même injurieuse. Le maréchal s'inquiéta beaucoup. Il craignait à tout moment d'être arrêté, tout en se rendant compte chaque jour davantage qu'il ne pourrait pas prouver sa loyauté par un succès sur le champ de bataille.

« Tous ces événements compromirent gravement les chances qu'il restait éventuellement d'empêcher les Alliés de percer. Dans les jours de crise, le maréchal von Kluge n'accordait qu'une partie de son attention aux événements du front. Il regardait par-dessus son épaule avec anxiété, en direction du Q.G. de Hitler.

« Il n'était pas le seul général à être dans cet état pour cause de complot contre Hitler. La crainte imprégnait et paralysait les sphères du Haut Commandement au cours des semaines et des mois qui suivirent [1]. »

Le 25 juillet, la Ire armée U.S. lança une nouvelle offensive, tandis que la IIIe armée de Patton, récemment débarquée, se tenait prête pour l'exploitation. Les Allemands avaient engagé leurs dernières réserves pour arrêter les Anglais. Le 31, l'avant-garde américaine rompit le front à Avranches. S'engouffrant dans la brèche, les chars de Patton envahirent rapidement le terrain plat qui s'étendait au-delà. Sur les ordres de Hitler, les restes des unités de Panzer furent réunis dans une force improvisée et lancés dans une tentative désespérée pour couper l'étranglement d'Avranches. Cette tentative échoua, ce qui fit dire à Hitler d'un ton sarcastique : « Elle échoua seulement parce que Kluge ne voulait pas qu'elle réussît. » Tout ce qui restait des armées allemandes essaya alors de s'échapper du piège dans lequel l'interdiction par Hitler de tout repli en temps utile l'avait enlisé. Une grande partie de ces troupes fut enfermée dans la « poche de Falaise » et les rescapés durent abandonner le plus clair de leurs armes lourdes et de leur équipement en retraversant la Seine.

---

1. *Ibid.*, pp. 414-415.

Kluge fut alors limogé. On le découvrit mort dans sa voiture sur le chemin du retour. Il avait avalé une capsule de cyanure, croyant, comme l'expliqua son chef d'état-major, « qu'il serait arrêté par la Gestapo dès qu'il arriverait chez lui ».

Les Allemands ne furent pas les seuls à connaître des dissensions orageuses au sein de leur Haut Commandement. Heureusement les querelles n'eurent pas, chez les Alliés, des conséquences aussi graves pour le résultat final ou pour les individus, même si les sentiments douloureux qui subsistèrent eurent des effets néfastes par la suite.

La plus grosse « empoignade » en coulisse eut lieu au sujet d'une percée que les forces britanniques faillirent réaliser quinze jours avant que les Américains ne réussissent effectivement à rompre le front à Avranches. Ce coup fut porté par la IIe armée britannique de Dempsey, à l'extrémité opposée du front, à l'est de Caen.

Ce fut l'attaque de chars la plus massive de toute la campagne; elle fut lancée par 3 divisions blindées fortement concentrées. Elles avaient été discrètement assemblées dans la petite tête de pont sur l'Orne et elles en sortirent en trombe au matin du 18 juillet après qu'un immense tapis de bombes eut été lâché pendant deux heures par 2 000 bombardiers lourds et moyens. Les Allemands du secteur furent abasourdis et la plupart des prisonniers faits ce jour-là étaient à un tel point assourdis par le bruit des explosions qu'il fallut attendre au moins vingt-quatre heures pour procéder à leur interrogatoire.

Mais les défenses étaient plus profondes que ne le pensaient les services de Renseignements britanniques.

Rommel, qui s'attendait à une attaque de ce genre, avait accéléré leur renforcement jusqu'à ce que, la veille de l'offensive, il fût lui-même mis hors de combat par un avion anglais à proximité du village bien nommé de Sainte-Foy-de-Montgomery. De plus, l'ennemi avait entendu le grondement que faisaient les chars britanniques en avançant vers l'est dans la nuit en vue de l'offensive. Dietrich, le général allemand qui commandait le corps d'armée, déclara qu'il avait pu les entendre à plus de 6 kilomètres malgré les bruits divers qui les masquaient, en posant son oreille contre terre — un truc qu'il avait appris en Russie.

Les espoirs de ce brillant début s'évanouirent peu après le franchissement des premiers niveaux du système défensif. La division blindée qui avançait en tête, au lieu de contourner les points fortifiés des villages de l'arrière, les affronta au milieu d'une certaine confusion. Les autres divisions furent retardées par des embouteillages en sortant de l'étroite tête de pont et l'avant-garde avait déjà dû arrêter sa progression lorsqu'elles arrivèrent sur les lieux. Dès l'après-midi, on pouvait considérer que la magnifique occasion avait été manquée.

Cet échec a longtemps été enveloppé de mystère. Dans son rapport, Eisenhower mentionna cette opération comme une tentative de « percée » et parla

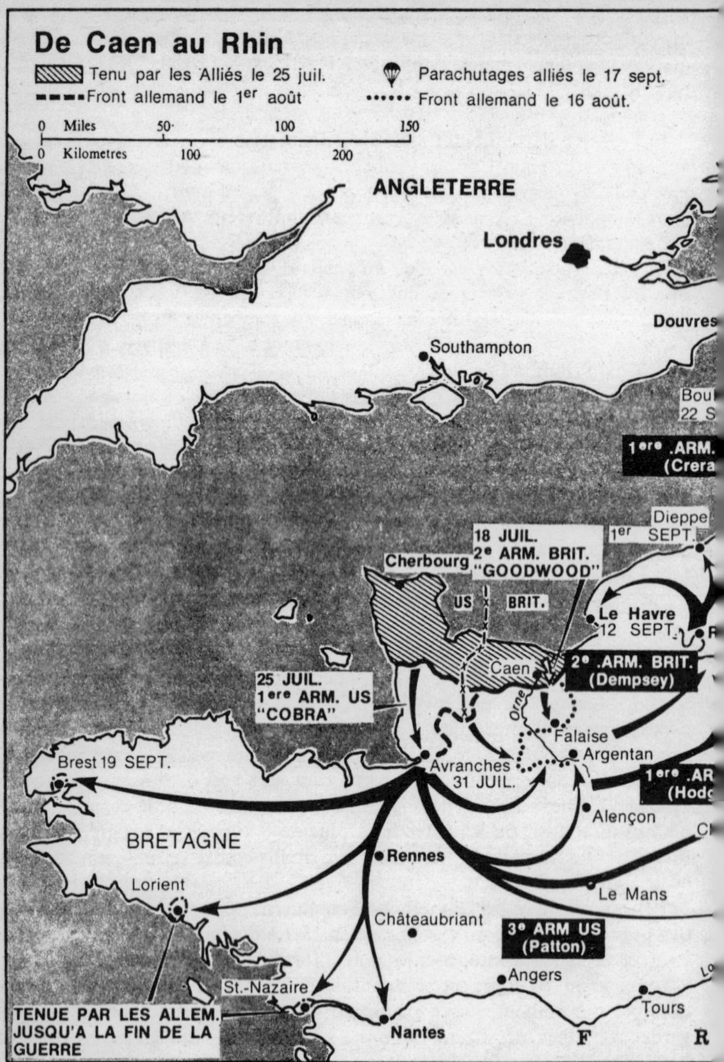

De Caen au Rhin
Tenu par les Alliés le 25 juil.
Front allemand le 1er août
Parachutages alliés le 17 sept.
Front allemand le 16 août.
0 Miles 50 100 150
0 Kilometres 100 200
ANGLETERRE
Londres
Douvres
Southampton
Bou
22 S
1ere .ARM.
(Crera
Dieppe
1er SEPT.
18 JUIL.
2e ARM. BRIT.
"GOODWOOD"
Cherbourg
US
BRIT.
Le Havre
12 SEPT.
Caen
2e .ARM. BRIT.
(Dempsey)
25 JUIL.
1ere ARM. US
"COBRA"
Orne
Falaise
Argentan
Brest 19 SEPT.
Avranches
31 JUIL.
1ere .AR
(Hod
Alençon
BRETAGNE
Rennes
Lorient
Le Mans
Châteaubriant
3e ARM US
(Patton)
Angers
St.-Nazaire
Tours
TENUE PAR LES ALLEM.
JUSQU'A LA FIN DE LA
GUERRE
Nantes
F
R

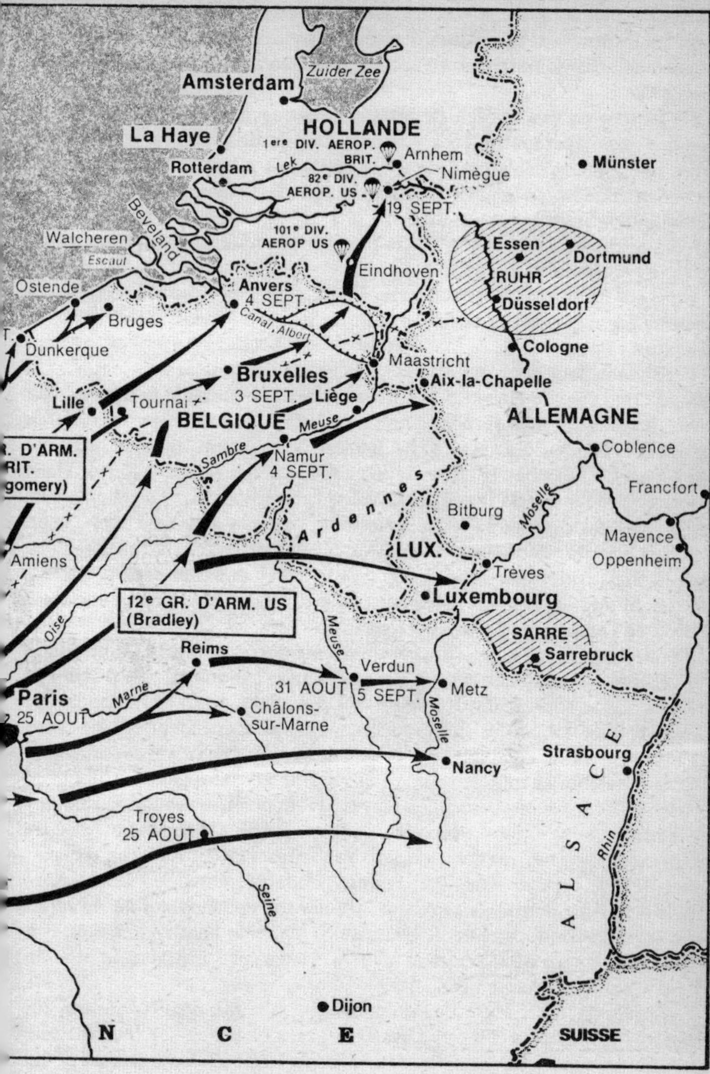

Zuider Zee
Amsterdam
HOLLANDE
La Haye
1ère DIV. AEROP. BRIT.
Arnhem
Rotterdam
Lek
Münster
82e DIV. AEROP. US
Nimègue
19 SEPT.
Beveland
Walcheren
Escaut
101e DIV. AEROP US
Essen
Dortmund
RUHR
Eindhoven
Ostende
Anvers
4 SEPT.
Düsseldorf
Bruges
Canal Albert
Dunkerque
Cologne
Maastricht
Bruxelles
Aix-la-Chapelle
3 SEPT.
Liège
Lille
Tournai
ALLEMAGNE
BELGIQUE
Meuse
. D'ARM.
RIT.
gomery)
Sambre
Namur
4 SEPT.
Coblence
Francfort
Ardennes
Bitburg
Moselle
Mayence
Oppenheim
LUX.
Amiens
Trèves
Luxembourg
12e GR. D'ARM. US
(Bradley)
Oise
Meuse
SARRE
Sarrebruck
Reims
Verdun
31 AOUT
5 SEPT.
Metz
Paris
25 AOUT
Marne
Châlons-sur-Marne
Moselle
Strasbourg
Nancy
ALSACE
Troyes
25 AOUT
Rhin
Seine
Dijon
N C E
SUISSE

d'une « exploitation en direction du bassin de la Seine et de Paris ». Mais tous les historiens britanniques d'après-guerre déclarent qu'elle n'avait pas d'objectifs aussi lointains et qu'aucune percée n'avait jamais été envisagée sur ce flanc.

Ils suivent en cela le récit de Montgomery lui-même qui insistait sur le fait que cette opération n'était « qu'une bataille de positions », destinée à créer une « menace » pour faciliter la prochaine offensive américaine « et secondairement pour gagner du terrain afin de pouvoir y assembler des forces importantes prêtes à attaquer vers le sud et le sud-est lorsque les forces américaines avanceraient vers l'est pour faire leur jonction avec elles après la percée ».

Dans ses Mémoires d'après-guerre, Eisenhower glisse discrètement sur la question en se gardant de faire la moindre allusion à cette bataille; alors que Churchill se contente de la mentionner.

Cependant, tous ceux qui étaient dans les coulisses du Haut Commandement à cette époque étaient douloureusement au courant de la tempête qui s'était déclenchée. Les responsables de l'aviation étaient très en colère, en particulier Tedder. La lecture du Journal du capitaine Butcher, aide de camp naval d'Eisenhower, nous révèle l'humeur qui régnait alors. « Dans la soirée, Tedder appela Ike et lui déclara qu'en réalité Monty avait empêché ses blindés de continuer leur progression. Ike était fou furieux. » Selon Butcher, Tedder téléphona à Eisenhower le lendemain depuis Londres pour lui laisser entendre que les chefs d'état-major britanniques étaient prêts à limoger Montgomery si on le leur demandait. Néanmoins Tedder nie cette version de l'affaire dans son propre récit [1].

Il était donc naturel que, du côté de Montgomery, la réaction immédiate à de tels propos soit d'affirmer qu'il n'avait jamais été question de percer sur ce flanc. Cette affirmation devint bientôt un article de foi et a depuis été accepté comme tel par les chroniqueurs militaires. Cependant elle ne cadre pas avec le nom de code donné à cette offensive, « Opération *Goodwood* », d'après le célèbre champ de course anglais. Elle ne cadre pas non plus avec les termes (« nous avons percé ») employés par Montgomery lorsqu'il annonça que l'attaque venait d'avoir lieu, le 18 juillet. De plus il semble difficile de comprendre qu'après qu'il eut déclaré être « très satisfait de la progression accomplie » le premier jour, il ait renoncé à une opération de même envergure le deuxième jour. Cela provoqua la colère des responsables de l'aviation qui n'auraient jamais accepté de consacrer la flotte de bombardiers lourds à l'appui d'une opération terrestre s'ils n'avaient pas cru que le but de celle-ci était une percée en masse.

L'affirmation postérieure de Montgomery était une demi-vérité qui lui faisait tort par certains côtés. Il n'avait pas prévu de percer sur ce flanc et ne comptait pas sur un tel résultat. Mais il aurait été absurde de sa part de ne

---

1. Lord Tedder : *With Prejudice*, p. 563.

pas prévoir la possibilité d'un effondrement allemand sous le coup de son attaque massive et de ne pas exploiter celui-ci si c'était le cas.

Dempsey, qui commandait la IIe armée, pensait qu'un effondrement rapide était vraisemblable et il s'était porté au Q.G. du corps blindé afin d'être prêt à l'exploiter : « Mon idée était de m'emparer de tous les points de traversée de l'Orne, de Caen à Argentan » — ce qui aurait eu pour effet d'établir un barrage à l'arrière des troupes allemandes, les prenant ainsi au piège plus sûrement qu'une percée américaine à partir du flanc ouest. Les espoirs de Dempsey furent tout près de se réaliser le 18 juillet à midi. Quand on sait ce qu'il pensait faire, les nombreuses affirmations selon lesquelles il n'était pas question d'essayer d'atteindre Falaise deviennent amusantes, car Argentan, qu'il s'était fixé comme but, était près de deux fois plus loin.

Dempsey fut également assez avisé pour se rendre compte que la faillite de ses espoirs pouvait tourner à l'avantage des Alliés sous un certain angle. A l'un des membres de son état-major qui le pressait de protester contre les critiques de l'échec de *Goodwood* parues dans la presse, il répondit : « Ne vous en faites pas, cela facilitera notre tâche en nous fournissant la meilleure couverture possible. » La réussite de la percée américaine sur l'autre flanc fut certainement due en partie à la façon dont l'attention de l'ennemi avait été attirée sur la menace de percée aux abords de Caen.

Cependant la percée d'Avranches, beaucoup plus à l'ouest, n'offrait pas les mêmes chances d'isoler immédiatement les forces allemandes. Il fallait, pour atteindre ce but, que les Américains progressent très rapidement vers l'est ou que l'ennemi se laisse prendre au piège en restant trop longtemps sur ses positions.

En fin de compte, lorsque la percée d'Avranches fut réalisée, le 31 juillet, il n'y avait que quelques bataillons allemands dispersés dans le couloir de 150 kilomètres de large qui séparait cette ville de la Loire. L'avant-garde américaine aurait donc pu continuer vers l'est sans rencontrer d'opposition. Mais le Haut Commandement allié rejeta la plus belle chance d'exploiter cette occasion en s'en tenant au programme, maintenant dépassé, établi avant le débarquement, selon lequel l'étape suivante devait consister en un mouvement vers l'ouest pour s'emparer des ports bretons [1].

1. La percée d'Avranches fut réalisée par la 4e division blindée américaine sous les ordres de John S. Wood. Peu avant le débarquement j'avais passé deux jours en sa compagnie et il m'avait donné l'impression d'être plus conscient que quiconque des possibilités d'une exploitation en profondeur et de l'importance de la vitesse. Patton lui même, en conversant avec moi, s'était fait l'écho de l'opinion du Haut Commandement selon laquelle il fallait que les forces alliées « en reviennent aux méthodes de 1918 » et qu'elles n'avaient aucune chance de répéter le même genre d'avances rapides et profondes que les Allemands, en particulier Guderian et Rommel, avaient réalisées en 1940.

En me racontant par la suite ce qui s'était passé après la percée, Wood déclara : « L'idée d'une avance blindée profonde était totalement absente de l'esprit de nos grands chefs. Je dépendais encore de la Ire armée et celle-ci ne pouvait pas réagir assez vite. Lorsqu'elle réagit enfin, ce fut pour envoyer les 2 divisions blindées situées sur les ailes engager des

Le mouvement de diversion pour s'emparer des ports bretons n'amena aucun avantage. En effet les Allemands résistèrent dans Brest jusqu'au 19 septembre (soit 41 jours après que Patton eut annoncé prématurément la prise de la ville), tandis que Lorient et Saint-Nazaire restèrent aux mains de l'ennemi jusqu'à la fin de la guerre.

Deux semaines s'écoulèrent avant que les forces américaines atteignissent Argentan et parvinssent au niveau de l'aile gauche britannique qui était toujours arrêtée juste après Caen. Cela donna lieu à de nouvelles récriminations. En effet, lorsque Patton reçut l'ordre de ne pas continuer sa route vers le nord pour fermer le piège et barrer la route de repli des Allemands, de crainte d'une collision avec les forces britanniques, il s'exclama au téléphone : « Laissez-moi atteindre Falaise et nous repousserons les Anglais à la mer comme à Dunkerque! »

Il est évident que les Allemands auraient largement eu le temps de se replier sur la Seine pour y constituer une forte ligne défensive, si Hitler ne s'était pas entêté dans son interdiction stupide « de tout repli ». C'est grâce à sa folie que les Alliés purent regagner les occasions perdues et libérer la France en automne.

La guerre aurait facilement pu être terminée en septembre 1944. Le gros des forces allemandes de l'ouest avait été jeté dans la bataille de Normandie et y avait été maintenu par les ordres de Hitler interdisant tout repli, jusqu'à ce qu'il s'effondrât et qu'une grande partie fût prise au piège. Le résidu était hors d'état d'opposer une résistance pour l'instant et il fut rapidement rattrapé dans sa retraite (la plupart du temps à pied) par les colonnes mécanisées anglo-américaines. Lorsque les Alliés s'approchèrent de la frontière allemande, début septembre, aucune résistance organisée ne pouvait les empêcher de poursuivre leur route jusqu'au cœur de l'Allemagne [1].

Le 3 septembre, une avant-garde de la IIe armée britannique, la division blindée de la Garde, fit irruption dans Bruxelles après avoir parcouru depuis le matin les 120 kilomètres qui séparent la capitale belge de son point de départ, dans le nord de la France. Le lendemain, la 11e division blindée, qui avait avancé à la même vitesse, atteignit Anvers et s'empara des immenses docks intacts avant que les Allemands eussent eu le temps de faire sauter les installations.

---

opérations de siège devant Lorient et Brest, à 180° de l'ennemi principal. Cette décision fatidique fut prise le 4 août. Je protestai longuement et vigoureusement, et fit avancer mes colonnes de chars dans Châteaubriant (sans avoir reçu d'ordre) et ma cavalerie blindée jusque dans la banlieue d'Angers et le long de la Loire, prête à marcher sur Chartres. J'aurais pu atteindre cette dernière ville, en plein cœur du dispositif vital de l'ennemi, en deux jours. Mais non! nous fûmes contraints de respecter le plan original avec les seuls blindés disponibles et qui étaient prêts à couper l'ennemi en pièces. Ce fut l'une des décisions les plus colossalement stupides de cette guerre. »

1. J'étudiai cette question aussitôt après la guerre, en interrogeant les généraux allemands principalement concernés. Le général Blumentritt, qui était chef d'état-major sur le front occidental, résuma la situation en une phrase : « Il n'y avait aucune force allemande derrière le Rhin et, à la fin août, notre front était grand ouvert. » *The Other Side of the Hill*, p. 428.

Le même jour, l'avant-garde de la Ire armée américaine s'emparait de Namur, sur la Meuse.

Quatre jours plus tôt, le 31 août, l'avant-garde de la IIIe armée américaine de Patton avait traversé la Meuse à Verdun, 150 kilomètres plus au sud. Le lendemain, des patrouilles avaient atteint la Moselle près de Metz, une soixantaine de kilomètres plus à l'est, sans rencontrer d'opposition. Là, elles étaient à moins de 50 kilomètres de la grande zone industrielle de la Sarre, à la frontière allemande, et à quelque 150 kilomètres du Rhin. Mais le reste de l'armée n'était pas en mesure de suivre le rythme de cette avance jusqu'à la Moselle du fait d'une pénurie d'essence qui ne lui permit d'atteindre cette rivière que le 5 septembre.

A cette date l'ennemi était parvenu à réunir 5 divisions improvisées et faibles, armées de canons antichars en nombre insuffisant et chargées de défendre la Moselle face aux 6 puissantes divisions américaines qui constituaient l'avant-garde de Patton.

Pendant ce temps, les Anglais étaient entrés dans Anvers qui se trouve également à 150 kilomètres du point où le Rhin pénètre dans la Ruhr, la plus grande zone industrielle allemande. Si la Ruhr était envahie, Hitler serait obligé d'arrêter la guerre.

A cet endroit, les Anglais avaient en face d'eux une brèche béante de plus de 150 kilomètres de large. Les Allemands ne disposaient à ce moment d'aucune force pour la défendre. On a rarement vu dans une guerre une telle occasion.

Quand Hitler apprit la situation, dans son lointain Q.G. de Prusse-Orientale, il appela au téléphone, dans l'après-midi du 4 septembre, le général Student, chef des troupes parachutistes, qui se trouvait à Berlin. Student reçut l'ordre d'assurer la défense de ce flanc découvert depuis Anvers jusqu'à Maastricht et de renforcer une ligne suivant le cours du canal Albert avec les troupes qu'il pourrait dénicher en Hollande. En même temps toutes les unités de parachutistes qui s'entraînaient aux quatre coins de l'Allemagne devaient être envoyées de toute urgence dans le secteur. Ces unités furent mises en état d'alerte et embarquées à bord de trains spéciaux aussi rapidement que possible. Les unités nouvellement constituées ne perçurent leur armement qu'en descendant des trains pour gagner le front à marche forcée. Cependant le total de ces troupes parachutistes n'était que d'environ 18 000 hommes, soit à peine l'équivalent de l'effectif d'une division alliée.

Ce ramassis d'éléments dépareillés reçut le nom de Ire armée parachutiste, titre bien ronflant qui masquait une multitude de faiblesses. Pour tenter de garnir les rangs clairsemés on appela des agents de police, des marins, des malades ou des blessés en convalescence et même des garçons de seize ans. Les armes n'étaient pas assez nombreuses. De plus le canal Albert n'avait pas été préparé en vue d'une défense sur la rive nord, il n'y avait pas de fortifications ni même de tranchées.

Après la guerre, le général Student déclara :

« L'entrée soudaine des forces blindées anglaises dans Anvers prit le Q. G. du Führer totalement par surprise. A ce moment-là nous n'avions aucune troupe de réserve digne de ce nom ni sur le front ouest ni sur le territoire de notre pays. Je pris le commandement de l'aile droite du front occidental sur le canal Albert le 4 septembre. Je ne disposais alors que d'unités composées de nouvelles recrues ou de convalescents et d'1 division de défense côtière arrivée de Hollande. Ces éléments furent renforcés par un détachement de Panzer comportant seulement 25 chars et canons automoteurs [1]. »

A cette époque, ainsi que le révèlent les archives tombées aux mains des Alliés, les Allemands disposaient d'à peine une centaine de chars pour tout le front ouest face à plus de 2 000 chars dans les avant-gardes alliées. Ils n'avaient, d'autre part, que 570 avions en état de vol pour les appuyer, alors que plus de 14 000 appareils anglo-américains opéraient sur le front occidental. Les Alliés disposaient donc d'une supériorité numérique de 20 contre 1 en matière de chars et de 25 contre 1 en matière d'aviation.

Mais, au moment précis où la victoire complète semblait à portée de la main, la ruée des troupes alliées tomba au point mort. Au cours des deux semaines suivantes, jusqu'au 17 septembre, elles progressèrent très peu.

Le 7, l'avant-garde britannique reprit son avance après une pause pour « réparer le matériel, refaire les pleins et reposer les hommes ». Elle s'empara bientôt d'un point de traversée sur le canal Albert à l'est d'Anvers. Mais, au cours des jours suivants, elle n'avança que de 30 kilomètres jusqu'au canal de la Meuse à l'Escaut. Cette petite étendue de lande marécageuse était coupée de petites rivières et les parachutistes allemands combattirent avec un courage désespéré, opposant une résistance hors de proportion avec leur effectif.

La Ire armée américaine parvint au niveau des Anglais, mais ne poussa pas plus avant. La plus grande partie de cette armée s'engagea dans la ceinture fortifiée et la région de houillères qui entourent la ville d'Aix-la-Chapelle, laquelle défend cette porte d'entrée historique vers l'Allemagne. Les Américains furent bloqués et enlisés dans ce secteur tandis que les meilleures occasions s'envolaient. En effet, lorsqu'ils atteignirent la frontière allemande, les 130 kilomètres qui s'étendent entre la région d'Aix-la-Chapelle et celle de Metz n'étaient défendus que par 8 bataillons ennemis étirés à travers les collines et les bois des Ardennes. Les Allemands avaient su tirer le meilleur parti de ce terrain accidenté pour lancer leur offensive blindée surprise sur la France en 1940. En prenant des chemins apparemment plus faciles pour entrer en Allemagne, les Alliés rencontraient plus de difficultés.

On pouvait s'en apercevoir au sud comme au nord. La IIIe armée de Patton, qui avait commencé de traverser la Moselle dès le 5 septembre, n'avait guère progressé deux semaines — et même deux mois — plus tard. Elle fut bloquée dans son offensive contre la ville fortifiée de Metz et les

1. Liddell Hart : *The Other Side of the Hill*, p. 429.

villes voisines où les Allemands s'étaient concentrés plus qu'ailleurs dès le départ.

A la mi-septembre, les Allemands avaient renforcé leurs défenses sur toute la longueur du front et surtout dans le secteur le plus septentrional menant à la Ruhr, là où la brèche avait été la plus béante. C'était d'autant plus malheureux que Montgomery était maintenant en train de mettre sur pied une nouvelle grande offensive dans ce secteur, pour le 17 septembre, en vue d'atteindre le Rhin à Arnhem. Il prévoyait d'employer la Ire armée aéroportée alliée, récemment créée, pour ouvrir le chemin à la IIe armée britannique.

Cette offensive fut arrêtée avant d'avoir pu atteindre son but et une bonne partie de la 1re division aéroportée britannique, qui avait été lâchée sur Arnhem, y fut isolée et contrainte de se rendre après avoir essayé de résister jusqu'à ce qu'elle soit dégagée en faisant preuve d'un courage qui est demeuré légendaire. Le mois suivant fut consacré par la Ire armée américaine à écraser les défenses d'Aix-la-Chapelle, pendant que Montgomery engageait la Ire armée canadienne pour réduire les deux « poches » allemandes (sur la côte, à l'est de Bruges, et dans l'île de Walcheren) qui commandaient l'entrée de l'estuaire de l'Escaut menant à Anvers, interdisant ainsi l'emploi du port au moment de l'offensive sur Arnhem. Cette opération se révéla longue et pénible et ne fut terminée qu'au début novembre.

Par ailleurs, la concentration des forces allemandes sur le front du Rhin progressait plus vite que celle des Alliés, malgré l'infériorité des Allemands en ressources matérielles. A la mi-novembre une offensive générale fut lancée par les 6 armées alliées du front occidental. Les gains furent décevants pour un prix élevé. Les Alliés n'atteignirent le Rhin qu'à l'extrême sud, en Alsace, ce qui n'était pas très important. Au nord, ils durent s'arrêter à près de 50 kilomètres du fleuve, là où celui-ci protégeait la zone vitale de la Ruhr. Cette zone ne fut atteinte qu'au printemps 1945.

Le prix payé par les armées alliées pour avoir manqué cette occasion du début septembre fut extrêmement lourd. Sur le total de 750 000 hommes perdus au cours de la libération de l'Europe occidentale, 500 000 furent perdus après l'échec de septembre. L'humanité paya un prix encore plus lourd avec les millions d'hommes et de femmes qui moururent pour faits de guerre et dans les camps de concentration allemands à cause du prolongement des hostilités. D'autre part, si l'on regarde les choses à plus long terme, en septembre le flot des armées soviétiques n'avait pas encore atteint l'Europe centrale.

Quelles furent les causes de cette erreur aux conséquences si catastrophiques ? Les Anglais ont fait porter le blâme sur les Américains et les Américains l'ont fait porter sur les Anglais. A la mi-août, une discussion s'était ouverte entre eux au sujet de la conduite à suivre pour les armées alliées après la traversée de la Seine.

Étant donné le rythme croissant de l'arrivée des renforts, les forces alliées de Normandie avaient été divisées, le 1er août, en 2 groupes d'armées, chacun comprenant 2 armées. Le 21e Groupe d'armées, placé sous les ordres de Montgomery, comprenait uniquement les Britanniques et les Canadiens, tandis que les Américains formaient le 12e Groupe d'armées sous les ordres d'Omar Bradley. Mais Eisenhower, chef suprême des forces alliées, décida que Montgomery continuerait d'assurer le contrôle opérationnel et la « coordination tactique » des 2 Groupes d'armées jusqu'à ce que lui-même eût installé son propre Q.G. sur le continent pour prendre le contrôle direct des opérations, ce qui fut fait le 1er septembre. Ces dispositions intérimaires, d'un caractère mal défini et délicat, avaient été inspirées par l'esprit de conciliation d'Eisenhower et sa considération pour les sentiments de Montgomery, ainsi que par son estime pour la plus grande expérience de ce dernier. Mais, comme c'est trop souvent le cas, ce compromis dicté par de bonnes intentions entraîna des frictions.

Le 17 août, Montgomery avait suggéré à Bradley « qu'après la traversée de la Seine, les 12e et 21e Groupes d'armées restent réunis, formant une masse compacte de 40 divisions dont la puissance lui permettrait de n'avoir peur de rien. Ces forces avanceraient *vers le nord* » en direction d'Anvers et d'Aix-la-Chapelle « avec *les Ardennes sur leur flanc droit* [1] ».

Les termes de cette proposition tendent à montrer que Montgomery ne s'était pas encore rendu compte de l'étendue de l'effondrement ennemi, ni de la difficulté d'assurer le ravitaillement d'une telle « masse compacte », à moins que celle-ci ne progresse à petite allure.

De son côté, Bradley avait envisagé avec Patton l'idée d'une poussée *vers l'est* pour atteindre le Rhin au sud de Francfort en traversant la Sarre. Bradley voulait faire de cette poussée l'avance principale, en utilisant les deux armées américaines dans cette direction. Cela ramenait l'avance vers le nord à un rôle secondaire et ne séduisait donc pas Montgomery, de plus, celle-ci ne mènerait pas directement à la Ruhr.

Eisenhower se trouvait maintenant dans la position inconfortable d'un chef tiré de part et d'autre par ses deux principaux subordonnés. Le 22 août il examina les propositions divergentes et en parla le lendemain avec Montgomery qui souligna l'importance de concentrer les forces en « une seule avance » et de consacrer la plus grande partie du ravitaillement à celle-ci. Cela entraînerait l'arrêt de l'avance vers l'est de Patton au moment où elle progressait à toute vitesse. Eisenhower essaya de montrer les difficultés politiques. « Le public américain ne l'accepterait jamais. » Les Anglais n'avaient pas encore atteint le cours inférieur de la Seine, alors que les troupes de Patton les avaient déjà dépassés de plus de 150 kilomètres et se trouvaient à quelque 300 kilomètres du Rhin.

Face à ces arguments contradictoires, Eisenhower chercha une solution acceptable dans un compromis. L'avance vers le nord à travers la Belgique recevrait la priorité pour l'instant, tandis que la Ire armée américaine

---

1. Les italiques sont de l'auteur.

progresserait vers le nord aux côtés des Britanniques pour aider et protéger leur flanc droit ainsi que Montgomery le demandait, afin d'assurer le succès de l'avance. La plus grosse partie du ravitaillement et des moyens de transport disponibles seraient consacrés à cette opération, au détriment de celle de Patton. Mais, une fois Anvers libérée, les armées alliées reviendraient au plan établi avant le débarquement et prévoyant d'avancer vers le Rhin « sur un large front à la fois au nord et au sud des Ardennes ».

Le compromis ne fut du goût d'aucun des subordonnés d'Eisenhower, mais ils n'exprimèrent pas leur mécontentement aussi haut que plusieurs mois ou années plus tard, lorsque chacun d'entre eux eut le sentiment d'avoir été privé de la victoire à cause de cette décision. Patton l'appela « la plus grosse erreur de la guerre ».

Sur l'ordre d'Eisenhower, le ravitaillement de la IIIe armée de Patton fut réduit à 2 000 tonnes par jour, contre 5 000 à la Ire armée de Hodges. Bradley raconte que Patton arriva à son Q.G. en « beuglant comme un bœuf » et hurla : « Au diable Hodges et Monty! Nous gagnerons votre foutue guerre si vous donnez à la IIIe armée les moyens de continuer. »

Refusant de se soumettre aux réductions de ravitaillement, Patton ordonna à son avant-garde de continuer de foncer tant qu'il y aurait de l'essence, « puis de continuer à pied ». Les chars atteignirent la Meuse le 31 août, avant de manquer d'essence. La veille, l'armée de Patton n'avait reçu que 145 000 litres d'essence au lieu des 1 800 000 quotidiennement nécessaires, et il fut informé qu'il n'en recevrait pas d'autre avant le 3 septembre. Le 2, rencontrant Eisenhower à Chartres, Patton explosa : « Mes hommes peuvent toujours manger leur ceinturon, mais mes chars ne peuvent pas se passer d'essence. »

Après la prise d'Anvers, le 4 septembre, Patton reçut à nouveau la même quantité de ravitaillement que la Ire armée pour continuer son avance vers le Rhin par l'est. Mais il rencontra cette fois une résistance beaucoup plus forte et sa progression fut bientôt arrêtée sur la Moselle. Cela l'incita à se plaindre d'autant plus violemment de la façon dont il avait été privé d'essence au profit de Montgomery au cours de la cruciale dernière semaine d'août. Il avait le sentiment que Ike avait placé l'harmonie avant la stratégie et sacrifié la meilleure chance d'obtenir une victoire précoce à son désir d'apaiser « l'appétit insatiable de Monty ».

De son côté, Montgomery considérait l'idée d'Eisenhower d'un « front large » en direction du Rhin comme fondamentalement erronée, et il était opposé à toute distraction de ravitaillement au profit de Patton tant que le résultat de sa propre avance était encore incertaine. Ses protestations se firent naturellement plus véhémentes après que son avance sur Arnhem eut échoué. Il avait le sentiment que la pression exercée par Patton sur Bradley et par Bradley sur Eisenhower avait été décisive et avait ruiné les chances de son propre plan.

On peut facilement comprendre la désapprobation par Montgomery de tout effort qui ne contribuait pas directement à aider le sien. Superficiellement, ses protestations devant la décision d'Eisenhower de reprendre une double avance semblent si évidemment justifiées que la plupart des commentateurs britanniques de la guerre en sont arrivés à considérer cette décision comme la principale cause de la prolongation des hostilités. Mais si l'on examine les choses de plus près il apparaît à l'évidence que ses effets furent relativement minimes.

En effet, pendant la première moitié de septembre, Patton ne reçut en moyenne que 2 500 tonnes de ravitaillement par jour, soit 500 tonnes de plus seulement que lorsque son armée était immobilisée. Ce supplément n'était qu'une bagatelle, comparé au ravitaillement quotidien des armées du Nord à cette période cruciale, et représentait à peine de quoi entretenir 1 division de plus. Il nous faut donc chercher plus loin les causes réelles de l'échec.

Un lourd handicap fut provoqué par le projet de lâcher d'importantes forces aéroportées près de Tournai, sur la frontière belge au sud de Bruxelles, afin de faciliter la progression vers le nord. Les forces terrestres arrivèrent sur les lieux le 3 septembre, avant la date prévue pour le lâcher de parachutistes qui fut donc annulé. Mais la ponction sur l'aviation de transport en prévision de cette opération entraîna la suspension pendant six jours du ravitaillement aérien des armées en route, ce qui les priva de 5 000 tonnes de ravitaillement. Cela aurait représenté 6 800 000 litres d'essence, soit une quantité suffisante pour permettre à deux armées d'atteindre le Rhin en une seule traite, alors que le chaos régnait encore chez l'ennemi.

Il est difficile de déterminer qui fut responsable de ce projet aéroporté superflu aux conséquences si coûteuses. D'une manière curieuse, Eisenhower et Montgomery revendiquent tous deux cette responsabilité dans leurs récits d'après-guerre. Eisenhower déclare : « Il me sembla qu'une belle occasion d'organiser une opération aéroportée profitable se présentait dans le secteur de Bruxelles et, malgré des opinions divergentes quant à la justification de soustraire des avions à leur tâche de ravitaillement [...], je décidai de prendre le risque. » Mais Montgomery écrit : « Je tenais prêt un projet d'opération aéroportée dans la région de Tournai » et il y fait allusion en disant « mon idée ». Par contre, Bradley dit : « Je tentai de persuader Ike de renoncer au projet et de laisser les avions à leur tâche de ravitaillement [...] Nous serons là-bas avant que vous ayez le temps de lâcher les gars. » Il avait raison.

Un autre facteur important fut le fait qu'une forte proportion du tonnage du ravitaillement des armées du Nord consistait en munitions dont le besoin ne se faisait pas sentir aussi longtemps que l'ennemi était en plein effondrement, alors qu'il aurait fallu faire porter l'effort sur le carburant nécessaire à la continuation de la poursuite sans laisser le temps à l'ennemi de se ressaisir.

On s'aperçoit aussi que le rythme du ravitaillement de Montgomery fut sérieusement réduit au moment crucial à la suite de la découverte du fait que 1 400 camions de trois tonnes, de fabrication britannique, ainsi que tous les moteurs de rechange pour ce modèle avaient des pistons défectueux. Si on avait pu faire usage de ces camions, il aurait été possible de livrer chaque jour 800 tonnes de plus à la IIe armée, de quoi entretenir 2 divisions supplémentaires.

Un quatrième facteur, encore plus important, est le lourd handicap constitué par la prodigalité du taux de ravitaillement anglo-américain. La base de calcul des Alliés était de 700 tonnes par division et par jour, dont environ 520 tonnes dans la zone avancée. Les Allemands se montraient beaucoup plus économes avec environ 200 tonnes par division et par jour. Et pourtant, il leur fallait tenir compte de l'interférence constante de l'aviation alliée et de la Résistance, deux obstacles majeurs dont les Alliés n'avaient pas à se soucier.

Ce handicap volontaire était encore accentué par le gaspillage qui régnait dans les troupes. L'exemple des jerrycans, dont le rôle était si important pour le ravitaillement en carburant, est extrêmement révélateur. Sur un total de 17 millions et demi de jerrycans expédiés en France depuis le débarquement de juin, on n'en retrouvait plus que 2 millions et demi à l'automne.

Un autre facteur important dans l'échec de l'avance septentrionale fut la façon dont la Ire armée U.S. s'englua dans le réseau de fortifications et de houillères des alentours d'Aix-la-Chapelle. Cet enlisement stratégique transforma pratiquement la région en un vaste « camp d'internement » semblable à ce que Salonique avait représenté pour les Alliés pendant la Première Guerre mondiale. Si on analyse les faits, il devient évident que l'échec de l'avance de la Ire armée U.S. — à laquelle étaient alloués les trois quarts du ravitaillement américain au détriment de Patton — fut dû à l'exigence de Montgomery qui voulait que le gros de cette armée fût employée au nord des Ardennes pour protéger son flanc droit. L'espace entre sa propre ligne d'avance et les Ardennes était si étroit qu'il laissait peu de champ de manœuvre à la Ire armée américaine et réduisait ses chances de contourner Aix-la-Chapelle.

Cette armée enlisée ne fut pas non plus en mesure d'aider Montgomery au cours de la phase suivante des opérations, lorsqu'il lança son offensive en direction d'Arnhem. Mais dans le cas de celle-ci, les Anglais payèrent également le prix d'une extraordinaire négligence. Lorsque la 11e division blindée avait fait irruption dans Anvers, le 4 septembre, elle s'était emparé des docks intacts, mais elle n'avait fait aucune tentative pour s'emparer des ponts sur le canal Albert, dans la banlieue, et les Allemands les firent sauter avant qu'une traversée fût tentée, deux jours plus tard. La division fut ensuite envoyée vers l'est. Le général commandant la division n'avait pas songé à s'emparer de ces ponts aussitôt après avoir occupé la ville, et aucun de ses supérieurs n'avaient pensé à lui en donner l'ordre. Ce fut une omission collective commise par quatre généraux, de Montgomery jusqu'à ses subordonnés, qui se montraient d'habitude à la fois rigoureux et soucieux des détails importants.

De plus, à une trentaine de kilomètres au nord d'Anvers se trouve la sortie de la péninsule de Beveland, qui représente un étroit goulot de quelques centaines de mètres de large. Au cours des deuxième et troisième semaines de septembre, les restes de la XVe armée allemande, qui avait été isolée sur la côte de la Manche, purent s'échapper vers le nord. Ils traversèrent ensuite en ferry l'embouchure de l'Escaut et passèrent par le goulot du Beveland. 3 des divisions arrivèrent à temps pour renforcer le front allemand de Hollande désespérément mince avant que Montgomery ne déclenchât son offensive sur Arnhem, et elles contribuèrent à l'enrayer.

Qu'aurait-on fait, dans l'autre camp, à la place des Alliés? Lorsque je l'interrogeai, Blumentritt reprit à son compte les arguments de Montgomery en faveur d'une avance massive au nord pour faire irruption dans la Ruhr et, de là, sur Berlin. Il déclara :

> « Celui qui tient l'Allemagne du Nord, tient toute l'Allemagne. Une telle percée, associée à la maîtrise du ciel, aurait mis en pièces le faible front allemand et mis un terme à la guerre. Berlin et Prague auraient été occupées par les Occidentaux avant l'arrivée des Russes [1]. »

Blumentritt pensait que les Alliés avaient étalé leurs forces d'une manière trop large et trop régulière. Il se montrait particulièrement critique au sujet de l'offensive en direction de Metz :

> « Une attaque contre Metz était inutile. Le secteur de la forteresse de Metz aurait pu être contourné. Par contre, un détour vers le nord en direction de Luxembourg et Bitburg aurait été couronné de succès et aurait entraîné l'effondrement du flanc droit de notre Ire armée suivi de l'effondrement de notre VIIe armée. Un tel mouvement tournant vers le nord aurait isolé toute la VIIe armée avant que celle-ci pût se replier de l'autre côté du Rhin [2]. »

Le général Westphal, qui remplaça Blumentritt, le 5 septembre, au poste de chef d'état-major du front Ouest, pensait que le choix du point d'attaque était, dans les circonstances d'alors, moins important que le fait de concentrer tous ses efforts pour faire aboutir cette attaque.

> « La situation générale du front occidental était extrêmement mauvaise. Une lourde défaite en un point quelconque de ce front, qui présentait des brèches en de si nombreux points qu'il ne méritait même pas ce nom, aurait pu mener à la catastrophe si l'ennemi exploitait ses chances avec habileté. Un danger particulièrement aigu provenait du fait que pas un seul point sur le Rhin n'avait été miné. Il fallut des semaines pour réparer cette omission [...] Jusqu'à la mi-octobre, l'ennemi aurait pu percer n'importe où avec

---

1. Liddel Hart : *The Other Side of the Hill*, p. 428.
2. *Ibid.*, p. 428.

facilité, puis il aurait pu franchir le Rhin et pénétrer profondément en Allemagne, pratiquement sans rencontrer d'opposition [1]. »

Westphal dit qu'en septembre la partie la plus vulnérable de tout le front occidental était le secteur du Luxembourg, menant vers le Rhin, à Coblence. Son témoignage confirme les propos de Blumentritt au sujet des chances d'une attaque dans cette région, à travers le long secteur mal défendu des Ardennes qui s'étend entre Metz et Aix-la-Chapelle.

Quelles sont les principales conclusions que l'on peut tirer à la lumière de ce qu'on a appris depuis lors sur cette période cruciale?

Le plan d'Eisenhower dressé avant le débarquement de Normandie, et prévoyant une avance sur un « large front » en direction du Rhin, aurait représenté une bonne méthode pour fatiguer et briser la résistance d'un ennemi encore fort et invaincu. Mais il était beaucoup moins bien adapté à la situation réelle créée par l'effondrement de l'ennemi et dans laquelle la victoire dépendait d'une exploitation de son effondrement suffisamment profonde et rapide pour ne lui laisser aucune chance de se ressaisir. Cette situation appelait une poursuite ininterrompue.

Dans ces circonstances, les arguments de Montgomery en faveur d'une seule avance massive étaient, en principe, bien meilleurs. Mais on s'aperçoit à l'étude des faits que l'échec de son offensive ne fut pas dû en réalité à la distraction d'une partie de son ravitaillement par Patton, ainsi qu'on le pense généralement. Il subit un handicap complexe et beaucoup plus important du fait d'une série de facteurs dépendant de sa propre sphère : le retard dans le déblocage du port d'Anvers; l'interruption pendant six jours du ravitaillement aérien par une opération superflue; le ravitaillement excessif en munitions et autres marchandises qui vint en déduction du ravitaillement possible en carburant; les 1 400 camions anglais défectueux; l'emploi de la Ire armée U.S. dans l' « impasse » de son flanc droit; le fait de ne pas s'être emparé des ponts sur le canal Albert avant que l'ennemi ne les fasse sauter et assure la défense des points de franchissement.

Le facteur le plus fatal à toutes les chances d'atteindre le Rhin fut le temps d'arrêt observé du 4 au 7 septembre après la prise d'Anvers et de Bruxelles. Il est difficile de concilier cette pause avec le but déclaré de Montgomery « de faire courir l'ennemi jusqu'au Rhin et de « foncer » de l'autre côté de ce fleuve avant que l'ennemi ait eu le temps de former un nouveau front pour s'opposer à notre avance ». Le maintien d'une allure et d'une pression constantes est la condition du succès dans toute pénétration ou poursuite en profondeur, et un seul jour d'arrêt peut suffire pour compromettre toutes les chances.

Mais il régnait au sein de toutes les forces alliées une tendance générale à la détente après l'entrée en Belgique. L'exemple venait du sommet. L'état-major du service interallié de Renseignements avait déclaré à Eisenhower

1. Westphal : *The German Army in the West*, pp. 172 et 174.

que les Allemands seraient totalement incapables d'aligner des forces suffisantes pour défendre leur frontière — et il avait également déclaré à la presse : « Nous entrerons comme dans du beurre. » Eisenhower fit part de ces assurances à ses subordonnés. Le 15 septembre, il écrivait encore à Montgomery : « Nous serons bientôt maîtres de la Ruhr, de la Sarre et de la région de Francfort, et j'aimerais avoir votre avis sur ce qu'il faudrait faire ensuite. » Un optimisme identique régnait dans tous les milieux. Pour expliquer le fait que les ponts sur le canal Albert n'avaient pas été pris, le général Horrocks, commandant le corps d'armée d'avant-guerre, déclara franchement : « A l'époque je ne m'attendais pas à la moindre résistance sérieuse sur le canal Albert. Nous avions l'impression que les Allemands étaient totalement désorganisés. »

John North, dans son histoire du 21e Groupe d'armées, fondée sur des sources officielles, a fort bien résumé la situation : « Une mentalité de " guerre gagnée " [...] régnait à tous les niveaux [1] ». Il en résultait une certaine absence d'un sentiment d'urgence parmi les commandants d'unités au cours de cette quinzaine cruciale de septembre et une tendance très naturelle parmi les troupes à éviter de presser trop l'ennemi pour ne pas se faire tuer à un moment où tout le monde pensait : « la guerre est finie ».

La meilleure chance de parvenir à une fin rapide fut probablement compromise lorsque l'essence fut coupée aux chars de Patton dans la dernière semaine d'août, alors qu'ils étaient 150 kilomètres plus près du Rhin et de ses ponts que les Britanniques.

Patton avait un sens plus aigu que quiconque dans le camp allié de l'importance capitale d'une allure soutenue dans la poursuite. Il était prêt à continuer l'exploitation dans n'importe quelle direction, il avait même proposé, le 23 août, que son armée se dirigeât vers le nord au lieu de l'est. Les commentaires qu'il fit par la suite sont pleins d'à-propos : « On ne fait pas des plans pour essayer ensuite d'adapter les circonstances à ces plans. On essaie d'adapter les plans aux circonstances. Je crois que la différence entre la réussite et l'échec dans le Haut Commandement réside précisément dans la capacité ou l'incapacité de faire cela. »

Mais la source fondamentale de tous les ennuis des Alliés à ce moment crucial réside dans le fait qu'aucun des hauts responsables n'avait prévu un effondrement aussi total de l'ennemi que celui qui se produisit au mois d'août. Ils n'étaient pas prêts, mentalement et matériellement, à exploiter celui-ci par une avance rapide et profonde.

1. North : *The Achievements of 21 st Army Group*, p. 115.

32.
La libération de l'Union soviétique

La campagne sur le front oriental en 1944 fut caractérisée par le fait qu'au fur et à mesure que les troupes soviétiques avançaient le front restait toujours aussi étendu, alors que le nombre des forces allemandes allait en s'amenuisant, ce qui entraînait comme résultat naturel que l'avance soviétique se poursuivait sans rencontrer de problème sérieux à l'exception de celui de son propre ravitaillement. Le déroulement des événements apporta la démonstration la plus évidente de l'importance décisive du rapport espace-force. Par ailleurs, les temps d'arrêt dans la progression furent à l'échelle de la distance que devait franchir le ravitaillement soviétique.

La campagne principale consista en deux grandes offensives soviétiques, sur chaque aile, chacune suivie d'un long temps d'arrêt. La première eut lieu au milieu de l'hiver, et la seconde au milieu de l'été. Au cours de la campagne secondaire, qui fut la conséquence de l'extension du flanc sud à travers l'Europe centrale, les pauses furent plus brèves. Cette différence s'explique dans une large mesure par le fait que le rapport entre l'espace et la force des troupes allemandes était supérieur à celui du principal théâtre d'opérations, si bien que les Soviétiques avaient besoin d'une moins longue concentration avant d'affronter chacune des lignes de défense allemandes successives.

L'offensive d'hiver commença de la même façon que celle d'automne et les résultats identiques qu'elle obtint ne sont pas tant la preuve d'une erreur des Allemands que de leur incapacité croissante à « joindre les deux bouts ». Début décembre 1943, Koniev avait lancé un nouveau mouvement tournant pour anéantir les forces allemandes qui l'avaient arrêté à Krivoi Rog, lors de la première tentative contre la boucle du Dniepr. Attaquant non plus vers le sud cette fois, mais vers l'ouest, à partir de la tête de pont de Krementchoug, il avança presque jusqu'à Kirovograd, mais fut à nouveau contraint de s'arrêter. Cette offensive, associée à une poussée convergente lancée depuis

La Libération de la Russie
Front du 22 déc. 1943
Front fin 1944
19 MAI
Lignes atteintes par les Forces soviétiques entre fin 1943 et fin 1944
Forces allemandes encerclées
Frontières soviéto-polonaises d'avant-guerre
0 Miles 100 200
0 Kilometres 200
FINLANDE
Isthme de Carélie
Golfe de Finlande
Leningrad
FRONT DE LENINGRAD
(Govorov)
Volkhov
FRONT DE Volkhov
(Meretskov)
Tallinn
Narva
SUEDE
MER BALTIQUE
ESTONIE
L. Tchoud
Louga
Novgorod
L.Ilmen
Staraïa Roussa
Péninsule de Courlande
Pskov
Ostrov
3e FRONT BALTE
(Maslennikov)
Kholm
29 AOUT
Riga
Tukkums
LETTONIE
1er MARS
2e FRONT BALTE
(Eremenko)
Velikie Louki
Siauliai
Dvinsk
1er FRONT BALTE
(Bagramyan)
Moscou
Memel
LITUANIE
Polotsk
Königsberg
Kaunas
4 JUIL.
Vitebsk
Smolensk
Dniepr
Danzig
Insterburg
Vilkaviskis
Vilna
Orcha
3e FRONT BIELORUSSE
(Chernyakhovsky)
PRUSSE-OR.
Niemen
Minsk
Berezina
Mogilev
Grodno
2e FRONT BIELORUSSE
(Zakharov)
Bialystok
Stolbtsy
Bobruisk
Jlobine
Vistule
Bug
RUSSIE
Varsovie
Siedlce
Brest-Litovsk
Mozyr
1er FRONT BIELORUSSE
(Rokossovsky)
POLOGNE
Pripet
Lublin
Kovel
1er FRONT UKRAINIEN
(Vatutin / Joukov)
Novigrad Volynsk
Korosten
Baranow
Luck
Rovno
5 JANV.
Kiev
San
Zhitomir
Byelaya Tserkov
2e FRONT UKRAINIEN
(Koniev)
Lvov
Shepetovka
Kanev
Tarnopol
Berdichev
Korsun
Tcherkassi
Pazemysl
Krementchoug
GALICIE
Skala
Vinnitsa
3e FRONT UKRAINIEN
(Malinovsky)
SLOVAQUIE
Stanislav
Kirovograd
RUTHENIE
Uman
Cernauti
Tisa
Col Tartare
Yampol
Bug inf.
Krivoi Rog
15 AVRIL
Budapest
BESSARABIE
Nikopol
HONGRIE
Nicolayev
4e FRONT UKRAINIEN
(Tolbukhin-Petrov)
L. Balaton
TRANSYLVANIE
Jassy
Cluj
Kichinev
Kherson
Szeged
Arad
24 SEPT.
Mures
Targu-Mures
Siret
Prout
Odessa
10 AVR.
Perekop
Lagon de Sivach
Kertch
Temesoara
Foesani
Drava
ROUMANIE
Galati
CRIMEE
Belgrade
20 OCT
Turnu-Severin
Ploesti
Sébastopol
Cap Saritch
ARMEE CÔTIERE
(Eremenko)
Bucarest
31 AOUT
PARTISANS DE TITO
Danube
MER NOIRE
YOUGOSLAVIE
BULGARIE

la tête de pont de Tcherkassy, avait absorbé une partie considérable des maigres réserves allemandes. Manstein se trouvait placé face à un dilemme cruel. Hitler lui interdisait le long repli que la stratégie lui aurait suggéré de faire, il lui fallait donc colmater ces fissures dans le front s'étendant entre la boucle du Dniepr et Kiev, même si cela lui ôtait des chances de maintenir Vatutin confiné dans le saillant de Kiev, à l'intérieur duquel les forces soviétiques s'accumulaient comme les flots d'une inondation encore retenue par les digues.

La nouvelle offensive de Vatutin fut déclenchée la veille de Noël, sous la protection d'un épais brouillard matinal — comme presque toutes les offensives couronnées de succès au cours des dernières phases de la Première Guerre mondiale. A l'aide de cet écran, elle balaya les positions allemandes dès le premier jour, et, après cette « explosion », elle prit une extension telle qu'elle rendit impossible toute contre-attaque. En moins d'une semaine elle avait libéré Jitomir et Korosten, tout en gagnant vers le sud jusqu'à effleurer les forteresses encore jamais attaquées de Berditchev et Byelaya Taserkov.

Le 3 janvier 1944, des forces mobiles russes qui se dirigeaient vers l'ouest s'emparèrent de l'embranchement de Novigrad Volynsk, 80 kilomètres au-delà de Korosten. Le lendemain, elles franchissaient la frontière polonaise d'avant-guerre. Sur le flanc sud les Allemands abandonnèrent Byelaya Tserkov et Berditchev pour se replier sur Vinnitsa et le Boug afin de protéger la principale ligne ferroviaire latérale Odessa-Varsovie. Arrivé là, Manstein réunit quelques réserves et tenta une nouvelle contre-attaque. Mais celle-ci n'était pas fortement appuyée et Vatutin l'attendait de pied ferme. Elle parvint à contenir momentanément l'avance des Soviétiques vers le Boug, mais en leur laissant le chemin libre pour se répandre latéralement. Depuis Berditchev et Jitomir ils poussèrent vers l'ouest, contournèrent l'obstacle de Shepetovka et s'emparèrent, le 5 février, de l'important centre de communications polonais de Rovno. Le même jour, un mouvement tournant permettait de s'emparer de Luck, à près de 80 kilomètres de Rovno et à plus de 150 kilomètres de la frontière soviétique.

En se répandant vers le sud, le flot des troupes soviétiques causa des dommages encore plus graves dans l'immédiat. En effet, dans ce secteur, l'aile gauche de Vatutin convergeait avec l'aile droite de Koniev pour prendre en tenailles les forces allemandes bloquées par l'ordre de Hitler leur interdisant toute retraite entre les têtes de pont soviétiques de Kiev et de Tcherkassy. La situation de ces forces, accrochées à leurs positions avancées près du Dniepr, appelait un encerclement qu'elles n'avaient pas la permission d'esquiver. Lorsque les tenailles se refermèrent sur elles, le 28 janvier, des éléments de 6 divisions se retrouvèrent encerclés. Des tentatives pour les libérer finirent par être couronnées de succès, grâce aux efforts des 3e et 47e corps de Panzer. Sur les 60 000 hommes encerclés dans la poche de Korsoun, 30 000 purent se sauver en abandonnant leur matériel et 18 000 restèrent pris au piège, prisonniers ou blessés. Le général Stemmermann, commandant le 11e corps d'armée, figurait au nombre des morts.

Les efforts pour délivrer leurs troupes encerclées avaient coûté aux Allemands leur position sur la boucle du Dniepr, plus au sud. Ils furent en effet incapables d'enrayer une offensive lancée par Malinovsky contre la base de leur saillant de Nikopol. Nikopol dut être abandonnée le 8 février. La plus grande partie de la garnison parvint à s'échapper, mais les Allemands avaient ainsi perdu cet important gisement de minerai de manganèse. Ils résistèrent encore pendant quinze jours à Krivoi Rog, puis durent ensuite l'évacuer sous la menace d'un plus grand encerclement.

Les profonds saillants ouverts par les Russes dans le front méridional, entre les marais du Pripet et la mer Noire, avaient allongé le front que les Allemands devaient tenir, tandis que les ordres rigides de Hitler avaient interdit à ces derniers de le raccourcir en se repliant sur une ligne droite. Les pertes de plus en plus lourdes, en particulier lors de l'offensive de Korsoun, laissèrent des brèches qu'il était désormais impossible de combler. La conséquence des ordres de Hitler fut donc une retraite bien plus importante qu'il n'aurait été nécessaire deux mois plus tôt.

La faiblesse de leurs effectifs et l'immensité de l'espace faisaient naître un sentiment d'impuissance parmi les troupes allemandes, sentiment qui était encore accentué non seulement par les proportions de l'armée ennemie mais en plus par son indifférence apparente aux problèmes de ravitaillement. Les Russes pouvaient subsister là où n'importe quelle armée occidentale serait morte de faim, et ils pouvaient continuer d'avancer lorsque toute autre armée serait restée sur place à attendre la réparation des voies de communication. Les forces mobiles allemandes qui essayaient de freiner l'avance des Soviétiques en attaquant leurs lignes de communication trouvaient rarement une colonne de ravitaillement. Leur impression a été résumée par l'un des plus audacieux des responsables de ces raids, Manteuffel :

> « La progression d'une armée russe est quelque chose que les Occidentaux ne peuvent pas imaginer. Derrière les chars de l'avant-garde s'avance une vaste horde en grande partie montée à cheval. Le soldat porte sur son dos un sac rempli de croûtons de pain et de légumes crus ramassés dans les champs et les villages rencontrés en route. Les chevaux mangent la paille des toits de chaume — c'est à peu près tout ce qu'ils ont. Lors d'une avance, les Russes sont habitués à vivre de cette façon primitive pendant des périodes pouvant atteindre trois semaines [1]. »

Les chances d'enrayer le flot grandissant furent encore réduites par le rappel de Manstein qui souffrait des yeux. Cette maladie fut le prétexte de son rappel immédiat, mais celui-ci fut précipité par des frictions avec Hitler dont Manstein décrivit la stratégie comme absurde et avec lequel il employa des termes que le Führer ne put digérer. A partir de ce moment, celui que les militaires allemands considéraient comme leur meilleur stratège resta

1. Liddell Hart : *The Other Side of the Hill*, p. 339.

inemployé. Il recouvrit une vue normale grâce à une opération, mais ne put s'en servir que pour suivre sur la carte, dans sa retraite de Celle, la marche aveugle de l'Armée allemande vers les abîmes.

Début mars 1944 commença une nouvelle offensive combinée de plus grande envergure. L'attention fut d'abord attirée par une avance dans le coin sud-est de la Galicie, à partir des sources du Boug. Cette offensive fut lancée par le maréchal Joukov qui avait pris le commandement des armées situées à l'ouest de Kiev, à la suite de l'assassinat de Vatutin par des partisans anticommunistes. Parties de Chepetovka, les forces de Joukov avancèrent de 50 kilomètres en une journée et, le 7, se trouvaient à cheval sur la voie ferrée latérale Odessa-Varsovie près de Tarnopol. Cette avance contourna la ligne défensive du Boug avant que les Allemands n'aient eu le temps de se replier pour l'occuper.

A l'autre extrémité du front sud, Malinovsky exploitait déjà la situation intenable de la position occupée par les Allemands dans la partie inférieure de la boucle du Dniepr, en utilisant le terrain nouvellement gagné près de Nikopo et Krivoi Rog pour entamer un mouvement de cisaille. Le 13 mars, il s'empara du port de Khersen, à l'embouchure du Dniepr, et encercla une partie des forces allemandes de ce secteur. Entre-temps, son avance convergente partie du nord approchait de Nikolayev, à l'embouchure du Boug, en dépit d'une résistance acharnée qui retarda la chute de cette ville jusqu'au 28. Bien avant cette date, des événements plus spectaculaires se déroulèrent dans la partie centrale, séparant les secteurs de Joukov et de Malinovsky, et rejetèrent quelque peu dans l'ombre les progrès réalisés par ces derniers.

A l'abri de ces deux avances, Koniev avait déclenché une offensive à partir d'Ouman et avait atteint le Boug le 12 mars. Il s'empara rapidement de points de traversée. Sans perdre de temps, ses forces blindées continuèrent leur route en direction du Dniestr qui, dans cette région, n'est séparé du Boug que par 110 kilomètres. A cette époque de la fonte des glaces, le Dniestr, avec son courant rapide et ses falaises escarpées, semblait constituer une bonne ligne de résistance. Mais les Allemands ne disposaient d'aucun effectif pour assurer sa défense. Le 18, les forces blindées soviétiques atteignirent les rives du fleuve et traversèrent celui-ci sur les talons de l'armée ennemie en retraite, au moyen de ponts de bateaux jetés à Yampol et aux environs. Ce franchissement sans difficultés était la suite logique de leur rapide progression et de la confusion qui régnait chez l'ennemi. Encore une fois, les forces blindées soviétiques, sous les ordres du général Rotmistrov, déjouèrent l'opposition adverse grâce à leur nouvelle tactique consistant à se déplacer très largement déployées, empêchant ainsi l'ennemi de les arrêter en tenant des points clés sur les principales lignes d'approche.

Les risques qu'aurait pu courir ce coin profondément enfoncé dans les lignes allemandes furent dissipés par une nouvelle attaque de l'aile gauche de Joukov vers le sud à partir de Tarnopol. Cette offensive fut déclenchée au moment adéquat, juste après que les contre-attaques allemandes aux environs de Tarnopol se furent brisées sur le réseau serré des défenses soviétiques;

elle profita ainsi du mouvement de recul des troupes allemandes. Elle était calculée de façon à converger avec l'avance de Koniev. Après une rapide progression jusqu'à la ligne du Dniestr, l'aile gauche de Joukov descendit la rive est, enveloppant le flanc de l'ennemi et l'enfermant en rejoignant l'aile droite de Koniev. Un tel mouvement de levier combiné représentait à la fois une assurance défensive et d'excellentes perspectives offensives.

Tandis que ces mouvements de flanc élargissaient la brèche et isolaient les éléments de l'armée ennemie qui avaient commencé de se replier trop tardivement, les Soviétiques continuaient leurs poussées vers l'ouest. Avant la fin mars, l'avant-garde de Koniev avait atteint le Prout près de Jassy, et celle de Joukov s'était emparée des centres importants de Kolomyja et Cernauti où elle parvint à franchir le cours supérieur du Prout. Cette avance les amenait à proximité des contreforts des Carpates, le rempart de la Hongrie.

En réaction immédiate à cette menace, les Allemands occupèrent la Hongrie. Il était évident que cette mesure avait pour but de s'emparer de la ligne défensive des Carpates. Il leur fallait maintenir cet obstacle, non seulement pour empêcher les Russes de faire irruption dans les plaines d'Europe centrale, mais aussi pour assurer le pivot de leur défense des Balkans. Les Carpates, prolongées au sud par les Alpes de Transylvanie, constituent une puissante ligne de défense naturelle. Leur longueur apparente est diminuée, sur le plan stratégique, par le petit nombre de cols permettant un passage, ce qui représente une économie de forces. Entre la mer Noire et l'extrémité des montagnes à proximité de Focsani s'étend une plaine d'environ 190 kilomètres, mais la moitié orientale de celle-ci est occupée par le delta du Danube et une chaîne de lacs, ce qui réduit la « zone dangereuse » aux 100 kilomètres de la trouée de Galatz.

Début avril, il semblait que les Allemands devraient bientôt se replier sur cette ligne qui était déjà menacée à son extrémité nord-est par l'avance de Joukov entre Tarnopol et Cernauti en direction du col de Yablonica (plus connu sous le nom de col des Tartars). On pouvait croire que Joukov allait renouveler la descente torrentielle sur Budapest de Sabutai qui, à la tête des Mongols de Gengis Khan, les précurseurs des forces blindées modernes, avait foncé à travers la plaine hongroise des Carpates au Danube, en mars 1241, parcourant 290 kilomètres en trois jours.

Le 1er avril, l'avant-garde de Joukov atteignit l'entrée du col des Tartars. La montagne représente dans cette région un obstacle beaucoup moindre que plus au sud et ce col atteint seulement une altitude de 600 mètres. Cependant, même une ascension aussi facile peut représenter un obstacle important si le défilé est défendu avec acharnement, car la capacité de manœuvre de l'attaquant est limitée. Ce fut le cas ici. L'avant-garde ne put ouvrir le passage et elle n'était pas appuyée par un poids suffisant pour lui permettre de reprendre son élan, le ravitaillement ne pouvant suivre le rythme d'une avance aussi prolongée.

Par contre, les Allemands profitaient maintenant de leur repli sur le réseau de communications rayonnant autour de Lvov, tandis que leurs forces se retrouvaient plus concentrées du fait de leur retraite en Galicie. La semaine suivante, qui était celle précédant Pâques, les Allemands lancèrent une contre-offensive plus puissante que toutes celles qu'ils avaient pu lancer depuis longtemps. Celle-ci avait un double objectif : d'une part, paralyser l'avance soviétique, et, d'autre part, délivrer les 18 divisions de la Ire armée de Panzer qui avaient été encerclées à l'est du Dniestr par les avances de Joukov et de Koniev. Ces forces avaient alors essayé de s'échapper vers l'ouest en passant par Skala et Buczacz, en direction de Lvov.

La contre-offensive allemande se déroula sur les deux rives du Dniestr. Sur la rive droite, elle pénétra profondément dans le saillant du col des Tartars, reprenant l'embranchement ferroviaire de Delatyn sur la ligne menant de Kolomyja au col. Sur la rive gauche, elle reprit Buczacz et ouvrit un chemin permettant aux divisions isolées près de Skala de se replier. Après ce repli, le front de Pologne méridionale, s'étendant entre les Marais du Pripet et les monts Carpates, fut stabilisé sur une ligne située largement à l'est de Lvov. Il resta tel quel d'avril à juillet.

L'avance de Koniev au-delà du Prout (qui représentait la frontière roumaine) avait également été enrayée peu après le franchissement de cette rivière. Elle ne parvint pas à pénétrer dans Jassy, qui se trouve à une quinzaine de kilomètres à l'ouest du Prout, mais un peu plus au nord elle atteignit la Sereth. Cependant, Koniev avait, pour l'instant, un objectif plus important. Son aile gauche avait maintenant obliqué vers le sud, en descendant le Dniestr pour atteindre l'arrière des forces ennemies — composées dans une large mesure de divisions roumaines — aux abords de la mer Noire. Ce mouvement de Koniev était soigneusement combiné avec l'avance plus directe de Malinovsky partie de Nikolayev en direction d'Odessa, vers l'ouest.

Cette double menace représentait un problème très ardu pour Schörner, qui avait remplacé Kleist à la tête de l'ancien Groupe d'armées A (appelé maintenant « Groupe d'armées d'Ukraine méridionale »), ainsi que pour Model, qui avait remplacé Manstein à la tête du « Groupe d'armées d'Ukraine septentrionale » (ancien Groupe d'armées du Don, appelé aussi, par la suite, « Groupe d'armées Sud). Les difficultés de Schörner étaient encore compliquées par la rareté et le mauvais état de ses communications à l'arrière, car, depuis que les Russes avaient atteint les Carpates, il était séparé des armées de Pologne et devait avoir recours à tout un circuit passant par les Balkans et la Hongrie.

A la même époque, les bombardiers lourds alliés déclenchèrent depuis l'Italie une série de bombardements sur les principaux nœuds ferroviaires, en commençant par Budapest, Bucarest et Ploesti, au cours de la première semaine d'avril. Cette nouvelle menace sur l'arrière se développa un peu trop tard pour avoir des effets immédiats, mais ses effets se firent sentir par la suite.

Le 5 avril, les troupes de Malinovsky atteignirent l'embranchement de

Radzelnaya, barrant ainsi la seule voie ferrée non interrompue sortant d'Odessa. Le 10, elles occupèrent le grand port lui-même. Mais la plus grande partie des forces ennemies s'était esquivée, pour se replier un peu plus loin, sur le cours inférieur du Dniestr, à partir duquel le front s'incurvait maintenant jusqu'à Jassy. En effet, l'offensive vers le sud de Koniev avait été enrayée dans la région de Kishinev.

Dans la première semaine de mai, Koniev lança une forte offensive à l'ouest de Jassy, le long des deux rives du Sereth, en employant les nouveaux chars Josef Staline. Grâce à ces derniers, les Soviétiques parvinrent à percer, mais Schörner avait à sa disposition une réserve de Panzer assez importante sous les ordres de Manteuffel. Celui-ci réussit à empêcher les Russes d'exploiter leur percée, grâce à une tactique défensive judicieuse basée sur les avantages naturels de la riposte et sur une utilisation habile de la mobilité pour compenser l'infériorité en matière de blindage et d'armement. Une grande bataille de blindés, dans laquelle furent engagés quelque 500 chars, se termina par un repli soviétique et une nouvelle stabilisation du front.

Ce succès tourna au désavantage des Allemands trois mois plus tard. En effet, il encouragea Hitler à insister sur la conservation du terrain, non seulement près de Jassy, mais aussi en Bessarabie méridionale, entre le Prout et le Dniestr. Cela voulait dire que les forces allemandes devaient rester sur des positions exposées situées loin à l'est de la ligne des Carpates et de la trouée de Galatz. Pendant ces intervalles de temps, leur arrière s'effondrait sous la pression du désir de paix du peuple roumain.

Le mois d'avril vit également la libération de la Crimée. Les forces qui l'occupaient, moitié allemandes et moitié roumaines, avaient été en partie évacuées par mer, mais l'attaquant se heurtait encore à un problème difficile puisque de petits effectifs suffisaient pour barrer d'une manière redoutable les deux étroites voies d'approche. La prise de la Crimée exigeait une attaque puissante et soigneusement préparée. C'était là la justification de Hitler pour s'accrocher à cette presqu'île longtemps après que le flot des armées soviétiques l'eut dépassée sur le continent; et, dans ce cas précis, il avait de meilleures raisons qu'ailleurs de sacrifier un détachement, puisque cela distrayait une partie importante des forces soviétiques à un moment critique.

L'offensive principale de Crimée fut déclenchée par Tolboukhine le 8 avril, après une attaque préliminaire destinée à forcer les Allemands à dévoiler la position de leurs batteries. L'assaut frontal contre les défenses de l'isthme de Perekop fut appuyé par une traversée du lagon de Sivash, qui permit de le prendre à revers. Dès que cette manœuvre eut permis d'ouvrir la porte septentrionale de la Crimée, les troupes d'Eremenko attaquèrent à partir de leurs positions de Kertch, à l'extrémité orientale. Le 17, ces avances convergentes avaient atteint les abords de Sébastopol et fait 37 000 prisonniers. Ce nombre était dû en grande partie à l'erreur commise par les Allemands, au nom des principes rigides de Hitler, en essayant de résister sur une ligne située au sud de l'isthme de Perekop au lieu de se replier aussitôt sur Sébastopol. Cela permit à Tolboukhine d'engager ses chars, d'ouvrir une brèche dans une ligne de défense improvisée qui était beaucoup trop large pour les forces disponibles et de capturer une grande partie de ces dernières avant qu'elles ne puissent rejoindre Sébastopol.

Les Russes firent une pause, le temps d'amener de l'artillerie lourde pour s'attaquer à cette forteresse, dans laquelle les défenseurs n'étaient plus assez nombreux pour garnir raisonnablement les défenses. Ce qui n'empêcha pas Hitler de donner l'ordre de défendre Sébastopol à tout prix. L'assaut fut donné dans la nuit du 6 mai et permit rapidement d'ouvrir une brèche décisive au sud-est, entre Inkermann et Balaklava. Le 9, Hitler modifia tardivement ses ordres et promit des navires pour évacuer la garnison. Le 10, celle-ci abandonna Sébastopol pour se replier dans la péninsule de Khersonese où près de 30 000 hommes capitulèrent le 13, après que quelques poignées d'entre eux eurent pu s'échapper par mer. La plupart des prisonniers étaient des Allemands. Avant le déclenchement de l'offensive, le Commandement allemand avait préféré évacuer les Roumains par bateau et faire confiance à ses propres troupes. Cela aurait peut-être permis de prolonger la défense sans cette rigidité fatale dans le plan défensif.

A l'autre extrémité du front oriental, les Soviétiques avaient également gagné du terrain au cours des premiers mois de 1944, mais pas autant qu'au sud cependant. Au début de l'année, les Allemands entouraient encore étroitement Leningrad. Leur front s'étendait au-delà de cette ville jusqu'à un point situé à une centaine de kilomètres plus à l'est, puis il s'infléchissait vers le sud, le long du Volkhov, jusqu'au lac Ilmen; de chaque côté de ce grand lac ils tenaient les deux villes forteresses de Novgorod et Staraya Russa. A la mi-janvier, les Russes lancèrent leur offensive attendue depuis longtemps, pour rompre l'emprise de l'ennemi sur Léningrad. Parties de la côte, à l'ouest de la ville, les forces de Govorov enfoncèrent un coin dans le flanc gauche du saillant allemand, tandis que celles de Meretskov en enfonçaient un autre plus profondément dans le flanc droit, près de Novgorod. Ces pénétrations initiales donnèrent l'illusion habituelle que les forces allemandes étaient « prises au piège », mais elles réussirent à se replier dans l'ordre et en plusieurs étapes jusqu'à la base du saillant Les espoirs très optimistes eurent tendance à masquer les avantages réels obtenus par les Russes en libérant Leningrad, ce qui leur avait permis de rouvrir la voie ferrée Leningrad-Moscou et d'isoler la Finlande.

Au terme de leur repli, les Allemands se retrouvèrent sur une ligne s'étendant du golfe de Finlande, près de Narva, jusqu'à Pskov. Ce rétrécissement du front en une ligne droite améliora considérablement la situation des Allemands pour le moment, et ce d'autant plus que la réduction du front défensif était beaucoup plus importante en pratique que sur la carte. En effet, les trois quarts des 200 kilomètres qui s'étendaient entre la côte et le nouveau bastion de Pskov, étaient constitués par les deux grands lacs de Peipus et de Pskov. A la fin février, Govorov parvint à s'emparer d'une tête de pont sur la Narva, grâce à une attaque surprise, mais il ne put progresser plus loin. Au sud des lacs, l'avance soviétique ne put dépasser Pskov, à 190 kilomètres de Staraya Russa. Ce fut une déception pour l'Armée Rouge qui avait espéré célébrer son 26e anniversaire en libérant la ville où elle était née, le 23 février 1918, lors des combats contre les Allemands.

Les résultats militaires de cette offensive d'hiver sur la partie nord du front furent moins importants que leurs répercussions politiques. Ébranlé par son impression d'isolement, le Gouvernement finlandais entama des négociations d'armistice à la mi-février. Étant donné les circonstances, les conditions soviétiques furent remarquablement modérées — elles reposaient sur un retour à la base et aux frontières de 1940 —, mais les Finlandais craignaient qu'elles ne fussent plus dures en pratique et ils demandèrent des garanties plus explicites que celles que les Russes voulaient bien inclure. Les Finlandais protestaient également qu'ils étaient incapables de remplir la clause exigeant le désarmement par leurs soins des forces allemandes stationnées dans le nord de la Finlande, et ils étaient réticents à laisser entrer les forces soviétiques pour se charger de cette besogne. Les discussions furent rompues au mois de mars, mais ce n'était visiblement que partie remise. De plus, l'exemple de la Finlande encouragea d'autres satellites de l'Allemagne à entamer des négociations de paix d'une façon plus discrète. Les Roumains furent en particulier intéressés par la déclaration de Staline stipulant qu'il était en faveur du retour de la Transylvanie à la Roumanie.

La stabilisation du front oriental obtenue au mois de mai n'apporta donc aux Allemands qu'une amélioration superficielle de leur situation. L'usure de leurs forces avait atteint un tel point qu'ils ne pouvaient pas obtenir grand-chose en gagnant du temps, alors que les Russes, eux, avaient besoin de temps pour monter leur prochaine grande offensive, de même que les négociateurs en avaient besoin pour achever leurs conversations de paix. Seul un autocrate peut changer de camp du jour au lendemain. Dans l'intervalle, la pression en faveur de la paix, ainsi que le danger couru par les lignes de communication allemandes, furent accrus par l'extension progressive des bombardements alliés sur les Balkans. Le 2 juin, des Forteresses Volantes américaines inaugurèrent une navette aérienne en se posant sur des bases récemment préparées en territoire soviétique pour refaire les pleins de munitions et de carburant, avant d'effectuer un nouveau bombardement en retournant vers leurs bases de Méditerranée. Une navette identique entre les bases aériennes anglaises et soviétiques commença le 21. Les bombardiers américains étaient escortés d'un bout à l'autre de leur voyage par des chasseurs à long rayon d'action.

Le 10 juin, les Soviétiques accentuèrent leur pression sur les Finlandais hésitants en lançant une offensive à travers l'isthme de Carélie, entre le lac Ladoga et le Golfe de Finlande. Après avoir réussi à franchir plusieurs lignes défensives, les forces du maréchal Govorov s'emparèrent, le 20, de Viipuri qui commandait la sortie de l'isthme. Ceci amena les Finlandais à accepter les termes d'armistice qu'ils avaient rejetés, un peu plus tôt. Mais Staline exigeait maintenant un acte symbolique de capitulation, ce que les Finlandais refusèrent. Ribbentrop s'était précipité à Helsinki, où il joua sur les craintes finlandaises tout en promettant des renforts allemands. La réussite de sa mission fut facilitée par le fait que l'offensive russe perdit de son élan en pénétrant dans la ceinture de lacs qui se trouvait derrière la frontière de 1940. La guerre russo-finlandaise continua donc, bien que sous une forme atténuée. La conséquence immédiate fut la rupture des relations américano-finlandaises qui avaient été maintenues jusqu'alors. Quant aux Allemands, ils maintirent et accrurent leur engagement dans ce pays à un moment où leur propre front était désespérément à cours de réserve.

Les Soviétiques avaient des raisons pour se réjouir de ce petit avantage. Leur offensive d'été contre les Allemands fut déclenchée le 23 juin, à une date où les troupes anglo-américaines avaient solidement pris pied en Normandie. Ce débarquement, associé à l'avance des Alliés au-delà de Rome, faisait que les Allemands étaient durement malmenés de partout avant l'offensive soviétique. Cependant la tâche des Russes fut avant tout facilitée par la persistance de Hitler à imposer une défense rigide plutôt qu'élastique.

Les préparatifs soviétiques étaient manifestes sur toute la longueur du front entre les Carpates et la mer Baltique, mais l'attention fut d'abord attirée sur le secteur qui se trouvait au sud des Marais du Pripet. En effet, les Russes se trouvaient là déjà profondément entrés en Pologne et il était naturel de s'attendre à une reprise de leur avance du printemps qui les avait amenés à proximité de Lvov et même, momentanément, dans Kovel. Les trois mois de pause avaient donné le temps à Joukov de faire réparer les communications ferroviaires à l'arrière de ce vaste saillant.

Cependant, les Soviétiques préférèrent déclencher leur offensive à partir de l'échelon le plus oriental de leur front, comme le Commandement allemand l'avait fait en 1942. Ils attaquèrent en Russie Blanche, au nord des Marais du Pripet, à un endroit où l'ennemi était encore solidement installé sur leur sol.

Leur choix était bien calculé. Le secteur nord étant le moins avancé, les communications soviétiques y étaient le mieux développées, de façon à donner à l'attaque tout son élan initial. Étant donné que ce secteur s'était révélé très solide en 1943, il était peu vraisemblable que le Commandement allemand le renforçât, aux dépens de la position la plus vitale, et visiblement plus précaire, située entre Kovel et les Carpates. La partie principale du secteur nord avait résisté à toutes les attaques de l'automne et de l'hiver précédents, mais les Russes avaient réussi à y enfoncer deux « coins », près de Vitebsk et de Jlobine. Ces deux positions de départ leur permettaient d'effectuer une action de levier. De plus, une fois l'ennemi en retraite, il serait possible d'exercer une plus forte pression sur ses arrières à partir du saillant de Kovel. Dans celui-ci, les troupes soviétiques se trouvaient à l'extrémité occidentale de la ceinture de marécages qui séparait en deux les armées allemandes.

Avant le déclenchement de l'offensive, le front soviétique entre la Baltique et les Marais du Pripet fut réorganisé et renforcé. Il comprenait désormais 7 groupes d'armées, ou « fronts », de proportions maniables. A droite se trouvait le front de Leningrad de Govorov, à côté du 3e front balte de Maslennikov et du 2e front balte d'Eremenko. Ceux-là étaient inactifs pour le moment. Les quatre fronts qui participèrent à l'offensive furent, du nord au sud, le 1er front balte de Bagramyan, qui avait précédemment réussi à avancer jusqu'au nord de Vitebsk; le 3e front biélorusse de Tchernyakhovsky qui, à 36 ans, était le plus jeune de tous les généraux; le 2e front biélorusse de Zakharov; et le 1er front biélorusse de Rokossovsky, qui avait réussi à créer le saillant de Jlobine. Ces quatre fronts réunissaient quelque 166 divisions.

Le poids de l'offensive soviétique s'abattit sur le Groupe d'armées Centre des Allemands, maintenant commandé par Busch, qui avait remplacé Kluge grièvement blessé dans un accident de voiture. L'offensive d'hiver soviétique n'avait pas réussi à percer les défenses du secteur, mais Busch et ses principaux subordonnés savaient à quel point il s'en était fallu de peu, et ils étaient inquiets quant aux chances de résister à un nouvel assaut en été, alors que les conditions seraient plus favorables à l'attaquant. Dans cette attente, ils auraient souhaité se replier sur la ligne historique de la Bérésina, 145 kilomètres en arrière du front actuel. Un tel repli effectué en temps utile aurait déséquilibré l'offensive soviétique. Mais il était contraire aux principes édictés par Hitler et celui-ci ne voulut rien entendre.

Tippelskirch, qui avait remplacé Heinrici à la tête de la IVe armée, parvint à amortir le choc au moyen d'un repli clandestin de faible envergure depuis ses positions avancées jusqu'au cours supérieur du Dniepr. Mais les Russes annulèrent l'avantage de cette manœuvre en concentrant leurs effets sur l'exploitation des saillants situés sur chaque flanc.

Sur le flanc nord, Vitebsk fut prise en tenailles entre les avances convergentes de Bagramyan du côté de Polotsk et Tchernyakhovsky du côté d'Orsha. Vitebsk tomba le quatrième jour et une grande brèche fut ouverte dans le front de la IIIe armée de Panzer. Celle-ci ouvrit le chemin à une avance vers le sud coupant la route Moscou-Minsk et menaçant les arrières de la IVe armée allemande qui avait résisté à la pression frontale de Zakharov. Ce danger fut aggravé par une offensive de Rokossovsky sur l'autre flanc, au nord des Marais du Pripet, contre la IXe armée allemande. Après avoir percé le front près de Jlobine, qui tomba également le quatrième jour, il traversa la Bérésina et contourna Bobruisk qui aurait pu représenter un obstacle. Le 2 juillet, ses éléments mobiles atteignirent Stolbtsy, 65 kilomètres à l'ouest du grand centre de communications de Minsk, coupant ainsi à la fois la route et la voie ferrée menant à Varsovie.

L'exploitation de plus en plus habile de l'espace par les Soviétiques déjoua toutes les tentatives allemandes pour enrayer cette avance foudroyante qui avait progressé de près de 250 kilomètres en une semaine, depuis la percée. La valeur du matériel américain livré à l'U.R.S.S. se remarquait à la quantité importante d'infanterie motorisée qui avançait immédiatement derrière les chars, les appuyant de près. De leur côté, les forces de Tchernyakhovsky, partie du nord-est, convergeaient sur Minsk tout en menaçant également la route de Vilna. Entre ces deux pointes, les réserves blindées de Rotmistrov s'engouffrèrent par la route Moscou-Minsk et firent leur entrée dans cette dernière ville le 3, après avoir parcouru près de 130 kilomètres au cours des deux derniers jours.

Cette vaste manœuvre en tenailles ressemblait de façon frappante à celle exécutée par les Allemands trois ans plus tôt dans la direction opposée. Comme dans ce dernier cas, une partie seulement des forces encerclées parvint à s'échapper. Au cours de la première semaine, près de 30 000 prisonniers furent pris au nord et 24 000 au sud. Environ 100 000 hommes furent encerclés dans Minsk et, bien que la route principale de repli traversant Minsk eût été fermée, une partie de la IVe armée de Tippelskirch parvint à s'esquiver en utilisant des routes secondaires par lesquelles on avait renoncé depuis un certain temps à faire passer le ravitaillement, à cause de l'action de harcèlement des partisans soviétiques. Le Groupe d'armées Centre était virtuellement détruit et le total des pertes dépassait 200 000 hommes.

A l'ouest de Minsk, les Allemands en retraite opposèrent une résistance momentanée, mais il n'y avait aucune ligne de résistance naturelle et ils n'étaient pas assez nombreux pour couvrir tout l'espace qui s'élargissait au fur et à mesure que la pénétration russe devenait plus profonde. Les Soviétiques avaient toujours la place pour s'infiltrer et contourner les villes auxquelles l'ennemi s'accrochait. Leur avance prenait l'aspect d'un demi-cercle d'où rayonnaient des flèches en direction de Dvinsk, Vilna, Grodno, Bialystok et Brest-Litovsk. Vilna fut atteinte le 9 et capitula le 13, après que les forces mobiles soviétiques l'eurent dépassée de chaque côté. Le même jour, une autre « flèche » atteignit Grodno.

A la mi-juillet, l'Armée rouge avait non seulement expulsé les Allemands de Biélorussie, mais occupé la moitié du nord-est de la Pologne. Ses éléments les plus avancés avaient pénétré profondément en Lituanie et n'étaient pas loin de la frontière de Prusse-Orientale. A cet endroit ils étaient à plus de 300 kilomètres en arrière du flanc du Groupe d'armées Nord allemand de Friessner qui défendait encore l'entrée des États baltes. Les avant-gardes de Bagramyan, qui approchaient de Dvinsk, étaient plus près de la base allemande de Riga que ne l'était le front de Friessner. Tchernyakhovsky, qui avait atteint le Niémen au-delà de Vilna, était presque aussi près que lui de la Baltique — mais sur une ligne située bien plus à l'ouest. Il semblait donc qu'une double barrière allait être établie à l'arrière des troupes de Friessner avant qu'elles ne puissent se replier. Cette situation fut encore aggravée par l'extension de l'offensive soviétique vers le nord, dans le secteur de Pskov où les troupes de Maslennikov attaquèrent en association avec celles d'Eremenko.

Au même moment, la tension à laquelle étaient soumises les forces allemandes dans leur ensemble fut considérablement accrue par des événements encore plus importants. En effet, le 14 juillet, les Russes déclenchèrent enfin leur offensive au sud des Marais du Pripet, entre Tarnopol et Kovel. Elle se déroula selon deux axes. A droite selon un axe traversant le Boug en direction de Lublin et de la Vistule, pour converger avec l'avance de Rokossovsky partie du nord des marais et qui obliquait maintenant au sud de Brest-Litovsk. A gauche, l'axe traversait les lignes ennemies près de Luck et contournait Lvov par le nord.

Cette dernière ville tomba aux mains des forces de Koniev le 27 juillet, date à laquelle leur avant-garde avait déjà traversé la San, 110 kilomètres plus à l'ouest. Les proportions de l'offensive soviétique apparurent d'une manière spectaculaire avec la prise, le même jour, de Stanislav, dans les contreforts des Carpates; Bialystok, dans le nord de la Pologne; Dvinsk, en Lettonie; et l'embranchement ferroviaire de Siauliai sur la ligne menant de Riga en Prusse-Orientale. Cette dernière victoire, obtenue à la suite d'une avance éclair d'une colonne blindée de Bagramyan, menaçait d'être fatale aux forces allemandes du Nord.

Cependant, cette perspective elle-même fut estompée par les proportions prises par l'avance centrale et le danger qu'elle représentait pour les Allemands. Trois jours plus tôt, le 24, l'aile gauche de Rokossovsky avait fait irruption dans Lublin, à 50 kilomètres seulement de la Vistule et 160 kilomètres au sud-est de Varsovie. Rokossovsky avait exploité la façon dont les armées allemandes étaient séparées en deux par le Pripet et la confusion créée par l'offensive toute proche qui se déroulait au sud de ce dernier. Le 26, plusieurs de ses colonnes mobiles atteignaient la Vistule, pendant que d'autres obliquaient vers le nord en direction de Varsovie. Le lendemain, les Allemands abandonnèrent Brest-Litovsk, tandis que, le même jour, l'une des colonnes russes qui l'avaient contournée atteignait Siedlce, 80 kilomètres plus à l'ouest, à une soixantaine de kilomètres de Varsovie.

A Siedlce, les Allemands forcèrent momentanément les Russes à marquer le pas. De même, sur la Vistule, la résistance donnait des signes de raidissement, car, sur les cinq points de traversée conquis par les troupes de Rokossovsky dans la nuit du 29, quatre furent perdus le lendemain matin.

Mais, le 31 juillet les Allemands furent chassés de Siedlce sous la pression d'un mouvement tournant, tandis que l'une des colonnes de Rokossovsky atteignait les faubourgs de Praga dans la banlieue de Varsovie située sur la rive est de la Vistule. Le lendemain matin, les troupes allemandes commencèrent de franchir les ponts pour se replier dans la ville, et les chefs des mouvements clandestins polonais furent encouragés à donner le signal du soulèvement.

Le même jour, des événements spectaculaires se déroulèrent près de la Baltique. Sur le front de Bagramyan, une colonne blindée commandée par le général Oboukhov s'empara de l'embranchement ferroviaire de Toukkoums, sur le golfe de Riga, après avoir avancé de 80 kilomètres dans la nuit, coupant ainsi le couloir d'évasion du Groupe d'armées Nord. Tchernyakhovsky occupa Kaunas, capitale de la Lituanie, tandis que ses éléments avancés arrivaient à proximité de la frontière de Prusse-Orientale, aux environs de la trouée d'Insterburg. Le 2 août, les forces de Koniev établirent une nouvelle et vaste tête de pont sur la Vistule, près de Baranov, 200 kilomètres au sud de Varsovie, en amont de l'endroit où la San se jette dans la Vistule.

Pour les Allemands ce fut un moment de crise généralisée. A l'ouest, leur front de Normandie s'effondrait et les chars de Patton s'engouffraient dans la brèche d'Avranches. A l'arrière il y avait eu un tremblement de terre politique dont l'onde de choc se répandait vers l'extérieur. En effet, la tentative concertée pour assassiner Hitler et renverser le régime nazi avait eu lieu le 20 et un certain nombre de généraux étaient impliqués dans le complot qui avait échoué. L'incertitude initiale, quant au résultat, puis les craintes des retombées avaient semé la confusion et la paralysie dans plus d'un quartier général.

Après l'explosion de la bombe dans le Q.G. de Hitler, à Rastenburg, en Prusse-Orientale, des télégrammes avaient été expédiés aux membres de la conspiration dans les quartiers généraux des divers groupes d'armées, leur annonçant la mort de Hitler. L'information contradictoire diffusée par la radio allemande fit naître des doutes à propos du premier message, mais provoqua bien sûr une certaine perplexité quant à la vérité. De plus, le télégramme expédié par les conspirateurs au Q.G. de Friessner était accompagné d'instructions explicites stipulant que les armées du Nord devaient se replier sans délai et éviter tout risque d'un « second Stalingrad ». Là-bas, comme à l'Ouest, les événements du 20 juillet eurent d'importantes répercussions.

Ce fut au sein du Groupe d'armées Centre que les effets se firent le moins sentir. Grâce en grande partie à son nouveau commandant, Model, qui avait remplacé Busch presque aussitôt après la percée initiale, lorsque celui-ci avait succombé sous l'effet de la pression combinée des Soviétiques sur le front et de Hitler à l'arrière. Lors de l'invasion de la Russie, en 1941, Model commandait seulement 1 division et maintenant, à 54 ans, il avait près de dix ans de moins que la plupart des membres du Haut Commandement allemand. Au cours de sa rapide ascension, il avait gardé la même énergie entraînante et l'audace dont il avait fait preuve à la tête d'une division de Panzer. Il était aussi l'un des rares généraux à oser discuter avec Hitler, et ce dernier, qui préférait sa rudesse aux manières caustiques de Manstein, avait un peu plus tendance à lui laisser la bride sur le cou. Profitant de la tolérance inhabituelle de Hitler, Model suivait son propre jugement pour se tirer de situations difficiles et omettait souvent de respecter les instructions qu'il avait reçues. C'est grâce à cette initiative insubordonnée, plus qu'à son habileté pour conduire la retraite, qu'il était parvenu à faire sortir du piège les armées en péril. En même temps sa position et la façon dont Hitler acceptait ses décisions rehaussaient naturellement son sentiment de loyauté envers son serment à Hitler. Après le 20 juillet, Model fut le premier des grands chefs militaires à dénoncer le complot et à proclamer que la fidélité de l'armée était intacte. La confiance que Hitler avait en lui fut encore davantage justifiée par la suite des événements militaires.

En effet, on assista, début août, à un ressaisissement remarquable des troupes allemandes et l'entrée des Soviétiques dans Varsovie fut repoussée jusqu'à l'année suivante. Le 1er août, à la tombée de la nuit, la plus grande partie de la ville était aux mains de ses habitants révoltés. Mais au moment précis où ils s'attendaient à voir les Russes traverser la Vistule pour venir à leur aide, ils entendirent le bruit de la canonnade s'estomper dans le lointain et se retrouvèrent seuls et perplexes au milieu d'un silence menaçant. Puis, le 10, ce silence fut rompu par le vacarme d'un bombardement massif de l'aviation et de l'artillerie allemandes qui commençaient la reconquête de la ville. Les forces polonaises clandestines du général Bor se battirent avec acharnement à l'intérieur de la ville, mais elles furent bientôt isolées dans trois petits secteurs sans qu'aucune aide ne leur parvienne de l'autre rive de la Vistule.

Il est naturel que ces hommes aient eu le sentiment que les Russes étaient restés délibérément l'arme au pied. On comprend facilement, également, que le Gouvernement soviétique n'avait pas tellement envie de voir les Polonais jouer le rôle principal dans la libération de leur capitale, et être ainsi tentés d'adopter une attitude plus indépendante. Mais, bien qu'il soit difficile de tirer au clair tous les éléments de cette controverse, le fait que la progression des Soviétiques dut marquer à cette époque un temps d'arrêt en un nombre considérable d'autres endroits indique que les facteurs militaires ont peut-être été beaucoup plus décisifs que les considérations politiques [1].

Devant Varsovie, le facteur le plus déterminant fut l'intervention de 3 solides divisions de Panzer S.S. arrivées seulement le 29 juillet, 2 en provenance du front méridional et l'autre en provenance d'Italie. La contre-attaque qu'elles lancèrent à partir du flanc nord enfonça un coin dans le saillant soviétique, contraignant l'Armée rouge à se replier. Au même moment, une tentative des Soviétiques pour avancer à partir des têtes de pont sur la Vistule fut tenue en échec avec l'aide de quelques renforts amenés d'Allemagne. A la fin de la première semaine d'août, la progression russe était enrayée partout à l'exception des contreforts des Carpates et de la Lituanie où elle était ralentie. La vague avait perdu de sa force longtemps avant d'être arrêtée. Les dernières étapes de cette avance foudroyante avaient seulement été le fait d'éléments mobiles représentant des « vaguelettes » et les maigres réserves de Model suffirent à les arrêter une fois que les Allemands eurent atteint un terrain favorable à une résistance. Après avoir avancé de près de 750 kilomètres en cinq semaines — de loin l'avance la plus importante et la plus rapide qu'ils aient jamais réalisée jusque-là —,

1. Néanmoins, le refus soviétique d'autoriser des bombardiers américains venus d'Europe occidentale à se poser sur des aérodromes russes après avoir largué du ravitaillement aux Polonais de Varsovie, n'a jamais reçu d'explication satisfaisante. Des pilotes britanniques et polonais effectuèrent bien de telles missions aller et retour à partir de l'Italie, mais, à de telles distances, leurs efforts, aussi courageux fussent-ils, ne pouvaient guère changer l'issue des combats.

les Soviétiques furent victimes des conséquences naturelles de la longueur excessive de leurs lignes de communication et ils durent s'incliner devant cette loi stratégique. Ils devaient rester encore près de six mois sur la Vistule avant d'être prêts à lancer une autre offensive massive.

La deuxième semaine d'août fut marquée par de rudes combats en de nombreux points, les Allemands contre-attaquant vigoureusement et les Russes cherchant de nouvelles ouvertures, mais aucun des deux camps ne put remporter d'avantage notable. Le front de la Vistule se stabilisa. A la frontière de Prusse-Orientale, l'avance soviétique en direction de la trouée d'Insterburg fut enrayée par la division de Panzer de Manteuffel qui venait d'être ramenée du front de Roumanie et qui chassa les Soviétiques du centre routier de Vilkaviskis. La situation se stabilisa dans cette région frontalière pleine de lacs et de marécages. Manteuffel fut envoyé dans le Nord, et, à la fin du mois d'août, parvint à s'avancer de Tauroggen jusqu'à Toukkoums, sur le golfe de Riga, dégageant à nouveau la ligne de retraite du Groupe d'armées Nord.

Les résultats obtenus par une aussi petite force blindée illustrent bien le caractère fluide de la situation et montrent à quel point la capacité des Russes à consolider leurs gains territoriaux était limitée par leurs difficultés de ravitaillement. Dans de telles conditions de petites formations blindées avaient un poids bien plus considérable que des masses d'infanterie, et le cours de la campagne était déterminé par la faculté de l'un ou l'autre camp de faire intervenir l'une de ces formations aux points critiques. L'histoire de David et Goliath se répéta bien des fois sous une forme moderne.

Le répit obtenu par les Allemands sur le front principal, en stabilisant la situation entre les Carpates et la Baltique, fut contrebalancé par l'apparition d'une menace davantage importante le long d'une ligne plus indirecte. Cette menace apparut avec une offensive soviétique sur le front de Roumanie, après que des mouvements politiques aient contribué à ouvrir la voie à cette avance.

Le 20 août, les troupes du 2e front d'Ukraine (maintenant commandé par Malinovsky) attaquèrent au sud de Jassy, descendant les deux rives de la Sereth en direction de Galatz. Cette action menaçait le flanc et les arrières du vaste saillant que les Allemands occupaient encore en Bessarabie méridionale. Le 3e front d'Ukraine (maintenant sous les ordres de Tolboukhine) attaqua ce saillant plus directement en s'avançant vers l'ouest à partir du cours inférieur du Dniestr. Au début, l'opposition rencontrée fut vigoureuse et l'ennemi ne lâcha pied que très lentement, mais la progression s'accéléra bientôt.

Le 23, la radio roumaine annonça que la Roumanie était en paix avec les Alliés et en guerre avec l'Allemagne. Le maréchal Antonescu avait été arrêté, et son successeur avait accepté les conditions de l'Union soviétique, conditions qui incluaient un retournement immédiat des alliances.

Profitant de la confusion générale, les Russes firent irruption dans Galatz, le 27, occupèrent les vastes gisements pétrolifères de Ploesti le 30 et entrèrent dans Bucarest le lendemain. Les chars avaient couvert 400 kilomètres en douze jours. Au cours des six jours suivants ils parcoururent plus de 300 kilomètres supplémentaires pour atteindre la frontière yougoslave à Tournou-Severine sur le Danube. Une grande partie des forces allemandes fut encerclée dans le saillant de Bessarabie ou capturée en route. Toute la VIe armée allemande, totalisant 20 divisions, fut perdue. Sous cet angle, c'était une défaite aussi désastreuse que Stalingrad.

La capitulation de la Roumanie avait incité le Gouvernement bulgare à entamer des négociations de paix avec la Grande-Bretagne et les États-Unis. En effet, bien que la Bulgarie n'ait pas participé à l'invasion de la Russie, elle avait des raisons pour être inquiète au sujet de l'attitude soviétique à l'égard de sa neutralité. Cette inquiétude était justifiée. Les dispositions prises par la Bulgarie pour se soumettre aux alliés occidentaux ne satisfirent pas le Gouvernement soviétique qui lui déclara bientôt la guerre. Cette déclaration fut aussitôt suivie d'une invasion à partir des frontières nord et est. Celle-ci fut une simple promenade militaire, le Gouvernement bulgare ayant ordonné de ne pas opposer de résistance et s'étant hâté d'envoyer sa propre déclaration de guerre à l'Allemagne.

La route était libre pour permettre à l'Armée Rouge d'exploiter le plus vaste flanc découvert jamais vu au cours d'une guerre moderne. Cette manœuvre tournante était surtout un problème de logistique dominé par les facteurs de mouvement et de ravitaillement, plutôt que par l'opposition de l'ennemi. Les Allemands avaient perdu plus de 100 000 prisonniers en Roumanie et ils n'avaient aucune chance de les remplacer en raison de la situation désespérée à l'Ouest, où, à la fin septembre, plus d'un demi-million de prisonniers avaient été faits par les Alliés sur les différents fronts.

A l'automne, les armées de l'aile gauche soviétique commencèrent d'obliquer à travers les vastes étendues de l'Europe centrale et du Sud-Est. Tout ce que les Allemands pouvaient faire était de freiner ce mouvement en s'accrochant aussi longtemps que possible aux divers centres de communication successifs puis en détruisant les communications lorsqu'ils étaient contraints de se replier. Les forces dont ils disposaient étaient maigres face à l'espace qu'il fallait couvrir, mais, heureusement pour eux, les communications étaient également plus nombreuses dans ces régions alors que les obstacles naturels étaient abondants. L'avance de cette menace se fit donc lentement pendant que les Allemands gagnaient du temps pour faire sortir leurs forces de Grèce et de Yougoslavie.

Ils auraient pu peut-être gagner encore un peu plus de temps sans la pression supplémentaire que les Russes furent en mesure d'exercer grâce à une avance éclair dans le coin nord-ouest de la Roumanie, au cours des premières semaines de confusion qui suivirent son changement de camp. Contournant à toute vitesse le flanc sud des montagnes, une formation mécanisée était entrée dans cette protubérance du territoire roumain, occupant Temesoara (Temesvar) le 19 septembre, et Arad le 22. Cette position plaçait les Russes en travers de certaines des routes partant de Belgrade vers le nord et les amenait à proximité de la frontière méridionale de la Hongrie, à environ 150 kilomètres de Budapest. Une avance aussi audacieuse ne pouvait être risquée que face à un adversaire ne disposant pas de forces suffisantes pour une contre-attaque. Et même dans le cas présent son exploitation ne put commencer que lorsque des forces plus importantes eurent été accumulées dans ce mince saillant. Cela prit un certain temps, moins de temps cependant que l'avance directe en Transylvanie à travers les montagnes.

C'est le 11 octobre seulement que l'ennemi fut chassé de Cluj, la capitale de la Transylvanie, située à 210 kilomètres d'Arad. Mais, avant cette date, Malinovsky avait réussi à concentrer ses forces dans le petit saillant, franchi les Mures, pénétré dans la plaine hongroise et avait barré les routes venant de Transylvanie. Lorsque Cluj capitula devant son aile droite, les éléments de tête de son aile gauche étaient déjà 270 kilomètres plus à l'ouest, et à moins de 100 kilomètres de Budapest. L'approche indirecte se révélait largement payante.

La semaine suivante, une nouvelle pression fut exercée par les troupes du 4e front d'Ukraine, placé sous les ordres de Petrov, qui, parties du nord, firent irruption à travers les cols des Carpates, à l'endroit situé entre le col des Tartars et celui de Lupkov qui était défendu par la Ire armée hongroise. De là elles descendirent en Ruthénie, puis obliquèrent vers l'ouest pour entrer en Slovaquie. Au cours de la même semaine, la capitale yougoslave fut libérée à la suite de l'avance convergente de Tolboukhine, qui traversa le Danube, et des partisans du maréchal Tito. La garnison allemande combattit vigoureusement mais fut finalement chassée le 20. Il est surprenant qu'elle soit restée si longtemps dans le pays, mais il est encore plus étrange de constater que des forces allemandes considérables étaient restées en Grèce, obéissant au principe édicté par Hitler et condamnant tout repli volontaire. C'est seulement dans la première semaine de novembre qu'elles quittèrent la Grèce pour essayer de se lancer dans une retraite digne de Xénophon, à travers 1 000 kilomètres de pays sauvage et hostile.

La libération de Belgrade et l'arrivée des Soviétiques dans la plaine de Hongrie marqua la fin de la première étape du grand mouvement vers l'ouest.

Après avoir amené ses forces sur la Ligne de la Tisa, sur un front de 130 kilomètres s'étendant du nord de Szolnok jusqu'à Szeged, Malinovsky lança une puissante offensive directe contre Budapest, le 30 octobre. Il avait maintenant réuni plus de 64 divisions, y compris les Roumains. Il n'avait que 80 kilomètres à franchir. Repoussant graduellement les forces allemandes et hongroises, certaines colonnes atteignirent les faubourgs de Budapest le 4 novembre, mais leur tentative pour s'emparer de la ville avant que sa défense ne fût consolidée fut gênée par le mauvais temps. Comme d'autres villes qui avaient été défendues avec acharnement, Budapest se révéla un obstacle de taille. A la fin du mois, les Soviétiques étaient toujours bloqués au même endroit et leurs efforts pour contourner ses flancs immédiats n'avaient guère progressé.

Petrov était également arrêté dans sa tentative pour venir à l'aide des partisans slovaques à partir de la Ruthénie. Le sol accidenté et la forme en couloir de la Slovaquie gênait toute manœuvre.

Bloqués devant Budapest, les Soviétiques entamèrent un mouvement secondaire. Les 35 divisions de Tolboukhine furent amenées de Yougoslavie et, au cours de la dernière semaine de novembre, elles lancèrent une vaste manœuvre tournante à partir d'une tête de pont établie près du confluent du Danube et de la Drava, à quelque 200 kilomètres au sud de Budapest. Le 4 décembre, elles avaient atteint le lac Balaton, sur les arrières de la capitale hongroise. Au même moment, Malinovsky lançait une nouvelle attaque au nord de Budapest en même temps qu'un assaut contre les défenses de la ville. Mais tous ces efforts furent vains et, à la fin de l'année, Budapest n'était pas encore prise. Malgré un encerclement consécutif à une nouvelle attaque déclenchée à Noël, elle continua de résister jusqu'à la mi-février.

A l'autre extrémité du front est, sur la Baltique, la campagne d'automne s'était déroulée suivant un schéma à peu près identique, commençant par un effondrement allemand et se terminant par un coup d'arrêt. Les défaites subies par l'Allemagne au cours de l'été avaient amené les Finlandais à se résoudre à l'inévitable — à peu près au même moment que la Roumanie et la Bulgarie — et, au début du mois de septembre, ils acceptèrent les conditions soviétiques d'armistice. Celles-ci prévoyaient que les Finlandais attaqueraient toutes les forces allemandes qui n'auraient pas quitté le pays à la date du 15. A la suite d'une tentative de débarquement allemand sur l'île de Hogland, dans le golfe de Finlande, les Finlandais annoncèrent qu'ils étaient en guerre contre l'Allemagne.

La capitulation finlandaise ouvrit la voie à une offensive soviétique massive contre le Groupe d'armées Nord allemand, à la tête duquel Schörner avait maintenant remplacé Friessner. Les forces de deux « fronts » soviétiques, celui de Govorov et celui de Maslennikov, avancèrent contre les lignes de Schörner, tandis que les troupes d'Eremenko enveloppaient son flanc et que celles de Bagramyan menaçaient ses arrières. Il semblait impossible que les Allemands s'échappent d'une nasse aussi profonde munie d'un goulot aussi étroit. Mais, en moins d'une semaine, ils parvinrent à se replier de 300 kilomètres pour atteindre l'abri des défenses de Riga, sans perdre beaucoup d'hommes. Bagramyan n'était pas arrivé à couper cet étroit goulot. Une fois de plus, les événements avaient démontré la difficulté d'attaquer sur des fronts étroits permettant à la défense de jouir d'une densité favorable.

Pour reprendre l'initiative, le Commandement soviétique adjoignit d'importants renforts au groupe de Bagramyan, en vue d'une attaque vers la côte de la Baltique, au sud de Riga, en partant de Siauliai, en Lituanie centrale. Cette nouvelle offensive fut déclenchée le 5 octobre. Profitant de la largeur du front et de la concentration de l'ennemi près de Riga, elle atteignit la côte au nord et au sud de Memel, le 11. Deux jours plus tard, Schörner abandonna Riga et se replia en Courlande — la province péninsulaire située dans le nord-ouest de la Lettonie. Arrivées là, ses forces isolées parvinrent à opposer une résistance prolongée. La garnison étroitement encerclée de Memel en fit autant. Mais les Soviétiques avaient suffisamment de troupes pour en consacrer une partie au siège de ces positions. Leurs problèmes tournaient autour des possibilités de ravitaillement et de l'espace de manœuvre.

Après avoir nettoyé leur flanc balte, ils tournèrent ensuite vers la Prusse-Orientale contre laquelle ils lancèrent une forte offensive à la mi-octobre. Mais encore une fois la défense marqua des points contre une attaque directe sur un front étroit, où les lignes d'approche étaient canalisées par des lacs et des marécages. L'offensive principale était dirigée contre la trouée d'Insterburg, mais elle s'émoussa au cours d'une grande bataille de chars près de Gumbinnen, là où les Russes avaient remporté leur premier succès illusoire en 1914. D'autres attaques dans des secteurs voisins ne parvinrent pas à pénétrer suffisamment pour rompre le front. Avant la fin d'octobre l'offensive s'était enlisée.

Le ressaisissement étonnant des Allemand à l'Est, à l'Ouest et au Centre de l'Europe était la preuve flagrante de l'effet combiné de la contraction de leur front et de l'allongement des lignes de communication des attaquants — ainsi que de la façon dont la politique de « capitulation sans condition » des Alliés avait aidé Hitler à durcir la résistance allemande. De plus, le déroulement de la campagne d'automne avait montré comment un emploi habile de la défense élastique pourrait permettre de gagner du temps jusqu'à ce que les nouvelles armes de l'Allemagne fussent prêtes. Mais Hitler voulait seulement y voir une confirmation de la valeur de son principe de défense rigide.

Fort de cette conviction, non seulement il refusa d'autoriser ses généraux du front Ouest à effectuer un repli en temps utile du saillant des Ardennes, mais en plus il ordonna un renforcement de la défense de Budapest qui affaiblit son front Est d'une manière fatale.

33.
L'offensive aérienne stratégique contre l'Allemagne

La théorie et la doctrine de l'attaque aérienne stratégique furent élaborées en Angleterre à la fin de la Première Guerre mondiale et dans les années suivantes. Ce fut partiellement, et même essentiellement, une conséquence de la création, le 1er avril 1918, la dernière années de la guerre, de la Royal Air Force en tant qu'arme indépendante, réunissant les anciens services aériens de la Marine et de l'armée de Terre. Cette théorie fut adoptée d'autant plus ardemment par la nouvelle troisième arme qu'elle représentait une justification de l'existence et de l'indépendance de la Royal Air Force.

Par une ironie du sort, cette théorie fit un adepte fervent en la personne du général Hugh Trenchard, ancien chef de l'aviation de l'armée de Terre (le Royal Flying Corps) en France et qui s'était opposé, en tant que tel, à la création de la nouvelle arme. En janvier 1918, il fut rappelé de France pour être nommé chef de l'état-major aérien. Presque aussitôt, il se heurta violemment au nouveau ministre de l'Aviation, Lord Rothermere, et fut remplacé à la tête de l'état-major de l'Air par le général Sir Frederick Sykes, un autre pionnier de l'aviation. Trenchard fut alors nommé à la tête des forces de bombardement qui avaient été créées d'une manière indépendante à l'automne précédent, dans le but de bombarder Berlin et d'autres objectifs en Allemagne, à la suite des raids opérés sur Londres par les bombardiers allemands Gotha en 1917-1918, lesquels avaient affecté le moral et la pensée des responsables militaires britanniques d'une façon tout à fait hors de proportion avec les dommages causés. Mais, à l'époque de l'Armistice, en novembre 1918, les forces de bombardement de la R.A.F. ne comprenaient encore que 9 escadrilles et avaient à peine commencé d'opérer — en fait, 3 seulement des grands bombardiers Handley-Page, destinés à attaquer l'Allemagne, avaient été livrés à cette date. Mais Trenchard était devenu un avocat enthousiaste du bombardement stratégique indépendant. Cela apparut de façon particulièrement claire lorsqu'en 1919, après la fin de la guerre, il fut rappelé à Londres pour reprendre son poste de chef d'état-major aérien, poste auquel il resta jusqu'en 1929. Dans l'intervalle, la stratégie aérienne avait connu un développement considérable grâce au général P.R.C. Groves, le bras droit de Sykes, chargé de la Direction des opérations aériennes au sein de l'état-major de la R.A.F.

En Amérique, l'idée fut ardemment reprise par le général William Mitchell dans les années vingt, mais il se heurta bientôt aux deux armes traditionnelles et fut évincé à cause de son enthousiasme agressif. Il fallut attendre de nombreuses années et l'arrivée d'une nouvelle génération pour que les États-Unis deviennent une puissance aérienne de premier plan et partisans de l'offensive aérienne stratégique.

Une génération encore plus récente d'historiens attribue la paternité de cette théorie à un général italien, Giulio Douhet, qui écrivit en 1921 un livre sur l'avenir de la guerre aérienne. Cependant, ses écrits, bien qu'ils soient intéressants à étudier rétrospectivement, n'eurent aucune influence en Europe, tout au moins, au cours de la période de formation [1].

La doctrine de l'état-major de la R.A.F. est résumée dans l'*Histoire officielle*, *The Strategic Air Offensive Against Germany*, écrite par Sir Charles Webster et le professeur Noble Frankland :

> « L'offensive aérienne stratégique est un moyen d'attaquer directement l'État ennemi dans le but de lui enlever les moyens ou la volonté de continuer la guerre. Elle peut être, en elle-même, l'instrument de la victoire, ou bien elle peut être un moyen permettant à d'autres forces de remporter la victoire. Elle diffère de toute autre forme d'attaque militaire en ce sens qu'elle est la seule à pouvoir atteindre immédiatement, et d'une manière directe et destructive, le cœur du pays ennemi. Sa sphère d'activité se situe donc non seulement au-dessus, mais aussi au-delà de celle de l'armée ou de la marine [2]. »

Bien que l'expérience acquise à la fin de la guerre de 14-18 ait été minime, c'est grâce à cette conception du bombardement stratégique que les chefs de la R.A.F. parvinrent à maintenir son indépendance face aux tentatives de l'Armée et de la Marine, pendant l'entre-deux-guerres (en particulier pendant la première décennie de celle-ci), voulant subordonner de nouveau l'aviation aux deux armes traditionnelles.

---

1. Lors de ma visite à Paris, en 1935, je tombai sur une traduction française du livre de Douhet, *la Maîtrise des Airs*, et, de retour en Angleterre, j'en parlai à plusieurs de mes amis, membres de l'état-major de l'Air, et m'aperçus qu'aucun d'entre eux n'en avait entendu parler. En fait, la doctrine de l'état-major de la R.A.F. avait été élaborée beaucoup plus à fond bien avant cette date. Une traduction anglaise des ouvrages de Douhet ne parut aux États-Unis qu'en 1942, et en 1943 en Angleterre. De plus, même en Italie, Douhet n'avait pas eu beaucoup d'influence. Lors de ma visite des forces italiennes, en 1927, sur invitation officielle, ni le maréchal Balbo, ministre de l'Aviation, ni aucun de ses principaux subordonnés de l'époque, ne firent la moindre allusion à Douhet dans la conversation, qui était pourtant remarquablement franche, et montrait un vif intérêt pour les idées nouvelles développées en Angleterre en matière de stratégie aérienne.
2. Vol. I, p. 6.

De plus, par réaction, Trenchard et ses adeptes dévoués développèrent cette conception en termes extrêmement « probombardiers ». Ils firent valoir que l'aviation et ses activités étaient d'un genre tout différent, relevant d'une sphère totalement séparée de celle de l'Armée et de la Marine. Ces arguments contribuèrent à consolider l'indépendance fragile de la R.A.F., mais ce dénigrement de l'aspect tactique de l'action des forces aériennes se révéla parfaitement erroné. Un autre de leurs arguments, conséquence directe du premier, était que la meilleure défense aérienne consistait en une campagne de bombardement au cœur du pays ennemi. Cet argument, douteux déjà en théorie, devenait ridicule quand on connaît la supériorité aérienne acquise par l'Allemagne à la fin des années trente. L'ardeur doctrinaire avec laquelle cet argument fut défendu aboutit à une conclusion résumée dans la phrase trop facilement acceptée par Stanley Baldwin lorsqu'il était Premier ministre : « Un bombardier passe toujours. » La R.A.F. et l'U.S. Air Force ne démordirent pas de cette illusion avant que leurs pertes sévères de 1943-1944 les forcent à reconnaître que la maîtrise du ciel est la première condition préalable à une offensive stratégique aérienne.

Une autre opinion répandue avant-guerre était que les attaques aériennes auraient lieu de jour et seraient dirigées contre des objectifs militaires et économiques spécifiques, toute autre forme de bombardement étant considérée comme « improductive ». Trenchard souligna bien les effets « sur le moral » des bombardements contre la population civile, et des exercices de vol de nuit furent bien organisés, mais, en général, la tendance au sein de l'état-major et de l'ensemble de la R.A.F. était à sous-estimer les difficultés opérationnelles.

Étant donné l'insistance avec laquelle l'idée du bombardement stratégique était défendue en Angleterre dans l'entre-deux-guerres, les futurs historiens seront surpris de découvrir qu'à la déclaration de guerre de 1939, la R.A.F. ne possédait aucune force adaptée au bombardement stratégique. Ce n'était pas uniquement dû aux restrictions budgétaires et à la politique d'économies qui régnèrent au cours des années vingt et au début des années trente; la R.A.F. portait également une part des responsabilités du fait de ses erreurs quant au genre de force et d'appareils adapté à cette tâche. Même après que le remplacement des vieux biplans eut commencé en 1933, il resta encore trop de bombardiers légers impropres au bombardement stratégique, alors que la majorité des modèles plus récents, Whitley, Hampden, Wellington, ne valaient pas grand-chose, même selon les critères de l'époque. Sur les 17 escadrilles de bombardiers lourds disponibles, en 1939, seuls les 6 dotés de Wellington étaient raisonnablement efficaces. De plus, on manquait d'équipages bien entraînés, en grande partie à cause de l'accent mis trop longtemps sur les biplaces légers, et les instruments de navigation et de visée totalement insuffisants.

Trenchard, qui avait pris sa retraite à la fin de 1929 et avait été élevé à la Pairie, continua, au cours des dix années suivantes, à exercer une grande influence au sein de la R.A.F. par l'intermédiaire de ses disciples. Comme lui, ils continuèrent de placer les bombardiers au premier plan, même lorsque l'on sut que la Luftwaffe avait acquis une immense supériorité. Selon le plan *L* établi par l'état-major de la R.A.F. au début de 1938, il était prévu de mettre sur pied 73 escadrilles de bombardement et 38 escadrilles de chasse pour le printemps 1940 — soit presque un rapport de 2 à 1 (et même plus en nombre d'appareils). Après la crise de Munich, en septembre 1938, le nouveau plan *M* de l'état-major porta le programme à 85 escadrilles de bombardement et 50 de chasse, faisant passer le rapport chasseurs-bombardiers à un peu moins de 3 contre 5.

Trenchard déplora cette modification, pourtant minime, et, à une date aussi tardive que le printemps 1939, il exposa devant la Chambre des Lords qu'il fallait maintenir un rapport de 2 à 1 entre bombardiers et chasseurs comme meilleur argument de dissuasion à l'égard de la Luftwaffe. Cependant, cet argument était visiblement chimérique, puisque l'aviation de bombardement allemande était déjà presque le double de celle de l'Angleterre et qu'il était beaucoup plus long de développer une aviation de bombardement qu'une aviation de chasse.

Heureusement, une attitude plus réaliste avait commencé de se dessiner au sein de l'état-major aérien. Dès 1937, Sir Thomas Inskip, ministre pour la coordination de la Défense, avait exprimé des doutes et suggéré qu'il vaudrait mieux détruire une force de bombardement allemande au-dessus de l'Angleterre que la bombarder sur ses aérodromes ou dans ses usines. Puis, début 1939, le vice-maréchal de l'Air Richard Peck, qui, dans les années 20 avait été le jeune responsable du département des Plans et avait formulé pour le Cabinet beaucoup des arguments de Trenchard en faveur des bombardiers, fut rappelé des Indes où il était depuis trois ans membre de l'état-major Aérien, pour être nommé directeur des Opérations. Comme beaucoup de jeunes officiers, il avait révisé ses opinions à la lumière de la situation réelle, et, peu après la déclaration de guerre, il convainquit le chef d'état-major de la R.A.F., Sir Cyril Newall, qu'il était vital d'accroître le nombre de chasseurs. Ses arguments furent appuyés par le fait que l'apparition du radar et de nouveaux modèles de chasseurs plus rapides, les Hurricane et les Spitfire, accroissait les chances de mettre sur pied une défense aérienne efficace. En octobre, l'ordre fut donc donné de constituer 18 escadrilles de chasse supplémentaires pour la défense de la Grande-Bretagne. Cette décision, rapidement suivie d'effet, se révéla d'une importance décisive pour faire pencher la balance lors de la bataille d'Angleterre, un an plus tard, de juillet à septembre 1940. Sans cette révision, la défense aérienne de la Grande-Bretagne n'aurait guère pu tenir contre l'attaque massive et prolongée de la Luftwaffe.

Le retour à des vues plus réalistes amena également le Cabinet et l'état-major de la R.A.F. (celui-ci avec plus de réticences) à tomber d'accord pour reconnaître que, dans les circonstances de 1939, l'Angleterre ferait mieux de ne pas déclencher de bombardement stratégique si l'Allemagne n'en prenait pas l'initiative, tout au moins aussi longtemps que l'aviation de bombardement anglaise ne serait pas beaucoup plus importante et que les proportions de la chasse n'auraient pas été renforcées.

L'issue de la situation et des projets de l'état-major aérien est résumée dans ce commentaire de l'*Histoire officielle :*

> « Depuis 1918, la stratégie [de la R.A.F.] reposait sur l'idée qu'il serait impossible de gagner la prochaine guerre sans bombardements stratégiques, mais lorsque celle-ci éclata, l'aviation de bombardement anglaise fut incapable d'infliger à l'ennemi autre chose que des dommages insignifiants [1]. »

Pour les raisons décrites plus haut, la R.A.F. se limita à des actions très restreintes au cours de la campagne de Pologne et de la « drôle de guerre » qui suivit. Elle se cantonna dans le largage de tracts de propagande au-dessus de l'Allemagne et dans l'attaque de quelques rares objectifs maritimes. D'ailleurs les Français, qui craignaient encore plus les bombardements de représailles, étaient opposés à ce que l'aviation de bombardement anglaise opère à partir d'aérodromes français. Quant à eux, comme les Allemands, ils ne croyaient qu'en la valeur tactique des bombardiers dans le cadre d'une collaboration avec l'armée de Terre. A l'inverse des Anglais, les Allemands etaient persuadés que les raids de leurs avions Gotha au cours de la Première Guerre mondiale avaient été un échec à tout point de vue, et ils avaient pratiquement abandonné toute idée de bombardement stratégique dans leurs plans.

Bien que l'état-major de la R.A.F. ait eu des plans prévoyant des attaques aériennes sur les centres industriels allemands de la Ruhr, il ne fut pas autorisé à les mettre en application. Ce fut probablement une sage décision car ces attaques auraient été lancées en plein jour par des bombardiers lents et incapables de se défendre. Le maréchal de l'Air, Sir Edgar Ludlow-Hewitt, commandant en chef de l'aviation de bombardement de la R.A.F. de 1937 à 1940, était lui-même d'avis qu'une telle opération n'apporterait que des pertes excessives pour un résultat douteux. En décembre 1939, les Wellington de la R.A.F. subirent de lourdes pertes lors de raids effectués de jour contre des objectifs maritimes, du fait des chasseurs allemands dirigés par une forme primitive de radar, et ce, sans obtenir de résultats efficaces — alors que les Whitley, pourtant inférieurs, ne subirent aucune perte au cours de leurs opérations de largage de tracts effectués de nuit entre la mi-novembre et la mi-mars. A la suite de cette expérience, les raids de bombardement devinrent exclusivement nocturnes à partir d'avril 1940. Cela démontra à quel point était illusoire l'opinion d'avant-guerre de l'état-major selon laquelle les bombardements de jour seraient possibles sans lourdes pertes.

Une autre illusion qui fut plus longue à se dissiper fut celle selon laquelle

1. Vol. I, p. 125.

il était facile de repérer et d'atteindre un objectif spécifique. Ce retard provint en grande partie du fait que la reconnaissance photographique des résultats ne fut généralisée qu'en 1941, et que jusque-là on accorda une confiance injustifiée aux rapports des équipages — qui étaient souvent totalement faux comme on s'en aperçut plus tard.

Les bombardiers et bombardiers en piqué de la Luftwaffe jouèrent un rôle prédominant dans l'invasion de la Norvège, en avril, comme cela avait déjà été le cas lors de l'invasion de la Pologne, en septembre, et ce rôle fut encore accentué, en mai, lors de l'invasion de l'Europe occidentale, en collaboration avec les forces de Panzer. Mais la R.A.F. restait opposée à une collaboration avec l'armée de Terre et continuait d'insister sur sa doctrine de bombardement spécifiquement stratégique. L'action du Bomber Command eut donc peu d'influence — encore moins qu'il eût été possible — sur le déroulement des campagnes d'importance vitale. Quelques attaques spasmodiques, lancées par les éléments de la R.A.F. qui accompagnaient le Corps expéditionnaire britannique, contre les armées allemandes en marche, en particulier contre les ponts de la Meuse, furent inefficaces et coûteuses. C'est seulement le 15 mai que le Cabinet de Guerre, dans lequel se trouvait maintenant Winston Churchill, autorisa l'emploi de l'aviation de bombardement sur des objectifs situés à l'est du Rhin. Cette nuit-là, 99 bombardiers allèrent attaquer des installations pétrolières et ferroviaires dans la Ruhr. Cette date est généralement considérée comme le point de départ de l'offensive aérienne stratégique contre l'Allemagne. Mais le Commandement surestima, et continua de surestimer pendant longtemps, les résultats de cette attaque et des suivantes.

Les plans de l'état-major pour l'intensification des attaques contre les installations pétrolières allemandes furent remis à plus tard sous la pression de la menace que la Luftwaffe fit peser sur l'Angleterre à partir du mois de juillet, et, pendant la période de la bataille d'Angleterre, l'aviation de bombardement anglaise fut utilisée pour attaquer les ports, les navires et les concentrations de péniches ennemies, ainsi que les usines d'aviation, afin de gêner les projets allemands d'invasion.

Le bombardement de Rotterdam par les Allemands, le 14 mai, et d'autres villes par la suite, avait commencé à modifier le climat de l'opinion en Grande-Bretagne, et à faire diminuer la répugnance à l'idée du bombardement indiscriminé. Ce changeemnt d'opinion fut considérablement accentué par les bombes lâchées sur Londres le 24 août à la suite d'une erreur. Tous ces faits étaient en réalité la conséquence d'erreurs d'interprétation car la Luftwaffe avait encore l'ordre, à cette époque, de se conformer aux anciennes règles du bombardement établies depuis longtemps et ces exceptions provenaient de fautes de navigation. Mais elles firent naître un désir croissant de frapper en retour des villes allemandes et de manière indiscriminée. Le fait que l'aviation de bombardement constituât dès lors, et pour un certain temps, la seule arme offensive de l'Angleterre, accentua cet instinct et ce désir, qui étaient tous deux particulièrement évidents dans l'attitude de W. Churchill.

Cependant, le changement d'opinion et d'attitude au sein de l'état-major de la R.A.F. fut provoqué dans une large mesure par des facteurs opérationnels. Les premiers signes de cette évolution sous la pression de Churchill et de la réalité opérationnelle apparurent dans la directive du 30 octobre 1940 ordonnant d'attaquer les installations pétrolières par une nuit claire et les villes les autres nuits. Cette directive représentait d'une manière évidente l'acceptation par l'État-Major général de la notion de bombardement indiscriminé ou « bombardement de zone ».

Ces objectifs comme ces opinions étaient le reflet d'un excès d'optimisme. Il était tout aussi absurde de croire que l'aviation de bombardement pouvait atteindre les petites installations pétrolières d'Allemagne à l'aide des faibles moyens dont elle disposait en 1940, que de s'imaginer que le moral de la population allemande allait craquer et que le régime nazi serait discrédité par le bombardement des villes.

L'accumulation de documents montrant les effets des raids spécifiques força l'état-major de la R.A.F. à admettre leur inefficacité. Même en avril 1941, la marge moyenne d'erreurs dans le lâcher des bombes était estimée à 1 kilomètre, ce qui voulait dire que les installations pétrolières de petite taille restaient le plus souvent intactes. Cependant, la controverse fut détournée par la nécessité de jeter les ressources du Bomber Command contre les bases des navires et des sous-marins allemands, au cours de la crise de 1941 dans la bataille de l'Atlantique. En se montrant réticente à intervenir dans cette crise maritime, l'aviation de bombardement fit preuve à la fois de myopie intellectuelle et de rigidité doctrinale.

Acceptant graduellement une lente évolution à partir de ses positions initiales, l'aviation essaya, à partir de juillet 1941, de frapper des objectifs « semi-précis », tels que le système ferroviaire allemand. A leur tour ces objectifs furent remplacés par de vastes zones industrielles lorsque le temps n'était pas assez clair. Mais ce nouveau principe s'avéra, lui aussi, futile dans sa réalité. Le rapport Butt, rédigé en août 1941, à la suite d'une enquête très soigneuse, révéla que, lors des raids sur la Ruhr, un dixième seulement des bombardiers trouvait le moyen d'arriver à moins de 8 kilomètres de l'objectif assigné [1], sans parler de la marge d'erreur théorique de 1 kilomètre. Il apparaissait de manière évidente que le problème essentiel de l'aviation de bombardement était celui de la navigation. Sous l'action combinée des difficultés opérationnelles et des pressions extérieures, l'état-major de la R.A.F. fut en fin de compte obligé de reconnaître « que le seul objectif auquel l'aviation de nuit pouvait infliger des dommages réels était une ville allemande entière [2] ».

Au fur et à mesure que l'imprécision des bombardements anglais appa-

1. *Official History*, vol. I, p. 178.
2. *Ibid.*, p. 233.

raissait, l'accent était mis avec une insistance croissante par l'État-Major sur l'atteinte du moral de la population civile — autrement dit sur la création de la terreur. Il devenait aussi important de détruire la volonté de combattre de la population ennemie que de détruire les moyens de combattre des forces ennemies.

Churchill devenait, de son côté, de plus en plus sceptique à l'égard de l'optimisme que continuait d'afficher l'état-major de la R.A.F., en particulier dans son plan du 2 septembre prévoyant d'écraser l'Allemagne en six mois au moyen d'un nombre de bombardiers porté à 4 000. Impressionné par le rapport Butt et d'autres documents, Churchill fit remarquer qu'une amélioration de la précision quadruplerait les effets des bombardements, et d'une manière plus économique. Il se montra également sceptique devant l'optimisme de l'état-major au sujet du moral et des défenses de l'Allemagne. Il déclara à Sir Charles Portal, qui était maintenant le chef de l'état-major aérien :

> « On peut douter que les bombardements seront en eux-mêmes un facteur décisif dans cette guerre. Par contre, tout ce que nous avons appris depuis le début de la guerre montre que leurs conséquences, à la fois matérielles et morales, sont largement exagérées [1]. »

Il souligna également, avec justesse, qu'il fallait s'attendre à une amélioration des défenses allemandes.

Dans une note adressée à Portal il déclara de façon prophétique : « Le tableau serait différent si l'aviation ennemie était réduite au point de permettre un bombardement de jour intense et précis sur les usines. » Ce principe fut appliqué, mais seulement en 1944, et par les Américains.

Les craintes de Churchill au sujet d'un renforcement et d'une amélioration de la défense du ciel allemand furent bientôt vérifiées. Le Bomber Command subit de lourdes pertes en novembre, en particulier lors d'une attaque multiple lancée le 7 par 400 bombardiers et où 12,5 % des 169 bombardiers envoyés sur Berlin ne rentrèrent pas à leur base. (Cependant les pertes furent moins élevées sur les objectifs plus rapprochés.)

L'ensemble de l'expérience accumulée depuis le début de la guerre avait montré que les principes énoncés depuis longtemps par l'état-major et les responsables de l'aviation de bombardement étaient gravement erronés. Les résultats des bombardements effectués au cours des deux premières années de la guerre s'étaient révélés pour le moins décevants.

La position d'infériorité du Bomber Command dura jusqu'en mars 1942. Au cours de l'hiver, les opérations furent principalement centrées sur Brest, autour des croiseurs allemands *Scharnhorst* et *Gneisenau*, qui reçurent quelques coups au but. La première conséquence de l'entrée en guerre

1. *Official History*, vol. I, p. 182.

des États-Unis, en décembre 1941, fut de compromettre la perspective de voir augmenter les trop rares livraisons de bombardiers provenant des usines américaines. De plus, les revers essuyés par l'armée allemande en Russie, cet hiver, six mois après l'invasion du mois de juin, faisaient douter certains de la nécessité ou de l'intérêt de chercher à gagner la guerre au moyen des bombardements.

La campagne de bombardement contre l'Allemagne commença de reprendre à la mi-février, après que le problème de Brest se fut résolu de lui-même par le retour éclair à leurs bases des croiseurs de bataille. A cette date, le *Gee*, système radio de navigation et de repérage d'objectif, était en cours de montage sur un grand nombre de bombardiers. Le 14 février, l'état-major souligna dans une nouvelle directive que la campagne de bombardement devait maintenant « être centrée sur le moral de la population civile ennemie, et en particulier, des ouvriers industriels ». Tel devait être « l'objectif primordial [1] ». La création de la terreur devenait donc, sans aucune réserve, la politique clairement définie du Gouvernement britannique, bien que cela n'apparut pas dans les réponses à des questions formulées par des membres du Parlement.

Cette nouvelle directive tenait compte de ce qui était réalisable sur le plan opérationnel. L'idée centrale avait été exprimée le 4 juillet 1941 par Portal, lorsqu'il avait déclaré : « Le meilleur des objectifs, du point de vue économique, ne vaut pas la peine d'être poursuivi s'il n'est pas tactiquement réalisable [2]. »

Cette directive se trouvait sur le bureau du maréchal de l'Air A. T. Harris, lorsqu'il fut placé à la tête de l'aviation de bombardement le 22 février 1942, en remplacement de Sir Richard Peirse nommé commandant en chef des forces aériennes alliées d'Extrême-Orient peu après l'entrée en guerre du Japon. Doué d'une personnalité vigoureuse, Harris se montra un chef dynamique, mais on s'aperçoit rétrospectivement qu'un grand nombre de ses idées et de ses décisions furent erronées.

Un autre appui encourageant, en une période de tension et de déception, fut apporté par un rapport rédigé fin mars par Lord Cherwell, conseiller privé de Churchill pour les questions scientifiques. Ses propos réconfortants pour Churchill vinrent peu après une attaque dévastatrice lancée début mars contre les usines Renault à Billancourt au cours de laquelle un seul bombardier fut perdu sur 235 appareils; c'était la première fois que des fusées éclairantes étaient utilisées sur une grande échelle.

Dans le courant du même mois eut lieu une attaque « réussie » sur Lubeck, au cours de laquelle le centre très dense de la ville fut dévasté par des bombes incendiaires. En avril, Rostock connut quatre attaques du même genre. (Malheureusement, la plus grande partie des dégâts fut subie par les charmantes vieilles maisons situées au centre de ces villes hanséatiques

1. *Official History*, vol. I, p. 323.
2. *Ibid.*, p. 189.

historiques, et non par les usines voisines.) Ces villes étaient en réalité hors du rayon d'action du système *Gee*, mais elles étaient faciles à localiser, et on tira de cette expérience la conclusion encourageante, mais sans fondement, qu'avec ce système de guidage 40 % des bombardiers atteignaient leurs objectifs. Cependant les pertes au-dessus de Lubeck furent élevées et 8 raids lancés sur Essen au cours de ces deux mêmes mois rencontrèrent une défense plus forte, des conditions atmosphériques moins favorables et se révélèrent beaucoup moins efficaces.

Du côté allemand, on renforçait les défenses en toute hâte, avec des canons de D.C.A. et des projecteurs guidés par radar, de même qu'avec un nombre croissant de chasseurs de nuit. Début 1942, 1 % seulement des bombardiers était perdu du fait des chasseurs de nuit, mais ce chiffre atteignit en été 3,5 %, malgré le recours à toutes les ruses.

« Tous ces plans sous-entendaient qu'il était possible d'esquiver l'aviation adverse la nuit [1]. » C'était là l'erreur de base dans l'esprit des responsables. Ils ne tenaient pas compte du fait élémentaire, enseigné par l'expérience, qu'un bombardier, quelle que soit sa protection — et ceux de la R.A.F. étaient mal protégés —, est fatalement vulnérable aux coups d'un appareil conçu et construit pour le détruire. La tactique d'esquive et tous les systèmes techniques mis au point pour les aider ne pourraient pas cacher éternellement les bombardiers et les préserver des défenses allemandes sans cesse renforcées, à moins que la R.A.F. ne s'empare de la maîtrise du ciel.

Les opérations *Circus*, lancées au début de 1941 et poursuivies en 1942, annonçaient déjà ce but. Il s'agissait, pour des formations de bombardiers et de chasseurs opérant ensemble, de pénétrer de jour au-dessus de la zone côtière continentale afin de faire décoller la Luftwaffe pour que les Spitfire puissent l'attaquer. Ces opérations remportèrent quelques succès, mais elles étaient limitées par le rayon d'action relativement faible des chasseurs britanniques et, lorsque la zone des opérations de jour fut étendue, les pertes furent sévères chaque fois que l'opposition rencontrée était forte, même lorsque les magnifiques bombardiers Lancaster entrèrent en service. Le principal intérêt des opérations *Circus* fut qu'en dépit des échecs elles inaugurèrent la lutte pour la supériorité aérienne des Alliés au-dessus des côtes septentrionales de la France, supériorité qui était d'une importance capitale pour les projets ultérieurs d'invasion.

En 1942, la principale innovation fut le déclenchement très applaudi de raids de « 1 000 bombardiers ». Harris cherchait par ce moyen à réduire les pertes et à accroître l'effet obtenu, grâce à une concentration des forces. En mai 1942, le Bomber Command ne comptait que 416 appareils de première ligne, mais, en faisant appel aux escadrilles de seconde ligne et d'entraînement, il parvint à envoyer 1 046 bombardiers au-dessus de Cologne dans la nuit du 30 mai. Au cours de ce raid, 240 hectares de la ville furent

1. *Official History*, vol. I, p. 350.

dévastés, soit beaucoup plus que par les 1 346 sorties effectuées sur Cologne au cours des neuf mois précédents. 40 bombardiers (3,8 %) furent abattus. Le 1er juin, tous les effectifs de bombardement disponibles (956 appareils) furent envoyés sur l'objectif plus difficile d'Essen, mais les nuages et la brume préservèrent la ville de dommages importants, et 31 avions furent abattus (3,2 %). La formation de « 1 000 bombardiers » fut ensuite dissoute, mais Harris continuait de projeter d'autres raids du même genre, et, le 26 juin, 904 bombardiers, dont 102 appareils du Coastal Command, attaquèrent le grand port de Brême et les usines d'aviation Focke-Wulf. Cette fois le ciel était très nuageux et les dommages infligés furent relativement minimes, alors que les pertes atteignirent près de 5 %, en particulier au sein des escadrilles d'entraînement. Aucun autre raid de « 1 000 bombardiers » ne fut déclenché avant 1944.

L'impression faite sur le public par ces raids d'une envergure exceptionnelle appuya certainement les arguments de Harris pour amener enfin la priorité au Bomber Command et obtenir que les effectifs de celui-ci fussent portés à 50 escadrilles opérationnelles. Il bénéficia également de la création, en août 1942, des unités d'éclaireurs (Pathfinder Force) à laquelle il s'était d'abord opposé, et de l'adoption de nouveaux systèmes de navigation, le système *Oboe* en décembre, et le système *H 2 S* en janvier.

Cependant, on se rend compte rétrospectivement que les conséquences des bombardements britanniques étaient encore très exagérées et que les dégâts subis par l'industrie allemande restaient négligeables si l'on considère que la production d'armement allemande augmenta d'environ 50 % en 1942. Le ravitaillement en pétrole, qui était le point faible de l'Allemagne, fut à peine affecté, et la production aéronautique augmenta considérablement. Le nombre de chasseurs de jour de la Luftwaffe sur le front Ouest passa, au cours de l'année, de 292 à 453 et celui des chasseurs de nuit de 162 à 349. Par contre, la Grande-Bretagne avait perdu 1 404 bombardiers en 1942.

La conférence de Casablanca, en janvier 1943, établit le caractère subordonné du bombardement stratégique comme prémice à une invasion terrestre. Une directive aux forces aériennes alliées ordonna « la destruction et la dislocation progressive du système militaire, industriel et économique allemand », ainsi qu'un effort total pour « porter atteinte au moral de la population allemande jusqu'à ce que sa capacité de résistance armée soit fatalement amoindrie ». Ce texte satisfit Harris (qui vit surtout la seconde partie de la directive) et le général Eaker, commandant de la 8e U.S. Air Force (qui vit d'abord la première partie). La directive donnait un ordre général de priorité pour les objectifs, mais laissait le choix tactique aux responsables de l'aviation. Les Anglais bombarderaient de nuit et les Américains de jour, mais, à part cela, les attaques ne seraient pas complémentaires, sauf dans le sens le plus général du mot.

Néanmoins, la conférence de Washington, en mai 1943, mit l'accent sur la coopération attendue (et en fait souvent effective) entre les deux aviations de bombardement alliées. Elle souligna également le danger, qui commençait alors de devenir visible, représenté par la chasse allemande. Le premier objectif de l'offensive combinée de bombardement nommée « Point-Blank » (A bout portant) devait donc être la destruction de la Luftwaffe et de l'industrie aéronautique allemande, ce qui était « essentiel pour nous permettre de passer à l'attaque d'autres sources du potentiel de guerre ennemi ». Cet objectif était aussi important, à long terme, pour l'aviation de bombardement anglaise que pour celle des États-Unis. Cependant ce document était formulé dans des termes assez vagues pour permettre à Harris de continuer les bombardements de zone indiscriminés sur les villes allemandes, sans se rendre compte que l'avenir des bombardiers et l'opération *Overlord* reposaient sur la destruction de la Luftwaffe dont les effectifs avaient doublé entre janvier et août 1943. La réussite des bombardements anglais sur la Ruhr et sur Hambourg avaient tendance à masquer ce danger.

Malgré la constitution progressive des unités d'éclaireurs et la mise en service des systèmes *Oboe* et *H 2 S*, les premiers mois de 1943 furent une période calme pour le Bomber Command par rapport à 1942. Cela permit aux équipages de corriger les imperfections des nouveaux équipements et de s'habituer au nombre croissant de Lancaster et de Mosquito qui prenaient la place des anciens bombardiers. (Les effectifs opérationnels d'ensemble passèrent de 515 en janvier 1943 à 947 en mars 1944.) Le problème des équipages fut résolu par de vastes plans d'instruction à l'échelle du Commonwealth (en particulier au Canada) et par la suppression du poste de copilote en 1942.

Tous ces facteurs eurent un rôle bénéfique dans la « bataille de la Ruhr ». (On appelle ainsi une série de 43 raids importants échelonnés entre mars et juillet 1943, portant sur des objectifs situés entre Stuttgart et Aix-la-Chapelle, mais axés principalement sur la Ruhr.) Cette offensive commença le 5 mars avec une attaque sur Essen lancée par 442 bombardiers. Le secteur était fortement défendu puisqu'il abritait les usines Krupp. Essen fut beaucoup plus durement touchée qu'auparavant, grâce au marquage des objectifs par les éclaireurs dirigés par le système *Oboe*, et 14 bombardiers seulement furent abattus. Au cours des mois suivants, Essen fut à nouveau sérieusement touchée à quatre reprises, ainsi que la plupart des autres grands centres de la Ruhr. Les dégâts furent principalement infligés par des bombes incendiaires, mais aussi par des bombes explosives pesant jusqu'à 4 tonnes. Grâce au nouveau système de marquage, Duisbourg, Dortmund, Düsseldorf, Bochum et Aix-la-Chapelle furent gravement endommagées, tandis que Barmen-Wuppertal était dévasté à 90 % au cours d'une seule attaque dans la nuit du 29 mai. Malgré des conditions atmosphériques souvent défavorables, il était évident que le Bomber Command avait considérablement accru sa précision — ce qui renforçait en même temps les arguments de Harris au sujet de l'emploi de ces forces.

Cependant, les bombardiers n'étaient pas encore vraiment capables de faire des bombardements nocturnes de précision — avec des exceptions comme la destruction des barrages sur le Möhne et l'Eder, dans la Ruhr, réalisée au cours de la nuit du 16 mai par une escadrille, spécialement entraînée, de « briseurs de barrages », la 617ᵉ du Wing Commander Guy Gibson. Malgré la brillante réussite de ce raid, 8 des 19 Lancaster utilisés ne revinrent jamais à leur base.

En résumé, comme le fait remarquer l'*Histoire officielle*, les « progrès révolutionnaires de la technique de bombardement démontrés au cours de la « bataille de la Ruhr » avaient fait du Bomber Command une matraque efficace, mais [...» sans lui permettre encore d'atteindre le potentiel d'une épée [1]. » De plus, le système *Oboe* ayant été le facteur décisif, ces résultats n'annonçaient aucune amélioration pour les objectifs situés hors de sa portée.

Après la première attaque sur Essen, les pertes montèrent rapidement et atteignirent une moyenne de 4,7 % (872 appareils abattus) pour l'ensemble de la campagne. Seul le haut niveau du moral des équipages et un flot permanent de renforts permirent à la R.A.F. d'« encaisser » de telles pertes qui approchaient le niveau de sécurité.

Il est tout à fait significatif que les Mosquito, que leur vitesse et leur altitude de croisière plaçaient pratiquement hors d'atteinte de la chasse et de la Flak allemandes, ne subirent que très peu de pertes. Sans l'existence de tels appareils volant à haute altitude, le système *Oboe* n'aurait pas pu être utilisé (du fait de son mode de transmission tangentielle) et il n'aurait pas été possible de guider avec précision les Lancaster de la formation principale.

L'adoption de Beaufighter pour les escortes de nuit, se révéla une solution illusoire, ces appareils étant trop lents. De plus, tout comme les progrès de la technique britannique avaient permis de vaincre l'obscurité pour les bombardiers, ceux de la technique allemande étaient en passe d'en faire autant pour la Luftwaffe, et il semblait vraisemblable que d'ici peu de temps les bombardiers seraient aussi vulnérables de nuit que de jour.

A la « bataille de la Ruhr » succéda la « bataille de Hambourg » : une série de 33 attaques aériennes importantes sur cette ville et quelques autres, échelonnées entre juillet et novembre 1943 et comprenant 17 000 sorties de bombardement. Elle débuta le 24 juillet par un raid de 791 bombardiers, dont 374 Lancaster. Grâce aux nouveaux instruments de navigation, au beau temps et à un marquage efficace, un grand nombre de bombes incendiaires et explosives atteignirent le centre de Hambourg, et, grâce à un nouveau système de brouillage des radars appelé *Window*, 12 bombardiers seulement furent abattus. Les 24 et 26 juillet, la 8ᵉ U.S. Army Air Force participa à l'attaque et les Mosquito (qui pouvaient eux-mêmes emporter 2 tonnes de bombes) occupèrent la défense de la ville pendant ces deux nuits. Dans la nuit du 27, 787 bombardiers britanniques renouvelèrent leur attaque dévas-

1. *Official History*, vol. II, p. 136.

tatrice, en perdant seulement 17 des leurs. Le 29, 777 bombardiers frappèrent de nouveau la ville, avec une précision moindre cependant, et en perdant 33 appareils, les Allemands commençant de s'adapter aux effets du système de brouillage *Window*. Le 2 août une quatrième attaque fut moins réussie à cause du mauvais temps. Cependant, au total, la ville subit de terribles dégâts et les pertes de la R.A.F., bien qu'en augmentation à chaque raid, ne dépassèrent pas 2,8 % en moyenne. De plus, les 25 et 30 juillet, en pleine « bataille de Hambourg », l'aviation de bombardement anglaise avait gravement endommagé Remscheid et les usines Krupp d'Essen. Au cours des mois suivants, elle attaqua et endommagea sérieusement Mannheim, Francfort, Hanovre, et Cassel. Dans la nuit du 17 août, elle lança aussi sa fameuse attaque contre la base de recherche et d'expérimentation des V1 de Peenemünde, sur la côte de la Baltique. Ce raid fut exécuté par 597 bombardiers quadrimoteurs, dont 40 furent abattus et 32 endommagés, tandis que les dommages subis par la base n'étaient pas aussi importants qu'on l'imagina à Londres.

Les raids exécutés à cette époque sur Berlin furent encore moins efficaces, en raison du mauvais temps, de l'impossibilité d'employer le système *Oboe* à une telle distance et de l'étendue de la ville qui gênait le système *H2S*. De plus, la chasse de nuit allemande avait tout loisir d'attaquer les bombardiers pendant leur long voyage — 1 850 kilomètres aller-retour — et elle était dirigée par les stations radar qui avaient maintenant appris à déjouer le brouillage *Window* au point d'être en mesure de localiser l'attaque dans son ensemble, sinon les appareils un par un. Sur les 123 bombardiers abattus au cours de 3 raids sur Berlin, environ 80 tombèrent sous les coups de la chasse de nuit. C'était un avant-goût de la « bataille de Berlin » qui allait maintenant se dérouler.

Celle-ci dura de novembre 1943 à mars 1944 et fut encouragée par Churchill, les raids sur Berlin plaisant à Staline. Elle comprit 16 attaques principales contre la capitale allemande, tandis qu'au nombre des 12 autres objectifs principaux figuraient Stuttgart, Francfort et Leipzig. On enregistra au total plus de 20 000 sorties.

Les résultats de cette offensive massive furent très différents des prédictions de Harris. Ni l'Allemagne, ni Berlin ne furent mises à genoux, tandis que les pertes britanniques devinrent tellement lourdes que la campagne dut être abandonnée. Le taux de pertes atteignit 5,2 % pour des résultats bien inférieurs à ceux de Hambourg ou de Essen. Le moral des équipages du Bomber Command fut affecté [1], ce qui n'est guère surprenant si l'on considère que 1 047 bombardiers furent abattus et 1 682 autres endommagés. La présence ou l'absence de la chasse de nuit allemande faisait habituellement toute la différence. Par exemple, lorsque celle-ci fut envoyée dans une mauvaise direction lors du raid sur Munich, le 7 octobre, la R.A.F. ne perdit que 1,2 % de ses bombardiers. D'habitude, la chasse de nuit arrivait vite

1. *Official History*, vol. II, pp. 195-196.

sur les lieux et se montrait très active, contraignant peu à peu l'aviation britannique à choisir des objectifs situés plus au sud et à employer une plus grande partie de ses effectifs à des raids de diversion. Le point culminant fut le raid catastrophique sur Nuremberg, le 30 mars 1944, au cours duquel 99 bombardiers furent abattus et 71 endommagés sur un total de 796. Déjà, l'opposition à la stratégie de Harris se développait. L'état-major de la R.A.F. commençait à reconnaître que la politique du bombardement sélectif, c'est-à-dire portant sur des installations industrielles déterminées, telles que les installations pétrolières, aéronautiques ou d'autres du même genre, était mieux adaptée à la doctrine de Casablanca; qu'une invasion terrestre de l'Europe septentrionale était nécessaire et qu'il serait impossible de la déclencher tant qu'on ne se serait pas assuré de la maîtrise du ciel.

Au fur et à mesure que la production aéronautique et les défenses anti-aériennes allemandes se développaient, la valeur des idées de Harris fut chaque jour davantage mise en doute. Il voulait surtout amener les Américains à se joindre à lui pour attaquer Berlin, ce qui leur était impossible de nuit, faute d'entraînement, et ce qui aurait représenté un suicide de jour à partir de fin 1943. Au début de 1944, l'état-major aérien refusa de le suivre lorsqu'il prétendit pouvoir mettre l'Allemagne à genoux d'ici le mois d'avril à l'aide des seuls Lancaster, et il exigea des attaques sélectives contre l'industrie allemande, en particulier l'usine des roulements à billes de Schweinfurt.

Harris s'inclina à contrecœur et cette usine fut attaquée le 25 février. Ce raid fut probablement le premier exemple véritable de l'offensive combinée de bombardement. La menace que le renforcement permanent de la Luftwaffe faisait peser sur l'offensive de bombardement et sur les chances de l'opération *Overlord*, explique la défaite des arguments de Harris, et l'échec de la « bataille de Berlin » confirma cette tendance.

Harris lui-même reconnut clairement cet échec lorsqu'en avril il réclama l'appui de chasseurs de nuit pour ses bombardiers, comme les Américains l'avaient déjà fait en mettant au point des chasseurs à long rayon d'action pour appuyer leurs opérations de jour.

Tout l'avenir des attaques massives du Bomber Command sur les villes allemandes était remis en question et ce fut une chance pour l'aviation de bombardement anglaise d'être reconvertie à partir du mois d'avril, conformément aux plans antérieurs, à des opérations contre le réseau ferroviaire français en prévision du débarquement. Ce changement allégea sa tâche et contribua à masquer sa lourde défaite dans l'offensive directe contre l'Allemagne. Ce fut une chance encore plus grande pour elle qu'après le débarquement la situation eût changé en faveur des Alliés.

A partir de 1943, l'offensive aérienne stratégique britannique fit partie d'un effort conjoint; elle cessa d'être indépendante. Le schéma proposé à la conférence de Washington par le général H. H. Arnold, commandant en chef des U.S. Army Air Force, en vue de la création en Grande-Bretagne d'une vaste force de bombardement, était naturellement séduisant pour

Churchill et les chefs de l'État-Major britannique, et il fit taire leurs critiques quant à la politique américaine du bombardement de jour. Les Américains étaient persuadés que si des bombardiers étaient dotés d'un bon armement et d'un bon blindage, s'ils volaient assez haut et en formation serrée, ils pouvaient effectuer des raids en plein jour sans subir de lourdes pertes. Cette théorie se révéla fausse, comme celle de la R.A.F. qui prétendait éviter les interceptions en opérant de nuit.

Les premiers raids américains de 1942 ne furent pas assez importants pour être significatifs, mais lorsque des raids plus importants et à plus longue distance furent lancés, en 1943, les pertes atteignirent rapidement un taux élevé. Le 17 avril sur Brême : 17 bombardiers abattus et 44 endommagés sur un total de 115. Le 13 juin sur Kiel : 22 Forteresses Volantes B.17 abattues sur 66. En juillet, lors d'un raid sur Hanovre : 24 sur 92. Le 28 juillet sur Berlin : 22 sur 120. Les Américains essayèrent de faire escorter leurs bombardiers par des chasseurs Thunderbolt équipés de réservoirs supplémentaires, mais leur rayon d'action était insuffisant et, à l'automne, la série des raids contre l'usine de roulements à billes de Schweinfurt, à l'est de Francfort, fit ressortir encore plus nettement la nécessité d'une escorte mieux adaptée.

Lors du raid catastrophique du 14 octobre, une formation de 291 Forteresses Volantes prit l'air sous la protection d'une forte escorte de Thunderbolt, mais les chasseurs durent rebrousser chemin au dessus d'Aix-la-Chapelle, et, après leur départ, les B.17 furent assaillis par des vagues de chasseurs allemands se succédant d'une manière ininterrompue jusque sur leur objectif et pendant le vol de retour jusqu'à la Manche. Lorsque la formation rentra en Angleterre, elle avait perdu 60 bombardiers et 138 autres avaient été endommagés. Ce fut le point culminant d'une semaine terrible au cours de laquelle la 8e U.S. Army Air Force avait perdu 148 bombardiers et leurs équipages lors de quatre tentatives pour percer les défenses allemandes au-delà du rayon d'action des escortes de chasse. Un taux de pertes aussi élevé ne pouvait pas être soutenu et les chefs de l'aviation américaine furent contraints de reconnaître la nécessité, jusque-là négligée ou considérée comme techniquement impossible, d'une escorte de chasse à long rayon d'action.

Heureusement, l'instrument désiré existait : c'était le Mustang, construit par la North American Company. Les Anglais l'avaient commandé en 1940, alors que les Américains le rejetaient, et ses performances avaient été grandement améliorées par l'adoption de moteurs britanniques Rolls-Royce Merlin. Avec un moteur Packard-Merlin essayé à l'automne 1942, le Mustang P.51B était plus rapide à n'importe quelle altitude que tous les chasseurs allemands de l'époque et il disposait d'une maniabilité supérieure. Équipé de réservoirs spéciaux, il avait un rayon d'action de près de 2 400 kilomètres, ce qui lui permettait d'escorter des bombardiers à plus de 1 000 kilomètres de leur base, c'est-à-dire jusqu'à la frontière orientale de l'Allemagne. La production des Mustang à un rythme accéléré fut lancée au lendemain des désastres de Schweinfurt et les premiers appareils entrèrent en service au sein de la 8e U.S. Army Air Force en décembre 1943. De là à la fin de la guerre, en mai 1945, 14 000 Mustang furent fabriqués.

L'hiver 1943-1944 fut une période relativement calme pour la 8e U.S. Army Air Force du fait de la limitation temporaire aux objectifs rapprochés. En décembre, les pertes étaient tombées à 3,4 % contre 9,1 % en octobre. Dans le cadre du plan américain pour paralyser l'économie de guerre allemande, la 15e U.S. Army Air Force fut créée et stationnée en Italie. Le général Carl Spaatz fut nommé à la tête de ces deux formations.

Les premiers mois de 1944 furent marqués par l'arrivée d'un flot sans cesse croissant de Mustang et par l'allongement de leur rayon d'action. De plus, au lieu de rester attachés aux bombardiers, ils reçurent la mission d'attaquer la Luftwaffe partout où ils pourraient la trouver, ceci dans le but d'obtenir une maîtrise absolue du ciel sans se limiter au voisinage immédiat des bombardiers. Ils forcèrent donc les chasseurs allemands au combat en leur infligeant des pertes sans cesse croissantes. A partir du mois de mars, les chasseurs allemands se montrèrent de plus en plus hésitants à se frotter aux Mustang. Cette action ne permit pas seulement aux bombardiers américains de poursuivre leurs opérations en plein jour sans trop de risques d'interception, elle prépara également le chemin pour le Débarquement.

Elle contribua également à la poursuite de l'offensive nocturne du Bomber Command contre l'Allemagne. Au moment où la Luftwaffe parvenait à s'emparer de la maîtrise du ciel nocturne, elle dut céder celle du ciel diurne aux Américains. Lorsque les bombardiers anglais reprirent leur offensive stratégique contre l'Allemagne, après avoir été utilisés pour la préparation du débarquement de Normandie, la chasse de nuit allemande manquait cruellement d'essence et était gênée par la perte de son système radar d'alerte avancée en France, alors que les Anglais bénéficiaient au contraire de l'installation de stations émettrices sur le continent.

Les chiffres des pertes reflètent ce changement. Ils étaient très élevés pour les quelques raids lancés au-dessus de l'Allemagne en mai 1944 et atteignirent même 11 % au mois de juin lors d'attaques sur des installations pétrolières. En conséquence, près de la moitié des raids britanniques des mois d'août et septembre eurent lieu de jour et furent beaucoup moins coûteux. Pendant ces deux mois-là cependant, les raids de nuit devinrent eux-mêmes moins dangereux, les pertes tombant à 3,7 % et 2,2 % respectivement. Au cours du mois de septembre, la R.A.F. engagea près de trois fois plus de bombardiers dans des raids nocturnes qu'en juin 1944 et les pertes furent inférieures des deux tiers.

Cette amélioration fut confirmée par l'adoption de chasseurs d'escorte à long rayon d'action, mais ce facteur ne fut jamais décisif. Ces appareils étant trop lents et la tâche se révélant trop difficile pour eux. Dans la période allant de décembre 1943 à avril 1944, 31 chasseurs de nuit allemands seulement furent abattus et, lorsque des escadrilles plus nombreuses équipées de meilleurs appareils furent entrées en service, celles-ci ne purent abattre que 257 chasseurs de nuit allemands au cours des dix-sept derniers mois de la guerre, soit à peine 15 par mois en moyenne. L'élément décisif ne fut donc ni ces nouveaux appareils, ni les nouvelles techniques de brouillage radar et radio, mais la perte par les Allemands de leur essence, de leurs territoires et de la maîtrise du ciel diurne.

En 1943, 200 000 tonnes de bombes furent lâchées sur l'Allemagne, soit près de cinq fois plus qu'en 1942. Cependant, la productivité allemande atteignit de nouveaux records, en grande partie grâce à la réorganisation réalisée par Albert Speer, le ministre chargé de la production de guerre, tandis que les mesures de protection antiaérienne et la capacité de récupération rapide des Allemands prévenaient toute crise au niveau du moral ou de la production. L'accélération de la production d'avions, de canons, de chars et de sous-marins contribua à l'augmentation globale de 50 % des productions d'armement en 1943.

Les Allemands furent certainement inquiétés pour la première fois depuis le début de la guerre par les attaques massives du Bomber Command, et on rapporte qu'après la grande offensive sur Hambourg en juillet 1943 Speer aurait déclaré d'un air lugubre que six autres raids de cette importance mettraient l'Allemagne à genoux. Mais les bombardements de zone de la seconde moitié de l'année n'eurent pas les mêmes effets dévastateurs, tandis que l'habileté de Speer à disperser son industrie lui faisait oublier ses craintes antérieures.

Les bombardements de précision américains furent d'abord plus efficaces et parvinrent au mois d'août à faire baisser la production d'avions de chasse de 25 %, mais celle-ci remonta après les cuisants échecs rencontrés en octobre par la VIIIe U.S. Army Air Force et atteignit de nouveau un haut niveau au début de 1944. L'évaluation des dégâts infligés était devenue assez précise, mais les Alliés sous-estimaient la capacité de production de l'Allemagne et attribuaient l'augmentation évidente des effectifs de la Luftwaffe au transfert d'appareils du front oriental.

Pour l'aviation de bombardement britannique, les progrès les plus importants de cette période furent l'amélioration de la précision dans le bombardement nocturne, amélioration d'abord limitée à l'emploi de l'escadrille 617 comme « spécialiste » du marquage à la suite de ses raids sur les barrages, mais peu à peu généralisée avec les progrès du système de marquage des éclaireurs, les nouveaux systèmes de visée, et l'apparition de la bombe de 6 tonnes *Tallboy*, suivie par celle de 11 tonnes *Grand Slam*.

La conséquence générale la plus importante de la campagne de bombardement anglo-américaine fut qu'elle finit quand même par attirer une quantité de plus en plus considérable de chasseurs et de moyens de défense antiaérienne du front de l'Est sur le front de l'Ouest, facilitant ainsi la progression des Soviétiques, tout en jouissant d'une supériorité aérienne diurne qui permit à l'opération *Overlord* de se dérouler sans grande intervention de la Luftwaffe.

Au cours de la dernière année de la guerre, d'avril 1944 à mai 1945, les Alliés s'attribuèrent définitivement la maîtrise du ciel, grâce, surtout, à l'action des Américains de février à avril 1944. Mais les nécessités de l'opération *Overlord* représentèrent une diversion qui, pendant plusieurs mois, détourna l'offensive aérienne alliée de ses objectifs situés en Allemagne, pour frapper des cibles de nature à fournir une aide directe aux armées alliées tant avant qu'après le débarquement de Normandie.

Cette diversion ne fut naturellement pas du goût de Sir Arthur Harris et d'autres fanatiques du bombardement, mais Sir Charles Portal et l'état-major de la R.A.F. firent preuve d'une opinion plus équilibrée en reconnaissant que le bombardier devait jouer un rôle plus auxiliaire dans la stratégie alliée. Étant donné qu'on avait besoin des forces de bombardement stratégique pour aider les forces tactiques, le commandement de toutes ces forces fut confié, à la mi-avril, à Sir Arthur Tedder qui venait d'être nommé Commandant suprême adjoint aux côtés du général Eisenhower. Tedder avait auparavant commandé les forces aériennes au Moyen-Orient où il avait fait grosse impression. Il vit tout de suite que l'aide principale immédiate que l'aviation de bombardement pouvait fournir à *Overlord* était de paralyser le réseau de transport des Allemands. Ce plan fut adopté le 25 mars 1944 malgré l'inquiétude exprimée par Churchill au sujet des pertes de la population civile française et la préférence de Spaatz pour les installations pétrolières, préférence partagée par Portal.

La détermination de Spaatz de faire porter l'effort sur les installations pétrolières eut pour conséquence que la VIIIe U.S. Army Air Force continua son offensive sur l'Allemagne au printemps 1944, tandis que le Bomber Command consacrait la plus grande partie des mois d'avril, mai et juin à attaquer les lignes ferroviaires françaises. (Au mois de juin, 8 % seulement de son tonnage de bombes fut destiné à des objectifs situés en Allemagne.) Début juin, plus de 65 000 tonnes de bombes avaient été lâchées sur le réseau de transport ennemi, sans compter des raids sur les batteries côtières, les installations de V2 et autres objectifs similaires. On s'aperçoit rétrospectivement que la paralysie par Tedder des réseaux de communications et de transport fut le facteur décisif dans la préparation du débarquement de Normandie. Les objections de Tedder, selon lesquelles les bombardiers ne pouvaient pas faire preuve de la précision nécessaire, furent balayées dès le mois de mars par l'efficacité des attaques contre les gares de triage françaises.

Cette « diversion » tant critiquée fut bénéfique à l'aviation de bombardement anglaise; non seulement elle soulagea la tension à laquelle elle était soumise, mais elle agit en plus comme un stimulant pour l'amélioration des résultats. De plus, l'opposition de la chasse allemande était bien moindre en France que lors de la « bataille de Berlin » ou d'autres raids sur l'Allemagne.

La précision du bombardement fut améliorée par une nouvelle technique de marquage des objectifs à basse altitude, à l'aide de Mosquito, mise au point par le Wing Commander Leonard Cheshire. Cette technique fut utilisée pour la première fois en France au mois d'avril et les objectifs furent détruits les uns après les autres sans qu'un grand nombre de bombes dépassent leur cible et atteignent des civils français, ainsi que Churchill l'avait craint. La marge d'erreur passa de 625 mètres en mars à 260 mètres en mai.

Le succès des raids contre les lignes de communication en vue du jour J renforcèrent Tedder dans son opinion qu'il fallait les étendre à l'Allemagne en toute priorité. Il était persuadé que la rupture du réseau ferroviaire allemand entraînerait non seulement de graves perturbations dans les mouvements de troupes — ce qui serait très apprécié des Soviétiques — mais également l'effondrement de l'économie. Cette politique représenterait une variante aux bombardements de zone de Harris et à l'attaque des installations pétrolières de Spaatz. Elle aurait certainement des effets plus rapides sur l'armée et l'aviation allemandes que les bombardements indiscriminés.

Au cours de la période qui suivit le débarquement, les bombardiers s'attaquèrent à des objectifs très divers. Tandis que les efforts des Américains portaient essentiellement sur les installations pétrolières et aéronautiques, 32 000 seulement, sur les 181 000 tonnes de bombes larguées par la R.A.F., furent destinées à des objectifs situés en Allemagne.

La tendance à l'abandon du bombardement de zone devint nettement marquée. L'état-major de la R.A.F. se rangea à l'avis des Américains pour donner la priorité aux installations pétrolières. Déjà, au mois d'avril, la XVe U.S. Army Air Force basée en Italie avait attaqué les gisements pétrolifères de Ploesti, en Roumanie. Le 12 mai, la VIIIe U.S. Air Force, basée en Angleterre, commença d'attaquer les installations pétrolières allemandes. 400 chasseurs de la Luftwaffe se portèrent à la rencontre des 935 bombardiers américains, mais ils furent repoussés par un millier de chasseurs américains et perdirent 65 des leurs alors que les Américains n'avaient à déplorer que la perte de 46 bombardiers.

Cette campagne s'intensifia après le jour J et, au mois de juin, l'état-major de la R.A.F., conscient des progrès réalisés par le Bomber Command en matière de bombardements nocturnes de précision, ordonna des raids britanniques contre les installations pétrolières. Le raid sur Gelsenkirchen, dans la nuit du 9 juillet, fut une réussite relative bien qu'assez coûteuse, mais les autres raids furent moins efficaces, à cause des conditions météorologiques, tandis que les pertes devenaient catastrophiques : en trois nuits, 93 bombardiers sur les 832 utilisés, furent abattus, en majorité par des chasseurs de nuit.

Les raids américains continuèrent de plus belle. Le 16 juin, plus d'un millier de bombardiers furent employés, escortés par près de 800 chasseurs, et, le 20, le nombre de bombardiers atteignit 1 361. Le lendemain, Berlin fut attaqué, tandis qu'une autre formation bombardait des installations pétrolières avant de continuer sa route pour se poser en Union soviétique. (Étant donnée la fraîcheur de l'accueil qui leur fut réservé, l'expérience ne fut pas poursuivie.) Les pertes américaines furent importantes, mais un nombre sans cesse croissant d'installations pétrolières fut mis hors d'état de fonctionner, avec des conséquences sensibles sur le ravitaillement en carburant de la Luftwaffe. A partir de septembre celui-ci fut réduit à 10 000 tonnes d'octane, alors qu'un minimum de 160 000 tonnes par mois était nécessaire. Dès le mois de juillet, toutes les installations pétrolières allemandes avaient été touchées, et l'énorme quantité d'avions et de chars neufs produits grâce aux efforts de Speer était en passe de devenir inutile faute de carburant.

Alors que le nombre d'appareils allemands en état de vol diminuait, celui des forces aériennes alliées allait en augmentant. Le nombre de bombardiers de première ligne de la R.A.F. passa de 1 023 en avril, à 1 513 en décembre et à 1 609 en avril 1945. Pour la VIIIe U.S. Army Air Force, les chiffres passèrent de 1 049 en avril 1944, à 1 826 en décembre et 2 085 en avril 1945.

Entre-temps, la R.A.F. avait adopté le bombardement massif de jour pour la première fois. Les hésitations de Harris furent balayées par l'absence d'opposition rencontrée de la part de la Luftwaffe, à la différence des raids de nuit. Le premier raid de jour important de l'aviation britannique fut celui du Havre, à la mi-juin. Comme lors des suivants elle fut escortée par des Spitfire. A la fin août, elle attaquait la Ruhr en plein jour, toujours sans rencontrer d'opposition véritable.

Dans ces circonstances, la R.A.F. décida de reprendre les raids de nuit contre les installations pétrolières allemandes. Ceux-ci se révélèrent plus efficaces et moins coûteux qu'auparavant. La brillante réussite du raid du 29 août sur le lointain objectif (non pétrolier) de Königsberg, démontra l'amélioration radicale de la situation.

D'octobre 1944 à mai 1945, on assista donc à la domination des bombardiers. Au cours des trois derniers mois de 1944, le Bomber Command largua plus de bombes qu'au cours de toute l'année 1943. A elle seule la Ruhr reçut plus de 60 000 tonnes de bombes au cours de cette période. De plus, comme il est dit dans l'*Histoire officielle* ce fut une époque où les bombardiers disposaient « pratiquement d'une omnipotence opérationnelle [1] ». Sous leurs coups, la capacité de résistance de l'Allemagne était peu à peu écrasée et son économie de guerre étranglée.

Étant donné que la R.A.F. était désormais en mesure d'effectuer des bombardements de précision sans rencontrer grande opposition, on peut se demander si ce fut une bonne chose tant sur le plan opérationnel que sur le plan moral, de consacrer à cette époque 53 % de son tonnage de bombes à des zones urbaines, contre 14 % seulement aux installations pétrolières et 15 % aux systèmes de communication. (Pour la période allant de janvier à mai 1945, ces chiffres furent respectivement de 36,6 %, 26,2 % et 15,4 %, ce qui reste encore fort peu justifiable.) Chez les Américains, le choix des objectifs était radicalement différent. Leur principe, consistant à viser les points faibles connus de l'Allemagne, était beaucoup plus sensé que celui qui consistait à essayer de faire en sorte que chaque bombe touche quelque chose pour affaiblir l'Allemagne d'une façon ou d'une autre. C'est ce qui leur

1. Vol. III, p. 183.

a permis d'éviter les critiques sur le plan moral, critiques que la politique de Harris devait s'attirer.

Au cours de la phase finale, le défaut le plus sensible fut une incapacité à maintenir les meilleures priorités. Une directive du 25 septembre 1944 accorda la priorité essentielle aux installations pétrolières, les communications venant conjointement en tête d'une liste d'autres priorités. C'était là une bonne occasion d'abréger la guerre, puisque la R.A.F. faisait également porter ses efforts sur l'Allemagne à partir de cette date et qu'elle fut en mesure de lâcher 51 000 tonnes de bombes au prix de pertes inférieures à 1 %. Cependant, les deux tiers des raids d'octobre furent consacrés à des bombardements urbains, au détriment d'attaques sur les installations pétrolières ou les lignes de communication. Le 1er novembre 1944 une nouvelle directive fut donc rédigée mettant les installations pétrolières au premier plan dans l'ordre des priorités et les lignes de communication en second; aucune autre priorité n'était accordée pour éviter toute confusion. L'attaque de ces deux catégories d'objectifs, qui étaient désormais d'un accès relativement aisé, contribuerait certainement à accélérer l'effondrement de l'Allemagne plus rapidement que les bombardements de villes.

Cependant, l'obstination de Harris — qui alla jusqu'à menacer de démissionner — empêcha ce plan d'être convenablement exécuté.

Au début de 1945 la situation devint plus complexe du fait de la contre-offensive des Allemands dans les Ardennes, de l'apparition de leurs chasseurs à réaction et de leurs sous-marins à Schnorkel. Cela remit en question l'ordre des priorités, mais, sous l'effet des diverses pressions en sens contraire, le résultat des discussions fut un compromis et, comme la plupart des compromis, il fut vague et non satisfaisant.

L'aspect le plus critiquable de celui-ci fut la décision délibérée de remettre au premier plan la création de la terreur au sein de la population allemande. Cette décision fut prise dans une grande mesure pour plaire aux Soviétiques. Le 27 janvier 1945, Harris reçut l'ordre de lancer des raids dans ce but, qui prit ainsi la seconde place dans l'ordre des priorités, après les installations pétrolières et avant les lignes de communication. En conséquence, la lointaine ville de Dresde fut soumise à une attaque dévastatrice à la mi-février, avec l'intention délibérée de répandre la terreur parmi la population civile et les réfugiés en attaquant le centre de la ville et non pas les usines ou les voies ferrées.

A partir du mois d'avril, il restait tellement peu d'objectifs intéressants, que le bombardement urbain et le bombardement stratégique précis furent tous deux abandonnés au profit de l'aide directe aux armées.

Résultats obtenus sur les différents objectifs au cours de l'offensive de bombardement stratégique

Même après l'été 1944, lorsqu'un déluge torrentiel de bombes commença de faire baisser la production allemande, les efforts de Speer en matière de dispersion d'usines et d'improvisation permirent dans une grande mesure de contrer les effets matériels du bombardement. Le moral resta aussi remarquablement élevé, tout au moins jusqu'après les attaques sur Dresde en février 1945.

Raids sur les installations pétrolières

Grâce à la longue immunité des lointains gisements pétrolifères de Roumanie et à la construction d'un nombre croissant d'usines d'essence synthétique, les stocks de carburant allemands atteignirent leur point culminant en mai 1944 et c'est seulement à partir de cette date qu'ils commencèrent à décliner.

Plus des deux tiers de l'essence synthétique étaient produits dans 7 usines dont la vulnérabilité était manifeste et, comme les raffineries étaient aussi vulnérables, les effets des bombardements intensifs sur ces installations au cours de l'été 1944 commencèrent rapidement à se faire sentir. Par rapport à celle du mois d'avril, la production de carburant fut réduite de moitié au mois de juin et des trois quarts au mois de septembre. La production de carburant pour l'aviation tomba à 10 000 tonnes en septembre, au lieu des 30 000 espérées — alors que les besoins mensuels minimaux de la Luftwaffe étaient de 160 000 tonnes. Environ 90 % de ce carburant, le plus vital de tous les besoins, provenaient des usines d'essence synthétique de Bergius.

La consommation allemande augmentant sous l'effet de l'opération *Overlord* et de l'avance soviétique à l'est, la situation devint très préoccupante à partir du mois de mai, la consommation dépassant la production. Les efforts frénétiques de Speer parvinrent à améliorer quelque peu la situation et permirent d'augmenter les stocks de carburant avant la contre-offensive des Ardennes, à la mi-décembre, mais cette augmentation n'était que passagère et la contre-offensive prolongée contribua dans une large mesure à épuiser les stocks durement affectés également par les attaques aériennes alliées de décembre et janvier. Les raids de nuit de la R.A.F. furent particulièrement efficaces grâce aux bombes beaucoup plus lourdes que les Lancaster pouvaient maintenant emporter et à leurs nouvelles normes de précision.

Les attaques contre les installations pétrolières diminuèrent également dans de fortes proportions la production allemande d'explosifs et de caoutchouc synthétique, tandis que le manque d'essence de la Luftwaffe entraîna pratiquement la cessation de tout vol d'instruction et réduisit d'une manière draconnienne le nombre des missions de combat. Par exemple, à la fin de 1944, il n'était pas possible d'employer plus de 50 chasseurs de nuit à la fois. Ces facteurs contribuèrent pour une bonne part à diminuer la valeur potentielle (et la menace qu'elle aurait représenté) des nouveaux chasseurs à réaction qui entraient maintenant en service dans la Luftwaffe.

Raids sur les lignes de communication

Les raids contre ce genre d'objectifs, d'une nature à la fois stratégique et tactique, jouèrent visiblement un rôle primordial dans la réussite du débarquement de Normandie et des batailles qui suivirent celui-ci; mais il est plus difficile d'évaluer leur intérêt lorsque les armées alliées s'approchèrent du Rhin. Le plan de novembre fit porter l'effort sur les voies ferrées et les canaux de l'Allemagne de l'Ouest, en particulier aux abords de la Ruhr, puisque l'interruption du ravitaillement en charbon aurait contraint la plus grande partie de l'industrie allemande à s'arrêter. Ces raids furent extrêmement dévastateurs et inquiétèrent beaucoup Speer à l'automne de 1944, mais les responsables alliés eurent tendance à sous-évaluer ces conséquences dans leurs calculs. Des divergences d'opinion retardèrent et réduisirent ce type d'actions et ses effets. Mais, en février 1945, quelque 8 à 9 000 avions étaient occupés à attaquer le système de communications allemand. Dès le mois de mars, celui-ci était en ruine et l'industrie se mourait, faute de charbon. Après la perte de la Haute Silésie, prise par les Russes en février, l'Allemagne n'eut plus aucune source d'approvisionnement en charbon de remplacement. Sa production d'acier, bien qu'elle eût encore assez de minerai de fer, ne lui permettait pas de faire face à ses besoins minimaux en munitions. C'est à ce moment-là que Speer, se rendant compte que la situation était désespérée, commença de faire des plans pour l'après-guerre.

Les attaques directes

Les résultats de ces raids devenaient maintenant de plus en plus visibles. Les villes étaient dévastées les unes après les autres. La production industrielle allemande ne cessa de baisser régulièrement après avoir atteint son point culminant en juillet 1944. Les usines Krupp d'Essen cessèrent leur production à la fin octobre. C'était souvent la destruction des réseaux de distribution d'électricité, de gaz ou d'eau qui était la première cause des pertes de production. Hors de la Ruhr, cependant, le manque pur et simple de matières premières, provoqué par la dislocation du réseau de communications, fut la cause essentielle de l'effondrement final de l'industrie allemande en 1945.

Conclusions

L'offensive de bombardement stratégique contre l'Allemagne fut déclenchée avec de grands espoirs, mais fut d'abord très peu efficace, montrant ainsi que la confiance l'emportait largement sur le bon sens. L'apparition progressive du sens des réalités se manifesta sous la forme du passage soudain des bombardements de jour aux bombardements de nuit, puis par l'adoption — critiquable de bien des points de vue — de la politique du bombardement de zone.

Jusqu'en 1942, les bombardements représentaient une gêne pour l'Allemagne, mais pas un danger. Peut-être furent-ils utiles pour soutenir le moral de la population britannique, mais cela aussi n'est pas tellement sûr.

En 1943, grâce à l'aide américaine sans cesse croissante, les dommages infligés par les aviations de bombardement des deux pays alliés devinrent plus importants, mais n'affectèrent pas sérieusement, en réalité, la production ni le moral allemands.

C'est seulement au printemps 1944 qu'un changement réel et décisif intervint, grâce surtout à l'adoption par les Américains de chasseurs à long rayon d'action pour escorter les bombardiers.

Après avoir rendu de grands services à l'opération *Overlord*, les bombardiers alliés reprirent leurs attaques contre l'industrie allemande avec un succès beaucoup plus grand. Au cours des neuf derniers mois de la guerre, ils furent extrêmement redevables aux nouveaux progrès réalisés dans les techniques de navigation et de bombardement, de même qu'ils bénéficièrent de l'absence de plus en plus fréquente d'opposition aérienne.

De fait de l'indécision et des divergences de vues, l'offensive aérienne, comme l'offensive terrestre, souffrit d'un manque de concentration. Le potentiel des forces aériennes alliées était supérieur aux résultats obtenus. En particulier, les Anglais continuèrent de pratiquer le bombardement de zone alors qu'ils n'avaient plus depuis longtemps aucune raison ni aucune excuse de recourir à ce genre d'action indiscriminée.

On a largement la preuve que la guerre aurait pu être abrégée, au moins de plusieurs mois, si les efforts avaient été mieux concentrés sur les installations pétrolières et le réseau de communications. Cependant, en dépit des erreurs de stratégie et du mépris manifesté pour la plus élémentaire moralité, la campagne de bombardements joua sans aucun doute un rôle crucial dans la défaite de l'Allemagne hitlérienne.

34.
La libération du Sud-Ouest pacifique et de la Birmanie

A l'approche du printemps 1944, la situation dans le Pacifique était la suivante : les forces du Pacifique Centre, commandées par l'amiral Spruance, sous la haute direction de l'amiral Nimitz, s'étaient successivement emparées des îles Gilbert et des îles Marshall, tout en dévastant par leurs attaques aériennes la base japonaise de Trouk, dans les îles Carolines, ébréchant ainsi gravement une ligne que les Japonais avaient définie comme leur ligne arrière extrême de défense. Entre-temps, les forces du général MacArthur, dans le Sud-Ouest Pacifique, s'étaient successivement emparé de la plus grande partie de l'archipel Bismarck et des îles de l'Amirauté, perçant ainsi cette ligne de défense et neutralisant la base japonaise avancée de Rabaul. En même temps, les forces de MacArthur s'étaient considérablement avancées vers l'ouest, en Nouvelle-Guinée, et préparaient leur prochain grand bond en avant, jusqu'aux Philippines.

La reconquête de la Nouvelle-Guinée

La poursuite de la campagne de Nouvelle-Guinée fut marquée par l'adoption de la méthode des « sauts de grenouille » qui avait déjà été essayée dans les îles Salomon. En quatre mois, les troupes de MacArthur progressèrent de plus de 1 500 kilomètres en une série de bonds, depuis la région de Madang, jusqu'à la péninsule de Vogelkop à l'extrémité occidentale de la Nouvelle-Guinée. Les Japonais avaient espéré se maintenir sur les quelques points de la côte où il était possible de construire des aérodromes, mais les Alliés, incapables de tourner ces positions du côté des terres, profitèrent de leur supériorité navale et aérienne pour les contourner en longeant la côte.

La situation stratégique des Japonais était faible, leurs principales forces

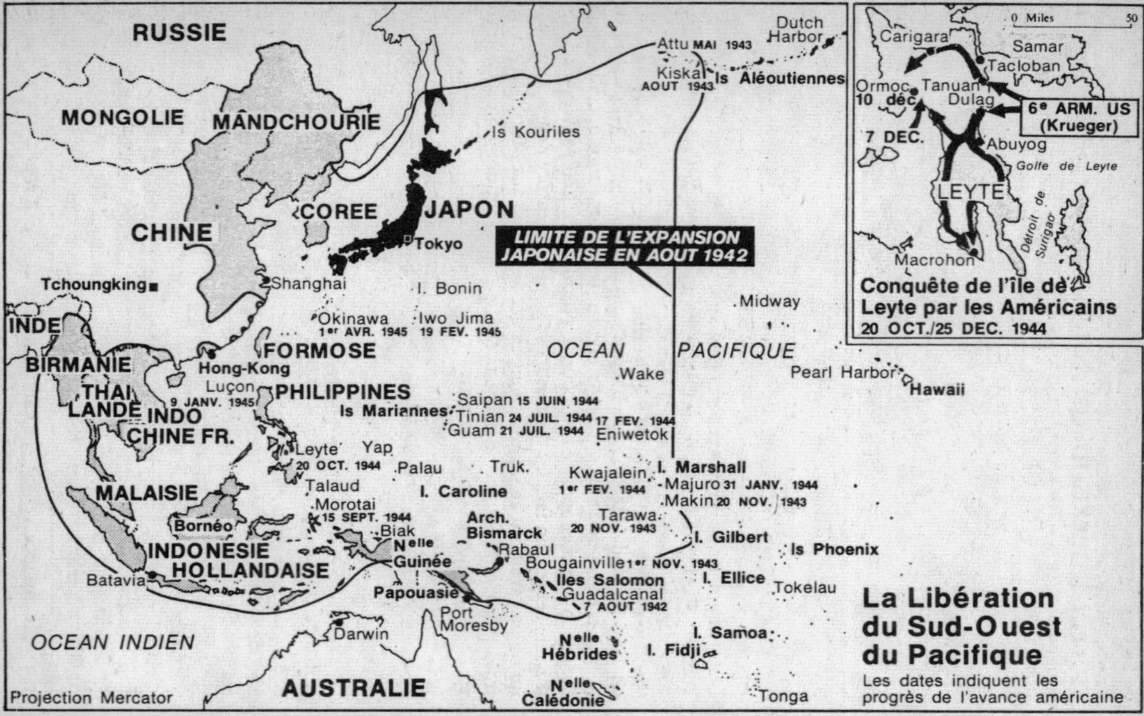

Conquête de l'île de Leyte par les Américains
20 OCT./25 DEC. 1944

La Libération du Sud-Ouest du Pacifique

Les dates indiquent les progrès de l'avance américaine

aériennes et navales restant en arrière pour faire face à la prochaine avance de l'amiral Spruance dans le Pacifique Centre. Les troupes terrestres japonaises étaient dispersées et ne pouvaient compter sur aucun appui. La VIIIe armée ne devait compter que sur elle-même pour se défendre à Rabaul, tandis que, sur la côte septentrionale de Nouvelle-Guinée, ce qui restait à Wewak de la XVIIIe armée d'Adachi fut réuni à la IIe armée d'Anami, formant ainsi un total de 6 faibles divisions, face aux 15 divisions alliées (8 américaines et 7 australiennes) appuyées par une marine et une aviation disposant d'une supériorité écrasante.

Pendant le mois d'avril, la 7e division australienne, suivie de la 11e, s'avança vers le nord le long de la côte, à partir de Madang, tandis que MacArthur préparait un nouveau bond, le plus important jusqu'à présent, pour s'emparer du point clé de la base de Hollandia, sur la baie de Humbolt, près de 350 kilomètres à l'ouest de Wewak.

Les débarquements furent précédés d'une série de raids de bombardements intenses qui détruisirent au sol la plus grande partie des 350 appareils réunis à grand-peine par les Japonais pour défendre le secteur. Puis, le 22 avril, 2 groupes amphibies débarquèrent de chaque côté de Hollandia, pendant qu'1 autre groupe débarquait à Aitape (à environ un tiers du chemin de Wewak) afin de s'y emparer des aérodromes, en précaution supplémentaire. Les services de Renseignements alliés avaient estimé les effectifs japonais de Hollandia à 14 000 hommes et ceux d'Aitape à 3 500. Afin de ne pas prendre de risques, MacArthur employa dans cette opération près de 50 000 hommes appartenant pour la plupart au 1er corps d'armée U. S. d'Eichelberger. En fait, les défenseurs se révélèrent encore moins nombreux qu'on ne l'avait cru et appartenaient en grande partie aux services administratifs. Ils n'offrirent aucune résistance sérieuse et s'enfuirent dans la jungle après les premiers bombardements.

A la suite de ces opérations, les 3 faibles divisions d'Adachi se retrouvèrent isolées à Wewak; celui-ci, plutôt que d'entamer une nouvelle retraite épuisante à travers la jungle, préféra tenter une percée directe le long de la côte. Mais lorsque cette tentative eut lieu, en juillet, MacArthur avait eu le temps de renforcer sa position d'Aitape avec 3 fortes divisions, et la tentative d'Adachi se solda par un échec extrêmement coûteux.

Bien avant cette contre-attaque avortée, les Américains avaient progressé de 200 kilomètres vers l'ouest, en direction de leur prochain objectif, l'île côtière de Wakde où les Japonais avaient installé un aérodrome. A la mi-mai, les Américains débarquèrent un détachement à Toem, sur la côte de Nouvelle-Guinée, puis ils traversèrent l'étroit bras de mer les séparant de l'île Wakde, mais la petite garnison japonaise leur opposa une forte mais brève résistance, pendant que l'avance côtière jusqu'à Sarmi rencontrait une opposition plus prolongée. Cependant, la défense japonaise de la Nouvelle-Guinée était maintenant devenue sporadique et chaotique. Les sous-marins américains infligeaient de lourdes pertes aux convois de transports de troupes venant de Chine, tandis que la menace pesant sur les îles Mariannes enlevait tout espoir d'envoyer de nouveaux renforts en Nouvelle-Guinée.

Le bond suivant de MacArthur eut lieu à peine un mois après la prise de Hollandia et dix jours seulement après les débarquements de Toem et de l'île de Wakde. Il avait pour objectif la prise de l'île de Biak, située 550 kilomètres à l'ouest de Hollandia et 350 kilomètres au-delà de Wakde. L'opération ne se déroula pas aussi facilement. Contrairement à ce qu'ils avaient fait pour Hollandia, les Américains sous-estimèrent grossièrement les effectifs de la garnison qui comptait plus de 11 000 hommes et, si leurs premiers débarquements rencontrèrent peu de résistance le 27 mai, la situation changea quand ils s'enfoncèrent à l'intérieur de l'île pour occuper les aérodromes. En effet, les Japonais avaient préféré ne pas essayer de défendre les plages où ils pouvaient être écrasés par le bombardement des navires et des avions alliés, et ils avaient posté le gros de leur garnison dans des grottes et des positions retranchées situées sur les hauteurs surplombant les aérodromes. Leurs contre-attaques, utilisant des chars, réussirent même à isoler pendant un certain temps une partie de l'infanterie américaine. MacArthur dépêcha un flot de renforts, mais le nettoyage fut un processus lent et pénible qui ne prit fin qu'au mois d'août... Il coûta aux forces terrestres américaines près de 10 000 hommes, la plupart à cause de maladie, les tués au combat n'étant qu'au nombre d'environ 400. C'était là un avant-goût de ce qui les attendait à Iwo Jima, neuf mois plus tard, en février 1945.

Les conséquences de la vigoureuse résistance de Biak auraient pu être plus graves si le Haut Commandement japonais avait persévéré dans sa décision tardive de renforcer Biak. Revenant sur sa décision antérieure de concentrer les efforts sur la défense des îles Mariannes, il envoya, début juin, un convoi de transports de troupes à destination de Biak sous la protection d'un nombre important de navires de guerre et d'avions en provenance des îles Mariannes. Mais le départ fut retardé de cinq jours à la suite de l'annonce erronée de la présence d'une escadre de porte-avions américains à Biak. Au cours de leur seconde tentative, les Japonais tombèrent sur un groupe de croiseurs et de destroyers américains et battirent promptement en retraite. Le Haut Commandement japonais envoya alors une force de couverture plus importante comprenant les cuirassés géants *Yamato* et *Musashi*, mais, le jour même suivant leur arrivée en Nouvelle-Guinée, les porte-avions américains des forces du Pacifique Centre commencèrent leurs attaques sur les îles Mariannes, et la formation navale japonaise repartit à toute vapeur vers le nord pour faire face à cette menace encore plus grave. La double ligne d'avance américaine à travers le Pacifique avait encore une fois fait la preuve de sa valeur en prenant l'ennemi à contre-pied.

Par contre, MacArthur n'avait pas perdu de temps lorsque l'avance avait été ralentie sur les aérodromes de Biak et il avait aussitôt lancé une attaque de remplacement contre l'île voisine de Noemfoor. Le débarquement eut lieu le 2 juillet, après un intense bombardement naval et aérien. Le 6, les 3 aérodromes de l'île étaient tombés.

Sur l'île principale, les Japonais, qui ne disposait plus d'aucune aviation, avaient commencé de se replier à l'extrémité occidentale de la péninsule de Vogelkop. Le 30 juillet, MacArthur débarqua une division à proximité du cap Sansapor sans aucun bombardement préparatoire, étant donné qu'il savait ne rencontrer aucun Japonais dans cette partie isolée de la péninsule. Une zone défensive fut rapidement installée et la construction de nouveaux aérodromes commença.

La voie était maintenant libre pour le prochain bond jusqu'aux Philippines, grâce à l'appui fourni par les 3 groupes d'aérodromes situés à l'ouest de la Nouvelle-Guinée. Il était possible d'ignorer les derniers éléments des 5 divisions japonaises encore en Nouvelle-Guinée et on les laissa aux soins des Australiens.

La prise des îles Mariannes et la bataille de la mer des Philippines

L'attaque des îles Mariannes par les forces de l'amiral Spruance marqua l'entrée des Américains dans la zone de défense intérieure du Japon. A partir de là, les forces de bombardement américaines pouvaient frapper le Japon proprement dit, de même que les Philippines, Formose et la Chine. En même temps, la prise des îles Mariannes faisait peser une menace d'étranglement sur les lignes de communication du Japon avec son empire méridional récemment conquis.

Dans l'archipel des Mariannes, les îles les plus importantes étaient toutes celles qui comportaient des aérodromes, c'est-à-dire Saipan, Tinian et Guam. Elles étaient respectivement défendues par des garnisons de 32 000, 9 000 et 18 000 hommes. Les Japonais disposaient en théorie de 1 400 avions mais, en fait, un grand nombre d'entre eux avaient été envoyés en Nouvelle-Guinée et un nombre encore plus grand, avait été détruit par l'aviation embarquée de l'escadre de porte-avions rapides de l'amiral Mitscher qui avait commencé d'attaquer les bases à partir de février. Malgré tout cela, les Japonais espéraient pouvoir disposer de 500 appareils, à condition d'obtenir quelques renforts d'autres secteurs. Leurs forces navales, placées sous les ordres de l'amiral Ozawa, étaient organisées en 3 groupes : celui des cuirassés, avec 4 cuirassés, 3 porte-avions légers, des croiseurs et des destroyers, aux ordres de l'amiral Kurita; celui des porte-avions, avec 3 porte-avions d'escadre, des croiseurs et des destroyers, aux ordres d'Ozawa lui-même; et un groupe de réserve comportant 2 porte-avions d'escadre, 1 porte-avions léger, 1 cuirassé et des croiseurs et des destroyers sous les ordres de l'amiral Joshima.

Les Japonais avaient prévu une parade à l'avance amphibie des Américains à travers le Pacifique, et ils espéraient pouvoir l'utiliser pour prendre au piège les forces de Spruance et détruire ses porte-avions. Ce plan avait été élaboré en août 1943 par le commandant en chef de la Marine, l'amiral Koga, mais ce dernier avait disparu à bord de son hydravion à la fin du mois de mars 1944 lors du repli de son Q.G. de Trouk à Davao, aux Philippines. L'amiral Toyoda, qui lui avait succédé, avait repris son plan avec quelques modifications. L'espoir de Toyoda était d'attirer les porte-avions américains dans les eaux situées à l'est des Philippines et, là, de les prendre en tenailles entre la puissante force de porte-avions d'Ozawa et l'aviation opérant à partir des bases situées sur les îles sous mandat.

L'armada d'invasion des Mariannes partit des îles Marshall le 9 juin, les débarquements sur Saipan étant prévus pour le 15. Deux jours plus tard, les porte-avions de Mitscher déclenchèrent un bombardement intense sur les îles visées et, le 13, les cuirassés prirent sous leur feu les îles de Saipan et Tinian. Au même moment, l'amiral Toyoda ordonna le déclenchement de « l'Opération A-Go » (la parade préparée de longue date par les Japonais), et cette décision provoqua, ainsi que nous l'avons déjà rapporté, l'abandon de la tentative pour renforcer l'île de Biak et conserver des positions en Nouvelle-Guinée.

L'armada américaine comprenait 3 divisions de Marines, avec 1 division d'infanterie en réserve, étroitement appuyée par 12 porte-avions d'escorte, 5 cuirassés et 11 croiseurs derrière lesquels venait le Ve Flotte de l'amiral Spruance, la plus puissante flotte du monde, comprenant 7 cuirassés, 21 croiseurs, 69 destroyers ainsi que les 4 groupes de porte-avions de l'amiral Mitscher (15 porte-avions et 956 appareils). Le transport de près de 130 000 soldats depuis Hawaii et Guadalcanal jusqu'aux îles Mariannes était bien organisé et bien exécuté.

Au matin du 15, la première vague de Marines débarqua sur les plages de Saipan. Sous la protection du feu intense de l'artillerie navale et des tirs de roquettes de l'aviation, 8 000 Marines débarquèrent en vingt minutes, ce qui représente la preuve de leur haut degré d'entraînement. A la tombée de la nuit, 20 000 hommes avaient débarqué, mais n'avaient pas beaucoup progressé à partir des plages à cause des farouches contre-attaques des Japonais qui contrôlaient les hauteurs.

Une menace plus lointaine, mais encore plus grave, pesa sur l'invasion lorsque des sous-marins repérèrent la flotte japonaise entrant dans la mer des Philippines avec tous ses porte-avions et cuirassés. En apprenant cette nouvelle, Spruance décida aussitôt d'annuler les débarquements prévus sur l'île de Guam, il déposa sa division de réserve (la 27e) à Saipan afin d'accélérer la prise de cette position clé et mit les bâtiments de transport en sécurité dans les eaux plus calmes. La Ve Flotte se rassembla quelque 300 kilomètres à l'ouest de Tinian, mais ne poussa pas plus loin, de crainte de rater la flotte japonaise.

Cette position défensive se révéla sage. Jusque-là, le plan de Toyoda semblait bien se dérouler, à cette différence importante près que la seconde mâchoire de sa tenaille ne pouvait pas intervenir, l'aviation embarquée de

Mitscher ayant balayé les forces aériennes japonaises des Mariannes. A partir du 19 juin à 8 h 30, les porte-avions d'Ozawa lancèrent quatre attaques successives, mais elles furent toutes détectées à l'avance par les radars américains et des centaines de chasseurs furent envoyés à leur rencontre pendant que les bombardiers embarqués de Mitscher attaquaient à nouveau les bases aériennes insulaires des Japonais. Le résultat de cette formidable bataille aérienne fut un massacre, qu'on a appelé « le grand tir aux dindons des îles Mariannes ». Les pilotes américains s'assurèrent un avantage écrasant sur les Japonais moins expérimentés qu'eux et qui perdirent 218 appareils en abattant seulement 29 avions américains. De plus, 2 gros porte-avions japonais, le *Shokaku* et le *Taiho* furent torpillés par des sous-marins américains et coulèrent avec de nombreux autres avions dans leurs flancs.

Ozawa, croyant que ses avions s'étaient posés sur l'île de Guam, resta dans la zone des combats où il fut repéré par des avions de reconnaissance américains, le lendemain après-midi. L'amiral Mitscher lança alors à l'attaque 216 de ses appareils embarqués tout en sachant qu'il lui faudrait les récupérer dans l'obscurité. Trois heures après le repérage, les avions déclenchèrent leur attaque avec une telle efficacité qu'ils coulèrent 1 porte-avions d'escadre (et en endommagèrent 2 autres, ainsi que 2 porte-avions légers, 1 cuirassé et 1 croiseur lourd), en même temps qu'ils abattaient 65 appareils japonais. Ils ne perdirent que 20 des leurs dans ces combats, mais 80 autres furent perdus lors du long vol de retour dans l'obscurité. Beaucoup de leurs équipages purent être sauvés, tandis que les navires d'Ozawa s'enfuyaient en direction d'Okinawa, dans les îles Rioukiou, au sud du Japon.

Au cours de la bataille, les Japonais avaient perdu environ 480 appareils, soit plus des trois quarts de leur effectif total, et la plupart des équipages n'avaient pas pu être sauvés. La destruction d'une telle proportion d'avions et de porte-avions japonais représentait une très lourde perte, bien que les avions et les porte-avions perdus fussent ensuite largement remplacés, avant l'automne. La perte d'un aussi grand nombre de pilotes était beaucoup plus grave car il n'était pas possible de les remplacer. Cela voulait dire que, dans toute bataille du futur proche, la flotte japonaise serait lourdement handicapée et forcée d'avoir surtout recours à son armement plus traditionnel.

La bataille de la mer des Philippines se révéla donc une très grave défaite pour les Japonais. L'amiral S.E. Morison, historien américain de la guerre navale, considère même qu'elle fut plus importante que la bataille du golfe de Leyte, au mois d'octobre suivant. La route des Philippines était maintenant grande ouverte et la victoire était assurée dans les combats terrestres sur les îles Mariannes.

Après cette bataille aéro-navale, la conquête des Mariannes ne faisait plus de doute, même si la résistance continuait d'être vigoureuse. Les 3 divisions débarquées dans le sud de Saipan progressèrent régulièrement vers le nord, fortement appuyées par la marine et l'aviation, et, le 25 juin, elles s'empparèrent de la position clé du mont Tapotchau. Le 6 juillet, les deux plus hauts gradés japonais de Sripan, l'amiral Nagumo (l'ancien chef des porte-avions) et le général Saito, se suicidèrent « afin d'encourager leurs troupes dans leur assaut final ». Le lendemain, les 3 000 soldats survivants les imitèrent pratiquement en se lançant dans une charge suicidaire inutile contre les lignes américaines. La campagne coûta plus de 26 000 hommes aux Japonais, alors que les pertes américaines n'étaient que de 3 500 morts et 13 000 malades ou blessés.

Le 23 juillet, les 2 divisions de Marines de Saipan furent transportées par bateau jusqu'à l'île de Tinian dont elles s'emparèrent en une semaine. (Les opérations de nettoyage durèrent un peu plus longtemps.) Trois jours avant les débarquements de Tinian, les forces destinées à l'invasion de l'île de Guam, qui avaient été débarquées lors de la menace d'intervention de la flotte d'Ozawa, reprirent le chemin de leur mission, renforcées par 1 division d'infanterie supplémentaire. En dépit d'une résistance japonaise vigoureuse, facilitée par un réseau complexe de défenses souterraines, l'île fut complètement occupée le 12 août.

La chute des îles Mariannes et la défaite navale écrasante qui la précéda firent apparaître très clairement l'affaiblissement de la situation du Japon, même si l'orgueil des Japonais les empêchait encore de regarder la réalité en face. D'une manière significative, cependant, ces événements dramatiques furent suivis par la démission du gouvernement du général Tojo, le 18 juillet.

Quatre jours plus tard, le général Koiso forma un cabinet destiné à créer une meilleure défense contre l'avance américaine. La campagne de Chine devait être poursuivie, mais le souci primordial était la défense des Philippines, car le gouvernement se rendait compte que la perte de ce grand archipel serait fatale aux forces japonaises en les privant du pétrole des Indes néerlandaises.

Déjà les Japonais étaient lourdement handicapés par la raréfaction du ravitaillement en carburant. Les responsables de cette situation étaient les sous-marins, dont l'action contre les pétroliers japonais représentait un facteur stratégique d'une importance capitale. Du fait de leur ravitaillement très amoindri en hydrocarbures, les Japonais durent restreindre les programmes d'instruction de leurs pilotes et maintenir leur flotte à Singapour, à proximité des sources de ravitaillement — et lorsque celle-ci devait appareiller pour combattre, elle n'emportait pas une quantité de mazout suffisante pour le retour.

A ce stade de la guerre, les forces américaines auraient pu ignorer les Philippines pour effectuer un bond jusqu'à Formose ou Iwo Jima et Okinawa, ainsi que l'amiral King et plusieurs autres amiraux le préconisaient avec insistance. Mais des considérations politiques et le désir naturel de MacArthur de faire un retour triomphal aux Philippines l'emportèrent sur ces arguments [1].

---

1. Cf. carte p. 618.

La prise de quelques objectifs secondaires avait été jugée nécessaire avant de tenter l'invasion des Philippines. Le plan original prévoyait de s'emparer de l'île de Morotai, près des Halmaheras (à l'ouest de la Nouvelle-Guinée), puis des îles Palau, de l'île de Yap, des îles Talaud et enfin de Mindanao, la grande île méridionale de l'archipel des Philippines, en construisant des bases navales et aériennes avancées pour faciliter l'offensive principale sur les Philippines. Cependant, au début du mois de septembre, la IIIe Flotte de l'amiral Halsey (baptisée Ve Flotte lorsqu'elle était sous le contrôle de Spruance) s'aperçut que les défenses des côtes philippines étaient très faibles; Halsey proposa donc d'abandonner les étapes intermédiaires. Néanmoins, celles-ci furent conservées car les opérations étaient déjà presque commencées et leur réalisation était considérée comme une assurance supplémentaire.

Un détachement des forces de MacArthur débarqua sur l'île de Morotai le 15 septembre. Il rencontra très peu d'opposition et, dès le 4 octobre, l'aviation américaine opérait à partir de la base aérienne nouvellement construite sur l'île. Le 15 septembre également, les forces du Pacifique Centre de l'amiral Halsey envahissaient les îles Palau qui furent pour la plupart occupées en quelques jours. Cette conquête leur fournit des aérodromes avancés à 800 kilomètres de Mindanao, plus qu'à mi-chemin de Guam.

Les deux principales lignes d'avance à travers le Pacifique, celle de MacArthur et celle de Nimitz, avaient maintenant convergé et se trouvaient à distance d'appui direct réciproque, prêtes à entamer la reconquête des Philippines.

Le plan japonais de défense des Philippines, nommé *SHO-1*, était double. A terre, la défense était confiée à la XIVe armée, placée sous les ordres du général Yamashita, le vainqueur de la Malaisie en 1941-1942. Il disposait de 9 divisions d'infanterie, 1 division blindée, 3 brigades indépendantes et la IVe armée aérienne. Il avait également sous ses ordres les forces navales des alentours de Manille qui comptaient quelque 25 000 hommes capables de combattre à terre. La partie essentielle du plan, cependant, reposait sur l'action prévue en mer et le Haut Commandement japonais était maintenant prêt à tout jouer sur cette dernière. Dès que le lieu des débarquements américains serait connu, les porte-avions japonais devaient attirer la flotte américaine vers le nord, pendant que les forces de débarquement américaines seraient clouées aux plages par les troupes de Yamashita et prises en tenailles par les deux groupes de cuirassés japonais. Toyoda estimait que les Américains, qui considéraient maintenant les porte-avions comme les bâtiments les plus importants, se précipiteraient d'autant plus vraisemblablement à la poursuite des porte-avions japonais qu'ils avaient été habitués à toujours voir les Japonais utiliser leurs cuirassés comme leurre et leurs porte-avions comme force de frappe.

Ce plan était influencé par la faiblesse croissante des Japonais dans les airs, mais il reposait aussi sur leur foi intacte dans les cuirassés. La fierté et la confiance des amiraux avait été renforcées de manière illusoire par la construction de deux cuirassés gigantesques, de loin les plus gros du monde, le *Yamato* et le *Musashi*. Ces bâtiments déplaçaient plus de 70 000 tonnes et étaient dotés de huit pièces de 455 mm — ils étaient les seuls navires au monde à porter un tel nombre de pièces de ce calibre. Par comparaison, les Japonais avaient fait peu d'efforts, beaucoup trop peu d'efforts, pour développer leur flotte de porte-avions et leur aviation embarquée. Comme il arrive bien souvent dans l'histoire, ils avaient été plus lents que leurs adversaires à tirer la leçon de leurs propres grandes victoires au début de la guerre.

Anticipant de deux mois sur le programme prévu, les Américains attaquèrent les Philippines en octobre. Cet archipel s'étire sur plus de 1 500 kilomètres, depuis l'île de Mindanao, au sud, de la taille de l'Irlande, jusqu'à l'île de Luçon au nord, à peu près de la taille de l'Angleterre. La première attaque eut lieu sur l'île de Leyte, l'une des îles plus petites situées au centre, écartelant ainsi les défenses japonaises. La VIIe Flotte de l'amiral Kinkaid (consistant en un convoi et en une flotte d'appui composée de vieux cuirassés et de petits porte-avions d'escorte) commença, le 20 octobre au matin, de débarquer les troupes de MacArthur (4 divisions de la VIe armée du général Walter Krueger). L'opération était protégée et appuyée par la IIIe Flotte de l'amiral Halsey, qui prit position en trois groupes, un peu à l'est des Philippines. Cette flotte était le principal corps de bataille et était composée des porte-avions les plus récents et de gros cuirassés, tous d'un type rapide.

L'invasion avait été précédée par une série d'attaques aériennes lancées pendant une semaine à partir du 10 octobre par l'aviation embarquée de Mitscher (de la IIIe Flotte) contre Formose et, dans de moindres proportions, contre Luçon et Okinawa. Ces raids furent dévastateurs et eurent une influence de la plus haute importance sur la suite des événements. Les pilotes japonais exagéraient tellement leurs résultats que leur gouvernement annonça dans des communiqués officiels et à la radio que 11 porte-avions, 2 cuirassés et 3 croiseurs américains avaient été coulés. En fait, les raids de l'aéronavale américaine avait détruit plus de 55 avions japonais au prix seulement de 79 appareils, et aucun navire américain n'avait été coulé. Cependant, sur la foi de ces communiqués, le G.Q.G. impérial décida de faire avancer le restant des forces pour lancer l'opération *SHO-1*. Les forces navales s'aperçurent rapidement de l'absurdité des communiqués et firent demi-tour, mais les plans de l'armée de terre subirent des modifications définitives : 3 des 4 divisions que Suzuki avait dans le Sud des Philippines reçurent l'ordre d'y demeurer, alors qu'elles devaient se tenir prêtes à intervenir dans le Nord du pays, sur Luçon, ainsi que Yamashita l'avait prévu.

Comme nous l'avons rapporté, le Haut Commandement japonais avait prévu de lancer une écrasante contre-offensive à l'aide de toutes les forces navales disponibles au moment et à l'endroit où se produirait l'attaque initiale. Deux jours avant le débarquement dans l'île de Leyte, un message en clair envoyé par l'un des chefs américains fournit aux Japonais le renseignement d'importance vitale dont ils avaient besoin.

Toyoda se rendait parfaitement compte qu'il s'agissait d'un coup de dés, mais la marine japonaise avait besoin du ravitaillement en combustible des Indes néerlandaises occupées, et, si les Américains s'y installaient, ce ravitaillement serait coupé. Interrogé après la guerre, Toyoda expliqua ainsi son calcul.

> « Si les choses tournaient au pire, nous risquions de perdre la flotte tout entière; mais j'étais persuadé que c'était un risque à courir [...] si nous étions vaincus dans les opérations des Philippines, mêmes en conservant notre flotte, la route maritime du Sud serait complètement coupée, si bien que la flotte, si elle devait regagner les eaux japonaises, ne pourrait pas être ravitaillée en combustible. Si elle devait rester dans les mers du Sud, elle ne pourrait pas être ravitaillée en armes et en munitions. Cela ne servirait à rien de sauver la flotte au prix de la perte des Philippines. »

L'appât devait être représenté par l'escadre de l'amiral Ozawa, arrivant du Japon vers le sud. Elle comprenait les 4 porte-avions encore utilisables et 2 cuirassés convertis en porte-avions, mais elle ne pouvait guère servir qu'à appâter l'ennemi puisqu'elle ne disposait au total que d'à peine une centaine d'avions et de pilotes pour la plupart inexpérimentés.

Dans ce vaste coup de poker pour la victoire, les Japonais plaçaient donc leur confiance dans une flotte démodée venue de la région de Singapour et composée de 7 cuirassés, 13 croiseurs et 3 croiseurs légers. Son chef, l'amiral Kurita, envoya un détachement pénétrer dans le golfe de Leyte par le sud-ouest, en passant par le détroit de Surigao, pendant qu'ils y pénétraient avec le gros de l'escadre par le nord-ouest, en empruntant le détroit de San Bernardino. Il espérait écraser les transports de troupes de MacArthur et leur escorte entre les deux mâchoires de cette tenaille.

Il pensait que le Yamato et le Musashi, avec leurs canons de 455 mm, pourraient facilement pulvériser les cuirassés américains d'un modèle plus ancien, tout en étant eux-mêmes pratiquement insubmersibles grâce à leurs ponts blindés et leurs innombrables compartiments étanches. De plus, les attaques aériennes ne devraient pas être très importantes si les porte-avions de Halsey n'étaient pas sur les lieux. Selon les calculs japonais, Halsey aurait dû être attiré loin de là au moment où Kurita ferait irruption dans le golfe de Leyte — moment qui était fixé au 25 octobre.

Mais l'appât ne fonctionna pas. Dans la nuit du 23, Kurita tomba sur deux sous-marins américains, le *Darter* et le *Dace*, qui venaient de croiser au large des côtes de Bornéo. Ils mirent aussitôt cap au nord, restant en avant de la flotte japonaise en naviguant à toute allure en surface, sous la protection de l'obscurité. Lorsque le jour pointa, ils passèrent en plongée périscopique, attendirent l'arrivée de la flotte, et lancèrent leurs torpilles à bout portant, coulant 2 croiseurs japonais et en endommageant un troisième. Kurita était à bord du croiseur de tête, il fut sauvé et transféré à bord du *Yamato*, mais il avait été très secoué. De plus, les amiraux américains étaient désormais au courant de l'approche de l'ennemi et de sa force.

Lorsque Ozawa apprit l'accrochage de Kurita par les sous-marins, il se hâta de révéler sa propre approche par le nord en envoyant plusieurs messages en clair pour attirer l'attention de Halsey. Mais aucun de ses messages ne fut intercepté par les Américains. Il ne fut pas non plus repéré par un seul appareil de reconnaissance, car ceux-ci avaient tous été envoyés vers l'ouest pour guetter l'arrivée de Kurita.

Bientôt les bombardiers et torpilleurs-bombardiers quittèrent en vagues successives les porte-avions de Halsey pour attaquer la flotte de Kurita. La seule interruption à leur ruée fut provoquée par une attaque des avions japonais basés à terre et sur les porte-avions d'Ozawa. Cette attaque fut repoussée et plus de 50 % des appareils japonais furent abattus, mais le porte-avions *Princeton* fut sévèrement touché et dut être évacué.

L'attaque des avions de l'aéronavale américaine sur la flotte de Kurita fut plus meurtrière. En effet le gigantesque *Musashi* se retourna et coula dans l'après-midi, au terme de la cinquième attaque — après avoir été touché au total par 19 torpilles et 17 bombes. Les pilotes américains rapportèrent que 3 autres cuirassés et 3 croiseurs lourds avaient été sévèrement touchés, mais, en fait, un seul de ces bâtiments, un croiseur lourd, fut trop gravement atteint pour pouvoir poursuivre sa route. Cependant, après la cinquième attaque et le naufrage du *Musashi*, la flotte japonaise fit demi-tour et mit cap à l'ouest.

Lorsque ses observateurs aériens lui apprirent cette nouvelle, l'amiral Halsey pensa que Kurita battait définitivement en retraite. Mais, quand il s'était aperçu qu'aucun porte-avion ne se trouvait au sein de la flotte de Kurita, Halsey avait envoyé des avions de reconnaissance à leur recherche dans un plus grand rayon, et, vers 17 heures, l'escadre d'Ozawa fut repérée faisant route au sud. Halsey décida aussitôt de foncer vers le nord pour la détruire au petit matin, respectant en cela sa devise : « Quoi que nous fassions, faisons-le vite. » Pour être sûr d'annihiler les forces d'Ozawa, il emmena toute sa flotte disponible, ne laissant aucun détachement derrière lui pour garder le détroit de San Bernardino.

Un quart d'heure après qu'il eut fait part de sa décision à Kinkaid par radio, il reçut un rapport d'un avion de reconnaissance de nuit selon lequel Kurita avait à nouveau fait demi-tour et fonçait à toute vapeur en direction du détroit. Halsey ignora ce rapport. Maintenant qu'il apercevait une chance de jouer le jeu téméraire et audacieux qu'il aimait, il devenait aveugle à toute autre possibilité. Ce n'est pas pour rien qu'au début de la guerre on l'avait surnommé « le taureau ».

La retraite de Kurita n'avait été qu'un expédient passager pour se mettre hors de portée des attaques aériennes jusqu'à la nuit, avec l'intention de revenir de l'obscurité. A part le naufrage du *Musashi*, aucune de ses grosses unités n'avait été sérieusement endommagée, contrairement à ce que les pilotes américains avaient déclaré dans leurs rapports optimistes.

A 23 heures, alors que Halsey avait avancé de 260 kilomètres vers le nord, la flotte de Kurita fut à nouveau repérée par des avions de reconnaissance, faisant toujours route vers le détroit de San Bernardino et s'en approchant cette fois à 65 kilomètres. Halsey ne pouvait plus ignorer cette menace, mais il en sous-estima la gravité, considérant cette nouvelle avance comme le dernier effort suicidaire, bien dans la tradition japonaise, d'une flotte durement touchée. Il continua sa route vers le nord, confiant que la flotte de Kinkaid n'aurait aucune peine à repousser un attaquant qu'il supposait très affaibli.

En fin de compte, bien qu'ils ne l'eussent pas fait au moment prévu, les Américains mordirent à l'appât japonais.

La situation de la flotte de Kinkaid était d'autant plus dangereuse qu'elle était sous le coup de deux illusions. L'apparition du détachement envoyé par Kurita vers le sud et faisant route en direction du détroit de Surigao avait attiré l'attention de Kinkaid vers le secteur où il concentra la plus grande partie de ses forces pour faire face à cette menace. Il pensait qu'une partie de la flotte de bataille de Halsey protégeait toujours l'entrée par le détroit de San Bernardino, Halsey n'ayant pas dit clairement qu'il avait appareillé avec toute sa flotte. Pire encore, Kinkaid ne prit pas la précaution d'envoyer des appareils de reconnaissance pour voir si un ennemi n'approchait pas dans cette direction.

L'attaque du détachement japonais sud fut repoussée après une intense bataille nocturne remportée dans une grande mesure grâce au radar américain, qui était très supérieur à celui de la marine japonaise. Les Japonais souffrirent également d'un autre désavantage : leurs navires s'avancèrent en file indienne dans les eaux étroites du détroit de Sirugao, s'exposant ainsi au tir concentré des cuirassés de l'amiral Oldendorf. Le détachement comprenait 2 cuirassés et ils furent coulés tous les deux. Il fut presque entièrement détruit. Lorsque le jour se leva, il ne restait de l'ennemi, à la surface des eaux, que des morceaux d'épaves et des traînées d'huile.

Mais quelques minutes après que Kinkaid eut envoyé un message de félicitation pour la victoire remportée, un autre message arriva, signalant qu'une flotte japonaise beaucoup plus importante — le gros de la flotte de Kurita — était arrivée par le nord-ouest en passant par le détroit de San Bernardino et se trouvait maintenant au large de la côte est de l'île de Samar où elle attaquait le détachement laissé là par Kinkaid pour protéger les plages de débarquement des troupes de MacArthur sur l'île de Leyte.

Ce petit détachement comprenait 6 porte-avions d'escorte (des navires de commerce transformés) et une poignée de destroyers. Ils s'enfuirent vers le sud sous un déluge d'obus de gros calibre en provenance de l'énorme *Yamato* et des 3 autres cuirassés.

Après avoir reçu cette nouvelle alarmante, Kinkaid envoya un message à Halsey à 8 h 30 : « Avons besoin urgent cuirassés rapides dans golfe de Leyte immédiatement. » A 9 heures Kinkaid lança un nouvel appel pressant, cette fois en clair. Mais Halsey continua de foncer vers le nord, déterminé à détruire les porte-avions d'Ozawa. Il persista dans cette attitude, malgré les appels au secours répétés de Kinkaid, persuadé que l'aviation embarquée de ce dernier pourrait tenir en respect Kurita jusqu'à l'arrivée du gros de la flotte de Kinkaid avec ses 6 cuirassés. Il ordonna cependant à un petit détachement de porte-avions et de croiseurs, qui se trouvait dans les îles Carolines sous les ordres de l'amiral John McCain, de se porter en toute hâte au secours de Kinkaid. Mais ce détachement était à 650 kilomètres, plus distant de 80 kilomètres que lui-même.

Par ailleurs, la ruée vers le sud de Kurita fut freinée par les efforts héroïques de la poignée de destroyers américains et des quelques avions embarqués qui protégeaient la retraite des 6 porte-avions d'escorte. 1 porte-avions et 3 destroyers furent coulés, mais le reste put s'échapper, bien qu'en mauvais état.

Peu après 9 heures Kurita interrompit la poursuite et se tourna vers le golfe de Leyte, où une masse de navires de transport et de péniches de débarquement était maintenant à portée de ses coups. Il était alors à moins de 50 kilomètres de l'entrée.

Avant d'attaquer, il marqua une pause pour concentrer ses navires qui s'étaient quelque peu dispersés dans la poursuite. Ce changement de cap et ce temps d'arrêt donnèrent à nouveau aux Américains l'illusion qu'il se retirait — sous la pression de leurs attaques aériennes et de leurs destroyers. Cette illusion fut vite dissipée et Kinkaid envoya un nouvel et pressant appel à Halsey : « Situation redevenue très grave. Porte-avions d'escorte à nouveau menacés par force surfaces ennemies. Votre aide nécessaire urgence. Porte-avions d'escorte se replient golfe Leyte. »

Cette fois Halsey ne fit pas la sourde oreille. A cette heure précise, 11 h 15, ses avions avaient sévèrement touché l'escadre d'Ozawa et, bien qu'il eût ardemment désiré l'achever au canon avec ses cuirassés, il refréna ce désir et revint à toute vapeur avec ses 6 cuirassés rapides et l'un de ses 3 groupes de porte-avions. Mais il avait fait route tellement au nord, à la poursuite d'Ozawa, qu'il ne pouvait pas atteindre le golfe de Leyte avant le lendemain matin. Les porte-avions de McCain eux-mêmes ne pourraient pas être assez près pour lancer leurs appareils avant plusieurs heures encore. La situation était donc très sombre à midi, alors que Kurita approchait du golfe.

Mais Kurita fit soudain demi-tour et mit cap au nord — cette fois pour de bon. Quelle était la cause de ce revirement ? L'interception de plusieurs messages radio et leur effet sur son esprit. Le premier message était un appel radio ordonnant aux appareils des porte-avions d'escorte américains de se poser sur l'île de Leyte. Il y vit un préliminaire à une attaque plus intensive contre ses navires à partir de bases terrestres, alors qu'il s'agissait d'une mesure d'urgence pour empêcher qu'ils fussent coulés avec les porte-avions. Quelques minutes plus tard, il reçut un rapport d'interception du message envoyé en clair à 9 heures par Kinkaid à Halsey. Il en conclut aussitôt que Halsey faisait déjà route vers le sud depuis plus de trois heures, car Kurita n'était pas en contact avec Ozawa et ne savait pas à quelle distance Halsey avait été entraîné. Il était également inquiet de son absence de couverture aérienne.

Le facteur décisif fut la mauvaise interprétation d'un message qui lui donna l'impression qu'une partie des forces de secours américaines n'était plus qu'à 110 kilomètres au nord et approchait dangereusement de sa ligne de retraite par le détroit de San Bernardino. Il décida donc d'abandonner son attaque contre le golfe de Leyte et de foncer vers le nord pour faire face à cette menace avant que l'arrivée de renforts ne lui coupât la retraite.

C'est là un exemple de plus dans l'histoire qui montre que l'issue des batailles dépend souvent davantage de chimères que de réalités. L'impression créée dans l'esprit du chef est souvent plus décisive que les conséquences matérielles d'un coup effectivement reçu.

Lorsque Kurita atteignit le détroit de San Bernardino, il n'y trouva aucun bâtiment ennemi et s'échappa en direction de l'ouest. Il était déjà près de 10 heures lorsqu'il arriva à ce verrou, après avoir été retardé par plusieurs attaques aériennes, mais il avait trois heures d'avance sur les premiers bâtiments de Halsey.

L'évasion des cuirassés japonais qui avaient obtenu des résultats aussi négligeables, fut largement compensée par la destruction des 4 cuirassés japonais. Le premier, le *Chitose*, coula vers 9 h 30, lors de la première attaque de Mitscher, et les 3 autres (le *Chiyoda*, le *Zuikaku* et le *Zuiho*) coulèrent dans l'après-midi, après que Halsey fut parti vers le sud avec le gros de sa flotte.

Si l'on considère comme un tout les quatre actions distinctes, la « bataille du golfe de Leyte », ainsi qu'on l'a collectivement dénommée, fut la plus grande bataille navale de tous les temps. Au total, 282 navires y furent engagés, ainsi que des centaines d'avions, par comparaison avec les 250 bâtiments (et 5 hydravions) de la bataille de Jutland. Si la bataille de la mer des Philippines, au mois de juin, fut, dans un sens, plus décisive par ses effets dévastateurs sur l'aéronavale japonaise, les quatre actes de la bataille du golfe de Leyte récoltèrent les résultats de la bataille précédente et décidèrent de l'issue définitive. Les pertes de la marine japonaise s'élevèrent à 4 porte-avions, 3 cuirassés, 6 croiseurs lourds, 3 croiseurs légers et 8 destroyers, alors que les Américains n'avaient perdu qu'1 porte-avions léger, 2 porte-avions d'escorte et 3 destroyers.

Mais il est intéressant de mentionner ici que cette bataille fut l'occasion pour les Japonais d'employer pour la première fois une nouvelle tactique difficile à contrer. En effet, après que les porte-avions d'escorte de la VIIe Flotte eurent réussi à échapper à l'attaque imprévue et écrasante de Kurita, ils furent soumis à la première attaque organisée de *kamikazes* — c'est-à-dire d'un corps spécial de pilotes volontaires pour la mission suicide consistant à faire piquer à mort leur appareil sur un navire ennemi, en y communiquant le feu de l'explosion de leurs réservoirs d'essence et de leurs bombes. Lors de cette première tentative, ils parvinrent seulement à couler un porte-avions d'escorte et à en endommager plusieurs.

Le facteur le plus décisif de la bataille fut la destruction des 4 porte-avions d'Ozawa. Sans porte-avion, les 6 cuirassés japonais restants étaient désarmés et ils n'eurent plus aucune influence positive sur le cours de la guerre. Désormais, la flotte japonaise était inutile. La ruée de Halsey vers le nord avait gravement exposé le reste des forces américaines, mais le résultat final lui apporta d'amples justifications. De plus, ce résultat démontrait la vanité du rôle d'épouvantail des cuirassés et l'absurdité de ceux qui avaient placé leur confiance dans ces monstres démodés. Leur seul intérêt, au cours de la Seconde Guerre mondiale, fut pour le bombardement côtier, un rôle pour lequel les générations précédentes l'avaient ironiquement déclaré inadapté et trop vulnérable.

La décision des Japonais de se battre pour Leyte, et d'en faire le cœur de leur défense des Philippines, fut prise trop tard pour permettre aux renforts de Luçon, près de 3 divisions, d'arriver sur l'île avant que les Américains n'eussent élargi leur tête de pont. Attaquant d'abord à partir des plages de débarquement, ils s'emparèrent des aérodromes voisins de Dulag et Tacloban, sur la côte est. Puis, s'étendant sur les deux ailes, ils atteignirent le 2 novembre la baie de Carigara, sur la côte nord, et Abuyog, à mi-chemin sur la côte est. Ces avances leur permirent non seulement de s'emparer des 5 aérodromes japonais, et de semer la confusion au sein de la seule division ennemie qui se trouvait déjà dans l'île, mais, en plus, jeta par terre le plan de Suzuki (XXXVe armée) qui était de concentrer ses divisions de renfort dans la plaine de Carigara.

Krueger avait ensuite l'intention d'exécuter un double mouvement de contournement des deux extrémités de l'épine dorsale montagneuse de l'île, afin de s'emparer de la principale base japonaise située à Ormoc, sur la côte ouest. Mais la remise en état d'aérodromes occupés, pour appuyer le mouvement concentrique, fut retardée par des pluies torrentielles et, dans l'intervalle, 2 divisions de renfort japonaises débarquèrent à Ormoc, le 9 novembre. D'autres renforts suivirent et, malgré les lourdes pertes infligées aux navires de transport et d'escorte, les Japonais avaient réussi, début décembre, à porter leurs effectifs dans l'île de 15 000 à 60 000 hommes. Mais, à cette date, les effectifs de Krueger avaient été portés à plus de 180 000 hommes. Pour hâter la progression, il débarqua l'une de ses divisions fraîches sur la côte ouest, juste au sud d'Ormoc, multipliant ainsi par deux la tâche des défenseurs, et, trois jours plus tard, le 10 décembre, il occupa cette base maritime sans rencontrer beaucoup d'opposition. A partir de ce moment-là, les Japonais, affamés, s'effondrèrent rapidement. A Noël toute résistance organisée avait cessé. Yamashita fut ainsi amené à reprendre son plan original prévoyant de concentrer l'effort définitif dans l'île de Luçon, mais dans des circonstances bien plus mauvaises et avec des forces bien plus réduites.

Au cours de ces semaines cruciales, 3 groupes de porte-avions rapides de la IIIe Flotte étaient restés à proximité immédiate des Philippines pour fournir un appui permanent aux troupes de MacArthur, en dépit des attaques de *kamikazes* de plus en plus nombreuses. Celles-ci provoquèrent un nombre de dommages considérables et 2 des porte-avions durent être retirés dans la dernière semaine de novembre pour subir des réparations importantes.

MacArthur décida, en préliminaire à l'invasion de son objectif principal, l'île de Luçon, de s'emparer de l'île de Mindoro, située dans une zone intermédiaire, afin d'y établir des aérodromes à partir desquels ses avions de la Ve U.S. Army Air Force pourraient protéger l'approche de Luçon. C'était là une opération risquée puisque l'île de Mindoro se trouvait à près de 500 kilomètres du golfe de Leyte, alors qu'elle était beaucoup plus près des aérodromes japonais de Luçon, en particulier de ceux qui étaient groupés autour de Manille. Mais la garnison de Mindoro ne comptait qu'une centaine d'hommes et les 4 aérodromes abandonnés par les Japonais furent occupés quelques heures après le débarquement, le 15 décembre, et si rapidement remis en service que les avions de l'armée américaine purent s'y poser avant la fin du mois. Toutes ces opérations furent grandement facilitées par l'action des porte-avions rapides de Halsey qui bombardèrent les aérodromes de Luçon et maintinrent en permanence une « ombrelle » de chasseurs au-dessus de ceux-ci afin d'empêcher les bombardiers japonais de décoller pour aller attaquer Mindoro et ses environs.

Le 3 janvier, l'armada américaine venue de tous les horizons appareilla du golfe de Leyte. Elle comportait au total 164 bâtiments, dont 6 cuirassés et 17 porte-avions d'escorte, sous les ordres des amiraux Kinkaid et Oldendorf. Le 9 janvier, elle arriva au large du golfe de Lingayen (180 kilomètres au nord de Manille), là où les Japonais avaient commencé leur invasion des Philippines, près de quatre ans plus tôt. Le 10 au matin, 4 divisions de la VIe armée de Krueger commencèrent à débarquer, tandis que deux autres se préparaient à les suivre.

Les porte-avions rapides de Halsey apportèrent une aide précieuse, en particulier en contrant les attaques de *kamikazes* qui causaient maintenant de plus en plus de dommages parmi les navires. Après avoir assuré la protection des débarquements du golfe de Lingayen, ces mêmes porte-avions firent une profonde incursion en mer de Chine et ravagèrent des bases et des navires japonais en Indochine, en Chine méridionale, à Hongkong, à Formose et à Okinawa, apportant ainsi la démonstration de la vulnérabilité de l'empire méridional japonais.

De leur côté, les troupes de Krueger, parties du golfe de Lingayen, progressaient vers le sud en direction de Manille, face à une opposition farouche. Pour hâter la progression et empêcher les Japonais de se rabattre dans la péninsule de Bataan, MacArthur débarqua un autre détachement à proximité de celle-ci, le 29 janvier. Deux jours plus tard, une division aéroportée débarqua sans rencontrer d'opposition à Nasugbu, une soixantaine de kilomètres au sud de Manille. Mais, avant qu'elle n'atteigne Manille, les troupes de Krueger étaient déjà arrivées dans les faubourgs de la ville et les troupes de Yamashita s'étaient repliées dans les montagnes.

Cependant, Manille était encore défendue par l'amiral Iwabachi, commandant de la base navale. Il refusa d'obéir à l'ordre de Yamashita qui avait fait de Manille une ville ouverte et il persévéra fanatiquement dans des combats maison par maison qui se poursuivirent encore pendant un mois et transformèrent la ville en un tas de ruines. La ville ne fut entièrement nettoyée que le 4 mars. Entre-temps, les Américains s'étaient emparés de la péninsule de Bataan et de Corregidor. La garnison japonaise de cette île fortifiée résista pendant dix jours. A partir de la mi-mars, le port de Manille était de nouveau ouvert aux navires américains, bien que les opérations de nettoyage se poursuivissent encore dans les montagnes de Luçon, ainsi que sur Mindanao et quelques îles méridionales moins importantes.

L'attaque d'Iwo Jima

Après la chute des positions clés des Philippines, les Américains étaient impatients de passer à l'étape suivante et d'attaquer le Japon lui-même, en abandonnant le projet, formulé antérieurement par MacArthur, de s'emparer de Formose ou d'une partie de la côte chinoise pour les utiliser comme bases aériennes en vue de l'assaut contre le Japon. Mais les chefs d'état-major tombèrent d'accord pour décider qu'il était nécessaire de s'emparer d'Iwo Jima, dans les îles Bonin, à mi-chemin entre Saipan, Tokyo et Okinawa, dans les îles Ryoukyou, à mi-chemin entre l'extrémité sud-ouest du Japon et Formose, pour s'en servir de marchepieds stratégiques facilitant les bombardements aériens du Japon.

L'opération contre Iwo Jima étant considérée comme la plus facile devait être entreprise en premier. De plus, les Américains désiraient faire de cette île un point d'atterrissage de secours pour les superforteresses B. 29 qui bombardaient Tokyo à partir des îles Mariannes depuis la fin novembre, en même temps qu'une base pour les chasseurs d'escorte, car aucun avion de chasse ne pouvait couvrir toute cette distance.

Ile volcanique de 6,5 km de long, Iwo Jima était inhabitée sauf par la garnison. Jusqu'au mois de septembre celle-ci n'était pas importante et n'aurait pas pu opposer de forte résistance, mais elle avait été portée depuis à environ 25 000 hommes et le général Kuribayashi avait renforcé les défenses en installant un réseau d'abris souterrains bien dissimulés et reliés entre eux par de profonds tunnels. Son but était simplement de résister aussi longtemps que possible, étant donné qu'il ne pourrait pas recevoir d'autres renforts en raison de l'écrasante supériorité navale et aérienne américaine, et il comptait sur la seule valeur défensive de sa position, en écartant ces contre-attaques coûteuses caractéristiques de l'armée japonaise.

Nimitz confia l'attaque d'Iwo Jima à l'amiral Raymond Spruance, qui remplaça Halsey à la tête de la IIIe Flotte (rebaptisée à cette occasion Ve Flotte) dans la dernière semaine de janvier 1945. Pour la partie terrestre de l'opération, il reçut 3 divisions de Marines. Le bombardement naval et aérien préliminaire fut le plus long jamais vu encore dans la guerre du Pacifique, avec des raids aériens quotidiens à partir du 8 décembre, un bombardement de jour et de nuit à partir du 3 janvier et, pour finir, trois jours d'intense bombardement naval. Mais toutes ces préparations n'eurent que très peu d'effets sur les défenses japonaises profondément enterrées. Lorsque les Marines débarquèrent, le matin du 19 février, ils se heurtèrent à des tirs intenses de mortiers et d'artillerie et restèrent longtemps cloués sur les plages, en perdant 2 500 hommes au cours de cette première journée, sur un total de 30 000 hommes débarqués.

Au cours des jours suivants, les Marines progressèrent lentement, presque mètre par mètre, avec un appui-feu abondant et permanent de la marine et de l'aviation, qui s'intensifia encore lorsque les porte-avions rapides de Mitscher arrivèrent en renfort, de retour de leur grand raid sur Tokyo. La conquête de l'île ne fut achevée que le 26 mars, au terme de plus de cinq semaines d'âpres combats au cours desquels les Marines avaient perdu quelque 26 000 hommes soit 30 % du total des effectifs débarqués. Les Japonais s'étaient battus avec un tel acharnement que 21 000 d'entre eux avaient été tués et 200 seulement faits prisonniers. Le nettoyage des poches de résistance se poursuivit encore pendant plus de deux mois, portant le total des Japonais tués à plus de 25 000, pour seulement un millier de prisonniers. Avant la fin du mois de mars, 3 aérodromes étaient prêts à accueillir les avions américains et, lorsque la guerre se termina, on avait enregistré sur leurs pistes quelque 2 400 atterrissages de bombardiers B.29.

La campagne de Birmanie : d'Imphal à la reprise de Rangoon, en mai 1945

Bien que la défaite, à Imphal, de l'offensive japonaise du printemps 1944 eût été un échec sévère, celui-ci n'était pas assez écrasant pour les chasser de la Birmanie. Pour ce faire, il fallait une exploitation efficace et, dans ce but, il était nécessaire d'améliorer le système de ravitaillement britannique.

La tâche fixée à Mountbatten par une directive de l'État-Major conjoint en date du 3 juin était d'accroître la liaison aérienne avec la Chine et d'exploiter le développement d'une route terrestre avec les forces dont il disposait déjà. Bien qu'elle ne fût pas spécifiquement mentionnée, on attendait de lui la reconquête de la Birmanie. Les deux principaux plans envisagés étaient le plan *Capital*, consistant en une avance terrestre pour reprendre le Centre-Nord de la Birmanie et le plan *Dracula*, consistant en une avance amphibie pour s'emparer de la Birmanie méridionale. Ce dernier offrait les chances d'une plus grande efficacité, mais dépendait d'un ravitaillement extérieur. Dans les circonstances du moment, le général Slim et les Américains préféraient le plan terrestre. La préparation des deux plans fut ordonnée, mais on plaça donc l'accent sur le plan *Capital* [1].

Malgré la nette amélioration des communications en provenance de

1. Cf. également carte p. 517.

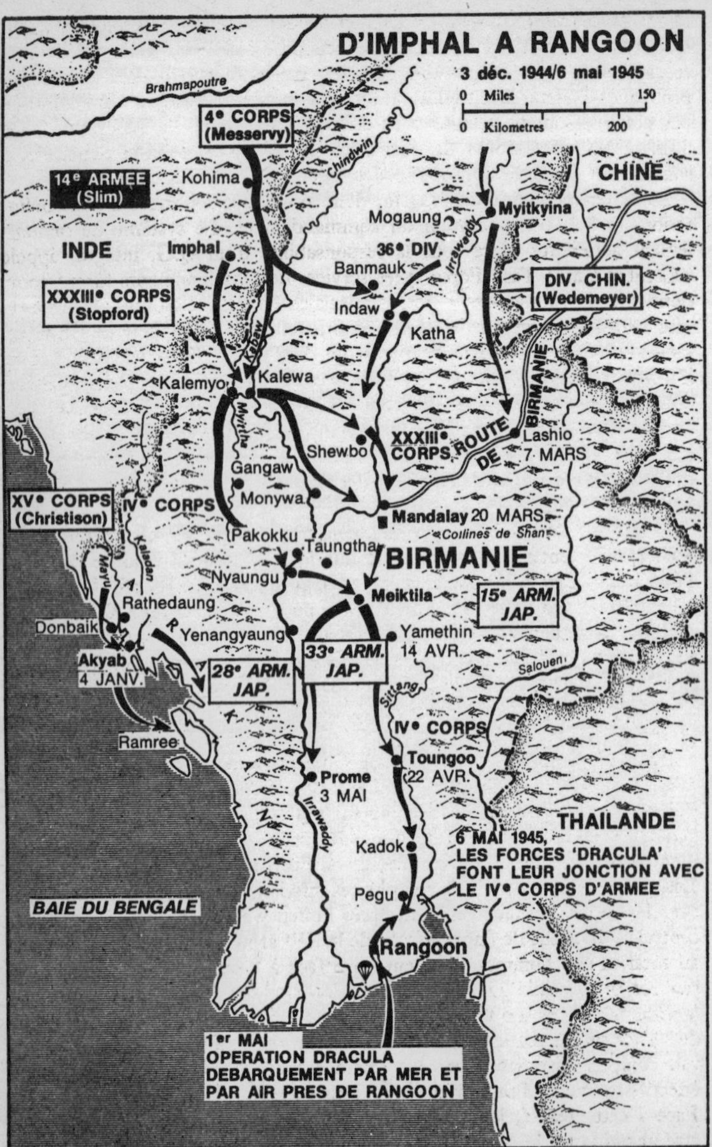
D'IMPHAL A RANGOON
3 déc. 1944/6 mai 1945
0 Miles 150
0 Kilometres 200
Brahmapoutre
4e CORPS (Messervy)
14e ARMEE (Slim)
Kohima
Chindwin
CHINE
Myitkyina
Mogaung
INDE
Imphal
36e DIV.
Irrawaddy
Banmauk
DIV. CHIN. (Wedemeyer)
XXXIIIe CORPS (Stopford)
Indaw
Katha
Kabaw
Kalemyo
Kalewa
Myittha
ROUTE DE BIRMANIE
Shewbo
XXXIIIe CORPS
Lashio
7 MARS
Gangaw
XVe CORPS (Christison)
IVe CORPS
Monywa
Mandalay 20 MARS
Collines de Shan
Pakokku
Taungtha
Mayu
Kaladan
BIRMANIE
Nyaungu
Meiktila
15e ARM. JAP.
Rathedaung
Donbaik
Yenangyaung
Yamethin
14 AVR.
Akyab
4 JANV.
28e ARM. JAP.
33e ARM. JAP.
Salouen
Sittang
ARAKAN
Ramree
IVe CORPS
Toungoo
22 AVR.
Prome
3 MAI
Irrawaddy
THAILANDE
Kadok
6 MAI 1945, LES FORCES 'DRACULA' FONT LEUR JONCTION AVEC LE IVe CORPS D'ARMEE
Pegu
BAIE DU BENGALE
Rangoon
1er MAI
OPERATION DRACULA
DEBARQUEMENT PAR MER ET PAR AIR PRES DE RANGOON

l'Inde et la transformation de celle-ci en une base d'importance majeure, il était évident qu'il y avait encore beaucoup à faire si l'on voulait réellement et rapidement déclencher une invasion de la Birmanie. Les principaux problèmes étaient logistiques plutôt que tactiques. Malgré l'amélioration des communications terrestres et du transport fluvial, la XIVe armée de Slim dépendait toujours du ravitaillement aérien et celui-ci dépendait à son tour d'une aide appropriée des avions-cargos américains.

La deuxième moitié de 1944 fut donc avant tout consacrée à ces améliorations et à la réorganisation du commandement. Le système de ravitaillement aérien fut placé sous la responsabilité d'un Q.G. intégré, appelé « Combat Cargo Task Force »; les services de renseignements furent coordonnés et les unités des « Forces spéciales » furent dissoutes. La réorganisation fut facilitée par le départ de Stilwell, qui fut rappelé de Chine au mois d'octobre à la demande pressante de Tchang Kaï-chek avec lequel il était de plus en plus à couteaux tirés. Il fut remplacé par le général A.C. Wedemeyer au poste de chef d'état-major auprès de Tchang Kaï-chek et des forces chinoises. En novembre, le général Sir Oliver Leese, qui commandait la VIIIe armée en Italie, fut nommé commandant en chef des forces terrestres alliées du Sud-Est asiatique, sous les ordres de Mountbatten.

A la mi-octobre, lorsque la mousson cessa et que le sol commença de sécher, Slim entama la progression sur le front central dans le cadre de l'opération *Capital*. Il concentra le 33e corps d'armée de Stopford en avant, à l'extrémité sud de la vallée du Kabaw, pour s'emparer de Kalemyo et de Kalewa (200 kilomètres au sud d'Imphal), une tête de pont fut établie sur l'autre rive de la Chindwin près de Kalewa à la mi-décembre, puis, avec le renfort du 4e corps d'armée (maintenant placé sous les ordres du général Messervy) il lança l'exploitation vers le sud-est jusqu'à Monywa et Mandalay (à 250 kilomètres de Kalewa).

Dans le camp adverse, le Haut Commandement japonais, confronté avec la menace grandissante de l'avance amphibie américaine jusqu'aux Philippines, ne pouvait envoyer aucun renfort à l'armée de Birmanie du général Kimura — tout en lui donnant l'ordre de défendre le terrain afin d'empêcher les Alliés d'ouvrir la route de Birmanie ou d'entrer en Malaisie. Les chances des Japonais de remplir ces missions défensives étaient maigres avec les forces qui leur restaient après l'offensive sur Imphal. Sur le front central, 4 divisions de faible effectif de la XVe armée japonaise, représentant au total 21 000 hommes, devaient faire face à 8 ou 9 fortes divisions. Le seul renfort possible pouvait venir de la division qui se trouvait en Birmanie méridionale — et son utilisation découvrirait Rangoon. Bien qu'une partie de ses forces fût tenue en réserve en vue de l'opération *Dracula*, Slim pouvait compter disposer d'un plus grand nombre de divisions, toutes d'un effectif supérieur, d'un appui blindé plus puissant et de la maîtrise du ciel. Face à cette réalité, les Japonais reconnaissaient qu'il leur faudrait peut-être abandonner le Nord de la Birmanie, mais ils espéraient encore tenir une ligne protégeant Mandalay et les gisements de pétrole de Yenangyaung (220 kilomètres plus au sud, en descendant d'Irrawaddi).

Pendant que l'offensive britannique sur le front central se déroulait, les opérations lancées dans les deux zones secondaires d'Arakan et de Birmanie septentrionale connaissaient une conclusion.

Dès la fin de la mousson, l'objectif du 15ᵉ corps d'armée de Christison était de nettoyer l'Arakan, de s'emparer des bases aériennes de l'île d'Akyab puis de mettre ses troupes à la disposition de l'offensive principale. Pour venir à bout de cette tâche, Christison disposait de 3 fortes divisions face aux 2 faibles divisions de la XXVIIIᵉ « armée » de Sakurai. Les Britanniques commencèrent d'avancer le 11 décembre et s'emparèrent rapidement de Donbaik, à l'extrémité de la péninsule, le 23, et de Rathedaung, sur la rive orientale de la rivière Mayu, une semaine plus tard, pendant que la 3ᵉ division de Christison nettoyait la vallée du Kaladan plus à l'intérieur des terres. L'absence d'opposition était due au fait que les Japonais étaient en train d'abandonner l'Arakan. Devant cette situation, les Anglais décidèrent de prendre l'île d'Akyab plus rapidement que prévu et celle-ci avait été évacuée lorsqu'il l'occupèrent, le 4 janvier.

La nécessité de créer d'autres bases aériennes amena Christison à décider de s'emparer de l'île de Ramree, 110 kilomètres plus au sud, ce qui fut fait aisément, le 21, les Japonais étant surtout préoccupés maintenant par la défense des cols menant, à travers les montagnes, au cours inférieur de l'Irrawaddi, pour empêcher les Anglais de faire irruption dans le centre de la Birmanie. En fait le mérite, dans cette campagne, revient dans une large mesure aux petites arrière-gardes japonaises qui défendirent les approches et les cols jusqu'à la fin avril, permettant ainsi au reste de l'armée de Sakurai de s'échapper de l'Arakan. Leur défense tenace fut cependant facilitée par le fait que Christison était maintenant plus préoccupé par la préparation de l'opération *Dracula* en vue de laquelle une grande partie de ses forces avait déjà été retirée.

En Chine proprement dite, la campagne avait mal tourné pour les forces de Tchang Kaï-Chek en 1944, et cette situation avait provoqué une interversion de la décision de la conférence du Trident au sujet de l'ordre des priorités pour le ravitaillement aérien, l'accent étant mis désormais sur le renforcement des armées chinoises plutôt que sur celui des forces aériennes stratégiques américaines de Chine. Dans la province occidentale du Yunnan, une offensive lancée par 12 divisions chinoises avait été enrayée par 1 division japonaise seulement, en dépit d'une supériorité numérique dans la proportion de 7 contre 1.

Sur le front nord de Birmanie, les forces de Stilwell, chinoises pour la plupart, n'avaient guère progressé au printemps en essayant d'avancer, par Myitkyina, en direction du flanc sud de la route de Birmanie, face aux 3 faibles divisions de la XXXIIIᵉ armée du général Honda. Il y eut cependant une amélioration à l'automne, après que les *Chindits*, épuisés, eurent été remplacés par la 36e division indo-britannique et aussi, ironiquement, après que la majorité des divisions chinoises se furent retirées pour faire face à l'offensive japonaise en Chine. Une nouvelle amélioration suivit le remplacement de Stilwell par Wedemeyer et, sous les ordres de ce dernier, la prise en charge du N.C.A.C. (Northern Combat Area Command) par le général Sultan, fraîchement arrivé lui aussi.

Au mois de décembre, les forces de Sultan, et ses deux dernières divisions chinoises tout autant que les autres, progressèrent plus rapidement, contraignant Honda à se replier vers le sud-ouest, en direction de Mandalay. A partir de la mi-janvier, la partie centre-ouest de la route de Birmanie était libérée des Japonais. En avril, la route tout entière était à nouveau ouverte, depuis Mandalay jusqu'en Chine.

A la mi-novembre 1944, le 33e corps de Stopford avait établi une tête de pont sur la Chindwin, et le 4e corps de Messervy s'avança alors vers l'est pour pénétrer dans la plaine de Shwebo-Mandalay, en faisant sa jonction à Banmauk, au nord-ouest d'Indaw, avec la 36e division de Festing qui avait atteint Indax et Katha, sur l'Irrawaddi. Devant l'absence d'opposition, il devint évident que les Japonais abandonnaient la plaine de Shwebo, décevant ainsi l'espoir de Slim de les encercler dans ce terrain relativement découvert pour les écraser au moyen de ses blindés, de son artillerie et de son aviation très supérieure, et qu'ils se repliaient sur des positions situées sur l'Irrawaddi près de Mandalay. Slim modifia donc ses plans. Pendant que le 33e corps de Stopford (avec l'équivalent de 4 divisions) avancerait sur Mandalay pour s'emparer de points de traversée dans ce secteur sur l'Irrawaddi, le 4e corps (avec l'équivalent de 3 divisions) devait avancer plein sud, partant de Kalemyo, en remontant la vallée de la Myittha aussi discrètement que possible. Il prendrait ensuite au sud-est à partir de Gangaw, pour s'emparer d'un point de traversée sur le cours inférieur de l'Irrawaddi, à proximité de Pakokku, dans l'intention de créer une barrière stratégique près de Meiktila, sur les arrières des forces japonaises de Mandaly, leur interdisant ainsi toute retraite vers le sud, en direction de Rangoon, et empêchant, inversement, tout ravitaillement de leur parvenir de la capitale. Le succès de tout ce plan d'encerclement sur le front central dépendait de la solution des problèmes logistiques, et plus spécialement d'un bon ravitaillement aérien.

Début 1945, alors que le 4e corps se préparait en vue de son vaste mouvement tournant, le 33e corps continua d'avancer vers le sud en direction de Mandalay. Shwebo fut atteinte et occupée le 10 janvier, le 22 c'était au tour de Monywa, sur la chindwin, et une autre de ses divisions était déjà parvenue à s'emparer de points de traversée sur l'Irrawaddi 80 à 110 kilomètres au nord de Mandalay. Une triple ligne d'avance, et de menace, était ainsi établie. A part un détachement, en face de Mandalay, toutes les forces japonaises étaient maintenant sur la rive est de l'Irrawaddi.

Le nouveau plan de Slim fonctionna presque à la perfection. La prise de Kahnla, près de Pakokku, par Messervy, le 10 février, donna le signal du déclenchement des opérations. Le 14, sa division de tête s'empara d'une tête de pont près de Nyaunga, au sud de Pakokku, où les troupes nationalistes indiennes qui tenaient le secteur furent facilement bousculées. Sa force de frappe placée sous les ordres du général Cowan, et constituée par la 17e division spécialement motorisée, et une brigade de chars, s'empara ensuite de Taungtha le 24 et atteignit les abords de Meiktila le 28. Elle fut momentanément isolée lorsqu'un détachement japonais réoccupa Taungtha, mais, grâce à l'efficacité du ravitaillement aérien, elle put s'emparer de Meiktila le 3 mars après deux jours de combats. Cowan fit ensuite tout ce qui était en son possible pour conserver l'initiative et entretenir la confusion des Japonais par une série de raids agressifs lancés dans plusieurs directions par de petites colonnes d'infanterie appuyées par des chars.

Les Japonais étaient dans une situation dangereuse, malmenés aux alentours de Mandalay et leurs communications vers l'arrière étant en passe d'être coupées. Ils étaient de plus dans une situation d'infériorité numérique écrasante et pratiquement démunis de couverture aérienne. Néanmoins, ils se battirent avec acharnement. Des attaques répétées contre Fort Dufferin, la forteresse de Mandalay, furent repoussées et ils lancèrent une contre-offensive désespérée dans le secteur de Meiktila pour dégager leurs lignes de communications, deux divisions remontant du sud pendant qu'une troisième descendait de Mandalay, toutes trois placées maintenant sous le commandement de la XXXIIIe armée de Honda (qui avait abandonné le front nord et la route de Birmanie). Vers le milieu du mois de mars, la bataille atteignit un point critique, mais, à la fin du mois, la contre-offensive japonaise fut mise en échec et interrompue. Entre-temps Stopford s'était enfin emparé de Fort Dufferin et de Mandalay, le 20. Se rendant compte du caractère désespéré de la situation, la XVe armée japonaise avait renoncé à défendre Mandalay et s'était repliée vers le sud. Le centre de la Birmanie était maintenant aux mains des Britanniques et la route de Rangoon était libre. Les deux corps britanniques avaient perdu quelque 10 000 hommes au cours de ces semaines de combat, mais les pertes japonaises étaient beaucoup plus élevées, atteignant probablement un tiers de leurs effectifs déjà amoindris. Leurs chances de pouvoir continuer la résistance furent encore davantage réduites par leurs pertes en matériel au cours de leur retraite dans les collines de Shan par un itinéraire long et détourné.

La route de Rangoon était ouverte, mais il fallait se hâter d'atteindre la capitale car la mousson approchait et les avions de transport américains devaient quitter la Birmanie pour se porter à l'aide de la Chine au début du mois de juin. Rangoon se trouvait à 500 kilomètres de Meiktila et tout le système de ravitaillement de la XIVe armée, déjà fortement étiré, s'effondrerait si les Anglais s'emparaient auparavant d'un port de Birmanie méridionale, pour compenser le transfert de l'aviation américaine, en fournissant à Slim une ligne de ravitaillement par mer. Le 3 avril, Mountbatten prit donc la décision de lancer l'opération *Dracula* au début du mois de mai pour disposer d'une garantie dans le cas où l'armée de Slim n'arriverait pas à temps à Rangoon. Elle devait être exécutée par une division du corps de Christison appuyée par un régiment de chars moyens et un bataillon de Gurkhas parachutistes.

Selon les plans établis par Slim pour l'avance d'exploitation vers le sud, à partir de Mandalay et de Meiktila, le 4e corps de Messervy devait descendre le long de la route et de la voie ferrée principales pendant que le 33e corps de Stopford descendrait le long des deux rives de l'Irrawaddi, le premier continuant d'être ravitaillé par avion et le second dépendant du ravitaillement par voie fluviale.

Les Japonais espéraient tenir sur l'Irrawaddi avec les troupes de leur XXVIIIe armée revenue de l'Arakan, et ils escomptaient que les restes de leurs deux autres armées pourraient arrêter Messervy. Mais ces espoirs étaient vains car les lambeaux de leurs armées n'étaient pas en état de combattre. De son côté, la 5e division, qui constituait à l'origine la réserve de Slim, se porta en avant et s'empara de Yamethin, 60 kilomètres au sud de Meiktila, le 14 avril. Stopford entama également sa progression le long de l'Irrawaddi et, le 3 mai, sa division d'avant-garde atteignit Prome, à mi-chemin de Rangoon, tandis que la XXVIIIe armée japonaise était bloquée sur la rive ouest de l'Irrawaddi. L'avant-garde de Messervy, après leur démarrage lent, avança encore plus vite par la route principale, atteignant Toungoo (au même niveau que Prome) le 22 avril, et y détruisant les éléments avancés des restes de la XVe armée japonaise qui battait en retraite à travers les collines de Shan. A cette date, d'autres rescapés des armées japonaises se trouvaient à plus de 150 kilomètres en arrière. Une semaine plus tard, l'avant-garde de Messervy atteignit Kadok, à 140 kilomètres de Toungoo et seulement à 120 kilomètres de Rangoon. A cet endroit, la résistance se fit plus vigoureuse, les Japonais essayant de maintenir ouverte une liaison vers l'est par la Thaïlande. Cette résistance fut balayée en l'espace de quelques jours, mais, en dépit de la brièveté de ce coup d'arrêt, il suffit à priver les hommes de Messervy de l'honneur de libérer Rangoon.

En effet, l'opération *Dracula* avait été déclenchée le 1er mai avec un lâcher de parachutistes à l'embouchure de la rivière de Rangoon et des débarquements amphibies sur ses deux rives. En apprenant que les Japonais étaient déjà en train d'évacuer Rangoon, tout le détachement se rembarqua et remonta le cours de la rivière pour entrer dans la ville, le lendemain. Au matin du 6 mai, il fit sa jonction avec l'avant-garde de Messervy arrivée de Kadok et de Pegu. La libération de la Birmanie était maintenant virtuellement terminée.

L'absence d'opposition au cours des étapes ultérieures de la campagne fut principalement due au fait que les Japonais avaient retiré la plus grande partie de leurs forces navales et aériennes pour faire face à la plus grave menace de l'avance américaine dans le Pacifique. Ils ne pouvaient plus aligner qu'une cinquantaine d'appareils archaïques contre les 800 avions de combat alliés (650 bombardiers et 177 chasseurs). D'autre part, le succès de la brillante avance britannique dans son ensemble avait dépendu de l'aviation de transport américaine qui assurait le ravitaillement.

35.
La contre-offensive de Hitler dans les Ardennes

Le 15 décembre 1944, Montgomery écrivit à Eisenhower qu'il aimerait passer Noël en Angleterre avant de lancer la prochaine grande offensive sur le Rhin. Il joignit à sa lettre une note réclamant 5 Livres à Eisenhower en paiement d'un pari que celui-ci avait fait l'année précédente, pari suivant lequel la guerre serait finie pour Noël 1944 [1]. Ce rappel humoristique n'était pas du meilleur goût, puisque, quinze jours plus tôt, dans une lettre qui avait failli faire exploser Ike de colère, il avait violemment critiqué la stratégie de Eisenhower, lui reprochant de ne pas être parvenu à achever l'Allemagne et lui suggérant d'abandonner le Commandement suprême [2].

Faisant preuve d'une patience exemplaire, Eisenhower décida de prendre la seconde lettre de Montgomery comme une plaisanterie plutôt que comme une pique. Il lui répondit, le 16 : « Il me reste neuf jours et même s'il semble pratiquement certain que vous aurez gagné 5 Livres à Noël, vous ne les aurez pas avant cette date. »

Aucun des deux hommes, ni de leurs subordonnés, ne prévoyait une interférence possible de l'ennemi dans la poursuite de leurs plans offensifs. Dans la plus récente estimation de la situation envoyée ce même jour par Montgomery à ses troupes du 21e groupe d'armées, il disait avec confiance : « L'ennemi est à présent engagé dans une campagne défensive sur tous les fronts; il se trouve dans une situation qui lui interdit de monter la moindre opération offensive d'envergure. » Bradley, le commandant des forces américaines de la XIIe armée, était du même avis.

Mais le matin de ce même 16 décembre, l'ennemi déclencha une formidable offensive qui bouleversa les plans du commandement allié. L'attaque fut lancée contre le front de la Ire armée U.S., dans les Ardennes,

1. Butcher : *My three years with Eisenhower*, p. 722.
2. *Ibid.*, p. 718.

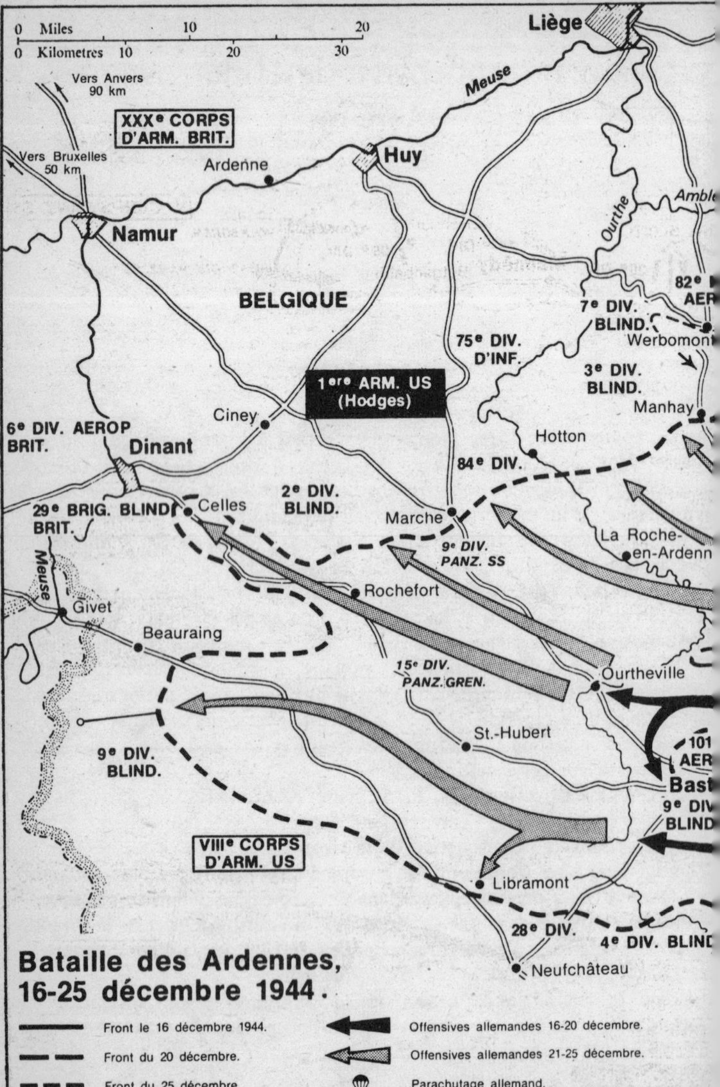
0 Miles 10 20
0 Kilometres 10 20 30
Liège
Meuse
Vers Anvers 90 km
XXXe CORPS D'ARM. BRIT.
Vers Bruxelles 50 km
Ardenne
Huy
Ourthe
Amble
Namur
BELGIQUE
82e
7e DIV. BLIND.
Werbomont
75e DIV. D'INF.
3e DIV. BLIND.
1ere ARM. US (Hodges)
Manhay
Ciney
6e DIV. AEROP BRIT.
Dinant
Hotton
84e DIV.
2e DIV. BLIND.
29e BRIG. BLIND. BRIT.
Celles
Marche
La Roche-en-Ardenn
9e DIV. PANZ. SS
Meuse
Givet
Rochefort
Beauraing
15e DIV. PANZ. GREN.
Ourtheville
St.-Hubert
9e DIV. BLIND.
101
Bast
9e DIV BLIND
VIIIe CORPS D'ARM. US
Libramont
28e DIV.
4e DIV. BLIND
Neufchâteau
Bataille des Ardennes, 16-25 décembre 1944.
Front le 16 décembre 1944.
Front du 20 décembre.
Front du 25 décembre.
Groupe Peiper.
Offensives allemandes 16-20 décembre.
Offensives allemandes 21-25 décembre.
Parachutage allemand.
Mouvements de la 7e Div. Blind.

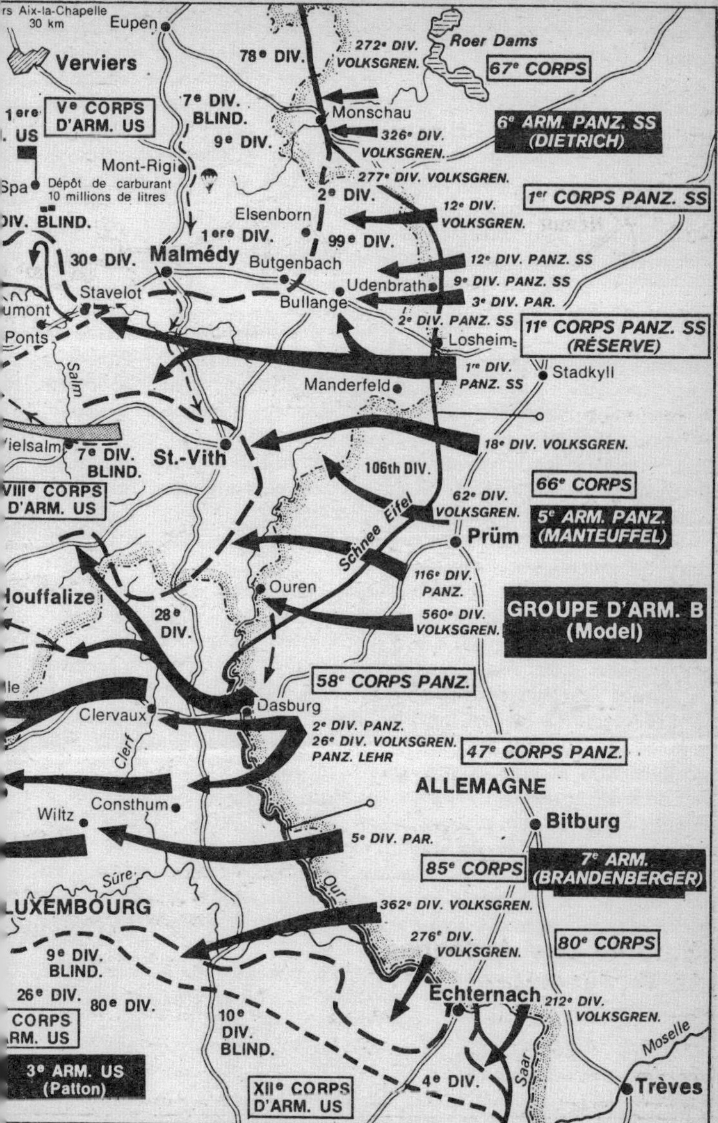
rs Aix-la-Chapelle 30 km
Eupen
Verviers
78e DIV.
272e DIV. VOLKSGREN.
Roer Dams
67e CORPS
1ere . US
Ve CORPS D'ARM. US
7e DIV. BLIND.
9e DIV.
Monschau
326e DIV. VOLKSGREN.
6e ARM. PANZ. SS (DIETRICH)
Mont-Rigi
Spa
Dépôt de carburant 10 millions de litres
277e DIV. VOLKSGREN.
2e DIV.
1er CORPS PANZ. SS
12e DIV. VOLKSGREN.
DIV. BLIND.
Elsenborn
1ere DIV.
99e DIV.
30e DIV.
Malmédy
Butgenbach
12e DIV. PANZ. SS
9e DIV. PANZ. SS
Udenbrath
Stavelot
Bullange
3e DIV. PAR.
umont
2e DIV. PANZ. SS
11e CORPS PANZ. SS (RÉSERVE)
Ponts
Losheim
Salm
1re DIV. PANZ. SS
Stadkyll
Manderfeld
Vielsalm
7e DIV. BLIND.
St.-Vith
18e DIV. VOLKSGREN.
106th DIV.
66e CORPS
VIIIe CORPS D'ARM. US
62e DIV. VOLKSGREN.
5e ARM. PANZ. (MANTEUFFEL)
Schnee Eifel
Prüm
116e DIV. PANZ.
Houffalize
Ouren
28e DIV.
560e DIV. VOLKSGREN.
GROUPE D'ARM. B (Model)
58e CORPS PANZ.
Dasburg
Clervaux
2e DIV. PANZ.
26e DIV. VOLKSGREN.
PANZ. LEHR
47e CORPS PANZ.
Clerf
ALLEMAGNE
Consthum
Wiltz
Bitburg
5e DIV. PAR.
85e CORPS
7e ARM. (BRANDENBERGER)
Sûre
Our
LUXEMBOURG
362e DIV. VOLKSGREN.
276e DIV. VOLKSGREN.
80e CORPS
9e DIV. BLIND.
26e DIV.
80e DIV.
Echternach
212e DIV. VOLKSGREN.
CORPS RM. US
10e DIV. BLIND.
Moselle
3e ARM. US (Patton)
Saar
4e DIV.
XIIe CORPS D'ARM. US
Trèves

dans un secteur boisé et accidenté où les effectifs avaient été réduits afin d'amasser le maximum de forces le long des chemins de pénétration en Allemagne, chemins moins escarpés. Considérant les Ardennes comme une région impropre à leur offensive, les Alliés avaient eu tendance à la négliger comme ligne d'attaque possible pour l'ennemi. Et, cependant, c'est à cet endroit que les Allemands avaient lancé quatre ans plus tôt leur campagne éclair qui avait pulvérisé le front allié en 1940 et entraîné l'effondrement de l'Europe occidentale. Il est étrange que les chefs alliés de 1944 aient été aussi aveugles à l'éventualité que Hitler essayerait de répéter la surprise et le succès de 1940 dans le même secteur.

La nouvelle de l'attaque mit longtemps à atteindre les Q.G. à l'arrière et ceux-ci mirent encore plus de temps à reconnaître la menace. C'est seulement en fin d'après-midi que la nouvelle atteignit le S.H.A.E.F. [1], le Q.G. d'Eisenhower à Versailles, où Bradley et lui-même étaient en train de discuter des prochaines étapes de l'offensive américaine. Bradley a reconnu franchement qu'il avait alors considéré l'attaque allemande comme une simple tentative pour déséquilibrer la sienne [2]. Eisenhower a déclaré quant à lui, qu'il avait été « immédiatement convaincu qu'il ne s'agissait pas d'une attaque locale [3] », mais il est significatif que les deux divisions qu'il tenait en réserve du S.H.A.E.F. ne furent alertés pour se rendre sur les lieux que le soir du lendemain, 17 décembre.

A ce moment, le mince front des Ardennes, où 4 divisions (du 8e corps d'armée du général Middleton) défendaient une ligne de 130 kilomètres de long, avait déjà éclaté sous l'assaut de 20 divisions allemandes, dont 7 divisions blindées réunissant près d'un millier de chars et des canons d'assaut blindés. En regagnant son Q.G. tactique de Luxembourg, Bradley trouva son chef d'état-major interloqué en train de méditer sombrement sur la carte et s'exclama : « Où cet enfant de salaud a-t-il bien pu dénicher toutes ces forces [4] ? » La situation était encore pire que ce qu'on en savait alors à son Q.G. Des avant-gardes blindées avaient déjà pénétré de près de 40 kilomètres et l'une d'entre elles avait atteint Stavelot. Jusqu'alors le chef de la Ire armée U.S., Hodges, avait lui aussi sous-estimé la poussée allemande, et il avait tout d'abord insisté pour que l'avance de ses propres troupes contre les barrages de la Roer, plus au nord, soit poursuivie. C'est seulement le 28 au matin qu'il s'aperçut de la gravité de la situation en découvrant que les Allemands avaient traversé Stavelot et se trouvaient à proximité de son propre Q.G. situé à Spa, d'où il fut en toute hâte transféré vers un secteur plus sûr.

La lenteur du Haut Commandement à saisir la situation était en partie imputable au retard avec lequel les renseignements lui parvenaient du front.

---

1. S.H.A.E.F. : Supreme Headquaters Allied Expeditionary Force, quartier général du corps expéditionnaire.
2. Bradley : *A soldier's story*, p. 455.
3. Eisenhower : *Crusade in Europe*, p. 342.
4. Bradley : *A soldier's story*, p. 466.

Et celui-ci s'expliquait à son tour par le fait que des commandos allemands, infiltrés sous un déguisement à travers le front rompu, coupaient de nombreux câbles téléphoniques reliant le front aux arrières et semaient la confusion.

Mais cela n'explique pas l'apparent aveuglement du Haut Commandement à la possibilité d'une contre-offensive allemande dans les Ardennes. Les services de Renseignements alliés savaient depuis le mois d'octobre que les Allemands étaient en train de retirer de première ligne les divisions de Panzer afin de les rééquiper en vue de nouveaux combats. Ils savaient également qu'une partie d'entre elles avaient été réunies pour former une nouvelle armée, la VIe armée de Panzer S.S. Début décembre, on avait appris que le Q.G. de la Ve armée de Panzer, après que celle-ci eut été relevée dans le secteur de la Roer, à l'ouest de Cologne, avait été transféré vers le sud, à Coblence. De plus, des formations de chars avaient été repérées alors qu'elles faisaient mouvement vers les Ardennes où les divisions d'infanterie nouvellement constituées avaient fait leur apparition en ligne. Puis on apprit, les 12 et 13 décembre, que 2 divisions particulièrement célèbres pour leurs actions éclairs, la division Grossdeutschland et la 116e de Panzer, étaient arrivées dans ce secteur « tranquille ». Le 14, des rapports signalèrent que du matériel de construction de ponts était remorqué jusqu'au bord de l'Our, la rivière qui couvrait la moitié sud du front américain des Ardennes. Dès le 4 décembre, un soldat allemand capturé dans ce secteur avait révélé qu'une grande offensive y était en cours de préparation, et ses propos avaient été confirmés par de nombreux autres prisonniers capturés les jours suivants. Ils avaient tous déclaré que l'attaque était prévue pour la semaine d'avant Noël.

Pourquoi des faits de plus en plus significatifs ne reçurent-ils qu'aussi peu d'attention? Le chef des services de Renseignements de la Ire armée n'était pas en très bons termes avec le chef des opérations, ni avec le chef des services de Renseignements du Groupe d'armées, il était aussi considéré comme un alarmiste ayant tendance à crier « Au loup [1] ». De plus, il n'était pas parvenu lui-même à tirer des déductions claires des renseignements qu'il avait réunis. Quant au 8e corps, qui se trouvait menacé de façon si imminente, il en était arrivé à la conclusion dangereusement erronée que l'apparition de nouvelles divisions sur son front était simplement due à la façon des Allemands de donner à celles-ci l'expérience du front avant de les utiliser ailleurs et que ces mouvements « montraient leur désir de conserver à ce secteur du front son caractère calme et inactif ».

Mais, en dehors de l'absence d'une idée claire de la puissance de l'attaque qu'aurait dû fournir les services de Renseignements, l'erreur d'appréciation du Haut Commandement allié semble avoir eu pour cause quatre facteurs : Les Alliés étaient en offensive depuis si longtemps qu'ils pouvaient diffi-

---

1. Bradley : *A soldier's story*, p. 464.

cilement imaginer que l'ennemi pût reprendre l'initiative. Ils étaient tellement imbus de l'idée que « l'attaque est la meilleure défense » qu'ils étaient devenus dangereusement persuadés que l'ennemi ne pourrait pas contre-attaquer efficacement aussi longtemps qu'ils continueraient leurs propres attaques. Ils estimaient que même si l'ennemi tentait de lancer une contre-attaque celle-ci ne pouvait prendre que la forme d'une réponse directe à leur propre avance sur Cologne et les centres industriels de la Ruhr. Ils s'attendaient encore plus à une telle orthodoxie et à une telle prudence depuis que Hitler avait réinstallé le vieux maréchal Rundstedt, maintenant dans sa soixante-dixième année, au poste de commandant en chef du front Ouest.

Les événements prouvèrent qu'ils avaient tort sur tous ces plans, et l'effet trompeur de leurs trois premières illusions fut multiplié par le caractère erroné de leur dernière supposition. En effet, Rundstedt n'était pour rien dans cette contre-offensive, sauf à un titre purement nominal. Cela n'empêcha pas les Alliés de la surnommer « Offensive Rundstedt », ce qui l'ennuya beaucoup, sur le moment et par la suite, puisque non seulement il était en complet désaccord avec elle, mais qu'il s'en lava totalement les mains et laissa ses subordonnés la conduire de leur mieux, son Q.G. ne servant que de boîte aux lettres pour les instructions de Hitler.

L'idée, la décision et le plan stratégique étaient entièrement attribuables à Hitler en personne. Tout cela était brillamment conçu et aurait pu devenir un beau succès *si* Hitler avait encore eu des ressources et des forces suffisantes pour lui donner des chances raisonnables d'atteindre ses vastes objectifs. Le spectaculaire succès initial fut en partie dû à la nouvelle tactique mise au point par le jeune général Hasso von Manteuffel, que Hitler avait récemment promu de général de division à général d'armée — à l'âge de 47 ans. Mais il fut également dû à l'effet largement paralysant d'une trouvaille incomplètement appliquée de Hitler, ayant pour but de permettre une victoire sur les armées alliées, avec leurs millions d'hommes, en se servant audacieusement de quelques centaines d'hommes. Pour son exécution il employa une autre de ses découvertes, Otto Skorzeni, âgé de 36 ans, qu'il avait envoyé (l'année précédente) sortir Mussolini de sa prison située au sommet d'une montagne, grâce à un raid de planeur.

Cette dernière trouvaille de Hitler reçut le nom de code d'opération *Greif*, ce qui signifie, en allemand, opération *Griffon*. La référence à cette créature mythologique était bien choisie, car elle avait pour objectif principal de monter une gigantesque et alarmante supercherie derrière les lignes ennemies.

Telle qu'elle était prévue, cette opération devait se dérouler en deux temps et représenter une version moderne et tactique du stratagème du Cheval de Troie dans la légende d'Homère. Dans un premier temps, une compagnie de commandos parlant parfaitement l'anglais, portant des battle-dress américains par-dessus leurs uniformes allemands et se déplaçant à bord de jeeps américaines, devait foncer en avant par petits groupes dès que le front aurait été percé, avec pour mission de couper les câbles téléphoniques, de retourner les panneaux indicateurs afin de lancer les réserves des défenseurs dans de mauvaises directions, d'accrocher des rubans rouges pour indiquer que les routes étaient minées et de créer la confusion de toutes les manières possibles. Dans un second temps, toute une brigade de Panzer camouflée en unité américaine devait aller s'emparer des ponts sur la Meuse.

Cette deuxième partie du plan ne fut jamais réalisée. Les services du Groupe d'armées ne purent procurer qu'une partie seulement des chars et des camions américains nécessaires, et les véhicules manquants durent être remplacés par des véhicules allemands camouflés. Ce mince déguisement exigeait de la prudence, et aucune brèche importante ne fut ouverte dans le secteur nord où la brigade attendait. Son avance fut donc remise à plus tard, puis abandonnée.

Mais la première partie du plan fut couronnée d'un succès fantastique — supérieur à l'attente. Une quarantaine de jeeps parvinrent à passer et se mirent aussitôt activement au travail. Elles revinrent toutes sans encombre à l'exception de 8 d'entre elles. Ce sont ces dernières qui créèrent la plus grande confusion en faisant naître immédiatement l'impression qu'un grand nombre de groupes de sabotage rôdaient derrière les lignes américaines. L'une des conséquences fut un gigantesque embouteillage de la circulation provoqué par la recherche de ces groupes, et des centaines de soldats américains, qui n'avaient pas répondu à la satisfaction des interrogateurs, furent arrêtés. Bradley lui-même raconte :

> « ... Un demi-million de GI's jouaient au chat et à la souris chaque fois qu'ils se rencontraient sur la route. Ni le grade, ni les pièces d'identité, ni les protestations ne mettaient le voyageur à l'abri d'un interrogatoire à chaque carrefour rencontré. A trois reprises des GI's méfiants m'intimèrent l'ordre de prouver mon identité. La première fois en identifiant Springfield comme la capitale de l'Illinois (mon interrogateur prétendait que c'était Chicago); la deuxième fois en localisant avec précision les différents joueurs d'une ligne de mêlée au football américain; la troisième fois en donnant le nom de l'époux du moment d'une blonde appelée Betty Grable. Le nom de Grable m'arrêta, mais la sentinelle n'en fit pas autant. Satisfait de m'avoir collé, il me laissa néanmoins passer [1]. »

Ce fut encore plus dur pour les officiers de liaison britanniques et les officiers d'état-major en visite qui ne connaissaient pas la bonne réponse à ces questions pièges.

Puis, le 19, l'un des commandos capturés déclara à l'interrogatoire que certains des groupes avaient pour mission de tuer Eisenhower et d'autres grands généraux. C'était là une rumeur sans fondement qui avait circulé dans le camp d'entraînement des commandos avant qu'on leur révélât leur véritable mission. Mais lorsque cette information arriva au Q.G. allié, elle provoqua une panique dans les services de sécurité qui étendirent le

1. Bradley : *A soldier's story*, pp. 467-469.

réseau de précautions paralysantes jusqu'à Paris et le maintinrent pendant dix jours.

L'aide de camp naval, le capitaine Butcher, nota dans son journal, à la date du 23 :

« J'ai été à Versailles aujourd'hui et j'ai vu Ike. Il est prisonnier de notre police de sécurité et il s'irrite énormément, mais en vain, des restrictions qui sont imposées à ses déplacements. La maison est entourée de toutes sortes de gardes, certains armés de mitrailleuses, et lorsqu'il se rend à son bureau ou en revient, il doit rouler précédé, et parfois suivi, par un garde armé à bord d'une jeep [1]. »

Heureusement, les Allemands eurent aussi à pâtir énormément de difficultés qu'ils s'étaient imposées eux-mêmes et de l'épuisement de leurs ressources en s'efforçant d'atteindre les buts trop ambitieux de Hitler. En effet, dans les prévisions à grande échelle, l'imagination de ce dernier s'emballait.

Manteuffel a bien résumé le projet [2] :

« Le plan de l'offensive des Ardennes fut entièrement élaboré par l'O.K.W. (le Q. G. de Hitler) et il nous arriva sous la forme toute sèche d'un " ordre du Führer. "L'objectif défini était de remporter une victoire décisive sur le front occidental en engageant deux armées de Panzer — la VIe, sous les ordres de Dietrich, et la Ve sous mes ordres. La VIe devait attaquer au nord-ouest, traverser la Meuse entre Liège et Huy, et avancer sur Anvers. Elle avait le rôle principal et le gros des forces. Mon armée devait avancer selon une ligne plus courbe, traverser la Meuse entre Namur et Dinant, et pousser en direction de Bruxelles — pour couvrir le flanc [...] Le but de toute l'offensive était, en coupant l'armée britannique de ses bases de ravitaillement, de la forcer à évacuer le Continent [3]. »

Hitler s'imaginait que s'il parvenait à provoquer ce second « Dunkerque », la Grande-Bretagne se retirerait pratiquement de la guerre et qu'il aurait ainsi la possibilité de respirer pour arrêter les Soviétiques et stabiliser la situation à l'Est.

Ce plan fut présenté à Rundstedt et au chef du Groupe d'armées, le maréchal Model, à la fin octobre. Décrivant ses réactions, Rundstedt déclara :

« Je fus stupéfait. Hitler ne m'avait pas consulté au sujet des chances de réussite. A mes yeux il était évident que les forces disponibles étaient largement insuffisantes pour un plan aussi extrêmement ambitieux. Model fut

1. Butcher : *My Three Years With Eisenhower*, pp. 727-729.
2. Peu après la fin de la guerre, je fus en mesure d'interroger un certain nombre de généraux allemands de premier plan, et de discuter en détail avec eux des opérations sur la carte; quand cela peut être utile j'utilise ici des passages frappants de leurs récits, après les avoir vérifiés à la lumière d'autres témoignages ultérieurs.
3. Liddell Hart : *The Other Side of the Hill*, pp. 446-447.

de mon avis. En fait, aucun militaire ne pouvait croire que l'objectif d'atteindre Anvers était réalisable. Mais je savais maintenant qu'il était inutile de protester auprès de Hitler de l'*impossibilité* de quoi que ce soit. Après avoir consulté Model et Manteuffel, je compris que le seul espoir était de détourner Hitler de ce projet fantastique en proposant un autre plan susceptible de lui plaire et qui soit plus réalisable. C'était le plan d'une offensive limitée ayant pour but de réduire le saillant allié autour d'Aix-la-Chapelle en le prenant en tenaille [1]. »

Mais Hitler rejeta ce plan plus modeste et insista pour revenir sur le projet initial. Les préparatifs furent aussi discrets que possible. Manteuffel raconte :

« Toutes les divisions de ma Ve armée de Panzer furent rassemblées, mais de manière très espacée, entre Trier et Krefeld, afin que les espions et la population ne puissent pas soupçonner nos intentions. On raconta aux soldats qu'ils étaient mis sur le pied de guerre pour faire face à la prochaine attaque des Alliés contre Cologne. Seul un nombre très restreint d'officiers d'état-major fut informé du véritable plan [2]. »

La VIe armée fut rassemblée encore plus en arrière, dans la zone située entre Hanovre et la Weser. Ses divisions avaient été mises au repos pour récupérer et se rééquiper. D'une façon curieuse, Sepp Dietrich ne fut prévenu de la mission qui allait lui être confiée et consulté sur le plan qu'il allait devoir exécuter que beaucoup plus tard. La plupart des commandants de divisions ne furent avertis que quelques jours auparavant. Dans le cas de la Ve armée de Panzer de Manteuffel, le mouvement vers la ligne de départ fut réalisé en trois nuits.

Ce camouflage stratégique contribua à l'effet de surprise, mais le prix de ce secret interne extrême fut élevé, en particulier pour la VIe armée de Panzer. Les commandants d'unités qui furent informés si tardivement n'eurent pas assez de temps pour étudier leur problème, reconnaître le terrain et faire leurs préparatifs. Il en résulta que beaucoup de choses furent négligées, et qu'il y eut de nombreuses anicroches lorsque l'attaque commença. Hitler avait élaboré le plan en détail avec Jodl à son Q.G. et il semblait penser que cela serait suffisant pour sa réalisation. Il ne tenait absolument aucun compte des conditions locales ou des problèmes individuels des exécutants. Il était tout aussi optimiste au sujet des besoins des forces engagées.

Rundstedt fit remarquer : « Il n'y avait pas de renforts appropriés, ni de ravitaillement en munitions et, bien que le nombre de divisions blindées fût élevé, celles-ci disposaient de peu de chars — c'était en grande partie des forces de papier [3]. »

1. Liddell Hart : *The Other Side of the Hill*, p. 447.
2. Id., p. 449.
3. Cet argument est confirmé dans l'*Histoire officielle américaine* par le professeur Hugh Cole, qui indique que le nombre moyen de chars dans les divisions blindées allemandes

La faiblesse la plus grave était le ravitaillement en carburant. Manteuffel rapporte :

> Jodl nous avait donné l'assurance que nous aurions assez d'essence pour marcher à pleine puissance et réaliser notre percée. Cette assurance se révéla complètement sans fondement. Ce problème provenait en partie du fait que l'O.K.W. travaillait à partir d'une estimation mathématique et stéoréotypée de la quantité d'essence nécessaire pour déplacer une division de 100 kilomètres. Mon expérience en Russie m'avait appris qu'il en fallait deux fois plus dans les conditions du champ de bataille. Jodl ne comprenait pas ça.
>
> « En tenant compte des difficultés supplémentaires vraisemblables dans une bataille d'hiver sur un terrain aussi difficile que les Ardennes, je déclarai à Hitler en personne qu'il faudrait prévoir un ravitaillement en essence cinq fois supérieur à la norme de base. En fait, lorsque l'offensive fut déclenchée, nous n'avions reçu qu'une fois et demie le ravitaillement de base. Et, ce qui est plus grave encore, une grande partie de ce ravitaillement resta trop loin en arrière, à bord de longues colonnes de camions stationnées sur la rive est du Rhin. Lorsque le brouillard se fut levé et que les forces aériennes alliées entrèrent en action, son acheminement fut fréquemment interrompu [1]. »

Les troupes, ignorantes de toutes ces faiblesses sous-jacentes, conservaient une confiance remarquable en Hitler et en ses promesses de victoire. Rundstedt déclara : « Le moral des hommes prenant part à l'offensive était extraordinairement haut lors du déclenchement de celle-ci. Ils croyaient réellement que la victoire était possible — à la différence des généraux, qui connaissaient la vérité. »

Rundstedt se retira à l'arrière-plan, après que Hitler eut rejeté son projet plus restreint, et il laissa Model et Manteuffel (qui avaient plus de chances que lui d'influencer Hitler) se battre pour des modifications techniques du plan; ce fut tout ce que Hitler accepta d'envisager. Rundstedt ne prit qu'une part nominale dans la conférence finale, qui eut lieu le 12 décembre à son Q.G. de Ziegenberg, près de Bad Nauheim. Hitler était présent et dirigeait les débats.

Quant aux modifications techniques et aux améliorations tactiques, elles sont décrites de façon très vivante par Manteuffel, dont le récit concorde avec les renseignements recueillis ultérieurement dans des documents ou à d'autres sources.

> « Lorsque je vis les ordres de Hitler pour l'offensive, je fus stupéfait de découvrir que ceux-ci précisaient même la méthode et la chronologie de l'attaque. L'artillerie devait ouvrir le feu à 7 h 30 et l'assaut d'infanterie devait être déclenché à 11 heures. Entre ces deux moments, la Luftwaffe devait

---

était de 90 à 100 — soit la moitié de ce que possédait une division américaine. Cela colore d'une façon toute différente la déclaration faite par les Alliés à l'époque, et basée sur le nombre de divisions, selon laquelle cette offensive présentait la plus puissante concentration de chars jamais vue depuis le début de la guerre.

1. Liddell Hart : *The Other Side of the Hill.*

bombarder les quartiers généraux et les communications. Les divisions blindées ne devaient pas attaquer avant que la percée n'eût été réalisée par la masse des fantassins. L'artillerie était dispersée sur tout le front de l'attaque.

« Ce plan me semblait absurde sur plusieurs points, j'élaborai donc aussitôt une méthode différente que j'exposai à Model. Celui-ci me donna son accord, mais fit remarquer sur un ton sarcastique : " Vous feriez mieux d'en discuter avec le Führer. " Je répondis : " D'accord, à condition que vous veniez avec moi. " Le 2 décembre nous allâmes donc tous les deux voir Hitler à Berlin.

« Je commençai par déclarer : « Aucun d'entre nous ne sait quel temps il fera le jour de l'attaque. Êtes-vous sûr que la Luftwaffe pourra tenir son rôle face à la supériorité aérienne alliée ? " Je rappelai à Hitler deux occasions où, dans les Vosges, il avait été tout à fait impossible pour les divisions blindées de se déplacer en plein jour. Puis je poursuivis : " Tout ce que notre artillerie réussira à faire à 7 h 30 sera de réveiller les Américains, et ils auront alors trois heures et demie pour organiser leur défense avant le déclenchement de notre assaut. " Je soulignai également que la masse de l'infanterie allemande n'était plus aussi bonne qu'autrefois et qu'elle aurait du mal à réaliser une pénétration aussi profonde, en particulier sur un terrain aussi difficile. En effet, les défenses américaines consistaient en une chaîne de postes de défense avancée, la ligne de résistance principale se trouvant loin derrière, et ce système serait plus dur à percer.

« Je proposai à Hitler un certain nombre de modifications. La première était de déclencher l'assaut à 5 h 30, à l'abri de l'obscurité, mais lui permettant de se concentrer sur un certain nombre d'objectifs clés, tels que le batteries, dépôts de munitions et quartiers généraux, qui avaient été localisés avec précision.

« Je proposai ensuite de fournir dans chaque division d'infanterie un " bataillon d'assaut " composé des officiers et des hommes les plus expérimentés. (Je sélectionnai les officiers moi-même.) Ces bataillons d'assaut devaient avancer dans l'obscurité, à 5 h 30, sans aucun tir d'appui d'artillerie, et pénétrer entre les postes avancés américains. Ils éviteraient si possible, d'engager le combat avant de s'être enfoncés profondément.

« Des projecteurs, fournis par les unités de Flak, éclaireraient le chemin des troupes d'assaut en projetant leurs faisceaux lumineux sur les nuages afin qu'ils se reflètent sur le sol. J'avais été très impressionné par une démonstration de ce genre à laquelle j'avais assisté peu de temps auparavant et j'étais persuadé que ce procédé permettrait une pénétration rapide avant le lever du jour.

« Après avoir exposé mes propositions à Hitler, je lui représentai qu'il était impossible de réaliser l'offensive autrement si nous désirions avoir des chances raisonnables de réussite. « J'insistai : " A 16 heures, il fera nuit. Vous ne disposerez donc que de cinq heures, si vous lancez l'assaut à 11 heures, pour réaliser la percée. Il est très douteux que vous puissiez y parvenir en si peu de temps. Si vous acceptez d'adopter mon idée, vous gagnerez cinq heures et demie de plus. Puis, lorsque la nuit tombera, je pourrai lancer les chars. Ils progresseront pendant la nuit, traversant les rangs de notre infanterie et, à l'aube du lendemain, ils seront en mesure de lancer leur propre attaque contre la position principale sur une voie d'approche dégagée [1] ". »

---

1. Liddell Hart : *The Other Side of the Hill*, pp. 451-453.

Selon Manteuffel Hitler accepta ces suggestions sans murmurer. C'était significatif. Il semblait vouloir bien écouter les suggestions qui lui avaient été faites par quelques généraux en qui il avait confiance — Model faisait aussi partie de ceux-là —, mais il avait une méfiance instinctive à l'égard de la plupart des généraux les plus anciens, tandis que sa confiance dans son état-major personnel était mitigée parce qu'il se rendait compte de son manque d'expérience des conditions du champ de bataille.

L'amélioration des chances de l'offensive grâce à ces modifications tactiques fut cependant contrebalancée par une réduction des effectifs qui devaient être engagés. En effet, les exécutants apprirent bientôt qu'une partie des forces qui leur avaient été promises ne seraient pas disponibles à cause de la pression menaçante que faisaient peser les attaques soviétiques sur le front oriental.

En conséquence, l'attaque convergente contre Maastricht, que devait lancer la XVe armée, commandée maintenant par Blumentritt, dut être abandonnée, laissant ainsi aux Alliés la faculté de faire venir des réserves du Nord. De plus, la VIIe armée, dont l'avance devait couvrir le flanc de l'aile sud de l'offensive, ne conserva que quelques divisions dont aucune de Panzer.

En ce qui concerne l'élaboration de ce plan, l'accent doit être mis sur un certain nombre de points clés qu'il faudra conserver présents à l'esprit tout au long du récit des opérations de cette offensive des Ardennes. Le premier de ces points est l'importance du temps nuageux dans le plan allemand. Les responsables de l'armée allemande savaient bien que les Alliés pourraient, en cas de nécessité, jeter plus de 5 000 bombardiers dans la bataille, alors que Göring ne pouvait promettre que l'appui d'un millier d'appareils de tous types — et Hitler, las des promesses de la Luftwaffe, abaissa ce chiffre à 800 ou 900 lorsqu'il présenta son plan à Rundstedt. En fin de compte cette estimation ne se révéla justifiée qu'un seul jour et encore à une date où l'issue de la bataille terrestre était déjà décidée.

Un second facteur à se rappeler est que, depuis l'attentat de juillet, aucun général allemand ne pouvait, ou ne désirait, s'opposer catégoriquement aux plans de Hitler, aussi téméraires fussent-ils; tout ce qu'un général pouvait espérer, c'était de persuader Hitler d'accepter des modifications d'ordre technique ou tactique, et même dans ce cas il n'était réceptif qu'aux suggestions des quelques généraux en qui il plaçait une confiance particulière.

D'autres facteurs importants furent la réduction des effectifs initialement promis et du rôle dévolu aux armées de couverture; le fait que les attaques américaines aux alentours d'Aix-la-Chapelle, en novembre, avaient absorbé des divisions originellement destinées à la contre-offensive allemande; la remise de cette contre-offensive, du mois de novembre au mois de décembre, où les conditions étaient moins favorables; et enfin les nombreuses différences défavorables séparant la campagne éclair de 1940 de celle de 1944.

Beaucoup de choses dépendaient d'une avance rapide de la VIe armée de Panzer S. S. de Dietrich, qui se trouvait le plus près de la Meuse dans le secteur clé. L'emploi de troupes aéroportées pour ouvrir le chemin aurait été particulièrement avantageux ici, mais ces troupes avaient été décimées au cours de combats défensifs terrestres. On ne put réunir qu'un millier de parachutistes pour constituer, moins d'une semaine avant l'offensive, un bataillon placé sous les ordres du colonel von der Heydte. Lorsqu'il prit contact avec le commandement de la Luftwaffe, von der Heydte s'aperçut que plus de la moitié des équipages des avions qui lui étaient alloués n'avait aucune expérience des opérations aéroportées et qu'une partie du matériel nécessaire faisait défaut.

La mission finalement confiée aux parachutistes n'était pas de s'emparer de l'un des dangereux défilés qui se trouvaient sur le chemin des Panzer, mais de se poser sur le mont Rigi, à proximité du carrefour des routes de Malmédy, Eupen et Verviers, et d'y créer un barrage afin de retarder l'arrivée des renforts alliés venant du nord. Mais, le soir du jour précédant l'attaque, les camions promis ne vinrent pas chercher les compagnies pour les emmener aux aérodromes, et l'opération fut remise au lendemain soir, c'est-à-dire après le déclenchement de l'attaque terrestre. Ce soir-là, un tiers des avions seulement parvint à atteindre la zone de largage prévue et, comme von der Heydte n'avait pu réunir qu'environ 200 hommes, il ne put s'emparer du carrefour pour y établir un barrage. Pendant plusieurs jours, il harcela les routes avec de petits groupes, puis, ne voyant pas arriver les forces de Dietrich, il tenta de se porter à sa rencontre mais fut capturé en chemin.

L'assaut de l'aile droite de Dietrich fut assez vite enrayé par l'énergique défense américaine de Monschau. Mais son aile gauche perça en trombe et, contournant Malmédy, s'empara d'un point de traversée sur l'Amblève, au-delà de Stavelot, le 18 décembre, après avoir parcouru 50 kilomètres depuis sa ligne de départ. Mais elle fut arrêtée dans cet étroit défilé, puis encerclée par une contre-attaque américaine. De nouvelles tentatives échouèrent, face au nombre croissant des forces américaines dont les réserves arrivaient en toute hâte sur les lieux, et l'attaque de la VIe armée de Panzer fit long feu.

Dans le secteur de Manteuffel, l'offensive commença bien. Il raconte :

> « Mes bataillons d'assaut s'infiltrèrent rapidement dans le front américain — comme des gouttes de pluie. A 4 heures de l'après-midi, les chars s'avancèrent et continuèrent de progresser dans l'obscurité grâce au « clair de lune artificiel [1]. »

Mais après avoir traversé l'Our, il leur fallait franchir un autre défilé dangereux à Clervaux sur le Clerf. Ces obstacles, associés aux conditions hivernales, provoquèrent un certain retard.

---

1. Liddell Hart : *The Other Side of the Hill*, p. 459.

« La résistance avait tendance à fondre chaque fois que les chars arrivaient en force, mais les difficultés pour se déplacer contrebalançaient la faiblesse de la résistance au cours de cette première phase [1]. »

Le 18, les Allemands approchèrent de Bastogne, au terme d'une avance de plus de 50 kilomètres, mais leur assaut du 19 contre ce nœud routier essentiel fut repoussé.

Les deux divisions de réserve d'Eisenhower avaient enfin été envoyées sur le front le 18. Mais elles étaient alors stationnées à Reims, à 160 kilomètres de là, et — plus grave encore — la division destinée à Bastogne (la 101e division aéroportée) fut envoyée vers le nord à la suite d'une erreur de l'état-major. Heureusement, grâce à un embouteillage et à une question fortuite d'un sergent de police, elle obliqua vers un circuit plus méridional et arriva à Bastogne en ce matin crucial du 29. Son arrivée colmata les défenses.

Au cours des deux jours suivants, les tentatives allemandes échouèrent. Manteuffel décida donc de contourner Bastogne pour atteindre la Meuse. Mais, à cette date, les réserves alliées se rassemblaient de tous côtés en un nombre largement supérieur aux effectifs que les Allemands avaient engagés dans leur offensive. Deux corps d'armée de Patton obliquèrent vers le nord pour se porter au secours de Bastogne et contre-attaquèrent sur les routes menant à la ville menacée. Ces contre-attaques furent momentanément repoussées mais contraignirent Manteuffel à distraire une part croissante de ses forces de l'effort de progression.

Les occasions favorables étaient passées. L'avance de Manteuffel en direction de la Meuse inquiéta l'État-Major allié, mais elle était trop tardive pour être réellement dangereuse. Selon les plans primitifs, Bastogne aurait dû être occupée le deuxième jour, alors qu'elle ne fut atteinte que le troisième jour et contournée le sixième jour. Un détachement parvint à moins de 7 kilomètres de la Meuse, à Dinant, le 24, mais ce fut la limite extrême de la progression et le détachement fut bientôt isolé.

La boue et la pénurie d'essence avaient joué un rôle important pour ralentir la progression. Du fait de la pénurie d'essence, la moitié seulement de l'artillerie put entrer en action. Le brouillard des premiers jours avait favorisé l'infiltration allemande en contraignant l'aviation alliée à rester au sol, mais cet écran se dissipa le 3 et les maigres ressources de la Luftwaffe se révélèrent incapables de protéger les forces terrestres d'un terrible pilonnage. Celui-ci augmenta encore le prix du temps perdu. Mais Hitler payait également le prix de sa décision de confier le rôle principal à son aile nord la VIe armée de Panzer S.S., dans laquelle prédominaient ses chars Waffen S.S., sans se soucier que le terrain était plus difficile au nord, alors que les forces alliées y étaient plus nombreuses et les réserves plus proches.

Au cours de la première semaine, l'offensive était loin d'avoir atteint

1. *Ibid.*, p. 460.

les buts espérés, et la progression plus rapide qui marque le début de la deuxième semaine était illusoire, car elle ne représentait qu'une instrusion plus profonde entre les deux principaux centres routiers que les Américains tenaient maintenant solidement.

Après avoir ainsi décrit les opérations dans les grandes lignes il est souhaitable d'entrer dans les détails de certaines phases décisives de la bataille dans les différents secteurs.

En ce qui concerne la VIe armée de Panzer S.S. de Dietrich, à laquelle incombait le rôle principal mais dont le front était placé dans des conditions relativement plus difficiles, le plan prévoyait que les 3 divisions d'infanterie ouvriraient une brèche de chaque côté d'Udenbrath, puis obliqueraient au nord-ouest pour former un solide épaulement face au nord (renforcées par les 2 autres divisions d'infanterie), tandis que les 4 divisions blindées s'engouffreraient dans la brèche, deux par deux, et fonceraient sur Liège. Ces unités, les 1re, 12e, 2e et 9e divisions de Panzer S.S. constituant les 1er et 2e corps de Panzer S.S., étaient uniquement composés de Waffen S.S. Elles disposaient d'environ 500 chars, dont 90 chars Mark VI Tigre. Il faut préciser que Dietrich lui-même aurait préféré réaliser la percée avec 2 de ses divisions de Panzer, mais il en avait été empêché par Model qui considérait que le secteur était trop difficile pour utiliser des chars dans cette mission.

Le secteur était défendu par la 99e division d'infanterie U.S., l'unité la plus méridionale du 5e corps d'armée du général Gerow, et il s'étendait sur une trentaine de kilomètres de large, comme ceux des divisions du 8e corps de Middleton qui le jouxtaient au sud. C'était le cas général — et cela montre à quel point on ne prévoyait pas d'attaque allemande.

Le bombardement d'artillerie fut déclenché à 5 h 30, mais, dans ce secteur, l'infanterie allemande ne commença d'avancer que vers 7 heures, le 16 décembre. Les postes américains furent enlevés les uns après les autres, mais un grand nombre d'entre eux combattirent vigoureusement malgré la supériorité écrasante de l'ennemi et infligèrent de lourdes pertes aux Allemands, retardant ainsi l'avance des divisions blindées. Les Allemands purent continuer leur progression vers l'ouest, les deux jours suivants; cependant la farouche défense par les Américains du secteur clé de Berg-Butgenbach-Elsenborn les empêcha de s'assurer de l'épaulement nord prévu et celui-ci resta aux mains des Américains qui pourraient s'en servir dans l'avenir. Jour après jour, les défenseurs devaient repousser de fortes attaques allemandes. Ce fut une grande performance de la part du 5e corps U.S. de Leonard Gerow qui avait été jusque-là engagé dans l'offensive américaine contre le secteur d'Aix-la-Chapelle, mais avait été rappelé vers le sud de toute urgence. (Cet échec de la VIe armée de Dietrich contribua beaucoup à discréditer la réputation des troupes S.S. et amena Hitler à décider, le 20, de confier le rôle principal à la Ve armée de Manteuffel.)

Sur le front de Manteuffel, une brèche avait été rapidement ouverte par l'aile droite, la plus proche du secteur de Dietrich. Ce secteur situé sur le Schnee Eifel avait environ 35 kilomètres de large et était défendu par la 106e division U.S. (nouvellement arrivée) et le 14e groupe de cavalerie. Il protégeait les approches du nœud routier important de Saint-Vith. Il est à remarquer qu'ici les attaquants étaient loin de posséder la supériorité écrasante qu'ils avaient plus au nord, puisque les Allemands avaient principalement engagé les 2 divisions d'infanterie du 66e corps d'armée de Lucht, avec une brigade de chars. Mais ils réussirent, le 17, à encercler 2 régiments de la 106e division grâce à un mouvement de tenailles, contraignant ainsi au moins 7 000 hommes (vraisemblablement 8 000 à 9 000) à capituler. Cette réussite était la récompense de la façon dont la nouvelle tactique de Manteuffel avait été appliquée. Sur ce front, les détachements d'assaut étaient déjà à l'intérieur des positions américaines lorsque le tir de barrage commença. Selon l'*Histoire officielle américaine*, la bataille du Schnee Eifel fut : « le revers le plus grave subi par les forces américaines au cours des opérations de 1944-1945 en Europe ».

Plus au sud, l'attaque principale fut lancée par le 58e corps de Panzer de Krüger, à l'aile droite, et par le 47e corps de Panzer de Lüttwitz à l'aile gauche. Après avoir traversé l'Our, le 58e se porta sur Houffalize, dans le but de s'assurer, par la suite, d'un point de traversée sur la Meuse entre les Ardennes et Namur. Quant au 47e corps, après avoir traversé l'Our, il devait occuper le nœud routier essentiel de Bastogne, avant de poursuivre sa progression vers la Meuse pour s'emparer de points de traversée au sud de Namur.

Les avant-postes américains de la 28e division avaient retardé les Allemands lors de la traversée de l'Our, mais ils n'étaient pas parvenu à les arrêter et, dans la nuit du 17, les Allemands approchaient à la fois de Houffalize, de Bastogne et des routes latérales reliant ces deux centres, dont ils avaient besoin pour se déployer complètement et lancer leur ruée vers l'ouest.

A l'extrême sud, la VIIe armée allemande de Brandenberger devait, avec ses 4 divisions (3 divisions d'infanterie et 1 de parachutistes) assurer la protection offensive de l'avance Manteuffel en progressant vers Mézières après avoir traversé Neufchâteau. Toutes ses divisions parvinrent à franchir l'Our, et la 5e division de parachutistes poussa jusqu'à Wiltz, une vingtaine de kilomètres plus à l'ouest, en l'espace de trois jours. Mais l'aile droite de la 28e Division U.S. ne céda du terrain que pas à pas, tandis que les 2 autres divisions du 8e corps de Middleton (la 9e division blindée et la 4e division) enrayaient l'attaque après que celle-ci eut progressé de 5 ou 6 kilomètres. Le 19, il était visible que les Américains tenaient solidement l'épaulement méridional du front de l'attaque allemande. Cette position allait bientôt être renforcée par la IIIe armée de Patton arrivant de la Sarre, et, ce jour-là, le 80e corps allemand passa à la défensive.

Manteuffel avait demandé qu'une division mécanisée fût donnée à ses voisins de la VIIe armée, pour permettre à celle-ci de se maintenir avec sa propre aile gauche, mais un refus avait été opposé par Hitler en personne. Ce refus eut peut-être une importance cruciale.

Sur le front nord, celui de Dietrich, l'avance des blindés ne fut lancée que le 17, date à laquelle les troupes d'élite de la 1re division de Panzer S.S. se mirent en route dans l'intention de contourner Liège par le sud, maintenant que la voie était libre. La colonne de tête, « groupe de combat Peiper », qui comportait la plus grande partie des 100 chars de la division, progressa presque sans opposition vers la Meuse où elle devait s'emparer de points de traversée à Huy. Sur sa route elle s'assura la notoriété en massacrant à la mitrailleuse plusieurs groupes de prisonniers américains désarmés et de civils belges. (Lors de son procès, Peiper prétendit avoir agit de la sorte pour obéir à un ordre de Führer stipulant que l'offensive devait être précédée « d'une vague de terreur ». Cependant l'unité de Peiper fut la seule à se conduire de cette façon brutale au cours de toute l'offensive.) Le Groupe de Peiper fit halte pour la nuit dans les faubourgs de Stavelot — encore à 67 kilomètres de la Meuse. On ne voit pas très bien pourquoi il ne s'empara pas du pont d'importance vitale qui se trouvait là, ni du grand dépôt de carburant situé un peu plus au nord qui contenait plus de 12 millions de litres d'essence. A ce moment-là, ces deux objectifs étaient mal protégés. Le Q.G. de la Ire armée U.S. se trouvait également à proximité de Spa. Au cours de la nuit des renforts américains arrivèrent dans le secteur et, le lendemain, Peiper fut tenu en échec par une muraille de carburant en flamme, puis, à Trois-Ponts, 5 kilomètres plus loin, les ponts sautèrent devant ses yeux. Peiper essaya alors de faire un détour par la vallée mais il fut arrêté à Stoumont, une dizaine de kilomètres plus loin. Entre-temps, il apprit que son avance était isolée et qu'il se trouvait loin en avant du reste de la VIe armée de Panzer.

Au sud, sur le front de Manteuffel, les centres routiers vitaux de Saint-Vith et Bastogne, dont la possession pouvait être décisive pour la suite de l'offensive, étaient soumis à une pression croissante. Les premières attaques contre Saint-Vith (à 20 kilomètres du front de départ) furent lancées le 17 décembre, mais par des forces peu nombreuses. Le lendemain, le gros de la 7e division blindée U.S. arriva sur les lieux. Le 18, les villages voisins tombèrent les uns après les autres sous les assauts renforcés des Allemands. Ce fut cette pression qui empêcha les deux régiments encerclés de la 106e division d'être secourus. De plus, des colonnes de Panzer qui contournaient Saint-Vith à la fois par le nord et par le sud durent être repoussées, pendant qu'une brigade de Panzer venait renforcer l'attaque allemande.

Le 18, le 47e corps de Panzer de Lüttwitz approchait de Bastogne avec 2 divisions blindées (la 2e division et la division Lehr) et la 26e division de volksgrenadier. Mais les défenseurs avaient reçu des renforts (1 groupe de combat de la 9e division blindée U.S. et 1 bataillon du génie). La lutte pour chaque village, et la confusion régnant dans les transports allemands, ralentirent l'attaque à temps pour permettre à la 101e division aéroportée, de la réserve stratégique d'Eisenhower, d'atteindre Bastogne le 19 au matin, à un moment crucial. (Elle était commandée en intérim par le général Anthony C. McAuliffe; son chef, le général Maxwell D. Taylor, étant en permission aux États-Unis.) La défense farouche de Bastogne, au cours de laquelle le Génie américain se distingua tout particulièrement, empêcha les Allemands de prendre la ville et les colonnes de Panzer la contournèrent donc de chaque côté (les attaquants avaient déjà ouvert une brèche au nord de la ville), laissant le soin à la 26ᵉ division de volksgrenadier et à 1 groupe de combat de Panzer de réduire la résistance. Bastogne fut ainsi isolée le 20 décembre.

C'est seulement le 17 au matin qu'Eisenhower et ses principaux subordonnés avaient commencé d'accepter l'idée qu'une offensive allemande de grande envergure était en cours, et c'est seulement le 19 qu'ils avaient été pleinement convaincus. Bradley ordonna à la 10ᵉ division blindée de faire route vers le nord et confirma l'initiative du général William Simpson (de la IXᵉ armée) qui avait envoyé la 7ᵉ division blindée vers le sud, pour suivre la 30ᵉ division. Des troupes fraîches, comptant 60 000 hommes, faisaient donc mouvement vers la zone menacée et 180 000 autres y furent dirigées au cours des huit jours suivants.

La 30ᵉ division (général Hobbs), au repos près d'Aix-la-Chapelle, reçut d'abord l'ordre de se rendre à Eupen, puis fut détournée sur Malmédy, et ensuite envoyée plus à l'ouest pour arrêter le détachement de Peiper. Stavelot fut partiellement reconquise, avec l'aide de chasseurs bombardiers, et les liaisons de Peiper avec le reste de la VIᵉ armée de Panzer furent coupées, tandis qu'il rencontrait une opposition croissante à Stoumont. Le 19 il était pratiquement à court d'essence et l'arrivée de la 82ᵉ division aéroportée, ainsi que de renforts blindés, renversa la situation en faveur des Alliés. De son côté, le gros des 2 corps de Panzer S.S. était toujours bloqué en arrière. Les routes étaient insuffisantes pour leur permettre d'avancer et de déployer leur masse de chars et de véhicules de transport. (Finalement, le 24, le Groupe de Peiper, encerclé et sans essence, commença de se replier à pied, en abandonnant ses chars et tous ses autres véhicules.)

Sur le front de Manteuffel, les éléments des 3ᵉ et 7ᵉ division blindées U.S. s'étaient portés à la rencontre des Allemands pour leur barrer la route à l'ouest de Saint-Vith. Les défenseurs de cette ville furent soumis à une formidable pression par une attaque dirigée par Manteuffel, qui les contraignit à évacuer les lieux après avoir subi de lourdes pertes. Heureusement pour eux, un vaste embouteillage empêcha le 66ᵉ corps allemand d'exploiter rapidement la situation, permettant ainsi aux survivants de la 106ᵉ division et de la 7ᵉ division blindée U.S. de gagner des positions plus sûres. Ce fait contribua à interdire toute exploitation en profondeur de la brèche au moyen d'une avance rapide vers la Meuse dans ce secteur.

Lorsque le front fut rompu, Eisenhower plaça Montgomery à la tête de toutes les forces situées au nord de la brèche, y compris les Iʳᵉ et IXᵉ armées U.S. Cette décision fut prise le 20 décembre. Montgomery avait également amené sur la Meuse sa propre réserve, le 30ᵉ corps (4 divisions), pour garder les ponts.

Son air confiant fut un atout précieux, mais l'effet aurait été encore meilleur s'il n'avait pas, ainsi que le fit remarquer un de ses officiers, « fait irruption dans le Q.G. de Hodges comme le Christ venu nettoyer le temple ». Il éveilla encore un plus vaste ressentiment lorsqu'il donna l'impression au cours d'une conférence de presse ultérieure, que c'était sa propre conduite de la bataille qui avait sauvé les forces américaines de l'effondrement. Il déclara aussi avoir « employé toute la puissance disponible du Groupe d'armées britannique » et l'avoir « finalement jeté dans la bataille avec fracas ». Ces déclarations causèrent d'autant plus d'irritation que Patton avait contre-attaqué sur le flanc sud à partir du 22 décembre — et dégagé Bastogne le 26 — alors que Montgomery avait insisté pour « mettre un peu d'ordre » d'abord dans la position alliée et n'avait commencé sa contre-attaque sur le flanc nord que le 3 janvier, après avoir maintenu jusque-là ses réserves britanniques hors des combats.

Le 20 décembre, lors du regroupement du front allié, le bord septentrional de la brèche fut confié au général J. Lawton Collins, dont le 7e corps U.S. était auparavant engagé dans l'offensive américaine vers la Roer et le Rhin. Montgomery fit clairement entendre qu'il voulait Collins — dont le surnom était « Joe l'Éclair » — pour cette tâche capitale et personne d'autre. Collins reçut donc les 2e et 3e divisions blindées U.S., ainsi que les 75e et 84e divisions d'infanterie, pour monter une contre-attaque vers le sud contre les avant-gardes de Manteuffel.

A Bastogne la situation continuait d'être critique. Des attaques répétées forcèrent les défenseurs à reculer, mais ils ne furent jamais submergés. Le 22, Lüttwitz envoya des émissaires inviter la garnison à capituler avec des conditions honorables, mais ceux-ci n'obtinrent comme réponse de McAuliffe qu'un bref *Nuts!* [1] qui est devenu légendaire. Le commandant du secteur, en essayant de rendre ce vocable intelligible aux Allemands, put seulement traduire : « Allez vous faire foutre! »

Le lendemain, l'apparition du beau temps permit aux Alliés d'organiser le premier parachutage de ravitaillement et de lancer de nombreuses attaques aériennes contre les positions allemandes. Par ailleurs, les forces de Patton arrivaient par le sud. Malgré cela la situation restait précaire puisque le 24, veille de Noël, le périmètre des défenseurs n'était plus que de 25 kilomètres. Mais les forces de Lüttwitz ne recevaient non plus beaucoup de renforts ou de ravitaillement, tout en étant soumises à un pilonnage sans cesse croissant par l'aviation alliée. Le jour de Noël, les Allemands lancèrent toutes leurs forces dans la bataille, mais leurs chars récemment arrivés subirent de lourdes pertes et la défense résista. Le 26, à 16 h 45, la 4e division blindée U.S. (maintenant commandée par le général Hugh J. Gaffey), de la IIIe armée de Patton, réussit à faire sa jonction avec la garnison. Le siège était levé.

Bien que la VIIe armée allemande eût d'abord fait quelques progrès dans sa tentative pour couvrir le flanc gauche de l'avance Manteuffel, sa propre faiblesse l'exposait à une contre-attaque du sud. Le 19, Patton avait reçu

1. Équivalent anglais, en quatre lettres, d'une réponse en cinq lettres que Cambronne a également rendue légendaire. *(N. du T.)*

l'ordre d'abandonner son offensive à travers la Sarre et de faire porter ses efforts sur le nettoyage du saillant créé par Manteuffel, en utilisant 2 de ses corps d'armée. Le 24, son 12e corps repoussait les divisions de la VIIe armée allemande, éliminant ainsi l'épaulement sud qu'elles avaient tenté d'établir.

Plus à l'ouest, le 3e corps d'armée U.S. (4e division blindée, 26e et 80e divisions d'infanterie) concentrait ses efforts sur la libération de Bastogne. La célèbre 4e division blindée était impatiente d'exécuter l'ordre donné par Patton le 22 : « Foncez à mort! » Mais le terrain favorisait la défense et l'opposition principale provenait des rudes soldats de la 5e division de parachutistes combattant à pied. Il fallait les chasser de chaque village et de chaque bois. Des éléments de reconnaissance s'aperçurent, cependant, que l'opposition était moins vigoureuse sur la route Neufchâteau-Bastogne, et, le 25, la progression directe fut abandonnée au profit d'un axe nord-est. Le lendemain, quelques-uns des derniers chars Sherman de la 4e division blindée atteignirent les défenses sud de Bastogne.

Pendant ce temps, les divisions de Panzer de Manteuffel, qui avaient contourné Bastogne, avaient progressé en direction de la Meuse, dans sa partie située au sud de Namur. Pour protéger les ponts en attendant l'arrivée de renforts américains, le 30e corps britannique du général Horrocks s'était placé sur les deux bords de la rivière aux alentours de Givet et de Dinant, tandis que des sapeurs américains se tenaient prêts à faire sauter les ponts.

Hitler, dont les ambitions s'étaient réduites, avait maintenant les yeux fixés sur la Meuse. Il envoya la 9e division de Panzer et la 15e division de panzergrenadier, qui étaient en réserve de l'O.K.W., aider Manteuffel à nettoyer le secteur de Marche-Celles, aux abords de Dinant. Les deux camps préparaient donc une offensive pour le jour de Noël, mais ils étaient trop accaparés par leur lutte pour pouvoir la lancer. Cependant, les troupes de Collins gagnaient lentement du terrain; le matin de Noël elles s'emparèrent (avec l'aide de la 29e brigade blindée britannique) du village de Celles, situé à moins de 8 kilomètres de la Meuse et de Dinant, c'est-à-dire à la limite extrême de l'avance allemande. De nombreuses poches de résistance isolées furent nettoyées ultérieurement par l'infanterie ou par l'aviation. A partir du 23 décembre, les forces de Panzer furent sévèrement harcelées par l'aviation et, à partir du 26, elles ne purent se risquer à se déplacer en plein jour. L'arrivée tardive de la 9e division de Panzer, le soir de Noël, ne permit pas aux Allemands de venir à bout de la défense acharnée de la 2e division blindée américaine. Dès le 26, les Allemands se repliaient, renonçant à atteindre la Meuse.

L'armée de Dietrich avait reçu l'ordre de tenter un nouvel effort pour appuyer l'avance de Manteuffel en convergeant vers elle en direction du sud-ouest. Les divisions de Panzer entrèrent en action, mais la progression fut minime, face à des défenses américaines maintenant solidement renforcées et instantanément appuyées par des assauts de chasseurs bombardiers. La 2e division de Panzer SS réussit initialement une pénétration qui sema l'alarme et la confusion, mais elle subit de lourdes pertes au cours de combats prolongés pour le village de Manhay (20 kilomètres au sud-ouest de Trois-Ponts). En fin de compte, le seul résultat de l'offensive de la VIe armée de Panzer S.S. fut son propre épuisement.

Bien avant le déclenchement de la contre-offensive principale, les Allemands avaient renoncé à leur avance septentrionale et leur dernier effort à l'aile sud avait échoué. Cette dernière tentative avait suivi la décision tardive de Hitler de confier désormais le rôle principal à la Ve armée de Panzer et d'appuyer son avance. Mais la chance était passée. Manteuffel déclara avec amertume : « C'est seulement le 26 que j'obtins le reste des réserves — et à cette date elles ne purent bouger. Elles étaient immobilisées faute d'essence, bloquées sur une distance de plus de 150 kilomètres, au moment précis où on en avait besoin [1]. » L'ironie de la situation voulait que, le 19, les Allemands fussent arrivés à moins de 500 mètres de l'énorme dépôt d'essence de Stavelot contenant plus de 12 millions de litres de carburant, soit cent fois plus que le plus grand des dépôts dont ils s'emparèrent effectivement.

> « Nous avions à peine recommencé d'avancer que les Alliés déclenchèrent leur contre-offensive. Je téléphonai à Jodl et le priai d'informer le Führer que j'allais retirer mes forces avancées de la partie antérieure du saillant que nous avions créé [...] Mais Hitler interdit ce mouvement de repli. Si bien qu'au lieu de nous replier à temps, nous fûmes repoussés petit à petit sous la pression des attaques alliées, en souffrant inutilement [...] Grâce à l'interdiction par Hitler de tout repli, nos pertes furent bien plus élevées au cours de cette phase des combats qu'elles ne l'avaient été précédemment. Ces pertes signifiaient la faillite totale car nous ne pouvions pas nous en permettre d'aussi élevées [2]. »

Rundstedt reprit ce verdict à son compte : « Je voulus arrêter l'offensive à un moment opportun, alors qu'il était évident qu'elle ne pourrait pas atteindre son but, mais Hitler insista avec fureur pour qu'elle continue. Ce fut un second Stalingrad [3]. »

Parce qu'ils avaient négligé leur flanc défensif, les Alliés avaient frôlé le désastre au début de la bataille des Ardennes. Mais ce fut en fin de compte Hitler qui poussa à l'extrême la maxime militaire selon laquelle « l'attaque est la meilleure des défenses ». Elle se révéla en fait « la pire des défenses », ruinant à tout jamais les dernières chances de l'Allemagne d'opposer encore une résistance.

---

1. Liddell Hart; *The Other Side of the Hill*, p. 463.
2. *Ibid.*, p. 463.
3. *Ibid.*, p. 464.

HUITIÈME PARTIE

Final

1945

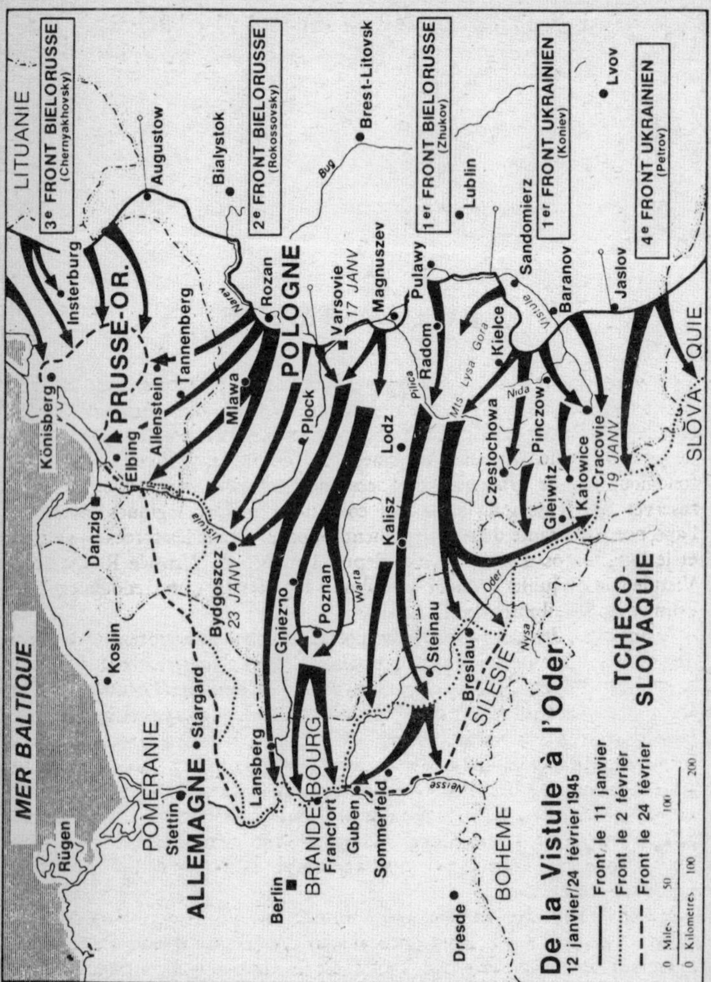

De la Vistule à l'Oder
12 janvier/24 février 1945

36.
La ruée de la Vistule à l'Oder

Staline avait informé ses alliés occidentaux qu'il lancerait une nouvelle offensive à partir de la Vistule, vers la mi-janvier, pour coïncider avec leur attaque prévue sur le Rhin (et maintenant retardée à cause des conséquences de la contre-offensive des Ardennes). A l'ouest, les milieux autorisés ne fondaient pas de grandes espérances sur l'offensive soviétique. Certaines réserves des Russes au sujet des conditions météorologiques hivernales, l'absence persistante de renseignements appropriés sur les forces soviétiques et le long temps d'arrêt observé depuis l'arrivée de l'Armée Rouge sur la Vistule à la fin juillet, avaient contribué à faire renaître une tendance à sous-estimer les possibilités des Russes.

Avant la fin de décembre, des rapports inquiétants parvinrent à Guderian qui avait été nommé, à cette date désespérément tardive, chef de l'État-Major, Gehlen, chef de la section des services de Renseignements de l'armée chargée des « armées étrangères de l'Est », déclarait que 225 divisions d'infanterie et 22 corps d'armée blindés soviétiques avaient été identifiés sur le front entre la mer Baltique et les Carpates, rassemblés et prêts à attaquer.

Mais lorsque Guderian présenta ce rapport inquiétant sur les préparatifs massifs soviétiques, Hitler refusa de le croire et s'exclama : « C'est la plus grande imposture depuis Gengis Khan! qui est le responsable de ces idioties? » Hitler préférait se fier aux rapports de Himmler et des services de Renseignements S.S.

Hitler rejeta l'idée d'arrêter la contre-offensive des Ardennes et de transférer des troupes sur le front oriental sous prétexte qu'il était d'une importance capitale de garder sur le front ouest une initiative qu'il avait « maintenant reprise ». En même temps il refusa de se plier à la demande répétée de Guderian d'évacuer par bateau le groupe d'armées désormais isolé dans les États baltes, afin de l'employer à renforcer les portes de l'Allemagne.

Pour couronner le tout, Guderian s'aperçut, en rentrant à son Q.G., que pendant qu'il était en voyage Hitler avait profité de son absence pour ordonner à 2 divisions de Panzer stationnées en Pologne de se rendre en Hongrie pour tenter de dégager Budapest. Cette décision laissait à Guderian seulement 12 divisions de réserve mobile pour appuyer les 50 faibles divisions d'infanterie étirées sur un front principal de plus de 1 100 kilomètres de long.

Les doutes entretenus par les Occidentaux quant aux capacités des Soviétiques furent renforcés par la nouvelle de la contre-offensive allemande en direction de Budapest. Les chances attribuées à cette offensive furent multipliées par le choc que les Alliés occidentaux avaient, eux, subi récemment dans les Ardennes. Pendant plusieurs jours l'attaque en direction de Budapest assiégée fit des progrès inquiétants. Partie de Komorn, une soixantaine de kilomètres à l'ouest de la ville, elle franchit plus de la moitié de la distance qui la séparait de la garnison encerclée. Mais, ensuite, la persistance de l'attaque face à une opposition grandissante fit tourner l'offensive au désastre coûteux.

Les conséquences indirectes furent encore plus graves. La capacité de résistance de Budapest avait encouragé la tendance caractéristique de Hitler à interdire tout repli au moment favorable. Après que ses forces eurent été encerclées dans Budapest, son inquiétude de voir un second Stalingrad lui avait inspiré une nouvelle décision qui fut la source de plus graves ennuis. En effet, lorsque les 2 précieuses divisions de Panzer gardées en prévision de l'offensive soviétique d'hiver en Pologne eurent été enlevées, à la veille du Nouvel An, pour tenter de dégager Budapest, Hitler refusa tout repli compensateur de la ligne de la Vistule avant le déclenchement de l'attaque soviétique. Cette ligne affaiblie fut contrainte à subir tout le choc de l'attaque au lieu de l'amortir par un repli en temps utile. Une fois de plus, les avantages psychologiques de la politique de la résistance rigide « à tout prix » furent largement contrebalancés par ses inconvénients stratégiques qui entraînèrent une faillite totale.

Le Haut Commandement soviétique était maintenant bien préparé à exploiter les faiblesses fondamentales de la situation allemande. Se rendant parfaitement compte de l'importance décisive d'un élan soutenu et du handicap que représentaient des communications trop étirées, il retarda son attaque jusqu'à ce que les voies ferrées qui couraient derrière le nouveau front eussent été réparées et converties à l'écartement large des chemins de fer russes. D'abondantes quantités de ravitaillement furent accumulées dans les stations de dépôt. Le premier objectif était la conquête de la Haute-Silésie, la seule zone industrielle allemande importante qui restât intacte et à l'abri des bombardements alliés. L'atteinte de cet objectif ne nécessitait qu'une avance d'un peu plus de 160 kilomètres à partir de la tête de pont de Baranov, sur la Vistule, en Pologne méridionale. Mais Staline et Vasilevsky, son chef d'état-major, avaient des ambitions plus vastes dans le grand dessein qu'ils avaient formé. Ils avaient les yeux fixés sur l'Oder et, au-delà de ce fleuve, sur Berlin, à près de 500 kilometres de leurs positions à proximité de Varsovie.

En étendant l'ampleur de leur offensive, ils profiteraient de l'immense espace de manœuvre. Plus importante encore que leur supériorité numérique, à près de 5 contre 1, était l'amélioration de leur capacité de manœuvre. L'arrivée d'un flot croissant de camions américains leur avait permis de motoriser une beaucoup plus grande partie de leurs brigades d'infanterie et de multiplier ainsi, grâce à l'augmentation de leur propre production de chars, le nombre de corps d'armée blindés et mobiles destinés à exploiter une percée. En même temps, le nombre croissant de chars Staline augmentait leur force de frappe. Ces monstres étaient dotés d'un canon de 122 mm par comparaison avec le 88 mm du char Tigre. Ils avaient également un blindage plus épais que les Tigre (mais moins épais que les Super-Tigre).

Avant le commencement de la nouvelle campagne, les « fronts » furent réorganisés et les trois plus grands généraux soviétiques furent placés à la tête des principales avances. Koniev garda le commandement du 1er front d'Ukraine, en Pologne méridionale, mais au centre, Joukov remplaça Rokossovsky à la tête du 1er front de Biélorussie, tandis que Rokossovsky prenait la tête du 2e front de Biélorussie, sur la Narev, au nord de Varsovie.

L'offensive soviétique fut déclenchée le 12 janvier 1945 à 10 heures du matin, par les forces de Koniev; parties de la tête de pont de Baranov (qui avait environ 50 kilomètres de large et de profondeur), 10 armées (dont 2 armées de chars) furent déployées, représentant quelque 70 divisions appuyées par 2 armées aériennes.

Au début, la progression fut ralentie par le brouillard qui recouvrait le champ de bataille et forçait l'aviation à rester au sol. Mais le brouillard contribua à dissimuler les troupes d'assaut et l'énorme quantité d'artillerie habilement dirigée pulvérisa régulièrement les défenses, si bien que, le troisième jour, l'attaque avait atteint Pinczow, à plus de 30 kilomètres de la ligne de départ, et traversé la Nida sur un large front. Puis la phase d'exploitation commença. S'engouffrant dans la brèche, les corps d'armée blindés se répandirent dans la plaine polonaise comme un torrent en crue. Pour l'instant, l'élargissement de la brèche était plus significatif que son approfondissement de la brèche était plus significatif que son approfondissement. Le 15, Kielce fut prise par une colonne qui fonçait vers le nord en contournant l'extrémité des collines de Lysa Gora, menaçant ainsi l'arrière des forces allemandes situées en face du secteur de Joukov.

Le 14, Joukov avait lancé une offensive depuis la tête de pont de Magnuszen et Pulawy. Son aile droite obliqua vers le nord en direction de l'arrière de Varsovie, tandis que son aile gauche s'emparait de Radom le 16. Le même jour, les avant-gardes de Koniev traversaient la Pilica, à moins de 50 kilomètres de la frontière silésienne. De leur côté, les forces de Rokossovsky avaient, elles aussi, attaqué le 14, à partir de leurs deux têtes de pont sur la Narev, et elles avaient percé les défenses protégeant l'entrée sud de la Prusse-Orientale. La brèche faisait plus de 300 kilomètres de large et, dans l'ensemble, un flot de près de 200 divisions (avec les réserves) avançait maintenant vers l'ouest.

Le 17, Varsovie tomba entre les mains de Joukov, qui l'avait contournée de chaque côté, et ses avant-gardes blindées atteignirent presque Lodz. Les forces de Koniev s'emparèrent de la ville de Czestochowa, tout près de la frontière silésienne et, plus au sud, passèrent devant Cracovie.

Le 19, l'aile droite de Koniev atteignit la frontière silésienne, tandis que son aile gauche s'emparait de Cracovie grâce à une attaque enveloppante. Les armées de Joukov prirent Lodz et celles de Rokossovsky atteignirent la porte d'entrée méridionale de la Prusse-Orientale, près de Mlawa. Les forces de Tchernyakhovsky et celles de Petrov avaient avancé à chaque flanc extrême. Donc, à la fin de la première semaine l'offensive s'était enfoncée de plus de 150 kilomètres sur un front de 650 kilomètres.

Dans un effort tardif pour protéger les approches de la Silésie, 7 divisions allemandes furent dépêchées vers le nord, depuis le front de Slovaquie. Heinrici, qui commandait le secteur, avait en fait suggéré avant l'offensive soviétique de se séparer d'une partie de ses forces pour fournir des réserves sur la Vistule, mais une telle redistribution était contraire à la fois au principe énoncé par Hitler selon lequel « chaque homme devait se battre là où il se trouvait » et à son habitude de mener la campagne par compartiments séparés. Après que le front de Slovaquie eut été pratiquement dégarni, il résista encore pendant plusieurs semaines, montrant ainsi que les effectifs initiaux étaient supérieurs aux besoins. Mais l'arrivée de 7 divisions supplémentaires sur le versant nord des Carpates pesait maintenant moins lourd que n'aurait pesé celle de 2 divisions avant le déclenchement de l'offensive soviétique, car la brèche était devenue trop large pour pouvoir être comblée.

La plus grande partie de la Pologne occidentale est tellement découverte qu'elle donne à l'attaquant un avantage naturel facile à exploiter s'il possède une supériorité d'effectifs ou de mobilité lui permettant de profiter des vastes étendus. Les Allemands avaient profité de cet avantage en 1939. Maintenant qu'ils étaient sur la défensive, ils manquaient à la fois d'effectifs et de mobilité. En tant que théoricien de la guerre mécanisée, Guderian avait vu que la défense rigide était inutile, et que la seule chance de contrer une percée résidait dans une contre-offensive des réserves blindées. Mais il avait été contraint de demeurer sur la Vistule et de voir une partie de ses maigres forces blindées partir pour Budapest juste avant l'attaque. En jetant dans la bataille une partie de celles qui lui restaient près de Kielce, il gagna du temps, ce qui lui permit d'évacuer les forces encerclées dans la boucle de la Vistule. En conséquence le nombre de prisonniers faits par les Russes au cours de la première semaine d'offensive (25 000) fut remarquablement bas compte tenu des proportions de la percée. Mais le déficit croissant des armées allemandes en matière d'éléments de mobilité permettant un retrait rapide se refléta dans le nombre de prisonniers capturés au cours de la deuxième semaine : 86 000. Parallèlement, la meilleure mobilité des Russes se reflétait dans la poursuite de leur progression.

L'évacuation précipitée de la population civile des villes allemandes était un signe montrant que la rapidité de l'avance soviétique avait déjoué tous les calculs et contraint les forces allemandes à renoncer à défendre des positions intermédiaires qu'elles avaient espéré tenir.

Le 20 janvier, les troupes de Koniev franchirent la frontière de Silésie et foulèrent le territoire allemand. L'arrivée de Rokossovsky sur les lieux historiques de Tannenberg, du côté allemand de la frontière de Prusse-Orientale, était encore plus inquiétante. Il n'était pas question de renouveler cette fois la défaite russe de 1914, et, le lendemain, son avant-garde s'emparait de l'embranchement ferroviaire d'Allenstein, coupant ainsi la principale voie ferrée de Prusse-Orientale, tandis que Tchernyakhovsky, venant de l'est, s'emparait d'Insterburg. Poursuivant sa route vers le nord, Rokossovsky atteignit le golfe de Dantzig près d'Elbing, le 26, isolant du même coup toutes les forces allemandes de Prusse-Orientale. Celles-ci se replièrent dans Königsberg où elles furent investies.

Quatre jours plus tôt, Koniev avait atteint l'Oder sur un front de 65 kilomètres, au nord de la zone industrielle de Haute-Silésie. A la fin de la deuxième semaine d'offensive, son aile droite avait franchi le cours supérieur de l'Oder en de nombreux points sur une largeur de 100 kilomètres au sud de Breslau (située à plus de 280 kilomètres de sa ligne de départ). D'autres colonnes avaient enveloppé la capitale silésienne à partir du nord. Derrière ces avant-gardes, d'autres troupes avaient obliqué vers le sud pour s'emparer de l'embranchement ferroviaire de Gleiwitz et isoler la zone industrielle de Haute-Silésie. Toute cette zone était bardée de tranchées, de barbelés, de fossés antichars et de blockhaus, mais il n'y avait pas de forces pour défendre cette véritable forteresse. Les forces disponibles ou en train d'arriver étaient gênées par le flot des réfugiés civils. Les routes étaient bloquées par des épaves de véhicules et des meubles abandonnés. Exploitant cette confusion, les Soviétiques entrèrent par la porte de derrière puisque celle de devant était fermée. Les rapports des aviateurs allemands décrivaient l'avance russe comme une pieuvre immense plongeant de longs tentacules dans les villes de Silésie. Ils faisaient mention de colonnes interminables de camions chargés de ravitaillement et de renforts et s'étendant à l'infini vers l'est.

L'avance de Joukov au centre prit des proportions encore plus fantastiques et menaçantes. Par une manœuvre oblique, il avait fait passer le gros de ses forces blindées à l'aile droite. Elles s'engouffrèrent dans le couloir séparant la Vistule de la Warta et, profitant de la surprise, pénétrèrent dans la chaîne des lacs situés à l'est de Gniezno, dans la partie la plus étroite de ce couloir, avant que les passages eussent pu être défendus. Elles passèrent derrière la célèbre forteresse de Torun, sur la Vistule, et entrèrent dans Bydgoszcz (Bromberg) le 23. D'autres colonnes blindées approchaient du centre de communications encore plus important de Poznan. Là elles rencontrèrent une résistance plus vigoureuse. Contournant la forteresse, elles continuèrent leur route vers l'ouest et le nord-ouest; à la fin de la semaine, elles avaient atteint les frontières du Brandebourg et de la Poméranie, à 350 kilomètres de Varsovie et à moins de 150 kilomètres de Berlin. En même temps, l'aile gauche de Joukov, après avoir traversé la Warta et s'être emparée de Kalisz, était arrivée au même niveau que l'aile droite de Koniev.

La troisième semaine s'ouvrit avec l'occupation de Katowice et d'autres grandes villes industrielles de Haute-Silésie par l'aile gauche de Koniev, pendant que son aile droite s'emparait d'une nouvelle tête de pont sur l'Oder à Steinau, 65 kilomètres au nord-ouest de Breslau. Le 30, les éléments avancés de Joukov entrèrent en Brandebourg et en Poméranie, puis vainquirent la résistance opposée par les Allemands sur la ligne de l'Oder, qui était gelé. Le 31 Landsberg tomba, tandis que l'avant-garde blindée de Joukov continuant son chemin atteignait le cours inférieur de l'Oder près de Kustrin, à 65 kilomètres des faubourgs de Berlin. Les Soviétiques n'étaient plus séparés des positions avancés de leurs Alliés occidentaux que par 600 kilomètres.

Mais les lignes de communication russes étirées à l'extrême diminuèrent la pression que les troupes soviétiques pouvaient exercer sur l'Oder, aidant ainsi les Allemands et multipliant la capacité de résistance de l'amalgame de troupes régulières et de troupes territoriales de Volksturm que le Commandement allemand avait rassemblé pour tenir cette ligne. La défense acharnée de Poznan contribua à bloquer les routes par lesquelles les Russes pouvaient faire parvenir des renforts et du ravitaillement à leurs éléments avancés. Un dégel au cours de la première semaine de février freina aussi l'avance en transformant les routes en marécages et en faisant fondre les glaces de l'Oder qui devint ainsi un plus grand obstacle. Bien que les troupes de Joukov eussent atteint le fleuve sur un large front à la fin de la première semaine de février, et se fussent emparées de points de traversée près de Kustrin et Francfort-sur-l'Oder, elles n'avaient pas un poids suffisant pour les exploiter et elles durent se contenter d'étroites têtes de pont.

Koniev essaya alors d'exercer une pression oblique sur Berlin. Agrandissant leurs têtes de pont au nord de Breslau, ses forces firent irruption vers l'ouest le 9 février, puis obliquèrent vers le nord-ouest en descendant la rive gauche de l'Oder sur un large front. Le 13, elles atteignirent Sommerfeld, à 120 kilomètres de Berlin (le même jour Budapest capitula laissant un total de 110 000 prisonniers aux mains des Russes). Deux jours plus tard, elles atteignirent la Neisse près de sa jonction avec l'Oder et se retrouvèrent au même niveau que les éléments avancés de Joukov.

Mais la défense allemande profita également une fois de plus de se retrouver sur une ligne plus courte et rectiligne formée par le cours inférieur de l'Oder et la Neisse. Le front des Allemands n'avait plus que 320 kilomètres de long, de la Baltique à la frontière montagneuse de la Bohême. Cette importante réduction de l'espace à couvrir contrebalança dans une large mesure la réduction de leurs forces et leur permit de retrouver un rapport forces-espace plus raisonnable que tous ceux qu'ils avaient connus depuis que le vent avait tourné en faveur des Russes. Derrière le front soviétique,

Breslau résistait encore, freinant ainsi la progression de Koniev, comme la résistance de Poznan, qui tomba enfin le 23, avait auparavant freiné celle de Joukov.

Koniev était arrêté sur la Neisse, tandis que l'avance plus directe de Joukov était encore bloquée sur l'Oder. Au cours de la troisième semaine de février, le front oriental fut stabilisé avec l'aide des renforts allemands venus du front ouest et de l'intérieur du pays. Les Soviétiques furent tenus en échec sur cette ligne jusqu'à ce que l'effondrement allemand sur le Rhin décide de l'issue finale.

Cependant, c'est la crise provoquée par la menace soviétique qui avait amené les Allemands à prendre la décision fatidique de sacrifier la défense du Rhin à celle de l'Oder afin de tenir les Soviétiques en respect. L'envoi à l'est de l'essentiel des renforts qui purent être réunis pour boucher les trous dans les rangs clairsemés joua un rôle encore plus important que le nombre de divisions effectivement envoyées du front Ouest au front Est. Cela facilita la tâche des Alliés pour atteindre le Rhin et le traverser.

37.
L'effondrement allemand en Italie

Alors que sur la carte les positions d'hiver des Allemands avait l'air désagréablement semblables à celles de l'année précédente, et presque aussi solides, malgré un recul de quelque 300 kilomètres vers le nord, les facteurs favorables ne manquaient pas [1]. A la fin de 1944, les Alliés avaient franchi la Ligne Gothique, ils n'avaient devant eux aucune position naturellement forte ou bien fortifiée et ils étaient dans de bien meilleures conditions pour lancer leur offensive du printemps 1945. De plus, d'autres facteurs importants contribuaient à rendre les armées alliées relativement beaucoup plus puissantes.

En mars, à la veille de leur offensive de printemps, elles comprenaient 17 divisions et 6 groupes de combat italiens. Les Allemands disposaient de 23 divisions et 4 « divisions italiennes » que Mussolini était parvenu à lever en Italie septentrionale depuis son sauvetage par les Allemands (en fait, chacune de ces divisions représentait à peine plus d'un groupe de combat). Mais une telle comparaison de nombre de divisions donne une idée fondamentalement erronée de l'équilibre des forces. Les effectifs combattants alliés comprenaient 6 brigades blindées et 4 brigades d'infanterie indépendantes représentant l'équivalent de 3 ou 4 divisions supplémentaires.

On approche davantage de la vérité en tenant compte du nombre de soldats. Les Ve et VIIIe armées totalisaient environ 536 000 hommes, sans compter 70 000 Italiens. Les Allemands avaient 491 000 hommes et 108 000 Italiens, mais, sur le total des troupes allemandes, 45 000 hommes étaient des policiers ou du personnel de défense antiaérienne. Les chiffres de combattants et d'armement fournissent une base de comparaison encore plus exacte. Par exemple, lorsque la VIIIe armée déclencha son offensive, en avril, elle jouissait d'une supériorité d'environ 2 contre 1 en matière de troupes combattantes (57 000 hommes contre 29 000), de 2 contre 1 en matière d'artillerie 1 220 pièces contre 665) et de plus de 3 contre 1 en matière de véhicules blindés (1 320 contre 400).

De plus, les Alliés profitaient de l'aide de quelque 60 000 partisans qui semaient une grande confusion derrière les lignes allemandes et forçaient les Allemands à prélever des troupes sur le front pour réprimer leurs activités.

La maîtrise désormais absolue du ciel était un facteur encore plus important pour les Alliés. Leur campagne de bombardement stratégique avait de tels effets paralysants que, même si Hitler l'avait ordonné, les divisions allemandes auraient eu le plus grand mal à quitter l'Italie pour se rendre sur d'autres théâtres d'opérations. Cette situation était aggravée par la pénurie croissante de carburant dont souffraient les formations allemandes mécanisées et motorisées, pénurie qui devenait telle que les Allemands n'étaient plus en mesure de se déplacer rapidement pour combler une brèche comme ils l'avaient fait dans le passé, ni même d'exécuter des mouvements de retardement. Mais Hitler refusait plus que jamais d'autoriser un repli stratégique, même lorsqu'il était encore possible de le tenter.

La pause de trois mois observée par les Alliés depuis la fin de l'offensive d'automne avait amené de grands changements dans la mentalité des troupes. Celles-ci avaient vu arriver une profusion d'armes nouvelles : chars amphibies; véhicules blindés de transport de troupes Kangourou; véhicules de débarquement à chenilles Fantail, chars Churchill et Sherman dotés de canons plus lourds; chars lance-flammes; et un compromis de char et de bulldozer surnommés Tank-Dozer. Il était également arrivé une grande quantité de matériel pour la construction de ponts et d'énormes réserves de munitions.

Dans le camp allemand, le maréchal Kesselring était rentré de convalescence en janvier, mais, au mois de mars, il avait été appelé sur le front occidental pour succéder au maréchal von Rundstedt au poste de commandant en chef. Il fut désormais remplacé à titre définitif par Vietinghoff à la tête du Groupe d'armées C en Italie. Herr prit la tête de la Xe armée allemande qui tenait la partie orientale du front avec le 1er corps de parachutistes (5 divisions) et le 76e corps de Panzer (4 divisions). Senger commandait la XIVe armée et tenait la partie occidentale du front (plus étendue que la partie orientale puisque comprenant le secteur de Bologne), avec le 51e corps de montagne (4 divisions) défendant les environs de Gênes et de la Méditerranée, tandis que le 14e corps de Panzer (3 divisions) protégeait Bologne. Le Groupe d'armées ne comprenait que 3 divisions de réserve, puisque 2 divisions étaient postées en arrière du flanc adriatique et 2 autres près de Gênes, pour faire face à d'éventuelles opérations de débarquement derrière le front. Pour le moment, les 3 divisions de réserve du Groupe d'armées étaient également utilisées pour monter la garde en prévision de la même éventualité.

Dans le camp allié, l'aile droite du 15e groupe d'armées de Mark Clark, qui faisait face à la Xe armée allemande, était formée par la VIIIe armée de

McCreery et comprenait le 5e corps britannique (4 divisions); le corps d'armée polonais (2 divisions); le 10e corps britannique, maintenant presque réduit à l'état de squelette et composé de 2 groupes de combat italiens, de la brigade juive et des « Lovat Scouts »; le 13e corps britannique qui était en réalité la 10e division indienne. La réserve d'armée était constituée par la 6e division blindée. A l'ouest se trouvait la Ve armée, commandée maintenant par Truscott, qui comprenait le 2e corps américain (4 divisions) et le 4e corps américain (3 divisions), avec 2 autres divisions en réserve d'armée. La Ve armée comprenait 2 divisions blindées : la 1re U.S. et la 6e sud-africaine.

Le but des Alliés était de balayer les forces allemandes avant qu'elles ne puissent s'esquiver sur l'autre rive du Pô. Cet objectif pouvait être atteint en employant des forces blindées dans l'étendue plate d'une cinquantaine de kilomètres qui sépare le cours inférieur du Reno de celui du Pô. (Au début du mois de janvier, la VIIIe armée avait profité d'une période de temps sec pour atteindre le Senio qui se jette dans le Reno près de l'Adriatique.) On espérait que la VIIIe armée pourrait ouvrir la voie de la plaine en s'emparant de la zone de Bastia-Argenta. La Ve armée devait attaquer quelques jours plus tard en direction de Bologne. La combinaison de ces deux attaques devait encercler les troupes allemandes en leur coupant la retraite. Le déclenchement de l'offensive alliée était prévu pour le 9 avril.

Les plans de la VIIIe armée étaient complexes mais habilement conçus. La simulation de préparatifs en vue d'un débarquement au nord du Pô devaient attirer l'attention de Vietinghoff dans cette direction. Pour renforcer cette impression, des commandos et la 24e brigade de la garde s'emparèrent, début avril, de la langue sablonneuse séparant le lac de Comacchio de la mer et, quelques jours plus tard, le Special Boat Service occupa les petites îles situées dans cette vaste étendue lacustre.

L'attaque principale sur l'autre rive du Senio devait être confiée au 5e corps britannique et aux Polonais. Le premier devait percer loin en amont dans l'espoir de prendre les Allemands à revers, puis une partie de ses éléments devaient obliquer vers la droite, contre le bord du couloir de Bastia-Argenta (qu'on avait nommé la « brèche Argenta ») à l'ouest du lac de Comacchio, pendant qu'une autre partie se porterait au nord-ouest sur l'arrière de Bologne pour couper les communications de cette ville avec le Nord du pays. Les Polonais devaient avancer le long de la route no 9, la Via Emilia, menant plus directement à Bologne. La mission d'enlever la brèche d'Argenta, au moyen d'un assaut direct associé à une manœuvre tournante des « Fantail » à travers le lac de Comacchio, fut confiée à la 56e division, située à l'aile droite du 5e corps.

L'aile gauche de la VIIIe armée, composée par le squelettique 10e corps et le 13e corps, devait commencer son avance vers le nord en passant par Monte Battaglia et progresser jusqu'à ce que l'avance convergente des

Polonais et des Américains l'ait rejointe; le 13e corps se joindrait alors à la 6e division blindée pour exploiter le succès.

Une fois que l'attention de Vietinghoff eut été attirée sur le secteur côtier par les opérations préliminaires organisées sur la langue sablonneuse et le lac de Commacchio, un bombardement massif fut déclenché dans l'après-midi du 9 avril, par quelque 800 bombardiers lourds et 1 000 bombardiers moyens ou chasseurs-bombardiers, tandis que 1 500 canons ouvraient le feu pour une série de 5 tirs concentrés, chacun de 42 minutes, séparés par 10 minutes d'intervalle — c'est la raison pour laquelle on appela cette méthode le bombardement de « fausse alerte ». Puis l'infanterie avança à la tombée de la nuit pendant que les forces aériennes tactiques clouaient l'ennemi au sol. Les défenseurs étaient abasourdis par ce déluge de bombes et d'obus, et les chars lance-flammes qui accompagnaient l'infanterie ajoutèrent encore leur effet terrifiant. Le 12, le 5e corps du général Keightley avait franchi le Santerno et continuait sa progression. Bien que l'opposition reprît de la vigueur au fur et à mesure que les Allemands se relevaient du choc initial, le pont de Bastia fut pris le 14 avant d'avoir pu être détruit par les défenseurs. (Les « Fantail » avaient été décevants sur le lac de Comacchio, où l'eau était peu profonde et le fond boueux, mais ils se révélèrent bien plus efficaces dans la zone inondée entourant la brèche d'Argenta.) Cependant la brèche d'Argenta ne fut définitivement franchie par les Britanniques que le 18. Les Polonais rencontrèrent une opposition encore plus forte de la part de la 1re division de parachutistes et ils eurent toutes les peines du monde à bousculer ces troupes d'élite.

Le déclenchement de l'attaque de la Ve armée U.S. fut retardé jusqu'au 14 avril par le mauvais temps, en particulier par les mauvaises conditions atmosphériques qui gênaient le vol de son aviation d'appui, et il lui fallait franchir plusieurs arêtes montagneuses avant d'atteindre Bologne et la plaine. Le 15, sa progression fut facilitée par le largage de 2 300 tonnes de bombes — un record pour cette campagne. Mais les Allemands de la XIVe armée continuèrent encore d'opposer une résistance vigoureuse pendant deux jours, et c'est seulement le 17 que la 10e division de montagne du 4e corps U.S. parvint à réaliser une percée et à foncer vers la route no 9, cette artère latérale d'un intérêt vital. Mais, deux jours plus tard, le front tout entier s'effondrait et les Américains avaient atteint les faubourgs de Bologne pendant que leurs forces d'exploitation continuaient leur course jusqu'au Pô.

La plupart des forces de Vietinghoff avaient été engagées sur la ligne du front et il ne disposait que de peu de réserves — et d'encore moins d'essence — pour enrayer une pénétration alliée. Il ne lui était plus possible de stabiliser le front ou de dégager ses forces, et le seul espoir de les sauver résidait dans une retraite — une longue retraite. Mais Hitler avait déjà rejeté la proposition du général Herr d'adopter une défense élastique consistant en une série de replis tactiques d'une rivière à une autre, alors que ce genre de défense aurait pu rendre caduque l'offensive de la VIIIe armée. Le 14 avril, juste avant le déclenchement de l'offensive américaine, Vietignhoff lança un appel pressant pour obtenir l'autorisation de se replier sur le Pô avant qu'il ne fût trop tard. Son appel fut rejeté, mais, le 20, il prit la responsabilité d'ordonner lui-même la retraite.

Il était beaucoup trop tard. Les 3 divisions blindées alliées avaient isolé et encerclé la plus grande partie des forces ennemies, au moyen de deux attaques rapides. De nombreux Allemands parvinrent à s'échapper en traversant le Pô à la nage, mais ils n'étaient plus en mesure d'établir une nouvelle ligne de résistance. Le 27, les Anglais franchirent l'Adige et pénétrèrent dans la Ligne vénitienne qui protégeait Venise et Padoue.

Les Américains, progressant encore plus rapidement, avaient pris Vérone la veille. Le 25 avril les partisans déclenchèrent un soulèvement général et attaquèrent les Allemands de partout. Le 28, tous les cols alpins étaient bloqués et, le même jour, Mussolini et sa maîtresse Clara Petacci étaient arrêtés et fusillés par un groupe de partisans, près du lac de Côme. Partout, maintenant, les troupes allemandes capitulaient et les Alliés ne rencontrèrent plus guère d'opposition dans leur poursuite à partir du 25 avril. Le 29 les Néo-Zélandais entraient dans Venise et, le 2 mai, dans Trieste — où le plus gros problème n'était pas posé par les Allemands mais par les Yougoslaves.

Des négociations clandestines en vue d'une capitulation avaient en fait été entamées dès le mois de février à l'initiative du général Karl Wolff, chef des troupes S.S. d'Italie, et menées du côté allié par Allen W. Dulles, chef de l'O.S.S. [1] américain en Suisse; d'abord par l'intervention d'Italiens et de Suisses, puis directement. Wolff semble avoir été inspiré à la fois par le souhait d'éviter de nouvelles destructions inutiles en Italie et par le désir de repousser le communisme en rejoignant le camp des puissances occidentales — deux sentiments qui étaient partagés par beaucoup d'Allemands. L'importance de Wolff résidait dans cette réalité que non seulement il dirigeait la politique S.S., mais que surtout il était responsable des régions situées derrière le front, ce qui lui permettait de réduire à néant le projet de Hitler de créer une redoute alpine pour y organiser une dernière résistance.

Les conversations furent appliquées et retardées, du côté allemand, par la nomination de Vietinghoff à la place de Kesselring, du côté allié par l'exigence des Soviétiques de participer aux entretiens, et des deux côtés par la suspicion et la prudence réciproques qui accompagnait habituellement les négociations clandestines. Au mois de mars, les conversations avaient pris un tour encourageant mais Himmler mit un terme aux activités de Karl Wolff au début du mois d'avril. Bien qu'à partir du 8 avril Vietinghoff eût cherché un moyen de capituler, aucun résultat ne

1. *O.S.S.:* Office of Strategic Services, Bureau des Services Stratégiques. *(N. du T.)*

fut obtenu à temps pour prévenir l'offensive de printemps des Alliés.

Cependant, au cours d'une réunion tenue le 23 avril, Vietinghoff et Wolff décidèrent d'un commun accord d'ignorer les ordres de Berlin enjoignant de continuer la résistance, et de négocier une capitulation. Le 25, Wolff ordonna aux S.S. de ne pas résister au soulèvement des partisans et le maréchal Graziani fit part du désir des forces fascistes italiennes de capituler. Le 29 avril, à 14 heures, des émissaires allemands signèrent un document prévoyant une capitulation sans conditions, le 2 mai, à 12 heures (14 heures, heure italienne). Malgré une intervention de dernière minute de Kesselring, la capitulation prit effet à la date convenue, six jours avant la capitulation allemande sur le front ouest. Bien que les succès militaires eussent assuré les Alliés de la victoire, cette négociation accéléra la fin de la guerre, épargnant ainsi des pertes en vies humaines et des destructions.

38.
L'effondrement de l'Allemagne

Hitler avait dégarni son front occidental et utilisé la majeure partie de ses dernières forces et de ses dernières ressources pour tenir la ligne de l'Oder contre les troupes soviétiques, supposant que les Alliés occidentaux étaient incapables de reprendre l'offensive après le coup qu'il croyait leur avoir porté avec sa contre-offensive des Ardennes associé au bombardement de leur base d'Anvers par les V1 et V2. La plus grande partie du matériel disponible sortant des usines et des ateliers de réparation allemands fut donc expédiée vers l'Est. Cependant, au même moment, les Alliés occidentaux rassemblaient des forces écrasantes en vue d'un assaut sur le Rhin. Dans le cadre de cet effort massif, le rôle offensif principal fut attribué à Montgomery, la IXe armée américaine étant placée sous ses ordres en plus de la Ire armée canadienne et de la IIe armée britannique. Cette décision fut durement ressentie par la plupart des généraux américains qui eurent l'impression qu'Eisenhower avait cédé devant les exigences de Montgomery et des Anglais au détriment de leurs propres chances de réussite.

L'indignation les incita à faire des efforts plus vigoureux dans leurs secteurs afin de montrer ce qu'ils pouvaient faire, et, en fin de compte, ces efforts eurent des résultats remarquables car les effectifs utilisés, bien que moins nombreux que ceux qu'amassaient Montgomery, étaient largement supérieurs à ceux que les Allemands avaient gardé pour s'opposer à leur avance.

Le 7 mars, les chars de la IIIe armée U.S. de Patton percèrent les faibles défenses allemandes de l'Eifel (extrémité allemande des Ardennes) et atteignirent le Rhin, près de Coblence, après avoir avancé de 100 kilomètres en trois jours. Pour le moment ils étaient bloqués puisque les ponts sur le Rhin avaient été détruits avant leur arrivée. Mais, un peu plus au nord, une petite avant-garde blindée de la Ire armée U.S. avait trouvé une brèche et s'y était engouffrée si rapidement qu'elle avait pu brillamment s'emparer du pont

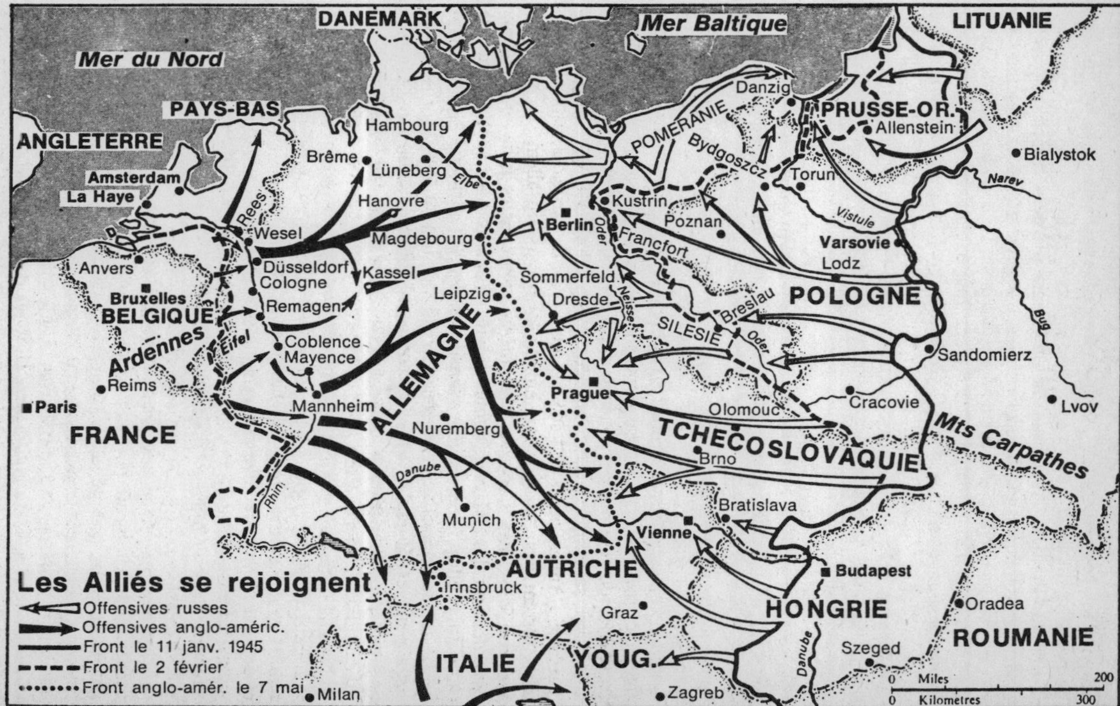
Les Alliés se rejoignent
Offensives russes
Offensives anglo-améric.
Front le 11 janv. 1945
Front le 2 février
Front anglo-amér. le 7 mai
DANEMARK
Mer Baltique
LITUANIE
Mer du Nord
PAYS-BAS
ANGLETERRE
Amsterdam
La Haye
Hambourg
Brême
Lüneberg
Elbe
Hanovre
Rees
Wesel
Magdebourg
Düsseldorf
Cologne
Kassel
Anvers
Bruxelles
BELGIQUE
Remagen
Leipzig
Coblence
Mayence
Eifel
Ardennes
Reims
Paris
Mannheim
FRANCE
ALLEMAGNE
Nuremberg
Danube
Rhin
Munich
Innsbruck
AUTRICHE
Graz
ITALIE
Milan
YOUG.
Zagreb
Danzig
PRUSSE-OR.
Allenstein
Bialystok
POMERANIE
Bydgoszcz
Torun
Narev
Kustrin
Poznan
Vistule
Berlin
Oder
Francfort
Varsovie
Lodz
Sommerfeld
Neisse
Dresde
Breslau
POLOGNE
SILESIE
Bug
Sandomierz
Prague
Cracovie
Lvov
Olomouc
TCHECOSLOVAQUIE
Mts Carpathes
Brno
Bratislava
Vienne
Budapest
HONGRIE
Oradea
ROUMANIE
Szeged
0 Miles 200
0 Kilometres 300

de Remagen, près de Bonn, avant que les Allemands n'eussent pu le faire sauter. Des réserves furent aussitôt envoyées sur l'autre rive où une tête de pont fut établie.

Lorsque Bradley, qui commandait le Groupe d'armées, apprit la nouvelle, il vit aussitôt l'occasion ainsi offerte de disloquer le dispositif ennemi sur le Rhin et il s'exclama joyeusement au téléphone : « Bon sang, ça va ouvrir les Fritz en deux! » Mais l'officier d'état-major d'Eisenhower, chargé des opérations, qui était en visite au Q.G. de Bradley, refroidit les enthousiasmes en objectant : « Vous n'allez rien faire du tout à Remagen, cela ne cadre pas avec le plan. » Et, le lendemain, Bradley reçut l'ordre très précis de ne pas lancer de forces importantes dans cette tête de pont.

Ce coup d'arrêt fut d'autant plus durement ressenti que, quatre jours plus tôt, la IXe armée U.S., qui avait atteint le Rhin près de Düsseldorf, fut empêchée par Montgomery d'essayer de traverser le fleuve immédiatement comme son chef, le général Simpson, le désirait. L'impatience devant ces coups d'arrêt croissait de jour en jour car la grande offensive de Montgomery sur le Rhin n'était pas prévue avant le 24 mars, soit trois semaines plus tard.

Patton, chaudement approuvé par Bradley, décida donc de balayer les forces allemandes situées à l'ouest du Rhin, tout en cherchant un endroit favorable à une traversée prochaine. Le 21 mars, Patton avait nettoyé la rive ouest du Rhin sur une distance de 110 kilomètres entre Coblence et Mannheim, après avoir isolé les troupes allemandes du secteur sans leur laisser le temps de se replier sur le fleuve. La nuit suivante, les forces de Patton traversaient le Rhin à Oppenheim, entre Mayence et Mannheim, sans pratiquement rencontrer d'opposition.

Lorsque Hitler apprit cette attaque surprise, il ordonna de la contrer immédiatement, mais il lui fut répondu qu'il n'y avait plus aucune ressource disponible et que tout ce que l'on pouvait faire pour aider les défenseurs à combler la brèche était de leur envoyer 5 chars qui venaient d'être réparés dans un dépôt situé à 150 kilomètres. « Le garde-manger était vide » et l'avance américaine au-delà du Rhin devint une procession.

A cette date, Montgomery avait terminé ses préparatifs très élaborés en vue du grand assaut sur le Rhin près de Wesel, 240 kilomètres en aval. Il avait concentré là 25 divisions et amassé 250 000 tonnes de munitions et autre ravitaillement dans des dépôts situés sur la rive ouest. Les 50 kilomètres de fleuve où il avait l'intention d'attaquer n'étaient défendus que par 5 divisions allemandes peu nombreuses et épuisées.

L'attaque fut déclenchée dans la nuit du 23 mars après un formidable bombardement exécuté par plus de 3 000 canons et des vagues successives de bombardiers. Les premiers éléments d'infanterie, appuyés par des chars flottants, franchirent le fleuve pour établir des têtes de pont sur la rive orientale sans rencontrer de forte résistance. Au lever du jour, 2 divisions aéroportées furent larguées en avant de ces têtes de pont pour dégager la route, tandis que des ponts étaient rapidement construits pour laisser passer les divisions, les chars et les véhicules de renfort. On se rend compte du peu d'opposition rencontrée si l'on considère que la IXe armée U.S., qui fournissait la moitié de l'infanterie d'assaut, eut moins de 40 tués. Les pertes britanniques furent également très légères et la résistance ne s'acharna qu'en un seul point, dans le village de Rees, situé sur le Rhin, où un bataillon de parachutistes allemands résista pendant trois jours.

Le 28, la tête de pont avait été agrandie sur une profondeur de plus de 30 kilomètres et un front de 50 kilomètres. Mais Montgomery, toujours inquiet de la capacité de résistance de l'armée allemande, n'ordonna une avance générale vers l'est que lorsqu'il eut rassemblé 20 divisions et 1 500 chars dans la tête de pont.

Une fois la progression déclenchée, l'obstacle le plus sérieux provint des monceaux de ruines créés par les efforts excessifs de bombardement de l'aviation alliée qui avait réussi à bloquer par ce moyen les routes de l'avance d'une manière plus efficace que l'ennemi n'aurait pu le faire. En effet, le désir dominant des Allemands, tant civils que militaires, était désormais de voir les armées anglo-américaines progresser vers l'est aussi rapidement que possible pour atteindre Berlin et occuper le maximum de territoire avant que les Russes n'eussent franchi la ligne de l'Oder. Très peu d'entre eux étaient disposés à obéir aux ordres d'autodestruction de Hitler pour retarder l'avance alliée.

A la veille de la traversée du Rhin, Hitler avait donné l'ordre de « conduire la bataille sans se soucier de la population allemande ». Ses commissaires régionaux reçurent l'instruction de détruire « toutes les installations industrielles, toutes les centrales électriques, usines de distribution d'eau et usines à gaz », ainsi que « tous les magasins d'alimentation et de vêtements », afin de créer un « désert » sur le chemin des Alliés.

Mais son propre ministre de la Production de Guerre, Albert Speer, protesta aussitôt contre cet ordre draconien. Hitler lui répliqua : « Si la guerre est perdue, la nation allemande périra également. Il est donc inutile de tenir compte des besoins de la population pour survivre. »

Cette absence totale de sentiment ébranla la loyauté de Speer. Derrière le dos de Hitler, il prit contact avec les chefs de l'armée et de l'industrie et n'eut aucune peine à les persuader de ne pas obéir au décret de Hitler.

Au fur et à mesure que la fin approchait, les illusions de Hitler continuaient de grandir et, pratiquement jusqu'à la dernière heure, il compta sur une espèce de miracle pour sauver la situation. Il aimait lire ou se faire lire, le chapitre de l'*Histoire de Frédéric le Grand*, où Carlyle raconte comment Frédéric le Grand fut sauvé au moment le plus sombre, alors que ses armées étaient sur le point de s'effondrer, par la mort de l'impératrice de Russie qui entraîna la dissolution de l'alliance ennemie. Hitler étudiait également les horoscopes qui avaient prédit qu'à un désastre survenu en avril succéderait un brusque retournement de situation conduisant à une paix satisfaisante en août.

Le 12 avril à minuit, Hitler apprit la mort subite du président Roosevelt.

Goebbels lui téléphona pour lui dire : « Mon Führer, je vous félicite. Le destin a abattu votre plus grand ennemi. Dieu ne nous a pas abandonné. » Il semblait que le « miracle » attendu par Hitler se fût produit, une répétition de la mort de l'impératrice de Russie au moment critique de la Guerre de Sept Ans, au XVIIIe siècle. Hitler devint donc convaincu que ce que Churchill appelait la « Grande Alliance » entre les puissances orientales et occidentales allait maintenant se rompre sous l'effet des rivalités d'intérêts.

Mais cet espoir ne se réalisa pas et, quinze jours plus tard, Hitler fut amené à se suicider, comme Frédéric le Grand était sur le point de le faire lorsque son « miracle » était venu sauver la situation et sa vie.

Au début du mois de mars, Joukov avait agrandi sa tête de pont sur l'Oder, mais il n'était pas parvenu à percer. Les Soviétiques continuaient d'avancer aux extrémités du front et ils entrèrent dans Vienne à la mi-avril. Entretemps, le front occidental allemand s'était effondré et les armées alliées avançaient vers l'est sans guère rencontrer d'opposition. Le 11 avril, elles atteignirent l'Elbe, à 100 kilomètres de Berlin. Arrivées là, elles firent halte. Le 16, Joukov reprit l'offensive, en coopération avec Koniev qui força un passage sur la Neisse.

Cette fois, les troupes soviétiques firent irruption de leurs têtes de pont et, moins d'une semaine plus tard, elles entraient dans la banlieue de Berlin, où Hitler avait décidé de rester pour la bataille finale. Le 25, la ville avait été complètement isolée par l'encerclement des armées de Joukov et de Koniev et, le 27, les forces de Koniev firent leur jonction avec les Américains sur l'Elbe. Mais, dans Berlin, les Allemands opposèrent uns résistance désespérée, rue par rue, qui ne cessa que lorsque la guerre elle-même s'arrêta, après le suicide de Hitler, avec la capitulation sans conditions de l'Allemagne.

En Europe, la guerre se termina officiellement le 8 mai 1945 à minuit, mais cette date ne marque que la reconnaissance officielle d'une réalité qui s'était établie en plusieurs étapes au cours de la semaine précédente. Le 2 mai, tous les combats avaient cessé sur le front italien où le document de capitulation avait en fait été signé trois jours plus tôt. Le 4 mai, une capitulation identique fut signée au Q.G. de Montgomery sur la Lande de Luneberg, par les représentants des forces allemandes de l'Europe du Nord-Ouest. Le 7 mai, un nouveau document de capitulation, concernant toutes les forces allemandes, fut signé au Q.G. d'Eisenhower à Reims. Ce fut une cérémonie finale plus solennelle en présence de représentants soviétiques, américains, britanniques et français. Ces formalités de capitulation suivirent de peu la mort de Hitler. Le 30 avril, le lendemain de son mariage avec la dévouée Eva Braun, il s'était suicidé avec elle dans les ruines de la chancellerie à Berlin, alors que les Soviétiques étaient tout proches, et leurs cadavres avaient été hâtivement incinérés dans le jardin selon les instructions du Führer.

La première des trois capitulations officielles des forces allemandes fut la plus significative, car l'armistice du front italien fut signé alors que Hitler était encore en vie, et en bafouant son autorité. C'était, de plus, la conclusion de négociations clandestines qui avaient été entamées près de deux mois auparavant, au début du mois de mars. Les chefs ennemis qui se trouvaient en Allemagne étaient trop près de la personnalité dominatrice de Hitler pour s'aventurer dans de telles initiatives, bien qu'ils se fussent entretenus depuis longtemps déjà et en privé du caractère urgent de cette nécessité. Un grand nombre d'entre eux avait perdu tout espoir après le débarquement allié en Normandie, l'été précédent. Presque tous avaient perdu tout espoir et toute volonté en février 1945, après l'échec de leur contre-offensive des Ardennes et la ruée soviétique en Allemagne orientale. Ils continuèrent le combat surtout par crainte, crainte de rompre leur serment de loyauté envers Hitler, crainte de sa colère, et crainte d'être pendus sur son ordre pour désobéissance — craintes qui avait été renforcées par celle du châtiment que les Alliés promettaient de façon inquiétante après une « capitulation sans conditions ».

Au cours des mois suivants, la guerre ne fut prolongée pratiquement que par la détermination inflexible de Hitler. Elle aurait pu être terminée plus rapidement si les Alliés occidentaux avaient été moins inflexibles dans leur exigence d'une « capitulation sans conditions » et avaient mieux saisi les conséquences de cette exigence sur la mentalité allemande. L'adoption d'une attitude moins rigide, et la concession d'assurances raisonnables au sujet du traitement réservé aux Allemands auraient sans aucun doute entraîné un tel flot de capitulations ordonnées par les plus grands chefs militaires que le front se serait rapidement effondré, entraînant avec lui le régime nazi et que Hitler aurait perdu toute possibilité de s'entêter dans la lutte.

39.
L'effondrement du Japon

Deux facteurs cumulatifs de la défaite du Japon furent, par leur nature et leurs effets, des formes d'attrition. Le premier facteur joua sur la mer — ou plus précisément sous la mer; le second dans les airs. Le premier fut celui dont les effets se firent d'abord sentir [1].

L'empire japonais était fondamentalement un empire maritime dépendant encore plus de la mer pour son ravitaillement que l'empire britannique. Sa capacité de guerre reposait sur de vastes importations de pétrole, minerai de fer, bauxite, charbon à coke, nickel, manganèse, aluminium, étain, cobalt, plomb, phosphate, graphite, potasse, coton, sel et caoutchouc. De plus, pour son alimentation, il lui fallait importer la plus grande partie de son sucre et de ses graines de soja, ainsi que 20 % de son blé et 17 % de son riz.

Cependant, le Japon entra en guerre avec une marine marchande n'excédant pas 6 millions de tonneaux brut, soit un chiffre largement inférieur au tiers de la marine marchande britannique au début de 1939 (environ 9 500 navires jaugeant au total plus de 21 millions de tonneaux). De plus, le Japon, malgré les enseignements de la guerre au cours des deux années d'intervalle et ses visées expansionnistes, n'avait pas fait grand-chose pour organiser la protection de ses navires marchands : pas de système de convois, pas de porte-avions d'escorte. C'est seulement lorsque sa flotte marchande eut été considérablement réduite qu'il fit des efforts sérieux pour réparer ces omissions.

La conséquence de tout cela fut que la flotte marchande japonaise devint une cible facile pour les sous-marins américains. Au début de la guerre du Pacifique, le caractère défectueux des torpilles américaines réduisit les effets, mais, une fois que les défauts eurent été corrigés, les attaques sous-marines

1. Cf. cartes pp. 206-207 et 618 .

tournèrent au massacre. Alors que les sous-marins japonais faisaient essentiellement porter leurs attaques sur les bâtiments de guerre — et durent plus tard être utilisés pour ravitailler des garnisons contournées —, les sous-marins américains furent largement employés contre les navires marchands. En 1943, ils en coulèrent 296, représentant un total de 1 335 000 tonneaux, et, en 1944, leur campagne devint encore plus dévastatrices : dans le seul mois d'octobre, ils coulèrent un nombre de bateaux marchands représentant au total 321 000 tonneaux. Les effets obtenus étaient d'autant plus graves que les attaques visaient essentiellement les pétroliers japonais. En conséquence, la principale flotte japonaise devait rester à Singapour afin d'être à proximité des zones de production du pétrole, tandis qu'au Japon même l'instruction des pilotes souffrait du manque d'essence pour les vols d'entraînement.

Les sous-marins infligèrent également de lourdes pertes aux bâtiments de guerre japonais qui représentèrent environ un tiers de leurs victimes. Dans la bataille de la mer des Philippines, ils coulèrent 2 porte-avions japonais d'escadre, le *Taiho* et le *Shokaku*, et, au cours des derniers mois de 1944, ils coulèrent, ou mirent définitivement hors de combat, 3 autres porte-avions et près de 40 destroyers.

Lorsque les sous-marins américains commencèrent d'opérer à partir de a baie de Subic, dans l'île de Luçon, la plus grande partie de la marine marchande japonaise avait été éliminée et les bonnes cibles se faisaient tellement rares qu'un certain nombre de sous-marins furent employés à recueillir les équipages des bombardiers qui avaient fait un amerrissage forcé au retour de raids sur le Japon.

Eà résumé, la contribution des sous-marins américains à la victoire fut immense et ce ne fut pas le moindre de leurs mérites d'avoir empêché les Japonais d'envoyer des renforts et du ravitaillement à leurs garnisons isolées. Mais leur plus beau résultat est d'avoir coulé 60 % des 8 millions de tonneaux de navires marchands japonais pendant la guerre. Ce facteur fut le plus important de tous dans l'effondrement final du Japon, car il fut décisif en exploitant sa faiblesse économique et sa dépendance de l'extérieur pour son ravitaillement.

Okinawa

Les derniers préparatifs en vue de l'attaque amphibie d'Okinawa, nommée « Opération Iceberg », étaient en cours avant la fin de la conquête d'Iwo Jima et la date des débarquements était fixée au 1er avril, soit à peine six semaines après ceux d'Iwo Jima. Okinawa est une grande ville, la plus grande de l'archipel de Riou-Kiou; elle mesure 100 kilomètres de long pour une largeur moyenne de 13 kilomètres; elle était donc assez grande pour fournir aux Américains une base terrestre et navale en vue d'une invasion du Japon. Elle se trouvait située exactement à mi-chemin entre Formose et le

Japon, à 550 kilomètres de l'un et de l'autre et à 570 kilomètres de la côte chinoise. Une force établie sur Okinawa menaçait donc ces trois objectifs à la fois, tandis que les avions basés sur l'île étaient en mesure de dominer les approches de ces trois objectifs.

La surface de l'île était accidentée et boisée, à l'exception de certaines parties du Sud où se trouvaient les aérodromes — et même là il était facile de creuser dans les arêtes de calcaire. Elle était donc dotée d'une puissance défensive naturelle, qui fut largement augmentée par le renforcement de la garnison, constituée par la XXXIIe armée du général Ushijima, dont les effectifs furent portés aux environs de 77 000 combattants et 20 000 auxiliaires, soit au total près de 100 000 hommes dotés d'une artillerie abondante, lourde et légère, et bien disposée dans des sites fortifiés. En effet, le Haut Commandement japonais était décidé à défendre Okinawa avec toutes les forces disponibles, et il adopta la tactique d'une défense en profondeur obstinée à l'intérieur de l'île, comme sur Iwo Jima, sans perdre ses forces, en se battant sur les plages où les navires de guerre américains pouvaient pulvériser les troupes japonaises. Pour la contre-offensive, le G. Q.G. impérial avait conservé plus de 2 000 avions, rassemblés sur des aérodromes du Japon et de Formose, et il prévoyait de faire usage de la tactique des *kamikazes* sur une échelle encore jamais vue.

Le Haut Commandement américain se rendait compte que Okinawa serait extrêmement difficile à conquérir, nécessitant le recours à une supériorité numérique écrasante qui impliquerait d'énormes problèmes logistiques. Il prévoyait d'y débarquer la Xe armée, récemment formée sous les ordres du général Simon B. Buckner, en employant 5 divisions et 116 000 hommes dans l'attaque initiale, avec 2 autres divisions pour l'exploitation et une huitième en réserve. Au total, les forces d'assaut (3 divisions de Marines et 4 d'infanterie) représentaient quelque 170 000 combattants et 115 000 auxiliaires administratifs. En plus d'avoir à vaincre l'opposition de la puissante garnison japonaise, elles auraient à contrôler une population de près de 500 000 habitants.

Dans le dessein de réduire la menace de contre-offensive aérienne, l'amiral Mitscher lança une série de raids sur le Japon (du 18 au 21 mars), à partir de son groupe de porte-avions rapides, une semaine avant le débarquement. Ses appareils abattirent quelque 160 avions japonais et en détruisirent un grand nombre d'autres au sol, mais au prix de la perte de 3 porte-avions (le *Wasp*, le *Yorktown*, et le *Franklin*) gravement endommagés par des attaques de *kamikazes*. La semaine suivante, les Superforteresses B.29 de Guam furent détournées de leurs attaques massives sur les villes japonaises pour frapper les aérodromes de Kyoushou (la principale île méridionale du Japon). Un autre préliminaire important fut l'occupation des îles Kerama Retto, 25 kilomètres à l'ouest d'Okinawa, dans l'intention de s'en servir comme base navale avancée, à l'initiative de l'amiral Kelly Turner. L'archipel fut occupé le 27 mars par une division américaine qui rencontra peu d'opposition. Le lendemain, des pétroliers arrivèrent pour mettre la rade en service.

La flotte britannique du Pacifique (2 cuirassés, 4 porte-avions, 6 croiseurs et 15 destroyers) de l'amiral Sir Bruce Fraser, qui était arrivée sur les lieux à la mi-mars, fut chargée de protéger la zone située au sud-ouest d'Okinawa.

Le 1er avril, jour de Pâques, les principales opérations de débarquement furent déclenchées à 8 h 30, après trois heures d'intense bombardement naval et aérien préparatoire. Le même jour, l'amiral Turner prit le commandement de toutes les forces situées dans les eaux d'Okinawa. Les débarquements eurent lieu dans la partie méridionale de la côte ouest, là où une courte avance permettrait d'isoler l'extrémité sud de l'île. Ils ne rencontrèrent aucune opposition et, à 11 heures du matin, les deux aérodromes situés dans la zone de 8 kilomètres de large où avaient lieu les débarquements, furent occupés sans que l'ennemi se fût montré, à la grande surprise des attaquants. Le soir, la tête de pont américaine atteignait 15 kilomètres de large et plus de 60 000 hommes avaient touché terre sans encombre. Le 3 avril, ils avaient traversé l'île, et le lendemain, la tête de pont fut élargie jusqu'à 25 kilomètres. C'est seulement à partir du 4, lorsque les Américains s'avancèrent vers le sud, qu'ils commencèrent de rencontrer une opposition grandissante de la part des 2 divisions et demie japonaises qui défendaient la partie méridionale de l'île.

Cependant l'aviation japonaise s'était montrée active dès le début de l'offensive et, à partir du 6 avril, les attaques de *kamikazes* s'intensifièrent. Près de 700 avions, dont la moitié de *kamikazes*, étaient envoyés sur Okinawa les 6 et 7 avril. La plupart d'entre eux furent abattus, après avoir coulé ou endommagé 13 destroyers américains.

La journée du 6 avril fut aussi marquée par la plus remarquable action suicide de la marine japonaise : le cuirassé géant *Yamato* fut envoyé sur les lieux avec une petite escorte navale, mais sans couverture aérienne et avec juste assez de mazout pour son voyage aller. Son approche fut rapidement repérée et maintenue sous surveillance constante, pendant que les porte-avions de Mitscher se préparaient à lancer 280 appareils à sa rencontre. Le 7, à 12 h 30, il fut soumis à une violente attaque à l'aide de torpilles et de bombes et il coula au bout de deux heures en entraînant d'immenses pertes en vies humaines. Comme le *Tirpitz*, il n'eut jamais l'occasion de se servir de ses grosses pièces contre des cuirassés ennemis et son sort apporta une confirmation supplémentaire de la fin de l'ère des cuirassés.

La campagne terrestre dura plus longtemps. Le 13 avril, les Japonais du sud de l'île lancèrent une petite contre-offensive qui fut aisément repoussée. Entre-temps, la 6e division de Marines avait facilement progressé vers le nord, jusqu'à la péninsule rocheuse et boisée de Motobu, où elle fut momentanément arrêtée. Mais les forces japonaises de ce secteur ne comportaient que 2 bataillons et leurs positions furent enlevées le 17, grâce à un habile stratagème. Des groupes épars continuèrent de résister jusqu'au 6 mai, mais la balance penchait nettement en faveur des Américains, les Japonais ayant eu quelque 2 500 tués contre moins de 250 pour les Marines. De plus un détachement de Marines avait atteint l'extrémité nord de l'île, le 13 avril, sans rencontrer d'opposition. Les petites îles voisines furent également occupées pendant cette période, sans grande difficulté, à l'exception de la Shima.

Le 19 avril, le 24e corps du général Hodges lança une attaque avec 3 divisions d'infanterie, contre les positions japonaises situées dans le sud d'Okinawa. Mais l'intense bombardement préparatoire naval, aérien et terrestre eut peu d'effet sur les défenses souterraines japonaises. L'avance fut minime et les pertes importantes, même après l'arrivée en première ligne des 1re et 6e divisions de Marines. Cependant, début mai, les chefs militaires japonais locaux, avec un dédain caractéristique pour l'action défensive, aussi profitable soit-elle, décidèrent de lancer une contre-offensive en conjonction avec une nouvelle vague d'attaques de *kamikazes*. Malgré une pénétration en un certain point, la contre-offensive fut repoussée avec de très lourdes pertes — quelque 5 000 morts. Cela facilita quelque peu la reprise de l'offensive américaine, le 10 mai, mais les progrès de celle-ci furent arrêtés la semaine suivante par de fortes pluies prolongées.

Dans l'intervalle, les Japonais se replièrent du secteur de Shuri, protégeant Naha, la capitale de l'île, pour gagner des positions situées plus au sud. Début juin, les Américains reprirent leur avance malgré la boue et, vers le milieu du mois, les Japonais furent repoussés dans l'extrême sud de l'île. Là, leur position fortement défendue le long de l'escarpement de Yaeju-Dake fut enlevée le 17, grâce à l'emploi de lance-flammes. Ushijima et son état-major se suicidèrent, imités par de nombreux Japonais, mais 7 400 hommes se rendirent au cours des opérations de nettoyage qui suivirent. Ce revirement était significatif.

Le total des pertes japonaises fut estimé à 110 000 hommes, y compris des habitants d'Okinawa enrôlés par l'armée japonaise, alors que les Américains avaient perdu 49 000 hommes (dont 12 500 tués) — ce qui représente leurs plus lourdes pertes au cours de toute la guerre du Pacifique.

Pendant les trois mois que dura la campagne d'Okinawa, l'aviation japonaise lança dix attaques massives de *kamikazes*, nommées « Kikusui » (Chrysanthèmes flottants). Ces raids totalisèrent plus de 1 500 attaques individuelles de *kamikazes*, ainsi qu'un nombre presque équivalent d'attaques suicides identiques de la part d'autres avions. En tout, 34 embarcations furent coulées et 368 endommagées, la plupart par des *kamikazes*. Cette douloureuse expérience fit naître bien des appréhensions quant à ce qui se passerait lors de l'invasion du Japon proprement dit, et elle contribua ainsi à la décision, prise en juillet, de faire usage de la bombe atomique.

Opérations de nettoyage dans le Pacifique et en Birmanie

Le rythme de la double avance américaine avait été grandement accéléré par l'adoption d'une stratégie de contournement, consistant à s'emparer uniquement des points pouvant servir de marchepieds stratégiques vers le Japon ou permettant le contrôle stratégique du Pacifique. Mais lorsque leurs forces arrivèrent aux portes du Japon, et se préparèrent en vue du bond final, les chefs d'état-major considérèrent qu'il était souhaitable de dégager les arrières en nettoyant les garnisons isolées sur les îles principales qui avaient été contournées. L'avant-dernière phase de la guerre consista en une vaste série d'opérations de nettoyage dans plusieurs secteurs. Après la rapide avance de Slim jusqu'à Rangoon, il était encore plus nécessaire de nettoyer le Centre-Sud de la Birmanie, avant de se lancer dans la reconquête de Singapour et des Indes néerlandaises.

En Birmanie [1]

Lorsque Slim atteignit Rangoon, début mai 1945, il y avait encore dans son sillage quelque 60 000 Japonais à l'ouest de la Salween, et il était important de les empêcher de s'échapper vers l'est, en Thaïlande, ainsi que de les mettre hors d'état de nuire encore dans la zone conquise par Slim, lors de son avance sur Rangoon. Une partie du 4e corps de Messervy fit donc demi-tour pour garder les passages sur le Sittang, tandis qu'une autre partie allait rejoindre le 33e corps de Stopford qui descendait la vallée de l'Irrawaddi. Au cours du mois de mai, Stopford réussit à deux reprises à empêcher les restes de la XXVIIIe armée de Sakurai de traverser l'Irrawaddi pour aller vers l'est, mais de nombreux éléments isolés parvinrent à traverser et quelque 17 000 hommes atteignirent la région de Pegu Yomas située entre l'Irrawaddi et le Sittang. Une attaque de diversion lancée par la XXXIIIe armée de Honda, pour essayer de leur venir en aide, échoua, et, à partir de la mi-juillet, les troupes de Sakurai tentèrent de passer au travers de l'écran de Messervy en se fractionnant en de nombreux petits groupes de quelques centaines d'hommes chacun. Mais la plupart de ces groupes furent interceptés et écrasés; moins de 6 000 hommes parvinrent sur la rive est du Sittang, alors en pleine crue, et ils étaient hors d'état de continuer le combat.

Nouvelle-Guinée, Nouvelle-Bretagne et Bougainville [2]

Au cours de son avance par bonds le long de la côte septentrionale de Nouvelle-Guinée, au cours de la première moitié de 1944, MacArthur avait contourné plusieurs garnisons japonaises, et, lorsque les Américains s'attaquèrent aux Philippines, ils laissèrent derrière eux les restes de 5 divisions ennemies. Un grand nombre de soldats japonais restèrent également isolés sur les îles de Nouvelle-Bretagne et de Bougainville. Dans une directive en date du 12 juillet, prenant effet à l'automne, MacArthur confia au général Sir Thomas Blamey, le commandant en chef australien, la mission de « poursuivre la neutralisation » des forces japonaises restant dans ces

1. Cf. cartes pp. 517 et 636.
2. Cf. cartes pp. 359 et 618.

secteurs. Blamey préféra interpréter cette directive d'une manière plus offensive, bien qu'il n'eût eu à sa disposition que 4 divisions (dont 3 divisions territoriales), après la désignation de 2 divisions des Forces impériales australiennes pour la campagne des Philippines.

La 6e division australienne fut envoyée à Aitape, d'où elle devait s'avancer vers l'est en décembre pour détruire les 3 faibles divisions d'Adachi (environ 35 000 hommes) situées aux alentours de Wewak, qui étaient non seulement isolées, mais aussi sous-équipées, sous-alimentées et ravagées par la maladie. Cette avance de 150 kilomètres à travers un terrain très difficile fut éprouvante pour le système de transport australien et pour le moral des troupes miné par la maladie et par l'absence d'intérêt stratégique réel de l'opération. La progression fut très lente. Wewak ne fut prise qu'en mai, six mois plus tard; des éléments japonais résistaient encore dans l'intérieur lorsque la fin de la guerre survint, en août 1945. Au cours de la campagne, les effectifs japonais avaient fondu d'un cinquième tandis que les Australiens avaient perdu à peine 1 500 hommes au combat mais plus de 16 000 par maladie.

La 5e division australienne avait été envoyée en Nouvelle-Bretagne, dans l'archipel Bismarck, et son chef, le général A. N. Ramsay, fit preuve de plus de bon sens. Lorsque les Australiens arrivèrent, en novembre, les Américains contrôlaient les cinq sixièmes de cette grande île, mais le reste était défendu par près de 70 000 Japonais concentrés pour la plupart dans leur base de Rabaul. Après une courte avance jusqu'à l'endroit où l'île se rétrécissait, les Australiens se contentèrent de patrouiller dans cette zone étroite et de laisser la situation de la garnison japonaise se détériorer d'elle-même. Les Japonais furent donc neutralisés avec un minimum de pertes jusqu'à ce que la fin de la guerre entraînât leur capitulation.

Bougainville, située à l'extrémité ouest des îles Salomon, est la plus grande de l'archipel. C'est là que fut envoyé le 2e corps du général Savige avec la 3e division australienne et 2 brigades supplémentaires. Ici encore, il n'était pas vraiment nécessaire d'entreprendre une action offensive, car les Japonais concentrés pour la plupart autour de Buin, dans le sud de l'île, étaient surtout occupés à la culture de légumes et à la pêche pour essayer d'améliorer leur maigre ordinaire. Mais Savige lança une offensive au début de 1945. Celle-ci ne progressa que lentement car elle stimula les Japonais à se battre avec acharnement pour la défense de la zone dont ils tiraient leur nourriture, et, au bout de six mois, elle fut interrompue par des inondations. Comme en Nouvelle-Guinée, les soldats australiens ne se montrèrent pas très enthousiastes pour une mission dont ils sentaient — à juste titre — l'inutilité.

Bornéo

L'initiative de la reconquête de Bornée vint en grande partie des Américains qui désiraient couper le ravitaillement des Japonais en pétrole et en caoutchouc et souhaitaient créer une base avancée pour la flotte britannique dans la baie de Brunei. Les chefs d'état-major britanniques n'étaient pas en faveur de cette opération, car ils voulaient une base aux Philippines et ils ne désiraient pas ramener en arrière, vers le sud, leur flotte du Pacifique qui était déjà engagée dans le secteur d'Okinawa. L'opération fut donc confiée au 1er corps australien (2 divisions) du général Sir Leslie Morshead sous la protection de la VIIe Flotte U.S. L'île de Tarakan, située au large de la côte nord-est, fut prise le 1er mai 1945 et la baie de Brunei, sur la côte ouest, fut occupée le 10 juin sans opposition sérieuse. A partir de là, les troupes australiennes descendirent la côte et entrèrent dans Sarawak. Début juillet, après un bombardement prolongé, le centre pétrolier de Balikpapan, sur la côte sud-est, fut attaqué et conquis, après une résistance assez vive, au cours de ce qui fut la dernière opération amphibie importante de la guerre.

A cette date, les préparatifs britanniques pour la reconquête de Singapour étaient bien avancés, mais ils furent rendus inutiles par la capitulation de Singapour, en août. Lorsque Mountbatten arriva à Singapour, le 12 septembre, ce fut donc uniquement pour y recevoir la capitulation générale des forces japonaises du Sud-Est asiatique, qui avait déjà été signée dans le cadre d'un accord préliminaire conclu à Rangoon le 27 août. Elle entraîna la reddition de 750 000 Japonais.

Les Philippines

Bien que les Américains se fussent emparés du contrôle stratégique des Philippines cinq mois après leur premier débarquement dans l'île de Leyte, en octobre, des forces japonaises importantes se trouvaient encore dans l'archipel en mars. Dans la seule île de Luçon, on a eu la preuve par la suite que les Japonais étaient environ 170 000, soit beaucoup plus que les Américains ne le croyaient à l'époque. Les groupes les plus importants se trouvaient dans le nord de Luçon, sous les ordres de Yamashita lui-même, mais quelque 50 000 hommes, sous les ordres du général Yokoyama, tenaient la montagne au-dessus de Manille, la capitale, et contrôlaient le ravitaillement en eau de la ville. Les premières tentatives pour les évincer furent tenues en échec, et les Japonais prirent même l'offensive contre le 14e corps du général Griswold, auquel avait été confié la mission de les détruire. A la mi-mars, le 11e corps du général Hall vint prendre la relève, et, à la fin du mois de mai, il s'était emparé des deux principaux barrages d'Awa et d'Ipo. A cette date, les forces de Yokoyama avaient été réduites de moitié par la faim et la maladie, et elles se désagrégèrent bientôt en groupes désorganisés qui furent pourchassés et harcelés par les guerilleros philippins et les troupes américaines. Pour un homme tué au combat, deux périrent de faim ou de maladie. A la fin de la guerre moins de 7 000 survivants capitulèrent.

De leur côté, les forces du général Krueger nettoyaient les passages dans la mer Visayenne pour raccourcir la route maritime entre Leyte et Luçon, puis elles commencèrent le même travail sur la partie méridionale de Luçon. D'autres forces en firent autant sur les îles situées au sud de Leyte et s'établirent sur Mindanao où le G.Q.G. impérial japonais avait placé 40 000 hommes, prévoyant que cette île serait un objectif prioritaire de l'invasion américaine. Avant l'été, toutes les forces japonaises de ces secteurs s'étaient repliées dans les montagnes où elles dépérirent rapidement de faim et de maladie.

La dernière étape de ce processus fut l'attaque américaine contre les forces de Yamashita, dans le nord de Luçon. Lancée le 27 avril par 3 divisions U.S., bientôt renforcées par une quatrième, elle rencontra des difficultés croissantes en pénétrant dans les montagnes où Yamashita avaient concentré plus de 50 000 hommes, soit plus du double des estimations américaines. Il résistait encore lorsque la guerre se termina, à la mi-août, et il capitula à la tête d'encore 40 000 hommes, sans compter 10 000 autres dans d'autres parties du nord de Luçon. La nécessité stratégique de cette coûteuse campagne de nettoyage ne fut jamais évidente.

L'offensive stratégique aérienne américaine

L'offensive aérienne contre le Japon ne devint véritablement efficace que lorsqu'elle put être lancée des îles Mariannes qui avaient été conquises, en majeure partie à cet effet, pendant l'été 1944.

Son principal instrument fut la Superforteresse Boeing B.29, le plus grand bombardier de la Seconde Guerre mondiale, qui pouvait emporter jusqu'à 7 700 kg de bombes, voler à près de 560 km/h et atteindre une altitude de plus de 10 000 mètres. Il avait un rayon d'action de plus de 6 400 kilomètres et était bien protégé par son blindage, ainsi que par les 13 mitrailleuses dont il était muni.

A la mi-juin 1944, les aciéries de Yawata, sur l'île de Kyoushou, furent bombardées par une cinquantaine de B.29 basés en Chine ou en Inde, mais cette attaque, comme les suivantes, ne causa pas de grands dommages. Seulement 800 tonnes de bombes furent larguées sur le Japon par cette route aérienne au cours de la seconde moitié de 1944 et les B.29 du 20e Bomber Command accaparaient une telle proportion du ravitaillement aérien arrivant en Chine, qu'étant donné la médiocrité des résultats, ils furent retirés début 1945.

Le premier aérodrome des îles Mariannes, à Saipan, fut prêt à entrer en service à la fin du mois d'octobre 1944, et il reçut le premier wing (112 appareils) du 21e Bomber Command. Un mois plus tard, le 24 novembre, 111 B.29 s'envolaient de là pour aller bombarder une usine aéronautique de Tokyo. C'était la première attaque sur Tokyo depuis le raid du colonel Doolittle, en avril 1942. Elle inaugura la nouvelle offensive. Moins de 25 % des bombes atteignirent leurs cibles, mais seulement 2 appareils furent abattus, malgré les 125 chasseurs japonais envoyés à leur rencontre.

Au cours des trois mois suivants, les B.29 poursuivirent leur bombardement diurne de précision, inspiré de leur expérience européenne, mais les effets furent décevants. Ils forcèrent néanmoins les Japonais à commencer de disperser leurs usines aéronautiques et autres. Mais, en mars 1945, le nombre de B.29 avait triplé aux îles Mariannes, et le général Curtis Lemay, qui avait pris le commandement du secteur, décida de les affecter désormais au bombardement de zone nocturne à basse altitude — afin d'exploiter les faiblesses japonaises en matière de défense nocturne, de permettre d'emporter un plus grand nombre de bombes, de reposer un peu les moteurs et d'atteindre une meilleure efficacité en touchant les nombreux petits objectifs industriels.

Lemay décida également que le B.29 emporteraient désormais des bombes incendiaires à la place de leurs bombes explosives. Chaque B.29 pouvait emporter 40 grappes de 38 bombes incendiaires chacune, qui pouvaient brûler une superficie d'environ six hectares et demi. Les résultats de cette modification furent horriblement efficaces. Le 9 mars, 279 B.29, emportant chacun entre 6 et 8 tonnes de bombes incendiaires, dévastèrent Tokyo. La ville fut incendiée sur plus de 40 km^2, soit le quart de sa superficie, et plus de 267 000 édifices furent détruits. Les pertes de la population civile furent approximativement de 185 000 personnes, alors que les Américains n'avaient perdu que 14 avions. Au cours des neuf jours suivants, les villes d'Osaka, Kobé et Nagoya furent dévastées de la même façon. Le 19, ces attaques cessèrent, les Américains étant tombés à court de bombes incendiaires — ils en avaient largué près de 10 000 tonnes en dix jours.

Mais la dévastation reprit bientôt, et « en mieux ». Le tonnage largué en juillet fut trois fois supérieur à celui de mars. De plus, des milliers de mines furent larguées dans le but de bloquer le trafic côtier japonais. Des bâtiments de commerce japonais, représentant plus de 1 250 000 tonnes, coulèrent et la circulation maritime fut pratiquement arrêtée. Dans les airs, l'opposition était devenue négligeable.

Les conséquences furent fantastiques. Le moral de la population civile baissa fortement à la suite du raid incendiaire sur Tokyo, et cet effet fut encore accentué lorsque Le May commença de lâcher des tracts annonçant les prochains objectifs. Plus de 8 millions et demi de personnes s'enfuirent dans la campagne, faisant fléchir la production à un moment où l'économie de guerre japonaise était presque au bout de son rouleau. La production des raffineries de pétrole avait baissé de 83 %; dans l'aéronautique, la production des moteurs avait baissé de 75 % et celle des cellules de 60 %; dans le domaine de l'équipement électronique la baisse était de 70 %. Plus de 600 usines de guerre importantes avaient été détruites ou gravement endommagés par les bombardements.

Mais, au-delà de toutes ces fonctions, la campagne de bombardement avait montré à la population japonaise que les forces impériales n'étaient plus en mesure de la protéger et que la capitulation, même inconditionnelle, était devenue inévitable. L'usage des bombes atomiques au mois d'août ne fit que confirmer un fait que la plus grande partie du peuple japonais, à l'exception des fanatiques militaires, avait déjà compris.

La bombe atomique et la capitulation japonaise

Dans le dernier volume de ses Mémoires de guerre, Winston Churchill raconte que, le 14 juillet 1945, alors qu'il participait à la conférence de Potsdam avec le président Truman et Staline, on lui fit passer une feuille sur laquelle figurait ce message énigmatique : « Bébés bien arrivés. » M. Stimson, le ministre de la Guerre américaine, lui en expliqua la signification : l'expérimentation de la bombe atomique tentée la veille avait été un succès. « Le président m'invita aussitôt à conférer avec lui, en compagnie du général Marshall et de l'amiral Leahy. »

Donné par Churchill, le récit de ce qui suivit est tellement significatif qu'il est nécessaire de citer ici le passage principal *in extenso.*

> « Il nous sembla soudain être entrés en possession d'un moyen d'abréger charitablement le massacre en Orient et d'ouvrir des perspectives plus heureuses en Europe. Je suis persuadé que ces pensées étaient présentes à l'esprit de mes amis américains. En tout cas, il ne fut jamais question d'aborder une discussion pour savoir s'il fallait utiliser ou non la bombe atomique. Le fait d'être en mesure d'empêcher une vaste et interminable boucherie, de pouvoir mettre un terme à la guerre, rendre la paix au monde, poser des mains réparatrices sur ses peuples torturés, grâce à la manifestation d'une puissance écrasante, au prix de quelques explosions, nous semblait, après tous nos efforts et nos périls, un miracle de délivrance.
>
> « Le consentement britannique de principe à l'emploi de cette arme avait été donné, le 4 juillet, avant l'explosion expérimentale. La décision finale reposait maintenant essentiellement sur les épaules du président Truman qui disposait de la bombe; mais je n'ai jamais douté un seul instant de ce que serait cette décision, comme je n'ai jamais douté depuis qu'il a eu raison. C'est un fait historique qui demeure et qu'il faudra juger plus tard, que la décision ou non d'employer la bombe atomique pour contraindre le Japon à capituler ne fut même jamais discutée. Il y eut autour de notre table un accord unanime, automatique, incontesté, et je n'ai jamais entendu personne suggérer que nous aurions dû agir autrement [1]. »

Mais, un peu plus loin, Churchill lui-même soulève ses propres doutes au sujet de l'emploi de la bombe atomique, lorsqu'il déclare :

> « Ce serait une erreur de croire que le sort du Japon fut décidé par la bombe atomique. Sa défaite était certaine avant le largage de la première bombe et

1. Churchill : *The Second World War*, vol. VI, p. 553.

elle fut la conséquence d'une supériorité navale écrasante. C'est grâce à celle-ci qu'il fut possible de s'emparer des bases maritimes permettant de lancer l'attaque finale et de forcer son armée métropolitaine à capituler sans frapper un seul coup. Sa marine marchande avait été détruite [1]. »

Churchill mentionne également qu'à Potsdam, trois semaines avant Hiroshima, Staline lui déclara en privé avoir reçu un message de l'ambassadeur japonais à Moscou exprimant le désir de paix de son pays — et il ajoute qu'en transmettant cette nouvelle au président Truman, il suggéra d'atténuer quelque peu l'exigence alliée de « capitulation sans conditions », afin de rendre la capitulation plus facile aux Japonais.

Ces approches japonaises avaient commencé bien plus tôt, et étaient déjà beaucoup plus familières aux autorités américaines que Churchill ne le dit, ou peut-être ne le savait. Peu avant Noël 1944, les services de Renseignements américains de Washington reçurent un rapport d'un agent diplomatique bien informé vivant au Japon et disant qu'un parti pacifiste était en train d'apparaître et de gagner du terrain. Cet agent annonçait que le gouvernement du général Koiso — qui avait remplacé en juillet le gouvernement du général Tojo, qui avait entraîné le Japon dans la guerre — serait bientôt remplacé par un gouvernement pacifiste présidé par l'amiral Suzuki, qui prendrait l'initiative de négociations avec l'appui de l'empereur. Cette prédiction fut réalisée en avril.

Le 1er avril, les Américains débarquèrent sur Okinawa. Le choc de cette nouvelle, associé à la note soviétique inquiétante annonçant la fin du pacte de neutralité soviéto-japonais, précipita la chute du cabinet Koiso, le 5 avril, et Suzuki devint alors Premier ministre.

Mais, bien que les chefs du parti de la paix fussent désormais majoritaires dans le gouvernement, ils étaient très embarassés quant à la procédure à suivre. Déjà, en février, à l'initiative de l'empereur Hirohito, des démarches avaient été entreprises auprès de l'U.R.S.S., lui demandant, comme « neutre », de tenir un rôle d'intermédiaire pour conclure la paix entre le Japon et les Alliés occidentaux. Ces démarches furent d'abord menées par les soins de l'ambassadeur soviétique à Tokyo, puis par ceux de l'ambassadeur japonais à Moscou. Mais rien n'en sortit. Les Soviétiques n'avaient pas soufflé mot de ces démarches.

Trois mois s'écoulèrent sans que rien ne transpirât. Puis, à la fin mai, M. Harry Hopkins, l'envoyé personnel du président Truman, se rendit à Moscou pour s'entretenir de l'avenir avec Staline. Lors de leur troisième réunion, Staline aborda la question du Japon. A la conférence de Yalta, en février, il s'était engagé à entrer en guerre contre le Japon à condition d'obtenir les îles Kouriles, toute l'île de Sakhaline, et une position prédominante en Mandchourie. Staline informa Hopkins ce jour-là que ses armées renforcées d'Extrême-Orient se déploieraient le 8 août pour atta-

1. Churchill : *The Second World War*, vol. VI, p. 559.

quer les Japonais sur le front de Mandchourie. Il poursuivit en disant que si les Alliés persistaient dans leur exigence de « capitulation sans conditions », les Japonais se battraient à mort jusqu'au bout, alors qu'en atténuant cette exigence les Alliés encourageraient les Japonais à se rendre, et qu'ils pourraient alors imposer leur volonté et obtenir des résultats sensiblement identiques. Il souligna également que l'Union soviétique entendait prendre une part effective à l'occupation du Japon. C'est au cours de cette conversation qu'il révéla que « certains éléments japonais » étaient en train de « tâter le terrain en vue d'une paix éventuelle ». Mais il ne précisa pas qu'il s'agissait d'initiatives officielles par l'intermédiaire des ambassadeurs.

Bien avant la fin des combats sur Okinawa, le résultat ne faisait aucun doute. Il était également évident, qu'une fois l'île conquise, les Américains pourraient rapidement intensifier leurs bombardements aériens sur le Japon proprement dit, puisque les aérodromes d'Okinawa étaient situés à moins de 650 kilomètres du Japon — soit à peine le quart de la distance séparant le Japon des îles Mariannes.

Le caractère désespéré de la situation était évident pour un esprit stratégique et, en particulier, pour un esprit comme celui de Suzuki, dont les opinions pacifistes avaient amené les extrémistes militaires à le menacer de mort dès 1936. Mais son Cabinet, comme lui-même, était pris dans un problème épineux. Aussi impatients fussent-ils de conclure la paix, l'acceptation de l'exigence alliée de « capitulation sans conditions » apparaîtrait comme une trahison des combattants résolument décidés à se battre jusqu'à la mort; ces forces, qui tenaient encore entre leurs mains la vie de milliers de prisonniers civils et militaires alliés à demi-affamés, pourraient refuser d'obéir à un ordre de cessez-le-feu si elles en jugeaient les conditions trop humiliantes — et surtout s'il était question d'exiger le départ de l'empereur qui, à leurs yeux, n'était pas seulement le souverain mais un dieu.

C'est l'empereur en personne qui prit l'initiative de trancher ce dilemme. Le 20 juin il convoqua en conférence les six membres du Cabinet restreint, formant le conseil directeur suprême de la Guerre, et il leur déclara : « Veuillez examiner les moyens de mettre un terme à la guerre dès que possible. » Les six membres du Conseil étaient tous d'accord sur ce point, mais, alors que le Premier ministre, le ministre des Affaires étrangères et le ministre de la Marine étaient prêts à capituler sans condition, les trois autres, le ministre de la Guerre et les chefs d'état-major de l'Armée et de la Marine étaient en faveur de la poursuite de la résistance jusqu'à ce que des conditions moins draconniennes puissent être obtenues. Il fut finalement décidé d'envoyer le prince Konoye en mission à Moscou pour négocier en vue de la paix, et l'Empereur lui donna, en privé, des instructions pour qu'il ramène la paix à n'importe quel prix. En guise de préliminaire, le ministère japonais des Affaires étrangères informa officiellement Moscou, le 13 juillet, que « l'Empereur désire la paix ».

Le message atteignit Staline au moment précis où celui-ci partait pour la conférence de Potsdam. Il envoya une réponse glaciale disant que la proposition n'était pas assez catégorique pour lui permettre d'agir ou même d'accepter la mission. Cependant, cette fois, il parla à Churchill de cette initiative et c'est à cette occasion que Churchill en parla à son tour à Truman en essayant de suggérer qu'il y aurait peut être intérêt à se départir de l'exigence stricte de « capitulation inconditionnelle ».

Quinze jours plus tard, le Gouvernement japonais envoya un nouveau message à Staline, essayant de rendre encore plus clair le but de la mission, mais il reçut une réponse négative identique. Entre-temps, le gouvernement de Churchill avait été vaincu aux élections générales anglaises, si bien qu'à Potsdam Churchill et Eden avaient été remplacés par Attlee et Bevin lorsque, le 28 juillet, Staline informa la conférence de cette nouvelle initiative.

Cependant, les Américains étaient déjà au courant du désir des Japonais de mettre un terme à la guerre, car leurs services de Renseignements avaient intercepté les messages chiffrés envoyés par le ministre japonais des Affaires étrangères à son ambassadeur à Moscou.

Le président Truman et la plupart de ses principaux conseillers — en particulier M. Stimson et le général Marshall, chef d'état-major de l'armée américaine — étaient maintenant aussi fermement décidés à utiliser la bombe atomique pour accélérer l'effondrement du Japon que Staline l'était à entrer en guerre contre le Japon avant la fin du conflit pour obtenir une position avantageuse en Extrême-Orient.

Certains hommes ressentaient plus de doutes que Churchill ne l'a relaté. Parmi ces derniers figuraient l'amiral Leahy, chef d'état-major du président Roosevelt puis du président Truman. Il répugnait à l'idée d'employer une telle arme contre la population civile : « Mon sentiment intime était qu'en l'employant les premiers, nous avions adopté une morale semblable à celle des barbares de l'Age des Ténèbres. On ne m'a pas appris à faire la guerre de cette façon et les guerres ne se remportent pas en massacrant des femmes et des enfants. » L'année précédente, il avait protesté auprès de Roosevelt contre une proposition suggérant d'employer des armes bactériologiques.

Les savants atomistes eux-mêmes étaient divisés. Le professeur Vannevar Bush avait joué un rôle prépondérant pour obtenir l'appui de Roosevelt et de Stimson en faveur de l'arme atomique; et, de son côté, Lord Cherwell (professeur Lindeman), conseiller personnel de Churchill pour les questions scientifiques, était également l'un des plus ardents avocats de cette arme. Il n'est donc pas surprenant que la Commission créée par Stimson sous la présidence de Bush, au printemps 1945, pour examiner l'éventualité de l'emploi de l'arme atomique contre le Japon, ait fortement recommandé d'utiliser la bombe dès que possible et sans aucun avertissement préliminaire quant à sa nature — de crainte d'un « raté », comme Stimson l'expliqua par la suite.

Par contre, un autre groupe de savants atomistes, dirigé par le professeur James Franck, présenta à Stimson, peu après, vers la fin juin, un rapport exprimant des conclusions très différentes : « Les avantages militaires et l'économie de vies américaines obtenus au moyen de l'emploi subit de bombes atomiques contre le Japon risquent d'être contrebalancés par la vague d'horreur et de répulsion qui se répandra sur le reste du monde [...] Si les États Unis devaient être les premiers à déchaîner ce nouveau moyen de destruction aveugle sur l'humanité, ils renonceraient à la sympathie populaire dans le monde entier, précipiteraient la course aux armements et nuiraient aux chances d'arriver à un accord international sur le contrôle de ces armes dans l'avenir [...] Nous pensons que ces considérations rendent l'emploi de bombes nucléaires, dans un futur rapproché et contre le Japon, inopportune. »

Les savants, qui étaient les plus proches de l'oreille des hommes d'État, avaient de meilleures chances d'être écoutés et leurs arguments pressants emportèrent la décision, aidés par l'enthousiasme pour la bombe atomique qu'ils avaient déjà éveillé chez les hommes d'État en la présentant comme un moyen rapide et facile de mettre un terme à la guerre. Les conseillers militaires suggérèrent cinq objectifs possibles pour les deux bombes qui avaient été fabriquées, et, parmi ces différentes villes, Hiroshima et Nagasaki furent retenues, après que la liste eut été examinée par le président Truman et M. Stimson, car elles présentaient à la fois des installations militaires et des « maisons et autres édifices particulièrement susceptibles d'être endommagés. »

Le 6 août, la première bombe atomique fut donc larguée sur Hiroshima, détruisant la plus grande partie de la ville et tuant 80 000 personnes, soit le quart de sa population. Trois jours plus tard, la seconde bombe fut larguée sur Nagasaki. La nouvelle du bombardement de Hiroshima atteignit le président Truman alors qu'il revenait de la conférence de Potsdam en bateau. Selon les témoins de la scène il s'exclama d'un air triomphant : « C'est le plus grand événement de l'histoire. »

Cependant, les effets sur le Gouvernement japonais furent bien moins importants que les Occidentaux ne se l'imaginèrent à l'époque. Les trois membres du Conseil des Six, qui étaient opposés à la « capitulation inconditionnelle », ne furent pas ébranlés et continuèrent d'insister pour que certaines assurances quant à l'avenir puissent être obtenues, en particulier en ce qui concernait le maintien de « la position souveraine de l'empereur ». Quant au peuple japonais, il ignora jusqu'à la fin de la guerre ce qui s'était passé à Hiroshima et Nagasaki.

La déclaration de guerre soviétique du 8 août, immédiatement suivie le 9 août d'une avance en Mandchourie, semble avoir influé au moins autant sur la fin précipitée. Quant à l'influence de l'empereur, elle fut encore plus décisive. En effet, lors d'une réunion du cabinet restreint tenue en sa présence, le 9, il se montra tellement clair et véhément dans la démonstration du caractère désespéré de la situation et dans sa demande d'une paix immédiate que les trois opposants revinrent sur leur position et acceptèrent la réunion d'un *Gozenkaigi* (sorte de Conseil des Anciens) au cours duquel l'empereur en personne pourrait prendre la décision finale. De son côté, le Gouvernement annonça à la radio qu'il était prêt à capituler à condition que la souveraineté de l'empereur fût respectée — point sur lequel la déclaration de Potsdam faite par les Alliés, le 26 juillet, avait gardé un silence inquiétant. Après quelques discussions, le président Truman accepta cette clause qui restreignait de façon notable la notion de « capitulation sans conditions ».

Malgré cela les opinions furent encore très partagées au *Gozenkaigi* réuni le 14 août, mais l'empereur mit un terme aux débats en déclarant de manière irrévocable : « Si personne d'autre n'a d'opinion à exprimer, nous aimerions exprimer la nôtre. Nous vous demandons donc de vous y rallier. Nous ne voyons plus qu'une seule façon pour le Japon de se sauver. C'est la raison pour laquelle nous avons pris la détermination d'endurer l'inendurable et de supporter l'insupportable. » La reddition japonaise fut alors annoncée à la radio.

L'emploi de la bombe atomique n'était pas réellement nécessaire pour obtenir ce résultat. Avec les neuf dixièmes de sa marine marchande coulés ou hors service, sa flotte et son aviation paralysées, ses industries en ruine et le ravitaillement alimentaire de sa population en voie de tarissement rapide, l'effondrement du Japon était déjà certain — ainsi que Churchill l'a déclaré.

Le rapport du U.S. Strategic Bombing Survey souligne ce point et ajoute : « Le laps de temps séparant l'impuissance militaire de l'acceptation politique de l'inévitable aurait probablement été plus court si la structure politique du Japon avait permis une détermination plus rapide et plus décisive de la politique nationale. Néanmoins, il nous semble que, même sans les bombardements atomiques, la suprématie aérienne aurait exercé une pression suffisante pour entraîner une capitulation inconditionnelle et épargner tout besoin d'invasion. » L'amiral King, commandant en chef de la U.S. Navy, déclara qu'à lui tout seul le blocus naval aurait « soumis les Japonais par la faim » — faute de pétrole, de riz et d'autres denrées essentielles — « Si on avait eu la patience d'attendre ».

L'amiral Leahy est encore plus affirmatif au sujet de l'inutilité de la bombe atomique : « L'emploi de cette arme barbare sur Hiroshima et Nagasaki ne nous apporta aucune assistance matérielle dans notre guerre contre le Japon. Les Japonais étaient déjà vaincus et prêts à capituler à la suite du blocus naval efficace et de la réussite des bombardements conventionnels. »

Alors, pourquoi la bombe fut elle utilisée ? Y eut-il des motifs impératifs au-delà du désir instinctif d'interrompre les pertes en vies humaines américaines et britanniques le plus vite possible ? Deux raisons sont apparues. L'une d'elles est révélée par Churchill lui-même dans le récit qu'il nous a donné de sa conférence du 18 juillet avec le président Truman, à la suite de la nouvelle de la réussite du premier essai atomique. Il nous relate les pensées qui leur vinrent aussitôt à l'esprit et parmi celles-ci :

> « [...] nous n'aurions pas besoin des Russes. La conclusion de la guerre avec le Japon ne dépendait plus de l'intervention massive de leurs armées [...]

Nous n'avions pas besoin de leur demander des faveurs. Quelques jours plus tard, je rédigeai une note à l'intention de M. Eden : « Il est tout à fait évident que les États-Unis ne souhaitent pas actuellement une participation soviétique à la guerre contre le Japon [1]. »

L'exigence exprimée par Staline, à Potsdam, de participer à l'occupation du Japon était très embarrassante, et le gouvernement des États-Unis était très désireux d'empêcher une telle éventualité. La bombe atomique pouvait représenter une partie de la solution. Les Soviétiques devaient entrer en guerre le 6 août — deux jours plus tard.

La seconde raison de cet emploi précipité de la bombe atomique sur Hiroshima et Nagasaki fut révélée par l'amiral Leahy : « Les savants et les autres voulaient faire cette expérience à cause des sommes énormes qui avaient été consacrées au projet » — 2 milliards de dollars. L'un des officiers supérieurs concernés par l'opération atomique — dont le nom de code était « Manhattan District Project » — a expliqué les choses encore plus clairement :

> « Il fallait tout simplement que la bombe marche — on avait dépensé tellement d'argent pour elle. Si elle avait raté comment aurions-nous expliqué ces énormes dépenses ? Imaginez l'indignation du public [...]
>
> Lorsque la date approcha, certaines personnes de Washington essayèrent de persuader le général Groves, directeur du projet Manhattan, de s'en aller avant qu'il ne soit trop tard, car il savait que ce serait lui qui porterait le chapeau en cas d'échec. Lorsque la bombe fut terminée et larguée, ce fut un soulagement énorme pour tous ceux qui étaient concernés dans l'opération. »

Avec le recul d'une génération, cependant, il n'est que trop évident que l'emploi précipité de la bombe atomique ne fut pas un soulagement pour le reste de l'humanité.

Le 2 septembre 1945, les plénipotentiaires japonais signèrent « l'instrument de la capitulation » à bord du cuirassé américain *Missouri* mouillé en rade de Tokyo. La Seconde Guerre mondiale se termina donc ainsi, six ans et un jour après qu'elle eut été déclenchée par l'attaque de Hitler contre la Pologne, et quatre mois après la capitulation de l'Allemagne. Ce fut une conclusion de pure forme, une cérémonie servant à consacrer la satisfaction des vainqueurs. En effet, le véritable terme à la guerre avait été mis le 14 août, lorsque l'empereur avait annoncé la capitulation du Japon selon les conditions dictées par les Alliés et que les combats s'étaient arrêtés — une semaine après Hiroshima. Mais, cependant, ce coup effrayant consistant à rayer une grande ville de la carte pour démontrer la puissance écrasante d'une nouvelle arme, avait seulement contribué à hâter l'heure de la capitulation. Cette capitulation était déjà certaine et il n'était pas réellement nécessaire d'employer cette arme sous l'ombre menaçante de laquelle le monde vit depuis.

1. Churchill : *The Second World War*, vol. VI, p. 553.

NEUVIÈME PARTIE

Épilogue

40.
Épilogue

Facteurs clés et virages de la guerre

Ce conflit catastrophique, qui se termina en ouvrant la voie à la pénétration russe dans le cœur de l'Europe, a fort bien été nommé par W. Churchill : « la guerre inutile ». L'une des faiblesses fondamentales de la politique de la Grande-Bretagne et de la France, alors que ces deux pays s'efforçaient d'éviter la guerre et de barrer la route à Hitler, fut leur incompréhension des facteurs stratégiques. C'est à cause d'elle qu'ils se laissèrent entraîner dans la guerre au moment qui leur était le plus défavorable et qu'ils précipitèrent alors un désastre évitable lourd de conséquences. La Grande-Bretagne survécut grâce à un miracle apparent — mais en réalité parce que Hitler commit les mêmes fautes que les dictateurs agressifs ont toujours commises au cours de l'histoire.

Une phase vitale : celle d'avant-guerre. Il est clair, rétrospectivement, que le premier pas fatal, pour les deux camps, fut la réoccupation allemande de la Rhénanie, en 1936. A Hitler, cette initiative apporta un double avantage : elle permit à l'Allemagne de protéger la zone industrielle vitale de la Ruhr et lui fournit un tremplin en vue d'une éventuelle entrée en France.

Pourquoi cette initiative ne fut elle pas contrée ? Avant tout, parce que la France et la Grande-Bretagne étaient anxieuses d'éviter tout risque de conflit armé susceptible de devenir une guerre. La répugnance à agir fut encore accrue par le fait que cette initiative allemande apparaissait comme un simple effort pour rectifier une simple injustice, même s'il était maladroit. Les Anglais, en particulier, avec leur esprit politique, avaient tendance à la considérer comme une mesure plus politique que militaire, restant ainsi aveugles à ses implications stratégiques.

Au cours de ses initiatives de 1938, Hitler tira à nouveau des avantages

L'Europe d'Après-Guerre
Avant-Guerre
Frontières mi-1938
Partage de la Tchécoslovaquie 1938-1939
A-Sudètes annexés par l'Allemagne, oct. 1938.
B-Territoire annexé par la Hongrie, oct. 1938.
C-Bohême-Moravie et Slovaquie, protectorats allemands, mars 1939.
D-Territoires annexés par la Hongrie, mars 1939.
0 Miles 200
0 Kilometres 300
Après-Guerre
Frontières fin-1945
Zones d'occupation de l'Allemagne et de l'Autriche en 1945.
Zone anglaise.
Zone américaine.
Zone française.
Zone russe.
Point contrôlé par les 4 puissances.
Administré par la Pologne.
Occupé par l'U.R.S.S.
NORVEGE
Oslo
DANEMARK
Copenhague
IRLANDE
MER DU NORD
GRANDE-BRETAGNE
Londres
HOLLANDE
Amsterdam
La Haye
Hambourg
Brême
Hanovre
Bruxelles
BELGIQUE
LUX.
Cologne
Bonn
ALLEMAGNE (est)
ALLEMAGNE (ouest)
FRANCE
Paris
Nuremberg
Rhin
Danube
Munich
Berne
SUISSE
Milan
Venise
ITALIE
ALLEM. DE L'EST
(zone soviétique)
Tegeler See
TEGEL
Est
Ouest
PORTE DE BRANDEBOURG
Berlin
GATOW
Havel
TEMPELHOF
Spree
Müggel See
Berlin
Can. Teltow
Secteurs Alliés de Berlin
Anglais
Américain
Français
Russe
Aéroports
Postes de contrôle
0 Miles 5
0 Km. 10

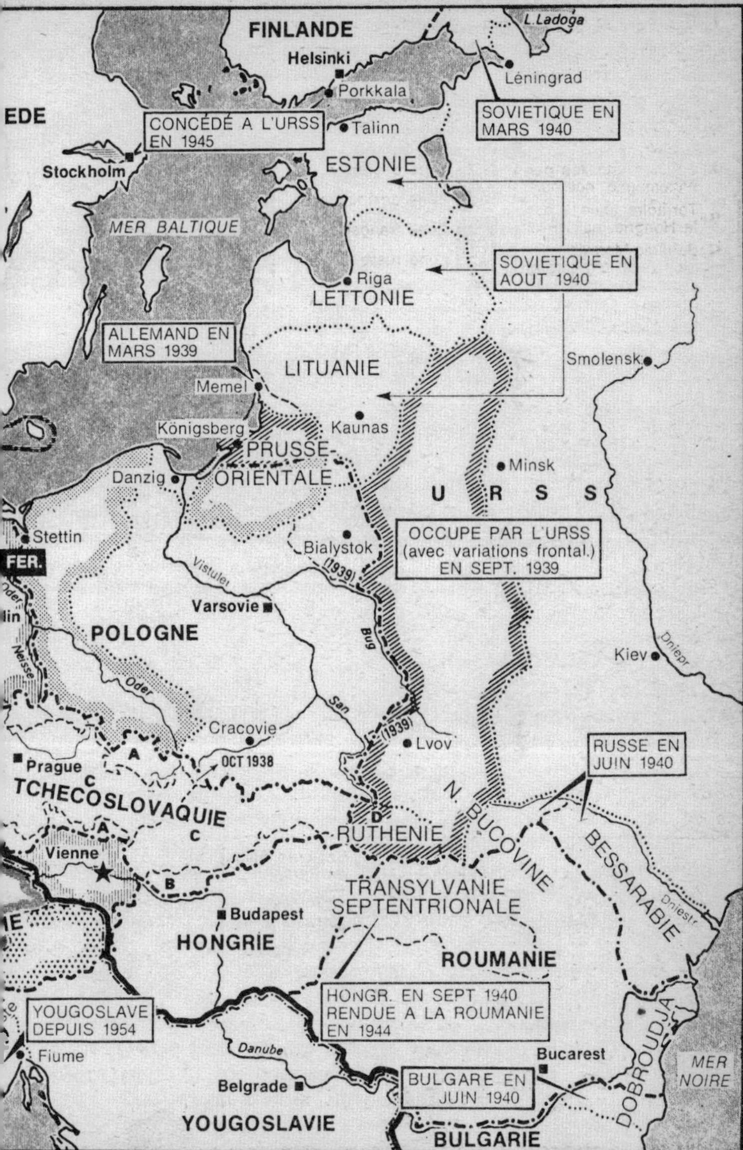
FINLANDE
L.Ladoga
Helsinki
Léningrad
Porkkala
EDE
CONCÉDÉ A L'URSS EN 1945
Talinn
SOVIETIQUE EN MARS 1940
Stockholm
ESTONIE
MER BALTIQUE
SOVIETIQUE EN AOUT 1940
Riga
LETTONIE
ALLEMAND EN MARS 1939
Smolensk
LITUANIE
Memel
Kaunas
Königsberg
PRUSSE-ORIENTALE
Minsk
Danzig
U R S S
Stettin
Bialystok
OCCUPE PAR L'URSS (avec variations frontal.) EN SEPT. 1939
FER.
Vistule
(1939)
Oder
Varsovie
POLOGNE
Bug
Neisse
Kiev
Dniepr
Oder
San
Cracovie
(1939)
Lvov
RUSSE EN JUIN 1940
Prague
OCT 1938
TCHECOSLOVAQUIE
N. BUCOVINE
BESSARABIE
RUTHENIE
Vienne
TRANSYLVANIE SEPTENTRIONALE
Dniestr
Budapest
HONGRIE
ROUMANIE
HONGR. EN SEPT 1940 RENDUE A LA ROUMANIE EN 1944
DOBROUDJA
YOUGOSLAVE DEPUIS 1954
Fiume
Danube
Bucarest
MER NOIRE
Belgrade
BULGARE EN JUIN 1940
YOUGOSLAVIE
BULGARIE

stratégiques de facteurs politiques : le désir d'union des peuples allemand et autrichien, la façon dont était ressenti en Allemagne le traitement réservé par les Tchèques aux Allemands des Sudètes; et, dans les deux cas, il y eut un sentiment très répandu au sein des pays occidentaux, sentiment selon lequel l'Allemagne n'avait pas totalement tort.

Mais l'entrée de Hitler en Autriche, au mois de mars, découvrit le flanc méridional de la Tchécoslovaquie qui était un obstacle aux plans de Hitler d'expansion vers l'est. En septembre, il s'assura — grâce à une menace de guerre et aux accords de Munich qui en résultèrent — non seulement de l'annexion des Sudètes, mais en plus de la paralysie stratégique de la Tchécoslovaquie.

En mars 1939, Hitler occupa le reste de la Tchécoslovaquie et, par la même occasion, enveloppa le flanc de la Pologne. Ce fut sa dernière manœuvre « sans effusion de sang ». Cette dernière mesure entraîna une initiative téméraire de la part du Gouvernement britannique qui offrit soudain des garanties à la Pologne et à la Roumanie, toutes deux stratégiquement isolées, sans obtenir auparavant des assurances de l'Union soviétique qui était la seule puissance en mesure de leur apporter un appui effectif.

Étant donné la date, ces garanties ne pouvaient avoir qu'un rôle de provocation et, nous le savons maintenant, jusqu'à ce geste de défi, Hitler n'avait pas l'intention d'attaquer immédiatement la Pologne. Par leur situation inaccessible aux forces britanniques et françaises, ces deux pays représentaient une tentation presque irrésistible. Les puissances occidentales minèrent donc la base essentielle de la seule stratégie que leur permettait désormais leur force inférieure. Car, au lieu d'être à-même de contrer une agression en présentant un front solide contre toute attaque à l'ouest, elles fournirent à Hitler une occasion facile de briser un front faible et de remporter ainsi un triomphe initial.

La seule chance d'éviter la guerre résidait alors dans l'obtention de l'appui de l'Union soviétique — le seul pays qui puisse fournir à la Pologne un appui direct et dissuader Hitler. Cependant, malgré l'urgence de la situation, les mesures du Gouvernement britannique furent dilatoires et manquèrent de conviction. Mais, au-delà des hésitations anglaises, intervinrent les objections du Gouvernement polonais et des autres petites puissances d'Europe orientale, qui craignaient que l'acceptation de l'appui militaire soviétique soit l'équivalent de l'acceptation d'une invasion.

La réaction de Hitler à cette situation nouvelle créée par l'appui britannique à la Pologne fut toute différente. Il fut ébranlé par les nouvelles mesures d'armement anglaises mais dans le sens opposé de celui qu'on attendait. Sa réaction fut inspirée par une image « historique » des Anglais. Les considérant comme flegmatiques et rationnels, avec des émotions maîtrisées par l'intelligence, il acquit la conviction qu'ils n'envisageraient pas une seule seconde d'entrer en guerre pour la Pologne sans avoir obtenu l'appui soviétique. Aussi, ravalant sa haine et sa crainte du bolchevisme, Hitler consacra-t-il tous ses efforts à se concilier l'U.R.S.S. et à obtenir sa neutralité. Ce fut un revirement plus surprenant que celui de Chamberlain — et il eut des conséquences tout aussi fatales.

Le 23 août, Ribbentrop s'envola pour Moscou et le pacte fut signé. Il était accompagné d'un accord secret pour le partage de la Pologne entre l'Allemagne et la Russie.

Dans l'état d'émotion intense créé par la série d'agression de Hitler, ce pacte rendait la guerre certaine. Les Britanniques ayant donné leur parole de soutenir la Pologne, ils avaient le sentiment qu'ils ne pourraient rester en dehors du conflit sans perdre leur honneur et ouvrir la voie à de nouvelles conquêtes de Hitler. Et Hitler n'avait pas l'intention de renoncer à ses objectifs en Pologne, même lorsqu'il se fut rendu compte que cela entraînerait une guerre générale.

C'est ainsi que le train de la civilisation européenne s'engouffra dans le long et sombre tunnel d'où il n'émergea que six années épuisantes plus tard. Et, à cette date, le soleil de la victoire se révéla illusoire.

La première phase de la guerre

Le vendredi 1er septembre 1939 les armées allemandes envahirent la Pologne. Le dimanche 3, le Gouvernement britannique déclara la guerre à l'Allemagne en respect de la garantie qu'il avait donnée à la Pologne. Six heures plus tard le Gouvernement français, plus hésitant, lui emboîtait le pas.

Moins d'un mois après, la Pologne avait été écrasée. En l'espace de neuf mois la plus grande partie de l'Europe occidentale était submergée sous le flot grandissant de la guerre.

La Pologne aurait-elle pu tenir plus longtemps ? La France et la Grande-Bretagne auraient-elles pu faire davantage pour détourner la pression allemande de la Pologne ? A la lumière des effectifs des forces armées respectives, tels qu'on les connaît maintenant, la réponse à ces deux questions semblerait, à première vue, devoir être positive.

En 1939, l'armée allemande était loin d'être prête à la guerre. Les Polonais et les Français réunis avaient l'équivalent de 150 divisions, dont 35 divisions de réserve, mais une partie de ces troupes était réservée aux positions françaises d'outre-mer, alors que les Allemands disposaient au total de 98 divisions, dont 36 n'étaient pas entraînées. Sur les 40 divisions laissées par les Allemands pour défendre leur frontière occidentale, 4 seulement étaient des divisions d'active, bien entraînées et équipées. Mais la stratégie de Hitler avait placé la France dans une situation où elle ne pouvait venir au secours de la Pologne qu'au moyen d'une offensive rapide — c'est-à-dire un genre d'action auquel son armée n'était pas adaptée. Son plan de mobilisation archaïque mit un certain temps à lui fournir la quantité de forces nécessaire et ses plans d'offensive dépendaient d'une masse d'artillerie lourde qui ne fut prête que le seizième jour. A cette date, la résistance de l'armée polonaise était en train de s'effondrer.

La Pologne était lourdement handicapée par sa situation stratégique — le pays étant placé comme une langue entre les mâchoires allemandes —, et la stratégie polonaise aggrava encore la situation en disposant le gros des forces à proximité de l'extrémité de cette langue. De plus ses forces étaient totalement dépassées en matériel et en idées; elles faisaient encore confiance à une cavalerie à cheval nombreuse qui se révéla bien inutile face aux chars allemands.

A cette époque, les Allemands n'avaient que 6 divisions blindées et 4 divisions mécanisées prêtes, mais, grâce à l'enthousiasme du général Guderian et à l'appui de Hitler, elles avaient beaucoup plus progressé que toute autre armée dans le domaine de la nouvelle conception de la guerre mécanisée à grande vitesse élaborée vingt ans auparavant par les pionniers britanniques de ce nouveau type et rythme d'action. Les Allemands s'étaient également dotés d'une aviation beaucoup plus puissante que celle de tous les autres pays, alors que non seulement les Polonais mais aussi les Français étaient dotés d'une aviation très insuffisante même pour assurer l'appui et la couverture de leurs armées.

La Pologne fut donc le théâtre de la première démonstration éclatante de la nouvelle technique de la Blitzkrieg, alors que les Alliés occidentaux de la Pologne étaient encore en train de se préparer à une guerre conventionnelle. Le 17 septembre l'Armée rouge franchit la frontière orientale de la Pologne, lui portant ainsi un coup dans le dos qui était fatal puisqu'il ne lui restait pratiquement aucune troupe pour faire face à cette seconde invasion.

L'écrasement rapide de la Pologne fut suivi d'une accalmie de six mois baptisée du nom de « drôle de guerre » par les observateurs induits en erreur par l'apparence superficielle de calme. Il eût été plus réaliste de baptiser cette période : « L'hiver des illusions ». En effet, les responsables et le public des pays occidentaux passèrent leur temps à élaborer des plans fantaisistes pour attaquer les flancs de l'Allemagne — et à en parler beaucoup trop ouvertement.

En réalité, la France et la Grande-Bretagne seules n'avaient aucune chance d'atteindre une force suffisante pour vaincre l'Allemagne. Leur meilleur espoir, maintenant que l'Allemagne et l'U.R.S.S. étaient face à face sur une frontière commune, était que des frictions apparaissent entre ces deux alliés pleins de suspicion réciproque, attirant ainsi vers l'est la puissance explosive de Hitler. C'est ce qui arriva après un an et qui serait peut-être arrivé plus tôt si les Occidentaux ne s'étaient pas montrés impatients, comme il est de coutume dans les démocraties.

Leurs menaces, proférées à haute voix, d'attaquer les flancs de l'Allemagne incitèrent Hitler à les devancer. Il commença par occuper la Norvège. Les archives de ses conférences saisies par les Alliés montrent que jusqu'en 1940 il pense encore que « le maintien de la neutralité norvégienne [était] la meilleure solution pour l'Allemagne », mais qu'en février il en arriva à la conclusion que : « les Anglais ont l'intention de débarquer dans ce pays et je veux y être avant eux ». Une petite force d'invasion allemande arriva en Norvège, le 9 avril, bouleversant les plans britanniques pour s'emparer du contrôle de cette zone neutre, et elle occupa les principaux ports pendant que l'attention des Norvégiens était absorbée par l'avance navale britannique dans les eaux norvégiennes. Hitler attaqua ensuite la France et les Pays-Bas le 10 mai. Il avait commencé de préparer cette attaque à l'automne précédent, lorsque les Alliés avaient rejeté ses offres de paix après la défaite de la Pologne, car il avait le sentiment que la meilleure façon de convaincre la Grande-Bretagne de faire la paix était de mettre la France hors de combat. Mais l'opération avait été retardée à plusieurs reprises à partir du mois de novembre du fait des conditions météorologiques défavorables et des doutes de ses généraux. Puis, le 10 janvier, un officier d'état-major allemand, qui se rendait en avion à Bonn avec des documents sur ce plan, se perdit dans la tempête de neige et atterrit en Belgique. Cet incident entraîna le report de l'offensive au mois de mai après une refonte radicale. Cette refonte se révéla très malheureuse pour les Alliés et temporairement très heureuse pour Hitler en bouleversant toute la physionomie de la guerre.

En effet, l'ancien plan prévoyait de faire passer l'avance principale allemande par la zone bordée de canaux de la Belgique centrale et elle aurait probablement entraîné une collision de plein front avec le gros des forces franco-britanniques, ce qui aurait vraisemblablement abouti à un échec très préjudiciable au prestige de Hitler. Mais le nouveau plan, suggéré par Manstein, prit les Alliés complètement par surprise et les déséquilibra avec les résultats désastreux que l'on connaît. En effet, pendant qu'ils avançaient en Belgique pour faire face au premier assaut allemand dans ce pays et en Hollande, la masse des chars allemands — 7 divisions de Panzer — traversait les collines boisées des Ardennes que le Haut Commandement allié considérait comme infranchissable pour des chars. Après avoir traversé la Meuse sans rencontrer beaucoup d'opposition, les chars allemands firent irruption à la faible charnière du front allié puis foncèrent à l'ouest, vers la côte de la Manche, daus le dos des armées alliées de Belgique, coupant ainsi leurs communications. Cette avance fut décisive, avant même que la masse de l'infanterie allemande fût entrée en action. L'armée britannique parvint de justesse à se rembarquer à Dunkerque. Les Belges et une grande partie des Français furent contraints de se rendre. Les conséquences furent irréparables. Lorsque les Allemands attaquèrent vers le sud, la semaine après Dunkerque, les armées françaises restantes se révélèrent incapables de les arrêter.

Cependant, jamais une telle catastrophe ne fut aussi facile à éviter. L'avance des Panzer aurait pu être arrêtée bien avant qu'elle n'atteigne la Manche, par une contre-attaque concentrée lancée avec des forces du même type. Mais, les Français, qui avaient des chars plus nombreux et supérieurs à ceux de l'ennemi, les avaient éparpillés en petits groupes, comme en 1918.

L'avance aurait pu être arrêtée plus tôt, sur la Meuse, si les Français ne s'étaient pas précipités en Belgique en laissant une charnière aussi faible, ou bien s'ils y avaient envoyés des réserves plus rapidement. Mais non seulement le commandement français considérait les Ardennes comme infranchissables pour les chars, mais il escomptait également que toute attaque sur la Meuse prendrait la forme d'un assaut « en pièce montée », comme en 1918, et qu'il faudrait près d'une semaine aux Allemands pour l'organiser après avoir atteint le secteur, donnant ainsi aux Français largement le temps d'amener leurs réserves. Les forces de Panzer atteignirent le fleuve le 13 mai au matin et forcèrent le passage dans l'après-midi du même jour. Le ralenti archaïque de l'armée française fut bousculé par une action se déroulant au rythme des blindés.

Cependant, cette manière de guerre éclair ne fut possible que parce que les responsables alliés n'avaient pas appréhendé la nouvelle technique et, par conséquent, ne savaient pas comment la contrer. L'avance allemande aurait pu être arrêtée avant d'avoir atteint la Meuse si les approches de ce fleuve avaient été protégées par des champs de mines. Il aurait été possible de l'arrêter même sans champ de mines — tout simplement en abattant les arbres en travers des routes forestières qui mènent à la Meuse. Le temps perdu à les dégager aurait été fatal aux chances allemandes [1].

Après la chute de la France, la tendance populaire était d'attribuer cet effondrement au mauvais moral des Français et à considérer que la catastrophe était inévitable. C'est une erreur grossière qui revient à « mettre la charrue avant les bœufs ». Le moral des Français ne s'effondra qu'après la percée militaire qui aurait été si facile à éviter. A partir de 1942, toutes les armées avaient appris à contrer une attaque éclair, mais un grand nombre d'entre elles auraient pu être sauvées si elles avaient appris à le faire avant la guerre.

La deuxième phase de la guerre

La Grande-Bretagne était maintenant le seul adversaire actif de l'Allemagne nazie. Mais elle se retrouvait dans une situation extrêmement périlleuse, militairement démunie et enveloppée par plus de 3 000 kilomètres de côtes ennemies.

Son armée n'avait pu atteindre Dunkerque et éviter la capture que grâce à la curieuse décision de Hitler d'arrêter ses forces de Panzer pendant deux jours, alors qu'elles se trouvaient à une quinzaine de kilomètres du dernier port d'évasion laissé pratiquement sans défense à l'époque. Cette décision avait été inspirée par des motifs complexes, parmi lesquels figurent le désir vaniteux de Göring de voir la Luftwaffe donner le coup de grâce.

1. Un de mes amis français, alors responsable d'un secteur sur la Meuse, demanda au Haut Commandement l'autorisation d'agir ainsi, mais il lui fut répondu qu'il fallait laisser les routes libres pour permettre à la cavalerie française d'avancer. Les cavaliers entrèrent effectivement dans les Ardennes, mais ils en ressortirent plus rapidement, en déroute, les chars allemands sur leurs talons.

Bien que la masse de l'armée anglaise ait pu s'échapper elle avait perdu presque toutes ses armes. Pendant que les 16 divisions rapatriées étaient en cours de réorganisation, il n'y avait qu'une seule division correctement armée pour défendre le pays, et la Flotte devait rester dans le Nord pour échapper à la Luftwaffe. Si les Allemands avaient débarqué en Angleterre dans le mois qui suivit la chute de la France, il y aurait eu peu de chances de leur résister.

Mais Hitler et les chefs de ses armées n'avaient pas fait de préparatifs pour envahir l'Angleterre — ni même élaboré de plans pour une suite aussi logique à la défaite de la France. Il laissa passer ce mois vital en espérant que la Grande-Bretagne accepterait de conclure la paix. Lorsque ces espoirs eurent été déçus, les Allemands se lancèrent dans leurs préparatifs sans enthousiasme. Après l'échec de la Luftwaffe dans la bataille d'Angleterre, les chefs de l'armée et de la marine allemandes furent trop heureux de l'excuse pour abandonner l'invasion. Ce qui est encore plus remarquable, c'est que Hitler accepta ces excuses sans difficulté.

Les archives de ses entretiens privés montrent que ce fut en partie à cause de sa répugnance à détruire la Grande-Bretagne et l'Empire britannique, qu'il considérait comme un élément stabilisateur dans le monde et dont il n'avait pas renoncé à se faire un associé. Mais, au-delà de ce scrupule il y avait une nouvelle impulsion. L'esprit de Hitler se tournait de nouveau vers l'est. Ce fut là le facteur décisif qui préserva la Grande-Bretagne.

Si Hitler avait consacré toutes ses forces à vaincre le Royaume-Uni, l'issue n'aurait guère fait de doute. Car, en effet, bien qu'il eût laissé passer la plus belle occasion de le conquérir par l'invasion, il aurait encore pu l'étrangler sous l'effet de la pression combinée de son aviation et de ses sous-marins et l'affamer graduellement jusqu'à l'effondrement.

Cependant, Hitler pensait ne pas pouvoir prendre le risque de concentrer toutes ses ressources dans cet effort aéronaval tant que l'armée soviétique représenterait une menace terrestre sur ses frontières orientales. Il raisonna donc que la seule façon d'assurer les arrières de l'Allemagne était d'attaquer et de vaincre l'U.R.S.S. Sa méfiance à l'égard des intentions soviétiques était rendue encore plus forte par la haine du communisme soviétique qui était depuis longtemps son sentiment le plus profond.

Il se persuada en outre que la Grande-Bretagne accepterait la paix une fois qu'elle saurait ne plus pouvoir compter sur une intervention russe. En fait, il s'imaginait que les Anglais auraient déjà conclu la paix depuis longtemps si la Russie ne les avait pas incités à continuer le combat. Le 21 juillet, lorsque Hitler tint sa première conférence pour discuter des plans d'invasion de l'Angleterre, il révéla le fond de sa pensée en déclarant : « Staline flirte avec l'Angleterre pour la maintenir en guerre et nous enchaîner, dans le dessein de gagner du temps pour prendre ce dont il a envie, sachant très bien qu'il ne pourrait pas le faire si la paix revenait. » D'où la conclusion ultérieure : « Il faut tourner notre attention vers la solution du problème soviétique. » L'ordre de préparer des plans à cet effet fut aussitôt donné, bien que la décision définitive n'eût été prise qu'au début de 1941. L'invasion fut déclenchée le 21 juin, la veille de l'anniversaire de celle de Napoléon. Les forces de Panzer submergèrent rapidement les armées soviétiques alors disponibles et, en moins d'un mois, elles s'enfoncèrent de 750 kilomètres en U.R.S.S. — soit les trois quarts de la distance les séparant de Moscou. Mais les Allemands n'atteignirent jamais cette ville.

Quels furent les facteurs clés de leur échec? Les plus évidents furent la boue et la neige de l'automne. Mais l'élément fondamental fut l'erreur d'appréciation par les Allemands des réserves que Staline pouvait faire surgir des profondeurs de son pays. Ils s'attendaient à rencontrer 200 divisions, et, à la mi-août, c'est le nombre qu'ils avaient vaincu. Mais alors, 160 nouvelles divisions apparurent sur les champs de bataille. Lorsque celles-ci eurent été vaincues à leur tour, l'automne était arrivé et, en avançant vers Moscou, dans la boue, les Allemands trouvèrent encore de nouvelles armées pour leur barrer la route. Un autre facteur essentiel fut l'état primitif où était restée la Russie malgré tous les progrès techniques accomplis depuis la Révolution d'Octobre. Ce n'était pas seulement sensible dans l'extraordinaire endurance de ses soldats et de sa population, mais aussi dans l'état de ses routes. Si le réseau routier soviétique avait été comparable à celui de l'Europe occidentale, l'U.R.S.S. aurait été envahie presque aussi rapidement que la France. Cependant l'invasion aurait quand même pu réussir si les forces de Panzer avaient roulé directement sur Moscou au cours de l'été, sans attendre l'infanterie — ainsi que Guderian l'avait suggéré avant d'être contredit par Hitler et les généraux plus anciens.

L'hiver russe se révéla une épreuve pénible pour les forces allemandes et elles ne s'en remirent jamais complètement. Cependant, il est évident que Hitler avait encore de bonnes chances de remporter la victoire en 1942, l'Armée Rouge manquant énormément de matériel et l'emprise de Staline sur ses troupes ayant été ébranlée par les lourdes défaites initiales. La nouvelle offensive de Hitler atteignit rapidement le bord des gisements pétrolifères du Caucase dont dépendait la machine de guerre soviétique. Mais Hitler divisa ses forces entre deux objectifs : le Caucase et Stalingrad; contré de justesse dans le Caucase, il épuisa son armée en efforts répétés pour s'emparer de la « Ville de Staline », en devenant obsédé par ce symbole de défi. Interdisant tout repli à l'arrivée de l'hiver, il condamna l'armée, qui attaquait la ville, à l'encerclement et à la capitulation lorsque les nouvelles armées russes arrivèrent sur les lieux à la fin de l'année.

Après le désastre de Stalingrad, les Allemands se retrouvèrent sur un front beaucoup trop étendu pour leurs forces réduites. La retraite était la seule voie de salut, ainsi que les généraux le représentaient instamment, mais Hitler refusa avec obstination de l'autoriser. Sourd à tous les arguments, il persista constamment dans son interdiction de tout repli. Cette obsession ne pouvait pas endiguer le flot soviétique et eut pour conséquence que toute retraite allemande fut finalement le résultat d'une lourde défaite et revint beaucoup plus cher à cause de son retard.

Les forces de Hitler subissaient de plus en plus les conséquences d'une extension stratégique excessive — le facteur même qui avait causé la perte de Napoléon. La tension était d'autant plus forte, qu'en 1940 la guerre avait été étendue à la Méditerranée par l'entrée en guerre de Mussolini pour tirer parti de l'effondrement de la France et de la faiblesse de l'Angleterre. Cette initiative avait offert aux Anglais une chance de contre-attaquer dans une zone où la puissance navale pouvait exercer son influence. Churchill n'hésita pas à saisir cette chance — dans un sens, pas assez. Les forces mécanisées britanniques d'Égypte, bien que peu nombreuses, ne mirent pas longtemps pour écraser l'armée démodée italienne d'Afrique du Nord et conquérir l'Afrique-Orientale italienne. Ces forces auraient pu aller jusqu'à Tripoli, mais elles furent arrêtées de façon à permettre un débarquement en Grèce, qui était trop prématuré et mal préparé et que les Allemands n'eurent aucune peine à repousser. Mais l'effondrement des Italiens en Afrique du Nord incita Hitler à y envoyer des renforts sous le commandement de Rommel. Toutefois, les yeux rivés sur la Russie, Hitler n'envoya que des forces suffisantes pour appuyer les Italiens et n'essaya vraiment jamais de s'emparer des portes orientale, centrale et occidentale de la Méditerranée, c'est-à-dire Suez, Malte et Gibraltar.

Si bien qu'il pratiqua en fait une nouvelle ponction sur les forces allemandes. Cette ponction finit par contrebalancer l'avantage obtenu par Rommel, qui était parvenu à retarder de deux ans la libération de l'Afrique du Nord grâce au succès de ses contre-offensives. Les Allemands étaient désormais étirés sur les deux rives de la Méditerranée, toute la côte occidentale de l'Europe et un front dangereusement étendu dans le fin fond de l'Union soviétique.

Les conséquences normales de cette extension excessive furent retardées, et la guerre fut prolongée par l'entrée en guerre du Japon au mois de décembre 1941. Mais cet événement se révéla en fin de compte plus fatal que bénéfique pour Hitler puisqu'il entraîna dans la guerre tout le poids des États-Unis. L'effet momentané de l'attaque surprise japonaise à Pearl Harbor, qui paralysa la flotte américaine, permit aux Japonais d'envahir les positions alliées du Pacifique Sud-Ouest : la Malaisie, la Birmanie, les Philippines et les Indes néerlandaises. Mais cette rapide expansion étira les forces japonaises au-delà de leur capacité naturelle, car le Japon était un petit pays insulaire, à la puissance industrielle limitée.

La troisième phase de la guerre

Une fois la puissance américaine développée et la puissance soviétique sur le point de l'être, la défaite des pays de l'Axe — Allemagne, Italie et Japon — devenait certaine puisque le total de leurs potentiels militaires était beaucoup plus restreint. Les seuls incertitudes étaient le temps qu'il faudrait et le degré de cette défaite. Ce que les agresseurs, devenus défenseurs, pouvaient espérer de mieux, c'était d'obtenir de meilleures cconditions de paix en faisant durer les opérations jusqu'à ce que les « géants » se lassent ou se querellent. Mais, pour pouvoir faire durer la résistance, il fallait raccourcir les fronts. Aucun des chefs de l'Axe ne pouvait accepter de « perdre la face » par un repli volontaire et ils s'accrochèrent tous avec acharnement à chaque position jusqu'à ce qu'elle s'effondrât.

Il n'y eut pas de véritable « virage » au cours de cette troisième phase de la guerre, mais seulement un reflux.

Le reflux fut plus accentué en Russie et dans le Pacifique, car, dans ces régions, la supériorité numérique croissante était combinée à de vastes espaces de manœuvre. En Europe méridionale et occidentale, le reflux subit davantage de coups d'arrêt du fait d'un espace moins grand.

La première rentrée en Europe des forces anglo-américaines, en juillet 1943, fut facilitée par la façon dont Hitler et Mussolini envoyèrent des troupes en Tunisie dans l'espoir de tenir cette tête de pont, afin d'arrêter l'avance convergente des armées alliées d'Égypte et d'Algérie. La Tunisie devint un traquenard et la capture de toute l'armée germano-italienne qui s'y trouvait laissa la Sicile pratiquement sans défense. Mais lorsque les Alliés passèrent de Sicile en Italie (septembre 1943), leur progression le long de cette étroite péninsule montagneuse se ralentit et s'enlisa.

Le 6 juin 1944, les principales armées alliées, qui avaient été rassemblées en Angleterre, débarquèrent en Normandie. Dans le cas de cette opération, la victoire était certaine si elles pouvaient s'établir fermement à terre dans une tête de pont assez vaste pour pouvoir y concentrer leurs forces et balayer le barrage des troupes allemandes. En effet, une fois cette percée réalisée, toute l'étendue du territoire français serait ouverte aux manœuvres des armées qui étaient entièrement mécanisées, alors que la masse des forces allemandes ne l'était pas.

A moins de pouvoir rejeter les « envahisseurs » à la mer dès les tout premiers jours, la défense allemande était donc condamnée à s'effondrer plus ou moins rapidement. Mais l'arrivée des réserves blindées allemandes fut retardée d'une manière fatale par l'intervention paralysante des forces aériennes alliées qui disposaient d'une supériorité de 3 contre 1 sur la Luftwaffe dans cette partie de l'Europe.

Même si le débarquement de Normandie avait été repoussé sur les plages, la supériorité aérienne des Alliés, désormais fantastique, aurait rendu l'effondrement de l'Allemagne inévitable par sa seule utilisation directe. Jusqu'en 1944, l'offensive aérienne stratégique n'avait pas atteint les buts qu'elle prétendait avoir atteint pour suppléer à une invasion terrestre. Le bombardement aveugle des grandes villes n'avait pas fait sérieusement baisser la production de munitions, et n'avait pas non plus brisé la volonté de la population adverse pour la contraindre à capituler, ainsi qu'on l'espérait. En effet, collectivement, les Allemands étaient beaucoup trop sous l'emprise de leurs chefs tyranniques et les individus ne peuvent pas se rendre à des bombardiers en vol. Mais, en 1944-1945, l'offensive aérienne fut mieux dirigée et employée avec une précision et une efficacité sans cesse croissante contre les centres principaux de la production de guerre qui étaient vitaux pour la capacité de résistance de l'ennemi. En Extrême-Orient aussi, l'atout majeur de la puissance aérienne rendit certain l'effondrement du Japon, sans qu'il fût besoin de recourir à la bombe atomique.

Le principal obstacle sur le chemin des Alliés, une fois le reflux commencé, fut celui qu'ils s'imposèrent eux-mêmes du fait de l'exigence, maladroite et inopportune à plus long terme, d'une « capitulation sans conditions ». Cette exigence apporta une aide précieuse à Hitler en lui permettant de maintenir son emprise sur le peuple allemand; il en fut de même pour le parti de la guerre au Japon. Si les responsables alliés avaient eu la sagesse de donner quelques assurances quant à leurs conditions de paix, Hitler aurait perdu son autorité sur le peuple allemand bien avant 1945. Trois ans plus tôt, des émissaires du vaste mouvement antinazi d'Allemagne informèrent les responsables alliés de leurs plans pour renverser Hitler et communiquèrent les noms des nombreux militaires de premier plan qui étaient prêts à prendre part à cette rébellion, à la seule condition de recevoir des Alliés quelques garanties au sujet de leurs conditions de paix. Mais ils ne purent obtenir aucune indication, ni à ce moment-là, ni par la suite, si bien qu'il devint naturellement difficile pour eux d'obtenir des appuis pour « un saut dans l'inconnu ».

C'est ainsi que « la guerre inutile » fut inutilement prolongée et que des millions de vies supplémentaires furent sacrifiées, tandis qu'en fin de compte la paix engendra une nouvelle menace et la crainte d'une nouvelle guerre. En effet, la prolongation de la Seconde Guerre mondiale, pour obtenir la « capitulation inconditionnelle » de l'adversaire, ne servit finalement que les intérêts de Staline, en ouvrant la voie à la domination communiste de l'Europe centrale.

Postface

Dans ma préface, j'ai rendu à Sir Basil Liddell Hart l'hommage que je lui devais comme stratège, comme historien et comme ami.

Il n'en demeure pas moins que le lecteur français et peut-être — pourquoi pas ? — quelque lecteur étranger parvenu à la fin de cette monumentale histoire de la Seconde Guerre mondiale, peut avoir le sentiment que, si informée et si objective que soit cette Histoire, elle ne paraît faire qu'une part bien limitée à la France et aux Français. Ceux qui, comme moi, ont bien connu et aimé Sir Basil et qui d'autre part ont participé à la guerre du côté français ne peuvent pas ne pas reconnaître dans cette réserve l'« hyperbritannocentrisme » de mon ami. Les hommes sont ce qu'ils sont, et c'est ce qui les rend intéressants et vrais. Personne, avec son élocution torrentielle et inaudible, sa silhouette mince au point d'être décharnée, sa pipe toujours éteinte et rallumée, ne pouvait être plus Britannique que Sir Basil Liddell Hart, — bien qu'il fût né à Paris. Ses hobbies même — la bonne cuisine et les couturiers — étaient bien ceux d'un intellectuel britannique jusqu'au bout des ongles.

Dans ces conditions, il était normal que son œuvre soit britannique. Britanniques ont été ses débuts, où le jeune officier s'est révolté contre une stratégie — d'ailleurs en grande partie fautive — dirigée par un État-Major français. Britannique a été la critique (sévère) des grands chefs français de la Première Guerre mondiale. Britannique a été la solution préconisée (son premier grand livre : « *The British Way in Warfare* »). Parce que les Français avaient régné sur la Première Guerre mondiale, parce que cette guerre avait été menée sans mesure au nom des principes stratégiques erronés de Clausewitz, mais sous le drapeau de Foch, sa critique était implicitement antifrançaise et quand l'état-major français ne fut disqualifié par sa défaite de 1940, il était bien normal que Sir Basil eût eu la position intellectuelle de « celui qui l'avait bien dit ». Sa sympathie pour la France était incontestable, je puis en témoigner, mais son préjugé contre l'état-major français et contre son attitude d'esprit — d'ailleurs incroyablement suffisante dans l'erreur — était profond. Notre amitié nous permettait de parler librement de ces choses, mais son jugement était sévère et peut-être, dans son objectivité volontaire, a-t-il été involontairement injuste pour la France et les Français.

J'écris « peut-être », mais je suis certain qu'il l'a été, comme d'ailleurs la plupart de ses compatriotes. Comment en effet un Britannique insulaire pouvait-il se rendre compte des difficultés extraordinaires du problème posé à la France par la défaite, d'autant que les propagandes de guerre n'ont pas pu ne pas laisser leurs cicatrices ?

D'ailleurs, les Français eux-mêmes ont-ils vraiment compris le cauchemar qu'ils ont vécu ? J'ai participé au livre collectif « Vie et mort du Français 1939-1945 », j'ai dirigé la publication d'*Historia* sur la Seconde Guerre mondiale, mais j'ai eu le sentiment à cette occasion que tout ce qui était à dire n'a pas été dit et qu'il a été mal dit. J'ai pu constater, notamment à propos de films récents, des erreurs, des contre-vérités, des points de vue passionnels et injustes. Ce n'est pas une simple postface qu'il faudrait au livre de Sir Basil Liddell Hart pour chercher, s'il se peut, à rétablir les véritables perspectives : ce serait un ouvrage tout entier que j'ai moi-même abordé dans mes Mémoires.

Mais conscient de l'importance et de l'étendue du sujet, je ne veux pas laisser terminer ce grand livre d'histoire sans m'efforcer, par quelques explications simples, de donner au lecteur de bonne foi une vision plus exacte du drame incroyable dans lequel ma génération a été plongée.

La première difficulté fut celle que nous posa notre défaite si soudaine et si complète. Sur le moment, la surprise et la honte nous envahirent. Rien ne nous préparait à une telle épreuve qui n'avait aucun précédent dans notre histoire. La conséquence première fut que nous avons très mal apprécié la nature et la portée de notre défaite — tout comme d'ailleurs nos alliés britanniques. Nous avons cru à un effondrement total de la France, à un désastre irrémédiable, à une tache indélébile sur notre honneur militaire. Les Britanniques qui, assez curieusement, n'ont pratiquement pas combattu les forces allemandes principales, — les Panzerdivizionen — ont, eux aussi, pensé que les Français étaient devenus lâches, qu'ils étaient disqualifiés, et qu'eux-mêmes qui conservaient des troupes en ordre, pourraient s'en tirer tout seuls. Nous au contraire, subjugués par l'extraordinaire victoire allemande, pensions que personne ne pourrait résister. Les Anglais se trompaient, car ils eussent été incapables de résister victorieusement à une attaque de Guderian ou de Rommel et ils se seraient effondrés comme les autres dans ces circonstances — mais ce qui les a sauvés, une fois de plus, ce fut la Manche... Ce qu'ils n'avaient pas compris, ni nous non plus, c'est que la victoire allemande était essentiellement une victoire technique, selon le mot de de Gaulle, celle de la « force mécanique » sur une armée à l'équipement et à la technique démodés. Nous avons cru

— les Britanniques aussi — que cette victoire était due à des « défaillances ». Dieu sait si l'on a répété en France, et Churchill après nous, que « les Français ne voulaient plus se battre », mais c'était faux et cruellement injuste : l'armée française a perdu en 1940 environ plus de 100 000 tués en un mois, *chiffre très supérieur à la moyenne de la Première Guerre mondiale* [1] et encore supérieur à celui des mois les plus sanglants. L'historique détaillé des premiers combats de 1940 que l'on commence à connaître, montre que le combattant de 1940, placé initialement dans des situations tactiques absurdes, a su combattre courageusement, et mourir sur place. Mais très vite les positions furent submergées et la déroute emporta les survivants. Ce phénomène qui s'est produit en France s'était déjà produit en Belgique, en Hollande, en Pologne (dont le courage militaire n'a jamais été mis en doute). Il devait se reproduire en Yougoslavie (des guerriers cependant...) et même en Russie pendant l'opération Barbarossa où les Forces soviétiques s'effondrèrent comme les nôtres, malgré leur équipement plus moderne et elles laissèrent entre les mains des Allemands un butin de matériel et de prisonniers auprès duquel le nôtre pâlit. Mais personne en France à l'époque — sauf peut-être de Gaulle dont je puis témoigner qu'il refusait surtout de voir la triste réalité — ni en Grande Bretagne, ni en Amérique, où tant d'historiens militairement incompétents traitent de cette période, n'a diagnostiqué la *victoire purement technique* et, disons-le courageusement ici, *parfaitement honorable pour les combattants*, si elle était pleinement déshonorante pour le commandement. Seuls, les Allemands, qui n'en espéraient pas tant, ont eu l'attitude militaire correcte, et il faut bien dire qu'en 1945, leur défaite, produit par les mêmes conditions que celles qui nous avaient vaincus, ne fut pas plus glorieuse que notre effondrement.

***

Cette erreur de jugement, bien excusable d'ailleurs, au moins pour le grand public, car je demeure très sévère pour les militaires français responsables de la pensée stratégique, devait peser sur l'attitude française, sur la réputation de la France et même, peut-on dire encore aujourd'hui, sur la psychologie nationale, marquée de cette flétrissure.

La France effondrée, humiliée, déshonorée, ne pouvait que cultiver des complexes terribles d'infériorité. Le bouillon de culture de ces complexes d'infériorité a été cultivé à Vichy sous la direction morale du maréchal Pétain, qui avait toujours été un pessimiste. Cette attitude masochiste n'était pas jugée lâche, mais réaliste. Elle devait conduire à créer une difficulté nouvelle qui fut un piège pour bien des bons Français : l'équivoque sur la politique de la France.

Vichy, profondément persuadé de sa faiblesse, ne voyait de salut que dans l'*équivoque :* en comptant arrêter le désordre par l'armistice, puis

1. 1 700 000 morts pour 51 mois de guerre soir 34 000 par mois.

« finassieren » vis-à-vis des Allemands pour sauvegarder ce qui pourrait être sauvegardé. La ligne générale de cette politique, que de Gaulle devait condamner sans appel, n'était pas fausse en elle-même, comme *expédient provisoire*, et comme telle elle a joué un rôle très utile, mais elle a été catastrophique ensuite en ce qu'elle n'a pas compris ses limites. Pétain en 1940 « sauvait les meubles » — c'est incontestable. En 1942, il trahissait croyant bien faire. En 1944, enfermé dans sa vieillesse, ce qui n'avait rien d'étonnant pour un homme de son âge, il était investi de trop lourdes responsabilités. J'ajoute que ce raccourci sévère ne justifie pas le traitement que lui infligea la IVe République. Mais Pétain tenait de la Première Guerre mondiale un prestige national — à mon sens en partie exagéré — qui le plaçait au-dessus de tout jugement libre. Le pessimisme de vieillard de Pétain allait créer un nouvel obstacle extraordinaire à un relèvement rapide : *la division de l'opinion.*

Je suis scandalisé par les jugements sommaires de certains Français, sur la période 1940-44 en France métropolitaine. Aucun auteur, — encore moins aucun cinéaste — ne devrait avoir le droit de traiter de cette période, s'il ne l'a pas vécue. Mais, hélas ! beaucoup de ceux qui l'ont vécue en France (je ne parle pas de ceux qui étaient à Londres ou à Alger) sont restés des partisans. Ils n'ont pas compris que l'aveuglement incroyable d'une partie importante de l'opinion française était due à l'attitude du maréchal Pétain et à la propagande de son gouvernement (Laval, Brinon, Déat, etc...). Des patriotes sincères, des anciens combattants glorieux — Darnand par exemple — ont été induits en erreur par l'équivoque de Vichy. Le double jeu y était la règle, mais personne ne pouvait savoir quel était le véritable jeu et ceci jusqu'au bout. Des chefs militaires patriotes et honnêtes en ont été victimes (le général Dentz, l'amiral Derrien, l'amiral de Laborde etc...) et c'est là ce que je reproche de plus grave à Vichy, donc au Maréchal, dont les intentions étaient tout autres, bien sûr. Mais aucun Français, ni surtout aucun étranger — fût-il britannique — n'a le droit de condamner moralement ces erreurs comme un crime de « collaboration » et encore moins de lâcheté. J'ai été en prison en France en 1941, j'y suis passé en Conseil de Guerre, j'ai été condamné. Je sais donc de quoi je parle. Je puis témoigner que dans cette période (avant novembre 1942) il n'y avait ni blanc ni noir, mais une gamme de gris indéfinissables. Tout le monde était patriote. Quelques imbéciles mordaient à la propagande allemande, mais là encore avec patriotisme. Le drame — car drame il y a eu — provenait de ce que l'opinion française était divisée, et chacun avait beaucoup de mal à découvrir son véritable devoir.

Il y avait de Gaulle dirait-on. Et c'est vrai. Mais de Gaulle à l'époque, qui avait son auditoire radiophonique, était encore dans les tâtonnements volontaristes de sa stratégie de guerre. Sa critique du Maréchal, bien que fondée en fait, on l'a vu après, était trop violente pour être acceptée. Ses initiatives à Dakar et en Syrie apparurent maladroites et prématurées, sa présence dans le Char Britannique, après le crime de Mers el Kebir, était très compromettante. De Gaulle, avec un instinct très sûr de l'opinion publique, a rallié assez vite l'homme de la rue, qui raisonnait plus avec son cœur qu'avec sa tête. Mais les élites françaises, militaires, bourgeoises et administratives, se défiaient de ce général à la solde des Anglais et entouré de politiciens de la IIIe République. Je ne suis pas sûr, pour revenir au parallélisme avec l'Angleterre, qu'un Anglais traditionnel se serait rallié à un général factieux, tant que le Roi — la légitimité — se serait maintenu.

Cette division de l'opinion, cette difficulté d'être sûrs du devoir à remplir dans ces circonstances exceptionnelles se compliquaient encore du fait que pour un Français moyen, fût-ce un militaire, il n'était pas facile de trouver la tâche utile pour le pays que l'on pouvait remplir.

C'est alors que les Français, selon les hasards de la géographie, se divisèrent en familles très différentes qui devaient longtemps garder leur individualité et leurs préjugés réciproques.

Ceux qui étaient hors de France, à l'étranger ou dans notre Empire, eurent toute facilité pour rejoindre les Forces du général de Gaulle. Ils furent peu nombreux [1], mais généralement héroïques. Ce furent les FFL, les vrais, ceux de la 1re D.F.L. et de la colonne Leclerc. Ils se couvrirent de gloire partout avec des moyens dérisoires et souvent avec plus de courage que de technique militaire.

Ceux qui étaient en Afrique du Nord et en A.O.F. — voire en Syrie, hélas! — escomptaient bien reprendre le combat, lorsque la balance aurait suffisamment penché en notre faveur. Avec des mérites inégaux — mais difficiles à répartir, que l'on me croie — ce sont eux qui ont réalisé l'acte essentiel pour la France qu'a été le débarquement américano-britannique réussi de 1942, l'opération Torch. Personne ne s'y est trompé, de Gaulle moins que tout autre, mais la propagande et les politiques ont masqué en partie l'extraordinaire succès que ce devait être pour la France, quelles qu'aient été les bavures innombrables de cet autre bouillon de culture que fut Alger. C'est là peut-être que Liddell Hart, qui analyse avec soin cette période et qui par moi la connaît bien, omet de rendre à César ce qui lui revient, c'est-à-dire de reconnaître le cadeau incroyable de l'Armée d'Afrique et de l'Afrique du Nord française dans la carte de guerre de l'Alliance. Les résistances initiales de Vichy, les réticences américaines, désobligeantes et mesquines, les approches obliques de Churchill pour exploiter au mieux son poulain rétif de Gaulle, ont fait de cet épisode un moment moralement difficile et ingrat, alors qu'il s'agissait d'une magnifique victoire française d'abord et alliée ensuite. C'est de là que la reconquête devait partir, que la France devait renaître : Londres avait été l'œuf, Alger la matrice. Le reste devait venir par surcroît.

Ceux qui étaient en France, démobilisés ou membres de l'Armée de l'Armistice, souvent abusés par la propagande comme je l'ai dit, brûlaient eux aussi de combattre : 25 000 rejoindront l'Afrique du Nord au travers

1. 15 000 Français de race blanche. Chiffre cité par Jean Coulet.

des prisons espagnoles, parfois un régiment entier, le 2e Dragons, avec son colonel et son drapeau..., mais 10 000 allèrent en Russie aux côtés des Allemands. D'autres étaient en Allemagne, prisonniers, 1 500 000 environ. Parmi eux 71 000 soit près de 5 %, réussirent à s'évader. Le nombre des évadés rattrapés est de plus du double. Il y a donc eu au moins 15 % d'évasions, dont des généraux d'armée comme le général Giraud.

S'évader, partir se battre à l'Armée d'Afrique n'était pas possible pour tous. Beaucoup, contactés ou spontanément, estimaient devoir combattre sur place par la Résistance. Seuls, peuvent en parler ceux qui en ont fait partie, qui ont ressenti l'angoisse terrible de la clandestinité, la forte solidarité des réseaux (266 réseaux homologués, 150 000 membres homologués) l'aventure des maquis (plus de 75 000 maquisards organisés au moment du débarquement), les sinistres risques de mort (100 000 fusillés environ), de torture et de déportation dans les camps nazis. (250 000 déportés français dont la moitié seulement de Juifs et un quart de survivants). Cette Résistance, qui ne représente qu'une partie des innombrables sympathisants, démontre une prise de conscience qui contredit absolument la légende néfaste du Français en majorité combinard et collaborationniste. Il y en a eu bien sûr mais — peut-on le dire ? — moins qu'en Norvège, en Hollande, en Belgique — et sans aucun doute en URSS — initialement.

La vérité, c'est que la France, dont la vie quotidienne était atroce — pas de chauffage, ravitaillement insuffisant, électricité peu d'heures par jour — a fait preuve, malgré sa division due à l'équivoque de Vichy, d'une attitude plus qu'honorable. Personne aujourd'hui, dans les générations plus jeunes, ne peut imaginer ce qu'il a fallu de courage et de détermination pour faire face à la brutalité et à la cruauté nazies, comme à l'étendue de notre malheur.

Malgré ces difficultés accumulées, malgré la divergence inévitable des efforts, la moisson de ces sacrifices a été extraordinaire. Les résultats obtenus par ces poignées de héros méritaient mieux que les notations distraites de mon ami Sir Basil. Les résultats d'ensemble sur la guerre sont loin d'avoir été négligeables, comme tant de Français le croient encore.

On va en juger.

Les F.F.L. d'abord. Ils faisaient partie de cette véritable Légion étrangère que l'Angleterre a entretenue dans ses armées. La 8e Armée, celle de Montgomery avait des Indiens, des Australiens, des Sud-Africains et fort peu de Britanniques. Mais elle avait aussi des Français — une brigade, c'est-à-dire un régiment, puis une petite division, c'est-à-dire une brigade, des Belges — un petit bataillon — des Polonais, jusqu'à un corps d'Armée (en Italie), des Hollandais — un commando — des Norvégiens, une légion israélienne etc., etc... De toutes ces troupes, les Français sont les seuls à avoir, malgré des tâches souvent secondaires, attiré l'attention mondiale : Monclar à Keren, Koenig à Bir Hakeim, et dans cette dernière circonstance, ils ont sans doute — malgré les exagérations de la propagande — joué un rôle stratégique hors de proportion avec leur nombre. Ils ont en tout cas contribué à maintenir le moral de tous ceux, en France ou en Afrique du Nord, qui attendaient l'occasion de reprendre la lutte.

***

L'Armée d'Afrique ensuite. J'ai déjà parlé du magnifique cadeau militaire et géostratégique qui fut fait à cette occasion à une stratégie alliée trop ambitieuse pour ses moyens réels et ses capacités. Si l'opération Torch avait été repoussée par nos troupes — et c'était non seulement facile mais probable, s'il n'y avait pas eu la connivence française assez générale, car les effectifs débarqués étaient faibles et extraordinairement mal entraînés — les conséquences eussent été considérables et la France de Vichy eût peut-être dû rejoindre le camp allemand dans sa défaite finale. Mais surtout, l'échec de cette énorme opération amphibie aurait probablement changé le cours de la guerre et certainement retardé son issue. Voilà ce qu'il faut mettre au compte de la France.

Ce n'est pas tout : le débarquement d'Afrique du Nord a été l'origine — disons le piège — où sont venus se faire prendre en Tunisie 250 000 Germano-Italiens de Rommel et de Graziani. Cette victoire de Tunisie, où les Français à eux seuls (ils étaient 60 000 au total) ont fait 50 000 prisonniers, où ils ont perdu 15 000 hommes tués et blessés, n'a été possible que grâce à l'action menée par nous dans les premiers mois, alors que la logistique américaine s'avérait impuissante à renforcer notre mince défense. Cet aspect de la bataille de Tunisie est généralement méconnu.

De Tunisie, la stratégie alliée a pu sauter en Sicile, en Italie, mais la manœuvre compassée de Montgomery en fit une avance processionnaire. Giraud, sautant d'un coup en Corse par un coup de poker où il n'engageait que 4 bataillons et qui réussissait ainsi à rallier les Italiens qui venaient de capituler, montrait ce qu'une stratégie hardie aurait pu tirer de la victoire nord-africaine...

Mais en Italie, où la guerre traînait au nord de Naples, qui donc a rompu le front allemand et décidé de la campagne, si ce n'est le Corps expéditionnaire français du général Juin ? Là encore, le livre de Sir Basil Liddell Hart le fait mal ressortir.

Le XVe Groupe d'Armées du Field Marshall Alexander est fort de 2 armées, 9 corps d'armée et plus de 35 divisions [1]. L'ennemi n'a que 18 divisions dont seulement 10 en ligne et 8 en réserve. Le Corps expéditionnaire français n'a que 4 divisions et demie (la demie étant le groupement des Tabors marocains du général Guillaume). Les Forces françaises ne sont que le *neuvième* du Groupe d'Armées, mais elles sont décidées à « faire des étincelles ». Tout le monde, du général au simple soldat, a la volonté de marquer aux Alliés — et aux Allemands — ce dont l'Armée française est capable

1. Dont uniquement 2 divisions britanniques + 6 du Commonwealth, soit le double des Forces françaises.

F.F.L. et celle de l'Afrique et de Vichy. Tout le monde se connaît depuis longtemps. Cette campagne, qui sera si dure et meurtrière est — comme l'étaient les anciennes guerres d'Italie — une grande partie de chasse — un peu dure — entre amis.

Alexander doit attaquer. Son plan, approuvé à Londres, reproduit tous quand elle en a les moyens. C'est la fleur de l'Armée d'Afrique, celle des les mauvais schémas alliés de l'époque : attaque processive par les vallées pour ouvrir la route à l'exploitation blindée sur Rome — qui sera britannique naturellement — mais par des vallées étroites où elle a bien peu de chances de réussir. Ce premier bouchon à sauter sera Cassino auquel on affecte le Corps polonais pour cette mission de sacrifice. Les Américains et les Français couvriront l'avance au sud-ouest.

Les Français sont en ligne. Ils ont jugé leur secteur. Juin (tout le monde pense comme lui) est persuadé que seule une manœuvre par les hauts peut mettre en défaut la défense allemande. Il rallie à cette conception le général américain Clark dont il dépend. Mais Alexander maintient sa direction. Tout au plus admet-il que l'armée française cherche d'abord à déborder Cassino par le sud. Cette concession sera à la base de la victoire : les Français rompent la ligne Gustav, le Corps de Montagne (dont j'étais chef d'état-major) exploita profondément et en souplesse en escaladant une montagne effroyable, le Pétrella. C'est Juin qui sera en flèche couvert à sa gauche par les Américains et ce seront les Britanniques qui à l'inverse du plan, avec 30 km de retard, couvriront le flanc droit de la poussée sur Rome. Le 4 juin, des éléments de la 3e D.I.A. entrent à Rome. La suite, jusqu'à Florence, sera du même style. La victoire était bien une victoire française.

J'ai écrit dans *Vie et Mort des Français* : « La campagne d'Italie restera un souvenir inoubliable pour ceux qui l'ont faite. L'Armée françaisse avait pu montrer ce dont elle était capable : la *furia francese* avait été incomparable, mais aussi le sens tactique de la troupe, le coup d'œil et la science militaire des chefs. Nos alliés n'avaient pu que le reconnaître. Les Allemands eux-mêmes avouaient notre renaissance. Le but était donc atteint. L'avance française, à pied et en montagne, était de plus de 350 kilomètres. Le petit corps expéditionnaire avait perdu 8 000 tués et deux fois plus de blessés. Mais la victoire rachetait tout cela. »

La phase suivante fut le débarquement en France et la libération qui suivit. Beaucoup de littérature a été écrite sur le sujet, dont la présente Histoire de la Seconde Guerre Mondiale. Aucune ne traduit à cette occasion le rôle exact — et important — qu'y a joué l'armée française rénovée. Le débarquement en Afrique du Nord, mal exécuté, eût pu être une catastrophe. Salerne, mal exploité, faillit en être une. Anzio, conduit avec un méthodisme paralytique, fut un échec. Le débarquement de Normandie, une fois de plus mal exploité, commença comme un échec : à J + 50, le front atteint était très en arrière de celui prévu à J + 20 par le plan initial. Ce plan par contre, aussi peu génial que possible, prévoyait à J + 120 (5 octobre) une tête de pont qui jouxtait Paris de la Somme à la Loire. Il avait fallu le sens stratégique de Bradley et la fougue tactique de Patton pour bouleverser ce plan et atteindre à J + 120 une ligne allant d'Anvers au Rhin, à Aix-la-Chapelle, Metz et Dijon. « L'événement » s'était produit tard.

En Provence, un autre plan paralytique, puissant, mais sans génie, avait été établi. Les Américains faisaient une action préliminaire avec en partie des commandos français pour neutraliser les batteries allemandes. Ils sautaient le matin avec une division parachutiste et débarquaient le VIe Corps d'Armée renforcé de chars français. L'armée française suivait sur les mêmes plages. Elle devait s'emparer d'abord de Toulon, puis de Marseille sous la couverture américaine, dans une bataille prolongée que l'on prévoyait comme en Normandie devoir durer un mois au moins. L'exploitation vers le nord pour faire la jonction avec les forces débarquées en Normandie aurait lieu sans doute au cours ou à la fin du mois d'octobre.

Bien sûr nous débarquions dans une situation très différente : le 15 août, la victoire était acquise en Normandie et l'exploitation allait y commencer. Cette situation conduisit Hitler à ordonner aussitôt un repli de ses forces dans le sud de la France à l'exception de Toulon et de Marseille occupées chacune par une division renforcée et des centaines de canons. En outre, la 19e armée allemande devait retarder la poussée alliée vers le nord. C'est là que le style propre à l'Armée française allait intervenir.

Débarqués le 16, les Français ne disposent pour les 8 ou 10 premiers jours que de leur premier échelon, fort — si l'on peut dire — de 16 000 hommes, *trente* chars et 80 canons, mais ils *veulent* gagner l'Allemand de vitesse. En deux jours, Toulon est investi. Alors, de Lattre décide avec ses faibles moyens d'attaquer *à la fois* Toulon et Marseille! La fortune sourit aux audacieux : onze jours après le débarquement, toute la côte est conquise jusqu'au Rhône, Marseille et Toulon sont libérées, aidées par les F.F.I. locaux, deux divisions allemandes ont été anéanties, 37 000 prisonniers ont été faits. Nous avons perdu au total 4 000 tués et blessés, *un quart de ce premier échelon débarqué*, mais victorieux.

Ce coup d'éclat, dû à d'innombrables actes d'héroïsme, transforme entièrement la situation du front sud, en l'alignant sur celle que Bradley-Patton viennent de réaliser, en Normandie. *C'est le seul débarquement allié exploité dans la foulée.* Mais maintenant, Marseille et Toulon sont ouverts, l'exploitation vers le nord va pouvoir se développer sans désemparer. L'armée, grisée de sa victoire, fait alors une chevauchée motorisée de 750 kilomètres. le 3 septembre, le Rhône est franchi à l'est de Lyon où le général Brosset entre à la tête de la 1re D.F.L., le 6 on aborde la boucle du Doubs, le 8 on atteint Autun et Beaune, le 12 liaison est prise en cinq endroits avec l'armée Patton et notamment avec la 2e D.B. de Leclerc qui a eu la chance insigne de libérer Paris. Langres est enlevé le 13, *un mois moins trois jours après le débarquement*. Qui dit mieux? Or cette avance foudroyante, effectuée au milieu de difficultés logistiques incroyables et retardée par des destructions considérables (il n'y a plus un pont ni un train), ne s'est pas faite sans de nombreux combats, parfois durs. Au nord de Lyon, 2 000 prisonniers, à Autun le groupement Demetz et la colonne F.F.I. Schneider font 3 500 prisonniers. Plus nos lignes de communication s'allongent, plus la résistance allemande se renforce. « Crise de ravitaillement, fatigue inouïe, je note dans mes Mémoires, résistance allemande accrue, il va falloir ralentir pour se refaire et repartir en force. »

Ce sera alors une dure campagne d'hiver marquée par des offensives successives, toutes très coûteuses, toutes victorieuses. C'est la bataille des Vosges, un cauchemar dans la neige et la pluie, le forcement de la Trouée de Belfort, l'exploitation par la 1re D.B. du général du Vigier jusqu'à Mulhouse et au Rhin et quelques jours plus tard, dans le cadre de l'armée américaine dont Leclerc constituait la droite, le forcement du Col de Saverne et l'exploitation par la 2e D.B. jusqu'à Strasbourg par une très belle opération symétrique. Puis après, un arrêt et l'offensive allemande des Ardennes qui déconcerte fort le commandement allié, jusqu'à lui faire prescrire l'évacuation de Strasbourg, que de Lattre occupera et défendra non sans risques, la très dure bataille de Colmar, sous la neige, qui chasse l'Allemand du Haut Rhin, puis la poussée au nord dans le Bas Rhin, le forcement de la ligne Siegfried, l'entrée dans le Palatinat. Le forcement de la Trouée de Belfort nous a coûté 3 500 tués et 4 500 blessés, 80 de nos blindés mis hors de combat, mais nous avons fait 17 000 prisonniers, tué 10 000 Allemands, pris 120 canons et 60 blindés. La bataille de Colmar nous rapporte 20 000 prisonniers, mais nous coûte 2 137 tués et 11 253 blessés... C'était la guerre, intense, dure et bien faite, par une armée d'élite qui a ainsi libéré près du tiers du territoire français avec 6 à 7 divisions, alors que les Armées alliées en comprenaient 52. Disons que sans nous vanter nous avions pris une bonne part de la victoire commune.

Mais le dernier épisode de la guerre, la campagne d'Allemagne et d'Autriche — Rhin et Danube — est encore plus révélateur — et encore plus méconnu des Français comme des Alliés.

Après Colmar, de Lattre a intégré dans ses divisions les 135 000 F.F.I. qui avaient rejoint l'armée. Il n'y a plus maintenant deux armées, une riche, une pauvre, une disciplinée, une autre plus fantaisiste, mais une seule armée. Celle de la France libérée.

Le plan allié est d'envahir l'Allemagne par deux grandes offensives : une au nord avec Montgomery et les Britanniques poussant sur Hambourg, une au centre avec les Américains en direction de Francfort, Leipzig et se rabattant vers le sud sur Munich et Innsbruck. Les Français devaient rester sur le Rhin en occupant un front passif de 250 kilomètres, *le tiers du front occidental.* (Ils ont 6 divisions [1] soit 1/10° des forces totales!...) C'est avec cette force dérisoire, étalée dans des espaces immenses que

---

1. La 2e D. B. et la 1re D. F. L. ont été retirées de l'armée pour combattre la première à Royan, la seconde à Menton... La 2e D. B. reviendra *in extremis* en Allemagne, dans le cadre américain pour pousser jusqu'à Bestengaden.

de Lattre réussira, d'abord à décider les Américains à modifier leur plan, puis à franchir le Rhin de vive force (sur 90 propulsistes du 101e régiment du génie qui conduisent les bateaux d'assaut, 54 sont tués ou blessés!), à refouler l'Allemand qui se bat désespérément jusqu'au bout, puis à le surprendre par une concentration soudaine de quatre divisions sur six à Freudenstadt, au-delà de la Forêt-Noire, et entre les 19e et 24e Armées allemandes, à les encercler à Stuttgart et dans la Forêt-Noire, puis à exploiter jusqu'au Vorarlberg en Autriche pour arriver au Tyrol avant les Américains. Ce tour de force stratégique qui apporte à l'armée française victorieuse un sentiment d'apothéose, a été réalisé dans un style et avec un rythme qui égalent largement ceux de nos Alliés, alors que nous n'avons que le dixième de leurs moyens sur un front double du nôtre...

Quant à Innsbruck je signe au nom de de Lattre la capitulation du groupe d'armées allemand, le général Brandenberger me confiera qu'il connaissait nos forces et ne s'attendait nullement à être ainsi réduit à merci. De Lattre à Berlin, au nom de de Gaulle, signe la reddition de l'ensemble de l'Armée allemande et il le méritait bien. Keitel qui le voit dit *mezzo voce* : « Il ne manquait plus que cela! » Mais quelques instants avant, un brigadier britannique, qui participait de la méconnaissance générale, avait osé dire en voyant la délégation française : « Pourquoi pas la Chine? »

Ce n'est pas ce qu'aurait dit mon ami sir Basil Liddell Hart, mais je pense qu'il n'était pas inutile que je rédige cette postface [1].

Général Beaufre.

---

1. J'ajoute que l'Armée française, pendant la campagne d'Allemagne avec ses 8 divisions (5 d'infanterie et 3 blindées), plus une ou deux divisions F. F. I. qui ont été engagées (la 10e D. I. et la 27e D. I. de Montagne sur les Alpes), deux autres divisions F. F. I. restées en réserve, la 1re et la 13e, soit 12 divisions, *était d'un volume égal à celui de la 2e Armée britannique*, la seule qui ait participé à cette campagne. Ceci aussi est peu connu et devrait permettre de mieux rétablir le sens des proportions entre les deux armées.

... Et nous revenions de loin...

Index

G

H

S

T

U

V

W

Y

Z

Table des cartes

Table des matières

CINQUIÈME PARTIE

Le flot tourne : 1942

SIXIÈME PARTIE

Le reflux : 1943

SEPTIÈME PARTIE

Le reflux bat son plein : 1944

HUITIÈME PARTIE

Final : 1945

NEUVIÈME PARTIE

Épilogue

marabout université

Les grandes disciplines du Savoir

Anthologies

Anthologie négro-africaine, L. KESTELOOT	MU 129	[09]
Histoire de la Littérature Française, A. THIBAUDET	MU 360	[09]
Le livre d'or de la **Poésie française, des origines à 1940,** P. SEGHERS	MU 3	[09]
Le livre d'or de la **Poésie française contemporaine, de 1940 à 1960,** P. SEGHERS T.1	MU 174	[09]
Le livre d'or de la **Poésie française contemporaine, de 1940 à 1960,** P. SEGHERS T.2	MU 175	[09]
La **Résistance et ses poètes,** P. SEGHERS T.1	MU 288	[07]
La **Résistance et ses poètes,** P. SEGHERS T.2	MU 289	[07]

Biographies

CASTELOT, A. **Marie-Antoinette**	MU 337	[10]
CASTELOT, A. **Joséphine**	MU 335	[06]
MALLET-JORIS, F. **Marie Mancini**	MU 353	[06]
MAUROIS, A. **George Sand (Lelia)**	MU 334	[10]
MAUROIS, A. **Victor Hugo (Olympio)**	MU 333	[10]
PERRUCHOT, H. **Toulouse-Lautrec**	MU 365	[06]
PERRUCHOT, H. **Van Gogh**	MU 364	[06]
TROYAT, H. **Dostoievski**	MU 386	[09]

Histoire

Affaires africaines, P. PEAN	MS 418	[ ]
Alexandre le Grand, L. HOMO	MU 382	[07]
Attila, M. BOUVIER-AJAM	MU 395	[09]
Austerlitz, C. MANCERON	MU 359	[07]
La guerre des **Camisards,** A. DUCASSE	MU 340	[04]
Les **Cathares,** R. NELLI	MU 326	[04]
Catherine de Médicis, H.R. WILLIAMSON	MU 306	[05]
César, G. WALTER	MU 49	[09]
Charlemagne, G. TEISSIER	MU 305	[07]
Charles Martel, J. DEVIOSSE	MU 316	[07]

Charles-Quint, J. LUCAS-DUBRETON .... MU 304 [08]
Charles le Téméraire, M. BRION .... MU 315 [07]
Christophe Colomb, J. HEERS .... MU 390 [09]
Colbert, I. MURAT .... MU 414 [ ]
Elisabeth 1re, J.CHASTENET .... MU 398 [09]
L'épopée des croisades, R. GROUSSET .... MU 320 [08]
L'**Egypte éternelle,** P. MONTET .... MU 302 [07]
La Chute de l'**Empire Romain,** A. PIGANIOL .... MU 379 [09]
Les **Etrusques,** W. KELLER .... MU 296 [10]
Dictionnaire des grands **événements historiques,** G. MASQUET .... MU 389 [07]
François 1er, J. JAQUART .... MU 403 [09]
François Villon, J. FAVIER .... MU 400 [09]
Le **Front Populaire,** D. de BAYAC .... MU 413 [ ]
La **Gaule,** F. LOT .... MU 294 [09]
La guerre de cent ans, de LEVIS-MIREPOIX .... MU 363 [07]
Les guerres de religion, P. MIQUEL, T. 1 .... MU 372 [07]
Les guerres de religion, P. MIQUEL, T. 2 .... MU 373 [07]
Guillaume le Conquérant, P. ZUMTHOR .... MS 321 [09]
Héros d'aventures, G. LENOTRE .... MU 327 [07]
L'Histoire, MALET & ISAAC :
T.1. Rome et le Moyen-Age .... MU 354 [06]
T.2. L'Age classique .... MU 355 [06]
T.3. Les Révolutions .... MU 356 [06]
T.4. Naissance du Monde moderne .... MU 357 [06]
Histoire de la Belgique, G.-H. DUMONT .... MU 381 [09]
Histoire de la Chine, R. GROUSSET .... MU 358 [07]
Histoire de la France, P. MIQUEL T.1. .... MU 290 [06]
Histoire de la France, P. MIQUEL T.2. .... MU 291 [06]
Histoire de la Libération de la France, R. ARON .... MU 409 [09]
Histoire de la Milice, T. 1, D. de BAYAC .... MU 416 [ ]
Histoire de la Milice, T. 2, D. de BAYAC .... MU 417 [ ]
Nouvelle **Histoire Romaine,** L. HOMO .... MU 293 [09]
Histoire vécue de la seconde guerre mondiale
De Rethondes à mai 40, T. 1 .... MU 32 [06]
Du Blitz à l'avance japonaise, T. 2 .... MU 33 [06]
Stalingrad, Midway, El Alamein, T. 3 .... MU 34 [06]
Du 6 juin 44 à Hiroshima, T. 4 .... MU 35 [06]
Hitler, A. BULLOCK, T.1. .... MU 27 [08]
Hitler, A. BULLOCK, T.2. .... MU 28 [08]
Les **Hommes de la Croisade,** R. PERNOUD .... MU 324 [07]
L'**Inquisition espagnole,** B. BENNASSAR .... MU 396 [09]
L'**Islam,** R. KALISKY .... MU 160 [08]
L'Italie de Mussolini, M. GALLO .... MU 109 [09]
Ivan le Terrible, H. VALLOTTON .... MU 402 [07]
Vie et mort de **Jeanne d'Arc,** R. PERNOUD .... MU 380 [06]
Laurent le magnifique, I. CLOULAS .... MU 401 [09]
Louis XI, M. KENDALL .... MU 411 [ ]
Le Règne de **Louis XI,** J. CALMETTE .... MU 301 [06]
Louis XIII, P. CHEVALLIER, T.1. .... MU 322 [06]
Louis XIII, P. CHEVALLIER, T.2. .... MU 323 [06]

Louis XIV, P. ERLANGER, T.1. .... MU 317 [06]
Louis XIV, P. ERLANGER, T.2. .... MU 318 [06]
Les Momies, A.P. LECA .... MU 298 [07]
Murat, J. TULARD .... MU 406 [06]
La mythologie, E. HAMILTON .... MU 20 [07]
La **mythologie celtique,** Y. BREKILIEN .... MU 383 [07]
Dictionnaire de la mythologie,
M. GRANT & J. HAZEL .... MU 366 [07]
Napoléon et l'Empire, J. MISTLER T.1. .... MU 307 [10]
Napoléon et l'Empire, J. MISTLER T.2. .... MU 308 [10]
Napoléon III, W.H.C. SMITH .... MU 407 [07]
La découverte du **Nouveau Monde,** J. CASSOU .... MU 378 [09]
Les **Phéniciens,** S. MOSCATI .... MU 303 [07]
Pierre le Grand, H. VALLOTTON .... MU 404 [09]
Politique, F. MITTERAND .... MU 408 [09]
Quand la Normandie était aux Vikings,
M. PLANCHON .... MU 385 [09]
Quand le Bon Roi René était en Provence,
M. MIQUEL .... MU 393 [07]
Quand les Anglais vendangeaient l'Aquitaine,
J.M. SOYEZ .... MU 388 [06]
Quand les Bretons peuplaient les mers, I. FRAIN .... MU 384 [07]
Quand les Rois régnaient à Versailles, D. MEYER .... MU 387 [06]
Quand Paris allait à « l'Expo »,
J.J. BLOCH & M. DELORT .... MU 391 [06]
La **Raison du Prince** (l'Europe absolutiste),
R. MANDROU .... MU 325 [08]
Dictionnaire des religions, M. THIOLLIER .... MU 375 [09]
La Révolution anglaise, G. WALTER .... MU 376 [09]
La **Révolution française,** F. FURET & D. RICHET .... MU 299 [10]
La **Révolution par ceux qui l'ont vue,** G. LENOTRE .... MU 329 [07]
Richard III, M. KENDALL .... MU 412 [ ]
Les **Royaumes Celtiques,** M. DILLON &
N.K. CHADWICK .... MU 295 [10]
Saint Bernard, Z. OLDENBOURG .... MU 362 [07]
La naissance du Saint Empire, R. FOLZ .... MU 377 [07]
Le **Sexe dans l'Histoire,** R. TANNAHILL .... MU 397 [07]
Le **Siècle de Louis XV,** P. GAXOTTE .... MU 297 [10]
Un **Siècle d'Or espagnol,** B. BENNASSAR .... MU 399 [07]
Talleyrand, L. MADELIN .... MU 392 [09]
Les **Templiers,** G. BORDONOVE .... MU 292 [06]
La **Tombe de Toutankhamon,** H. CARTER .... MU 319 [05]
Vercingétorix, C. JULLIAN .... MU 309 [07]
Versailles au temps des rois, G. LENOTRE .... MU 328 [07]
Les **Vikings,** P. BRENT .... MU 300 [06]

Sciences

La **Conquête du Savoir,** I. ASIMOV .... MU 405 [09]
L'**Esprit, cet inconnu,** J.E. CHARON .... MU 343 [06]
L'**Homme et l'Univers,** J.E. CHARON .... MU 342 [07]
Les **insectes,** peuple extraordinaire, J.H. FABRE .... MU 347 [04]
Les merveilles de l'instinct chez les **insectes,**
J.H. FABRE .... MU 346 [04]
Mœurs des **insectes,** J.H. FABRE .... MU 344 [04]
La vie des **insectes,** J.H. FABRE .... MU 345 [04]

Sciences Humaines

Les **Américains,** L. SAUVAGE .... MU 410 [09]
Les **Civilisations noires,** J. MAQUET .... MU 120 [07]
Dictionnaire de l'**Esotérisme,** M. MIRABAIL .... MU 338 [07]
La **mythologie,** E. HAMILTON .... MU 20 [07]
Dictionnaire de la **mythologie,** M. GRANT & J. HAZEL MU 366 [07]
La **mythologie celtique,** Y. BREKILIEN .... MU 383 [07]
Les **Idéologies,** F. CHATELET
T.1 : Des Pharaons à Charlemagne .... MU 369 [09]
T. 2 : De l'Eglise à l'Etat .... MU 370 [09]
T. 3 : De Rousseau à Mao .... MU 371 [09]
La **Philosophie,** F. CHATELET
T.1 : De Platon à St. Thomas .... MU 311 [09]
T.2 : De Galilée à J.J. Rousseau .... MU 312 [09]
T.3. : De Kant à Husserl .... MU 313 [09]
T.4. : Au XXe siècle .... MU 314 [09]
Dictionnaire des **religions,** M.M. THIOLLIER .... MU 375 [09]

Sexologie et psychologie

(voir aussi à Marabout Service : Psychologie, Education et Sexualité)

Dictionnaire de Psychanalyse, Ch. RYCROFT .... MU 374 [06]
Dictionnaire de **Psychologie,** A. VIREL .... MU 336 [09]
La **Vie sexuelle de la femme,** Dr. P. VELLAY .... MU 200 [06]

Dictionnaires

Encyclopédies

marabout service

L'utile, le pratique, l'agréable

Gastronomie

Le guide Marabout du **barbecue**, E. JANVIER .... MS 355 [04]
Le livre des **bonnes herbes**, P. LIEUTAGHI T.1. .... MS 323 [05]
Le livre des **bonnes herbes**, P. LIEUTAGHI T.2. .... MS 324 [05]
Le guide Marabout des **cocktails et boissons alcoolisées**, N. LYON .... MS 427 [07]
Le guide Marabout des **confitures**, C. CARON .... MS 383 [06]
Almanach de la **congélation** .... MS 426 [02]
La **cuisine belge** (220 recettes), J. ANDRIEU-DELILLE .... MS 592 [06]
Cuisine couleurs :
- **Desserts, glaces et sorbets** .... MS 509 [06]
- **Hors-d'œuvre et terrines** .... MS 504 [06]
- **Pâtisserie** .... MS 502 [06]
- **Poissons et fruits de mer** .... MS 507 [06]
- **Recettes faciles** .... MS 572 [06]
- **Recettes pas chères** .... MS 573 [06]
- **Recettes pour recevoir** .... MS 508 [06]
- **Recettes de santé** .... MS 503 [06]
- **Recettes du terroir** .... MS 501 [06]
- **Recettes végétariennes** .... MS 510 [06]
- **Le tour du monde en 80 plats** .... MS 506 [06]
- **Viandes et volailles** .... MS 505 [06]

La **cuisine française classique et nouvelle**, R.J. COURTINE .... MS 305 [09]
La **cuisine grecque**, S. et D. AKNIN .... MS 588 [04]
La **cuisine des îles**, M.M. CARBET .... MS 386 [04]
La **cuisine indienne**, S. SATTAR .... MS 488 [04]
La **cuisine japonaise**, K. TAMAKI .... MS 618 [06]
La **cuisine juive** M. YANA et C. FARHI .... MS 653 [06]
La **cuisine marocaine et maghrébine**, M.A. GUERTAL ..... MS 395 [04]
La **cuisine pour deux**, L. BERARD .... MS 194 [05]
Le guide Marabout de la bonne **cuisine rapide**, N. LYON .... MS 619 [04]
Cuisine, secrets de famille, P. BUTEUX .... MS 351 [09]
La **cuisine toute simple**, P. BUTEUX .... MS 352 [09]
La **cuisine vietnamienne et chinoise**, N. NGOC RAO ...... MS 291 [04]
Le guide Marabout des **épices, aromates et condiments**, R. LANDRY .... MS 331 [10]

Le guide Marabout des **fromages de France et du monde entier,** P. ANDROUET & N. LYON .... MS 332 [10]

Gastronomie de la diététique, Dr A.F. CREFF & L. BÉRARD .... MS 420 [06]

Le guide Marabout de la **pâtisserie et des desserts,** A. GENERET & Y. LINE .... MS 49 [09]

Le guide culinaire des **poissons, crustacés et mollusques,** N. LYON .... MS 338 [07]

Le **premier livre de cuisine,** L. BERARD .... MS 175 [05]

250 **recettes au jardin des herbes,** Y. BATY-VERNIER .... MS 550 [06]

Recevoir autrement, J. GERARD .... MS 429 [09]

Le guide Marabout des **surgelés,** J. GERARD .... MS 325 [07]

Les **vins** — la **cave**, (Manuel de l'amateur), P. COUDERC .... MS 377 [04]

Le guide Marabout des **vins de France et du monde entier,** F. SCHOONMAKER & Ch.R. SAINT ROCHE .... MS 479 [09]

Maison, jardin, animaux familiers, bricolage

Le dictionnaire Marabout des **antiquités et de la brocante,** A. SAINT-CLAIR .... MS 148 [06]

Le guide Marabout de l'**aquarium**, H. FAVRE .... MS 77 [09]

L'**aquarium d'eau de mer,** H. FAVRE .... MS 359 [08]

Mon **premier aquarium,** H. FAVRE .... MS 441 [06]

Guide de santé de l'**aquarium,** H. FAVRE, J. ARNOULT & M. TASSIGNY .... MS 529 [06]

Le guide Marabout du **barbecue,** E. JANVIER .... MS 355 [04]

L'encyclopédie du **bricolage :** T.1. .... MS 198 [07]

T.2. .... MS 199 [07]

Brocante, antiquités (manuel de l'amateur), J. BEDEL .... MS 376 [04]

Dictionnaire médical du **chat**, S. SCHNECK & Dr. N. NORRIS .... MS 445 [04]

Le guide Marabout des **chats,** J. FREYDIGER .... MS 246 [09]

Dictionnaire médical du **chien**, S. SCHNECK & Dr. N. NORRIS .... MS 446 [04]

Le guide Marabout des **chiens,** J. FREYDIGER .... MS 32 [09]

Noms de chiens, P. MOUTURAT & C. DE PREMONT MS 517 [06]

Votre **chien** : le dresser, l'éduquer, M. SIEGAL & M. MARGOLIS .... MS 253 [06]

Les **chiens de chasse,** M. VAN HAVRE .... MS 473 [06]

Le guide Marabout de la **couture facile,** M.T. VAUTHIER .... MS 380 [06]

Tricot, **crochet facile,** C. COTTI .... MS 448 [04]

Le guide Marabout de l'**électricité**, G. ANDRE .... MS 518 [04]

Le guide Marabout de l'**énergie solaire**, R. BACQ .... MS 495 [02]

Le guide Marabout de l'**homéopathie vétérinaire,** Dr L. MOUSSET .... MS 486 [04]

L'encyclopédie du **jardinage :**
T.1. : les fleurs .... MS 232 [09]
T.2. : les arbres, légumes et plantes .... MS 233 [09]
l'Almanach du **jardinier** .... MS 425 [02]
Le **jardinier du dimanche**, O. BAILLY .... MS 361 [08]
Le guide Marabout des **oiseaux de volière,**
M. VAN HAVRE .... MS 443 [09]
Les **plantes d'appartement,** J.J. GOULAIS .... MS 442 [04]
L'encyclopédie des **styles** T.1. .... MS 212 [07]
L'encyclopédie des **styles** T.2. .... MS 213 [07]
Tricot, crochet facile, C. COTTI .... MS 448 [04]
Trucs et procédés du bois, J.P. COUTRAIT .... MS 354 [09]

Nature

Les champignons, M. SVRCEK .... MS 267 [08]
Le guide Marabout de la **météo et des microclimats,** I. VIRGATCHIK .... MS 452 [07]
Les **oiseaux des bois et des montagnes,** J. FELIX .... MS 237 [09]
Les **oiseaux des jardins, des parcs et des champs,** J. FELIX .... MS 205 [08]
Les **oiseaux des mers et des rivages,** J. FELIX .... MS 301 [08]
Les **plantes de montagne,** B. SLAVIK .... MS 309 [08]

Psychologie

Acupuncture et psychanalyse,
Dr J.C. HACHETTE & Dr Ch. HOURI .... MS 516 [06]
Se faire des **amis**, F. SUZZARINI .... MS 625 [06]
Etes-vous **auditif ou visuel ?,**
Dr LAFONTAINE et B. LESSOIL .... MS 630 [06]
Le **bonheur en soi,** D. PELLETIER .... MS 639 [04]
Votre **carrière, comment la piloter,** D. JOUVE .... MS 663 [ ]
Le guide Marabout de la **chiromancie,**
MIR BASHIR .... MS 374 [06]
Comment leur dire, Dr MARCELLI .... MS 431 [04]
Le guide Marabout de la **communication facile,** M.J. ADLER .... MS 626 [ ]
Le **complexe d'Œdipe,** G. AZZOPARDI .... MS 591 [04]
La **connaissance de soi par les tests,**
T. DEPRE .... MS 637 [04]
La **conscience du corps,** M. FELDENKRAIS .... MS 540 [06]
Les **dessins d'enfants** et leur signification,
A. OLIVERIO FERRARIS .... MS 297 [06]
Vaincre la **dyslexie**, R.H. BORDESOULES .... MS 500 [06]
Le guide Marabout de la **dyslexie,** P. LEUNEN .... MS 542 [04]
Comment connaître son **enfant**, Dr A. RIDEAU .... MS 438 [06]
Vos **enfants et l'argent,** B. MARTIN .... MS 662 [ ]

Ecriture et personnalité, N. JULIEN	MS 575 [04]
Le livre des **extases**, E. ROSENFELD	MS 599 [06]
Comprendre les **femmes**, P. DACO	MS 250 [09]
Connaissez-vous par la **forme de votre visage,** L. UYTTENHOVE	MS 525 [04]
Frères et sœurs, B. MARTIN	MS 596 [04]
Le guide Marabout de la **graphologie,** A.M. COBBAERT	MS 337 [06]
La **lecture rapide,** F. RICHAUDEAU	MS 102 [07]
Vivre sans **mari,** J. MONTAGARD & M. PICAR (sept.)	MS 664 [ ]
Le guide Marabout de la **mémoire,** F. SUZZARINI	MS 616 [07]
L'art de la **négociation,** T. DEPRE	MS 654 [04]
Les voies étonnantes de la **nouvelle psychologie,** P. DACO	MS 480 [09]
Comprendre ses **parents** et ses **grands-parents,** C. RAPAILLE	MS 568 [06]
Pères et filles (le complexe d'Electre), W.S. APPELTON	MS 577 [04]
Les **prénoms**, un choix pour l'avenir, C. MERCIER & P. DACO	MS 369 [09]
Les triomphes de la **psychanalyse,** P. DACO	MS 29 [09]
Les prodigieuses victoires de la **psychologie moderne,** P. DACO	MS 15 [09]
Que suis-je ? Testez-vous, S. DURVILLE	MS 362 [09]
Répondre aux enfants jusqu'à l'adolescence, COTTI	MS 334 [05]
L'interprétation des **rêves**, P. DACO	MS 341 [07]
Le dictionnaire Marabout des **rêves,** L. UYTTENHOVE	MS 539 [06]
Connaissez-vous par votre **signature,** L. UYTTENHOVE	MS 521 [06]
Le **sommeil et les rêves,** S. MONNERET	MS 455 [06]
Le dictionnaire des **superstitions et croyances populaires,** P. CANAVAGGIO	MS 339 [06]
Les **surdoués**, R. CHAUVIN	MS 350 [04]
Réussir les **tests d'entreprise**, G. AZZOPARDI	MS 571 [04]
Le **test Marabout des couleurs,** N. JULIEN	MS 631 [02]
15 **tests pour connaître les autres,** M. & F. GAUQUELIN	MS 477 [06]
20 **tests pour se connaître,** M. & F. GAUQUELIN	MS 236 [06]
Tests pour mesurer l'intelligence de votre enfant, G. WILSON & D. GRYLLS	MS 314 [03]
Les **tests Psi,** R. de AMORELLI	MS 349 [03]
Vaincre sa **timidité,** F. SUZZARINI	MS 494 [04]

Education

Agressivité et violence, O. DOT	MS 614 [04]
Aidez votre enfant dans son travail scolaire, R. GUIFFRAY & P. LAVAYSSIERE	MS 535 [06]
Aimer sans tout permettre, F. DODSON	MS 432 [06]

J'apprends à lire avant 6 ans, GAUQUELIN & MOERMAN .... MS 437 [09]

J'apprends à lire à mon bébé, GLENN DOMAN .... MS 481 [04]

La **bio-eugénique** (les enfants de l'avenir), J. JORDAN-DESGAIN .... MS 600 [09]

Comment connaître son enfant, Dr A. RIDEAU .... MS 438 [06]

Comment leur dire, Dr MARCELLI .... MS 431 [04]

Les **dessins d'enfants** et leur signification, A. OLIVERIO FERRARIS .... MS 297 [06]

Vaincre la **dyslexie,** R.H.BORDESOULES .... MS 500 [06]

Le guide Marabout de la **dyslexie,** P. LEUNEN .... MS 542 [04]

Les **échecs scolaires**, O. DOT .... MS 576 [04]

Comment connaître son **enfant**, Dr A. RIDEAU .... MS 438 [06]

Connaître et comprendre votre **enfant par l'astrologie** (1 volume par signe), F. MAISONBLANCHE .... MS 551 à MS 562 [04]

Vos **enfants et l'argent,** B. MARTIN (oct.) .... MS 662 [ ]

Comment donner à vos **enfants** une intelligence supérieure, S. & T. ENGELMANN .... MS 150 [07]

Elever notre **enfant**, Drs J. RATEL, J. RICHARD & Ph. SAGLIER .... MS 435 [06]

Soigner notre **enfant**, Drs. J. RATEL, J. RICHARD & Ph. SAGLIER .... MS 434 [09]

Frères et sœurs, B. MARTIN .... MS 596 [04]

L'art d'être **grands-parents,** F. DODSON .... MS 613 [06]

Gymnastiques correctives pour enfants, H. CZECHOROWSKI .... MS 563 [02]

Comment donner à vos enfants une **intelligence supérieure,** S. & T. ENGELMANN .... MS 150 [07]

Je comprends les **mathématiques**, N. GAUTIER .... MS 536 [06]

Mathématiques de base, M. GARIN .... MS 574 [04]

Les 30 problèmes de l'**orthographe**, méthode THIMONNIER .... MS 527 [06]

Comprendre ses **parents** et ses **grands-parents,** C. RAPAILLE .... MS 568 [06]

Parents efficaces, Dr. TH. GORDON .... MS 436 [06]

Pères et filles (le complexe d'Electre), W.S. APPELTON .... MS 577 [04]

Le **père et son enfant,** F. DODSON .... MS 320 [07]

Philo de base, V. GRIGORIEFF .... MS 583 [07]

Les **prénoms**, un choix pour l'avenir, C. MERCIER & P. DACO .... MS 369 [10]

Répondre aux enfants jusqu'à l'adolescence, C. COTTI .... MS 334 [05]

Les **surdoués**, R. CHAUVIN .... MS 350 [04]

Tests pour mesurer l'intelligence de votre enfant, G. WILSON & D. GRYLLS .... MS 314 [03]

Tout se joue avant six ans, F. DODSON .... MS 225 [06]

Sexualité

Le guide pratique des **aphrodisiaques**, Dr M. LENOIS ... MS 394 [04]
Choisissez vous-même le sexe de votre enfant, Dr M. LENOIS .... MS 472 [04]
Clinique de l'harmonie sexuelle, P. & B. WYDEN .... MS 450 [06]
Les **difficultés de la vie sexuelle**, J. E. EICHENLAUB ...... MS 262 [05]
L'**homosexualité** questions et réponses, G. MENARD ...... MS 458 [04]
Les **perspectives sexuelles**, MASTERS & JOHNSON ..... MS 520 [04]
Le **plaisir partagé**, H.G. BISHOP .... MS 328 [06]
Les points du **plaisir sexuel**, H. TSAI SU-NU .... MS 580 [06]
Le **Point «G»**, A.KAHN LADAS, B. WHIPPLE, J.D. PERRY .... MS 629 [04]
Les secrets de la **réussite sexuelle féminine**, Dr R. EDOUARD .... MS 523 [06]
La **sexualité du couple**, Dr MICHEL & DAVROU .... MS 451 [02]
L'**union par le plaisir**, MASTERS & JOHNSON .... MS 381 [06]

Santé

Le guide pratique d'**acupressing**, H. CZECHOROWSKI .... MS 456 [04]
Le guide pratique de l'**acupuncture à l'acupressing**, Dr GRIGORIEFF .... MS 422 [06]
Acupuncture et psychanalyse, Dr J.C. HACHETTE & Dr Ch. HOURI .... MS 516 [06]
Le guide pratique des **aphrodisiaques**, Dr M. LENOIS ...... MS 394 [04]
La **bio-eugénique** (les enfants de l'avenir), J. JORDAN-DESGAIN .... MS 600 [09]
Le livre des **bonnes herbes**, P. LIEUTAGHI T.1. .... MS 323 [05]
Le livre des **bonnes herbes**, P. LIEUTAGHI T.2. .... MS 324 [05]
Comment vivre sans tensions, BOIREL .... MS 454 [04]
La **conscience du corps**, M. FELDENKRAIS .... MS 540 [06]
Vaincre les **diabètes**, M. FREMONT .... MS 526 [04]
Diététique et art de vivre, J. TREMOLIERES .... MS 393 [06]
Le guide de la **diététique**, Dr E.G. PEETERS .... MS 166 [09]
Mal de **dos**, mal du siècle, Dr R. MAIGNE .... MS 548 [06]
Energic dance, N. BIRTSCHANSKY .... MS 597 [04]
Soigner votre **enfant**, Drs G. RATEL, J. RICHARD & Ph. SAGLIER .... MS 434 [09]
Soignez votre **enfant par l'homéopathie**, R. BOURGARIT .... MS 628 [06]
Comment vaincre la **fatigue**, L.PEMBROOK .... MS 632 [06]
Fitness : le moral, la forme, la ligne, P. SHIMER .... MS 578 [06]
Gastronomie de la diététique, Dr A.F. CREFF & L. BERARD .... MS 420 [06]
Gymnastiques correctives pour enfants, C. CZECHOROWSKI .... MS 563 [02]
Exercices de **hatha-yoga**, J. DIJKSTRA .... MS 353 [06]

Le dictionnaire Marabout de l'**homéopathie,**
C. HAUMONT .... MS 348 [06]
Comment se soigner par l'**homéopathie,**
Dr VAN WASSENHOVEN .... MS 589 [06]
Les **hommes préfèrent les rondes,** Dr DUKAN .... MS 524 [04]
Kiai, guide pratique d'éveil et de relaxation,
A.L. MEYER .... MS 440 [04]
Maigrir autrement, A. MESSEGUE .... MS 579 [06]
Le guide Marabout de la **maternité**, G. GUIDEZ .... MS 285 [06]
Le dictionnaire Marabout de la **médecine,** T.1. .... MS 329 [10]
Le dictionnaire Marabout de la **médecine,** T.2. .... MS 330 [10]
Le dictionnaire Marabout des **médecines naturelles,** T.1. .... MS 238 [09]
T.2. .... MS 239 [09]
100 **plantes**, 1000 usages, Y. ROCHER .... MS 321 [09]
Les **pratiques chinoises de santé,** D. de WESPIN .... MS 421 [04]
Le **régime « F » comme fibres,** A. EYTON .... MS 624 [04]
Remèdes de grand-mère, G. MILLANVOYE .... MS 444 [04]
Savoir **respirer,** M.F. ELLIOT .... MS 493 [02]
Scarsdale, régime médical infaillible,
H. TARNOWER & S.S. BAKER .... MS 459 [06]
Les **secrets du docteur,** A. LEMAIRE .... MS 363 [07]
Se **soigner autrement,** A. MESSEGUE
et J.L. FARAUT .... MS 640 [06]
Le guide pratique de la **sophrologie,**
Y. DAVROU & J.C. MAQUET .... MS 484 [04]
Etes-vous **spasmophile** ? Dr H. RUBINSTEIN .... MS 532 [04]
Le guide Marabout du **Yoga**, J. TONDRIAU &
J. DEVONDEL .... MS 79 [07]
Le **Yoga des yeux,** M. DARST CORBETT .... MS 373 [06]
Yoga pour elle, E. LONGUE .... MS 399 [06]

Sports

Le guide Marabout de l'**alpinisme**, P. DE BELLEFON .... MS 581 [07]
Le guide Marabout des **armes à feu et du tir,**
M. VAN HAVRE .... MS 430 [08]
Le guide Marabout du **billard,** Ph. MALSERT .... MS 541 [04]
Les métiers du **cheval,** J. COUROUBLE
& B. de SAULIEU .... MS 490 [04]
Le guide Marabout du **dériveur,** J.P. STASSEN .... MS 514 [06]
Energic dance, N. BIRTSCHANSKY .... MS 597 [04]
Le guide Marabout du **golf**, M. LARTIGUE .... MS 396 [04]
Gymnastiques correctives pour enfants,
H. CZECHOROWSKI .... MS 563 [02]
Exercices de **hatha-yoga,** J. DIJKSTRA .... MS 353 [06]
Le guide Marabout du **judo,** L. ROBERT .... MS 25 [07]
Le guide Marabout du **jiu-jitsu,** R. HABERSETZER .... MS 308 [06]

Le guide Marabout du **karaté,** R. HABERSETZER .... MS 118 [09]
Le guide Marabout de la **marche et du jogging,** P. MAURY .... MS 385 [06]
Le guide Marabout de la **navigation de plaisance,** J.M. BARRAULT .... MS 343 [07]
Le guide marabout de la **pêche en mer,** M. van HAVRE .... MS 512 [06]
Le guide marabout de la **pêche en rivière, lac, étang,** M. van HAVRE .... MS 513 [06]
Le guide Marabout du **pilotage privé et des U.L.M.,** J. MATHIEU-ROSAY .... MS 569 [04]
Le guide Marabout de la **planche à voile,** J. & C. VAN NEVEL .... MS 322 [04]
Le guide Marabout de la **plongée sous-marine,** R. DE PRINS .... MS 499 [06]
Le guide Marabout de la **self-défense,** R. HABERSETZER .... MS 326 [07]
Le guide marabout du **ski de fond,** D. NEYS .... MS 478 [07]
Le guide Marabout du **squash,** A. VANDERELST .... MS 534 [04]
Le **tennis,** technique, tactique, entraînement, G. DENIAU .... MS 358 [05]
Le guide Marabout du **tennis,** I. Mc FADYEN .... MS 511 [06]
Le guide Marabout du **tennis de table,** J. PROUST .... MS 433 [05]
Le guide Marabout du **vélo et du cyclotourisme,** M. MEREJKOWSKY .... MS 384 [06]
L'école de la **voile,** A. BROWN .... MS 72 [07]
Le guide Marabout du **yoga,** J. TONDRIAU & J. DEVONDEL .... MS 79 [07]
Yoga pour elle, E. LONGUE .... MS 399 [06]

Jeux, Loisirs

L'Almanach du jardinier .... MS 425 [02]
Manuel d'**archéologie pratique,** L. FREDERIC .... MS 519 [07]
Le guide Marabout des **armes à feu et du tir,** M. VAN HAVRE .... MS 430 [08]
Le guide Marabout de la **cartomancie,** F. MAISONBLANCHE .... MS 547 [07]
Le guide Marabout de la **citizen band,** P. DOHET .... MS 449 [04]
Le guide pratique de la **C.B.,** J. LECLERCQ .... MS 453 [04]
Le guide marabout du **cube** et de ses dérivés, L. VAN LAETHEM .... MS 497 [02]
Le guide Marabout de toutes les **danses,** G. DENY & L. DASSEVILLE .... MS 127 [09]
Le guide marabout du **dessin,** M.R. de PREMONT .... MS 371 [07]
Le guide Marabout des **échecs,** F. VAN SETERS .... MS 189 [07]
150 problèmes d'**échecs,** C. SENECA .... MS 344 [02]
Echecs et maths, C. SANTOY .... MS 549 [06]
Echecs : le milieu de partie, J. FLESCH .... MS 595 [04]
Echecs : les finales, C. SANTOY .... MS 615 [06]
Echecs : les ouvertures, C. SANTOY .... MS 594 [06]
Le guide Marabout des **étoiles,** M. MENNIG .... MS 530 [04]

Micro — Informatique

Dictionnaires/para-scolaire

Apprendre l'**anglais par la bande dessinée** .... MS 307 [02]
Connaître et utiliser **5.000 mots d'allemand,**
COLLINS .... MS 538 [06]
Connaître et utiliser **5.000 mots d'anglais,** COLLINS ...... MS 537 [06]
Connaître et utiliser **5.000 mots d'espagnol,**
COLLINS .... MS 586 [06]
Connaître et utiliser **5.000 mots d'italien,** COLLINS .... MS 585 [06]
Dictionnaire analogique, F. SUZZARINI .... MS 659 [ ]
Le dictionnaire des **citations,** K. PETIT .... MS 16 [09]
Code orthographique et grammatical,
R. THIMONNIER .... MS 244 [09]
Dictionnaire Collins français-anglais / anglais-français .... MS 475 [09]
Dictionnaire Collins français-espagnol / espagnol-français .... MS 476 [09]
Dictionnaire Collins français-allemand / allemand-français .... MS 656 [ ]
Dictionnaire Collins français-italien / italien-français .... MS 655 [ ]
Dictionnaire commercial et financier (français-anglais/anglais-français), J.V. SERVOTTE .... MS 20 [09]
Dictionnaire commercial et financier (français-allemand/allemand-français), J.V. SERVOTTE .... MS 21 [09]
Dictionnaire des synonymes, G. YOUNES .... MS 474 [09]
Grammaire facile de l'anglais, J.L. CUPERS
& Ch. LORIAUX .... MS 661 [ ]
La **lecture rapide,** F. RICHAUDEAU .... MS 102 [07]
Je comprends les **mathématiques,** N. GAUTIER .... MS 536 [06]
Mathématiques de base, M. GARIN .... MS 574 [06]
Les 30 problèmes de l'**orthographe,** méthode
THIMONNIER .... MS 527 [06]
Philo de base, V. GRIGORIEFF .... MS 583 [07]
Poèmes du monde entier, P. MAURY .... MS 587 [09]
3000 citations de la langue française,
P. GERMA .... MS 666 [ ]

Vie quotidienne

Les guides dynamiques :
- Ouvrir une **boutique,** A. RISTORI .... MS 496 [06]
- Les métiers du **cheval,** J. COUROUBLE & B. de SAULIEU .... MS 490 [04]
- Comment vous **enrichir,** MARCO .... MS 598 [04]
- Les métiers de la **photo,** J. COUROUBLE & B. de SAULIEU .... MS 489 [04]

Créer sa **société,** J. COUROUBLE .... MS 498 [06]
Réussir les **tests d'entreprise,** G. AZZOPARDI .... MS 571 [04]
Votre **carrière, comment la piloter,** D. JOUVE ...... MS 663 [ ]
Le guide Marabout de la **citizen band,** P. DOHET .... MS 449 [04]
Le guide pratique de la **C.B.,** J. LECLERCQ .... MS 453 [04]
Le guide Marabout de la **coiffure chez soi,**
F. PREVOT .... MS 570 [04]
Le guide Marabout de la **correspondance**
G. d'ASSAILLY .... MS 65 [04]
Le guide Marabout de la **couture facile,**
M.T. VAUTHIER .... MS 380 [06]
Le guide Marabout de toutes les **danses,** G. DENY &
L. DASSEVILLE .... MS 127 [09]
Le guide Marabout de la **généalogie,**
M. CLEMENT .... MS 566 [04]
Vivre sans **mari,** J. MONTAGARD & M. PICAR (sept.) ..... MS 664 [ ]
Le guide Marabout de la **météo et des microclimats**
I. VIRGATCHIK .... MS 452 [07]
Le guide Marabout de l'**ordinateur chez soi,**
I. VIRGATCHIK .... MS 492 [04]
Les **prénoms,** un choix pour l'avenir,
P. DACO et C. MERCIER .... MS 369 [09]
Programmer chez soi : le Basic, I. VIRGATCHIK .... MS 582 [06]
Recevoir autrement, J. GERARD .... MS 429 [09]
Savoir-vivre sans étiquette,
C. DE PREMONT et C. SILVIN .... MS 428 [06]
Le guide Marabout du **savoir-vivre,** G. d'ASSAILLY
& J. BAUDRY .... MS 36 [06]
Le **secrétaire idéal,** E. LANGE .... MS 130 [07]
Les nouvelles **secrétaires,** M. ROCHE .... MS 665 [ ]
Tricot, crochet facile, C. COTTI .... MS 448 [04]

Achevé d'imprimer sur les presses de **Scorpion**,
à Verviers pour le compte des nouvelles éditions **Marabout**.
D. février 1985/0099/18
ISBN 2-501-00639-9

40 **5423** 5